2025 변호사시험 대비
[제9판]

꼭 봐야 할
헌 법
핵심기출 OX

PREFACE

『꼭 봐야 할 핵심기출 OX(오엑스)』(꼭기오)시리즈는 수험생들이 압도적으로 선택하고 있는『UNION 기출문제집』시리즈(인해 간)에 근간을 두면서도 합격을 위한 실전용 최적 교재로서 개발되었습니다. 간단하게 그 특징을 살펴보면 다음과 같습니다..

첫째, 지금까지 출제된 모든 기출문제[변호사시험 13회분(2012~2024), 모의시험 36회분(2011~2023)]를 심층분석하여 핵심기출문제를 중심으로 오엑스(O,X) 처리하였습니다.

둘째, 최고의 문제만을 엄선하였을 뿐만 아니라 중복 없이 입체적으로 배열함으로써 수험 효과성을 극대화하였습니다.

셋째, 최신판례를 업데이트하였을 뿐만 아니라 교차검토를 통하여 신뢰 받을 수 있는 교재로서 완성도를 극대화하였습니다.

모쪼록 본서를 통해 시험을 준비하시는 모든 분들에게 합격의 영광이 있기를 간절히 바랍니다. 도서출판 인해 역시 수험생의 의견을 최우선시 하여 더 좋은 교재가 될 수 있도록 노력을 멈추지 않을 것임을 약속드립니다.

 또한 본 교재가 출간되기까지 도와주시고 세심하게 신경써주신 도서출판 인해 사장님과 오지훈, 강윤지, 오나경 디자이너에게 감사의 마음을 전합니다.

2024.06 희망이 오는 길목에서
MGI 메가고시 연구소

CONTENTS

▶ 기출지문 · 09

제1편 | 헌법총론 · 11

제1장 헌법과 헌법학 · 12
- 제1절 헌법의 의의 · 12
- 제2절 헌법의 해석 · 13
  - 제❶항 ┃ 헌법해석의 원칙
  - 제❷항 ┃ 합헌적 법률해석
- 제3절 헌법의 제정·개정과 변천 · 17
  - 제❶항 ┃ 헌법의 제정
  - 제❷항 ┃ 헌법의 개정
  - 제❸항 ┃ 헌법의 변천
- 제4절 헌법의 수호 · 21
  - 제❶항 ┃ 저항권
  - 제❷항 ┃ 방어적 민주주의

제2장 대한민국 헌법총설 · 23
- 제1절 대한민국 헌정사 · 23
- 제2절 헌법의 적용범위 · 49
  - 제❶항 ┃ 국 적
  - 제❷항 ┃ 재외국민의 보호
  - 제❸항 ┃ 국가의 영역
    (영토조항과 평화통일조항)
- 제3절 한국헌법의 기본원리 · 59
  - 제❶항 ┃ 한국헌법의 전문
  - 제❷항 ┃ 국민주권의 원리
  - 제❸항 ┃ 민주주의의 원리
  - 제❹항 ┃ 법치국가의 원리
  - 제❺항 ┃ 사회국가의 원리
  - 제❻항 ┃ 문화국가의 원리
  - 제❼항 ┃ 국제평화주의 원리

제2편 | 기본권 · 109

제1장 기본권 총론 · 110
- 제1절 기본권의 성격 · 110
- 제2절 기본권의 주체 · 110
  - 제❶항 ┃ 자연인
  - 제❷항 ┃ 법인 기타 단체
- 제3절 기본권의 효력 · 120
  - 제❶항 ┃ 기본권의 대국가적 효력
  - 제❷항 ┃ 기본권의 제3자적 효력
- 제4절 기본권의 보호의무 · 121
- 제5절 기본권의 경합과 충돌 · 127
  - 제❶항 ┃ 기본권의 경합
  - 제❷항 ┃ 기본권의 충돌
- 제6절 기본권의 제한과 그 한계 · 134
  - 제❶항 ┃ 헌법유보에 의한 기본권의 제한
  - 제❷항 ┃ 법률유보에 의한 기본권의 제한
  - 제❸항 ┃ 특별권력관계와 기본권의 제한
- 제7절 기본권의 침해와 구제 · 146

제2장 인간의 존엄과 가치·행복추구권·평등권 · 147
- 제1절 인간의 존엄과 가치·행복추구권 · 147
  - 제❶항 ┃ 인간의 존엄과 가치
  - 제❷항 ┃ 행복추구권
  - 제❸항 ┃ 일반적 행동자유권
  - 제❹항 ┃ 자기결정권
  - 제❺항 ┃ 인격권

제2절 법 앞의 평등 · 168
　　　제❶항┃평등원칙
　　　제❷항┃평등권 침해 여부

제3장 자유권적 기본권 · 201
　　제1절 인신의 자유권 · 201
　　　제❶항┃생명권
　　　제❷항┃신체를 훼손당하지 아니할 권리
　　　제❸항┃신체의 자유
　　제2절 사생활 자유권 · 252
　　　제❶항┃사생활의 비밀과 자유
　　　제❷항┃개인정보자기결정권
　　　제❸항┃주거의 자유
　　　제❹항┃통신의 자유
　　　제❺항┃거주·이전의 자유
　　제3절 정신적 자유권 · 297
　　　제❶항┃양심의 자유
　　　제❷항┃종교의 자유
　　　제❸항┃언론·출판의 자유
　　　제❹항┃집회·결사의 자유
　　　제❺항┃학문과 예술의 자유

제4장 경제적 기본권 · 357
　　제1절 경제질서와 경제적 기본권 · 357
　　제2절 재산권 · 357
　　　제❶항┃재산권의 보장
　　　제❷항┃재산권의 주체
　　　제❸항┃재산권의 범위(객체)
　　　제❹항┃재산권의 내용 및 사회적 제약
　　　제❺항┃재산권의 공용침해(공용수용)
　　　제❻항┃재산권 제한 입법의 위헌 여부
　　제3절 직업선택의 자유 · 384
　　제4절 소비자의 권리 · 401

제5장 정치적 기본권 · 405
　　제1절 정당의 설립과 활동의 자유 · 405
　　제2절 참정권 · 413
　　　제❶항┃국민발안·투표·소환권
　　　제❷항┃선거권
　　　제❸항┃공무담임권

제6장 청구권적 기본권 · 432
　　제1절 청원권 · 432
　　제2절 재판청구권 · 434
　　　제❶항┃재판청구권의 내용
　　　제❷항┃재판청구권의 제한
　　제3절 국가배상청구권 · 464
　　제4절 형사보상청구권 · 472
　　제5절 범죄피해자구조청구권 · 474

제7장 사회적 기본권 · 477
　　제1절 인간다운 생활을 할 권리 · 477
　　제2절 교육을 받을 권리 · 496
　　제3절 근로의 권리 · 515
　　제4절 근로3권 · 523
　　제5절 환경권 · 533
　　제6절 혼인·가족·모성보호·보건에 관한 권리
　　　　　　　　　　　　　　　　　　· 535

제8장 국민의 기본적 의무 · 544

제3편 | 통치구조 · 547

제1장 통치구조의 구성원리 · 548
  제1절 대의제의 원리 · 548
  제2절 권력분립의 원리 · 550
  제3절 정부형태 · 554
  제4절 정당제도 · 554
    제❶항 ▎정당제 민주주의
    제❷항 ▎현행헌법과 정당제도
    제❸항 ▎정치자금
  제5절 선거제도 · 568
    제❶항 ▎선거제도의 기본원칙
    제❷항 ▎선거제도의 유형
    제❸항 ▎현행 선거제도
  제6절 공무원제도 · 598
    제❶항 ▎국민전체에 대한 봉사자
    제❷항 ▎공무원의 신분보장
    제❸항 ▎공무원의 정치적중립 등 의무
  제7절 지방자치제도 · 608
    제❶항 ▎지방자치의 의의·본질·유형
    제❷항 ▎현행 지방자치제도

제2장 국 회 · 625
  제1절 의회주의 · 625
  제2절 국회의 구성과 조직 · 625
    제❶항 ▎국회의장과 부의장
    제❷항 ▎국회의 위원회
    제❸항 ▎교섭단체
  제3절 국회의 운영과 의사절차 · 634
    제❶항 ▎국회의 운영
    제❷항 ▎국회의 의사절차

  제4절 국회의 권한 · 646
    제❶항 ▎입법에 관한 권한
    제❷항 ▎재정에 관한 권한
    제❸항 ▎인사에 관한 권한
    제❹항 ▎국정통제에 관한 권한
    제❺항 ▎국회의 자율권
  제5절 국회의원의 헌법상 지위와 권한·의무
        · 685
    제❶항 ▎국회의원의 헌법상 지위와 신분
    제❷항 ▎국회의원의 특권
    제❸항 ▎국회의원의 의무

제3장 대통령과 정부 · 698
  제1절 대통령 · 698
    제❶항 ▎대통령의 헌법상 지위와 신분
    제❷항 ▎대통령의 권한
  제2절 행정부 · 736
    제❶항 ▎국무총리
    제❷항 ▎국무위원
    제❸항 ▎국무회의
    제❹항 ▎행정각부
    제❺항 ▎대통령의 자문기관
    제❻항 ▎감사원
  제3절 선거관리위원회 · 754

제4장 법 원 · 758
  제1절 사법권의 독립 · 758
    제❶항 ▎법원의 독립
    제❷항 ▎법관의 독립
    제❸항 ▎사법권의 독립에 대한 제한

제2절 법원의 조직 · 770
　제❶항 ▮ 대법원
　제❷항 ▮ 특별법원
제3절 사법절차와 운영 · 776
제4절 법원의 권한 · 777
　제❶항 ▮ 사법권의 범위와 한계
　제❷항 ▮ 명령·규칙심사권
　제❸항 ▮ 대법원의 규칙제정권

제5장 헌법재판소 · 784
　제1절 헌법재판제도 · 784
　제2절 헌법재판소의 구성과 조직 · 786
　제3절 헌법재판소의 일반심판절차 · 786
　　제❶항 ▮ 전원재판부와 지정재판부
　　제❷항 ▮ 심판의 청구
　　제❸항 ▮ 심판당사자와 대표자·대리인
　　제❹항 ▮ 심 리
　　제❺항 ▮ 평 의
　　제❻항 ▮ 결 정
　제4절 위헌법률심판 · 804
　　제❶항 ▮ 위헌법률심판의 요건
　　제❷항 ▮ 위헌법률심판의 범위와 심사기준
　　제❸항 ▮ 위헌법률심판결정의 유형
　　제❹항 ▮ 위헌법률심판결정의 효력
　제5절 헌법소원심판 · 836
　　제❶항 ▮ 위헌심사형 헌법소원의 요건
　　제❷항 ▮ 권리구제형 헌법소원의 요건
　　제❸항 ▮ 헌법소원심판의 심리 및 결정

　제6절 권한쟁의심판 · 909
　　제❶항 ▮ 권한쟁의심판 일반
　　제❷항 ▮ 권한쟁의심판의 요건
　　제❸항 ▮ 권한쟁의심판의 결정
　제7절 탄핵심판 · 940

판례색인 · 949

꼭 봐야 할
헌 법
핵심기출 OX

기출지문

꼭 봐야 할
헌 법
핵심기출 OX

제1편 헌법총론

제1장 헌법과 헌법학
제2장 대한민국 헌법총설

제1장 헌법과 헌법학

제1절 헌법의 의의

12년(2)·13년(2)·18년(3) 모의

1.
(1) 관습헌법도 성문헌법과 마찬가지로 주권자인 국민의 헌법적 결단의 의사표현이므로, 성문헌법과 동등한 효력을 가진다.

(2) 관습헌법은 국가의 조직에 관한 사항이나 국가기관의 권한에 관한 사항 혹은 개인의 국가권력에 대한 지위와 같은 모든 실질적 헌법사항을 대상으로 성립한다.

(3) 관습헌법은 헌법 제130조에 따른 헌법개정 혹은 관습헌법의 법적 효력에 대한 국민적 합의가 상실된 경우에 변경·소멸할 수 있다.

(4) 관습헌법은 입법자를 구속하는 힘을 가지므로 관습헌법에 배치되는 법률은 위헌이다. 더 나아가 관습헌법은 성문헌법을 변경하는 힘도 가진다.

(5) 한 나라의 수도는 국회와 대통령의 소재지에 따라 결정된다는 것이 헌법재판소의 입장이므로 서울이 수도라는 법규범을 관습헌법으로 인정하는 데 사법부나 국무총리의 소재지는 영향을 미칠 수 없다.

해설 (1) (관습헌법 인정 여부 및 헌법적 근거) 헌법 제1조 제2항은 '대한민국의 주권은 국민에게 있고, 모든 권력은 국민으로부터 나온다.'고 규정한다. 이와 같이 국민이 대한민국의 주권자이며, 국민은 최고의 헌법제정권력이기 때문에 ㉠ 성문헌법의 제·개정에 참여할 뿐만 아니라 ㉡ 헌법전에 포함되지 아니한 헌법사항을 필요에 따라 관습의 형태로 직접 형성할 수 있다. 그렇다면 관습헌법도 성문헌법과 마찬가지로 주권자인 국민의 헌법적 결단의 의사의 표현이며 성문헌법과 동등한 효력을 가진다고 보아야 한다. 국민주권주의는 성문이든 관습이든 실정법 전체의 정립에의 국민의 참여를 요구한다고 할 것이며, 국민에 의하여 정립된 관습헌법은 입법권자를 구속하며 헌법으로서의 효력을 가진다.

(2) (관습헌법의 성립요건 中 "기본적 헌법사항일 것") 관습헌법이 성립하기 위하여서는 관습이 성립하는 사항이 단지 법률로 정할 사항이 아니라 반드시 헌법에 의하여 규율되어 법률에 대하여 효력상 우위를 가져야 할 만큼 헌법적으로 중요한 기본적 사항이 되어야 한다. 일반적으로 실질적인 헌법사항이라고 함은 널리 국가의 조직에 관한 사항이나 국가기관의 권한 구성에 관한 사항 혹은 개인의 국가권력에 대한 지위를 포함하여 말하는 것이지만, 관습헌법은 이와 같은 일반적인 헌법사항에 해당하는 내용 중에서도 특히 국가의 기본적이고 핵심적인 사항으로서 법률에 의하여 규율하는 것이 적합하지 아니한 사항을 대상으로 한다.

(3) (관습헌법의 개정과 사멸) 어느 법규범이 관습헌법으로 인정된다면 그 개정가능성을 가지게 된다. ㉠ 관습헌법도 헌법의 일부로서 성문헌법의 경우와 동일한 효력을 가지기 때문에 그 법규범은 최소한 헌법 제130조에 의거한 헌법개정의 방법에 의하여만 개정될 수 있다 … 다만 이 경우 관습헌법규범은 헌법전에 그에 상반하는 법규범을 첨가함에 의하여 폐지하게 되는 점에서, 헌법전으로부터

관계되는 헌법조항을 삭제함으로써 폐지되는 성문헌법규범과는 구분된다. ⓒ 한편 … 관습헌법은 그것을 지탱하고 있는 국민적 합의성을 상실함에 의하여 법적 효력을 상실할 수 있다. 관습헌법은 주권자인 국민에 의하여 유효한 헌법규범으로 인정되는 동안에만 존속하는 것이며, 관습법의 존속요건의 하나인 국민적 합의성이 소멸되면 관습헌법으로서의 법적 효력도 상실하게 된다.

(4) (수도는 서울이라는 관습헌법에 위반하는 법률의 위헌성) 서울이 우리나라의 수도인 점은 불문의 관습헌법이다 … 헌법 제130조에 의하면 헌법의 개정은 반드시 국민투표를 거쳐야만 하므로 국민은 헌법개정에 관하여 찬반투표를 통하여 그 의견을 표명할 권리를 가진다. 그런데 이 사건 법률(수도를 충청권의 일부지역으로 이전하는 것을 내용으로 함)은 헌법개정사항인 수도의 이전을 헌법개정의 절차를 밟지 아니하고 단지 단순법률의 형태로 실현시킨 것으로서 결국 헌법 제130조에 따라 국민이 가지는 참정권적 기본권인 국민투표권의 행사를 배제한 것이므로 동 권리를 침해하여 헌법에 위반된다.

(5) (헌법상 수도의 개념) 일반적으로 한 나라의 수도는 국가권력의 핵심적 사항을 수행하는 국가기관들이 집중 소재하여 정치·행정의 중추적 기능을 실현하고 대외적으로 그 국가를 상징하는 곳을 의미한다. 헌법기관들 중에서 ㉠ 국민의 대표기관으로서 국민의 정치적 의사를 결정하는 국회와 ㉡ 행정을 통할하며 국가를 대표하는 대통령의 소재지가 어디인가 하는 것은 수도를 결정하는데 있어서 특히 결정적인 요소가 된다. … 그러나 대통령의 소재지를 수도의 특징적 요소로 보는 한, 정부 각 부처의 소재지는 수도를 결정하는 데 있어서 별도로 결정적인 요소가 된다고 볼 필요는 없다. 한편 "헌법재판권을 포함한 사법권"이 행사되는 장소와 "도시의 경제적 능력" 등은 수도를 결정하는 필수적인 요소에는 해당하지 아니한다고 볼 것이다(헌재 2004.10.21. 2004헌마554).

23년(1) 모의

2. 성문헌법이라고 하여도 그 속에 모든 헌법사항을 빠짐없이 완전히 규율하는 것은 불가능하고 헌법은 국가의 기본법으로서 간결성과 함축성을 추구하기 때문에 형식적 헌법전에는 기재되지 아니한 사항이라도 이를 관습헌법으로 인정할 소지가 있다.

해설 성문헌법이라고 하여도 그 속에 모든 헌법사항을 빠짐없이 완전히 규율하는 것은 불가능하고 또한 헌법은 국가의 기본법으로서 간결성과 함축성을 추구하기 때문에 형식적 헌법전에는 기재되지 아니한 사항이라도 이를 불문헌법(不文憲法) 내지 관습헌법으로 인정할 소지가 있다.(헌재 2004.10.21. 2004헌마554).

제2절 헌법의 해석

제❶항 ｜ 헌법해석의 원칙

○ 19년 변시

3. 제헌헌법 이래 신체의 자유 보장규정에서 "구금"이라는 용어를 사용해 오다가 현행헌법 개정 시에 이를 "구속"으로 바꾸었는데, '국민의 신체와 생명에 대한 보호를 강화'하는 것이 현행헌법의 주요 개정이유임을 고려하면, "구금"을 "구속"으로 바꾼 것은 헌법에 규정된 신체의 자유의 보장 범위를 구금된 사람뿐 아니라 구인된 사람에게까지 넓히기 위한 것으로 해석하는 것이 타당하다.

해설 우리 헌법은 제헌 헌법 이래 신체의 자유를 보장하는 규정을 두었는데, 원래 "구금"이라는 용어를 사용해 오다가 현행 헌법 개정시에 이를 "구속"이라는 용어로 바꾸었다. 현행헌법 개정시에 종전의 "구금"을 "구속"으로 바꾼 이유를 정확히 확인할 수 있는 자료를 찾기는 어렵다. 다만 '국민의 신체와 생명에 대한 보호를 강화'하는 것이 현행 헌법의 주요 개정이유임을 고려하면, 현행 헌법이 종래의 "구금"을 "구속"으로 바꾼 것은 헌법 제12조에 규정된 신체의 자유의 보장 범위를 구금된 사람뿐 아니라 구인된 사람에게까지 넓히기 위한 것으로 해석하는 것이 타당하다(헌재 2018.05.31. 2014헌마346).

정답

○ 12년·19년 변시

4. 헌법 제21조 제2항의 집회에 대한 허가금지조항은 처음으로 1960년 개정헌법에서 규정되었으며, 1972년 개정헌법에서 삭제되었다가 현행헌법에서 다시 규정된 것으로, 집회의 허용 여부를 행정권의 일방적·사전적 판단에 맡기는 집회에 대한 허가제를 절대적으로 금지하겠다는 헌법개정권력자인 국민들의 헌법가치적 합의이며 헌법적 결단이라고 보아야 할 것이다.

해설 헌법 연혁적으로 살펴보건대, 집회에 대한 허가 금지조항은 처음으로 1960. 6. 15. 개정헌법 제28조 제2항 단서에서 규정되었으며, 1962. 12. 26. 개정헌법 제18조 제2항 본문에서 그대로 유지되었으나 1972. 12. 27. 개정헌법에서 삭제되었다가 1987. 10. 29. 개정된 현행 헌법에서 다시 규정된 것이다. … 이 사건 헌법규정은, 언론·출판의 자유와 더불어 집회의 자유가 형식적·장식적 기본권으로 후퇴하였던 과거의 헌정사에 대한 반성적 고려에서, 집회의 자유가 실질적으로 보장되지 않는 한 자유민주주의적 헌정질서가 발전·정착되기는 어렵다는 역사적 경험을 토대로, 그동안 삭제되었던 언론·출판에 대한 허가나 검열 금지와 함께 집회에 대한 허가제 금지를 다시금 살려내어, 집회의 허용 여부를 행정권의 일방적·사전적 판단에 맡기는 집회에 대한 허가제는 집회에 대한 검열제와 마찬가지이므로 이를 절대적으로 금지하겠다는 헌법개정권력자인 국민들의 헌법가치적 합의이며 헌법적 결단이라고 보아야 할 것이다(헌재 2009.09.24. 2008헌가25). ▶ 허가·검열금지조항은 제2공화국 헌법에서 규정, 제4공·제5공화국 헌법에서 삭제되었다가 현행헌법에서 부활

정답

5. 헌법의 기본원리는 헌법의 이념적 기초인 동시에 헌법을 지배하는 지도원리로서 구체적 기본권을 도출하는 근거가 될 뿐만 아니라 기본권의 해석 및 기본권제한입법의 합헌성 심사에 있어 해석기준의 하나로서 작용한다.

해설 헌법의 기본원리는 헌법의 이념적 기초인 동시에 헌법을 지배하는 지도원리로서 입법이나 정책결정의 방향을 제시하며 공무원을 비롯한 모든 국민·국가기관이 헌법을 존중하고 수호하도록 하는 지침이 되며, 구체적 기본권을 도출하는 근거로 될 수는 없으나 기본권의 해석 및 기본권제한입법의 합헌성 심사에 있어 해석기준의 하나로서 작용한다(헌재 1996.04.25. 92헌바47).

정답 ✕

6. 헌법의 제 규정 가운데는 헌법의 근본가치를 보다 추상적으로 선언한 것도 있고 이를 보다 구체적으로 표현한 것도 있으므로, 헌법의 어느 특정규정이 다른 규정의 효력을 전면 부인할 수 있는 정도로 개별적 헌법규정 상호간의 효력상의 차등을 인정할 수 있다.

해설 이념적·논리적으로는 헌법규범 상호간의 우열을 인정할 수 있다 하더라도 그러한 규범 상호간의 우열이 헌법의 어느 특정규정이 다른 규정의 효력을 전면적으로 부인할 수 있을 정도의 개별적 헌법규정 상호간에 효력상의 차등을 의미하는 것이라고 볼 수 없으므로, 헌법의 개별규정에 대한 위헌심사는 허용될 수 없다(헌재 2001.02.22. 2000헌바38).

정답 ✕

7. 헌법해석은 헌법이 담고 추구하는 이상과 이념에 따른 역사적·사회적 요구를 올바르게 수용하여 헌법적 방향을 제시하는 헌법의 창조적 기능을 수행하여 국민적 욕구와 의식에 알맞은 실질적 국민주권의 실현을 보장하는 것이어야 한다.

해설 헌법의 해석은 헌법이 담고 추구하는 이상과 이념에 따른 역사적, 사회적 요구를 올바르게 수용하여 헌법적 방향을 제시하는 헌법의 창조적 기능을 수행하여 국민적 욕구와 의식에 알맞는 실질적 국민주권의 실현을 보장하는 것이어야 한다(헌재 1989.09.08. 88헌가6).

정답 ◯

8. 헌법해석상 특정인에게 구체적인 기본권이 생겨 이를 보장하기 위한 국가의 행위의무 내지 보호의무가 발생하였음이 명백함에도 불구하고 입법자가 아무런 입법조치를 취하지 아니한 경우에는 입법자에게 입법의무가 인정된다.

해설 진정입법부작위가 헌법재판소법 제68조 제1항의 '공권력의 불행사'로서 헌법소원의 대상이 되려면, 헌법에서 기본권보장을 위하여 법령에 명시적인 입법위임을 하였는데도 입법자가 상당한 기간 내에 이를 이행하지 않거나 또는 헌법해석상 특정인에게 구체적인 기본권이 생겨 이를 보장하기 위한 국가의 행위의무 내지 보호의무가 발생하였음이 명백함에도 불구하고 입법자가 아무런 입법조치를 취하지 않고 있는 경우라야 한다(헌재 2017.12.26. 2017헌마1351).

정답 O

제❷항 ▎합헌적 법률해석

9. 어떤 법률의 개념이 다의적이고 그 어의의 테두리 안에서 여러 가지 해석이 가능할 때, 헌법을 최고법규로 하는 통일적인 법질서의 형성을 위하여 헌법에 합치되는 해석, 즉 합헌적인 해석을 택하여야 하며, 이에 의하여 위헌적인 결과가 될 해석은 배제하면서 합헌적이고 긍정적인 면은 살려야 한다는 것이 헌법의 일반법리이다.

해설 어떤 법률의 개념이 다의적이고 그 어의의 테두리 안에서 여러 가지 해석이 가능할 때, 헌법을 최고법규로 하는 통일적인 법질서의 형성을 위하여 헌법에 합치되는 해석, 즉 합헌적인 해석을 택하여야 하며, 이에 의하여 위헌적인 결과가 될 해석은 배제하면서 합헌적이고 긍정적인 면은 살려야 한다는 것이 헌법의 일반법리이다(헌재 1990.04.02. 89헌가113).

정답 O

10. 구 군인사법 제48조 제4항 후단의 '무죄의 선고를 받은 때'의 의미와 관련하여, 형식상 무죄판결뿐 아니라 공소기각재판을 받았다 하더라도 그와 같은 공소기각의 사유가 없었더라면 무죄가 선고될 현저한 사유가 있는 이른바 내용상 무죄재판의 경우도 이에 포함된다고 해석하는 것은 법률의 문의적 한계를 벗어난 것으로서 합헌적 법률해석에 부합하지 아니한다.

해설 위 군인사법 제48조 제4항 후단의 '무죄의 선고를 받은 때'라 함은 헌법이념에 합치되게 해석하여, 형식상 무죄판결뿐 아니라 공소기각재판을 받았다 하더라도 그와 같은 공소기각의 사유가 없었더라면 무죄가 선고될 현저한 사유가 있는 이른바 내용상 무죄재판의 경우까지로 확대 해석함이 상당하다(대판 2004.08.20. 2004다22377).

정답 X

12년 변시

11. 국가보안법 제7조 제1항의 "국가의 존립·안전이나 자유민주적 기본질서를 위태롭게 한다는 정을 알면서"라는 구성요건은, 그 소정의 행위가 국가의 존립·안전이나 자유민주적 기본질서에 해악을 끼칠 명백한 위험성이 있는 경우에만 적용되어야 한다.

해설 국가보안법 제7조 제1항의 "국가의 존립·안전이나 자유민주적 기본질서를 위태롭게 한다는 정을 알면서"라는 구성요건 중 "자유민주적 기본질서"란 무엇을 말하는가에 관하여는 앞서 본 우리 재판소의 결정내용이나 학설, 판례에 의하여 그 개념정립이 되어 있고, "위태롭게 한다는 정을 알면서"라는 부분도 우리 재판소의 위 결정들의 판시취지에 따라 이를 합법적(특히 이 법의 입법목적을 규정한 법 제1조 제1항과 그 해석준칙을 규정한 같은 조 제2항의 규정취지에 따라), 합리적으로 해석한다면 개념의 불명확성은 제거될 수 있다고 본다. 이러한 관점에서 풀이하면, 법 제7조 제1항은 그 소정의 행위가 국가의 존립·안전이나 자유민주적 기본질서에 해악을 끼칠 명백한 위험성이 있는 경우에만 적용되어야 한다(헌재 2004.08.26. 2003헌바85).

정답

제3절 헌법의 제정·개정과 변천

제❶항 ┃ 헌법의 제정

제❷항 ┃ 헌법의 개정

 22년 변시

12. 성문헌법의 개정은 헌법의 조문이나 문구의 명시적이고 직접적인 변경을 내용으로 하는 헌법개정안의 제출에 의하여야 하고, 하위규범인 법률의 형식으로, 일반적인 입법절차에 의하여 개정될 수 없다.

해설 성문헌법의 개정은 헌법의 조문이나 문구의 명시적이고 직접적인 변경을 내용으로 하는 헌법개정안의 제출에 의하여야 하고, 하위규범인 법률의 형식으로, 일반적인 입법절차에 의하여 개정될 수는 없다. 한미무역협정의 경우, 국회의 동의를 필요로 하는 조약의 하나로서 법률적 효력이 인정되므로, 그에 의하여 성문헌법이 개정될 수는 없으며, 따라서 한미무역협정으로 인하여 청구인의 헌법 제130조 제2항에 따른 헌법개정절차에서의 국민투표권이 침해될 가능성은 인정되지 아니한다(헌재 2013.11.28. 2012헌마166).

정답

🕐 12년·19년 변시, 13년(2)·18년(2)·22년(1) 모의

13. (1) 헌법개정의 한계를 무시한 개헌이 이루어지는 경우, 위헌법률심판이나 헌법소원심판 어느 절차에 의하여도 그 헌법규정에 대한 위헌심사는 불가능하다.

(2) 우리나라의 헌법은 제헌헌법 이래 그간 각 헌법의 개정절차조항 자체가 여러 번 개정된 적이 있으며, 형식적으로도 전문을 포함한 전면개정도 이루어졌던 점을 볼 때, 우리 헌법의 각 개별규정 가운데 무엇이 헌법제정규정이고 무엇이 헌법개정규정인지를 구분하는 것은 가능하다.

해설 (1) 헌법 제111조 제1항 제1호 및 헌법재판소법 제41조 제1항은 위헌법률심판의 대상에 관하여, 헌법 제111조 제1항 제5호 및 헌법재판소법 제68조 제2항, 제41조 제1항은 헌법소원심판의 대상에 관하여 그것이 법률임을 명문으로 규정하고 있으며, … 따라서 형식적 의미의 법률과 동일한 효력을 갖는 조약 등은 포함된다고 볼 것이지만 헌법의 개별규정 자체는 그 대상이 아님이 명백하다.
▶ 개별 헌법조항에 대해서 위헌법률심판이나 헌법소원심판이 가능한지에 대해서는 우리 헌법재판소는 부정설의 입장을 취하고 있다(김유향, 기본강의 헌법 제7판, p.44).

(2) 우리 나라의 헌법은 제헌헌법이 초대국회에 의하여 제정된 반면 그후의 제5차, 제7차, 제8차 및 현행의 제9차 헌법 개정에 있어서는 국민투표를 거친 바 있고, 그간 각 헌법의 개정절차조항 자체가 여러 번 개정된 적이 있으며, 형식적으로도 부분개정이 아니라 전문까지를 포함한 전면개정이 이루어졌던 점과 우리의 현행 헌법이 독일기본법 제79조 제3항과 같은 헌법개정의 한계에 관한 규정을 두고 있지 아니한 점 등을 감안할 때, 우리 헌법의 각 개별규정 가운데 무엇이 헌법제정규정이고 무엇이 헌법개정규정인지를 구분하는 것이 가능하지 아니할 뿐 아니라, 각 개별규정에 그 효력상의 차이를 인정하여야 할 형식적인 이유를 찾을 수 없다(헌재 1995.12.08. 95헌바3).

정답 O, ×

18년(2) 모의

14. (1) 헌법에 규정된 개정절차에 따르기만 하면 모든 헌법 조항을 어떤 내용으로든 개정할 수 있다는 주장에 대해서는 내용조항에 대한 절차조항의 우위를 낳는다는 비판이 가능하다.

(2) 독일 기본법이나 우리나라 제3차 개정 헌법은 명시적으로 개정이 금지되는 조항을 두고 있으나 법실증주의의 입장에서는 이런 경우에도 개정할 수 있다고 본다.

해설 (1) 법실증주의는 헌법개정권의 행사에 한계가 있을 수 없으므로 모든 헌법규정은 개정의 절차에 따라 개정될 수 있다고 한다. 하지만 헌법개정에 관한 한계규정과 절차규정이 모두 헌법에 규정된 경우 동일한 실정헌법규정임에도 불구하고 개정의 절차규정에 따라 개정의 한계에 관한 규정을 개정할 수 있다고 한다면, 개정의 절차규정이 한계규정보다 우월한 규정이 되어, 결국 헌법규정 간에 효력의 차이가 없다는 법실증주의의 논리에 모순된다는 비판이 가능하다(김유향, 기본강의 헌법 전정6판, p.40).

(2) 독일기본법은 제79조 제3항에서 연방국가원리, 인간의 존엄성, 민주적 법치국가원리, 사회국가원리를 개정금지사항으로 명시적으로 규정하고 있고(한수웅, 헌법학 제7판, p.37), 우리나라 제2차

개정헌법도 "민주공화국, 국민주권, 국민투표에 관한 규정은 개폐할 수 없다"라고 규정하여 제4차 개정헌법까지 유지한 바 있다(제3차 개정헌법 제98조 제6항 참조).

정답 O, O

18년(2) 모의

15. 헌법개정의 한계를 인정하는 견해는 헌법개정권력이 헌법제정권력으로부터 유래된 권력이라는 전제에서 헌법의 기본적 동일성을 부정하거나 공정한 헌법개정을 기대할 수 없는 시기에 이루어지는 헌법개정은 허용되지 않는다고 보지만, 경성헌법을 연성헌법으로 개정하는 것까지 금지되는 것은 아니라고 본다.

해설 개정한계설은 오늘날 지배적인 다수설로서 한국헌법에서 개정의 대상이 될 수 없는 내용이 무엇인가에 관해 의견이 갈리고 있다. 일반적으로 헌법의 근본결정은 변경될 수 없고 이러한 관점에서 인간의 존엄성보장 및 자유민주적 기본질서의 핵심적 내용 등 법치국가와 민주주의를 구성하는 본질적 요소는 헌법개정의 대상이 될 수 없다(한수웅, 헌법학 제7판, p.39). 그리고 헌법의 동일성을 상실케 하는 헌법개정은 헌법의 파괴이며 혁명을 의미하므로 헌법개정이라 할 수 없고 시간상 제한으로 일반적으로 공정한 개정을 기할 수 없다고 인정되는 시기에 헌법이 개정되는 것도 금한다. 헌법개정절차조항의 개정여부와 관련하여 개정조항의 비본질적 부분은 개정의 대상이 되나 경성헌법을 연성헌법으로 개정하는 것(ex. 국민투표를 폐지하여 국회의 의결만으로 헌법을 개정할 수 있게 하는 것)은 헌법개정권력의 주체를 교체하는 것이므로 헌법개정의 본질적 부분에 해당하여 개정의 대상이 되지 않는다(김유향, 기본강의헌법 전정5판, p.41~43).

정답

16. (1) 국회는 헌법개정안이 공고된 날로부터 60일 이내에 의결하여야 하며, 국회의 의결은 국회재적의원 300명 중 200명 이상의 찬성을 얻어야 한다.
(2) 헌법상 헌법개정안은 국회가 의결한 후 30일 이내에 국민투표에 붙여 국회의원선거권자 과반수의 투표와 투표자 과반수의 찬성을 얻어야 한다.
(3) 헌법개정은 국회재적의원 300명 중 150명 이상의 발의로 제안될 수 있다.
(4) 제안된 헌법개정안은 대통령에 의하여 30일 이상의 기간 공고되어야 하며, 국회는 헌법개정안에 대한 수정의결을 할 수 없다.

해설 헌법 제128조, 제129조, 제130조 참조.

헌법 제128조 ① 헌법개정은 국회재적의원 과반수 또는 대통령의 발의로 제안된다.
헌법 제129조 제안된 헌법개정안은 대통령이 20일 이상의 기간 이를 공고하여야 한다.
헌법 제130조 ① 국회는 헌법개정안이 공고된 날로부터 60일 이내에 의결하여야 하며, 국회의 의결은 재적의원 3분의 2 이상의 찬성을 얻어야 한다.
② 헌법개정안은 국회가 의결한 후 30일 이내에 국민투표에 붙여 국회의원선거권자 과반수의 투표와 투

표자 과반수의 찬성을 얻어야 한다.
③ 헌법개정안이 제2항의 찬성을 얻은 때에는 헌법개정은 확정되며, 대통령은 즉시 이를 공포하여야 한다.

정답 O, O, ×, ×

22년(1) 모의

17. 대통령의 임기연장 또는 중임변경을 위한 헌법개정은 그 헌법개정 제안 당시의 대통령에 대하여는 효력이 없다.

해설 헌법 제128조 제2항

헌법 제128조 ② 대통령의 임기연장 또는 중임변경을 위한 헌법개정은 그 헌법개정 제안 당시의 대통령에 대하여는 효력이 없다.

정답 O

21년(2) 모의

18. 헌법개정안과 대통령으로부터 환부된 법률안은 무기명투표로 표결한다.

해설 국회법 제112조 제4항, 제5항 참조.

국회법 제112조(표결방법) ④ 헌법개정안은 기명투표로 표결한다.
⑤ 대통령으로부터 환부된 법률안과 그 밖에 인사에 관한 안건은 무기명투표로 표결한다. 다만, 겸직으로 인한 의원 사직과 위원장 사임에 대하여 의장이 각 교섭단체 대표의원과 협의한 경우에는 그러하지 아니하다.

정답 ×

12년 변시

19. 헌법의 개정이란 헌법이 정한 절차에 따라, 헌법의 기본적 동일성을 파괴하지 않고, 의식적으로 헌법의 조항을 수정하거나 삭제 또는 새로운 조항을 추가하는 것을 말한다.

해설 헌법개정이란 헌법이 정한 절차에 따라 헌법의 기본적 동일성을 유지하면서 헌법의 특정 조항을 수정·삭제하거나 새로운 조항을 추가하는 것을 의미한다(김유향, 기본강의 헌법, 전정6판, p.36).

정답 O

19년(3) 모의

20. 헌법 개정 없이도 가능한 것 고르기

1) 감사원의 감사위원을 12인으로 하는 것

   해설 헌법 제98조 제1항 참조. ▶ 감사원은 원장을 포함한 5인 이상 11인 이하의 감사위원으로 구성한다고 헌법에서 규정

   헌법 제98조 ① 감사원은 원장을 포함한 5인 이상 11인 이하의 감사위원으로 구성한다.

   정답 ×

2) 대법원장과 대법관이 아닌 법관의 정년을 70세로 하는 것

   해설 법원조직법 제45조 제4항 참조. ▶ 대법원장과 대법관의 정년은 각각 70세, 판사의 정년은 65세로 법원조직법에서 규정

   정답 ○

3) 헌법재판소장의 정년을 75세로 하는 것

   해설 헌법재판소법 제7조 참조. ▶ 헌법재판관의 정년은 70세로 헌법재판소법에서 규정

   정답 ○

4) 중앙선거관리위원회 위원의 임기를 9년으로 하는 것

   해설 헌법 제114조 참조. ▶ 중앙선거관리위원회 위원의 임기는 6년으로 한다고 헌법에서 규정하고 있다. 따라서 헌법의 개정이 없이는 불가하다.

   헌법 제114조 ③ 위원의 임기는 6년으로 한다.

   정답 ×

5) 지방자치단체의 종류에서 시·군·구를 제외하는 것

   해설 헌법 제117조, 118조 참조. ▶ 헌법은 지방자치단체의 종류는 법률로 정한다고만 규정

   정답 ○

제❸항 | 헌법의 변천

제4절 헌법의 수호

제❶항 | 저항권

13년(1)·17년(3) 모의

21. 헌법재판소는 저항권이 국가권력에 의하여 헌법의 기본원리에 대한 중대한 침해가 행하여지고 그 침해가 헌법의 존재 자체를 부인하는 것으로서 다른 합법적인 구제수단으로는 목적을 달성할 수 없을 때에 국민이 자기의 권리·자유를 지키기 위하여 실력으로 저항할 수 있는 권리라고 정의하였다.

해설 저항권은 국가권력에 의하여 헌법의 기본원리에 대한 중대한 침해가 행하여지고 그 침해가 헌법의 존재 자체를 부인하는 것으로서 다른 합법적인 구제수단으로는 목적을 달성할 수 없을 때에 국민이 자기의 권리·자유를 지키기 위하여 실력으로 저항하는 권리이다(헌재 1997.09.25. 97헌가4).

정답

제❷항 ▌방어적 민주주의

16년(3)·21년(2) 모의

22. 어떠한 정당을 엄격한 요건 아래 위헌정당으로 판단하여 해산을 명하는 것은 헌법을 수호한다는 방어적 민주주의 관점에서 비롯되는 것이고, 이에 따라 정당이 해산되는 상황에서는 국회의원의 국민대표성은 부득이 희생될 수밖에 없다.

해설 정당해산심판제도의 본질은 그 목적이나 활동이 민주적 기본질서에 위배되는 정당을 국민의 정치적 의사 형성과정에서 미리 배제함으로써 국민을 보호하고 헌법을 수호하기 위한 것이다. 어떠한 정당을 엄격한 요건 아래 위헌정당으로 판단하여 해산을 명하는 것은 헌법을 수호한다는 방어적 민주주의 관점에서 비롯되는 것이고, 이러한 비상상황에서는 국회의원의 국민대표성은 부득이 희생될 수밖에 없다(헌재 2014.12.19. 2013헌다1).

정답

제2장 대한민국 헌법총설

제1절 대한민국 헌정사

		대통령	국회	국무총리제	국무원(국무회의)
제1공화국	제헌헌법 (1948)	▪간선제 (국회) ▪임기4년 (1차에 한해 중임)	▪단원제	▪부통령+국무총리제 (대통령이 임명, 국회의 사후승인)	▪의결기관 (대통령이 의장)
	제1차개헌 (1952)	▪직선제 ▪임기4년 (1차에 한해 중임)	▪양원제 규정하였으나 참의원을 두지 않아 단원제로 운용됨		▪의결기관 (대통령이 의장) ▪국회의 국무원불신임제
	제2차개헌 (1954)	▪직선제 ▪임기4년 (초대대통령에만 3선 제한 철폐)		▪국무총리제 폐지	▪의결기관 (대통령이 의장) ▪국무위원에 대한 개별적 불신임제 채택
제2공화국	제3차개헌 (1960.6) 제4차개헌 (1960.11)	▪간선제 (국회) ▪임기5년 (1차에 한해 중임)	▪양원제	▪국무총리제 (민의원 사전동의)	▪의결기관 (국무총리가 의장) ▪해임의결권, 민의원 해산권 ▪국무위원 과반수는 국회의원
제3공화국	제5차개헌 (1962)	▪직선제 ▪임기4년 (1차에 한해 중임)	▪단원제	▪국무총리제 (국회 동의×)	▪심의기관 ▪국무총리·국무위원에 대한 해임건의권 (구속력 ○)
	제6차개헌 (1969)	▪직선제 ▪임기4년 (3기까지 연임)			
제4공화국	제7차개헌 (1972)	▪간선제 (통일주체국민회의) ▪임기6년 (중임·연임제한규정 철폐하여 영구집권 가능)	▪국정감사권 폐지·국회회기 단축 ▪통일주체국민회의가 국회의원 3분의 1을 선출 ▪대통령의 국회해산권	▪국무총리제 (국회 사전동의)	▪심의기관 ▪국무총리·국무위원에 대한 해임의결권 (구속력 ○)
제5공화국	제8차개헌 (1980)	▪간선제 (선거인단) ▪임기7년 (단임)	▪국정조사권 인정		
제6공화국	제9차개헌 (1987)	▪직선제 ▪임기5년 (단임)	▪국정감사권 부활 ▪대통령의 국회해산권 삭제		▪심의기관 ▪국무총리·국무위원에 대한 해임건의권 (구속력 ×)

		헌법재판기관	대법원	정당	지방자치제
제1공화국	제헌헌법 (1948) / 제1차개헌 (1952) / 제2차개헌 (1954)	▪헌법위원회 ▪위원장 : 부통령 ▪위원 : 대법관 5인, 국회의원 5인 ▪탄핵재판소	▪대법원장 (대통령이 임명, 국회의 승인 요함)	▪헌법상 정당에 관한 규정 없으나, 국회법에서 정당 인정	▪현행헌법과 동일한 내용의 지방자치제도 도입. 6.25 발발로 시행이 지연되다가 1952년에 최초의 지방의회 구성
제2공화국	제3차개헌 (1960.6) / 제4차개헌 (1960.11)	▪헌법재판소 ▪심판관 9인 (대통령, 대법원, 참의원이 각 3인씩 선임)	▪대법원장, 대법관 (법관 자격 있는 자로 구성된 선거인단이 선출) ▪명령규칙·처분에 대한 위헌·위법심사권만 인정	▪헌법상 처음으로 정당 명문규정 신설 ▪위헌정당해산제도 규정	▪서울특별시장·도지사, 시·읍·면장, 동 장을 임명제에서 직선제로 바꾸는 등 명실상부한 지방자치제 실시
제3공화국	제5차개헌 (1962) / 제6차개헌 (1969)	▪대법원 ▪탄핵심판위원회 ▪위원장 : 대법원장 ▪위원 : 대법원판사 3인, 국회의원 5인	▪대법원장, 대법원판사 ▪대법원장 (법관추천회의의 제청에 의해 대통령이 국회의 동의를 얻어 임명) ▪대법원판사 (대법원장이 제청하고 대통령이 임명) ▪위헌법률심사권, 헌법의 해석권, 정당해산심판권	▪정당 추천없이 대통령, 국회의원선거에 입후보 불가, 탈당하면 의원직 상실 ▪복수정당제 최초 규정 ▪당내민주화 명시	▪박정희 군사정부는 지방의회를 해산하고 지방자치에 관한 임시조치법 제정하여 그에 저촉되는 지방자치법 효력을 정지 ▪부칙에서 이 헌법에 의한 최초의 지방의회 구성시기에 관해 법률로 정한다고 규정했으나 국회에서 법률 제정하지 않아 지방자치 실시 무산
제4공화국	제7차개헌 (1972)	▪헌법위원회 ▪9인의 위원 (대통령이 임명하되, 3인은 국회에서 선출하는 자를, 3인은 대법원장이 지명하는 자를 임명)	▪대법원장, 대법원 판사 ▪대법원장 (국회의 동의를 얻어 대통령이 임명) ▪대법원 판사 (대법원장의 제청에 의하여 대통령이 임명) ▪선거소송 관장, 위헌법률심사는 헌법위원회에 제청할 권한만 가짐	▪무소속입후보 허용하여 정당국가적 경향 후퇴	▪부칙에서 이 헌법에 의한 지방의회는 조국통일 이루어질 때까지 구성하지 아니한다고 규정
제5공화국	제8차개헌 (1980)	▪헌법위원회 (제4공화국과 동일)		▪국고보조조항 신설	▪부칙에서 이 헌법에 의한 지방의회는 지자체의 재정자립도 감안하여 순차적으로 구성하되, 구성시기는 법률로 정한다고 규정했으나 법률이 제정되지 않음
제6공화국	제9차개헌 (1987)	▪헌법재판소 (헌법소원 도입)		▪정당목적의 민주화 추가	▪지방의회 구성에 관한 유예규정 철폐, 1988년 지방자치법 전면 개정됨으로써 1991년에 각급 지방의회 구성

	위헌법률심판	탄핵심판	위헌정당해산	권한쟁의심판	헌법소원심판
제1공화국	헌법위원회	탄핵재판소	×	○	×
제2공화국	헌법재판소(선거소송 ○)				×
제3공화국	대법원	탄핵심판위원회	대법원	×	×
제4공화국		헌법위원회		×	×
제5공화국		헌법위원회		×	×
제6공화국	헌법재판소(선거소송×)				

* 김유향, 핵심강의헌법, 제4판 참조

I 제헌헌법(1948. 7. 17.)

20년(1) 모의

23. 1919. 9. 11. 대한민국임시헌법은 명문으로 국무총리제도를 규정하였다.

해설 대한민국임시헌법 제37조 참조.

대한민국임시헌법 제37조 국무총리와 각부총장과 노동국총판을 국무원이라 칭하며 임시대통령을 보좌하며 법률 급 명령에 의하여 주관행정사무를 집행함.

정답 ○

19년(3) · 23년(2) 모의

24. (1) 1919년 대한민국임시헌장은 평등·신교(信敎)·언론·이전·신체 및 소유의 자유를 규정하였으나 선거권과 피선거권은 규정하지 않았다.

(2) 1919년 대한민국임시헌장은 선거권과 피선거권을 규정하고, 생명형과 공창제(公娼制) 폐지를 명시하였다.

해설 1919년 대한민국임시헌장 참조.

1919년 대한민국임시헌장 제5조 대한민국의 인민으로 공민 자격이 유한 자는 선거권 급 피선거권이 유함. 대한민국임시헌장 제9조 생명형 신체형 급 공창제를 전폐함.

정답 ×, ○

🔔 20년 변시

25. **1948년 제헌헌법은 근로자의 단결, 단체교섭과 단체행동의 자유를 법률의 범위 내에서 보장하도록 하였으며, 노령, 질병 기타 근로능력의 상실로 인하여 생활유지의 능력이 없는 자는 법률의 정하는 바에 의하여 국가의 보호를 받도록 하였다.**

해설 1948년 제헌헌법 제18조, 제19조 참조.

제헌헌법 제18조 근로자의 단결, 단체교섭과 단체행동의 자유는 법률의 범위내에서 보장된다.
제헌헌법 제19조 노령, 질병 기타 근로능력의 상실로 인하여 생활유지의 능력이 없는 자는 법률의 정하는 바에 의하여 국가의 보호를 받는다.

정답 ○

🔔 15년·19년 변시, 14년(2)·(3)·17년(2)·20년(3)·21년(1)·22년(3) 모의

26.
(1) 1948년 제헌헌법은 대통령과 부통령을 국회에서 선출하고, 각 임기는 4년으로 하되 1차에 한하여 중임할 수 있도록 하였다.

(2) 1948년 헌법상 대통령은 임기 4년으로 국회에서 간접선거로 선출되었고, 대통령과 국무총리 및 국무위원으로 구성되는 국무회의는 의결기관이었다.

(3) 1948년 헌법에 의하면 대통령과 부통령은 국회에서 무기명투표로써 각각 선거하며 재적 의원 3분의 2 이상의 출석과 출석의원 3분의 2 이상의 찬성으로 당선을 결정한다. 국무총리는 대통령이 임명하되 국회의 승인을 얻도록 하였다.

(4) 1948년 헌법은 대통령과 국무총리 기타 국무위원으로 조직되는 국무원을 심의기관으로 설치하였고 대통령은 국회에서 선출하며 국무총리는 국회의 승인을 얻어 대통령이 임명하고 국무위원은 대통령이 임명하는 것으로 하였다.

해설 1948년 헌법 참조.

1948년 헌법 제52조 대통령이 사고로 인하여 직무를 수행할 수 없을 때에는 부통령이 그 권한을 대행하고 대통령, 부통령 모두 사고로 인하여 그 직무를 수행할 수 없을 때에는 국무총리가 그 권한을 대행한다.
1948년 헌법 제53조 ① 대통령과 부통령은 국회에서 무기명투표로써 각각 선거한다.
② 전항의 선거는 재적의원 3분지 2 이상의 출석과 출석의원 3분지 2 이상의 찬성투표로써 당선을 결정한다. 단, 3분지 2 이상의 득표자가 없는 때에는 2차투표를 행한다. 2차투표에도 3분지 2 이상의 득표자가 없는 때에는 최고득표자 2인에 대하여 결선투표를 행하여 다수득표자를 당선자로 한다.
1948년 헌법 제55조 대통령과 부통령의 임기는 4년으로 한다. 단, 재선에 의하여 1차중임할 수 있다. 부통령은 대통령재임중 재임한다.
1948년 헌법 제68조 국무원은 대통령과 국무총리 기타의 국무위원으로 조직되는 합의체로서 대통령의 권한에 속한 중요 국책을 의결한다.
1948년 헌법 제69조 ① 국무총리는 대통령이 임명하고 국회의 승인을 얻어야 한다. 국회의원총선거후 신국회가 개회되었을 때에는 국무총리임명에 대한 승인을 다시 얻어야 한다. 국무위원은 대통령이 임명한다. 국무위원의 총수는 국무총리를 합하여 8인이상 15인이내로 한다. 군인은 현역을 면한 후가 아니면 국무총리 또는 국무위원에 임명될 수 없다.

정답 ○, ○, ○, ×

19년(3)·23년(2) 모의

27. 1948년 헌법은 전문에서 기미 삼일운동으로 대한민국을 건립하여 세계에 선포한 위대한 독립정신을 계승하여 민주독립국가를 재건한다는 점을 명시하였다.

해설 1948년 대한민국헌법 전문 참조.

1948년 대한민국헌법 전문 유구한 역사와 전통에 빛나는 우리들 대한국민은 기미 삼일운동으로 대한민국을 건립하여 세계에 선포한 위대한 독립정신을 계승하여 이제 민주독립국가를 재건함에 있어서 정의인도와 동포애로써 민족의 단결을 공고히 하며 모든 사회적 폐습을 타파하고 민주주의제도를 수립하여 정치, 경제, 사회, 문화의 모든 영역에 있어서 각인의 기회를 균등히 하고 능력을 최고도로 발휘케 하며 각인의 책임과 의무를 완수케 하여 안으로는 국민생활의 균등한 향상을 기하고 밖으로는 항구적인 국제평화의 유지에 노력하여 우리들과 우리들의 자손의 안전과 자유와 행복을 영원히 확보할 것을 결의하고 우리들의 정당 또 자유로히 선거된 대표로써 구성된 국회에서 단기 4281년 7월 12일 이 헌법을 제정한다.

정답

18년(3)·19년(1) 모의

28. 제헌헌법은 헌법위원회와는 별도로 탄핵재판소를 설치하여 탄핵심판권을 부여하였는데, 재판장의 직무는 대통령과 부통령을 심판할 때 이외에는 부통령이 맡도록 하였으며, 대법관 5인과 국회의원 5인이 심판관이 되도록 하였다.

해설 제헌헌법 제47조, 제81조 참조. ▶ 1948년 헌법은 위헌법률심판을 관장하는 헌법위원회와 탄핵심판을 관장하는 탄핵재판소를 별개로 설치하도록 규정

1948년 헌법 제47조 탄핵사건을 심판하기 위하여 법률로써 탄핵재판소를 설치한다. 탄핵재판소는 부통령이 재판장의 직무를 행하고 대법관 5인과 국회의원 5인이 심판관이 된다. 단, 대통령과 부통령을 심판할 때에는 대법원장이 재판장의 직무를 행한다.
1948년 헌법 제81조 대법원은 법률의 정하는 바에 의하여 명령, 규칙과 처분이 헌법과 법률에 위반되는 여부를 최종적으로 심사할 권한이 있다. 법률이 헌법에 위반되는 여부가 재판의 전제가 되는 때에는 법원은 헌법위원회에 제청하여 그 결정에 의하여 재판한다. 헌법위원회는 부통령을 위원장으로 하고 대법관 5인과 국회의원 5인의 위원으로 구성한다. 헌법위원회에서 위헌결정을 할 때에는 위원 3분지 2이상의 찬성이 있어야 한다. 헌법위원회의 조직과 절차는 법률로써 정한다.

정답

 23년 변시

29. 1948년 헌법은 국가의 세입·세출의 결산, 국가 및 법률에 정한 단체의 회계 검사와 행정기관 및 공무원의 직무에 관한 감찰을 하기 위하여 대통령 소속 하에 감사원을 두도록 규정하였다.

해설 제헌헌법과 제2공헌법(1960년)은 결산심사를 심계원에서 담당하고, 정부조직법에서 직무감찰을 감찰위원회에서 담당한다고 규정하였다(한수웅. 헌법학 제7판 p85 참조).

정답

23년(2) 모의

30. 1948년 헌법은 "대한민국의 경제질서는 모든 국민에게 생활의 기본적 수요를 충족할 수 있게 하는 사회정의의 실현과 균형있는 국민경제의 발전을 기함을 기본으로 삼는다. 각인의 경제상 자유는 이 한계 내에서 보장된다."라고 규정하였다.

해설 1948년 헌법 ⇨ 제6장 경제 제84조

제84조 대한민국의 경제 질서는 모든 국민에게 생활의 기본적 수요를 충족할 수 있게 하는 사회정의의 실현과 균형 있는 국민 경제의 발전을 기함을 기본으로 삼는다. 각인의 경제상 자유는 이 한계 내에서 보장된다.

정답 O

18년 변시

31. 1948년 제헌헌법에서는 국가의 수입지출의 결산을 검사하는 기관으로 심계원을 두었다.

해설 1948년 제헌헌법 제95조 참조.

1948년 제헌헌법 제95조 국가의 수입지출의 결산은 매년 심계원에서 검사한다.

정답 O

18년(1) 모의

32. 형사보상청구권은 1948년 제헌헌법에서부터 헌법에 명문으로 규정되어 왔다.

해설 우리 헌법은 제헌헌법이래 형사보상청구권을 보장하고 있는데 현행 헌법 이전까지는 "형사피고인으로서 구금되었던 자가 무죄판결을 받은 때에는 …"이라고 규정하였으나, 1987년 현행헌법에서는 "형사피의자 또는 형사피고인으로서 구금되었던 자가 법률이 정하는 불기소처분을 받거나 무죄판결을 받은 때에는 …"이라고 규정하여 형사보상제도를 확대하였다(김유향, 기본강의 헌법 전정6판, p.813).

정답 O

II 제1차 개정헌법(1952. 7. 7.) : 발췌개헌

24년 변시

33. 제1차 개정헌법(1952년 개헌)에서는 국무위원과 행정각부장관은 국무총리의 제청으로 대통령이 임면하도록 하고 국무원 불신임결의권을 국회(민의원)에 부여하였다.

해설 제1차 개정헌법 (1952년 개헌)

헌법 제69조 국무위원은 국무총리의 제청에 의하여 대통령이 임면한다.
헌법 제70조의2 민의원에서 국무원불신임결의를 하였거나 민의원의원총선거후 최초에 집회된 민의원에서 신임결의를 얻지 못한 때에는 국무원은 총사직을 하여야 한다.
헌법 제73조 행정각부의 장은 국무위원이어야 하며 국무총리의 제청에 의하여 대통령이 임면한다.

정답 O

22년(3) 모의

34. 1952년 헌법은 대통령과 부통령 직선제 및 양원제를 도입하고, 국무총리제를 폐지하였다.

해설 제1차 개정헌법은 양원제 국회, 국회의 국무원불신임제, 국무위원을 임명할 때 국무총리의 제청권 등을 규정한다(성낙인, 헌법학 제18판, p.79). 제2차 개헌(사사오입 개헌)의 주된 내용은 초대 대통령에 한하여 삼선제한(三選制限)을 철폐하고 무제한 입후보를 허용하며, 주권의 제약·영토변경을 위한 개헌은 국민투표에 붙이며, 국무총리제를 폐지하고 국무위원에 대한 개별적 불신임제(제2차 개정헌법 제70조의2)를 채택하며, 대통령 궐위시에는 부통령이 그 지위를 승계하며, 경제체제를 자유경제체제로 전환하는 것이었다(한수웅, 헌법학 제7판, p.85). ▶ 1952년 제1차 개정헌법은 정부 측의 대통령직선제의 개헌안에 야당 측 개헌안의 내용 중 의회주의적 요소인 국무원불신임제를 혼합한 발췌개헌안이었음, 국무총리제를 폐지한 것은 1954년 제2차 개정헌법

1952년 헌법 제36조 민의원은 의장 1인, 부의장 2인을 선거한다.
참의원은 부통령을 의장으로 하고 부의장 2인을 선거한다.
참의원의장은 양원합동회의의 의장이 된다.
1952년 헌법 제53조 대통령과 부통령은 국민의 보통, 평등, 직접, 비밀투표에 의하여 각각 선거한다. 국회폐회중에 대통령과 부통령을 선거할 때에는 그 선거보고를 받기 위하여 양원의 의장은 국회의 집회를 공고하여야 한다.

정답 ×

 19년 변시

35. 1952년 개정헌법(제1차 개헌)의 주요 개정내용은 주권의 제약·영토변경을 위한 개헌에 대한 국민투표제와 국무위원에 대한 개별적 불신임제의 도입, 자유경제체제로의 경제체제 전환 등이다.

해설 제1차 개헌(발췌 개헌)의 내용은 대통령과 부통령의 직선제, 양원제 국회, 국회의 국무원 불신임제, 국무위원 임명에 대한 국무총리의 제청권의 도입이었다. … 제2차 개헌(사사오입 개헌)의 주된 내용은 초대 대통령에 한하여 삼선제한(三選制限)을 철폐하고 무제한 입후보를 허용하며, 주권의 제약·영토변경을 위한 개헌은 국민투표에 붙이며, 국무총리제를 폐지하고 국무위원에 대한 개별적 불신임제를 채택하며, 대통령 궐위시에는 부통령이 그 지위를 승계하며, 경제체제를 자유경제체제로 전환하는 것이었다(한수웅, 헌법학 제7판, p.85). ▶ 설문상 내용은 제1차 개정헌법이 아닌 제2차 개정헌법

정답 ×

18년(3) 모의

36. 제1차 개정 헌법은 탄핵재판소 구성에 관한 규정을 개정하여 대법관 5인과 참의원 의원 5인이 심판관이 되도록 하였다.

해설 제1차 개정헌법 제47조 참조.

1952년 헌법 제47조 탄핵사건을 심판하기 위하여 법률로써 탄핵재판소를 설치한다. 탄핵재판소는 부통령이 재판장의 직무를 행하고 대법관 5인과 참의원의원 5인이 심판관이 된다. 단, 대통령과 부통령을 심판할 때에는 대법원장이 재판장의 직무를 행한다.

정답 O

Ⅲ 제2차 개정헌법(1954. 11. 29.) : 이른바 사사오입(四捨五入)개헌

21년(1) 모의

37. 1954년 제2차 개정헌법은 중요정책에 대한 국민투표제를, 1962년 제5차 개정헌법은 헌법개정안에 대한 국민투표제를 최초로 도입하였다.

해설 1954년 제2차 개정헌법 제7조의2 및 1962년 제5차 개정헌법 제121조 제1항 참조. ▶1954년 제2차 개정헌법은 주권의 제약과 영토의 변경을 가져올 중대사항에 대한 국민투표제를, 1962년 제5차 개정헌법은 헌법개정안에 대한 국민투표제를 최초로 도입

정답 O

23년 변시

38. 1954년 헌법은 대통령이 사고로 인하여 직무를 수행할 수 없을 때에는 부통령이 그 권한을 대행하고, 대통령·부통령 모두 사고로 인하여 그 직무를 수행할 수 없을 때에는 국무총리가 그 권한을 대행하도록 규정하였다.

해설 1954년 헌법은 대통령 궐위시 부통령이 지위를 승계하도록 명문화 하였다(한수웅, 헌법학 제7판 p85참조).

정답 ×

13년(1)·14년(2)·20년(3)·21년(3) 모의

39. 1954년 헌법에서는 국무총리제도를 폐지하였다.

해설 제2차 개헌(사사오입 개헌)의 주된 내용은 초대 대통령에 한하여 삼선제한(三選制限)을 철폐하고 무제한 입후보를 허용하며, 주권의 제약·영토변경을 위한 개헌은 국민투표에 붙이며, 국무총리제를 폐지하고 국무위원에 대한 개별적 불신임제를 채택하며, 대통령 궐위시에는 부통령이 그 지위를 승계하며, 경제체제를 자유경제체제로 전환하는 것이었다(한수웅, 헌법학 제7판, p.85).

정답 O

제1편 헌법총론 | 31

 18년 변시

40. **국무총리제도는 1954년 제2차 개정 헌법에서 폐지된 바 있고, 이때 국무위원에 대한 개별적 불신임제를 채택하였다.**

   :: 해설 제2차 개정헌법에서는 국무총리제를 폐지하고 국무위원에 대한 개별적 불신임제를 채택하였다(제2차 개정헌법 제70조의2).

   정답 O

 15년(2) 모의

41. **1954년 헌법에서는 대통령, 민의원 또는 참의원의 재적의원 3분의 1 이상 또는 민의원선거권자 50만인 이상의 찬성으로 헌법개정을 제안할 수 있도록 하였다.**

   :: 해설 1954년 헌법 제98조 참조. ▶ 1954년 제2차 개정헌법에서 헌법개정에 대한 국민발안을 처음으로 규정

   1954년 헌법 제98조 ① 헌법개정의 제안은 대통령, 민의원 또는 참의원의 재적의원 3분지 1 이상 또는 민의원의원선거권자 50만인 이상의 찬성으로써 한다.

   정답 O

 14년(2) 모의

42. **(1) 1954년 헌법은 헌법 공포 당시의 대통령에 한하여 중임제한의 적용을 배제하고, 대통령의 궐위시에는 국무총리가 그 지위를 계승하도록 하였으며, 주권의 제약과 영토변경을 위한 개헌은 국민투표에 부치도록 하였다.**

   (2) 제헌헌법에 따르면 영토의 변경을 위해서는 헌법개정이 필요하지만, 1954년 헌법은 국민투표에 의한 영토 변경이 가능하도록 규정하였다.

   :: 해설 1954년 헌법 제7조의2, 1948년 제헌헌법 제4조 참조. ▶ 1954년 제2차 개정헌법은 ⓐ 초대대통령에 한하여 3선제한을 철폐하였고, ⓑ 국무총리제를 폐지하였으며, ⓒ 대통령의 궐위시에는 부통령이 그 지위를 계승하도록 하였고, ⓓ 국민투표제를 최초로 도입하여 주권의 제약 또는 영토변경의 경우에는 국민투표를 실시하도록 하였다(김유향, 기본강의 헌법, 전정6판, p.64).

   1954년 헌법 제7조의2 대한민국의 주권의 제약 또는 영토의 변경을 가져올 국가안위에 관한 중대사항은 국회의 가결을 거친 후에 국민투표에 부하여 민의원의원선거권자 3분지 2 이상의 투표와 유효투표 3분지 2 이상의 찬성을 얻어야 한다.
   1948년 제헌헌법 제4조 대한민국의 영토는 한반도와 그 부속도서로 한다.

   정답 X, O

Ⅳ 제3차 개정헌법(1960. 6. 15.) : 의원내각제로의 개헌

 21년 변시

43. 헌법 제8조 제4항의 정당해산심판제도는 정치적 반대세력을 제거하고자 하는 정부의 일방적인 행정처분에 의해서 유력한 진보적 야당이 등록취소되어 사라지고 말았던 우리 현대사에 대한 반성의 산물로서 1960년 제3차 헌법 개정을 통해 헌법에 도입된 것이다.

∷해설∷ ··· 헌법 제8조의 정당에 관한 규정, 특히 그 제4항의 정당해산심판제도는 이러한 우리 현대사에 대한 반성의 산물로서 1960. 6. 15. 제3차 헌법 개정을 통해 헌법에 도입된 것이다(헌재 2014.12.19. 2013헌다1).

정답 ○

20년(3) 모의

44. 헌법개정의 필수적 절차로 국민투표를 처음 규정한 것은 1960년 헌법에서였다.

∷해설∷ 1962년 헌법의 주된 내용을 살펴보면, ··· 일곱째, 처음으로 개헌에 대한 국민투표제를 신설하여 헌법개정은 국회의 의결을 거쳐 국민투표로써 확정하도록 하였다(한수웅, 헌법학 제7판, p.87).

정답 ×

 14년·20년 변시, 14년(2)·(3)·15년(2)·20년(3)·23년(2) 모의

45.
(1) 1960년 제3차 개정헌법은 사법부의 독립과 민주적 정당성을 강화하기 위한 대법원장과 대법관의 선거제를 도입하였으며 중앙선거관리위원회를 헌법기관으로 격상시켰다.

(2) 1960년 제2공화국헌법은 대법원장과 대법관을 선거하도록 규정하고 있었다. 다만, 선거인단은 일반 국민의 참여를 배제하고 법관을 자격을 가진 자로 구성하였으며, 선거의 결과를 대통령이 확인하도록 하였다.

(3) 1960년 헌법에서는 대통령의 대법원장 임명권을 배제하였다.

∷해설∷ 1960년 제3차 개정헌법 제75조의2, 제78조, 제83조의3 참조.

1960년 헌법 제75조의2 선거의 관리를 공정하게 하기 위하여 중앙선거위원회를 둔다.
1960년 헌법 제78조 대법원장과 대법관은 법관의 자격이 있는 자로써 조직되는 선거인단이 이를 선거하고 대통령이 확인한다. 제1항 이외의 법관은 대법관회의의 결의에 따라 대법원장이 임명한다.

정답 ○, ○, ○

18년(3) 모의

46. 중앙선거관리위원회를 헌법상 국가기관으로 격상시킨 것은 제3차 개정 헌법이고, 각급 선거관리위원회를 헌법에 처음 규정한 것은 제5차 개정 헌법이다.

해설 우리 나라는 3·15부정선거라는 역사적 경험에 대한 반성으로 제2공 헌법에서 중앙선거관리위원회를 헌법기관으로 격상시켰다. 그리고 각급 선거관리위원회를 규정한 것은 제3공 헌법부터이다(김유향, 기본강의 헌법, 전정6판, p.1397).

정답 O

19년 변시, 14년(1)·(2)·18년(3)·19년(1) 모의

47. 1960년 개정헌법(제3차 개헌)은 헌법재판소제도를 도입하여 법률의 위헌여부 심사, 헌법에 관한 최종적 해석, 국가기관간의 권한쟁의, 정당의 해산, 탄핵재판, 대통령·대법원장과 대법관의 선거에 관한 소송을 관장하도록 규정하였다.

해설 1960년 헌법 제83조의3 참조.

> 1960년 헌법 제83조의3 헌법재판소는 다음 각호의 사항을 관장한다.
> 1. 법률의 위헌여부 심사
> 2. 헌법에 관한 최종적 해석
> 3. 국가기관간의 권한쟁의
> 4. 정당의 해산
> 5. 탄핵재판
> 6. 대통령, 대법원장과 대법관의 선거에 관한 소송

정답 O

14년·15년 변시

48. 1960년 제3차 개정헌법은 정당에 대한 국가의 보호 규정을 신설하였다.

해설 1960년 헌법 제3조 참조. ▶ 1960년 제3차 헌법개정(제2공화국)에 정당조항을 신설하고 정당제도의 보장과 방어적 민주주의를 채택

> 1960년 헌법 제3조 정당은 법률이 정하는 바에 의하여 국가의 보호를 받는다.

정답 O

12년 변시

49. 정당에 관한 명문의 조항을 둔 것은 1960년 헌법부터이고, 1962년 헌법은 정당의 추천을 받아야만 대통령선거와 국회의원선거에 입후보할 수 있도록 제한하여 정당제민주주의를 추구하였다.

📖 해설 아래 도표 참조.

제헌헌법	- 헌법상 정당에 관한 규정은 없었으나, 국회법에서 정당을 인정
제2공화국(1960년) 헌법	- 헌법상 처음으로 정당에 관한 명문규정 신설 - 위헌정당해산제도를 규정
제3공화국(1962년) 헌법	- 정당의 추천없이는 대통령과 국회의원선거에 입후보할 수 없고, 정당에서 탈당하면 의원직을 상실하도록 하여 가장 철저한 정당국가적 경향을 지향 - 복수정당제 최초 규정 - 당내민주화 명시
제4공화국(1972년) 헌법	- 무소속입후보를 허용하여 정당국가적 경향이 상당히 후퇴
제5공화국(1980년) 헌법	- 국고보조조항을 신설
현행(1987년) 헌법	- 정당목적의 민주화를 추가

정답 ○

17년(2) 모의

50. 1960년 대한민국헌법상 국무총리와 국무위원은 국회의원이어야 한다.

📖 해설 1960년 헌법 제69조 참조.

1960년 헌법 제69조 국무총리와 국무위원의 과반수는 국회의원이어야 한다. 단, 민의원이 해산된 때에는 예외로 한다.

정답 ×

17년(2) 모의

51. 1960년 6월 헌법은 지방자치단체장 선거제도를 채택하고 헌법소원을 골자로 한 헌법재판제도를 도입하였다.

📖 해설 아래 도표 참조.

✦ 헌법재판제도의 역사

	위헌법률심판	탄핵심판	위헌정당해산	권한쟁의심판	헌법소원심판
제1공화국	헌법위원회	탄핵재판소	×	○	×
제2공화국	헌법재판소(선거소송 ○)				×
제3공화국	대법원	탄핵심판위원회	대법원	×	×
제4공화국	헌법위원회			×	×
제5공화국	헌법위원회			×	×
제6공화국	헌법재판소(선거소송 ×)				

정답 ×

Ⅴ 제4차 개정헌법(1960. 11. 29.) : 부정선거관련자처벌을 위한 개헌

24년 변시

52. 제4차 개정헌법(1960년 개헌)에서는 부칙에 대통령, 부통령 선거에 관련하여 부정행위를 한 자를 처벌하기 위한 특별법 또는 특정지위에 있음을 이용하여 현저한 반민주행위를 한 자의 공민권을 제한하기 위한 특별법을 제정할 수 있는 소급입법의 근거를 두었다.

해설 제4차 개정헌법 (1960년 개헌) 부칙

부칙 이 헌법 시행당시의 국회는 단기 4293년 3월 15일에 실시된 대통령, 부통령선거에 관련하여 부정행위를 한 자와 그 부정행위에 항의하는 국민에 대하여 살상 기타의 부정행위를 한 자를 처벌 또는 단기 4293년 4월 26일 이전에 특정지위에 있음을 이용하여 현저한 반민주행위를 한 자의 공민권을 제한하기 위한 특별법을 제정할 수 있으며 단기 4293년 4월 26일 이전에 지위 또는 권력을 이용하여 부정한 방법으로 재산을 축적한 자에 대한 행정상 또는 형사상의 처리를 하기 위하여 특별법을 제정할 수 있다.<신설 1960. 11. 29.>

Ⅵ 제5차 개정헌법(1962. 12. 26.) : 군정(軍政) 대통령제 개헌

22년(1) 모의

53. 우리 헌정사에는 한 해에 두 번 헌법개정이 이루어진 적이 있다.

해설 1960년 제3차 개헌과 제4차 개헌이 있었다.

20년(2) 모의

54. 헌법전문에서의 헌법제정 연월일을 서기(西紀)로 표기하기 시작한 것은 1962년 헌법부터였다.

해설 대한민국 정부 수립부터 1962년 개정헌법 이전까지는 헌법 전문에서의 헌법제정 연월일을 단기로 표기하였다. ▶'단기'란 단군이 즉위한 해인 서력 기원전 2333년을 원년(元年)으로 하는 기원을 의미

대한민국 제헌헌법 전문 유구한 역사와 전통에 빛나는 우리들 대한국민은 … 국회에서 단기 4281년 7월 12일 이 헌법을 제정한다.
1960년 대한민국헌법 전문 유구한 역사와 전통에 빛나는 우리들 대한국민은 … 국회에서 단기 4281년 7월 12일 이 헌법을 제정한다.
1962년 대한민국헌법 전문 유구한 역사와 전통에 빛나는 우리 대한국민은 … 1948년 7월 12일에 제정된 헌법을 이제 국민투표에 의하여 개정한다.

정답

55. 1962년 헌법은 국회의원에 입후보하려면 소속 정당의 추천을 받도록 규정하였다.

해설 1962년 헌법은 대통령과 국회의원에 입후보 하려면 소속정당의 추천을 받도록 규정하였다(한수웅. 헌법학 제7판 p85 참조).

정답 O

56. 헌법전문은 1962년 제5차 개정 헌법에서 처음으로 개정되었다.

해설 헌법전문을 최초로 개정한 것은 1962년 제5차 개정 헌법이다. 헌법전문의 개정은 제5차, 제7차, 제8차, 제9차 개정 헌법에서 이루어졌다.

정답 O

20년(3) 모의

57. 1952년 헌법에서 처음 도입되었던 양원제는 1962년 헌법에서 단원제로 전환되었다.

해설 제1차 개정헌법은 양원제 국회, 국회의 국무원불신임제, 국무위원을 임명할 때 국무총리의 제청권 등을 규정한다(성낙인, 헌법학 제18판, p.79). 제5차 개정헌법은 … 대통령은 4년 중임제를, 국회는 단원제로, 위헌법률심판권은 대법원에 부여한다(성낙인, 헌법학 제18판, p.82).

정답 O

58.
(1) 1962년 개정헌법(제5차 개헌)은 국회 단원제 및 대통령 직선제를 규정하는 동시에 국무총리·국무위원 해임건의제도를 두어, 국무총리·국무위원에 대한 국회의 해임건의가 있을 때에는 대통령은 특별한 사유가 없는 한 이에 응하도록 규정하였다.

(2) 1962년 헌법상 대통령은 임기 4년의 직선제 선출기관이었지만, 잔임기간 2년 미만의 궐위시에는 국회에서 후임대통령을 선출하고 잔임기간 동안만 재임하도록 하였다.

(3) 1962년 헌법상 대통령은 임기4년의 직선제 선출기관이었고, 국무총리 임명에 국회의 동의를 요하지 않았다.

해설 1962년 제5차 개정헌법 제64조 제1항, 제59조, 제69조, 제84조 참조.

1962년 제5차 개정헌법 제64조 ① 대통령은 국민의 보통·평등·직접·비밀선거에 의하여 선출한다. 다만, 대통령이 궐위된 경우에 잔임 기간이 2년미만인 때에는 국회에서 선거한다.
1962년 제5차 개정헌법 제59조 ① 국회는 국무총리 또는 국무위원의 해임을 대통령에게 건의할 수 있다.
② 전항의 건의는 재적의원 과반수의 찬성이 있어야 한다.
③ 제1항과 제2항에 의한 건의가 있을 때에는 대통령은 특별한 사유가 없는 한 이에 응하여야 한다.
1962년 헌법 제69조 ① 대통령의 임기는 4년으로 한다.
② 대통령이 궐위된 경우의 후임자는 전임자의 잔임기간 중 재임한다.
1962년 헌법 제84조 ① 국무총리는 대통령이 임명하고, 국무위원은 국무총리의 제청으로 대통령이 임명한다

정답

24년 변시

59. 제5차 개정헌법(1962년 개헌)에서는 국민이 4년 임기의 대통령을 선거하고, 대통령은 1차에 한하여 중임할 수 있도록 하였으며, 위헌법률심사권을 대법원의 권한으로 하였다.

해설 제5차 개정헌법 (1962년 개헌)

헌법 제102조 ①법률이 헌법에 위반되는 여부가 재판의 전제가 된 때에는 대법원은 이를 최종적으로 심사할 권한을 가진다.
②명령·규칙·처분이 헌법이나 법률에 위반되는 여부가 재판의 전제가 된 때에는 대법원은 이를 최종적으로 심사할 권한을 가진다.

정답

19년(3) 모의

60. 1962년 헌법은 대통령에게 국무총리를 국회의 동의를 얻어 임명하도록 하였다.

해설 1962년 헌법 제84조, 1972년 헌법 제63조, 1980년 헌법 제63조, 1987년 헌법 제86조 참조.
▶ 대통령에게 국무총리를 국회의 동의를 얻어 임명하도록 한 것은 1972년, 1980년, 1987년 헌법

1962년 대한민국헌법 제84조 ① 국무총리는 대통령이 임명하고, 국무위원은 국무총리의 제청으로 대통령이 임명한다.
1972년 대한민국헌법 제63조 ① 국무총리는 국회의 동의를 얻어 대통령이 임명한다.
1980년 대한민국헌법 제63조 ① 국무총리는 국회의 동의를 얻어 대통령이 임명한다.
1987년 대한민국헌법 제86조 ① 국무총리는 국회의 동의를 얻어 대통령이 임명한다.

정답

19년(3)·20년(2) 모의

61. 1960년 헌법은 대법원장 및 대법관 임명에 법관추천회의제를 채택하였다.

해설 1960년 헌법 제78조, 1962년 헌법 제99조 참조. ▶ 대법원장 및 대법관 임명에 법관추천회의제를 채택한 것은 1962년 헌법

> 1960년 대한민국헌법 제78조 대법원장과 대법관은 법관의 자격이 있는 자로써 조직되는 선거인단이 이를 선거하고 대통령이 확인한다. 전항의 선거인단의 정수, 조직과 선거에 관하여 필요한 사항은 법률로써 정한다. 제1항이외의 법관은 대법관회의의 결의에 따라 대법원장이 임명한다.
> 1962년 대한민국헌법 제99조 ① 대법원장인 법관은 법관추천회의의 제청에 의하여 대통령이 국회의 동의를 얻어 임명한다. 대통령은 법관추천회의의 제청이 있으면 국회에 동의를 요청하고, 국회의 동의를 얻으면 임명하여야 한다.
> ② 대법원판사인 법관은 대법원장이 법관추천회의의 동의를 얻어 제청하고 대통령이 임명한다. 이 경우에 제청이 있으면 대통령은 이를 임명하여야 한다.

정답 ×

15년 변시

62. 1962년 제5차 개정헌법은 법률에 대한 최종적 위헌심사권을 대법원에 부여하였다.

해설 1962년 제5차 개정헌법은 위헌정당해산심판과 위헌법률심사는 대법원의 권한으로 하였고, 탄핵심판에 관한 권한은 탄핵심판위원회에 부여하였다.

정답 ○

14년 변시, 17년(2) 모의

63. 1962년 제3공화국헌법은 정당기속을 강하게 인정하고 있었다. 특히 국회의원이 임기 중에 당적을 이탈하거나 변경한 때 또는 소속 정당이 해산되었을 때에는 의원직을 상실하도록 명시하고 있었다. 다만, 합당이나 제명으로 인하여 소속이 달라지는 경우에는 예외로 하였다.

해설 1962년 헌법 제38조 참조.

> 1962년 헌법 제38조 국회의원은 임기중 당적을 이탈하거나 변경한 때 또는 소속정당이 해산된 때에는 그 자격이 상실된다. 다만, 합당 또는 제명으로 소속이 달라지는 경우에는 예외로 한다.

정답 ○

12년 변시, 20년(2) 모의

64. 비상계엄하의 군사재판을 일정한 경우에 단심으로 할 수 있다고 규정한 헌법 제110조 제4항 본문은 1962년 헌법에서 최초로 명문화되었으며, 동 조항 단서의 "사형을 선고한 경우에는 그러하지 아니하다."는 규정은 1987년 헌법에 신설되었다.

::해설 1962년 헌법 제106조, 1987년 헌법 제110조 참조.

1962년 대한민국헌법 제106조 ③ 비상계엄하의 군사재판은 군인·군속의 범죄나 군사에 관한 간첩죄의 경우와, 초병·초소·유해음식물공급·포로에 관한 죄 중 법률에 정한 경우에 한하여 단심으로 할 수 있다.
1987년 대한민국헌법 제110조 ④ 비상계엄하의 군사재판은 군인·군무원의 범죄나 군사에 관한 간첩죄의 경우와 초병·초소·유독음식물공급·포로에 관한 죄중 법률이 정한 경우에 한하여 단심으로 할 수 있다. 다만, 사형을 선고한 경우에는 그러하지 아니하다.

정답

18년(3)·19년(1) 모의

65. 제5차 개정 헌법은 원칙적으로 국회의장이 탄핵심판위원회 위원장의 직무를 수행하도록 하였고 대법원판사 3인과 국회의원 5인이 그 위원이 되도록 하였다.

::해설 1962년 헌법 제62조 제1항, 제102조 제1항 참조. ▶ 1962년 헌법(제5차 개정헌법)은 대법원이 위헌법률심판권을, 탄핵심판위원회가 탄핵심판권을 행사, 탄핵심판위원회의 위원장은 원칙적으로 국회의장이 아닌 대법원장

1962년 헌법 제62조 ① 탄핵사건을 심판하기 위하여 탄핵심판위원회를 둔다.
② 탄핵심판위원회는 대법원장을 위원장으로 하고 대법원판사 3인과 국회의원 5인의 위원으로 구성한다. 다만, 대법원장을 심판할 경우에는 국회의장이 위원장이 된다.
③ 탄핵결정에는 구성원 6인이상의 찬성이 있어야 한다.
④ 탄핵결정은 공직으로부터 파면함에 그친다. 그러나, 이에 의하여 민사상이나 형사상의 책임이 면제되지는 아니한다.
⑤ 탄핵심판에 관한 사항은 법률로 정한다.
1962년 헌법 제102조 ① 법률이 헌법에 위반되는 여부가 재판의 전제가 된 때에는 대법원은 이를 최종적으로 심사할 권한을 가진다.

정답

14년(2)·(3) 모의

66. 1962년 헌법은 헌법개정절차에 대해 헌법개정안은 필수적으로 국민투표에 의해 확정하도록 하고 대통령은 헌법개정안을 제안할 수 없도록 하였다.

::해설 1962년 헌법 제119조, 제121조 참조.

1962년 헌법 제119조 ① 헌법개정의 제안은 국회의 재적의원 3분의 1이상 또는 국회의원선거권자 50만인이상의 찬성으로써 한다.
1962년 헌법 제121조 ① 헌법개정안은 국회가 의결한 후 60일이내에 국민투표에 붙여 국회의원선거권자 과반수의 투표와 투표자 과반수의 찬성을 얻어야 한다.

❖ 국민발안·국민투표의 연혁

	중요정책		헌법개정	
	국민발안	국민투표	국민발안	국민투표
2차, 2공	○	○	○	×
3공	×	×	○	○
4공, 5공, 6공	×	○	×	○

정답 ○

Ⅶ 제6차 개정헌법(1969. 10. 21.) : 공화당 3선개헌

Ⅷ 제7차 개정헌법(1972. 11. 24.) : 유신(維新)개헌

19년(2)·21년(1) 모의

67. 1972년 제7차 개정헌법은 대한민국 주권자인 국민은 그 대표자나 국민투표에 의하여 주권을 행사한다는 점을 명시하였다.

해설 제7차 개정헌법 제1조 참조.

1972년 헌법 제1조 ① 대한민국은 민주공화국이다.
② 대한민국의 주권은 국민에게 있고, 국민은 그 대표자나 국민투표에 의하여 주권을 행사한다.

정답 ○

 17년 변시

68. 1972년 제7차 개정 헌법의 전문에서는 3·1운동의 숭고한 독립정신과 4·19의거 및 5·16혁명의 이념을 계승한다고 규정하였으나, 1980년 제8차 개정 헌법의 전문에서는 3·1운동의 숭고한 독립정신을 계승한다고 규정하였다.

해설 1972년 헌법 전문, 1980년 헌법 전문 참조. ▶ 1962년 제5차 개정 헌법은 헌법 전문에 3·1운동의 숭고한 독립정신 계승과 함께 4·19의거와 5·16혁명의 이념에 입각하여 새로운 민주 공화국을 건설한다는 내용을 삽입, 이후 1980년 제8차 개정 헌법의 전문에서 이전 헌법과 달리 '4·19 의거', '5·16 혁명'을 삭제하고, 3·1운동의 숭고한 독립정신 계승만을 천명

정답 ○

14년(3) 모의

69. 1972년 헌법은 영토조항 외에 전문에서 평화통일의 원칙을 명시하였으며 본문에서 자유민주적 기본질서에 입각한 통일정책의 수립, 추진을 명시하였다.

해설 1972년 헌법, 1987년 헌법 참조. ▶ 자유민주적 기본질서에 입각한 평화적 통일정책의 수립, 추진을 명시한 헌법은 1987년 현행헌법, 1972년 제7차 개정헌법은 평화통일조항을 신설하였으나 그 내용은 '대통령은 조국의 평화적 통일을 위한 성실한 의무를 진다'

1987년 현행헌법 제4조 대한민국은 통일을 지향하며, 자유민주적 기본질서에 입각한 평화적 통일 정책을 수립하고 이를 추진한다.
1972년 제7차 개정헌법 前文 … 조국의 평화적 통일의 역사적 사명에 입각하여 …
1972년 제7차 개정헌법 제43조 ③ 대통령은 조국의 평화적 통일을 위한 성실한 의무를 진다.

정답 ×

 14년·21년·23년·24년 변시, 15년(2) 모의

70. 제7차 개정헌법(1972년 개헌)에서는 5년 임기의 통일주체국민회의 대의원을 국민의 직접선거에 의하여 선출하고, 통일주체국민회의는 토론 없이 무기명투표로써 대통령을 선거하는 권한을 가지고 있었으며 통일주체국민회의는 국회의원 정수 2분의 1에 해당하는 수의 국회의원을 선거하였다.

해설 7차 개정헌법(1972년 개헌)

헌법 제36조 ①통일주체국민회의는 국민의 직접선거에 의하여 선출된 대의원으로 구성한다.
헌법 제37조 ④통일주체국민회의 대의원의 임기는 6년으로 한다.
헌법 제40조 ①통일주체국민회의는 국회의원 정수의 3분의 1에 해당하는 수의 국회의원을 선거한다.

정답 ×

21년(1) 모의

71. 1972년 제7차 개정헌법은 대통령을 선거인단에 의한 간접선거로 선출하도록 하고, 그 임기를 7년 단임제로 규정하였다.

해설 1980년 제8차 개정헌법 제39조 제1항 및 제45조 참조.

1980년 제8차 개정헌법 제39조 ① 대통령은 대통령선거인단에서 무기명투표로 선거한다.
1980년 제8차 개정헌법 제45조 대통령의 임기는 7년으로 하며, 중임할 수 없다.

정답 ×

  20년 변시, 14년(2)·22년(3) 모의

72. (1) 1972년 헌법상 대통령은 통일주체국민회의에서 임기 7년으로 선출되며 국회해산권을 가졌고, 임기 중 탄핵소추를 받지 않는 한 어떠한 정치적 책임도 지지 않는 강력한 대통령제 정부형태였다. 또한 대통령이 발의한 헌법개정안은 바로 국민투표로 확정되었다.
(2) 통일주체국민회의에 의해서 간접 선출된 대통령은 무제한 연임이 가능하였다.

해설 1972년 헌법 참조. ▶ 1972년 제7차 개정헌법에서는 대통령의 임기를 6년으로 하고, 대통령의 중임·연임 제한을 폐지, 또한 대통령에게 긴급조치권, 국회해산권, 국회의원정수 3분의 1 추천권, 중요정책에 대한 국민투표부의권, 대법원장을 비롯한 모든 법관의 임명, 보직권 등 막강한 권한을 부여

> 1972년 헌법 제39조 ① 대통령은 통일주체국민회의에서 토론없이 무기명투표로 선거한다.
> 1972년 헌법 제47조 대통령의 임기는 6년으로 한다.
> 1972년 헌법 제59조 ① 대통령은 국회를 해산할 수 있다.
> 1972년 헌법 제124조 ① 헌법의 개정은 대통령 또는 국회재적의원 과반수의 발의로 제안된다.
> ② 대통령이 제안한 헌법개정안은 국민투표로 확정되며, 국회의원이 제안한 헌법개정안은 국회의 의결을 거쳐 통일주체국민회의 의결로 확정된다.

정답 X, O

19년 변시, 17년(2)·23년(2) 모의

73. 1972년 개정헌법(제7차 개헌)은 대통령이 제안한 헌법개정안은 국민투표로 확정되며, 국회의원이 제안한 헌법개정안은 국회의 의결을 거쳐 통일주체국민회의의 의결로 확정되도록 헌법개정절차를 이원화하여 규정하였다.

해설 1972년 제7차 개정헌법 제124조 제2항 참조.

> 1972년 헌법 제124조 ② 대통령이 제안한 헌법개정안은 국민투표로 확정되며, 국회의원이 제안한 헌법개정안은 국회의 의결을 거쳐 통일주체국민회의의 의결로 확정된다.

정답

14년(2)·18년(3)·19년(1) 모의

74. (1) 제7차 개정 헌법은 탄핵심판을 담당하는 별도의 기관을 두지 않고 헌법위원회가 담당하도록 하였는데, 이는 제8차 개정 헌법에서도 그대로 유지되었다.

(2) 1972년 헌법은 대통령이 대법원장을 임명하고 대법관은 대법원장의 제청에 의해서 임명하도록 규정하였으며 헌법위원회에게 위헌법률심판권·정당해산심판권·탄핵심판권을 행사하도록 하였다.

해설 1972년 제7차 개정헌법 제109조, 1980년 제8차 개정헌법 제112조 참조. ▶ 1972년 헌법(제7차 개정헌법)은 헌법위원회를 설치하여 위헌법률심판권과 탄핵심판권, 정당해산 심판권을 행사하도록 규정

> 1972년 헌법 제109조 ① 헌법위원회는 다음 사항을 심판한다.
> 1. 법원의 제청에 의한 법률의 위헌여부
> 2. 탄핵
> 3. 정당의 해산
> ② 헌법위원회는 9인의 위원으로 구성하며, 대통령이 임명한다.
> ③ 제2항의 위원중 3인은 국회에서 선출하는 자를, 3인은 대법원장이 지명하는 자를 임명한다.
> ④ 헌법위원회의 위원장은 위원중에서 대통령이 임명한다.
> 1980년 헌법 제112조 ① 헌법위원회는 다음 사항을 심판한다.
> 1. 법원의 제청에 의한 법률의 위헌여부
> 2. 탄핵
> 3. 정당의 해산

정답 ○, ○

⏱ 15년 변시, 17년(2)·19년(2)·20년(2)·21년(2) 모의

75. **1972년 제7차 개정헌법은 1948년 제헌헌법이 규정한 국정감사권을 폐지하였고, 1980년 제8차 개정헌법은 국정조사권을 규정하였으며, 현행 헌법은 국정감사권과 국정조사권을 규정하고 있다.**

해설 제헌헌법 제43조는 "국회는 국정을 감사하기 위하여 필요한 서류를 제출케 하며 증인의 출석과 증언 또는 의견의 진술을 요구할 수 있다"고 규정하여 '국정감사'라는 용어로 제도를 도입하였다. 국정감사제도는 제헌헌법 이래 제8대 국회까지 시행되어오다가 유신헌법에 의해 폐지되고 국정감사법도 폐지되었다. … 제5공화국헌법은 "국회는 특정한 국정사안에 관하여 조사할 수 있으며, 그에 직접 관련된 서류의 제출, 증인의 출석과 증언이나 의견의 진술을 요구할 수 있다"고 하여 최초의 국정조사제도를 헌법에서 명시하였다. 현행 헌법에서는 국정감사권이 다시 부활되어 국정조사권과 함께 규정하였다. 이에 따라 국회법을 개정하여 국정감사와 국정조사를 동시에 규정하는 한편 국정감사와 조사의 절차 등을 규정한 국정감사 및 조사에 관한 법률을 제정하였다(김유향, 기본강의 헌법 전정 제7판, p.1271).

정답 ○

IX 제8차 개정헌법(1980. 10. 27.) : 국보위(國保衛)개헌

21년(1) 모의

76. **1980년 제8차 개정헌법은 체포·구속 시 이유고지 및 가족통지제도를 추가하고, 범죄피해자구조청구권을 신설하였다.**

해설 1987년 제9차 개정헌법 제12조 제5항 및 제30조 참조. ▶ 현행헌법인 1987년 제9차 개정헌법은 체포·구속 시 이유고지 및 가족통지제도를 추가하였고, 범죄피해자구조청구권을 기본권으로 새로 규정

헌법 제12조 ⑤ 누구든지 체포 또는 구속의 이유와 변호인의 조력을 받을 권리가 있음을 고지받지 아니하고는 체포 또는 구속을 당하지 아니한다. 체포 또는 구속을 당한 자의 가족등 법률이 정하는 자에게는 그 이유와 일시·장소가 지체없이 통지되어야 한다.
헌법 제30조 타인의 범죄행위로 인하여 생명·신체에 대한 피해를 받은 국민은 법률이 정하는 바에 의하여 국가로부터 구조를 받을 수 있다.

정답 ×

13년(1)·19년(3) 모의

77. 1980년 헌법은 총강에서 국군의 정치적 중립을 명시하고, 기본권 조항에서 적법절차 조항과 범죄피해자구조청구권을 신설하였다.

 1987년 헌법 제5조, 제30조 참조. ▶ 총강에서 국군의 정치적 중립을 명시하고, 기본권 조항에서 적법절차 조항과 범죄피해자구조청구권을 신설한 것은 1987년 헌법

1987년 대한민국헌법 제5조 ② 국군은 국가의 안전보장과 국토방위의 신성한 의무를 수행함을 사명으로 하며, 그 정치적 중립성은 준수된다.
1987년 대한민국헌법 제30조 타인의 범죄행위로 인하여 생명·신체에 대한 피해를 받은 국민은 법률이 정하는 바에 의하여 국가로부터 구조를 받을 수 있다.

정답 ×

14년·24년 변시

78. 제8차 개정헌법(1980년 개헌)에서는 통일주체국민회의를 폐지하였으며 행복추구권, 연좌제 금지, 사생활의 비밀과 자유의 불가침, 무죄추정의 원칙, 환경권, 적정임금의 보장 등을 헌법상의 기본권으로 새로이 규정하였다.

 제8차 개정헌법(1980년 개헌)

헌법 제9조 모든 국민은 인간으로서의 존엄과 가치를 가지며, 행복을 추구할 권리를 가진다. 국가는 개인이 가지는 불가침의 기본적 인권을 확인하고 이를 보장할 의무를 진다.
헌법 제12조 ③ 모든 국민은 자기의 행위가 아닌 친족의 행위로 인하여 불이익한 처우를 받지 아니한다.
헌법 제16조 모든 국민은 사생활의 비밀과 자유를 침해받지 아니한다.
헌법 제33조 모든 국민은 깨끗한 환경에서 생활할 권리를 가지며, 국가와 국민은 환경보전을 위하여 노력하여야 한다.

▶ 1980년 제5공화국헌법(제8차 개정헌법)은 행복추구권, 형사피고인의 무죄추정, 연좌제금지, 사생활의 비밀과 자유, 적정임금조항, 평생교육에 관한 권리, 환경권, 소비자의 보호운동 등을 신설

정답 ○

🕐 20년 변시

79. **1980년 헌법(제8차 개정헌법)은 국가의 사회보장·사회복지 증진 노력의무, 중소기업의 사업활동 보호·육성, 소비자보호운동의 보장 등을 규정하였다.**

∷해설 1980년 헌법 제32조 제2항, 제124조 제2항, 제125조 참조.

1980년헌법 제32조 ② 국가는 사회보장·사회복지의 증진에 노력할 의무를 진다.
1980년헌법 제124조 ② 국가는 중소기업의 사업활동을 보호·육성하여야 한다.
1980년헌법 제125조 국가는 건전한 소비행위를 계도하고 생산품의 품질향상을 촉구하기 위한 소비자보호운동을 법률이 정하는 바에 의하여 보장한다.

정답 ○

🕐 19년 변시, 14년(2)·19년(1)·22년(3) 모의

80. **(1) 1980년 개정헌법(제8차 개헌)은 임기 7년의 대통령을 국회에서 무기명투표로 선거하도록 하고 1차에 한하여 중임을 허용하였으며, 위헌법률심판과 탄핵심판을 담당하는 헌법위원회를 규정하였다.**

(2) 1980년 헌법은 대통령선거인단에 의한 간선제로 선출한 대통령에게 국회해산권과, 비상조치권 그리고 법률안거부권을 부여하였고, 헌법위원회를 설치하여 법률의 위헌결정·탄핵심판·위헌정당의 해산기능을 맡겼다.

∷해설 1980년 제8차 개정헌법 제45조, 제39조 제1항, 제112조 제1항 참조. ▶ 1980년 헌법(제8차 개정헌법)은 헌법위원회가 위헌법률심판권과 탄핵심판권을 행사

1980년 헌법 제45조 대통령의 임기는 7년으로 하며, 중임할 수 없다.
1980년 헌법 제39조 ① 대통령은 대통령선거인단에서 무기명투표로 선거한다.
1980년 헌법 제112조 ① 헌법위원회는 다음 사항을 심판한다.
1. 법원의 제청에 의한 법률의 위헌여부
2. 탄핵
3. 정당의 해산
1980년 헌법 제57조 ① 대통령은 국가의 안정 또는 국민전체의 이익을 위하여 필요하다고 판단할 상당한 이유가 있을 때에는 국회의장의 자문 및 국무회의의 심의를 거친 후 그 사유를 명시하여 국회를 해산할 수 있다. 다만, 국회가 구성된 후 1년이내에는 해산할 수 없다.
1980년 헌법 제89조 ② 법률안에 이의가 있을 때에는 대통령은 제1항의 기간내에 이의서를 붙여 국회로 환부하고, 그 재의를 요구할 수 있다. 국회의 폐회중에도 또한 같다.

정답 ×, ○

🕛 12년 변시

81. 대통령의 선출방식은 1948년헌법의 간선제, 1952년헌법의 직선제, 1960년헌법의 간선제, 1962년헌법의 직선제, 1972년헌법의 간선제, 1980년헌법의 직선제, 1987년헌법의 직선제로 변화되어 왔다.

해설 아래 도표 참조. ▶ 1980년 8차 개정헌법은 대통령선거는 선거인단에 의한 간선제를 채택하였다.

❖ 역대헌법에서의 대통령의 선출 비교

제1공	제2공	제3공	제4공	제5공	제6공
건국헌법 : 간선제(국회), 제1차·제2차개헌 : 직선제	간선제 (국회)	직선제	간선제 (통일주체국민회의)	간선제 (선거인단)	직선제

정답

17년(2) 모의

82. 1980년 헌법은 최저임금제 실시, 노인·청소년 복지 향상 등의 사회권 조항을 신설하였다.

해설 1987년 헌법 제3조, 제32조 참조. ▶ 최저임금제와 노인·여자·청소년의 복지권은 1987년 개정된 현행 헌법에서 신설된 제도, 1980년 헌법은 적정임금의 보장을 규정

1980년 헌법 제30조 ① 모든 국민은 근로의 권리를 가진다. 국가는 사회적·경제적 방법으로 근로자의 고용의 증진과 적정임금의 보장에 노력하여야 한다.
1987년 헌법 제32조 ① 모든 국민은 근로의 권리를 가진다. 국가는 사회적·경제적 방법으로 근로자의 고용의 증진과 적정임금의 보장에 노력하여야 하며, 법률이 정하는 바에 의하여 최저임금제를 시행하여야 한다.
1987년 헌법 제3조 ④ 국가는 노인과 청소년의 복지향상을 위한 정책을 실시할 의무를 진다.

정답

🕛 23년 변시, 15년(3)·23년(2) 모의

83. (1) 1980년 헌법에서는 국회에 해임의결권이 부여되었으며, 현행 헌법에서는 해임건의권이 인정되고 있다.
(2) 1980년 헌법은 국회가 국무총리에 대해 해임의결을 한 때에 대통령은 국무총리와 국무위원 전원을 해임하도록 하였다.
(3) 1980년 헌법은 국회가 국무총리 또는 국무위원에 대하여 개별적으로 그 해임을 건의할 수 있으나, 국무총리에 대한 해임건의는 국회가 임명동의를 한 후 1년 이내에는 할 수 없도록 규정하였다.

해설 아래 도표 참조.

1980년 헌법 제 99조
③제2항의 의결이 있을 때에는 대통령은 국무총리 또는 당해 국무위원을 해임하여야 한다. 다만, 국무총리에 대한 해임의결이 있을 때에는 대통령은 국무총리와 국무위원 전원을 해임하여야 한다.

❖ 해임건의 또는 해임의결의 연혁

제3공(1962) 헌법	해임건의권 : 구속력 인정 ○ (국회는 국무총리 또는 국무위원의 해임을 대통령에게 건의할 수 있다. 대통령은 특별한 사유가 없는 한 이에 응하여야 한다)
제4공(1972) 헌법	해임의결권 : 구속력 인정 ○ (국회는 국무총리 또는 국무위원에 대하여 개별적으로 그 해임을 의결할 수 있다)
제5공(1980) 헌법	해임의결권 : 구속력 인정 ○ (국회는 국무총리 또는 국무위원에 대하여 개별적으로 그 해임을 의결할 수 있다)
현행헌법	해임건의권 : 구속력 인정 × (국회는 국무총리 또는 국무위원의 해임을 대통령에게 건의할 수 있다)

정답 ○,○,×

14년(3) 모의

84. 1980년 헌법 부칙에서 국가보위입법회의를 과도적 국회권한대행기관으로 규정하였지만, 1987년 현행헌법 하에서 국회보위입법회의에서 제정되었다는 법률의 제정절차에 위헌적 하자가 있음을 다툴 수는 있다.

해설 국가보위입법회의에서 제정된 법률은 "그 내용"이 현행 헌법에 저촉된다고 하여 이를 다투는 것은 별론으로 하고 "그 제정절차"에 하자가 있다는 것을 이유로 하여 이를 다툴 수는 없다고 보아야 할 것이다(헌재 1997.01.16. 89헌마240).

정답 ×

 제9차 개정헌법(1987.10.29) : 대통령 직선제로의 개헌

 15년 변시, 21년(1) 모의

85. 1987년 제9차 개정헌법은 대한민국 임시정부의 법통계승을 최초로 명문화하였다.

해설 현행헌법 전문 참조. ▶대한민국임시정부의 법통계승은 현행헌법에서 처음으로 규정되었는바, 현행헌법 전문에는 "유구한 역사와 전통에 빛나는 우리 대한국민은 3·1운동으로 건립된 대한민국임시정부의 법통과 불의에 항거한 4·19민주이념을 계승하고,…"라고 규정

정답 ○

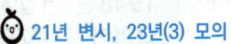 21년 변시, 23년(3) 모의

86. 헌법상 범죄피해자 구조청구권은 1987년 개정헌법에서 도입되었다.

해설 범죄피해자구조청구권은 범죄피해자의 손해를 국가가 도와주어야 한다는 사상을 헌법상 권리로 수용한 것으로서 현행헌법(1987)에서 처음으로 도입되었다. 이에 따라 '범죄피해자보호법'이 제정되었다(성낙인, 제18판 헌법학, p.1503). ▶현행 헌법 제30조 참조.

정답 ○

20년 변시

87. 현행 헌법은 국가가 여자의 복지와 권익의 향상을 위하여 노력하고, 재해를 예방하고 그 위험으로부터 국민을 보호하기 위하여 노력하도록 규정하고 있다.

해설 1987년 현행헌법 제34조 제3항, 제6항 참조.

현행헌법 제34조 ③ 국가는 여자의 복지와 권익의 향상을 위하여 노력하여야 한다.
⑥ 국가는 재해를 예방하고 그 위험으로부터 국민을 보호하기 위하여 노력하여야 한다.

정답

20년(2) 모의

88. '대학의 자율성은 법률이 정하는 바에 의하여 보장된다.'라는 규정은 1980년 헌법에서 최초로 명문화되었다.

해설 대학의 자율성은 현행 헌법에서 규정되었다(정회철, 기본강의 헌법 개정7판, p.68). ▶현행헌법 제31조 제4항 참조.

정답

17년(2) 모의

89. 적법절차의 원칙은 공권력에 의한 국민의 생명·자유·재산의 침해는 반드시 합리적이고 정당한 법률에 의거해서 정당한 절차를 밟은 경우에만 유효하다는 원리로서, 우리 헌법의 경우 1987년 헌법에서 최초로 명문으로 규정되었다.

해설 적법절차의 원칙은 공권력에 의한 국민의 생명·자유·재산의 침해는 반드시 합리적이고 정당한 법률에 의거해서 정당한 절차를 밟은 경우에만 유효하다는 원리로서, 1987.10.29. 공포된 9차 개정헌법에서 처음으로 인신보호를 위한 헌법상의 기속원리로 채택되었다(헌재 2001.11.29. 2001헌바41).

정답

15년(2) 모의

90. 1948년 헌법에서 사기업 근로자의 이익분배균점권을 인정하였으며, 1980년 헌법에서 국가가 근로자의 적정임금의 보장에 노력하여야 할 의무를 최초로 규정하였고, 1987년 헌법에서 국가가 최저임금제를 시행할 의무에 관하여 최초로 규정하였다.

해설 1948년 제헌헌법, 1980년 제8차 개정헌법, 1987년 현행헌법 참조. ▶ 사기업 근로자의 이익분배균점권은 1948년 헌법에서 규정, 1962년 제5차 개정헌법에서 삭제

정답

19년(1) 모의

91. 1987년 헌법(제9차 개정헌법)에서 헌법소원심판제도가 처음으로 도입되었다.

해설 현행헌법 제111조 제1항 참조. ▶ 1987년 헌법(제9차 개정헌법)에서 헌법소원제도가 처음으로 도입

> 현행헌법 제111조 ① 헌법재판소는 다음 사항을 관장한다.
> 1. 법원의 제청에 의한 법률의 위헌여부 심판
> 2. 탄핵의 심판
> 3. 정당의 해산 심판
> 4. 국가기관 상호간, 국가기관과 지방자치단체간 및 지방자치단체 상호간의 권한쟁의에 관한 심판
> 5. 법률이 정하는 헌법소원에 관한 심판

정답

제2절 헌법의 적용범위

제❶항 ▎국 적

22년 변시, 15년(2) 모의

92. 일반적으로 외국인인 개인이 대한민국 국적을 선택할 권리가 자연권으로서 또는 우리 헌법상 기본권으로 당연히 인정된다고는 할 수 없다.

해설 개인의 국적선택에 대하여는 나라마다 그들의 국내법에서 많은 제약을 두고 있는 것이 현실이므로, 국적은 아직도 자유롭게 선택할 수 있는 권리에는 이르지 못하였다고 할 것이다. 그러므로 "이중국적자의 국적선택권"이라는 개념은 별론으로 하더라도, 일반적으로 외국인인 개인이 특정한 국가의 국적을 선택할 권리가 자연권으로서 또는 우리 헌법상 당연히 인정된다고는 할 수 없다고 할 것이다(헌재 2006.03.30. 2003헌마806).

정답

20년(2) 모의

93. 「국적법」 등 관계 법령 어디에도 외국인에게 대한민국의 국적을 취득할 권리를 부여하였다고 볼 만한 규정이 없다.

해설 국적은 국민의 자격을 결정짓는 것이고, 이를 취득한 사람은 국가의 주권자가 되는 동시에 국가의 속인적 통치권의 대상이 되므로, … 한편 국적법 등 관계 법령 어디에도 외국인에게 대한민국의 국적을 취득할 권리를 부여하였다고 볼 만한 규정이 없다(대판 2010.07.15. 2009두19069).

정답

94.
우리나라는 속인주의를 원칙으로 하되 속지주의를 가미하고 있어서, 부 또는 모가 분명하지 않은 경우 대한민국에서 출생한 자는 대한민국의 국적을 취득할 수 있다.

13년(1)·(2)·14년(2)·23년(1) 모의

해설 국적법 제2조 참조. ▶ 우리나라는 부모양계혈통주의에 기초한 속인주의(국적법 제2조 제1항 제1호 내지 제2호)를 원칙으로 하면서 속지주의(국적법 제2조 제1항 제3호, 동조 제2항)를 보충적으로 채택

> 국적법 제2조(출생에 의한 국적 취득) ① 다음 각 호의 어느 하나에 해당하는 자는 출생과 동시에 대한민국 국적을 취득한다.
> 1. 출생 당시에 부 또는 모가 대한민국의 국민인 자
> 2. 출생하기 전에 부가 사망한 경우에는 그 사망 당시에 부가 대한민국의 국민이었던 자
> 3. 부모가 모두 분명하지 아니한 경우나 국적이 없는 경우에는 대한민국에서 출생한 자

정답

95.
국적은 성문의 법령을 통해서가 아니라 국가의 생성과 더불어 존재하는 것이므로, 헌법의 위임에 따라 국적법이 제정되나 그 내용은 국가의 구성요소인 국민의 범위를 구체화, 현실화하는 헌법사항을 규율하고 있는 것이다.

13년(3) 모의

해설 국적은 국가와 그의 구성원 간의 법적유대(法的紐帶)이고 보호와 복종관계를 뜻하므로 이를 분리하여 생각할 수 없다. 즉 국적은 국가의 생성과 더불어 발생하고 국가의 소멸은 바로 국적의 상실 사유인 것이다. 국적은 성문의 법령을 통해서가 아니라 국가의 생성과 더불어 존재하는 것이므로, 헌법의 위임에 따라 국적법이 제정되나 그 내용은 국가의 구성요소인 국민의 범위를 구체화, 현실화하는 헌법사항을 규율하고 있는 것이다(헌재 2000.08.31. 97헌가12).

정답

96.
대한민국에서 발견된 기아(棄兒)는 대한민국에서 출생한 것으로 본다.

13년(3) 모의

해설 국적법 제2조 참조.

> 국적법 제2조(출생에 의한 국적취득) ② 대한민국에서 발견된 기아는 대한민국에서 출생한 것으로 추정한다.

정답

97.
귀화허가는 외국인에게 대한민국 국적을 부여함으로써 국민으로서의 법적 지위를 포괄적으로 설정하는 행위이며, 귀화허가의 근거규정의 형식과 문언, 귀화허가의 내용과 특성 등을 고려해 보면, 법무부장관은 귀화신청인이 귀화요건을 갖추었다 하더라도 귀화를 허가할 것인지 여부에 관하여 재량권을 가진다.

20년(2) 모의

해설 국적은 국민의 자격을 결정짓는 것이고, 이를 취득한 사람은 국가의 주권자가 되는 동시에 국가의 속인적 통치권의 대상이 되므로, 귀화허가는 외국인에게 대한민국 국적을 부여함으로써 국민으로서의 법적 지위를 포괄적으로 설정하는 행위에 해당한다. … 귀화허가의 근거 규정의 형식과 문언, 귀화허가의 내용과 특성 등을 고려하여 보면, 법무부장관은 귀화신청인이 법률이 정하는 귀화요건을 갖추었다고 하더라도 귀화를 허가할 것인지 여부에 관하여 재량권을 가진다(대판 2010.07.15. 2009두19069).

정답 O

22년 · 23년 · 24년 변시, 20년(2) 모의

98. 「국적법」조항에서의 '품행이 단정할 것'은 귀화신청자를 대한민국의 새로운 구성원으로서 받아들이는 데 지장이 없을 만한 품성과 행실을 갖춘 것을 의미하므로 명확성원칙에 위배되지 아니한다.

해설 심판대상조항은 외국인에게 대한민국 국적을 부여하는 '귀화'의 요건을 정한 것인데, '품행', '단정' 등 용어의 사전적 의미가 명백하고, 심판대상조항의 입법취지와 용어의 사전적 의미 및 법원의 일반적인 해석 등을 종합해 보면, '품행이 단정할 것'은 '귀화신청자를 대한민국의 새로운 구성원으로서 받아들이는 데 지장이 없을 만한 품성과 행실을 갖춘 것'을 의미하고, 구체적으로 이는 귀화신청자의 성별, 연령, 직업, 가족, 경력, 전과관계 등 여러 사정을 종합적으로 고려하여 판단될 것임을 예측할 수 있다. 따라서 심판대상조항은 명확성원칙에 위배되지 아니한다(헌재 2016.07.28. 2014헌바421).

정답 O

20년(2) 모의

99. 외국인이 일반귀화허가를 받으려면 '3년 이상 계속하여 대한민국에 주소가 있을 것'이라는 요건을 갖추어야 한다.

해설 국적법 제5조 제1호 참조.

> 국적법 제5조(일반귀화 요건) 외국인이 귀화허가를 받기 위해서는 제6조나 제7조에 해당하는 경우 외에는 다음 각 호의 요건을 갖추어야 한다.
> 1. 5년 이상 계속하여 대한민국에 주소가 있을 것
> 1의2. 대한민국에서 영주할 수 있는 체류자격을 가지고 있을 것
> 2. 대한민국의 「민법」상 성년일 것
> 3. 법령을 준수하는 등 법무부령으로 정하는 품행 단정의 요건을 갖출 것
> 4. 자신의 자산이나 기능에 의하거나 생계를 같이하는 가족에 의존하여 생계를 유지할 능력이 있을 것
> 5. 국어능력과 대한민국의 풍습에 대한 이해 등 대한민국 국민으로서의 기본 소양을 갖추고 있을 것
> 6. 귀화를 허가하는 것이 국가안전보장·질서유지 또는 공공복리를 해치지 아니한다고 법무부장관이 인정할 것

정답 ×

14년(2)·18년(3) 모의

100. 출생 당시에 그 부 또는 모가 대한민국의 국민이었던 외국인은 대한민국 민법상 미성년자가 아니라 할지라도 대한민국의 국민인 부 또는 모가 인지하면 대한민국 국적을 취득할 수 있다.

해설 국적법 제3조 참조. ▶ 국적법 제3조 제1항의 경우 1호와 2호의 요건을 모두 갖추어야 함

국적법 제3조(인지에 의한 국적 취득) ① 대한민국의 국민이 아닌 자(이하 "외국인"이라 한다)로서 대한민국의 국민인 부 또는 모에 의하여 인지된 자가 다음 각 호의 요건을 모두 갖추면 법무부장관에게 신고함으로써 대한민국 국적을 취득할 수 있다.
1. 대한민국의 「민법」 상 미성년일 것
2. 출생 당시에 부 또는 모가 대한민국의 국민이었을 것

민법 제4조(성년) 사람은 19세로 성년에 이르게 된다.

정답

18년(3) 모의

101. 외국인의 자(子)로서 대한민국 민법상 미성년인 자는 별도의 절차 없이 법무부장관이 부 또는 모에게 귀화를 허가하면 부 또는 모와 함께 대한민국 국적을 취득한다.

해설 국적법 제8조 참조.

국적법 제8조(수반 취득) ① 외국인의 자로서 대한민국의 「민법」 상 미성년인 사람은 부 또는 모가 귀화허가를 신청할 때 함께 국적 취득을 신청할 수 있다.
② 제1항에 따라 국적 취득을 신청한 사람은 부 또는 모가 대한민국 국적을 취득한 때에 함께 대한민국 국적을 취득한다.

정답

24년 변시, 18년(3) 모의

102. 만 20세가 되기 전에 복수국적자가 된 자는 만 22세가 되기 전까지, 만 20세가 된 후에 복수국적자가 된 자는 그 때부터 2년 내에 「국적법」이 정한 절차에 따라 하나의 국적을 선택하여야 한다. 다만, 동법에 따라 법무부장관에게 대한민국에서 외국 국적을 행사하지 아니하겠다는 뜻을 서약한 복수국적자는 제외한다.

해설 국적법 제12조 제1항 참조.

국적법 제12조(복수국적자의 국적선택의무) ① 만 20세가 되기 전에 복수국적자가 된 자는 만 22세가 되기 전까지, 만 20세가 된 후에 복수국적자가 된 자는 그 때부터 2년 내에 제13조와 제14조에 따라 하나의 국적을 선택하여야 한다. 다만, 제10조 제2항에 따라 법무부장관에게 대한민국에서 외국 국적을 행사하지 아니하겠다는 뜻을 서약한 복수국적자는 제외한다.

정답

🍊 24년 변시, 18년(3) 모의

103. 외국인과의 혼인으로 그 배우자의 국적을 취득하게 된 대한민국의 국민은 그 외국 국적을 취득한 때부터 6개월 내에 대한민국 국적을 보유할 의사가 없다는 뜻을 법무부장관에게 신고하고 이를 법무부장관이 인정하면 신고시부터 대한민국 국적을 상실한다.

해설 국적법 제15조 제2항 제1호 참조.

국적법 제15조(외국 국적 취득에 따른 국적 상실) ② 대한민국의 국민으로서 다음 각 호의 어느 하나에 해당하는 자는 그 외국 국적을 취득한 때부터 6개월 내에 법무부장관에게 대한민국 국적을 보유할 의사가 있다는 뜻을 신고하지 아니하면 그 외국 국적을 취득한 때로 소급하여 대한민국 국적을 상실한 것으로 본다.
1. 외국인과의 혼인으로 그 배우자의 국적을 취득하게 된 자

정답

14년(2) 모의

104. 대한민국 국민인 배우자와의 사이에 출생한 미성년인 자녀의 양육이 필요한 외국인은 그 혼인상태가 해소되었더라도 대한민국에 2년 이상 계속하여 주소가 있고 법무부장관이 상당하다고 인정하면 귀화허가를 받을 수 있다.

해설 국적법 제6조 참조.

국적법 제6조(간이귀화 요건) ② 배우자가 대한민국의 국민인 외국인으로서 다음 각 호의 어느 하나에 해당하는 자는 제5조 제1호의 요건을 갖추지 아니하여도 귀화허가를 받을 수 있다.
1. 그 배우자와 혼인한 상태로 대한민국에 2년 이상 계속하여 주소가 있는 자
2. 그 배우자와 혼인한 후 3년이 지나고 혼인한 상태로 대한민국에 1년 이상 계속하여 주소가 있는 자
3. 제1호나 제2호의 기간을 채우지 못하였으나, 그 배우자와 혼인한 상태로 대한민국에 주소를 두고 있던 중 그 배우자의 사망이나 실종 또는 그 밖에 자신에게 책임이 없는 사유로 정상적인 혼인 생활을 할 수 없었던 자로서 제1호나 제2호의 잔여기간을 채웠고 법무부장관이 상당하다고 인정하는 자
4. 제1호나 제2호의 요건을 충족하지 못하였으나, 그 배우자와의 혼인에 따라 출생한 미성년의 자(子)를 양육하고 있거나 양육하여야 할 자로서 제1호나 제2호의 기간을 채웠고 법무부장관이 상당하다고 인정하는 자

정답

14년(2) 모의

105. 대한민국의 국민이었던 외국인은 법무부장관의 국적회복허가를 받아 대한민국 국적을 취득할 수 있으며, 허가를 받은 자는 우리 국적을 상실했던 당시로 소급하여 국적이 회복된다.

해설 국적법 제9조 참조.

국적법 제9조(국적회복에 의한 국적 취득) ① 대한민국의 국민이었던 외국인은 법무부장관의 국적회복허가를 받아 대한민국 국적을 취득할 수 있다.
③ 제1항에 따라 국적회복허가를 받은 자는 법무부장관이 허가를 한 때에 대한민국 국적을 취득한다.

정답 ×

13년(3)·14년(2)·18년(3) 모의

106. (1) 대한민국 국적을 취득한 외국인이 외국 국적 포기의무를 이행하지 않아서 대한민국 국적을 상실한 경우, 그 후 1년 내에 그 외국 국적을 포기하면 법무부장관의 허가에 따라 대한민국 국적을 재취득할 수 있다.

(2) 외국에서 거주하다가 영주할 목적으로 만 65세 이후에 입국하여 국적회복허가를 받은 자는 대한민국에서 외국 국적을 행사하지 아니하겠다는 뜻을 법무부장관에게 서약하면 외국 국적을 포기해야 할 의무가 없다.

해설 국적법 제10조, 제11조 참조. ▶ 법무부장관에게 신고함으로써 대한민국 국적을 재취득, 법무부장관의 허가를 요건으로 하지 않음

국적법 제10조(국적 취득자의 외국 국적 포기 의무) ① 대한민국 국적을 취득한 외국인으로서 외국 국적을 가지고 있는 자는 대한민국 국적을 취득한 날부터 1년 내에 그 외국 국적을 포기하여야 한다.
② 제1항에도 불구하고 다음 각 호의 어느 하나에 해당하는 자는 대한민국 국적을 취득한 날부터 1년 내에 외국 국적을 포기하거나 법무부장관이 정하는 바에 따라 대한민국에서 외국 국적을 행사하지 아니하겠다는 뜻을 법무부장관에게 서약하여야 한다.
　4. 외국에서 거주하다가 영주할 목적으로 만 65세 이후에 입국하여 제9조에 따라 국적회복허가를 받은 자
③ 제1항 또는 제2항을 이행하지 아니한 자는 그 기간이 지난 때에 대한민국 국적을 상실한다.
국적법 제11조(국적의 재취득) ① 제10조 제3항에 따라 대한민국 국적을 상실한 자가 그 후 1년 내에 그 외국 국적을 포기하면 법무부장관에게 신고함으로써 대한민국 국적을 재취득할 수 있다.

정답 ×, ○

24년·23년 변시

107. (1) "법무부장관은 거짓이나 그 밖의 부정한 방법으로 귀화허가, 국적회복허가, 국적의 이탈 허가 또는 국적보유판정을 받은 자에 대하여 그 허가 또는 판정을 취소할 수 있다."라는 「국적법」 조항 중 국적회복허가취소에 관한 부분은 거주·이전의 자유 및 행복추구권을 침해하지 아니한다.

(2) 법무부장관으로 하여금 거짓이나 그 밖의 부정한 방법으로 귀화허가를 받은 자에 대하여 그 허가를 취소할 수 있도록 하면서 그 취소권의 행사기간을 따로 정하고 있지 않은 것은 귀화허가 취소로 인한 불이익보다 국적 관련 행정의 적법성 확보라는 공익이 더 우월하여 과잉금지원칙에 위배되지 않는다.

해설 법무부장관으로 하여금 거짓이나 그 밖의 부정한 방법으로 귀화허가를 받은 자에 대하여 그 허가를 취소할 수 있도록 규정하면서도 그 취소권의 행사기간을 따로 정하고 있지 아니한 국적법(2008. 3. 14. 법률 제8892호로 개정된 것) 제21조 중 귀화허가취소에 관한 부분(이하 '이 사건 법률조항'이라 한다)은 국가의 근본요소 중 하나인 국민을 결정하는 기준이 되는 국적의 중요성을 고려하여, 귀화허가신청자의 진실성을 담보하고, 국적 관련 행정의 적법성을 확보하기 위한 것으로서 입법목적은 정당하고, 거짓이나 그 밖의 부정한 방법에 의해 귀화허가를 받은 경우 그 허가를 취소하는 것은 입법목적 달성을 위해 적절한 방법이다. 정한 방법으로 귀화허가를 받았음에도 상당기간이 경과하였다고 하여 귀화허가의 효력을 그대로 둔 채 행정형벌이나 행정질서벌 등으로 제재를 가하는 것은 부정한 방법에 의한 국적취득을 용인하는 결과가 된다. 이 사건 법률조항의 위임을 받은 시행령은 귀화허가취소사유를 구체적이고 한정적으로 규정하고 있을 뿐 아니라, 법무부장관의 재량으로 위법의 정도, 귀화허가 후 형성된 생활관계, 귀화허가취소시 받게 될 당사자의 불이익 등은 물론 귀화허가시부터 취소시까지의 시간의 경과 정도 등을 고려하여 취소권 행사 여부를 결정하도록 하고 있으며, 귀화허가가 취소된다고 하더라도 외국인으로서 체류허가를 받아 계속 체류하거나 종전의 하자를 치유하여 다시 귀화허가를 받을 수 있으므로, 이 사건 법률조항이 귀화허가취소권의행사기간을 제한하지 않았다고 하더라도 침해의 최소성원칙에 위배되지 아니한다. 편, 귀화허가가 취소되는 경우 국적을 상실하게 됨에 따른 불이익을 받을 수 있으나, 국적 관련 행정의 적법성 확보라는 공익이 훨씬 더 크므로 법익균형성의 원칙에도 위배되지 아니한다. 따라서 이 사건 법률조항은 거주·이전의 자유 및 행복추구권을 침해하지 아니한다(헌결 2015.09.24. 2015헌바26).

정답 O,O

🍊 23년 변시, 23년(1) 모의

108. **법무부장관은 출생에 의하여 대한민국 국적을 취득한 복수 국적자에 대해서는 그가 대한민국의 국익에 반하는 행위를 하여 대한민국 국적을 보유함이 현저히 부적합하다고 인정하는 경우에도 해당 복수국적자의 국적 상실을 결정할 수 없다.**

해설 국적법 제14조의4 제1항 단서 참조.

국적법 제14조의4(대한민국 국적의 상실결정) ① 법무부장관은 복수국적자가 다음 각 호의 어느 하나의 사유에 해당하여 대한민국의 국적을 보유함이 현저히 부적합하다고 인정하는 경우에는 청문을 거쳐 대한민국 국적의 상실을 결정할 수 있다. 다만, 출생에 의하여 대한민국 국적을 취득한 자는 제외한다.
 1. 국가안보, 외교관계 및 국민경제 등에 있어서 대한민국의 국익에 반하는 행위를 하는 경우
 2. 대한민국의 사회질서 유지에 상당한 지장을 초래하는 행위로서 대통령령으로 정하는 경우
② 제1항에 따른 결정을 받은 자는 그 결정을 받은 때에 대한민국 국적을 상실한다.

정답 O

제❷항 | 재외국민의 보호

13년(2) 모의

109. 판례는 북한주민은 대한민국의 국민으로 보면서 중국국적을 보유한 중국동포는 외국인으로 본다.

해설 ㉠ 북한주민 : 조선인을 부친으로 하여 출생한 자는 남조선과도정부법률 제11호 국적에관한임시조례의 규정에 따라 조선국적을 취득하였다가 제헌헌법의 공포와 동시에 대한민국 국적을 취득하였다 할 것이고, 설사 그가 북한법의 규정에 따라 북한국적을 취득하여 중국 주재 북한대사관으로부터 북한의 해외공민증을 발급받은 자라 하더라도 북한지역 역시 대한민국의 영토에 속하는 한반도의 일부를 이루는 것이어서 대한민국의 주권이 미칠 뿐이고, 대한민국의 주권과 부딪치는 어떠한 국가단체나 주권을 법리상 인정할 수 없는 점에 비추어 볼 때, 그러한 사정은 그가 대한민국 국적을 취득하고 이를 유지함에 있어 아무런 영향을 끼칠 수 없다(대판 1996.11.12. 96누1221).
㉡ 중국국적동포 : 청구인들과 같은 중국동포들의 현재의 법적 지위는 일반적으로 중국국적을 가진 외국인으로 보고 있고, 가사 중국동포들은 어쩔 수 없이 중국국적을 취득한 것이므로 당시 그들의 중국국적 취득에도 불구하고 대한민국 국적을 상실한 것이 아니라고 보는 경우에도, … 동 규정 및 그 밖의 헌법규정으로부터 그와 같은 해석을 도출해 낼 수도 없다(헌재 2006.03.30. 2003헌마806).

정답

13년(2) 모의

110. 재외국민의 보호는 제8차 개정헌법에서 처음으로 규정되었고, 국가의 재외국민 보호의무가 헌법에 규정된 것은 현행 헌법에서이다.

해설 1980년 헌법 제2조, 현행헌법 제2조 참조.

1980년 헌법 제2조 ② 재외국민은 국가의 보호를 받는다.
현행헌법 제2조 ② 국가는 법률이 정하는 바에 의하여 재외국민을 보호할 의무를 진다.

정답 O

제❸항 | 국가의 영역(영토조항과 평화통일조항)

20년(2) 모의

111. 북한지역은 대한민국의 영토에 속하므로 북한지역에 거주하는 주민이라는 사정은 그 주민이 대한민국의 국적을 취득·유지하는 데 아무런 영향을 미치지 않는다.

해설 조선인을 부친으로 하여 출생한 자는 남조선과도정부법률 제11호 국적에관한임시조례의 규정에 따라 조선국적을 취득하였다가 제헌헌법의 공포와 동시에 대한민국 국적을 취득하였다 할 것이고, 설사 그가 북한법의 규정에 따라 북한국적을 취득하여 중국 주재 북한대사관으로부터 북한의 해외공민증을 발급받은 자라 하더라도 북한지역 역시 대한민국의 영토에 속하는 한반도의 일부를 이루는 것이어서 대한민국의 주권이 미칠 뿐이고, 대한민국의 주권과 부딪치는 어떠한 국가단체나 주권을 법리상 인정할 수 없는 점에 비추어 볼 때, 그러한 사정은 그가 대한민국 국적을 취득하고 이를 유지함에 있어 아무런 영향을 끼칠 수 없다(대판 1996.11.12. 96누1221).

정답 O

20년(3) 모의

112. 헌법상의 여러 통일 관련 조항들은 국가의 통일의무를 선언한 것이기는 하지만, 그로부터 국민 개개인의 통일에 대한 기본권, 특히 국가기관에 대하여 통일과 관련된 구체적인 행동을 요구하거나 일정한 행동을 할 수 있는 권리가 도출된다고 볼 수 없다.

해설 헌법상의 여러 통일관련 조항들은 국가의 통일의무를 선언한 것이기는 하지만, 그로부터 국민 개개인의 통일에 대한 기본권, 특히 국가기관에 대하여 통일과 관련된 구체적인 행동을 요구하거나 일정한 행동을 할 수 있는 권리가 도출된다고 볼 수 없다(헌재 2000.07.20. 98헌바63).

정답 O

15년(2)·20년(3) 모의

113. 남한과 북한의 관계는 국가간의 관계가 아닌 통일을 지향하는 과정에서 잠정적으로 형성되는 특수관계이지만, 남한과 북한 간의 거래는 국가간의 거래로 본다.

해설 남북관계 발전에 관한 법률 제3조 참조. ▶통상조약의 체결 절차 및 이행과정에서 남한과 북한 간의 거래는「남북교류협력에 관한 법률」제12조에 따라 국가 간의 거래가 아닌 민족내부의 거래로 본다(통상조약의 체결절차 및 이행에 관한 법률 제18조).

남북관계 발전에 관한 법률 제3조(남한과 북한의 관계) ① 남한과 북한의 관계는 국가간의 관계가 아닌 통일을 지향하는 과정에서 잠정적으로 형성되는 특수관계이다.
② 남한과 북한간의 거래는 국가간의 거래가 아닌 민족내부의 거래로 본다.

정답 X

23년 변시

114. 이른바 한미주둔군지위협정(SOFA)은 비록 그 내용이 외국군대의 지위에 관한 것이고 국민에게 재정적 부담을 지우는 입법사항을 포함하고 있다 하더라도, 그 명칭이 협정으로 되어 있어 국회의 동의 없이 체결될 수 있는 행정협정에 해당한다.

해설 … 이 사건 조약은 그 명칭이 "협정"으로 되어있어 국회의 관여없이 체결되는 행정협정처럼 보이기도 하나 우리나라의 입장에서 볼 때에는 외국군대의 지위에 관한 것이고, 국가에게 재정적 부담을 지우는 내용과 입법사항을 포함하고 있으므로 국회의 동의를 요하는 조약으로 취급되어야 한다(헌재 1999.04.29. 97헌가14(전합)).

정답 X

20년(3) 모의

115. 1992. 2. 19. 발효된 「남북 사이의 화해와 불가침 및 교류협력에 관한 합의서」는 일종의 공동성명 또는 신사협정에 준하는 성격을 가지는 것에 불과하여 국내법과 동일한 효력이 있는 조약이나 이에 준하는 것으로 볼 수 없다.

해설 1992. 2. 19. 발효된 '남북사이의화해와불가침및교류협력에관한합의서'는 일종의 공동성명 또는 신사협정에 준하는 성격을 가짐에 불과하여 법률이 아님은 물론 국내법과 동일한 효력이 있는 조약이나 이에 준하는 것으로 볼 수 없다(헌재 2000.07.20. 98헌바63).

정답

20년(3) 모의

116. (1) 국회는 국가나 국민에게 중대한 재정적 부담을 지우는 남북합의서 또는 입법사항에 관한 남북합의서의 체결·비준에 대한 동의권을 가진다.
(2) 대통령은 남북관계에 중대한 변화가 발생하거나 국가안전보장, 질서유지 또는 공공복리를 위하여 필요하다고 판단될 경우에는 기간을 정하여 남북합의서의 효력의 전부 또는 일부를 정지시킬 수 있다.

해설 남북관계 발전에 관한 법률 제21조 제3항, 제23조 제2항 참조.

남북관계 발전에 관한 법률 제21조(남북합의서의 체결·비준) ③ 국회는 국가나 국민에게 중대한 재정적 부담을 지우는 남북합의서 또는 입법사항에 관한 남북합의서의 체결·비준에 대한 동의권을 가진다.
남북관계 발전에 관한 법률 제23조(남북합의서의 효력범위 등) ② 대통령은 남북관계에 중대한 변화가 발생하거나 국가안전보장, 질서유지 또는 공공복리를 위하여 필요하다고 판단될 경우에는 기간을 정하여 남북합의서의 효력의 전부 또는 일부를 정지시킬 수 있다.
③ 대통령은 국회의 체결·비준 동의를 얻은 남북합의서에 대하여 제2항의 규정에 따라 그 효력을 정지시키고자 하는 때에는 국회의 동의를 얻어야 한다.

정답

23년(2) 모의

117. 대통령은 북한의 계속되는 핵실험으로 인해 남북협력사업인 개성공단의 운영을 즉시 전면 중단하기로 결정하고, 통일부장관은 대통령의 지시에 따라 철수계획을 마련하여 관련 기업인들에게 통보한 다음 개성공단 전면중단 성명을 발표하고, 이에 대응한 북한의 조치에 따라 2016. 2. 10. 개성공단에 체류 중인 국민들 전원을 대한민국 영토 내로 귀환하도록 한 일련의 행위로 이루어진 개성공단 전면중단 조치(이하 '이 사건 중단조치'라고 함)를 취하였다. 대통령은 헌법 제66조에 따라 헌법상 국가의 독립, 영토의 보전, 국가의 계속성과 헌법을 수호할 책무를 지고, 조국의 평화적 통일을 위한 성실한 의무를 지며, 국가의 원수이자 행정부의 수반으로서 모든 행정에 대한 지휘, 감독권을 가지지만 이러한 일반적인 헌법규정을 이 사건 중단조치의 헌법적 근거로 보기는 어렵다.

해설 개성공단 전면중단 조치는 국제평화를 위협하는 북한의 핵무기 개발을 경제적 제재조치를 통해 저지하려는 국제적 합의에 이바지하기 위한 조치로서, 통일부장관의 조정명령에 관한 '남북교류협력에 관한 법률' 제18조 제1항 제2호, 대통령의 국가의 계속성 보장 책무, 행정에 대한 지휘·감독권 등을 규정한 헌법 제66조, 정부조직법 제11조 등이 근거가 될 수 있으므로, 헌법과 법률에 근거한 조치로 보아야 한다(헌법재판소 2022.01.27. 2016헌마364).

정답 ×

⏱ 12년 변시

118. 통일부장관이 북한주민 등과의 접촉을 원하는 자로부터 승인신청을 받아 구체적인 내용을 검토하여 승인 여부를 결정하는 절차를 규정한 「남북교류협력에 관한 법률」은 평화통일을 선언한 헌법전문과 헌법 제4조에 위배되지 않는다.

해설 통일부장관이 북한주민 등과의 접촉을 원하는 자로부터 승인신청을 받아 구체적인 내용을 검토하여 승인 여부를 결정하는 절차는 현 단계에서는 불가피하므로 남북교류협력에관한법률 제9조 제3항은 평화통일을 선언한 헌법전문, 헌법 제4조, 헌법 제66조 제3항 및 기타 헌법상의 통일조항에 위배된다고 볼 수 없다(헌재 2000.07.20. 98헌바63).

정답 ○

⏱ 12년 변시

119. 남·북한이 유엔(UN)에 동시가입하였다고 하더라도, 이는 '유엔헌장'이라는 다변조약(多邊條約)에의 가입을 의미하는 것으로서 유엔헌장 제4조 제1항의 해석상 신규가맹국이 유엔(UN)이라는 국제기구에 의하여 국가로 승인받는 효과가 발생하는 것은 별론으로 하고, 그것만으로 곧 다른 가맹국과의 관계에 있어서도 당연히 상호간에 국가승인이 있었다고 볼 수 없다는 것이 현실 국제정치상의 관례이다.

해설 1991. 9. 남·북한이 유엔 (UN)에 동시가입하였다. 그러나 … 그것만으로 곧 다른 가맹국과의 관계에 있어서도 당연히 상호간에 국가승인이 있었다고는 볼 수 없다는 것이 현실 국제정치상의 관례이고 국제법상의 통설적인 입장이다(헌재 1997.01.16. 89헌마240).

정답 ○

제3절 한국헌법의 기본원리

제❶항 한국헌법의 전문

22년(3) 모의

120. 현행헌법은 전문에서 "1948. 7. 12.에 제정되고 8차에 걸쳐 개정된 헌법을 이제 국회의 의결을 거쳐 국민투표에 의하여 개정한다."라고 하여, 제헌헌법 이래 현행헌법에 이르기까지 헌법의 동일성과 연속성을 선언하고 있으므로 헌법으로서의 규범적 효력을 가지고 있는 것은 오로지 현행헌법뿐이다.

해설 이 사건 긴급조치들의 위헌 여부를 심사하는 기준은 유신헌법이 아니라 현행헌법이라 할 것이다. 현행헌법은 전문에서 '1948. 7. 12.에 제정되고 8차에 걸쳐 개정된 헌법을 이제 국회의 의결을 거쳐 국민투표에 의하여 개정한다.'라고 하여, 제헌헌법 이래 현행헌법에 이르기까지 헌법의 동일성과 연속성을 선언하고 있으므로 헌법으로서의 규범적 효력을 가지고 있는 것은 오로지 현행헌법뿐이라고 할 것이다(헌재 2013.03.21. 2010헌바70).

정답 O

22년(3) 모의

121. 우리 헌법의 전문과 본문 전체에 담겨 있는 최고 이념은 국민주권주의와 자유민주주의에 입각한 입헌민주헌법의 본질적 기본원리에 기초하고 있다.

해설 우리 헌법의 전문과 본문의 전체에 담겨있는 최고 이념은 국민주권주의와 자유민주주의에 입각한 입헌민주헌법의 본질적 기본원리에 기초하고 있다. 기타 헌법상의 제원칙도 여기에서 연유되는 것이므로 이는 헌법전을 비롯한 모든 법령해석의 기준이 되고, 입법형성권 행사의 한계와 정책결정의 방향을 제시하며 나아가 모든 국가기관과 국민이 존중하고 지켜가야 하는 최고의 가치규범이다(헌재 1989.09.08. 88헌가6).

정답 O

22년(3) 모의

122. 1972년 제7차 개정헌법은 전문에 3·1운동의 숭고한 독립정신과 4·19의거 및 5·16혁명의 이념을 계승한다고 규정하였으나, 1980년 제8차 개정헌법은 전문에 3·1운동의 숭고한 독립정신과 4·19의거의 이념을 계승한다고 규정하였다.

해설 4·19민주이념의 계승 : 제3공 헌법(1962년)에서 '4·19의거~에 입각하여'라고 규정. 제5공 헌법(1980년)에서 삭제되었다가 현행헌법에서 '4·19민주이념을 계승하고'로 명시(김유향, 기본강의 헌법 제7판, p.106).

> 1962년 제5차 개정헌법 전문 유구한 역사와 전통에 빛나는 우리 대한국민은 3·1운동의 숭고한 독립정신을 계승하고 4·19의거와 5·16혁명의 이념에 입각하여 새로운 민주공화국을 건설함에 있어서 … 개정한다.
> 1972년 제7차 개정헌법 전문 유구한 역사와 전통에 빛나는 우리 대한국민은 3·1운동의 숭고한 독립정신과 4·19의거 및 5·16혁명의 이념을 계승하고 … 개정한다.
> 1980년 제8차 개정헌법 전문 유구한 민족사, 빛나는 문화, 그리고 평화애호의 전통을 자랑하는 우리 대

한국민은 3·1운동의 숭고한 독립정신을 계승하고 … 개정한다.
1987년 제9차 개정헌법 전문 유구한 역사와 전통에 빛나는 우리 대한국민은 3·1운동으로 건립된 대한민국임시정부의 법통과 불의에 항거한 4·19민주이념을 계승하고 … 개정한다.

123. 태평양전쟁 전후 일제에 의한 강제동원으로 피해를 입은 자에 대한 위로금 지급에 있어 대한민국 국적을 갖고 있지 않은 유족을 위로금 지급대상에서 제외하는 것은 정의·인도와 동포애로써 민족의 단결을 공고히 할 것을 규정한 헌법 전문에 비추어 헌법에 위반된다.

해설 국가가 개인에게 특정한 이유로 시혜적 급부를 하는 경우, 이러한 급부는 국민이 낸 세금 등을 재원으로 하는 것이므로 특별한 사정이 없는 한 그 나라의 국민을 급부의 대상으로 하는 것이 원칙이고, 외국인이 그러한 급부에 필요한 재원을 충당하는 데 기여하였다는 등으로 외국인에게 급부를 하여야 할 특별한 사정이 있지 않는 한 외국인을 그 대상으로 하지 않는다고 하여 평등원칙에 위배된다고 보기는 어렵다. 국외강제동원자지원법은 국민이 부담하는 세금을 재원으로 하여 국외강제동원 희생자와 그 유족에게 위로금 등을 지급함으로써 그들의 고통과 희생을 위로해 주기 위한 법으로서 국가가 유족에게 일방적인 시혜를 베푸는 것이므로, 그 수혜 범위에서 외국인인 유족을 배제하고 대한민국 국민인 유족만을 대상으로 한 것이다. 따라서 청구인과 같이 자발적으로 외국 국적을 취득하여 결과적으로 대한민국 국민으로서의 법적 지위와 권리·의무를 스스로 포기한 유족을 위로금 지급 대상에서 제외하였다고 하여 이를 현저히 자의적이거나 불합리한 것으로서 평등원칙에 위배된다고 볼 수 없다(헌재 2015.12.23. 2011헌바139).

124. 헌법전문이 규정하는 대한민국임시정부의 법통 계승은 선언적·추상적 의미에 불과하므로, 우리 헌법이 제정되기 전에 발생한 일제강점기 피해자들의 훼손된 인간의 존엄과 가치를 회복시켜야 할 의무는 지금의 정부가 국민에 대하여 부담하는 근본적 보호의무에 속한다고 볼 수 없다.

해설 우리 헌법은 전문에서 "3·1운동으로 건립된 대한민국임시정부의 법통"의 계승을 천명하고 있는바, 비록 우리 헌법이 제정되기 전의 일이라 할지라도 국가가 국민의 안전과 생명을 보호하여야 할 가장 기본적인 의무를 수행하지 못한 일제강점기에 징병과 징용으로 일제에 의해 강제이주 당하여 전쟁수행의 도구로 활용되다가 원폭피해를 당한 상태에서 장기간 방치됨으로써 심각하게 훼손된 청구인들의 인간으로서의 존엄과 가치를 회복시켜야 할 의무는 대한민국임시정부의 법통을 계승한 지금의 정부가 국민에 대하여 부담하는 가장 근본적인 보호의무에 속한다고 할 것이다(헌재 2011.08.30. 2008헌마648).

🍊 17년·22년 변시, 22년(3) 모의

125. 국가가 일제로부터 조국의 자주독립을 위하여 공헌한 독립유공자와 그 유족에 대하여는 응분의 예우를 하여야 할 헌법적 의무를 헌법전문으로부터 도출할 수 있다.

해설 헌법은 국가유공자 인정에 관하여 명문 규정을 두고 있지 않으나 전문(前文)에서 "3·1운동으로 건립된 대한민국임시정부의 법통을 계승"한다고 선언하고 있다. 이는 대한민국이 일제에 항거한 독립운동가의 공헌과 희생을 바탕으로 이룩된 것임을 선언한 것이고, 그렇다면 국가는 일제로부터 조국의 자주독립을 위하여 공헌한 독립유공자와 그 유족에 대하여는 응분의 예우를 하여야 할 헌법적 의무를 지닌다(헌재 2005.06.30. 2004헌마859).

정답 O

🍊 17년·22년 변시, 12년(3) 모의

126. '헌법전문에 기재된 3·1정신'은 우리나라 헌법의 연혁적·이념적 기초로서 헌법이나 법률해석에서의 해석기준으로 작용한다고 할 수 있지만, 그에 기하여 곧바로 국민의 개별적 기본권성을 도출해낼 수는 없다.

해설 "헌법전문에 기재된 3.1정신"은 우리나라 헌법의 연혁적·이념적 기초로서 헌법이나 법률해석에서의 해석기준으로 작용한다고 할 수 있지만, 그에 기하여 곧바로 국민의 개별적 기본권성을 도출해낼 수는 없다고 할 것이므로, 헌법소원의 대상인 "헌법상 보장된 기본권"에 해당하지 아니한다(헌재 2001.03.21. 99헌마139).

정답 O

🍊 13·17년·21년 변시

127. 일본국에 대한 일본군위안부의 배상청구권이 한일청구권협정에 의하여 소멸되었는지 여부에 관한 한·일 양국 간 해석상 분쟁을 위 협정이 정한 절차에 따라 해결하지 아니하고 있는 행정권력의 부작위가 위헌인지 여부와 관련하여, 헌법 제10조의 국민의 인권을 보장할 의무, 제2조 제2항의 재외국민 보호의무, 헌법 전문은 국가의 국민에 대한 일반적·추상적 의무를 선언한 것이거나 국가의 기본적 가치질서를 선언한 것일 뿐이어서, 이들 조항 자체로부터 국가의 국민에 대한 구체적인 작위의무가 나올 수 없다고 할 것이다.

해설 헌법 전문, 제2조 제2항, 헌법 제10조와 이 사건 협정 제3조의 문언에 비추어 볼 때, 피청구인이 위 협정 제3조에 따라 분쟁해결의 절차로 나아갈 의무는 일본국에 의해 자행된 조직적이고 지속적인 불법행위에 의하여 인간의 존엄과 가치를 심각하게 훼손당한 자국민들이 배상청구권을 실현하도록 협력하고 보호하여야 할 헌법적 요청에 의한 것으로서, 그 의무의 이행이 없으면 청구인들의 기본권이 중대하게 침해될 가능성이 있으므로, 피청구인의 작위의무는 헌법에서 유래하는 작위의무로서 그것이 법령에 구체적으로 규정되어 있는 경우라고 할 것이다. 특히, 우리 정부가 직접 일본군위안부 피해자들의 기본권을 침해하는 행위를 한 것은 아니지만, 일본에 대한 배상청구권의 실현 및 인간으로서의 존엄과 가치의 회복에 대한 장애상태가 초래된 것은 우리 정부가 청구권의 내용을 명확히 하지 않고 '모든 청구권'이라는 포괄적인 개념을 사용하여 이 사건 협정을 체결한 것에도 책임이 있다는 점에 주목한다면, 그 장애상태를 제거하는 행위로 나아가야 할 구체적 의무가 있음을 부인하기 어렵다(헌재 2011.08.30. 2006헌마788).

정답 ×

제❷항 | 국민주권의 원리

22년 변시, 17년(3)·19년(2) 모의

128. 국회·대통령과 같은 정치적 권력기관은 헌법 규정에 따라 국민으로부터 직선되나, 지방자치기관은 지방자치제의 권력분립적 속성상 중앙정치기관의 구성과는 다소 상이한 방법으로 국민주권·민주주의원리가 구현될 수 있다.

해설 국민주권의 원리는 공권력의 구성·행사·통제를 지배하는 우리 통치질서의 기본원리이므로, 공권력의 일종인 지방자치권과 국가교육권(교육입법권·교육행정권·교육감독권 등)도 이 원리에 따른 국민적 정당성기반을 갖추어야만 한다. 그런데 국민주권·민주주의원리는 그 작용영역, 즉 공권력의 종류와 내용에 따라 구현방법이 상이할 수 있다. 국회·대통령과 같은 정치적 권력기관은 헌법 규정에 따라 국민으로부터 직선된다. 그러나 지방자치기관은 그것도 정치적 권력기관이긴 하지만, 중앙·지방간 권력의 수직적 분배라고 하는 지방자치제의 권력분립적 속성상, 중앙정치기관의 구성과는 다소 상이한 방법으로 국민주권·민주주의원리가 구현될 수도 있다. 또한, 교육부문에 있어서의 국민주권·민주주의의 요청도, 문화적 권력이라고 하는 국가교육권의 특수성으로 말미암아, 정치부문과는 다른 모습으로 구현될 수 있다(헌재 2009.09.24. 2007헌마117).

20년(1) 모의

129. 발전용원자로 및 관계시설의 건설허가 신청 시 필요한 방사선환경영향평가서 및 그 초안을 작성하는 데 있어 '중대사고'에 대한 평가를 제외하는 것은 국민들이 원전과 관련하여 정확하고 공정한 여론을 형성하는 것을 방해하므로 국민주권주의에 위반된다.

해설 … '중대사고'를 비롯한 원전 사고가 본격적으로 문제되는 것은 원전이 운영허가를 받고 실질적으로 운영되기 시작한 이후라는 점과 그 밖에 원전의 안전 관련 조치 등을 종합적으로 고려하면, 이 사건 각 고시조항에서 평가서 초안 및 평가서 작성시 '중대사고'에 대한 평가를 제외하도록 하였다고 하여, 국가가 국민의 생명·신체의 안전을 보호하는 데 적절하고 효율적인 최소한의 조치조차 취하지 아니한 것이라고 보기는 어렵다. … 민주주의 원리의 한 내용인 국민주권주의는 모든 국가권력이 국민의 의사에 기초해야 한다는 의미일 뿐 국민이 정치적 의사결정에 관한 모든 정보를 제공받고 직접 참여하여야 한다는 의미는 아니므로, 청구인들의 이 부분 주장 역시 이유 없다(헌재 2016.10.27. 2012헌마121).

19년(2)·20년(1) 모의

130. 국민주권주의는 모든 국가권력이 국민의 의사에 기초해야 한다는 의미로 사법권의 민주적 정당성을 위한 국민참여재판을 도입한 근거가 되나, 모든 사건을 국민참여재판으로 할 것을 요구하는 것은 아니다.

해설 청구인은 흉기상해죄를 국민참여재판의 대상에서 제외하고 있는 심판대상조항이 국민주권주의에 위배된다고 주장한다. 그런데 국민주권주의는 모든 국가권력이 국민의 의사에 기초해야 한다는 의미로(헌재 2016.10.27. 2012헌마121), 사법권의 민주적 정당성을 위한 국민참여재판을 도입한 근거가 되고 있으나, 그렇다고 하여 국민주권주의 이념이 곧 사법권을 포함한 모든 권력을 국민이 직접 행사하여야 하고 이에 따라 모든 사건을 국민참여재판으로 할 것을 요구한다고 볼 수 없다. 따라서 국민참여재판의 대상을 제한하는 심판대상조항이 국민주권주의에 위배될 여지가 없다(헌재 2016.12.29. 2015헌바63).

정답

19년(2) 모의

131. 민주주의원리의 한 내용인 국민주권주의는 모든 국가권력이 국민의 의사에 기초해야 한다는 의미일 뿐만 아니라 국민이 정치적 의사결정에 관한 모든 정보를 제공받고 직접 참여하여야 한다는 의미를 가지고 있다.

해설 청구인들은, 이 사건 각 고시조항이 국민들의 정확하고 공정한 여론 형성을 방해하므로 민주주의 원리에도 위반된다고 주장한다. 민주주의 원리의 한 내용인 국민주권주의는 모든 국가권력이 국민의 의사에 기초해야 한다는 의미일 뿐 국민이 정치적 의사결정에 관한 모든 정보를 제공받고 직접 참여하여야 한다는 의미는 아니므로, 청구인들의 이 부분 주장 역시 이유 없다(헌재 2016.10.27. 2012헌마121).

정답

17년(3) 모의

132. 국민주권은 공권력의 구성·행사·통제를 지배하는 우리 통치질서의 기본원리이므로, 교육입법권·교육행정권·교육감독권 등 국가교육권도 이 원리에 따른 국민적 정당성기반을 갖추어야만 한다.

해설 국민주권의 원리는 공권력의 구성·행사·통제를 지배하는 우리 통치질서의 기본원리이므로, 공권력의 일종인 지방자치권과 국가교육권(교육입법권·교육행정권·교육감독권 등)도 이 원리에 따른 국민적 정당성기반을 갖추어야만 한다(헌재 2009.09.24. 2007헌마117).

정답

제❸항 ┃ 민주주의의 원리

17년(3)·19년(2) 모의

133. 국민주권주의와 자유민주주의에 입각한 입헌민주주의는 우리 헌법의 본질적 기본원리이므로 기타 헌법상의 제원칙도 여기에서 연유하며 헌법전을 비롯한 모든 법령해석의 기준이 되고 입법형성권 행사의 한계와 정책결정의 방향을 제시하는 최고의 가치규범이다.

> **해설** 우리 헌법의 전문과 본문의 전체에 담겨있는 최고 이념은 국민주권주의와 자유민주주에 입각한 입헌민주헌법의 본질적 기본원리에 기초하고 있다. 기타 헌법상의 제원칙도 여기에서 연유되는 것이므로 이는 헌법전을 비롯한 모든 법령해석의 기준이 되고, 입법형성권 행사의 한계와 정책결정의 방향을 제시하며, 나아가 모든 국가기관과 국민이 존중하고 지켜가야 하는 최고의 가치규범이다(헌재 1989.09.08. 88헌가6).

정답

17년(3) 모의

134. 민주주의원리는 정당한 목적의 추구와 함께 수단 내지 절차의 존중을 기본적인 요소로 하므로, 적법절차가 무시되는 조치라면 추구하는 목적과 관계없이 공권력의 남용에 해당하여 헌법에 위반된다.

> **해설** 인간의 정치적 예지의 산물이라 할 민주주의는 수단 내지 절차의 존중이지 목적만을 제일로 하는 것이 아니다. 적법절차가 무시되는 조치라면 추구하는 목적과 관계없이 공권력의 남용이요, 자의밖에 될 수 없으며 합헌화될 수 없다(헌재 1993.07.29. 89헌마31).

정답

17년(2) 모의

135. 대의제 민주주의를 원칙으로 하는 오늘날 민주정치 아래에서 선거는 국민의 참여가 필수적이고, 주권자인 국민이 자신의 정치적 의사를 자유로이 결정하고 표명하여 선거에 참여함으로써 민주사회를 구성하고 움직이게 하는 것이다.

> **해설** 대의민주주의를 원칙으로 하는 오늘날의 민주정치 아래에서의 선거는 국민의 참여가 필수적이고, 주권자인 국민이 자신의 정치적 의사를 자유로이 결정하고 표명하여 선거에 참여함으로써 민주사회를 구성하고 움직이게 하는 것이다. 따라서 국민의 주권행사 내지 참정권 행사의 의미를 지니는 선거과정에의 참여행위는 원칙적으로 자유롭게 행하여질 수 있도록 최대한 보장하여야 한다(헌재 1994.07.29. 93헌가4).

정답

17년(2) · 22년(2) 모의

136. 직접민주제를 헌법에 규정하는 것은 별론으로 하더라도 법률에 의하여 직접민주제를 도입하는 경우에는 기본적으로 대의제와 조화를 이루어야 하고, 대의제의 본질적인 요소나 근본적인 취지를 부정하여서는 아니 된다.

해설 근대국가가 대부분 대의제를 채택하고도 후에 이르러 직접민주제적인 요소를 일부 도입한 역사적인 사정에 비추어 볼 때, 직접민주제는 대의제가 안고 있는 문제점과 한계를 극복하기 위하여 예외적으로 도입된 제도라 할 것이므로, 헌법적인 차원에서 직접민주제를 직접 헌법에 규정하는 것은 별론으로 하더라도 법률에 의하여 직접민주제를 도입하는 경우에는 기본적으로 대의제와 조화를 이루어야 하고, 대의제의 본질적인 요소나 근본적인 취지를 부정하여서는 아니된다는 내재적인 한계를 지닌다 할 것이다(헌재 2009.03.26. 2007헌마843).

 정답 O

17년(2) 모의

137. 지방자치제도는 그 지역의 주민이 그 지방주민의 복지에 관한 사무·재산관리에 관한 사무·기타 법령이 정하는 사무를 그들의 책임 하에 자신들이 선출한 기관을 통하여 직접 처리하게 함으로써 대의제 민주주의를 지역적으로 실현하는 제도이다.

해설 지방자치제도는 일정한 지역을 단위로 그 지역의 주민이 주민의 복지에 관한 사무·재산관리에 관한 사무·기타 법령이 정하는 사무(헌법 제117조 제1항)를 그들의 책임 하에 자신들이 선출한 기관을 통하여 직접 처리하는 대의제 민주주의의 지역적 실현형태이다(헌재 2013.08.29. 2012헌마288).

 정답 O

16년(3) 모의

138. 민주주의의 본질은 국가권력의 형성 및 행사의 근거를 국민적 합의에 두므로 지방자치가 민주정치의 발전에 기여할 수 있도록 하기 위해서는 무엇보다도 지방의회의 구성이 당해 지역주민 각계각층의 의견이 민주적이고도 합리적으로 수렴된 합의에 의하여 이루어질 수 있도록 제도화되어야 할 필요가 있다.

해설 민주주의의 본질은 국가권력의 형성 및 그 행사에 있어서 그 근거를 국민적 합의에 두는 것이므로 지방자치가 진실로 민주정치의 발전에 기여할 수 있기 위하여서는 우선 무엇보다도 지방의회의 구성이 당해 지역주민 각계각층의 의견이 민주적이고도 합리적으로 수렴된 유루없는 합의에 의하여 이루어질 수 있도록 제도화되어야 하는 것이다(헌재 1991.03.11. 91헌마21).

 정답 O

19년(2) 모의

139. 지방교육자치는 중앙권력에 대한 지방적 자치로서의 속성을 지니며 동시에 교육의 자주성·전문성·정치적 중립성을 구현하기 위한 것이므로, 정치권력에 대한 문화적 자치로서의 속성도 아울러 지니고 있어, 지방교육자치의 민주적 정당성 요청은 어느 정도 제한이 불가피하다.

■해설 헌법 제31조 제4항은 "교육의 자주성·전문성·정치적 중립성 및 대학의 자율성은 법률이 정하는 바에 의하여 보장된다"고 규정하고 있고, 헌법 제117조 제1항은 지방자치단체는 주민의 복리에 관한 사무를 처리하고 재산을 관리하며, 법령의 범위 안에서 자치에 관한 규정을 제정할 수 있다"고 규정함으로써, 제도보장으로서의 교육자치와 지방자치를 규정하고 있다. 국민주권의 원리는 공권력의 구성·행사·통제를 지배하는 우리 통치질서의 기본원리이므로, 공권력의 일종인 지방자치권과 국가교육권(교육입법권·교육행정권·교육감독권 등)도 이 원리에 따른 국민적 정당성 기반을 갖추어야만 한다. 그런데, 국민주권·민주주의원리는 그 작용영역, 즉, 공권력의 종류와 내용에 따라 구현방법이 상이할 수 있다. 지방교육자치도 지방자치권 행사의 일환으로서 보장되는 것이므로, 중앙권력에 대한 지방적 자치로서의 속성을 지니고 있지만, 동시에 그것은 헌법 제31조 제4항이 보장하고 있는 교육의 자주성·전문성·정치적 중립성을 구현하기 위한 것이므로, 정치권력에 대한 문화적 자치로서의 속성도 아울러 지니고 있다. 이러한 '이중의 자치'의 요청으로 말미암아 지방교육자치의 민주적 정당성 요청은 어느 정도 제한이 불가피하게 된다(헌재 2000.03.30. 99헌바113).

 정답 O

16년(3) 모의

140. 헌법 제8조 제4항이 의미하는 민주적 기본질서는 개인의 자율적 이성을 신뢰하고 모든 정치적 견해들이 각각 상대적 진리성과 합리성을 지닌다고 전제하는 다원적 세계관에 입각한 것이다.

■해설 우리 헌법 제8조 제4항이 의미하는 민주적 기본질서는, 개인의 자율적 이성을 신뢰하고 모든 정치적 견해들이 각각 상대적 진리성과 합리성을 지닌다고 전제하는 다원적 세계관에 입각한 것으로서, 모든 폭력적·자의적 지배를 배제하고, 다수를 존중하면서도 소수를 배려하는 민주적 의사결정과 자유·평등을 기본원리로 하여 구성되고 운영되는 정치적 질서를 말하며, 구체적으로는 국민주권의 원리, 기본적 인권의 존중, 권력분립제도, 복수정당제도 등이 현행 헌법상 주요한 요소라고 볼 수 있다(헌재 2014.12.19. 2013헌다1).

 정답 O

16년(3) 모의

141. 교육부문에 있어서의 국민주권·민주주의의 요청도 문화적 권력이라고 하는 국가교육권의 특수성으로 말미암아 정치부문과는 다른 모습으로 구현될 수 있다.

■해설 국민주권·민주주의원리는 그 작용영역, 즉 공권력의 종류와 내용에 따라 구현방법이 상이할 수 있다. 국회·대통령과 같은 정치적 권력기관은 헌법 규정에 따라 국민으로부터 직선된다. 그러나 지방자치기관은 그것도 정치적 권력기관이긴 하지만, 중앙·지방간 권력의 수직적 분배라고 하는 지방자치제의 권력분립적 속성상, 중앙정치기관의 구성과는 다소 상이한 방법으로 국민주권·민주주의원리가 구현될 수도 있다. 또한, 교육부문에 있어서의 국민주권·민주주의의 요청도, 문화적 권력이라고 하는 국가교육권의 특수성으로 말미암아, 정치부문과는 다른 모습으로 구현될 수 있다(헌재 2000.03.30. 99헌바113).

 정답 O

제❹항 ┃ 법치국가의 원리

Ⅰ 법치국가의 원리 일반

22년 변시, 16년(1) 모의

142. 자기책임의 원리는 인간의 자유와 유책성, 그리고 인간의 존엄성을 진지하게 반영한 원리로서 헌법 제10조의 취지로부터 도출되는 것이지, 법치주의에 내재하는 원리는 아니다.

해설 자기책임의 원리는 자기결정권의 한계논리로서 책임부담의 근거로 기능하는 동시에 자기가 결정하지 않은 것이나 결정할 수 없는 것에 대하여는 책임을 지지 않고 책임부담의 범위도 스스로 결정한 결과 내지 그와 상관관계가 있는 부분에 국한됨을 의미하는 책임의 한정원리로 기능한다. 이러한 자기책임의 원리는 인간의 자유와 유책성, 그리고 인간의 존엄성을 진지하게 반영한 원리로서 그것이 비단 민사법이나 형사법에 국한된 원리라기보다는 근대법의 기본이념으로서 법치주의에 당연히 내재하는 원리로 볼 것이고 헌법 제13조 제3항은 그 한 표현에 해당하는 것으로서 자기책임의 원리에 반하는 제재는 그 자체로서 헌법위반을 구성한다고 할 것이다(헌재 2004.06.24. 2002헌가27).

정답 ×

16년(1) 모의

143. 헌법재판소는 헌법을 수호하기 위한 초헌법적인 국가긴급권의 발동은 법치주의에 위반되지 않는다고 보고 있다.

해설 국가보위에관한특별조치법은 초헌법적인 국가긴급권을 대통령에게 부여하고 있다는 점에서 이는 헌법을 부정하고 파괴하는 반입헌주의, 반법치주의의 위헌법률이다(헌재 1994.06.30. 92헌가18).

정답 ×

Ⅱ 법률유보의 원칙 및 포괄위임입법금지의 원칙

22년(1) 모의

144. 기본권 제한에 관한 법률유보원칙은 법률에 근거한 규율을 요청하는 것이므로, 그 형식은 반드시 국회가 제정한 법률이어야 한다.

해설 법률유보의 원칙은 '법률에 의한' 규율만을 뜻하는 것이 아니라 '법률에 근거한' 규율을 요청하는 것이므로 기본권 제한의 형식이 반드시 법률의 형식일 필요는 없고 법률에 근거를 두면서 헌법 제75조가 요구하는 위임의 구체성과 명확성을 구비하기만 하면 위임입법에 의하여도 기본권을 제한할 수 있다(헌재 2016.04.28. 2012헌마549).

정답 ×

⏱ 13년·24년 변시, 15년(2)·16년(1)·18년(1) 모의

145. 오늘날의 법률유보원칙은 단순히 행정작용이 법률에 근거를 두기만 하면 충분한 것이 아니라, 국가공동체와 그 구성원에게 기본적이고도 중요한 의미를 갖는 영역에 있어서는 국민의 대표자인 입법자 스스로 그 본질적 사항에 대하여 결정하여야 한다는 요구까지 내포하는 것으로 이해되고 있다.

▦해설 오늘날의 법률유보원칙은 단순히 행정작용이 법률에 근거를 두기만 하면 충분한 것이 아니라, 국가공동체와 그 구성원에게 기본적이고도 중요한 의미를 갖는 영역, 특히 국민의 기본권 실현에 관련된 영역에 있어서는 행정에 맡길 것이 아니고 국민의 대표자인 입법자 스스로 그 본질적 사항에 대하여 결정하여야 한다는 요구, 즉 의회유보원칙까지 내포하는 것으로 이해되고 있다(대판 2020.9.3. 2016두32992 전원합의체).

정답

⏱ 24년 변시

146. 육군3사관학교 생도는 일반 국민보다 상대적으로 기본권이 더 제한될 수 있으나, 그러한 경우에도 법률유보원칙, 과잉금지원칙 등 기본권 제한의 헌법상 원칙들이 지켜져야 한다.

▦해설 육군3사관학교 사관생도는 군 장교를 배출하기 위하여 국가가 모든 재정을 부담하는 특수교육기관인 육군3사관학교의 구성원으로서, 학교에 입학한 날에 육군 사관생도의 병적에 편입하고 준사관에 준하는 대우를 받는 특수한 신분관계에 있다(육군3사관학교 설치법 시행령 제3조). 따라서 그 존립 목적을 달성하기 위하여 필요한 한도 내에서 일반 국민보다 상대적으로 기본권이 더 제한될 수 있으나, 그러한 경우에도 법률유보원칙, 과잉금지원칙 등 기본권 제한의 헌법상 원칙들을 지켜야 한다(대판 2018.8.30. 2016두60591).

정답

⏱ 24년 변시

147. 법인세, 종합소득세와 같이 납세의무자에게 조세의 납부의무뿐만 아니라 스스로 과세표준과 세액을 계산하여 신고하여야 하는 의무까지 부과하는 경우에는 신고의무 이행에 필요한 기본적인 사항과 신고의무 불이행 시 납세의무자가 입게 될 불이익 등은 납세의무를 구성하는 기본적, 본질적 내용으로서 법률로 정하여야 한다.

▦해설 헌법 제37조 제2항, 제38조, 제59조, 제75조에 비추어 보면, 국민에게 납세의 의무를 부과하기 위해서는 조세의 종목과 세율 등 납세의무에 관한 기본적, 본질적 사항은 국민의 대표기관인 국회가 제정한 법률로 규정하여야 하고, 법률의 위임 없이 명령 또는 규칙 등의 행정입법으로 과세요건 등 납세의무에 관한 기본적, 본질적 사항을 규정하는 것은 헌법이 정한 조세법률주의 원칙에 위배된다. 특히 법인세, 종합소득세와 같이 납세의무자에게 조세의 납부의무뿐만 아니라 스스로 과세표준과 세액을 계산하여 신고하여야 하는 의무까지 부과하는 경우에는 신고의무 이행에 필요한 기

본적인 사항과 신고의무불이행 시 납세의무자가 입게 될 불이익 등은 납세의무를 구성하는 기본적, 본질적 내용으로서 법률로 정하여야 한다(대판 2015.8.20. 2012두23808 전원합의체).

정답 O

17년(2) 모의

148. 구 「도시 및 주거환경정비법」상 토지 등 소유자가 사업시행자가 되는 경우에는 사업시행인가시 토지 등 소유자의 동의를 얻도록 하는 요건은 국민의 권리·의무에 관한 기본적이고 본질적 사항이 아니어서 법률에서 정관에 위임한 것은 헌법상 법률유보의 원칙에 위반되지 않는다.

해설 토지등소유자가 도시환경정비사업을 시행하는 경우 사업시행인가 신청시 필요한 토지등소유자의 동의는 개발사업의 주체 및 정비구역 내 토지등소유자를 상대로 수용권을 행사하고 각종 행정처분을 발할 수 있는 행정주체로서의 지위를 가지는 사업시행자를 지정하는 문제로서 그 동의요건을 정하는 것은 국민의 권리와 의무의 형성에 관한 기본적이고 본질적인 사항이므로 국회가 스스로 행하여야 하는 사항에 속하는 것임에도 불구하고 사업시행인가 신청에 필요한 동의정족수를 토지 등 소유자가 자치적으로 정하여 운영하는 규약에 정하도록 한 것은 법률유보원칙에 위반된다(헌재 2011.08.30. 2009헌바128).

21년(1)·(3) 모의

149. 법률에서 사용된 추상적 용어가 하위법령에 규정될 내용과는 별도로 독자적인 규율 내용을 정하기 위한 것이라면 별도로 명확성 원칙이 문제될 수 있으나, 그 추상적 용어가 하위법령에 규정될 내용의 범위를 구체적으로 정해주기 위한 역할을 하는 경우라면 명확성의 문제는 결국 포괄위임입법금지원칙 위반의 문제로 포섭된다.

해설 일반적으로 법률에서 일부 내용을 하위법령에 위임하는 경우 위임을 둘러싼 법률규정 자체에 대한 명확성의 문제는, 그 위임규정이 하위법령에 위임하고 있는 내용과는 무관하게 법률 자체에서 해당 부분을 완결적으로 정하고 있는지 여부에 따라 달라진다. 즉 법률에서 사용된 추상적 용어가 하위법령에 규정될 내용과는 별도로 독자적인 규율 내용을 정하기 위한 것이라면 별도로 명확성 원칙이 문제될 수 있으나, 그 추상적 용어가 하위법령에 규정될 내용의 범위를 구체적으로 정해주기 위한 역할을 하는 경우라면 명확성의 문제는 결국 포괄위임 입법금지원칙 위반의 문제로 포섭될 것이다. 그리고 이러한 기준은 조세법 영역에서 명확성원칙의 발현인 과세요건 명확주의와 포괄위임입법금지원칙의 발현인 과세요건법정주의와의 관계에도 그대로 적용될 수 있다(헌재 2015.07.30. 2013헌바204).

정답 O

20년 변시, 18년(1) 모의

150. 법률이 행정부에 속하지 않는 공법적 단체의 자치법적 사항을 그 정관으로 정하도록 위임한 경우에는 원칙적으로 포괄위임입법금지의 원칙은 적용되지 않는다.

해설 헌법 제75조, 제95조의 문리해석상 및 법리해석상 포괄적인 위임입법의 금지는 법규적 효력을 가지는 행정입법의 제정을 그 주된 대상으로 하고 있다. 위임입법을 엄격한 헌법적 한계 내에 두는 이유는 무엇보다도 권력분립의 원칙에 따라 국민의 자유와 권리에 관계되는 사항은 국민의 대표기관이 정하는 것이 원칙이라는 법리에 기인한 것이다. 즉, 행정부에 의한 법규사항의 제정은 입법부의 권한 내지 의무를 침해하고 자의적인 시행령 제정으로 국민들의 자유와 권리를 침해할 수 있기 때문에 엄격한 헌법적 기속을 받게 하는 것이다. 그런데 법률이 행정부가 아니거나 행정부에 속하지 않는 공법적 기관의 정관에 특정 사항을 정할 수 있다고 위임하는 경우에는 그러한 권력분립의 원칙을 훼손할 여지가 없다. 이는 자치입법에 해당되는 영역이므로 자치적으로 정하는 것이 바람직하다. 따라서 법률이 정관에 자치법적 사항을 위임한 경우에는 헌법 제75조, 제95조가 정하는 포괄적인 위임입법의 금지는 원칙적으로 적용되지 않는다고 봄이 상당하다(헌재 2006.03.30. 2005헌바31).

정답

16년(1)·17년(3)·19년(3)·22년(1)·22년(3) 모의

151. 헌법 제75조는 대통령에 대한 입법권한의 위임에 관한 규정이지만, 국무총리나 행정각부의 장으로 하여금 법률의 위임에 따라 총리령 또는 부령을 발할 수 있도록 하고 있는 헌법 제95조의 취지에 비추어 볼 때, 입법자는 법률에서 구체적으로 범위를 정하기만 한다면 대통령령뿐만 아니라 부령에 입법사항을 위임할 수도 있다.

해설 헌법 제75조는 대통령에 대한 입법권한의 위임에 관한 규정이지만, 국무총리나 행정각부의 장으로 하여금 법률의 위임에 따라 총리령 또는 부령을 발할 수 있도록 하고 있는 헌법 제95조의 취지에 비추어 볼 때, 입법자는 법률에서 구체적으로 범위를 정하기만 한다면 대통령령 뿐만 아니라 부령에 입법사항을 위임할 수도 있다(헌재 1998.02.27. 97헌마64).

정답

18년(1) 모의

152. 지방의회의원에 대하여 유급보좌인력을 두는지 여부는 지방의회의원의 신분·지위 및 그 처우에 관한 현행 법령상의 제도에 중대한 변경을 초래하는 사항이 아니므로, 국회의 법률로써 규정하여야 할 입법사항이 아니라 개별 지방의회의 조례로써 규정할 사항이다.

해설 지방의회의원에 대하여 유급 보좌 인력을 두는 것은 지방의회의원의 신분·지위 및 처우에 관한 현행 법령상의 제도에 중대한 변경을 초래하는 것으로서 국회의 법률로 규정하여야 할 입법사항이다(대판 2017.03.30. 2016추5087).

정답

17년 변시

153. 사법부 스스로 판사의 근무성적평정에 관한 사항을 정하도록 대법원규칙에 위임할 필요성이 인정되고, 근무성적평정에 관한 사항이 직무능력, 자질 등과 같은 평가사항 등

에 관한 사항임을 충분히 예측할 수 있으므로 판사의 근무성적평정에 관한 사항을 대법원규칙으로 정하도록 위임한 구「법원조직법」조항은 포괄위임금지원칙에 위배되지 않는다.

해설 입법권이 사법권에 간섭하는 것을 최소화하여 사법의 자주성과 독립성을 보장한다는 측면과 사법권의 적절한 행사에 요구되는 판사의 근무와 관련하여 내용적·절차적 사항에 관해 전문성을 가지고 재판 실무에 정통한 사법부 스스로 근무성적평정에 관한 사항을 정하도록 할 필요성에 비추어 보면, 판사의 근무성적평정에 관한 사항을 하위법규인 대법원규칙에 위임할 필요성을 인정할 수 있다. 또한 관련조항의 해석과 판사에 대한 연임제 및 근무성적평정제도의 취지 등을 고려할 때, 이 사건 근무평정조항에서 말하는 '근무성적평정에 관한 사항'이란 판사의 연임 등 인사관리에 반영시킬 수 있는 것으로 사법기능 및 업무의 효율성을 위하여 판사의 직무수행에 요구되는 것, 즉 직무능력과 자질 등과 같은 평가사항, 평정권자 및 평가방법 등에 관한 사항임을 충분히 예측할 수 있으므로 이 사건 근무평정조항은 포괄위임금지원칙에 위배된다고 볼 수 없다(헌재 2016.09.29. 2015헌바331).

정답 O

17년(2)·23년(3) 모의

154. 텔레비전방송수신료는 국민의 재산권보장의 측면에서나 한국방송공사에게 보장된 방송자유의 측면에서나 국민의 기본권실현에 관련된 영역에 속하는 것이고, 수신료금액의 결정은 납부의무자의 범위, 징수절차 등과 함께 수신료에 관한 본질적이고도 중요한 사항이므로, 수신료금액의 결정은 입법자인 국회가 스스로 행하여야 한다.

해설 텔레비전방송수신료는 대다수 국민의 재산권 보장의 측면이나 한국방송공사에게 보장된 방송자유의 측면에서 국민의 기본권실현에 관련된 영역에 속하고, 수신료금액의 결정은 납부의무자의 범위 등과 함께 수신료에 관한 본질적인 중요한 사항이므로 국회가 스스로 행하여야 하는 사항에 속하는 것임에도 불구하고 한국방송공사법 제36조 제1항에서 국회의 결정이나 관여를 배제한 채 한국방송공사로 하여금 수신료금액을 결정해서 문화관광부장관의 승인을 얻도록 한 것은 법률유보원칙에 위반된다(헌재 1999.05.27. 98헌바70).

정답 O

17년(2) 모의

155. TV수신료 징수업무를 위탁받은 자가 수신료 징수를 자신의 고유업무와 관련된 고지행위와 결합하여 징수업무를 할 수 있는지는 국민의 기본권제한에 관한 본질적인 사항이 아니다.

해설 수신료 징수업무를 한국방송공사가 직접 수행할 것인지 제3자에게 위탁할 것인지, 위탁한다면 누구에게 위탁하도록 할 것인지, 위탁받은 자가 자신의 고유업무와 결합하여 징수업무를 할 수 있는지는 징수업무 처리의 효율성 등을 감안하여 결정할 수 있는 사항으로서 국민의 기본권제한에 관한 본질적인 사항이 아니라 할 것이다(헌재 2008.02.28. 2006헌바70).

정답 O

17년(2) 모의

156. 「행정사법」이 대통령령으로 위임한 '행정사의 자격시험의 과목·방법 기타 시험에 관하여 필요한 사항'이란 시험실시에 관한 구체적 방법과 절차를 말하는 것이므로, 행정사의 자격시험 실시 여부를 특별시장·광역시장 및 도지사의 재량사항으로 정한 「행정사법시행령」은 위임입법의 한계를 벗어난 것이다.

해설 행정사법 제4조에서 행정사 자격시험에 합격한 자에게 행정사의 자격을 인정하는 것은 행정사 자격시험이 합리적인 방법으로 반드시 실시되어야 함을 전제로 하는 것이고, 따라서 행정사법 제5조 제2항이 대통령령으로 정하도록 위임한 이른바 "행정사의 자격시험의 과목·방법 기타 시험에 관하여 필요한 사항"이란 시험과목·합격기준·시험실시방법·시험실시시기·실시횟수 등 시험실시에 관한 구체적인 방법과 절차를 말하는 것이지 시험의 실시여부까지도 대통령령으로 정하라는 뜻은 아니다(헌재 2010.04.29. 2007헌마910).

정답

Ⅲ 소급입법금지의 원칙 및 신뢰보호의 원칙

1. 의의와 내용

 14년·15년 변시, 14년(2)·15년(3) 모의

157. 헌법 제13조 제2항은 "모든 국민은 소급입법에 의하여 … 재산권을 박탈당하지 아니한다."라고 규정하고 있는바, 새로운 입법으로 이미 종료된 사실관계 또는 법률관계에 작용하도록 하는 진정소급입법은 개인의 신뢰보호와 법적 안정성을 내용으로 하는 법치국가원리에 의하여 특단의 사정이 없는 한 헌법상 허용되지 않는 것이 원칙이다.

해설 헌법 제23조 제1항은 "모든 국민의 재산권은 보장된다. 그 내용과 한계는 법률로 정한다"고 하는 재산권 보장에 대한 일반적인 원칙을 규정하고 있고, 제13조 제2항은 "모든 국민은 소급입법에 의하여 재산권을 박탈당하지 아니한다"고 규정하여 소급입법에 의한 재산권의 박탈을 금지하고 있는바, 기존의 법에 의하여 형성되어 이미 굳어진 개인의 법적 지위를 사후입법을 통하여 박탈하는 것 등을 내용으로 하는 진정소급입법은 개인의 신뢰보호와 법적 안정성을 내용으로 하는 법치국가원리에 의하여 특단의 사정이 없는 한 헌법적으로 허용되지 아니하는 것이 원칙이다(헌재 1999.07.22. 97헌바76).

정답

 24년 변시

158. 헌법 제13조 제2항은 "모든 국민은 소급입법에 의하여 … 재산권을 박탈당하지 아니한다."라고 규정하고 있는바, 여기서 소급입법은 진정소급효를 가지는 법률만 가리킨다.

해설 헌법 제13조 제2항은 "모든 국민은 소급입법에 의하여 … 재산권을 박탈당하지 아니한다."라고 하여 소급입법에 의한 재산권의 박탈을 금지하고 있다. 소급입법의 태양에는 이미 과거에 완성된 사실·법률관계를 규율의 대상으로 하는 이른바 진정소급효의 입법과 이미 과거에 시작하였으나 아직 완성되지 아니하고 진행과정에 있는 사실·법률관계를 규율의 대상으로 하는 부진정소급효의 입법이 있다. 헌법 제13조 제2항이 금하고 있는 소급입법은 진정소급효를 가지는 법률만을 의미하는 것으로서 부진정소급효의 입법은 원칙적으로 허용된다. 다만 부진정소급효를 가지는 입법에서도 소급효를 요구하는 공익상의 사유와 신뢰보호의 요청 사이의 비교형량 과정에서, 신뢰보호의 관점이 입법자의 형성권에 제한을 가하게 된다(헌재 2013.11.28. 2012헌마770(전합)).

 정답 O

14년(2) 모의

159. 소급입법이 금지되는 주된 이유는 행위시법으로 충분히 처리할 수 있었음에도 불구하고, 권력자에 의해 사후에 제정된 법을 통해 과거의 일들이 자의적으로 규율됨으로써 법적 신뢰가 깨뜨려지고 국민의 권리가 침해되는 것을 방지하기 위함이다.

해설 일반적으로 소급입법이 금지되는 주된 이유는 문제된 사안이 발생하기 전에 그 사안을 일반적으로 규율할 수 있는 입법을 통하여 행위시법으로 충분히 처리할 수 있었음에도 불구하고, 권력자에 의해 사후에 제정된 법을 통해 과거의 일들이 자의적으로 규율됨으로써 법적 신뢰가 깨뜨려지고 국민의 권리가 침해되는 것을 방지하기 위함이다(헌재 2011.03.31. 2008헌바141).

 정답 O

13년 변시, 11년(1)·14년(3)·15년(1) 모의

160. 신법이 피적용자에게 유리한 경우에는 이른바 시혜적인 소급입법이 가능하지만, 그러한 소급입법을 할 것인가의 여부는 그 일차적인 판단이 입법기관에 맡겨져 있으므로 입법자는 입법목적, 사회실정이나 국민의 법감정, 법률의 개정이유나 경위 등을 참작하여 시혜적 소급입법을 할 것인가 여부를 결정할 수 있고 그 판단은 존중되어야 하며, 그 결정이 합리적 재량의 범위를 벗어나 현저하게 불합리하고 불공정한 것이 아닌 한 헌법에 위반된다고 할 수 없다.

해설 신법이 피적용자에게 유리한 경우에는 이른바 시혜적인 소급입법이 가능하지만, 그러한 소급입법을 할 것인가의 여부는 그 일차적인 판단이 입법기관에 맡겨져 있으므로 입법자는 입법목적, 사회실정이나 국민의 법감정, 법률의 개정이유나 경위 등을 참작하여 시혜적 소급입법을 할 것인가 여부를 결정할 수 있고, 그 판단은 존중되어야 하며, 그 결정이 합리적 재량의 범위를 벗어나 현저하게 불합리하고 불공정한 것이 아닌 한 헌법에 위반된다고 할 수는 없다(헌재 2012.08.23. 2011헌바169).

 정답 O

12년(3)·14년(2)·23년(2) 모의

161. 국민이 소급입법을 예상할 수 있었거나 법적 상태가 불확실하고 혼란스러워 보호할 만한 신뢰이익이 적은 경우와 소급입법에 따른 당사자의 손실이 없거나 아주 경미한 경

우 그리고 신뢰보호의 요청에 우선하는 심히 중대한 공익상의 사유가 소급입법을 정당화하는 경우 등에는 진정소급입법이 예외적으로 허용된다.

해설 기존의 법에 의하여 형성되어 이미 굳어진 개인의 법적 지위를 사후입법을 통하여 박탈하는 것 등을 내용으로 하는 진정소급입법은 개인의 신뢰보호와 법적안정성을 내용을 하는 법치국가원리에 의하여 특단의 사정이 없는 한 헌법적으로 허용되지 아니하는 것이 원칙이며, 진정소급입법이 허용되는 예외적인 경우로는 ㉠ 일반적으로 국민이 소급입법을 예상할 수 있었거나 ㉡ 법적상태가 불확실하고 혼란스러웠거나 하여 보호할만한 신뢰의 이익이 적은 경우와 ㉢ 소급입법에 의한 당사자의 손실이 없거나 아주 경미한 경우, ㉣ 그리고 신뢰보호의 요청에 우선하는 심히 중대한 공익상의 사유가 소급입법을 정당화하는 경우 등을 들 수 있다(헌재 1998.09.30. 97헌바38).

정답 ○

🍊 12년 변시, 11년(1)·15년(3)·23년(2) 모의

162. 부진정소급효의 입법은 원칙적으로 허용되는 것이지만, 소급효를 요구하는 공익상의 사유와 신뢰보호의 요청 사이의 비교형량 과정에서, 신뢰보호의 관점이 입법자의 형성권에 제한을 가하게 된다.

해설 새로운 입법으로 이미 종료된 사실관계에 작용케 하는 진정소급입법은 헌법적으로 허용되지 않는 것이 원칙이며 특단의 사정이 있는 경우에만 예외적으로 허용될 수 있는 반면, 현재 진행중인 사실관계에 작용케 하는 부진정소급입법은 원칙적으로 허용되지만 소급효를 요구하는 공익상의 사유와 신뢰보호의 요청 사이의 교량과정에서 신뢰보호의 관점이 입법자의 형성권에 제한을 가하게 된다(헌재 1998.11.26. 97헌바58).

정답 ○

🍊 24년 변시

163. 1945. 9. 25. 및 1945. 12. 6. 각각 공포된 재조선미국육군사령부군정청 법령 중, 1945. 8. 9. 이후 일본인 소유의 재산에 대하여 성립된 거래를 전부 무효로 한 조항과 그 대상이 되는 재산을 1945. 9. 25.로 소급하여 전부 미군정청의 소유가 되도록 한 조항은 모두 소급입법금지원칙에 대한 예외에 해당하므로 헌법에 위반되지 않는다.

해설 1945. 8. 9. 이후 성립된 거래를 전부 무효로 한 재조선미국육군사령부군정청 법령 제2호 제4조 본문과 1945. 8. 9. 이후 일본 국민이 소유하거나 관리하는 재산을 1945. 9. 25.자로 전부 미군정청이 취득하도록 정한 재조선미국육군사령부군정청 법령 제33호 제2조 전단 중 '일본 국민'에 관한 부분(이하 '심판대상조항'이라 한다)은 진정소급입법에 해당하지만 진정소급입법이라 할지라도 예외적으로 법적 상태가 불확실하고 혼란스러웠거나 하여 보호할 만한 신뢰의 이익이 적은 경우나 신뢰보호의 요청에 우선하는 심히 중대한 공익상의 사유가 소급입법을 정당화하는 경우에는 허용될 수 있다. 의 사유재산에 대한 동결 및 귀속조치가 이루어지기까지 법적 상태는 매우 불확실하고 혼란스러웠으므로 1945. 8. 9. 이후 조선에 남아 있던 일본인들이 일본의 패망과 미군정의 수립에도 불구

하고 그들이 한반도 내에서 소유하거나 관리하던 재산을 자유롭게 거래하거나 처분할 수 있다고 신뢰하였다 하더라도 그러한 신뢰가 헌법적으로 보호할 만한 가치가 있는 신뢰라고 보기 어렵다. 일본인들이 불법적인 한일병합조약을 통하여 조선 내에서 축적한 재산을 1945. 8. 9. 상태 그대로 일괄 동결시키고 그 산일과 훼손을 방지하여 향후 수립될 대한민국에 이양한다는 공익은, 한반도 내의 사유재산을 자유롭게 처분하고 일본 본토로 철수하고자 하였던 일본인이나, 일본의 패망 직후 일본인으로부터 재산을 매수한 한국인들에 대한 신뢰보호의 요청보다 훨씬 더 중대하다. 심판대상조항은 소급입법금지원칙에 대한 예외로서 헌법 제13조 제2항에 위반되지 아니한다(헌결 2021.01.28. 2018헌바88(전합)).

 정답 O

23년(2) 모의

164. 구 「친일반민족행위자재산의 국가귀속에 관한 특별법」에 따른 친일재산의 소급적 박탈은 소급입법을 통해 침해되는 법적 신뢰는 심각하다고 볼 수 없는 데 반해 이를 통해 달성되는 공익적 중대성은 압도적이라고 할 수 있으므로 진정소급입법이 허용되는 경우라 할 수 있다.

 구 '친일반민족행위자 재산의 국가귀속에 관한 특별법' 제3조 제1항 본문(이하 '귀속조항'이라 한다)은 진정소급입법에 해당하지만 진정소급입법이라 하더라도 예외적으로 국민이 소급입법을 예상할 수 있었거나 신뢰보호의 요청에 우선하는 심히 중대한 공익상의 사유가 소급입법을 정당화하는 경우 등에는 허용될 수 있다 할 것인데, 친일재산의 소급적 박탈은 일반적으로 소급입법을 예상할 수 있었던 예외적인 사안이고, 진정소급입법을 통해 침해되는 법적 신뢰는 심각하다고 볼 수 없는 데 반해 이를 통해 달성되는 공익적 중대성은 압도적이라고 할 수 있으므로 진정소급입법이 허용되는 경우에 해당한다. 따라서 귀속조항이 진정소급입법이라는 이유만으로 헌법 제13조 제2항에 위배된다고 할 수 없다(대판 2012.2.23. 2010두17557).

정답 O

15년·19년 변시

165. 법률에 따른 개인의 행위가 단지 법률이 반사적으로 부여하는 기회의 활용을 넘어서 국가에 의하여 일정 방향으로 유인된 것이라면 특별히 보호가치가 있는 신뢰이익이 인정될 수 있고, 이러한 경우 원칙적으로 개인의 신뢰보호가 국가의 법률개정이익에 우선된다고 볼 여지가 있다.

 개인의 신뢰이익에 대한 보호가치는 ① 법령에 따른 개인의 행위가 국가에 의하여 일정방향으로 유인된 신뢰의 행사인지, ② 아니면 단지 법률이 부여한 기회를 활용한 것으로서 원칙적으로 사적 위험부담의 범위에 속하는 것인지 여부에 따라 달라진다. 만일 법률에 따른 개인의 행위가 단지 법률이 반사적으로 부여하는 기회의 활용을 넘어서 국가에 의하여 일정 방향으로 유인된 것이라면 특별히 보호가치가 있는 신뢰이익이 인정될 수 있고, 원칙적으로 개인의 신뢰보호가 국가의 법률개정이익에 우선된다고 볼 여지가 있다(헌재 2002.11.28. 2002헌바45).

 정답 O

🕐 12년 변시, 11년(1)·15년(3)·18년(1) 모의

166. 법률을 새로이 제정하거나 개정함에 있어서는 기존 법질서와의 어느 정도의 마찰은 불가피하므로, 신뢰보호의 원칙에 위반되는지를 판단하기 위하여는 신뢰보호의 필요성과 새로이 달성하려는 공익목적을 비교·형량하여야 한다.

▦해설 법률을 새로이 제정하거나 개정함에 있어서는 기존 법질서와의 어느 정도의 마찰은 불가피한 것인바, 신뢰보호의 원칙에 위반되는지를 판단하기 위하여는 신뢰보호의 필요성과 새로이 달성하려는 공익목적을 비교·형량하여야 한다(헌재 1998.03.26. 93헌바12).

정답

15년(3) 모의

167. 신뢰보호원칙은 법치국가원리에 근거를 두고 있는 헌법상 원칙으로 특정한 법률에 의하여 발생한 법률관계는 그 법에 따라 파악되고 판단되어야 하고, 과거의 사실관계가 그 뒤에 생긴 새로운 법률의 기준에 따라 판단되지 않는다는 국민의 신뢰를 보호하기 위한 것이다.

▦해설 신뢰보호원칙은 법치국가원리에 근거를 두고 있는 헌법상 원칙으로서, 특정한 법률에 의하여 발생한 법률관계는 그 법에 따라 파악되고 판단되어야 하고 과거의 사실관계가 그 뒤에 생긴 새로운 법률의 기준에 따라 판단되지 않는다는 국민의 신뢰를 보호하기 위한 것이다(헌재 2015.02.26. 2012헌마400).

정답

2. 소급입법금지·신뢰보호의 원칙 위배 여부

19년(2) 모의

168. 상조업 등에서 선불식 할부거래에 대하여 소비자피해보상보험계약 등에 관한 법률을 적용하여 소비자피해보상제도가 실시 되기 전에 체결한 선불식 할부계약에 대해서도 선수금보전의무를 인정하는 것은 부진정소급입법으로서 신뢰보호원칙에 위반되는 것은 아니다.

▦해설 … 계약 종료 전에 선수금을 자유롭게 처분할 수 있다는 기대 내지 신뢰가 선불식 할부거래업자에게 존재하였다고 하더라도 그 보호가치는 크다고 보기 어렵다. 또한 할부거래법령은 소비자피해보상제도의 시행 당시 선불식 할부거래업자가 보전해야 할 금액에 대하여는 그 보전비율을 경감하는 등의 경과규정을 두어 청구인들과 같은 선불식 할부거래업자의 신뢰를 일부분 보호하고 있다. 선불식 할부계약에 있어 소비자가 선불식으로 납입금을 지급한 후 업자의 폐업이나 자금 부족 등으로 그 대금을 환불하거나 용역을 이행할 능력이 없을 때 소비자의 피해를 보상한다는 정책적 목적의 실현은 매우 중대한 공익이라고 할 수 있다. 만약 청구인들이 주장하는 바와 같이 소비자피해보상제도 시행일인 2010. 9. 18. 이전에 선불식 계약을 체결하여 받은 선수금에 대하여 보전의무를 부과하지 않는다면, 2010. 9. 기준으로 전국 337개 상조업체의 총가입회원수는 약 275만 명, 선수금 잔고는

약 1조 8500억 원인 상황에서 소비자피해보상보험제도가 추구하는 위와 같은 정책적 목적을 실현하는 데 방해가 되거나 그 정책효과가 현저히 감소되는 결과가 될 것이다. 따라서 선불식 할부거래업자의 선수금에 관한 자유로운 사용, 처분에 관한 신뢰가 이러한 정책적 목적의 실현이라는 공익을 압도할 정도가 되지 못하므로, 선수금보전의무조항은 헌법상 신뢰보호원칙에 위배된다고 볼 수 없다(헌재 2017.07.27. 2015헌바240).

18년 변시, 13년(3)·14년(1)·(2)·18년(1) 모의

169. 친일재산을 그 취득·증여 등 원인행위 시에 국가의 소유로 하도록 한 것은 진정소급입법에 해당하나 소급입법금지원칙에 위반되지 않는다.

해설 친일재산은 취득·증여 등 원인행위 시에 국가의 소유로 한다고 규정하고 있는 '친일반민족행위자 재산의 국가귀속에 관한 특별법' 제3조 제1항 본문은 진정소급입법에 해당하지만, 진정소급입법이라 하더라도 예외적으로 국민이 소급입법을 예상할 수 있었거나 신뢰보호 요청에 우선하는 심히 중대한 공익상 사유가 소급입법을 정당화하는 경우 등에는 허용될 수 있는데, 친일재산의 소급적 박탈은 일반적으로 소급입법을 예상할 수 있었던 예외적인 사안이고, 진정소급입법을 통해 침해되는 법적 신뢰는 심각하다고 볼 수 없는 데 반해 이를 통해 달성되는 공익적 중대성은 압도적이라고 할 수 있으므로 진정소급입법이 허용되는 경우에 해당하고, 따라서 위 귀속조항이 진정소급입법이라는 이유만으로 헌법 제13조 제2항에 위배된다고 할 수 없다(대판 2011.05.13. 2009다26831).

18년 변시, 14년(3) 모의

170. 법 시행일 이후에 이행기가 도래하는 퇴직연금에 대하여 소득과 연계하여 그 일부의 지급을 정지할 수 있도록 한 「공무원연금법」 조항을 이미 확정적으로 연금수급권을 취득한 자에게도 적용하도록 한 것은, 이미 종료된 과거의 사실관계 또는 법률관계에 새로운 법률이 소급적으로 적용되어 과거를 법적으로 새로이 평가하는 진정소급입법에 해당한다.

해설 2010. 1.분 이후의 퇴직연금에 대한 환수결정 및 2010. 8.분 퇴직연금부터 이를 1/2 감액하여 지급하기로 한 결정은, 신법이 발효되기 이전의 법률관계 즉, 이미 발생하여 이행기에 도달한 퇴직연금수급권의 내용을 변경함이 없이 단지 신법이 발효된 이후의 법률관계 즉, 장래 이행기가 도래하는 퇴직연금수급권의 내용만을 변경하는 것에 불과하여, 이미 완성 또는 종료된 과거의 사실 또는 법률관계에 새로운 법률을 소급적으로 적용하여 과거를 법적으로 새로이 평가하는 것이 아니므로 소급입법에 의한 재산권 침해는 문제 되지 아니한다(대판 2014.06.12. 2014다12270).

🕐 24년 변시

171. 구「수도권 대기환경개선에 관한 특별법」조항은, 특정경유자동차에 배출가스저감장치를 부착하여 운행하고 있는 소유자에 대하여 위 조항의 개정 이후 '폐차나 수출 등을 위한 자동차등록의 말소'라는 별도의 요건사실이 충족되는 경우에 배출가스저감장치를 반납하도록 하고 있는데, 이는 부진정소급입법에 해당한다.

🔹해설 보조금 지원을 받아 배출가스저감장치를 부착한 자동차소유자가 자동차 등록을 말소하려면 배출가스저감장치 등을 서울특별시장등에게 반납하여야 한다고 규정한 '구 수도권 대기환경개선에 관한 특별법' 제26조의4 제3항 중 '배출가스저감장치'에 관한 부분(이하 '심판대상조항'이라 한다)은 이미 종료된 사실·법률관계가 아니라, 현재 진행 중인 사실관계, 즉 특정경유자동차에 배출가스저감장치를 부착하여 운행하고 있는 소유자에 대하여 심판대상조항의 신설 또는 개정 이후에 '폐차나 수출 등을 위한 자동차등록의 말소'라는 별도의 요건사실이 충족되는 경우에 배출가스저감장치를 반납하도록 한 것으로서 부진정소급입법에 해당하며, 이 조항이 신설되기 전에 이미 배출가스저감장치를 부착하였던 소유자들이 자동차 등록 말소 후 경제적 잔존가치가 있는 장치의 사용 및 처분에 관한 신뢰를 가졌다고 하더라도, 위와 같은 공익의 중요성이 더 크다고 할 것이므로, 이 조항이 신뢰보호원칙을 위반하여 재산권을 침해한다고 보기도 어렵다(헌결 2019.12.27. 2015헌바45(전합)).

정답

14년(2) 모의

172. 언론사에 대한 정정보도청구권의 성립요건으로 언론사의 고의·과실을 요구하지 아니하는 내용의 개정 언론중재법을 이 법 시행 전의 언론보도에 대한 정정보도청구에 대해서도 적용하도록 규정한 것은 진정소급입법으로 헌법에 위반된다.

🔹해설 언론중재법 부칙 제2조 본문은 언론중재법의 시행 전에 행하여진 언론보도에 대하여도 동법을 적용하도록 규정하고 있다. 이에 따라 정정보도청구권의 성립요건과 정정보도청구소송의 심리절차에 관하여 언론중재법이 소급하여 적용됨으로써 언론사의 종전의 법적 지위가 새로이 변경되었다. 이것은 이미 종결된 과거의 법률관계를 소급하여 새로이 규율하는 것이기 때문에 소위 진정소급입법에 해당한다. 진정 소급입법은 헌법적으로 허용되지 않는 것이 원칙이고 이를 예외적으로 허용할 특단의 사정도 이 부칙조항에 대해 인정되지 않으므로 부칙 제2조 중 '제14조 제2항, 제26조 제6항 본문 전단 중 정정보도청구 부분, 제31조 후문' 부분은 헌법에 위반된다(헌재 2006.06.29. 2005헌마165).

정답

24년 변시

173. 공무원이 '직무와 관련 없는 과실로 인한 경우' 및 '소속상관의 정당한 직무상의 명령에 따르다가 과실로 인한 경우'를 제외하고 재직 중의 사유로 금고 이상의 형을 받은 경우, 퇴직급여 등을 감액하도록 규정한 구 「공무원연금법」 조항을 다음 해부터 적용하도록 규정한 동법 부칙조항은 진정소급입법에 해당하지 않는다.

해설 2009. 12. 31. 개정된 이 사건 감액조항을 2010. 1. 1.부터 적용하도록 규정한 구 공무원연금법 부칙(2009. 12. 31. 법률 제9905호) 제1조(2015. 6. 22. 법률 제13387호로 개정되기 전의 것) 본문(이하 '이 사건 부칙조항'이라 한다)은 이미 발생하여 이행기에 도달한 퇴직연금수급권의 내용을 변경함이 없이 이 사건 부칙조항의 시행 이후의 법률관계, 다시 말해 장래에 이행기가 도래하는 퇴직연금수급권의 내용을 변경함에 불과하므로, 진정소급입법에는 해당하지 아니한다. 따라서 소급입법에 의한 재산권 침해는 문제될 여지가 없다(헌결 2016.06.30. 2014헌바365).

정답 O

 24년 변시

174. 상가건물 임차인의 계약갱신요구권 행사 기간을 5년에서 10년으로 연장한 「상가건물 임대차보호법」 조항을 개정법 시행 이전에 체결되었더라도 개정법 시행 이후 갱신되는 임대차에 적용하도록 한 동법 부칙조항은 진정소급입법에 해당하여 소급입법금지원칙에 위배된다.

해설 상가건물 임대차보호법'이 2018. 10. 16. 법률 제15791호로 개정되면서 5년의 계약갱신요구권 행사 기간이 10년으로 연장되었다. 구법조항에 의하면 임차인의 계약갱신요구권은 최초 임대차기간을 포함하여 전체 임대차기간이 5년을 초과하지 않는 범위에서만 행사할 수 있었는데, 개정법조항은 이에 대해 10년을 초과하지 않는 범위에서만 행사할 수 있다고 하여 그 기간을 연장한 이 사건 부칙조항은 아직 진행과정에 있는 사안을 규율대상으로 하는 부진정소급입법에 해당한다. … 따라서 이 사건 부칙조항은 소급입법금지 원칙에 위배되어 임대인인 청구인들의 재산권을 침해한다고 볼 수 없다(헌결 2021.10.28. 2019헌마106,1049(병합,전합)).

정답 X

  19년 변시, 15년(3)·21년(2) 모의

175. 무기징역의 집행 중에 있는 자의 가석방요건을 종전의 '10년 이상'에서 '20년 이상' 형 집행 경과로 강화한 개정 「형법」 조항을 개정 당시에 이미 수용 중인 사람에게도 적용하는 것은 신뢰보호원칙에 위배되지 않는다.

해설 수형자가 형법에 규정된 형 집행경과기간 요건을 갖춘 것만으로 가석방을 요구할 권리를 취득하는 것은 아니므로, 10년간 수용되어 있으면 가석방 적격심사 대상자로 선정될 수 있었던 구 형법 제72조 제1항에 대한 청구인의 신뢰를 헌법상 권리로 보호할 필요성이 있다고 할 수 없다. 가석방 제도의 실제 운용에 있어서도 구 형법 제72조 제1항이 정한 10년보다 장기간의 형 집행 이후에 가석방을 해왔고, 무기징역형을 선고받은 수형자에 대하여 가석방을 한 예가 많지 않으며, 2002년 이후에는 20년 미만의 집행기간을 경과한 무기징역형 수형자가 가석방된 사례가 없으므로, 청구인의 신뢰가 손상된 정도도 크지 아니하다. 그렇다면 죄질이 더 무거운 무기징역형을 선고받은 수형자를 가석방할 수 있는 형 집행 경과기간이 개정 형법 시행 후에 유기징역형을 선고받은 수형자의 경우와 같거나 오히려 더 짧게 되는 불합리한 결과를 방지하고, 사회를 방위하기 위한 이 사건 부칙조항이 신뢰보호원칙에 위배되어 청구인의 신체의 자유를 침해한다고 볼 수 없다(헌재 2013.08.29. 2011헌마408).

정답 O

176. **(1)** 신뢰보호원칙은 법률이나 그 하위법규뿐만 아니라 국가관리의 입시제도와 같이 국·공립대학의 입시전형을 구속하여 국민의 권리에 직접 영향을 미치는 제도운영지침의 개폐에도 적용된다.

(2) 교육부장관의 지침으로 대입전형자료로써 절대평가와 상대평가를 병행·활용하도록 한 것은 교육개혁위원회의 교육개혁방안에 따라 절대평가가 이루어 질 것으로 믿고 특수목적고등학교에 입학한 학생들의 신뢰이익을 침해하는 것이다

해설 (1) 헌법상의 법치국가원리의 파생원칙인 신뢰보호의 원칙은 법률이나 그 하위법규 뿐만 아니라 국가관리의 입시제도와 같이 국·공립대학의 입시전형을 구속하여 국민의 권리에 직접 영향을 미치는 제도운영지침의 개폐에도 적용되는 것이다.

(2) 청구인들이 이른바 특수목적고등학교인 외국어고등학교에 입학하기 위하여 원서를 제출할 당시 시행되었던 종합생활기록부 제도는 처음부터 절대평가와 상대평가를 예정하고 있었고, 대학입학전형에 있어서 학생부를 절대평가방법으로 활용할 것인가 상대평가방법으로 활용할 것인가 등 그 반영방법도 대학의 자율에 일임되어 있었다. 따라서 그 이후 공표된 이 사건 제도개선보완시행지침은 1999학년도까지 대입전형자료로 절대평가와 상대평가를 병행하도록 하고 다만 종전 종합생활기록부제도의 문제점을 보완하기 위하여 과목별 석차의 기록방법 등 세부적인 사항을 개선, 변경한 데 불과하므로 이로 인하여 청구인들의 헌법상 보호할 가치가 있는 신뢰가 침해되었다고 볼 수 없다(헌재 1997.07.16. 97헌마38).

정답 O, ×

177. 정부가 1976년부터 자도소주구입제도를 시행한 것을 고려할 때, 주류판매업자로 하여금 매월 소주류 총구입액의 100분의 50 이상을 당해 주류판매업자의 판매장이 소재하는 지역과 같은 지역에 소재하는 제조장으로부터 구입하도록 명하는 자도소주구입명령제도에 대한 소주제조업자의 강한 신뢰보호이익이 인정되지만, 이러한 신뢰보호도 "능력경쟁의 실현"이라는 보다 우월한 공익에 직면하여 종래의 법적 상태의 존속을 요구할 수는 없다.

해설 이 사건의 경우 국가가 장기간에 걸쳐 추진된 주정배정제도, 1도1사원칙에 의한 통폐합정책 및 자도소주구입명령제도를 통하여 신뢰의 근거를 제공하고 국가가 의도하는 일정한 방향으로 소주제조업자의 의사결정을 유도하려고 계획하였으므로, 자도소주구입명령제도에 대한 소주제조업자의 강한 신뢰보호이익이 인정된다. 그러나 이러한 신뢰보호도 법률개정을 통한 "능력경쟁의 실현"이라는 보다 우월한 공익에 직면하여 종래의 법적 상태의 존속을 요구할 수는 없다 할 것이고 다만 개인의 신뢰는 적절한 경과규정을 통하여 고려되기를 요구할 수 있는데 지나지 않는다 할 것이다(헌재 1996.12.26. 96헌가18).

정답 O

 19년 변시

178. 종전의 법령에 따라 「학교보건법」의 학교환경위생정화구역 내에서 노래연습장 영업을 적법하게 하였는데, 시행령의 변경으로 이미 설치되어 있던 노래연습장시설을 5년 이내에 폐쇄 또는 이전하도록 하는 것은 시행령 개정 이전부터 정화구역 내에서 노래연습장 영업을 적법하게 한 국민들의 신뢰를 해치는 것으로 이와 같은 시행령 조항은 법적 안정성과 신뢰보호원칙에 위배된다.

해설 이 사건 시행령조항은, 위와 같은 청소년 학생의 보호라는 공익상의 필요에 의하여 학교환경위생정화구역 안에서의 노래연습장의 시설 영업을 금지하고서 이미 설치된 노래연습장시설을 폐쇄 또는 이전하도록 하면서 경제적 손실을 최소화할 수 있도록 1998. 12. 31.까지 약 5년간의 유예기간을 주는 한편 1994. 8. 31.까지 교육감 등의 인정을 받아 계속 영업을 할 수 있도록 경과조치를 하여, 청구인들의 법적 안정성과 신뢰보호를 위하여 상당한 배려를 하고 있으므로, 법적 안정성과 신뢰보호의 원칙에 어긋난다고 할 수 없다(헌재 1999.07.22. 98헌마480).

정답 X

 19년 변시

179. 1953년부터 시행된 "교사의 신규채용에 있어서는 국립 또는 공립 교육대학·사범대학의 졸업자를 우선하여 채용하여야 한다."라는 「교육공무원법」 조항에 대한 헌법재판소의 위헌결정에도 불구하고 헌법재판소의 위헌결정 당시의 국·공립 사범대학 등의 재학생과 졸업자의 신뢰는 보호되어야 하므로, 입법자가 위헌법률에 기초한 이들의 신뢰이익을 보호하기 위한 법률을 제정하지 않은 부작위는 헌법에 위배된다.

해설 미임용자들은 위헌결정이 있기 이전의 구 교육공무원법 제11조 제1항이 유효한 것으로 믿고 국·공립사범대학을 졸업하면 교육공무원인 중등교원으로 무시험 우선 채용될 수 있을 것을 신뢰하여 우수한 대학입학고사 성적에도 불구하고 다른 대학에의 진학 기회를 포기하고 중등교원이 되기 위하여 국·공립 사범대학에의 진학을 선택하고 학업을 수행하여 졸업한 후 시·도 교육위원회별로 작성한 교사임용후보자명부에 등재되어 임용이 예정되어 있었던 자들이다. 이러한 미임용자들의 결정과 행위는 국가의 입법행위에 의하여 일정한 방향으로 유인된 신뢰의 행사라고 평가될 수 있으므로, 이들은 구 교육공무원법 제11조 제1항의 존속에 대한 주관적 신뢰이익을 갖는다 할 것이다. 비록 우리 재판소의 결정에 의하여 구 교육공무원법 제11조 제1항이 위헌으로 선언되었으나, 우리 헌법재판소법 제47조 제2항은 장래효의 원칙을 규정함으로써 위헌법률이 당연히 무효인 것이 아니라 위헌결정으로 장래 효력을 상실하도록 되어 있어 헌법재판소에 의한 위헌확인시까지는 유효한 신뢰의 근거로 작용할 수 있다. 그러나, 이러한 신뢰이익은 위헌적 법률의 존속에 관한 것에 불과하여 위헌적인 상태를 제거해야 할 법치국가적 공익과 비교형량해 보면 공익이 신뢰이익에 대하여 원칙적인 우위를 차지하기 때문에 합헌적인 법률에 기초한 신뢰이익과 동일한 정도의 보호, 즉 "헌법에서 유래하는 국가의 보호의무"까지는 요청할 수는 없다. 즉 미임용자들이, 위헌적 법률에 기초한 신뢰이익이 보호되지 않는다는 이유를 들어 교육공무원의 공개전형을 통한 선발을 규정한 현행 교육공무원법을 위헌이라고 하거나, 위헌적 법률에 기초한 신뢰이익을 보장하기 위한 법률을 제정하지 않은 부작위를 위헌이라고 주장할 수는 없는 것이다(헌재 2006.03.30. 2005헌마598).

19년(2) 모의

180. **퇴직연금수급권의 구체적인 내용은 불변적인 것이 아니므로 그 신뢰가치가 크다고는 할 수 없는 반면, 연금재정의 파탄을 막고 공무원연금제도를 건실하게 유지하는 것은 긴급하고도 대단히 중요한 공익이므로, 공무원연금의 조정에 관한 경과조치규정은 헌법상 신뢰보호의 원칙에 위배되지 않는다.**

해설 퇴직연금수급권의 성격상 그 급여의 구체적인 내용은 불변적인 것이 아니라, 국가의 재정, 다음 세대의 부담 정도, 사회적 여건의 변화 등에 따라 변경될 수 있는 것이고, 공무원연금제도가 공무원신분보장의 본질적 요소라고 하더라도 '퇴직 후에 현 제도 그대로의 연금을 받는다'는 신뢰는 반드시 보호되어야 할 정도로 확고한 것이라 보기 어렵다(헌재 2005.06.30. 2004헌바42 참조). 연금의 내용은 그 동안 재정 형편에 따라 무수한 변화를 겪어 왔고 지급정지제도 역시 그러하다. 지방의회의원의 경우 2006. 1.부터 월정수당의 지급으로 총 받는 금액이 상향조정됨으로써 보수로서의 성격을 보다 강하게 가지게 되었고, 이러한 보수의 현실화로 과거의 법 상태에 대한 신뢰는 보호의 필요성이 적어졌다. 따라서 청구인들이 '지방의회의원에 취임할 당시의 연금제도가 그대로 유지되어 그 임기동안 같은 액수의 퇴직연금을 계속 지급받을 수 있을 것'이라고 신뢰하였다 하더라도 이러한 신뢰는 보호가치가 크다고 보기 어렵다. 이러한 점들을 종합하면, 심판대상조항은 신뢰보호원칙에 반하여 청구인들의 재산권을 침해한다고 볼 수 없다(헌재 2017.07.27. 2015헌마1052).

19년(2) 모의

181. **국가는 조세·재정정책을 탄력적·합리적으로 운용할 필요성이 있기 때문에, 납세의무자로서는 구법질서에 의거하여 적극적인 신뢰행위를 하였다든가 하는 사정이 없는 한 원칙적으로 세율 등 현재의 세법이 과세기간 중에 변함없이 유지되리라고 신뢰하고 기대할 수는 없다.**

해설 납세의무자로서는 구법질서에 의거하여 적극적인 신뢰행위를 하였다든가 하는 사정이 없는 한 원칙적으로 세율 등 현재의 세법이 과세기간 중에 변함없이 유지되리라고 신뢰하고 기대할 수는 없다. 그렇게 되면 국가 조세·재정정책의 탄력적·합리적 운용이 불가능하기 때문이다. … 따라서 법인이 통상적 소득활동을 하였다는 점만으로는 구법질서에 터잡은 적극적인, 보호할만한 가치 있는 신뢰행위가 있었다고 인정할 수 없기 때문이다(헌재 1998.11.26. 97헌바58).

정답 O

12년 변시, 19년(2) 모의

182. 의료기관 시설의 일부를 변경하여 약국을 개설하는 것을 금지하는 조항을 신설하면서, 이에 해당하는 기존 약국 영업을 개정법 시행일로부터 1년까지만 허용하고 유예기간 경과 후에는 약국을 폐쇄하도록 한 약사법 부칙 조항은, 개정법 시행 이전부터 의료기관 시설의 일부를 변경한 장소에서 약국을 운영해 온 기존 약국개설등록자의 신뢰이익을 침해하는 것이 아니다.

해설 청구인들이 가지는 신뢰이익과 그 침해는 크지 않은 반면에, 법 시행 이전에 이미 개설하여 운영중인 약국을 폐쇄해야 할 공적인 필요성이 매우 크고 입법목적의 달성을 통해서 얻게 되는 국민보건의 향상이라는 공적 이익이 막중하므로, 이 사건 법률조항들이 청구인들의 기존 약국을 폐쇄토록 규정한 것은 비례의 원칙이나 신뢰보호의 원칙에 위반되지 않으므로 청구인들의 직업행사의 자유를 침해하지 않는다(헌재 2003.10.30. 2001헌마700).

정답 O

18년(1) 모의

183. 사법연수원의 소정 과정을 마치면 바로 판사임용취득자격을 취득할 수 있었으나, 일정 기간의 법조경력이 있어야만 판사로 임용될 수 있도록 「법원조직법」을 개정하면서 개정 당시 이미 사법연수원에 입소한 사람에게도 개정 「법원조직법」을 적용하는 것은 신뢰보호원칙에 위반된다.

해설 판사임용자격에 관한 법원조직법 규정이 지난 40여 년 동안 유지되어 오면서, 국가는 입법행위를 통하여 사법시험에 합격한 후 사법연수원을 수료한 즉시 판사임용자격을 취득할 수 있다는 신뢰의 근거를 제공하였다고 보아야 하며, 수년간 상당한 노력과 시간을 들인 끝에 사법시험에 합격한 후 사법연수원에 입소하여 사법연수생의 지위까지 획득한 청구인들의 경우 사법연수원 수료로써 판사임용자격을 취득할 수 있으리라는 신뢰이익은 보호가치가 있다고 할 것이다. 이 사건에서 청구인들의 신뢰이익에 대비되는 공익이 중대하고 장기적 관점에서 필요한 것이라 하더라도, 이 사건 심판대상조항을 이 사건 법원조직법 개정 당시 이미 사법연수원에 입소한 사람들에게도 반드시 시급히 적용해야 할 정도로 긴요하다고는 보기 어렵고, 종전 규정의 적용을 받게 된 사법연수원 2년차들과 개정 규정의 적용을 받게 된 사법연수원 1년차들인 청구인들 사이에 위 공익의 실현 관점에서 이들을 달리 볼 만한 합리적인 이유를 찾기도 어려우므로, 이 사건 심판대상 조항이 개정법 제42조 제2항을 법 개정 당시 이미 사법연수원에 입소한 사람들에게 적용되도록 한 것은 신뢰보호원칙에 반한다고 할 것이다. 다만 청구인들의 종전 규정에 대한 신뢰보호를 어느 범위까지 할 것인지에 대하여 살피건대, 판사임용자격과 같이 일정한 전문분야에 관한 자격제도의 형성에 관해서는 입법부가 형성의 자유를 가지며, 이미 사법연수원을 수료한 사람 중에서 개정법에 따라 일정 기간의 재직연수를 충족하여야만 판사로 임용될 수 있는 사람과의 형평에 비추어 볼 때, … 이 사건 심판대상조항은 이 사건 법원조직법 개정 시점인 2011. 7. 18. 당시에 이미 사법연수원에 입소하여 사법연수생의 신분을 가지고 있었던 자가 사법연수원을 수료하는 해의 판사 임용에 지원하는 경우에 적용되는 한 신뢰보호원칙에 반하여 청구인들의 공무담임권을 침해한다(헌재 2012.11.29. 2011헌마786).

184. 헌법재판소는 수급권자 자신이 종전에 지급받던 평균임금을 기초로 산정된 장해보상연금을 수령하고 있던 수급권자에게, 실제의 평균임금이 노동부장관이 고시한 한도금액 이상일 경우 그 한도금액을 실제임금으로 의제하는 내용으로 신설된 최고보상제도를, 2년 6개월의 유예기간 후 적용하는 「산업재해보상보험법」 부칙 조항이 신뢰보호원칙에 위배된다고 판시하였다.

해설 장해급여제도는 본질적으로 소득재분배를 위한 제도가 아니고, 손해배상 내지 손실보상적 급부인 점에 그 본질이 있는 것으로, 산업재해보상보험이 갖는 두 가지 성격 중 사회보장적 급부로서의 성격은 상대적으로 약하고 재산권적인 보호의 필요성은 보다 강하다고 볼 수 있어 다른 사회보험 수급권에 비하여 보다 엄격한 보호가 필요하다. 장해급여제도에 사회보장 수급권으로서의 성격도 있는 이상 소득재분배의 도모나 새로운 산재보상사업의 확대를 위한 자금마련의 목적으로 최고보상제를 도입하는 것 자체는 입법자의 결단으로서 형성적 재량권의 범위 내에 있다고 보더라도, 그러한 입법자의 결단은 최고보상제도 시행 이후에 산재를 입는 근로자들부터 적용될 수 있을 뿐, 제도 시행 이전에 이미 재해를 입고 산재보상수급권이 확정적으로 발생한 청구인들에 대하여 그 수급권의 내용을 일시에 급격히 변경하여 가면서까지 적용할 수 있는 것은 아니라고 보아야 할 것이다. 따라서, 심판대상조항은 신뢰보호의 원칙에 위배하여 청구인들의 재산권을 침해하는 것으로서 헌법에 위반된다(헌재 2009.05.28. 2005헌바20).

185. 헌법재판소는 기존에 자유업종이었던 인터넷컴퓨터게임시설제공업에 대하여 등록제를 도입하면서 1년 이상의 유예기간을 둔 「게임산업진흥에 관한 법률」 조항은 신뢰보호원칙에 위배되지 않는다고 판시하였다.

해설 이 사건 법률조항을 시행함에 있어 청구인들에게 주어진 2007. 4. 20.부터 2008. 5. 17.까지 1년 이상의 유예기간은 법개정으로 인한 상황변화에 적절히 대처하기에 지나치게 짧은 것이라고 할 수 없다. 따라서 '게임산업진흥에 관한 법률'은 부칙의 경과규정을 통하여 종전부터 PC방 영업을 영위하여 온 청구인들을 비롯한 인터넷컴퓨터게임시설제공업자의 신뢰이익을 충분히 고려하고 있으므로, 이 사건 법률조항이 신뢰보호의 원칙에 위배된다고 할 수 없다(헌재 2009.09.24. 2009헌바28).

186. 구 세무사법(1999. 12. 31. 법률 제6080호로 개정되기 전의 것, 이하 '구법'이라 한다) 제3조 제2호에 따르면 국세에 관한 행정사무 종사경력이 10년 이상이고, 일반직 5급 이상 공무원으로서 5년 이상 재직한 경력이 있는 경우(이하 이를 '자격부여요건'이라 한다)에는 당연히 세무사자격이 부여되었는데, 개정된 세무사법(1999. 12. 31. 법률 제6080호로 개정된 것, 이하 '개정법'이라 한다) 제3조는 위 제2호를 삭제하였고, 개정법 부칙 제3항은 2000. 12. 31. 현재 종전의 제3조 제2호의 규정에 해당하는 자에 대하여만 구법 규정을 적용하도록 규정하였다.

甲은 국세에 관한 행정사무에 종사하고 있는 기간이 12년이며 그 중 5급 이상 공무원으로 근무한 기간이 3년이 되었기에 2000. 12. 31. 현재 구법 규정상의 자격부여요건을 갖추지 못하였는바, 구법 규정이 적용될 수 없어 세무사자격시험을 거치지 않고도 세무사자격이 부여되는 지위를 상실하였다.

1) 甲의 세무사자격 부여에 대한 신뢰는 보호할 필요성이 있는 합리적이고도 정당한 신뢰라 할 것이고, 개정법 제3조 등의 개정으로 말미암아 甲이 입게 된 불이익의 정도, 즉 신뢰이익의 침해 정도는 중대하다고 아니할 수 없는 반면, 甲의 신뢰이익을 침해함으로써 일반응시자와의 형평을 제고한다는 공익은 위와 같은 신뢰이익 제한을 헌법적으로 정당화할만한 사유라고 보기 어렵다.

해설 청구인들의 세무사자격 부여에 대한 신뢰는 보호할 필요성이 있는 합리적이고도 정당한 신뢰라 할 것이고, 개정법 제3조 등의 개정으로 말미암아 청구인들이 입게 된 불이익의 정도, 즉 신뢰이익의 침해정도는 중대하다고 아니할 수 없는 반면, 청구인들의 신뢰이익을 침해함으로써 일반응시자와의 형평을 제고한다는 공익은 위와 같은 신뢰이익 제한을 헌법적으로 정당화할 만한 사유라고 보기 어렵다. 그러므로 기존 국세관련 경력공무원 중 일부에게만 구법 규정을 적용하여 세무사자격이 부여되도록 규정한 위 세무사법 부칙 제3항은 충분한 공익적 목적이 인정되지 아니함에도 청구인들의 기대가치 내지 신뢰이익을 과도하게 침해한 것으로서 헌법에 위반된다(헌재 2001.09.27. 2000헌마152).

2) 2000. 12. 31. 현재 자격부여요건을 충족한 자와 그렇지 못한 甲 사이에는 단지 근무기간에 있어서의 양적인 차이만 존재할 뿐 본질적인 차이는 없고, 세무사자격 부여제도의 폐지와 관련된 조항의 시행일만을 2001. 1. 1.로 늦추어 1년의 유예기간을 두고 있는 것 자체가 합리적 근거 없는 자의적 조치이므로 위 부칙조항은 합리적인 이유 없이, 자의적으로 설정된 기준을 토대로 위 부칙조항의 적용대상자와 甲을 차별 취급하는 것으로서 평등의 원칙에 위반된다.

해설 2000. 12. 31. 현재 자격부여요건을 충족한 자와 그렇지 못한 청구인들 사이에는 단지 근무기간에 있어서의 양적인 차이만 존재할 뿐, 본질적인 차이는 없고, 세무사자격 부여제도의 폐지와 관련된 조항의 시행일만을 2001. 1. 1.로 늦추어 1년의 유예기간을 두고 있는 것 자체가 합리적 근거 없는 자의적 조치이므로, 위 부칙조항은 합리적인 이유 없이, 자의적으로 설정된 기준을 토대로 위 부칙조항의 적용대상자와 청구인들을 차별취급하는 것으로서 평등의 원칙에도 위반된다(헌재 2001.09.27. 2000헌마152).

정답

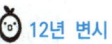 12년 변시

187. 국가는 조세·재정정책을 탄력적·합리적으로 운용할 필요성이 있기 때문에, 납세의무자로서는 구법질서에 의거하여 적극적인 신뢰행위를 하였다든가 하는 사정이 없는 한 원칙적으로 세율 등 현재의 세법이 과세기간 중에 변함없이 유지되리라고 신뢰하고 기대할 수는 없다.

> 해설 조세에 관한 법규·제도는 신축적으로 변할 수밖에 없다는 점에서 납세의무자로서는 구법질서에 의거한 신뢰를 바탕으로 적극적으로 새로운 법률관계를 형성하였다든지 하는 특별한 사정이 없는 한 원칙적으로 현재의 세법이 변함없이 유지되리라고 기대하거나 신뢰할 수는 없다(헌재 2003.04.24. 2002헌바9).

정답

 12년 변시

188. 법률의 위임을 받아 특정 국가자격시험의 응시자격을 구체적으로 정하고 있는 시행령이 2011. 3. 7.자로 개정되었다. 이를 통해 '관련과목의 이수'로 정해져 있던 국가자격시험의 응시자격요건이 '관련학과의 학위취득'으로 변경되었다. 개정시행령은 부칙에 경과규정을 두어 그 시행일을 2011. 3. 7.로 하되 2010학년도 이전에 관련학과 이외의 학과에 입학한 자에 대해서는 종전의 규정에 의하도록 정하였다. 2011. 3. 2. 관련학과가 아닌 다른 학과에 입학한 甲은 장래 위 국가자격시험의 응시를 목표로 하고 있었으나, 위 시행령 개정으로 응시자격이 없어졌다는 사실에 고민하고 있다.

1) (1) 법령을 개정해야 할 공익상의 필요가 있더라도, 개정시행령상의 응시자격 규정이 구 시행령에 의한 응시자격이 장래에도 그대로 존속할 것이라는 합리적이고 정당한 甲의 신뢰를 과도하게 침해하는 경우에는 개정시행령상의 자격규정은 신뢰보호원칙에 위반된다.

(2) 甲이 관련학과가 아닌 다른 학과에 입학한 후 위 시행령이 개정되었으므로 개정시행령을 甲에게 적용하는 것은 진정소급효를 발생시키는 경우에 해당되어 위법하다.

> 해설 (1), (2) 개정 전 시행령 제3조의2를 신뢰하여 한약사 국가시험 응시자격을 취득할 수 있으리라는 기대를 가지고 순천대학교 한약자원학과에 입학함으로써 위 신뢰에 기초한 구체적 행위로 나아갔다고 할 것이고, 원고들의 한약사 국가시험의 응시자격 취득의 기대라는 신뢰이익은 법적으로 보호받을 만한 가치를 지니고 있는 것이라고 봄이 상당하다. … 비록 한약사제도를 신설한 이 사건 법률 제3조의2 제2항의 입법 취지와 한약사 분야에서의 보건의료인 양성체계에 맞게 한약사 국가시험의 응시자격을 즉시 정비할 공익적 필요가 있다는 점을 고려하더라도, 개정 시행령 제3조의2에서 정해진 한약학과 졸업이라는 새로운 한약사 국가시험의 응시자격 요건을 그 시행령 시행 전에 입학

한 원고들에게 적용하는 것은 원고들의 위와 같은 신뢰를 과도하게 침해하는 것으로서 신뢰보호의 원칙에 위반된다고 할 것이다(대판 2007.10.29. 2005두4649(전합)). ▶ 甲이 2011. 3. 2. 입학하였고 아직 그 학위를 취득하지 않은 상태에서, 2011. 3. 7.자로 시행령이 개정되었으므로 부진정소급입법

정답 ○, ×

2) 개정시행령의 부칙이 2010학년도 이전에 관련학과 이외의 학과에 입학한 자와 2011학년도에 관련학과 이외의 학과에 입학한 자를 합리적 사유 없이 차별하는 것이라면 평등원칙에 반한다.

해설 원고들과 같이 1997학년도에 입학한 자들과 1996학년도 이전에 입학한 자들은 개정 전 시행령 제3조의2에서 정해진 한약사 국가시험 응시자격을 신뢰하고 대학에 입학하였다는 점에서 같다고 할 것인데, … 비록 1996학년도 이전에 입학한 자들이 원고들에 비하여 대학에서 1년 이상 수학하였고, 보건복지부의 앞서 본 각 발표가 있었다고 하더라도 그와 같은 점만을 근거로 원고들과 1996학년도 이전에 입학한 자들을 차별하는 것은 합리적이라고 볼 수 없으므로, 개정 시행령 제3조의2를 원고들에게 적용하는 것은 평등의 원칙에도 위반된다 할 것이다(대판 2007.10.29. 2005두4649(전합)). ▶ 약사법 시행령이 1997. 3. 6. 한약사 국가시험의 응시자격을 '필수 한약관련 과목과 학점을 이수하고 대학을 졸업한 자'에서 '한약학과를 졸업한 자'로 변경하는 내용으로 개정되면서, 같은 시행령 부칙이 위 시행령을 1997. 3. 6.부터 시행하며 1997년도 이후에 입학한 자에 대하여 적용한다고 규정한 사안에서, ㉠ 원고가 1997년에 한약자원학과에 입학한 경우 이 사건 부칙조항이 헌법상 신뢰보호의 원칙과 평등의 원칙에 위배되므로 허용될 수 없다고 판시(대판 2007.10.29. 2005두4649), ㉡ 청구인이 1998년에 한약자원학과에 입학한 경우 이 사건 부칙조항이 신뢰보호원칙이나 평등원칙에 위배되지 않는다고 판시(헌재 2010.10.28. 2009헌바23).

정답 ○

제❺항 ▎사회국가의 원리

17년(3)·19년(2) 모의

189. 우리 헌법은 헌법의 전문, 사회적 기본권의 보장, 경제 영역에서 적극적으로 계획하고 유도하고 재분배하여야 할 국가의 의무를 규정하는 경제에 관한 조항 등과 같이 사회국가원리의 구체화된 여러 표현을 통하여 사회국가원리를 수용하였다.

해설 우리 헌법은 사회국가원리를 명문으로 규정하고 있지는 않지만, 헌법의 전문, 사회적 기본권의 보장(헌법 제31조 내지 제36조), 경제 영역에서 적극적으로 계획하고 유도하고 재분배하여야 할 국가의 의무를 규정하는 경제에 관한 조항(헌법 제119조 제2항 이하) 등과 같이 사회국가원리의 구체화된 여러 표현을 통하여 사회국가원리를 수용하였다(헌재 2002.12.18. 2002헌마52).

정답 ○

22년(3) 모의

190. 헌법 제119조는 개인의 경제적 자유를 보장하면서 사회정의를 실현하는 경제질서를 경제헌법의 지도원칙으로 표명함으로써 국가가 개인의 경제적 자유를 존중하여야 할 의무와 더불어 국민경제의 전반적인 현상에 대하여 포괄적인 책임을 지고 있다는 것을 규정하고 있다.

해설 헌법 제119조는 개인의 경제적 자유를 보장하면서 사회정의를 실현하는 경제질서를 경제헌법의 지도원칙으로 표명함으로써 국가가 개인의 경제적 자유를 존중해야 할 의무와 더불어 국민경제의 전반적인 현상에 대하여 포괄적인 책임을 지고 있다는 것을 규정하고 있다. 우리 헌법은 헌법 제119조 이하의 경제에 관한 장에서 "균형있는 국민경제의 성장과 안정, 적정한 소득의 분배, 시장의 지배와 경제력남용의 방지, 경제주체간의 조화를 통한 경제의 민주화, 균형있는 지역경제의 육성, 중소기업의 보호육성, 소비자보호 등"의 경제영역에서의 국가목표를 명시적으로 언급함으로써 국가가 경제정책을 통하여 달성하여야 할 '공익'을 구체화하고, 동시에 헌법 제37조 제2항의 기본권제한을 위한 법률유보에서의 '공공복리'를 구체화하고 있다. 따라서 헌법 제119조 제2항에 규정된 '경제주체간의 조화를 통한 경제민주화'의 이념은 경제영역에서 정의로운 사회질서를 형성하기 위하여 추구할 수 있는 국가목표로서 개인의 기본권을 제한하는 국가행위를 정당화하는 헌법규범이다(헌재 2003.11.27. 2001헌바35).

17년(3)·19년(2)·22년(3)·23년(3) 모의

191. 사회국가란 경제·사회·문화의 모든 영역에서 정의로운 사회질서의 형성을 위하여 사회현상에 관여하고 간섭하며 분배하고 조정하는 국가는 아니며, 다만 국민 각자가 실제로 자유를 행사할 수 있는 실질적 조건을 마련해 줄 의무가 있는 국가를 의미한다.

해설 사회국가란 한마디로, 사회정의의 이념을 헌법에 수용한 국가, 사회현상에 대하여 방관적인 국가가 아니라 경제·사회·문화의 모든 영역에서 정의로운 사회질서의 형성을 위하여 사회현상에 관여하고 간섭하고 분배하고 조정하는 국가이며, 궁극적으로는 국민 각자가 실제로 자유를 행사할 수 있는 그 실질적 조건을 마련해 줄 의무가 있는 국가이다(헌재 2002.12.18. 2002헌마52).

 19년 변시

192. 헌법 제119조 이하의 경제에 관한 장은 국가가 경제정책을 통하여 달성하여야 할 공익을 구체화하고, 동시에 헌법 제37조 제2항의 기본권제한을 위한 일반적 법률유보에서의 공공복리를 구체화하고 있다.

해설 우리 헌법은 헌법 제119조 이하의 경제에 관한 장에서는 균형있는 국민경제의 성장과 안정, 적정한 소득의 분배, 시장의 지배와 경제력남용의 방지, 경제주체간의 조화를 통한 경제의 민주화, 균형있는 지역경제의 육성, 중소기업의 보호육성, 소비자보호 등의 경제영역에서의 국가목표를 명시적으로 언급함으로써 국가가 경제정책을 통하여 달성하여야 할 '공익'을 구체화하고, 동시에 헌법 제37조 제2항의 기본권제한을 위한 법률유보에서의 '공공복리'를 구체화하고 있다. 따라서 헌법 제119조 제2항에 규정된 '경제주체간의 조화를 통한 경제민주화'의 이념도 경제영역에서 정의로운 사회질서를 형성하기 위하여 추구할 수 있는 국가목표로서 개인의 기본권을 제한하는 국가행위를 정당화하는 헌법규범이다(헌재 2004.10.28. 99헌바91).

17년(3)·19년(2)·22년(3) 모의

193. 우리 헌법에서 수용한 사회국가원리에 의하면 국가는 사회복지국가를 실현하기 위하여 가능한 수단을 동원할 책무를 지므로, 입법자는 가능한 여러 가지 수단들 가운데 이러한 목적의 달성에 가장 적합한 수단을 선택할 의무를 진다.

해설 우리 헌법은 그 전문에 "각인의 기회를 균등히 하고(중략) 국민생활의 균등한 향상을 기하고(후략)"라고 선언하고, 제10조에서 "모든 국민은 인간으로서의 존엄과 가치를 가지며, 행복을 추구할 권리를 가진다", 제34조에서는 "모든 국민은 인간다운 생활을 할 권리를 가진다"라고 각 규정하며, 제119조에서는 경제주체간의 조화를 통한 경제민주화를 다짐하고 있으므로, 국가는 이러한 복지국가를 실현하기 위하여 가능한 수단을 동원할 책무를 진다고 할 것이다. 그러나, 가능한 여러가지 수단들 가운데 구체적으로 어느 것을 선택할 것인가는 기본적으로 입법자의 재량에 속하는 것이고, 따라서 입법자는 그 목적을 추구함에 있어 그에게 부여된 입법재량권을 남용하였거나 그 한계를 일탈하여 명백히 불공정 또는 불합리하게 자의적으로 입법형성권을 행사하였다는 등 특별한 사정이 없는 한 헌법위반의 문제는 야기되지 아니한다고 할 것이다(헌재 2001.01.18. 2000헌마7).

정답

17년(3)·19년(2)·22년(3) 모의

194. 경제적 약자나 중소기업에 대한 조세감면혜택 등과 같이 사회 정책적 고려에 기초한 차별대우가 자의적인가를 판단하는 경우 사회국가원리는 입법자의 형성권을 정당화하는 근거로 기능한다.

해설 조세나 보험료와 같은 공과금의 부과에 있어서 사회국가원리는 입법자의 결정이 자의적인가를 판단하는 하나의 중요한 기준을 제공하며, 일반적으로 입법자의 결정을 정당화하는 헌법적 근거로서 작용한다. 특히 경제적 약자나 중소기업에 대한 조세감면혜택 등과 같이 사회정책적 고려에 기초한 차별대우가 자의적인가를 판단하는 경우에 사회국가원리는 입법자의 형성권을 정당화하는 하나의 헌법적 가치결정을 의미한다(헌재 2000.06.29. 99헌마289).

정답

 19년 변시

195. 허가받지 않은 지역의 의료기관이 더 가까운 경우에도 허가 받은 지역의 의료기관으로 환자를 이송할 수밖에 없도록 강제하고 있는 「응급의료에 관한 법률」 조항은 응급환자이송업체 사이의 자유경쟁을 막아 헌법상 경제질서에 위배된다.

해설 심판대상조항에 따라 허가받은 지역 밖에서 이송업을 하는 것이 제한되므로 청구인 회사의 직업수행의 자유가 제한된다. 청구인 회사는 영업의 자유와 일반적 행동의 자유도 침해되고 헌법상 경제질서에도 위배된다고 주장하지만, 심판대상조항과 가장 밀접한 관계에 있는 직업수행의 자유 침해 여부를 판단하는 이상 이 부분 주장에 대해서는 별도로 판단하지 아니한다. … 심판대상조항은 이송업자의 영업범위를 허가받은 지역 안으로 한정하여 응급의료의 질을 높임과 동시에 응급이송자원이 지역간에 적절하게 분배·관리될 수 있도록 하여 국민건강을 증진하고 지역주민의 편의를 도모하기 위한 것이므로 이러한 입법목적은 정당하고, 수단의 적합성도 인정된다. 이송업 허가는 광역자치단체 단위로 이루어지는데 광역자치단체의 인구와 면적을 감안할 때, 그리고 여러 지역의 허가를 받아 영업을 하는 것도 가능하다는 점에서 심판대상조항은 침해의 최소성을 충족한다. 국민의 생명과 건강에 직결되는 응급이송체계를 적정하게 확립한다는 공익의 중요성에 비추어 영업지역의 제한에 따라 침해되는 이송업자의 사익이 크다고 보기는 어려우므로 법익의 균형성도 인정된다. 따라서 심판대상조항은 과잉금지원칙을 위반하여 직업수행의 자유를 침해한다고 볼 수 없다(헌재 2018.02.22. 2016헌바100).

정답 ×

23년 변시

196. 법령에 의한 인·허가 없이 장래의 경제적 손실을 금전 또는 유가증권으로 보전해 줄 것을 약정하고 회비 등의 명목으로 금전을 수입하는 행위를 금지하는 것은 사인 간의 사적 자치, 경제상의 자유와 창의를 존중함을 기본으로 하는 헌법 제119조 제1항의 경제질서에 어긋난다.

해설 유사수신행위의규제에관한법률(2000. 1. 12. 법률 제6105호로 제정된 것) 제6조 제1항과 제3조 중 제2조 제4호 부분은 실질적으로 보험사업에 해당하는 행위를 법령의 인·허가 없이 마음대로 영위할 수 있도록 방치할 경우 사적 자치라는 이름 아래 불특정 다수인을 상대로 한 투기적, 기망적, 사행적 거래가 성행하여 선량한 피해자를 양산하거나 건전한 금융질서를 어지럽히는 등 심각한 부작용이 나타날 우려가 있으므로 이를 방지하려는 데 그 주된 목적이 있다. 헌법이 보호하는 경제상의 자유란 어떠한 경우에도 제한을 받지 않는 자유방임을 의미하는 것이 아니다. 어떤 분야의 경제활동을 사인간의 사적 자치에 완전히 맡길 경우 심각한 사회적 폐해가 예상되는데도 국가가 아무런 관여를 하지 않는다면 오히려 공정한 경쟁질서가 깨어지고 경제주체간의 부조화가 일어나게 되어 헌법상의 경제질서에 반하는 결과가 초래될 것이다. 이와 같은 관점에서 볼 때, 경제주체간의 부조화를 방지하고 금융시장의 공정성을 확보하기 위하여 마련된 이 사건 법률조항은 그 정당성이 헌법 제119조 제2항에 의하여 뒷받침될 수 있으며, 따라서 우리 헌법의 경제질서에 반하는 것이라 할 수 없다(헌재 2003.02.27. 2002헌바4).

정답 ×

19년 변시, 17년(2) 모의

197. 헌법 제119조 제1항에 비추어 보더라도, 개인의 사적 거래에 대한 공법적 규제는 되도록 사전적·일반적 규제보다는 사후적·구체적 규제방식을 택하여 국민의 거래자유를 최대한 보장하여야 할 것이다.

해설 "대한민국의 경제질서는 개인과 기업의 경제상의 자유와 창의를 존중함을 기본으로 한다"고 규정한 헌법 제119조 제1항에 비추어 보더라도, 개인의 사적 거래에 대한 공법적 규제는 되도록 사전적·일반적 규제보다는, 사후적·구체적 규제방식을 택하여 국민의 거래자유를 최대한 보장하여야 할 것이다(헌재 2012.08.23. 2010헌가65).

정답 ○

19년 변시, 17년(2) 모의

198. **고의나 과실로 타인에게 손해를 가한 경우에만 그 손해에 대한 배상책임을 가해자가 부담한다는 과실책임 원칙은 헌법 제119조 제1항의 자유시장 경제질서에서 파생된 것이다.**

해설 고의나 과실로 타인에게 손해를 가한 경우에만 그 손해에 대한 배상책임을 가해자가 부담한다는 과실책임 원칙은 헌법 제119조 제1항의 자유시장 경제질서에서 파생된 것으로 오늘날 민사책임의 기본원리이다(헌재 2016.04.28. 2015헌바230).

정답

18년(1) 모의

199. **헌법상 경제질서는 개인과 기업의 경제상의 자유와 창의를 존중함을 기본으로 한다.**

해설 헌법 제119조 참조.

헌법 제119조 ① 대한민국의 경제질서는 개인과 기업의 경제상의 자유와 창의를 존중함을 기본으로 한다.

정답

22년(3) 모의

200. **헌법 제119조 제1항은 국가의 경제정책에 대한 헌법적 지침으로서, 이 조항의 '경제적 자유와 창의'는 직업의 자유, 재산권의 보장, 근로3권과 같은 경제에 관한 기본권 및 비례의 원칙과 같은 법치국가원리에 의하여 구체화된다.**

해설 헌법은 제119조에서 개인의 경제적 자유를 보장하면서 사회정의를 실현하기 위한 경제질서를 선언하고 있다. 이 규정은 헌법상 경제질서에 관한 일반조항으로서 국가의 경제정책에 대한 하나의 헌법적 지침이고, 동 조항이 언급하는 '경제적 자유와 창의'는 직업의 자유, 재산권의 보장, 근로3권과 같은 경제에 관한 기본권 및 비례의 원칙과 같은 법치국가원리에 의하여 비로소 헌법적으로 구체화된다(헌재 2002.10.31. 99헌바76).

정답

23년 변시

201. **입법자는 경제영역에서의 국가목표를 이루기 위하여 가능한 여러 정책 중 필요하다고 판단되는 경제정책을 선택할 수 있고, 입법자의 그러한 정책판단과 선택은 경제에 관한 국가적 규제·조정 권한의 행사로서 존중되어야 하는 것이 원칙이다.**

해설 입법자는 경제현실의 역사와 미래에 대한 전망, 목적달성에 소요되는 경제적·사회적 비용, 해당 경제문제에 관한 국민 내지 이해관계인의 인식 등 제반 사정을 두루 감안하여 시장의 지배와 경제력의 남용 방지, 경제의 민주화 달성 등의 경제영역에서의 국가목표를 이루기 위하여 가능한 여러 정책 중 필요하다고 판단되는 경제정책을 선택할 수 있고, 입법자의 그러한 정책판단과 선택은 경제에 관한 국가적 규제·조정권한의 행사로서 존중되어야 한다(헌결 2021.03.25. 2017헌바378).

정답 O

23년(2) 모의

202. 국방상 또는 국민경제상 긴절한 필요로 인하여 법률이 정하는 경우를 제외하고는, 사영기업을 국유 또는 공유로 이전하거나 그 경영을 통제 또는 관리할 수 없다.

해설 헌법 제126조 참조

> 헌법 제126조
> 국방상 또는 국민경제상 긴절한 필요로 인하여 법률이 정하는 경우를 제외하고는, 사영기업을 국유 또는 공유로 이전하거나 그 경영을 통제 또는 관리할 수 없다.

정답 O

22년(3) 모의

203. 헌법 제126조에서 금지하는 '사영기업의 국유 또는 공유로의 이전'이란 일반적으로 공법적 수단에 의하여 사기업에 대한 소유권을 국가나 기타 공법인에 귀속시키고 사회정책적·국민경제적 목표를 실현할 수 있도록 그 재산권의 내용을 변형하는 것을 의미한다.

해설 헌법 제126조는 국방상 또는 국민경제상 긴절한 필요로 인하여 법률이 정하는 경우를 제외하고는 사영기업을 국유 또는 공유로 이전하거나 그 경영을 통제 또는 관리할 수 없다고 규정하고 있다. 여기서 '사영기업의 국유 또는 공유로의 이전'은 일반적으로 공법적 수단에 의하여 사기업에 대한 소유권을 국가나 기타 공법인에 귀속시키고 사회정책적·국민경제적 목표를 실현할 수 있도록 그 재산권의 내용을 변형하는 것을 말하며, 또 사기업의 '경영에 대한 통제 또는 관리'라 함은 비록 기업에 대한 소유권의 보유주체에 대한 변경은 이루어지지 않지만 사기업 경영에 대한 국가의 광범위하고 강력한 감독과 통제 또는 관리의 체계를 의미한다(헌재 2021.03.25. 2017헌바378).

정답 O

23년 변시

204. 택시운송사업자에게 운송수입금 전액 수납의무를 부과하는 것은 헌법 제126조에 의하여 원칙적으로 금지되는 기업 경영과 관련한 국가의 광범위한 감독과 통제 또는 관리에 해당되지 않는다.

해설 일반택시운송사업자로 하여금 운수종사자가 이용자에게 받은 운송수입금 전액을 받도록 규정하고 있는 이 사건 법률조항으로 인하여 청구인이 기업경영에 있어서 영리추구라고 하는 사기업 본연의 목적을 포기할 것을 강요받는 것도 아니고, 청구인 소유의 기업에 대한 재산권이 박탈되거나 통제를 받게 되어 그 기업이 사회의 공동재산의 형태로 변형된 것도 아니므로, 이 사건 법률조항이 헌법 제119조 제1항 및 제126조에 위반된다고 볼 수 없다(헌재 2009.09.24. 2008헌바75).

정답 O

20년 변시

205. 국가에 대하여 경제에 관한 규제와 조정을 할 수 있도록 규정한 헌법 제119조 제2항이 보유세 부과 그 자체를 금지하는 취지로 보이지 아니하므로 주택 등에 보유세인 종합부동산세를 부과하는 그 자체를 헌법 제119조에 위반된다고 보기 어렵다.

해설 국가에 대하여 경제에 관한 규제와 조정을 할 수 있도록 규정한 헌법 제119조 제2항이 보유세 부과 그 자체를 금지하는 취지로 보이지 아니하므로 주택 등에 보유세인 종합부동산세를 부과하는 그 자체를 헌법 제119조에 위반된다고 보기 어렵다(헌재 2008.11.13. 2006헌바112).

정답

20년 변시, 16년(2) 모의

206. 헌법 제119조 제2항은 국가가 경제영역에서 실현하여야 할 목표의 하나로서 적정한 소득의 분배를 들고 있으므로, 이로부터 소득에 대하여 누진세율에 따른 종합과세를 시행하여야 할 구체적인 헌법적 의무가 조세입법자에게 부과된다.

해설 헌법 제119조 제2항은 국가가 경제영역에서 실현하여야 할 목표의 하나로서 "적정한 소득의 분배"를 들고 있지만, 이로부터 반드시 소득에 대하여 누진세율에 따른 종합과세를 시행하여야 할 구체적인 헌법적 의무가 조세입법자에게 부과되는 것이라고 할 수 없다. 오히려 입법자는 사회·경제정책을 시행함에 있어서 소득의 재분배라는 관점만이 아니라 서로 경쟁하고 충돌하는 여러 목표, 예컨대 "균형있는 국민경제의 성장 및 안정", "고용의 안정" 등을 함께 고려하여 서로 조화시키려고 시도하여야 하고, 끊임없이 변화하는 사회·경제상황에 적응하기 위하여 정책의 우선순위를 정할 수도 있다. 그러므로 "적정한 소득의 분배"를 무조건적으로 실현할 것을 요구한다거나 정책적으로 항상 최우선적인 배려를 하도록 요구하는 것은 아니라 할 것이다(헌재 1999.11.25. 98헌마55).

정답

20년 변시, 11년(1)·16년(2)·17년(2)·18년(1)·23년(3) 모의

207. 헌법 제119조 제2항에 규정된 '경제주체간의 조화를 통한 경제민주화'의 이념은 경제영역에서 정의로운 사회질서를 형성하기 위하여 추구할 수 있는 국가목표이기는 하지만 개인의 기본권을 제한하는 국가행위를 정당화하는 헌법규범이 될 수 없다.

해설 헌법 제119조 제2항에 규정된 '경제주체간의 조화를 통한 경제민주화'의 이념은 경제영역에서 정의로운 사회질서를 형성하기 위하여 추구할 수 있는 국가목표로서 개인의 기본권을 제한하는 국가행위를 정당화하는 헌법규범이다(헌재 2004.10.28. 99헌바91).

정답

🕐 20년·23년 변시, 14년(2)·18년(1)·22년(3)·23년(2) 모의

208. (1) 농지의 임대차는 절대 금지되나, 농업생산성의 제고와 농지의 합리적인 이용을 위한 농지의 위탁경영은 법률이 정하는 바에 의하여 인정된다.

(2) 헌법 제121조는 전근대적인 법률관계인 소작제도를 금지하고, 부재지주로 인하여 야기되는 농지이용의 비효율성을 제거하기 위한 경자유전의 원칙을 천명하고 있으므로 농지의 위탁경영은 허용되지 않는다.

> **해설** 헌법 제121조 제2항 참조. ▶ 헌법 제121조 제1항에 의해 농지의 소작제도는 법률이 정한 경우라도 허용되지 않음

> **헌법 제121조** ① 국가는 농지에 관하여 경자유전의 원칙이 달성될 수 있도록 노력하여야 하며, 농지의 소작제도는 금지된다.
> ② 농업생산성의 제고와 농지의 합리적인 이용을 위하거나 불가피한 사정으로 발생하는 농지의 임대차와 위탁경영은 법률이 정하는 바에 의하여 인정된다.

 ×, ×

🕐 20년 변시, 18년(1) 모의

209. 「자동차운수사업법」상의 운송수입금 전액관리제로 인하여 사기업은 그 본연의 목적을 포기할 것을 강요받을 뿐만 아니라, 기업경영과 관련하여 국가의 광범위한 감독과 통제 및 관리를 받게 되므로, 위 전액관리제는 헌법 제126조의 '사영기업을 국유 또는 공유로 이전'하는 것에 해당한다.

> **해설** 이 사건 법률조항들이 규정하는 운송수입금 전액관리제로 인하여 청구인들이 기업경영에 있어서 영리추구라고 하는 사기업 본연의 목적을 포기할 것을 강요받거나 전적으로 사회·경제정책적 목표를 달성하는 방향으로 기업활동의 목표를 전환해야 하는 것도 아니고, 그 기업경영과 관련하여 국가의 광범위한 감독과 통제 또는 관리를 받게 되는 것도 아니며, 더구나 청구인들 소유의 기업에 대한 재산권이 박탈되거나 통제를 받게 되어 그 기업이 사회의 공동재산의 형태로 변형된 것도 아니므로, 이 사건 법률조항들이 헌법 제126조에 위반된다고 볼 수 없다(헌재 1998.10.29. 97헌마345).

> **헌법 제126조** 국방상 또는 국민경제상 긴절한 필요로 인하여 법률이 정하는 경우를 제외하고는, 사영기업을 국유 또는 공유로 이전하거나 그 경영을 통제 또는 관리할 수 없다.

 ×

16년(3)·17년(3)·19년(2) 모의

210. 사회보험료를 형성하는 중요 원리인 사회연대의 원칙은 사회국가원리에서 나오는 것으로, 보험료와 보험급여 사이의 개별적 등가성의 원칙에 수정을 가하는 원리로서 사회보험체계 내에서의 소득의 재분배를 정당화하는 근거이기는 하나, 보험의 급여수혜자가 아닌 제3자인 사용자의 보험료 납부의무를 정당화하는 근거가 될 수 없다.

해설 사회보험은 사회국가원리를 실현하기 위한 중요한 수단이라는 점에서, 사회연대의 원칙은 국민들에게 최소한의 인간다운 생활을 보장해야 할 국가의 의무를 부과하는 사회국가원리에서 나온다. 보험료의 형성에 있어서 사회연대의 원칙은 보험료와 보험급여 사이의 개별적 등가성의 원칙에 수정을 가하는 원리일 뿐만 아니라, 사회보험체계 내에서의 소득의 재분배를 정당화하는 근거이며, 보험의 급여수혜자가 아닌 제3자인 사용자의 보험료 납부의무(소위 '이질부담')를 정당화하는 근거이기도 하다. 또한 사회연대의 원칙은 사회보험에의 강제가입의무를 정당화하며, 재정구조가 취약한 보험자와 재정구조가 건전한 보험자 사이의 재정조정을 가능하게 한다(헌재 2000.06.29. 99헌마289).

정답

17년(2) 모의

211. 「의료법」에 의하여 개설된 의료기관을 당연 요양기관으로 하여 건강보험환자에 대한 요양급여를 강제하는 것은 국가가 주도적인 중앙 통제 경제를 통하여 행정 편의적이고 규제적인 경제정책을 취하는 것으로 헌법상 시장경제질서에 위반된다.

해설 요양기관 강제지정제는 의료보장체계의 기능 확보 및 국민의 의료보험수급권 보장이라는 정당한 입법목적을 달성하기 위한 적정한 수단이다. 요양기관 계약지정제를 선택하거나 요양기관 강제지정제를 선택하면서도 예외를 허용하는 경우에는 의료보장체계의 원활한 기능 확보를 달성하기 어렵다고 본 입법자의 판단이 잘못된 것이라고 할 수 없고, 의료보험의 시행은 인간의 존엄성 실현과 인간다운 생활의 보장을 위하여 헌법상 부여된 국가의 사회보장의무의 일환으로 모든 현실적 여건이 성숙될 때까지 미룰 수 없는 중요한 과제이므로, 요양기관강제지정제는 최소침해원칙에 위배되지 않는다. 요양기관강제지정제를 통하여 달성하려는 공익적 성과와 이로 인한 의료기관 개설자의 직업수행의 자유의 제한 정도가 합리적인 비례관계를 현저하게 벗어났다고 볼 수도 없으므로, 이 사건 법률조항이 청구인들의 의료기관 개설자로서의 직업수행의 자유를 침해한다고 볼 수 없다(헌재 2014.04. 24. 2012헌마865).

정답

11년(1)·17년(2)·22년(3) 모의

212. 사회보험방식에 의하여 재원을 조성하여 반대급부로 노후생활을 보장하는 강제저축 프로그램으로서의 국민연금제도는 상호부조의 원리에 입각한 사회연대성에 기초하여 소득재분배의 기능을 함으로써 오히려 사회적 시장경제질서에 부합하는 제도이므로, 국민연금에 가입을 강제하는 법률 조항은 헌법상의 시장경제질서에 위배되지 않는다.

해설 우리 헌법의 경제질서 원칙에 비추어 보면, 사회보험방식에 의하여 재원을 조성하여 반대급부로 노후생활을 보장하는 강제저축 프로그램으로서의 국민연금제도는 상호부조의 원리에 입각한 사회연대성에 기초하여 고소득계층에서 저소득층으로, 근로세대에서 노년세대로, 현재세대에서 다음 세대로 국민간에 소득재분배의 기능을 함으로써 오히려 위 사회적 시장경제질서에 부합하는 제도라 할 것이므로, 국민연금제도는 헌법상의 시장경제질서에 위배되지 않는다(헌재 2001.02.22. 99헌마365).

정답 ○

13년 변시, 16년(2)·(3) 모의

213. 우리나라 헌법상의 경제질서는 사유재산제를 바탕으로 하고 자유경쟁을 존중하는 자유시장 경제질서를 기본으로 하면서도 이에 수반되는 갖가지 모순을 제거하고 사회복지·사회정의를 실현하기 위하여 국가적 규제와 조정을 용인하는 사회적 시장경제질서로서의 성격을 띠고 있다.

해설 우리나라 헌법상의 경제질서는 사유재산제를 바탕으로 하고 자유경쟁을 존중하는 자유시장경제질서를 기본으로 하면서도 이에 수반되는 갖가지 모순을 제거하고 사회복지·사회정의를 실현하기 위하여 국가적 규제와 조정을 용인하는 사회적 시장경제질서로서의 성격을 띠고 있다(헌재 1996. 04.25. 92헌바47).

정답

16년(3) 모의

214. 자유시장 경제질서를 기본으로 하고 사회국가원리를 보완적으로 수용하고 있는 우리 헌법의 이념에 비추어 본다면, 일반불법행위책임에 관하여는 과실책임의 원리를 기본원칙으로 하면서 특수한 불법행위책임에 관하여 위험책임의 원리를 수용하는 것은 입법재량의 한계를 일탈하는 것이다.

해설 자유시장 경제질서를 기본으로 하면서도 사회국가원리를 수용하고 있는 우리 헌법의 이념에 비추어 일반불법행위책임에 관하여는 과실책임의 원리를 기본원칙으로 하면서 이 사건 법률조항과 같은 특수한 불법행위책임에 관하여 위험책임의 원리를 수용하는 것은 입법정책에 관한 사항으로서 입법자의 재량에 속한다고 할 것이다(헌재 1998.05.28. 96헌가4).

정답

16년(2) 모의

215. 농업경영에 이용되지 않는 농지소유를 예외적으로 허용하는 경우에 종중(宗中)을 포함시키지 않는 법률조항은 경자유전의 원칙을 선언한 헌법 제121조 제1항 및 국토의 효율적이고 균형 있는 이용·개발과 보전에 관한 헌법 제122조에 직접 근거를 둔 것이다.

해설 이 사건 법률조항은 경자유전의 원칙을 선언한 헌법 제121조 제1항 및 국토의 효율적이고 균형 있는 이용·개발과 보전에 관한 헌법 제122조에 직접 근거를 두고 농지 소유 제한에 대한 예외를 제한적으로만 인정하고 있는 것으로 입법목적의 정당성 및 수단의 적절성이 인정된다. … 최소침해성에 반하지도 않는다. 나아가 농지의 효율적인 이용과 관리를 통한 안정적인 식량생산기반의 유지 및 헌법상 경자유전의 원칙을 실현한다는 공익은, 청구인이 제한받게 되는 농지에 대한 재산권 행사의 제한이라는 사익보다 현저히 크다고 할 것이다. 따라서 이 사건 법률조항은 과잉금지원칙에 반하여 재산권을 침해한다고 볼 수 없다(헌재 2013.06.27. 2011헌바278).

정답

16년(2) 모의

216. 헌법 제123조 제3항에서 중소기업에 대한 보호를 국가의 경제정책적 목표로 명문화하고 있으므로, 중소기업에 대한 투자 등을 촉진하고 보호하기 위하여 중소기업의 주식을 양도하는 자와 중소기업 외의 법인의 주식을 양도하는 자를 다르게 취급하는 것에는 합리적인 이유가 인정될 수 있다.

해설 헌법 제123조 제3항에서 중소기업에 대한 보호를 국가 경제정책적 목표로 명문화하고 있으므로, 중소기업에 대한 투자 등을 촉진하고 보호하기 위하여 중소기업의 주식을 양도하는 자와 중소기업 외의 법인의 주식을 양도하는 자를 다르게 취급한 것에는 합리적인 이유가 있다. 이 사건 법률조항이 중소기업의 주식 양도에 10%의 양도소득세율을 적용하는 것이 중소기업 외의 법인의 주주인 청구인들의 평등권을 침해하였다고 보기는 어렵다(헌재 2012.04.24. 2010헌바448).

정답

14년(2) 모의

217. 소주도매업자로 하여금 소주도매업자가 영업하는 도에서 생산되는 소주를 50% 이상 의무적으로 구입하도록 하는 자도소주구입명령제도는 특정 소주제조업자의 전국적인 독과점현상을 방지할 수 있다는 점에서 독과점 규제라는 공익을 달성할 수 있는 적합한 수단이다.

해설 이 사건 법률조항이 규정한 소주판매업자가 매월 소주류 총구입액의 100분의 50 이상을 자도소주로 구입하도록 하는 구입명령제도는 실질적으로는 지방소주제조업자에게 경쟁으로부터의 면제라는 특권을 부여하고, 그로 말미암아 기업의 능력과 관계없이 구입명령제도를 통하여 확보되고 유지되는 현상태에 안주하는 결과를 가져오게 한다. 결국 구입명령제도는 전국적으로 자유경쟁을 배제한 채 지역 나누어먹기 식의 지역할거주의로 자리잡게 하고, 그로써 지방소주업체들이 각 도마다 최소한 50%의 지역시장 점유율을 보유하게 하여 지역 독과점적 현상의 고착화를 초래하게 한다. 이로 말미암아 사실상 경쟁이 본래의 기능을 잃고, 경쟁을 통하여 얻으려는 효과는 얻을 수 없게 된다. 그러므로 이 사건 법률조항이 규정한 구입명령제도는 지방소주업체를 경쟁으로부터 직접 보호함으로써 오히려 경쟁을 저해하는 것이기 때문에 공정하고 자유로운 경쟁을 유지하고 촉진하려는 목적인 "독과점규제"라는 공익을 달성하기 위한 적정한 조치로 보기 어렵다(헌재 1996.12.26. 96헌가18).

정답

14년(2) 모의

218. 개인과 기업의 자유와 창의에 맡겨진 경제는 경제적 자유에 내재하는 개인과 기업간의 경쟁으로 스스로 자유경쟁질서를 형성하므로 국가법질서에 의한 인위적인 경쟁질서의 형성은 불필요하다.

해설 우리 헌법은 개인과 기업의 경제상의 자유와 창의를 존중함을 기본으로 하는 자유시장경제의 원칙에 입각하고 있으나, 자본주의적 자유시장경제질서의 단점을 보완·시정하기 위하여 국가가 경제에 관한 규제와 조정을 할 수 있도록 하였고(헌법 제119조), 헌법 제120조 이하에서는 국가법질서에 의한 인위적인 경쟁질서의 형성을 구체적으로 규정하고 있다. 헌법재판소도 독과점규제를 위한 국가의 법질서에 의한 경쟁질서의 형성과 확보가 필요하다고 판시하였다(헌재 1996.12.26. 96헌가18).

13년(3) 모의

219. 사회적 시장경제질서에서는 자유시장경제질서에 비하여 재산권의 사회적 구속성은 강화되고 재산권 제한에 관한 입법자의 재량의 범위는 넓어진다.

::해설 재산권 행사의 대상이 되는 객체가 지닌 사회적인 연관성과 사회적 기능이 크면 클수록 입법자에 의한 보다 광범위한 제한이 정당화된다. 다시 말하면, 특정 재산권의 이용이나 처분이 그 소유자 개인의 생활영역에 머무르지 아니하고 일반국민 다수의 일상생활에 큰 영향을 미치는 경우에는 입법자가 공동체의 이익을 위하여 개인의 재산권을 규제하는 권한을 더욱 폭넓게 가진다고 하겠다(헌재 1998.12.24. 89헌마214).

정답 ○

11년(1) 모의

220. 헌법 제123조 제5항은 국가에게 농·어민의 자조조직(自助組織)을 육성할 의무와 자조조직의 자율적 활동과 발전을 보장할 의무를 아울러 부과하고 있는데, 이러한 국가의 의무는 자조조직이 제대로 활동하고 기능할 수 있도록 그 조직의 자율성을 침해하지 않는 것을 의미하며, 자조조직이 제대로 기능하지 못하는 경우라 하더라도 국가가 이를 적극적으로 육성하여야 할 의무까지 포함하는 것은 아니다.

::해설 헌법 제123조 제5항은 국가에게 "농·어민의 자조조직을 육성할 의무"와 "자조조직의 자율적 활동과 발전을 보장할 의무"를 아울러 규정하고 있는데, 이러한 국가의 의무는 자조조직이 제대로 활동하고 기능하는 시기에는 그 조직의 자율성을 침해하지 않도록 하는 후자의 소극적 의무를 다하면 된다고 할 수 있지만, 그 조직이 제대로 기능하지 못하고 향후의 전망도 불확실한 경우라면 단순히 그 조직의 자율성을 보장하는 것에 그쳐서는 아니되고, 적극적으로 이를 육성하여야 할 전자의 의무까지도 수행하여야 한다(헌재 2000.06.01. 99헌마553).

11년(1) 모의

221. 특정의료기관이나 특정의료인의 기능·진료방법에 관한 광고를 금지하는 것은 새로운 의료인들에게 자신의 기능이나 기술 혹은 진단 및 치료방법에 관한 광고와 선전을 할 기회를 배제함으로써, 기존의 의료인과의 경쟁에서 불리한 결과를 초래할 수 있는데, 이는 자유롭고 공정한 경쟁을 추구하는 헌법상의 시장경제질서에 부합되지 않는다.

::해설 오늘날 이 사건 조항이 제정된 1973년도에 비해 의료정보에 대한 수요가 비약적으로 늘어났으며 의료소비자들이 합리적 선택을 하기 위해서는 의료제공자인 의료인 혹은 의료기관의 기술과 진

료방법에 대한 정확한 정보가 필요하게 되었다. … 이 사건 조항에 의한 의료광고의 금지는 새로운 의료인들에게 자신의 기능이나 기술 혹은 진단 및 치료방법에 관한 광고와 선전을 할 기회를 배제함으로써, 기존의 의료인과의 경쟁에서 불리한 결과를 초래할 수 있는데, 이는 자유롭고 공정한 경쟁을 추구하는 헌법상의 시장경제질서에 부합되지 않는다(헌재 2005.10.27. 2003헌가3).

정답 ○

제❻항 ┃ 문화국가의 원리

13년·16년·22년 변시, 18년(1)·20년(1) 모의

222. (1) 오늘날 국가의 문화정책은 불편부당의 원칙이 가장 바람직한 정책으로 평가받고 있으며, 그 초점은 문화 그 자체에 있는 것이 아니라 문화가 생겨날 수 있는 문화풍토를 조성하는 데 두어야 한다.

(2) 문화는 개방성 내지 다원성을 특징으로 하므로 국가는 원칙적으로 모든 사람에게 문화창조의 기회를 부여하여야 하며, 엘리트문화뿐만 아니라 서민문화, 대중문화도 그 가치를 인정하고 차별없이 정책적인 배려의 대상으로 하여야 한다.

해설 문화국가원리는 국가의 문화국가실현에 관한 과제 또는 책임을 통하여 실현되는바, 국가의 문화정책과 밀접 불가분의 관계를 맺고 있다. 과거 국가절대주의사상의 국가관이 지배하던 시대에는 국가의 적극적인 문화간섭정책이 당연한 것으로 여겨졌다. 그러나 오늘날에 와서는 국가가 어떤 문화현상에 대하여도 이를 선호하거나, 우대하는 경향을 보이지 않는 불편부당의 원칙이 가장 바람직한 정책으로 평가받고 있다. 오늘날 문화국가에서의 문화정책은 그 초점이 문화 그 자체에 있는 것이 아니라 문화가 생겨날 수 있는 문화풍토를 조성하는 데 두어야 한다. 문화국가원리의 이러한 특성은 문화의 개방성 내지 다원성의 표지와 연결되는데, 국가의 문화육성의 대상에는 원칙적으로 모든 사람에게 문화창조의 기회를 부여한다는 의미에서 모든 문화가 포함된다. 따라서 엘리트문화뿐만 아니라 서민문화, 대중문화도 그 가치를 인정하고 정책적인 배려의 대상으로 하여야 한다(헌재 2004.05.27. 2003헌가1).

정답 ○, ○

16년(3)·18년(1)·20년(1)·21년(1) 모의

223. (1) 헌법 전문과 헌법 제9조에서 말하는 전통, 전통문화란 역사성과 시대성을 띤 개념으로서 헌법의 가치질서, 인류의 보편가치, 정의와 인도정신 등을 고려하여 오늘날의 의미로 포착하여야 한다.

(2) 가족제도가 비록 전통문화의 하나라 하더라도 가족제도에 관한 헌법이념인 개인의 존엄과 양성의 평등에 반하는 것이어서는 안 된다는 한계가 있으므로, 전래의 가족제도가 헌법 제36조 제1항에 반한다면 헌법 제9조에 의하여 헌법적 정당성을 주장할 수 없다.

해설 헌법 전문과 헌법 제9조에서 말하는 "전통", "전통문화"란 역사성과 시대성을 띤 개념으로서 헌법의 가치질서, 인류의 보편가치, 정의와 인도정신 등을 고려하여 오늘날의 의미로 포착하여야 하며, 가족제도에 관한 전통·전통문화란 적어도 그것이 가족제도에 관한 헌법이념인 개인의 존엄과 양성의 평등에 반하는 것이어서는 안 된다는 한계가 도출되므로, 전래의 어떤 가족제도가 헌법 제36조 제1항이 요구하는 개인의 존엄과 양성평등에 반한다면 헌법 제9조를 근거로 그 헌법적 정당성을 주장할 수는 없다(헌재 2005.02.03. 2001헌가9).

 O, O

20년(1) 모의

224. 헌법상 우리가 진정으로 계승·발전시켜야 할 전통문화는 이 시대의 제반 사회·경제적 환경에 맞고 또 오늘날에 있어서도 보편타당한 전통윤리 내지 도덕관념이라 할 것이다.

해설 헌법재판소는 이미 "헌법 제9조의 정신에 따라 우리가 진정으로 계승·발전시켜야 할 전통문화는 이 시대의 제반 사회·경제적 환경에 맞고 또 오늘날에 있어서도 보편타당한 전통윤리 내지 도덕관념이라 할 것이다."(헌재 1997.07.16. 95헌가6)고 하여 전통의 이러한 역사성과 시대성을 확인한바 있다(헌재 2005.02.03. 2001헌가9).

 O

20년(1) 모의

225. 국가가 민족문화유산을 보호하고자 하는 경우, 이에 관한 헌법적 보호법익은 민족문화유산의 훼손 등에 관한 가치보상에 있는 것이지 '민족문화유산의 존속' 그 자체에 있는 것은 아니다.

해설 헌법 제9조의 규정취지와 민족문화유산의 본질에 비추어 볼 때, 국가가 민족문화유산을 보호하고자 하는 경우 이에 관한 헌법적 보호법익은 '민족문화유산의 존속' 그 자체를 보장하는 것이고, 원칙적으로 민족문화유산의 훼손등에 관한 가치보상이 있는지 여부는 이러한 헌법적 보호법익과 직접적인 관련이 없다(헌재 2003.01.30. 2001헌바64).

 ×

22년(3) 모의

226. 우리나라는 건국헌법 이래 문화국가의 원리를 헌법의 기본원리로 채택해왔고, 현행 헌법전문에서도 "문화의 … 영역에 있어서 각인의 기회를 균등히" 할 것을 선언하고 있다.

해설 아래 연혁별 헌법 전문 참조.

1948년 제정헌법 전문 유구한 역사와 전통에 빛나는 우리들 대한국민은 … 문화의 모든 영역에 있어서 각인의 기회를 균등히 하고 … 제정한다.
1952년 제1차 개정헌법 전문 유구한 역사와 전통에 빛나는 우리들 대한국민은 … 문화의 모든 영역에 있어서 각인의 기회를 균등히 하고 … 제정한다.

> 1954년 제2차 개정헌법 전문 유구한 역사와 전통에 빛나는 우리들 대한국민은 … 문화의 모든 영역에 있어서 각인의 기회를 균등히 하고 … 제정한다.
> 1960년 제3차 개정헌법 전문 유구한 역사와 전통에 빛나는 우리들 대한국민은 … 문화의 모든 영역에 있어서 각인의 기회를 균등히 하고 … 제정한다.
> 1960년 제4차 개정헌법 전문 유구한 역사와 전통에 빛나는 우리들 대한국민은 … 문화의 모든 영역에 있어서 각인의 기회를 균등히 하고 … 제정한다.
> 1962년 제5차 개정헌법 전문 유구한 역사와 전통에 빛나는 우리 대한국민은 … 문화의 모든 영역에 있어서 각인의 기회를 균등히 하고 … 개정한다.
> 1969년 제6차 개정헌법 전문 유구한 역사와 전통에 빛나는 우리 대한국민은 … 문화의 모든 영역에 있어서 각인의 기회를 균등히 하고 … 개정한다.
> 1972년 제7차 개정헌법 전문 유구한 역사와 전통에 빛나는 우리 대한국민은 … 문화의 모든 영역에 있어서 각인의 기회를 균등히 하고 … 개정한다.

정답 O

18년(1) 모의

227. 개발사업의 시행자로 하여금 문화재 지표조사의무와 그 비용 전부를 부담하도록 하는 것은 헌법 제9조에 따른 국가의 문화재보호의무에 부합하지 않는다.

해설 구 문화재보호법 제91조 제1항 및 제8항도 입법목적의 정당성과 수단의 적절성이 인정되며, 대통령령으로 정하는 일정 규모 이상의 사업시행자 등에 대해서만 지표조사 의무가 부과되고 그 비용을 부담하게 하는 것이며, 지표조사비용은 문화재 발굴비용과 비교하여서도 대체로 그 액수가 많지 않으며 예측 가능한 범위 내이므로 자신의 사업시행을 위한 필요에 따라 사업시행에 나서는 사업시행자로 하여금 그 비용을 부담하게 하더라도 과도한 부담이라 할 수 없어, 침해의 최소성 원칙, 법익 균형성 원칙에도 반하지 아니한다. 따라서 청구인의 재산권과 직업수행의 자유를 침해하지 아니한다(헌재 2011.07.28. 2009헌바244). ▶ 지문은 위 판례의 반대의견

정답 X

제❼항 | 국제평화주의 원리

17년(2)·20년(1) 모의

228. 헌법 제6조 제1항의 국제법 존중주의는 우리나라가 가입한 조약과 일반적으로 승인된 국제법규가 국내법과 같은 효력을 가진다는 것으로서 조약이나 국제법규가 국내법에 우선한다는 것은 아니다.

해설 헌법 제6조 제1항의 국제법 존중주의는 우리나라가 가입한 조약과 일반적으로 승인된 국제법규가 국내법과 같은 효력을 가진다는 것으로서 조약이나 국제법규가 국내법에 우선한다는 것은 아니다(헌재 2001.04.26. 99헌가13).

정답 O

229.

지급거절될 것을 예견하고 수표를 발행한 사람이 그 수표의 지급제시기일에 수표금이 지급되지 아니하게 한 경우 수표의 발행인을 처벌하는 것은, 계약상 의무의 이행불능만을 이유로 구금하는 것을 금지한 「시민적 및 정치적 권리에 관한 국제규약」에 정면으로 배치되지 않아 국제법 존중주의에 위배되지 않는다.

해설 헌법 제6조 제1항의 국제법 존중주의는 우리나라가 가입한 조약과 일반적으로 승인된 국제법규가 국내법과 같은 효력을 가진다는 것으로서 조약이나 국제법규가 국내법에 우선한다는 것은 아니다. 이 사건 법률조항에서 규정하고 있는 부정수표 발행행위는 지급제시될 때에 지급거절될 것을 예견하면서도 수표를 발행하여 지급거절에 이르게 하는 것으로 그 보호법익은 수표거래의 공정성이며 결코 '계약상 의무의 이행불능만을 이유로 구금' 되는 것이 아니므로 국제법 존중주의에 입각한다 하더라도 국제연합 인권규약 제11조의 명문에 정면으로 배치되는 것이 아니다(헌재 2001.04.26. 99헌가13).

정답 O

230.

전국의 주한 미군기지를 통폐합하여 평택지역으로 집중 재배치하는 내용의 미군기지이전협정과 이행합의서는 지역주민의 자기결정권을 직접적으로 제한한다.

해설 미군기지의 이전은 공공정책의 결정 내지 시행에 해당하는 것으로서 인근 지역에 거주하는 사람들의 삶을 결정함에 있어서 사회적 영향을 미치게 되나, 개인의 인격이나 운명에 관한 사항은 아니며 각자의 개성에 따른 개인적 선택에 직접적인 제한을 가하는 것이 아니다. 따라서 그와 같은 사항은 헌법상 자기결정권의 보호범위에 포함된다고 볼 수 없다(헌재 2006.02.23. 2005헌마268).

정답 X

231.

외교관계에 관한 비엔나협약에 의하여 외국의 대사관저에 대해 강제집행이 불가능하게 된 경우 국가가 강제집행신청인의 손실을 보상할 입법의무는 발생하지 않는다.

해설 외국의 대사관저에 대하여 강제집행을 할 수 없다는 이유로 집달관이 청구인들의 강제집행의 신청의 접수를 거부하여 강제집행이 불가능하게 된 경우 국가가 청구인들에게 손실을 보상하는 법률을 제정하여야 할 헌법상의 명시적인 입법위임은 인정되지 아니하고, 헌법의 해석으로도 그러한 법률을 제정함으로써 청구인들의 기본권을 보호하여야 할 입법자의 행위의무 내지 보호의무가 발생하였다고 볼 수 없다(헌재 1998.05.28. 96헌마44).

정답 O

232. 한미자유무역협정의 경우 헌법 제60조 제1항에 의하여 국회의 동의를 필요로 하는 우호통상항해조약의 하나로서 법률적 효력이 인정되므로, 규범통제의 대상이 됨은 별론으로 하고, 그에 의하여 성문헌법이 개정될 수는 없다.

해설 성문헌법의 개정은 헌법의 조문이나 문구의 명시적이고 직접적인 변경을 내용으로 하는 헌법개정안의 제출에 의하여야 하고, 하위규범인 법률의 형식으로, 일반적인 입법절차에 의하여 개정될 수는 없다. 한미무역협정의 경우, 국회의 동의를 필요로 하는 조약의 하나로서 법률적 효력이 인정되므로, 그에 의하여 성문헌법이 개정될 수는 없으며, 따라서 한미무역협정으로 인하여 청구인의 헌법 제130조 제2항에 따른 헌법개정절차에서의 국민투표권이 침해될 가능성은 인정되지 아니한다(헌재 2013.11.28. 2012헌마166).

233. 우리나라가 가입한 개정 교토협약이 국내법과 같은 효력을 가진다고 하더라도, 곧 헌법적 효력을 갖는 것이라고 볼 만한 근거는 없는바, 동 협약이 법률조항의 위헌성 심사척도가 될 수는 없다.

해설 우리 헌법은 헌법에 의하여 체결·공포된 조약과 일반적으로 승인된 국제법규를 국내법과 마찬가지로 준수하고 성실히 이행함으로써 국제질서를 존중하여 항구적 세계평화와 인류공영에 이바지함을 기본이념의 하나로 하고 있으므로(헌법 전문 및 제6조 제1항 참조), 국제적 협력의 정신을 존중하여 될 수 있는 한 국제법규의 취지를 살릴 수 있도록 노력할 것이 요청된다. 우리나라는 2003. 2. 개정교토협약에 가입하였고, 2006. 2.부터 개정교토협약이 발효된 이상 국내법과 마찬가지로 이를 준수할 의무가 있다고 할 것이다. 그러나 개정교토협약이 국내법과 같은 효력을 가진다고 하더라도, 곧 헌법적 효력을 갖는 것이라고 볼 만한 근거는 없는바, 이 사건 법률조항의 위헌성 심사의 척도가 될 수는 없다(헌재 2015.06.25. 2013헌바193).

234. 소송비용담보제공명령에 관한 법률규정은, 우리나라에 효력이 있는 국제법과 조약 중 국내에 주소 등을 두고 있지 아니한 외국인이 소를 제기한 경우에 소송비용담보제공명령을 금지하는 것을 찾아 볼 수 없으므로, 헌법 제6조 제2항에 위배되지 아니한다.

해설 헌법 제6조 제2항에 의하면 외국인은 국제법과 조약이 정하는 바에 의하여 그 지위가 보장되는데, 우리나라에 효력이 있는 국제법과 조약 중 국내에 주소 등을 두고 있지 아니한 외국인이 소를 제기한 경우에 소송비용담보제공명령을 금지하는 국제법이나 조약을 찾아볼 수 없고, 이 사건 법률조항은 그 적용대상을 외국인으로 한정하고 있지 아니할 뿐만 아니라 외국인을 포함하여 국내에 주소 등을 두고 있지 아니한 원고의 재판청구권을 침해한다고 볼 수 없으므로, 이 사건 법률조항은 헌법 제6조 제2항에 위배되지 아니한다(헌재 2011.12.29. 2011헌바57).

정답 ○

15년·23년 변시, 11년(1)·17년(2)·20년(1) 모의

235. (1) 헌법에 따라 적법하게 체결되어 공포된 조약은 국내법과 동일한 효력을 갖지만, 죄형법정주의원칙상 조약으로 새로운 범죄를 구성하거나 범죄자에 대한 처벌을 가중할 수 없다.

(2) 마라케쉬협정은 적법하게 체결되어 공포된 조약이므로 국내법과 같은 효력을 갖는 것이어서, 마라케쉬협정에 의하여 관세법위반자의 처벌이 가중된다고 하더라도 이를 들어 법률에 의하지 아니한 형사처벌이라고 할 수 없다.

해설 마라케쉬협정도 적법하게 체결되어 공포된 조약이므로 국내법과 같은 효력을 갖는 것이어서 그로 인하여 새로운 범죄를 구성하거나 범죄자에 대한 처벌이 가중된다고 하더라도 이것은 국내법에 의하여 형사처벌을 가중한 것과 같은 효력을 갖게 되는 것이다. 따라서 마라케쉬협정에 의하여 관세법위반자의 처벌이 가중된다고 하더라도 이를 들어 법률에 의하지 아니한 형사처벌이라거나 행위시의 법률에 의하지 아니한 형사처벌이라고 할 수 없다(헌재 1998.11.26. 97헌바65).

정답 ×, ○

17년(2) 모의

236. 「국가보안법」의 해석·적용상 북한을 반국가단체로 보고 이에 동조하는 반국가활동을 규제하는 것은 국제평화주의에 위반되지 않는다.

해설 국가의 존립·안전과 국민의 생존 및 자유를 수호하기 위하여 국가보안법의 해석·적용상 북한을 반국가단체로 보고 이에 동조하는 반국가활동을 규제하는 것 자체가 헌법이 규정하는 국제평화주의나 평화통일의 원칙에 위반된다고 할 수 없다(헌재 1997.01.16. 89헌마240).

정답 ○

23년 변시

237. 헌법에 의하여 체결·공포된 조약과 달리 일반적으로 승인된 국제법규는 헌법절차에 의해서 승인되었다고 볼 수 없으므로 국내법과 같은 효력을 갖지 않는다.

해설 헌법 제6조 제1항의 국제법 존중주의는 우리나라가 가입한 조약과 일반적으로 승인된 국제법규가 국내법과 같은 효력을 가진다는 것으로서 조약이나 국제법규가 국내법에 우선한다는 것은 아니다. 이 사건 법률조항에서 규정하고 있는 부정수표 발행행위는 지급제시될 때에 지급거절될 것을 예견하면서도 수표를 발행하여 지급거절에 이르게 하는 것으로 그 보호법익은 수표거래의 공정성이며 결코 '계약상 의무의 이행불능만을 이유로 구금' 되는 것이 아니므로 국제법 존중주의에 입각한다 하더라도 국제연합 인권규약 제11조의 명문에 정면으로 배치되는 것이 아니다(헌재 2001.04.26. 99헌가13).

정답 ×

238. 강제노동의 폐지에 관한 국제노동기구(ILO)의 제105호 조약은 우리나라가 비준한 바가 없고, 헌법 제6조 제1항에서 말하는 일반적으로 승인된 국제법규로서 헌법적 효력을 갖는 것이라고 볼 만한 근거도 없다.

해설 강제노동의 폐지에 관한 국제노동기구(ILO)의 제105호 조약은 우리나라가 비준한 바가 없고, 헌법 제6조 제1항에서 말하는 일반적으로 승인된 국제법규로서 헌법적 효력을 갖는 것이라고 볼 만한 근거도 없으므로 이 사건 심판대상 규정의 위헌성 심사의 척도가 될 수 없다(헌재 1998.07.16. 97헌바23).

정답 O

239. 국제노동기구 산하 '결사의 자유위원회'의 권고는 국내법과 같은 효력이 있거나 일반적으로 승인된 국제법규라고 볼 수 없다.

해설 국제노동기구 산하 '결사의 자유위원회'의 권고는 국내법과 같은 효력이 있거나 일반적으로 승인된 국제법규라고 볼 수 없고, 앞서 검토한 바와 같이 이 사건 노조법 조항들이 국제노동기구의 관련 협약 및 권고와 충돌하지 않는 이유와 마찬가지로 개정 노조법에서 노조전임자가 사용자로부터 급여를 지급받는 것을 금지함과 동시에 그 절충안으로 근로시간 면제 제도를 도입한 이상 이 사건 노조법 조항들이 결사의 자유위원회의 권고 내용과 배치된다고 보기도 어렵다(헌재 2014.05.29. 2010헌마606).

정답 O

240. 국제연합(UN)의 '인권에 관한 세계선언' 및 국제연합교육과학문화기구와 국제노동기구가 채택한 '교원의 지위에 관한 권고'는 일반적으로 승인된 국제법규성이 인정되므로 국내법적 효력이 인정된다.

해설 국제연합의 "인권에 관한 세계선언"에 관하여 보면, … 그 선언내용인 각 조항이 바로 보편적인 법적 구속력을 가지거나 국제법적 효력을 갖는 것으로 볼 것은 아니다. 1960. 10. 5. 국제연합교육과학문화기구와 국제노동기구가 채택한 "교원의지위에관한권고"는 … 직접적으로 국내법적인 효력을 가지는 것이라고도 할 수 없다(헌재 1991.07.22. 89헌가106).

정답 X

꼭 봐야 할 헌법 핵심기출 OX

제2편
기본권

제1장 기본권 총론

제2장 인간의 존엄과 가치·행복추구권·평등권

제3장 자유권적 기본권

제4장 경제적 기본권

제5장 정치적 기본권

제6장 청구권적 기본권

제7장 사회적 기본권

제8장 국민의 기본적 의무

제1장 기본권 총론

제1절 기본권의 성격

제2절 기본권의 주체

제❶항 ┃ 자연인

20년(3) 모의

1. 국민 또는 국민과 유사한 지위에 있는 외국인은 기본권의 주체가 될 수 있고, 인간의 존엄과 가치, 행복추구권과 같은 '인간의 권리'에 해당하는 기본권에 대해서는 외국인도 주체가 될 수 있다.

   ▸해설 국민 또는 국민과 유사한 지위에 있는 외국인은 헌법재판소법 제68조 제1항의 헌법소원을 청구할 수 있는 기본권 주체로서, 인간의 존엄과 가치 및 행복추구권 등과 같이 단순히 국민의 권리가 아닌 인간의 권리로 볼 수 있는 기본권에 대해서는 외국인도 기본권 주체가 될 수 있다(헌재 2014.04.24. 2011헌마474).

   정답 O

19년 변시, 15년(2)·19년(3) 모의

2. 외국인이 특정한 국가의 국적을 선택할 권리가 자연권으로서 또는 헌법상 당연히 인정될 수는 없는 것이어서 외국인이 복수국적을 누릴 자유가 행복추구권에 의하여 보호되는 기본권이라고 보기 어렵다.

   ▸해설 … 참정권과 입국의 자유에 대한 외국인의 기본권주체성이 인정되지 않고, 외국인이 대한민국 국적을 취득하면서 자신의 외국 국적을 포기한다 하더라도 이로 인하여 재산권 행사가 직접 제한되지 않으며, 외국인이 복수국적을 누릴 자유가 우리 헌법상 행복추구권에 의하여 보호되는 기본권이라고 보기 어려우므로, 외국인의 기본권주체성 내지 기본권침해가능성을 인정할 수 없다(헌재 2014.06.26. 2011헌마502).

   정답 O

15년(3) 모의

3. **(1) 기본권은 그 권리의 성질상 국민의 권리와 인간의 권리로 나눌 수 있고, 인간의 권리에 해당하는 기본권의 경우 외국인에게 기본권주체성이 인정된다.**

(2) 외국인에게는 모든 기본권이 인정되는 것이 아니라 인간의 권리의 범위 내에서만 인정되는 것이므로, 어느 기본권이 외국인에게 인정될 수 있는지 여부는 개별적으로 결정하여야 한다.

해설 헌법재판소는, '국민' 또는 국민과 유사한 지위에 있는 '외국인'은 헌법재판소법 제68조 제1항의 헌법소원을 청구할 수 있는 기본권 주체로서, 인간의 존엄과 가치 및 행복추구권 등과 같이 단순히 '국민의 권리'가 아닌 '인간의 권리'로 볼 수 있는 기본권에 대해서는 외국인도 기본권 주체가 될 수 있다고 하여 인간의 권리에 대하여는 원칙적으로 외국인의 기본권주체성을 인정하였다(헌재 2014.04.24. 2011헌마474). 이와 같이 외국인에게는 모든 기본권이 인정되는 것이 아니라 인간의 권리의 범위 내에서만 인정되는 것이므로, 심판대상조항이 제한하고 있는 기본권이 권리의 성질상 외국인인 청구인에게 기본권주체성을 인정할 수 있는 것인지를 개별적으로 결정하여야 한다(헌재 2014.08.28. 2013헌마359).

정답 ○, ○

 19년 변시, 15년(2)·16년(2)·19년(2)·20년(3) · 23년(1) 모의

4. **국가에 대하여 고용증진을 위한 사회적·경제적 정책을 요구할 수 있는 권리는 사회권적 기본권으로서 국민에 대하여만 인정해야 하지만, 근로자가 기본적 생활수단을 확보하고 인간의 존엄성을 보장받기 위하여 최소한의 근로조건을 요구할 수 있는 권리는 자유권적 기본권의 성격도 아울러 가지므로 이러한 경우 외국인 근로자에게도 기본권 주체성을 인정할 수 있다.**

해설 근로의 권리가 "일할 자리에 관한 권리"만이 아니라 "일할 환경에 관한 권리"도 함께 내포하고 있는바, 후자는 인간의 존엄성에 대한 침해를 방어하기 위한 자유권적 기본권의 성격도 갖고 있어 건강한 작업환경, 일에 대한 정당한 보수, 합리적인 근로조건의 보장 등을 요구할 수 있는 권리 등을 포함한다고 할 것이므로 외국인 근로자라고 하여 이 부분까지 기본권 주체성을 부인할 수는 없다. 즉 근로의 권리의 구체적인 내용에 따라, 국가에 대하여 고용증진을 위한 사회적·경제적 정책을 요구할 수 있는 권리는 사회권적 기본권으로서 국민에 대하여만 인정해야 하지만, 자본주의 경제질서 하에서 근로자가 기본적 생활수단을 확보하고 인간의 존엄성을 보장받기 위하여 최소한의 근로조건을 요구할 수 있는 권리는 자유권적 기본권의 성격도 아울러 가지므로 이러한 경우 외국인 근로자에게도 그 기본권 주체성을 인정함이 타당하다(헌재 2007.08.30. 2004헌마670).

정답 ○

5. 🍊 13년·19년·20년 변시, 14년(3)·15년(2)·(3)·16년(1)·(2)·20년(3) 모의

> (1) 외국인이 이미 적법하게 고용허가를 받아 적법하게 입국하여 일정한 생활관계를 형성·유지하는 등, 우리 사회에서 정당한 노동인력으로서의 지위를 부여받은 상황임을 전제로 하는 이상, 해당 외국인에게도 직장선택의 자유에 대한 기본권 주체성을 인정할 수 있다.
>
> (2) 외국인이 근로관계가 형성되기 전단계인 특정한 직업을 선택할 수 있는 권리는 국가정책에 따라 법률로써 외국인에게 제한적으로 허용되는 것이지 헌법상 기본권에서 유래되는 것은 아니다.
>
> (3) 의료인이 면허된 의료행위 이외의 의료행위를 하는 것을 금지하고 처벌하는 의료법 조항에 대한 헌법소원심판청구의 경우, 외국인에게도 직업의 자유 및 평등권에 관한 기본권 주체성이 인정된다.

▣ 해설 (1) 직업의 자유 중 이 사건에서 문제되는 직장 선택의 자유는 인간의 존엄과 가치 및 행복추구권과도 밀접한 관련을 가지는 만큼 단순히 국민의 권리가 아닌 인간의 권리로 보아야 할 것이므로 외국인도 제한적으로라도 직장 선택의 자유를 향유할 수 있다고 보아야 한다. … 한편 기본권 주체성의 인정문제와 기본권 제한의 정도는 별개의 문제이므로, 외국인에게 직장 선택의 자유에 대한 기본권주체성을 인정한다는 것이 곧바로 이들에게 우리 국민과 동일한 수준의 직장 선택의 자유가 보장된다는 것을 의미하는 것은 아니라고 할 것이다. … 청구인들이 이미 적법하게 고용허가를 받아 적법하게 우리나라에 입국하여 우리나라에서 일정한 생활관계를 형성, 유지하는 등, 우리 사회에서 정당한 노동인력으로서의 지위를 부여받은 상황임을 전제로 하는 이상, 청구인들이 선택한 직업분야에서 이미 형성된 근로관계를 유지하거나 포기하는 데 있어 국가의 방해를 받지 않고 자유로운 선택·결정을 할 자유는 인간의 권리로서의 성질을 지닌다. 그렇다면, 이 사건 청구인들에게 직장 선택의 자유에 대한 기본권 주체성을 인정할 수 있다 할 것이다(헌재 2011.09.29. 2007헌마1083).

(2), (3) 심판대상조항(의료인의 면허된 의료행위 이외의 의료행위를 금지하고 처벌하는 조항)이 제한하고 있는 직업의 자유는 국가자격제도정책과 국가의 경제상황에 따라 법률에 의하여 제한할 수 있고 인류보편적인 성격을 지니고 있지 아니하므로 국민의 권리에 해당한다. 이와 같이 헌법에서 인정하는 직업의 자유는 원칙적으로 대한민국 국민에게 인정되는 기본권이지, 외국인에게 인정되는 기본권은 아니다. 국가 정책에 따라 정부의 허가를 받은 외국인은 정부가 허가한 범위 내에서 소득활동을 할 수 있는 것이므로, 외국인이 국내에서 누리는 직업의 자유는 법률 이전에 헌법에 의해서 부여된 기본권이라고 할 수는 없고, 법률에 따른 정부의 허가에 의해 비로소 발생하는 권리이다. 헌법재판소의 결정례 중에는 외국인이 대한민국 법률에 따른 허가를 받아 국내에서 일정한 직업을 수행함으로써 근로관계가 형성된 경우, 그 직업은 그 외국인의 생활의 기본적 수요를 충족시키는 방편이 되고 또한 개성신장의 바탕이 된다는 점에서 외국인은 그 근로관계를 계속 유지함에 있어서 국가의 방해를 받지 않고 자유로운 선택과 결정을 할 자유가 있고 그러한 범위에서 제한적으로 직업의 자유에 대한 기본권주체성을 인정할 수 있다고 하였다(헌재 2011.09.29. 2007헌마1083 등 참조). 하지만 이는 이미 근로관계가 형성되어 있는 예외적인 경우에 제한적으로 인정한 것에 불과하다. 그러한 근로관계가 형성되기 전단계인 특정한 직업을 선택할 수 있는 권리는 국가정책에 따라 법률로써 외국인에게 제한적으로 허용되는 것이지 헌법상 기본권에서 유래되는 것은 아니다. 따라서 외국인인 청구인에게는 그 기본권주체성이 인정되지 아니한다(헌재 2014.08.28. 2013헌마359).

▸ 위 판례 2007헌마1083 및 2013헌마359를 종합해보면, 이미 적법하게 근로관계가 형성되어 있는 경우 그 선택한 직업분야 내에서 근로관계를 유지하거나 포기할 자유에 대하여 외국인의 기본권주체성을 인정한다는 것으로 해석

정답 ○, ○, ×

23년 변시, 19년(3)·20년(3)·22년(3)·23년(1) 모의

6. (1) 단순히 '국민의 권리'가 아니라 '인간의 권리'로 볼 수 있는 기본권에 대해서는 외국인도 기본권의 주체이므로 변호인의 조력을 받을 권리는 외국인도 주체가 된다.
(2) 재판청구권은 성질상 국민에게 보장되는 청구권적 기본권에 속하므로, 외국인에게는 그 주체성이 인정되지 않는다.
(3) 외국인의 경우 불법체류 여부에 따라 기본권 주체성의 인정 여부가 달라지는 것은 아니므로, 불법체류 중인 외국인에게도 신체의 자유, 변호인의 조력을 받을 권리, 직장선택의 자유, 재판청구권 등의 기본권주체성이 인정된다.

해설 [1] 헌법재판소법 제68조 제1항 소정의 헌법소원은 기본권의 주체이어야만 청구할 수 있는데, 단순히 '국민의 권리'가 아니라 '인간의 권리'로 볼 수 있는 기본권에 대해서는 외국인도 기본권의 주체가 될 수 있다(헌재 2011.09.29. 2007헌마1083). 나아가 청구인들이 불법체류 중인 외국인들이라 하더라도, 불법체류라는 것은 관련 법령에 의하여 체류자격이 인정되지 않는다는 것일 뿐이므로, '인간의 권리'로서 외국인에게도 주체성이 인정되는 일정한 기본권에 관하여 불법체류 여부에 따라 그 인정 여부가 달라지는 것은 아니다. [2] 청구인들이 침해받았다고 주장하고 있는 신체의 자유, 주거의 자유, 변호인의 조력을 받을 권리, 재판청구권 등은 성질상 인간의 권리에 해당한다고 볼 수 있으므로, 위 기본권들에 관하여는 청구인들의 기본권 주체성이 인정된다. 그러나 '국가인권위원회의 공정한 조사를 받을 권리'는 헌법상 인정되는 기본권이라고 하기 어렵고, 이 사건 보호 및 강제퇴거가 청구인들의 노동3권을 직접 제한하거나 침해한 바 없음이 명백하므로, 위 기본권들에 대하여는 본안판단에 나아가지 아니한다(헌재 2012.08.23. 2008헌마430).

정답  ○, ×, ×

19년(1) 모의

7. 국민 또는 국민과 유사한 지위에 있는 외국인은 원칙적으로 헌법소원심판을 청구할 수 있다.

해설 우리 재판소는, 헌법재판소법 제68조 제1항 소정의 헌법소원은 기본권의 주체이어야만 청구할 수 있다고 한 다음, '국민' 또는 국민과 유사한 지위에 있는 '외국인'은 기본권의 주체가 될 수 있다고 판시하였다(헌재 1994.12.29. 93헌마120). 즉, 인간의 존엄과 가치 및 행복추구권 등과 같이 단순히 '국민의 권리'가 아닌 '인간의 권리'로 볼 수 있는 기본권에 대해서는 외국인도 기본권 주체가 될 수 있다고 하여 인간의 권리에 대하여는 원칙적으로 외국인의 기본권 주체성을 인정하였다(헌재 2001.11.29. 99헌마494).

정답 ○

15년(2)·16년(2)·19년(3) 모의

8. 불법체류 중인 외국인들이라 하더라도, 불법체류라는 것은 관련 법령에 의하여 체류자격이 인정되지 않는다는 것일 뿐이므로, 인간의 권리로서 외국인에게도 주체성이 인정되는 일정한 기본권에 관하여 불법체류 여부에 따라 그 인정 여부가 달라지는 것은 아니다.

해설 헌법재판소법 제68조 제1항 소정의 헌법소원은 기본권의 주체이어야만 청구할 수 있는데, 단순히 '국민의 권리'가 아니라 '인간의 권리'로 볼 수 있는 기본권에 대해서는 외국인도 기본권의 주체가 될 수 있다. 나아가 청구인들이 불법체류 중인 외국인들이라 하더라도, 불법체류라는 것은 관련 법령에 의하여 체류자격이 인정되지 않는다는 것일 뿐이므로, '인간의 권리'로서 외국인에게도 주체성이 인정되는 일정한 기본권에 관하여 불법체류 여부에 따라 그 인정 여부가 달라지는 것은 아니다(헌재 2012.08.23. 2008헌마430).

정답

18년(1) 모의

9. 고용 허가를 받아 국내에 입국한 외국인근로자의 출국만기보험금을 출국 후 14일 이내에 지급하도록 한 경우, 해당 외국인근로자에게 근로의 권리 침해를 주장할 기본권 주체성이 인정되지 않는다.

해설 헌법상 근로의 권리는 '일할 자리에 관한 권리'만이 아니라 '일할 환경에 관한 권리'도 의미하는데, '일할 환경에 관한 권리'는 인간의 존엄성에 대한 침해를 방어하기 위한 권리로서 외국인에게도 인정되며, 건강한 작업환경, 일에 대한 정당한 보수, 합리적인 근로조건의 보장 등을 요구할 수 있는 권리 등을 포함한다. 여기서의 근로조건은 임금과 그 지불방법, 취업시간과 휴식시간 등 근로계약에 의하여 근로자가 근로를 제공하고 임금을 수령하는 데 관한 조건들이고, 이 사건 출국만기보험금은 퇴직금의 성질을 가지고 있어서 그 지급시기에 관한 것은 근로조건의 문제이므로 외국인인 청구인들에게도 기본권 주체성이 인정된다(헌재 2016.03.31. 2014헌마367).

정답

16년(1) 모의

10. (1) 외국인에게는 입국의 자유에 대한 기본권주체성이 인정되지 않으므로, 외국인이 입국에 관한 우리 출입국관리제도의 위헌성을 다투는 헌법소원심판을 청구하는 것은 허용되지 않는다.

(2) 외국인이 대한민국 국적을 취득한 경우 일정 기간 내에 그 외국 국적을 포기하도록 한 국적법 조항에 대한 심판청구의 경우, 외국인인 청구인들의 참정권, 입국의 자유에 관한 기본권주체성은 부인된다.

해설 (1) 이 사건에서 청구인 설○혁등이 주장하는 거주·이전의 자유는 입국의 자유에 관한 것이므로 이에 대해서도 외국인의 기본권주체성은 인정되지 아니한다. … 따라서 청구인 설○혁등의 국적법 제10조 제1항에 대한 심판청구는 외국인의 기본권주체성을 인정할 수 없어 부적법하다(헌재 2014.06.26. 2011헌마502).

(2) 참정권과 입국의 자유에 대한 외국인의 기본권주체성이 인정되지 않는다(헌재 2014.06.26. 2011헌마502).

정답 O, O

16년(2) 모의

11. 외국인의 참정권이나 사회권을 일정한 경우에 법률로 인정할 수 있으나 이는 헌법상 기본권이 아니라 법률상 권리로 인정하는 것에 불과하기 때문에, 이와 관련한 외국인 간의 차별대우가 발생하는 경우에도 외국인은 평등권 침해를 주장할 수 없다.

해설 청구인들이 침해되었다고 주장하는 인간의 존엄과 가치, 행복추구권은 대체로 '인간의 권리'로서 외국인도 주체가 될 수 있다고 보아야 하고, 평등권도 인간의 권리로서 참정권 등에 대한 성질상의 제한 및 상호주의에 따른 제한이 있을 수 있을 뿐이다. 이 사건에서 청구인들이 주장하는 바는 대한민국 국민과의 관계가 아닌, 외국국적의 동포들 사이에 재외동포법의 수혜대상에서 차별하는 것이 평등권 침해라는 것으로서 성질상 위와 같은 제한을 받는 것이 아니고 상호주의가 문제되는 것도 아니므로, 청구인들에게 기본권주체성을 인정함에 아무런 문제가 없다(헌재 2001.11.29. 99헌마494).

정답

16년(1) 모의

12. 출입국관리 법령에 따라 취업활동을 할 수 있는 체류자격을 받지 아니한 외국인근로자도 노동조합을 설립하거나 노동조합에 가입할 수 있다.

해설 타인과의 사용종속관계 하에서 근로를 제공하고 그 대가로 임금 등을 받아 생활하는 사람은 노동조합법상 근로자에 해당하고, 노동조합법상의 근로자성이 인정되는 한, 그러한 근로자가 외국인인지 여부나 취업자격의 유무에 따라 노동조합법상 근로자의 범위에 포함되지 아니한다고 볼 수는 없다(대판 2015.06.25. 2007두4995). ▶ 취업자격 없는 외국인근로자가 노동조합법상 근로자에 해당하고, 그러한 노동조합법상 근로자의 개념에 포함되는 이상, 취업자격 없는 외국인근로자도 노동조합을 설립하거나 노동조합에 가입할 수 있다고 판단한 사례

정답 O

제❷항 ❙ 법인 기타 단체

21년(3) 모의

13. 외국인의 기본권 주체성 여부와 법인의 기본권 주체성 여부는 모두 기본권의 성질에 좌우되므로, 외국인은 '인간의 권리'로서의 성격을 갖는 기본권들에 대하여, 법인은 해당 결사체가 누릴 수 있는 기본권들에 대하여 그 주체성이 인정된다.

해설 인간의 존엄과 가치 및 행복추구권 등과 같이 단순히 '국민의 권리'가 아닌 '인간의 권리'로 볼 수 있는 기본권에 대해서는 외국인도 기본권 주체가 될 수 있다고 하여 인간의 권리에 대하여는 원칙적으로 외국인의 기본권 주체성을 인정하였다(헌재 2001.11.29. 99헌마494). 우리 헌법은 법인

내지 단체의 기본권 향유능력에 대하여 명문의 규정을 두고 있지는 않지만 본래 자연인에게 적용되는 기본권이라도 그 성질상 법인이 누릴 수 있는 기본권은 법인에게도 적용된다(헌재 2006.12.28. 2004헌바67).

 20년 변시

14. **헌법 제14조의 거주·이전의 자유, 헌법 제21조의 결사의 자유는 그 성질상 법인에게도 인정된다.**

해설 지방세법 제138조 제1항 제3호가 법인의 대도시내의 부동산등기에 대하여 통상세율의 5배를 규정하고 있다 하더라도 그것이 대도시내에서 업무용 부동산을 취득할 정도의 재정능력을 갖춘 법인의 담세능력을 일반적으로 또는 절대적으로 초과하는 것이어서 그 때문에 법인이 대도시내에서 향유하여야 할 직업수행의 자유나 거주·이전의 자유의 자유가 형해화할 정도에 이르러 그 기본적인 내용이 침해되었다고 볼 수 없다(헌재 1998.02.27. 97헌바79). 법인 등 결사체도 그 조직과 의사형성에 있어서, 그리고 업무수행에 있어서 자기결정권을 가지고 있어 결사의 자유의 주체가 된다고 봄이 상당하므로, 축협중앙회는 그 회원조합들과 별도로 결사의 자유의 주체가 된다. 헌법상 기본권의 주체가 될 수 있는 법인은 원칙적으로 사법인에 한하는 것이고 공법인은 헌법의 수범자이지 기본권의 주체가 될 수 없다. 축협중앙회는 지역별·업종별 축협과 비교할 때, 회원의 임의탈퇴나 임의해산이 불가능한 점 등 그 공법인성이 상대적으로 크다고 할 것이지만, 이로써 공법인이라고 단정할 수는 없을 것이고, 이 역시 그 존립목적 및 설립형식에서의 자주적 성격에 비추어 사법인적 성격을 부인할 수 없으므로, 축협중앙회는 공법인성과 사법인성을 겸유한 특수한 법인으로서 이 사건에서 기본권의 주체가 될 수 있다(헌재 2000.06.01. 99헌마553).

15. **인간의 존엄과 가치에서 유래하는 인격권은 자연적 생명체인 개인의 존재를 전제로 하므로 성질상 법인에는 적용될 수 없다.**

해설 법인도 법인의 목적과 사회적 기능에 비추어 볼 때 그 성질에 반하지 않는 범위 내에서 인격권의 한 내용인 사회적 신용이나 명예 등의 주체가 될 수 있고 법인이 이러한 사회적 신용이나 명예 유지 내지 법인격의 자유로운 발현을 위하여 의사결정이나 행동을 어떻게 할 것인지를 자율적으로 결정하는 것도 법인의 인격권의 한 내용을 이룬다고 할 것이다(헌재 2012.08.23. 2009헌가27).

19년(1) 모의

16. 대표자의 정함이 있고 독립된 사회적 조직체로서 활동하는 법인 아닌 사단·재단이 성질상 법인이 누릴 수 있는 기본권을 침해당했을 때에 자신의 이름으로 헌법소원심판을 청구하는 것은 적법하다.

> 해설 본래 자연인에게 적용되는 기본권규정이라도 언론·출판의 자유, 재산권의 보장 등과 같이 성질상 법인이 누릴 수 있는 기본권은 당연히 법인에게도 적용하여야 할 것이며, 법인 아닌 사단·재단이라고 하더라도 대표자의 정함이 있고 독립된 사회적 조직체로서 활동하는 때에는 성질상 법인이 누릴 수 있는 기본권을 침해당하게 되면 그의 이름으로 헌법소원심판을 청구할 수 있다(헌재 2011.06.30. 2009헌마595).

정답 O

18년(1) 모의

17. 법인은 직업수행의 자유의 주체가 될 수 있으나 헌법 제10조의 행복을 추구할 권리는 그 성질상 자연인에게 인정되는 기본권이기 때문에 법인에게는 적용되지 않는다.

> 해설 청구인들은 학교법인이다. 법인격이 있는 사법상의 사단이나 재단은 성질상 기본권주체가 될 수 있는 범위에서 청구인능력을 가진다. 그런데 헌법 제10조의 인간으로서의 존엄과 가치, 행복을 추구할 권리는 그 성질상 자연인에게 인정되는 기본권이라고 할 것이어서, 법인인 청구인들에게는 적용되지 않는다고 할 것이다(헌재 2006.12.28. 2004헌바67).

정답 O

21년(3) 모의

18. 공직자도 순수한 직무상의 권한행사 외의 사적인 영역에 있어서는 기본권의 주체가 될 수 있으므로, 공직의 상실과 관련된 공무담임권을 다투는 경우 해당 기본권의 주체성이 인정된다.

> 해설 국가 및 그 기관 또는 조직의 일부나 공법인은 원칙적으로는 기본권의 '수범자'로서 기본권의 주체가 되지 못하고, 다만 국민의 기본권을 보호 내지 실현하여야 할 책임과 의무를 지니는 데 그칠 뿐이므로(헌재 1994.12.29. 93헌마120), 공직자가 국가기관의 지위에서 순수한 직무상의 권한행사와 관련하여 기본권 침해를 주장하는 경우에는 기본권의 주체성을 인정하기 어렵다 할 것이나, 그 외의 사적인 영역에 있어서는 기본권의 주체가 될 수 있는 것이다. 청구인은 선출직 공무원인 하남시장으로서 이 사건 법률 조항으로 인하여 공무담임권 등이 침해된다고 주장하여, 순수하게 직무상의 권한행사와 관련된 것이라기보다는 공직의 상실이라는 개인적인 불이익과 연관된 공무담임권을 다투고 있으므로, 이 사건에서 청구인에게는 기본권의 주체성이 인정된다 할 것이다(헌재 2009.03.26. 2007헌마843).

정답 O

13년·20년 변시, 15년(3)·19년(1)·20년(2) 모의

19. **국가기관 또는 공법인은 공권력 행사의 주체이자 기본권의 수범자로서 기본권 주체가 될 수 없으므로, 대통령이나 지방자치단체장 등 개인이 국가기관의 지위를 겸하는 경우에도 기본권 주체성은 언제나 부정된다.**

해설 대통령도 국민의 한사람으로서 제한적으로나마 기본권의 주체가 될 수 있는바, 대통령은 소속 정당을 위하여 정당활동을 할 수 있는 사인으로서의 지위와 국민 모두에 대한 봉사자로서 공익실현의 의무가 있는 헌법기관으로서의 지위를 동시에 갖는데 최소한 전자의 지위와 관련하여는 기본권 주체성을 갖는다고 할 수 있다(헌재 2008.01.17. 2007헌마700).국가 및 그 기관 또는 조직의 일부나 공법인은 원칙적으로는 기본권의 '수범자'로서 기본권의 주체가 되지 못하고, 다만 국민의 기본권을 보호 내지 실현하여야 할 책임과 의무를 지니는 데 그칠 뿐이므로(헌재 1994.12.29. 93헌마120), 공직자가 국가기관의 지위에서 순수한 직무상의 권한행사와 관련하여 기본권 침해를 주장하는 경우에는 기본권의 주체성을 인정하기 어렵다 할 것이나, 그 외의 사적인 영역에 있어서는 기본권의 주체가 될 수 있는 것이다. 청구인은 선출직 공무원인 하남시장으로서 이 사건 법률 조항으로 인하여 공무담임권 등이 침해된다고 주장하여, 순수하게 직무상의 권한행사와 관련된 것이라기보다는 공직의 상실이라는 개인적인 불이익과 연관된 공무담임권을 다투고 있으므로, 이 사건에서 청구인에게는 기본권의 주체성이 인정된다 할 것이다(헌재 2009.03.26. 2007헌마843).

정답

16년(1)·20년(2) 모의

20. **공법인이나 이에 준하는 지위를 가진 자라 하더라도 공무를 수행하거나 고권적 행위를 하는 경우가 아닌 사경제 주체로서 활동하는 경우나 조직법상 국가로부터 독립한 고유 업무를 수행하는 경우에는 기본권 주체가 될 수 있다.**

해설 공법인이나 이에 준하는 지위를 가진 자라 하더라도 공무를 수행하거나 고권적 행위를 하는 경우가 아닌 사경제 주체로서 활동하는 경우나 조직법상 국가로부터 독립한 고유 업무를 수행하는 경우, 그리고 다른 공권력 주체와의 관계에서 지배복종관계가 성립되어 일반 사인처럼 그 지배하에 있는 경우 등에는 기본권 주체가 될 수 있다. 이러한 경우에는 이들이 기본권을 보호해야 하는 국가적 기능을 담당하고 있다고 볼 수 없기 때문이다(헌재 2013.09.26. 2012헌마271).

정답

20년(2) 모의

21. **정당은 국민의 정치적 의사형성에 참여하기 위한 조직으로 성격상 권리능력 없는 단체에 속하지만, 구성원과는 독립하여 그 자체로서 기본권의 주체가 될 수 있다.**

해설 청구인 진보신당은 국민의 정치적 의사형성에 참여하기 위한 조직으로 성격상 권리능력 없는 단체에 속하지만, 구성원과는 독립하여 그 자체로서 기본권의 주체가 될 수 있고, 그 조직 자체의 기본권이 직접 침해당한 경우 자신의 이름으로 헌법소원심판을 청구할 수 있으나, 이 사건에서 침해된다고 하여 주장되는 기본권은 생명·신체의 안전에 관한 것으로서 성질상 자연인에게만 인정되는 것이

므로, 이와 관련하여 청구인 진보신당과 같은 권리능력 없는 단체는 위와 같은 기본권의 행사에 있어 그 주체가 될 수 없고, 또한 청구인 진보신당이 그 정당원이나 일반 국민의 기본권이 침해됨을 이유로 이들을 위하거나 이들을 대신하여 헌법소원심판을 청구하는 것은 원칙적으로 허용되지 아니하므로, 이 사건에 있어 청구인 진보신당은 청구인능력이 인정되지 아니한다 할 것이다(헌재 2008.12.26. 2008헌마419).

정답 ○

21년(3)·22년(3) 모의

22. **지방자치단체는 원칙적으로 기본권의 수범자일 뿐 기본권의 주체가 아니나, 지방자치단체의 자치권 중의 하나인 지방재정권에 관하여는 기본권 주체성이 인정된다.**

해설 기본권 보장규정인 헌법 제2장의 제목이 "국민의 권리와 의무"이고 그 제10조 내지 제39조에서 "모든 국민은 … 권리를 가진다"고 규정하고 있으므로 이러한 기본권의 보장에 관한 각 헌법규정의 해석상 국민만이 기본권의 주체라 할 것이고, 공권력의 행사인 국가, 지방자치단체나 그 기관 또는 국가조직의 일부나 공법인은 기본권의 "수범자"이지 기본권의 주체가 아니고 오히려 국민의 기본권을 보호 내지 실현해야 할 '책임'과 '의무'를 지니고 있을 뿐이다. 그렇다면 이 사건에서 지방자치단체인 청구인은 기본권의 주체가 될 수 없고 따라서 청구인의 재산권 침해 여부는 더 나아가 살펴볼 필요가 없다 … (판결이유 중) 지방자치단체의 자치권은 자치입법권·자치행정권·자치재정권으로 나눌 수 있으며, 지방재정권은 지방자치단체가 재산을 관리하며, 재산을 형성하고 유지할 권한을 의미한다. 이에 따라 지방자치단체는 행정목적의 달성을 위하여 또는 공익상 필요한 경우에는 재산을 보유하거나, 특정한 자금의 운용을 위한 기금을 설치할 수 있으며(지방자치법 제133조), 자치에 필요한 경비를 주민에게 조세로서 부과하거나(지방자치법 제126조), 공공시설의 이용 또는 재산의 사용에 대하여 사용료를 징수(지방자치법 제127조)하는 등의 권한을 가진다. 그러나 이러한 헌법상의 자치권의 범위는 법령에 의하여 형성되고 제한되며, 다만 지방자치단체의 자치권은 헌법상 보장을 받고 있으므로 비록 법령에 의하여 이를 제한하는 것이 가능하다고 하더라도 그 제한이 불합리하여 자치권의 본질을 훼손하는 정도에 이른다면 이는 헌법에 위반된다고 보아야 할 것이다(헌재 2006.02.23. 2004헌바50).

정답

15년(3)·17년(1) 모의

23. **국가조직의 일부나 공법인은 기본권의 주체가 아니라 단지 국민의 기본권을 보호 내지 실현해야 할 책임과 의무를 지는 지위에 있을 뿐이지만, 이와 달리 지방자치단체의 장은 자치단체를 위한 소송 등에 있어서 당사자가 되므로 재판청구권의 주체가 된다.**

해설 공직자도 사적인 영역에 있어서는 기본권의 주체가 될 수 있으나, 국가기관의 지위에서 순수한 직무상의 권한행사와 관련하여 기본권 침해를 주장하는 경우에는 기본권의 주체성을 인정할 수 없다(헌재 2009.03.26. 2007헌마843). 자치단체를 위한 소송은 지방자치단체의 장의 직무상의 권한행사와 관련된 것이므로 재판청구권의 주체가 될 수 없다(헌재 2014.06.26. 2013헌바122).

정답

14년(3) 모의

24. 국가균형발전특별법에 의한 도지사의 혁신도시 입지선정과 관련하여 그 입지선정에서 제외된 지방자치단체는 자의적인 선정기준을 다투는 평등권의 주체가 될 수 없다.

해설 지방자치단체는 기본권의 주체가 될 수 없다는 것이 헌법재판소의 입장이며, 이를 변경해야 할 만한 사정이나 필요성이 없으므로 지방자치단체인 춘천시의 헌법소원 청구는 부적법하다(헌재 2006. 12.28. 2006헌마312).

정답 O

23년(1) 모의

25. 사자(死者)에 대한 사회적 명예와 평가의 훼손은 사자에 대한 사회적 평가와 아울러 이를 토대로 스스로의 인격상을 형성하여 온 그 유족들의 인격권을 제한한다.

해설 … 다만 이러한 결정에 있어서 대부분의 조사대상자는 이미 사망하였을 것이 분명하나, 조사대상자가 사자(死者)의 경우에도 인격적 가치에 대한 중대한 왜곡으로부터 보호되어야 한다. 사자(死者)에 대한 사회적 명예와 평가의 훼손은 사자(死者)와의 관계를 통하여 스스로의 인격상을 형성하고 명예를 지켜온 그들의 후손의 인격권, 즉 유족의 명예 또는 유족의 사자(死者)에 대한 경애추모의 정을 제한하는 것이다(헌재 2010.10.28. 2007헌가23(전합)).

정답 O

 13년 변시, 23년(1) 모의

26. (1) 축협중앙회는 공법인성과 사법인성을 겸유한 특수한 법인이지만 회원의 임의탈퇴나 임의해산이 불가능한 점 등을 고려할 때 그 공법인성이 상대적으로 크다고 할 것이므로 기본권의 주체가 될 수 없다.
(2) 공법인으로서의 성격과 사법인으로서의 성격을 겸유한 특수한 법인의 경우 기본권의 주체가 될 수 있다고는 할 것이지만, 공법인적 특성이 기본권의 제약요소로 작용할 수 있다.

해설 축협중앙회는 공법인성과 사법인성을 겸유한 특수한 법인으로서 이 사건에서 기본권의 주체가 될 수 있다고는 할 것이지만, 위와 같이 두드러진 공법인적 특성이 축협중앙회가 가지는 기본권의 제약요소로 작용하는 것만은 이를 피할 수 없다고 할 것이다(헌재 2000.06.01. 99헌마553).

정답 X, O

제3절 기본권의 효력

제❶항 기본권의 대국가적 효력

제❷항 | 기본권의 제3자적 효력

14년(3) 모의

27. 사인 간의 관계에는 사적자치의 원칙이 적용되므로 사인 간 관계에서 평등권 침해를 인정하기 위해서는 반드시 사인 간의 평등권 보호에 관한 별개의 입법이 있어야 한다.

해설 평등권이라는 기본권의 침해도 민법 제750조의 일반규정을 통하여 사법상 보호되는 인격적 법익침해의 형태로 구체화되어 논하여질 수 있고, 그 위법성 인정을 위하여 반드시 사인간의 평등권 보호에 관한 별개의 입법이 있어야만 하는 것은 아니다(대판 2011.01.27. 2009다19864).

정답 ✕

12년 변시

28. 기본권규정은, 그 성질상 사법관계에 직접 적용될 수 있는 예외적인 것을 제외하고는, 사법상의 일반원칙을 규정한 민법 제2조, 제103조, 제750조, 제751조 등의 내용을 형성하고 그 해석기준이 되어 간접적으로 사법관계에 효력을 미친다.

해설 기본권 규정은 그 성질상 사법관계에 직접 적용될 수 있는 예외적인 것을 제외하고는 사법상의 일반원칙을 규정한 민법 제2조, 제103조, 제750조, 제751조 등의 내용을 형성하고 그 해석 기준이 되어 간접적으로 사법관계에 효력을 미치게 된다(대판 2010.04.22. 2008다38288(전합)).

정답 ○

제4절 기본권의 보호의무

15년·22년 변시, 16년(2)·18년(2)·20년(3)·21년(2)·22년(3) 모의

29. 국가가 국민의 생명·신체의 안전에 대한 보호의무를 다하지 않았는지 여부를 헌법재판소가 심사할 때에는 '과소보호금지원칙'의 위반 여부를 기준으로 삼아, 국민의 생명·신체의 안전을 보호하기 위한 조치가 필요한 상황인데도 국가가 아무런 보호조치를 취하지 않았든지 아니면 취한 조치가 법익을 보호하기에 전적으로 부적합하거나 매우 불충분한 것임이 명백한 경우에 한하여 국가의 보호의무 위반을 확인하여야 한다.

해설 … 국가가 국민의 생명·신체의 안전에 대한 보호의무를 다하지 않았는지 여부를 헌법재판소가 심사할 때에는 국가가 이를 보호하기 위하여 적어도 적절하고 효율적인 최소한의 보호조치를 취하였는가 하는 이른바 '과소보호 금지원칙'의 위반 여부를 기준으로 삼아, 국민의 생명·신체의 안전을 보호하기 위한 조치가 필요한 상황인데도 국가가 아무런 보호조치를 취하지 않았든지 아니면 취한 조치가 법익을 보호하기에 전적으로 부적합하거나 매우 불충분한 것임이 명백한 경우에 한하여 국가의 보호의무의 위반을 확인하여야 한다(헌재 2008.12.26. 2008헌마419).

정답 ○

22년(3) 모의

30. 인간의 존엄성은 '국가권력의 한계'로서 국가에 의한 침해로부터 보호받을 개인의 방어권일 뿐 아니라, '국가권력의 과제'로서 국민이 제3자에 의하여 인간존엄성을 위협받을 때 국가는 이를 보호할 의무를 부담한다.

해설 우리 헌법은 제10조에서 "모든 국민은 인간으로서의 존엄과 가치를 가지며, 행복을 추구할 권리를 가진다. 국가는 개인이 가지는 불가침의 기본적 인권을 확인하고 이를 보장할 의무를 진다."고 규정하고 있는데, 이 때 인간의 존엄성은 최고의 헌법적 가치이자 국가목표규범으로서 모든 국가기관을 구속하며, 그리하여 국가는 인간존엄성을 실현해야 할 의무와 과제를 안게 됨을 의미한다. 따라서 인간의 존엄성은 '국가권력의 한계'로서 국가에 의한 침해로부터 보호받을 개인의 방어권일 뿐 아니라, '국가권력의 과제'로서 국민이 제3자에 의하여 인간존엄성을 위협받을 때 국가는 이를 보호할 의무를 부담한다(헌재 2011.08.30. 2006헌마788).

정답 O

 22년 변시

31. 개인의 생명·신체의 안전에 관한 기본권보호의무 위배 여부를 과소보호금지원칙을 기준으로 심사한 결과 동 원칙 위반이 아닌 경우에도 다른 기본권에 대한 과잉금지원칙 위반을 이유로 기본권 침해를 인정하는 것은 가능하다.

해설 … 이 사건 고시가 개정 전 고시에 비하여 완화된 수입위생조건을 정한 측면이 있다 하더라도, 미국산 쇠고기의 수입과 관련한 위험상황 등과 관련하여 개정 전 고시 이후에 달라진 여러 요인들을 고려하고 지금까지의 관련 과학기술 지식과 OIE 국제기준 등에 근거하여 보호조치를 취한 것이라면, 이 사건 고시상의 보호조치가 체감적으로 완벽한 것은 아니라 할지라도, 위 기준과 그 내용에 비추어 쇠고기 소비자인 국민의 생명·신체의 안전을 보호하기에 전적으로 부적합하거나 매우 부족하여 그 보호의무를 명백히 위반한 것이라고 단정하기는 어렵다 할 것이다. … 청구인들은 검역주권 위반, 헌법 제6조 제1항 및 제60조 제1항 위반, 법률유보 위반, 적법절차원칙 위반, 명확성원칙 위반을 주장하나, 이 사건 고시가 청구인들의 헌법상 보장된 기본권을 침해한다고 볼 수 없다(헌재 2008.12.26. 2008헌마419).

정답   O

 22년 변시

32. 헌법 제35조 제1항은 국가와 국민에게 환경보전을 위하여 노력하여야 할 의무를 부여하고 있고, 환경침해는 사인에 의해서도 빈번하게 유발되고 있으며 생명·신체와 같은 중요한 기본권의 법익 침해로 이어질 수 있다는 점에서 국가는 사인인 제3자에 의한 환경권 침해에 대해서도 기본권 보호조치를 취할 의무를 진다.

해설 … 그렇다면 국가가 국민의 기본권을 적극적으로 보장하여야 할 의무가 인정된다는 점, 헌법 제35조 제1항이 국가와 국민에게 환경보전을 위하여 노력하여야 할 의무를 부여하고 있는 점, 환경

침해는 사인에 의해서 빈번하게 유발되므로 입법자가 그 허용 범위에 관해 정할 필요가 있다는 점, 환경피해는 생명·신체의 보호와 같은 중요한 기본권적 법익 침해로 이어질 수 있다는 점 등을 고려할 때, 일정한 경우 국가는 사인인 제3자에 의한 국민의 환경권 침해에 대해서도 적극적으로 기본권 보호조치를 취할 의무를 진다(헌재 2008.07.31. 2006헌마711).

정답 ○

22년 변시, 21년(2) 모의

33. 국민의 민주적 의사를 최대한 표출하도록 해야 할 시·도지사선거에서 확성장치를 사용하는 선거운동으로부터 발생하는 불편은 어느 정도 감수해야 하므로, 국가가 「공직선거법」상 확성장치의 최고출력 내지 소음에 관한 규제기준을 마련하지 않았더라도 이것이 국가의 기본권보호의무를 불이행한 것이라고 보기는 어렵다.

해설 심판대상조항이 선거운동의 자유를 감안하여 선거운동을 위한 확성장치를 허용할 공익적 필요성이 인정된다고 하더라도 정온한 생활환경이 보장되어야 할 주거지역에서 출근 또는 등교 이전 및 퇴근 또는 하교 이후 시간대에 확성장치의 최고출력 내지 소음을 제한하는 등 사용시간과 사용지역에 따른 수인한도 내에서 확성장치의 최고출력 내지 소음 규제기준에 관한 규정을 두지 아니한 것은, 국민이 건강하고 쾌적하게 생활할 수 있는 양호한 주거환경을 위하여 노력하여야 할 국가의 의무를 부과한 헌법 제35조 제3항에 비추어 보면, 적절하고 효율적인 최소한의 보호조치를 취하지 아니하여 국가의 기본권 보호의무를 과소하게 이행한 것으로서, 청구인의 건강하고 쾌적한 환경에서 생활할 권리를 침해하므로 헌법에 위반된다(헌재 2019.12.27. 2018헌마730).

23년(3) 모의

34. 기본권의 보장은 그 본질적 내용을 침해하지 아니하는 범위 안에서 입법자에게 기본권의 구체적인 내용과 형태의 형성권을 폭넓게 인정한다는 의미에서 '최소한 보장의 원칙'이 적용되는 것임에 반하여, 제도적 보장은 기본권 보장의 경우와 달리 '최대한 보장의 원칙'이 적용된다.

해설 제도적 보장은 객관적 제도를 헌법에 규정하여 당해 제도의 본질을 유지하려는 것으로서 헌법제정권자가 특히 중요하고도 가치가 있다고 인정되고 헌법적으로도 보장할 필요가 있다고 생각하는 국가제도를 헌법에 규정함으로써 장래의 법발전, 법형성의 방침과 범주를 미리 규율하려는데 있다. 이러한 제도적 보장은 주관적 권리가 아닌 객관적 범규범이라는 점에서 기본권과 구별되기는 하지만 헌법에 의하여 일정한 제도가 보장되면 입법자는 그 제도를 설정하고 유지할 입법의무를 지게될 뿐만 아니라 헌법에 규정되어 있기 때문에 법률로써 이를 폐지할 수 없고, 비록 내용을 제한하더라도 그 본질적 내용을 침해할 수 없다. 그러나 기본권 보장은 "최대한 보장의 원칙"이 적용됨에 반하여, 제도적 보장은 그 본질적 내용을 침해하지 아니하는 범위 안에서 입법자에게 제도의 구체적 내용과 형태의 형성권을 폭넓게 인정한다는 의미에서 "최소한 보장의 원칙"이 적용될 뿐이다(헌재 1997.04.24. 95헌바48(전합)).

15년 변시, 16년(2)·21년(2)·23년(3) 모의

35. 자동차 운전자가 업무상 과실 또는 중대한 과실로 인한 교통사고로 말미암아 피해자로 하여금 중상해에 이르게 한 경우, 교통사고를 일으킨 차가 종합보험 등에 가입되었다면 당해 차량의 운전자에 대하여 공소를 제기할 수 없도록 한 「교통사고처리특례법」 조항은 형벌까지 동원해야 보호법익을 유효적절하게 보호할 수 있다는 의미에서 교통사고 피해자에 대한 국가의 기본권 보호의무를 위반한 것이다.

해설 … 국가의 신체와 생명에 대한 보호의무는 교통과실범의 경우 발생한 침해에 대한 사후처벌뿐 아니라, 무엇보다도 우선적으로 운전면허취득에 관한 법규 등 전반적인 교통관련법규의 정비, 운전자와 일반국민에 대한 지속적인 계몽과 교육, 교통안전에 관한 시설의 유지 및 확충, 교통사고 피해자에 대한 보상제도 등 여러 가지 사전적·사후적 조치를 함께 취함으로써 이행된다 할 것이므로, 형벌은 국가가 취할 수 있는 유효적절한 수많은 수단 중의 하나일 뿐이지, 결코 형벌까지 동원해야만 보호법익을 유효적절하게 보호할 수 있다는 의미의 최종적인 유일한 수단이 될 수는 없다 할 것이다. 따라서 이 사건 법률조항은 국가의 기본권보호의무의 위반 여부에 관한 심사기준인 과소보호금지의 원칙에 위반한 것이라고 볼 수 없다(헌재 2009.02.26. 2005헌마764). ▶ 헌법재판소는 피해자의 재판절차진술권과 평등권 침해를 이유로 위헌을 선고

정답

16년(2)·19년(2)·20년(3)·21년(2) 모의

36. 기본권 보호의무란 기본권적 법익을 기본권 주체인 사인(私人)에 의한 위법한 침해 또는 침해의 위험으로부터 보호하여야 하는 국가의 의무를 말하며, 주로 사인인 제3자에 의한 개인의 생명이나 신체의 훼손에서 문제되는데, 이는 타인에 의하여 개인의 신체나 생명 등 법익이 국가의 보호의무 없이는 무력화될 정도의 상황에서만 적용될 수 있다.

해설 기본권 보호의무란 기본권적 법익을 기본권 주체인 사인에 의한 위법한 침해 또는 침해의 위험으로부터 보호하여야 하는 국가의 의무를 말하며, 주로 사인인 제3자에 의한 개인의 생명이나 신체의 훼손에서 문제되는데, 이는 타인에 의하여 개인의 신체나 생명 등 법익이 국가의 보호의무 없이는 무력화될 정도의 상황에서만 적용될 수 있다(헌재 2009.02.26. 2005헌마764).

정답

20년(3) 모의

37. 국가의 기본권보호의무로부터 태아의 출생 전에, 또한 태아가 살아서 출생할 것인가와는 무관하게, 태아를 위하여 「민법」상 일반적 권리능력까지도 인정하여야 한다는 헌법적 요청이 도출되지 않는다.

해설 태아는 형성 중의 인간으로서 생명을 보유하고 있으므로 국가는 태아를 위하여 각종 보호조치들을 마련해야 할 의무가 있다. 하지만 그와 같은 국가의 기본권 보호의무로부터 태아의 출생 전에, 또한 태아가 살아서 출생할 것인가와는 무관하게, 태아를 위하여 민법상 일반적 권리능력까지도 인정하여야 한다는 헌법적 요청이 도출되지는 않는다(헌재 2008.07.31. 2004헌바81).

정답

20년(3) 모의

38. 국가의 기본권보호의무 선언은 국민과의 관계에서 국민의 기본권보호를 위해 노력하여야 할 의무가 있다는 의미뿐만 아니라 국가가 사인 상호간의 관계를 규율하는 사법(私法)질서를 형성하는 경우에도 헌법상 기본권이 존중되고 보호되도록 할 의무가 있는 것을 천명한 것이다.

해설 우리 헌법은 제10조 제2문에서 "국가는 개인이 가지는 불가침의 기본적 인권을 확인하고 이를 보장할 의무를 진다."라고 규정함으로써 국가의 적극적인 기본권보호의무를 선언하고 있는바, 이러한 국가의 기본권보호의무 선언은 국가가 국민과의 관계에서 국민의 기본권보호를 위해 노력하여야 할 의무가 있다는 의미뿐만 아니라 국가가 사인 상호간의 관계를 규율하는 사법(私法)질서를 형성하는 경우에도 헌법상 기본권이 존중되고 보호되도록 할 의무가 있다는 것을 천명한 것이다(헌재 2008.07.31. 2004헌바81).

정답 O

19년(2)·20년(3)·22년(3) 모의

39. 국가의 기본권보호의무의 이행은 입법자의 입법을 통하여 구체화되며, 국가가 그 보호의무를 어떻게 어느 정도로 이행할 것인지는 원칙적으로 한 나라의 정치·경제·사회·문화적인 제반 여건과 재정사정 등을 감안하여 입법 정책적으로 판단하여야 하는 입법재량의 범위에 속한다.

해설 국가가 적극적으로 국민의 기본권을 보장하기 위한 제반조치를 취할 의무를 부담하는 경우에는 설사 그 보호의 정도가 국민이 바라는 이상적인 수준에 미치지 못한다고 하여 언제나 헌법에 위반한다고 판단할 수 있는 것인지는 의문이다. 왜냐하면 국가의 기본권보호의무의 이행은 입법자의 입법을 통하여 비로소 구체화되는 것이고, 국가가 그 보호의무를 어떻게 어느 정도로 이행할 것인지는 원칙적으로 한 나라의 정치·경제·사회·문화적인 제반여건과 재정사정 등을 감안하여 입법정책적으로 판단하여야 하는 입법재량의 범위에 속하는 것이기 때문이다(헌재 2008.07.31. 2004헌바81).

정답   O

15년 변시, 16년(2)·20년(3)·22년(3) 모의

40. 기본권에 대한 국가의 적극적 보호의무는 궁극적으로 입법자의 입법행위를 통하여 비로소 실현될 수 있는 것이기 때문에, 입법자의 입법행위를 매개로 하지 아니하고 단순히 기본권이 존재한다는 것만으로 헌법상 광범위한 방어적 기능을 갖게 되는 기본권의 소극적 방어권으로서의 측면과 근본적인 차이가 있다.

해설 국민의 기본권에 대한 국가의 적극적 보호의무는 궁극적으로 입법자의 입법행위를 통하여 비로소 실현될 수 있는 것이기 때문에, 입법자의 입법행위를 매개로 하지 아니하고 단순히 기본권이 존재한다는 것만으로 헌법상 광범위한 방어적 기능을 갖게 되는 기본권의 소극적 방어권으로서의 측면과 근본적인 차이가 있다(헌재 2008.07.31. 2004헌바81).

정답   O

19년(2)·22년(3) 모의

41. 국민의 생명·신체의 안전이 질병 등으로부터 위협받거나 받게 될 우려가 있는 경우 국가로서는 위험의 원인과 정도에 따라 사회·경제적인 여건 및 재정사정 등을 감안하여 국민의 생명·신체의 안전을 보호하기에 필요한 적절하고 효율적인 입법·행정상의 조치를 취하여 침해의 위험을 방지하고 이를 유지할 포괄적인 의무를 진다.

해설 헌법 제10조는 "모든 국민은 인간으로서의 존엄과 가치를 가지며, 행복을 추구할 권리를 가진다. 국가는 개인이 가지는 불가침의 기본적 인권을 확인하고 이를 보장할 의무를 진다."고 규정하여, 모든 국민이 인간으로서의 존엄과 가치를 지닌 주체임을 천명하고, 국가권력이 국민의 기본권을 침해하는 것을 금지함은 물론 이에서 더 나아가 적극적으로 국민의 기본권을 보호하고 이를 실현할 의무가 있음을 선언하고 있다. 또한 생명·신체의 안전에 관한 권리는 인간의 존엄과 가치의 근간을 이루는 기본권일 뿐만 아니라, 헌법은 "모든 국민은 보건에 관하여 국가의 보호를 받는다."고 규정하여 질병으로부터 생명·신체의 보호 등 보건에 관하여 특별히 국가의 보호의무를 강조하고 있으므로(제36조 제3항), 국민의 생명·신체의 안전이 질병 등으로부터 위협받거나 받게 될 우려가 있는 경우 국가로서는 그 위험의 원인과 정도에 따라 사회·경제적인 여건 및 재정사정 등을 감안하여 국민의 생명·신체의 안전을 보호하기에 필요한 적절하고 효율적인 입법·행정상의 조치를 취하여 그 침해의 위험을 방지하고 이를 유지할 포괄적인 의무를 진다 할 것이다(헌재 2008.12.26. 2008헌마419).

 정답 O

19년(2) 모의

42. 「담배사업법」은 담배성분의 표시나 경고문구의 표시, 담배광고의 제한 등 여러 규제들을 통하여 직접흡연으로부터 국민의 생명·신체의 안전을 보호하려는 최소한의 노력을 하지 않아 국가의 보호의무에 관한 과소보호금지 원칙에 위반된다.

해설 담배사업법은 담배의 제조 및 판매 자체는 금지하고 있지 않지만, 현재로서는 흡연과 폐암 등의 질병 사이에 필연적인 관계가 있다거나 흡연자 스스로 흡연 여부를 결정할 수 없을 정도로 의존성이 높아서 국가가 개입하여 담배의 제조 및 판매 자체를 금지하여야만 한다고 보기는 어렵다. 또한, 담배사업법은 담배성분의 표시나 경고문구의 표시, 담배광고의 제한 등 여러 규제들을 통하여 직접흡연으로부터 국민의 생명·신체의 안전을 보호하려고 노력하고 있다. 따라서 담배사업법이 국가의 보호의무에 관한 과소보호금지 원칙을 위반하여 청구인의 생명·신체의 안전에 관한 권리를 침해하였다고 볼 수 없다(헌재 2015.04.30. 2012헌마38).

 정답 X

15년 변시, 13년(3)·18년(2) 모의

43. 헌법 제10조는 소극적으로 국가권력이 국민의 기본권을 침해하는 것을 금지하는 데 그치지 아니하고 나아가 적극적으로 국민의 기본권을 타인의 침해로부터 보호할 의무를 부과하고 있다.

해설 헌법 제10조 제2문은 "국가는 개인이 가지는 불가침의 기본적 인권을 확인하고 이를 보장할 의무를 진다"고 규정함으로써, 소극적으로 국가권력이 국민의 기본권을 침해하는 것을 금지하는데 그치지 아니하고 나아가 적극적으로 국민의 기본권을 타인의 침해로부터 보호할 의무를 부과하고 있다(헌재 2003.01.30. 2002헌마358).

정답 ○

18년(2) 모의

44. 우리 정부와 미국 정부가 쇠고기 수입에 관한 협상을 한 결과, 2008년 「미국산 쇠고기수입의 위생조건에 관한 고시」를 관보에 게재하여 공포하였는데, 그 주된 내용은 개정 전의 고시와 비교할 때 수입할 수 있는 미국산 쇠고기의 범위를 일부 확대하는 것이었다. 헌법재판소는 이러한 고시로 인해 미국산 쇠고기의 수입이 확대되더라도 국가가 국민의 기본권을 보호할 의무와 관련이 없어 헌법소원심판의 적법요건을 갖추지 못하였다고 보았다.

해설 미국산 쇠고기 수입위생조건(이하 이 사건 고시)은 소비자의 생명·신체의 안전을 보호하기 위한 조치의 일환으로 행하여진 것이어서 실질적인 규율 목적 및 대상이 쇠고기 소비자와 관련을 맺고 있으므로 쇠고기 소비자는 이에 대한 구체적인 이해관계를 가진다 할 것인 바, 일반소비자인 청구인들에 대해서는 이 사건 고시가 생명·신체의 안전에 대한 보호의무를 위반함으로 인하여 초래되는 기본권 침해와의 자기관련성을 인정할 수 있고, 또한 이 사건 고시의 위생조건에 따라 수입검역을 통과한 미국산 쇠고기는 별다른 행정조치 없이 유통·소비될 것이 예상되므로, 청구인들에게 이 사건 고시가 생명·신체의 안전에 대한 보호의무에 위반함으로 인하여 초래되는 기본권 침해와의 현재관련성 및 직접관련성도 인정할 수 있다(헌재 2008.12.02. 2008헌마419).

정답 ×

제5절 기본권의 경합과 충돌

제❶항 | 기본권의 경합

21년(1) 모의

45. 학교정화구역 내 극장영업금지를 규정한 「학교보건법」 조항은 극장영업자의 직업의 자유와 예술의 자유를 제한하나, 사안과 가장 밀접한 관계에 있고 또 침해의 정도가 가장 큰 주된 기본권은 예술의 자유라는 점에서 직업의 자유의 침해 여부는 별도로 판단할 필요가 없다.

해설 이 사건 법률조항은 누구든지 정화구역 안에서 극장시설 및 영업을 하여서는 아니 된다고 규정 … 이 사건 법률조항에 의한 표현 및 예술의 자유의 제한은 극장 운영자의 직업의 자유에 대한 제한을 매개로 하여 간접적으로 제약되는 것이라 할 것이고, 입법자의 객관적인 동기 등을 참작하여 볼 때 사안과 가장 밀접한 관계에 있고 또 침해의 정도가 가장 큰 주된 기본권은 직업의 자유라고 할 것이다. 따라서 이하에서는 직업의 자유의 침해여부를 중심으로 살피는 가운데 표현·예술의 자유의 침해여부에 대하여도 부가적으로 살펴보기로 한다(헌재 2004.05.27. 2003헌가1).

정답 ×

21년(1) 모의

46. **종교단체가 양로시설을 설치하고자 하는 경우 신고 의무를 부담시키는 것은 종교단체의 자유로운 양로시설 운영을 통한 종교의 자유를 제한하지만, 거주이전의 자유나 인간다운 생활을 할 권리를 제한한다고 볼 수 없다.**

해설 국가 또는 지방자치단체외의 자가 양로시설을 설치하고자 하는 경우 신고하도록 규정하고 이를 위반한 경우 처벌하는 노인복지법 … 심판대상조항에 의하여 신고의 대상이 되는 양로시설에 종교단체가 운영하는 양로시설을 제외하지 않는 것은 자유로운 양로시설 운영을 통한 선교의 자유, 즉 종교의 자유 제한의 문제를 불러온다. … 청구인은 심판대상조항이 노인들의 거주·이전의 자유 및 인간다운 생활을 할 권리를 침해한다고 주장한다. 그러나 심판대상조항은 종교단체에서 운영하는 양로시설도 일정규모 이상의 경우 신고하도록 한 규정일 뿐, 거주이전의 자유나 인간다운 생활을 할 권리의 제한을 불러온다고 볼 수 없으므로 이에 대해서는 별도로 판단하지 아니한다(헌재 2016.06.30. 2015헌바46).

정답 ○

13년(3)·15년(1)·17년(3)·18년(3)·22년(1) 모의

47. **(1) 어떤 법령이 직업의 자유와 행복추구권 양자를 제한하는 외관을 띠는 경우 두 기본권의 경합문제가 발생하는데, 보호영역으로서 '직업'이 문제될 때 직업의 자유는 행복추구권과의 관계에서 특별기본권의 지위를 가지므로, 행복추구권의 침해 여부에 대한 심사는 배제된다.**

(2) 공무원이 일정한 법위반행위로 처벌받은 경우 당연퇴직되도록 규정한 법률조항에 의하여 공무담임권과 직업선택의 자유를 침해당했다고 주장하는 헌법소원에서, 공무담임권은 직업선택의 자유에 대하여 특별기본권이어서 후자의 적용은 배제된다.

해설 (1) 행복추구권은 다른 기본권에 대한 보충적 기본권으로서의 성격을 지니고 특히 어떠한 법령이 수범자의 직업의 자유와 행복추구권 양자를 제한하는 외관을 띠는 경우 두 기본권의 경합 문제가 발생하는데, 보호영역으로서 '직업'이 문제되는 경우에 행복추구권과 직업의 자유는 특별관계에 있고, 기본권의 내용상 특별성을 갖는 직업의 자유의 침해 여부가 우선하므로 행복추구권 관련 위헌 여부의 심사는 불필요한바 이 사건에 있어서 청구인이 게임 결과물의 환전업을 영위하는 행위가 직업의 자유의 보호영역에 포함된다고 보아 아래에서 그 침해 여부를 판단할 것이므로, 행복추구권의 침해 여부는 독자적으로 판단할 필요가 없다(헌재 2010.02.25. 2009헌바38).
(2) 공무원직에 관한 한 공무담임권은 직업의 자유에 우선하여 적용되는 특별법적 규정이고, 위에서 밝힌 바와 같이 공무담임권(피선거권)은 이 사건 법률조항에 의하여 제한되는 청구인들의 기본권이 아니므로, 직업의 자유 또한 이 사건 법률조항에 의하여 제한되는 기본권으로서 고려되지 아니한다(헌재 1999.12.23. 99헌마135).

정답 ○, ○

18년(3) 모의

48. 보험자 또는 보험자단체가 요양기관을 강제지정할 수 있도록 한 의료보험법 규정에 의해 의과대학 교수로 재직하고 있는 자의 직업의 자유, 학문의 자유, 재산권의 경합이 발생한다.

> **해설** 직업선택의 자유는 선택한 직업을 자신이 원하는 대로 자유롭게 행사할 수 있는 '직업수행의 자유'까지 보장하는 기본권이다. 이 사건 강제지정제에 의하여 의료기관은 의료행위의 질, 범위 등에 관하여 규제를 받고 정해진 의료보수만을 받으므로, 강제지정제는 의료기관의 직업의 자유를 제한하는 규정이다. 자신이 받은 교육이 장래에 일정한 경제적 결실을 맺으리라는 기대나 시설투자가 일정한 이윤을 가져오리라는 예상 등은 모두 개인의 자유로운 결정과 그에 따른 사적 위험부담에 기인하는 것으로서 헌법상 보장된 재산권의 보호범위에 포함되지 않는다. 따라서 이 사건에서 청구인들이 기대하고 투자한 것만큼 그에 상응하는 보수를 받지 못한다고 하여 이로 인하여 청구인들의 재산권이 제한되었다고 할 수 없다. 청구인들은 자신들의 의료기관이 요양기관으로 지정됨으로써 의료인의 능력을 의학의 발전을 위하여 발휘하기보다는 정해진 시간에 다수의 환자를 진료하는데 쓰이기 때문에 의료인으로서의 연구활동이 장애를 받고 있다고 주장한다. 그러나 요양기관 강제지정제가 규율하고자 하는 국민의 생활영역은 의료인의 직업활동일 뿐, 의료인의 학문연구나 학문활동의 내용이나 방식이 아니므로, 이 사건 조항은 헌법 제22조의 학문의 자유를 제한하는 규정이 아니다. 설사 강제지정제가 결과적으로 일부 연구활동에 영향을 미칠 수 있다하더라도 이는 극히 부수적이고 간접적일 뿐이다. … 그렇다면 (보험자 또는 보험자단체가 의료기관 및 약국을 요양기관으로서 지정하도록 하면서, 지정을 받은 곳은 정당한 이유 없이 거부하지 못하도록 규정한) 이 사건 조항에 의하여 제한되는 기본권은 의료인의 직업의 자유, 의료소비자의 자기결정권 및 평등권이다(헌재 2002.10.31. 99헌바76).

정답 ✕

18년(3) 모의

49. 음란 또는 저속한 간행물이나 아동에 유해한 만화 등을 출판하여 공중도덕이나 사회윤리를 침해하였다고 인정되는 경우 등록청이 당해 출판사의 등록을 취소할 수 있도록 하는 법률규정에 의하여 제한되는 언론·출판의 자유, 직업선택의 자유 및 재산권 중 헌법재판소는 언론·출판의 자유를 중심으로 판단한 바 있다.

> **해설** 이 사건 법률조항은 등록된 출판사가 음란 또는 저속한 간행물을 출판하여 공중도덕이나 사회윤리를 침해하였다고 인정되는 경우 등록청이 그 출판사의 등록을 취소할 수 있도록 하고 있다. 이 사건 법률조항은 언론·출판의 자유, 직업선택의 자유 및 재산권을 경합적으로 제약하고 있다. 이처럼 하나의 규제로 인해 여러 기본권이 동시에 제약을 받는 기본권경합의 경우에는 기본권침해를 주장하는 제청신청인과 제청법원의 의도 및 기본권을 제한하는 입법자의 객관적 동기 등을 참작하여 사안과 가장 밀접한 관계에 있고 또 침해의 정도가 큰 주된 기본권을 중심으로 해서 그 제한의 한계를 따져 보아야 할 것이다. 이 사건에서는 제청신청인과 제청법원이 언론·출판의 자유의 침해를 주장하고 있고, 입법의 일차적 의도도 출판내용을 규율하고자 하는 데 있으며, 규제수단도 언론·출판의 자유를 더 제약하는 것으로 보이므로 언론·출판의 자유를 중심으로 해서 이 사건 법률조항이 그 헌법적 한계를 지키고 있는지를 판단하기로 한다(헌재 1998.04.30. 95헌가16).

정답 ○

17년(3) 모의

50. 주민등록증 발급대상자로 하여금 주민등록증발급신청서에 열 손가락의 지문을 날인하도록 하고 있는 것에 대해 인간의 존엄과 가치, 행복추구권, 인격권, 신체의 자유, 사생활의 비밀과 자유, 개인정보자기결정권, 양심의 자유 등의 침해가 주장되더라도 사생활의 비밀과 자유의 침해 여부만을 판단하는 것으로 족하다.

해설 주민등록증 발급대상자로 하여금 주민등록증 발급신청서에 열 손가락의 지문을 찍도록 하고 있는 이 사건 시행령조항은 지문정보의 수집에 관한 규정이고, 개인의 고유성, 동일성을 나타내는 지문은 그 정보주체를 타인으로부터 식별가능하게 하는 개인정보이므로, 시장·군수 또는 구청장이 개인의 지문정보를 수집하는 것은 청구인들의 개인정보자기결정권을 제한한다. 청구인들은 이 밖에도 인간의 존엄과 가치, 행복추구권, 일반적 행동자유권, 사생활의 비밀과 자유, 양심의 자유가 침해되었다고 주장하나, 이 사건 시행령조항과 관련된 주된 기본권이 개인정보자기결정권이므로 이를 중심으로 하여 판단하기로 한다(헌재 2015.05.28. 2011헌마731).

정답 ✕

22년(1)·15년(1) 모의

51. 하나의 규제로 인해 여러 기본권이 동시에 제약을 받는 기본권경합의 경우에는 기본권 침해를 주장하는 자의 의도 및 기본권을 제한하는 입법자의 객관적 동기 등을 참작하여 사안과 가장 밀접한 관계에 있고 또 침해의 정도가 큰 주된 기본권을 중심으로 해서 그 제한의 한계를 따져 보아야 한다.

해설 하나의 규제로 인해 여러 기본권이 동시에 제약을 받는 기본권경합의 경우에는 기본권침해를 주장하는 제청신청인과 제청법원의 의도 및 기본권을 제한하는 입법자의 객관적 동기 등을 참작하여 사안과 가장 밀접한 관계에 있고 또 침해의 정도가 큰 주된 기본권을 중심으로 해서 그 제한의 한계를 따져 보아야 할 것이다(헌재 1998.04.30. 95헌가16).

정답 ○

15년(1) 모의

52. 국가나 지방자치단체에 등기를 신청하는 국민에게 국민주택채권을 매입하도록 하는 법률규정은 계약체결의 자유와 재산권을 경합적으로 제한하는 것으로서, 계약체결의 자유에 대한 제한이 사안에 보다 밀접하고 기본권에 미치는 영향도 크다고 할 것이므로, 계약체결의 자유에 대한 제한의 정당성을 위주로 그 위헌 여부를 판단한다.

해설 국가나 지방자치단체에 등기를 신청하는 국민에게 국민주택채권을 매입하도록 하는 주택법 제68조 제1항 제2호는 등기를 신청하는 자에게 국민주택채권의 매입을 강제함으로써 채권의 매입여부를 자신의 자유의사로 결정할 자유 즉, 헌법 제10조의 일반적 행동자유권의 한 내용인 사적 자치권(계약체결의 자유)을 제한한다. 또한, 이 사건 법률조항은 일정 기간 동안 금전의 갹출 의무를 부과함으로써 금전 재산의 행사방법을 제한한다는 점에서 헌법 제23조 제1항의 재산권을 제한한다. 양자는 기본권 경합의 관계에 있는바, 계약체결의 자유에 대한 제한이 사안에 보다 밀접하고 기본권에 미치는 영향도 크다고 할 것이므로 계약체결의 자유에 대한 제한의 정당성을 위주로 이 사건 법률조항의 위헌 여부를 판단하기로 한다(헌재 2011.09.29. 2010헌마85).

정답 ○

제❷항 | 기본권의 충돌

12년(2)·19년(3)·22년(1) 모의

53.
(1) 기본권의 충돌이란 상이한 복수의 기본권주체가 서로의 권익을 실현하기 위해 하나의 동일한 사건에서 국가에 대하여 서로 대립되는 기본권의 적용을 주장하는 경우를 말한다.

(2) 서로 다른 기본권 주체의 충돌하는 기본권을 조정하는 법률조항에 대하여 한 기본권 주체가 기본권침해를 주장하여 헌법소원을 제기한 경우, 기본권의 서열이론, 법익형량의 원칙, 형평성의 원칙, 실제적 조화의 원칙 등 기본권 충돌을 조정하는 헌법원칙을 적용하여 문제를 해결하여야 한다.

해설 기본권의 충돌이란 상이한 복수의 기본권주체가 서로의 권익을 실현하기 위해 하나의 동일한 사건에서 국가에 대하여 서로 대립되는 기본권의 적용을 주장하는 경우를 말하는데, 한 기본권주체의 기본권행사가 다른 기본권주체의 기본권행사를 제한 또는 희생시킨다는 데 그 특징이 있다. 이와 같이 두 기본권이 충돌하는 경우 그 해법으로는 기본권의 서열이론, 법익형량의 원리, 실제적 조화의 원리(=규범조화적 해석) 등을 들 수 있다. 헌법재판소는 기본권 충돌의 문제에 관하여 충돌하는 기본권의 성격과 태양에 따라 그때그때 적절한 해결방법을 선택, 종합하여 이를 해결하여 왔다(헌재 2005.11.24. 2002헌바95). 즉 헌법재판소는 이익형량에 의한 방법을 사용하기도 하고, 규범조화적 해석에 의한 방법을 사용하기도 하며, 규범조화적 해석에 의한 방법을 사용하면서도 법익형량의 원리, 입법에 의한 선택적 재량 등을 종합적으로 참작하기도 하였다(2007.10.25. 2005헌바96; 2010.12.28. 2009헌바258)(김유향, 기본강의 헌법 제7판, p.254).

정답 ○, ○

22년(1) 모의

54. 서로 다른 기본권 주체의 기본권이 충돌하는 경우 헌법의 통일성을 유지하기 위하여 상충하는 기본권 모두 최대한으로 그 기능과 효력을 발휘할 수 있도록 조화로운 방법이 모색되어야 하므로, 과잉금지원칙 위배여부를 심사함에 있어 한 기본권 주체의 기본권을 제한하는 정도와 다른 기본권 주체의 기본권을 보호하는 정도가 적정한 비례를 유지하고 있는지를 살펴보아야 한다.

해설 반론권은 보도기관이 사실에 대한 보도과정에서 타인의 인격권 및 사생활의 비밀과 자유에 대한 중대한 침해가 될 직접적 위험을 초래하게 되는 경우 이러한 법익을 보호하기 위한 적극적 요청에 의하여 마련된 제도인 것이지 언론의 자유를 제한하기 위한 소극적 필요에서 마련된 것은 아니기 때문에 이에 따른 보도기관이 누리는 언론의 자유에 대한 제약의 문제는 결국 피해자의 반론권과 서로 충돌하는 관계에 있는 것으로 보아야 할 것이다. 이와 같이 두 기본권이 서로 충돌하는 경우에는 헌법의 통일성를 유지하기 위하여 상충하는 기본권 모두가 최대한으로 그 기능과 효력을 나타낼 수 있도록 하는 조화로운 방법이 모색되어야 할 것이고, 결국은 이 법에 규정한 정정보도청구제도가 과잉금지의 원칙에 따라 그 목적이 정당한 것인가 그러한 목적을 달성하기 위하여 마련된 수단 또한 언론의 자유를 제한하는 정도가 인격권과의 사이에 적정한 비례를 유지하는 것인가의 여부가 문제된다 할 것이다(헌재 1991.09.16. 89헌마165).

 정답 O

15년 변시, 12년(2)·17년(3)·19년(3) 모의

55. 흡연권은 사생활의 자유를 실질적 핵으로 하는 것이고 혐연권은 사생활의 자유뿐만 아니라 생명권에까지 연결되는 것이므로 혐연권이 흡연권보다 상위의 기본권이라고 할 수 있는바, 이처럼 상하의 위계질서가 있는 기본권끼리 충돌하는 경우 상위기본권우선의 원칙에 따라 흡연권은 혐연권을 침해하지 않는 한도 내에서 인정된다.

 흡연권은 위와 같이 사생활의 자유를 실질적 핵으로 하는 것이고 혐연권은 사생활의 자유뿐만 아니라 생명권에까지 연결되는 것이므로 혐연권이 흡연권보다 상위의 기본권이라 할 수 있다. 이처럼 상하의 위계질서가 있는 기본권끼리 충돌하는 경우에는 상위기본권우선의 원칙에 따라 하위기본권이 제한될 수 있으므로, 결국 흡연권은 혐연권을 침해하지 않는 한에서 인정되어야 한다(헌재 2004.08.26. 2003헌마457).

 정답 O

19년(2) 모의

56. 타인을 모욕한 경우에 이를 처벌하는 것과 같이 명예권과 표현의 자유라는 두 기본권이 충돌하게 되는 경우, 과잉금지원칙에 따라서 표현의 자유를 제한하는 정도와 명예를 보호하는 정도 사이에 적정한 비례를 유지하고 있는가의 관점에서 심사한다.

 헌법 제10조로부터 도출되는 일반적 인격권에는 개인의 명예에 관한 권리도 포함된다(헌재 2005.10.27. 2002헌마425). 심판대상조항이 공연히 타인을 모욕한 경우에 이를 처벌하는 것은 위와 같이 헌법 제10조에 의하여 보장되는 외부적 명예를 보호하기 위함이다. 그와 반면에 심판대상조항은 표현의 자유를 제한하고 있으므로 결국 심판대상조항에 의하여 명예권과 표현의 자유라는 두 기본권이 충돌하게 된다. 이와 같이 두 기본권이 충돌하는 경우 헌법의 통일성을 유지하기 위하여 상충하는 기본권 모두 최대한으로 그 기능과 효력을 발휘할 수 있도록 조화로운 방법이 모색되어야 할 것이고, 결국은 과잉금지원칙에 따라서 심판대상조항의 목적이 정당한 것인가, 그러한 목적을 달성하기 위하여 마련된 수단이 표현의 자유를 제한하는 정도와 명예를 보호하는 정도 사이에 적정한 비례를 유지하고 있는가의 관점에서 심사하기로 한다(헌재 2013.06.27. 2012헌바37).

정답 O

12년(2)·19년(3) 모의

57. 헌법재판소는 노동조합 및 노동관계조정법 제81조 제2호 단서에서 정하고 있는 Union Shop(조직강제) 협정에 대하여 판단하면서, 개인적 단결권과 집단적 단결권이 충돌하는 경우 기본권의 서열이론이나 법익형량의 원리에 입각하여 어느 기본권이 더 상위기본권이라고 단정할 수 없다고 하였다.

해설 이 사건 법률조항은 앞서 본 바와 같이 특정한 노동조합의 가입을 강제하는 단체협약의 체결을 용인하고 있으므로 근로자의 개인적 단결권(단결선택권)과 노동조합의 집단적 단결권(조직강제권)이 동일한 장에서 서로 충돌한다. 이와 같이 개인적 단결권과 집단적 단결권이 충돌하는 경우 기본권의 서열이론이나 법익형량의 원리에 입각하여 어느 기본권이 더 상위기본권이라고 단정할 수는 없다. 왜냐하면 개인적 단결권은 헌법상 단결권의 기초이자 집단적 단결권의 전제가 되는 반면에, 집단적 단결권은 개인적 단결권을 바탕으로 조직·강화된 단결체를 통하여 사용자와 사이에 실질적으로 대등한 관계를 유지하기 위하여 필수불가결한 것이기 때문이다(헌재 2005.11.24. 2002헌바95).

정답 ○

18년(3) 모의

58. 정기간행물의 보도에 의하여 인격권 등의 침해를 받은 피해자가 반론의 게재를 요구할 수 있는 권리인 정정보도청구권을 규율하고 있는 「정기간행물 등록에 관한 법률」 규정에 대한 헌법소원사건에서 언론의 자유와 인격권이 서로 충돌할 경우 법익형량을 통해 인격권의 우위를 인정한 바 있다.

해설 두 기본권이 서로 충돌하는 경우에는 헌법의 통일성을 유지하기 위하여 상충하는 기본권 모두가 최대한으로 그 기능과 효력을 나타낼 수 있도록 하는 조화로운 방법이 모색되어야 할 것이고, 결국은 이 법에 규정된 정정보도청구제도가 과잉금지의 원칙에 따라 그 목적이 정당한 것인가 그러한 목적을 달성하기 위하여 마련된 수단 또한 언론의 자유를 제한하는 정도가 인격권과의 사이에 적정한 비례를 유지하는 것인가의 여부가 문제된다 할 것이다. … 현행 정정보도청구권제도는 언론의 자유와는 비록 서로 충돌되는 면이 없지 아니하나 전체적으로 상충되는 기본권 사이에 합리적 조화를 이루고 있으므로 정기간행물의등록등에관한법률 제16조 제3항, 제19조 제3항은 결코 평등의 원칙에 반하지 아니하고, 언론의 자유의 본질적 내용을 침해하거나 언론기관의 재판청구권을 부당히 침해하는 것으로 볼 수 없어 헌법에 위반되지 아니한다(헌재 1991.09.16. 89헌마165).

정답 ×

18년(3) 모의

59. 서울대학교가 입시요강에서 일본어를 제2외국어 선택과목에서 제외하자 고등학교 1·2학년 학생들이 헌법소원심판을 청구한 사건에서 서울대학교의 대학의 자율성이라는 기본권 행사로 청구인은 반사적 불이익을 받는 데 그친다고 하여 기각한 바 있다.

해설 고등학교에서 일본어을 선택하여 공부한 학생이 다른 제2외국어을 선택한 학생에 비하여 입시경쟁에서 불리한 입장에 놓이는 것은 사실이나 이러한 불이익은 서울대학교가 헌법 제22조 제1항

소정의 학문의 자유와 헌법 제31조 제4항 소정의 대학의 자율권이라고 하는 기본권의 주체로서 자신의 주체적인 학문적 가치판단에 따른, 법률이 허용하는 범위내에서의 적법한 자율권행사의 결과 초래된 반사적 불이익이어서 부득이하다. 서울대학교가 일본어를 선택과목에서 뺀 대신 고등학교 교육과정의 필수과목을 모든 고등학교에서 가르치고 있는 한문을 다른 외국어와 함께 선택과목으로 채택하였을 뿐더러, 위 입시요강을 적어도 2년간의 준비기간을 두고 발표함으로써 고등학교에서 일본어를 배우고 있는 1·2학년 학생들로 하여금 그다지 지장이 없도록 배려까지 하고 있으므로, 그들이 갖는 교육의 기회균등이 침해되었다고 말할 수 없다(헌재 1992.10.02. 92헌마68).

정답 O

17년(3) 모의

60. 친양자 입양은 친생부모의 기본권과 친양자가 될 자의 기본권이 서로 대립·충돌하는 관계라고 할 수 있고, 이들 기본권은 공히 가족생활에 대한 기본권으로서 그 서열이나 법익의 형량을 통하여 어느 한쪽의 기본권을 일방적으로 우선시키고 다른 쪽을 후퇴시키는 것은 부적절하다.

해설 이들 기본권은 공히 가족생활에 대한 기본권으로서 그 서열이나 법익의 형량을 통하여 어느 한쪽의 기본권을 일방적으로 우선시키고 다른 쪽을 후퇴시키는 것은 부적절하다. 이와 같이 기본권이 서로 충돌하는 경우에는 헌법의 통일성을 유지하기 위하여 상충하는 기본권 모두가 최대한 그 기능과 효력을 나타낼 수 있도록 하는 조화로운 방법이 모색되어야 할 것이므로, 이 사건 법률조항이 헌법에 합치하는지 여부는 결국 입법 당시의 환경을 고려한 다음 과잉금지의 원칙에 따라 ① 그 동의를 요하도록 한 입법목적이 정당한 것인가, ② 그로 인한 친양자로 될 자의 기본권 제한의 정도에 있어 적정한 비례관계가 유지되고 있는가를 종합하여 판단되어야 할 것이다(헌재 2012.05.31. 2010헌바87).

정답 O

제6절 기본권의 제한과 그 한계

제❶항 | 헌법유보에 의한 기본권의 제한
제❷항 | 법률유보에 의한 기본권의 제한

I 명확성의 원칙

21년(3) 모의

61. '법관이 그 품위를 손상하거나 법원의 위신을 실추시킨 경우'를 법관에 대한 징계사유로 규정하고 있는 구 「법관징계법」 제2조 제2호는 명확성의 원칙에 위배된다.

해설 구 법관징계법 제2조 제2호가 '품위 손상', '위신 실추'와 같은 추상적인 용어를 사용하고 있기는 하나, 수범자인 법관이 구체적으로 어떠한 행위가 이에 해당하는지를 충분히 예측할 수 없을 정도로 그 적용범위가 모호하다거나 불분명하다고 할 수 없고, 법관이 사법부 내부 혁신 등을 위한 표현행위를 하였다는 것 자체가 위 법률조항의 징계사유가 되는 것이 아니라, 표현행위가 이루어진 시기와 장소, 표현의 내용 및 방법, 행위의 상대방 등 제반 사정을 종합하여 볼 때 법관으로서의 품위를 손상하거나 법원의 위신을 실추시킨 행위에 해당하는 경우에 한하여 징계사유가 되는 것이므로, 구 법관징계법 제2조 제2호는 그 적용범위가 지나치게 광범위하거나 포괄적이어서 법관의 표현의 자유를 과도하게 제한한다고 볼 수 없어 과잉금지원칙에 위배되지 아니한다(헌재 2012.02.23. 2009헌바34).

정답 ✕

22년(2) 모의

62. 「도로교통법」(2018. 3. 27. 법률 제15530호로 개정된 것)
제44조(술에 취한 상태에서의 운전 금지) ① 누구든지 술에 취한 상태에서 자동차등, 노면전차 또는 자전거를 운전하여서는 아니 된다.

제148조의2(벌칙) ① 제44조 제1항 또는 제2항을 2회 이상 "위반한" 사람(자동차등 또는 노면전차를 운전한 사람으로 한정한다)은 2년 이상 5년 이하의 징역이나 1천만 원 이상 2천만 원 이하의 벌금에 처한다.

甲은 위 재판 계속 중 2회 이상 음주운전을 가중처벌하는 구 「도로교통법」제148조의2 제1항에 대하여 위헌법률심판제청신청을 하였다. 심판대상조항 중 '위반'은 그 위반사실에 대하여 형의 선고나 유죄의 확정판결이 있어야 하는 것을 의미하는지가 불분명하므로 죄형법정주의의 명확성 원칙에 위반된다.

해설 심판대상조항의 문언, 입법목적과 연혁, 관련 규정과의 관계 및 법원의 해석 등을 종합하여 볼 때, 심판대상조항에서 '제44조 제1항을 2회 이상 위반한 사람'이란 '2006. 6. 1. 이후 도로교통법 제44조 제1항을 위반하여 술에 취한 상태에서 운전을 하였던 사실이 인정되는 사람으로서, 다시 같은 조 제1항을 위반하여 술에 취한 상태에서 운전한 사람'을 의미함을 충분히 알 수 있으므로, 심판대상조항은 죄형법정주의의 명확성원칙에 위배된다고 할 수 없다(헌재 2021.11.25. 2019헌바446).

21년(2) · 22년(1) · 23년(2) 모의

63. (1) 형사처벌에 관련되는 주요사항을 특수법인의 자치규범인 정관에 위임하는 것은 헌법이 위임입법의 형식으로 인정하고 있지 않은 형식에 해당하고, 사실상 그 정관 작성권자에게 처벌법규의 내용을 형성할 권한을 준 것이나 다름없으므로, 죄형법정주의에 비추어 허용되기 어렵다.

(2) 중소기업중앙회 임원 선거와 관련하여 누구든지 '정관으로 정하는' 선전 벽보의 부착, 선거 공보와 인쇄물의 배부 및 합동연설회 또는 공개토론회 개최 외의 행위를 한 경우 이를 처벌하도록 규정한 구 「중소기업협동조합법」 조항은 수범자인 일반 국민이 허용되거나 금지되는 선거운동이 구체적으로 무엇인지를 예측할 수 있으므로 죄형법정주의의 명확성원칙에 위배되지 않는다.

해설 중소기업중앙회 임원 선거와 관련하여 누구든지 '정관으로 정하는' 선전 벽보의 부착, 선거 공보와 인쇄물의 배부 및 합동 연설회 또는 공개 토론회 개최 외의 행위를 한 경우 이를 처벌하도록 규정한 구 중소기업협동조합법 … 이 사건 선거운동제한조항의 구성요건에 해당하는 중소기업협동조합법 제53조 제5항 중 '정관으로 정하는' 부분이 수식하는 범위가 불명확하여 그 의미가 여러 가지로 해석될 가능성이 있어, 위 규정만으로는 선거운동이 어느 범위에서 금지되는지에 관하여 구체적으로 알 수 없을 뿐만 아니라, 임원 선거의 과열 방지 및 선거의 공정성 확보라는 심판대상조항의 입법목적이나 입법취지, 입법연혁, 관련 법규범의 체계적 구조 등을 모두 종합하여도 이 사건 선거운동제한조항의 의미를 합리적으로 파악할 수 있는 해석기준을 얻기 어렵다. 나아가 이 사건 선거운동제한조항은 중앙회의 정회원뿐만 아니라 정관 내용에 대한 인식 또는 숙지를 기대하기 곤란한 일반 국민까지 그 수범자에 포함시키고 있는데, 이 사건 선거운동제한조항만으로는 수범자인 일반 국민이 허용되거나 금지되는 선거운동이 구체적으로 무엇인지를 예측하기 어렵다. 결국 이 사건 선거운동제한조항은 죄형법정주의의 명확성원칙에 위배된다(헌재 2016.11.24. 2015헌가29).

 O, X

64. 법규범의 문언은 어느 정도 일반적·규범적 개념을 사용하지 않을 수 없기 때문에 기본적으로 최대한이 아닌 최소한의 명확성을 요구하는 것으로서, 법문언이 법관의 보충적인 가치판단을 통해서 그 의미내용을 확인할 수 있고, 그러한 보충적 해석이 해석자의 개인적인 취향에 따라 좌우될 가능성이 없다면 명확성원칙에 반한다고 할 수 없다.

해설 법규범의 문언은 어느 정도 일반적·규범적 개념을 사용하지 않을 수 없기 때문에 기본적으로 최대한이 아닌 최소한의 명확성을 요구하는 것으로서, 법문언이 법관의 보충적인 가치판단을 통해서 그 의미내용을 확인할 수 있고, 그러한 보충적 해석이 해석자의 개인적인 취향에 따라 좌우될 가능성이 없다면 명확성원칙에 반한다고 할 수 없다(헌재 2010.06.24. 2007헌바101).

 O

20년(2) 모의

65. 수범자에 대한 행위규범으로서의 법령이 명확하여야 한다는 것은 일반 국민 누구나 그 뜻을 명확히 알게 하여야 한다는 것을 의미하므로, 일정한 신분이나 직업을 가진 사람들에게만 적용되는 법령의 경우에도 그 사람들 중의 평균인이 아니라 사회의 평균인을 기준으로 하여 판단하여야 한다.

해설 수범자에 대한 행위규범으로서의 법령이 명확하여야 한다는 것은 일반 국민 누구나 그 뜻을 명확히 알게 하여야 한다는 것을 의미하지는 않고, 사회의 평균인이 그 뜻을 이해하고 위반에 대한 위험을 고지받을 수 있을 정도면 충분하며, 일정한 신분 내지 직업 또는 지역에 거주하는 사람들에게만 적용되는 법령의 경우에는 그 사람들 중의 평균인을 기준으로 하여 판단하여야 한다(헌재 2012.02.23. 2009헌바34).

 X

66. '여러 사람의 눈에 뜨이는 곳에서 공공연하게 알몸을 지나치게 내놓거나 가려야 할 곳을 내놓아 다른 사람에게 부끄러운 느낌이나 불쾌감을 준 사람'을 처벌하는 「경범죄 처벌법」 조항은 구성요건의 내용을 불명확하게 규정하여 명확성원칙에 위배된다.

> **해설** 심판대상조항은 알몸을 '지나치게 내놓는' 것이 무엇인지 그 판단 기준을 제시하지 않아 무엇이 지나친 알몸노출행위인지 판단하기 쉽지 않고, '가려야 할 곳'의 의미도 알기 어렵다. 심판대상조항 중 '부끄러운 느낌이나 불쾌감'은 사람마다 달리 평가될 수밖에 없고, 노출되었을 때 부끄러운 느낌이나 불쾌감을 주는 신체부위도 사람마다 달라 '부끄러운 느낌이나 불쾌감'을 통하여 '지나치게'와 '가려야 할 곳' 의미를 확정하기도 곤란하다. … 심판대상조항의 불명확성을 해소하기 위해 노출이 허용되지 않는 신체부위를 예시적으로 열거하거나 구체적으로 특정하여 분명하게 규정하는 것이 입법기술상 불가능하거나 현저히 곤란하지도 않다. 예컨대 이른바 '바바리맨'의 성기노출행위를 규제할 필요가 있다면 노출이 금지되는 신체부위를 '성기'로 명확히 특정하면 될 것이다. 따라서 심판대상조항은 죄형법정주의 명확성원칙에 위배된다(헌재 2016.11.24. 2016헌가3).

정답 ○

67. 「민주화운동 관련자 명예회복 및 보상 등에 관한 법률」에 따른 보상금 등의 지급결정에 신청인이 동의한 때에는 민주화운동과 관련하여 입은 피해에 대하여 「민사소송법」에 따른 재판상 화해가 성립된 것으로 간주하는 경우, '민주화운동과 관련하여 입은 피해'의 의미를 합리적으로 파악할 수 있으므로 명확성원칙에 위배되지 않는다.

> **해설** 민주화보상법의 입법취지, 관련 규정의 내용, 신청인이 작성·제출하는 동의 및 청구서의 기재내용 등을 종합하면, 심판대상조항의 '민주화운동과 관련하여 입은 피해'란 공무원의 직무상 불법행위로 인한 정신적 손해를 포함하여 그가 보상금 등을 지급받은 민주화운동과 관련하여 입은 피해 일체를 의미하는 것으로 합리적으로 파악할 수 있다. 따라서 심판대상조항은 명확성원칙에 위반되지 아니한다(헌재 2018.08.30. 2014헌바180). ▶명확성원칙에 위배되지 않고 재판청구권을 침해하지 않는다고 보았으나, 심판대상조항 중 정신적 손해에 관한 부분은 관련자와 유족의 국가배상청구권을 침해한다고 판시

정답 ○

68. 「아동·청소년의 성보호에 관한 법률」에서 성인대상 성범죄로 형 또는 치료감호를 선고받아 확정된 자의 취업을 제한하는 경우, '성인대상 성범죄' 부분은 그 의미를 파악하는 데 어려움이 없으므로 명확성원칙에 위배되지 않는다.

> **해설** "성인대상 성범죄"는 그 문언에 비추어 성인 피해자를 범죄대상으로 한 성에 관련된 범죄로서 타인의 성적 자기결정권을 침해하여 가해지는 위법행위 혹은 성인이 연루되어 있는 사회의 건전한 성풍속을 침해하는 위법행위를 일컫는 것으로 보이고, 이러한 범죄들 중에서도 이 사건 법률조항의 입법목적에 비추어, 의료기관 취업을 제한할 필요가 있는 범죄로 해석된다. 또한, 청소년성보호법에

이미 규정된 "아동·청소년대상 성범죄"의 내용들을 살펴봄으로써 "성인대상 성범죄"의 내용도 "아동·청소년대상 성범죄"와 유사하게 규율될 것임을 어느 정도 예상할 수 있고, 성범죄를 예방하고 피해자를 보호한다는 측면에서 청소년성보호법과 긴밀한 법적 연관성이 있는 '성폭력범죄의 처벌 등에 관한 특례법'의 내용들도 "성인대상 성범죄"의 내용을 파악하는 데에 도움이 된다. 이상의 내용을 종합하면 "성인대상 성범죄" 부분은 불명확하다고 볼 수 없어 헌법상 명확성원칙에 위배되지 않는다(헌재 2016.03.31. 2013헌마585).

16년(1) 모의

69. 甲은 치과의사전문의로서 치과의원을 운영하는 자이다. 甲은 전문과목을 표시한 치과의원으로 하여금 그 표시한 전문과목에 해당하는 환자만을 진료하도록 하는 의료법 조항이 치과의원을 개설·운영하는 자신의 기본권을 침해한다고 주장하면서 헌법소원심판을 청구하였다. 심판대상조항은 전문과목이라는 용어를 사용하고 있는데, 이는 일반인이 어떠한 전문과목이 있는지 알 수 없고, 전문과목 간의 차이를 예측할 수 없으므로 명확성의 원칙에 위배된다.

해설 치과전문의가 되기 위해서는 치과의사 면허를 받은 자가 치과전공의 수련과정을 거쳐 치과전문의 자격시험에 합격해야 하므로, 심판대상조항의 수범자인 치과전문의는 각 전문과목의 진료내용과 진료영역 및 전문과목 간의 차이점 등을 알 수 있다. 따라서 심판대상조항은 명확성원칙에 위배되어 직업수행의 자유를 침해한다고 볼 수 없다(헌재 2015.05.28. 2013헌마799).

15년(2) 모의

70. 사용자는 근로자의 연장·야간·휴일 근로에 대하여는 통상임금의 50% 이상을 가산하여 지급해야 한다는 「근로기준법」 조항의 '통상임금' 부분은 그 법률조항만으로는 통상임금의 개념, 내용과 범위 등을 알 수 없어서 어떤 급여나 임금항목을 기준으로 연장·야간·휴일 근로에 대한 가산임금을 산정해야 하는지 전혀 알 수 없으므로 명확성원칙에 위배된다.

해설 사용자는 근로자의 연장·야간·휴일 근로에 대하여는 통상임금의 50% 이상을 가산하여 지급해야 한다는 심판대상조항들의 입법취지, 법정근로시간 내에서 소정근로시간을 근로계약을 통해 미리 정하도록 하고 근로의 대가로 지급하는 금품은 명칭과 관계없이 임금에 해당한다고 정한 근로기준법 제2조 등을 종합적으로 고려할 때, 통상임금은 근로자가 소정근로시간에 통상적으로 제공하기로 정한 근로에 대하여 사용자가 지급하기로 예정한 일체의 금품을 의미하며, 근로자가 사용자에게 소정근로 외에 추가적인 근로를 제공하지 않고도 정기적이고 일률적으로 지급받을 수 있는 것을 의미함을 알 수 있다. 나아가 법원이 통상임금의 개념적 징표로 '정기성', '일률성', '고정성'이라는 비교적 일관된 판단 기준을 제시하고 있어, 법관의 보충적 해석을 통하여 무엇이 통상임금에 해당하는지에 관하여 합리적 해석 기준을 얻을 수 있으므로, 심판대상조항은 명확성원칙에 위반되지 않는다(헌재 2014.08.28. 2013헌바172).

71. 죄형법정주의가 지배되는 형사 관련 법률에서는 명확성의 정도가 강화되어 더 엄격한 기준이 적용되나, 일반적인 법률에서는 명확성의 정도가 그리 강하게 요구되지 않기 때문에 상대적으로 완화된 기준이 적용된다.

> 해설 어떠한 규정이 부담적 성격을 가지는 경우에는 수익적 성격을 가지는 경우에 비하여 명확성의 원칙이 더욱 엄격하게 요구되고, 죄형법정주의가 지배하는 형사관련 법률에서는 명확성의 정도가 강화되어 더 엄격한 기준이 적용되지만, 일반적인 법률에서는 명확성의 정도가 그리 강하게 요구되지 않기 때문에 상대적으로 완화된 기준이 적용된다(헌재 2000.02.24. 98헌바37).

정답

72. 검사에 대한 징계사유 중 하나인 '검사로서의 체면이나 위신을 손상하는 행위를 하였을 때'의 의미는 그 포섭범위가 지나치게 광범위하므로 명확성의 원칙에 반하여 헌법에 위배된다.

> 해설 구 검사징계법 제2조 제3호의 "검사로서의 체면이나 위신을 손상하는 행위"의 의미는, 공직자로서의 검사의 구체적 언행과 그에 대한 검찰 내부의 평가 및 사회 일반의 여론, 그리고 검사의 언행이 사회에 미친 파장 등을 종합적으로 고려하여 구체적인 상황에 따라 건전한 사회통념에 의하여 판단할 수 있으므로 명확성원칙에 위배되지 아니한다(헌재 2011.12.29. 2009헌바282).

정답

73. '전기통신회선을 통하여 일반에게 공개되어 유통되는 정보 중 건전한 통신윤리의 함양을 위하여 필요한 사항'을 심의위원회의 직무로 규정한 「방송통신위원회의 설치 및 운영에 관한 법률」조항 중 '건전한 통신윤리'라는 개념은 전기통신회선을 이용하여 정보를 전달함에 있어 우리 사회가 요구하는 최소한의 질서 또는 도덕률을 의미하고, 정보통신영역의 광범위성과 빠른 변화속도, 그리고 다양하고 가변적인 표현형태를 문자화하기에 어려운 점을 감안할 때, '건전한 통신윤리' 부분이 명확성의 원칙에 반한다고 할 수 없다.

> 해설 이 사건 법률조항 중 '건전한 통신윤리'라는 개념은 다소 추상적이기는 하나, 전기통신회선을 이용하여 정보를 전달함에 있어 우리 사회가 요구하는 최소한의 질서 또는 도덕률을 의미하고, '건전한 통신윤리의 함양을 위하여 필요한 사항으로서 대통령령이 정하는 정보(이하 '불건전정보'라 한다)'란 이러한 질서 또는 도덕률에 저해되는 정보로서 심의 및 시정요구가 필요한 정보를 의미한다고 할 것이며, 정보통신영역의 광범위성과 빠른 변화속도, 그리고 다양하고 가변적인 표현형태를 문자화하기에 어려운 점을 감안할 때, 위와 같은 함축적인 표현은 불가피하다고 할 것이어서, 이 사건 법률조항이 명확성의 원칙에 반한다고 할 수 없다(헌재 2012.02.23. 2011헌가13).

정답

🍊 13년 변시

74. 「친일반민족행위자 재산의 국가귀속에 관한 특별법」조항 중 "독립운동에 적극 참여한 자" 부분은 참여 정도가 판단하는 자에 따라 상이해질 수 있으며, 다른 법규정들과의 체계조화적인 이해 내지 당해 법률의 입법목적과 제정취지에 따른 해석으로 충분히 해소될 수 없고, 건전한 상식과 통상적인 법감정을 가진 사람이라도 그 의미를 충분히 예측할 수 없다고 할 것이므로 명확성원칙에 위배된다.

해설 이 사건 정의조항은 "반민규명법 제2조 제6호 내지 제9호의 행위를 한 자"를 "친일반민족행위자"로 규정하고 있는바 이러한 규정을 불명확하다고 볼 수 없다. 특히 청구인들은 위 네 가지 사유에 해당하더라도 작위를 거부·반납하거나 후에 독립운동에 적극 참여한 자 등으로 이 사건 조사위원회가 결정한 자는 예외로 한다고 규정한 위 정의조항의 단서 중 "독립운동에 적극 참여한 자" 부분이 명확성원칙에 위배된다고 주장하나, 이 부분은 '일제 강점하에서 우리 민족의 독립을 쟁취하려는 운동에 의욕적이고 능동적으로 관여한 자'라는 문언적 의미를 가지는 것으로서 조문구조 및 어의에 비추어 그 의미를 넉넉히 파악할 수 있고, 설령 위 조항에 어느 정도의 애매함이 내포되어 있다 하더라도 이는 다른 규정들과의 체계조화적인 이해 내지 당해 법률의 입법목적과 제정취지에 따른 해석으로 충분히 해소될 수 있으므로, 위 조항의 의미는 명확성의 기준에 어긋난다고 볼 수 없고 적어도 건전한 상식과 통상적인 법감정을 가진 사람으로서는 위 조항의 의미를 대략적으로 예측할 수 있다고 보인다. 따라서 이 사건 정의조항은 법률의 명확성원칙에 위반되지 않는다(헌재 2011.03.31. 2008헌바141).

정답

Ⅱ 과잉금지의 원칙

🍊 22년 변시, 14년(1)·(2)·18년(1)·20년(1) 모의

75. 체계정당성의 원리는 국가권력에 대한 통제와 이를 통한 국민의 자유와 권리의 보장을 이념으로 하는 법치주의 원리로부터 도출되는데, 이러한 체계정당성 위반은 비례의 원칙이나 평등의 원칙 등 일정한 헌법의 규정이나 원칙을 위반하여야만 비로소 위헌이 된다.

해설 … 그러나 일반적으로 일정한 공권력작용이 체계정당성 원리를 위반한다 해서 곧 위헌이 되는 것은 아니고, 그것이 위헌이 되기 위해서는 결과적으로 비례의 원칙이나 평등의 원칙 등 일정한 헌법의 규정이나 원칙을 위반하여야 한다(헌재 2015.07.30. 2013헌바120).

정답

20년(1) 모의

76. 체계정당성의 원리는 동일 규범 내에서 또는 상이한 규범 간에 (수평적 관계이건 수직적 관계이건) 그 규범의 구조나 내용 또는 규범의 근거가 되는 원칙 면에서 상호 배치되거나 모순되어서는 안 된다는 헌법적 요청이다.

해설 체계정당성의 원리는 동일 규범 내에서 또는 상이한 규범 간에 그 규범의 구조나 내용 또는 규범의 근거가 되는 원칙 면에서 상호 배치되거나 모순되어서는 아니 된다는 하나의 헌법적 요청이다(헌재 2015.07.30. 2013헌바120).

정답 O

20년(1) 모의

77. 규범 상호간의 체계정당성을 요구하는 이유는 입법자의 자의를 금지하여 규범의 명확성, 가능성 및 규범에 대한 신뢰와 법적 안정성을 확보하기 위한 것이고, 이는 국가공권력에 대한 통제와 이를 통한 국민의 자유와 권리의 보장을 이념으로 하는 법치주의원리로부터 도출되는 것이다.

해설 … 이처럼 규범 상호간의 체계정당성을 요구하는 이유는 입법자의 자의를 금지하여 규범의 명확성, 예측가능성 및 규범에 대한 신뢰와 법적 안정성을 확보하기 위한 것이고, 이는 국가공권력에 대한 통제와 이를 통한 국민의 자유와 권리의 보장을 이념으로 하는 법치주의원리로부터 도출되는 것이라고 할 수 있다(헌재 2015.07.30. 2013헌바120).

 정답 O

20년(1) 모의

78. 입법의 체계정당성 위반과 관련하여 그러한 위반을 허용할 공익적인 사유가 존재한다면 그 위반은 정당화될 수 있어서 입법상의 자의금지원칙을 위반한 것이라고 볼 수 없다.

해설 … 또한 입법의 체계정당성 원리의 위반과 관련하여 그러한 위반을 허용할 공익적인 사유가 존재한다면 그 위반은 정당화될 수 있으며, 따라서 입법상의 자의금지원칙을 위반한 것이라고 볼 수 없다(헌재 2015.07.30. 2013헌바120).

 정답 O

20년(1) 모의

79. 체계정당성의 위반을 정당화할 합리적인 사유의 존재에 대하여는 입법의 재량이 어느 정도 인정되는데, 입법의 재량이 현저히 한계를 일탈한 것이 아닌 한 위헌의 문제는 생기지 않는다.

해설 … 나아가 체계정당성 원리의 위반을 정당화할 합리적인 사유의 존재에 대하여는 입법의 재량이 인정되어야 한다. 다양한 입법의 수단 가운데서 어느 것을 선택할 것인가 하는 것은 원래 입법의 재량에 속하기 때문이다. 그러므로 이러한 점에 관한 입법의 재량이 현저히 한계를 일탈한 것이 아닌 한, 위헌의 문제는 생기지 아니한다(헌재 2015.07.30. 2013헌바120).

 정답 O

23년(1) 모의

80. 노역장유치조항은 1억 원 이상의 벌금형을 규정한 특별법상 범죄들에 대하여 주로 적용되는데, 특별법상 범죄들의 노역장유치기간의 하한을 「형법」에서 규정한 것은 체계정당성에 위반되므로 비례원칙 등 헌법의 규정이나 원칙 위반 여부와 관계없이 그 자체로 헌법에 위반된다.

해설 청구인들은 노역장유치조항이 책임주의원칙에 반한다고 주장하나 이 부분 주장은 과잉금지원칙 위반 주장과 다르지 않고, 특별법이 아닌 형법에 노역장유치조항을 둔 것은 체계정당성에 위반된다고 주장하나 체계정당성에 위반된다고 해서 곧 위헌이 되는 것은 아니며 비례원칙 등 헌법의 규정이나 원칙을 위반하여야 하므로 이 부분 주장 역시 과잉금지원칙 위반 여부에 대한 판단으로 족하다. (헌재 2017.10.26. 2015헌바239).

정답 ×

20년(1) 모의

81. 개별적 자유권에 의하여 보호되는 영역에서 자기책임원리가 문제되는 경우, 보충적 자유권인 일반적 행동자유권을 근거로 하는 자기결정권에서 파생된 자기책임원리가 아니라 구체적으로 제한되는 생활영역에서 자기결정권을 보장하는 개별자유권의 제한 여부에 대한 과잉금지원칙에 따른 심사를 하여야 한다.

해설 개별자유권에 의하여 보호되는 영역에서 자기책임원리가 문제되는 경우에는, 보충적 자유권인 일반적 행동자유권을 근거로 하는 자기결정권에서 파생된 자기책임원리가 아니라, 구체적으로 제한되는 생활영역에서 자기결정권을 보장하는 개별자유권의 제한 여부에 대한 과잉금지원칙에 따른 심사를 하여야 한다(헌재 2016.12.29. 2015헌바198).

정답 ○

18년(1) 모의

82. 변호사, 공인회계사 등의 직무와 관련된 수재행위는 직접적인 이해관계 당사자에게만 영향을 미치는 반면, 금융기관 임·직원의 직무와 관련된 수재행위는 그 경제적 파급력 및 사회전반에 미치는 영향이 매우 크다는 점에서 후자를 보다 중하게 처벌하더라도 체계정당성의 원리에 반하지 않는다.

해설 변호사, 파산관재인, 공인회계사 등의 경우에도 공적 역할을 수행하고 있고, 그들의 직무관련 금품수수 등 행위에 대한 형사처벌 정도가 금융기관 임·직원에 비하여 낮을 뿐 아니라 이 사건 법률조항과 같은 가중처벌 규정을 두고 있지 않은 것은 사실이다. 그러나 변호사 등은 전문직 종사자로서 자신이 담당하고 있는 전문영역에서의 공정성을 해하는 행위를 함으로써 직접적인 이해관계 당사자에게 영향을 미치는 반면, 금융기관 임·직원의 경우에는 금융기관의 공공성이 무너지는 경우 그 경제적 파급력 및 사회전반에 미치는 영향이 매우 커 입법자가 특별히 공무원과 같은 수준의 청렴성을 요구하는 것이므로, 변호사 등의 전문직 종사자보다 중한 형벌로 처벌한다고 하더라도 지나치게 과중하여 형벌체계의 균형성에 반한다고 보기는 어렵다(헌재 2013.07.25. 2011헌바397).

정답 ○

18년(1) 모의

83. 위력으로써 여자 아동·청소년을 간음한 자를 여자 아동·청소년을 강간한 자에 준하여 처벌하는 것은 체계정당성의 원리에 반하지 않는다.

해설 아동·청소년을 위력으로 간음하는 행위는 피해 아동·청소년에게 육체적·정신적으로 극도의 위험을 초래하고 그 가족들에게도 지속적으로 악영향을 미친다는 점에서 불법성이 대단히 크고 죄질 또한 불량하며, 그 행위유형이 다양하기 때문에 강간죄보다 무겁게 처벌하거나 동일하게 처벌하여야 할 필요가 있는 경우도 흔히 있다. 만일 구체적 사안에서 강간죄와 법정형이 동일한 결과 형량에 있어 불합리성이 나타난다면 법관의 구체적 양형을 통해 시정하면 되므로, 이 사건 법률조항이 동법상의 강간죄와 동일하게 처벌하고 있다 하여 형벌의 체계정당성에 반한다고 할 수 없다(헌재 2015.02.26. 2013헌바107).

정답 O

18년(1) 모의

84. 「형법」상 상해치사의 범죄를 야간에 흉기 기타 물건을 휴대하여 범한 경우에 그 법정형이 3년 이상의 유기징역형으로 규정된 점을 고려하면, 「폭력행위 등 처벌에 관한 법률」이 야간에 흉기 기타 위험한 물건을 휴대하여 「형법」상 협박죄를 범한 자를 5년 이상의 유기징역에 처하도록 한 것은 체계정당성의 원리에 반한다.

해설 폭처법 제3조 제2항에 해당하는 범죄와 유사하거나 관련있는 범죄로서 동 조항에 해당하지 아니하는 범죄를 살펴 보면, 예컨대 형법 제259조 제1항의 상해치사의 경우 사람의 사망이라는 엄청난 결과를 초래한 범죄임에도 3년 이상의 유기징역형으로 그 법정형이 규정되어 있다. 그런데, 상해치사의 범죄를 야간에 흉기 기타 물건을 휴대하여 범한 경우에도 그 법정형은 여전히 3년 이상의 유기징역형임을 고려하면, 야간에 흉기 기타 위험한 물건을 휴대하여 형법 제283조 제1항의 협박죄를 범한 자를 5년 이상의 유기징역에 처하도록 규정하고 있는 이 사건 법률조항의 법정형은 형벌의 체계정당성에 어긋난다(헌재 2004.12.16. 2003헌가12).

정답 O

17년(3) 모의

85. 입법자가 임의적 규정으로도 법의 목적을 실현할 수 있는 경우에 구체적 사안의 개별성과 특수성을 고려할 수 있는 가능성을 일체 배제하는 필요적 규정을 둔다면, 이는 피해의 최소성 원칙에 위배되는 것이다.

해설 입법자가 임의적 규정으로도 법의 목적을 실현할 수 있는 경우에 구체적 사안의 개별성과 특수성을 고려할 수 있는 가능성을 일체 배제하는 필요적 규정을 둔다면 이는 비례의 원칙의 한 요소인 "최소침해성의 원칙"에 위배되는바, 기본권침해의 정도가 덜한 임의적 취소제도의 적절한 운용을 통하여 입법목적을 달성하려는 노력은 기울이지 아니한 채 기본권침해의 정도가 한층 큰 필요적 취소제도를 도입한 이 사건 법률조항은 행정편의적 발상으로서 피해최소성의 원칙에 위반된다(헌재 2000.06.01. 99헌가11).

정답 O

23년(3) 모의

86. 생명권에 대한 제한은 곧 생명권의 완전한 박탈을 의미한다 할 것이므로, 사형이 비례의 원칙에 따라서 최소한 동등한 가치가 있는 다른 생명 또는 그에 못지아니한 공공의 이익을 보호하기 위한 불가피성이 충족되는 예외적인 경우에만 적용되는 한, 그것이 비록 생명을 빼앗는 형벌이라 하더라도 헌법 제37조 제2항 단서에 위반되는 것으로 볼 수는 없다.

해설 … 그러나 생명권에 대한 제한은 곧 생명권의 완전한 박탈을 의미한다 할 것이므로, 사형이 비례의 원칙에 따라서 최소한 동등한 가치가 있는 다른 생명 또는 그에 못지 아니한 공공의 이익을 보호하기 위한 불가피성이 충족되는 예외적인 경우에만 적용되는 한, 그것이 비록 생명을 빼앗는 형벌이라 하더라도 헌법 제37조 제2항 단서에 위반되는 것으로 볼 수는 없다 할 것이다(헌재 1996.11.28. 95헌바1(전합)).

정답

12년·15년 변시

87. 헌법 제37조 제2항에 기본권의 제한은 법률로써 가능하도록 규정되어 있는바, 이는 기본권의 제한이 원칙적으로 국회에서 제정한 형식적 의미의 법률에 의해서만 가능하다는 것과, 직접 법률에 의하지 아니하는 예외적인 경우라 하더라도 엄격히 법률에 근거하여야 한다는 것을 의미한다.

해설 헌법 제37조 제2항은 국민의 자유와 권리를 제한하는 근거와 그 제한의 한계를 설정하여 국민의 자유와 권리의 제한은 "법률"로써만 할 수 있다고 규정하고 있는바, 이는 기본권의 제한이 원칙적으로 국회에서 제정한 형식적 의미의 법률에 의해서만 가능하다는 것을 의미하고, 직접 법률에 의하지 아니하는 예외적인 경우라 하더라도 엄격히 법률에 근거하여야 한다는 것을 또한 의미하는데, 기본권을 제한하는 공권력의 행사가 법률에 근거하지 아니하고 있다면, 이는 헌법 제37조 제2항에 위반하여 국민의 기본권을 침해하는 것이다(헌재 2000.12.14. 2000헌마659).

정답

 15년 변시

88. 국가작용에 있어서 선택하는 수단은 목적을 달성함에 있어서 필요하고 효과적이며 상대방에게 최소한의 피해를 줄 때에 한해서 정당성을 가지게 되고 상대방은 그 침해를 감수하게 되는 것인바, 국가작용에 있어서 취해지는 어떠한 조치나 선택된 수단은 그것이 달성하려는 사안의 목적에 적합하여야 함은 물론이고, 그 조치나 수단이 목적달성을 위하여 유일무이한 것이어야 한다.

해설 국가작용에 있어서 취해진 어떠한 조치나 선택된 수단은 그것이 달성하려는 사안의 목적에 적합하여야 함은 당연하지만 그 조치나 수단이 목적달성을 위하여 유일무이한 것일 필요는 없는 것이다. 국가가 어떠한 목적을 달성함에 있어서는 어떠한 조치나 수단 하나만으로서 가능하다고 판단할 경우도 있고 다른 여러가지의 조치나 수단을 병과하여야 가능하다고 판단하는 경우도 있을 수 있으므로 과잉금지의 원칙이라는 것이 목적달성에 필요한 유일의 수단선택을 요건으로 하는 것이라고 할 수는 없는 것이다(헌재 1989.12.22. 88헌가13).

정답 ×

 15년 변시

89. 침해의 최소성의 관점에서, 입법자는 그가 의도하는 공익을 달성하기 위하여 우선 기본권을 보다 적게 제한하는 단계인 기본권 행사의 '방법'에 관한 규제로써 공익을 실현할 수 있는가를 시도하고, 이러한 방법으로는 공익달성이 어렵다고 판단되는 경우에 비로소 그 다음 단계인 기본권 행사의 '여부'에 관한 규제를 선택해야 한다.

 침해의 최소성의 관점에서, 입법자는 그가 의도하는 공익을 달성하기 위하여 우선 기본권을 보다 적게 제한하는 단계인 기본권행사의 '방법'에 관한 규제로써 공익을 실현할 수 있는가를 시도하고 이러한 방법으로는 공익달성이 어렵다고 판단되는 경우에 비로소 그 다음 단계인 기본권행사의 '여부'에 관한 규제를 선택해야 한다(헌재 1998.05.28. 96헌가5).

정답 ○

 12년 변시

90. 과잉금지원칙에서 수단의 적합성의 원칙이 의미하는 수단은 정당한 목적 달성을 위한 최상의 또는 최적의 수단이어야 하는 것은 아니고 목적 달성에 기여하는 것으로 족하다.

 헌법재판소가 방법의 적절성으로 심사하는 내용은 입법자가 선택한 방법이 최적의 것이었는가 하는 것이 아니고, 그 방법이 입법목적 달성에 유효한 수단인가 하는 점에 한정되는 것이다(헌재 2006.06.29. 2002헌바80).

정답 ○

Ⅲ 본질적 내용침해금지

 15년 변시

91. 기본권의 본질적 내용은 만약 이를 제한하는 경우에는 기본권 그 자체가 무의미하여지는 경우에 그 본질적인 요소를 말하는 것으로서, 이는 개별 기본권마다 다를 수 있다.

 기본권을 국가안전보장, 질서유지와 공공복리를 위하여 필요한 경우에는 법률로써 제한할 수 있으나 그 본질적인 내용은 침해할 수 없다(헌법 제37조 제2항). 기본권의 본질적 내용은 만약 이를 제한하는 경우에는 기본권 그 자체가 무의미하여지는 경우에 그 본질적인 요소를 말하는 것으로서, 이는 개별 기본권마다 다를 수 있을 것이다(헌재 1995.04.20. 92헌바29).

정답 ○

92. 자유형은 수형자를 일정한 장소에 구금하여 사회로부터 격리시켜 그 자유를 박탈함과 동시에 그의 교화·갱생을 도모하고자 함에 그 본질이 있으므로, 수형자의 기본권은 특별권력 관계 내에서 인정되는 포괄적 명령권과 징계권에 의하여 개별적 법률의 근거 없이도 제한이 가능하다. 그러나 이러한 경우에도 기본권의 본질적 내용은 침해할 수 없다.

해설 수형자의 기본권 제한에 대한 구체적인 한계는 헌법 제37조 제2항에 따라 법률에 의하여, 구체적인 자유·권리의 내용과 성질, 그 제한의 태양과 정도 등을 교량하여 설정하게 되며, 수용 시설 내의 안전과 질서를 유지하기 위하여 이들 기본권의 일부 제한이 불가피하다 하더라도 그 본질적인 내용을 침해하거나, 목적의 정당성, 방법의 적정성, 피해의 최소성 및 법익의 균형성 등을 의미하는 과잉금지의 원칙에 위배되어서는 안 된다(헌재 2004.12.16. 2002헌마478). ▶ 수형자의 기본권 제한도 법률로써만 가능하다.

정답

제❸항 ┃ 특별권력관계와 기본권의 제한

제7절   기본권의 침해와 구제

93. 「국가인권위원회법」에 따르면 헌법 제10조부터 제39조까지의 규정에서 보장된 인권을 침해당하거나 차별행위를 당한 사람 또는 그 사실을 알고 있는 사람이나 단체는 국가인권위원회에 그 내용을 진정할 수 있다.

해설 헌법 제10조부터 제39조까지의 규정에서 보장된 인권이 아니라 헌법 제10조부터 제22조까지의 규정에서 보장된 인권을 침해당하거나 차별행위를 당한 경우에 한하여 진정할 수 있다(국가인권위원회법 제30조 제1항 참조).

정답

제2장 인간의 존엄과 가치·행복추구권·평등권

제1절 인간의 존엄과 가치·행복추구권

제❶항 | 인간의 존엄과 가치

22년(3) 모의

94. 미결수용자가 가족과 접견하는 것과 마찬가지로 미결수용자의 가족이 미결수용자와 접견하는 것도 인간으로서의 존엄과 가치 및 행복추구권에 포함되는 헌법상의 기본권으로 보장된다.

해설 미결수용자가 가족과 접견하는 것이 헌법 제10조가 보장하고 있는 인간으로서의 존엄과 가치 및 행복추구권 가운데 포함되는 헌법상의 기본권인 것과 마찬가지로 미결수용자의 가족이 미결수용자와 접견하는 것 역시 헌법 제10조가 보장하고 있는 인간으로서의 존엄과 가치 및 행복추구권 가운데 포함되는 헌법상의 기본권이라고 보아야 할 것이다(헌재 2021.11.25. 2018헌마598).

정답

23년(2) 모의

95. 상시 4명 이하의 근로자를 사용하는 사업 또는 사업장에 적용되는 「근로기준법」 조항을 대통령령에서 정하도록 위임하는 것은 근로조건의 기준을 인간의 존엄성을 보장하도록 법률로 정하도록 규정한 헌법 제32조 제3항에 위배된다.

해설 위 주장은 결국 심판대상조항이 구체적인 위임기준을 정하지 않은 채 하위규범인 대통령령에 백지위임함으로써 결과적으로 근로기준법 시행령 제7조 [별표 1]에서 근로기준법 제23조 제1항을 나열하지 않은 등 하위규범의 입법이 불충분하게 이루어졌음을 지적하는 것이다. 청구인도 심판청구서를 통하여 근로기준법 시행령이 법 제23조 제1항을 누락한 점의 위헌을 다투는 것이 아니라 심판대상조항의 위헌을 다투는 점임을 명시하고 있고, 대통령령인 위 시행령 조항에 위헌성이 있더라도 그로 인하여 수권법률 조항인 심판대상조항이 당연히 위헌으로 되는 것은 아니다. 따라서 심판대상조항에 대하여 법률유보원칙과 포괄위임금지원칙 위배 여부로 판단하는 이상 위와 같은 헌법 제11조 제1항의 평등원칙, 근로조건의 기준은 인간의 존엄성을 보장하도록 법률로 정할 것을 규정한 헌법 제32조 제3항 위반 주장은 별도로 판단하지 아니한다(헌재 2019.04.11. 2013헌바112).

정답

23년(2) 모의

96. 입법자가 근로조건의 기준을 정함에 있어 인간의 존엄성을 보장하도록 한 헌법 제32조 제3항에 위반되어서는 안 되므로, 헌법재판소는 근로조건을 정한 법률이 근로의 권리를 침해하는지 여부에 대해서는, 입법 재량의 범위를 벗어난 것인지 여부에 달려 있는 것이 아니라 입법목적과 수단 간의 엄격한 비례관계를 심사하여야 한다.

해설 헌법 제32조 제3항은 "근로조건의 기준은 인간의 존엄성을 보장하도록 법률로 정한다."라고 규정하고 있다. 헌법은 사용자와 근로자가 근로조건에 관하여 자율적으로 결정함을 원칙으로 하면서, 입법자로 하여금 근로자의 인간존엄성 보장을 위한 근로조건의 최저한을 규율하도록 하고 있는 것이다. 따라서 입법자가 인간존엄성을 보장하기 위하여 어떠한 수준의 근로조건을 규정해야 하는지에 관하여는 입법형성권을 가지고 있으나, 입법자가 퇴직급여제도의 설정 및 운영에 필요한 사항을 정함에 있어 퇴직으로부터 근로자를 보호할 의무를 전혀 이행하지 아니하거나 그 내용이 현저히 불합리하여 헌법상 용인될 수 있는 재량의 범위를 벗어난 것이라면 이는 헌법 제32조 제3항을 위반하여 근로의 권리를 침해하는 것으로 보아야 한다(헌재 2021.11.25. 2015헌바334, 2018헌바42(병합,전합)).

정답

20년(2) 모의

97. 특정 범죄에 대한 형벌이 그 자체로는 책임과 형벌 간의 비례원칙에 위배되지 않더라도, 죄질과 보호법익이 유사한 범죄에 대한 형벌과 비교할 때 현저히 형벌체계의 균형성을 잃은 것이 명백한 경우에는, 인간의 존엄성과 가치를 보장하는 헌법의 기본원리에 위배된다.

해설 특정 범죄에 대한 형벌이 그 자체로는 책임과 형벌 간의 비례원칙에 위배되지 않더라도, 죄질과 보호법익이 유사한 범죄에 대한 형벌과 비교할 때 현저히 형벌체계의 균형성을 잃은 것이 명백한 경우에는, 인간의 존엄성과 가치를 보장하는 헌법의 기본원리에 위배될 뿐만 아니라 법의 내용에 있어서도 평등원칙에 반하여 위헌이라 할 수 있다(헌재 2019.07.25. 2018헌가7).

정답

18년(2)·19년(1) 모의

98. 교정시설의 1인당 수용면적이 수형자의 인간으로서의 기본 욕구에 따른 생활조차 어렵게 할 만큼 지나치게 협소하다면, 이는 그 자체로 국가형벌권 행사의 한계를 넘어 수형자의 인간의 존엄과 가치를 침해한다.

해설 수형자가 인간 생존의 기본조건이 박탈된 교정시설에 수용되어 인간의 존엄과 가치를 침해당하였는지 여부를 판단함에 있어서는 1인당 수용면적뿐만 아니라 수형자 수와 수용거실 현황 등 수용시설 전반의 운영 실태와 수용기간, 국가 예산의 문제 등 제반 사정을 종합적으로 고려할 필요가 있다. 그러나 교정시설의 1인당 수용면적이 수형자의 인간으로서의 기본 욕구에 따른 생활조차 어렵게 할 만큼 지나치게 협소하다면, 이는 그 자체로 국가형벌권 행사의 한계를 넘어 수형자의 인간의 존엄과 가치를 침해하는 것이다(헌재 2016.12.29. 2013헌마142).

정답 O

18년(2) 모의

99. 사형제도가 범죄자의 생명권 박탈을 내용으로 한다는 이유만으로 곧바로 인간의 존엄과 가치를 규정한 헌법 제10조에 위배된다고 할 수 없고, 사형제도는 형벌의 경고기능을 무시하고 극악한 범죄를 저지른 자에 대하여 그 중한 불법 정도와 책임에 상응하는 형벌을 부과하는 것으로서 범죄자가 스스로 선택한 잔악무도한 범죄행위의 결과인바, 범죄자를 오로지 사회방위라는 공익 추구를 위한 객체로만 취급함으로써 범죄자의 인간으로서의 존엄과 가치를 침해한 것으로 볼 수 없으며, 사형을 선고하거나 집행하는 법관 및 교도관 등이 인간적 자책감을 가질 수 있다는 이유만으로 사형제도가 법관 및 교도관 등의 인간으로서의 존엄과 가치를 침해하는 위헌적인 형벌제도라고 할 수는 없다.

해설 사형제도에 의하여 달성되는 범죄예방을 통한 무고한 일반국민의 생명 보호 등 중대한 공익의 보호와 정의의 실현 및 사회방위라는 공익은 사형제도로 발생하는 극악한 범죄를 저지른 자의 생명권이라는 사익보다 결코 작다고 볼 수 없을 뿐만 아니라, 다수의 인명을 잔혹하게 살해하는 등의 극악한 범죄에 대하여 한정적으로 부과되는 사형이 그 범죄의 잔혹함에 비하여 과도한 형벌이라고 볼 수 없으므로, 사형제도는 법익균형성원칙에 위배되지 아니한다. 사형제도는 우리 헌법이 적어도 간접적으로나마 인정하고 있는 형벌의 한 종류일 뿐만 아니라, 사형제도가 생명권 제한에 있어서 헌법 제37조 제2항에 의한 헌법적 한계를 일탈하였다고 볼 수 없는 이상, 범죄자의 생명권 박탈을 내용으로 한다는 이유만으로 곧바로 인간의 존엄과 가치를 규정한 헌법 제10조에 위배된다고 할 수 없으며, 사형제도는 형벌의 경고기능을 무시하고 극악한 범죄를 저지른 자에 대하여 그 중한 불법 정도와 책임에 상응하는 형벌을 부과하는 것으로서 범죄자가 스스로 선택한 잔악무도한 범죄행위의 결과인바, 범죄자를 오로지 사회방위라는 공익 추구를 위한 객체로만 취급함으로써 범죄자의 인간으로서의 존엄과 가치를 침해한 것으로 볼 수 없다. 한편 사형을 선고하거나 집행하는 법관 및 교도관 등이 인간적 자책감을 가질 수 있다는 이유만으로 사형제도가 법관 및 교도관 등의 인간으로서의 존엄과 가치를 침해하는 위헌적인 형벌제도라고 할 수는 없다(헌재 2010.02.25. 2008헌가23).

정답

18년(2) 모의

100. 영장에 의하여 디엔에이감식시료의 채취대상자로부터 디엔에이감식시료를 채취할 수 있도록 규정한 「디엔에이신원확인정보의 이용 및 보호에 관한 법률」은 디엔에이채취대상자를 사회방위를 위한 수단, 즉 잠재적 범죄자로만 취급하여 앞으로 발생할지 여부가 불분명한 범죄의 범인을 색출하는 작업에 쓰일 수 있게 하려고 대상자들의 유전적 정체성에 관한 정보라는 극도로 민감한 정보를 채취할 수 있도록 하는 것이므로 개인정보자기결정권은 물론 인간의 존엄권도 침해한다.

해설 이 사건 채취영장조항은 헌법상 영장주의를 구체화한 조항이고, 이 사건 감식, 수록 및 관리조항은 업무 처리에 관한 방식을 규정한 것에 불과하므로, 이들 조항으로 인하여 청구인들의 기본권이 직접 침해되거나, 그 법적 지위에 어떠한 영향이 발생한다고 보기 어려워 기본권 침해의 가능성이 없다(헌재 2014.08.28. 2011헌마28).

정답

18년(2) 모의

101. 금치처분을 받은 수형자에 대한 절대적인 운동의 금지는 징벌의 목적을 고려하더라도 그 수단과 방법에서 필요한 최소한도의 범위를 벗어난 것으로서, 수형자의 헌법 제10조의 인간의 존엄과 가치 및 신체의 안전성이 훼손당하지 아니할 자유를 포함하는 헌법 제12조의 신체의 자유를 침해한다.

해설 실외운동은 구금되어 있는 수형자의 신체적·정신적 건강 유지를 위한 최소한의 기본적 요청이라고 할 수 있는데, 금치 처분을 받은 수형자는 일반 독거 수용자에 비하여 접견, 서신수발, 전화통화, 집필, 작업, 신문·도서열람, 라디오청취, 텔레비전 시청 등이 금지되어 외부세계와의 교통이 단절된 상태에 있게 되며, 환기가 잘 안 되는 1평 남짓한 징벌실에 최장 2개월 동안 수용된다는 점을 고려할 때, 금치 수형자에 대하여 일체의 운동을 금지하는 것은 수형자의 신체적 건강뿐만 아니라 정신적 건강을 해칠 위험성이 현저히 높다. 따라서 금치 처분을 받은 수형자에 대한 절대적인 운동의 금지는 징벌의 목적을 고려하더라도 그 수단과 방법에 있어서 필요한 최소한도의 범위를 벗어난 것으로서, 수형자의 헌법 제10조의 인간의 존엄과 가치 및 신체의 안전성이 훼손당하지 아니할 자유를 포함하는 제12조의 신체의 자유를 침해하는 정도에 이르렀다고 판단된다(헌재 2004.12.16. 2002헌마478).

 정답 O

 16년 변시, 14년(2) 모의

102. 성전환자에 해당함이 명백한 사람에 대해서는 호적의 성별란 기재의 성을 전환된 성에 부합하도록 수정할 수 있도록 허용하는 것이 타당하므로, 성전환자임이 명백한 사람에 대하여 호적정정을 허용하지 않는 것은 인간의 존엄과 가치를 향유할 권리를 온전히 구현할 수 없게 만드는 것이다.

해설 진정한 신분관계가 호적에 기재되어야 한다는 호적의 기본원칙과 아울러 아래에서 보는 여러 사정을 종합하여 보면, 위와 같이 성전환자에 해당함이 명백한 사람에 대하여는 호적정정에 관한 호적법 제120조의 절차에 따라 호적의 성별란 기재의 성을 전환된 성에 부합하도록 수정할 수 있도록 허용함이 상당하다. … 결국 사회통념상 남성으로 평가될 수 있는 성전환자에 해당함이 명백하다고 볼 수 있으므로 신청인에 대한 이 사건 호적정정 및 개명을 허가할 여지가 충분히 있다. 그런데도 원심은 성전환자에 대한 호적정정을 허용할 근거가 없다는 등의 이유로 이 사건 신청을 배척하였는바, 이러한 원심결정에는 헌법과 호적법의 관계규정을 위반하여 재판에 영향을 미친 위법이 있다고 할 것이다(대결 2006.06.22. 2004스42(전합)).

 정답 O

 16년 변시

103. 의사의 면허없이 영리를 목적으로 의료행위를 업으로 행하는 자에게 무기 또는 2년 이상의 징역형과 100만 원 이상 1천만 원 이하의 벌금형을 병과하는 것은, 그 법정형이 가혹하여 인간으로서의 존엄과 가치를 규정한 헌법에 위반되는 것으로 볼 수 없다.

해설 이 사건 법률조항들이 의료인이 아닌 자의 의료행위를 전면적으로 금지한 것은 매우 중대한 헌법적 법익인 국민의 생명권과 건강권을 보호하고 국민의 보건에 관한 국가의 보호의무(헌법 제36조 제3항)를 이행하기 위하여 적합한 조치로서, 위와 같은 중대한 공익이 국민의 기본권을 보다 적게 침해하는 다른 방법으로는 효율적으로 실현될 수 없으므로, 이 사건 법률조항들로 인한 기본권의 제한은 비례의 원칙에 부합하는 것으로서 헌법에 위반된다고 볼 수 없다(헌재 2013.06.27. 2010헌마658).

정답

제❷항 | 행복추구권

21년(1) 모의

104. 공공기관 등의 공문서는 어문규범에 맞추어 한글로 작성하도록 규정한 「국어기본법」 조항은 '공공기관 등이 작성하는 공문서'에 대하여만 적용되고, 일반 국민이 공공기관 등에 접수·제출하기 위하여 작성하는 문서나 일상생활에서 사적 의사소통을 위해 작성되는 문서에는 적용되지 아니하므로 행복추구권을 침해하지 아니한다.

해설 국어기본법 제14조 제2항은 "공공기관 등이 작성하는 공문서의 한글 사용에 관하여 그 밖에 필요한 사항은 대통령령으로 정한다."고 규정하여 위 법 제14조의 공문서 작성방식에 관한 내용이 '공공기관 등이 작성하는 공문서'에 대한 것임을 명확히 하고 있다. … 결국 이 사건 공문서 조항은 '공공기관 등이 작성하는 공문서'에 대하여만 적용되고, 일반 국민이 공공기관 등에 접수·제출하기 위하여 작성하는 문서나 일상생활에서 사적 의사소통을 위해 작성되는 문서에는 적용되지 않는다. 그러므로 이 사건 공문서 조항은 청구인들의 행복추구권을 침해하지 아니한다(헌재 2016.11.24. 2012헌마854).

정답

14년(1)·17년(2)·18년(1)·20년(1) 모의

105. 오늘날 전쟁과 테러 혹은 무력행위로부터 자유로워야 하는 것은 인간의 존엄과 가치를 실현하고 행복을 추구하기 위한 기본전제가 되므로 헌법 제10조와 제37조 제1항에 의하여 평화적 생존권을 인정할 수 있다.

해설 청구인들이 평화적 생존권이란 이름으로 주장하고 있는 평화란 헌법의 이념 내지 목적으로서 추상적인 개념에 지나지 아니하고, 평화적 생존권은 이를 헌법에 열거되지 아니한 기본권으로서 특별히 새롭게 인정할 필요성이 있다거나 그 권리내용이 비교적 명확하여 구체적 권리로서의 실질에 부합한다고 보기 어려워 헌법상 보장된 기본권이라고 할 수 없다(헌재 2009.05.28. 2007헌마369).

▶ 종전에 헌법재판소가 '평화적 생존권을 헌법 제10조와 제37조 제1항에 의하여 인정된 기본권으로서 침략전쟁에 강제되지 않고 평화적 생존을 할 수 있도록 국가에 요청할 수 있는 권리'라고 판시(헌재 2003.02.23. 2005헌마268)한 결정은 저촉되는 범위 내에서 변경됨

정답

15년(2)·20년(2) 모의

106. 행복추구권은 국민이 행복을 추구하기 위한 활동을 국가권력의 간섭없이 자유롭게 할 수 있는 자유권이며, 국민이 행복을 추구하기 위하여 필요한 급부를 국가에게 적극적으로 요구할 수 있는 것을 내용으로 하는 권리이다.

 헌법 제10조의 행복추구권은 국민이 행복을 추구하기 위한 활동에 대한 국가권력의 간섭을 배제하는 내용의 포괄적인 의미의 자유권으로서의 성격을 가질 뿐, 국민이 행복을 추구하기 위하여 필요한 급부를 국가에 대하여 적극적으로 요구할 수 있음을 내용으로 하는 것이 아니다(헌재 2014.03.27. 2012헌바192).

정답 ×

제❸항 ❘ 일반적 행동자유권

22년 변시

107. 자동차 운전 중 휴대용 전화를 사용하는 것을 금지하고, 이를 위반 시 처벌하도록 규정한 것은 운전자의 일반적 행동자유권을 침해하는 것이다.

 … 이 사건 법률조항의 입법목적은 운전 중 휴대용 전화의 사용으로 인한 교통사고 발생의 위험을 줄여 국민의 생명과 안전, 재산을 보호하고자 하는 것으로서 그 입법목적의 정당성이 인정된다. … 또한 운전 중 휴대용 전화의 사용을 금지하고 위반할 경우 형사 처벌하는 것은 위와 같은 입법목적을 달성하는 데 기여하므로 수단의 적합성도 인정된다. … 한편, 자동차 운전 중 휴대용 전화 사용 행위로 인하여 생명·신체·재산에 대한 위험성이 크게 증대되는데, 운전 중 휴대전화 사용으로 단속된 건수 및 그로 인한 교통사고 발생 추세에 비추어 이러한 위험을 과태료 등 행정질서벌의 제재만으로도 충분히 방지할 수 있다고 단정할 수 없다. 따라서 자동차 운전 중 휴대용 전화 사용 금지에 실질적 강제력을 부여하기 위해 그 위반행위에 대하여 형벌을 부과하도록 규정한 입법자의 판단이 잘못되었다고 보기도 어렵다. 위와 같은 점들을 고려하면, 이 사건 법률조항이 자동차 운전 중 휴대용 전화 사용을 원칙적으로 금지하고 이를 형사처벌로써 강제하는 것이 침해의 최소성 원칙에 위반된다고 할 수 없다. … 이 사건 법률조항으로 인하여 청구인은 운전 중 휴대용 전화 사용의 편익을 누리지 못하고 그 의무에 위반할 경우 20만 원 이하의 벌금이나 구류 또는 과료에 처해질 수 있으나 이러한 부담은 크다고 보기 어렵다. 이에 비하여 운전 중 휴대용 전화 사용 금지로 교통사고의 발생을 줄이면 국민의 생명·신체·재산을 보호할 수 있으므로 이로 인해 달성되는 공익은 중대하다. 따라서 이 사건 법률조항은 법익의 균형성도 갖추었다. … 이 사건 법률조항이 과잉금지원칙에 반하여 일반적 행동자유권을 침해한다고 볼 수 없다(헌재 2021.06.24. 2019헌바5).

정답 ×

22년(3) 모의

108. 전동킥보드의 최고속도를 시속 25km이하로 제한하는 것은 운행자의 신체·생명의 안전성을 보호하기 위한 것으로 전동킥보드를 구입하고자 하는 자의 자기결정권 및 일반적 행동자유권 뿐 아니라 신체의 자유도 제한한다.

해설 심판대상조항은 청구인의 신체의 자유를 제한하는 것은 아니다. 심판대상조항은 위험성을 가진 재화의 제조·판매조건을 제약함으로써 최고속도 제한이 없는 전동킥보드를 구입하여 사용하고자 하는 소비자의 자기결정권 및 일반적 행동자유권을 제한할 뿐이다(헌재 2020.02.27. 2017헌마1339).

정답 ✕

22년 변시

109. 버스전용차로로 통행할 수 있는 차가 아닌 차의 버스전용차로 통행을 원칙적으로 금지하고 대통령령으로 정하는 예외적인 경우에만 이를 허용하도록 규정한 것은 일반승용차 소유자의 일반적 행동자유권의 일환인 통행의 자유를 침해한다.

해설 ⋯ 대통령령으로 정하는 경우를 제외하고는 전용차로로 통행할 수 있는 차가 아닌 차의 전용차로 통행을 금지하며, 이를 위반한 경우 과태료에 처하도록 한 도로교통법 제15조 제3항 및 도로교통법 제160조 제3항 중 제15조 제3항에 관한 부분이 과잉금지원칙에 위반되어 일반적 행동자유권을 침해한다고 볼 수 없다(헌재 2018.11.29. 2017헌바465).

정답 ✕

22년 변시, 23년(1) 모의

110. 거짓이나 그 밖의 부정한 수단으로 운전면허를 받은 경우 모든 범위의 운전면허를 필요적으로 취소하도록 규정하여 부정 취득하지 않은 운전면허까지 필요적으로 취소하도록 한 것은 운전면허 소유자의 일반적 행동의 자유를 침해한다.

해설 ⋯ 거짓이나 그 밖의 부정한 수단으로 운전면허를 받은 경우 모든 범위의 운전면허를 필요적으로 취소하도록 한 구 도로교통법 제93조 제1항 단서, 구 도로교통법 제93조 제1항 단서, 도로교통법 제93조 제1항 단서 중 각 제8호의 심판대상조항 중 '거짓이나 그 밖의 부정한 수단으로 받은 운전면허를 제외한 운전면허'를 필요적으로 취소하도록 한 부분은, 과잉금지원칙에 반하여 일반적 행동의 자유 또는 직업의 자유를 침해한다(헌재 2020.06.25. 2019헌가9).

정답 ○

13년·22년 변시, 22년(3) 모의

111. 일반적 행동자유권은 개인에게 가치있는 행동을 그 보호영역으로 하는 것이므로, 여기에는 위험한 스포츠를 즐길 권리와 같이 위험한 생활방식으로 살아갈 권리가 포함되지 않는다.

해설 ⋯ 일반적 행동자유권은 모든 행위를 할 자유와 행위를 하지 않을 자유로 가치있는 행동만 그 보호영역으로 하는 것은 아닌 것으로, 그 보호영역에는 개인의 생활방식과 취미에 관한 사항도 포함되며, 여기에는 위험한 스포츠를 즐길 권리와 같은 위험한 생활방식으로 살아갈 권리도 포함된다(헌재 2003.10.30. 2002헌마518).

정답 ✕

16년(1)·21년(1) 모의

112. 지역 방언을 자신의 언어로 선택하여 공적 또는 사적인 의사소통과 교육의 수단으로 사용하는 것은 행복추구권에서 파생되는 일반적 행동의 자유 내지 개성의 자유로운 발현의 한 내용이 된다.

해설 언어는 의사소통 수단으로서 다른 동물과 인간을 구별하는 하나의 주요한 특징으로 인식되고, 모든 언어는 지역, 세대, 계층에 따라 각기 상이한 방언을 가지고 있는바, 이들 방언은 이를 공유하는 사람들의 의사소통에 중요한 역할을 담당하며, 방언 가운데 특히 지역 방언은 각 지방의 고유한 역사와 문화 등 정서적 요소를 그 배경으로 하기 때문에 같은 지역주민들 간의 원활한 의사소통 및 정서교류의 기초가 되므로, 이와 같은 지역 방언을 자신의 언어로 선택하여 공적 또는 사적인 의사소통과 교육의 수단으로 사용하는 것은 행복추구권에서 파생되는 일반적 행동의 자유 내지 개성의 자유로운 발현의 한 내용이 된다 할 것이다(헌재 2009.05.28. 2006헌마618).

 정답 ○

13년 변시, 15년(2)·17년(2)·19년(3)·20년(2) 모의

113. 광장에서 여가활동이나 문화활동을 하는 것은 일반적 행동자유권의 보호영역에 포함되지만, 그 광장 주변을 출입하고 통행하는 개인의 행위는 거주이전의 자유로 보장될 뿐 일반적 행동자유권의 내용으로는 보장되지 않는다.

해설 서울광장이 청구인들의 생활형성의 중심지라고 할 수 없을 뿐만 아니라 청구인들이 서울광장에 출입하고 통행하는 행위가 그 장소를 중심으로 생활을 형성해 나가는 행위에 속한다고 볼 수도 없으므로 청구인들이 서울광장을 출입하고 통행하는 자유는 헌법상의 거주·이전의 자유의 보호영역에 속한다고 할 수 없고, 따라서 이 사건 통행제지행위로 인하여 청구인들의 거주·이전의 자유가 제한된다고 할 수는 없다. … 일반 공중에게 개방된 장소인 서울광장을 개별적으로 통행하거나 서울광장에서 여가활동이나 문화활동을 하는 것은 일반적 행동자유권의 내용으로 보장됨에도 불구하고, 피청구인이 이 사건 통행제지행위에 의하여 청구인들의 이와 같은 행위를 할 수 없게 하였으므로 청구인들의 일반적 행동자유권의 침해 여부가 문제된다(헌재 2011.06.30. 2009헌마406).

 정답 ×

20년(1) 모의

114. 일반적 행동자유권의 보호영역에는 개인의 생활방식과 취미에 관한 사항이 포함되므로, 비어업인이 잠수용 스쿠버장비를 사용하여 수산자원을 포획·채취하는 것을 규제하는 것은, 지속적인 소득활동이 아니라 취미나 오락을 위하여 자신이 원하는 방법으로 수산자원을 포획·채취하고자 하는 자의 일반적 행동의 자유를 제한한다.

해설 헌법 제10조의 행복추구권에서 파생되는 일반적 행동자유권의 보호영역에는 개인의 생활방식과 취미에 관한 사항이 포함된다. 이 사건 규칙조항은 비어업인이 잠수용 스쿠버장비를 사용하여 수산자원을 포획·채취하는 것을 규제함으로써, 지속적인 소득활동이 아니라 취미나 오락을 위하여 자

신이 원하는 방법으로 수산자원을 포획·채취하고자 하는 청구인의 일반적 행동의 자유를 제한한다(헌재 2016.10.27. 2013헌마450).

정답 O

20년(1) 모의

115. 일반적 행동자유권은 법적으로 보호가치 있는 행동만 그 보호영역으로 하는 것이므로, 술에 취한 상태로 도로 외의 곳에서 운전하는 것을 금지하고 위반 시 처벌하는 것은 해당 운전자의 일반적 행동의 자유를 제한한다고 볼 수 없다.

해설 일반적 행동자유권은 가치 있는 행동만 그 보호영역으로 하는 것은 아니다. 그 보호영역에는 개인의 생활방식과 취미에 관한 사항도 포함되며, 여기에는 위험한 스포츠를 즐길 권리와 같은 위험한 생활방식으로 살아갈 권리도 포함된다. 그런데 심판대상조항은 술에 취한 상태로 도로 외의 곳에서 운전하는 것을 금지하고 이에 위반했을 때 처벌하도록 하고 있으므로 일반적 행동의 자유를 제한한다(헌재 2016.02.25. 2015헌가11).

정답 X

20년(1) 모의

116. 국가가 국민을 강제로 건강보험에 가입시키고 경제적 능력에 따라 보험료를 납부하도록 하는 것은 행복추구권으로부터 파생하는 일반적 행동의 자유의 하나인 공법상 단체에 강제로 가입하지 아니할 자유를 제한한다.

 국가가 국민을 강제로 건강보험에 가입시키고 경제적 능력에 따라 보험료를 납부하도록 하는 것은 행복추구권으로부터 파생하는 일반적 행동의 자유의 하나인 공법상의 단체에 강제로 가입하지 아니할 자유와 정당한 사유 없는 금전의 납부를 강제당하지 않을 재산권에 대한 제한이 되지만, 이러한 제한은 정당한 국가목적을 달성하기 위하여 부득이한 것이고, 가입강제와 보험료의 차등부과로 인하여 달성되는 공익은 그로 인하여 침해되는 사익에 비하여 월등히 크다고 할 수 있으므로, 위의 조항들이 헌법상의 행복추구권이나 재산권을 침해한다고 볼 수 없다(헌재 2003.10.30. 2000헌마801).

정답 O

19년 변시

117. 기부행위자는 자신의 재산을 사회적 약자나 소외 계층을 위하여 출연함으로써 자기가 속한 사회에 공헌하였다는 행복감과 만족감을 실현할 수 있으므로, 기부행위는 행복추구권과 그로부터 파생되는 일반적 행동자유권에 의해 보호된다.

 타인이나 단체에 대한 기부행위는 공동체의 결속을 도모하고 사회생활에서 개인의 타인과의 연대를 확대하는 기능을 하므로 자본주의와 시장경제의 흠결을 보완하는 의미에서 국가·사회적으로 장려되어야 할 행위이다. 또한 기부행위자 본인은 자신의 재산을 사회적 약자나 소외 계층을 위하여 출연함으로써 자기가 속한 사회에 공헌하였다는 행복감과 만족감을 실현할 수 있으므로, 이는 헌법상 인격의 자유로운 발현을 위하여 필요한 행동을 할 수 있어야 한다는 의미의 행복추구권과 그로부터 파생되는 일반적 행동자유권의 행사로서 당연히 보호되어야 한다(헌재 2014.02.27. 2013헌바106).

정답 O

 19년 변시, 19년(2) 모의

118. 주방용오물분쇄기의 판매와 사용을 금지하는 것은 주방용오물분쇄기를 사용하려는 자의 일반적 행동자유권을 제한하나, 현재로서는 음식물 찌꺼기 등이 바로 하수도로 배출되더라도 이를 적절히 처리할 수 있는 사회적 기반시설이 갖추어져 있다고 보기 어렵다는 점 등을 고려하면 이러한 규제가 사용자의 기본권을 침해한다고 볼 수 없다.

해설 현재로서는 음식물 찌꺼기 등이 하수도로 바로 배출되더라도 이를 적절히 처리할 수 있는 하수도 시설을 갖추는 등 주방용오물분쇄기의 판매와 사용을 허용할 수 있는 사회적 기반시설이 갖추어져 있다고 보기 어렵고, 나아가 환경부는 현행 규제에 대하여 개선 등의 조치를 하기 위해 주방용오물분쇄기 금지 정책의 타당성 검토를 계속하고 있으므로, 이러한 상황에서 주방용오물분쇄기의 판매와 사용이 원칙적으로 금지돼 있다고 하더라도 이를 과도한 규제라고 보기 어렵다. 심판대상조항으로 인하여 하수의 수질 악화를 막아 공공수역의 수질오염을 방지할 수 있으므로 달성되는 공익은 중대하다. 반면 청구인들은 주방용오물분쇄기를 사용하거나 판매하지 못하는 불이익을 받지만, 그 불이익이 감수할 수 없을 정도로 크다고 보기 어렵다. 따라서 심판대상조항으로 인하여 제한되는 사익이 달성되는 공익보다 크다고 할 수 없으므로, 법익의 균형성의 원칙도 충족한다. 따라서 심판대상조항은 과잉금지원칙에 위반하여 청구인들의 일반적 행동자유권, 직업의 자유를 침해하지 않는다(헌재 2018.06.28. 2016헌마1151).

정답 O

18년(2) 모의

119. 마약류 수용자가 소변 채취에 불응할 자유는 일반적 행동의 자유의 보호영역에 속한다.

해설 청구인이 그 주장과 같이 법률상 근거 없이 의무도 없는 소변채취를 강요당하였다면 헌법 제10조의 인간의 존엄과 가치 및 행복추구권에 의하여 보장되는 일반적인 행동의 자유권[하기 싫은 일(소변을 받아 제출하는 일)을 하지 않을 자유, 자기 신체상태나 정보에 대하여 외부에 알리지 않을 자유]과 헌법 제12조에 의하여 보장되는 신체의 자유의 침해 여부가 문제가 된다고 할 것이다(헌재 2006.07.27. 2005헌마277).

정답 O

15년(3)·16년(2)·18년(2)·23년(2) 모의

120. **(1) 미결수용자의 변호인이 아닌 자와의 접견교통권의 헌법적 근거는 일반적 행동자유권과 무죄추정의 원칙이다.**

(2) 구속된 피의자 또는 피고인이 갖는 변호인 아닌 자와의 접견교통권은 헌법 제10조의 행복추구권에 포함되는 일반적 행동자유권으로부터 나온다.

해설 구속된 피의자 또는 피고인이 갖는 변호인 아닌 자와의 접견교통권은 가족 등 타인과 교류하는 인간으로서의 기본적인 생활관계가 인신의 구속으로 인하여 완전히 단절되어 파멸에 이르는 것을 방지하고, 또한 피의자 또는 피고인의 방어를 준비하기 위해서도 반드시 보장되지 않으면 안되는 인간으로서의 기본적인 권리에 해당하므로 이는 성질상 헌법상의 기본권에 속한다고 보아야 할 것이다. 미결수용자의 접견교통권은 헌법재판소가 헌법 제10조의 행복추구권에 포함되는 기본권의 하나로 인정하고 있는 일반적 행동자유권으로부터 나온다고 보아야 할 것이고, 무죄추정의 원칙을 규정한 헌법 제27조 제4항도 그 보장의 한 근거가 될 것이다(헌재 2003.11.27. 2002헌마193).

정답  ○, ○

18년(2) 모의

121. **「성폭력범죄의 처벌 등에 관한 특례법」에 의하여 유죄판결을 선고받은 자에 대한 성폭력 치료프로그램의 이수명령은 자신의 의사와 무관하게 일정 기간에 일정한 장소에 출석하여 성폭력 치료프로그램을 이수하여야 하므로 신체의 자유가 아니라 일반적 행동의 자유를 제한한다.**

해설 이수명령조항에 의하여 이수명령을 선고받은 청구인은 자신의 의사와 무관하게 일정 기간에 일정한 장소에 출석하여 성폭력 치료프로그램을 이수하여야 하므로 헌법 제10조의 행복추구권에서 파생되는 일반적 행동의 자유를 제한받는다. 청구인은 이수명령조항이 신체의 자유를 제한한다고 주장하나, 이수명령은 청구인에게 성폭력 치료프로그램의 이수 의무를 부과함에 그치고 신체를 구금하는 등의 방법으로 성폭력 치료프로그램 이수를 강제하는 것은 아니어서 신체의 자유를 제한한다고 볼 수 없다(헌재 2016.12.29. 2016헌바153).

정답 ○

18년(2) 모의

122. **고속도로 등에서 이륜차를 운행하는 것은 일반적 행동의 자유의 보호영역에 속한다.**

해설 청구인들은 원동기장치자전거 운전면허 또는 제2종 소형자동차 운전면허를 취득하여 이륜자동차와 원동기장치자전거(이하 두 가지를 합쳐 '이륜차'라고 한다)를 운전할 수 있지만, 이 사건 법률조항에 의하여 고속도로 또는 자동차전용도로의 통행이 금지되므로, 이륜차를 이용하여 고속도로 등을 통행할 수 있는 자유를 제한당하고 있다. 이는 행복추구권에서 우러나오는 일반적 행동의 자유를 제한하는 것이다. 그러나 이 사건 법률조항이 청구인들의 거주이전의 자유를 제한한다고 보기는 어렵다(헌재 2008.07.31. 2007헌바90).

정답 ○

18년(2) 모의

123. 협의상 이혼을 하고자 하는 사람은 부부가 함께 관할 가정법원에 출석하여 협의이혼의 사확인신청서를 제출하여야 한다고 규정한 「가족관계의 등록에 관한 규칙」은 협의상 이혼을 하려는 사람들의 일반적 행동의 자유를 제한한다.

 이 사건 규칙조항은 협의상 이혼을 하려는 사람으로 하여금 대리인이나 당사자 일방에 의한 신청서 접수를 허용하지 아니하고 부부가 함께 법원에 직접 출석하여 협의이혼의사확인신청서를 제출하도록 강제하고 있다. 이처럼 다른 선택의 여지없이 당사자 쌍방의 직접 출석만을 강제하는 것은 협의이혼을 하려는 사람들의 일반적 행동의 자유에 대한 제한이 될 수 있다(헌재 2016.06.30. 2015헌마894).

정답 O

23년(1) 모의

124. 유사군복을 판매 목적으로 소지하는 행위를 금지하고 이를 처벌하는 것은 일회적·단발적으로 판매하기 위하여 유사군복을 소지하는 것까지 규제하는 것으로 해당 유사군복 소지자의 일반적 행동의 자유를 침해한다.

 '군복 및 군용장구의 단속에 관한 법률'(2006.04.28. 법률 제7933호로 전부개정된 것) 제8조 제2항 중 '판매목적 소지'에 관한 부분, '군복 및 군용장구의 단속에 관한 법률'(2014.05.09. 법률 제12555호로 개정된 것) 제13조 제1항 제2호 중 제8조 제2항의 '판매목적 소지'에 관한 부분은 헌법에 위반되지 아니한다(헌재 2019.04.11. 2018헌가14(전합)).

정답 ×

23년(1) 모의

125. 의료분쟁 조정신청의 대상인 의료사고가 사망에 해당하는 경우, 한국의료분쟁조정중재원의 원장에게 지체 없이 조정절차를 개시하도록 하는 것은, 사망이라는 중한 결과로 인한 피해를 신속·공정하게 구제하고 환자와 보건의료인 양 당사자가 소송 외의 분쟁 해결수단을 적극 활용할 수 있도록 하기 위한 것으로 보건의료인의 일반적 행동의 자유를 침해하지 않는다.

 의료분쟁 조정신청의 대상인 의료사고가 사망에 해당하는 경우 한국의료분쟁조정중재원의 원장은 지체 없이 조정절차를 개시해야 한다고 규정한 '의료사고 피해구제 및 의료분쟁 조정 등에 관한 법률' 제27조 제9항 전문 중 '사망'에 관한 부분(이하 '심판대상조항'이라 한다)이 청구인의 일반적 행동의 자유를 침해하지 않는다(헌재 2021.05.27. 2019헌마321(전합)).

정답 O

23년(1) 모의

126. 성년후견개시심판이 이루어진 경우 성년후견인이 피성년후견인의 법률행위를 대리하고 신상에 관하여 결정할 수 있도록 하는 것은 피성년후견인의 자기결정권 및 일반적 행동자유권을 제한하는 것이다.

해설 … 위와 같은 사정들을 종합하면 성년후견인 관련조항은 피성년후견인의 자기결정권과 일반적 행동자유권이 필요최소한의 범위 내에서 제한되도록 규정한 것으로서 기본권 침해의 최소성 원칙을 충족한다(헌재 2019.12.27. 2018헌바161(전합)).

정답

16년(1) 모의

127. 개인이 대마를 자유롭게 수수하고 흡연할 자유는 행복추구권에서 나오는 일반적 행동자유권의 보호영역에 속하지 않는다.

해설 일반적 행동자유권은 적극적으로 자유롭게 행동을 하는 것은 물론 소극적으로 행동을 하지 않을 자유도 포함되고, 가치있는 행동만 보호영역으로 하는 것은 아닌 것인바, 개인이 대마를 자유롭게 수수하고 흡연할 자유도 헌법 제10조의 행복추구권에서 나오는 일반적 행동자유권의 보호영역에 속한다(헌재 2005.11.24. 2005헌바46).

정답

16년(1) 모의

128. 형의 집행유예와 동시에 사회봉사명령을 선고받는 경우에는 자신의 의사와 무관하게 사회봉사를 하지 않을 수 없게 되어 일반적 행동자유권이 제한된다.

해설 이 사건 법률조항에 의하여 형의 집행유예와 동시에 사회봉사명령을 선고받은 청구인은 자신의 의사와 무관하게 사회봉사를 하지 않을 수 없게 되어 헌법 제10조의 행복추구권에서 파생하는 일반적 행동의 자유를 제한받게 된다. 그러나 과잉금지원칙에 위배되지 않는다고 판시하였다(헌재 2012.03.29. 2010헌바100).

정답

16년(1) 모의

129. 공원 탐방객이 자연공원지역을 자유롭게 출입할 자유도 일반적 행동자유권의 보호영역에 속하므로, 자연공원구역 중 일정한 지역을 지정하여 사람의 출입을 금지하고, 그 위반 시 과태료를 부과하는 경우에는 공원 탐방객의 일반적 행동자유권을 제한하는 것이 된다.

해설 공원 탐방객이 자연공원지역을 자유롭게 출입할 자유도 헌법 제10조의 행복추구권에 근거한 일반적 행동자유권의 보호영역에 속한다고 봄이 상당하다. 그렇다면 자연공원구역 중 일정한 지역을 지정하여 사람의 출입을 금지하고, 그 위반 시 과태료를 부과하도록 규정하고 있는 이 사건 법률조항은 청구인을 포함한 공원 탐방객의 일반적 행동자유권을 제한하고 있다고 할 것이므로, 이 사건 법률조항이 헌법 제37조 제2항의 한계를 준수하였는지 여부에 관하여 살펴보기로 한다(헌재 2012.02.23. 2010헌바99).

16년(1) 모의

130. 일반적 행동자유권의 보호영역에는 개인의 생활방식과 취미에 관한 사항도 포함되므로, 심야시간대에 16세 미만 청소년에 대해서 인터넷게임의 제공을 금지하는 것은 인터넷게임을 즐기려는 16세 미만 청소년의 일반적 행동자유권을 제한하는 것이다.

∷해설 행복추구권은 그 구체적 표현으로서 일반적 행동자유권과 개성의 자유로운 발현권을 포함하는 바, 일반적 행동자유권의 보호영역에는 개인의 생활방식과 취미에 관한 사항도 포함된다. 이 사건 금지조항은 심야시간대에 인터넷게임을 즐기려는 16세 미만 청소년의 개인적 생활방식과 취미를 제한하므로 이들의 행복추구권의 한 내용인 일반적 행동자유권을 제한한다(헌재 2014.04.24. 2011헌마659).

제❹항 ▎ 자기결정권

16년 변시, 14년(2)·16년(2)·20년(2) 모의

131. 환자가 장차 죽음에 임박한 상태에 이를 경우에 대비하여 미리 의료인 등에게 연명치료 거부 또는 중단에 관한 의사를 밝히는 등의 방법으로 죽음에 임박한 상태에서 인간으로서의 존엄과 가치를 지키기 위하여 연명치료의 거부 또는 중단을 결정할 수 있고, 이는 헌법상 자기결정권의 한 내용으로서 보장되지만, '연명치료중단에 관한 자기결정권'을 보장하기 위한 입법의무가 국가에게 명백하게 부여된 것은 아니다.

∷해설 환자가 장차 죽음에 임박한 상태에 이를 경우에 대비하여 미리 의료인 등에게 연명치료 거부 또는 중단에 관한 의사를 밝히는 등의 방법으로 죽음에 임박한 상태에서 인간으로서의 존엄과 가치를 지키기 위하여 연명치료의 거부 또는 중단을 결정할 수 있다 할 것이고, 위 결정은 헌법상 기본권인 자기결정권의 한 내용으로서 보장된다 할 것이다. … '연명치료 중단에 관한 자기결정권'을 보장하는 방법으로서 '법원의 재판을 통한 규범의 제시'와 '입법' 중 어느 것이 바람직한가는 입법정책의 문제로서 국회의 재량에 속한다 할 것이다. 그렇다면 헌법해석상 '연명치료 중단 등에 관한 법률'을 제정할 국가의 입법의무가 명백하다고 볼 수 없다. 결국 환자 본인이 제기한 '연명치료 중단 등에 관한 법률'의 입법부작위의 위헌확인에 관한 헌법소원 심판청구는 국가의 입법의무가 없는 사항을 대상으로 한 것으로서 헌법재판소법 제68조 제1항 소정의 '공권력의 불행사'에 대한 것이 아니므로 부적법하다(헌재 2009.11.26. 2008헌마385).

🕐 16년 변시

132. '책임없는 자에게 형벌을 부과할 수 없다'는 형벌에 관한 책임주의는 만약 법질서가 부정적으로 평가한 결과가 발생하였다고 하더라도 그러한 결과의 발생이 어느 누구의 잘못에 의한 것도 아니라면, 부정적인 결과가 발생하였다는 이유만으로 누군가에게 형벌을 가할 수는 없다는 형사법의 기본원리로서, 헌법상 법치국가의 원리에 내재하는 원리인 동시에 헌법 제10조의 취지로부터 도출되는 원리이다.

　　해설　형벌은 범죄에 대한 제재로서 그 본질은 법질서에 의해 부정적으로 평가된 행위에 대한 비난이다. 만약 법질서가 부정적으로 평가한 결과가 발생하였다고 하더라도 그러한 결과의 발생이 어느 누구의 잘못에 의한 것도 아니라면, 부정적인 결과가 발생하였다는 이유만으로 누군가에게 형벌을 가할 수는 없다. 이와 같이 '책임 없는 자에게 형벌을 부과할 수 없다.'는 형벌에 관한 책임주의는 형사법의 기본원리로서, 헌법상 법치국가의 원리에 내재하는 원리인 동시에, 헌법 제10조의 취지로부터 도출되는 원리이고, 법인의 경우도 자연인과 마찬가지로 책임주의원칙이 적용된다(헌재 2012.04.24. 2011헌가37).

정답

🕐 13년 변시, 15년(2)·23년(1) 모의

133. 「형법」상 자기낙태죄 조항은 「모자보건법」이 정한 일정한 예외를 제외하고는 임신기간 전체를 통틀어 모든 낙태를 전면적·일률적으로 금지하고, 이를 위반할 경우 형벌을 부과하는 것으로 과잉금지원칙을 위반하여 임신한 여성의 자기결정권을 침해한다.

　　해설　자기낙태죄 조항은 모자보건법이 정한 예외를 제외하고는 임신기간 전체를 통틀어 모든 낙태를 전면적·일률적으로 금지하고, 이를 위반할 경우 형벌을 부과함으로써 임신의 유지·출산을 강제하고 있으므로, 임신한 여성의 자기결정권을 제한한다. … 따라서, 자기낙태죄 조항은 입법목적을 달성하기 위하여 필요한 최소한의 정도를 넘어 임신한 여성의 자기결정권을 제한하고 있어 침해의 최소성을 갖추지 못하였고, 태아의 생명 보호라는 공익에 대하여만 일방적이고 절대적인 우위를 부여함으로써 법익균형성의 원칙도 위반하였으므로, 과잉금지원칙을 위반하여 임신한 여성의 자기결정권을 침해한다(헌재 2019.04.11. 2017헌바127(전합)).

정답

🕐 15년 변시

134. 헌법 제10조는 개인의 인격권과 행복추구권을 보장하고 있고, 인격권과 행복추구권은 개인의 자기운명결정권을 전제로 하는데 이 자기운명결정권에는 성행위 여부 및 그 상대방을 결정할 수 있는 성적자기결정권이 포함되어 있다.

　　해설　헌법 제10조는 "모든 국민은 인간으로서의 존엄과 가치를 가지며, 행복을 추구할 권리를 가진다. 국가는 개인이 가지는 불가침의 기본적 인권을 확인하고 이를 보장할 의무를 진다."라고 규정하여 개인의 인격권과 행복추구권을 보장하고 있다. 개인의 인격권·행복추구권에는 개인의 자기운명결정권이 전제되는 것이고, 이 자기운명결정권에는 성행위 여부 및 그 상대방을 결정할 수 있는 성적(性的) 자기결정권이 포함되어 있다(헌재 2009.11.26. 2008헌바58).

 ○

14년(3) 모의

135. 면세용 담배를 공급받은 자가 담배를 용도 외로 부정처분한 경우에, 원래 납세의무자인 제조자에게 가산세가 부가된 담배소비세를 징수하는 것은 위반행위의 효율적 차단수단으로 자기책임 원리에 반하지 않는다.

해설 제조자가 제조한 담배는 그 제조자가 도매업자 또는 소매인에게 이를 판매하고, 소매인이 아니고는 담배를 소비자에게 판매할 수 없도록 되어 있어(담배사업법 제12조) 제조자는 면세담배를 공급받은 자가 이를 용도 외로 사용하는지 여부에 관하여 이를 관리하거나 감독할 수 있는 법적 권리나 의무가 없음에도 불구하고, 공급받은 면세담배를 용도 외로 처분한 데에 대한 책임이 누구에게 있는지에 대한 고려 없이 징세절차의 편의만을 위해 무조건 원래의 납세의무자였던 제조자에게 담배소비세와 가산세를 부과하는 것은 자신의 통제권 내지 결정권이 미치지 않는 데 대하여까지 책임을 지게 하는 것이다. 제조자는 법령이 정한 일정한 자격을 갖춘 상대방에게 특수용담배임을 표시하여 특수용담배공급계약에 따라 담배를 제공함으로써 일응의 책임을 다 한 것으로 볼 것이고, 그 이후의 단계에서 이루어진 용도 외의 처분에 관하여 제조자에게 귀책사유가 있다는 등의 특별한 사정이 없는 한 그 책임을 제조자에게 묻는 것은 자기책임의 원리에 반한다(헌재 2004.06.24. 2002헌가27).

 ×

제❺항 ┃ 인격권

22년 변시

136. 헌법 제10조로부터 도출되는 일반적 인격권에는 개인의 명예에 관한 권리도 포함되며, 여기서 말하는 '명예'는 사람이나 그 인격에 대한 '사회적 평가', 즉 객관적·외부적 가치평가뿐만 아니라 단순히 주관적·내면적인 명예감정까지 포함한다.

해설 … 헌법 제10조로부터 도출되는 일반적 인격권에는 개인의 명예에 관한 권리도 포함될 수 있으나, '명예'는 사람이나 그 인격에 대한 '사회적 평가', 즉 객관적·외부적 가치평가를 말하는 것이지 단순히 주관적·내면적인 명예감정은 포함되지 않는다(헌재 2005.10.27. 2002헌마425).

 ×

23년(3) 모의

137. 교도소장이 수용자의 외부의료시설 진료 시 해당 수용자에게 '한손수갑'과 '벨트보호대'를 착용하도록 하는 것은 교정 사고를 예방하고 의료 시설의 질서를 유지하기 위한 필요최소한의 조치로 해당 수용자의 인격권을 침해하지 않는다.

■해설 … 그렇다면 이 사건 보호장비 사용행위는 법익의 균형성을 갖추었다 이 사건 보호장비 사용행위는 과잉금지원칙을 위반하여 청구인의 신체의 자유와 인격권을 침해하지 않는다. …그렇다면 피청구인이 2021. 7. 2. 외부의료시설 진료 시 청구인에게 보호장비인 '한손수갑'과 '벨트보호대'를 착용하도록 한 행위에 대한 심판청구는 이유 없으므로 이를 기각하고, 나머지 심판청구는 부적법하므로 이를 각하하기로 하여, 관여 재판관 전원의 일치된 의견으로 주문과 같이 결정한다(헌재 2023.02.23. 2021헌마840

정답

23년(3) 모의

138. 학교폭력의 가해학생에 대한 조치로 피해학생에 대한 서면사과를 규정한 「학교폭력예방 및 대책에 관한 법률」 조항은 의사에 반한 윤리적 판단이나 감정을 외부에 표명하도록 강제하여 인격 형성에 왜곡을 초래한다는 점에서 가해학생의 인격권을 침해한다.

■해설 …결국 이 사건 서면사과조항이 달성하고자 하는 공익이 제한되는 사익에 비하여 더 크므로, 법익의 균형성에 위배된다고 보기 어렵다.따라서 이 사건 서면사과조항이 과잉금지원칙을 위반하여 가해학생의 양심의 자유와 인격권을 침해한다고 보기 어렵다(헌재 2023.02.23. 2019헌바93, 2019헌바254(병합,전합)).

정답 ×

23년(3) 모의

139. 거짓이나 그 밖의 부정한 방법으로 보조금을 교부받거나 보조금을 유용하여 어린이집 운영정지, 폐쇄명령 또는 과징금 처분을 받은 어린이집에 대하여 그 위반사실을 공표하도록 하는 것은 이러한 공표가 어린이집의 투명한 운영을 담보하기 위해 반드시 필요하다고 보기 어렵다는 점에서 해당 어린이집 운영자의 인격권을 침해한다.

■해설 영유아보육법에 따라 어린이집 설치·운영자에게 지급되는 보조금은 영유아를 건강하고 안전하게 보호·양육하고 영유아의 발달 특성에 맞는 교육을 제공할 수 있도록 그 비용을 국가나 지방자치단체가 지원하는 것이다. 이러한 보조금을 부정수급하거나 유용하는 부패행위는 영유아보육의 질과 직결되어 그로 인한 불이익이 고스란히 영유아들에게 전가되므로 이를 근절할 필요가 크다. 어린이집의 투명한 운영을 담보하고 영유아 보호자의 보육기관 선택권을 실질적으로 보장하기 위해서는 보조금을 부정수급하거나 유용한 어린이집의 명단 등을 공표하여야 할 필요성이 있으며, 심판대상조항은 공표대상이나 공표정보, 공표기간 등을 제한적으로 규정하고 공표 전에 의견진술의 기회를 부여하여 공표대상자의 절차적 권리도 보장하고 있다. 나아가 심판대상조항을 통하여 추구하는 영유아의 건강한 성장 도모 및 영유아 보호자들의 보육기관 선택권 보장이라는 공익이 공표대상자의 법 위반사실이 일정기간 외부에 공표되는 불이익보다 크다. 따라서 심판대상조항은 과잉금지원칙을 위반하여 인격권 및 개인정보자기결정권을 침해하지 아니한다(헌재 2022.03.31. 2019헌바520(전합)).

정답

🕐 13년 변시, 12년(3)·13년(3)·15년(2)·16년(2)·18년(1)·19년(1)·21년(1)·22년(3) 모의

140. (1) 친일반민족행위반민규명위원회가 사자(死者)인 조사대상자를 선정하고 이에 대해 친일반민족행위결정을 한 경우, 그 후손에게 인격권 침해를 주장할 기본권주체성이 인정되지 않는다.

(2) 헌법 제10조로부터 도출되는 일반적 인격권에는 개인의 명예에 관한 권리도 포함되며, 사자(死者)에 대한 사회적 명예와 평가의 훼손은 사자와의 관계를 통하여 스스로의 인격상을 형성하고 명예를 지켜온 그 후손의 인격권을 제한한다.

::해설:: 헌법 제10조로부터 도출되는 일반적 인격권에는 개인의 명예에 관한 권리도 포함되는바, … 사자(死者)에 대한 사회적 명예와 평가의 훼손은 사자(死者)와의 관계를 통하여 스스로의 인격상을 형성하고 명예를 지켜온 그들의 후손의 인격권, 즉 유족의 명예 또는 유족의 사자(死者)에 대한 경애추모의 정을 침해한다고 할 것이다. 따라서 이 사건 법률조항은 조사대상자의 사회적 평가와 아울러 그 유족의 헌법상 보장된 인격권을 제한하는 것이라고 할 것이다(헌재 2010.10.28. 2007헌가23).

 ×, ○

19년(3) 모의

141. 입양이나 재혼 등과 같이 가족관계의 변동과 새로운 가족관계의 형성에 있어서 구체적인 사정들에 따라서는 양부(養父) 또는 계부(繼父) 성(姓)으로의 변경이 개인의 인격적 이익과 매우 밀접한 관계를 가짐에도 부성(父姓)의 사용만을 강요하여 성(姓)의 변경을 허용하지 않는 것은 개인의 인격권을 침해한다.

::해설:: 입양이나 재혼 등과 같이 가족관계의 변동과 새로운 가족관계의 형성에 있어서 구체적인 사정들에 따라서는 양부 또는 계부 성으로의 변경이 개인의 인격적 이익과 매우 밀접한 관계를 가짐에도 부성의 사용만을 강요하여 성의 변경을 허용하지 않는 것은 개인의 인격권을 침해한다(헌재 2005.12.22. 2003헌가5,6(병합)).

19년(1) 모의

142. 무기징역형을 선고받고 관심대상수용자로 관리되는 수용자에게 출정 시 도주방지복 착용을 강제하거나 민사법정에 참여할 때 양손수갑 2개를 사용하고 변론을 하도록 한 것은 해당 수용자의 인격권을 침해하지 않는다.

::해설:: 민사법정 내 보호장비 사용행위는 출정 기회를 이용한 도주 등 교정사고를 예방하고 법정질서 유지에 협력하기 위한 적합한 수단이다. 민사법정에서는 구금기능이 취약해질 수 있는데 청구인이 무기징역형을 선고받고 관심대상수용자로 관리되어 엄중한 계호가 요구되는 사람임을 감안하면 포승, 양손수갑 중 어느 하나의 보호장비만으로는 계호에 불충분하다. 이에 피청구인은 양손수갑 2개와 포승을 사용할 것을 신청하였고 재판장은 선고형, 전과, 징벌처분 등을 고려하여 그 사용을 허가하였다. 또한 교도관만으로 충분한 계호가 이루어진다고 볼 수 없으므로 여러 명의 교도관이 계호하는 방법

으로 보호장비 사용을 대체할 수도 없다. 출정 시 수용자 의류를 입고 교도관과 동행하였으며 재판 시작 전까지 보호장비를 사용하였던 청구인이 민사법정 내에서 보호장비를 사용하게 되어 영향을 받는 인격권, 신체의 자유 정도는 제한적인 반면, 민사법정 내 교정사고를 예방하고 법정질서 유지에 협력하고자 하는 공익은 매우 중요하다. 따라서 민사법정 내 보호장비 사용행위는 과잉금지원칙에 위반되어 청구인의 인격권과 신체의 자유를 침해하지 아니한다(헌재 2018.06.28. 2017헌마181).

정답 O

19년(1) 모의

143. 변호사 정보 제공 웹사이트 운영자가 변호사들의 개인신상정보를 기반으로 변호사들의 '인맥지수'를 산출하여 공개하는 것은 해당 변호사들의 개인정보에 관한 인격권 침해에 해당되지 않는다.

해설 정보주체의 동의 없이 개인정보를 공개함으로써 침해되는 인격적 법익과 정보주체의 동의 없이 자유롭게 개인정보를 공개하는 표현행위로서 보호받을 수 있는 법적 이익이 하나의 법률관계를 둘러싸고 충돌하는 경우에는, 개인이 공적인 존재인지 여부, 개인정보의 공공성 및 공익성, 개인정보 수집의 목적·절차·이용형태의 상당성, 개인정보 이용의 필요성, 개인정보 이용으로 인해 침해되는 이익의 성질 및 내용 등의 여러 사정을 종합적으로 고려하여, 개인정보에 관한 인격권의 보호에 의하여 얻을 수 있는 이익(비공개 이익)과 표현행위에 의하여 얻을 수 있는 이익(공개 이익)을 구체적으로 비교 형량하여, 어느 쪽의 이익이 더욱 우월한 것으로 평가할 수 있는지에 따라 그 행위의 최종적인 위법성 여부를 판단하여야 한다. … 인맥지수의 사적·인격적 성격, 그 산출과정에서의 왜곡가능성, 그 이용으로 인한 원고들의 이익 침해와 공적 폐해의 우려, 그에 반하여 그 이용으로 인하여 달성될 공적인 가치의 보호 필요성 정도 등을 종합적으로 고려하면, 피고가 이 사건 개인신상정보를 기반으로 한 인맥지수를 공개하는 서비스를 제공하는 표현행위에 의하여 얻을 수 있는 법적 이익이 이를 공개하지 아니함으로써 보호받을 수 있는 원고들의 인격적 법익에 비하여 우월하다고 볼 수 없어, 결국 피고의 이 사건 인맥지수 서비스 제공행위는 원고들의 개인정보에 관한 인격권을 침해하는 위법한 것이다(대판 2011.09.02. 2008다42430(전합)).

정답

19년(3) 모의

144. 배아생성자의 배아에 대한 결정권은 헌법 제10조로부터 도출되는 일반적 인격권의 한 유형으로서의 헌법상 권리이다.

해설 배아생성자는 배아에 대해 자신의 유전자정보가 담긴 신체의 일부를 제공하고, 또 배아가 모체에 성공적으로 착상하여 인간으로 출생할 경우 생물학적 부모로서의 지위를 갖게 되므로, 배아의 관리 또는 처분에 대한 결정권을 가진다. 이러한 배아생성자의 배아에 대한 결정권은 헌법상 명문으로 규정되어 있지는 아니하지만, 헌법 제10조로부터 도출되는 일반적 인격권의 한 유형으로서의 헌법상 권리라 할 것이다(헌재 2010.05.27. 2005헌마346).

정답

16년 변시, 14년(2)·16년(2)·19년(1)·23년(3) 모의

145. (1) 사법경찰관이 기자들로 하여금 피의자가 경찰서 조사실에서 양손에 수갑을 차고 얼굴을 드러낸 상태에서 조사받는 모습을 촬영할 수 있도록 허용한 행위는 헌법 제10조로부터 도출되는 초상권을 포함한 일반적 인격권을 제한한다.

(2) 피의자에 대한 촬영허용은 초상권을 포함한 일반적 인격권을 제한하지만 범죄사실에 관하여 일반국민에게 알려야 할 공공성이 있으므로, 공인이 아니며 보험사기를 이유로 체포된 피의자가 경찰서에 수갑을 차고 얼굴을 드러낸 상태에서 조사받는 과정을 기자들로 하여금 촬영하도록 허용하는 행위는 기본권 제한의 목적의 정당성이 인정된다.

해설 (1) 사람은 자신의 의사에 반하여 얼굴을 비롯하여 일반적으로 특정인임을 식별할 수 있는 신체적 특징에 관하여 함부로 촬영당하지 아니할 권리를 가지고 있으므로, 촬영허용행위는 헌법 제10조로부터 도출되는 초상권을 포함한 일반적 인격권을 제한한다고 할 것이다(헌재 2014.03.27. 2012헌마652).

(2) 원칙적으로 '범죄사실' 자체가 아닌 그 범죄를 저지른 자에 관한 부분은 일반 국민에게 널리 알려야 할 공공성을 지닌다고 할 수 없고, 이에 대한 예외는 공개수배의 필요성이 있는 경우 등에 극히 제한적으로 인정될 수 있을 뿐이다. 피청구인은 기자들에게 청구인이 경찰서 내에서 수갑을 차고 얼굴을 드러낸 상태에서 조사받는 모습을 촬영할 수 있도록 허용하였는데, 청구인에 대한 이러한 수사장면을 공개 및 촬영하게 할 어떠한 공익 목적도 인정하기 어려우므로 촬영허용행위는 목적의 정당성이 인정되지 아니한다. 피의자의 얼굴을 공개하더라도 그로 인한 피해의 심각성을 고려하여 모자, 마스크 등으로 피의자의 얼굴을 가리는 등 피의자의 신원이 노출되지 않도록 침해를 최소화하기 위한 조치를 취하여야 하는데, 피청구인은 그러한 조치를 전혀 취하지 아니하였으므로 침해의 최소성 원칙도 충족하였다고 볼 수 없다. 또한 촬영허용행위는 언론 보도를 보다 실감나게 하기 위한 목적 외에 어떠한 공익도 인정할 수 없는 반면, 청구인은 피의자로서 얼굴이 공개되어 초상권을 비롯한 인격권에 대한 중대한 제한을 받았고, 촬영한 것이 언론에 보도될 경우 범인으로서의 낙인 효과와 그 파급효는 매우 가혹하여 법익균형성도 인정되지 아니하므로, 촬영허용행위는 과잉금지원칙에 위반되어 청구인의 인격권을 침해하였다(헌재 2014.03.27. 2012헌마652).

정답  ○, ×

13년 변시, 13년(3)·15년(2)·19년(1)·(3)·23년(3) 모의

146. (1) 일반적 인격권에는 각 개인이 그 삶을 사적으로 형성할 수 있는 자율영역에 대한 보장이 포함되어 있음을 감안할 때, 장래 가족의 구성원이 될 태아의 성별 정보에 대한 접근을 국가로부터 방해받지 않을 부모의 권리는 일반적 인격권에 의하여 보호된다.

(2) 의료인에게 임부의 임신기간과 무관하게 일반적으로 태아의 성별 고지를 금지하는 것은 임신후반기 공익에 대한 보호의 필요성이 거의 제기되지 않는 낙태 불가능 시기 이후에도 이를 금지하는 것으로 일반적 인격권으로부터 나오는 부모의 태아 성별 정보에 대한 접근을 방해받지 않을 권리를 침해한다.

■해설 (1) 헌법 제10조로부터 도출되는 일반적 인격권에는 각 개인이 그 삶을 사적으로 형성할 수 있는 자율영역에 대한 보장이 포함되어 있음을 감안할 때, 장래 가족의 구성원이 될 태아의 성별 정보에 대한 접근을 국가로부터 방해받지 않을 부모의 권리는 이와 같은 일반적 인격권에 의하여 보호된다고 보아야 할 것인바, 이 사건 규정은 일반적 인격권으로부터 나오는 부모의 태아 성별 정보에 대한 접근을 방해받지 않을 권리를 제한하고 있다고 할 것이다(헌재 2008.07.31. 2004헌마1010).
(2)… 그런데 이 사건 규정은 공익에 대한 보호의 필요성이 거의 제기되지 않는 낙태 불가능 시기 이후에도 의사가 자유롭게 직업수행을 하는 자유를 제한하고, 임부나 그 가족의 태아 성별 정보에 대한 접근을 방해하여 의사 또는 임부나 그 가족의 기본권을 침해하고 있으므로, 이는 과도한 사익의 침해로서 기본권 제한의 법익 균형성 요건을 충족시키지 못하고 있다고 할 것이다. 이상에서 본 바와 같이 이 사건 규정은 과잉금지원칙을 위반하여 의사의 직업수행의 자유 및 임부나 그 가족이 태아 성별 정보에 대한 접근을 방해받지 않을 권리 등을 침해하고 있으므로 헌법에 위반된다 할 것이다(헌재 2008.07.31. 2004헌마1010,2005헌바90(병합,전합)).

정답 O,O

14년 변시, 16년(2) · 23년(1) 모의

147. 법인도 법인의 목적과 사회적 기능에 비추어 볼 때 그 성질에 반하지 않는 범위 내에서 인격권의 한 내용인 사회적 신용이나 명예 등의 주체가 될 수 있으므로, 방송사업자의 의사에 반한 사과행위를 강제하는 것은 방송사업자의 인격권을 제한하는 것이다.

■해설 법인도 법인의 목적과 사회적 기능에 비추어 볼 때 그 성질에 반하지 않는 범위 내에서 인격권의 한 내용인 사회적 신용이나 명예 등의 주체가 될 수 있고 법인이 이러한 사회적 신용이나 명예 유지 내지 법인격의 자유로운 발현을 위하여 의사결정이나 행동을 어떻게 할 것인지를 자율적으로 결정하는 것도 법인의 인격권의 한 내용을 이룬다고 할 것이다. 그렇다면 이 사건 심판대상조항은 방송사업자의 의사에 반한 사과행위를 강제함으로써 방송사업자의 인격권을 제한한다. … 심의규정을 위반한 방송사업자에게 '주의 또는 경고'만으로도 반성을 촉구하고 언론사로서의 공적 책무에 대한 인식을 제고시킬 수 있고, 위 조치만으로도 심의규정에 위반하여 '주의 또는 경고'의 제재조치를 받은 사실을 공표하게 되어 이를 다른 방송사업자나 일반 국민에게 알리게 됨으로써 여론의 왜곡 형성 등을 방지하는 한편, 해당 방송사업자에게는 해당 프로그램의 신뢰도 하락에 따른 시청률 하락 등의 불이익을 줄 수 있다. 또한, '시청자에 대한 사과'에 대하여는 '명령'이 아닌 '권고'의 형태를 취할 수도 있다. 이와 같이 기본권을 보다 덜 제한하는 다른 수단에 의하더라도 이 사건 심판대상조항이 추구하는 목적을 달성할 수 있으므로 이 사건 심판대상조항은 침해의 최소성 원칙에 위배된다(헌재 2012.08.23. 2009헌가27).

정답 O

12년(3) 모의

148. 공정거래위원회의 시정명령을 받은 법인에게 자신이 법을 위반하였다는 사실을 공표하게 하는 것은 법인의 명예권을 침해하지 않는다는 것이 헌법재판소 판례이다.

해설 … '법위반으로 공정거래위원회로부터 시정명령을 받은 사실의 공표'로서도 입법목적을 충분히 달성할 수 있음에도 불구하고 굳이 나아가 공정거래법을 위반하였다는 사실을 인정하여 공표하라는 의미의 이 사건 '법위반 사실의 공표' 부분은 기본권 제한법률이 갖추어야 할 수단의 적합성 및 침해의 최소성 원칙과 법익균형성의 원칙을 지키지 아니한 것이어서, 결국 헌법 제37조 제2항의 과잉입법금지원칙에 위반하여 행위자의 일반적 행동의 자유 및 명예를 지나치게 침해하는 것이라 할 것이다(헌재 2002.01.31. 2001헌바43).

제2절 | 법 앞의 평등

제❶항 | 평등원칙

I 평등원칙의 의의와 내용

149. 평등원칙은 법 적용상의 평등을 의미하여 행정권과 사법권만을 구속할 뿐이므로, 평등원칙이 입법권까지 구속하는 것은 아니다.

해설 우리 헌법이 선언하고 있는 "인간의 존엄성"과 "법앞에 평등"(헌법 제10조, 제11조 제1항)이란 행정부나 사법부에 의한 법적용상의 평등을 뜻하는 것 외에도 입법권자에게 정의와 형평의 원칙에 합당하게 합헌적으로 법률을 제정하도록 하는 것을 명령하는 이른바 법내용상의 평등을 의미하고 있기 때문에 아무리 특정한 분야의 특별한 목적을 위하여 제정되는 특가법이라 하더라도 입법권자의 법제정상의 형성의 자유는 무한정으로 허용될 수는 없는 것이며 나아가 그 입법내용이 정의와 형평에 반하거나 자의적으로 이루어진 경우에는 평등권 등의 기본권을 본질적으로 침해한 입법권행사로서 위헌성을 면하기 어렵다고 할 것이다(헌재 1992.04.28. 90헌바24).

150. 헌법 제11조 제1항에서의 사회적 신분이란 사회에서 장기간 점하는 지위로서 일정한 사회적 평가를 수반하는 것을 의미하므로 전과자도 사회적 신분에 해당되고, 따라서 누범을 가중처벌하는 것은 전과자라는 사회적 신분을 이유로 차별대우를 하는 것이어서 평등원칙에 위배된다.

해설 누범은 전범에 대한 형벌의 경고적 기능을 무시하고 다시 범죄를 저질렀다는 점에서 사회적 비난가능성이 높고, 이러한 누범이 증가하고 있는 추세를 감안하여 범죄예방 및 사회방위의 형사정책적 고려에 기인하여 이를 가중처벌하는 것이어서 합리적 근거 있는 차별이라 볼 것이므로 이 사건 법률조항이 평등원칙에 위배된다고 할 수 없다(헌재 2011.05.26. 2009헌바63).

23년(3) 모의

151. 건설 근로자가 사망할 당시 대한민국 국민이 아닌 자로서 외국에서 거주하고 있던 유족에게 퇴직공제금을 지급하지 않는 것은 '외국인'이라는 사정 또는 '외국에 거주'한다는 사정이 대한민국 국민인 유족 혹은 국내거주 외국인유족과 달리 취급받을 합리적인 이유가 될 수 없다는 점에서 헌법상 평등원칙에 위반된다. 직장가입자와 지역가입자의 건강보험료 산정·부과를 위해 직장근로자의 경우에는 기본적으로 보수만을 기준으로 하고, 지역가입자의 경우에는 소득뿐만 아니라 재산·생활수준·경제활동참가율 등 다양한 변수를 참작한 추정소득을 기준으로 하는 것은, 동일한 보험집단을 구성하고 있음에도 합리적 이유 없이 지역가입자를 차별하는 것이므로 헌법상 평등원칙에 위배된다.

해설 … 따라서 심판대상조항이 '일시금'의 형식으로 지급되는 퇴직공제금과는 지급 방식이 다른 산재보험법의 유족보상연금에 관한 규정을 준용하도록 하여 '외국거주 외국인유족'을 퇴직공제금을 지급받을 유족의 범위에서 제외한 것은 현저히 자의적인 것이라 할 것이다. 한편, 퇴직공제금은 '일시금'으로 지급되므로 '피공제자(건설근로자)의 사망 당시 유족인지 여부'만 확인하면 된다는 점은 앞서 본 바와 같으므로, 퇴직공제금 수급 자격에 있어 '외국거주 외국인유족'이 '외국인'이라는 사정 또는 '외국에 거주'한다는 사정이 '대한민국 국민인 유족' 혹은 '국내거주 외국인유족'과 달리 취급받을 합리적인 이유가 될 수 없다. 따라서 심판대상조항은 합리적 이유 없이 '외국거주 외국인유족'을 '대한민국 국민인 유족' 및 '국내거주 외국인유족'과 차별하는 것이므로 평등원칙에 위반된다(헌재 2023.03.23. 2020헌바471).

정답

16년(2)·17년(1)·20년(3)·21년(3) 모의

152. (1) 유사한 성격의 규율대상에 대하여 이미 입법이 있다 하더라도 평등원칙을 근거로 입법자에게 일정한 규율대상에 대하여 입법을 하여야 할 헌법상의 의무가 발생한다고 볼 수 없다.

(2) 평등원칙은 원칙적으로 입법자에게 헌법적으로 아무런 구체적인 입법의무를 부과하지 않고, 다만 입법자가 평등원칙에 반하는 일정 내용의 입법을 하게 되면, 이로써 피해를 입게 된 자는 직접 당해 법률조항을 대상으로 하여 평등원칙의 위반 여부를 다툴 수 있을 뿐이다.

해설 유사한 성격의 규율대상에 대하여 이미 입법이 있다하더라도, 평등원칙을 근거로 입법자에게 청구인들에게도 적용될 입법을 하여야 할 헌법상의 의무가 발생한다고 볼 수 없다. 왜냐하면 평등원칙은 입법자에게 헌법적으로 아무런 구체적인 입법의무를 부과하지 않고, 다만, 입법자가 평등원칙에 반하는 일정 내용의 입법을 하게 되면, 이로써 피해를 입게 된 자는 직접 당해 법률조항을 대상으로 하여 평등원칙의 위반여부를 다툴 수 있을 뿐이기 때문이다(헌재 1996.11.28. 93헌마258).

정답 ,

18년·20년 변시

153. 도보나 자기 소유 교통수단 또는 대중교통수단 등을 이용하여 통상의 출퇴근을 하는 산업재해보상보험 가입 근로자는 사업주가 제공하거나 그에 준하는 교통수단을 이용하여 출퇴근하는 산업재해보상보험 가입 근로자와 같은 근로자인데도 통상의 출퇴근 재해를 업무상 재해로 인정받지 못한다는 점에서 차별취급이 존재하며, 이러한 차별은 정당화될 수 있는 합리적 근거가 없다.

해설 도보나 자기 소유 교통수단 또는 대중교통수단 등을 이용하여 출퇴근하는 산업재해보상보험(이하 '산재보험'이라 한다) 가입 근로자(이하 '비혜택근로자'라 한다)는 사업주가 제공하거나 그에 준하는 교통수단을 이용하여 출퇴근하는 산재보험 가입 근로자(이하 '혜택근로자'라 한다)와 같은 근로자인데도 사업주의 지배관리 아래 있다고 볼 수 없는 통상적 경로와 방법으로 출퇴근하던 중에 발생한 재해(이하 '통상의 출퇴근 재해'라 한다)를 업무상 재해로 인정받지 못한다는 점에서 차별취급이 존재한다. … 사업장 규모나 재정여건의 부족 또는 사업주의 일방적 의사나 개인 사정 등으로 출퇴근용 차량을 제공받지 못하거나 그에 준하는 교통수단을 지원받지 못하는 비혜택근로자는 비록 산재보험에 가입되어 있다 하더라도 출퇴근 재해에 대하여 보상을 받을 수 없는데, 이러한 차별을 정당화할 수 있는 합리적 근거를 찾을 수 없다. … 통상의 출퇴근 중 재해를 입은 비혜택근로자는 가해자를 상대로 불법행위 책임을 물어도 충분한 구제를 받지 못하는 것이 현실이고, 심판대상조항으로 초래되는 비혜택근로자와 그 가족의 정신적·신체적 혹은 경제적 불이익은 매우 중대하다. 따라서 심판대상조항은 합리적 이유 없이 비혜택근로자를 자의적으로 차별하는 것이므로, 헌법상 평등원칙에 위배된다(헌재 2016.09.29. 2014헌바254).

19년(2)·23년(3) 모의

154. 공무상 질병 또는 부상으로 인하여 퇴직한 후 장애 상태가 확정된 군인에게도 상이연금을 지급하도록 「군인연금법」을 개정하면서 개정법 시행일 이후부터 이를 적용하도록 한 것은, '퇴직 후 신법 조항 시행일 전에 장애 상태가 확정된 군인'을 '퇴직 후 신법 조항 시행일 이후에 장애 상태가 확정된 군인'과 비교하여 볼 때 합리적 이유 없이 차별하는 것으로 헌법상 평등원칙에 위배된다.

해설 어떠한 질병 또는 부상이 공무수행 중에 발생하였고, 그로 인하여 장애 상태에 이른 것이 분명하다면, '퇴직 후 2011. 5. 19. 개정된 구 군인연금법 제23조 제1항과 2013. 3. 22. 개정된 군인연금법 제23조 제1항(두 조항을 합하여 '신법 조항'이라 한다) 시행일 전에 장애 상태가 확정된 군인'과 '퇴직 후 신법 조항 시행일 이후에 장애 상태가 확정된 군인'은 모두 공무상 질병 또는 부상으로 인하여 장애 상태에 이른 사람으로서, 장애에 노출될 수 있는 가능성 및 위험성, 장애가 퇴직 이후의 생활에 미치는 영향, 보호의 필요성 등의 측면에서 본질적인 차이가 없다. 장애의 정도나 위험성, 생계곤란의 정도 등을 고려하지 않은 채 장애의 확정시기라는 우연한 형식적 사정을 기준으로 상이연금의 지급 여부를 달리하는 것은 불합리하다. 퇴직 후 신법 조항 시행일 전에 장애 상태로 된 군인에게 장애 상태가 확정된 때부터 상이연금을 지급하는 것이 국가의 재정형편상 어렵다면, 신법 조항 시행일 이후부터 상이연금을 지급하도록 하거나, 수급자의 생활수준에 따라 지급범위와 지급액을 달리 하는 등 국가의 재정능력을 감안하면서도 차별적 요소를 완화하는 입법을 할 수 있다. 그럼에도 불구하고, 퇴직 후 신법 조항 시행일 전에 장애 상태가 확정된 군인을 보호하기 위한 최소한의 조치도 하지 않은 것은 그 차별이 군인연금기금의 재정상황 등 실무적 여건이나 경제상황 등을 고려한 것이라고 하더라도, 그 차별을 정당화할 만한 합리적인 이유가 있는 것으로 보기 어렵다. 따라서 심판대상조항은 헌법상 평등원칙에 위반된다(헌재 2016.12.29. 2015헌바208, 2016헌바145(병합)).

정답 O

19년(1) 모의

155. **중학교에 상응하는 교육과정인 3년제 고등공민학교 졸업자에 대하여 중학교 학력을 인정하지 않는 것은 평등원칙에 위반된다.**

해설 어떤 교육과정을 이수한 자에 대하여 그에 상응하는 정규학교를 이수한 것과 같은 동등한 학력을 인정할 것인지 여부는 당해 교육과정의 목적과 내용, 교육기관의 시설 및 설비, 학업성취도 등을 종합적으로 평가하여 입법자가 결정할 사안이라고 할 것이다. 다만 입법자가 자신의 입법형성권을 자의적으로 행사하여 합리적 이유 없이 특정 교육과정 이수자를 차별한다면 헌법상 평등원칙에 위배될 수 있다. 그러나 고등공민학교는 교육시설뿐 아니라 수업연한, 연간 수업일수 등 교육과정 전반에서 중학교와 차이가 있다. 이는 고등공민학교과정을 이수한 자에게 중학교 과정 이수자와 동등한 정도의 학업성취도를 보장할 수 없는 이유가 된다. 초·중등교육법시행령(2003. 1. 29. 대통령령 제17895호로 개정된 것) 제97조 제1항 제2호가 고등공민학교 졸업자에 대하여 곧바로 중학교 졸업 학력을 인정하지 아니하고 학력검정평가를 통하여 학력을 인정하더라도 거기에는 위와 같은 합리적 이유가 있다 할 것이므로 평등원칙에 어긋난다고 볼 수 없다(헌재 2005.11.24. 2003헌마173).

19년(1) 모의

156. **경찰공무원과 일반직공무원은 업무의 성격·위험성 및 직무의 곤란성 정도가 유사하지 않으므로, 경찰공무원과 일반직공무원을 보수 책정에 있어서 의미 있는 비교집단으로 보기 어렵다.**

해설 경찰공무원은 국민의 생명·신체 및 재산의 보호와 범죄의 예방·진압 및 수사, 치안정보의 수집, 교통의 단속 기타 공공의 안녕과 질서유지를 그 임무로 하는데 반하여(경찰법 제3조), 일반직공무원은 기술·연구 또는 행정일반에 대한 업무를 담당하므로(국가공무원법 제2조 제2항 제1호), 업무의 성격, 위험성 및 직무의 곤란성 정도가 전혀 유사하지 않고, 따라서 경찰공무원과 일반직공무원을 보수 책정에 있어서 의미 있는 비교집단으로 보기 어렵다(헌재 2008.12.26. 2007헌마444).

정답 O

17년(3)·19년(1) 모의

157. **일반 공무원의 경우에는 공무상 질병 또는 부상으로 퇴직 이후에 폐질상태가 확정된 경우에도 장해급여수급권이 인정되고 있는 것과 달리, '공무상 질병 또는 부상으로 퇴직 이후에 폐질상태가 확정된 군인'에 대해서는 상이연금 지급에 관한 규정을 두지 않은 것은 평등원칙에 위반된다.**

해설 군인의 경우 일반 공무원보다 그 직무 특성상 더 많은 신체적·정신적 위험에 노출되고, 일단 심각한 질병에 걸리거나 신체 손상을 입을 경우 항상 일정한 전력 수준을 유지하여야 하는 군의 특수성상 계속 근무하기 어려워 사실상 퇴직이 강제된다는 점에서 일반 공무원과 차이가 있고, 이로 인하여 상이연금 지급을 위한 국가의 재정부담의 정도 역시 차이가 있을 수밖에 없으나, 이러한 사실만으로 군인과 공무원 집단 사이에 본질적인 차이가 있다고 할 수 없다. … 공무원연금법의 적용을 받는 공무원과 군인연금법의 적용을 받은 군인은 이러한 측면에서 본질적인 차이가 없는 동일한 집단으로서 의미 있는 비교집단이 된다고 할 것이다. … 군인이나 일반 공무원이 공직 수행 중 얻은 질병으로 퇴직 이후 폐질상태가 확정된 것이라면 그 질병이 퇴직 이후의 생활에 미치는 정도나 사회보장의 필요성 등의 측면에서 차이가 없을 뿐만 아니라 폐질상태가 확정되는 시기는 근무환경이나 질병의 특수성 등 우연한 사정에 의해 좌우될 수 있다는 점에서 볼 때, 위와 같은 차별취급은 합리적인 이유가 없어 정당화되기 어려우므로 평등의 원칙을 규정한 헌법 제11조 제1항에 위반된다(헌재 2010.06.24. 2008헌바128).

 정답 O

 18년 변시

158. 공무원연금제도와 산업재해보상보험제도는 사회보장 형태로서 사회보험이라는 점에 공통점이 있을 뿐, 보험가입자, 보험관계의 성립 및 소멸, 재정조성 주체 등에서 큰 차이가 있어, 「공무원연금법」상의 유족급여수급권자와 「산업재해보상보험법」상의 유족급여수급권자가 본질적으로 동일한 비교집단이라고 보기 어렵다.

해설 공무원연금제도와 산재보험제도는 사회보장 형태로서 사회보험이라는 점에 공통점이 있을 뿐, 보험가입자, 보험관계의 성립 및 소멸, 재정조성 주체 등에서 큰 차이가 있어, 공무원연금법상의 유족급여수급권자와 산재보험법상의 유족급여수급권자가 본질적으로 동일한 비교집단이라고 보기 어렵다(헌재 2014.05.29. 2012헌마555).

 정답 O

17년(3) 모의

159. 선거범죄로 당선이 무효로 된 자에게 이미 반환받은 기탁금과 보전 받은 선거비용을 다시 반환하도록 하는 법률조항이 낙선자를 제외하고 당선자만을 제재대상으로 규정하더라도, 해당 당선자의 평등권을 침해하는 것은 아니다.

해설 공직선거의 후보자들은 모두 당선을 목적으로 하는 이상, 당선자에게만 제재를 부과하는 규정을 두더라도 후보자들은 모두 이를 자신의 제재로 받아들일 것이라서 굳이 낙선자를 제재대상에 포함하지 않더라도 입법목적의 달성의 효과는 동일할 것이므로 낙선자를 제외하고 당선자만 제재대상으로 규정한 이 사건 법률조항이 자의적인 입법으로서 청구인의 평등권을 침해한다고 볼 수 없다(헌재 2011.04.28. 2010헌바232).

 정답 O

23년(3) 모의

160. 위반자의 직급이 다른 경우 이를 고려하더라도 같은 징계사유에 대하여 위반자 사이에서 징계의 종류의 선택과 양정을 달리하여 차별적으로 취급하는 것은 평등의 원칙에 위반된다.

> 해설 같은 정도의 비위를 저지른 자들 사이에 있어서도 그 직무의 특성 등에 비추어, 개전의 정이 있는지 여부에 따라 징계의 종류의 선택과 양정에 있어서 차별적으로 취급하는 것은, 사안의 성질에 따른 합리적 차별로서 이를 자의적 취급이라고 할 수 없는 것이어서 평등원칙 내지 형평에 반하지 아니한다(대판 1999.08.20. 99두2611).

정답

13년 변시, 17년(1) 모의

161. 평등의 원칙은 국민의 기본권 보장에 관한 우리 헌법의 최고원리로서 국가가 입법을 하거나 법을 해석 및 집행함에 있어 따라야 할 기준인 동시에, 국가에 대하여 합리적 이유 없이 불평등한 대우를 하지 말 것과 평등한 대우를 할 것을 요구할 수 있는 근거가 된다.

> 해설 헌법은 그 전문에 "정치, 경제, 사회, 문화의 모든 영역에 있어서 각인의 기회를 균등히 하고"라고 규정하고, 제11조 제1항에 "모든 국민은 법앞에 평등하다"고 규정하여 기회균등 또는 평등의 원칙을 선언하고 있는바, 평등의 원칙은 국민의 기본권 보장에 관한 우리 헌법의 최고원리로서 국가가 입법을 하거나 법을 해석 및 집행함에 있어 따라야할 기준인 동시에, 국가에 대하여 합리적 이유 없이 불평등한 대우를 하지 말것과, 평등한 대우를 요구할 수 있는 모든 국민의 권리로서, 국민의 기본권 중의 기본권인 것이다(헌재 1989.01.25. 88헌가7).

정답

14년(3)·17년(1) 모의

162. 비교의 대상을 이루는 두 개의 사실관계 사이에 서로 상이한 취급을 정당화할 수 있을 정도의 차이가 없음에도 불구하고 두 사실관계를 서로 다르게 취급한다면 평등권을 침해하게 된다.

> 해설 평등의 원칙은 입법자에게 본질적으로 같은 것을 자의적으로 다르게, 본질적으로 다른 것을 자의적으로 같게 취급하는 것을 금하고 있다. 비교의 대상을 이루는 두 개의 사실관계 사이에 서로 상이한 취급을 정당화할 수 있을 정도의 차이가 없음에도 불구하고 두 사실관계를 서로 다르게 취급한다면, 입법자는 이로써 평등권을 침해하게 된다(헌재 2008.10.30. 2006헌마547).

정답

16년(2) 모의

163. 개별사건법률금지의 원칙은 입법자에 대하여 기본권을 제한하는 법률은 일반적 성격을 가져야 한다는 형식을 요구함으로써 평등원칙위반의 위험성을 입법과정에서 미리 제거하려는데 있으므로, 개별사건에만 적용되는 개별사건법률은 그 자체로 평등원칙에 위배된다.

해설 개별법률금지의 원칙은 법률제정에 있어서 입법자가 평등원칙을 준수할 것을 요구하는 것이다(헌재 1996.2.16. 96헌가2). 우리 헌법은 처분적 법률로서 개인대상법률 또는 개별사건법률의 정의를 따로 두고 있지 않음은 물론, 이러한 처분적 법률의 제정을 금하는 명문의 규정도 두고 있지 않은 바, 특정규범이 개인대상 또는 개별사건법률에 해당한다고 하여 그것만으로 바로 헌법에 위반되는 것은 아니라고 할 것이다. 결국 심판대상조항이 일반 국민을 그 규율의 대상으로 하지 아니하고 특정 개인만을 그 대상으로 한다고 하더라도 이러한 차별적 규율이 합리적인 이유로 정당화되는 경우에는 허용된다고 할 것이다(헌재 2005.06.30. 2003헌마841).

정답

16년(2)·22년(2) 모의

164. 헌법상 평등의 원칙은 국가가 언제 어디서 어떤 계층을 대상으로 하여 기본권에 관한 상황이나 제도의 개선을 시작할 것인지를 선택하는 것을 방해하지 않으므로, 제도 개선의 과정에서 일시적으로 존재할 수 있는 차별은 정당화될 수 있다.

해설 헌법상 평등의 원칙은 국가가 언제 어디서 어떤 계층을 대상으로 하여 기본권에 관한 상황이나 제도의 개선을 시작할 것인지를 선택하는 것을 방해하지는 않는다. 말하자면 국가는 합리적인 기준에 따라 능력이 허용하는 범위 내에서 법적 가치의 상향적인 구현을 위한 제도의 단계적 개선을 추진할 수 있는 길을 선택할 수 있어야 한다. 그것이 허용되지 않는다면 모든 사항과 계층을 대상으로 하여 동시에 제도의 개선을 추진하는 예외적인 경우를 제외하고는 어떠한 제도의 개선도 평등의 원칙 때문에 그 시행이 불가능하다는 결과에 이르게 되어 불합리할 뿐만 아니라 평등의 원칙이 실현하고자 하는 가치와도 어긋나기 때문이다(헌재 2002.06.27. 2000헌마642).

정답

16년(1) 모의

165. 검사, 변호사, 법학교수, 의사, 공인회계사, 세무사, 건축사 등 다른 전문직 종사자에 대한 징계처분 취소청구소송은 3심제에 의하도록 하고 있는 것과 달리 법관에 대한 징계처분 취소청구소송을 대법원의 단심재판에 의하도록 하는 것은 합리적 차별이다.

해설 구 법관징계법 제27조는 법관에 대한 징계처분 취소청구소송을 다른 전문직 종사자와 달리 대법원의 단심재판에 의하도록 하여 법관을 차별취급하고 있으나, 법관에 대한 징계의 심의·결정이 준사법절차(법관징계법 제14조, 제16조)를 거쳐서 이루어지는 점, 법관에 대한 징계의 경우 파면·해임·면직 등 신분관계 자체를 변경시키는 중한 징계처분이 존재하지 않는 점, 법관은 독립적으로 사법권을 행사하는 자로서 그 지위를 조속히 안정시킬 필요가 있는 점, 법관에 대한 징계처분 취소청구소송은 피징계자와 동일한 지위를 가진 법관에 의하여 이루어질 수밖에 없는 점 등을 고려하면, 이러한 차별취급에는 합리적인 근거가 있으므로, 구 법관징계법 제27조는 헌법상 평등권을 침해하지 아니한다(헌재 2012.02.23. 2009헌바34).

정답 O

16년(1) 모의

166. 「학교폭력예방 및 대책에 관한 법률」상 학교폭력과 관련하여 가해학생에 대한 조치에 대해 피해학생에게는 모두 재심을 허용하는 것과 달리, 조치의 당사자인 가해학생에게는 전학과 퇴학의 경우만 재심을 허용하는 것은 가해학생을 피해학생과 비교하여 합리적인 이유없이 차별취급하는 것이다.

해설 학교폭력에 대해 가해학생에게 내려진 조치는 피해학생에게도 중대한 영향을 미치는데, 가해학생은 자신에 대한 모든 조치에 대해 당사자로서 소송을 제기할 수 있지만, 피해학생은 그 조치의 당사자가 아니므로 결과에 불만이 있더라도 소송을 통한 권리 구제를 도모할 수 없다. 따라서 가해학생에 대한 모든 조치에 대해 피해학생 측에는 재심을 허용하면서, 소송으로 다툴 수 있는 가해학생 측에는 퇴학과 전학의 경우에만 재심을 허용하고 나머지 조치에 대해서는 재심을 허용하지 않더라도 가해학생과 그 보호자의 평등권을 침해한다고 볼 수 없다(헌재 2013.10.24. 2012헌마832).

정답 ×

16년(1) 모의

167. 건축사, 감정평가사 등 벌금형 선고를 자격 취소사유로 규정하고 있지 아니한 다른 전문직과 달리 공인중개사가 공인중개사법을 위반하여 벌금형을 받은 경우 중개사무소 개설의 필요적 결격 내지 취소사유로 정한 것은 공인중개사의 평등권을 침해한 것이다.

해설 공인중개사는 다른 자격제도와 달리 부동산 거래전반에 직접 관여하면서 매우 광범위하게 국민의 주거생활에 영향을 미치므로, 다른 자격제도보다 가중된 요건을 두었다고 하더라도 자의적인 차별취급으로 보기 어렵다. 따라서 심판대상조항은 평등권을 침해하지 않는다(헌재 2015.05.28. 2013헌가7).

정답 ×

 24년 변시

168. 법관의 명예퇴직수당액에 대하여 정년 잔여기간만을 기준으로 하지 아니하고 임기 잔여기간을 함께 반영하여 산정하도록 한 구 「법관 및 법원공무원 명예퇴직수당 등 지급규칙」 조항으로 인해 법관이 '다른 경력직공무원'에 비하여 명예퇴직수당 지급 여부 및 액수 등에 있어 불이익을 볼 가능성이 있는데, 이는 자의적인 차별에 해당한다.

해설 차별취급에 합리적인 이유가 있는지 여부에 대해 … 그렇다면 심판대상조항이 법관 명예퇴직수당의 요건 중 하나인 정년까지 남은 기간을 산정함에 있어 정년과 임기 중 먼저 도달하는 것을 기준으로 삼고 있다 하더라도, 이는 국가공무원 명예퇴직제도 자체가 퇴직시점에 법적으로 확보된 근속가능기간을 포기하고 자진퇴직하는 경우를 전제로 한다고 볼 수 있는 점, 법관의 신분보장 및 사법권의 독립 측면에서 연임결격사유 등을 엄격하게 해석할 필요가 있음은 별론으로 하더라도 임기만료 시 10년마다 연임절차를 거쳐야 정년까지 근무할 수 있는 법관과 그러한 절차 없이도 정년까지 근무할 수 있는 '다른 경력직공무원'은 법적으로 확보된 근속가능기간 측면에서는 동일하다고 보기 어려운 점 등을 고려한 것으로 볼 수 있는바, 그 합리성이 인정된다고 할 것이다(헌결 2020.04.23. 2017헌마321(전합)).

정답

16년(1) 모의

169. 금고 이상의 실형을 선고받더라도 자격취득은 가능하지만, 사무소 개설등록만 할 수 없는 공인중개사와 달리 행정사는 금고 이상의 실형을 선고받고 그 집행이 끝나거나 집행이 면제된 날부터 3년이 지나지 아니한 사람은 행정사가 될 수 없도록 하는 것은 행정사의 평등권을 침해한다.

해설 이 사건 법률조항이 행정사의 업무 특성을 고려하여, 그 결격사유를 금고 이상의 실형을 선고받더라도 자격취득은 가능하지만 사무소 개설등록만 할 수 없는 공인중개사나, 업무와 관련한 불법행위로 등록취소가 되지 않는 한 자격 취득 자체에는 특별한 제한을 두지 않는 국가기술자격 소지자와 같이 상대적으로 낮은 수준의 공정성 및 신뢰성을 요구하는 다른 국가자격 직역에 비해 다소 엄격하게 규정하고 있는 것은 합리적인 이유가 있는 것이므로, 청구인의 평등권을 침해하지 아니한다(헌재 2015.03.26. 2011헌마131).

정답

14년(1) 모의

170. 적극적 우대조치(affirmative action)란 역사적으로 오랫동안 불평등한 대우를 받던 사회·경제적 약자에 대해 취업·입학 등에 있어 우대함으로써 실질적 평등을 기하려는 것이다.

해설 잠정적 우대조치(적극적 우대조치)라 함은, 종래 사회로부터 차별을 받아 온 일정집단에 대해 그동안의 불이익을 보상하여 주기 위하여 그 집단의 구성원이라는 이유로 취업이나 입학 등의 영역에서 직·간접적으로 이익을 부여하는 조치를 말한다. 잠정적 우대조치의 특징으로는 이러한 정책이 개인의 자격이나 실적보다는 집단의 일원이라는 것을 근거로 하여 혜택을 준다는 점, 기회의 평등보다는 결과의 평등을 추구한다는 점, 항구적 정책이 아니라 구제목적이 실현되면 종료하는 임시적 조치라는 점 등을 들 수 있다(헌재 1999.12.23. 98헌마363).

정답

Ⅱ 심사기준

22년 변시

171. 국민참여재판 배심원의 자격을 만 20세 이상으로 규정한 것은 국민참여재판제도의 취지와 배심원의 권한 및 의무 등 여러 사정을 종합적으로 고려하여 만 20세에 이르기까지 교육 및 경험을 쌓은 자로 하여금 배심원의 책무를 담당하도록 한 것이므로 만 20세 미만의 자를 자의적으로 차별한 것은 아니다.

> **해설** 심판대상조항이 우리나라 국민참여재판제도의 취지와 배심원의 권한 및 의무 등 여러 사정을 종합적으로 고려하여 만 20세에 이르기까지 교육 및 경험을 쌓은 자로 하여금 배심원의 책무를 담당하도록 정한 것은 입법형성권의 한계 내의 것으로 자의적인 차별이라고 볼 수 없다(헌재 2021.05.27. 2019헌가19).

정답 ○

22년(2) 모의

172. 사회적 신분에 대한 차별금지와 같이 헌법 제11조 제1항 후문에서 예시된 사유가 있는 경우에는 절대적으로 차별을 금지할 것이 요구되므로 입법자에게 인정되는 입법형성권이 제한되어 평등권 침해 여부의 심사에서 엄격한 기준을 적용해야 한다.

> **해설** 이 사건 법률조항은 '성별'을 기준으로 병역의무를 달리 부과하도록 한 규정이고, 이는 헌법 제11조 제1항 후문이 예시하는 사유에 기한 차별임은 분명하다. 그러나 헌법 제11조 제1항 후문의 위와 같은 규정은 불합리한 차별의 금지에 초점이 있고, 예시한 사유가 있는 경우에 절대적으로 차별을 금지할 것을 요구함으로써 입법자에게 인정되는 입법형성권을 제한하는 것은 아니다. 우리 헌법은 '근로', '혼인과 가족생활' 등 인간의 활동의 주요부분을 차지하는 영역으로서 성별에 의한 불합리한 차별적 취급을 엄격하게 통제할 필요가 있는 영역에 대하여는 양성평등 보호규정(제32조 제4항, 제36조 제1항)을 별도로 두고 있으며, 헌법재판소는 위와 같이 헌법이 특별히 양성평등을 요구하는 경우에는 엄격한 심사기준을 적용하여 왔으나, 이 사건 법률조항은 그에 해당한다고 보기 어렵다. 병역법에서 구체화된 국방의 의무를 이행함에 있어서 그 의무자의 기본권이 여러 가지 면에서 제약을 받게 되는 점은 인정되나, 이는 헌법상의 국방의 의무의 규정에 의하여 이미 예정되어 있는 것으로서, 국가나 공익목적을 위하여 개인이 특별한 희생을 하는 것이라고 할 수 없으므로 관련 기본권에 대한 중대한 제한이 인정된다고 보기는 어렵다. 나아가 징집 대상자의 범위를 정하는 문제는 그 목적이 국가안보와 직결되어 있고, 그 성질상 급변하는 국내외 정세 등에 탄력적으로 대응하면서 최적의 전투력을 유지할 수 있도록 합목적적으로 정해야 하는 사항이기 때문에, 본질적으로 입법자 등의 입법형성권이 매우 광범위하게 인정되어야 하는 영역이다. 결국 이 사건 법률조항이 헌법이 특별히 평등을 요구하는 경우나 관련 기본권에 중대한 제한을 초래하는 경우의 차별취급을 그 내용으로 하고 있다고 보기 어려운 점, 징집대상자의 범위 결정에 관하여는 입법자의 광범위한 입법형성권이 인정되는 점에 비추어, 이 사건 법률조항이 평등권을 침해하는지 여부는 완화된 심사척도에 따라 자의금지원칙 위반 여부에 의하여 판단하기로 한다(헌재 2010.11.25. 2006헌마328).

정답 ×

13년·16년·17년·22년 변시, 17년(1)·18년(2)·19년(1)·23년(2) 모의

173. 대한민국 국민인 남자에 한하여 병역의무를 부과하는「병역법」조항은 우리 헌법이 특별히 명시적으로 차별을 금지하는 사유인 '성별'을 기준으로 병역의무를 부과하므로 이 조항이 평등권을 침해하는지 여부에 대해서는 자의금지원칙이 아닌 비례성원칙에 따른 심사를 하여야 한다.

해설 이 사건 법률조항은 '성별'을 기준으로 병역의무를 달리 부과하도록 한 규정이고, 이는 헌법 제11조 제1항 후문이 예시하는 사유에 기한 차별임은 분명하다. 그러나 헌법 제11조 제1항 후문의 위와 같은 규정은 불합리한 차별의 금지에 초점이 있고, 예시한 사유가 있는 경우에 절대적으로 차별을 금지할 것을 요구함으로써 입법자에게 인정되는 입법형성권을 제한하는 것은 아니다. … 징집 대상자의 범위를 정하는 문제는 그 목적이 국가안보와 직결되어 있고, 그 성질상 급변하는 국내외 정세 등에 탄력적으로 대응하면서 최적의 전투력을 유지할 수 있도록 합목적적으로 정해야 하는 사항이기 때문에, 본질적으로 입법자 등의 입법형성권이 매우 광범위하게 인정되어야 하는 영역이다. 결국 이 사건 법률조항이 헌법이 특별히 평등을 요구하는 경우나 관련 기본권에 중대한 제한을 초래하는 경우의 차별취급을 그 내용으로 하고 있다고 보기 어려운 점, 징집대상자의 범위 결정에 관하여는 입법자의 광범위한 입법형성권이 인정되는 점에 비추어, 이 사건 법률조항이 평등권을 침해하는지 여부는 완화된 심사척도에 따라 자의금지원칙 위반 여부에 의하여 판단하기로 한다(헌재 2010.11.25. 2006헌마328).

정답 ×

21년(2) 모의

174. 헌법 제39조 제2항은 누구든지 병역의무의 이행으로 인하여 불이익한 처우를 받지 아니한다고 규정하고 있으며 이는 병역의무를 이행한 사람에게 보상조치를 취하거나 특혜를 부여할 의무를 국가에게 지우는 것은 아니다.

해설 헌법 제39조 제1항에서 국방의 의무를 국민에게 부과하고 있는 이상 병역법에 따라 군복무를 하는 것은 국민이 마땅히 하여야 할 이른바 신성한 의무를 다 하는 것일 뿐, 그러한 의무를 이행하였다고 하여 이를 특별한 희생으로 보아 일일이 보상하여야 한다고 할 수는 없는 것이므로, 헌법 제39조 제2항은 병역의무를 이행한 사람에게 보상조치를 취하거나 특혜를 부여할 의무를 국가에게 지우는 것이 아니라, 법문 그대로 병역의무의 이행을 이유로 불이익한 처우를 하는 것을 금지하고 있을 뿐인데, 제대군인지원에관한법률 제8조 제1항 및 제3항, 동법시행령 제9조에 의한 가산점제도는 이러한 헌법 제39조 제2항의 범위를 넘어 제대군인에게 일종의 적극적 보상조치를 취하는 제도라고 할 것이므로 이를 헌법 제39조 제2항에 근거한 제도라고 할 수 없고, 제대군인은 헌법 제32조 제6항에 규정된 "국가유공자·상이군경 및 전몰군경의 유가족"에 해당하지 아니하므로 이 헌법조항도 가산점제도의 근거가 될 수 없으며, 달리 헌법상의 근거를 찾아볼 수 없다(헌재 1999.12.23. 98헌마363).

정답 ○

20년(3)·21년(3) 모의

175. 부담금은 국민의 재산권을 제한하여 일반 국민이 아닌 특별한 의무자집단에 대하여 부과되는 특별한 재정책임으로, 평등원칙의 적용에 있어서 부담금의 문제는 합리성의 문제로서 자의금지원칙에 의한 심사 대상이다.

> **해설** 부담금은 국민의 재산권을 제한하여 일반 국민이 아닌 특별한 의무자집단에 대하여 부과되는 특별한 재정책임이므로, 납부의무자들을 일반 국민들과 달리 취급하여 이들을 불리하게 대우함에 있어서 합리적인 이유가 있어야 하며 자의적인 차별은 납부의무자들의 평등권을 침해한다. 평등원칙의 적용에 있어서 부담금의 문제는 합리성의 문제로서 자의금지원칙에 의한 심사 대상인데, 선별적 부담금의 부과라는 차별이 합리성이 있는지 여부는 그것이 행위 형식의 남용으로서 앞서 본 부담금의 헌법적 정당화 요건을 갖추었는지 여부와 관련이 있다(헌재 2019.12.27. 2017헌가21).

정답 O

20년(3) 모의

176. 선거방송 대담·토론회 등에 대한 구체적인 형성 및 그에 관한 초청 요건 등은 원칙적으로 입법정책의 문제로서 입법자의 입법형성의 자유에 속하는 사항이므로, 선거운동의 기회균등원칙과 관련한 평등권을 침해하는지 여부를 심사함에 있어서는 완화된 합리성 심사에 의하는 것이 타당하다.

> **해설** 선거방송 대담·토론회 등에 대한 구체적인 형성 및 그에 관한 초청 요건 등은 원칙적으로 입법정책의 문제로서 입법자의 입법형성의 자유에 속하는 사항이다. 그렇다면 이 사건 토론회조항이 선거운동의 기회균등원칙과 관련한 평등권을 침해하는지 여부를 심사함에 있어서는 완화된 합리성 심사에 의하는 것이 타당하다(헌재 2019.09.26. 2018헌마128).

정답 O

19년 변시

177. 출입국관리에 관한 사항 중 외국인의 입국에 관한 사항은 주권국가로서의 기능을 수행하는데 필요한 것으로서 광범위한 정책재량의 영역이므로, 국적에 따라 사증 발급 신청 시의 첨부서류에 관해 다르게 정하고 있는 조항이 평등권을 침해하는지 여부는 자의금지원칙 위반 여부에 의하여 판단한다.

> **해설** 출입국관리에 관한 사항 중 외국인의 입국에 관한 사항은 주권국가로서의 기능을 수행하는데 필요한 것으로서 광범위한 정책재량의 영역이므로, 심판대상조항(국적에 따라 사증발급 신청 시 첨부서류에 대해 다르게 정하고 있는 조항)들이 청구인의 평등권을 침해하는지 여부는 자의금지원칙 위반 여부에 의하여 판단하기로 한다(헌재 2014.04.24. 2011헌마474).

정답 O

19년(3) 모의

178. **(1)** 가산점제도는 국가유공자 등과 그 유족에게 우선적 근로기회를 제공하여 생활안정을 도모하고 국가에 봉사할 기회를 부여하기 위한 것으로, 그 입법목적은 헌법 제37조 제2항의 공공복리의 달성을 위한 것으로서 정당하다.

(2) 헌법적 요청이 있는 경우에는 합리적 범위 안에서 능력주의가 제한될 수 있지만, 단지 법률적 차원의 정책적 관점에서 능력주의의 예외를 인정하려면 해당 공익과 일반응시자의 공무담임권의 차별 사이에 엄밀한 법익형량이 이루어져야만 한다.

해설 이 사건 조항이 규정하는 가산점제도의 목적은 국가에 공헌하면서 신체적·정신적, 재정적 어려움을 겪어 통상 일반인에 비해 수험준비가 상대적으로 미흡하게 되는 국가유공자 등과 그 유·가족에게 가산점을 부여함으로써 우선적 근로기회를 제공하여 생활안정을 도모하고, 이들이 국가에 봉사할 수 있는 기회를 부여하는 데 있다(헌재 2001.02.22. 2000헌마25). 이러한 입법목적은 헌법 제32조 제6항의 취지를 반영한 것이거나, 헌법 제37조 제2항의 공공복리의 달성을 위한 것으로서 정당하다. 또한 그러한 가산점제도는 국가유공자와 그 유족 등이 공직에 채용될 수 있도록 지원하는 역할을 함으로써 입법목적의 달성을 촉진하고 있다고 할 것이므로 정책수단으로서의 적합성도 가지고 있다. … 이 사건에서 볼 때 헌법 제32조 제6항은 '국가유공자 본인'에 대하여 우선적 근로기회를 용인하고 있으며, 이러한 우선적 근로기회의 부여에는 공직 취임에 상대적으로 더 유리하게 가산점을 부여받는 것도 포함된다고 볼 수 있다. 그러나 '국가유공자의 가족'의 경우 그러한 가산점의 부여는 헌법이 직접 요청하고 있는 것이 아니다. 다만 보상금급여 등이 불충분한 상태에서 국가유공자의 가족에 대한 공무원시험에서의 가산점제도는 국가를 위하여 공헌한 국가유공자들에 대한 '예우와 지원'을 확대하는 차원에서 입법정책으로서 채택된 것이라 볼 것이다. 그러한 입법정책은 능력주의 또는 성과주의를 바탕으로 하여야 하는 공직취임권의 규율에 있어서 중요한 예외를 구성하며, 이는 능력과 적성에 따라 공직에 취임할 수 있는 균등한 기회를 보장받는 것을 뜻하는 일반 국민들의 공무담임권을 제약하는 것이다. 헌법적 요청이 있는 경우에는 합리적 범위 안에서 능력주의가 제한될 수 있지만(헌재 2001.02.22. 2000헌마25), 단지 법률적 차원의 정책적 관점에서 능력주의의 예외를 인정하려면 해당 공익과 일반응시자의 공무담임권의 차별 사이에 엄밀한 법익형량이 이루어져야만 할 것이다(헌재 2006.02.23. 2004헌마675,981,1022(병합)).

정답 ◯, ◯

 12년·13년 변시, 15년(2)·19년(3) 모의

179. **(1)** 헌법 제32조 제6항의 "국가유공자·상이군경 및 전몰군경의 유가족은 법률이 정하는 바에 의하여 우선적으로 근로의 기회를 부여 받는다"는 규정은 전몰군경의 유가족을 제외한 국가유공자의 가족에 대한 가산점의 근거가 될 수 있다.

(2) "국가유공자·상이군경 및 전몰군경의 유가족은 법률이 정하는 바에 의하여 우선적으로 근로의 기회를 부여받는다."고 규정한 헌법 제32조 제6항의 대상자는 문리해석대로 "국가유공자", "상이군경", 그리고 "전몰군경의 유가족"이라고 보아야 하고, 국가유공자의 가족이 공무원채용시험에 응시하는 경우 만점의 10%를 가산하도록 규정하고 있는 법률조항은 일반 응시자와의 차별의 효과가 지나치므로 헌법에 합치되지 아니한다.

해설 종전 결정에서 헌법재판소는 헌법 제32조 제6항의 "국가유공자·상이군경 및 전몰군경의 유가족은 법률이 정하는 바에 의하여 우선적으로 근로의 기회를 부여받는다."는 규정을 넓게 해석하여, 이 조항이 국가유공자 본인뿐만 아니라 가족들에 대한 취업보호제도(가산점)의 근거가 될 수 있다고 보았다. 그러나 오늘날 가산점의 대상이 되는 국가유공자와 그 가족의 수가 과거에 비하여 비약적으로 증가하고 있는 현실과, 취업보호대상자에서 가족이 차지하는 비율, 공무원시험의 경쟁이 갈수록 치열해지는 상황을 고려할 때, 위 조항의 폭넓은 해석은 필연적으로 일반 응시자의 공무담임의 기회를 제약하게 되는 결과가 될 수 있으므로 위 조항은 엄격하게 해석할 필요가 있다. 이러한 관점에서 위 조항의 대상자는 조문의 문리해석대로 "국가유공자", "상이군경", 그리고 "전몰군경의 유가족"이라고 봄이 상당하다. … 이 사건 조항의 경우 명시적인 헌법적 근거 없이 국가유공자의 가족들에게 만점의 10%라는 높은 가산점을 부여하고 있는바, 그러한 가산점 부여 대상자의 광범위성과 가산점 10%의 심각한 영향력과 차별효과를 고려할 때, 그러한 입법정책만으로 헌법상의 공정경쟁의 원리와 기회균등의 원칙을 훼손하는 것은 부적절하며, 국가유공자의 가족의 공직 취업기회를 위하여 매년 많은 일반 응시자들에게 불합격이라는 심각한 불이익을 입게 하는 것은 정당화될 수 없다. 이 사건 조항의 차별로 인한 불평등 효과는 입법목적과 그 달성수단 간의 비례성을 현저히 초과하는 것이므로, 이 사건 조항은 청구인들과 같은 일반 공직시험 응시자들의 평등권을 침해한다. 또한 이 사건 조항이 공무담임권의 행사에 있어서 일반 응시자들을 차별하는 것이 평등권을 침해하는 것이라면, 같은 이유에서 이 사건 조항은 그들의 공무담임권을 침해하는 것이다. … 이 사건 조항의 위헌성은 국가유공자 등과 그 가족에 대한 가산점제도 자체가 입법정책상 전혀 허용될 수 없다는 것이 아니고, 그 차별의 효과가 지나치다는 것에 기인한다. 그렇다면 입법자는 공무원시험에서 국가유공자의 가족에게 부여되는 가산점의 수치를, 그 차별효과가 일반 응시자의 공무담임권 행사를 지나치게 제약하지 않는 범위 내로 낮추고, 동시에 가산점 수혜 대상자의 범위를 재조정하는 등의 방법으로 그 위헌성을 치유하는 방법을 택할 수 있을 것이다. 따라서 이 사건 조항의 위헌성의 제거는 입법부가 행하여야 할 것이므로 이 사건 조항에 대하여는 헌법불합치결정을 하기로 한다(헌재 2006.02.23. 2004헌마675). ▶ 헌법 제32조 제6항은 차별을 정당화할 수 있는 헌법규정에 해당하므로 전몰군경의 유가족에게 국가공무원 7급 공채시험에서 만점 10%에 해당하는 가산점을 부여하는 것은 완화된 비례의 원칙이 적용

정답 ×, ○

18년(1) 모의

180. **국가가 국가유공자에게 예우할 구체적인 의무의 내용이나 범위, 그 방법·시기 등은 국가의 재정부담능력과 전체적인 사회보장의 수준, 국가유공자에 대한 평가기준 등에 따라 정하여지는 입법자의 광범위한 입법형성의 영역에 속하는 것으로 기본적으로는 자의금지원칙에 입각하여 그 평등원칙의 위배여부를 판단한다.**

해설 법에 의한 국가유공자 등에 대한 예우는 생명 또는 신체의 손상이라는 특별한 희생에 대한 국가 보상적 내지 국가 보훈적 성격을 띠는 한편, 장기간에 걸쳐 수급권자의 생활보호를 위하여 주어지는 특성을 가지고 있으므로 사회보장적 성질도 겸하고 있다고 하지 않을 수 없다. 따라서 국가가 국가유공자에게 예우할 구체적인 의무의 내용이나 범위, 그 방법·시기 등은 국가의 재정부담능력과 전체적인 사회보장의 수준, 국가유공자에 대한 평가기준 등에 따라 정하여지는 입법자의 광범위한 입법형성의 자유영역에 속하는 것으로 기본적으로는 국가의 입법정책에 달려 있다고 할 것이다. …

공상공무원의 경우, … 국가유공자로서의 예우를 국가의 재정능력, 전체적인 사회보장의 수준과 국가에 대한 공헌과 희생의 정도 등을 감안하여 합리적인 범위 내에서 단계적으로 확대, 조정 실시해 왔다고 할 수 있다. 그렇다면, 일반 공상공무원의 경우 위와 같은 생활보조수당, 간호수당, 보철구수당, 학자금지급 등의 혜택은 주어지되, 국가에 대한 공헌과 희생, 업무의 위험성의 정도, 국가의 재정상태 등을 고려하여 군인·경찰상이공무원과 달리 연금 및 사망일시금은 지급하지 않는다고 해서 이를 합리적 이유 없는 차별이라고 단정할 수 없다. 그리고 군인, 경찰 이외의 일반 공상공무원의 경우도 연금지급을 확대하는 것이 바람직하다고 하더라도, 국가예산이나 재정, 전체적인 사회보장의 수준 등을 고려하여 단계적인 입법을 통하여 해결하는 것이 합리적이고 타당한 방안이라고 할 것이며, 위와 같은 이유로 이를 평등의 원칙이나 평등권을 침해하여 위헌이라고 할 수는 없다고 할 것이다(헌재 2001.06.28. 99헌바32).

정답

23년(2) 모의

181. 능력에 따라 균등하게 교육을 받을 권리를 규정한 헌법 제31조 제1항은 헌법 제11조의 일반적 평등조항에 대한 특별규정으로서 교육의 영역에서 평등원칙을 실현하고자 하는 것인바, 교육시설의 입학에서 능력 외의 다른 요소에 근거한 차별에 대해서는 엄격한 비례성 심사가 요청된다.

해설 헌법 제31조 제1항은 "모든 국민은 능력에 따라 균등하게 교육을 받을 권리를 가진다."라고 규정하여 국민의 교육을 받을 권리를 보장하고 있고, 그 '교육을 받을 권리'는 국가로부터 교육에 필요한 시설의 제공을 요구할 수 있는 권리 및 각자의 능력에 따라 교육시설에 입학하여 배울 수 있는 권리를 국민의 기본권으로서 보장하면서, 한편, 국민 누구나 능력에 따라 균등한 교육을 받을 수 있게끔 노력해야 할 의무와 과제를 국가에게 부과하고 있는 것이다. 그런데, '각자의 능력에 따라 교육시설에 입학하여 배울 수 있는 권리'의 대상인 국가의 교육시설은 그 물적, 인적 한계 등으로 말미암아 입학자격조건을 정하는 데 있어서 능력에 따른 차별이 가능한 영역으로서, 입법적 재량범위가 넓은 영역이라고 할 것이다.(헌재 2011. 06.30. 2010헌마503(전합)).

정답

 13년·17년 변시, 15년(2) 모의

182. 국가유공자 본인이 국가기관이 실시하는 채용시험에 응시하는 경우에 10%의 가점을 주도록 한 「국가유공자 등 예우 및 지원에 관한 법률」 조항은 헌법 제32조 제6항에서 특별히 평등을 요구하고 있는 경우에 해당하므로, 이에 대해서는 엄격한 비례성 심사에 따라 평등권 침해 여부를 심사하여야 한다.

해설 이 사건 조항은 국가유공자 등과 그 가족 누구에게나 국가기관 등의 채용시험에서 필기·실기·면접시험마다 만점의 10%의 가산점을 주도록 하고 있다. … 종전 결정은 국가유공자와 그 가족에 대한 가산점제도는 모두 헌법 제32조 제6항에 근거를 두고 있으므로 평등권 침해 여부에 관하여 보다 완화된 기준을 적용한 비례심사를 하였으나, 국가유공자 본인의 경우는 별론으로 하고, 그 가족의 경우는 위에서 본 바와 같이 헌법 제32조 제6항이 가산점제도의 근거라고 볼 수 없으므로 그러한 완화된 심사는 부적절한 것이다(헌재 2006.02.23. 2004헌마675). ▶ 국가유공자 본인의 경우 완화된 비례심사, 그 가족의 경우 엄격한 비례심사를 한다는 것으로 해석

정답 ×

12년 변시, 14년(3) 모의

183. 제대군인이 공무원채용시험 등에 응시한 때에 과목별 득점에 과목별 만점의 5% 또는 3%를 가산하는 제대군인가산점제도는, 헌법에서 특별히 평등을 요구하고 있는 경우 및 차별적 취급으로 인하여 관련 기본권에 대한 중대한 제한을 초래하게 된 경우에 해당하므로 비례원칙에 따른 심사를 하여야 한다.

해설 전체여성 중의 극히 일부분만이 제대군인에 해당될 수 있는 반면, 남자의 대부분은 제대군인에 해당하므로 가산점제도는 실질적으로 성별에 의한 차별이고, 가산점을 받을 수 있는 현역복무를 하게 되는지 여부는 병역의무자의 의사와 관계없이 징병검사의 판정결과, 학력, 병력수급의 사정에 따라 정해지는 것이므로 가산점제도는 현역복무나 상근예비역 소집근무를 할 수 있는 신체건장한 남자와 그렇지 못한 남자, 즉 병역면제자와 보충역복무를 하게 되는 자를 차별하는 제도이다. … 평등위반 여부를 심사함에 있어 엄격한 심사척도에 의할 것인지, 완화된 심사척도에 의할 것인지는 입법자에게 인정되는 입법형성권의 정도에 따라 달라지게 될 것이나, 헌법에서 특별히 평등을 요구하고 있는 경우와 차별적 취급으로 인하여 관련 기본권에 대한 중대한 제한을 초래하게 된다면 입법형성권은 축소되어 보다 엄격한 심사척도가 적용되어야 할 것인바, 가산점제도는 헌법 제32조 제4항이 특별히 남녀평등을 요구하고 있는 "근로" 내지 "고용"의 영역에서 남성과 여성을 달리 취급하는 제도이고, 또한 헌법 제25조에 의하여 보장된 공무담임권이라는 기본권의 행사에 중대한 제약을 초래하는 것이기 때문에 엄격한 심사척도가 적용된다(헌재 1999.12.23. 98헌마363).

정답 ○

14년(1) 모의

184. 헌법재판소는 국·공립학교 채용시험의 동점자처리에서 국가유공자 및 그 가족에게 우선권을 부여하는 것이 평등권을 침해하는지 여부에 대한 심사에서 엄격심사를 하였다.

해설 일반적인 평등원칙 내지 평등권의 침해 여부에 대한 위헌심사기준은 합리적인 근거가 없는 자의적 차별인지 여부이지만, 만일 입법자가 설정한 차별이 기본권의 행사에 있어서의 차별을 가져온다면 그러한 차별은 목적과 수단 간의 엄격한 비례성이 준수되었는지가 심사되어야 한다. 이 사건 동점자처리조항은 공직취임에서 일반 응시자들을 차별하는 것이며, 이러한 기본권 행사에 있어서의 차별은 차별목적과 수단 간에 엄격한 비례성을 갖추어야만 헌법 제37조 제2항이 정한 과잉금지의 원칙에 합치되어 정당화될 수 있을 것이다(헌재 2006.06.29. 2005헌마44).

 정답 ○

18년(2) 모의

185. **교육부장관이 학교법인 이화학당에 대한 법학전문대학원 설치인가 중 여성만을 입학자격요건으로 하는 입학전형계획을 인정한 것은 헌법이 명시적으로 금지한 남녀차별에 해당하므로 비례성심사를 하였다.**

해설 교육부장관의 이 사건 인가처분은 학교법인 이화학당이 법학전문대학원 설치인가를 받기 위해 제출한 입학전형계획을 그대로 인정함으로써 남성인 청구인의 직업선택의 자유를 제한하고 있다. 그러나 한편으로 학교법인 이화학당은 헌법 제31조 제4항의 대학의 자율성의 주체인바, 학교법인 이화학당의 법학전문대학원 입학전형계획은 학교법인 이화학당이 학생의 선발 및 입학 전형에 관하여 대학의 자율성을 행사한 것이고, 이 사건 인가처분은 이러한 대학의 자율성 행사를 보장하는 것이다. 따라서 이 사건 인가처분에 의하여 청구인의 직업선택의 자유와 사립대학의 자율성이라는 두 기본권이 충돌하게 된다. … 교육부장관이 이화여자대학교에 법학전문대학원 설치인가를 한 것은 대학의 교육역량에 대한 객관적인 평가에 따른 것이지 여성 우대를 목적으로 한 것이 아니며, 설치인가를 하면서 이화여자대학교의 이 사건 모집요강 내용을 그대로 인정한 것은 여자대학으로서의 전통을 유지하려는 이화여자대학교의 대학의 자율성을 보장하고자 한 것이므로, 이 사건 인가처분은 그 목적의 정당성과 수단의 적합성이 인정된다. [3] 학생의 선발, 입학의 전형도 사립대학의 자율성의 범위에 속한다는 점, 여성 고등교육기관이라는 이화여자대학교의 정체성에 비추어 여자대학교라는 정책의 유지 여부는 대학 자율성의 본질적인 부분에 속한다는 점, 이 사건 인가처분으로 인하여 남성인 청구인이 받는 불이익이 크지 않다는 점 등을 고려하면, 이 사건 인가처분은 청구인의 직업선택의 자유와 대학의 자율성이라는 두 기본권을 합리적으로 조화시킨 것이며 양 기본권의 제한에 있어 적정한 비례관계를 유지한 것이라고 할 것이다. 따라서 이 사건 인가처분이 청구인의 직업선택의 자유를 침해한다고 할 수 없다(헌재 2013.05.30. 2009헌마514).

18년(2) 모의

186. **자기의 직계존속을 살해한 자를 일반 살인죄를 저지른 자와 비교하여 가중처벌하는 「형법」 규정은 헌법이 원칙적으로 금지한 신분에 의한 차별일 뿐 아니라 생명권이나 신체의 자유 등에 대한 중대한 차별을 초래하므로 엄격한 비례성심사를 하였다.**

해설 헌법 제11조 제1항의 평등의 원칙은 일체의 차별적 대우를 부정하는 절대적 평등을 의미하는 것이 아니라 입법과 법의 적용에 있어서 합리적 근거 없는 차별을 하여서는 아니 된다는 상대적 평등을 뜻하고, 따라서 합리적 근거 있는 차별 내지 불평등은 평등의 원칙에 반하는 것이 아니므로, 이 사건 법률조항이 비속을 차별 취급하더라도 거기에 합리적 근거가 있다면 헌법상의 평등의 원칙에 위배된다고 할 수 없다(헌재 2013.07.25. 2011헌바267).

18년(2) 모의

187. **산업연수생이 연수라는 명목 하에 사업주의 지시·감독을 받으면서 사실상 노무를 제공하고 수당 명목의 금품을 수령하는 등 실질적인 근로관계에 있는 경우에도 '근로기준**

> 법'이 보장한 근로기준 중 주요사항을 외국인 산업연수생에 대하여만 적용되지 않도록 하는 것은, 자본주의 경제질서 하에서 근로자가 기본적 생활수단을 확보하고 인간의 존엄성을 보장받기 위하여 최소한의 근로조건을 요구할 수 있는 자유권적 기본권의 성격도 겸유하는 외국인 산업연수생의 일할 환경에 대한 권리에 대한 중대한 차별이므로 비례성심사를 하였다.

해설 헌법 제11조 제1항이 규정하고 있는 평등의 원칙은 일체의 차별적 대우를 부정하는 절대적 평등을 의미하는 것이 아니라 법의 적용이나 입법에 있어서 불합리한 조건에 의한 차별을 하여서는 안된다는 것을 뜻하고, 따라서 합리적 근거 없이 차별하는 경우에 한하여 평등의 원칙에 위반된다. 이 사건 노동부 예규는 근로의 권리를 어느 범위까지 보호할 것인가에 관한 것인바, 이는 헌법에서 특별히 평등을 요구하는 부분이 아니고 특히 근로의 권리는 사회권적 기본권으로서의 성격이 강하여 그 보호범위를 제한하는 것이 기본권에 대한 중대한 침해가 된다고 보기도 어려우므로 평등권심사에 있어서의 완화된 심사기준인 자의금지원칙에 따라 판단하여야 할 것이다(헌재 2007.08.30. 2004헌마670).

정답

18년(2)·23년(2) 모의

188.
> (1) 헌법 제36조 제1항으로부터 도출되는 혼인과 가족생활에 대한 차별금지의 명령은 헌법 제11조 제1항의 평등원칙이 혼인과 가족생활의 영역에서 구체화된 것으로, 혼인이나 가족생활을 근거로 한 합리적 이유 없는 자의적인 차별을 금지하는 것으로 국한되며, 차별의 이유와 차별의 내용 사이에 적정한 비례적 균형관계가 이루어져 있는지에 대해서까지 심사할 필요는 없다.
>
> (2) 1세대 3주택 이상에 해당하는 주택에 대하여 양도소득세 중과세를 규정하고 있는 「소득세법」 규정은 주택 양도소득세를 부과할 때 '1세대'를 과세단위로 함으로써 혼인으로 인하여 새로이 1세대 3주택 이상 보유자가 되어 그 규정의 적용을 받는 경우에도 예외를 인정하지 않고 있으나, 이는 혼인의 순결 등을 보장하고자 하는 헌법 제36조 제1항과는 무관할 뿐 아니라 혼인이나 가족관계를 결정적 근거로 한 차별 취급이라고도 볼 수 없으며, 단지 합리적인 조세제도 운용에서 파생된 부수적인 결과물이라 할 것이므로 비례성심사가 아닌 자의금지심사를 하였다.

해설 헌법 제36조 제1항은 "혼인과 가족생활은 개인의 존엄과 양성의 평등을 기초로 성립되고 유지되어야 하며, 국가는 이를 보장한다."고 규정하여 혼인과 가족생활에 불이익을 주지 않을 것을 명하고 있고, 이는 적극적으로 적절한 조치를 통하여 혼인과 가족을 지원하고 제3자에 의한 침해로부터 혼인과 가족을 보호해야 할 국가의 과제와 소극적으로 불이익을 야기하는 제한 조치를 통하여 혼인과 가족생활을 차별하는 것을 금지해야 할 국가의 의무를 포함하는 것이다. 이러한 헌법원리로부터 도출되는 차별금지의 명령은 헌법 제11조 제1항의 평등원칙과 결합하여 혼인과 가족을 부당한 차별로부터 보호하고자 하는 목적을 지니고 있고, 따라서 특정한 조세 법률조항이 혼인이나 가족생활을 근거로 부부 등 가족이 있는 자를 혼인하지 아니한 자 등에 비하여 차별 취급하는 것이라면 비례의 원칙에 의한 심사에 의하여 정당화되지 않는 한 헌법 제36조 제1항에 위반된다 할 것이다. 이는 단지 차별의 합리적인 이유의 유무만을 확인하는 정도를 넘어, 차별의 이유와 차별의 내용 사이에 적정한 비례적 균형관계가 이루어져 있는지에 대해서도 심사하여야 한다는 것을 의미하고, 위와 같은 헌법원리는 조세 관련 법령에서 과세단위를 정하는 것이 입법자의 입법형성의 재량에 속하는 정책적 문제라고 하더라도 그 한계로서 적용되는 것이다(헌재 2011.11.24. 2009헌바146).

정답 ×,×

18년(1) 모의

189. 비례심사의 경우에는 단순히 합리적인 이유의 존부 문제가 아니라 차별을 정당화하는 이유와 차별 간의 상관관계에 대한 심사, 즉 비교대상 간의 사실상의 차이의 성질과 비중 또는 입법목적(차별목적)의 비중과 차별의 정도에 적정한 균형관계가 이루어져 있는가를 심사한다.

 자의심사의 경우에는 차별을 정당화하는 합리적인 이유가 있는지만을 심사하기 때문에 그에 해당하는 비교대상간의 사실상의 차이나 입법목적(차별목적)의 발견·확인에 그치는 반면에, 비례심사의 경우에는 단순히 합리적인 이유의 존부문제가 아니라 차별을 정당화하는 이유와 차별간의 상관관계에 대한 심사, 즉 비교대상간의 사실상의 차이의 성질과 비중 또는 입법목적(차별목적)의 비중과 차별의 정도에 적정한 균형관계가 이루어져 있는가를 심사한다(헌재 2001.02.22. 2000헌마25).

정답 ○

17년(3) 모의

190. 헌법에서 특별히 평등을 요구하고 있는 경우나, 차별적 취급으로 인하여 관련 기본권에 대한 중대한 제한을 초래하게 되는 경우에는 입법형성권은 축소되어 보다 엄격한 심사척도가 적용되어야 하며, 합리적 이유의 유무를 심사하는 것에 그치지 아니하고 차별취급의 목적과 수단 간에 엄격한 비례관계가 성립하는지를 기준으로 심사한다.

 헌법에서 특별히 평등을 요구하고 있는 경우나, 차별적 취급으로 인하여 관련 기본권에 대한 중대한 제한을 초래하게 되는 경우에는 입법형성권은 축소되어 보다 엄격한 심사척도가 적용되어야 할 것이다. 여기서 엄격한 심사를 한다는 것은 자의금지원칙에 따른 심사, 즉 합리적 이유의 유무를 심사하는 것에 그치지 아니하고 비례성원칙에 따른 심사, 즉 차별취급의 목적과 수단 간에 엄격한 비례관계가 성립하는지를 기준으로 한 심사를 행함을 의미한다(헌재 2011.10.25. 2010헌마661).

정답 ○

17년 변시

191. 자기 또는 배우자의 직계존속을 고소하지 못하도록 규정한 「형사소송법」 조항은 친고죄의 경우든 비친고죄의 경우든 헌법상 보장된 재판절차진술권의 행사에 중대한 제한을 초래한다고 보기는 어려우므로, 완화된 자의심사에 따라 차별에 합리적 이유가 있는지를 따져 보는 것으로 족하다.

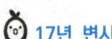 친고죄에 있어서는 이 사건 법률조항으로 인하여 비속인 범죄피해자는 예외적인 경우를 제외하고는 원칙적으로 재판절차진술권의 행사를 보장받지 못하게 되므로 재판절차진술권의 행사에 중

대한 제한을 받게 됨을 부정할 수 없다. 그러나, 일부 범죄에 대하여는 특별법으로 직계존속의 경우에도 고소를 할 수 있도록 규정하고 있어, 형법상 친고죄로 규정된 범죄 중 실제로 이 사건 법률조항의 규율 대상이 되는 범죄는 비밀침해죄(제316조), 업무상비밀누설죄(제317조) 등 몇몇에 불과한 형편이다. 또한 가해자인 직계존속이 법정대리인인 경우에는 피해자인 비속이 직접 고소할 수는 없지만, 비속의 친족이 고소하여 형사절차를 진행시킬 수 있으며(형사소송법 제226조 참조), 존속의 비속에 대한 대부분의 재산범죄에는 친족상도례가 적용되므로 고소의 실익도 좁혀진다. 이러한 점들을 고려해 볼 때 친고죄의 경우든 비친고죄의 경우든 이 사건 법률조항이 재판절차진술권의 중대한 제한을 초래한다고 보기는 어려우므로, 이 사건 법률조항이 평등원칙에 위반되는지 여부에 대한 판단은 완화된 자의심사에 따라 차별에 합리적인 이유가 있는지를 따져보는 것으로 족하다 할 것이다 (헌재 2011.02.24. 2008헌바56).

정답 O

 17년 변시

192. 종합부동산세의 과세방법을 '세대별 합산'으로 규정한 「종합부동산세법」 조항이 혼인이나 가족생활을 근거로 부부 등 가족이 있는 자를 혼인하지 아니한 자 등에 비하여 차별 취급하더라도, 과세단위를 정하는 것은 입법자의 입법형성의 재량에 속하는 정책적 문제이므로, 그 차별이 헌법 제36조 제1항에 위반되는지 여부는 자의금지원칙에 의한 심사를 통하여 판단하면 족하다.

 헌법 제36조 제1항은 "혼인과 가족생활은 개인의 존엄과 양성의 평등을 기초로 성립되고 유지되어야 하며, 국가는 이를 보장한다."고 규정하여 혼인과 가족생활에 불이익을 주지 않을 것을 명하고 있고, 이는 적극적으로 적절한 조치를 통하여 혼인과 가족을 지원하고 제3자에 의한 침해로부터 혼인과 가족을 보호해야 할 국가의 과제와, 소극적으로 불이익을 야기하는 제한 조치를 통하여 혼인과 가족생활을 차별하는 것을 금지해야 할 국가의 의무를 포함하는 것이다. 이러한 헌법원리로부터 도출되는 차별금지의 명령은 헌법 제11조 제1항의 평등원칙과 결합하여 혼인과 가족을 부당한 차별로부터 보호하고자 하는 목적을 지니고 있고, 따라서 특정한 조세 법률조항이 혼인이나 가족생활을 근거로 부부 등 가족이 있는 자를 혼인하지 아니한 자 등에 비하여 차별 취급하는 것이라면 비례의 원칙에 의한 심사에 의하여 정당화되지 않는 한 헌법 제36조 제1항에 위반된다 할 것이다(헌재 2008. 11.13. 2006헌바112).

정답 ×

 17년 변시

193. 중등교사 임용시험에서 복수전공 및 부전공 교원자격증소지자에게 가산점을 부여하고 있는 「교육공무원법」 조항에 의해 복수·부전공 가산점을 받지 못하는 자가 불이익을 입는다고 하더라도 이를 공직에 진입하는 것 자체에 대한 제약이라 할 수 없어, 그러한 가산점 제도에 대하여는 자의금지원칙에 따른 심사척도를 적용하여야 한다.

해설 헌법재판소는 평등위반심사를 함에 있어 엄격한 심사척도에 의하여야 할 경우로서, 첫째 헌법이 차별의 근거로 삼아서는 아니되는 기준 또는 차별을 금지하고 있는 영역을 제시하고 있음에도 그러한 기준을 근거로 한 차별이나 그러한 영역에서의 차별의 경우, 둘째 차별적 취급으로 인하여 관련 기본권에 대한 중대한 제한을 초래하게 되는 경우를 들고 있다. 이 사건 복수·부전공 가산점은 헌법이 정하고 있는 차별금지 사유나 영역에는 해당하지 아니하므로, 평등실현요청에 위배되는지 여부를 심사하기 위한 기준을 설정함에 있어서는 이 사건 복수·부전공 가산점으로 인한 차별이 공직취임에 대한 중대한 제한인지 여부가 문제된다. 그런데 중등교사 임용시험에서 이 사건 복수·부전공 가산점을 받지 못하는 자가 입을 수 있는 불이익은 공직에 진입하는 것 자체에 대한 제약이라는 점에서 당해 기본권에 대한 중대한 제한이므로 이 사건 복수·부전공 가산점 규정의 위헌 여부에 대하여는 엄격한 심사척도를 적용함이 상당하다(헌재 2006.06.29. 2005헌가13).

 ×

14년(3)·16년(2) 모의

194. 헌법에서 특별히 평등을 요구하고 있는 경우 또는 차별적 취급으로 인하여 관련 기본권에 대한 중대한 제한을 초래하게 된다면 보다 엄격한 심사척도가 적용된다.

해설 평등위반 여부를 심사함에 있어 엄격한 심사척도에 의할 것인지, 완화된 심사척도에 의할 것인지는 입법자에게 인정되는 입법형성권의 정도에 따라 달라지게 될 것이나, 헌법에서 특별히 평등을 요구하고 있는 경우와 차별적 취급으로 인하여 관련 기본권에 대한 중대한 제한을 초래하게 된다면 입법형성권은 축소되어 보다 엄격한 심사척도가 적용되어야 한다(헌재 1999.12.23. 98헌바33).

 ○

16년(2) 모의

195. 사람이나 사항에 대한 불평등대우가 기본권으로 보호된 자유의 행사에 불리한 영향을 미칠 수 있는 정도가 크면 클수록 입법자의 형성의 여지에 대해서는 그만큼 더 좁은 한계가 설정된다.

해설 입법자가 설정한 차별이 기본권에 관련된 차별을 가져온다면 헌법재판소는 그러한 차별에 대해서는 자의금지 내지 합리성 심사를 넘어서 목적과 수단 간의 엄격한 비례성이 준수되었는지를 심사하여야 한다. 이 경우 사람이나 사항에 대한 불평등대우가 기본권으로 보호된 자유의 행사에 불리한 영향을 미칠 수 있는 정도가 크면 클수록, 입법자의 형성의 여지에 대해서는 그만큼 더 좁은 한계가 설정되므로, 헌법재판소는 보다 엄격한 심사척도를 적용한다(헌재 2003.09.25. 2003헌마30).

 ○

제❷항 ▌ 평등권 침해 여부

23년(2)(3)모의

196. 국회의원과 지방의회의원은 그 지위나 성격, 기능, 활동범위, 정치적 역할, 정치자금의 수요 등에 있어서 본질적으로 다른 점이 있으므로, 국회의원을 후원회지정권자로 정하

면서 지방의회의원을 후원회지정권자에서 제외한 것은 합리적인 이유가 있으므로 지방의회의원들의 평등권을 침해하지 않는다.

> **해설** 현재 지방의회의원에게 지급되는 의정활동비 등은 의정활동에 전념하기에 충분하지 않고, 지방의회는 유능한 신인정치인의 유입 통로가 되므로, 지방의회의원에게 후원회를 지정할 수 없도록 하는 것은 경제력을 갖추지 못한 사람의 정치입문을 저해할 수도 있다. 따라서 심판대상조항이 국회의원과 달리 지방의회의원을 후원회지정권자에서 제외하고 있는 것은 불합리한 차별로서 청구인들의 평등권을 침해한다(헌재 2022.11.24. 2019헌마528, 631, 632, 655)

197. 광역자치단체장선거의 예비후보자를 후원회지정권자에서 제외하여, 국회의원선거의 예비후보자에게 후원금을 기부하고자 하는 자와 광역자치단체장선거의 예비후보자에게 후원금을 기부하고자 하는 자를 달리 취급하는 것은 합리적 차별에 해당하고 입법재량의 한계를 일탈한 것은 아니다.

> **해설** … 그동안 정치자금법이 여러 차례 개정되어 후원회지정권자의 범위가 지속적으로 확대되어 왔음에도 불구하고, 국회의원선거의 예비후보자 및 그 예비후보자에게 후원금을 기부하고자 하는 자와 광역자치단체장선거의 예비후보자 및 이들 예비후보자에게 후원금을 기부하고자 하는 자를 계속하여 달리 취급하는 것은, 불합리한 차별에 해당하고 입법재량을 현저히 남용하거나 한계를 일탈한 것이다. 따라서 심판대상조항 중 광역자치단체장선거의 예비후보자에 관한 부분은 청구인들 중 광역자치단체장선거의 예비후보자 및 이들 예비후보자에게 후원금을 기부하고자 하는 자의 평등권을 침해한다(헌재 2019.12.27. 2018헌마301). ▶ 특별시장·광역시장·특별자치시장·도지사·특별자치도지사 선거의 예비후보자를 후원회지정권자에서 제외하고 있는 '광역자치단체장선거의 예비후보자'에 관한 부분은 평등권을 침해하지만, 자치구의회의원 선거의 예비후보자를 후원회지정권자에서 제외하고 있는 '자치구의회의원선거의 예비후보자'에 관한 부분은 평등권을 침해하지 않는다고 판단했음에 주의

20년(3) 모의

198. 지역구국회의원선거와 자치구의회의원선거의 각 예비후보자는 모두 해당 공직선거에 출마한 사람들로서 그 정치적 역할 등에서 본질적으로 동일함에도 불구하고 자치구의회의원선거의 예비후보자만 후원회지정권자에서 제외하는 것은 자치구의회의원선거의 예비후보자의 평등권을 침해한다.

> **해설** 자치구의회의원은 대통령, 국회의원과는 그 지위나 성격, 기능, 활동범위, 정치적 역할 등에서 본질적으로 다르다. 자치구의회의원의 활동범위는 해당 자치구의 지역 사무에 국한되고, 그에 수반하여 정치자금을 필요로 하는 정도나 소요자금의 양에서도 현격한 차이가 있을 수밖에 없다. 그리고 이러한 차이를 후원회를 둘 수 있는 자의 범위와 관련하여 입법에 어느 정도 반영할 것인가 하는 문제는 입법자가 결정할 국가의 입법정책에 관한 사항으로서 입법재량 내지 형성의 자유가 인정되는

영역이다. 자치구의회의원의 경우 선거비용 이외에 정치자금의 필요성이 크지 않으며 선거비용 측면에서도 대통령선거나 국회의원선거에 비하여 선거운동 기간이 비교적 단기여서 상대적으로 선거비용이 적게 드는 점 등에 비추어 보면, 국회의원선거의 예비후보자와 달리 자치구의회의원선거의 예비후보자에게 후원회를 통한 정치자금의 조달을 불허하는 것에는 합리적인 이유가 있다. 따라서 심판대상조항 중 자치구의회의원선거의 예비후보자에 관한 부분은 청구인들 중 자치구의회의원선거의 예비후보자 및 이들 예비후보자에게 후원금을 기부하고자 하는 자의 평등권을 침해한다고 볼 수 없다(헌재 2019.12.27. 2018헌마301).

199. 「부마민주항쟁 관련자의 명예회복 및 보상 등에 관한 법률」은 부마민주항쟁이 단기간 사이에 집중적으로 발생한 민주화운동이라는 상황적 특수성을 감안하여 민주화운동에 관한 일반법과 별도로 제정된 것인데, 부마민주항쟁을 이유로 30일 미만 구금된 자를 보상금 또는 생활지원금의 지급대상에서 제외하여 부마민주항쟁 관련자 중 8.1%만 보상금 및 생활지원금을 지급받는 결과에 이르게 한 것은 이 법을 별도로 제정한 목적과 취지에 반하여 평등권을 침해한다.

해설 이 사건 생활지원금 조항은 부마민주항쟁을 이유로 30일 이상 구금된 자, 부마민주항쟁과 관련하여 상이를 입은 자 또는 질병을 앓고 있는 자로서 그 정도가 경미하여 보상금을 받지 못한 자, 재직기간 1년 이상인 해직자 및 그 유족에 대하여 생활을 보조하기 위한 지원금을 지급할 수 있도록 하고 있다. 그런데 위에서 본 바와 같이 생활지원금을 비롯한 부마항쟁보상법상 보상금 등은 배·보상 외에 사회보장적 성격도 가지고 있는바, 국가는 관련자의 경제활동이나 사회생활에 미치는 영향, 생활정도 등을 고려하여 지급대상자와 지원금의 액수를 정하여 지급할 수 있으므로 위와 같은 요건을 갖춘 자들에 한하여 생활지원금을 지급할 수 있도록 하는 것이 불합리하다고 보기는 어렵다. 이상의 점을 종합하여 보면, 심판대상조항이 30일 미만 구금된 자와 유죄판결을 받은 자로서 '관련자' 결정을 받은 자를 보상금과 생활지원금의 지급대상에 포함시키지 않았다고 하더라도, 그 차별이 현저하게 불합리하거나 자의적인 차별이라고 보기 어렵다. 따라서 심판대상조항은 청구인의 평등권을 침해하지 않는다(헌재 2019.04.11. 2016헌마418).

200. 일정한 범위의 공공기관 및 공기업으로 하여금 매년 정원의 100분의 3 이상씩 15세 이상 34세 이하의 청년 미취업자를 채용하도록 한 것은, 합리적 이유 없이 능력주의 내지 성적주의를 배제한 채 단순히 생물학적인 나이를 기준으로 특정 연령층에게 특혜를 부여함으로써 35세 이상 미취업자들의 평등권을 침해한다.

해설 청년할당제는 일정 규모 이상의 기관에만 적용되고, 전문적인 자격이나 능력을 요하는 경우에는 적용을 배제하는 등 상당한 예외를 두고 있다. 더욱이 3년 간 한시적으로만 시행하며, 청년할당제가 추구하는 청년실업해소를 통한 지속적인 경제성장과 사회 안정은 매우 중요한 공익인 반면, 청년할당제가 시행되더라도 현실적으로 35세 이상 미취업자들이 공공기관 취업기회에서 불이익을 받을 가능성은 크다고 볼 수 없다. 따라서 이 사건 청년할당제가 청구인들의 평등권, 공공기관 취업의 자유를 침해한다고 볼 수 없다(헌재 2014.08.28. 2013헌마553).

정답 ×

21년 변시

201. **애국지사는 일제 국권침탈에 반대하거나 항거한 당사자로서 조국의 자주독립을 위해 직접 공헌하고 희생한 사람이고, 순국선열의 유족은 일제 국권침탈에 반대하거나 항거하다가 사망한 당사자의 유가족으로서, 두 집단은 본질적으로 다른 집단이므로 같은 서훈 등급임에도 애국지사 본인에게 높은 보상금 지급액 기준을 두고 있는 것은 평등권을 침해하지 않는다.**

해설 애국지사는 일제의 국권침탈에 반대하거나 항거한 사실이 있는 당사자로서 조국의 자주독립을 위하여 직접 공헌하고 희생한 사람이지만, 순국선열의 유족은 일제의 국권침탈에 반대하거나 항거하다가 그로 인하여 사망한 당사자의 유가족으로서 독립유공자법이 정하는 바에 따라 그 공로에 대한 예우를 받는 지위에 있다. 독립유공자의 유족에 대하여 국가가 독립유공자법에 의한 보상을 하는 것은 유족 그 자신이 조국의 자주독립을 위하여 직접 공헌하고 희생하였기 때문이 아니라, 독립유공자의 공헌과 희생에 대한 보은과 예우로서 그와 한가족을 이루고 가족공동체로서 함께 살아온 그 유족에 대하여서도 그에 상응한 예우를 하기 위함이다. 애국지사 본인과 순국선열의 유족은 본질적으로 다른 집단이므로, 같은 서훈 등급임에도 순국선열의 유족보다 애국지사 본인에게 높은 보상금 지급액 기준을 두고 있다 하여 곧 청구인의 평등권이 침해되었다고 볼 수 없다(헌재 2018.01.25. 2016헌마319).

정답 ○

21년 변시

202. **보훈보상대상자의 부모에 대한 유족보상금 지급 시 수급권자를 부모 중 1인에 한정하고 나이가 많은 자를 우선하도록 한 것은, 구체적인 보상 내용 등의 사항이 국가의 재정부담능력, 전체적인 사회보장 수준, 보훈보상대상자에 대한 평가 기준 등에 따라 정해질 수밖에 없으므로, 나이가 적은 부모 일방의 평등권을 침해하지 않는다.**

해설 심판대상조항은 국가가 보훈보상대상자의 유족인 부모에게 보상금을 지급함에 있어 합리적인 이유 없이 보상금 수급권자의 수를 일률적으로 제한하고, 부모 중 나이가 많은 자와 그렇지 않은 자를 합리적인 이유 없이 차별하고 있으므로 나이가 적은 부모의 평등권을 침해하여 헌법에 위반된다(헌재 2018.06.28. 2016헌가14).

정답 ×

21년 변시, 15년(2) 모의

203. 생활수준 등을 고려하여 독립유공자의 손자녀 1명에게 보상금을 지급하도록 하면서 같은 순위의 손자녀가 2명 이상이면 나이가 많은 손자녀를 우선하도록 한 것은, 결국 나이를 기준으로 하여 연장자에게 우선하여 보상금을 지급하는 것이어서 보상금수급권이 갖는 사회보장적 성격에 부합하지 아니하므로, 보상금을 받지 못한 손자녀의 평등권을 침해한다.

해설 이 사건 법률조항들은 독립유공자의 손자녀 중 선순위자 1명에게만 보상금을 지급하도록 하면서 같은 순위의 손자녀가 2명 이상인 경우에는 그 중 나이가 많은 자를 우선하도록 하여, 동일한 독립유공자의 손자녀간에 독립유공자법에 따른 보훈에 있어 차별 취급이 존재하는바 평등권 침해 여부가 문제된다. … 위와 같은 독립유공자법 및 그 시행령의 개정은 협의가 되지 않을 경우 보상금 수급권자 지정에 있어 손자녀의 생활수준이 우선적으로 고려되도록 한 것으로, 이는 유족의 생활 안정과 복지 향상을 도모하기 위하여 보상금이 가장 필요한 손자녀에게 보상금을 지급하여 보상금 수급권의 실효성을 보장하면서 아울러 국가의 재정부담 능력도 고려한 것으로 보인다. 아울러 독립유공자법은 2018. 4. 6. 법률 제15550호 개정으로 제14조의5를 신설하여 독립유공자의 손자녀 중 독립유공자법 제12조에 따른 보상금을 받지 아니하는 사람에게 기준 중위소득 등 생활수준을 고려하여 생활안정을 위한 지원금을 지급할 수 있도록 규정함으로써, 이 사건 법률조항들에 의해 후순위로 결정되어 보상금을 지급받지 못하는 손자녀들에 대한 생활보호 대책을 마련하고 독립유공자법에 따른 보훈에 있어 손자녀간의 형평성도 고려하였다. 위와 같은 사정을 종합해 볼 때, 이 사건 법률조항들에 나타난 입법자의 선택이 명백히 그 재량을 일탈한 것이라고 보기 어려우므로, 이 사건 법률조항들은 청구인의 평등권을 침해하지 아니한다(헌재 2018.06.28. 2015헌마304).

21년(3) 모의

204. 「국가유공자법」에서 6·25전몰군경자녀 중 나이가 많은 자를 6·25전몰군경자녀수당의 선순위 수급권자로 정했다 하더라도, 자녀 간 협의에 의하여 그들 중 1명을 지정한 경우에는 그 사람에게 수당을 지급하도록 하는 등의 일정한 예외조항이 마련되어 있으므로 불합리한 차별이라고 할 수 없다.

해설 국가유공자법은 나이를 기준으로 이 사건 수당 지급을 달리하는 것에 따른 문제점을 시정하기 위하여 6·25전몰군경자녀 간 협의에 의하여 그들 중 1명을 이 사건 수당을 받을 사람으로 지정한 경우에는 그 사람에게 이 사건 수당을 지급하도록 하거나 국가유공자를 주로 부양한 사람을 우선하도록 하는 일정한 예외조항을 마련해 놓고 있기는 하다(국가유공자법 제13조 제2항). 그러나 6·25전몰군경자녀 간에 협의가 되지 않을 경우에는 이 사건 법률조항으로 돌아가 여전히 나이에 따른 차별이 발생하게 된다는 점, 이 사건 수당의 지급대상이 되는 6·25전몰군경자녀의 평균연령을 고려했을 때 특별한 사정이 없는 한 6·25전몰군경자녀가 1953년 7월 27일 이전 및 「참전유공자 예우 및 단체설립에 관한 법률」 별표에 따른 전투기간 중에 전사하거나 순직한 전몰군경 또는 순직군경을 직접 부양하였을 가능성이 높지 않아 주부양자를 가리는 것이 큰 의미가 없다는 점을 고려하면, 위와 같은 예외조항으로 인하여 이 사건 법률조항이 초래하는 불합리한 차별의 문제점이 해소된다고 볼 수는 없다(헌재 2021.03.25. 2018헌가6).

▶ 『국가유공자 등 예우 및 지원에 관한 법률』 중 '자녀 중 1명'에 한정하여 6·25전몰군경자녀수당을 지급하도록 한 부분 및 법조항에 따른 선순위인 사람 가운데 '나이가 많은' 자녀에게 6·25전몰군경자녀수당을 지급하도록 한 부분은 평등권에 침해되어 헌법에 합치되지 아니한다고 판단, 2022.12.31.을 시한으로 입법자가 개정할 때까지 계속 적용 헌법불합치 결정을 내린 사안이다. 앞선 두 문제에서 i) 헌재 2018.06.28. 2016헌가14결정(보훈보상대상자 지원에 관한 법률 제11조 제1항 제2호 등 위헌제청)은 보훈보상대상자의 부모에 대한 유족보상금 지급 시 수급권자를 부모 중 1인 한정하고 연장자를 우선하도록 한 것이 합리적인 이유 없이 보상금 수급권자의 수를 일률적으로 제한하고, 부모 중 나이가 많은 자와 그렇지 않은 자를 차별하고 있으므로 나이가 적은 부모의 평등권 침해한다고 보았고, ii) 헌재 2018.06.28. 2015헌마304결정(독립유공자예우에 관한 법률 제12조 제2항 등 위헌확인)에서 독립유공자의 손자녀 중 '일률적으로' 1명에게만 보상금을 지급하면서, 독립유공자의 선순위 자녀의 자녀에 해당하는 손자녀가 2명 이상인 경우에 나이가 많은 손자녀를 우선하도록 규정한 것은 평등권을 침해하지 않는다고 판단한 것에 주의할 필요가 있다.

정답 ✕

19년(1) 모의

205. 선발예정인원이 3명 이하인 채용시험의 경우 「국가유공자 등 예우 및 지원에 관한 법률」상 가점을 받을 수 없도록 한 것은 국가유공자 자녀의 평등권을 침해한다.

해설 국가유공자법상 가산점 제도는 일반 응시자가 부여받을 수 있는 근로의 기회를 축소시키게 되므로, 이러한 제도 형성에 있어서는 일반 국민의 채용기회 확보와 국가유공자 등에 대한 보호 사이에 적절한 조화를 이루도록 하는 것이 필요하다. 심판대상조항이 선발예정인원 3명 이하인 채용시험에서 취업지원 대상자가 국가유공자법상 가점을 받지 못하게 한 것은 채용시험의 핵심인 균등한 기회 제공을 통한 공정경쟁이라는 가치가 형해화되지 않도록 하기 위한 부득이한 조치로서 이것이 현저히 합리성을 결여한 자의적인 차별이라고 보기 어려우므로, 심판대상조항은 청구인의 평등권을 침해하지 않는다(헌재 2016.09.29. 2014헌마541).

정답 ✕

21년(3) 모의

206. 정당가입 금지조항이 초·중등학교 교원에 대해서는 정당가입의 자유를 금지하면서 대학의 교원에게는 허용하는 것은, 양자 간 직무의 본질과 내용, 근무 태양이 다른 점을 고려한 합리적인 차별이므로 평등원칙에 위배되지 않는다.

해설 현행 교육법령은, 초·중등학교의 교원 즉 교사는 법령이 정하는 바에 따라 학생을 교육하는 자이고(교육기본법 제9조, 초·중등교육법 제20조 제3항), 반면에 대학의 교원은 학생을 교육·지도하고 학문을 연구하되 학문연구만을 전담할 수 있다(고등교육법 제15조 제2항)고 하여 양자의 직무를 달리 규정하고 있다. 뿐만 아니라, 초·중등학교의 교육은 일반적으로 승인된 기초적인 지식의 전달에 중점이 있는데 비하여, 대학의 교육은 학문의 연구·활동과 교수기능을 유기적으로 결합하여 학문의 발전과 피교육자인 대학생들에 대한 교육의 질을 높일 필요성이 있기 때문에 대학교원의 자격기준도 이와 같은 기능을 수행할 수 있는 능력을 갖출 것이 요구된다. 그렇다면 초·중등학교 교원에 대해서는 정당가입과 선거운동의 자유를 금지하면서 대학교원에게는 이를 허용한다 하더라도, 이는 양자간 직무의 본질이나 내용 그리고 근무태양이 다른 점을 고려할 때 합리적인 차별이라고 할 것이므로 청구인이 주장하듯 헌법상의 평등권을 침해한 것이라고 할 수 없다(헌재 2004.03.25. 2001헌마710).

정답

207. 자율형 사립고의 도입목적은 고교평준화 제도의 기본 틀을 유지하면서 고교평준화 제도의 문제점으로 지적된 획일성을 보완하기 위해 고교 교육의 다양화를 추진하고, 학습자의 소질·적성 및 창의성 개발을 지원하며, 학생·학부모의 다양한 요구 및 선택기회 확대에 부응하는 것이어서 과학고의 경우와 같이 재능이나 소질을 가진 학생을 후기학교보다 먼저 선발할 필요성이 있음에도 불구하고 자사고를 후기학교로 규정함으로써 과학고와 달리 취급하고, 일반고와 같이 취급하는 것은 자사고 학교법인의 평등권을 침해한다.

해설 자사고의 도입목적은 고교평준화 제도의 기본 틀을 유지하면서 고교평준화 제도의 문제점으로 지적된 획일성을 보완하기 위해 고교 교육의 다양화를 추진하고, 학습자의 소질·적성 및 창의성 개발을 지원하며, 학생·학부모의 다양한 요구 및 선택기회 확대에 부응하는 것이다. 그러나 자사고의 교육과정 편성·운영 기준은 일반고와 동일하다. 실제 자사고의 교육과정 운영사례도 일반고와 다르지 않고 대학입시를 위한 교육에 치중하고 있음은 앞서 본 바와 같다. 그렇다면 과학고의 경우 '과학 분야의 인재 양성'이라는 설립 취지나 전문적인 교육과정의 측면에서 과학 분야에 재능이나 소질을 가진 학생을 후기학교보다 먼저 선발할 필요성을 인정할 수 있으나, 자사고의 경우 교육 과정 등을 고려할 때 후기학교보다 먼저 특정한 재능이나 소질을 가진 학생을 선발할 필요성은 적다고 보인다. 따라서 이 사건 동시선발 조항이 자사고를 후기학교로 규정함으로써 과학고와 달리 취급하고, 일반고와 같이 취급하는 데에는 합리적인 이유가 있으므로, 이 사건 동시선발 조항은 청구인 학교법인의 평등권을 침해하지 아니한다(헌재 2019.04.11. 2018헌마221).

정답 ×

208. 교수·연구 분야에 전문성이 뛰어난 교사들로서 교사의 교수·연구활동을 지원하는 임무를 부여받고 있는 수석교사를 성과상여금 등의 지급과 관련하여 교장이나 장학관 등과 달리 취급하고 있지만 이는 이들의 직무 및 직급이 다른 것에서 기인하는 합리적인 차별이다.

해설 성과상여금 등과 관련하여 수석교사를 교장 등, 장학관 등과 달리 취급하는 것은 직무 및 직급의 차이로 인한 것이고, 수석교사제도의 도입취지를 반영하여 수석교사에게 연구활동비 지급 및 수업부담 경감의 우대를 하고 있는 점을 고려하면, 위와 같은 차별에는 합리적인 이유가 있다. 따라서 심판대상조항들은 청구인들의 평등권을 침해하지 않는다(헌재 2019.04.11. 2018헌마491).

정답 ○

🕐 20년 변시

209. 대한민국 국적을 가지고 있는 영유아 중에서도 재외국민 영유아를 보육료·양육수당 지원대상에서 제외하는 보건복지부지침은 국내에 거주하면서 재외국민인 영유아를 양육하는 부모들을 합리적 이유 없이 차별하는 것이 아니다.

해설 국가와 지방자치단체는 보호자와 더불어 영유아를 건전하게 보육할 책임을 지며(영유아보육법 제4조 제2항), 영유아보육법(이하 '법'이라 한다)의 보육 이념 중 하나는 영유아가 어떠한 종류의 차별도 받지 아니하고 보육되어야 한다는 것이다(제3조 제3항). 보육료는 어린이집을 이용하는 영유아의 출석일수에 따라 해당 어린이집으로 보육료를 입금하는 방식으로 지원되고, 영유아가 출국 후 91일째 되는 날에는 보육료 지원이 정지된다(법 제34조 제1항, 법 시행규칙 제35조의3, 보건복지부지침). 양육수당 역시 영유아가 90일 이상 해외에 장기 체류하는 경우에는 그 기간 동안 비용의 지원을 정지하도록 하였다(법 제34조의2 제3항). 이와 같은 법의 목적과 보육이념, 보육료·양육수당 지급에 관한 법 규정을 종합할 때, 보육료·양육수당은 영유아가 국내에 거주하면서 국내에 소재한 어린이집을 이용하거나 가정에서 양육되는 경우에 지원이 되는 것으로 제도가 마련되어 있다. 단순한 단기체류가 아니라 국내에 거주하는 재외국민, 특히 외국의 영주권을 보유하고 있으나 상당한 기간 국내에서 계속 거주하고 있는 자들은 주민등록법상 재외국민으로 등록·관리될 뿐 '국민인 주민'이라는 점에서는 다른 일반 국민과 실질적으로 동일하므로, 단지 외국의 영주권을 취득한 재외국민이라는 이유로 달리 취급할 아무런 이유가 없어 위와 같은 차별은 청구인들의 평등권을 침해한다(헌재 2018.01.25. 2015헌마1047).

정답

20년(3) 모의

210. 교사의 교수·연구활동을 지원하는 임무를 담당하고 있는 수석교사와 교무를 통할·총괄하고 소속 교직원을 지도·감독하는 관리 임무를 담당하고 있는 교장은 직무 및 직급에 있어서 차이가 있으므로, 성과상여금 등의 지급과 관련하여 수석교사와 교장을 달리 취급하더라도 수석교사들의 평등권을 침해하지 않는다.

해설 수석교사는 교수·연구 분야에 전문성이 뛰어난 교사들로서 교사의 교수·연구 활동을 지원하는 임무를 부여받고 있어, 교무를 통할·총괄하고 소속 교직원을 지도·감독하는 관리 임무가 부여된 교장 등과 부여받은 직무가 서로 다르며, 수석교사 임용을 교장 등의 승진임용과 동일시 할 수 없어 교장 등과 직급이 같다고도 할 수 없다. … 성과상여금 등과 관련하여 수석교사를 교장 등과 달리 취급하는 것은 직무 및 직급의 차이로 인한 것이고, 수석교사제도의 도입취지를 반영하여 수석교사에게 연구활동비 지급 및 수업부담 경감의 우대를 하고 있는 점을 고려하면, 위와 같은 차별에는 합리적인 이유가 있다. 따라서 심판대상조항들은 청구인들(수석교사)의 평등권을 침해하지 않는다(헌재 2020.02.27. 2019헌마526).

정답

20년(3) 모의

211. 국가인권위원회의 인권위원이 퇴직 후 2년간 교육공무원이 아닌 공무원으로 임명될 수 없도록 하는 것은 위원의 직무상의 공정성과 염결성을 확보하기 위한 입법목적을 가진 것이지만, 그 효과와 입법목적 사이의 연관성이 객관적으로 명확하지 아니하여 수단의 적합성이 결여되었다.

해설 … 이 사건 법률조항은 위원의 직무상의 공정성과 염결성을 확보하기 위한 입법목적을 가진 것이지만 그 효과와 입법목적 사이의 연관성이 객관적으로 명확하지 아니하여 국민생활에 기초가 되는 중요한 기본권인 참정권과 직업선택의 자유를 제한함에 있어서 갖추어야 할 수단의 적합성이 결여되었고, 위 기본권 제한으로 인한 피해가 최소화되지 못하였으며, 동 피해가 중대한 데 반하여 이 사건 법률조항을 통하여 달성하려는 공익적 효과는 상당히 불확실한 것으로서 과잉금지의 원칙에 위배된다(헌재 2004.01.29. 2002헌마788). ▶ 위 법률조항이 인권위원을 합리적 이유없이 다른 공직자와 차별대우하는 것으로 평등의 원칙에 위배된다고 판단한 사안

정답 O

16년(1) · 23년(3) 모의

212. 전문과목을 표시한 치과의원에게 그 표시한 전문과목에 해당하는 환자만을 진료하도록 하는 것은, 전문과목을 표시하더라도 진료범위에 대하여 제한을 받지 않는 의사전문의나 한의사전문의에 비하여 치과전문의를 차별취급하고 있으나, 의사전문의, 한의사전문의와 치과전문의 사이에는 본질적인 차이가 있으므로 치과전문의의 평등권을 침해하지 않는다.

해설 1차 의료기관의 전문과목 표시와 관련하여 의사전문의, 한의사전문의와 치과전문의 사이에 본질적인 차이가 있다고 볼 수 없으므로, 의사전문의, 한의사전문의와 달리 치과전문의의 경우에만 전문과목의 표시를 이유로 진료범위를 제한하는 것은 합리적인 근거를 찾기 어렵고, 치과일반의는 전문과목을 불문하고 모든 치과 환자를 진료할 수 있음에 반하여, 치과전문의는 치과의원에서 전문과목을 표시하였다는 이유로 자신의 전문과목 이외의 다른 모든 전문과목의 환자를 진료할 수 없게 되는바, 이는 보다 상위의 자격을 갖춘 치과 의사에게 오히려 훨씬 더 좁은 범위의 진료행위만을 허용하는 것으로서 합리적인 이유를 찾기 어렵다. 따라서 심판대상조항은 청구인들의 평등권을 침해한다(헌재 2015.05.28. 2013헌마799).

정답 ×

16년 변시

213. 1983. 1. 1. 이후 출생한 A형 혈우병 환자에 한하여 유전자재조합제제에 대한 요양급여를 인정하는 보건복지부고시는 제도의 단계적 개선을 위한 합리적 이유가 있어 1983. 1. 1. 이전에 출생한 A형 혈우병 환자들의 평등권을 침해하지 않는다.

해설 종래에는 A형 혈우병 환자들에 대하여 유전자재조합제제를 요양급여 대상으로 인정하지 아니하다가 처음 혈우병 약제를 투여받는 자와 면역능이 저하되어 감염의 위험성이 큰 HIV 양성 환자에

게도 유전자재조합제제를 요양급여 대상으로 확대, 개선하고 다시 이 사건 고시 조항에서 '1983. 1. 1. 이후에 출생한 환자'도 요양급여를 받을 수 있도록 규정한 것은 제도의 단계적인 개선에 해당한다고 볼 수 있으므로 요양급여를 받을 환자의 범위를 한정한 것 자체는 평등권 침해의 문제가 되지 않으나, 그 경우에도 수혜자를 한정하는 기준은 합리적인 이유가 있어 그 혜택으로부터 배제되는 자들의 평등권을 해하지 않는 것이어야 한다. 그런데 이 사건 고시조항이 수혜자 한정의 기준으로 정한 환자의 출생 시기는 그 부모가 언제 혼인하여 임신, 출산을 하였는지와 같은 우연한 사정에 기인하는 결과의 차이일 뿐, 이러한 차이로 인해 A형 혈우병 환자들에 대한 치료제인 유전자재조합제제의 요양급여 필요성이 달라진다고 할 수는 없으므로, A형 혈우병 환자들의 출생 시기에 따라 이들에 대한 유전자재조합제제의 요양급여 허용 여부를 달리 취급하는 것은 합리적인 이유가 있는 차별이라고 할 수 없다. 따라서 이 사건 고시 조항은 청구인들의 평등권을 침해하는 것이다(헌재 2012.06.27. 2010헌마716).

정답 ×

16년 변시

214. **행정관서요원으로 근무한 공익근무요원과는 달리, 국제협력요원으로 근무한 공익근무요원을 「국가유공자 등 예우 및 지원에 관한 법률」에 의한 보상에서 제외한 구 「병역법」 조항은 병역의무의 이행이라는 동일한 취지로 소집된 요원임에도 합리적인 이유 없이 양자를 차별하고 있어 평등권을 침해한다.**

해설 국제협력요원과 행정관서요원을 달리 취급하는 것을 입법형성권을 벗어난 자의적인 것이라고 할 수 없어, 이 사건 조항은 헌법상의 평등권을 침해하지 아니한다(헌재 2010.07.29. 2009헌가13).

정답 ×

15년(3) 모의

215. **입법자가 전문자격제도의 내용인 결격사유를 정함에 있어 변호사의 경우 변리사나 공인중개사보다 더 가중된 요건을 규정하였다고 하더라도 평등권을 침해하였다고 할 수 없다.**

해설 변리사나 공인중개사의 업무는 법률사무 전반을 직무 영역으로 하는 변호사의 경우에 비하여 그 영역 범위가 한정적이고 기술적이다. 또한 변호사는 국민의 기본적 인권의 옹호와 사회질서 유지를 사명으로 하며 품위유지, 공익활동, 독직금지행위 등의 의무를 부담하는 등 공공성이 특히 강조되고 법제도 및 준법에 대한 더욱 고양된 윤리성이 강조되는 직역임에 비추어볼 때, 그 직무의 공공성 및 이에 대한 신뢰의 중요성도 변리사 및 공인중개사보다 더 높은 수준이 요구된다. 따라서 입법자가 전문자격제도의 내용인 결격사유를 정함에 있어 변호사의 경우 변리사나 공인중개사보다 더 가중된 요건을 규정하였다고 하더라도 헌법 제11조 제1항에 반하여 청구인의 평등권을 침해하였다고 할 수 없다(헌재 2009.10.29. 2008헌마432).

정답 ○

15년(3) 모의

216. **2년제 전문대학의 졸업자에게만 편입학 자격을 부여하고, 3년제 전문대학의 2년 과정 이수자에게는 일반 편입학 자격을 부여하지 아니한 것은 합리적인 이유 없는 차별로서 평등원칙에 위반된다.**

해설 이 사건 법률조항은 대학에 편입학하기 위하여는 전문대학을 졸업할 것을 요구하고 있어, '3년제 전문대학의 2년 이상 과정을 이수한 자'는 편입학을 할 수 없다. 우선 '3년제 전문대학의 2년 이상 과정을 이수한 자'를 '2년제 전문대학을 졸업한 자'와 비교하여 보면 객관적인 과정인 졸업이라는 요건을 갖추지 못하였다. 또한, '4년제 대학에서 2년 이상 과정을 이수한 자'와 비교하여 보면, 고등교육법이 그 목적과 운영방법에서 전문대학과 대학을 구별하고 있는 이상, 전문대학 과정의 이수와 대학과정의 이수를 반드시 동일하다고 볼 수 없어, 3년제 전문대학의 2년 이상 과정을 이수한 자에게 편입학 자격을 부여하지 아니한 것이 현저하게 불합리한 자의적인 차별이라고 볼 수 없다. 나아가 평생교육을 포함한 교육시설의 입학자격에 관하여는 입법자에게 광범위한 형성의 자유가 있다고 할 것이어서, 3년제 전문대학의 2년 이상의 이수자에게 의무교육기관이 아닌 대학에의 일반 편입학을 허용하지 않는 것이 교육을 받을 권리나 평생교육을 받을 권리를 본질적으로 침해하지 않는다(헌재 2010.11.25. 2010헌마144).

정답

 14년 변시

217. **이륜자동차 운전자의 고속도로 등의 통행을 금지하는 법률규정은 일부 이륜자동차 운전자들의 변칙적인 운전행태를 이유로 전체 이륜자동차 운전자의 고속도로 등 통행을 전면적으로 금지하고 있으므로 제한의 범위나 정도 면에서 지나친 점, 세계 경제협력개발기구(OECD) 국가들과 비교해 보아도 우리나라만이 유일하게 이륜자동차의 고속도로 통행을 전면적으로 금지하고 있는 점, 고속도로 등에서 안전거리와 제한속도를 지켜서 운행할 경우 별다른 위험요소 없이 운행할 수 있는 점에서 일반 자동차 운전자와 비교할 때 이륜자동차 운전자의 평등권을 침해한다.**

해설 이륜차는 운전자가 외부에 노출되는 구조로 말미암은 사고위험성과 사고결과의 중대성 때문에 고속도로 등의 통행이 금지되는 것이기 때문에 구조적 위험성이 적은 일반 자동차에 비하여 고속통행의 자유가 제한된다고 하더라도 이를 불합리한 차별이라고 볼 수 없다. 구조적 위험성의 정도가 현저히 다르기 때문에 차별 여부의 비교대상이 되지 아니한다(헌재 2007.01.17. 2005헌마1111).
▶ 헌법재판소는 이륜차의 고속도로 통행금지가 일반적 행동의 자유(통행의 자유)를 제한하지만 헌법 제37조 제2항에 반하여 과도하게 제한한다고 볼 수 없다고 판단하여 기각

정답

 14년 변시

218. **일정한 교육을 거쳐 시·도지사로부터 자격 인정을 받은 자만이 안마시술소 등을 개설할 수 있도록 한 법률규정은 비시각장애인이 직접 안마사 자격 인정을 받아 안마를**

하는 것을 금지하는 것은 수인하더라도 안마시술소 개설조차 할 수 없도록 한 것으로서, 안마시술소 등을 개설하고자 하는 비시각장애인을 시각장애인과 달리 취급함으로써 비시각장애인의 평등권을 침해한다.

해설 이 사건 자격조항은 시각장애인에게 안마업을 독점시킴으로써 그들의 생계를 지원하고 직업활동에 참여할 수 있는 기회를 제공하는 것인바, 신체장애자 보호에 대한 헌법적 요청에 의하여 시각장애인의 생계, 인간다운 생활을 할 권리를 보장하기 위한 것으로서 정당한 목적 달성을 위한 적절한 수단이 된다. 시각장애인의 생존권 보장을 위한 불가피한 선택에 해당하는 점, 이에 반하여 일반국민은 안마업 외에도 선택할 수 있는 직업이 많다는 점 등을 고려하면 이 사건 자격조항이 최소침해성 원칙에 반한다고 할 수 없다. 또한 시각장애인 안마사제도는 생활전반에 걸쳐 시각장애인에게 가해진 유·무형의 사회적 차별을 보상해 주고 실질적인 평등을 이룰 수 있는 수단이며, 이 사건 자격조항은 시각장애인과 비시각장애인을 둘러싼 여러 상황을 적절하게 형량한 것으로서 법익 불균형이 발생한다고 할 수 없으므로, 이 사건 자격조항이 비시각장애인을 시각장애인에 비하여 비례의 원칙에 반하여 차별하는 것이라고 할 수 없을 뿐 아니라, 비시각장애인의 직업선택의 자유를 과도하게 침해하여 헌법에 위반된다고 보기도 어렵다(헌재 2013.06.27. 2011헌가39).

정답 ×

 24년 변시

219. 지방자치단체장 선거에서 각급선거방송토론위원회가 필수적으로 개최하는 대담·토론회에 대한 참석 기회는 모든 후보자에게 공평하게 주어져야 하므로 그 초청 자격을 제한하고 있는 「공직선거법」 조항은 후보자들의 선거운동의 기회균등원칙과 관련한 평등권을 침해한다.

해설 지방자치단체장선거에서 각급선거방송토론위원회가 필수적으로 개최하는 대담·토론회 등의 초청 자격을 제한하고 있는 공직선거법(2010. 1. 25. 법률 제9974호로 개정된 것) 제82조의2 제4항 제3호 중 '지방자치단체의 장선거' 부분(이하 '이 사건 토론회조항'이라 한다)이 선거운동의 기회균등원칙과 관련한 평등권을 침해하지 않는다(헌결 2019.09.26. 2018헌마128·577·585(병합,전합)).

정답   ×

 14년 변시

220. 「병역법 시행규칙」 제110조 제1호에서 국외여행 허가 대상을 30세 이하로 정하고 있는 점에 비추어, 제1국민역의 경우 특별한 사정이 없는 한 27세까지만 단기 국외여행을 허용하는 「병역의무자 국외여행 업무처리 규정」(병무청 훈령)은 체계정당성에 위배되며, 위헌적인 차별이 존재한다.

해설 이 사건 훈령조항은 사실상 27세를 기준으로 단기 국외여행의 허가 여부를 정하고 있는데 위에서 언급한 바와 같이 현행 병역법상 대부분의 경우 27세 이하의 범위 내에서만 입영의무의 연기가 가능하다는 점 등을 고려할 때 이와 같은 기준 설정을 자의적인 차별이라고 볼 수는 없으므로, 이 사건 훈령조항이 청구인의 평등권을 침해한다는 청구인의 주장은 이유 없다(헌재 2013.06.27. 2011헌마475).

정답 ×

🕐 14년 변시

221. 변호사가 법률사건이나 법률사무에 관한 변호인선임서 또는 위임장 등을 공공기관에 제출할 때에는 사전에 소속 지방변호사회를 경유하도록 하는 법률규정은 법무사·변리사·공인노무사·공인회계사와 변호사는 모두 전문직 종사자임에도 불구하고, 변호사에게만 선임서 등의 소속 지방변호사회 경유 의무를 부과하는 것으로서 합리적 이유 없이 변호사를 차별하고 있어 변호사의 평등권을 침해한다.

해설 다른 전문직에 비하여 변호사는 포괄적인 직무영역과 그에 따른 더 엄격한 직무의무를 부담하고 있는바, 이는 변호사 직무의 공공성 및 그 포괄적 직무범위에 따른 사회적 책임성을 고려한 것으로서, 다른 전문직과 비교하여 차별취급의 합리적 이유가 있다고 할 것이므로, 변호사법 제29조는 변호사의 평등권을 침해하지 아니한다(헌재 2013.05.30. 2011헌마131).

정답 ×

23년(2) 모의

222. 회원제로 운영하는 골프장 시설의 입장료에 대한 부가금의 부과는 일반 국민에 비해 특별히 객관적으로 밀접한 관련성을 가진다고 볼 수 없는 골프장 부가금 징수 대상 시설 이용자들을 대상으로 하는 것으로서 합리적 이유가 없는 차별을 초래하여 헌법상 평등원칙에 위배된다.

해설 골프장 부가금은 일반 국민에 비해 특별히 객관적으로 밀접한 관련성을 가진다고 볼 수 없는 골프장 부가금 징수 대상 시설 이용자들을 대상으로 하는 것으로서 합리적 이유가 없는 차별을 초래하므로, 헌법상 평등원칙에 위배된다(헌재 2019.12.27. 2017헌가21).

정답 ○

제3장 자유권적 기본권

제1절 인신의 자유권

제❶항 | 생명권

> 20년 변시, 12년(3)·14년(3)·16년(1)·19년(1)·20년(2)·21년(3) 모의

223. 초기배아는 수정이 된 배아라는 점에서 형성중인 생명의 첫걸음을 떼었다고 볼 여지가 있으므로, 적어도 생명권에 관한 한 기본권 주체성이 인정된다.

> **해설** 초기배아는 수정이 된 배아라는 점에서 형성 중인 생명의 첫걸음을 떼었다고 볼 여지가 있기는 하나 아직 모체에 착상되거나 원시선이 나타나지 않은 이상 현재의 자연과학적 인식 수준에서 독립된 인간과 배아 간의 개체적 연속성을 확정하기 어렵다고 봄이 일반적이라는 점, 배아의 경우 현재의 과학기술 수준에서 모태 속에서 수용될 때 비로소 독립적인 인간으로의 성장가능성을 기대할 수 있다는 점, 수정 후 착상 전의 배아가 인간으로 인식된다거나 그와 같이 취급하여야 할 필요성이 있다는 사회적 승인이 존재한다고 보기 어려운 점 등을 종합적으로 고려할 때, 기본권 주체성을 인정하기 어렵다(헌재 2010.05.27. 2005헌마346).
>
> **정답** ×

> 22년(3) 모의

224. 기본권의 주체가 될 수 있는 자는 통상 출생 후의 인간을 가리키지만 존엄한 인간 존재와 그 근원으로서의 생명 가치를 고려할 때 출생 전 형성 중의 생명에 대해서도 일정한 예외적인 경우 기본권 주체성이 긍정될 수 있다.

> **해설** 헌법재판소법 제68조 제1항은 공권력의 행사 또는 불행사로 인하여 기본권을 침해받은 자가 헌법소원의 심판을 청구할 수 있다고 규정하고 있으므로, 기본권의 주체가 될 수 있는 자만이 헌법소원을 청구할 수 있고, 이때 기본권의 주체가 될 수 있는 '자'라 함은 통상 출생 후의 인간을 가리키는 것이다. 그런데 존엄한 인간 존재와 그 근원으로서의 생명 가치를 고려할 때 출생 전 형성 중의 생명에 대해서는 일정한 예외적인 경우 기본권 주체성이 긍정될 수 있다. 헌법재판소도 형성 중의 생명인 태아에 대하여 헌법상 생명권의 주체가 되며, 국가는 헌법 제10조에 따라 태아의 생명을 보호할 의무가 있음을 밝힌 바 있다(헌재 2008. 7. 31. 2004헌바81, 판례집 20-2상, 91, 101 참조). 다만, 출생 전 형성 중의 생명에 대해서 헌법적 보호의 필요성이 크고 일정한 경우 그 기본권 주체성이 긍정된다고 하더라도, 어느 시점부터 기본권 주체성이 인정되는지, 또 어떤 기본권에 대해 기본권 주체성이 인정되는지는 생명의 근원에 대한 생물학적 인식을 비롯한 자연과학·기술 발전의 성과와 그에 터 잡은 헌법의 해석으로부터 도출되는 규범적 요청을 고려하여 판단하여야 할 것이다(헌재 2010.05.27. 2005헌마346).
>
> **정답** ○

225. 태아는 형성중의 생명으로서 국가의 기본권 보호의무가 작동하는 대상이므로, 성질상 자연인이 누릴 수 있는 모든 기본권에 대하여는 그 주체성이 인정된다.

> **해설** 태아의 경우는 신체활동이나 정신활동이 가능한 상태가 아니기 때문에 모든 기본권의 주체가 된다는 것은 원천적으로 불가능하다. 그러나 태아의 생명과 건강에 대한 보호의 필요성이 대두되면서 생명권을 비롯한 일정한 기본권의 주체가 될 수 있다고 보는 것이 오늘날 일반적이다(김유향, 기본강의 헌법 제7판, p.203).

> **판례** 태아는 형성 중의 인간으로서 생명을 보유하고 있으므로 국가는 태아를 위하여 각종 보호조치들을 마련해야 할 의무가 있다. 하지만 그와 같은 국가의 기본권 보호의무로부터 태아의 출생 전에, 또한 태아가 살아서 출생할 것인가 와는 무관하게, 태아를 위하여 민법상 일반적 권리능력까지도 인정하여야 한다는 헌법적 요청이 도출되지는 않는다(헌재 2008.07.31. 2004헌바81).

정답

제❷항 | 신체를 훼손당하지 아니할 권리

제❸항 | 신체의 자유

Ⅰ 신체의 자유의 의의
Ⅱ 신체의 자유의 법적 성격과 주체

22년(1) 모의

226. 신체의 자유는 그에 대한 제한이 형사절차에서 가해졌든 행정절차에서 가해졌든 간에 보장되어야 하는 자연권적 속성의 기본권이므로, 신체의 자유가 제한된 절차가 형사절차인지 아닌지는 신체의 자유의 보장 범위와 방법을 정함에 있어 부차적인 요소에 불과하다.

> **해설** 신체의 자유는 그에 대한 제한이 형사절차에서 가해졌든 행정절차에서 가해졌든 간에 보장되어야 하는 자연권적 속성의 기본권이므로, 신체의 자유가 제한된 절차가 형사절차인지 아닌지는 신체의 자유의 보장 범위와 방법을 정함에 있어 부차적인 요소에 불과하다(헌재 2018.05.31. 2014헌마346).

정답

Ⅲ 신체의 자유의 내용

21년(1) 모의

227. 집회나 시위 해산을 위한 살수차 사용은 집회의 자유 및 신체의 자유에 대한 중대한 제한을 초래하므로 반드시 법령에 근거가 있어야 하는바, 혼합살수행위의 근거 조항인

「살수차 운용지침」에 혼합살수의 근거 규정을 둘 수 있도록 위임하고 있는 법령이 없으므로, 동 지침만을 근거로 한 혼합살수행위는 법률유보원칙에 위배되어 신체의 자유를 침해한다.

해설 집회나 시위 해산을 위한 살수차 사용은 집회의 자유 및 신체의 자유에 대한 중대한 제한을 초래하므로 살수차 사용요건이나 기준은 법률에 근거를 두어야 하고, 살수차와 같은 위해성 경찰장비는 본래의 사용방법에 따라 지정된 용도로 사용되어야 하며 다른 용도나 방법으로 사용하기 위해서는 반드시 법령에 근거가 있어야 한다. 혼합살수방법은 법령에 열거되지 않은 새로운 위해성 경찰장비에 해당하고 이 사건 지침에 혼합살수의 근거 규정을 둘 수 있도록 위임하고 있는 법령이 없으므로, 이 사건 지침은 법률유보원칙에 위배되고 이 사건 지침만을 근거로 한 이 사건 혼합살수행위 역시 법률유보원칙에 위배된다. 따라서 이 사건 혼합살수행위는 청구인들의 신체의 자유와 집회의 자유를 침해한다(헌재 2018.05.31. 2015헌마476).

정답 ○

20년(3)·22년(1) 모의

228. 신체의 자유는 신체의 안전성이 외부로부터의 물리적인 힘이나 정신적인 위험으로부터 침해당하지 아니할 자유와 신체활동을 임의적이고 자율적으로 할 수 있는 자유를 말한다.

해설 우리 헌법 제12조 제1항 전문에서 보장하는 신체의 자유는 신체의 안정성이 외부로부터의 물리적인 힘이나 정신적인 위험으로부터 침해당하지 아니할 자유와 신체활동을 임의적이고 자율적으로 할 수 있는 자유를 말하는 것이다(헌재 2005.05.26. 99헌마513).

정답 ○

19년(1) 모의

229. 금치처분을 받은 수용자에게 원칙적으로 실외운동을 정지시키는 것은 수용시설 내의 안전과 질서유지를 위하여 필요한 최소한의 조치로서 해당 수용자의 신체의 자유를 침해하지 않는다.

해설 위 조항은 금치처분을 받은 사람에 대하여 실외운동을 원칙적으로 금지하고, 다만 소장의 재량에 의하여 이를 예외적으로 허용하고 있다. 그러나 소란, 난동을 피우거나 다른 사람을 해할 위험이 있어 실외운동을 허용할 경우 금치처분의 목적 달성이 어려운 예외적인 경우에 한하여 실외운동을 제한하는 덜 침해적인 수단이 있음에도 불구하고, 위 조항은 금치처분을 받은 사람에게 원칙적으로 실외운동을 금지한다. 나아가 위 조항은 예외적으로 실외운동을 허용하는 경우에도, 실외운동의 기회가 부여되어야 하는 최저기준을 법령에서 명시하고 있지 않으므로, 침해의 최소성 원칙에 위배된다. 위 조항은 수용자의 정신적·신체적 건강에 필요 이상의 불이익을 가하고 있고, 이는 공익에 비하여 큰 것이므로 위 조항은 법익의 균형성 요건도 갖추지 못하였다. 따라서 위 조항은 청구인의 신체의 자유를 침해한다(헌재 2016.05.26. 2014헌마45).

정답 ×

230.
24년 변시, 19년(1) 모의

강제퇴거명령을 받은 사람을 즉시 대한민국 밖으로 송환할 수 없으면 송환할 수 있을 때까지 보호시설에 보호할 수 있도록 규정한 법률조항은 행정의 편의성과 획일성만을 강조한 것으로 신체의 자유를 침해한다.

해설 강제퇴거명령을 받은 사람을 보호할 수 있도록 하면서 보호기간의 상한을 마련하지 아니한 출입국관리법 제63조 제1항(이하 '심판대상조항'이라 한다)은 강제퇴거대상자를 대한민국 밖으로 송환할 수 있을 때까지 보호시설에 인치·수용하여 강제퇴거명령을 효율적으로 집행할 수 있도록 함으로써 외국인의 출입국과 체류를 적절하게 통제하고 조정하여 국가의 안전과 질서를 도모하고자 하는 것으로, 입법목적의 정당성과 수단의 적합성은 인정된다. 그러나 보호기간의 상한을 두지 아니함으로써 강제퇴거대상자를 무기한 보호하는 것을 가능하게 하는 것은 보호의 일시적·잠정적 강제조치로서의 한계를 벗어나는 것이라는 점, 보호기간의 상한을 법에 명시함으로써 보호기간의 비합리적인 장기화 내지 불확실성에서 야기되는 피해를 방지할 수 있어야 하는데, 단지 강제퇴거명령의 효율적 집행이라는 행정목적 때문에 기간의 제한이 없는 보호를 가능하게 하는 것은 행정의 편의성과 획일성만을 강조한 것으로 피보호자의 신체의 자유를 과도하게 제한하는 것인 점, 강제퇴거명령을 받은 사람을 보호함에 있어 그 기간의 상한을 두고 있는 국제적 기준이나 외국의 입법례에 비추어 볼 때 보호기간의 상한을 정하는 것이 불가능하다고 볼 수 없는 점, 강제퇴거명령의 집행 확보는 심판대상조항에 의한 보호 외에 주거지 제한이나 보고, 신원보증인의 지정, 적정한 보증금의 납부, 감독관 등을 통한 지속적인 관찰 등 다양한 수단으로도 가능한 점, 현행 보호일시해제제도나 보호명령에 대한 이의신청, 보호기간 연장에 대한 법무부장관의 승인제도만으로는 보호기간의 상한을 두지 않은 문제가 보완된다고 보기 어려운 점 등을 고려하면, 심판대상조항은 침해의 최소성과 법익균형성을 충족하지 못한다. 따라서 심판대상조항은 과잉금지원칙을 위반하여 피보호자의 신체의 자유를 침해한다(헌결 2023.03.23. 2020헌가1, 2021헌가10(병합,전합)).

정답

231.
19년(1) · 22년(1) 모의

「디엔에이신원확인정보의 이용 및 보호에 관한 법률」상 구강점막 또는 모근을 포함한 모발을 채취하는 방법이나 분비물·체액을 채취하는 방법에 의한 디엔에이감식시료의 채취행위는 신체의 안정성을 해한다고 볼 수 있으므로 과잉금지원칙에 반하여 신체의 자유를 침해한다.

해설 범죄자를 조속히 검거하고 범죄예방의 효과를 높이기 위하여 강제추행죄로 형의 선고를 받아 확정된 사람으로부터 디엔에이감식시료를 채취하는 것은 입법목적의 정당성과 수단의 적절성이 인정된다. 강제추행죄와 같은 성범죄는 행위자의 습벽에 의하여 반복적으로 발생하는 경향이 있으므로, 위 범죄로 형의 선고를 받아 확정된 자를 지속적으로 감시하는 제도가 필요하다. 디엔에이법 조항은 서면 동의 또는 영장에 의하여 디엔에이감식시료를 채취하되, 채취 이유, 채취할 시료의 종류 및 방법을 고지하도록 하고 있고, 우선적으로 구강점막, 모발에서 채취하되 부득이한 경우만 그 외의 신체부분, 분비물, 체액을 채취하게 하는 등 채취대상자의 신체나 명예에 대한 침해를 최소화하도록 규정하고 있으므로 침해의 최소성 요건도 갖추었다. 디엔에이법 조항으로 인하여 제한되는 신체의 자유의 정도는 일상생활에서 경험할 수 있는 정도의 미약한 것으로서 범죄 수사 및 예방의 공익에 비하여 크다고 할 수 없어 법익의 균형성도 인정된다. 따라서 디엔에이법 조항은 신체의 자유를 침해하지 않는다(헌재 2016.03.31. 2014헌마457).

정답 ×

22년(1) 모의

232. 징계란 공무원의 의무위반이나 비행이 있는 경우에 공무원조직의 질서유지를 위해 임용권자에 의해 부과되는 제재로서 기본적으로 공무원의 신분적 이익의 전부 또는 일부를 박탈함을 그 내용으로 하므로, 징계로서 신체의 자유를 직접적이고 전면적으로 박탈하는 구금을 행하는 것은 원칙적으로 허용되어서는 아니 된다.

해설 징계란 공무원의 의무위반 또는 비행이 있는 경우에 공무원조직의 질서유지를 위해 임용권자에 의해 부과되는 제재로서 기본적으로 공무원의 신분적 이익의 전부 또는 일부를 박탈함을 그 내용으로 한다. 따라서 징계로서 신체의 자유를 직접적이고 전면적으로 박탈하는 구금을 행하는 것은 원칙적으로 허용되어서는 아니된다(헌재 2020.09.24. 2017헌바157).

정답 ○

16년(2) 모의

233. 징역형의 집행유예를 선고하면서 부과된 사회봉사명령은 대상자에게 근로의무를 부과함에 그치고 공권력이 신체를 구금하는 등의 방법으로 근로를 강제하는 것이 아니므로 신체의 자유를 제한한다고 볼 수 없다.

해설 청구인은 이 사건 법률조항이 신체의 자유를 제한한다고 주장하나, 이 사건 법률조항에 의한 사회봉사명령은 청구인에게 근로의무를 부과함에 그치고 공권력이 신체를 구금하는 등의 방법으로 근로를 강제하는 것은 아니어서 이 사건 법률조항이 신체의 자유를 제한한다고 볼 수 없다(헌재 2012.03.29. 2010헌바100). ▶ 일반적 행동의 자유권 제한되지만 과잉금지원칙에 위배하지 않으므로 합헌

정답 ○

16년(2) 모의

234. 헌법상 진술거부권은 형사절차 뿐 아니라 행정절차에서도 그 진술이 자기에게 형사상 불리한 경우에는 묵비권을 가지고 이를 강요받지 아니할 기본권으로 보장된다.

해설 진술거부권은 현재 피의자나 피고인으로서 수사 또는 공판절차에 계속중인 자 뿐만 아니라 장차 피의자나 피고인이 될 자에게도 보장되며, 형사절차뿐 아니라 행정절차나 국회에서의 조사절차 등에서도 보장된다. 또한 진술거부권은 고문 등 폭행에 의한 강요는 물론 법률로써도 진술을 강요당하지 아니함을 의미한다(헌재 1997.03.27. 96헌가11).

정답 ○

🕐 15년 변시

235. 보호관찰이나 사회봉사 또는 수강을 명한 집행유예를 선고받은 자가 준수사항이나 명령을 위반하고 그 정도가 무거운 때에 집행유예의 선고를 취소할 수 있도록 한 것은 신체의 자유를 침해한다.

∷해설 이 사건 법률조항은 집행유예기간 동안 대상자의 자발적·능동적 사회복귀와 사회방위를 위한 것으로 목적이 정당하고, 수단도 적절하다. 집행유예는 조건적·유보적 처분으로 유예기간이 경과하지 않는 한 취소사유의 발생에 따라 언제든지 유예된 본형의 집행가능성이 남아 있고, 대상자의 책임 있는 사유로 집행유예가 취소되어 그것을 나중에 집행하게 되더라도 과도하다고 할 수 없으며, 의무의 이행 동안 받게 되는 제약의 정도를 교도소에서의 수감과 동일하거나 그보다 크다고 보기 어렵고, 집행유예의 취소는 검사의 청구와 법원의 결정을 요건으로 하며 '무거운' 정도에 관한 법원의 해석을 통하여 구체적 타당성과 제재의 합리성을 확보할 수 있는 점 등에 비추어 보면, 이 사건 법률조항은 침해의 최소성원칙에 반한다고 할 수 없다. 또한 이 사건 법률조항이 도모하고자 하는 공익이 대상자가 입게 되는 불이익보다 훨씬 중요하고 크므로 법익의 균형성원칙에 위반되지 아니한다. 따라서 이 사건 법률조항은 신체의 자유를 침해하지 아니한다(헌재 2013.06.27. 2012헌바345).

🕐 24년 변시, 15년(3) 모의

236. 외국에서 형의 전부 또는 일부의 집행을 받은 자에 대하여 형을 감경 또는 면제할 수 있도록 규정한 법률조항은 입법자의 입법형성권의 범위 내에 속하므로 신체의 자유를 침해하지 않는다.

∷해설 이중처벌금지원칙에는 위배되지 않으나, 과잉금지원칙에 위배되어 신체의 자유를 침해한다고 보았다(헌재 2015.05.28. 2013헌바129).

15년(1) 모의

237. 디엔에이감식시료 채취 대상범죄에 대하여 형의 선고를 받아 확정된 사람으로부터 디엔에이감식시료를 채취할 수 있도록 하는 것은 신체의 자유를 침해한다.

∷해설 이 사건 채취조항들은 범죄 수사 및 예방을 위하여 특정범죄의 수형자로부터 디엔에이감식시료를 채취할 수 있도록 하는 것이다. 디엔에이감식시료 채취 대상범죄는 재범의 위험성이 높아 디엔에이신원확인정보를 수록·관리할 필요성이 높으며, 이 사건 법률은 시료를 서면 동의 또는 영장에 의하여 채취하되, 채취 이유, 채취할 시료의 종류 및 방법을 고지하도록 하고 있고, 우선적으로 구강점막, 모발에서 채취하되 부득이한 경우만 그 외의 신체부분, 분비물, 체액을 채취하게 하는 등 채취대상자의 신체나 명예에 대한 침해를 최소화하도록 규정하고 있으므로 침해최소성 요건도 갖추었다. 제한되는 신체의 자유의 정도는 일상생활에서 경험할 수 있는 정도의 미약한 것으로서 범죄 수사 및 예방의 공익에 비하여 크다고 할 수 없어 법익의 균형성도 인정된다. 따라서 이 사건 채취조항들이 과도하게 신체의 자유를 침해한다고 볼 수 없다(헌재 2014.08.28. 2011헌마28).

🍊 14년 변시

238. 특별검사의 출석요구에 정당한 사유없이 응하지 아니한 참고인에게 지정한 장소까지 동행할 것을 명령할 수 있도록 하고, 그 동행명령을 정당한 사유 없이 거부한 자를 1천만 원 이하의 벌금에 처하도록 규정하고 있는 조항(동행명령조항)은 참고인의 신체를 직접적·물리적으로 강제하여 동행시키는 것이 아니라, 형벌을 수단으로 하여 일정한 행동을 심리적·간접적으로 강제한다. 따라서 위 조항은 신체의 자유를 제한하는 것이 아니라 일반적 행동의 자유를 제한하는 것이다.

해설 특별검사가 참고인에게 지정된 장소까지 동행할 것을 명령할 수 있게 하고 참고인이 정당한 이유 없이 위 동행명령을 거부한 경우 천만 원 이하의 벌금형에 처하도록 규정한 이 사건 심판대상 조항들로 인하여 침해될 수 있는 청구인들의 기본권은 평등권, 신체의 자유 및 공정한 재판을 받을 권리라고 할 것이다(이 사건에서 청구인들이 주장하는 일반적 행동자유권은 신체의 자유의 한 내용인 불법적인 심문을 받지 아니할 권리에 포함되므로 이에 관하여는 따로 판단하지 아니 한다)(헌재 2008.01.10. 2007헌마1468).

정답

14년(1) 모의

239. 헌법재판소는 신체의 자유에는 '신체의 안전성이 외부로부터의 물리적인 힘이나 정신적인 위협으로부터 침해당하지 않을 자유'가 포함되나, '신체활동을 임의적이고 자율적으로 할 수 있는 자유'는 포함되지 않는다고 하였다.

해설 헌법 제12조 제1항 전문에서 "모든 국민은 신체의 자유를 가진다."라고 규정하여 신체의 자유를 보장하고 있는 것은, ㉠ 신체의 안정성이 외부로부터의 물리적인 힘이나 정신적인 위험으로부터 침해당하지 아니할 자유와 ㉡ 신체활동을 임의적이고 자율적으로 할 수 있는 자유를 말하는 것이다(헌재 1992.12.24. 92헌가8).

정답

🍊 14년 변시

240. 흉기를 휴대하여 피해자에게 강간상해를 가하였다는 범죄사실 등으로 징역 13년을 선고받아 형집행 중인 수형자를 교도소장이 다른 교도소로 이송함에 있어 4시간 정도에 걸쳐 상체승의 포승과 앞으로 수갑 2개를 채운 보호장비의 사용행위는 필요한 정도를 넘어 과도하게 행해진 것으로서 수형자의 신체의 자유를 침해한다.

해설 이 사건 보호장비 사용행위는 도주 등의 교정사고를 예방하기 위한 것으로서 그 목적이 정당하고, 상체승의 포승과 앞으로 사용한 수갑은 이송하는 경우의 보호장비로서 적절하다. 그리고 피청구인은 청구인에 대하여 이동 시간에 해당하는 시간 동안에만 보호장비를 사용하였고, 수형자를 장거리 호송하는 경우에는 도주 등 교정사고 발생 가능성이 높아지는 만큼 포승이나 수갑 등 어느 하나의 보호장비만으로는 계호에 불충분하며, 장시간 호송하는 경우에 수형자가 수갑을 끊거나 푸는 것을 최대한 늦추거나 어렵게 하기 위하여 수갑 2개를 채운 행위가 과하다고 보기 어렵고, 청구인과 같이 강력범죄를 범하고 중한 형을 선고받았으며 선고형량에 비하여 형집행이 얼마 안 된 수형자의 경우에는 좀 더 엄중한 계호가 요구된다고 보이므로, 최소한의 범위 내에서 보호장비가 사용되었다고 할 수 있다. 또한 이 사건 보호장비 사용행위로 인하여 제한되는 신체의 자유 등에 비하여 도주 등의 교정사고를 예방함으로써 수형자를 이송함에 있어 안전과 질서를 보호할 수 있는 공익이 더 크다 할 것이므로 법익의 균형성도 갖추었다(헌재 2012.07.26. 2011헌마426).

정답 ×

IV 신체의 자유의 실체적 보장

1. 죄형법정주의

21년(3) 모의

241. 과거에 이미 행한 범죄에 대하여 공소시효를 정지시키는 법률이라 하더라도 그 사유만으로 형벌불소급의 원칙에 위배되는 것으로 단정할 수는 없다.

해설 형벌불소급의 원칙은 "행위의 가벌성" 즉 형사소추가 "언제부터 어떠한 조건하에서" 가능한가의 문제에 관한 것이고, "얼마동안" 가능한가의 문제에 관한 것은 아니므로, 과거에 이미 행한 범죄에 대하여 공소시효를 정지시키는 법률이라 하더라도 그 사유만으로 헌법 제12조 제1항 및 제13조 제1항에 규정한 죄형법정주의의 파생원칙인 형벌불소급의 원칙에 언제나 위배되는 것으로 단정할 수는 없다(헌재 1996.02.16. 96헌가2).

정답 ○

18년(3)·21년(3) 모의

242. 형벌불소급의 원칙은 범죄행위시의 법률보다 형의 상한 또는 하한을 높인 경우에도 적용되고, 주형 외에 부가형이나 병과형을 가중한 경우에도 적용된다.

해설 형벌 불소급원칙은 범죄행위시의 법률에 의해 범죄를 구성하지 않는 경우뿐만 아니라, 범죄행위시의 법률보다 형을 가중한 경우에도 적용된다. 형벌불소급원칙은 범죄행위시의 법률보다 형의 상한 또는 하한을 높인 경우에도 적용되며, 주형을 가중한 경우 외에도 부가형·병과형을 가중한 경우에도 적용된다(헌재 2017.10.26. 2015헌바239).

정답 ○

18년·24년 변시, 15년(3)·21년(3)·23년(1) 모의

243. 형벌적 성격이 강하여 신체의 자유를 박탈하거나 박탈에 준하는 정도로 신체의 자유를 제한하는 보안처분이라고 하더라도 보안처분은 형벌과 다르므로 형벌불소급의 원칙이 적용되지 않는다.

해설 보안처분은 형벌과는 달리 행위자의 장래 재범위험성에 근거하는 것으로서, 행위시가 아닌 재판시의 재범위험성 여부에 대한 판단에 따라 보안처분 선고를 결정하므로 원칙적으로 재판 당시 현행법을 소급적용할 수 있다고 보는 것이 타당하고 합리적이다. 그러나 보안처분의 범주가 넓고 그 모습이 다양한 이상, 보안처분에 속한다는 이유만으로 일률적으로 소급입법금지원칙이 적용된다거나 그렇지 않다고 단정해서는 안되고, 보안처분이라는 우회적인 방법으로 형벌불소급의 원칙을 유명무실하게 하는 것을 허용해서도 안된다. 따라서 보안처분이라 하더라도 형벌적 성격이 강하여 신체의 자유를 박탈하거나 박탈에 준하는 정도로 신체의 자유를 제한하는 경우에는 소급입법금지원칙을 적용하는 것이 법치주의 및 죄형법정주의에 부합한다(헌재 2014.08.28. 2011헌마28).

정답 ×

21년(3) 모의

244. 행위 당시의 판례에 의하면 처벌대상이 되지 아니하는 것으로 해석되었던 행위를 판례의 변경에 따라 확인된 내용의 형법 조항에 근거하여 처벌한다고 하여 그것이 형벌불소급원칙에 위반된다고 할 수 없다.

해설 형사처벌의 근거가 되는 것은 법률이지 판례가 아니고, 형법 조항에 관한 판례의 변경은 그 법률조항의 내용을 확인하는 것에 지나지 아니하여 이로써 그 법률조항 자체가 변경된 것이라고 볼 수는 없으므로, 행위 당시의 판례에 의하면 처벌대상이 되지 아니하는 것으로 해석되었던 행위를 판례의 변경에 따라 확인된 내용의 형법 조항에 근거하여 처벌한다고 하여 그것이 헌법상 평등의 원칙과 형벌불소급의 원칙에 반한다고 할 수는 없다(대판 1999.09.17. 97도3349).

정답 ○

20년 변시 · 24년 변시, 18년(1)·(3)·21년(3) · 22년(1) · 23년(1) 모의

245. 甲은 2006. 10.부터 2007. 4.까지 3회에 걸쳐 8억 원의 조세를 포탈하였다는 범죄사실로 2015. 6. 11. 공소제기되었다. 甲은 2015. 9. 11. '징역 2년 및 벌금 120억 원에 처하고, 벌금을 납입하지 아니하는 경우 1,200만 원을 1일로 환산한 기간 노역장에 유치한다'는 내용의 판결을 선고받아 그대로 확정되었다. 한편 2014. 5. 14. 「형법」이 개정되어 제70조 제2항이 신설되었으며, 동 조항(이하 '노역장유치조항'이라 함)은 같은 날 시행되었다

구 「형법」(1953. 9. 18. 법률 제293호로 제정되고, 2014. 5. 14. 법률 제12575호로 개정되기 전의 것) 제70조(노역장유치) 벌금 또는 과료를 선고할 때에는 납입하지 아니하는 경우의 유치기간을 정하여 동시에 선고하여야 한다.

「형법」(2014. 5. 14. 법률 제12575호로 개정된 것) 제70조(노역장유치) ① 벌금 또는 과료를 선고할 때에는 납입하지 아니하는 경우의 유치기간을 정하여 동시에 선고하여야 한다.
② 선고하는 벌금이 1억 원 이상 5억 원 미만인 경우에는 300일 이상, 5억 원 이상 50억 원 미만인 경우에는 500일 이상, 50억 원 이상인 경우에는 1,000일 이상의 유치기간을 정하여야 한다.

「형법」 부칙(2014. 5. 14. 법률 제12575호) 제2조(적용례 및 경과조치) ① 제70조 제2항의 개정규정은 이 법 시행 후 최초로 공소가 제기되는 경우부터 적용한다.

1) 노역장유치조항은 경제적 능력의 유무와 상관없이 모든 벌금미납자에게 적용되고, 벌금의 납입능력에 따른 노역장유치 가능성의 차이는 위 조항이 예정하고 있는 차별이 아니라 벌금형이라는 재산형이 가지고 있는 본질적인 성격에서 비롯된 것이므로, 위 조항에 근거하여 甲을 노역장에 유치하는 것은 경제적 능력 유무에 따른 차별이라고 볼 수 없다.

해설 노역장유치조항은 경제적 능력의 유무와 상관없이 모든 벌금미납자에게 적용되고, 벌금의 납입능력에 따른 노역장유치 가능성의 차이는 이 조항이 예정하고 있는 차별이 아니라 벌금형이라는 재산형이 가지고 있는 본질적인 성격에서 비롯된 것일 뿐이므로, 노역장유치조항이 경제적 능력이 있는 자와 없는 자를 차별한다고 볼 수 없다(헌재 2017.10.26. 2015헌바239).

정답 O

2) (1) 죄형법정주의와 형벌불소급원칙의 근본 취지는, 허용된 행위와 금지된 행위의 경계를 명확히 설정하여 어떤 행위가 금지되고 그에 위반한 경우 어떤 처벌이 있는가를 미리 국민에게 알려 행위를 그에 맞출 수 있도록 하고, 사후입법에 의한 처벌이나 가중처벌을 금지함으로써 법적 안정성, 예측가능성 및 국민의 신뢰를 보호하기 위한 데 있으므로, 형벌불소급원칙에서 의미하는 '처벌'은 형사법에 규정되어 있는 형식적 의미의 형벌 유형에 국한된다.
(2) 甲을 노역장에 유치하는 것은 그 실질이 신체의 자유를 박탈하는 것으로서 징역형과 유사한 형벌적 성격을 가지고 있으므로 형벌불소급원칙의 적용대상이 된다.

해설 형벌불소급원칙에서 의미하는 '처벌'은 형법에 규정되어 있는 형식적 의미의 형벌 유형에 국한되지 않으며, 범죄행위에 따른 제재의 내용이나 실제적 효과가 형벌적 성격이 강하여 신체의 자유를 박탈하거나 이에 준하는 정도로 신체의 자유를 제한하는 경우에는 형벌불소급원칙이 적용되어야 한다. 노역장유치는 그 실질이 신체의 자유를 박탈하는 것으로서 징역형과 유사한 형벌적 성격을 가지고 있으므로 형벌불소급원칙의 적용대상이 된다(헌재 2017.10.26. 2015헌바239).

정답 ×, O

3) 甲에 대해 1억 원 이상의 벌금을 선고하는 경우 노역장유치기간의 하한을 법률에 정해두게 되면 벌금의 납입을 심리적으로 강제할 수 있고 1일 환형유치금액 사이의 지나친 차이를 좁혀 형평성을 도모할 수 있으므로, 노역장유치조항은 입법목적 달성에 적절한 수단이다.

해설 노역장유치조항은 노역장유치가 고액 벌금의 납입을 회피하는 수단으로 이용되는 것을 막고 1일 환형유치금액에 대한 형평성을 제고하기 위한 것으로, 이러한 입법목적은 정당하다. 1억 원 이상의 벌금을 선고하는 경우 노역장유치기간의 하한을 법률에 정해두게 되면, 벌금의 납입을 심리적으로 강제할 수 있고 1일 환형유치금액 사이의 지나친 차이를 좁혀 형평성을 도모할 수 있으므로, 노역장유치조항은 입법목적 달성에 적절한 수단이다(헌재 2017.10.26. 2015헌바239).

정답 O

4) 노역장유치는 벌금을 납입하지 않는 경우를 대비한 것으로 벌금을 납입한 때에는 집행될 여지가 없고, 노역장유치로 벌금형이 대체되는 점 등을 고려하면, 甲이 입게 되는 불이익이 노역장유치조항으로 달성하고자 하는 공익에 비하여 크다고 할 수 없다.

해설 노역장유치는 벌금을 납입하지 않는 경우를 대비한 것으로 벌금을 납입한 때에는 집행될 여지가 없고, 노역장유치로 벌금형이 대체되는 점 등을 고려하면, 청구인들이 입게 되는 불이익이 노역장유치조항으로 달성하고자 하는 공익에 비하여 크다고 할 수 없다(헌재 2017.10.26. 2015헌바239).

정답 ○

5) 1억 원 이상의 벌금형을 선고받는 자에 대하여 노역장유치기간의 하한을 중하게 변경한 「형법」 조항을 시행일 이후 최초로 공소제기되는 경우부터 적용하여 범죄행위 당시보다 불이익하게 소급 적용한 동법 부칙조항은 형벌불소급원칙에 위배된다.

해설 노역장유치조항은 1억 원 이상의 벌금형을 선고받는 자에 대하여 유치기간의 하한을 중하게 변경시킨 것이므로, 이 조항 시행 전에 행한 범죄행위에 대해서는 범죄행위 당시에 존재하였던 법률을 적용하여야 한다. 그런데 부칙조항은 노역장유치조항의 시행 전에 행해진 범죄행위에 대해서도 공소제기의 시기가 노역장유치조항의 시행 이후이면 이를 적용하도록 하고 있으므로, 이는 범죄행위 당시 보다 불이익한 법률을 소급 적용하도록 하는 것으로서 헌법상 형벌불소급원칙에 위반된다(헌재 2017.10.26. 2015헌바239).

정답 ○

18년 변시, 14년(2)·18년(1) 모의

246. 위치추적 전자장치 부착의 목적과 의도는 단순히 재범의 방지뿐만 아니라 중대한 범죄를 저지른 자에 대하여 그 책임에 상응하는 강력한 처벌을 가하고 일반 국민에 대하여 일반예방적 효과를 위한 강력한 경고를 하려는 것이므로, 구 「특정 범죄자에 대한 위치추적 전자장치 부착 등에 관한 법률」 시행 이전에 범죄를 저지른 자에 대해서도 소급하여 전자장치 부착을 명할 수 있도록 하는 동법 부칙조항은 헌법 제13조 제1항의 형벌불소급의 원칙에 위배된다.

해설 전자장치 부착명령은 전통적 의미의 형벌이 아닐 뿐 아니라, 성폭력범죄자의 성행교정과 재범방지를 도모하고 국민을 성폭력범죄로부터 보호한다고 하는 공익을 목적으로 하며, 의무적 노동의 부과나 여가시간의 박탈을 내용으로 하지 않고 전자장치의 부착을 통해서 피부착자의 행동 자체를 통제하는 것도 아니라는 점에서 처벌적인 효과를 나타낸다고 보기 어렵다. 또한 부착명령에 따른 피부착자의 기본권 침해를 최소화하기 위하여 피부착자에 관한 수신자료의 이용을 엄격하게 제한하고, 재범의 위험성이 없다고 인정되는 경우에는 부착명령을 가해제할 수 있도록 하고 있다. 그러므로 이 사건 부착 명령은 형벌과 구별되는 비형벌적 보안처분으로서 소급효금지원칙이 적용되지 아니한다(헌재 2012.12.27. 2010헌가82).

정답 ×

13년 변시, 17년(2)·22년(1) 모의

247. 위임입법에 관한 헌법 제75조는 처벌법규에도 적용되는 것이지만 처벌법규의 위임은 특히 긴급한 필요가 있거나 미리 법률로써 자세히 정할 수 없는 부득이한 사정이 있는 경우에 한정되어야 하고, 이 경우에도 법률에서 범죄의 구성요건은 처벌대상인 행위가 어떠한 것일지를 예측할 수 있을 정도로 구체적으로 정하고 형벌의 종류 및 그 상한의 폭을 명백히 규정하여야 한다.

해설 위임입법에 관한 헌법 제75조는 처벌법규에도 적용되는 것이지만 법률에 의한 처벌법규의 위임은, 헌법이 특히 인권을 최대한으로 보장하기 위하여 죄형법정주의와 적법절차를 규정하고, 법률(형식적 의미의)에 의한 처벌을 특별히 강조하고 있는 기본권보장 우위사상에 비추어 바람직스럽지 못한 일이므로, 그 요건과 범위가 보다 엄격하게 제한적으로 적용되어야 한다. 따라서 처벌법규의 위임은 특히 긴급한 필요가 있거나 미리 법률로써 자세히 정할 수 없는 부득이한 사정이 있는 경우에 한정되어야 하고 이러한 경우일지라도 법률에서 범죄의 구성요건은 처벌대상인 행위가 어떠한 것일 것이라고 이를 예측할 수 있을 정도로 구체적으로 정하고 형벌의 종류 및 그 상한과 폭을 명백히 규정하여야 한다(헌재 1991.07.08. 91헌가4).

정답 O

17년(1) 모의

248. 디엔에이신원확인정보의 수집·이용은 수형인 등에게 심리적 압박으로 인한 범죄예방효과를 가진다는 점에서 보안처분의 성격을 지니지만, 처벌적인 효과가 없는 비형벌적 보안처분으로서 소급입법금지원칙이 적용되지 않는다.

해설 디엔에이신원확인정보의 수집·이용은 수형인 등에게 심리적 압박으로 인한 범죄예방효과를 가진다는 점에서 보안처분의 성격을 지니지만, 처벌적인 효과가 없는 비형벌적 보안처분으로서 소급입법금지원칙이 적용되지 않는다. 이 사건 법률의 소급적용으로 인한 공익적 목적이 당사자의 손실보다 더 크므로, 이 사건 부칙조항이 법률 시행 당시 디엔에이감식시료 채취 대상범죄로 실형이 확정되어 수용 중인 사람들까지 이 사건 법률을 적용한다고 하여 소급입법금지원칙에 위배되는 것은 아니다(헌재 2014.08.28. 2011헌마28).

정답 O

16년(1) 모의

249. 죄형법정주의란 자유주의, 권력분립, 법치주의 및 국민주권의 원리에 입각한 것으로서, 무엇이 범죄이며 그에 대한 형벌이 어떠한 것인가를 반드시 국민의 대표로 구성된 입법부가 제정한 법률로써 정하여야 한다는 원칙을 말하므로, 형사처벌요건을 입법부가 행정부에서 제정한 명령이나 규칙에 위임하는 것은 어떠한 경우에도 허용되지 않는다.

해설 우리 헌법은 제12조 제1항 후단과 제13조 제1항 전단에서 죄형법정주의의 원칙을 천명하고 있는데, 죄형법정주의는 자유주의, 권력분립, 법치주의 및 국민주권의 원리에 입각한 것으로서 무엇이 범죄이며 그에 대한 형벌이 어떠한 것인가는 반드시 국민의 대표로 구성된 입법부가 제정한 법률로써 정하여야 한다는 원칙을 의미한다. 그런데 아무리 권력분립이나 법치주의가 민주정치의 원리라 하더라도 현대국가의 사회적 기능증대와 사회현상의 복잡화에 따라 국민의 권리·의무에 관한 사항이라 하여 모두 입법부에서 제정한 법률만으로 다 정할 수는 없기 때문에 합리적인 이유가 있으면 예외적으로 행정부에서 제정한 명령에 위임하는 것이 허용된다(헌재 1994.07.29. 93헌가12).

250. 금융투자업자가 '투자권유'를 함에 있어서 '불확실한 사항'에 대하여 '단정적 판단을 제공'하거나 '확실하다고 오인하게 할 소지가 있는 내용을 알리는 행위'를 한 경우 형사처벌하는 「자본시장과 금융투자업에 관한 법률」 조항은, 통상의 주의력을 가진 평균적 투자자를 기준으로 보더라도 그 의미를 알기 어려울 뿐만 아니라 그 의미를 확정하기도 곤란하므로 명확성원칙에 위배된다.

해설 '투자권유'의 의미는 자본시장법에서 직접 정의되어 있고, 법원의 보충적 해석을 통하여 그 범위가 충분히 확정될 수 있다. 투자자를 보호하고, 금융시장의 신뢰성·효율성·공정성을 확보한다는 심판대상조항의 입법목적을 고려하면, '불확실한 사항'이란 '단정적 판단 등을 제공하는 시점에서 객관적으로 진위가 분명히 판명될 수 없는, 투자자의 합리적인 투자판단 또는 해당 금융투자상품의 가치에 영향을 미칠 수 있는 사항'이라고 보아야 한다. '단정적 판단의 제공'은 '불확실한 사항에 대하여 진위를 명확히 판단해 주는 것'을 의미하고, '확실하다고 오인할 소지가 있는 내용을 알리는 행위'는 '불확실한 사항에 대하여 투자자로 하여금 그 진위가 명확하다고 잘못 생각하게 할 가능성이 있는 내용을 알리는 행위'를 의미하며, 위 각 경우에 해당하는지 여부는 통상의 주의력을 가진 평균적 투자자를 기준으로 객관적·규범적으로 판단될 것임이 충분히 예측 가능하다. 심판대상조항의 수범자는 금융투자업자로 한정되어 있고, 금융투자에 관한 전문가인 금융투자업자는 자신에게 금지되는 행위인 '불확실한 사항에 대하여 단정적 판단을 제공하거나 확실하다고 오인하게 할 소지가 있는 내용을 알리는 행위'의 의미를 충분히 알고 이에 비추어 자신의 행위를 결정할 수 있다. 따라서 심판대상조항은 죄형법정주의의 명확성원칙에 위배되지 아니한다(헌재 2017.05.25. 2014헌바459).

251. 다른 사람 또는 단체의 집이나 그 밖의 공작물에 '함부로 광고물 등을 붙이거나 거는 행위'를 한 경우 형사처벌하는 구 「경범죄처벌법」 조항은, 입법취지, 사전적 의미, 옥외광고물 표시·설치 금지 등 관련 법조항과의 관계를 고려하더라도 법적용자의 주관에 의해 의미가 달라질 수 있어 명확성원칙에 위배된다.

해설 '함부로'의 사전적 의미와 심판대상조항의 입법취지, 형법상 재물손괴죄와 '옥외광고물 등 관리법'의 옥외광고물 표시·설치 금지 등 관련조항과의 관계를 종합하여 볼 때, '함부로'는 '법적 권원이 있는 타인의 승낙이 없으면서 상당한 사유가 없는 경우'를 의미함을 충분히 알 수 있다. 더구나 경범죄처벌법은 이 법을 적용함에 있어서 국민의 권리를 부당하게 침해하거나 다른 목적을 위하여 남용되어서는 안 된다(제2조)고 하여 심판대상조항이 광범위하게 자의적으로 적용될 수 있는 가능성을 차단하였다. 그리고 심판대상조항의 '광고물 등'은 그 사전적 의미와 '옥외광고물 등 관리법' 규정을 고려하면 '어떤 대상을 널리 알리기 위하여 붙이거나 건 간판·현수막·벽보·전단·포스터 등의 매개체 및 이와 유사한 것'을 의미하는 것임을 알 수 있다. 그러므로 심판대상조항은 죄형법정주의의 명확성원칙에 위배되지 아니한다(헌재 2015.05.28. 2013헌바385).

정답 ×

 21년 변시

252. **형사법에서는 불명확한 내용의 법률용어가 허용될 수 없으며, 만일 불명확한 용어의 사용이 불가피한 경우라면 용어의 개념 정의, 한정적 수식어의 사용, 적용한계조항의 설정 등 제반방법을 강구하여 동 법규가 자의적으로 해석될 수 있는 소지를 봉쇄해야 한다.**

해설 형사법이나 국민의 이해관계가 첨예하게 대립되는 법률에 있어서는 불명확한 내용의 법률용어가 허용될 수 없으며, 만일 불명확한 용어의 사용이 불가피한 경우라면 용어의 개념정의, 한정적 수식어의 사용, 적용한계조항의 설정 등 제반방법을 강구하여 동 법규가 자의적으로 해석될 수 있는 소지를 봉쇄해야 하는 것이다(헌재 1992.02.25. 89헌가104).

정답 ○

 21년 변시

253. **범죄의 성립과 처벌은 법률에 의하여야 한다는 죄형법정주의 본래의 취지에 비추어 볼 때 정당방위와 같은 위법성 조각 사유 규정에도 죄형법정주의의 명확성원칙은 적용된다.**

해설 정당방위 규정은 법 각칙 전체의 구성요건 조항에 대한 소극적 한계를 정하고 있는 규정으로서, 한편으로는 위법성을 조각시켜 범죄의 성립을 부정하는 기능을 하지만, 다른 한편으로는 정당방위가 인정되지 않는 경우 위법한 행위로서 범죄의 성립을 인정하게 하는 기능을 하므로 적극적으로 범죄 성립을 정하는 구성요건 규정은 아니라 하더라도 죄형법정주의가 요구하는 명확성 원칙이 적용된다(헌재 2001.06.28. 99헌바31).

정답 ○

 21년 변시

254. **아동·청소년이용음란물을 제작한 자를 형사처벌하는 「아동·청소년의 성보호에 관한 법률」 조항 중 '제작' 부분은, 객관적으로 아동·청소년이용음란물을 촬영하여 재생이 가능한 형태로 저장할 것을 전체적으로 기획하고 구체적인 지시를 하는 등으로 책임을 지는 것으로 해석되므로 명확성원칙에 위배되지 않는다.**

해설 제작의 사전적 의미상 재료나 방법에 어떠한 제한이 있지는 않고, 청소년성보호법도 제작의 방법이나 목적 등에 아무런 제한을 하고 있지 않다. 영상과 음향 등으로 구성된 무형물을 대상으로 하는 저작권법도 제작의 의미를 '음반 또는 영상물을 전체적으로 기획하고 책임을 지는 것'으로만 규정하고 있다. 현재의 기술 수준에서는 단순 촬영한 디지털 영상만으로도 즉시 유포가 가능한 음란물을 쉽게 생성할 수 있어 촬영과 제작을 명백히 구분할 실익이 없고, 촬영이 종료되어 영상정보가 재생 가능한 형태로 디지털기기의 주기억장치에 입력되는 시점에 하나의 아동·청소년이용음란물이 완성된 것으로 볼 수 있다. 일단 제작되면 언제라도 무차별적으로 유통에 제공될 수 있으므로 '제작'을 엄격히 규제할 필요도 인정된다. 그렇다면 심판대상조항이 규정하는 '제작'의 의미는 객관적으로 아동·청소년이용음란물을 촬영하여 재생이 가능한 형태로 저장할 것을 전체적으로 기획하고 구체적인 지시를 하는 등으로 책임을 지는 것이며, 피해자인 아동·청소년의 동의 여부나 영리목적 여부를 불문함은 물론 해당 영상을 직접 촬영하거나 기기에 저장할 것을 요하지도 않는 것으로 해석되고, 죄형법정주의 명확성 원칙에 위반되지 아니한다(헌재 2019.12.27. 2018헌바46).

255.
건전한 상식과 통상적인 법감정을 가진 사람은 「군복 및 군용장구의 단속에 관한 법률」상 판매목적 소지가 금지되는 '유사군복'에 어떠한 물품이 해당하는지 예측할 수 있고, 유사군복을 정의한 조항에서 법 집행자에게 판단을 위한 합리적 기준이 제시되고 있으므로 '유사군복' 부분은 명확성원칙에 위반되지 아니한다.

해설 심판대상조항의 문언과 입법취지, 위와 같은 사정을 종합하면, 건전한 상식과 통상적인 법 감정을 가진 사람은 군복단속법상 판매목적 소지가 금지되는 '유사군복'에 어떠한 물품이 해당하는지를 예측할 수 있고, 유사군복을 정의한 조항에서 법 집행자에게 판단을 위한 합리적 기준이 제시되고 있어 심판대상조항이 자의적으로 해석되고 적용될 여지가 크다고 할 수 없다(헌재 2019.04.11. 2018헌가14).

256.
허가받은 지역 밖에서의 이송업의 영업을 금지하고 처벌하는 「응급의료에 관한 법률」 조항은 영업의 일반적 의미와 위 법률의 관련 규정을 유기적·체계적으로 종합하여 보더라도 허가받은 지역 밖에서 할 수 없는 이송업에 환자 이송 과정에서 부득이 다른 지역을 지나가는 경우 또는 허가받지 아니한 지역에서 실시되는 운동경기·행사를 위하여 부근에서 대기하는 경우 등도 포함되는지 여부가 불명확하여 명확성원칙에 위배된다.

해설 허가받은 지역 밖에서의 이송업의 영업을 금지하고 처벌하는 '응급의료에 관한 법률'(2013. 3. 23. 법률 제11690호로 개정된 것, 이하 '응급의료법'이라 한다) 제51조 제1항 후문, 구 응급의료법(2011. 8. 4. 법률 제11004호로 개정되고 2015. 1. 28. 법률 제13106호로 개정되기 전의 것) 제60조 제1항 제3호 중 제51조 제1항 후문 부분(이하 이들을 합하여 '심판대상조항'이라 한다) … 영업의 일반적 의미와 응급의료법의 관련 규정을 유기적·체계적으로 종합하여 보면, 심판대상조항의 수범자인 이송업자는 처벌조항이 처벌하고자 하는 행위가 무엇이고 그에 대한 형벌이 어떤 것인지 예견할 수 있으며, 심판대상조항의 합리적인 해석이 가능하므로, 심판대상조항은 죄형법정주의 명확성원칙에 위배되지 아니한다(헌재 2018.02.22. 2016헌바100).

정답 ×

 20년 변시

257. 선거운동을 위한 호별방문금지 규정에도 불구하고 '관혼상제의 의식이 거행되는 장소와 도로·시장·점포·다방·대합실 기타 다수인이 왕래하는 공개된 장소'에서의 지지 호소를 허용하는 「공직선거법」 조항 중 '기타 다수인이 왕래하는 공개된 장소' 부분은, 해당 장소의 구조와 용도, 외부로부터의 접근성 및 개방성의 정도 등을 종합적으로 고려할 때 '관혼상제의 의식이 거행되는 장소와 도로·시장·점포·다방·대합실'과 유사하거나 이에 준하여 일반인의 자유로운 출입이 가능한 개방된 곳을 의미한다고 충분히 해석할 수 있으므로 명확성원칙에 위반된다고 할 수 없다.

해설 이 사건 지지호소 조항의 문언과 입법취지에 비추어보면, 이 사건 호별방문 조항에도 불구하고 예외적으로 선거운동을 위하여 지지호소를 할 수 있는 '기타 다수인이 왕래하는 공개된 장소'란, 해당 장소의 구조와 용도, 외부로부터의 접근성 및 개방성의 정도 등을 종합적으로 고려할 때 '관혼상제의 의식이 거행되는 장소와 도로·시장·점포·다방·대합실'과 유사하거나 이에 준하여 일반인의 자유로운 출입이 가능한 개방된 곳을 의미한다고 충분히 해석할 수 있다. 따라서 이 사건 지지호소 조항은 죄형법정주의 명확성원칙에 위반된다고 할 수 없다(헌재 2019.05.30. 2017헌바458).

정답 ○

 20년 변시, 22년(1) 모의

258. 공중도덕상 유해한 업무에 취업시킬 목적으로 근로자를 파견한 사람을 형사처벌하도록 규정한 구 「파견근로자보호 등에 관한 법률」 조항은 그 조항의 입법목적, 위 법률의 체계, 관련조항 등을 모두 종합하여 보더라도 '공중도덕상 유해한 업무'의 내용을 명확히 알 수 없고, 위 조항에 관한 이해관계기관의 확립된 해석기준이 마련되어 있다거나, 법관의 보충적 가치판단을 통한 법문 해석으로 그 의미내용을 확인하기도 어려우므로 명확성원칙에 위배된다.

해설 '공중도덕'은 시대상황, 사회가 추구하는 가치 및 관습 등 시간적·공간적 배경에 따라 그 내용이 얼마든지 변할 수 있는 규범적 개념이므로, 그것만으로는 구체적으로 무엇을 의미하는지 설명하기 어렵다. … 심판대상조항의 입법목적, 파견법의 체계, 관련조항 등을 모두 종합하여 보더라도 '공중도덕상 유해한 업무'의 내용을 명확히 알 수 없다. 아울러 심판대상조항에 관한 이해관계기관의 확립된 해석기준이 마련되어 있다거나, 법관의 보충적 가치판단을 통한 법문 해석으로 심판대상조항의 의미내용을 확인할 수 있다는 사정을 발견하기도 어렵다. 심판대상조항은 건전한 상식과 통상적 법감정을 가진 사람으로 하여금 자신의 행위를 결정해 나가기에 충분한 기준이 될 정도의 의미내용을 가지고 있다고 볼 수 없으므로 죄형법정주의 명확성원칙에 위배된다(헌재 2016.11.24. 2015헌가23).

정답 ○

19년(1) 모의

259. 옥외집회 및 시위의 경우 관할 경찰서장으로 하여금 '최소한의 범위'에서 질서유지선을 설정할 수 있도록 하고, 질서유지선의 효용을 해친 경우 형사처벌하도록 하는 것은 죄형법정주의 명확성원칙에 위배된다.

> 해설 "최소한의 범위"란 '옥외집회 및 시위가 본래 신고한 범위에서 적법하게 진행되도록 하여 집회나 시위 참가자들의 집회의 자유 및 참가자들의 안전을 보호함과 동시에 일반인의 통행이나 원활한 교통소통, 또는 물리적 충돌 방지 등 공공의 질서유지를 달성하기 위하여 필요한 한도에서 가능한 적은 범위'로 충분히 해석할 수 있으므로, 심판대상조항은 죄형법정주의 명확성원칙에 위배된다고 볼 수 없다(헌재 2016.11.24. 2015헌바218).

정답 ×

14년(2) 모의

260. 결혼식의 당사자가 자신을 축하하러 온 하객들에게 주류와 음식물을 접대하는 것은 인류의 오래된 보편적인 사회생활의 한 모습으로서 보호되어야 할 기본권이므로 "가정의례의 참뜻에 비추어 합리적인 범위"에서만 이를 허용하는 것은 명확성 원칙을 위반하여 위헌적인 기본권 제한에 해당한다.

> 해설 하객들에 대한 음식접대에 있어서 "가정의례의 참뜻"이란 개념은, 결혼식 혹은 회갑연의 하객들에게 어떻게 음식이 접대되는 것이 그 참뜻에 맞는 것인지는 종래 우리 관습상 혼식의 성격 등을 볼 때 쉽게 예상되기 어렵고, 그간 가정의례에관한법률이 오랫동안 시행되어 가정의례의 참뜻에 대한 인식은 확립되었다고 볼 수도 없어, 결국 그 대강의 범위를 예측하여 이를 행동의 준칙으로 삼기에 부적절하다. 또한 "합리적인 범위안"이란 개념도 가정의례 자체가 우리나라의 관습 내지 풍속에 속하고, 성격상 서구적 의미의 "합리성"과 친숙할 수 있는 것도 아니며, 또한 양과 질과 가격에 있어 편차가 많고 접대받을 사람의 범위가 다양하므로 주류 및 음식물을 어떻게 어느만큼 접대하는 것이 합리적인 범위인지를 일반국민이 판단하기란 어려울 뿐 아니라 그 대강을 예측하기도 어렵다. 이 사건 규정은 결국 죄형법정주의 명확성 원칙을 위배하여 청구인의 일반적 행동자유권을 침해하였다(헌재 1998.10.15. 98헌마168).

정답 ○

14년 변시

261. 「폭력행위 등 처벌에 관한 법률」 제3조 제1항에서는 '다중의 위력으로써' 주거침입의 범죄를 범한 자를 형사처벌하고 있는데, 이 사건 규정의 '다중'이 몇 명의 사람을 의미하는지 그 기준을 일률적으로 말할 수 없으므로, 죄형법정주의 명확성원칙에 위반된다.

> 해설 이 사건 규정은 '다중의 위력으로써' 주거침입의 범죄를 범한 자를 형사처벌하고 있는바, 이 사건 규정의 '다중'은 단체를 구성하지는 못하였으나 다수인이 모여 집합을 이루고 있는 것을 말하는 것으로서 집단적 위력을 보일 정도의 다수 혹은 그에 의해 압력을 느끼게 해 불안을 줄 정도의 다수를 의미하고, '위력'이라 함은 다중의 형태로 집결한 다수 인원으로 사람의 의사를 제압하기에 족한

세력을 의미한다고 할 것이다. 따라서 이 사건 규정은 죄형법정주의 명확성원칙에 위반된다고 볼 수 없다(헌재 2008.11.27. 2007헌가24).

정답 ×

13년(3) 모의

262. **통상의 해석방법에 의해 건전한 상식과 일반적 법감정을 가진 사람이 당해 처벌법규의 보호법익과 금지된 행위 및 처벌의 종류와 정도를 알 수 있도록 규정하였다면, 헌법재판소는 헌법이 요구하는 처벌법규의 명확성이 준수된 것으로 본다.**

해설 처벌법규의 구성요건이 명확하여야 한다고 하여 모든 구성요건을 단순한 서술적 개념으로 규정하여야 하는 것은 아니고, 다소 광범위하여 법관의 보충적인 해석을 필요로 하는 개념을 사용하였다고 하더라도 통상의 해석방법에 의하여 건전한 상식과 통상적인 법감정을 가진 사람이라면 당해 처벌법규의 보호법익과 금지된 행위 및 처벌의 종류와 정도를 알 수 있도록 규정하였다면 헌법이 요구하는 처벌법규의 명확성원칙에 배치되는 것이 아니다(헌재 1989.12.22. 88헌가13).

13년(3) 모의

263. **처벌법규의 위임에서 구성요건이 위임법률조문 하나만으로는 예측이 다소 어렵더라도, 다른 법률조항과 법률의 입법취지를 종합적으로 고찰할 때 합리적으로 그 대강이 예측될 수 있으면 위임한계를 일탈하지 않은 것으로 헌법재판소는 판단한다.**

해설 법률에 의한 처벌법규의 위임은 죄형법정주의의 원칙상 그 요건과 범위가 보다 엄격하게 제한적으로 적용되어야 함은 물론이지만, 법률의 목적과 내용에 따라 위임입법이 허용될 수밖에 없는 합리적인 이유가 있고, 하위법령에서 규정될 범죄의 구성요건이 당해 위임법률조문 하나만으로는 다소 어렵더라도 다른 법률조항과 법률의 입법취지를 종합적으로 고찰할 때 합리적으로 그 대강이 예측될 수 있는 것이라면 위임의 한계를 일탈하지 아니한 것이고, 결국 죄형법정주의에서 파생되는 명확성의 원칙에도 위배되지 아니하는 것으로 판단되어야 할 것이다(헌재 2006.07.27. 2005헌바66).

정답 ○

2. 이중처벌금지원칙(일사부재리의 원칙)

21년(1) 모의

264. **동일인을 구 「석유 및 석유대체연료 사업법」 조항에 따라 유사석유제품 제조행위로 처벌하고, 구 「조세범 처벌법」 조항에 근거하여 유사석유제품을 제조하여 조세를 포탈한 행위로도 처벌하는 것은 기본적 사실관계로서의 행위가 동일하여 이중처벌금지원칙에 위배된다.**

해설 구 '석유 및 석유대체연료 사업법'에 의한 처벌은 유사석유제품을 제조하는 것으로써 구성요건을 충족하는 반면, 심판대상조항에 의한 처벌은 유사석유제품을 제조하여 그에 따른 세금을 포탈한 때 비로소 구성요건에 해당하는 것이므로, 양자는 처벌의 대상이 되는 행위를 달리한다. 따라서 심판대상조항은 이중처벌금지원칙에 위배되지 아니한다(헌재 2017.07.27. 2012헌바323).

정답 ×

 20년 변시, 16년(2)·20년(1) 모의

265. 헌법 제13조 제1항 후단에 규정된 이중처벌금지의 원칙에 있어서 '처벌'에는 국가가 행하는 일체의 제재나 경제적인 불이익처분이 모두 포함된다고는 할 수 없으므로, 공무원이 재직 중의 사유로 인하여 형을 선고받거나 파면되는 경우에 해당 공무원의 퇴직급여를 감액한다고 하더라도 이중적인 처벌에 해당하는 것이라고는 볼 수 없다.

해설 청구인은 이 사건 법률조항이 공무원 또는 공무원이었던 자의 범죄행위에 대하여 형벌을 과하는 외에 다시 급여를 제한함으로써 헌법정신에 반하여 이중적으로 처벌하는 것이라고 주장하는바, 이 사건 법률조항이 일정한 범죄를 범한 공무원에 대하여 형벌이나 공무원법상의 징계 외에 추가적인 경제적 불이익을 부과하는 것이기는 하나, 헌법 제13조 제1항 후단에 규정된 일사부재리 또는 이중처벌금지의 원칙에 있어서 처벌이라고 함은 원칙적으로 범죄에 대한 국가의 형벌권 실행으로서의 과벌을 의미하는 것이고 국가가 행하는 일체의 제재나 불이익처분이 모두 그에 포함된다고는 할 수 없으므로 이 사건 법률조항에 의하여 급여를 제한한다고 하더라도 그것이 헌법이 금하고 있는 이중적인 처벌에 해당하는 것은 아니라고 할 것이다(헌재 2002.07.18. 2000헌바57).

정답 ○

 20년 변시

266. 공무원의 직무와 관련이 없는 범죄라 할지라도 고의범의 경우에는 공무원의 법령준수의무, 청렴의무, 품위유지의무 등을 위반한 것으로 볼 수 있으므로 이를 퇴직급여의 감액사유에서 제외하지 아니하더라도 헌법에 위반되지 않는다.

해설 공무원의 직무와 관련이 없는 범죄라 할지라도 고의범의 경우에는 공무원의 법령준수의무, 청렴의무, 품위유지의무 등을 위반한 것으로 볼 수 있으므로 이를 퇴직급여의 감액사유에서 제외하지 아니하더라도 위 헌법불합치결정의 취지에 반한다고 볼 수 없다(헌재 2013.08.29. 2010헌바354).

정답 ○

20년(1)·23년(1) 모의

267. 보안처분은 그 본질과 목적 및 기능에 있어서 형벌과 다른 독자적 의의를 가지고 있기 때문에 형과 보호감호를 병과하여 선고한다고 해서 헌법 제13조 제1항 후단의 일사부재리의 원칙에 위배되는 것은 아니다.

해설 보호감호와 형벌은 다 같이 신체의 자유를 박탈하는 수용처분이라는 점에서 서로 유사한 점이 있기는 하지만, 보호감호처분은 재범의 위험성이 있고 특수한 교육·개선 및 치료가 필요하다고 인정되는 자에 대하여 사회복귀를 촉진하고 사회를 보호하기 위하여 헌법 제12조 제1항을 근거로 한 보안처분으로서, 그 본질과 목적 및 기능에 있어 형벌과는 다른 독자적 의의를 가진 사회보호적 처분이므로, 형벌과 보호감호를 서로 병과하여 선고한다고 해서 그것이 헌법 제13조 제1항 후단 소정의 이중처벌금지원칙에 해당되지 아니한다(헌재 2015.09.24. 2014헌바222).

정답 O

20년(1) 모의

268. 행정법상의 질서벌인 과태료의 부과처분과 형사처벌은 그 성질이나 목적을 달리하는 별개의 것이므로, 행정법상의 질서벌인 과태료를 납부한 후에 형사처벌을 한다고 하여 이를 일사부재리의 원칙에 반하는 것이라고 할 수는 없다.

해설 행정법상의 질서벌인 과태료의 부과처분과 형사처벌은 그 성질이나 목적을 달리하는 별개의 것이므로 행정법상의 질서벌인 과태료를 납부한 후에 형사처벌을 한다고 하여 이를 일사부재리의 원칙에 반하는 것이라고 할 수는 없으며, … 만일 임시운행허가기간을 넘어 운행한 자가 등록된 차량에 관하여 그러한 행위를 한 경우라면 과태료의 제재만을 받게 되겠지만, 무등록 차량에 관하여 그러한 행위를 한 경우라면 과태료와 별도로 형사처벌의 대상이 된다(대판 1996.04.12. 96도158).

정답 O

3. 형벌에 관한 책임원칙

24년 변시, 21년(1) 모의

269. 선박소유자가 고용한 선장이 선박소유자의 업무에 관하여 범죄행위를 하면 그 선박소유자에게도 동일한 벌금형을 과하도록 규정하고 있는 구「선박안전법」조항은 선장이 저지른 행위의 결과에 대해 선박소유자의 독자적인 책임에 관하여 전혀 규정하지 않은 채, 단순히 선박소유자가 고용한 선장이 업무에 관하여 범죄행위를 하였다는 이유만으로 선박소유자에 대하여 형사처벌을 과하고 있으므로 책임주의원칙에 위배된다.

해설 선박소유자가 고용한 선장이 선박소유자의 업무에 관하여 범죄행위를 하면 그 선박소유자에게도 동일한 벌금형을 과하도록 규정하고 있는 구 선박안전법(2007. 1. 3. 법률 제8221호로 개정되고, 2009. 12. 29. 법률 제9871호로 개정되기 전의 것) 제84조 제2항 중 '선장이 선박소유자의 업무에 관하여 제1항 제9호의 위반행위를 한 때에는 선박소유자에 대하여도 동항의 벌금형에 처한다.'는 부분(이하 '이 사건 법률조항'이라 한다)은 선장의 범죄행위에 관하여 비난할 근거가 되는 선박소유자의 의사결정 및 행위구조, 즉 선장이 저지른 행위의 결과에 대한 선박소유자의 독자적인 책임에 관하여 전혀 규정하지 않은 채, 단순히 선박소유자가 고용한 선장이 업무에 관하여 범죄행위를 하였다는 이유만으로 선박소유자에 대하여 형사처벌을 과하고 있는바, 이는 다른 사람의 범죄에 대하여 그 책임 유무를 묻지 않고 형벌을 부과하는 것으로서, 법치국가의 원리 및 죄형법정주의로부터 도출되는 책임주의원칙에 반한다(헌재 2013.09.26. 2013헌가15).

정답 O

22년(2) 모의

270. **[심판대상조항]**
구 「도로교통법」(2018. 12. 24. 법률 제16037호로 개정되고, 2020. 6. 9. 법률 제17371호로 개정되기 전의 것)
제148조의2(벌칙) ① 제44조 제1항 또는 제2항을 2회 이상 위반한 사람(자동차등 또는 노면전차를 운전한 사람으로 한정한다)은 2년 이상 5년 이하의 징역이나 1천만 원 이상 2천만 원 이하의 벌금에 처한다.
[관련조항]
「도로교통법」(2018. 3. 27. 법률 제15530호로 개정된 것)
제44조(술에 취한 상태에서의 운전 금지) ① 누구든지 술에 취한 상태에서 자동차등, 노면전차 또는 자전거를 운전하여서는 아니 된다.

가. 甲은 도로교통법위반(음주운전)죄로 4회 처벌받은 전력이 있는데, 2019. 8. 17. 혈중알코올농도 0.065%의 술에 취한 상태로 승용차량을 운전함으로써 「도로교통법」제44조 제1항을 2회 이상 위반하였다는 공소사실로 기소되어 대구지방법원에서 재판을 받게 되었다.
나. 甲은 위 재판 계속 중 2회 이상 음주운전을 가중처벌하는 구 「도로교통법」제148조의2 제1항에 대하여 위헌법률심판제청신청을 하였으나, 2019. 11. 7. 위 법원으로부터 위 공소사실에 대하여 징역 1년을 선고받는 한편, 위헌법률심판제청신청에 대하여 각하(「도로교통법」제148조의2 제1항 중 '제44조 제2항' 부분) 및 기각(각하된 부분을 제외한 나머지 부분) 결정을 받게 되자, 2019. 11. 18. 「헌법재판소법」제68조 제2항 헌법소원심판을 청구하였다.

1) 심판대상조항은 가중요건이 되는 과거 위반행위와 처벌대상이 되는 재범 음주운전행위 사이에 아무런 시간적 제한을 두지 않고, 과거 위반전력, 혈중알코올농도 수준 등에 비추어 보호법익에 미치는 위험이 비교적 낮은 유형의 재범 음주운전행위도 일률적으로 2년 이상의 징역 또는 1천만 원 이상의 벌금으로 처벌하도록 하고 있어 책임과 형벌 간의 비례원칙에 위반된다.

2) 심판대상조항이 2회 이상 음주운전을 한 음주운전 재범자를 가중처벌하도록 한 것은 교통과 관련된 안전을 확보하고 국민의 생명·신체와 재산을 보호하기 위한 입법이었다.

해설 심판대상조항은 도로교통법 제44조 제1항의 음주운전 금지규정을 반복하여 위반한 반규범적 행위에 대한 책임을 형량에 반영하여 재범 음주운전에 대한 처벌을 강화하고자 한 규정이고, 교통안전을 해하며 국민의 생명·신체·재산을 반복하여 위험에 처하게 하는 반복적 음주운전을 엄히 처벌해야 함에는 이견이 있을 수 없다. 그런데 심판대상조항은 그 구성요건을 '제44조 제1항을 2회 이상 위반'한 경우로 규정함으로써 가중요건이 되는 과거 음주운전 금지규정 위반행위와 처벌대상이 되는 재범 음주운전 금지규정 위반행위 사이에 아무런 시간적 제한이 없고, 과거 위반행위가 형의 선고나 유죄의 확정판결을 받은 전과일 것을 요구하지도 않는다. 과거 위반행위가 예컨대 10년 이상 전에 발생한 것이라면, 처벌대상이 되는 음주운전이 재범에 해당된다고 하더라도 그것이 교통법규에 대한 준법정신이나 안전의식이 현저히 부족한 상태에서 이루어진 반규범적 행위라거나 사회구성원에 대한 생명·신체 등을 '반복적으로' 위협하는 행위라고 평가하기 어려워 이를 일반적 음주운전 금지규정 위반행위와 구별하여 가중처벌할 필요성이 있다고 보기 어렵다. … 그러나 심판대상조항은 교통의 안전이나 사람의 생명·신체·재산 등 보호법익에 미치는 위험 정도가 비교적 낮은 유형의 재범 음주운전행위, 예컨대 10년 이상이 지난 과거에 단 1회 음주운전 금지의무를 위반한 전력이 있는 사람이 다시 0.03%의 혈중알코올농도 상태에서 운전한 경우도 법정형의 하한인 2년 이상의 징역 또는 1천만원 이상의 벌금을 기준으로 처벌하도록 하고 있다. … 따라서 심판대상조항이 구성요건과 관련하여 아무런 제한도 두지 않은 채 법정형의 하한을 징역 2년, 벌금 1천만 원으로 정한 것은, 음주운전 금지의무 위반 전력이나 혈중알코올농도 수준 등을 고려할 때 비난가능성이 상대적으로 낮은 음주운전 재범행위까지 가중처벌 대상으로 하면서 법정형의 하한을 과도하게 높게 책정하여 죄질이 비교적 가벼운 행위까지 지나치게 엄히 처벌하도록 한 것이므로, 책임과 형벌 사이의 비례성을 인정하기 어렵다. … 그러므로 심판대상조항은 책임과 형벌 간의 비례원칙에 위반된다(헌재 2021.11.25. 2019헌바446).

정답 O, O

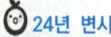 24년 변시

271. 건설업 등록을 하지 않은 건설공사 하수급인이 근로자에게 임금을 지급하지 못한 경우에, 하수급인의 직상 수급인에 대하여 하수급인과 연대하여 임금을 지급할 의무를 부과하고 직상 수급인이 그 의무를 이행하지 않으면 처벌하도록 한 「근로기준법」 조항은 자기책임원칙에 위배된다고 볼 수 없다.

해설 건설업 등록을 하지 않은 건설공사 하수급인이 근로자에게 임금을 지급하지 못한 경우에, 하수급인의 직상 수급인에 대하여 하수급인과 연대하여 임금을 지급할 의무를 부과하고 직상 수급인이 그 의무를 이행하지 않으면 처벌하도록 한 근로기준법(2007. 7. 27. 법률 제8561호로 개정된 것) 제109조 제1항 중 구 근로기준법(2007. 7. 27. 법률 제8561호로 개정되고, 2011. 5. 24. 법률 제10719호로 개정되기 전의 것) 제44조의2 제1항에 관한 부분(이하 '이 사건 법률조항'이라 한다)이 직상 수급인의 임금지급의무 불이행을 처벌하도록 한 것은 직상 수급인 자신의 의무 불이행에 대한 책임을 묻는 것이고, 직상 수급인이 건설업 등록이 되어 있지 않아 건설공사를 위한 자금력 등이 확인되지 않는 자에게 건설공사를 하도급하는 위법행위를 함으로써 하수급인의 임금지급의무 불이행에 관한 추상적 위험을 야기한 잘못에 대하여, 실제로 하수급인이 임금지급의무를 이행하지 아니하여 그러한 위험이 현실화되었을 때 그 책임을 묻는 것이다. 따라서 이 사건 법률조항은 자기책임원칙에 위배된다고 볼 수 없다(헌재 2014.04.24. 2013헌가12).

정답 O

 24년 변시

272. 국민건강보험공단이 사위 기타 부당한 방법으로 보험급여비용을 받은 요양기관에 대하여 급여비용에 상당하는 금액의 전부 또는 일부를 징수할 수 있도록 한 「국민건강보

험법」 조항은, 요양기관이 그 피용자를 관리·감독할 주의의무를 다하였다고 하더라도 보험급여비용이 요양기관에 일단 귀속되었고 그 요양기관이 사위 기타 부당한 방법으로 보험급여비용을 지급받은 이상 부당이득반환의무가 있다는 것이므로 책임주의원칙에 어긋난다고 볼 수 없다.

해설 국민건강보험공단이 사위 기타 부당한 방법으로 보험급여비용을 받은 요양기관에 대하여 급여비용에 상당하는 금액의 전부 또는 일부를 징수할 수 있도록 한 국민건강보험법 제52조 제1항(2002. 12. 18. 법률 제6799호로 개정된 것)은 요양기관이 사위 기타 부당한 방법으로 보험급여비용을 받은 경우에만 징수책임을 지며, 또 요양기관과 아무런 관련 없이 피용자 개인의 잘못으로 보험급여비용을 받아 그 전액을 환수하는 것이 가혹한 경우라면 금액의 전부 혹은 일부가 '사위 기타 부당한 방법'에 해당하지 않는다고 하여 징수를 면할 수 있는 여지를 남겨 놓고 있고, 요양기관이 그 피용자를 관리·감독할 주의의무를 다하였다고 하더라도, 보험급여비용이 요양기관에게 일단 귀속되었고 그 요양기관이 사위 기타 부당한 방법으로 보험급여비용을 지급받은 이상 부당이득반환의무가 있다

정답 O

16년 변시

273. '책임 없는 자에게 형벌을 부과할 수 없다'는 형벌에 관한 책임주의는 형사법의 기본원리로서, 헌법상 법치국가의 원리에 내재하는 원리인 동시에 헌법 제10조의 취지로부터 도출되는 원리이고, 법인의 경우도 자연인과 마찬가지로 책임주의원칙이 적용된다.

해설 형벌은 범죄에 대한 제재로서 그 본질은 법질서에 의해 부정적으로 평가된 행위에 대한 비난이다. 만약 법질서가 부정적으로 평가한 결과가 발생하였다고 하더라도 그러한 결과의 발생이 어느 누구의 잘못에 의한 것도 아니라면, 부정적인 결과가 발생하였다는 이유만으로 누군가에게 형벌을 가할 수는 없다. 이와 같이 '책임 없는 자에게 형벌을 부과할 수 없다.'는 형벌에 관한 책임주의는 형사법의 기본원리로서, 헌법상 법치국가의 원리에 내재하는 원리인 동시에, 헌법 제10조의 취지로부터 도출되는 원리이고, 법인의 경우도 자연인과 마찬가지로 책임주의원칙이 적용된다(헌재 2012.04.24. 2011헌가37).

정답 O

13년·24년 변시, 14년(3)·15년(2) 모의

274. (1) 법인이 고용한 종업원 등의 일정한 범죄행위에 대하여 곧바로 법인을 종업원 등과 같이 처벌하도록 하고 있는 「산지관리법」 조항은 법인 자신의 지휘·감독의무를 다하지 못한 과실을 처벌하는 것이므로 책임주의원칙에 위배된다고 보기 어렵다.

(2) 종업원 등이 저지른 행위의 결과에 대한 영업주 개인의 독자적인 책임에 관하여 전혀 규정하지 않은 채, 단순히 개인 영업주가 고용한 종업원 등이 업무에 관하여 범죄행위를 하였다는 이유만으로 영업주 개인에 대하여 형사 처분을 과하는 것은 책임주의원칙에 반한다.

해설 (1) 법인이 고용한 종업원 등의 일정한 범죄행위에 대하여 곧바로 법인을 종업원등과 같이 처벌하도록 하고 있는 산지관리법(2002. 12. 30. 법률 제6841호로 제정된 것) 제56조 등 양벌규정(이하 '이 사건 심판대상조항'이라 한다)은 법인이 고용한 종업원 등의 범죄행위에 관하여 비난할 근거가 되는 법인의 의사결정 및 행위구조, 즉 종업원 등이 저지른 행위의 결과에 대한 법인의 독자적인 책임에 관하여 전혀 규정하지 않은 채, 단순히 법인이 고용한 종업원 등이 업무에 관하여 범죄행위를 하였다는 이유만으로 법인에 대하여 형사처벌을 과하고 있는바, 이는 다른 사람의 범죄에 대하여 그 책임 유무를 묻지 않고 형벌을 부과함으로써 법치국가의 원리 및 죄형법정주의로부터 도출되는 책임주의원칙에 반하여 헌법에 위반된다(헌재 2010.09.30. 2010헌가19,26,75(병합,전합)).

(2) 이 사건 법률조항은 종업원 등의 범죄행위에 관하여 비난할 근거가 되는 법인의 의사결정 및 행위구조, 즉 종업원 등이 저지른 행위의 결과에 대한 법인의 독자적인 책임에 관하여 전혀 규정하지 않은 채, 단순히 법인이 고용한 종업원 등이 업무에 관하여 범죄행위를 하였다는 이유만으로 법인에 대하여 형사처벌을 과하고 있는바, 이는 다른 사람의 범죄에 대하여 그 책임 유무를 묻지 않고 형벌을 부과함으로써 법치국가의 원리 및 죄형법정주의로부터 도출되는 책임주의원칙에 반한다(헌재 2013.06.27. 2013헌가10).

 ×, ○

14년(3) 모의

275. 명칭 여하를 불문하고 당해 법인을 실질적으로 경영하면서 사실상 대표하고 있는 자의 법규위반행위에 대한 법인의 책임은 법인 자신의 직접책임으로 책임주의원칙에 반하지 아니한다.

해설 법인 대표자의 행위는 종업원 등의 행위와 달리 보아야 한다. … 결국 법인 대표자의 법규위반행위에 대한 법인의 책임은, 법인 자신의 법규위반행위로 평가될 수 있는 행위에 대한 법인의 직접책임으로서, 대표자의 고의에 의한 위반행위에 대하여는 법인 자신의 고의에 의한 책임을, 대표자의 과실에 의한 위반행위에 대하여는 법인 자신의 과실에 의한 책임을 부담하는 것이다. 따라서 이 사건 법률조항 중 법인의 대표자 관련 부분은 대표자의 책임을 요건으로 하여 법인을 처벌하므로 책임주의원칙에 반하지 아니하며, 이 때 법인의 '대표자'에는 그 명칭 여하를 불문하고 당해 법인을 실질적으로 경영하면서 사실상 대표하고 있는 자도 포함된다고 해석함이 상당하다(헌재 2011.10.25. 2010헌바307).

 ○

4. 연좌제의 금지

17년(1)·20년(2)·21년(1) 모의

276. (1) 헌법 제13조 제3항은 친족의 행위와 본인 간에 실질적으로 의미 있는 아무런 관련성을 인정할 수 없음에도 불구하고 오로지 친족이라는 사유로 형사처벌을 가하는 경우에만 적용된다.

(2) 회계책임자가 당해 선거와 관련하여 300만 원 이상의 벌금을 선고받은 경우 후보자의 당선을 무효로 하는 것이 후보자 본인의 책임이 아니라 오로지 회계책임자의

행위로 인한 불이익한 처우에 해당한다면, 회계책임자가 후보자의 친족이 아니라 하더라도 연좌제금지에 위배된다.

■해설 헌법 제13조 제3항은 '친족의 행위와 본인간에 실질적으로 의미있는 아무런 관련성을 인정할 수 없음에도 불구하고 오로지 친족이라는 사유 그 자체만으로' 불이익한 처우를 가하는 경우에만 적용되기 때문에 원칙적으로 회계책임자가 친족이 아닌 이상, 이 사건 법률조항은 적어도 헌법 제13조 제3항의 규범적 실질내용에 위배될 수는 없다(헌재 2010.03.25. 2009헌마170). ▶ 헌법상 자기책임의 원칙 분만 아니라 적법절차원칙에 어긋나거나 재판청구권을 침해한 것이라고 볼 수 없고, 후보자의 공무담임권을 침해한다고 볼 수 없다고 판시

정답

14년(3)·20년(1)·(2) 모의

277. **(1)** 헌법 제13조 제3항에서 명문으로 '친족의 행위로 인하여'라는 표현을 사용하고 있지만, 친족 사이가 아닌 타인의 행위로 인한 불이익한 처우도 연좌제금지의 법리가 적용된다.
(2) 후보자 자신의 선거범죄로 인한 당선무효제도를 배우자의 선거범죄에까지 확장하는 것은 배우자의 위반행위를 이유로 후보자에게 불이익을 주는 것이어서 연좌제에 해당한다.

■해설 "모든 국민은 자기의 행위가 아닌 친족의 행위로 인하여 불이익한 처우를 받지 아니한다."고 규정하고 있는 헌법 제13조 제3항은 '친족의 행위와 본인 간에 실질적으로 의미 있는 아무런 관련성을 인정할 수 없음에도 불구하고 오로지 친족이라는 사유 그 자체만으로' 불이익한 처우를 가하는 경우에만 적용된다. 배우자는 후보자와 일상을 공유하는 자로서 선거에서는 후보자의 분신과도 같은 역할을 하게 되는바, 배우자의 중대 선거범죄를 이유로 후보자의 당선을 무효로 하는 이 사건 법률조항은 배우자가 죄를 저질렀다는 이유만으로 후보자에게 불이익을 주는 것이 아니라, 후보자와 불가분의 선거운명공동체를 형성하여 활동하게 마련인 배우자의 실질적 지위와 역할을 근거로 후보자에게 연대책임을 부여한 것이므로 헌법 제13조 제3항에서 금지하고 있는 연좌제에 해당하지 아니한다(헌재 2005.12.22. 2005헌마19).

정답

20년(2) 모의

278. 반국가행위자가 검사의 소환에 2회 이상 불응한 때에는 반국가행위자 친족의 재산에 대해서도 반국가행위자의 재산이라는 검사의 적시만 있으면 증거조사 없이 몰수형을 선고하도록 한 「반국가행위자의 처벌에 관한 특별조치법」 조항은 헌법 제13조 제3항에 위반된다.

■해설 특조법 제8조는 제2조 제2항에서 "이법에서 반국가행위자의 재산이라 함은 행위자가 실질적으로 소유하고 있는 동산·부동산·유가증권 기타 일체의 재산적 가치있는 물건 또는 권리를 말한다"고 규정하고 있고, 10조에서 몰수판결의 효력은 몰수대상물의 명의자 또는 점유자에 대하여도 효력이 있다고 규정한 점과 종합하여 보면, 친족의 재산까지도 반국가행위자의 재산이라고 검사가 적시

하기만 하면 특조법 제7조 제7항에 의하여 증거조사 없이 몰수형이 선고되게 되어 있으므로, 헌법 제13조 제3항에서 금지한 연좌형이 될 소지도 크다. 따라서 특조법 제8조는 헌법 제13조 제3항에도 위반된다(헌재 1996.01.25. 95헌가5).

정답 ○

14년(3) 모의

279. 승객의 사망이나 부상시 자동차손해배상보장법이 운행자에게 위험책임의 원리에 기하여 무과실책임을 지운 것은 자유시장경제질서와 연좌제금지원칙에 위반된다.

자유시장 경제질서를 기본으로 하면서도 사회국가원리를 수용하고 있는 우리 헌법의 이념에 비추어 일반불법행위책임에 관하여는 과실책임의 원리를 기본원칙으로 하면서 이 사건 법률조항과 같은 특수한 불법행위책임에 관하여 위험책임의 원리를 수용하는 것은 입법정책에 관한 사항으로서 입법자의 재량에 속한다고 할 것이다. 따라서 이 사건 법률조항이 아래에서 보는 바와 같이 운행자의 재산권을 본질적으로 제한하거나 평등의 원칙에 위반되지 아니하는 이상 위험책임의 원리에 기하여 무과실책임을 지운 것만으로 헌법 제119조 제1항의 자유시장 경제질서나 청구인이 주장하는 헌법 전문 및 헌법 제13조 제3항의 연좌제금지의 원칙에 위반된다고 할 수 없다(헌재 1998.05.28. 96헌가4).

정답 ×

Ⅴ 신체의 자유의 절차적 보장

1. 적법절차의 원칙

18년·21년 변시, 23년(2) 모의

280. (1) 심급제도에 대한 입법재량의 범위와 범죄인인도심사의 법적 성격, 그리고 「범죄인인도법」에서의 심사절차에 관한 규정 등을 종합할 때, 범죄인인도심사를 서울고등법원의 단심제로 정하고 있는 것은 적법절차원칙에서 요구되는 합리성과 정당성을 결여한 것이라고 볼 수 없다.
(2) 「범죄인인도법」은 법원의 인도심사결정 시 그 성질에 반하지 않는 한도에서 관련 「형사소송법」 규정을 준용하고 있으며 인도대상이 된 자에게 변호인의 조력을 받을 수 있게 하고 의견진술기회를 부여하고 있으므로, 법원에 의한 범죄인인도심사는 전형적인 사법절차의 대상에 해당되고 그 심사절차는 성질상 국가형벌권의 확정을 목적으로 하는 형사절차와 동일하다고 할 수 있다.

법원의 범죄인인도결정은 신체의 자유에 밀접하게 관련된 문제이므로 범죄인인도심사에 있어서 적법절차가 준수되어야 한다. 그런데 심급제도는 사법에 의한 권리보호에 관하여 한정된 법발견, 자원의 합리적인 분배의 문제인 동시에 재판의 적정과 신속이라는 서로 상반되는 두 가지의 요청을 어떻게 조화시키느냐의 문제이므로 기본적으로 입법자의 형성의 자유에 속하는 사항이다. 한편 법원에 의한 범죄인인도심사는 국가형벌권의 확정을 목적으로 하는 형사절차와 같은 전형적인 사법절차의 대상에 해당되는 것은 아니며, 법률(범죄인인도법)에 의하여 인정된 특별한 절차라 볼 것이다.

그렇다면 심급제도에 대한 입법재량의 범위와 범죄인인도심사의 법적 성격, 그리고 범죄인인도법에서의 심사절차에 관한 규정 등을 종합할 때, 이 사건 법률조항이 범죄인인도심사를 서울고등법원의 단심제로 하고 있다고 해서 적법절차원칙에서 요구되는 합리성과 정당성을 결여한 것이라 볼 수 없다(헌재 2003.01.30. 2001헌바95).

정답 ○, ×

 18년 변시, 18년(2)·20년(2)·23년(1) 모의

281. (1) 헌법 제12조 제1항의 적법절차원칙은 형사소송절차에 국한되어 적용되는 것이 아니므로, 전투경찰순경의 인신구금을 내용으로 하는 영창처분에 있어서도 적법절차원칙이 준수되어야 한다.

(2) 공권력의 행사로 신체를 구속당하는 국민의 입장에서는, 그러한 구속이 형사절차에 의한 것이든, 행정절차에 의한 것이든 신체의 자유를 제한당한다는 점에서는 본질적인 차이가 없으므로, 행정절차에서 체포·구속의 방법으로 신체의 자유를 제한하는 경우에도 헌법 제12조 제3항의 영장주의가 적용된다고 보아야 한다.

(3) 전투경찰순경에 대한 징계처분으로 영창을 규정하고 있는 구「전투경찰대 설치법」상의 영창조항은 그 본질상 급박성을 요건으로 하지 않음에도 불구하고 법관의 판단을 거쳐 발부된 영장에 의하지 않고 전투경찰대원에 대한 구속을 가능하게 하므로 헌법 제12조 제3항의 영장주의에 위배되어 신체의 자유를 침해한다.

해설 헌법 제12조 제1항의 적법절차원칙은 형사소송절차에 국한되지 않고 모든 국가작용 전반에 대하여 적용되므로, 전투경찰순경의 인신구금을 내용으로 하는 영창처분에 있어서도 적법절차원칙이 준수되어야 한다. … 청구인은 이 사건 영창조항이 헌법상 영장주의에 위배된다는 주장도 하나, 헌법 제12조 제3항에서 규정하고 있는 영장주의란 형사절차와 관련하여 체포·구속·압수·수색의 강제처분을 할 때 신분이 보장되는 법관이 발부한 영장에 의하지 않으면 안 된다는 원칙으로, 형사절차가 아닌 징계절차에도 그대로 적용된다고 볼 수 없다. 따라서 이 사건 영창조항이 헌법상 영장주의에 위반되는지 여부는 더 나아가 판단하지 아니한다(헌재 2016.03.31. 2013헌바190).

정답 ○, ×, ×

 17년(2)·19년(1) 모의

282. 헌법재판소는 적법절차의 원칙이 국민과 국가와의 관계가 아닌 국가기관 상호간의 관계가 문제된 경우에는 적용되지 않는다고 보아, 국가기관인 대통령에 대한 국회의 탄핵소추절차에는 적법절차의 원칙을 직접 적용할 수 없다고 판단하였다.

해설 적법절차원칙이란, 국가공권력이 국민에 대하여 불이익한 결정을 하기에 앞서 국민은 자신의 견해를 진술할 기회를 가짐으로써 절차의 진행과 그 결과에 영향을 미칠 수 있어야 한다는 법원리를 말한다. 그런데 이 사건의 경우, 국회의 탄핵소추절차는 국회와 대통령이라는 헌법기관 사이의 문제이고, 국회의 탄핵소추의결에 의하여 사인으로서의 대통령의 기본권이 침해되는 것이 아니라, 국가기관으로서의 대통령의 권한행사가 정지되는 것이다. 따라서 국가기관이 국민과의 관계에서 공권력을 행사함에 있어서 준수해야 할 법원칙으로서 형성된 적법절차의 원칙을 국가기관에 대하여 헌법을 수호하고자 하는 탄핵소추절차에는 직접 적용할 수 없다고 할 것이고, 그 외 달리 탄핵소추절차와 관련하여 피소추인에게 의견진술의 기회를 부여할 것을 요청하는 명문의 규정도 없으므로, 국회의 탄핵소추절차가 적법절차원칙에 위배되었다는 주장은 이유 없다(헌재 2004.05.14. 2004헌나1).

14년(1)·19년(1) 모의

283. **적법절차원칙은 형사처벌뿐만 아니라 개인의 자유·권리에 불이익이 되는 일체의 제재를 적용대상으로 한다.**

■해설 우리 현행 헌법에서는 제12조 제1항의 처벌, 보안처분, 강제노역 등 및 제12조 제3항의 영장주의와 관련하여 각각 적법절차의 원칙을 규정하고 있지만 이는 그 대상을 한정적으로 열거하고 있는 것이 아니라 그 적용대상을 예시한 것에 불과하다고 해석하는 것이 우리의 통설적 견해이며(헌재 1992.12.24. 92헌가8), 헌법 제12조 제1항 후문과 제3항에 규정된 적법절차의 원칙은 형사절차상의 제한된 범위뿐만 아니라 국가작용으로서 모든 입법 및 행정작용에도 광범위하게 적용된다(헌재 2009.06.25. 2007헌마451).

17년(2) 모의

284. **적법절차는 신체의 자유에서만이 아니고 모든 기본권보장과 관련이 있는 것이고, 법치주의의 구체적 실현원리라고 할 것이다.**

■해설 적법절차는 비단 신체의 자유(헌법 제12조)에서만이 아니고 모든 기본권보장과 관련이 있는 것이고, 법치주의의 구체적 실현원리이라고 할 것이다(헌재 1992.11.12. 91헌가2).

17년(2) 모의

285. **적법절차원칙은 법률이 정한 형식적 절차와 실체적 내용이 모두 합리성과 정당성을 갖춘 적정한 것이어야 한다는 실질적 의미를 지니고 있으며, 형사소송절차와 관련하여서는 형사소송절차의 전반을 기본권 보장의 측면에서 규율하여야 한다는 기본원리를 천명하고 있는 것으로 이해된다.**

■해설 헌법상 적법절차의 원칙은 국가작용으로서 기본권 제한과 관련되든 아니든 모든 입법작용 및 행정작용에도 광범위하게 적용되는 것으로서, 법률이 정한 형식적 절차와 실체적 내용이 모두 합리성과 정당성을 갖춘 적정한 것이어야 한다는 실질적 의미를 지니고 있으며, 형사소송절차와 관련하여서는 형사소송절차의 전반을 기본권 보장의 측면에서 규율하여야 한다는 기본원리를 천명하고 있는 것으로 이해된다(헌재 2012.06.27. 2011헌가36).

17년(2) 모의

286. 자기에게 아무런 책임 없는 사유로 출석하지 못한 피고인에 대하여 별다른 증거조사도 없이 곧바로 유죄판결을 선고할 수 있도록 한 것은 적법절차원칙에 위반된다.

> 해설 자기에게 아무런 책임없는 사유로 출석하지 못한 피고인에 대하여 별다른 증거조사도 없이 곧바로 유죄판결을 선고할 수 있도록 한 것은 그 절차의 내용이 심히 적정치 못한 경우로서 헌법 제12조 제1항 후문의 적법절차원칙에 반한다(헌재 1998.07.16. 97헌바22).

정답 ○

16년 변시

287. 대통령 甲은 대통령선거를 10개월여 앞둔 시점에서 소상공인들이 주최한 간담회에 참석하여 재벌가의 후손인 야당의 대표가 대통령에 당선되면 소상공인들의 지위는 더욱 불안해질 수밖에 없으니 대통령선거에서 현명한 선택을 당부한다는 취지의 발언을 하였다. 이에 야당은 甲의 발언이 「공직선거법」 제9조 제1항에 위반된다는 이유로 甲을 중앙선거관리위원회에 고발하였다. 중앙선거관리위원회는 甲에 대해 「공직선거법」 제9조 제1항이 정한 공무원의 선거중립의무를 위반하였다고 결정하면서 대통령의 선거중립의무 준수 요청조치를 취한 후, 이를 甲에게 통고하고 언론사를 통하여 공표하였다. 이 같은 중앙선거관리위원회의 요청조치에 대해 甲은 헌법소원심판을 청구하였다. 이때 중앙선거관리위원회가 위 요청조치를 취하기 전에 甲에게 의견진술의 기회를 부여하지 않았다면 적법절차원칙에 어긋나서 甲의 기본권을 침해한 것이다.

> 해설 각급 선거관리위원회의 의결을 거쳐 행하는 사항에 대하여는 원칙적으로 행정절차에 관한 규정이 적용되지 않는바(행정절차법 제3조 제2항 제4호), 이는 권력분립의 원리와 선거관리위원회 의결절차의 합리성을 고려한 것으로 보인다. 또한 선거운동의 특성상 선거법 위반행위인지 여부와 그에 대한 조치는 가능하면 신속하게 결정되어야 할 뿐 아니라, 선거관리위원회법 제14조의2의 조치가 위반행위자에 대하여 종국적 법률효과를 발생시키는 것도 아니므로, 위반행위자에게 의견진술의 기회를 보장하는 것이 반드시 필요하거나 적절하다고 보기는 어렵다. 이와 같이 선거관리의 특성, 이 사건 조치가 규율하는 행위의 성격, 위 조치의 제재효과 및 기본권침해의 정도 등을 종합하여 볼 때, 청구인에게 위 조치 전에 의견진술의 기회를 부여하지 않은 것이 적법절차원칙에 어긋나서 청구인의 기본권을 침해한다고 볼 수 없다(헌재 2008.01.17. 2007헌마700).

정답 ×

15년(1) 모의

288. 행정부 소속기관인 사회보호위원회로 하여금 치료감호의 종료 여부에 관한 결정을 하도록 하는 것은 적법절차원칙에 위배된다.

> 해설 치료감호심의위원회의 심사대상은 이미 판결에 의하여 확정된 보호감호처분을 집행하는 것에 불과하므로 이를 법관에게 맡길 것인지, 아니면 제3의 기관에 맡길 것인지는 입법 재량의 범위 내에 있으며, 위원회의 결정에 대하여 불복이 있는 경우 행정소송 등 사법심사의 길이 열려 있으므로 법

관에 의한 재판을 받을 권리를 침해한다고 할 수 없다. 나아가, 치료감호심의위원회의 구성, 심사절차 및 심사대상에 비추어 볼 때 위원회가 보호감호의 관리 및 집행에 관한 사항을 심사·결정하도록 한 것이 헌법상 적법절차 원칙에 위배된다고 볼 수 없다(헌재 2009.03.26. 2007헌바50).

정답 ×

2. 영장제도

 22년 변시, 17년(3) 모의

289. (1) 범죄피의자로 입건된 사람에게 검사의 신문을 받으면서 자신의 신원을 밝히지 않고 지문채취에 불응하는 경우 형사처벌을 통하여 지문채취를 강제하더라도 이를 영장주의에 의하여야 할 강제처분이라고 할 수 없다.

(2) 수사상 필요에 의하여 수사기관이 직접강제에 의하여 지문을 채취하려 하는 경우에는 반드시 법관이 발부한 영장에 의하여야 한다.

 이 사건 법률조항은 수사기관이 직접 물리적 강력력을 행사하여 피의자에게 강제로 지문을 찍도록 하는 것을 허용하는 규정이 아니며 형벌에 의한 불이익을 부과함으로써 심리적·간접적으로 지문채취를 강요하고 있으므로 피의자가 본인의 판단에 따라 수용여부를 결정한다는 점에서 궁극적으로 당사자의 자발적 협조가 필수적임을 전제로 하므로 물리력을 동원하여 강제로 이루어지는 경우와는 질적으로 차이가 있다. 따라서 이 사건 법률조항에 의한 지문채취의 강요는 영장주의에 의하여야 할 강제처분이라 할 수 없다. 또한 수사상 필요에 의하여 수사기관이 직접강제에 의하여 지문을 채취하려 하는 경우에는 반드시 법관이 발부한 영장에 의하여야 하므로 영장주의원칙은 여전히 유지되고 있다고 할 수 있다(헌재 2004.09.23. 2002헌가17).

정답 ○,○

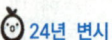 24년 변시

290. 법원이 직권으로 발부하는 영장은 허가장으로서의 성질을 갖지만, 수사기관의 청구에 의하여 발부하는 구속영장은 명령장으로서의 성질을 갖는다.

 수사단계이든 공판단계이든 수사나 재판의 필요상 구속 등 강제처분을 하지 않을 수 없는 경우는 있게 마련이지만 강제처분을 받는 피의자나 피고인의 입장에서 보면 심각한 기본권의 침해를 받게 되므로 헌법은 강제처분의 남용으로부터 국민의 기본권을 보장하기 위한 수단으로 영장주의를 천명한 것이다. 특히 강제처분 중에서도 중립적인 심판자로서의 지위를 갖는 법원(우리나라 형사소송의 구조는 원칙적으로 당사자주의 구조이다. 헌법재판소 1995. 11. 30. 선고, 92헌마44 결정 참조)에 의한 강제처분에 비하여 수사기관에 의한 강제처분의 경우에는 범인을 색출하고 증거를 확보한다는 수사의 목적상 적나라하게 공권력이 행사됨으로써 국민의 기본권을 침해할 가능성이 큰 만큼 수사기관의 인권침해에 대한 법관의 사전적·사법적 억제를 통하여 수사기관의 강제처분 남용을 방지하고 인권보장을 도모한다는 면에서 영장주의의 의미가 크다고 할 것이다(이러한 면에서 법원이 직권으로 발부하는 영장과 수사기관의 청구에 의하여 발부하는 구속영장의 법적 성격은 갖지 않다. 즉,

전자는 명령장으로서의 성질을 갖지만 후자는 허가장으로서의 성질을 갖는 것으로 이해되고 있다)(헌재 1997.03.27. 96헌바28.31.32).

정답 ×

🕒 20년·22년 변시

291. 기지국 수사를 허용하는 통신사실 확인자료 제공요청은 「통신비밀보호법」이 규정하는 강제처분에 해당하므로, 법관이 발부한 영장에 의하지 않고 관할 지방법원 또는 지원의 허가만 받으면 이를 가능하게 한 것은 영장주의에 위반된다.

해설 … 이에 이 사건 허가조항은 기지국 수사의 필요성, 실체진실의 발견 및 신속한 범죄수사의 요청, 통신사실 확인자료의 특성, 수사현실 등을 종합적으로 고려하여, 수사기관으로 하여금 법원의 허가를 받아 특정 시간대 특정 기지국에서 발신된 모든 전화번호 등 통신사실 확인자료의 제공을 요청할 수 있도록 하고 있다. 영장주의의 본질이 강제처분을 함에 있어서는 인적·물적 독립을 보장받는 중립적인 법관이 구체적 판단을 거쳐야만 한다는 데에 있음을 고려할 때, 통신비밀보호법이 정하는 방식에 따라 관할 지방법원 또는 지원의 허가를 받도록 하고 있는 이 사건 허가조항은 실질적으로 영장주의를 충족하고 있다 할 것이다(헌재 2018.06.28. 2012헌마538).

정답 ×

🕒 22년·24년 변시, 17년(3) 모의

292. 관계행정청이 등급분류를 받지 아니하거나 등급분류를 받은 게임물과 다른 내용의 게임물을 발견한 경우 관계공무원으로 하여금 이를 수거·폐기하게 할 수 있도록 한 것은, 급박한 상황에 대처하기 위한 것으로서 그 불가피성과 정당성이 충분히 인정되는 경우이므로, 영장 없는 수거를 인정한다고 하더라도 영장주의에 위배되는 것으로 볼 수 없다.

해설 관계행정청이 등급분류를 받지 아니하거나 등급분류를 받은 게임물과 다른 내용의 게임물을 발견한 경우 관계공무원으로 하여금 이를 수거·폐기하게 할 수 있도록 한 구 음반·비디오물및게임물에관한법률(2001. 5. 24. 법률 제6473호로 개정되기 전의 것) 제24조 제3항 제4호 중 게임물에 관한 규정 부분은 앞에서 본바와 같이 급박한 상황에 대처하기 위한 것으로서 그 불가피성과 정당성이 충분히 인정되는 경우이므로, 이 사건 법률조항이 영장 없는 수거를 인정한다고 하더라도 이를 두고 헌법상 영장주의에 위배되는 것으로는 볼 수 없고, 위 구 음반·비디오물및게임물에관한법률 제24조 제4항에서 관계공무원이 당해 게임물 등을 수거한 때에는 그 소유자 또는 점유자에게 수거증을 교부하도록 하고 있고, 동조 제6항에서 수거 등 처분을 하는 관계공무원이나 협회 또는 단체의 임·직원은 그 권한을 표시하는 증표를 지니고 관계인에게 이를 제시하도록 하는 등의 절차적 요건을 규정하고 있으므로, 이 사건 법률조항이 적법절차의 원칙에 위배되는 것으로 보기도 어렵다(헌재 2002.10.31. 2000헌가12).

정답 ○

22년 변시, 20년(2) 모의

293. 각급선거관리위원회 위원·직원의 선거범죄 조사에 있어서 피조사자에게 자료제출의무를 부과한 「공직선거법」 조항에 따른 자료제출요구는, 행정조사의 성격을 가지는 것으로 수사기관의 수사와 근본적으로 그 성격을 달리하며, 그 상대방에 대하여 직접적으로 어떠한 물리적 강제력을 행사하는 강제처분을 수반하는 것이 아니므로 영장주의의 적용대상이 아니다.

해설 선거관리위원회의 본질적 기능은 선거의 공정한 관리 등 행정기능이고, 그 효과적인 기능 수행과 집행의 실효성을 확보하기 위한 수단으로서 선거범죄 조사권을 인정하고 있다. 심판대상조항에 의한 자료제출요구는 위와 같은 조사권의 일종으로서 행정조사에 해당하고, 선거범죄 혐의 유무를 명백히 하여 공소의 제기와 유지 여부를 결정하려는 목적으로 범인을 발견·확보하고 증거를 수집·보전하기 위한 수사기관의 활동인 수사와는 근본적으로 그 성격을 달리한다. 심판대상조항에 의한 자료제출요구는 그 성질상 대상자의 자발적 협조를 전제로 할 뿐이고 물리적 강제력을 수반하지 아니한다. 심판대상조항은 피조사자로 하여금 자료제출요구에 응할 의무를 부과하고, 허위 자료를 제출한 경우 형사처벌하고 있으나, 이는 형벌에 의한 불이익이라는 심리적, 간접적 강제수단을 통하여 진실한 자료를 제출하도록 함으로써 조사권 행사의 실효성을 확보하기 위한 것이다. 이와 같이 심판대상조항에 의한 자료제출요구는 행정조사의 성격을 가지는 것으로 수사기관의 수사와 근본적으로 그 성격을 달리하며, 청구인에 대하여 직접적으로 어떠한 물리적 강제력을 행사하는 강제처분을 수반하는 것이 아니므로 영장주의의 적용대상이 아니다(헌재 2019.09.26. 2016헌바381).

정답 O

20년 변시

294. 헌법 제12조 제3항이 정한 영장주의는 수사기관이 강제처분을 함에 있어 중립적 기관인 법원의 허가를 얻어야 함을 의미하는 것 외에 법원에 의한 사후 통제까지 마련되어야 함을 의미한다.

해설 … 헌법 제12조 제3항이 정한 영장주의가 수사기관이 강제처분을 함에 있어 중립적 기관인 법원의 허가를 얻어야 함을 의미하는 것 외에 법원에 의한 사후 통제까지 마련되어야 함을 의미한다고 보기 어렵고, 청구인의 주장은 결국 인터넷회선 감청의 특성상 집행 단계에서 수사기관의 권한 남용을 방지할 만한 별도의 통제 장치를 마련하지 않는 한 통신 및 사생활의 비밀과 자유를 과도하게 침해하게 된다는 주장과 같은 맥락이므로, 이 사건 법률조항이 과잉금지원칙에 반하여 청구인의 기본권을 침해하는지 여부에 대하여 판단하는 이상, 영장주의 위반 여부에 대해서는 별도로 판단하지 아니한다(헌재 2018.08.30. 2016헌마263).

정답 ×

23년(2) 모의

295. 헌법상 영장주의는 체포·구속·압수·수색 등 기본권을 제한하는 강제처분에 적용되므로, 강제력이 개입되지 않은 임의수사에 해당하는 수사기관 등의 통신자료 취득에는 영장주의가 적용되지 않는다.

해설 수사기관 등이 전기통신사업자에 대하여 통신자료의 제공을 요청할 수 있는 권한을 부여하면서 전기통신사업자는 '그 요청에 따를 수 있다'고 규정하고 있을 뿐, 전기통신사업자에게 수사기관 등의 통신자료 제공요청에 응하거나 협조하여야 할 의무를 부과하지 않으며, 달리 전기통신사업자의 통신자료 제공을 강제할 수 있는 수단을 마련하고 있지 아니하다. 따라서 이 사건 법률조항에 따른 통신자료 제공요청은 강제력이 개입되지 아니한 임의수사에 해당하고 이를 통한 수사기관 등의 통신자료 취득에는 영장주의가 적용되지 아니하는바, 이 사건 법률조항은 헌법상 영장주의에 위배되지 아니한다(헌재 2022.07.21. 2016헌마388, 2022헌마126).

정답 O

20년 변시

296. 수사기관이 공사단체 등에 범죄수사에 관련된 사실을 조회하는 행위는 강제력이 개입되지 아니한 임의수사에 해당하므로, 이에 응하여 이루어진 국민건강보험공단의 개인정보제공행위에는 영장주의가 적용되지 않는다.

해설 … 이 사건 사실조회조항은 수사기관이 공사단체 등에 대하여 범죄수사에 관련된 사실을 조회할 수 있다고 규정하여 수사기관에 사실조회의 권한을 부여하고 있을 뿐이고, 이에 근거한 이 사건 사실조회행위에 대하여 국민건강보험공단이 응하거나 협조하여야 할 의무를 부담하는 것이 아니다. 따라서 이 사건 사실조회행위는 강제력이 개입되지 아니한 임의수사에 해당하므로, 이에 응하여 이루어진 이 사건 정보제공행위에도 영장주의가 적용되지 않는다(헌재 2018.08.30. 2014헌마368).

정답   O

23년(2) 모의

297. 통신자료 제공요청이 있는 경우, 통신자료의 정보주체인 이용자에게 사전에 통신자료 제공요청이 있었다는 점과 사후에 수사기관 등이 통신자료를 취득하였다는 점이 통지되지 않았더라도, 효율적인 수사와 정보수집의 신속성, 밀행성 등의 필요성을 고려한다면 전기통신사업법 제83조는 적법절차원칙에 위배되지 않는다.

해설 수사기관의 통신자료 취득행위는 사전 또는 사후적인 사법적 통제나 사후 고지조차 없는 상태에서 정보 주체의 동의 없이 개인정보를 취득하는 것이므로 영장주의가 적용되는 강제수사로 보아야 한다. 따라서 [별지 4] 기재 청구인들에 대한 이 사건 통신자료 취득행위는 영장주의에 위배될 뿐만 아니라 개인정보자기결정권을 침해하고, 수사기관의 통신자료 취득과정에서 정보 주체의 절차 참여를 보장하거나 이를 사전 또는 사후적으로 고지하여 다툴 수 있는 구제절차를 마련하고 있지 않으므로, 적법절차원칙에도 위배된다(헌재 2022.07.21. 2016헌마388, 2022헌마126).

정답   ×

23년(2) 모의

298. 甲은 전기통신사업자인 주식회사 A를 상대로 자신의 통신자료가 수사기관에 제공된 사실이 있는지 여부를 확인해 줄 것을 요청하였고, A는 甲의 성명, 주민등록번호, 주소, 전화번호, 가입일, 해지일의 통신자료가 B지방검찰청에 제공된 사실이 있음을 확인해주었다. 이에 甲은 수사기관 등의 요청에 따라 전기통신사업자가 이용자의 개인정보를 제공할 수 있도록 규정한 「전기통신사업법」 제83조 제3항(이하 '이 사건 법률조항'이라 함)이 헌법에 위반된다고 주장한다. 이 사건 법률조항은 국가 형벌권의 적정한 행사 및 국가안전보장에 기여하고, 수사기관 등이 통신자료 제공요청을 할 수 있는 정보의 범위를 피의자나 피해자를 특정하기 위한 불가피한 최소한의 기초정보로 한정하고 있으므로 과잉금지원칙에 위배되지 않는다.

해설 수사기관 등이 필요한 경우 전기통신사업자에 대한 통신자료 제공요청을 통해 이용자의 통신자료를 취득하는 것은 위와 같은 목적을 달성하기 위한 적합한 수단이므로, 수단의 적합성도 인정된다. 이 사건 법률조항에 따라 수사기관 등에 통신자료가 제공된다고 하여 그 자체만으로 달성하고자 하는 공익에 비하여 제한되는 사익이 더 크다고 보기 어렵다. 이 사건 법률조항은 법익의 균형성에 위배되지 않는다. 따라서 이 사건 법률조항은 과잉금지원칙을 위반하여 청구인들의 개인정보자기결정권을 침해한다고 볼 수 없다.(헌재 2022.07.21. 2016헌마388, 2022헌마126).

 정답 O

 20년 · 24년 변시, 17년(3) 모의

299. (1) 형사재판이 계속 중인 국민의 출국을 금지하는 법무부장관의 출국금지결정은 영장주의가 적용되는 신체에 대하여 직접적으로 물리적 강제력을 수반하는 강제처분에 해당한다.

(2) 형사재판에 계속 중인 사람에 대하여 법무부장관이 6개월 이내의 기간을 정하여 출국을 금지할 수 있다고 규정한 「출입국관리법」 조항은 영장주의에 위반되지 아니한다.

해설 심판대상조항에 따른 법무부장관의 출국금지결정은 형사재판에 계속 중인 국민의 출국의 자유를 제한하는 행정처분일 뿐이고, 영장주의가 적용되는 신체에 대하여 직접적으로 물리적 강제력을 수반하는 강제처분이라고 할 수는 없다. 따라서 심판대상조항이 헌법 제12조 제3항의 영장주의에 위배된다고 볼 수 없다(헌재 2015.09.24. 2012헌바302).

정답 ×,O

 20년(2) 모의

300. 영장주의의 본질은 강제처분을 함에 있어 중립적인 법관의 구체적 판단을 거쳐야 한다는 점에 있다.

해설 헌법 제12조 제3항은 '체포·구속·압수 또는 수색을 할 때에는 적법한 절차에 따라 검사의 신청에 의하여 법관이 발부한 영장을 제시하여야 한다.'라고 규정하고, 헌법 제16조는 '주거에 대한 압수나 수색을 할 때에는 검사의 신청에 의하여 법관이 발부한 영장을 제시하여야 한다.'라고 규정함으로써 영장주의를 헌법적 차원에서 보장하고 있다. 우리 헌법이 채택하여 온 영장주의는 형사절차와 관련하여 체포·구속·압수·수색의 강제처분을 함에 있어서는 사법권 독립에 의하여 신분이 보장되는 법관이 발부한 영장에 의하지 않으면 아니 된다는 원칙이다. 따라서 헌법상 영장주의의 본질은 체포·구속·압수·수색 등 기본권을 제한하는 강제처분을 함에 있어서는 중립적인 법관의 구체적 판단을 거쳐야 한다는 데에 있다(헌재 2018.06.28. 2012헌마191).

정답 O

18년(2)·20년(3) 모의

301. 헌법 제12조 제3항은 영장 발부에 관하여 검사의 신청을 필수적 절차로 규정하고 있으므로, 수사단계는 물론이고 공판단계에서도 법원은 직권에 의하여 영장을 발부할 수 없다.

해설 헌법 제12조 제3항이 영장의 발부에 관하여 "검사의 신청"에 의할 것을 규정한 취지는 모든 영장의 발부에 검사의 신청이 필요하다는 데에 있는 것이 아니라 수사단계에서 영장의 발부를 신청할 수 있는 자를 검사로 한정함으로써 검사 아닌 다른 수사기관의 영장신청에서 오는 인권유린의 폐해를 방지하고자 함에 있으므로, 공판단계에서 법원이 직권에 의하여 구속영장을 발부할 수 있음을 규정한 형사소송법 제70조 제1항 및 제73조 제1항 중 "피고인을 … 구인 또는 구금함에는 구속영장을 발부하여야 한다." 부분은 헌법 제12조 제3항에 위반되지 아니한다(헌재 1997.03.27. 96헌바28).

정답

17년(1)·20년(2)·22년(3) 모의

302. 헌법상의 영장주의는 구속의 개시시점에 한하지 않고 구속영장의 효력을 계속 유지할 것인지 취소 또는 실효시킬 것인지의 여부도 사법권 독립의 원칙에 의하여 신분이 보장되는 법관의 판단에 의하여만 결정되어야 한다는 것을 의미하고, 그 밖에 검사나 다른 국가기관의 의견에 의하여 좌우되도록 하는 것은 헌법상의 적법절차의 원칙에 위배된다.

해설 영장주의는 구속개시 시점에 있어서 신체의 자유에 대한 박탈의 허용만이 아니라 그 구속영장의 효력을 계속 유지할 것인지 아니면 정지 또는 실효시킬 것인지 여부의 결정도 오직 법관의 판단에 의하여만 결정되어야 한다는 것을 의미한다(헌재 1992.12.24. 92헌가8).

정답 O

15년(3)·20년(3) 모의

303. 누구든지 체포 또는 구속의 이유와 변호인의 조력을 받을 권리가 있음을 고지받지 아니하고는 체포 또는 구속을 당하지 아니하는데, 현행범인 경우와 장기 3년 이상의 형에 해당하는 죄를 범하고 도피 또는 증거인멸의 염려가 있을 때에는 고지하지 아니할 수 있다.

해설 헌법 제12조 제3항, 제5항 단서 참조.

> 헌법 제12조 ③ 체포·구속·압수 또는 수색을 할 때에는 적법한 절차에 따라 검사의 신청에 의하여 법관이 발부한 영장을 제시하여야 한다. 다만, 현행범인인 경우와 장기 3년 이상의 형에 해당하는 죄를 범하고 도피 또는 증거인멸의 염려가 있을 때에는 사후에 영장을 청구할 수 있다.
> ⑤ 누구든지 체포 또는 구속의 이유와 변호인의 조력을 받을 권리가 있음을 고지받지 아니하고는 체포 또는 구속을 당하지 아니한다. 체포 또는 구속을 당한 자의 가족등 법률이 정하는 자에게는 그 이유와 일시·장소가 지체없이 통지되어야 한다.

정답

18년(2) 모의

304. 「형의 집행 및 수용자의 처우에 관한 법률」에 의한 '미결수용자의 접견내용 녹음·녹화'는 직접 물리적 강제력을 수반하는 강제처분이므로 영장주의가 적용됨에도 법관이 발부한 영장에 의하지 않는 접견내용의 녹음·녹화를 허용하는 것은 헌법 제12조 제3항의 영장주의에 위배된다.

해설 헌법 제12조 제3항은 체포·구속·압수 또는 수색을 할 때에는 적법한 절차에 따라 검사의 신청에 의하여 법관이 발부한 영장을 제시하도록 함으로써 영장주의를 헌법적 차원에서 보장하고 있고, 이 영장주의는 법관이 발부한 영장에 의하지 아니하고는 수사에 필요한 강제처분을 하지 못한다는 원칙을 말한다. 그러나 이 사건 녹음조항은 청구인에 대하여 직접적으로 어떠한 물리적 강제력을 행사하는 강제처분을 수반하는 것이 아니므로 영장주의의 적용대상이 아니다(헌재 2016.11.24. 2014헌바401).

정답

18년(2) 모의

305. 헌법 제12조 제1항은 신체의 자유에 관한 일반규정이고, 같은 조 제3항은 수사기관의 피의자에 대한 강제처분절차 등에 관한 특별규정이기 때문에, 수사기관의 피의자에 대한 구속영장 청구에 관한 법률조항의 위헌 여부는 원칙적으로 헌법적 특별규정인 헌법 제12조 제3항의 '영장주의'에 합치되는지 여부에 달려있고, 유죄판결이 확정되기 전에 당해 피의자의 신체의 자유가 제한되는 결과가 발생한다는 측면에 대해서는 헌법 제12조 제3항에 위배되는지 여부를 판단하는 것으로 족하며 이에 관하여 일반규정인 헌법 제12조 제1항 및 제27조 제4항의 위반 여부 등을 별도로 판단할 필요는 없다.

해설 원칙적으로 헌법의 모든 규정과 헌법원칙들이 법률에 대한 위헌성심사기준이 될 수 있다는 측면에서, 이 사건 법률조항의 위헌성 여부를 검토하면서 헌법 제12조 제3항에 위배되는지 여부와는 별도로 헌법 제12조 제1항 제1문 소정의 일반적인 '신체의 자유' 및 제27조 제4항 소정의 '무죄추정의 원칙' 등에 대한 위반여부까지 검토해야만 하는지 여부가 문제가 될 수 있다. 살피건대, 수사기관의 피의자에 대한 구속제도는 당해 피의자에 대한 유죄판결이 확정되기 이전에 '신체의 자유'를 제한하는 결과를 발생시킨다는 점을 당연한 전제로 하는 것이고, 우리 헌법제정권자는 이러한 구체적인 적용영역에서 수사기관의 권한남용 등을 방지하기 위한 헌법적 특별규정으로 '영장주의'를 채택한 헌법 제12조 제3항을 규정한 것으로 봄이 상당하다. 그렇다면, 이 사건 법률조항의 위헌성을 심사함에 있어서, 유죄판결이 확정되기 전에 당해 피의자의 '신체의 자유'가 제한되는 결과가 발생한다는 측면에 대해서는 헌법 제12조 제3항에 위배되는지 여부를 판단하는 것으로 족하고, 특별한 사정이 없는 한 헌법 제12조 제1항 및 제27조 제4항의 위반 여부 등을 별도로 판단할 필요는 없다고 본다 (헌재 2003.12.18. 2002헌마593).

정답 O

18년 변시, 15년(1)·16년(1)·(2) 모의

306. 법원의 구속집행정지결정에 대하여 검사가 즉시항고할 수 있도록 한「형사소송법」조항은 법원의 구속집행정지결정을 무의미하게 할 수 있는 권한을 검사에게 부여한 것이라는 점에서 적법절차원칙에 위배되지만, 영장주의에 위배되는 것은 아니다.

해설 법원이 피고인의 구속 또는 그 유지 여부의 필요성에 관하여 한 재판의 효력이 검사나 다른 기관의 이견이나 불복이 있다 하여 좌우되거나 제한받는다면 이는 영장주의에 위반된다고 할 것인바, 구속집행정지결정에 대한 검사의 즉시항고를 인정하는 이 사건 법률조항은 검사의 불복을 그 피고인에 대한 구속집행을 정지할 필요가 있다는 법원의 판단보다 우선시킬 뿐만 아니라, 사실상 법원의 구속집행정지결정을 무의미하게 할 수 있는 권한을 검사에게 부여한 것이라는 점에서 헌법 제12조 제3항의 영장주의원칙에 위배된다. 또한 헌법 제12조 제3항의 영장주의는 헌법 제12조 제1항의 적법절차원칙의 특별규정이므로, 헌법상 영장주의원칙에 위배되는 이 사건 법률조항은 헌법 제12조 제1항의 적법절차원칙에도 위배된다(헌재 2012.06.27. 2011헌가36).

17년(3) 모의

307. 주취운전의 혐의자에게 영장 없는 음주측정에 응할 의무를 지우고 이에 불응한 사람을 처벌한다고 하더라도 영장주의에 위배되지 않는다.

해설 도로교통법 제41조 제2항에 규정된 음주측정은 성질상 강제될 수 있는 것이 아니며 궁극적으로 당사자의 자발적 협조가 필수적인 것이므로 이를 두고 법관의 영장을 필요로 하는 강제처분이라 할 수 없다. 따라서 이 사건 법률조항이 주취운전의 혐의자에게 영장없는 음주측정에 응할 의무를 지우고 이에 불응한 사람을 처벌한다고 하더라도 헌법 제12조 제3항에 규정된 영장주의에 위배되지 아니한다(헌재 1997.03.27. 96헌가11).

정답 O

16년(1)·17년(3) 모의

308. 영장주의란 형사절차와 관련하여 체포·구속·압수·수색의 강제처분을 함에 있어서는 사법권 독립에 의하여 신분이 보장되는 법관이 발부한 영장에 의하지 않으면 아니 된다는 원칙을 의미하므로, 행정상 즉시강제에 대해서도 원칙적으로 영장주의가 적용된다.

■해설 영장주의가 행정상 즉시강제에도 적용되는지에 관하여는 논란이 있으나, 행정상 즉시강제는 상대방의 임의이행을 기다릴 시간적 여유가 없을 때 하명 없이 바로 실력을 행사하는 것으로서, 그 본질상 급박성을 요건으로 하고 있어 법관의 영장을 기다려서는 그 목적을 달성할 수 없다고 할 것이므로, 원칙적으로 영장주의가 적용되지 않는다고 보아야 할 것이다(헌재 2002.10.31. 2000헌가12).

정답 ×

 17년 변시

309. 甲은 사기혐의로 기소되었으며, 법무부장관 乙은 甲이 형사재판에 계속 중임을 이유로 「출입국관리법」 제4조 제1항 제1호에 근거하여 甲에 대해서 6개월 동안 출국을 금지하였다. 이에 甲은 「출입국관리법」 제4조 제1항 제1호의 위헌 여부를 다투고자 한다. 「출입국관리법」 제4조 제1항 제1호에 따른 乙의 출국금지결정은 형사재판에 계속 중인 甲의 출국의 자유를 제한하는 행정처분일 뿐이고, 영장주의가 적용되는 신체에 대하여 직접적으로 물리적 강제력을 수반하는 강제처분이라고 할 수는 없다.

■해설 심판대상조항에 따른 법무부장관의 출국금지결정은 형사재판에 계속 중인 국민의 출국의 자유를 제한하는 행정처분일 뿐이고, 영장주의가 적용되는 신체에 대하여 직접적으로 물리적 강제력을 수반하는 강제처분이라고 할 수는 없다. 따라서 심판대상조항이 헌법 제12조 제3항의 영장주의에 위배된다고 볼 수 없다(헌재 2015.09.24. 2012헌바302).

정답 ○

 16년(1) 모의

310. 피의자에 대한 수사기관의 강제처분에 관한 법률을 제정함에 있어서 입법자는 영장주의를 규정하고 있는 헌법 제12조 제3항을 준수하는 범위 내에서 우리 사회의 법현실, 수사관행, 수사기관과 국민의 법의식수준 등을 종합적으로 검토한 다음 구체적 사정에 따라서 다양한 정책적인 선택을 할 수 있다.

■해설 수사기관의 피의자에 대한 강제처분에 관한 법률을 제정함에 있어서 입법자는 헌법적 특별규정인 헌법 제12조 제3항을 준수하는 범위 내에서 우리 사회의 법현실, 수사관행, 수사기관과 국민의 법의식수준 등을 종합적으로 검토한 다음 구체적 사정에 따라서 다양한 정책적인 선택을 할 수 있고, 다만 이러한 입법형성권을 남용하거나 그 범위를 현저하게 일탈하여 당사자들의 기본권을 침해하게 된 경우에는 관련 법률들이 '자의금지원칙'에 위배되어 헌법에 위반된다고 보아야 한다(헌재 2003.12.18. 2002헌마593).

정답 ○

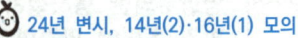 24년 변시, 14년(2)·16년(1) 모의

311. 교도소장이 마약류사범인 수형자에게 마약류반응검사를 위하여 소변을 받아 제출하게 한 행위는 신체에 대한 강제처분에 해당하므로 영장주의에 위배된다.

해설 마약류 관련 수형자에 대하여 마약류반응검사를 위하여 소변을 받아 제출하게 한 것은 교정시설의 안전과 질서유지를 위한 목적에서 행하는 것으로 수사에 필요한 처분이 아닐 뿐만 아니라 청구인과 같은 검사대상자에게 소변을 종이컵에 채취하여 제출하도록 한 것으로서 당사자의 협력이 불가피하므로 이를 두고 강제처분이라고 할 수도 없을 것이다. 따라서, 이 사건 소변채취를 법관의 영장을 필요로 하는 강제처분이라고 할 수 없어 구치소 등 교정시설 내에서 위와 같은 방법에 의한 소변채취가 법관의 영장이 없이 실시되었다고 하여 헌법 제12조 제3항의 영장주의에 위배하였다고 할 수는 없다(헌재 2006.07.27. 2005헌마277(전합)).

정답 ×

15년(1) 모의

312. "국가보안법 및 반공법에 규정된 죄 등을 범한 자에 대하여 법관의 영장 없이 구속할 수 있다."고 규정한 구 「인신구속 등에 관한 임시특별법」 조항은 영장주의에 의한 법관의 통제를 완전히 배제하여 영장주의에 위배된다.

해설 이 사건 법률조항은 수사기관이 법관에 의하여 발부된 영장 없이 일부 범죄 혐의자에 대하여 구속 등 강제처분을 할 수 있도록 규정하고 있을 뿐만 아니라, 그와 같이 영장 없이 이루어진 강제처분에 대하여 일정한 기간 내에 법관에 의한 사후영장을 발부받도록 하는 규정도 마련하지 아니함으로써, 수사기관이 법관에 의한 구체적 판단을 전혀 거치지 않고서도 임의로 불특정한 기간 동안 피의자에 대한 구속 등 강제처분을 할 수 있도록 하고 있는바, 이는 이 사건 법률조항의 입법목적과 그에 따른 입법자의 정책적 선택이 자의적이었는지 여부를 따질 필요도 없이 형식적으로 영장주의의 본질을 침해한다고 하지 않을 수 없다. … 이 사건 법률조항과 같이 영장주의를 완전히 배제하는 특별한 조치는 비상계엄에 준하는 국가비상사태에 있어서도 가급적 회피하여야 하고, 설사 그러한 조치가 허용된다고 하더라도 지극히 한시적으로 이루어져야 할 것이며, 영장 없이 이루어진 수사기관의 강제처분에 대하여는 사후적으로 조속한 시간 내에 법관에 의한 심사가 이루어질 수 있는 장치가 마련되어야 한다. 그런데 이 사건 법률조항은 1961. 8. 7.부터 계엄이 해제된 이후인 1963. 12. 17.까지 무려 2년 4개월이 넘는 기간 동안 시행되었는바, 비록 일부 범죄에 국한된 것이라도 이러한 장기간 동안 영장주의를 완전히 무시하는 입법상 조치가 허용될 수 없음은 명백하므로, 이 사건 법률조항은 구 헌법 제64조나 현행 헌법 제77조의 특별한 조치에 해당한다고 볼 수 없다. 따라서 이 사건 법률조항은 구 헌법 제9조, 헌법 제12조 제3항에서 정한 영장주의에 위배된다(헌재 2012.12.27. 2011헌가5).

정답

3. 체포·구속적부심사제도

14년(1) 모의

313. 법원의 구속적부심사의 결정에 대해 검사는 항고할 수 없으나 피의자는 항고할 수 있다.

해설 체포·구속적부심사청구에 대한 법원의 기각결정 및 석방결정에 대하여는 항고하지 못한다(형사소송법 제214조의2 제8항). 검사뿐만 아니라 피의자도 항고할 수 없다. 항고로 인한 수사의 지연과 심사의 장기화를 피하기 위한 규정이다. 그러나 보증금납입조건부 석방결정에 대하여는 피의자나 검사가 그 취소의 실익이 있는 한 형사소송법 제402조에 의하여 항고할 수 있다(대결 1997.08.27. 97모21).

4. 인신보호법상의 인신보호제도

24년 변시

314. 「인신보호법」상 구제청구를 할 수 있는 피수용자의 범위에서 「출입국관리법」에 따라 보호된 외국인을 제외하는 것은 「인신보호법」에 따른 보호의 적부를 다툴 기회를 배제하고 있어 신체의 자유를 침해한다.

해설 인신보호법(2007. 12. 21. 법률 제8724호로 제정된 것) 제2조 제1항 단서 중 "「출입국관리법」에 따라 보호된 자는 제외한다." 부분(이하 '심판대상조항'에 대해 . 출입국관리법에 따라 보호된 청구인들은 각 보호의 원인이 되는 강제퇴거명령에 대하여 취소소송을 제기함으로써 그 원인관계를 다투는 것 이외에, 보호명령 자체의 취소를 구하는 행정소송이나 그 집행의 정지를 구하는 집행정지신청을 할 수 있으므로, 헌법 제12조 제6항이 요구하는 체포·구속 자체에 대한 적법여부를 법원에 심사청구할 수 있는 절차가 있다. 또한, 출입국관리법은 보호기간의 제한, 보호명령서의 제시, 보호의 일시·장소 및 이유의 서면 통지 등 엄격한 사전적 절차규정을 마련하고 있고, 법무부장관에게 보호에 대한 이의신청을 할 수 있도록 하여 행정소송절차를 통한 구제가 가지는 한계를 충분히 보완하고 있다. 따라서 심판대상조항은 헌법 제12조 제6항의 요청을 충족한 것으로 청구인들의 신체의 자유를 침해하지 아니한다(헌재 2014.08.28. 2012헌마686).

5. 체포·구속이유 등 고지제도

15년(3) 모의

315. 체포 또는 구속을 당한 자의 가족 등 법률이 정하는 자에게는 그 이유와 일시·장소가 지체없이 통지되어야 한다.

해설 누구든지 체포 또는 구속의 이유와 변호인의 조력을 받을 권리가 있음을 고지 받지 아니하고는 체포 또는 구속을 당하지 아니한다. 체포 또는 구속을 당한 자의 가족 등 법률이 정하는 자에게는 그 이유와 일시·장소가 지체 없이 통지되어야 한다(헌법 제12조 제5항 참조).

VI 형사피의자, 형사피고인의 형사절차상의 권리

1. 무죄추정의 원칙

18년(2) 모의

316. 수사단계에서 한 번 체포·구속되었던 사람을 재체포·재구속하는 경우에 최초의 체포·구속 사유에 일정한 요건을 가중하지 않으면 헌법 제27조의 공정한 재판을 받을 권리 및 무죄추정의 원칙 등에 위배된다.

해설 ① 피의자의 재구속 등에 관련하여 '실질적 가중요건'을 규정할 것인지 아니면 '절차적 가중요건'을 규정할 것인지 여부와 같이 법률의 구체적 내용을 정하는 문제는 원칙적으로 입법자가 제반 사정을 고려하여 결정할 사항이라는 점, ② 현행법상 재체포·재구속에 관하여 상대적으로 신중한 심사를 하는 것을 입법목적으로 하면서도 '절차적 가중요건'만을 추가시킨 법률규정들이 다수 존재한다는 점 등 여러 사정에 비추어 볼 때, 입법자가 동일한 입법목적을 구현하기 위하여 이 사건 법률조항에 근거한 구속영장 재청구에 관련하여 '절차적 가중요건'만을 규정하는 정책적 선택을 하였다는 사정만으로 입법형성권을 자의적으로 행사하였다고 보기는 어렵다(헌재 2003.12.18. 2002헌마593).

정답

17년(1) 모의

317. 무죄추정의 원칙은, 피고인이나 피의자를 유죄의 판결이 확정되기 전에 죄 있는 자에 준하여 취급함으로써 법률적·사실적 측면에서 유형, 무형의 불이익을 주어서는 안 된다는 것을 뜻한다.

해설 헌법 제27조 제4항에서 규정하고 있는 무죄추정의 원칙은 피고인이나 피의자를 유죄의 판결이 확정되기 전에 죄 있는 자에 준하여 취급함으로써 법률적, 사실적 측면에서 유형, 무형의 불이익을 주어서는 아니 된다는 것이다(헌재 2015.07.30. 2014헌바447).

정답

17년 변시

318. 「출입국관리법」 제4조(출국의 금지) 제1항 제1호는 무죄추정의 원칙에서 금지하는 유죄 인정의 효과로서의 불이익 즉, 유죄를 근거로 형사재판에 계속 중인 사람에게 사회적 비난 내지 응보적 의미의 제재를 가하는 것이므로 무죄추정의 원칙에 위배된다.

해설 심판대상조항은 형사재판에 계속 중인 사람이 국가의 형벌권을 피하기 위하여 해외로 도피할 우려가 있는 경우 법무부장관으로 하여금 출국을 금지할 수 있도록 하는 것일 뿐으로, 무죄추정의 원칙에서 금지하는 유죄 인정의 효과로서의 불이익 즉, 유죄를 근거로 형사재판에 계속 중인 사람에게 사회적 비난 내지 응보적 의미의 제재를 가하려는 것이라고 보기 어렵다. 따라서 심판대상조항은 무죄추정의 원칙에 위배된다고 볼 수 없다(헌재 2015.09.24. 2012헌바302).

정답

14년 변시

319. 상소 제기 후의 미결구금일수 산입을 규정하면서 상소 제기 후 상소 취하시까지의 구금일수 통산에 관하여는 규정하지 아니함으로써 이를 본형 산입의 대상에서 제외되도록 한 법률규정은 미결구금이 신체의 자유를 침해받는 피의자 또는 피고인의 입장에서 보면 실질적으로 자유형의 집행과 다를 바 없고, 상소 제기 후 상소 취하시까지의 구금 역시 미결구금에 해당하는 이상 그 구금일수도 형기에 전부 산입되어야 한다는 것에 비추어 볼 때, 신체의 자유를 침해한다.

해설 헌법상 무죄추정의 원칙에 따라, 유죄판결이 확정되기 전의 피의자 또는 피고인은 아직 죄 있는 자가 아니므로 그들을 죄 있는 자에 준하여 취급함으로써 법률적·사실적 측면에서 유형·무형의 불이익을 주어서는 아니되고, 특히 미결구금은 신체의 자유를 침해받는 피의자 또는 피고인의 입장에서 보면 실질적으로 자유형의 집행과 다를 바 없으므로 인권보호 및 공평의 원칙상 형기에 전부 산입되어야 한다. 따라서 상소제기 후 상소취하시까지의 구금 역시 미결구금에 해당하는 이상 그 구금일수도 형기에 전부 산입되어야 한다. 그런데 이 사건 법률조항들은 구속 피고인의 상소제기 후 상소취하시까지의 구금일수를 본형 형기 산입에서 제외함으로써 기본권 중에서도 가장 본질적 자유인 신체의 자유를 침해하고 있다. 또한 구속 피고인이 상소하였다가 상소기각판결을 선고받는 경우에는 형법 제57조 제1항에 대한 헌재 2009. 6. 25. 2007헌바25 결정에 의하여 그 미결구금일수 전부를 산입받을 수 있게 된 반면, 구속 피고인이 상소하였다가 상소를 취하한 때에는 이 사건 법률조항들이 상소제기 후 상소취하시까지의 구금기간을 통산하도록 규정하고 있지 아니함으로써 그 구금기간을 본형에 산입받지 못하는바, 이로 인하여 상소를 취하한 구속 피고인은 상소기각판결을 선고받은 구속 피고인에 비하여 현저히 불리한 차별을 받는 결과가 된다. 결국 상소제기 후 상소취하시까지의 미결구금을 형기에 산입하지 아니하는 것은 헌법상 무죄추정의 원칙 및 적법절차의 원칙, 평등원칙 등을 위배하여 합리성과 정당성 없이 신체의 자유를 지나치게 제한하는 것이고, 따라서 '상소제기 후 미결구금일수의 산입'에 관하여 규정하고 있는 이 사건 법률조항들이 상소제기 후 상소취하시까지의 미결구금일수를 본형에 산입하도록 규정하지 아니한 것은 헌법에 위반된다(헌재 2009.12.29. 2008헌가13).

2. 변호인의 조력을 받을 권리

19년 변시, 18년(3)·19년(2)·21년(1)·22년(2) 모의

320. 변호인이 피의자신문에 자유롭게 참여할 수 있는 권리는 피의자가 가지는 변호인의 조력을 받을 권리를 실현하는 수단이라고 할 수 있어 헌법상 기본권인 변호인의 변호권으로 보호되어야 하므로, 피의자신문 시 변호인에 대한 수사기관의 후방착석요구행위는 헌법상 기본권인 변호인의 변호권을 침해한다.

해설 변호인이 피의자신문에 자유롭게 참여할 수 있는 권리는 피의자가 가지는 변호인의 조력을 받을 권리를 실현하는 수단이므로 헌법상 기본권인 변호인의 변호권으로서 보호되어야 한다. 피의자신문에 참여한 변호인이 피의자 옆에 앉는다고 하여 피의자 뒤에 앉는 경우보다 수사를 방해할 가능성이 높아진다거나 수사기밀을 유출할 가능성이 높아진다고 볼 수 없으므로, 이 사건 후방착석요구행

위의 목적의 정당성과 수단의 적절성을 인정할 수 없다. 이 사건 후방착석요구행위로 인하여 위축된 피의자가 변호인에게 적극적으로 조언과 상담을 요청할 것을 기대하기 어렵고, 변호인이 피의자의 뒤에 앉게 되면 피의자의 상태를 즉각적으로 파악하거나 수사기관이 피의자에게 제시한 서류 등의 내용을 정확하게 파악하기 어려우므로, 이 사건 후방착석요구행위는 변호인인 청구인의 피의자신문참여권을 과도하게 제한한다. 그런데 이 사건에서 변호인의 수사방해나 수사기밀의 유출에 대한 우려가 없고, 조사실의 장소적 제약 등과 같이 이 사건 후방착석요구행위를 정당화할 그 외의 특별한 사정도 없으므로, 이 사건 후방착석요구행위는 침해의 최소성 요건을 충족하지 못한다. 이 사건 후방착석요구행위로 얻어질 공익보다는 변호인의 피의자신문참여권 제한에 따른 불이익의 정도가 크므로, 법익의 균형성 요건도 충족하지 못한다. 따라서 이 사건 후방착석요구행위는 변호인인 청구인의 변호권을 침해한다(헌재 2017.11.30. 2016헌마503).

14년(2)·15년(3)·20년(3) 모의

321. **(1) 형사피고인이 스스로 변호인을 구할 수 없을 때에는 법률이 정하는 바에 의하여 국가가 변호인을 붙인다.**

(2) 현행 헌법은 형사피의자가 스스로 변호인을 구할 수 없을 때에도 국가가 변호인을 붙이도록 규정하고 있다.

해설 헌법 제12조 제4항 참조.

헌법 제12조 ④ 누구든지 체포 또는 구속을 당한 때에는 즉시 변호인의 조력을 받을 권리를 가진다. 다만, 형사피고인이 스스로 변호인을 구할 수 없을 때에는 법률이 정하는 바에 의하여 국가가 변호인을 붙인다.

19년 변시, 19년(3)·22년(2)·23년(1) 모의

322. **변호인의 조력을 받을 권리는 행정절차에서의 구속에도 인정되므로, 난민인정심사 불회부결정을 받은 채 송환대기실에 강제로 수용되어 있는 외국인에게도 변호인의 조력을 받을 권리가 인정된다.**

해설 헌법 제12조 제4항 본문의 문언 및 헌법 제12조의 조문 체계, 변호인 조력권의 속성, 헌법이 신체의 자유를 보장하는 취지를 종합하여 보면 헌법 제12조 제4항 본문에 규정된 "구속"은 사법절차에서 이루어진 구속뿐 아니라, 행정절차에서 이루어진 구속까지 포함하는 개념이다. 따라서 헌법 제12조 제4항 본문에 규정된 변호인의 조력을 받을 권리는 행정절차에서 구속을 당한 사람에게도 즉시 보장된다. 종래 이와 견해를 달리하여 헌법 제12조 제4항 본문에 규정된 변호인의 조력을 받을 권리는 형사절차에서 피의자 또는 피고인의 방어권을 보장하기 위한 것으로서 출입국관리법상 보호 또는 강제퇴거의 절차에도 적용된다고 보기 어렵다고 판시한 우리 재판소 결정(헌재 2012.08.23. 2008헌마430)은, 이 결정 취지와 저촉되는 범위 안에서 변경한다(헌재 2018.05.31. 2014헌마346).

🍊 19년 변시, 15(3)·18년(3)·22년(2)·23년(3) 모의

323. **(1) 피의자 및 피고인을 조력할 변호인의 권리 중 그것이 보장되지 않으면 그들이 변호인의 조력을 받는다는 것이 유명무실하게 되는 핵심적인 부분은 헌법상 기본권인 피의자 및 피고인이 가지는 변호인의 조력을 받을 권리와 표리의 관계에 있다 할 수 있어 헌법상 기본권으로 보호되어야 한다.**

(2) 구속적부심 사건에서 피의자의 변호인에게 고소장과 피의자신문조서에 대한 열람 및 등사를 거부한 경찰서장의 정보비공개결정은 변호인의 피구속자를 조력할 권리 및 알권리를 침해하여 헌법에 위반된다.

해설 (1) 헌법 제12조 제4항은 "누구든지 체포 또는 구속을 당한 때에는 즉시 변호인의 조력을 받을 권리를 가진다"라고 규정함으로써 변호인의 조력을 받을 권리를 헌법상의 기본권으로 격상하여 이를 특별히 보호하고 있거니와 변호인의 "조력을 받을" 피구속자의 권리는 피구속자를 "조력할" 변호인의 권리가 보장되지 않으면 유명무실하게 된다. 그러므로 피구속자를 조력할 변호인의 권리 중 그것이 보장되지 않으면 피구속자가 변호인으로부터 조력을 받는다는 것이 유명무실하게 되는 핵심적인 부분은, "조력을 받을 피구속자의 기본권"과 표리의 관계에 있기 때문에 이러한 핵심부분에 관한 변호인의 조력할 권리 역시 헌법상의 기본권으로서 보호되어야 한다

(2) 고소로 시작된 형사피의사건의 구속적부심절차에서 피구속자의 변호를 맡은 변호인으로서는 피구속자가 무슨 혐의로 고소인의 공격을 받고 있는 것인지 그리고 이와 관련하여 피구속자가 수사기관에서 무엇이라고 진술하였는지 그리고 어느 점에서 수사기관 등이 구속사유가 있다고 보았는지 등을 제대로 파악하지 않고서는 피구속자의 방어를 충분히 조력할 수 없다는 것은 사리상 너무도 명백하므로 이 사건에서 변호인은 고소장과 피의자신문조서의 내용을 알 권리가 있다. 이 사건에서는 고소사실이 사인 사이의 금전수수와 관련된 사기에 관한 것이고 증거자료를 별첨하고 있기 때문에 특별한 사정이 없는 한 고소장이나 피의자신문조서를 변호인에게 열람시켜도 이로 인하여 국가안전보장·질서유지 또는 공공복리에 위험을 가져올 우려라든지 또는 사생활침해를 초래할 우려가 있다고 인정할 아무런 자료가 없다. 또한 공공기관의정보공개에관한법률 제7조 제1항 제4호는 '수사, 공소의 제기 및 유지에 관한 사항으로서 공개될 경우 그 직무수행을 현저히 곤란하게 하거나 형사피고인의 공정한 재판을 받을 권리를 침해한다고 인정할 만한 상당한 이유가 있는 정보'를 공개거부의 대상으로 규정하고 있지만 이 사건에서는 고소장과 피의자신문조서를 공개한다고 하더라도 증거인멸, 증인협박, 수사의 현저한 지장, 재판의 불공정 등의 위험을 초래할 만한 사유 있음을 인정할 자료를 기록상 발견하기 어렵다. 결국 변호인에게 고소장과 피의자신문조서에 대한 열람 및 등사를 거부한 경찰서장의 정보비공개결정은 변호인의 피구속자를 조력할 권리 및 알 권리를 침해하여 헌법에 위반된다(헌재 2003.03.27. 2000헌마474).

 정답 ○,○

 14년·19년 변시, 13년(2)·15년(1)·(2)·18년(3)·19년(2)·23년(2) 모의

324. **(1) 헌법 제12조 제4항은 체포 또는 구속을 당한 경우에 변호인의 조력을 받을 권리를 가진다고 규정하고 있지만, '불구속 피의자나 피고인'은 물론이고 형사절차가 종료되어 교정시설에 수용중인 수형자에게도 원칙적으로 헌법 제12조의 변호인의 조력을 받을 권리가 인정된다.**

(2) 형사절차가 종료되어 교정시설에 수용 중인 수형자나 미결수용자가 형사사건의 변호인이 아닌 민사재판, 행정재판, 헌법재판 등에서 변호사와 접견할 경우에는 원칙적으로 헌법상 변호인의 조력을 받을 권리의 주체가 될 수 없다.

해설 (1) 헌법 제12조 제4항 본문에서 "누구든지 체포 또는 구속을 당한 때에는 즉시 변호인의 조력을 받을 권리를 가진다"라고 규정하고 있고, 형사소송법 제30조 제1항에서는 "피고인 또는 피의자는 변호인을 선임할 수 있다"라고 규정하고 있을 뿐만 아니라, 원래 변호인의 조력을 받을 권리는 형사절차에서 피의자 또는 피고인이 검사 등 수사·공소기관과 대립되는 당사자의 지위에서 변호인 또는 변호인이 되려는 자와 사이에 충분한 접견교통에 의하여 피의사실이나 공소사실에 대하여 충분하게 방어할 수 있도록 함으로써 피고인이나 피의자의 인권을 보장하려는데 그 제도의 취지가 있는 점에 비추어 보면, 형사절차가 종료되어 교정시설에 수용중인 수형자는 원칙적으로 변호인의 조력을 받을 권리의 주체가 될 수 없다(헌재 1998.08.27. 96헌마398).

(2) 변호인의 조력을 받을 권리에 대한 헌법과 법률의 규정 및 취지에 비추어 보면, '형사사건에서 변호인의 조력을 받을 권리'를 의미한다고 보아야 할 것이므로 형사절차가 종료되어 교정시설에 수용 중인 수형자나 미결수용자가 형사사건의 변호인이 아닌 민사재판, 행정재판, 헌법재판 등에서 변호사와 접견할 경우에는 원칙적으로 헌법상 변호인의 조력을 받을 권리의 주체가 될 수 없다. 따라서 이 사건 접견조항에 의하여 헌법상 변호인의 조력을 받을 권리가 제한된다고 볼 수는 없다(헌재 2013.08.29. 2011헌마122).

 정답 ×, ○

24년 변시, 20년(3) · 22년(1) · 23년(2) 모의

325. **(1)** 변호인과의 접견교통권은 헌법 규정에 비추어 체포 또는 구속당한 피의자·피고인 자신에게만 한정되는 신체의 자유에 관한 기본권이지, 그 규정으로부터 변호인의 구속피의자·피고인에 대한 접견교통권까지 파생된다고 할 수는 없다.

(2) 변호인이 되려는 자의 피의자에 대한 접견신청을 허용하기 위한 조치를 취하지 않은 검사의 행위는 헌법상 기본권인 변호인이 되려는 자의 피의자 접견교통권을 침해하지 아니한다.

해설 변호인 선임을 위하여 피의자·피고인(이하 '피의자 등'이라 한다)이 가지는 '변호인이 되려는 자'와의 접견교통권은 헌법상 기본권으로 보호되어야 하고, '변호인이 되려는 자'의 접견교통권은 피의자 등이 변호인을 선임하여 그로부터 조력을 받을 권리를 공고히 하기 위한 것으로서, 그것이 보장되지 않으면 피의자 등이 변호인 선임을 통하여 변호인으로부터 충분한 조력을 받는다는 것이 유명무실하게 될 수밖에 없다. 이와 같이 '변호인이 되려는 자'의 접견교통권은 피의자 등을 조력하기 위한 핵심적인 부분으로서, 피의자 등이 가지는 헌법상의 기본권인 '변호인이 되려는 자'와의 접견교통권과 표리의 관계에 있다. 따라서 피의자 등이 가지는 '변호인이 되려는 자'의 조력을 받을 권리가 실질적으로 확보되기 위해서는 '변호인이 되려는 자'의 접견교통권 역시 헌법상 기본권으로서 보장되어야 한다(헌재 2019.02.28. 2015헌마1204).

 정답 ×, ×

🕐 19년 변시, 17년(1)·19년(2)·(3)·23년(2) 모의

326. (1) 변호인의 조력을 받을 권리는 변호인과의 자유로운 접견교통권에 그치지 아니하고 더 나아가 변호인을 통하여 수사서류를 포함한 소송관계 서류를 열람·등사하고 이에 대한 검토결과를 토대로 공격과 방어의 준비를 할 수 있는 권리도 포함한다.

(2) 변호인의 수사서류 열람·등사권은 피고인의 신속·공정한 재판을 받을 권리 및 변호인의 조력을 받을 권리라는 헌법상 기본권의 중요한 내용이자 구성요소이며 이를 실현하는 구체적인 수단이 된다.

(3) 법원의 수사서류 열람·등사 허용 결정에도 불구하고 검사가 해당 수사서류의 등사를 거부한 경우, 이러한 등사 거부행위는 해당 피고인의 변호인의 조력을 받을 권리를 침해하지 않는다.

해설 변호인의 조력을 받을 권리에는 피고인이 변호인을 통하여 수사서류를 포함한 소송관계 서류를 열람·등사하고 이에 대한 검토 결과를 토대로 공격과 방어의 준비를 할 수 있는 권리도 포함된다고 보아야 한다. … 피고인의 신속·공정한 재판을 받을 권리 및 변호인의 조력을 받을 권리는 헌법이 보장하고 있는 기본권이고, 변호인의 수사서류 열람·등사권은 피고인의 신속·공정한 재판을 받을 권리 및 변호인의 조력을 받을 권리라는 헌법상 기본권의 중요한 내용이자 구성요소이며 이를 실현하는 구체적인 수단이 된다. … 법원이 검사의 열람·등사 거부처분에 정당한 사유가 없다고 판단하고 그러한 거부처분이 피고인의 헌법상 기본권을 침해한다는 취지에서 수사서류의 열람·등사를 허용하도록 명한 이상, 법치국가와 권력분립의 원칙상 검사로서는 당연히 법원의 그러한 결정에 지체 없이 따라야 할 것이다. 그러므로 법원의 열람·등사허용 결정에도 불구하고 검사가 이를 신속하게 이행하지 아니하는 경우에는 해당 증인 및 서류 등을 증거로 신청할 수 없는 불이익을 받는 것에 그치는 것이 아니라, 그러한 검사의 거부행위는 피고인의 열람·등사권을 침해하고, 나아가 피고인의 신속·공정한 재판을 받을 권리 및 변호인의 조력을 받을 권리까지 침해하게 되는 것이다(헌재 2010.06.24. 2009헌마257).

정답  ○, ○, ×

19년(3) 모의

327. 자유로운 의사에 반하여 개인 또는 민간단체 등이 운영하는 의료시설·복지시설·수용시설·보호시설에 수용·보호 또는 감금되어 있는 자도 「인신보호법」에 따라 변호인을 선임할 수 있다.

해설 인신보호법 제2조 제1항, 제12조 제2항 참조.

인신보호법 제2조(정의) ① 이 법에서 "피수용자"란 자유로운 의사에 반하여 국가, 지방자치단체, 공법인 또는 개인, 민간단체 등이 운영하는 의료시설·복지시설·수용시설·보호시설(이하 "수용시설"이라 한다)에 수용·보호 또는 감금되어 있는 자를 말한다. 다만, 형사절차에 따라 체포·구속된 자, 수형자 및 「출입국관리법」에 따라 보호된 자는 제외한다.

인신보호법 제12조(심리의 공개 및 국선변호인 선임) ② 피수용자와 구제청구자는 변호인을 선임할 수 있다. 구제청구자 등이 빈곤이나 그 밖의 사유로 변호인을 선임할 수 없는 경우 구제청구자 등의 명시적

의사에 반하지 아니하는 이상 법원은 직권으로 변호인을 선정하여야 한다. 다만, 구제청구가 명백하게 이유 없는 때에는 그러하지 아니하다.

정답 O

15년(2)·18년(3)·19년(2) 모의

328. 변호인의 조력을 받을 권리를 보장하는 목적은 피의자 또는 피고인의 방어권 행사를 보장하기 위한 것이므로, 미결수용자 또는 변호인이 원하는 특정한 시점에 접견이 이루어지지 못하였다 하더라도 그것만으로 곧바로 변호인의 조력을 받을 권리가 침해되었다고 단정할 수는 없다.

 변호인의 조력을 받을 권리를 보장하는 목적은 피의자 또는 피고인의 방어권 행사를 보장하기 위한 것이므로, 미결수용자 또는 변호인이 원하는 특정한 시점에 접견이 이루어지지 못하였다 하더라도 그것만으로 곧바로 변호인의 조력을 받을 권리가 침해되었다고 단정할 수는 없는 것이고, 변호인의 조력을 받을 권리가 침해되었다고 하기 위해서는 접견이 불허된 특정한 시점을 전후한 수사 또는 재판의 진행 경과에 비추어 보아, 그 시점에 접견이 불허됨으로써 피의자 또는 피고인의 방어권 행사에 어느 정도는 불이익이 초래되었다고 인정할 수 있어야만 하며, 그 시점을 전후한 변호인 접견의 상황이나 수사 또는 재판의 진행 과정에 비추어 미결수용자가 방어권을 행사하기 위해 변호인의 조력을 받을 기회가 충분히 보장되었다고 인정될 수 있는 경우에는, 비록 미결수용자 또는 그 상대방인 변호인이 원하는 특정 시점에는 접견이 이루어지지 못하였다 하더라도 변호인의 조력을 받을 권리가 침해되었다고 할 수 없다(헌재 2011.05.26. 2009헌마341).

정답 O

19년(2) 모의

329. 형사재판 과정에서 피고인 등과 증인 사이에 차폐시설을 설치하고 증인신문을 하도록 하는 것은 피고인과 변호인 모두에 대하여 증인의 진술태도 등을 관찰할 수 있는 기회를 전혀 부여하지 않아 해당 피고인의 변호인의 조력을 받을 권리를 침해한다.

 강력범죄 또는 조직폭력범죄의 수사와 재판에서 범죄입증을 위해 증언한 자의 안전을 효과적으로 보장해 줄 수 있는 조치가 마련되어야 할 필요성은 매우 크고, 경우에 따라서는 증인이 피고인의 변호인과 대면하여 진술하는 것으로부터 보호할 필요성이 있을 수 있다. 피고인 등과 증인 사이에 차폐시설을 설치한 경우에도 피고인 및 변호인에게는 여전히 반대신문권이 보장되고, 증인신문과정에서 증언의 신빙성에 대한 최종 판단 권한을 가진 재판부가 증인의 진술태도를 충분히 관찰할 수 있으며, 형사소송법은 차폐시설을 설치하고 증인신문절차를 진행할 경우 피고인으로부터 의견을 듣도록 하는 등 피고인이 받을 수 있는 불이익을 최소화하기 위한 장치를 마련하고 있다. 따라서 심판대상조항은 과잉금지원칙에 위배되어 청구인의 공정한 재판을 받을 권리 및 변호인의 조력을 받을 권리를 침해한다고 할 수 없다(헌재 2016.12.29. 2015헌바221).

정답 X

18년 변시, 19년(3) 모의

330. 구치소장이 변호인접견실에 CCTV를 설치하여 미결수용자와 변호인 간의 접견을 관찰한 행위는 금지물품의 수수나 교정사고를 방지하기 위한 것으로 미결수용자의 변호인의 조력을 받을 권리를 침해한다고 할 수 없다.

해설 CCTV 관찰행위로 침해되는 법익은 변호인접견 내용의 비밀이 폭로될 수 있다는 막연한 추측과 감시받고 있다는 심리적인 불안 내지 위축으로 법익의 침해가 현실적이고 구체화되어 있다고 보기 어려운 반면, 이를 통하여 구치소 내의 수용질서 및 규율을 유지하고 교정사고를 방지하고자 하는 것은 교정시설의 운영에 꼭 필요하고 중요한 공익이므로, 법익의 균형성도 갖추었다. 따라서 이 사건 CCTV 관찰행위가 청구인의 변호인의 조력을 받을 권리를 침해한다고 할 수 없다(헌재 2016.04.28. 2015헌마243).

정답 O

12년 변시, 19년(3)·22년(2) 모의

331. (1) 미결수용자의 변호인과의 자유로운 접견은 변호인의 조력을 받을 권리의 가장 중요한 내용으로서, 그 대화 내용에 대하여 비밀이 완전히 보장되고 어떠한 압력 또는 부당한 간섭도 없이 자유롭게 대화할 수 있어야 한다.

(2) 신체구속을 당한 사람에 대하여 변호인의 충분한 조력을 받게 하기 위해서는 신체구속을 당한 사람이 변호인과 충분한 상담을 할 수 있도록 해 주어야만 할 것이므로, 변호인의 조력을 받을 권리의 필수적 내용은 신체구속을 당한 사람과 변호인과의 접견교통이라 할 수 있다.

(3) 구속된 자의 변호인과의 접견이 배우자와의 접견과 동시에 이루어진 경우, 관계공무원을 그 접견에 참여시켜 대화내용을 듣거나 기록하게 하는 것은 구속된 자의 변호인의 조력을 받을 권리를 침해한다.

해설 변호인의 조력을 받을 권리의 필수적 내용은 신체구속을 당한 사람과 변호인과의 접견교통권이며 이러한 접견교통권의 충분한 보장은 구속된 자와 변호인의 대화내용에 대하여 비밀이 완전히 보장되고 어떠한 제한·영향·압력 또는 부당한 간섭없이 자유롭게 대화할 수 있는 접견을 통하여서만 가능하고 이러한 자유로운 접견은 구속된 자와 변호인의 접견에 교도관이나 수사관 등 관계공무원의 참여가 없어야 가능하다. … 변호인과의 자유로운 접견은 신체구속을 당한 사람에게 보장된 변호인의 조력을 받을 권리의 가장 중요한 내용이어서 국가안전보장, 질서유지, 공공복리 등 어떠한 명분으로도 제한될 수 있는 성질의 것이 아니다(헌재 1992.01.28. 91헌마111).

정답 O, O, O

18년(3) 모의

332. 불구속 피의자도 피의사실에 대한 충분한 방어권 행사가 필요하므로 변호인의 조력을 받을 권리의 주체가 된다.

해설 우리 헌법은 변호인의 조력을 받을 권리가 불구속 피의자·피고인 모두에게 포괄적으로 인정되는지 여부에 관하여 명시적으로 규율하고 있지는 않지만, 불구속 피의자의 경우에도 변호인의 조력을 받을 권리는 우리 헌법에 나타난 법치국가원리, 적법절차원칙에서 인정되는 당연한 내용이고, 헌법 제12조 제4항도 이를 전제로 특히 신체구속을 당한 사람에 대하여 변호인의 조력을 받을 권리의 중요성을 강조하기 위하여 별도로 명시하고 있다(헌재 2004.09.23. 2000헌마138).

정답 O

17년(2) 모의

333. 「형의 집행 및 수용자의 처우에 관한 법률 시행령」에서 수형자와 소송대리인인 변호사의 접견을 일반 접견에 포함시켜 시간은 30분 이내로, 횟수는 월 4회로 제한하는 것은 수형자의 재판청구권을 침해한다.

해설 … 수형자의 재판청구권을 실효적으로 보장하기 위해서는 소송대리인인 변호사와의 접견 시간 및 횟수를 적절하게 보장하는 것이 필수적이다. 변호사 접견 시 접견 시간의 최소한을 정하지 않으면 접견실 사정 등 현실적 문제로 실제 접견 시간이 줄어들 가능성이 있고, 변호사와의 접견 횟수와 가족 등과의 접견 횟수를 합산함으로 인하여 수형자가 필요한 시기에 변호사의 조력을 받지 못할 가능성도 높아진다. 접견의 최소시간을 보장하되 이를 보장하기 어려운 특별한 사정이 있는 경우에는 예외적으로 일정한 범위 내에서 이를 단축할 수 있도록 하고, 횟수 또한 별도로 정하면서 이를 적절히 제한한다면, 교정시설 내의 수용질서 및 규율의 유지를 도모하면서도 수형자의 재판청구권을 실효적으로 보장할 수 있을 것이다. 이와 같이 심판대상조항들은 법률전문가인 변호사와의 소송상담의 특수성을 고려하지 않고 소송대리인인 변호사와의 접견을 그 성격이 전혀 다른 일반 접견에 포함시켜 접견 시간 및 횟수를 제한함으로써 청구인의 재판청구권을 침해한다(헌재 2015.11.26. 2012헌마858).

정답 O

15년(2) 모의

334. 임의동행 된 피의자 또는 피내사자도 피의사실에 대한 충분한 방어권 행사가 필요하므로 변호인의 조력을 받을 권리의 주체가 된다.

해설 우리 헌법은 변호인의 조력을 받을 권리가 불구속 피의자·피고인 모두에게 포괄적으로 인정되는지 여부에 관하여 명시적으로 규율하고 있지는 않지만, 불구속 피의자의 경우에도 변호인의 조력을 받을 권리는 우리 헌법에 나타난 법치국가원리, 적법절차원칙에서 인정되는 당연한 내용이고, 헌법 제12조 제4항도 이를 전제로 특히 신체구속을 당한 사람에 대하여 변호인의 조력을 받을 권리의 중요성을 강조하기 위하여 별도로 명시하고 있으며(헌재 2004.09.23. 2000헌마138), 변호인의 조력을 받을 권리를 실질적으로 보장하기 위하여는 변호인과의 접견교통권의 인정이 당연한 전제가 되므로, 임의동행의 형식으로 수사기관에 연행된 피의자에게도 변호인 또는 변호인이 되려는 자와의 접견교통권은 당연히 인정된다고 보아야 하고, 임의동행의 형식으로 연행된 피내사자의 경우에도 이는 마찬가지이다(대결 1996.06.03. 96모18).

정답 O

14년(1) 모의

335. 변호인과의 자유로운 접견은 신체구속을 당한 사람에게 보장된 변호인의 조력을 받을 권리의 가장 중요한 내용이지만 국가 안전보장 등의 명분으로 제한될 수 있다는 것이 헌법재판소 판례이다.

해설 … 위 결정에서 어떠한 명분으로도 제한할 수 없다고 한 것은 구속된 자와 변호인 간의 접견이 실제로 이루어지는 경우에 있어서의 '자유로운 접견', 즉 '대화내용에 대하여 비밀이 완전히 보장되고 어떠한 제한, 영향, 압력 또는 부당한 간섭 없이 자유롭게 대화할 수 있는 접견'을 제한할 수 없다는 것이지, 변호인과의 접견 자체에 대해 아무런 제한도 가할 수 없다는 것을 의미하는 것이 아니다. 변호인의 조력을 받을 권리 역시 다른 모든 헌법상 기본권과 마찬가지로 국가안전보장·질서유지 또는 공공복리를 위하여 필요한 경우에는 법률로써 제한할 수 있는 것이다(헌법 제37조 제2항). 그렇다면 변호인의 조력을 받을 권리의 내용 중 하나인 미결수용자의 변호인 접견권 역시 국가안전보장·질서유지 또는 공공복리를 위해 필요한 경우에는 법률로써 제한될 수 있음은 당연하다(헌재 2011.05.26. 2009헌마341).

정답

12년(2) 모의

336. 불구속 피의자나 피고인의 경우에 형사소송법상 특별한 명문의 규정이 없더라도 스스로 선임한 변호인의 조력을 받기 위하여 변호인을 옆에 두고 조언과 상담을 구하는 것은, 위법한 조력의 우려가 있어 이를 제한하는 다른 규정이 있고 그가 이에 해당한다고 하지 않는 한, 수사절차의 개시에서부터 재판절차의 종료에 이르기까지 언제나 가능하다.

해설 불구속 피의자나 피고인의 경우 형사소송법상 특별한 명문의 규정이 없더라도 스스로 선임한 변호인의 조력을 받기 위하여 변호인을 옆에 두고 조언과 상담을 구하는 것은 수사절차의 개시에서부터 재판절차의 종료에 이르기까지 언제나 가능하다. 따라서 불구속 피의자가 피의자신문시 변호인을 대동하여 신문과정에서 조언과 상담을 구하는 것은 신문과정에서 필요할 때마다 퇴거하여 변호인으로부터 조언과 상담을 구하는 번거로움을 피하기 위한 것으로서 불구속 피의자가 피의자신문장소를 이탈하여 변호인의 조언과 상담을 구하는 것과 본질적으로 아무런 차이가 없다. 형사소송법 제243조는 피의자신문시 의무적으로 참여하여야 하는 자를 규정하고 있을 뿐 적극적으로 위 조항에서 규정한 자 이외의 자의 참여나 입회를 배제하고 있는 것은 아니다. 따라서 불구속 피의자가 피의자신문시 변호인의 조언과 상담을 원한다면, 위법한 조력의 우려가 있어 이를 제한하는 다른 규정이 있고 그가 이에 해당한다고 하지 않는 한 수사기관은 피의자의 위 요구를 거절할 수 없다(헌재 2004.09.23. 2000헌마138).

정답

3. 진술거부권

🕐 14년 변시

337. 헌법상 진술거부권의 보호대상이 되는 '진술'이란 개인의 생각이나 지식, 경험사실을 정신작용의 일환인 언어를 통하여 표출하는 것을 의미하고, 정당의 회계책임자가 불법 정치자금의 수수 내역을 회계장부에 기재한 행위는 당사자가 자신의 경험을 말로 표출한 것의 등가물로 평가될 수 있으므로 진술거부권의 보호대상이 되는 '진술'의 범위에 포함된다.

해설 선거관리위원회에 허위보고한 자를 처벌함으로써 '보고'의무를 부과하는 것이 진술거부권이 금지하는 진술강요에 해당한다는 것은 별 의문의 여지가 없으나, 개인에게 정치자금의 수입과 지출에 관한 내역을 '기재'하게 하는 것이 진술을 강요하는 것인지는 논란이 있을 수 있다. 살피건대, 헌법상 진술거부권의 보호대상이 되는 "진술"이라 함은 언어적 표출, 즉 개인의 생각이나 지식, 경험사실을 정신작용의 일환인 언어를 통하여 표출하는 것을 의미하는바, 정치자금을 받고 지출하는 행위는 당사자가 직접 경험한 사실로서 이를 문자로 기재하도록 하는 것은 당사자가 자신의 경험을 말로 표출한 것의 등가물(等價物)로 평가할 수 있으므로, 위 조항들이 정하고 있는 기재행위 역시 "진술"의 범위에 포함된다고 할 것이다. … 정당의 회계책임자는 정치자금의 수입·지출에 관한 명세서 및 영수증을 정치자금법이 정하는 회계보고를 마친 후 3년간 보존하여야 하는데, 이 조항이 규정하고 있는 회계장부·명세서·영수증을 보존하는 행위는 앞에서 본 진술거부권의 보호대상이 되는 "진술" 즉 언어적 표출의 등가물로 볼 수 없다고 할 것이므로, 더 나아가 살필 필요 없이 이 조항은 헌법 제12조 제2항의 진술거부권을 침해하지 않는다고 할 것이다(헌재 2005.12.22. 2004헌바25).

정답 ○

12년(2)·13년(2) 모의

338. 진술거부권은 현재 피의자나 피고인으로서 수사 또는 공판 절차에 계속 중인 자뿐만 아니라 장차 피의자나 피고인이 될 자에게도 보장되는 것이나, 형사절차에 한정되는 것으로서 행정절차나 국회에서의 조사절차 등에서는 보장되지 아니한다.

해설 진술거부권은 현재 피의자나 피고인으로서 수사 또는 공판절차에 계속중인 자 뿐만 아니라 장차 피의자나 피고인이 될 자에게도 보장되며, 형사절차뿐 아니라 행정절차나 국회에서의 조사절차 등에서도 보장된다. 또한 진술거부권은 고문 등 폭행에 의한 강요는 물론 법률로써도 진술을 강요당하지 아니함을 의미한다. 따라서 이 사건 법률조항이 법률로써 형사상 불리한 내용의 진술을 하도록 강요하는 것이라고 인정된다면 국민의 기본권인 진술거부권을 침해하는 위헌조항이 될 수도 있는 것이다(헌재 1997.03.27. 96헌가11).

정답 ×

4. 고문을 당하지 아니할 권리
5. 자백의 증거능력 및 증명력 제한의 원칙

15년(3) 모의

339. 정식재판에 있어서 피고인의 자백이 그에게 불리한 유일한 증거일 때에는 이를 유죄의 증거로 삼거나 이를 이유로 처벌할 수 없다.

해설 피고인의 자백이 고문·폭행·협박·구속의 부당한 장기화 또는 기망 기타의 방법에 의하여 자의로 진술된 것이 아니라고 인정될 때 또는 정식재판에 있어서 피고인의 자백이 그에게 불리한 유일한 증거일 때에는 이를 유죄의 증거로 삼거나 이를 이유로 처벌할 수 없다(헌법 제12조 제7항).

정답 O

제2절 사생활 자유권

제❶항 | 사생활의 비밀과 자유

18년(3)·19년(1)·21년(2)·22년(1)·23년(3) 모의

340. (1) 어린이집을 이용하는 보호자 전원이 반대하지 않는 한 어린이집 설치·운영자에게 CCTV 설치를 의무화하는 「영유아보육법」 규정은 보육교사 및 영유아의 신체나 행동이 그대로 CCTV에 촬영·녹화되므로 보육교사 및 영유아의 사생활의 비밀과 자유를 제한한다.

(2) 보호자 전원이 CCTV 설치의 필요성이 없거나 보육교사와 영유아 사이에 진정한 교감을 저해하고 신뢰관계를 방해한다는 판단 아래 설치에 반대하는 경우에는 CCTV를 설치하지 않을 수 있는 가능성을 열어두었다면, 어린이집에 의무적으로 CCTV를 설치하도록 규정하고 있는 「영유아보육법」 조항은 보육교사나 영유아의 사생활의 비밀과 자유를 침해한다고 할 수 없다.

(3) 보호자가 자녀 또는 보호아동의 안전을 확인할 목적으로 CCTV 영상정보 열람을 할 수 있도록 정한 「영유아보육법」 조항은 CCTV 열람의 활용 목적을 제한하고 있고, 어린이집 원장이 열람시간 지정 등을 통해 보육활동에 지장이 없도록 보호자의 열람 요청에 적절히 대응할 수 있으므로, 보육교사의 개인정보자기결정권을 침해하지 않는다.

해설 CCTV 열람 조항은 보호자가 자녀 또는 보호아동의 안전을 확인할 목적으로만 열람 요청을 할 수 있도록 사유를 제한하고 있고, '개인정보 보호법'에 따르더라도 CCTV 관리자인 원장은 어린이집에 CCTV를 설치한 목적 범위를 초과하여 보호자에게 CCTV 영상정보를 제공할 수 없으며(제17조 제1항 제1, 2호 및 제18조 제1항), 영상 열람을 청구한 보호자도 어린이집 내에서 발생하였다고 의심되는 안전사고 내지 아동학대 여부를 확인하기 위한 목적 이외의 용도로 이를 이용하거나 제3자에게 그 정보를 제공할 수 없다(제18조 제2항, 제19조). 어린이집 원장은 정당한 이유가 없는 경우 열람 요청을 거부할 수 있으며 열람 시간 지정 등을 통해 어린이집 운영이나 보육활동에 지장이 없도록 보호자의 CCTV 열람 요청에 대해 적절히 대응할 수 있으므로, CCTV 열람 조항으로 인해 보육교사와 영유아, 어린이집 원장의 기본권이 필요 이상으로 과도하게 제한된다고 볼 수 없다. 어린

이집 내 안전사고 및 아동학대 사례가 의심되는 경우 보호자가 어린이집 CCTV 열람을 통해 그 진위 여부 및 책임 소재를 분명히 할 수 있고, 이러한 제도가 영유아 보육을 위탁한 보호자의 불안을 해소하고 어린이집 아동학대 근절에 기여할 것임은 분명하므로, CCTV 열람 조항으로 인해 달성할 수 있는 공익은 매우 중대하다. 반면, 앞서 본 바와 같이 보호자의 CCTV 열람으로 다른 정보주체들이 입게 되는 개인정보자기결정권의 제한이나 어린이집 원장의 직업수행의 자유 제한의 정도는 크지 아니하다. 따라서 CCTV 열람 조항으로 인하여 제한되는 사익에 비하여 달성되는 공익이 크다는 점에서, CCTV 열람 조항은 법익의 균형성이 인정된다. 그러므로 CCTV 열람 조항은 과잉금지원칙을 위반하여 청구인들의 기본권을 침해하지 아니한다(헌재 2017.12.28. 2015헌마994).

정답 O, O, O

341. 공중밀집장소추행죄로 유죄판결이 확정된 자를 그 형사책임의 경중과 관계없이 신상정보 등록대상자로 규정한 법률조항은 개인정보자기결정권을 침해한다.

해설 … 개인정보자기결정권 침해 여부에 대하여 …심판대상조항은 위와 같은 입법목적의 달성을 위한 적합한 수단에 해당한다. 또한 '성폭력범죄의 처벌 등에 관한 특례법'에 의한 보호관찰제도(제16조), '치료감호 등에 관한 법률'에 의한 치료감호제도(제2조 제1항 등), '특정범죄자에 대한 보호관찰 및 전자장치 부착 등에 관한 법률'에 의한 이른바 전자발찌제도(제5조 제1항 등) 등 성폭력범죄의 재범을 막기 위한 일련의 보안처분제도 등이 마련되어 있다. 그러나 이러한 제도들은 그 적용범위 내지 대상자의 측면에서 심판대상조항과 다르고, 각각의 조치들이 가지는 기본권 제한 효과가 심판대상조항에 의하여 발생하는 기본권 제한 효과보다 경미하다고 단언하기도 어렵다는 점에서 신상정보 등록제도를 대체하는 덜 침해적인 수단이 된다고 인정하기 어렵다. 심판대상조항의 입법목적의 효과적 달성을 위하여 달리 덜 제약적인 수단이 있다고 보기 어렵고, 심판대상조항은 목적 달성을 위하여 필요한 범위 내의 것이라 할 것이므로 침해의 최소성이 인정된다. 심판대상조항으로 인하여 제한되는 사익에 비하여 달성되는 공익이 크다는 점에서 법익의 균형성이 인정된다. 심판대상조항은 과잉금지원칙을 위반하여 청구인의 개인정보자기결정권을 침해하지 않는다(헌결 2017.12.28. 2016헌마1124)

정답 ×

342. 「특정 범죄자에 대한 위치추적 전자장치 부착 등에 관한 법률」상 전자장치부착제도는 피부착자의 위치와 이동경로를 실시간으로 파악하여 피부착자를 24시간 감시할 수 있도록 하고 있으므로 피부착자의 사생활의 비밀과 자유를 제한한다.

해설 이 사건 전자장치부착조항은 피부착자의 위치와 이동경로를 실시간으로 파악하여 피부착자를 24시간 감시할 수 있도록 하고 있으므로 피부착자의 사생활의 비밀과 자유를 제한하며, 피부착자의 위치와 이동경로 등 '위치 정보'를 수집, 보관, 이용한다는 측면에서 개인정보자기결정권도 제한한다. 한편 전자장치를 강제로 착용하게 함으로써 피부착자는 옷차림이나 신체활동의 자유가 제한되고, 24시간 전자장치 부착에 의한 위치 감시 그 자체로 모욕감과 수치심을 느낄 수 있으므로 헌법 제10조로부터 유래하는 인격권을 제한한다(헌재 2012.12.27. 2011헌바89).

정답 O

20년(3) 모의

343. 교도소장이 사생활 영역이거나 사생활에 연결될 수 있는 수용자의 거실 또는 작업장을 수용자가 없는 상태에서 검사하는 행위는, 교도소의 안전과 질서를 유지하고 수형자의 교화·개선에 지장을 초래할 수 있는 물품을 차단하기 위한 것으로서 사생활의 비밀 및 자유를 침해하였다고 볼 수 없다.

해설 교도소장이 수용자가 없는 상태에서 실시한 거실 및 작업장 검사행위는 교도소의 안전과 질서를 유지하고, 수형자의 교화·개선에 지장을 초래할 수 있는 물품을 차단하기 위한 것으로서 그 목적이 정당하고, 수단도 적절하며, 검사의 실효성을 확보하기 위한 최소한의 조치로 보이고, 달리 덜 제한적인 대체수단을 찾기 어려운 점 등에 비추어 보면 이 사건 검사행위가 과잉금지원칙에 위배하여 사생활의 비밀 및 자유를 침해하였다고 할 수 없다(헌재 2011.10.25. 2009헌마691).

정답 O

22년(1) 모의

344. 구치소장이 수용자의 거실에 폐쇄회로 텔레비전을 설치하여 계호한 행위는 수용자의 사생활에 상당한 제약이 가하여진 것이지만, 해당인의 행동을 상시적으로 관찰함으로써 그의 생명·신체를 보호하고 교정시설 내의 안전과 질서를 보호하려는 공익적 조치라는 점에서 수용자의 사생활의 비밀 및 자유를 침해하였다고는 볼 수 없다.

해설 구치소장이 수용자의 거실에 폐쇄회로 텔레비전(이하 'CCTV'라 한다)을 설치하여 계호한 행위(이하 '이 사건 CCTV 계호행위'라 한다)는 청구인의 생명·신체의 안전을 보호하기 위한 것으로서 그 목적이 정당하고, 교도관의 시선에 의한 감시만으로는 자살·자해 등의 교정사고 발생을 막는 데 시간적·공간적 공백이 있으므로 이를 메우기 위하여 CCTV를 설치하여 수형자를 상시적으로 관찰하는 것은 위 목적 달성에 적합한 수단이라 할 것이며, '형의 집행 및 수용자의 처우에 관한 법률'(2007. 12. 21. 법률 제8728호로 개정되어 2008. 12. 22. 시행된 것) 및 동법 시행규칙은 CCTV 계호행위로 인하여 수용자가 입게 되는 피해를 최소화하기 위하여 CCTV의 설치·운용에 관한 여러 가지 규정을 하고 있고, 이에 따라 피청구인은 청구인의 사생활의 비밀 및 자유에 대한 제한을 최소화하기 위한 조치를 취하고 있는 점, 상시적으로 청구인을 시선계호할 인력을 확보하는 것이 불가능한 현실에서 자살이 시도되는 경우 신속하게 이를 파악하여 응급조치를 실행하기 위하여는 CCTV를 설치하여 청구인의 행동을 지속적으로 관찰하는 방법 외에 더 효과적인 다른 방법을 찾기 어려운 점 등에 비추어 보면, 이 사건 CCTV 계호행위는 피해의 최소성 요건을 갖추었다 할 것이고, 이로 인하여 청구인의 사생활에 상당한 제약이 가하여진다고 하더라도, 청구인의 행동을 상시적으로 관찰함으로써 그의 생명·신체를 보호하고 교정시설 내의 안전과 질서를 보호하려는 공익 또한 그보다 결코 작다고 할 수 없으므로, 법익의 균형성도 갖추었다. 따라서 이 사건 CCTV 계호행위가 과잉금지원칙을 위배하여 청구인의 사생활의 비밀 및 자유를 침해하였다고는 볼 수 없다(헌재 2011.09.29. 2010헌마413).

정답 O

22년(1) 모의

345. 개인 사이에 이루어지는 전화, 우편, 컴퓨터, 그 밖의 통신매체를 통하여 성적 수치심이나 혐오감을 일으키는 표현을 전달하는 행위를 처벌하는 것은 행위자의 성적 영역 등 사생활을 스스로 형성할 수 없도록 국가가 간섭한 것으로서 사생활의 비밀이나 자유가 제한되었다고 할 수 있다.

해설 개인 사이에 이루어지는 전화, 우편, 컴퓨터, 그 밖의 통신매체를 통하여 성적 수치심이나 혐오감을 일으키는 표현을 전달하는 행위를 처벌함으로써 일정한 내용의 표현 자체를 금지하고 있는 심판대상조항은 성행위 여부 및 그 상대방 등을 스스로 결정할 수 있는지를 내용으로 하는 성적 자기결정권과 관련이 있다고 할 수 없고, 청구인이 스스로 타인에게 메시지를 전송한 이상 청구인의 의사에 반하여 사적인 생활영역이 공개되었다거나 심판대상조항으로 인하여 청구인의 성적 영역 등 사생활을 스스로 형성할 수 없도록 국가가 간섭한다고 보기도 어려우므로, 사생활의 비밀이나 자유가 제한되었다고 볼 수 없다(헌재 2019.05.30. 2018헌바489).

정답

22년(1) 모의

346. 청소년을 대상으로 한 요철식 특수콘돔 및 약물주입 콘돔의 판매금지는 개인의 성생활이라는 내밀한 사적 생활영역에서의 행위를 제한하므로, 청소년의 사생활의 비밀과 자유를 제한한다고 볼 수 있다.

해설 심판대상조항은 청소년을 대상으로 한 요철식 특수콘돔, 약물주입 콘돔의 판매를 금지하므로, 이 사건 성기구를 판매하고자 하는 청구인 성○○의 직업수행의 자유를 제한한다. 요철식 특수콘돔 또는 약물주입 콘돔의 판매를 금지하면 청소년이 이 사건 성기구를 구하는 것은 불가능하거나 매우 어려워진다. 청구인 한○○은 심판대상조항이 성적 자기결정권을 제한한다고 주장하나, 이 사건 성기구의 구매와 사용은 성행위 여부 및 그 상대방을 결정하는 것과 같이 성적 자기운명을 결정하는 것이라기보다는 개인의 성생활이라는 내밀한 사적 생활영역에서의 행위를 제한하는 것으로서 심판대상조항은 헌법 제17조가 보장하는 사생활의 비밀과 자유를 제한한다(헌재 2021.06.24. 2017헌마408).

정답

20년(3)·22년(1) 모의

347. 미결수용자가 변호인 아닌 자와의 접견 시 그 대화내용을 녹음·녹화할 수 있도록 하는 것은 내밀한 대화내용의 비밀을 유지하기 어렵게 하고 자유롭게 대화하는 것을 제한하지만, 증거인멸 또는 형사 법령 저촉 행위의 위험 방지 및 교정시설 내의 안전과 질서유지 기여 등을 고려할 때 사생활의 비밀과 자유에 대한 침해라고 할 수 없다.

해설 이 사건 녹음행위는 미결수용자인 청구인이 배우자와 접견시 그 대화내용을 녹음한 것으로서 청구인의 내밀한 대화내용의 비밀유지를 어렵게 하고, 대화의 자유로운 형성 등을 위축시킬 수 있다. 따라서 이 사건 녹음행위가 헌법 제17조에서 보장하는 사생활의 비밀과 자유를 침해하는지 여부가 문제된다. … 증거인멸 가능성과 교정질서에 대한 위험성이 상존하는 이상 미결수용자이면서 마약류수용자인 청구인의 접견내용을 녹음한 것은 증거인멸의 가능성과 추가범죄의 발생 가능성을 차단하고, 교정시설 내의 안전과 질서유지에 기여하는 측면이 높다는 점에서 그 목적이 정당할 뿐만 아니라 수단 역시 적합하다 할 것이다. 이 사건 녹음행위는 접견내용이 녹음·녹화 등의 방법으로 기록된다는 사실이 미리 고지되고 있으므로, 청구인이 나눈 접견내용에 대한 사생활의 비밀로서의 보호가치 역시 그리 크지 않다고 할 것이다. 결국 청구인의 접견내용을 녹음함으로써 증거인멸이나 형사법령 저촉행위의 위험을 방지하고, 교정시설 내의 안전과 질서유지에 기여하려는 공익은 청구인의 사익의 제한보다 훨씬 크고 중요한 것이라고 할 것이므로, 법익의 불균형을 인정하기도 어렵다. 따라서 이 사건 녹음행위는 과잉금지원칙에 위반하여 청구인의 사생활의 비밀과 자유를 침해하였다고 볼 수 없다(헌재 2012.12.27. 2010헌마153).

15년(1)·23년(3) 모의

348. 징벌혐의의 조사를 받고 있는 수형자가 변호인 아닌 자와 접견할 당시 교도관이 참여하여 대화내용을 기록하는 것은 해당 수형자의 사생활의 비밀로서의 보호가치에 비해 증거인멸의 위험을 방지하고 교정시설 내의 안전과 질서유지에 기여하려는 공익이 크고 중요하다는 점 등에 비추어 해당 수형자의 사생활의 비밀과 자유를 침해하지 않는다.

해설 접견내용을 녹음·녹화하는 경우 수용자 및 그 상대방에게 그 사실을 말이나 서면 등으로 알려주어야 하고 취득된 접견기록물은 법령에 의해 보호·관리되고 있으므로 사생활의 비밀과 자유에 대한 침해를 최소화하는 수단이 마련되어 있다는 점, 청구인이 나눈 접견내용에 대한 사생활의 비밀로서의 보호가치에 비해 증거인멸의 위험을 방지하고 교정시설 내의 안전과 질서유지에 기여하려는 공익이 크고 중요하다는 점에 비추어 볼 때, 이 사건 접견참여·기록이 청구인의 사생활의 비밀과 자유를 침해하였다고 볼 수 없다(헌재 2014.09.25. 2012헌마523).

23년(3) 모의

349. 공적 관심의 정도가 약한 4급 이상의 공무원들까지 대상으로 삼아 관보와 인터넷을 통해 모든 질병명을 아무런 예외 없이 공개토록 한 것은 입법목적 실현에 치중한 나머지 사생활 보호의 헌법적 요청을 현저히 무시한 것으로 해당 공무원들의 사생활의 비밀과 자유를 침해한다.

해설 … 우리 현실에 비추어 질병명 공개와 같은 처방을 통한 병역풍토의 쇄신이 필요하다 하더라도 특별한 책임과 희생을 추궁할 수 있는 소수 사회지도층에 국한하여야 할 것이다. 4급 공무원이면 주로 과장급 또는 계장급 공무원에 해당하여 주요 정책이나 기획의 직접적·최종적 결정권을 가진다고는 할 수 없고, 사회의 일반적 관념에 비추어 보면 평범한 직업인의 하나에 불과한 경우도 많을 것이다. 이런 점에서 이들의 병역정보가 설사 공적 관심의 대상이 된다 할지라도 그 정도는 비교적 약하다고 하지 않을 수 없고, 그렇다면 공무원 개인을 위한 정보 보호의 요청을 쉽사리 낮추어서는 아니되며 그 정보가 질병명과 같이 인격 또는 사생활의 핵심에 관련되는 것일 때는 더욱 그러하다. 결론적으로, 이 사건 법률조항이 공적 관심의 정도가 약한 4급 이상의 공무원들까지 대상으로 삼아 모든 질병명을 아무런 예외 없이 공개토록 한 것은 입법목적 실현에 치중한 나머지 사생활 보호의 헌법적 요청을 현저히 무시한 것이고, 이로 인하여 청구인들을 비롯한 해당 공무원들의 헌법 제17조가 보장하는 기본권인 사생활의 비밀과 자유를 침해하는 것이다(헌재 2007.05.31. 2005헌마1139(전합)).

정답 ○

18년(3)·20년(3) 모의

350. **인터넷언론사의 공개된 게시판·대화방에서 자신의 의사에 의하여 정당·후보자에 대한 지지·반대의 글을 게시하는 행위는 단순한 의견 등의 표현행위에 불과하여 사생활 비밀의 자유에 의하여 보호되는 영역에 포함된다고 할 수 없다.**

▸ 해설 인터넷언론사의 공개된 게시판·대화방에서 스스로의 의사에 의하여 정당·후보자에 대한 지지·반대의 글을 게시하는 행위는 정당·후보자에 대한 단순한 의견 등의 표현행위에 불과하여 양심의 자유나 사생활 비밀의 자유에 의하여 보호되는 영역이라고 할 수 없으므로, 그 과정에서 실명확인 절차의 부담을 진다고 하더라도 이를 두고 양심의 자유나 사생활 비밀의 자유를 제한받는 것이라고 볼 수 없어 그 침해 여부에 관하여 더 나아가 판단하지 아니한다(헌재 2010.02.25. 2008헌마324).
▸ 헌재 2021.01.28. 2018헌마456 등 결정으로 변경, 게시판 등 이용자의 익명표현의 자유 및 개인정보자기결정권과 인터넷언론사의 언론의 자유를 침해한다고 판단한 것을 주의할 것

 정답 ○

18년(3) 모의

351. **사생활의 자유는 사생활의 비밀과 평온에 대한 불가침을 의미하므로, 사생활의 자유로운 형성과 유지까지 그 내용으로 하지는 않는다.**

▸ 해설 헌법 제17조는 "모든 국민은 사생활의 비밀과 자유를 침해받지 아니한다."고 규정하여 사생활의 비밀과 자유를 국민의 기본권의 하나로 보장하고 있다. 사생활의 비밀은 국가가 사생활영역을 들여다보는 것에 대한 보호를 제공하는 기본권이며, 사생활의 자유는 국가가 사생활의 자유로운 형성을 방해하거나 금지하는 것에 대한 보호를 의미한다. … 요컨대 헌법 제17조가 보호하고자 하는 기본권은 사생활영역의 자유로운 형성과 비밀유지라고 할 것이다(헌재 2007.05.31. 2005헌마1139).

정답 ×

18년(3) 모의

352. **흡연권은 사생활의 자유를 규정한 헌법 제17조에 의하여 뒷받침되지만, 혐연권은 헌법이 보장하는 건강권과 생명권을 근거로 인정되므로 사생활의 자유를 혐연권의 헌법적 근거로 볼 수 없다.**

▸ 해설 흡연자들이 자유롭게 흡연할 권리를 흡연권이라고 한다면, 이러한 흡연권은 인간의 존엄과 행복추구권을 규정한 헌법 제10조와 사생활의 자유를 규정한 헌법 제17조에 의하여 뒷받침된다. … 혐

연권은 흡연권과 마찬가지로 헌법 제17조, 헌법 제10조에서 그 헌법적 근거를 찾을 수 있다. 나아가 흡연이 흡연자는 물론 간접흡연에 노출되는 비흡연자들의 건강과 생명도 위협한다는 면에서 혐연권은 헌법이 보장하는 건강권과 생명권에 기하여서도 인정된다(헌재 2004.08.26. 2003헌마457).

정답

18년(3) 모의

353. 성매매를 한 자를 형사처벌 하도록 하는 「성매매알선 등 행위의 처벌에 관한 법률」 규정은 개인의 성생활이라는 내밀한 사적 생활영역에서의 행위를 제한하고 있으므로 사생활의 비밀과 자유를 제한한다.

해설 (성매매를 한 자를 형사처벌 하도록 규정한) 심판대상조항은 개인의 성생활이라는 내밀한 사적 생활영역에서의 행위를 제한하고 있으므로 헌법 제17조가 보장하는 사생활의 비밀과 자유도 제한한다(헌재 2016.03.31. 2013헌가2).

정답 O

16년(1) · 22년(1) 모의

354. 도로에서 운전 중 좌석안전띠의 착용을 의무화하는 법률조항에 대한 헌법소원에서, 자동차를 도로에서 운전하는 중 좌석안전띠를 맬 것인가의 여부는 사생활의 영역이므로, 일반적 행동자유권의 침해여부 심사는 배제되고 사생활의 자유의 침해여부가 검토되어야 한다.

해설 일반 교통에 사용되고 있는 도로는 국가와 지방자치단체가 그 관리책임을 맡고 있는 영역이며, 수많은 다른 운전자 및 보행자 등의 법익 또는 공동체의 이익과 관련된 영역으로, 그 위에서 자동차를 운전하는 행위는 더 이상 개인적인 내밀한 영역에서의 행위가 아니며, 자동차를 도로에서 운전하는 중에 좌석안전띠를 착용할 것인가 여부의 생활관계가 개인의 전체적 인격과 생존에 관계되는 '사생활의 기본조건'이라거나 자기결정의 핵심적 영역 또는 인격적 핵심과 관련된다고 보기 어려워 더 이상 사생활영역의 문제가 아니므로, 운전할 때 운전자가 좌석안전띠를 착용할 의무는 청구인의 사생활의 비밀과 자유를 침해하는 것이라 할 수 없다(헌재 2003.10.30. 2002헌마518).

정답

16년(1) 모의

355. 본인이나 배우자 등이 소유하고 있는 부동산이나 동산, 유가증권 등 재산의 종류와 그 가액 또는 그 재산의 변동사항 등에 관한 정보는 사적 영역에 관한 것이므로 공무원 재산등록제도는 사생활의 비밀과 자유를 제한하는 것이다.

해설 본인이나 배우자 등이 소유하고 있는 부동산이나 동산, 유가증권 등 재산의 종류와 그 가액 또는 그 재산의 변동사항 등에 관한 정보는 스스로의 뜻에 따라 삶을 영위해 나가면서 개성을 신장시키기 위한 전제가 되는 사유재산에 관한 정보로서 사적 영역에 관한 것이다. 따라서 국가가 사유재산에 관한 정보를 등록하게 하는 것은 사유재산에 관한 사적 영역의 자유로운 형성과 설계를 제한하는 것이므로, 헌법 제17조가 보장하는 사생활의 비밀과 자유를 제한하는 것이라고 할 것이다(헌재 2010.10.28. 2009헌마544).

정답 O

15년(1) 모의

356. **사생활의 비밀과 자유가 보호하는 것은 개인의 내밀한 내용의 비밀을 유지할 권리, 개인이 자신의 사생활의 불가침을 보장받을 수 있는 권리, 개인의 양심영역이나 성적 영역과 같은 내밀한 영역에 대한 보호, 인격적인 감정세계의 존중의 권리와 정신적인 내면생활이 침해받지 아니할 권리 등이다.**

해설 사생활의 비밀은 국가가 사생활영역을 들여다보는 것에 대한 보호를 제공하는 기본권이며, 사생활의 자유는 국가가 사생활의 자유로운 형성을 방해하거나 금지하는 것에 대한 보호를 의미한다. 구체적으로 사생활의 비밀과 자유가 보호하는 것은 개인의 내밀한 내용의 비밀을 유지할 권리, 개인이 자신의 사생활의 불가침을 보장받을 수 있는 권리, 개인의 양심영역이나 성적 영역과 같은 내밀한 영역에 대한 보호, 인격적인 감정세계의 존중의 권리와 정신적인 내면생활이 침해받지 아니할 권리 등이다(헌재 2003.10.30. 2002헌마518).

12년(2)·15년(1) 모의

357. **자신의 인격권이나 명예권을 보호하기 위하여 대외적으로 해명을 하는 행위는 표현의 자유에 속하는 영역이라고 할 수 있을 뿐 이미 사생활의 자유에 의하여 보호되는 범주를 벗어난 행위이다.**

해설 '사생활의 자유'란, 사회공동체의 일반적인 생활규범의 범위 내에서 사생활을 자유롭게 형성해 나가고 그 설계 및 내용에 대해서 외부로부터의 간섭을 받지 아니할 권리로서, 사생활과 관련된 사사로운 자신만의 영역이 본인의 의사에 반해서 타인에게 알려지지 않도록 할 수 있는 권리인 '사생활의 비밀'과 함께 헌법상 보장되고 있는바, 자신의 인격권이나 명예권을 보호하기 위하여 대외적으로 해명을 하는 행위는 표현의 자유에 속하는 영역이라고 할 수 있을 뿐 이미 사생활의 자유에 의하여 보호되는 범주를 벗어난 행위라고 볼 것이다(헌재 2001.08.30. 99헌바92).

12년(2)·15년(1) 모의

358. **피고인이나 변호인에 의한 공판정에서의 녹취는 진술인의 인격권 또는 사생활의 비밀과 자유에 대한 침해를 수반하고, 실체적 진실발견 등 다른 법익과 충돌할 개연성이 있으므로, 녹취를 금지해야 할 필요성이 녹취를 허용함으로써 달성하고자 하는 이익보다 큰 경우에는 녹취를 금지 또는 제한함이 타당하다.**

해설 피고인이나 변호인에 의한 공판정에서의 녹취는 진술인의 인격권 또는 사생활의 비밀과 자유에 대한 침해를 수반하고, 실체적 진실발견 등 다른 법익과 충돌할 개연성이 있으므로, 녹취를 금지해야 할 필요성이 녹취를 허용함으로써 달성하고자 하는 이익보다 큰 경우에는 녹취를 금지 또는 제한함이 타당하다(헌재 1995.12.28. 91헌마114).

정답 O

12년(2) 모의

359. CCTV(영상정보처리기기)에 의하여 녹화된 내용은 얼마든지 재생이 가능하고 복사 또는 편집되어 유포될 가능성이 있는 것이어서 교도관의 시선계호를 전제로 한 행형법 규정을 CCTV 설치행위에 대한 근거법률로 보기는 어려우므로, 엄중격리대상자의 수용거실에 CCTV를 설치하는 행위는 헌법 제17조의 사생활의 비밀과 자유에 위반된다.

해설 이 사건 CCTV 설치행위에 대한 특별한 법적 근거가 없더라도 일반적인 계호활동을 허용하는 법률규정에 의하여 허용된다고 보아야 한다. 한편 CCTV에 의하여 감시되는 엄중격리대상자에 대하여 지속적이고 부단한 감시가 필요하고 자살·자해나 흉기 제작 등의 위험성 등을 고려하면, 제반사정을 종합하여 볼 때 기본권 제한의 최소성 요건이나 법익균형성의 요건도 충족하고 있다. 따라서 이 사건 CCTV 설치행위는 헌법 제17조 및 제37조 제2항을 위반하여 청구인들의 사생활의 비밀 및 자유를 침해하였다고 볼 수 없다(헌재 2008.05.29. 2005헌마137).

정답 X

제❷항 | 개인정보자기결정권

19년·21년 변시, 17년(1)·18년(2) 모의

360. 甲이 주민등록변경신청 거부통지를 받은 후 개인별로 주민등록번호를 부여하면서 주민등록번호 변경에 관한 규정을 두고 있지 않은 주민등록법 제7조가 자신의 기본권을 침해한다고 주장하면서 헌법재판소법 제68조 제1항에 의한 헌법소원심판을 청구한 경우

1) 甲의 주장은 주민등록번호 부여제도에 대하여 입법을 하였으나 주민등록번호 변경에 대하여는 아무런 규정을 두지 아니한 부진정입법부작위가 위헌이라는 것이어서, 주민등록법 제7조가 甲의 기본권을 침해하는지 여부가 심판대상이다.

해설 청구인들이 주장하는 것은 주민등록번호의 잘못된 이용에 대비한 '주민등록번호 변경'에 대하여 아무런 규정을 두고 있지 않은 것이 헌법에 위반된다는 것이므로, 이는 주민등록번호 부여제도에 대하여 입법을 하였으나 주민등록번호의 변경에 대하여는 아무런 규정을 두지 아니한 부진정 입법부작위가 위헌이라는 것이다. 따라서 청구인들의 이러한 주장과 가장 밀접하게 관련되는 조항인 주민등록법 제7조 전체를 심판대상으로 삼는다(헌재 2015.12.23. 2013헌바68).

정답 O

2) 국가가 주민등록번호를 부여·관리·이용하면서 주민등록법에 그 변경에 관한 규정을 두지 않은 것은 주민등록번호 불법 유출 등을 원인으로 자신의 주민등록번호를 변경하고자 하는 甲의 개인정보자기결정권을 제한하고 있다.

해설 개인정보자기결정권은 자신에 관한 정보가 언제 누구에게 어느 범위까지 알려지고 또 이용되도록 할 것인지를 그 정보주체가 스스로 결정할 수 있는 권리이다. 개인정보자기결정권의 보호대상이 되는 개인정보는 개인의 신체, 신념, 사회적 지위, 신분 등과 같이 개인의 인격주체성을 특징짓는 사항으로서 그 개인을 식별할 수 있게 하는 일체의 정보라고 할 수 있다. 이러한 개인정보를 대상으로 한 조사·수집·보관·처리·이용 등의 행위는 모두 원칙적으로 개인정보자기결정권에 대한 제한에 해당한다. 주민등록번호는 모든 국민에게 일련의 숫자 형태로 부여되는 고유한 번호로서 당해 개인을 식별할 수 있는 정보에 해당하는 개인정보이다. 그런데 심판대상조항은 국가가 주민등록번호를 부여·관리·이용하면서 그 변경에 관한 규정을 두지 않음으로써 주민등록번호 불법 유출 등을 원인으로 자신의 주민등록번호를 변경하고자 하는 청구인들의 개인정보자기결정권을 제한하고 있다(헌재 2015.12.23. 2013헌바68).

정답

3) 위 주민등록법 제7조가 모든 주민에게 고유한 주민등록번호를 부여하면서 이를 변경할 수 없도록 한 것은 주민 생활의 편익을 증진시키고 행정사무를 신속하고 효율적으로 처리하기 위한 것으로 입법목적의 정당성과 수단의 적합성을 인정할 수 있다.

해설 심판대상조항이 모든 주민에게 고유한 주민등록번호를 부여하면서 이를 변경할 수 없도록 한 것은 주민생활의 편익을 증진시키고 행정사무를 신속하고 효율적으로 처리하기 위한 것으로서, 그 입법목적의 정당성과 수단의 적합성을 인정할 수 있다(헌재 2015.12.23. 2013헌바68).

정답

4) 위 주민등록법 제7조가 국가나 지방자치단체로 하여금 국방, 치안, 조세, 사회복지 등의 행정사무를 신속하고 효율적으로 처리할 수 있도록 주민등록의 대상자인 국민에게 주민등록번호 변경을 허가하지 아니함으로써 달성할 수 있게 되는 공익이 그로 인한 정보주체의 불이익에 비하여 더 작다고 보기는 어려워 법익균형성의 원칙에 반하지 않는다.

해설 … 심판대상조항에서 주민등록번호 변경을 허용하지 않음으로써 얻어지는 행정사무의 신속하고 효율적인 처리를 통한 공익이 중요하다고 하더라도, 앞서 본 바와 같이 주민등록번호의 유출이나 오·남용으로 인하여 발생할 수 있는 피해 등에 대한 아무런 고려 없이 일률적으로 주민등록번호를 변경할 수 없도록 함으로써 침해되는 주민등록번호 소지자의 개인정보자기결정권에 관한 사익은 심판대상조항에 의하여 달성되는 구체적 공익에 비하여 결코 적지 않다고 할 것이므로, 심판대상조항은 법익의 균형성도 충족하지 못하였다(헌재 2015.12.23. 2013헌바68).

정답

5) 위 헌법소원에서 심판대상조항의 위헌성은 주민등록번호 변경에 관하여 규정하지 아니한 부작위에 있으므로, 주민등록법에 대하여 단순위헌결정을 할 경우 주민등록번호제도 자체에 관한 근거규정이 사라지게 되어 법적공백이 생기게 된다는 점 등을 고려하면, 헌법불합치 결정을 선고하면서 입법자가 개선입법을 할 때까지 계속 적용을 명할 수 있다.

해설 심판대상조항의 위헌성은 주민등록번호 변경에 관하여 규정하지 아니한 부작위에 있는바, 이를 이유로 심판대상조항에 대하여 단순위헌결정을 할 경우 주민등록번호제도 자체에 관한 근거규정이 사라지게 되어 용인하기 어려운 법적 공백이 생기게 되고, 주민등록번호 변경제도를 형성함에 있어서는 입법자가 광범위한 입법재량을 가지므로, 심판대상조항에 대하여는 헌법불합치결정을 선고하되, 2017. 12. 31.을 시한으로 입법자가 개선입법을 할 때까지 계속 적용하기로 한다(헌재 2015.12.23. 2013헌바68).

정답

🕐 18년 변시, 17년(1)·21년(2) 모의

361. 가족관계등록부 등의 기록사항에 관한 증명서 교부청구권을 형제자매에게도 부여하는 「가족관계의 등록 등에 관한 법률」 규정은 증명서 발급에 있어 형제자매에게 정보주체인 본인과 거의 같은 지위를 부여하고 있으므로 정보주체의 개인정보자기결정권을 침해한다.

해설 형제자매에게 가족관계등록부 등의 기록사항에 관한 증명서 교부청구권을 부여하는 '가족관계의 등록 등에 관한 법률'은 본인이 스스로 증명서를 발급받기 어려운 경우 형제자매를 통해 증명서를 간편하게 발급받게 하고, 친족·상속 등과 관련된 자료를 수집하려는 형제자매가 본인에 대한 증명서를 편리하게 발급받을 수 있도록 하기 위한 것으로, 목적의 정당성 및 수단의 적합성이 인정된다. 그러나 가족관계등록법상 각종 증명서에 기재된 개인정보가 유출되거나 오남용될 경우 정보의 주체에게 가해지는 타격은 크므로 증명서 교부청구권자의 범위는 가능한 한 축소하여야 하는데, 형제자매는 언제나 이해관계를 같이 하는 것은 아니므로 형제자매가 본인에 대한 개인정보를 오남용 또는 유출할 가능성은 얼마든지 있다. 그런데 이 사건 법률조항은 증명서 발급에 있어 형제자매에게 정보주체인 본인과 거의 같은 지위를 부여하고 있으므로, 이는 증명서 교부청구권자의 범위를 필요한 최소한도로 한정한 것이라고 볼 수 없다. 본인은 인터넷을 이용하거나 위임을 통해 각종 증명서를 발급받을 수 있으며, 가족관계등록법 제14조 제1항 단서 각 호에서 일정한 경우에는 제3자도 각종 증명서의 교부를 청구할 수 있으므로 형제자매는 이를 통해 각종 증명서를 발급받을 수 있다. 따라서 이 사건 법률조항은 침해의 최소성에 위배된다. 또한, 이 사건 법률조항을 통해 달성하려는 공익에 비해 초래되는 기본권 제한의 정도가 중대하므로 법익의 균형성도 인정하기 어려워, 이 사건 법률조항은 청구인의 개인정보자기결정권을 침해한다(헌재 2016.06.30. 2015헌마924).

정답

16년(1)·21년(2) 모의

362. 구치소장이 검사의 요청에 따라 미결수용자와 그 배우자의 접견녹음파일을 미결수용자의 동의 없이 제공하더라도, 이러한 제공행위는 형사사법의 실체적 진실을 발견하고 이를 통해 형사사법의 적정한 수행을 도모하기 위한 것으로 미결수용자의 개인정보자기결정권을 침해하지 않는다.

해설 구치소장이 검사의 요청에 따라 청구인과 배우자의 접견녹음파일을 제공한 행위(이하 '이 사건 제공행위'라 한다)에 의하여 제공된 접견녹음파일로 특정개인을 식별할 수 있고, 그 대화내용 등은 인격주체성을 특징짓는 사항으로 그 개인의 동일성을 식별할 수 있게 하는 정보이므로, 정보주체인 청구인의 동의 없이 접견녹음파일을 관계기관에 제공하는 것은 청구인의 개인정보자기결정권을 제한하는 것이다. 그런데 이 사건 제공행위는 형사사법의 실체적 진실을 발견하고 이를 통해 형사사법의 적정한 수행을 도모하기 위한 것으로 그 목적이 정당하고, 수단 역시 적합하다. 또한, 접견기록물의 제공은 제한적으로 이루어지고, 제공된 접견내용은 수사와 공소제기 등에 필요한 범위 내에서만 사용하도록 제도적 장치가 마련되어 있으며, 사적 대화내용을 분리하여 제공하는 것은 그 구분이 실질적으로 불가능하고, 범죄와 관련 있는 대화내용을 쉽게 파악하기 어려워 전체제공이 불가피한 점 등을 고려할 때 침해의 최소성 요건도 갖추고 있다. 나아가 접견내용이 기록된다는 사실이 미리 고지되어 그에 대한 보호가치가 그리 크다고 볼 수 없는 점 등을 고려할 때, 법익의 불균형을 인정하기도 어려우므로, 과잉금지원칙에 위반하여 청구인의 개인정보자기결정권을 침해하였다고 볼 수 없다(헌재 2012.12.27. 2010헌마153).

정답 O

21년(2) 모의

363. 아동·청소년대상 성폭력범죄를 저지른 자에 대한 신상정보 고지제도는 성범죄자가 거주하는 읍·면·동에 사는 지역주민 중 아동·청소년 자녀를 둔 가구 및 교육기관의 장 등을 상대로 이루어져 고지상대방을 제한하고 있고, 고지대상자가 신상정보를 최초 등록한 날로부터 또는 출소 후 거주할 지역에 전입한 날로부터 1개월 이내에 한 번 우편 고지될 뿐, 최초 고지 이후 전출이 없는 경우에는 추가고지를 하지 않으므로 개인정보자기결정권을 침해하지 않는다.

해설 신상정보 고지조항은 성폭력범죄자가 살고 있는 같은 최소한의 행정단위(읍·면·동)에 사는 지역주민 중 19세 미만의 미성년자녀를 둔 가구 및 교육기관의 장 등으로 고지상대방을 제한하고 있고, 고지대상자가 신상정보를 최초 등록한 날로부터 또는 출소 후 거주할 지역에 전입한 날로부터 1개월 이내에 한번 우편 고지될 뿐, 최초 고지 이후 전출이 없는 경우에는 추가고지를 하지 않는다. … 신상정보 고지제도는 구체적으로 현존하는 아동·청소년에 대한 성폭력의 위험으로부터 사회 공동체를 지키려는 인식을 제고하기 위하여 도입된 것으로서, 이를 통하여 달성하고자 하는 '아동·청소년의 성보호'라는 목적은 매우 중요한 공익이다. 이에 비하여 신상정보 고지조항으로 인하여 고지되는 정보는 대부분 형사재판에서 유죄가 확정된 형사판결이라는 공적 기록의 내용 중 일부로서, 이를 고지한다고 하여 아동·청소년 대상 성폭력범죄자의 인격권 등이 과도하게 제한되는 것이라고 보기는 어렵다. 따라서 신상정보 고지조항으로 인하여 아동·청소년 대상 성폭력범죄자가 입게 되는 불이익이 아동·청소년의 성보호라는 공익에 비하여 결코 크다고 볼 수 없으므로, 신상정보 고지조항은 법익의 균형성도 갖추었다. … 결국 신상정보 고지조항이 과잉금지원칙을 위반하여 청구인들의 인격권, 개인정보자기결정권을 침해한다고 볼 수 없다(헌재 2016.05.26. 2014헌바68).

정답

21년(2) 모의

364. 수사경력자료의 보존 및 보존기간을 정하면서 범죄경력자료의 삭제에 대해 규정하지 않은 것은 해당 범죄자에게 평생 전과자라는 낙인을 가지고 살게 하고 이들의 원활한 사회복귀를 저해하므로 과잉금지원칙을 위반하여 해당 범죄자의 개인정보자기결정권을 침해한다.

해설 범죄경력자료를 범인 추적과 실체적 진실 발견, 각종 결격사유 판단 등을 위한 자료로 사용하기 위해 보존하는 것은 그 목적에 있어 정당하고 수단의 적합성을 갖추고 있다. 벌금형에 해당하는 전과나 실효된 전과라고 하여 그 범죄경력자료를 보존할 필요가 없게 되는 것이 아니고 범죄경력을 보존할 필요가 있는지 여부를 결정하는 다양한 요소들을 모두 고려해 각개의 전과마다 개별화된 보존기간을 설정하는 것 또한 현실적으로 가능하지 않으므로, 입법자가 범죄경력자료의 보존기간을 세분화하지 않았다는 사정만으로 기본권을 덜 침해하는 가능한 수단을 택하지 않았다고 볼 수 없다. 또한 형실효법은 범죄경력자료의 불법조회나 누설에 대한 금지 및 벌칙 규정을 두고 있고 범죄경력자료를 조회·회보할 수 있는 사유를 제한하고 있으므로 개인의 범죄경력에 관한 정보가 수사나 재판 등에 필요한 정도를 넘어 외부의 일반인들에게까지 공개될 가능성은 극히 적고, 범죄경력자료의 보존 그 자체만으로 전과자들의 사회복귀가 저해되는 것도 아니다. 따라서 이 사건 수사경력자료 정리조항에서 범죄경력자료의 삭제를 규정하지 않은 것이 청구인의 개인정보 자기결정권을 침해한다고 볼 수 없다(헌재 2012.07.26. 2010헌마446). ▶ 지문은 재판관 목영준, 재판관 이정미의 반대의견

정답

23년(1) 모의

365. 법원에서 불처분결정된 소년부송치 사건에 대한 수사경력자료의 삭제와 보존기간에 대하여 규정하지 않은 것은 소년부송치된 모든 사건의 수사경력자료를 당사자가 사망할 때까지 일률적으로 보존할 필요는 없다는 점에서 소년부송치 후 불처분결정을 받은 자의 개인정보자기결정권을 침해한다.

해설 … 이와 같은 점에서 법원에서 불처분결정된 소년부송치 사건에 대한 수사경력자료를 범죄의 종류와 경중, 결정 이후 시간의 경과 등 일체의 사정에 대한 고려 없이 일률적으로 당사자의 사망 시까지 보존하는 것은 입법목적을 달성하기 위하여 필요한 범위를 넘어선 것으로 침해의 최소성에 위배된다. … 이 사건 구법 조항이 추구하는 공익에 비해 법원에서 불처분결정된 소년부송치 사건의 수사경력자료가 삭제되지 않고 당사자의 사망 시까지 보존됨으로 인하여 당사자가 입게 되는 불이익이 더 크다고 할 것이다. 따라서 법원에서 불처분결정된 소년부송치 사건에 대한 수사경력자료의 보존기간과 삭제에 대한 규정을 두지 않은 이 사건 구법 조항은 과잉금지원칙을 위반하여 소년부송치 후 불처분결정을 받은 자의 개인정보자기결정권을 침해한다(헌재 2021.06.24. 2018헌가2).

정답

366. 甲은 전기통신사업자인 주식회사 A를 상대로 자신의 통신자료가 수사기관에 제공된 사실이 있는지 여부를 확인해 줄 것을 요청하였고, A는 甲의 성명, 주민등록번호, 주소, 전화번호, 가입일, 해지일의 통신자료가 B지방검찰청에 제공된 사실이 있음을 확인해주었다. 전기통신사업자가 수사기관 등의 통신자료 제공요청에 따라 수사기관 등에 제공하는 이용자의 성명, 주민등록번호, 주소, 전화번호, 아이디, 가입일 또는 해지일은 개인정보에 해당하므로 수사기관 등의 요청에 따라 전기통신사업자가 이용자의 개인정보를 제공할 수 있도록 규정한 「전기통신사업법」 제83조 제3항 甲의 개인정보자기결정권을 제한한다.

해설 전기통신사업자가 수사기관 등의 통신자료 제공요청에 따라 수사기관 등에 제공하는 이용자의 성명, 주민등록번호, 주소, 전화번호, 아이디, 가입일 또는 해지일은 청구인들의 동일성을 식별할 수 있게 해주는 개인정보에 해당하므로, 이 사건 법률조항은 개인정보자기결정권을 제한한다.(헌재 2022.07.21. 2016헌마388, 2022헌마126).

정답

367. 수사기관이 수사를 위하여 필요한 경우 법원의 허가를 얻어 전기통신사업자에게 정보주체의 위치정보 추적자료의 제공을 요청할 수 있게 하는 것은, 수사의 필요성만을 그 요건으로 하고 있어 절차적 통제마저도 제대로 이루어지기 어려우므로 정보주체인 전기통신가입자의 통신의 자유를 침해한다.

해설 수사의 필요성만을 요건으로 규정함으로써 수사기관의 통신사실 확인자료 제공요청을 모든 범죄에 대하여 광범위하게 허용하고 있을 뿐만 아니라 범죄의 의혹만으로도 특정 시간대 특정 기지국에서 발신된 불특정 다수의 통신사실 확인자료를 제공받는 수사방식을 허용하여 정보주체의 기본권을 과도하게 제한하고 있다. 결국 이 사건 요청조항은 정보주체의 기본권 제한을 최소화하려는 노력은 전혀 하지 아니한 채 수사기관의 수사편의 및 효율성만을 도모하고 있다 할 것이므로, 침해의 최소성이 인정되지 아니한다. 따라서 이 사건 요청조항은 과잉금지원칙에 반하여 청구인의 개인정보자기결정권 및 통신의 자유를 침해한다(헌재 2018.06.28. 2012헌마538).

정답

368. 청소년과 전기통신서비스 제공에 관한 계약을 체결하는 전기통신사업자에게 해당 청소년의 이동통신단말장치에 청소년유해매체물 등을 차단하는 수단을 제공하도록 하고, 그 차단수단이 청소년의 이동통신단말장치에 설치되었다가 삭제되거나 15일 이상 작동하지 아니하는 경우 매월 법정대리인에게 그 사실을 통지하도록 하는 것은, 청소년유해매체물 등으로부터 청소년을 보호하기 위한 필요최소한의 조치로 해당 청소년의 사생활의 비밀과 자유를 침해하지 않는다.

해설 ... 이 사건 통지조항으로 인해 제한되는 사익은 청소년의 이동통신단말장치에서 차단수단이 삭제되거나 15일 이상 작동되지 않는 경우 이를 청소년을 보호하고 교육할 의무가 있는 법정대리인에게 통지함으로써 그러한 사실을 법정대리인이 알도록 하는 것에 불과하여 그 제한의 정도가 크지 않은 반면, 이 사건 통지조항으로 인해 달성되는 청소년유해매체물등으로부터의 청소년 보호라는 공익은 매우 중대한 것이므로, 이 사건 통지조항은 법익의 균형성도 인정된다. 따라서 이 사건 통지조항은 과잉금지원칙에 반하지 않는다. 그러므로 이 사건 통지조항은 청구인 권○○, 김○○의 사생활의 비밀과 자유 및 개인정보자기결정권을 침해하지 않는다(헌결 2020.11.26. 2016헌마738).

정답 O

21년(3) 모의

369. 다음 각 지문에 따라 개인정보자기결정권에 대한 침해하였는지 여부를 판단하시오. (다툼이 있는 경우 판례에 의함)

1) 「성폭력범죄의 처벌 등에 관한 특례법」상 신상정보 등록대상자인 카메라등이용촬영죄로 유죄판결이 확정된 성범죄자가 제출한 기본신상정보가 변경된 경우에 그 사유와 변경내용을 변경사유가 발생한 날부터 20일 이내에 제출하도록 한 것

해설 등록대상자는 등록대상 성범죄의 유죄판결이 확정된 날부터 30일 이내에 신상정보를 제출하여야 하며, 변경정보가 있는 때에는 사유발생일로부터 20일 이내에 제출하여야 하고 ... 국가기관이 일정한 성범죄를 저지른 자로부터 일정한 신상정보를 제출받아 보존·관리하는 것은, 등록대상자가 다시 성범죄를 저지를 경우 쉽게 검거될 수 있다는 점을 예상하게 하여 성범죄를 억제하고, 재범이 현실적으로 이루어진 경우에는 그에 대한 수사의 효율성과 신속성을 제고하는 데 기여한다. 따라서 이 사건 등록조항은 위와 같은 입법목적의 달성을 위한 적합한 수단에 해당한다. ... 이 사건 등록조항의 입법목적을 효과적으로 달성하기 위하여 달리 덜 제약적인 수단이 있다고 보기 어렵고, 이 사건 등록조항은 목적 달성을 위하여 필요한 범위 내의 것이라 할 것이므로 침해의 최소성이 인정된다. ... 등록정보는 등록대상 성범죄의 예방과 수사라는 한정된 목적 하에 검사 또는 각급 경찰관서의 장과 같이 한정된 범위의 사람들에게만 배포될 수 있고, 등록정보의 보존·관리 업무에 종사하거나 종사하였던 자가 직무상 알게 된 등록정보를 누설할 경우 형사처벌된다는 점을 고려할 때, 이 사건 등록조항으로 인하여 침해되는 사익은 크지 않다고 할 수 있다. 반면 이 사건 등록조항을 통하여 달성되는 성범죄자의 재범 방지 및 사회 방위의 공익이 매우 중요한 것임은 명백하다. 따라서 이 사건 등록조항으로 인해 제한되는 사익에 비하여 달성되는 공익이 크다는 점에서, 법익의 균형성이 인정된다. ... 이 사건 등록조항은 청구인들의 개인정보자기결정권을 침해하지 않는다(헌재 2015.07.30. 2014헌마340).

정답 ×

2) 「공직선거법」상 실명인증자료 관리조항에 의하여 행정안전부장관 및 신용정보업자가 그 실명인증자료를 실명인증을 받은 자 및 인터넷홈페이지별로 관리하고, 중앙선거관리위원회가 그 실명인증자료의 제출을 요구하는 경우 지체 없이 이에 따라야 하는 것

해설 인터넷언론사 인터넷홈페이지의 게시판 등 이용자가 심판대상조항에 따른 실명인증을 받은 경우, 실명인증자료 관리조항에 의하여 행정안전부장관 및 신용정보업자로서는 그 실명인증자료를 실명인증을 받은 자 및 인터넷홈페이지별로 관리하여야 하고, 중앙선거관리위원회가 그 실명인증자료의 제출을 요구하는 경우 지체 없이 이에 따라야 한다. … 실명인증자료 관리조항은 모든 익명표현에 대해 행정안전부장관 및 신용정보업자로 하여금 실명인증자료를 수집·관리하고, 중앙선거관리위원회의 요구에 따라 지체 없이 이를 제출하도록 정하고 있다. 이는 익명표현의 부정적 효과가 익명성 때문에 발생하는 것만은 아니라는 점을 간과하고, 모든 익명표현을 규제할 경우 책임 있는 의견이 개진되거나 위법한 표현행위가 감소할 것이라는 추상적 가능성에 의존하여 모든 익명표현을 사전적·포괄적으로 규율하려는 것이다. 선거관리위원회가 애초 선거의 공정한 관리를 위하여 설치되는 기관이라는 점(헌법 제114조 제1항, 선거관리위원회법 제1조 참조)을 고려하면, 심판대상조항은 표현의 자유보다 행정편의와 단속편의를 우선하고 있다. 따라서 심판대상조항은 익명표현의 자유와 개인정보자기결정권 등을 지나치게 제한한다(헌재 2021.01.28. 2018헌마456). ▶ 과잉금지원칙에 반하여 인터넷언론사 홈페이지 게시판 등 이용자의 익명표현의 자유와 개인정보자기결정권, 인터넷언론사의 언론의 자유를 침해한다고 본 사례

정답

18년(3)·20년(2) 모의

370. 개인정보자기결정권은 인간의 존엄과 가치, 행복추구권을 규정한 헌법 제10조 제1문에서 도출되는 일반적 인격권 및 헌법 제17조의 사생활의 비밀과 자유에 의하여 보장된다.

해설 인간의 존엄과 가치, 행복추구권을 규정한 헌법 제10조 제1문에서 도출되는 일반적 인격권 및 헌법 제17조의 사생활의 비밀과 자유에 의하여 보장되는 개인정보자기결정권은 자신에 관한 정보가 언제 누구에게 어느 범위까지 알려지고 또 이용되도록 할 것인지를 정보주체가 스스로 결정할 수 있는 권리이다(헌재 2005.07.21. 2003헌마282).

정답

23년(1) 모의

371. 가정폭력 가해자인 직계혈족도 그 자녀의 가족관계증명서 및 기본증명서의 발급을 청구할 수 있도록 하여 가정폭력 피해자인 전(前) 배우자의 개인정보를 알 수 있게 하는 것은 개인정보를 이용하여 추가 가해를 끼칠 수 있다는 점에서 가정폭력 피해자의 개인정보자기결정권을 침해하는 것이다.

해설 … 이 사건 법률조항을 통해 달성하려는 것은 직계혈족과 그 자녀의 편익 증진인바, 이러한 공익의 중요성은 직계혈족이 가정폭력의 가해자인 경우에는 그다지 크다고 볼 수 없고, 이를 통해 달성되는 공익 실현의 효과 또한 크지 않다. 반면, 이 사건 법률조항으로 말미암아 가정폭력 가해자인 직계혈족이 그 자녀의 가족관계증명서 및 기본증명서를 청구하여 발급받음으로써 거기에 기재되어 있는 가정폭력 피해자인 (전) 배우자의 개인정보가 유출됨으로써 (전) 배우자가 입는 피해는 실로 중대하다고 볼 수 있으므로 이 사건 법률조항에 대해서는 법익의 균형성을 인정하기 어렵다. 따라서

이 사건 법률조항이 불완전·불충분하게 규정되어, 직계혈족이 가정폭력의 가해자로 판명된 경우 주민등록법 제29조 제6항 및 제7항과 같이 가정폭력 피해자가 가정폭력 가해자를 지정하여 가족관계증명서 및 기본증명서의 교부를 제한하는 등의 가정폭력 피해자의 개인정보를 보호하기 위한 구체적 방안을 마련하지 아니한 부진정입법부작위가 과잉금지원칙을 위반하여 청구인의 개인정보자기결정권을 침해한다(헌재 2020.08.28. 2018헌마927(전합)).

 정답 O

19년(1) 모의

372. 경찰이 미신고 옥외집회·시위 또는 신고범위를 벗어난 집회·시위에 대한 조망촬영이 아닌 근접촬영의 방식으로 촬영함으로써 적법한 경찰의 해산명령에 불응하는 집회·시위의 경위나 전후 사정에 관한 자료를 수집하는 것은 해당 집회·시위참가자의 개인정보자기결정권을 침해한다.

해설 근접촬영과 달리 먼 거리에서 집회·시위 현장을 전체적으로 촬영하는 소위 조망촬영이 기본권을 덜 침해하는 방법이라는 주장도 있으나, 최근 기술의 발달로 조망촬영과 근접촬영 사이에 기본권 침해라는 결과에 있어서 차이가 있다고 보기 어려우므로, 경찰이 이러한 집회·시위에 대해 조망촬영이 아닌 근접촬영을 하였다는 이유만으로 헌법에 위반되는 것은 아니다(헌재 2018.08.30. 2014헌마843).

 정답 X

19년(1) 모의

373. 검사 또는 사법경찰관이 수사를 위하여 필요한 경우「전기통신사업법」에 의한 전기통신사업자에게 통신사실 확인자료의 열람이나 제출을 요청할 수 있도록 한 통신비밀법 조항은 해당 정보주체의 개인정보자기결정권을 침해한다.

해설 수사기관은 위치정보 추적자료를 통해 특정 시간대 정보주체의 위치 및 이동상황에 대한 정보를 취득할 수 있으므로 위치정보 추적자료는 충분한 보호가 필요한 민감한 정보에 해당되는 점, 그럼에도 이 사건 요청조항은 수사기관의 광범위한 위치정보 추적자료 제공요청을 허용하여 정보주체의 기본권을 과도하게 제한하는 점, 위치정보 추적자료의 제공요청과 관련하여서는 실시간 위치추적 또는 불특정 다수에 대한 위치추적의 경우 보충성 요건을 추가하거나 대상범죄의 경중에 따라 보충성 요건을 차등적으로 적용함으로써 수사에 지장을 초래하지 않으면서도 정보주체의 기본권을 덜 침해하는 수단이 존재하는 점, 수사기관의 위치정보 추적자료 제공요청에 대해 법원의 허가를 거치도록 규정하고 있으나 수사의 필요성만을 그 요건으로 하고 있어 절차적 통제마저도 제대로 이루어지기 어려운 현실인 점 등을 고려할 때, 이 사건 요청조항은 과잉금지원칙에 반하여 청구인들의 개인정보자기결정권과 통신의 자유를 침해한다(헌재 2018.06.28. 2012헌마191).

 정답 O

19년(1) 모의

374. 아동·청소년 성매수죄로 유죄가 확정된 자를 신상정보 등록대상자가 되도록 하는 것은 해당 등록대상자의 개인정보자기결정권을 침해하지 않는다.

> **해설** 성범죄의 재범을 억제하고 수사의 효율성을 제고하기 위하여, 일정한 성범죄를 저지른 자로부터 신상정보를 제출받아 보존·관리하는 것은 정당한 목적을 위한 적합한 수단이다. 아동·청소년 성매수죄로 처벌받은 사람에 대한 정보를 국가가 관리하는 것은 재범을 방지하는 유효한 방법이 될 수 있다. 전과기록이나 수사경력자료는 상대적으로 좁은 범위의 신상정보를 담고 있고 정보의 변경이 반영되지 않아 등록조항에 의한 정보 수집과 같은 효과를 거둘 수 없다. 아동·청소년 성매수죄는 그 죄질이 무겁고, 그 행위 태양 및 불법성이 다양하다고 보기 어려우므로, 입법자가 개별 아동·청소년 성매수죄의 행위 태양, 불법성을 구별하지 않은 것이 불필요한 제한이라고 볼 수 없다. 또한, 신상정보 등록대상자가 된다고 하여 그 자체로 사회복귀가 저해되거나 전과자라는 사회적 낙인이 찍히는 것은 아니므로 침해되는 사익은 크지 않고, 반면 등록조항을 통해 달성되는 공익은 매우 중요하다. 따라서 등록조항은 청구인의 개인정보자기결정권을 침해하지 않는다(헌재 2016.02.25. 2013헌마830).

정답 ○

18년 변시, 17년(1) 모의

375. 강제추행죄로 유죄판결이 확정된 신상정보 등록대상자로 하여금 관할 경찰관서의 장에게 신상정보 및 변경정보를 제출하게 하는 것은, 관할 경찰관서의 장이 등록대상자를 대면하는 과정에서 신상정보를 최초로 수집하고 변경 여부를 규칙적으로 확인하는 방법보다 범죄동기의 억제라는 주관적 영향력의 측면에서 더 효과적이라 할 수 있으므로, 침해의 최소성 원칙에 반하지 않는다.

> **해설** 제출조항은 범죄 수사 및 예방을 위하여 일정한 신상정보를 제출하도록 하는 것으로서, 목적의 정당성 및 수단의 적합성이 인정된다. 제출조항은 복수의 정보를 요구하여 고정적인 거주지가 없거나 이동이 잦은 직업에 종사하는 등록대상자에 대한 수사가 효율적으로 이루어지게 하고, 종교, 질병, 가족관계 등 입법목적과 직접적인 관련성이 인정되지 않는 정보의 제출을 제한하고 있으므로 침해의 최소성이 인정된다. 제출조항으로 인하여 청구인은 일정한 신상정보를 제출해야 하는 불이익을 받게 되나, 이에 비하여 제출조항이 달성하려는 공익이 크다고 보이므로 법익의 균형성도 인정된다. 따라서 제출조항은 청구인의 개인정보자기결정권을 침해하지 않는다(헌재 2016.03.31. 2014헌마457).

정답 ○

18년 변시

376. 성적 목적 공공장소 침입죄는 침입대상을 공공화장실 등 공공장소로 하여 사실상 장소를 정하지 아니하고 있으며 그에 따라 신상정보 등록대상의 범위도 제한되지 않는바, 위 범죄에 의한 신상정보 등록조항은 개인정보자기결정권을 침해한다.

해설 성적목적공공장소침입죄는 공공화장실 등 일정한 장소를 침입하는 경우에 한하여 성립하므로 등록조항에 따른 등록대상자의 범위는 이에 따라 제한되는바, 등록조항은 침해의 최소성 원칙에 위배되지 않는다. 등록조항으로 인하여 제한되는 사익에 비하여 성범죄의 재범 방지와 사회 방위라는 공익이 크다는 점에서 법익의 균형성도 인정된다. 따라서 등록조항은 청구인의 개인정보자기결정권을 침해하지 않는다(헌재 2016.10.27. 2014헌마709).

정답

15년(3)·17년(1)·18년(2)·(3) 모의

377. (1) 개인정보란 살아있는 개인에 관한 정보로서 성명, 주민등록번호 및 영상 등을 통하여 개인을 알아볼 수 있는 정보를 말하고, 해당 정보만으로는 특정 개인을 알아볼 수 없더라도 다른 정보와 쉽게 결합하여 알아볼 수 있는 것도 포함된다.

(2) 개인정보자기결정권의 보호대상이 되는 개인정보는 그 개인의 동일성을 식별할 수 있는 일체의 정보로 개인의 내밀한 영역이나 사사(私事)의 영역에 속하는 정보에 국한되므로 공적 생활에서 형성되었거나 이미 공개된 개인정보는 포함되지 않는다.

해설 (1) 개인정보보호법 제2조 제1호 참조.

> 개인정보보호법 제2조(정의) 이 법에서 사용하는 용어의 뜻은 다음과 같다.
> 1. "개인정보"란 살아 있는 개인에 관한 정보로서 성명, 주민등록번호 및 영상 등을 통하여 개인을 알아볼 수 있는 정보(해당 정보만으로는 특정 개인을 알아볼 수 없더라도 다른 정보와 쉽게 결합하여 알아볼 수 있는 것을 포함한다)를 말한다.

(2) 개인정보자기결정권의 보호대상이 되는 개인정보는 개인의 신체, 신념, 사회적 지위, 신분 등과 같이 개인의 인격주체성을 특징짓는 사항으로서 그 개인의 동일성을 식별할 수 있게 하는 일체의 정보라고 할 수 있고, 반드시 개인의 내밀한 영역에 속하는 정보에 국한되지 아니하며 공적 생활에서 형성되었거나 이미 공개된 개인정보까지 포함한다. 또한 그러한 개인정보를 대상으로 한 조사·수집·보관·처리·이용 등의 행위는 모두 원칙적으로 개인정보자기결정권에 대한 제한에 해당한다(대판 2014.07.24. 2012다49933).

정답

18년(3) 모의

378. 정보주체가 제3자를 통하여 이미 공개한 개인정보는 자신의 개인정보에 대한 수집이나 제3자 제공 등의 처리에 대하여 일정한 범위 내에서 동의를 하였다고 할 것이다.

해설 개인정보 보호법은 개인정보처리자의 개인정보 수집·이용(제15조)과 제3자 제공(제17조)에 원칙적으로 정보주체의 동의가 필요하다고 규정하면서도, 대상이 되는 개인정보를 공개된 것과 공개되지 아니한 것으로 나누어 달리 규율하고 있지는 아니하다. 정보주체가 직접 또는 제3자를 통하여 이미 공개한 개인정보는 공개 당시 정보주체가 자신의 개인정보에 대한 수집이나 제3자 제공 등의 처리에 대하여 일정한 범위 내에서 동의를 하였다고 할 것이다. 이와 같이 공개된 개인정보를 객관적으로 보아 정보주체가 동의한 범위 내에서 처리하는 것으로 평가할 수 있는 경우에도 동의의 범위가 외부에 표시되지 아니하였다는 이유만으로 또다시 정보주체의 별도의 동의를 받을 것을 요구한

다만 이는 정보주체의 공개의사에도 부합하지 아니하거니와 정보주체나 개인정보처리자에게 무의미한 동의절차를 밟기 위한 비용만을 부담시키는 결과가 된다(대판 2016.08.17. 2014다235080).

정답 O

18년(3) 모의

379. 국회의원이 '각급 학교 교원의 교원단체 및 교원노조 가입 실명자료'를 인터넷을 통해 공개한 행위는 해당 교원들의 개인정보자기결정권을 침해한 것이다.

해설 국회의원인 甲 등이 '각급학교 교원의 교원단체 및 교원노조 가입현황 실명자료'를 인터넷을 통하여 공개한 사안에서, 위 정보는 개인정보자기결정권의 보호대상이 되는 개인정보에 해당하므로 이를 일반 대중에게 공개하는 행위는 해당 교원들의 개인정보자기결정권과 전국교직원노동조합의 존속, 유지, 발전에 관한 권리를 침해하는 것이고, 甲 등이 위 정보를 공개한 표현행위로 인하여 얻을 수 있는 법적 이익이 이를 공개하지 않음으로써 보호받을 수 있는 해당 교원 등의 법적 이익에 비하여 우월하다고 할 수 없으므로, 甲 등의 정보 공개행위는 위법하다(대판 2014.07.24. 2012다49933).

정답 O

18년(2) 모의

380. 통계청장이 인구주택총조사의 방문 면접조사를 하면서 표본조사 대상으로 선정된 자들이 성명, 나이, 종교, 가구 구분, 거주기간, 거처의 종류, 총 방수 등의 조사항목들에 정당한 사유가 없는 한 응답할 것을 요구한 것은 그들의 개인정보자기결정권을 제한한다.

해설 2015 인구주택총조사 조사표의 조사항목들은 성명, 나이, 종교 등과 같은 '가구원에 관한 사항', 가구 구분, 거주기간 등과 같은 '가구에 관한 사항', 거처의 종류, 총 방수 등과 같은 '주택에 관한 사항'으로 구성되어 있는데, 이는 개인의 인격주체성을 특징짓는 사항들로서 독자적으로 또는 결합하여 그 개인의 동일성을 식별할 수 있게 하므로 개인정보자기결정권에 의하여 보호되는 개인정보에 해당한다. 표본조사 대상으로 선정된 청구인은 정당한 사유가 없는 한, 피청구인 통계청장이 작성한 2015 인구주택총조사 조사표의 조사항목들에 대한 응답요구에 응할 의무가 있으므로, 심판대상행위는 청구인의 개인정보자기결정권을 제한한다(헌재 2017.07.27. 2015헌마1094).

정답 O

18년(2) 모의

381. 변호사시험 응시자에 의한 자기 성적 공개 요구는 개인정보의 보호나 개인정보의 수집, 보유, 이용에 관한 통제권을 실질적으로 보장해 달라는 것으로 보기 어렵고, 변호사시험 성적이 정보주체의 요구에 따라 수정되거나 삭제되는 등 정보주체의 통제권이 인정되는 성질을 가진 개인정보라고 보기도 어려우므로, 변호사시험 성적을 합격자에게 공개하지 않도록 규정한 「변호사시험법」 조항은 개인정보자기결정권을 제한한다고 볼 수 없다.

해설 이러한 개인정보자기결정권의 한 내용인 자기정보공개청구권은 자신에 관한 정보가 부정확하거나 불완전한 상태로 보유되고 있는지 여부를 알기 위하여 정보를 보유하고 있는 자에게 자신에 관한 정보의 열람을 청구함으로써 개인정보를 보호하고, 개인정보의 수집, 보유, 이용에 관한 통제권을 실질적으로 보장하기 위하여 인정되는 것이다. 그런데 위 청구인의 변호사시험 성적 공개 요구는 개인정보의 보호나 개인정보의 수집, 보유, 이용에 관한 통제권을 실질적으로 보장해 달라는 것으로 보기 어렵고, 변호사시험 성적이 정보주체의 요구에 따라 수정되거나 삭제되는 등 정보주체의 통제권이 인정되는 성질을 가진 개인정보라고 보기도 어렵다. 따라서 심판대상조항이 개인정보자기결정권을 제한하고 있다고 보기 어렵다(헌재 2015.06.25. 2011헌마769).

정답 O

18년(2) 모의

382. 정보통신망을 통해 제공되는 청소년유해매체물을 이용하려는 사람이 본인확인 절차를 거치면 본인확인기관으로부터 그 제공자에게 본인확인 요청일시와 식별코드 등의 정보가 제공되는데, 이러한 정보는 본인확인기관이 보유하고 있는 개인의 실명 등 자료와 결합하여 이용자 개인의 동일성을 식별할 수 있게 하므로, 개인정보자기결정권의 보호대상이 되는 개인정보에 해당한다.

해설 본인확인 조항에 따라 정보통신망을 통해 제공되는 청소년유해매체물을 이용하려는 사람이 본인확인 절차를 거치면 본인확인기관으로부터 그 제공자에게 본인확인 요청일시와 식별코드 등의 정보가 제공된다. 그런데 이러한 정보는 본인확인기관이 보유하고 있는 개인의 실명 등 자료와 결합하여 이용자 개인의 동일성을 식별할 수 있게 하므로, 개인정보자기결정권의 보호대상이 되는 개인정보에 해당한다(헌재 2015.03.26. 2013헌마517).

정답 O

 24년 변시

383. 게임물 관련사업자에게 게임물 이용자의 회원가입 시 본인 인증을 할 수 있는 절차를 마련하도록 규정한 법조항은 개인정보자기결정권을 침해하지 아니한다.

해설 … 본인인증 조항은 인터넷게임에 대한 연령 차별적 규제수단들을 실효적으로 보장하고, 인터넷게임 이용자들이 게임물 이용시간을 자발적으로 제한하도록 유도하여 인터넷게임 과몰입 내지 중독을 예방하고자 하는 것으로 그 입법목적에 정당성이 인정되며, 본인인증절차를 거치도록 하는 것은 이러한 목적 달성을 위한 적절한 수단이다. 게임물 관련사업자와 같은 정보통신서비스 제공자가 인터넷 상에서 본인인증 절차 없이 이용자의 실명이나 연령만을 정확하게 확인하는 것은 사실상 불가능하고, 게임산업법 시행령 제8조의3 제3항이 정하고 있는 방법은 신뢰할 수 있는 제3자를 통해서만 본인인증 절차를 거치도록 하고 정보수집의 범위를 최소화하고 있는 것으로 달리 실명과 연령을 정확하게 확인할 수 있으면서 덜 침익적인 수단을 발견하기 어렵다. 또한, 게임물 관련사업자가 본인인증 결과 이외의 정보를 수집하기 위해서는 인터넷게임을 이용하는 사람의 별도의 동의를 받아야 하고, '정보통신망 이용촉진 및 정보보호 등에 관한 법률'에서 동의를 얻어 수집된 정보를 보호하기 위한 장치들을 충분히 마련하고 있으며, 회원가입 시 1회 본인인증 절차를 거치도록 하는 것이 이용자들에게 게임의 이용 여부 자체를 진지하게 고려하게 할 정도로 중대한 장벽이나 제한으로 기능한다거나 게임시장의 성장을 방해한다고 보기도 어려우므로 침해의 최소성에도 위배되지 아니하고, 본인인증 조항을 통하여 달성하고자 하는 게임과몰입 및 중독 방지라는 공익은 매우 중대하므로 법익의 균형성도 갖추었다. 따라서 **본인인증 조항은 청구인들의 일반적 행동의 자유 및 개인정보자기결정권을 침해하지 아니한다**(헌재 2015.03.26. 2013헌마517(전합)).

정답

🍊 24년 변시, 23년(1)(3) 모의

384. (1) 보안관찰처분대상자가 교도소 등에서 출소한 후 7일 이내에 출소사실을 신고하도록 하고 이를 위반하는 경우 처벌하는 법률조항은 보안관찰처분대상자의 불편이 크다거나 7일의 신고기간이 지나치게 짧다고 할 수 없으므로 개인정보자기결정권을 침해하지 아니한다.

(2) 보안관찰처분의 대상자가 교도소 등에서 출소한 후 기존에 신고한 거주예정지 등 정보에 변동이 생길 때마다 7일 이내에 이를 신고하도록 하는 것은 그 대상자에게 무기한의 변동신고의무를 부담하게 한다는 점에서 그 대상자의 개인정보자기결정권을 침해한다.

해설 (1) …또한 어떤 행정법규 위반행위에 대하여 이를 단지 간접적으로 행정상의 질서에 장애를 줄 위험성이 있음에 불과한 경우로 보아 행정질서벌인 과태료를 과할 것인지, 아니면 직접적으로 행정목적과 공익을 침해한 행위로 보아 행정형벌을 과할 것인지는 기본적으로 입법권자가 제반사정을 고려하여 결정할 입법재량에 속하는 문제이다. 그런데 보안관찰처분해당범죄는 대부분 중범죄로 이루어져 있는 점, 국가의 안전보장 및 질서유지를 해하는 죄는 그 특성상 은밀히 이루어지므로 재범 발생 방지를 위해서는 출소 후에도 해당 범죄자에 대한 관리가 필요하며, 그 기초자료를 획득하기 위한 조치로서 대상자의 신고의무 이행을 확보하는 것이 중요한 점 등에 비추어 신고의무 위반을 행정질서벌로 제재하는 방안은 충분치 않고, 신고의무의 미이행을 적발하기 위해 강제수사조치를 동원할 수 없다는 점에서도 그 실효성을 기대하기 어렵다 할 것이므로 출소후신고의무위반에 대한 처벌조항이 제재의 수단으로 형벌을 택한 것이 과도하다고도 할 수 없다. 따라서 **출소후신고조항 및 위반 시 처벌조항은 과잉금지원칙을 위반하여 청구인의 사생활의 비밀과 자유 및 개인정보자기결정권을 침해하지 아니한다**(헌결 2021.06.24. 2017헌바479(전합)).

(2) … 대상자는 출소한 후 법 제6조 제1항의 신고사항 정보에 변동이 생기면 그로부터 7일 이내에 신고하여야 하는데, 법 제6조 제2항에서 정한 이러한 변동사항신고의무는 종료시점이 규정되어 있지 아니하다. 그 결과 대상자는 보안관찰처분을 받은 자가 아님에도 불구하고 재범을 저지르지 않고 일정 기간을 경과하게 되면 재범의 위험성이 감소한다는 점조차 반영되지 않은 채 무기한 신고의무를 부담하게 된다. 보안관찰처분대상범죄가 장기간의 계획 수립 하에 이루어질 수 있는 특성이 있다고 하더라도, 재범의 위험성 판단을 위한 자료요구가 무기한 이루어지는 것이 정당화될 수는 없다. 이를 위해서는 구체적인 범죄실태를 살펴 넉넉하게 기간을 규정함으로써 대비하여야 할 것이지, 아예 기간 상한이 없는 절대적 부정기의 조치까지 정당화되거나 허용될 수는 없다. 보안관찰해당범죄로 인한 형의 집행을 마치고 출소하여 이미 과거 범죄에 대한 대가를 치른 대상자에게 보안관찰처분

의 개시 여부를 결정하기 위함이라는 공익을 위하여 재범의 위험성과 무관하게 무기한으로 과도한 범위의 신고의무를 부과하고 위반 시 피보안관찰자와 동일한 형으로 형사처벌하는 것은, 달성하고자 하는 공익에 비하여 그들의 기본권을 과도하게 제한하여 법익의 균형성에도 위반된다. 따라서 변동신고조항 및 위반 시 처벌조항은 과잉금지원칙을 위반하여 청구인의 사생활의 비밀과 자유 및 개인정보자기결정권을 침해한다(헌재 2021.06.24. 2017헌바479(전합)).

정답 O, O

 18년 변시

385. **이미 정보주체의 의사에 따라 공개된 개인정보를 그의 별도의 동의 없이 영리 목적으로 수집·제공한 경우, 그러한 정보처리 행위로 침해될 수 있는 정보주체의 인격적 법익과 그 행위로 보호받을 수 있는 정보처리자 등의 법적 이익 등을 고려하여 그 최종적인 위법성 여부를 판단하여야 하고, 단지 정보처리자에게 영리 목적이 있었다는 사정만으로 곧바로 정보처리 행위를 위법하다고 할 수는 없다.**

해설 개인정보에 관한 인격권 보호에 의하여 얻을 수 있는 이익과 그 정보처리 행위로 인하여 얻을 수 있는 이익 즉 정보처리자의 '알 권리'와 이를 기반으로 한 정보수용자의 '알 권리' 및 표현의 자유, 정보처리자의 영업의 자유, 사회 전체의 경제적 효율성 등의 가치를 구체적으로 비교 형량하여 어느 쪽 이익이 더 우월한 것으로 평가할 수 있는지에 따라 그 정보처리 행위의 최종적인 위법성 여부를 판단하여야 하고, 단지 정보처리자에게 영리 목적이 있었다는 사정만으로 곧바로 그 정보처리 행위를 위법하다고 할 수는 없다(대판 2016.08.17. 2014다235080).

정답 O

 18년 변시

386. **'혐의없음' 불기소처분에 관한 사건의 개인정보를 보관하는 것은 재수사에 대비한 기초자료를 보존하여 형사사법의 실체적 진실을 구현하는 한편, 수사력의 낭비를 막고 피의자의 인권을 보호하기 위한 것으로 개인정보자기결정권을 침해한다고 볼 수 없다.**

해설 '혐의없음' 불기소처분에 관한 이 사건 개인정보를 보관하는 것은 재수사에 대비한 기초자료를 보존하여 형사사법의 실체적 진실을 구현하는 한편, 형사사건 처리결과를 쉽게 그리고 명확히 확인하여 수사의 반복을 피함으로써 수사력의 낭비를 막고 피의자의 인권을 보호하기 위한 것으로서 그 목적의 정당성이 충분히 인정되고, 이 사건 법률조항에 의하여 국가가 청구인의 이 사건 개인정보를 일정기간 보존한다고 하더라도 이로 인하여 청구인이 현실적으로 입게 되는 불이익은 그다지 크다고 보기 어려운 반면, 위와 같이 '혐의없음' 불기소처분에 관한 이 사건 개인정보를 보존함으로써 얻고자 하는 공익은 크다고 보아야 할 것이므로, 이 사건 법률조항이 법익의 균형성을 상실하였다고 볼 수도 없다. 따라서 이 사건 법률조항이 과잉금지의 원칙에 위반하여 청구인의 개인정보자기결정권을 침해한다고 볼 수 없다(헌재 2009.10.29. 2008헌마257).

정답 O

16년(1) 모의

387. 개인정보가 기재된 주민등록표를 열람하거나 그 등·초본을 교부받으려고 하는 자에게 수수료를 부과하는 것은 개인정보자기결정권의 침해 여부와 무관하다.

> 해설 개인정보를 제공한 주체는 그 정보의 수집·이용·제공의 각 단계에서 그 정보에 대한 통제권을 가지고 있어야 하고, 해당 정보에의 자유로운 접근권, 정정청구권 등이 보장되어야 하는데, 이 사건 심판대상조항은 개인정보가 기재된 주민등록표를 열람하거나 그 등·초본을 교부받으려고 하는 청구인들에게 수수료를 부과하고 있으므로, 청구인들의 개인정보자기결정권을 침해하는지 여부가 문제된다(헌재 2013.07.25. 2011헌마364).

정답

16년(1) 모의

388. 디엔에이신원확인정보는 개인 식별을 목적으로 디엔에이감식을 통하여 취득한 정보로서 일련의 숫자 또는 부호의 조합으로 표기된 것인데, 이는 개인정보보호법 제2조 제1호에서 말하는 생존하는 개인에 관한 정보로서 당해정보만으로는 특정개인을 식별할 수 없더라도 다른 정보와 쉽게 결합하여 당해 개인을 식별할 수 있는 정보에 해당하는 개인정보이다.

> 해설 디엔에이신원확인정보는 개인 식별을 목적으로 디엔에이감식을 통하여 취득한 정보로서 일련의 숫자 또는 부호의 조합으로 표기된 것인데, 이는 '개인정보 보호법' 제2조 제1호에서 말하는 생존하는 개인에 관한 정보로서 당해정보만으로는 특정개인을 식별할 수 없더라도 다른 정보와 쉽게 결합하여 당해 개인을 식별할 수 있는 정보에 해당하는 개인정보이다. 이 사건 삭제조항은 특별한 사유가 없는 한 사망할 때까지 개인정보인 디엔에이신원확인정보를 데이터베이스에 수록, 관리할 수 있도록 규정하여 개인정보자기결정권을 제한한다(헌재 2014.08.28. 2011헌마28).

정답

24년 변시

389. 채취대상자가 사망할 때까지 디엔에이신원확인정보를 데이터베이스에 수록·관리할 수 있도록 규정한 법률조항은 대상범죄들로 인한 유죄판결이 확정되기만 하면 그 범죄의 경중과 재범의 위험성 등에 관한 아무런 고려 없이 획일적으로 적용되므로 개인정보자기결정권을 침해한다.

> 해설 디엔에이감식시료 채취 대상자가 사망할 때까지 디엔에이신원확인정보를 데이터베이스에 수록, 관리할 수 있도록 규정한 이 사건 법률 제13조 제3항 중 수형인등에 관한 부분(이하 '이 사건 삭제조항'이라 한다)은 개인정보자기결정권을 침해하는지 않는다(헌재 2014.08.28. 2011헌마28,106,141,156,326,2013헌마215,360(병합,전합)).

정답

24년 변시, 23년(1) 모의

390. 거짓이나 그 밖의 부정한 방법으로 보조금을 교부받거나 보조금을 유용하여 어린이집 운영정지, 폐쇄명령 또는 과징금 처분을 받은 어린이집에 대하여 그 위반사실을 공표하도록 규정한 법률조항은 어린이집 설치·운영자의 유사한 위반행위를 예방하고 영유아 보호자들의 보육기관 선택권을 보장하기 위한 것으로서 개인정보자기결정권을 침해하지 아니한다.

해설 영유아보육법에 따라 어린이집 설치·운영자에게 지급되는 보조금은 영유아를 건강하고 안전하게 보호·양육하고 영유아의 발달 특성에 맞는 교육을 제공할 수 있도록 그 비용을 국가나 지방자치단체가 지원하는 것이다. 이러한 보조금을 부정수급하거나 유용하는 부패행위는 영유아보육의 질과 직결되어 그로 인한 불이익이 고스란히 영유아들에게 전가되므로 이를 근절할 필요가 크다. 어린이집의 투명한 운영을 담보하고 영유아 보호자의 보육기관 선택권을 실질적으로 보장하기 위해서는 보조금을 부정수급하거나 유용한 어린이집의 명단 등을 공표하여야 할 필요성이 있으며, 심판대상조항은 공표대상이나 공표정보, 공표기간 등을 제한적으로 규정하고 공표 전에 의견진술의 기회를 부여하여 공표대상자의 절차적 권리도 보장하고 있다. 나아가 심판대상조항을 통하여 추구하는 영유아의 건강한 성장 도모 및 영유아 보호자들의 보육기관 선택권 보장이라는 공익이 공표대상자의 법 위반사실이 일정기간 외부에 공표되는 불이익보다 크다. 따라서 심판대상조항은 과잉금지원칙을 위반하여 인격권 및 개인정보자기결정권을 침해하지 아니한다(헌결 2022.03.31. 2019헌바520(전합)).

정답 O

15년(3) 모의

391. 개인정보자기결정권은 자신에 관한 정보가 언제, 누구에게, 어느 범위까지 알려지고 또 이용되도록 할 것인지를 그 정보주체가 스스로 결정할 수 있는 권리이다.

해설 인간의 존엄과 가치, 행복추구권을 규정한 헌법 제10조 제1문에서 도출되는 일반적 인격권 및 헌법 제17조의 사생활의 비밀과 자유에 의하여 보장되는 개인정보자기결정권은 자신에 관한 정보가 언제 누구에게 어느 범위까지 알려지고 또 이용되도록 할 것인지를 그 정보주체가 스스로 결정할 수 있는 권리이다. 즉 정보주체가 개인정보의 공개와 이용에 관하여 스스로 결정할 권리를 말한다(헌재 2005.07.21. 2003헌마282).

정답 O

15년(3) 모의

392. 사생활의 비밀과 자유, 인간의 존엄과 가치, 행복추구권은 개인정보자기결정권의 헌법적 근거이므로 보호영역의 중첩 여부와 상관없이 개인정보자기결정권에 대한 침해 여부를 판단하면서 이러한 기본권들의 침해 여부에 대한 판단도 별도로 이루어져야 한다.

해설 (1) 개인의 고유성, 동일성을 나타내는 지문은 그 정보주체를 타인으로부터 식별가능하게 하는 개인정보이므로, 시장·군수 또는 구청장이 개인의 지문정보를 수집하고, 경찰청장이 이를 보관·전산화하여 범죄수사목적에 이용하는 것은 모두 개인정보자기결정권을 제한하는 것이라고 할 수 있다. (2) 청구인들은 심판대상인 이 사건 시행령조항 및 경찰청장의 보관 등 행위에 의하여 침해되는 기본권으로서 인간의 존엄과 가치, 행복추구권, 인격권, 사생활의 비밀과 자유 등을 들고 있으나, 위 기본권들은 모두 개인정보자기결정권의 헌법적 근거로 거론되는 것들로서 청구인들의 개인정보에 대한 수집·보관·전산화·이용이 문제되는 이 사건에서 그 보호영역이 개인정보자기결정권의 보호영역과 중첩되는 범위에서만 관련되어 있다고 할 수 있으므로, 특별한 사정이 없는 이상 개인정보자기결정권에 대한 침해 여부를 판단함으로써 위 기본권들의 침해 여부에 대한 판단이 함께 이루어지는 것으로 볼 수 있어 그 침해 여부를 별도로 다룰 필요는 없다고 보인다(헌재 2005.05.26. 2004헌마190).

정답

12년(2)·15년(1) 모의

393. 법원의 제출명령이 있는 경우에는 당해 법적 분쟁에 있어서 증명할 사실과 관련된 금융거래정보를 공개할 수 있도록 하는 것은, 객관적인 증거에 의해 확인되는 실체적 진실에 따라 법적 분쟁을 공정하게 해결하기 위한 것으로서 그 입법목적의 정당성이 인정되고, 수단의 적합성이 인정된다.

해설 이 사건 금융실명법 조항은 법원의 제출명령이 있는 경우에는 당해 법적 분쟁에 있어서 증명할 사실과 관련된 금융거래정보를 공개할 수 있도록 하는 것인바, 객관적인 증거에 의해 확인되는 실체적 진실에 따라 법적 분쟁을 공정하게 해결하기 위한 것으로서 그 입법목적의 정당성이 인정되고, 수단의 적합성이 인정된다. 또한 위 조항은 제공되는 거래정보 등의 범위를 '사용목적에 필요한 최소한의 범위'로 한정하여 표준양식에 의하여 금융기관의 특정점포에 이를 요구하도록 하는 한편, 관련 규정을 위반하면 형사처벌을 받도록 규정하고 있고 당사자는 법원의 제출명령에 즉시항고 할 수 있으며, '사용목적에 필요한 최소한의 범위'에 관한 판단을 사법기관인 법원에 맡기는 것은 불가피하다고 볼 수 있는 반면, 그 외 '법적 분쟁의 공정한 해결'이라는 입법목적을 효과적으로 달성할 수 있는 다른 대체수단도 없으므로 피해의 최소성 원칙에도 위반되지 아니하며, 금융실명법 조항으로 인하여 개인정보의 주체가 입게 되는 불이익이 '법적 분쟁의 공정한 해결'이라는 공익에 비하여 결코 크다고 볼 수도 없다. 따라서 이 사건 금융실명법 조항은 개인정보자기결정권을 침해하지 아니한다(헌재 2010.09.30. 2008헌바132).

정답

15년 변시

394. 개인정보의 종류 및 성격, 수집목적, 이용형태, 정보처리방식 등에 따라 개인정보자기결정권의 제한이 인격권 또는 사생활의 자유에 미치는 영향이나 침해의 정도는 달라진다.

해설 개인정보의 종류 및 성격, 수집목적, 이용형태, 정보처리방식 등에 따라 개인정보자기결정권의 제한이 인격권 또는 사생활의 자유에 미치는 영향이나 침해의 정도는 달라진다. 그러므로 개인정보자기결정권의 제한이 정당한지 여부를 판단함에 있어서는 위와 같은 요소들과 추구하는 공익의 중요성을 헤아려야 한다(헌재 2005.07.21. 2003헌마282).

정답 O

15년 변시

395. 주민등록상 지문날인제도로 인하여 정보주체가 현실적으로 입게 되는 불이익에 비하여 경찰청장이 보관·전산화하고 있는 지문정보를 범죄수사활동, 타인의 인적사항 도용 방지 등 각종 신원확인의 목적을 위하여 이용함으로써 달성할 수 있게 되는 공익이 더 크다고 보이므로, 지문날인제도는 개인정보자기결정권을 침해하는 것이 아니다.

해설 이 사건 지문날인제도가 범죄자 등 특정인만이 아닌 17세 이상 모든 국민의 열 손가락 지문정보를 수집하여 보관하도록 한 것은 신원확인기능의 효율적인 수행을 도모하고, 신원확인의 정확성 내지 완벽성을 제고하기 위한 것으로서, 그 목적의 정당성이 인정되고, 또한 이 사건 지문날인제도가 위와 같은 목적을 달성하기 위한 효과적이고 적절한 방법의 하나가 될 수 있고 피해 최소성의 원칙에 어긋나지 않는다. 이 사건 지문날인제도로 인하여 정보주체가 현실적으로 입게 되는 불이익에 비하여 경찰청장이 보관·전산화하고 있는 지문정보를 범죄수사활동, 대형사건사고나 변사자가 발생한 경우의 신원확인, 타인의 인적사항 도용 방지 등 각종 신원확인의 목적을 위하여 이용함으로써 달성할 수 있게 되는 공익이 더 크다고 보아야 할 것이므로, 이 사건 지문날인제도는 법익의 균형성의 원칙에 위배되지 아니한다(헌재 2005.05.26. 99헌마513).

정답 O

12년(2) 모의

396. 채무불이행자명부나 그 부본에 대하여 누구든지 보거나 복사할 것을 신청할 수 있도록 하는 것은 최소침해성의 원칙에 반하고, 추구하는 공익에 비해 채무자의 개인정보자기결정권이 침해될 위험이 더 크다고 할 것이어서 법익균형성의 원칙에도 반한다.

해설 채무불이행자명부나 그 부본은 누구든지 보거나 복사할 것을 신청할 수 있도록 규정한 민사집행법 제72조 제4항은 채무불이행자 명부를 적극적으로 일반에 공개하는 것이 아니고 위 명부를 실제로 열람·복사하기 위해서는 채무자의 성명, 주민등록번호 등 채무불이행자 명부를 특정하기 위한 정보를 알아야 하는 점, 복사는 열람에 수반되는 것에 불과할 뿐 이미 열람된 정보를 복사한다고 하여 이로 인해 채무자의 개인정보자기결정권이 새로이 침해된다고 할 수 없는 점 등에 비추어 보면, 위 법률조항은 피해최소성의 원칙에 반한다고 볼 수 없고, 채무불이행자명부에 등재되는 채무자의 개인정보를 보호할 사익보다는 위 법률조항이 추구하는 채무이행의 간접강제 및 거래의 안전도모라는 공익이 더 크다고 할 것이어서 위 법률조항은 법익균형성의 원칙에도 반하지 아니한다(헌재 2010.05.27. 2008헌마663).

정답 X

제❸항 | 주거의 자유

19년·20년·22년 변시, 18년(1)·20년(2)·21년(1) 모의

397.
(1) 헌법 제16조 후문은 주거에 대한 압수나 수색을 할 때 영장주의에 대한 예외를 명문화하고 있지 않지만, 신체의 자유와 비교할 때 주거의 자유에 대해서도 일정한 요건하에서는 그 예외를 인정할 필요가 있다는 점 등을 고려하면, 헌법 제16조의 영장주의에 대해서도 그 예외를 인정하되, 그 장소에 범죄혐의 등을 입증할 자료나 피의자가 존재할 개연성이 소명되고, 사전에 영장을 발부받기 어려운 긴급한 사정이 있는 경우에만 제한적으로 허용될 수 있다고 보는 것이 타당하다.

(2) 체포영장을 발부받아 피의자를 체포하는 경우에, 필요한 때에는 영장 없이 타인의 주거 등 내에서 피의자 수색을 할 수 있도록 규정한 것은 수색에 앞서 영장을 발부받기 어려운 긴급한 사정이 인정되지 않는 경우에도 영장 없이 피의자 수색을 할 수 있다는 것이므로 영장주의에 위반된다.

해설 (1) 헌법 제16조에서 영장주의에 대한 예외를 마련하지 아니하였다고 하여, 주거에 대한 압수나 수색에 있어 영장주의가 예외 없이 반드시 관철되어야 함을 의미하는 것은 아닌 점, 인간의 존엄성 실현과 인격의 자유로운 발현을 위한 핵심적 자유영역에 속하는 기본권인 신체의 자유에 대해서도 헌법 제12조 제3항에서 영장주의의 예외를 인정하고 있는데, 이러한 신체의 자유에 비하여 주거의 자유는 그 기본권 제한의 여지가 크므로, 형사사법 및 공권력 작용의 기능적 효율성을 함께 고려하여 본다면, 헌법 제16조의 영장주의에 대해서도 일정한 요건 하에서 그 예외를 인정할 필요가 있는 점, 주거공간에 대한 압수·수색은 그 장소에 혐의사실 입증에 기여할 자료나 피의자가 존재할 개연성이 충분히 소명되어야 그 필요성을 인정할 수 있는 점, 체포영장이 발부된 경우에도 영장 없이 그 장소에 대한 압수·수색을 하여야 할 긴급한 상황은 충분히 발생할 수 있는 점, 헌법 제16조가 주거의 자유와 관련하여 영장주의를 선언하고 있는 이상, 그 예외는 매우 엄격한 요건 하에서만 인정되어야 하는 점 등을 종합하면, 헌법 제16조의 영장주의에 대해서도 그 예외를 인정하되, 이는 ㉠ 그 장소에 범죄혐의 등을 입증할 자료나 피의자가 존재할 개연성이 소명되고, ㉡ 사전에 영장을 발부받기 어려운 긴급한 사정이 있는 경우에만 제한적으로 허용될 수 있다고 보는 것이 타당하다.

(2) 심판대상 조항은 … 체포영장이 발부된 피의자가 타인의 주거 등에 소재할 개연성은 소명되나, 수색에 앞서 영장을 발부받기 어려운 긴급한 사정이 인정되지 않는 경우에도 영장 없이 피의자 수색을 할 수 있다는 것이므로, 헌법 제16조의 영장주의 예외 요건을 벗어나는 것으로서 영장주의에 위반된다(헌재 2018.04.26. 2015헌바370).

정답 ○, ○

18년(1) 모의

398. 관리처분계획의 인가고시가 있으면 별도의 행정처분 없이 정비구역 내 소유자의 주거용 건축물의 사용·수익을 정지하는 것은 주거용 건축물 소유자의 주거의 자유를 침해한다.

해설 헌법 제16조가 보장하는 주거의 자유는 개방되지 않은 사적 공간인 주거를 공권력이나 제3자에 의해 침해당하지 않도록 함으로써 국민의 사생활영역을 보호하기 위한 권리이므로, 주거용 건축물의 사용·수익관계를 정하고 있는 이 사건 법률조항이 주거의 자유를 제한한다고 볼 수도 없다(헌재 2015.11.26. 2013헌바415).

정답 ×

18년(1) 모의

399.
복수의 주거권자가 있는 경우 한 사람의 승낙이 다른 거주자의 의사에 직접·간접으로 반하는 경우에는 그에 의한 주거에의 출입은 그 의사에 반한 사람의 주거의 평온, 즉 주거의 지배·관리의 평온을 해치는 결과가 되므로 주거침입죄가 성립한다.

해설 복수의 주거권자가 있는 경우 한 사람의 승낙이 다른 거주자의 의사에 직접, 간접으로 반하는 경우에는 그에 의한 주거에의 출입은 그 의사에 반한 사람의 주거의 평온 즉 주거의 지배, 관리의 평온을 해치는 결과가 되므로 주거침입죄가 성립한다 할 것이며, 동거자중의 1인이 부재중인 경우라도 주거의 지배 관리관계가 외관상 존재하는 상태로 인정되는 한 위 법리에는 영향이 없다고 볼 것이다 (대판 1984.06.26. 83도685).

정답 ○

18년(1) 모의

400.
거주자 또는 관리자가 건조물 등에 주거 또는 관리할 권리를 가지고 있는지의 여부는 범죄의 성립을 좌우하는 것이 아니며, 점유할 권리 없는 자의 점유라 하더라도 그 주거의 평온은 보호되어야 한다.

해설 주거침입죄는 사실상의 주거의 평온을 보호법익으로 하는 것이므로 그 거주자 또는 간수자가 건조물 등에 거주 또는 간수할 권리를 가지고 있는가의 여부는 범죄의 성립을 좌우하는 것이 아니며, 점유할 권리 없는 자의 점유라고 하더라도 그 주거의 평온은 보호되어야 할 것이므로, 권리자가 그 권리실행으로서 자력구제의 수단으로 건조물에 침입한 경우에도 주거침입죄가 성립한다 할 것이다(대판 1985.03.26. 85도122).

정답 ○

18년(1) 모의

401.
만일 헌법상의 주거의 안전을 침해하지 아니하고서는 주위토지통행권을 적법하게 행사할 수 없는 경우라면, 차라리 통행권방해에 의한 건물의 철거 기타 장애물의 제거를 요구함은 별문제로 하더라도 주거를 그대로 인정하면서 통행권 행사를 이유로 주거의 자유와 안전을 해할 수는 없다.

해설 기본적 인권의 하나인 주거의 자유와 안전은 민법에서 인정하는 주위토지통행권 행사의 이유로써 침해할 수 없으며, 만일 헌법상의 주거의 안전을 침해하지 아니하고서는 통행권을 적법히 행사할 수 없는 경우라면 차라리 통행권방해에 의한 건물의 철거 기타 장애물의 제거를 요구함은 별문제로 하더라도 주거를 그대로 인정하면서 통행권 행사를 이유로 주거의 자유와 안전을 해할 수는 없다(대판 1962.06.02. 62아3).

정답 O

제❹항 ┃ 통신의 자유

23년 변시

402. 통신의 자유란 통신수단을 자유로이 이용하여 의사소통할 권리이고, 이러한 '통신수단의 자유로운 이용'에는 자신의 인적 사항을 누구에게도 밝히지 않는 상태로 통신수단을 이용할 자유, 즉 통신수단의 익명성 보장도 포함된다.

해설 헌법 제18조로 보장되는 기본권인 통신의 자유란 통신수단을 자유로이 이용하여 의사소통할 권리이다. '통신수단의 자유로운 이용'에는 자신의 인적 사항을 누구에게도 밝히지 않는 상태로 통신수단을 이용할 자유, 즉 통신수단의 익명성 보장도 포함된다(헌재 2019.09.26. 2017헌마1209).

정답 O

22년(2) 모의

403. 정보통신망 등을 이용하여 공포심이나 불안감을 유발하는 문언을 반복적으로 상대방에게 도달하도록 한 경우를 처벌하는 법률조항은 정보통신망 이용 주체의 통신의 자유를 침해한다.

해설 심판대상조항은 개인 간 정보통신망을 통한 표현의 전달행위를 처벌함으로써 일정한 내용의 표현 자체를 금지하고 있으므로 청구인과 같은 발신인의 표현의 자유를 제한한다. 한편, 청구인은 심판대상조항에 의하여 통신의 자유와 행복추구권이 침해되었다고 주장하나, 통신의 자유는 개인이 그들의 의사나 정보를 자유롭게 전달·교환하는 경우에 그 내용이 공권력에 의해 침해당하지 아니하는 자유, 즉 통신의 비밀보장을 의미하는데, 심판대상조항에 의해 청구인의 통신의 비밀이 침해된 바 없고, 행복추구권은 다른 기본권에 대한 보충적 기본권으로서의 성격을 지니므로, 표현의 자유 침해 여부에 대하여 판단하는 이상 행복추구권 침해 여부에 대해서는 별도로 판단하지 아니한다(헌재 2016.12.29. 2014헌바434).

정답 X

21년(3) · 22년(2) · 23년(2) 모의

404. 전기통신역무제공에 관한 계약을 체결하는 경우 전기통신사업자로 하여금 가입자에게 본인임을 확인할 수 있는 증서 등을 제시하도록 하는 휴대전화 가입 본인확인제는 익명으로 통신하고자 하는 자의 통신의 비밀을 제한한다.

해설 헌법 제18조로 보장되는 기본권인 통신의 자유란 통신수단을 자유로이 이용하여 의사소통할 권리이다. '통신수단의 자유로운 이용'에는 자신의 인적 사항을 누구에게도 밝히지 않는 상태로 통신수단을 이용할 자유, 즉 통신수단의 익명성 보장도 포함된다. 심판대상조항은 휴대전화를 통한 문자전화·모바일 인터넷 등 통신기능을 사용하고자 하는 자에게 반드시 사전에 본인확인 절차를 거치는 데 동의해야만 이를 사용할 수 있도록 하므로, 익명으로 통신하고자 하는 청구인들의 통신의 자유를 제한한다. 반면, 심판대상조항이 통신의 비밀을 제한하는 것은 아니다. 가입자의 인적사항이라는 정보는 통신의 내용·상황과 관계없는 '비 내용적 정보'이며 휴대전화 통신계약 체결 단계에서는 아직 통신수단을 통하여 어떠한 의사소통이 이루어지는 것이 아니므로 통신의 비밀에 대한 제한이 이루어진다고 보기는 어렵기 때문이다(헌재 2019.09.26. 2017헌마1209).

정답 ×

23년(2) 모의

405. 교도소장이 법원 등 관계기관이 수용자에게 보내온 문서의 내용을 법령에 근거하여 열람한 후 본인에게 전달한 경우, 그로 인하여 통신의 상대방 및 내용이 수용자 본인의 의사에 반하여 공개되는 결과를 초래하였다면, 그러한 문서열람행위는 수용자의 통신의 자유를 제한한다.

해설 개봉하는 발신자나 수용자를 한정하거나 엑스레이 기기 등으로 확인하는 방법 등으로는 금지물품 동봉 여부를 정확하게 확인하기 어려워, 입법목적을 같은 정도로 달성하면서, 소장이 서신을 개봉하여 육안으로 확인하는 것보다 덜 침해적인 수단이 있다고 보기 어렵다. 또한 서신을 개봉하더라도 그 내용에 대한 검열은 원칙적으로 금지된다. 따라서 서신개봉행위는 청구인의 통신의 자유를 침해하지 아니한다(헌재 2021.09.30. 2019헌마919).

정답   ○

23년 변시, 21년(3)·22년(2) 모의

406. 헌법 제18조는 통신의 비밀보호를 그 핵심내용으로 하는 통신의 자유를 기본권으로 보장하고 있는데, 자유로운 의사소통은 통신내용의 비밀을 보장하는 것뿐만 아니라 통신관여자의 인적 동일성·통신장소·통신횟수·통신시간 등 통신의 외형을 구성하는 통신이용의 전반적 상황의 비밀까지도 보장한다.

해설 ··· 자유로운 의사소통은 통신내용의 비밀을 보장하는 것만으로는 충분하지 아니하고 구체적인 통신관계의 발생으로 야기된 모든 사실관계, 특히 통신관여자의 인적 동일성·통신장소·통신횟수·통신시간 등 통신의 외형을 구성하는 통신이용의 전반적 상황의 비밀까지도 보장한다(헌재 2018.06.28. 2012헌마538).

정답 ○

🕐 23년 변시, 21년(3)·22년(2)·23년(2) 모의

407. **(1)** 오늘날 이메일, 메신저, 전화 등 통신뿐 아니라, 각종 구매, 게시물 등록, 금융서비스 이용 등 생활의 전 영역이 인터넷을 기반으로 이루어지기 때문에, 인터넷회선 감청은 타인과의 관계를 전제로 하는 개인의 사적 영역을 보호하려는 헌법 제18조의 통신의 비밀과 자유 외에 헌법 제17조의 사생활의 비밀과 자유도 제한한다.
(2) 패킷감청의 방식으로 이루어지는 인터넷회선 감청은 관련 공무원 등에 대한 비밀준수의무 부과, 통신제한조치로 취득한 자료의 사용제한을 통해 충분한 오·남용 방지대책이 마련되어 있는 이상, 수사기관이 감청 집행으로 취득하는 정보의 처리 절차에 관하여 아무런 규정을 두고 있지 않더라도 통신의 자유에 대한 침해는 아니다.

해설 인터넷회선감청은, 인터넷회선을 통하여 흐르는 전기신호 형태의 '패킷'을 중간에 확보한 다음 재조합 기술을 거쳐 그 내용을 파악하는 이른바 '패킷감청'의 방식으로 이루어진다. 따라서 이를 통해 개인의 통신뿐만 아니라 사생활의 비밀과 자유가 제한된다. … 현행법은 관련 공무원 등에게 비밀준수의무를 부과하고(법 제11조), 통신제한조치로 취득한 자료의 사용제한(법 제12조)을 규정하고 있는 것 외에 수사기관이 감청 집행으로 취득하는 막대한 양의 자료의 처리 절차에 대해서 아무런 규정을 두고 있지 않다. 현행법상 전기통신 가입자에게 집행 통지는 하게 되어 있으나 집행 사유는 알려주지 않아야 되고, 수사가 장기화되거나 기소중지 처리되는 경우에는 감청이 집행된 사실조차 알 수 있는 길이 없도록 되어 있어(법 제9조의2), 더욱 객관적이고 사후적인 통제가 어렵다. 또한 현행법상 감청 집행으로 인하여 취득된 전기통신의 내용은 법원으로부터 허가를 받은 범죄와 관련되는 범죄를 수사·소추하거나 그 범죄를 예방하기 위하여도 사용이 가능하므로(법 제12조 제1호) 특정인의 동향 파악이나 정보수집을 위한 목적으로 수사기관에 의해 남용될 가능성도 배제하기 어렵다. … 이상을 종합하면, 이 사건 법률조항은 인터넷회선 감청의 특성을 고려하여 그 집행 단계나 집행 이후에 수사기관의 권한 남용을 통제하고 관련 기본권의 침해를 최소화하기 위한 제도적 조치가 제대로 마련되어 있지 않은 상태에서, 범죄수사 목적을 이유로 인터넷회선 감청을 통신제한조치 허가 대상 중 하나로 정하고 있으므로 침해의 최소성 요건을 충족한다고 할 수 없다(헌재 2018.08.30. 2016헌마263).

정답

16년(3)·21년(3) 모의

408. 사생활의 비밀과 자유에 포섭될 수 있는 사적 영역에 속하는 통신의 자유를 헌법이 별개의 조항을 통해 기본권으로 보장하는 이유는, 개인 간의 의사소통을 전제로 하는 통신의 경우 사인에 의한 침해가능성이 국가에 의한 침해가능성보다 더 크기 때문이다.

해설 헌법 제18조에서는 "모든 국민은 통신의 비밀을 침해받지 아니한다"라고 규정하여 통신의 비밀보호를 그 핵심내용으로 하는 통신의 자유를 기본권으로 보장하고 있다. 통신의 자유를 기본권으로서 보장하는 것은 사적 영역에 속하는 개인간의 의사소통을 사생활의 일부로서 보장하겠다는 취지에서 비롯된 것이라 할 것이다. 그런데 개인과 개인간의 관계를 전제로 하는 통신은 다른 사생활의 영역과 비교해 볼 때 국가에 의한 침해의 가능성이 매우 큰 영역이라 할 수 있다. 왜냐하면 오늘

날 개인과 개인간의 사적인 의사소통은 공간적인 거리로 인해 우편이나 전기통신을 통하여 이루어지는 경우가 많은데, 이러한 우편이나 전기통신의 운영이 전통적으로 국가독점에서 출발하였기 때문이다. 사생활의 비밀과 자유에 포섭될 수 있는 사적 영역에 속하는 통신의 자유를 헌법이 별개의 조항을 통해서 기본권으로 보호하고 있는 이유는, 이와 같이 국가에 의한 침해의 가능성이 여타의 사적 영역보다 크기 때문이라고 할 수 있다(헌재 2001.03.21. 2000헌바25).

정답 ×

14년 변시, 15년(2)·21년(3) 모의

409. 수용자가 밖으로 내보내는 모든 서신을 봉함하지 않은 상태로 교정시설에 제출하도록 하는 것은, 교정시설의 안전과 질서유지, 수용자의 교화 및 사회복귀를 원활하게 하기 위한 보안검색의 필요성에 기한 것으로서 수용자의 통신의 자유를 침해하지 않는다.

 이 사건 시행령조항은 교정시설의 안전과 질서유지, 수용자의 교화 및 사회복귀를 원활하게 하기 위해 수용자가 밖으로 내보내는 서신을 봉함하지 않은 상태로 제출하도록 한 것이나, 이와 같은 목적은 교도관이 수용자의 면전에서 서신에 금지물품이 들어 있는지를 확인하고 수용자로 하여금 서신을 봉함하게 하는 방법, 봉함된 상태로 제출된 서신을 X-ray 검색기 등으로 확인한 후 의심이 있는 경우에만 개봉하여 확인하는 방법, 서신에 대한 검열이 허용되는 경우에만 무봉함 상태로 제출하도록 하는 방법 등으로도 얼마든지 달성할 수 있다고 할 것인바, 위 시행령 조항이 수용자가 보내려는 모든 서신에 대해 무봉함 상태의 제출을 강제함으로써 수용자의 발송 서신 모두를 사실상 검열 가능한 상태에 놓이도록 하는 것은 기본권 제한의 최소 침해성 요건을 위반하여 수용자인 청구인의 통신비밀의 자유를 침해하는 것이다(헌재 2012.02.23. 2009헌마333).

정답 ×

18년(2)·21년(1)·23년(2) 모의

410. 수용자가 집필한 문서의 내용이 사생활의 비밀 또는 자유를 침해하는 등의 우려가 있는 때 교정시설의 장이 문서의 외부반출을 금지하는 것은, 집필문을 창작하거나 표현하는 것을 금지하거나 이에 대한 허가를 요구하므로 통신의 자유가 아니라 표현의 자유를 제한한다.

 시설의 안전 또는 질서를 해칠 우려가 있는 때(제7호) 및 수형자의 교화 또는 건전한 사회복귀를 해칠 우려가 있는 때(제6호) 집필문의 외부 반출을 금지하는 심판대상조항… 청구인은 심판대상조항에 의해 표현의 자유 또는 예술창작의 자유가 제한된다고 주장하나, 심판대상조항은 집필문을 창작하거나 표현하는 것을 금지하거나 이에 대한 허가를 요구하는 조항이 아니라 이미 표현된 집필문을 외부의 특정한 상대방에게 발송할 수 있는지 여부에 대해 규율하는 것이므로, 제한되는 기본권은 헌법 제18조에서 정하고 있는 통신의 자유로 봄이 상당하다. 따라서 심판대상조항이 사전검열에 해당한다는 청구인의 주장에 대해서는 판단하지 아니하고, 통신의 자유 침해 여부에 대해서만 판단하기로 한다. … 심판대상조항은 수용자의 통신의 자유를 침해하지 아니한다(헌재 2016.05.26. 2013헌바98).

정답 ×

15년(2)·18년(2) 모의

411. 「통신비밀보호법」상의 '감청'이란 그 대상이 되는 전기통신의 송·수신과 동시에 이루어지는 경우만을 의미하고, 이미 수신이 완료된 전기통신의 내용을 지득하는 등의 행위는 포함되지 않는다.

해설 통신비밀보호법 제2조 제3호 및 제7호에 의하면 같은 법상 '감청'은 전자적 방식에 의하여 모든 종류의 음향·문언·부호 또는 영상을 송신하거나 수신하는 전기통신에 대하여 당사자의 동의 없이 전자장치·기계장치 등을 사용하여 통신의 음향·문언·부호·영상을 청취·공독하여 그 내용을 지득 또는 채록하거나 전기통신의 송·수신을 방해하는 것을 말한다. 그런데 해당 규정의 문언이 송신하거나 수신하는 전기통신 행위를 감청의 대상으로 규정하고 있을 뿐 송·수신이 완료되어 보관 중인 전기통신 내용은 대상으로 규정하지 않은 점, 일반적으로 감청은 다른 사람의 대화나 통신 내용을 몰래 엿듣는 행위를 의미하는 점 등을 고려하여 보면, 통신비밀보호법상 '감청'이란 대상이 되는 전기통신의 송·수신과 동시에 이루어지는 경우만을 의미하고, 이미 수신이 완료된 전기통신의 내용을 지득하는 등의 행위는 포함되지 않는다(대판 2012.10.25. 2012도4644).

정답 O

18년(2) 모의

412. 금치기간 중 공동행사 참가를 정지하는 「형의 집행 및 수용자의 처우에 관한 법률」 조항은 금치처분을 받은 사람이 교정시설 외부와의 교통·통신뿐 아니라 내부에서의 교통·통신까지 하지 못하도록 하므로, 형의 집행을 위하여 수용자에게 예정된 기본권 제한을 넘어서 부가적으로 통신의 자유를 제한한다.

해설 이 사건 금치조항 중 제108조 제4항에 관한 부분에 의하여 청구인은 금치기간 중 종교행사, 교화프로그램 등 공동행사에 참석하지 못한다. 수용자는 구금에 의하여 이미 외부와의 자유로운 교통·통신이 제한되어 있으나, 위 조항은 금치처분을 받은 사람으로 하여금 교정시설 외부와의 교통·통신뿐 아니라 내부에서의 교통·통신까지 하지 못하도록 하고, 일반 수용자들에게 허용된 종교의식 또는 행사 참석을 금지하므로, 형의 집행을 위하여 수용자에게 예정된 기본권 제한을 넘어서 부가적으로 청구인의 통신의 자유, 종교의 자유를 제한한다(헌재 2016.05.26. 2014헌마45).

정답 O

18년(2) 모의

413. 통신의 비밀에 의해 보호되는 대상은 비단 정보의 내용에 한정되지 아니하고, 그 당사자 및 수신지와 발신지, 정보의 형태, 발신횟수 등 정보에 관한 일체를 포괄한다.

해설 통신의 비밀에 의하여 보호되는 대상은 통신의 내용에 국한되지 아니하고 수신인과 발신인의 성명·주소 수신지와 발신지, 수신과 발신의 연월일, 통신의 수량·횟수·형태 등 통신에 관한 정보 일체가 포함된다(김유향, 기본강의헌법 전정6판, p.523).

정답 O

18년(2)·19년(2) 모의

414. 공개되지 아니한 타인간의 대화를 녹음 또는 청취하여 지득한 대화의 내용을 공개하거나 누설한 자를 처벌하는 것과 같이 대화자의 통신의 비밀과 공개자의 표현의 자유라는 두 기본권이 충돌하는 경우, 「형법」 제20조의 일반적 위법성조각사유에 관한 규정을 적정하게 해석 적용함으로써 공개자의 표현의 자유도 적절히 보장될 수 있는 이상, 「형법」상의 명예훼손죄와 같은 위법성조각사유에 관한 특별규정을 두지 아니하였다는 점만으로 기본권 제한의 비례성을 상실하였다고는 볼 수 없다.

해설 이 사건 법률조항이 불법 감청·녹음 등을 통하여 취득한 타인간의 대화내용을 공개·누설하는 경우 그러한 취득행위에는 관여하지 않고 다른 경로를 통하여 그 대화내용을 알게 된 사람이라 하더라도 처벌하는 것은 위와 같이 헌법 제18조에 의하여 보장되는 통신의 비밀을 보호하기 위함이다. 그러나 이 사건 법률조항은 다른 한편으로는 위법하게 취득한 타인간의 대화내용을 공개하는 자를 처벌함으로써 그 대화내용을 공개하는 자의 표현의 자유를 제한하게 된다. 즉, 위법하게 취득한 타인간의 대화내용이 민주국가에서 여론의 형성 등 공익을 위해 일반에게 공개할 필요가 있는 것이라 하더라도 이 사건 법률조항이 그 대화내용의 공개를 금지함으로써, 이를 공개하려고 하거나 공개한 자는 표현의 자유를 제한받게 되는 것이다. 따라서 이 사건 법률조항에 의하여 대화자의 통신의 비밀과 공개자의 표현의 자유라는 두 기본권이 충돌하게 된다. … 공개되지 아니한 타인간의 대화를 녹음 또는 청취하여 지득한 대화의 내용을 공개하거나 누설한 자를 처벌하는 통신비밀보호법(2001.12.29. 법률 제6546호로 개정된 것) 제16조 제1항 제2호 중 '대화의 내용'에 관한 부분(이하 '이 사건 법률조항'이라 한다)이 불법 취득한 타인간의 대화내용을 공개한 자를 처벌함에 있어 형법 제20조(정당행위)의 일반적 위법성조각사유에 관한 규정을 적정하게 해석 적용함으로써 공개자의 표현의 자유도 적절히 보장될 수 있는 이상, 이 사건 법률조항에 형법상의 명예훼손죄와 같은 위법성조각사유에 관한 특별규정을 두지 아니하였다는 점만으로 기본권 제한의 비례성을 상실하였다고는 볼 수 없다(헌재 2011.08.30. 2009헌바42).

 정답 O

12년(3)·16년(3) 모의

415. 수형자를 구금하는 목적은 자유형의 집행이고, 자유형의 본질상 수형자에게는 외부와의 자유로운 교통·통신에 대한 제한이 수반되므로, 수형자에게 통신의 자유를 구체적으로 어느 정도 인정할 것인가의 기준은 입법권자의 입법정책에 맡겨져 있다.

해설 수형자를 구금하는 목적은 자유형의 집행이고, 자유형의 본질상 수형자에게는 외부와의 자유로운 교통·통신에 대한 제한이 수반된다. 따라서 수형자에게 통신의 자유를 구체적으로 어느 정도 인정할 것인가의 기준은 기본적으로 입법권자의 입법정책에 맡겨져 있다. 수형자의 교화·갱생을 위하여 서신수발의 자유를 허용하는 것이 필요하다고 하더라도, 구금시설은 다수의 수형자를 집단으로 관리하는 시설로서 규율과 질서유지가 필요하므로 수형자의 서신수발의 자유에는 내재적 한계가 있고, 구금의 목적을 달성하기 위하여 수형자의 서신에 대한 검열은 불가피하다. 현행법령과 제도하에서 수형자가 수발하는 서신에 대한 검열로 인하여 수형자의 통신의 비밀이 일부 제한되는 것은 국가안전보장·질서유지 또는 공공복리라는 정당한 목적을 위하여 부득이할 뿐만 아니라 유효적절한 방법에 의한 최소한의 제한이며 통신의 자유의 본질적 내용을 침해하는 것이 아니다(헌재 1998.08.27. 96헌마398).

정답 O

16년(3) 모의

416. 국가기관이 정보통신부장관의 인가 없이 감청설비를 보유·사용할 수 있다 하더라도 그 사실만 가지고 바로 국가기관에 의한 통신비밀 침해행위를 용이하게 하는 결과를 초래함으로써 통신의 자유를 침해한다고 볼 수는 없다.

해설 국가기관을 이 사건 법률조항에 의한 규율대상에서 제외하는 것은 결과적으로 국가기관에 의한 통신비밀침해행위를 널리 허용하는 결과를 초래한다는 청구인의 주장과 같은 견해도 있을 수는 있겠으나, 국가기관의 경우에는 감청설비의 보유와 사용이 제도적으로 관리, 감독될 수 있고, 특히 수사 기관의 경우 통신비밀침해행위를 억제하기 위한 통제수단이 법적으로 마련되어 있으므로, 정보통신부장관의 '인가'가 없이 국가기관이 감청설비를 보유, 사용할 수 있다 하더라도 그 사실만 가지고 바로 국가기관에 의한 통신비밀침해행위를 용이하게 하는 결과를 초래함으로써 통신의 자유를 침해한다고 볼 수는 없다(헌재 2001.03.21. 2000헌바25).

 정답 O

22년(2) 모의

417. 개인 사이에 이루어지는 전화, 우편, 컴퓨터, 그 밖의 통신매체를 통하여 성적 수치심이나 혐오감을 일으키는 표현을 전달하는 행위를 처벌하는 조항은 발신인의 통신의 자유를 제한한다.

해설 개인 사이에 이루어지는 전화, 우편, 컴퓨터, 그 밖의 통신매체를 통하여 성적 수치심이나 혐오감을 일으키는 표현을 전달하는 행위를 처벌함으로써 일정한 내용의 표현 자체를 금지하고 있는 심판대상조항은 청구인과 같은 발신인의 표현의 자유를 제한한다고 볼 수 있다(헌재 2009.05.28. 2006헌바109등 참조). … 헌법 제18조는 '모든 국민은 통신의 비밀을 침해받지 아니한다.'라고 규정하여 통신의 비밀 보호를 그 핵심내용으로 하는 통신의 자유를 기본권으로 보장하고 있다(헌재 2001.03.21. 2000헌바25 참조). 그런데 이 사건에서 문제되는 것은 국가가 심판대상조항에 따라 청구인의 통신에 관한 정보를 수집하거나 처리하는 것이 아니라, 통신의 상대방에 대하여 통신매체를 이용한 음란표현행위를 하는 것을 금지하는 것이므로, 심판대상조항으로 인해 청구인의 통신의 자유가 제한되었다고 볼 수 없다(헌재 2019.05.30. 2018헌바489).

정답 X

16년(3) 모의

418. 신병훈련소에서 교육훈련을 받는 동안 전화사용을 통제하는 것은 과잉금지원칙에 위배되어 통신의 자유를 침해하는 것이다.

해설 이 사건 지침은 신병교육훈련을 받고 있는 군인의 통신의 자유를 제한하고 있으나, 신병들을 군인으로 육성하고 교육훈련과 병영생활에 조속히 적응시키기 위하여 신병교육기간에 한하여 신병의 외부 전화통화를 통제한 것이다. 또한 신병훈련기간이 5주의 기간으로서 상대적으로 단기의 기간이라는 점, 긴급한 전화통화의 경우는 지휘관의 통제 하에 허용될 수 있다는 점, 신병들이 부모 및 가족에 대한 편지를 작성하여 우편으로 송부하도록 하고 있는 점 등을 종합하여 고려하여 보면, 이 사건 지침에서 신병교육훈련기간 동안 전화사용을 하지 못하도록 정하고 있는 규율이 청구인을 포함한 신병교육훈련생들의 통신의 자유 등 기본권을 필요한 정도를 넘어 과도하게 제한하는 것이라고 보기 어렵다(헌재 2010.10.28. 2007헌마890).

정답

15년(2) 모의

419. 통신의 자유는 자연인만이 주체가 될 수 있고, 법인은 통신의 자유의 주체가 될 수 없다.

해설 헌법재판소는 성질상 법인이 누릴 수 있는 기본권에 관한 한 기본권 주체성을 인정하여 그 이름으로 헌법소원심판을 청구할 수 있다고 하였다(헌재 1991.06.03. 90헌마56 등). ▶ 통신의 자유는 인간의 권리이므로 외국인을 포함한 자연인에게 인정되며, 성질상 법인 등 단체에게도 그 주체성이 인정

정답

23년 변시, 12년(3)·15년(2) 모의

420. 통신제한조치기간의 연장을 허가함에 있어 총연장기간 또는 총연장횟수의 제한을 두지 아니한 규정은, 주요 범죄내지 국가 안위를 위협하는 음모나 조직화된 집단범죄의 음모가 있는 경우 장기간에 걸친 지속적인 수사가 필요하고, 통신제한조치기간을 연장하기 위해서는 반드시 법원의 허가를 받아야 하므로 그 남용을 막기 위한 사법적 통제절차가 마련되어 있어 통신의 비밀과 자유를 침해한다고 보기 어렵다.

해설 통신제한조치기간의 연장을 허가함에 있어 총연장기간 또는 총연장횟수의 제한을 두고 그 최소한의 연장기간동안 범죄혐의를 입증하지 못하는 경우 통신제한조치를 중단하게 한다고 하여도, 여전히 통신제한조치를 해야 할 필요가 있으면 법원에 새로운 통신제한조치의 허가를 청구할 수 있으므로 이로써 수사목적을 달성하는데 충분하다. 또한 법원이 실제 통신제한조치의 기간연장절차의 남용을 통제하는데 한계가 있는 이상 통신제한조치 기간연장에 사법적 통제절차가 있다는 사정만으로는 그 남용으로 인하여 개인의 통신의 비밀이 과도하게 제한되는 것을 막을 수 없다. 그럼에도 통신제한조치기간을 연장함에 있어 법운용자의 남용을 막을 수 있는 최소한의 한계를 설정하지 않은 이 사건 법률조항은 침해의 최소성원칙에 위반한다. 나아가 통신제한조치가 내려진 피의자나 피내사자는 자신이 감청을 당하고 있다는 사실을 모르는 기본권제한의 특성상 방어권을 행사하기 어려운 상태에 있으므로 통신제한조치기간의 연장을 허가함에 있어 총연장기간 또는 총연장횟수의 제한이 없을 경우 수사와 전혀 관계없는 개인의 내밀한 사생활의 비밀이 침해당할 우려도 심히 크기 때문에 기본권 제한의 법익균형성 요건도 갖추지 못하였다. 따라서 이 사건 법률조항은 헌법에 위반된다 할 것이다(헌재 2010.12.28. 2009헌가30).

정답 ✗

제⑤항 | 거주·이전의 자유

22년 변시

421. 국적을 이탈하거나 변경하는 것은 헌법 제14조가 보장하는 거주·이전의 자유에 포함된다.

> **해설** 국적을 이탈하거나 변경하는 것은 헌법 제14조가 보장하는 거주·이전의 자유에 포함된다(헌재 2006.11.30. 2005헌마739).

정답 O

22년 변시

422. 병역준비역에 편입된 사람이 그 이후 국적이탈이라는 방법을 통해서 병역의무에서 벗어날 수 없도록 국적이탈이 가능한 기간을 제한하는 것은 병역의무 이행의 공평성 확보라는 목적을 달성하는 데 적합한 수단이다.

> **해설** 심판대상 법률조항은 위와 같이 국적이탈이 가능한 기간을 제한함으로써 병역준비역에 편입된 사람이 그 이후 국적이탈이라는 방법을 통해서는 병역의무에서 벗어날 수 없도록 하므로, 병역의무 이행의 공평성 확보라는 목적을 달성하는 데 적합한 수단이다(헌재 2020.09.24. 2016헌마889).

정답 O

22년·23년·24년 변시, 18년(1)·20년(2)·23년(1) 모의

423. 복수국적자가 「병역법」 제8조에 따라 병역준비역에 편입된 때부터 3개월 이내에 하나의 국적을 선택하여야 하고, 이 기간이 지나면 병역의무가 해소되기 전에는 국적이탈 신고를 할 수 없도록 한 「국적법」 조항은 국적이탈의 자유를 침해한다.

> **해설** 심판대상 법률조항의 입법목적은 병역준비역에 편입된 사람이 병역의무를 면탈하기 위한 수단으로 국적을 이탈하는 것을 제한하여 병역의무 이행의 공평을 확보하려는 것이다. … 병역준비역에 편입된 복수국적자의 국적선택 기간이 지났다고 하더라도, 그 기간 내에 국적이탈 신고를 하지 못한 데 대하여 사회통념상 그에게 책임을 묻기 어려운 사정 즉, 정당한 사유가 존재하고, 병역의무 이행의 공평성 확보라는 입법목적을 훼손하지 않음이 객관적으로 인정되는 경우라면, 병역준비역에 편입된 복수국적자에게 국적선택 기간이 경과하였다고 하여 일률적으로 국적이탈을 할 수 없다고 할 것이 아니라, 예외적으로 국적이탈을 허가하는 방안을 마련할 여지가 있다. 심판대상 법률조항의 존재로 인하여 복수국적을 유지하게 됨으로써 대상자가 겪어야 하는 실질적 불이익은 구체적 사정에 따라 상당히 클 수 있다. 국가에 따라서는 복수국적자가 공직 또는 국가안보와 직결되는 업무나 다른 국적국과 이익충돌 여지가 있는 업무를 담당하는 것이 제한될 가능성이 있다. 현실적으로 이러한 제한이 존재하는 경우, 특정 직업의 선택이나 업무 담당이 제한되는 데 따르는 사익 침해를 가볍게 볼 수 없다. 심판대상 법률조항은 과잉금지원칙에 위배되어 청구인의 국적이탈의 자유를 침해한다(헌

재 2020.09.24. 2016헌마889). ▶ 국적법 제12조 제2항 본문 등 위헌확인사건에서 국적법 제12조 제2항 본문, 국적법 제14조 제1항 단서 중 제12조 제2항 본문에 관한 부분은 국적이탈의 자유를 침해한다고 변경, 잠정적용 헌법불합치결정을 내렸음

정답

23년(2) 모의

424. 「노동조합 및 노동관계조정법」에서 징계의 사유와 중요한 절차에 관한 사항을 정한 "단체협약을 위반한 경우" 형사처벌하도록 규정한 것은 법률이 범죄구성요건을 사실상 단체협약에 전부 위임한 것으로 죄형법정주의 명확성원칙에 위배된다.

해설 "행정관청이 단체협약 중 위법한 내용에 대하여 노동위원회의 의결을 얻어 그 시정을 명한 경우에 그 명령에 위반한 행위"로서, 범죄의 구성요건과 그에 대한 형벌을 법률에서 스스로 규정하고 있으므로 죄형법정주의의 법률주의에 위반된다고 할 수 없고, 행정관청의 시정명령은 그 성격상 단체협약 중 위법하다고 판단한 부분을 구체적으로 특정하여 시정하도록 요구하는 내용이 될 수밖에 없으므로 단체협약 중 위법한 내용이 있는 경우가 광범위하고 다양할 수 있다고 해서 처벌되는 행위가 불명확하다거나 그 범위가 지나치게 포괄적이고 광범위하고 할 수 없어 형벌법규의 명확성 원칙에 반한다고 볼 수 없다(헌재 2012.08.23. 2011헌가22).

정답

23년(2) 모의

425. 국민건강보험공단에게 "속임수나 그 밖의 부당한 방법"으로 보험급여를 받은 사람이나 보험급여 비용을 받은 요양기관에 대하여 그 보험급여나 보험급여 비용에 상당하는 금액의 전부 또는 일부를 징수하도록 규정한 것은, 지나치게 포괄적이고 추상적인 표현을 사용한 것으로 명확성원칙에 위배된다.

해설 심판대상조항들은 '사위 기타 부당한 방법' 및 '속임수 그 밖의 부당한 방법'으로 받은 급여비용을 부당이득 징수의 요건으로 정하고 있다. 이 중 '사위(詐僞)'의 사전적 의미는 '양심을 속이고 거짓을 꾸미는 것'이고, '속임수'의 사전적 의미는 '남을 속이는 것'으로서, '사위' 및 '속임수'로 급여비용을 받는다는 것은 급여비용의 청구원인이 되는 사실관계가 존재하지 않음에도 불구하고 관련 서류를 거짓 작성하는 등의 방법으로 급여비용을 지급받는다는 의미로 해석될 수 있어 그 내용이 명확하다(헌재 2015.07.30. 2014헌바298·357, 2015헌바120).

정답

23년(2) 모의

426. 음주 또는 약물의 영향으로 "정상적인 운전이 곤란한 상태"에서 자동차를 운전하여 사람을 상해에 이르게 한 사람을 형사처벌하도록 규정한 것은 최소한의 객관적 기준조차 정하고 있지 않아 담당경찰관, 검사, 법관의 주관적 판단으로 처벌을 가능하게 하므로 죄형법정주의의 명확성원칙에 위배된다.

해설 이 사건 법률조항이 가중처벌의 근거로 삼고 있는 "음주의 영향으로 정상적인 운전이 곤란한 상태에서 자동차를 운전하여"란 음주로 인하여 운전자가 현실적으로 전방 주시력, 운동능력이 저하되고 판단력이 흐려짐으로써 도로교통법상 운전에 요구되는 주의의무를 다할 수 없거나, 자동차의 운전에 필수적인 조향 및 제동장치, 등화장치 등의 기계장치의 조작방법 등을 준수하지 못하게 되는 경우를 의미하는 것이므로 그 개념이 불명확하다고 할 수 없고, 알코올이 사람에 미치는 영향은 사람에 따라 다르므로 "정상적인 운전이 곤란한 상태"에 해당되는지 여부는 구체적인 교통사고에 관하여 운전자의 주취정도 뿐만 아니라 알코올 냄새, 말할 때 혀가 꼬부라졌는지 여부, 똑바로 걸을 수 있는지 여부, 교통사고 전후의 행태 등과 같은 운전자의 상태 및 교통사고의 발생 경위, 교통상황에 대한 주의력·반응속도·운동능력이 저하된 정도, 자동차 운전장치의 조작을 제대로 조절했는지 여부 등을 종합하여 판단하여야 하므로 이 사건 법률조항이 주취의 정도를 명확한 수치로 규정하지 않았다고 하여 형사처벌요건이 갖추어야 할 명확성의 요건을 충족시키지 못하였다고 보기도 어렵다. (헌재 2009.05.28. 2008헌가11).

23년(2) 모의

427. 영화업자가 영화근로자와 계약을 체결할 때 영화근로자의 임금, 근로시간 및 그 밖의 근로조건을 "구체적으로 밝혀야 한다"고 규정한 것은 얼마나 구체적으로 밝혀야 하는지 불분명하므로 명확성원칙에 위배된다.

해설 청구인은 의무조항 중 "근로시간을 구체적으로 밝혀야 한다."라고 규정한 부분이 죄형법정주의 명확성원칙에 위배된다고도 주장한다. 그러나 '실제적이고 세밀한 부분까지 담고 있는 것'을 뜻하는 '구체적'의 사전적 의미 및 사용자가 근로자와 근로계약을 체결할 때 소정근로시간 등을 반드시 명시하도록 하고 있는 근로기준법 제17조 제1항 제2호 등을 고려하면, 의무조항 중 "근로시간을 구체적으로 밝혀야 한다."라고 규정한 부분은 근로시간의 탄력적 운영이 필요한 영화제작과정의 특수성에도 불구하고 적어도 근로시간의 조정이 이루어질 수 있는 범위를 근로자가 충분히 예측할 수 있도록 명시적으로 알리라는 의미로 이해될 수 있으므로, 이에 관해서는 별도로 판단하지 아니한다(헌재 2022.11.24. 2018헌바514).

23년(2) 모의

428. "국가안전보장에 대한 위해를 방지하기 위한 정보수집"은 국가의 존립이나 헌법의 기본질서에 대한 위험을 방지하기 위한 목적을 달성함에 있어 요구되는 최소한의 범위 내에서의 정보수집을 의미하는 것으로 해석되므로 명확성원칙에 위배되지 않는다.

해설 특히 전기통신사업법 제83조는 통신비밀을 보호하기 위한 조항으로 제1항과 제2항에서 전기통신사업자가 취급 중에 있는 통신의 비밀이나 전기통신업무에 종사하는 사람이 재직 중에 통신에 관하여 알게 된 타인의 비밀 등을 누설하여서는 아니된다고 정하고 있는바, 통신의 비밀에 대한 엄격한 보호를 규정하고 있는 전기통신사업법 제83조의 취지에 비추어 볼 때 '국가안전보장에 대한 위해를 방지하기 위한 정보수집'은 국가의 존립이나 헌법의 기본질서에 대한 위험을 방지하기 위한 목적을 달성함에 있어 요구되는 최소한의 범위 내에서의 정보수집을 의미하는 것으로 해석된다. 그렇다면 이 사건 법률조항은 건전한 상식과 통상적인 법감정을 가진 사람이라면 그 취지를 충분히 예측할 수 있다고 할 것인바, 명확성원칙에 위배되지 아니한다(헌재 2022.07.21. 2016헌마388, 2022헌마126).

정답

23년 변시, 23년(1) 모의

429.
국적이탈 신고서에 '가족관계기록사항에 관한 증명서'를 첨부하도록 하는 것은 국적이탈 신고와 관련하여 구체적으로 어떠한 서류를 제출하도록 하는 것인지 불분명하므로 명확성원칙에 위배된다.

해설 심판대상 법률조항은 과잉금지원칙에 위배되어 청구인의 국적이탈의 자유를 침해한다. …심판대상 시행규칙조항은 국적이탈 신고자에게 신고서에 '가족관계기록사항에 관한 증명서'를 첨부하여 제출하도록 규정하는바, 실무상 국적이탈 신고자는 가족관계등록법에 따른 국적이탈자 본인의 기본증명서와 가족관계증명서, 부와 모의 기본증명서, 대한민국 국적의 부와 외국국적의 모 사이에서 출생한 경우에는 부의 혼인관계증명서 등(이하 '기본증명서 등'이라 한다)을 제출해야 한다. 국적이탈 신고자의 대한민국 국적 및 다른 국적 취득 경위, 성별, 부모의 국적 등 그 신고 당시의 구체적 사정이 다양하므로 시행규칙에서 첨부서류의 명칭을 직접 규정하는 것이 적절하지 않을 수 있고, 첨부할 서류의 내용이나 증명 취지를 고려하여 지금과 같이 표현하는 것 외에 다른 방법을 상정하기 어려우므로, 심판대상 시행규칙조항은 명확성원칙에 위배되지 않는다(헌재 2020.09.24. 2016헌마889).

정답

17년(2)·18년(1)·20년(1)·(2) 모의

430.
영내에 기거하는 군인에게 그가 속한 세대의 거주지에 주민등록을 하도록 하는 것은 해당 군인의 거주·이전의 자유 및 일반적 행동자유권을 제한하지 않는다.

해설 주민등록법은 거주지의 이동이 있는 경우 주민에게 '전입신고'를 하도록 의무를 부과하고 주민의 전입신고가 있는 경우 이를 기초로 하여 신거주지의 구청장 등이 신거주지에 주민등록을 하도록 하고 있는바, 주민등록은 주민의 거주관계 등 인구의 동태를 항상 명확하게 파악하여 주민생활의 편익을 증진시키고 행정사무를 적정하게 처리하기 위한 목적에서 만들어진 행정법상의 제도로서 주민의 협조(신고의무의 이행)에 기초하여 지방자치단체의 장이 행하는 행정 업무일 뿐 주민등록을 하는 것 자체를 거주하는 사람의 권리로 인정할 수 없고, 한편 누구든지 주민등록 여부와 무관하게 거주지를 자유롭게 이전할 수 있으므로 주민등록 여부가 거주·이전의 자유와 직접적인 관계가 있다고 보기도 어렵다. 더욱이 영내 기거 현역병은 병역법으로 인해 거주·이전의 자유를 제한받게 되므로, 영내로의 주민등록 가능 여부가 해당 현역병의 거주·이전의 자유에 영향을 미친다고 보기 어렵다. 따라서 이 사건 법률조항은 영내 기거하는 현역병의 거주·이전의 자유를 제한하지 않는다. … 주민등록은 거주하는 사람의 결단에 따른 행동과는 무관한 것이므로 이를 일반적 행동자유권의 내용으로 볼 수 없고, 따라서 이 사건 법률조항은 영내 기거 현역병의 일반적 행동자유권을 제한하지 않는다 (헌재 2011.06.30. 2009헌마59). ▶ 거주·이전의 자유, 선거권, 일반적 행동자유권을 제한하지 않으며, 평등권을 침해하지 않는다고 판단한 사안

정답 O

20년(2) 모의

431. 아동·청소년 대상 성범죄자로 하여금 1년마다 정기적으로 새로 촬영한 사진을 자신의 주소지를 관할하는 경찰관서의 장에게 제출할 의무를 부과하는 것은, 이와 무관하게 사진제출의무자가 거주를 자유롭게 이전할 수 있으므로, 사진제출의무자의 거주·이전의 자유를 제한하지 않는다.

 이 사건 심판대상조항은 신상정보 등록대상자가 신상정보의 최초 등록일부터 1년마다 새로 촬영한 사진을 제출하도록 규정하고, 이를 이행하지 아니할 경우에 관한 제재를 정하고 있을 뿐, 청구인은 위 조항에 관계없이 자유롭게 거주를 이전할 수 있으므로 이 사건 심판대상조항은 청구인의 거주·이전의 자유를 제한하지 아니한다(헌재 2015.07.30. 2014헌바257).

정답 O

14년(1)·16년(3)·17년(2)·19년(3)·20년(2) 모의

432. 거주·이전의 자유는 국외에서 체류지와 거주지를 자유롭게 정할 수 있는 '해외여행 및 해외 이주의 자유'를 포함하지만, 대한민국의 국적을 이탈할 수 있는 '국적변경의 자유' 까지 그 내용에 포섭하지 않는다.

 거주·이전의 자유는 국가의 간섭없이 자유롭게 거주와 체류지를 정할 수 있는 자유로서 정치·경제·사회·문화 등 모든 생활영역에서 개성신장을 촉진함으로써 헌법상 보장되고 있는 다른 기본권들의 실효성을 증대시켜주는 기능을 한다. 구체적으로는 국내에서 체류지와 거주지를 자유롭게 정할 수 있는 자유영역뿐 아니라 나아가 국외에서 체류지와 거주지를 자유롭게 정할 수 있는 '해외여행 및 해외 이주의 자유'를 포함하고 덧붙여 대한민국의 국적을 이탈할 수 있는 '국적변경의 자유'등도 그 내용에 포섭된다고 보아야 한다(헌재 2004.10.28. 2003헌가18). ▶ 무국적자가 될 자유는 포함 ×

정답 ×

19년(3) 모의

433. 대한민국의 이익이나 공공의 안전을 해치는 행동을 할 염려가 있다고 인정할 만한 상당한 이유가 있거나 경제질서 또는 사회질서를 해치거나 선량한 풍속을 해치는 행동을 할 염려가 있다고 인정할 만한 상당한 이유가 있는 외국인에 대해서는 「출입국관리법」에 따라 법무부장관이 입국을 금지할 수 있다.

해설 출입국관리법 제11조 제1항 제3호, 제4호 참조.

> 출입국관리법 제11조(입국의 금지 등) ① 법무부장관은 다음 각 호의 어느 하나에 해당하는 외국인에 대하여는 입국을 금지할 수 있다.
> 3. 대한민국의 이익이나 공공의 안전을 해치는 행동을 할 염려가 있다고 인정할 만한 상당한 이유가 있는 사람
> 4. 경제질서 또는 사회질서를 해치거나 선량한 풍속을 해치는 행동을 할 염려가 있다고 인정할 만한 상당한 이유가 있는 사람

정답 O

13년(1)·19년(3) 모의

434. 대도시 내에서의 법인의 등기에 대하여 5배의 세율을 부과하는 것은 해당 법인의 거주·이전의 자유를 제한한다.

해설 구 지방세법 제138조 제1항 제3호가 법인의 대도시내의 부동산등기에 대하여 통상세율의 5배를 규정하고 있다 하더라도 그것이 대도시내에서 업무용 부동산을 취득할 정도의 재정능력을 갖춘 법인의 담세능력을 일반적으로 또는 절대적으로 초과하는 것이어서 그 때문에 법인이 대도시내에서 향유하여야 할 직업수행의 자유나 거주·이전의 자유의 자유가 형해화할 정도에 이르러 그 기본적인 내용이 침해되었다고 볼 수 없다(헌재 1996.03.28. 94헌바42).

정답 O

17년 변시, 18년(1) 모의

435. 법무부장관이 형사재판에 계속 중인 사람에 대하여 6개월 이내의 기간을 정하여 출국을 금지할 수 있도록 하는 법률조항은 출국의 필요성이 강하게 요청되는 사람의 출국의 자유를 침해한다.

해설 형사재판에 계속 중인 사람의 해외도피를 막아 국가 형벌권을 확보함으로써 실체적 진실발견과 사법정의를 실현하고자 하는 심판대상조항은 그 입법목적이 정당하고, 형사재판에 계속 중인 사람의 출국을 일정 기간 동안 금지할 수 있도록 하는 것은 이러한 입법목적을 달성하는 데 기여할 수 있으므로 수단의 적정성도 인정된다. 법무부장관은 출국금지 여부를 결정함에 있어 출국금지의 기본원칙, 출국금지 대상자의 범죄사실, 연령 및 가족관계, 해외도피 가능성 등 피고인의 구체적 사정을 반드시 고려하여야 하며, 실무에서도 심판대상조항에 따른 출국금지는 매우 제한적으로 운용되고 있다. 그 밖에 출국금지 해제제도, 사후통지제도, 이의신청, 행정소송 등 형사재판에 계속 중인 사람의 기본권 제한을 최소화하기 위한 여러 방안이 마련되어 있으므로 침해의 최소성 원칙에 위배되지 아니한다. 심판대상조항으로 인하여 형사재판에 계속 중인 사람이 입게 되는 불이익은 일정 기간 출국이 금지되는 것인 반면, 심판대상조항을 통하여 얻는 공익은 국가 형벌권을 확보함으로써 실체적 진실발견과 사법정의를 실현하고자 하는 것으로서 중대하므로 법익의 균형성도 충족된다. 따라서 심판대상조항은 과잉금지원칙에 위배되어 출국의 자유를 침해하지 아니한다(헌재 2015.09.24. 2012헌바302).

정답 X

16년(3)·18년(1) 모의

436. 거주·이전의 자유는 생활형성의 중심지 즉, 거주지나 체류지라고 볼 만한 정도로 생활과 밀접한 연관을 갖는 장소를 선택하고 변경하는 행위를 보호하는 기본권으로서, 생활의 근거지에 이르지 못하는 일시적인 이동을 위한 장소의 선택과 변경까지 그 보호영역에 포함되는 것은 아니다.

해설 거주·이전의 자유는 국민이 원활하게 개성신장과 경제활동을 해 나가기 위하여는 자유로이 생활의 근거지를 선택하고 변경하는 것이 필수적이라는 고려에 기하여 생활형성의 중심지 즉, 거주지나 체류지라고 볼 만한 정도로 생활과 밀접한 연관을 갖는 장소를 선택하고 변경하는 행위를 보호하는 기본권으로서, 생활의 근거지에 이르지 못하는 일시적인 이동을 위한 장소의 선택과 변경까지 그 보호영역에 포함되는 것은 아니다(헌재 2011.06.30. 2009헌마406).

정답 O

18년(1) 모의

437. 아프가니스탄 등 전쟁 또는 테러위험이 있는 해외 위난지역에서 여권사용을 제한하거나 방문 또는 체류를 금지하는 것은 해당 지역을 방문하거나 해당 지역에 체류하려는 자의 거주·이전의 자유를 침해하지 않는다.

해설 외교통상부가 해외 위난지역에서의 국민을 보호하고자 특정 해외 위난지역에서의 여권사용, 방문 또는 체류를 금지한 이 사건 고시는 국민의 생명·신체 및 재산을 보호하기 위한 것으로 그 목적의 정당성과 수단의 적절성이 인정되며, 대상지역을 당시 전쟁이 계속 중이던 이라크와 소말리아, 그리고 실제로 한국인에 대한 테러 가능성이 높았던 아프가니스탄 등 3곳으로 한정하고, 그 기간도 1년으로 하여 그다지 장기간으로 볼 수 없을 뿐 아니라, 부득이한 경우 예외적으로 외교통상부장관의 허가를 받아 여권의 사용 및 방문·체류가 가능하도록 함으로써 국민의 거주·이전의 자유에 대한 제한을 최소화하고 법익의 균형성도 갖추었다. … 결국 이 사건 고시가 과잉금지원칙에 위배하여 청구인들의 거주·이전의 자유를 침해하였다고 볼 수 없다(헌재 2008.06.26. 2007헌마1366).

 정답 O

17년(2) 모의

438. 거주·이전의 자유는 국가의 간섭 없이 자유롭게 거주와 체류지를 정할 수 있는 자유로서 정치·경제·사회·문화 등 모든 생활영역에서 개성신장을 촉진함으로써 헌법상 보장되고 있는 다른 기본권들의 실효성을 증대시켜주는 기능을 한다.

해설 거주·이전의 자유는 국가의 간섭없이 자유롭게 거주와 체류지를 정할 수 있는 자유로서 정치·경제·사회·문화 등 모든 생활영역에서 개성신장을 촉진함으로써 헌법상 보장되고 있는 다른 기본권들의 실효성을 증대시켜주는 기능을 한다(헌재 2004.10.28. 2003헌가18).

 정답 O

13년(1)·14년(1)·16년(3) 모의

439. 법인 등의 경제주체는 헌법 제14조에 의하여 보장되는 거주·이전의 자유의 주체로서 기업활동의 근거지인 본점이나 사무소를 어디에 둘 것인지, 어디로 이전할 것인지 자유로이 결정할 수 있고, 본점이나 사무소의 설치·이전은 통상적인 영업활동에 필수적으로 수반되는 것이므로 그 설치·이전의 자유는 헌법 제15조에 의하여 보장되는 직업의 자유의 내용에 포함되기도 한다.

해설 법인 등의 경제주체는 헌법 제14조에 의하여 보장되는 거주·이전의 자유의 주체로서 기업활동의 근거지인 본점이나 사무소를 어디에 둘 것인지, 어디로 이전할 것인지 자유로이 결정할 수 있고, 한편 본점이나 사무소의 설치·이전은 통상적인 영업활동에 필수적으로 수반되는 것이므로 그 설치·이전의 자유는 헌법 제15조에 의하여 보장되는 직업의 자유의 내용에 포함되기도 한다(헌재 2000.12.14. 98헌바104).

정답 O

16년(3) 모의

440. 「택지소유상한에 관한 법률」 시행 이전부터 이미 가구별 소유상한을 초과하는 택지를 소유하고 있던 개인에게 소유상한을 설정하고 처분 또는 이용·개발의무를 부과하는 것은 거주·이전의 자유를 침해하는 것이 아니다.

해설 택지에 대하여 소유상한을 설정하고 처분 또는 이용·개발의무를 부과한 후 그 불이행시 부담금을 부과하는 것은, 특히 법 시행 이전부터 이미 가구별 소유상한을 초과하는 택지를 소유하고 있던 개인이나 택지를 소유하고 있던 법인에게 사실상 그 처분을 강요하는 셈이 되어, 그들의 헌법 제14조의 거주이전의 자유 또는 헌법 제15조의 직업선택의 자유 내지 영업활동의 자유가 사실상 제한당할 여지가 있으나, 이는 위의 기본권에 대한 침해가 아니라 토지재산권에 대한 제한이 수반하는 반사적 불이익에 불과하고, 설사 기본권의 침해가 있다고 하더라도 입법목적에 비추어 볼 때 그 규제의 합리성이 인정되므로, 비례의 원칙이나 과잉금지의 원칙에 위반되지 않는다(헌재 1999.04.29. 94헌바37). ▶ 헌재는 재산권 침해, 신뢰보호원칙·평등원칙 위반을 이유로 위헌결정

정답 O

14년(1) 모의

441. 거주·이전의 자유는 국민이 선택할 직업 내지 취임할 공직을 자신이 선택하는 임의의 장소에서 자유롭게 행사할 수 있는 권리까지 보장한다.

해설 거주·이전의 자유가 국민에게 그가 선택할 직업 내지 그가 취임할 공직을 그가 선택하는 임의의 장소에서 자유롭게 행사할 수 있는 권리까지 보장하는 것은 아니다(헌재 1996.06.26. 96헌마200).

정답 X

13년(1) 모의

442. 법률상 북한지역으로의 이전의 자유는 인정되지 않으며, 통일부장관의 승인을 얻은 방문은 인정된다.

해설 국가보안법 제6조 제1항, 남북교류협력에 관한 법률 제9조 제1항 참조. ▶ 현행 법률상 북한으로의 이전의 자유는 인정되지 않으며, 통일부장관의 승인을 얻은 방문은 인정

국가보안법 제6조(잠입·탈출) ① 국가의 존립·안전이나 자유민주적 기본질서를 위태롭게 한다는 정을 알면서 반국가단체의 지배하에 있는 지역으로부터 잠입하거나 그 지역으로 탈출한 자는 10년 이하의 징역에 처한다.
남북교류협력에 관한 법률 제9조(남북한 방문) ① 남한의 주민이 북한을 방문하거나 북한의 주민이 남한을 방문하려면 대통령령으로 정하는 바에 따라 통일부장관의 방문승인을 받아야 하며, 통일부장관이 발급한 증명서(이하 "방문증명서"라 한다)를 소지하여야 한다.

정답

제3절 정신적 자유권

제❶항 | 양심의 자유

23년(1) 모의

443. 양심의 자유도 내재적 한계가 있는 것이므로, 양심상의 결정이 동 시대의 보편적 가치관이나 종교관 또는 세계관과 부합될 수 없는 것이라면, 그러한 내용의 양심상의 결정은 양심의 자유에 의하여 보장될 수 없다.

해설 일반적으로 민주적 다수는 법질서와 사회질서를 그의 정치적 의사와 도덕적 기준에 따라 형성하기 때문에, 그들이 국가의 법질서나 사회의 도덕률과 양심상의 갈등을 일으키는 것은 예외에 속한다. 양심의 자유에서 현실적으로 문제가 되는 것은 사회적 다수의 양심이 아니라, 국가의 법질서나 사회의 도덕률에서 벗어나려는 소수의 양심이다. 따라서 양심상의 결정이 어떠한 종교관·세계관 또는 그 외의 가치체계에 기초하고 있는가와 관계없이, 모든 내용의 양심상의 결정이 양심의 자유에 의하여 보장된다(헌재 2004.08.26. 2002헌가1(전합)).

정답

22년(1) 모의

444. 「소득세법」에 따라 세무사가 행하는 성실신고확인은 확인대상사업자의 소득금액에 대하여 관련 법령에 따라 확인하는 것으로 단순한 사실관계의 확인에 불과한 것이어서 헌법 제19조에 의하여 보장되는 양심의 영역에 포함되지 않는다.

해설 심판대상조항은 확인대상사업자에게 소득신고를 할 때 세무사 등이 작성한 성실신고확인서를 제출할 의무를 부과하고, 세무사의 직무에 소득세법에 따른 성실신고확인업무를 포함시키고 있는바, 심판대상조항이 과잉금지원칙에 위배하여 확인대상사업자나 세무사의 직업수행의 자유를 침해하는지 여부가 문제된다. … 청구인은 심판대상조항이 세무사의 양심의 자유를 침해한다고 주장하나 헌법 제19조의 양심의 자유는 옳고 그른 것에 대한 판단을 추구하는 가치적·도덕적 마음가짐으로 인간의 윤리적 내심영역인바, 세무사가 행하는 성실신고확인은 확인대상사업자의 소득금액에 대하여 심판대상조항 및 관련 법령에 따라 확인하는 것으로 단순한 사실관계의 확인에 불과한 것이어서 헌법 제19조에 의하여 보장되는 양심의 영역에 포함되지 않는다(헌재 2019.07.25. 2016헌바392).

정답

21년(1) 모의

445. 「국가보안법」상 이적행위조항은 반국가단체 등에 대한 동조행위를 처벌하는 것으로 개인의 사상과 이념을 근거로 처벌하는 것이 되어 양심의 자유를 침해한다.

해설 이적행위 조항은 반국가단체 등에 대한 찬양·고무·선전·동조행위를 처벌함으로써, 자발적인 결단에 따라 형성한 의사를 위 행위들을 통하여 타인에게 알리고자 하는 표현의 자유를 제한한다. 이적행위 조항에 의해 양심에 따른 행동을 할 자유가 제한되는 측면이 있기는 하나 이러한 행동이 표현행위를 통해 이루어지는 이상 위 조항으로 인하여 보다 직접적으로 제한되는 기본권은 표현의 자유라고 할 것이고, 위 조항은 개인의 결단이 내심에 머무르는 한 양심을 형성하고 양심상의 결정을 내리는 자유, 즉 양심형성의 자유 그 자체를 직접 제한하지는 아니하므로, 이적행위 조항의 위헌성은 표현의 자유 침해 여부를 기준으로 판단하기로 한다. 이외에도 청구인 홍○표는 이적행위 조항에 의해 일반적 행동자유권 역시 침해된다고 주장하나, 이적행위 조항과 관련하여 주된 기본권인 표현의 자유 침해 여부에 대하여 판단하는 이상 보충적 기본권인 일반적 행동자유권 침해 여부는 별도로 판단하지 아니한다. … 이적행위 조항은 표현의 자유를 침해하지 아니한다(헌재 2015.04.30. 2012헌바95).

정답

21년(1) 모의

446. 법적 강제수단이 아닌 사실상 내지 간접적인 강제 수단에 의해서도 양심의 자유는 제한될 수 있다.

해설 비록 법적 강제수단이 없더라도 사실상 내지 간접적인 강제 수단에 의하여 인간 내심과 다른 내용의 실현을 강요하고 인간의 정신활동의 자유를 제한하며 인격의 자유로운 형성과 발현을 방해한다면, 이 또한 양심의 자유를 제한하는 것이라고 보아야 한다. 앞에서 본 바와 같이 소득공제증빙서류 제출의무자들인 의료기관 등으로서는 과세자료를 제출하지 않을 경우 국세청으로부터 행정지도와 함께 세무조사와 같은 불이익을 받을 수 있다는 심리적 강박감을 가지게 되는바, 결국 이 사건 법령조항에 대하여는 의무불이행에 대하여 간접적이고 사실적인 강제수단이 존재하므로 법적 강제수단의 존부와 관계없이 청구인들의 양심의 자유를 제한한다(헌재 2008.10.30. 2006헌마1401).

정답

21년(1) 모의

447. 헌법에 의해 보호받는 양심은 법질서와 도덕에 부합하는 사고를 가진 다수의 양심이 아니라 '소수자'의 양심이다.

> **해설** 개인의 양심은 사회 다수의 정의관·도덕관과 일치하지 않을 수 있으며, 오히려 헌법상 양심의 자유가 문제되는 상황은 개인의 양심이 국가의 법질서나 사회의 도덕률에 부합하지 않는 경우이므로, 헌법에 의해 보호받는 양심은 법질서와 도덕에 부합하는 사고를 가진 다수가 아니라 이른바 '소수자'의 양심이 되기 마련이다(헌재 2018.06.28. 2011헌바379).

정답 ○

22년(1) 모의

448. 양심은 민주적 다수의 사고나 가치관과 일치하는 것으로 지극히 객관적인 것이어야 하는데, 양심은 그 대상이나 내용 또는 동기에 의하여 판단되어야 하며, 특히 양심상의 결정이 이성적·합리적인가, 타당한가 또는 법질서나 사회규범·도덕률과 일치하는가 하는 관점은 양심의 존재를 판단하는 기준이 된다.

> **해설** … '양심'은 민주적 다수의 사고나 가치관과 일치하는 것이 아니라, 개인적 현상으로서 지극히 주관적인 것이다. 양심은 그 대상이나 내용 또는 동기에 의하여 판단될 수 없으며, 특히 양심상의 결정이 이성적·합리적인가, 타당한가 또는 법질서나 사회규범·도덕률과 일치하는가 하는 관점은 양심의 존재를 판단하는 기준이 될 수 없다(헌재 2018.06.28. 2011헌바379).

정답 ×

21년(1) 모의

449. 보안관찰처분은 보안관찰처분대상자의 내심의 작용을 문제 삼는 것이 아니라, 보안관찰처분대상자가 보안관찰 해당범죄를 다시 저지를 위험성이 내심의 영역을 벗어나 외부에 표출되는 경우에 재범의 방지를 위하여 내려지는 특별예방적 목적의 처분이므로, 보안관찰처분 근거규정은 해당 보안관찰처분대상자의 양심의 자유를 침해하지 아니한다.

> **해설** 보안관찰처분은 보안관찰처분대상자의 내심의 작용을 문제 삼는 것이 아니라, 보안관찰처분대상자가 보안관찰해당범죄를 다시 저지를 위험성이 내심의 영역을 벗어나 외부에 표출되는 경우에 재범의 방지를 위하여 내려지는 특별예방적 목적의 처분이므로, 보안관찰처분 근거규정은 양심의 자유를 침해하지 아니한다(헌재 2015.11.26. 2014헌바475).

정답 ○

19년 변시

450. 1) 양심적 병역거부자에 대한 대체복무제를 규정하지 아니한 병역종류조항과 양심상의 결정에 따라 입영을 거부하거나 소집에 불응하는 자에 대하여 형벌을 부과하는 처벌조항은 '양심에 반하는 행동을 강요당하지 아니할 자유', 즉, '부작위에 의한 양심실현의 자유'를 제한한다.

2) **양심적 병역거부의 바탕이 되는 양심상의 결정은 종교적 동기뿐만 아니라 윤리적·철학적 또는 이와 유사한 동기로부터라도 형성될 수 있는 것이므로 양심적 병역거부자의 기본권 침해여부는 양심의 자유를 중심으로 판단한다.**

해설 병역종류조항에 대체복무제가 마련되지 아니한 상황에서, 양심상의 결정에 따라 입영을 거부하거나 소집에 불응하는 이 사건 청구인 등이 현재의 대법원 판례에 따라 처벌조항에 의하여 형벌을 부과받음으로써 양심에 반하는 행동을 강요받고 있으므로, 이 사건 법률조항은 '양심에 반하는 행동을 강요당하지 아니할 자유', 즉, '부작위에 의한 양심실현의 자유'를 제한하고 있다. 헌법 제20조 제1항은 양심의 자유와 별개로 종교의 자유를 따로 보장하고 있고, 이 사건 청구인 등의 대부분은 여호와의 증인 또는 카톨릭 신도로서 자신들의 종교적 신앙에 따라 병역의무를 거부하고 있으므로, 이 사건 법률조항에 의하여 이들의 종교의 자유도 함께 제한된다. 그러나 종교적 신앙에 의한 행위라도 개인의 주관적·윤리적 판단을 동반하는 것인 한 양심의 자유에 포함시켜 고찰할 수 있고, 앞서 보았듯이 양심적 병역거부의 바탕이 되는 양심상의 결정은 종교적 동기뿐만 아니라 윤리적·철학적 또는 이와 유사한 동기로부터도 형성될 수 있는 것이므로, 이 사건에서는 양심의 자유를 중심으로 기본권 침해 여부를 판단하기로 한다(헌재 2018.06.28. 2011헌바379).

정답 O, O

3) **국가의 존립과 안전을 위한 불가결한 헌법적 가치를 담고 있는 국방의 의무와 개인의 인격과 존엄의 기초가 되는 양심의 자유라는 헌법적 가치가 서로 충돌하는 경우에도 그에 대한 심사는 헌법상 비례원칙에 의하여야 한다.**

해설 이 사건 법률조항은 헌법상 기본의무인 국방의 의무를 구체적으로 형성하는 것이면서 또한 동시에 양심적 병역거부자들의 양심의 자유를 제한하는 것이기도 하다. 이처럼 헌법적 가치가 서로 충돌하는 경우, 입법자는 두 가치를 양립시킬 수 있는 조화점을 최대한 모색해야 하고, 그것이 불가능해 부득이 어느 하나의 헌법적 가치를 후퇴시킬 수밖에 없는 경우에도 그 목적에 비례하는 범위 내에 그쳐야 한다. 헌법 제37조 제2항의 비례원칙은, 단순히 기본권제한의 일반원칙에 그치지 않고, 모든 국가작용은 정당한 목적을 달성하기 위하여 필요한 범위 내에서만 행사되어야 한다는 국가작용의 한계를 선언한 것이므로, 비록 이 사건 법률조항이 헌법 제39조에 규정된 국방의 의무를 형성하는 입법이라 할지라도 그에 대한 심사는 헌법상 비례원칙에 의하여야 한다(헌재 2018.06.28. 2011헌바379).

정답

4) **양심적 병역거부자에 대한 관용은 결코 병역의무의 면제와 특혜의 부여에 대한 관용이 아니며, 대체복무제는 병역의무의 일환으로 도입되는 것이므로 현역복무와의 형평을 고려하여 최대한 등가성을 가지도록 설계되어야 한다.**

해설 병역종류조항은, 병역부담의 형평을 기하고 병역자원을 효과적으로 확보하여 효율적으로 배분함으로써 국가안보를 실현하고자 하는 것이므로 정당한 입법목적을 달성하기 위한 적합한 수단이다. 국가가 관리하는 객관적이고 공정한 사전심사절차와 엄격한 사후관리절차를 갖추고, 현역복무와 대체복무 사이에 복무의 난이도나 기간과 관련하여 형평성을 확보해 현역복무를 회피할 요인을 제거한다면, 심사의 곤란성과 양심을 빙자한 병역기피자의 증가 문제를 해결할 수 있으므로 … 침해의 최소성 원칙에 어긋난다. 병역종류조항이 대체복무제를 규정하지 아니함으로 인하여 양심적 병역거부자들은 최소 1년 6월 이상의 징역형과 그에 따른 막대한 유·무형의 불이익을 감수하여야 한다. 양심적 병역거부자들에게 공익 관련 업무에 종사하도록 한다면, 이들을 처벌하여 교도소에 수용하고 있는 것보다는 넓은 의미의 안보와 공익실현에 더 유익한 효과를 거둘 수 있을 것이다. … 양심적 병역거부자에 대한 관용은 결코 병역의무의 면제와 특혜의 부여에 대한 관용이 아니다. 대체복무제는 병역의무의 일환으로 도입되는 것이고 현역복무와의 형평을 고려하여 최대한 등가성을 가지도록 설계되어야 하는 것이기 때문이다. … 따라서 병역종류조항은 법익의 균형성 요건을 충족하지 못하였다. 그렇다면 양심적 병역거부자에 대한 대체복무제를 규정하지 아니한 병역종류조항은 과잉금지원칙에 위배하여 양심적 병역거부자의 양심의 자유를 침해한다(헌재 2018.06.28. 2011헌바379).

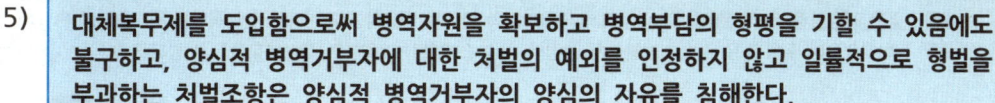 정답 O

5) **대체복무제를 도입함으로써 병역자원을 확보하고 병역부담의 형평을 기할 수 있음에도 불구하고, 양심적 병역거부자에 대한 처벌의 예외를 인정하지 않고 일률적으로 형벌을 부과하는 처벌조항은 양심적 병역거부자의 양심의 자유를 침해한다.**

해설 … 양심적 병역거부는 처벌조항의 '정당한 사유'에 해당한다고 보아야 한다. 결국 양심적 병역거부자에 대한 처벌은 대체복무제를 규정하지 아니한 병역종류조항의 입법상 불비와 양심적 병역거부는 처벌조항의 '정당한 사유'에 해당하지 않는다는 법원의 해석이 결합되어 발생한 문제일 뿐, 처벌조항 자체에서 비롯된 문제가 아니다. 처벌조항은 정당한 사유 없이 병역의무를 거부하는 병역기피자를 처벌하는 조항으로서, 과잉금지원칙을 위반하여 양심적 병역거부자의 양심의 자유를 침해한다고 볼 수는 없다(헌재 2018.06.28. 2011헌바379).

 정답 X

22년(1) 모의

451. **헌법재판소는 양심적 병역거부자에 대한 대체복무제를 도입하라는 취지로 「병역법」 제5조 제1항에 대하여 헌법불합치결정을 하면서 그 입법시한을 2019. 12. 31.로 하였고, 이에 따라 입법자는 위 시한까지 대체복무제를 도입하는 내용의 입법을 할 의무뿐만 아니라 기존에 유죄판결을 받은 양심적 병역거부자에 대해 전과기록 말소 등의 구제조치에 대한 입법의무까지 부담하게 되었다.**

해설 우리 헌법재판소는 지난 2018. 6. 28. 선고한 2011헌바379등 사건에서 양심적 병역거부자에 대한 대체복무제를 도입하라는 취지로 병역법 제5조 제1항에 대하여 헌법불합치 결정을 하면서 그 입법시한을 2019. 12. 31.로 하였고, 이에 따라 입법자는 위 시한까지 대체복무제를 도입하는 내용의 입법을 할 의무를 부담하게 되었다. 이에 더하여 입법자가 기존에 유죄판결을 받은 양심적 병역거부자에 대해 전과기록 말소 등의 구제조치를 할 것인지에 대하여는 입법자에게 광범위한 입법재량이 부여되어 있다고 보아야 한다. 따라서 우리나라가 자유권규약의 당사국으로서 자유권규약위원회의 견해를 존중하고 고려하여야 한다는 점을 감안하더라도, 피청구인에게 이 사건 견해에 언급된 구제조치를 그대로 이행하는 법률을 제정할 구체적인 입법의무가 발생하였다고 보기는 어렵다. 헌법의 명문규정이나 헌법해석상 피청구인에게 청구인들이 주장하는 입법의무가 발생하였다고 볼 수 없으므로, 이 사건 심판청구는 헌법소원심판의 대상이 될 수 없는 입법부작위를 대상으로 한 것으로서 부적법하다(헌재 2018.07.26. 2011헌마306(병합)).

> **판례** … 앞서 본 것처럼 병역종류조항의 위헌성은 양심적 병역거부자에 대한 대체복무제를 규정하지 아니한 부작위에 있다. 그런데 위와 같은 부작위의 위헌성을 이유로 병역종류조항에 대해 단순위헌 결정을 할 경우 병역의 종류와 각 병역의 구체적인 범위에 관한 근거규정이 사라지게 되어 일체의 병역의 무를 부과할 수 없게 되므로, 용인하기 어려운 법적 공백이 생기게 된다. 더욱이 입법자는 대체복무제를 형성함에 있어 그 신청절차, 심사주체 및 심사방법, 심사결과에 대한 이의신청절차, 복무분야, 복무기간 등을 어떻게 설정할지 등에 관하여 광범위한 입법재량을 가진다. 따라서 병역종류조항에 대하여 단순위헌 결정을 하는 대신 헌법불합치 결정을 선고하되, 다만 입법자의 개선입법이 이루어질 때까지 계속적용을 명하기로 한다. 입법자는 가능한 한 빠른 시일 내에 양심적 병역거부자에 대한 대체복무제를 도입하는 내용의 개선입법을 해야 할 의무가 있으므로, 늦어도 2019. 12. 31.까지는 개선입법을 이행하여야 하고, 그때까지 개선입법이 이루어지지 않으면 병역종류조항은 2020. 1. 1.부터 효력을 상실한다(헌재 2018.06.28. 2011헌바379(병합)). ▶ 양심적 병역거부자에 대한 대체복무제를 규정하지 아니한 병역종류조항은 과잉금지원칙에 위배하여 양심적 병역거부자의 양심의 자유를 침해한다고 판단하였으나, 처벌조항은 합헌으로 판단하였음에 주의할 것, 이 헌법불합치 결정에 따라 2020년 10월부터 대체복무제가 시행되고 있음

정답

17년(3) 모의

452. 양심의 자유에 대한 제한의 경우에도 그 위헌성의 심사는 비례의 원칙을 통하여 양심의 자유를 공익과 교량하는 과정을 필요로 한다.

해설 양심실현의 자유의 경우 법익교량과정은 특수한 형태를 띠게 된다. 수단의 적합성, 최소침해성의 여부 등의 심사를 통하여 어느 정도까지 기본권이 공익상의 이유로 양보해야 하는가를 밝히는 비례원칙의 일반적 심사과정은 양심의 자유에 있어서는 그대로 적용되지 않는다. 양심의 자유의 경우 비례의 원칙을 통하여 양심의 자유를 공익과 교량하고 공익을 실현하기 위하여 양심을 상대화하는 것은 양심의 자유의 본질과 부합될 수 없다. 양심상의 결정이 법익교량과정에서 공익에 부합하는 상태로 축소되거나 그 내용에 있어서 왜곡·굴절된다면, 이는 이미 '양심'이 아니다. 따라서 양심의 자유의 경우에는 법익교량을 통하여 양심의 자유와 공익을 조화와 균형의 상태로 이루어 양 법익을 함께 실현하는 것이 아니라, 단지 '양심의 자유'와 '공익' 중 양자택일 즉, 양심에 반하는 작위나 부작위를 법질서에 의하여 '강요받는가 아니면 강요받지 않는가'의 문제가 있을 뿐이다(헌재 2004.10.28. 2004헌바61).

정답

16년(2) 모의

453.
(1) 양심이란 세계관, 인생관, 주의, 신조 등은 물론 이에 이르지 아니하여도 보다 널리 개인의 인격형성에 관계되는 내심에 있어서의 가치적, 윤리적 판단도 포함된다.

(2) 법률해석에 관하여 여러 견해가 갈리는 경우처럼 다소의 가치관련성을 가진다고 하더라도 개인의 인격형성과는 관계가 없는 사사로운 사유나 의견 등은 양심의 자유의 보호대상이 아니다.

해설 헌법 제19조는 "모든 국민은 양심의 자유를 가진다."라고 하여 양심의 자유를 기본권의 하나로 보장하고 있다. 보호되어야 할 양심에는 세계관·인생관·주의·신조 등은 물론, 이에 이르지 아니하여도 보다 널리 개인의 인격형성에 관계되는 내심에 있어서의 가치적·윤리적 판단도 포함될 수 있다. 그러나 단순한 사실관계의 확인과 같이 가치적·윤리적 판단이 개입될 여지가 없는 경우는 물론, 법률해석에 관하여 여러 견해가 갈리는 경우처럼 다소의 가치관련성을 가진다고 하더라도 개인의 인격형성과는 관계가 없는 사사로운 사유나 의견 등은 그 보호대상이 아니라고 할 것이다(헌재 2002.01.31. 2001헌바43).

정답 ○, ○

23년(1) 모의

454. 사업자단체의 공정거래법 위반행위가 있을 때 공정거래위원회가 당해 사업자단체에 대하여 "법위반사실의 공표"를 명할 수 있도록 한 것은 단순히 법위반사실 자체를 공표하라는 것일 뿐, 사죄 내지 사과하라는 의미요소를 가지고 있지 않으므로 양심의 자유의 침해문제는 발생하지 않는다.

해설 … 이 사건의 경우와 같이 경제규제법적 성격을 가진 공정거래법에 위반하였는지 여부에 있어서도 각 개인의 소신에 따라 어느 정도의 가치판단이 개입될 수 있는 소지가 있고 그 한도에서 다소의 윤리적 도덕적 관련성을 가질 수도 있겠으나, 이러한 법률판단의 문제는 개인의 인격형성과는 무관하며, 대화와 토론을 통하여 가장 합리적인 것으로 그 내용이 동화되거나 수렴될 수 있는 포용성을 가지는 분야에 속한다고 할 것이므로 헌법 제19조에 의하여 보장되는 양심의 영역에 포함되지 아니한다고 봄이 상당하다(헌재 2002.01.31. 2001헌바43(전합)).

22년(1) 모의

455. 당해 실정법이 특정의 행위를 금지하거나 명령하는 것이 아니라 단지 특별한 혜택을 부여하거나 권고 내지 허용하고 있는 데에 불과하다면, 수범자는 수혜를 스스로 포기하거나 권고를 거부함으로써 법질서와 충돌하지 아니한 채 자신의 양심을 유지, 보존할 수 있으므로 양심의 자유가 침해되는 것은 아니다.

해설 … 양심의 자유는 내심에서 우러나오는 윤리적 확신과 이에 반하는 외부적 법질서의 요구가 서로 회피할 수 없는 상태로 충돌할 때에만 침해될 수 있다. 그러므로 당해 실정법이 특정의 행위를 금지하거나 명령하는 것이 아니라 단지 특별한 혜택을 부여하거나 권고 내지 허용하고 있는 데에 불과하다면, 수범자는 수혜를 스스로 포기하거나 권고를 거부함으로써 법질서와 충돌하지 아니한 채 자신의 양심을 유지, 보존할 수 있으므로 양심의 자유에 대한 침해가 된다할 수 없다(헌재 2002.04.25. 98헌마425).

16년(2) 모의

456. 수형자의 가석방 결정시 준법서약서를 제출하도록 요구하는 것은 사실상 사상의 전향을 요구하거나 국법질서의 준수의지를 외부에 표출하도록 강제하는 것으로 양심의 자유를 침해하는 것이다.

> 해설 내용상 단순히 국법질서나 헌법체제를 준수하겠다는 취지의 서약을 할 것을 요구하는 이 사건 준법서약은 국민이 부담하는 일반적 의무를 장래를 향하여 확인하는 것에 불과하며, 어떠한 가정적 혹은 실제적 상황 하에서 특정의 사유를 하거나 특별한 행동을 할 것을 새로이 요구하는 것이 아니다. 따라서 이 사건 준법서약은 어떤 구체적이거나 적극적인 내용을 담지 않은 채 단순한 헌법적 의무의 확인·서약에 불과하다 할 것이어서 양심의 영역을 건드리는 것이 아니다(헌재 2002.04.25. 98헌마425).

정답

16년(2)·22년(1) 모의

457. 양심의 자유에는 널리 사물의 시시비비나 선악과 같은 윤리적 판단에 국가가 개입해서는 안 되는 내심적 자유는 물론, 이와 같은 윤리적 판단을 국가권력에 의하여 외부에 표명하도록 강제받지 않는 자유 즉 윤리적 판단사항에 관한 침묵의 자유까지 포괄한다.

> 해설 헌법 제19조는 모든 국민은 양심의 자유를 가진다고 규정하여 양심의 자유를 기본권의 하나로 보장하고 있는바, 여기서 말하는 양심이란 세계관·인생관·주의·신조 등은 물론 이에 이르지 아니하여도 보다 널리 개인의 인격형성에 관계되는 내심에 있어서의 가치적·윤리적 판단도 포함된다. 그러므로 양심의 자유에는 널리 사물의 시시비비나 선악과 같은 윤리적 판단에 국가가 개입해서는 아니되는 내심적 자유는 물론, 이와 같은 윤리적 판단을 국가권력에 의하여 외부에 표명하도록 강제받지 아니할 자유까지 포괄한다(헌재 1998.07.16. 96헌바35).

정답

16년(2)·23년(1) 모의

458. 내심적 자유, 즉 양심형성의 자유와 양심결정의 자유는 내심에 머무르는 한 절대적 자유라고 할 수 있겠지만, 양심실현의 자유는 타인의 기본권이나 다른 헌법적 질서와 저촉되는 경우 헌법 제37조 제2항에 따라 제한될 수 있는 상대적 자유이다.

> 해설 내심적 자유, 즉 양심형성의 자유와 양심적 결정의 자유는 내심에 머무르는 한 절대적 자유라고 할 수 있지만, 양심실현의 자유는 타인의 기본권이나 다른 헌법적 질서와 저촉되는 경우 헌법 제37조 제2항에 따라 국가안전보장·질서유지 또는 공공복리를 위하여 법률에 의하여 제한될 수 있는 상대적 자유라고 할 수 있다(헌재 1998.07.16. 96헌바35).

정답

제❷항 | 종교의 자유

🔵 23년 변시, 23년(1) 모의

459. 전통사찰의 등록 후에 발생한 사법상 금전채권을 가진 일반 채권자가 전통사찰 소유의 전법(傳法)용 경내지의 건조물 등에 대하여 압류하는 것을 금지하는 법률조항은 종교의 자유의 내용 중 어떠한 것도 제한하지 않는다.

해설 청구인은 이 사건 법률조항이 다른 종교단체의 재산과는 달리 불교 전통사찰 소유의 재산만을 압류 금지 재산으로 규정함으로써 청구인의 종교의 자유를 침해한다고 주장한다. 그러나 종교의 자유는 신앙의 자유, 종교적 행위의 자유 및 종교적 집회·결사의 자유를 그 내용으로 하는바 (헌재 2001.09.27. 2000헌마159, 판례집 13-2, 353, 360), 이 사건 법률조항은 전통사찰 소유의 일정 재산에 대한 압류를 금지할 뿐이므로 그로 인하여 위와 같은 종교의 자유의 내용 중 어떠한 것도 제한되지는 아니한다(헌재 2012.06.27. 2011헌바34).

정답 ○

🔵 23년 변시

460. 종교활동은 헌법상 종교의 자유와 정교분리원칙에 의하여 국가의 간섭으로부터 그 자유가 보장되어 있으므로, 국가기관인 법원은 종교단체 내부관계에 관한 사항에 대하여는 그것이 일반 국민으로서의 권리의무나 법률관계를 규율하는 것이 아닌 이상 원칙적으로 그 실체적인 심리판단을 하지 아니함으로써 당해 종교단체의 자율권을 최대한 보장하여야 한다.

해설 종교활동은 헌법상 종교의 자유와 정교분리의 원칙에 의하여 국가의 간섭으로부터 그 자유가 보장되어 있다. 따라서 국가기관인 법원으로서도 종교단체 내부관계에 관한 사항에 대하여는 그것이 일반 국민으로서의 권리의무나 법률관계를 규율하는 것이 아닌 이상 원칙적으로 실체적인 심리·판단을 하지 아니함으로써 당해 종교단체의 자율권을 최대한 보장하여야 한다(대판 2011.10.27. 2009다32386).

정답 ○

🔵 23년 변시

461. 국가 또는 지방자치단체 외의 자가 양로시설을 설치하고자 하는 경우 신고하도록 규정하고 이를 위반한 경우 처벌하는 「노인복지법」 조항을 종교단체에서 구호활동의 일환으로 운영하는 양로시설에도 적용하는 것은, 종교의 특수성을 몰각하는 것으로 종교의 자유를 침해한다.

해설 … 양로시설을 설치하고자 하는 경우 일정한 시설기준과 인력기준 등을 갖추어야 하나, 이는 노인들의 안전한 주거공간 보장을 위한 최소한의 기준에 불과하므로 신고의무 부과가 지나치다고 할 수 없다. 종교단체에서 구호활동의 일환으로 운영하는 양로시설이라고 하더라도 신고대상에서 제외하면 관리·감독의 사각지대가 발생할 수 있으며, 일정 규모 이상의 양로시설의 경우 안전사고나 인권침해 피해정도가 커질 수 있으므로, 예외를 인정함이 없이 신고의무를 부과할 필요가 있다. 더욱이 일부 사회복지시설들의 탈법적인 운영을 방지하기 위하여는 강력한 제재를 가할 필요성이 인정되며, 사안의 경중에 따라 벌금형의 선고도 가능하므로 심판대상조항에 의한 처벌이 지나치게 과중하다고 볼 수 없다. 심판대상조항에 의하여 제한되는 사익에 비하여 심판대상조항이 달성하려는 공익은 양로시설에 입소한 노인들의 쾌적하고 안전한 주거환경을 보장하는 것으로 이는 매우 중대하다. 따라서 심판대상조항이 과잉금지원칙에 위배되어 종교의 자유를 침해한다고 볼 수 없다(헌재 2016.06.30. 2015헌바46(전합)).

 정답 ×

21년(1) 모의

462. 종립학교가 고등학교 평준화정책에 따라 강제 배정된 학생들을 상대로 특정 종교의 교리를 전파하는 종파적인 종교행사와 종교과목 수업을 실시하면서, 대체과목을 개설하지 않는 등 다른 신앙을 가진 학생의 기본권을 고려하지 않는 것은 학생의 종교에 관한 인격적 법익을 침해하는 위법행위이다.

해설 ··· 종립학교가 고등학교 평준화정책에 따라 강제배정된 학생들을 상대로 특정 종교의 교리를 전파하는 종파적인 종교행사와 종교과목 수업을 실시하면서 참가 거부가 사실상 불가능한 분위기를 조성하고 대체과목을 개설하지 않는 등 신앙을 갖지 않거나 학교와 다른 신앙을 가진 학생의 기본권을 고려하지 않은 것은, 우리 사회의 건전한 상식과 법감정에 비추어 용인될 수 있는 한계를 벗어나 학생의 종교에 관한 인격적 법익을 침해하는 위법한 행위이고, 그로 인하여 인격적 법익을 침해받는 학생이 있을 것임이 충분히 예견가능하고 그 침해가 회피가능하므로 과실 역시 인정된다(대판 2010.04.22. 2008다38288).

 정답 ○

 24년 변시

463. 통계청장이 인구주택총조사의 방문 면접조사를 실시하면서 담당 조사원을 통해 응답자에게 '종교가 있는지 여부'와 '있다면 구체적인 종교명이 무엇인지'를 묻는 조사 항목들에 응답할 것을 요구한 행위는, 통계의 기초자료로 활용하기 위한 조사 사항 중 하나로서 특정 종교를 믿는다는 이유로 불이익을 주거나 종교적 확신에 반하는 행위를 강요하기 위한 것이 아니다.

해설 ··· 피청구인 통계청장이 2015. 11. 1.부터 2015. 11. 15.까지 2015 인구주택총조사의 방문 면접조사를 실시하면서, 담당 조사원을 통해 청구인에게 피청구인이 작성한 2015 인구주택총조사 조사표의 조사항목들에 응답할 것을 요구한 행위는 '종교가 있는지 여부'와 '있다면 구체적인 종교명이 무엇인지'를 묻는 조사항목들에 응답할 것을 요구하고 있는바, 이는 통계의 기초자료로 활용하기 위한 조사사항 중 하나로서 특정 종교를 믿는다는 이유로 불이익을 주거나 종교적 확신에 반하는 행위를 강요하기 위한 것이 아니다. 결국 청구인의 위 주장은 종교를 포함한 개인정보의 수집·활용 등이 개인정보자기결정권을 침해하는가의 문제로 귀결되므로, 개인정보자기결정권에 대한 침해 여부에 포함시켜 판단하면 충분하다(헌결 2017.07.27. 2015헌마1094).

 정답 ○

🍊 24년 변시

464. 양심적 병역거부는 인류의 평화적 공존에 대한 간절한 희망과 결단을 기반으로 하고 있다는 점에서, 특별히 병역을 면제받지 않은 양심적 병역거부자에게 병역이행을 강제하는 「병역법」 조항은 설령 종교적 신앙에 따라 병역을 거부하는 자에게 적용되는 경우에도 해당 종교인의 종교의 자유를 제한하지 않는다.

해설 … 이 사건 법률조항은 형사처벌이라는 제재를 통하여 양심적 병역거부자에게 양심에 반하는 행동을 강요하고 있으므로, '국가에 의하여 양심에 반하는 행동을 강요당하지 아니 할 자유', '양심에 반하는 법적 의무를 이행하지 아니 할 자유' 즉, 부작위에 의한 양심실현의 자유를 제한하는 규정이다. 한편, 헌법 제20조 제1항은 종교의 자유를 따로 보장하고 있으므로 양심적 병역거부가 종교의 교리나 종교적 신념에 따라 이루어진 것이라면, 이 사건 법률조항에 의하여 양심적 병역거부자의 종교의 자유도 함께 제한된다. 그러나 양심의 자유는 종교적 신념에 기초한 양심뿐만 아니라 비종교적인 양심도 포함하는 포괄적인 기본권이므로, 이하에서는 양심의 자유를 중심으로 살펴보기로 한다 (헌결 2004.10.28. 2004헌바61,2004헌바62, 2004헌바75(병합)).

정답 ×

🍊 24년 변시

465. 육군훈련소장이 훈련병들로 하여금 육군훈련소 내 종교 시설에서 개최되는 개신교, 불교, 천주교, 원불교 종교행사 중 하나에 참석하도록 강제한 행위는 특정 종교를 우대하는 것으로 정교분리원칙에 위배된다.

해설 피청구인이 청구인들로 하여금 개신교, 천주교, 불교, 원불교 4개 종교의 종교행사 중 하나에 참석하도록 한 것은 그 자체로 종교적 행위의 외적 강제에 해당한다. 이는 피청구인이 위 4개 종교를 승인하고 장려한 것이자, 여타 종교 또는 무종교보다 이러한 4개 종교 중 하나를 가지는 것을 선호한다는 점을 표현한 것이라고 보여질 수 있으므로 국가의 종교에 대한 중립성을 위반하여 특정 종교를 우대하는 것이다. 또한, 이 사건 종교행사 참석조치는 국가가 종교를, 군사력 강화라는 목적을 달성하기 위한 수단으로 전락시키거나, 반대로 종교단체가 군대라는 국가권력에 개입하여 선교행위를 하는 등 영향력을 행사할 수 있는 기회를 제공하므로, 국가와 종교의 밀접한 결합을 초래한다는 점에서 정교분리원칙에 위배된다(헌결 2022.11.24. 2019헌마941(전합)).

정답   O

16년(3) 모의

466. 헌법상 보호되는 종교의 자유에는 특정 종교단체가 그 종교의 지도자와 교리자를 자체적으로 교육시킬 수 있는 종교교육의 자유가 포함된다.

해설 헌법 제20조는 "모든 국민은 종교의 자유를 가진다", "국교는 인정되지 아니하며, 종교와 정치는 분리된다"고 규정하여 종교의 자유를 선언하고 있다. 헌법상 보호되는 종교의 자유에는 특정 종교단체가 그 종교의 지도자와 교리자를 자체적으로 교육시킬 수 있는 종교교육의 자유가 포함된다고 볼 것이다(헌재 2000.03.30. 99헌바14).

정답 O

16년(3) 모의

467. 종교의 자유에는 일반적으로 신앙의 자유, 종교적 행위의 자유 및 종교적 집회·결사의 자유 등이 포함된다.

> 해설 우리 헌법 제20조는 제1항에서 모든 국민은 종교의 자유를 가진다고 규정하고 제2항에서 국교는 인정되지 아니하며 종교와 정치는 분리된다라고 규정하여 종교의 자유와 정교의 분리를 선언하고 있다. 이러한 종교의 자유의 구체적 내용에 관하여는 일반적으로 신앙의 자유, 종교적 행위의 자유 및 종교적 집회·결사의 자유의 3요소를 내용으로 한다고 설명되고 있다(헌재 2001.09.27. 2000헌마159).

정답 O

23년 변시, 23년(1) 모의

468. 종교적 행위의 자유에는 종교적인 확신에 따라 행동하고 교리에 따라 생활할 수 있는 자유와 소극적으로는 자신의 종교적인 확신에 반하는 행위를 강요당하지 않을 자유 그리고 선교의 자유, 종교교육의 자유 등이 포함된다.

> 해설 종교적 행위의 자유는 종교상의 의식·예배 등 종교적 행위를 각 개인이 임의로 할 수 있는 등 종교적인 확신에 따라 행동하고 교리에 따라 생활할 수 있는 자유와 소극적으로는 자신의 종교적인 확신에 반하는 행위를 강요당하지 않을 자유 그리고 선교의 자유, 종교교육의 자유 등이 포함된다(헌재 2011.12.29. 2009헌마527(전합)).

정답 O

16년(3) 모의

469. 공군참모총장이 전 공군을 지휘·감독할 지위에서 수하의 장병을 상대로 단결심의 함양과 조직의 유지·관리를 위하여 계몽적 차원에서 군종장교로 하여금 교계에 널리 알려진 특정 종교에 대한 비판적 정보를 담은 책자를 발행·배포하게 한 행위는 원칙적으로 정교분리의 원칙에 반하는 위법한 직무집행에 해당되지 않는다.

> 해설 피고 대한민국 산하 공군참모총장이 전 공군을 지휘·감독할 지위에서 수하의 장병들을 상대로 단결심의 함양과 조직의 유지·관리를 위하여 계몽적인 차원에서 군종장교로 하여금 교계에 널리 알려진 특정 종교에 대한 비판적 정보를 담은 책자를 발행·배포하게 하였더라도, 특별한 사정이 없는 한 이러한 행위가 정교분리의 원칙에 반하는 위법한 직무집행에 해당된다고 보기 어렵다(대판 2007.04.26. 2006다87903).

정답 O

16년(3) 모의

470. 선교의 자유에는 국민이 선택한 임의의 장소에서 자유롭게 종교전파를 할 수 있는 권리까지 포함된다고 할 수 없다.

해설 종교(선교활동)의 자유는 국민에게 그가 선택한 임의의 장소에서 자유롭게 행사할 수 있는 권리까지 보장한다고 할 수 없으며, 그 임의의 장소가 대한민국의 주권이 미치지 아니하는 지역 나아가 국가에 의한 국민의 생명·신체 및 재산의 보호가 강력히 요구되는 해외 위난지역인 경우에는 더욱 그러하다(헌재 2008.06.26. 2007헌마1366).

정답 O

12년(3) 모의

471. 종립학교가 종파교육 형태의 종교교육을 실시한다면 그 자체로 바로 강제로 배정받은 학생들에 대한 관계에서 학교법인의 종교교육의 자유나 사학의 자유의 한계를 넘는 것이다.

해설 종립학교에 대하여 평준화정책이 합헌이고 학생들이 강제로 배정되었다는 이유로 종교교육을 제한하는 것은 종립학교의 종교교육의 자유나 운영의 자유를 중대하게 침해하는 것이라고 볼 수 있으며, 학교교육은 학생의 창의력 개발 및 인성 함양을 포함한 전인적 교육을 중시하여 이루어져야 하고(교육기본법 제9조 제3항), 종교교육 역시 학생들의 올바른 심성과 가치관을 기르는 데에 도움이 될 수 있으므로, 종립학교가 종파교육 형태의 종교교육을 실시한다고 하여 그 자체만으로 바로 강제로 배정된 학생들에 대한 관계에서 학교법인의 종교교육의 자유나 사학의 자유의 한계를 넘은 것이라고 단정할 수는 없을 것이다. 한편 학생의 소극적 종교행위의 자유 및 소극적 신앙고백의 자유도 외부로 표현되는 실현 과정에서 다른 법익과 충돌한다면 제한이 수반될 수 있으므로, 학생 또한 피교육자의 입장에서 올바른 인성을 함양하고 민주 시민으로서 필요한 자질을 기르기 위하여 앞서 본 한계 내에서 실시되는 종교교육을 용인하여야 한다(대판 2010.04.22. 2008다38288(전합)).

정답 X

23년(2) 모의

472. 사립학교의 설립자·경영자가 「고등교육법」 또는 그 밖의 교육관계법령에 따른 교육부장관의 명령을 여러 번 위반한 경우를 학교법인에 대한 학교폐쇄명령의 사유로 규정한 것은 자기책임원리에 반하여 사학의 자유를 침해한다.

해설 학교법인은 사립학교만을 설치·경영할 목적으로 사립학교법에 따라 설립허가를 받아 설립되는 법인이다(사립학교법 제2조 제2호, 제10조 제1항). 따라서 사립학교를 설치·경영한다는 목적의 달성이 불가능한 경우 학교법인으로서는 존립 근거가 사라지는 것이고, 이에 해산되는 것은 당연하다. 이와 같이 이 사건 해산명령조항은 사립학교를 설치·경영한다는 목적의 달성이 불가능한 학교법인을 퇴출시켜 학교법인으로 하여금 사립학교의 설치·경영이라는 목적 달성에 충실하도록 하며, 비정상적으로 운영되는 사립학교의 존립 가능성을 사전에 차단함으로써, 전체 교육의 수준을 일정 수준 이상으로 유지하기 위한 것으로서 해산명령조항이 과잉금지원칙을 위반하여 사학의 자유를 침해한다고 볼 수도 없다(헌재 2018.12.27. 2016헌바217(전합)).

정답 X

24년 변시

473. 금치처분을 받은 자에게 금치처분 기간 중 종교상담을 통한 종교활동을 제외하고, 종교의식 또는 종교행사 참석을 금지하는 법조항은 이러한 불이익이 규율 준수를 통하여 수용질서를 유지한다는 공익에 비하여 크다 할 수 없으므로 해당 수용자의 종교의 자유를 침해하지 않는다.

해설 형집행법 제112조 제3항 본문 중 제108조 제4호에 관한 부분은 금치의 징벌을 받은 사람에 대해 금치기간 동안 공동행사 참가 정지라는 불이익을 가함으로써, 규율의 준수를 강제하여 수용시설 내의 안전과 질서를 유지하기 위한 것으로서, 목적의 정당성 및 수단의 적합성이 인정된다. 금치처분을 받은 사람은 최장 30일 이내의 기간 동안 공동행사에 참가할 수 없으나, 서신수수, 접견을 통해 외부와 통신할 수 있고, 종교상담을 통해 종교활동을 할 수 있다. 또한, 위와 같은 불이익은 규율 준수를 통하여 수용질서를 유지한다는 공익에 비하여 크다고 할 수 없다. 따라서 위 조항은 청구인의 통신의 자유, 종교의 자유를 침해하지 아니한다(헌결 2016.05.26. 2014헌마45).

정답

제❸항 │ 언론·출판의 자유

Ⅰ 언론·출판의 자유의 내용

1. 의사표현의 자유(의사표명 및 전달의 자유)

21년 변시

474. 의료광고는 표현의 자유의 보호영역에 속하지만 사상이나 지식에 관한 정치적·시민적 표현 행위와는 차이가 있고, 직업수행의 자유의 보호영역에도 속하지만 인격발현과 개성신장에 미치는 효과가 중대한 것은 아니므로, 그 규제의 위헌여부는 완화된 기준인 자의금지원칙에 따라 심사한다.

해설 상업광고에 대한 규제에 의한 표현의 자유 내지 직업수행의 자유의 제한은 헌법 제37조 제2항에서 도출되는 비례의 원칙(과잉금지원칙)을 준수하여야 하지만, 상업광고는 사상이나 지식에 관한 정치적, 시민적 표현행위와는 차이가 있고, 인격발현과 개성신장에 미치는 효과가 중대한 것은 아니므로, 비례의 원칙 심사에 있어서 '피해의 최소성' 원칙은 '입법목적을 달성하기 위하여 필요한 범위 내의 것인지'를 심사하는 정도로 완화되는 것이 상당하다(헌재 2005.10.27. 2003헌가3). ▶ "특정의료기관이나 특정의료인의 기능·진료방법"에 관한 광고를 금지하는 의료법(2002. 3. 30. 법률 제6686호로 개정되기 전의 것) 제46조 제3항 및 그 위반시 300만 원 이하의 벌금에 처하도록 하는 동법 제69조가 헌법 제37조 제2항의 비례의 원칙에 위배하여 표현의 자유와 직업수행의 자유를 침해한다고 판단

정답

23년(3) 모의

475. 정보통신망을 통하여 음란한 화상 또는 영상을 공공연하게 전시하여 유통하는 것을 금지하고 이를 위반하는 자를 처벌하는 것은 음란물이나 청소년에 대한 음란물의 유통

등으로 규제 대상을 좁게 설정하여야 함에도, 필연적으로 규제되지 않아야 할 표현까지 전부 금지하면서 위반 시 과태료·과징금의 제재를 넘어 형사처벌까지 한다는 점에서 해당 전시자의 표현의 자유를 침해한다.

해설 … 이 사건 법률조항에 의한 표현의 자유 제한은 음란표현이 헌법상 표현의 자유에 의한 보호대상이 되고 따라서 음란물 정보의 배포 등의 행위에 대하여 형사상 중한 처벌을 가하는 것이 이러한 기본권을 다소 제한하게 되는 결과가 된다 하더라도 이는 공공복리를 위하여 필요한 제한으로서 헌법 제37조 제2항의 과잉금지의 원칙에 반하는 것이라고 보기 어렵다(헌재 2009.05.28. 2006헌바109,2007헌바49,57,83,129(병합,전합)).

정답

21년(1) 모의

476. 비(非)의료인의 의료에 관한 광고를 금지하고 처벌하는 것은 국민의 생명권과 건강권을 보호하고 국민의 보건에 관한 국가의 보호의무를 이행하기 위하여 필요한 최소한도 내의 제한이므로 비의료인의 표현의 자유를 침해한다고 볼 수 없다.

해설 의료기관 또는 의료인이 아닌 자가 의료에 관한 광고를 할 경우에 이를 형사처벌 하도록 규정한 의료법(2010. 7. 23. 법률 제10387호로 개정된 것) 제89조 중 제56조 제1항에 관한 부분(이하 '이 사건 법률조항'이라 한다) … 이 사건 법률조항은 무면허 의료행위의 조장 및 확산을 방지함으로써, 국민의 생명권과 건강권을 보호하고 국민의 보건에 관한 국가의 보호의무를 이행하기 위한 것으로 입법목적의 정당성 및 수단의 적절성이 인정된다. 의료인이 아닌 자가 행하는 잘못된 광고 내용에 현혹된 일반인들은 올바른 의료 선택을 하지 못하게 되므로 무면허 의료행위의 조장 및 확산이 유발되고, 의약품 등을 취급, 판매하는 업무에 종사하는 자가 단순 판매로 위장하여 무면허 의료행위로 나아갈 위험이 있는 점, 광고내용 심사만으로는 무면허 의료행위 확산을 사전에 차단할 수 없는 점, 의료인에 해당하지 않는 자도 약사법이나 의료기기법 등이 허용하는 한도에서 의약품이나 의료기기에 관한 광고는 허용되는 점 등에 비추어 침해의 최소성 원칙에도 반하지 않는다. 나아가 사람의 생명, 신체나 일반 공중위생상의 위해 방지라는 공익은 의료인이 아닌 자가 제한받게 되는 표현의 자유와 직업 수행의 자유에 비하여 현저히 크다고 할 것이므로 법익균형성 요건도 충족한다. 따라서 이 사건 법률조항은 의료인이 아닌 자의 표현의 자유 및 직업수행의 자유를 침해하지 아니한다(헌재 2014.03.27. 2012헌바293).

정답

 21년 변시

477. 사실적 주장에 관한 언론보도 등으로 인하여 피해를 입은 자는 그 보도 내용에 관한 반론보도를 언론사에 청구할 수 있는데, 이 청구에는 언론사의 고의·과실이나 위법성이 필요하지 않으나, 보도 내용이 진실인 경우에는 청구할 수 없다.

해설 언론중재법 제16조 제2항 참조.

언론중재법 제16조(반론보도청구권) ① 사실적 주장에 관한 언론보도등으로 인하여 피해를 입은 자는 그 보도 내용에 관한 반론보도를 언론사등에 청구할 수 있다.
② 제1항의 청구에는 언론사등의 고의·과실이나 위법성을 필요로 하지 아니하며, 보도 내용의 진실 여부와 상관없이 그 청구를 할 수 있다.
③ 반론보도 청구에 관하여는 따로 규정된 것을 제외하고는 정정보도 청구에 관한 이 법의 규정을 준용한다.

정답

23년(1) 모의

478. 「서울특별시 학생인권조례」에서 학교 구성원은 성별 등의 사유를 이유로 차별적 언사나 행동, 혐오적 표현 등을 통해 다른 사람의 인권을 침해하여서는 아니 된다는 점을 규정한 것은 학교 구성원들의 표현의 자유를 침해한다고 볼 수 없다.

해설 … 이 사건 조례 제5조 제3항은 학교 운영자나 학교의 장, 교사, 학생 등(이하 '학교 구성원'이라 한다)으로 하여금 성별 등의 사유를 이유로 한 차별적 언사나 행동, 혐오적 표현 등을 통해 다른 사람의 인권을 침해하지 못하도록 규정하고 있는바, 이는 표현의 자유 제한과 연결된다. … 이와 같은 점을 종합할 때, 이 사건 조례 제5조 제3항은 입법목적의 달성을 위하여 필요한 범위에서 학교 구성원으로 하여금 성별 등의 사유를 이유로 한 차별적 언사나 행동, 혐오적 표현 등을 통해 타인의 인권을 침해하는 것을 금지하고 있는바, 침해의 최소성도 충족하였다고 할 것이다. 이 사건 조례 제5조 제3항은 학내 구성원의 존엄성 보호, 학생의 올바른 가치관 형성과 인권의식 함양을 위한 것으로서 달성되는 공익이 매우 중대한 반면, 제한되는 표현은 타인의 인권을 침해하는 정도에 이르는 차별·혐오표현으로, 그러한 침해가능성을 인식하면서 표현하는 것으로 보호가치가 매우 낮으므로, 법익 간 균형이 인정된다. 따라서 이 사건 조례 제5조 제3항은 과잉금지원칙에 위배되어 청구인 1 내지 14의 표현의 자유를 침해하지 아니한다.(헌재 2019.11.28. 2017헌마1356(전합)).

정답

23년(1) 모의

479. 대한민국을 모욕할 목적으로 국기를 손상, 제거 또는 오욕한 자를 처벌하는 것은 국기가 가지는 고유의 상징성과 위상을 고려하여 일정한 표현방법을 규제하는 것에 불과하므로 국기를 모독한 자의 표현의 자유를 침해한다고 볼 수 없다.

해설 심판대상조항은 국가가 가지는 고유의 상징성과 위상을 고려하여 일정한 표현방법을 규제하는 것에 불과하므로, 국기모독 행위를 처벌한다고 하여 이를 정부나 정권, 구체적 국가기관이나 제도에 대한 비판을 허용하지 않거나 이를 곤란하게 하는 것으로 볼 수 없다. 만약 표현의 자유만을 강조하여 국가모독 행위를 금지·처벌하지 않는다면, 국가가 상징하는 국가의 권위와 체면이 훼손되고 국민이 국기에 대하여 가지는 존중의 감정이 손상되며 국민을 극단적 대립과 갈등 상황으로 몰아넣을 수 있다. 국기모독 행위를 경범죄로 취급하거나 형벌 이외의 다른 수단으로 제재하여서는 입법목적을 효과적으로 달성하기 어렵다. 형법 제정 이후 국기모독죄로 기소되거나 처벌된 사례가 거의 없으며, 심판대상조항의 법정형은 법관이 구체적 사정을 고려하여 합리적으로 양형할 수 있도록 규정되어 있다. 그러므로 심판대상조항은 과잉금지원칙에 위배되어 청구인의 표현의 자유를 침해한다고 볼 수 없고, 표현의 자유의 본질적 내용을 침해한다고도 할 수 없다(헌재 2019.12.27. 2016헌바96 (전합)).

정답 ○

15년·21년 변시, 15년(2) 모의

480. **(1) 의사의 자유로운 표명과 전파의 자유에는 책임이 따르므로 자신의 신원을 밝히지 아니한 채 익명 또는 가명으로 자신의 사상이나 견해를 표명하고 전파할 익명표현의 자유는 보장되지 않는다.**

(2) 헌법재판소는 인터넷게시판을 설치·운영하는 정보통신서비스 제공자에게 본인확인조치의무를 부과하여 게시판 이용자로 하여금 본인확인절차를 거쳐야만 게시판을 이용할 수 있도록 하는 본인확인제를 규정한 법률조항이 게시판 이용자의 표현의 자유를 침해한다고 판단하였다.

해설 (1) 헌법 제21조 제1항에서 보장하고 있는 표현의 자유는 사상 또는 의견의 자유로운 표명(발표의 자유)과 그것을 전파할 자유(전달의 자유)를 의미하는 것으로서, 그러한 의사의 '자유로운' 표명과 전파의 자유에는 자신의 신원을 누구에게도 밝히지 아니한 채 익명 또는 가명으로 자신의 사상이나 견해를 표명하고 전파할 익명표현의 자유도 포함된다.

(2) 이 사건 법령조항들이 표방하는 건전한 인터넷 문화의 조성 등 입법목적은, 인터넷 주소 등의 추적 및 확인, 당해 정보의 삭제·임시조치, 손해배상, 형사처벌 등 인터넷 이용자의 표현의 자유나 개인정보자기결정권을 제약하지 않는 다른 수단에 의해서도 충분히 달성할 수 있음에도, 인터넷의 특성을 고려하지 아니한 채 본인확인제의 적용범위를 광범위하게 정하여 법집행자에게 자의적인 집행의 여지를 부여하고, 목적달성에 필요한 범위를 넘는 과도한 기본권 제한을 하고 있으므로 침해의 최소성이 인정되지 아니한다. 또한 이 사건 법령조항들은 국내 인터넷 이용자들의 해외 사이트로의 도피, 국내 사업자와 해외 사업자 사이의 차별 내지 자의적 법집행의 시비로 인한 집행 곤란의 문제를 발생시키고 있고 … 이러한 인터넷게시판 이용자 및 정보통신서비스 제공자의 불이익은 본인확인제가 달성하려는 공익보다 결코 더 작다고 할 수 없으므로, 법익의 균형성도 인정되지 않는다(헌재 2012.08.23. 2010헌마47).

정답 ×, ○

21년(1) 모의

481. **구체적 위험이 현존하지는 않더라도 그 위험성이 명백한 단계에서 반국가단체 등에 대한 찬양·고무·선전·동조 행위 등을 규제하는 것은 국가의 안전과 존립, 국민의 생존과 자유를 보호하기 위한 불가피한 선택으로 표현의 자유에 대한 지나친 제한이 아니다.**

해설 우리나라가 처한 이와 같은 특수한 안보현실에서 반국가단체 등에 대한 찬양·고무·선전·동조 등의 행위로 야기된 명백한 위험은 그것이 반드시 현재 시점에 당장 현실화된 것은 아닐지라도 언제든지 국가안보에 상당한 위협이 될 수 있고, 이와 같은 행위로 인한 위험이 구체적이고 현존하는 단계에는 이미 국가의 존립이나 안전에 막대한 피해가 초래되어 돌이킬 수 없거나 공권력의 개입이 무의미해질 가능성도 있다. 따라서 구체적 위험이 현존하지는 않더라도 그 위험성이 명백한 단계에서 반국가단체 등에 대한 찬양·고무·선전·동조 행위 등을 규제하는 것은 공권력을 시의적절하게 발동함으로써 국가의 안전과 존립, 국민의 생존과 자유를 보호하기 위한 불가피한 선택으로 결코 표현의 자유에 대한 지나친 제한이 아니다(헌재 2015.04.30. 2012헌바95).

정답 ○

20년(3) 모의

482. 대한민국 또는 헌법상 국가기관에 대하여 모욕, 비방, 사실 왜곡, 허위사실 유포 또는 기타 방법으로 대한민국의 안전, 이익 또는 위신을 해하거나 해할 우려가 있는 표현이나 행위를 처벌하는 국가모독죄 규정은 국가의 안전과 이익, 위신 보전을 그 입법목적으로 내세우고 있으나, 일률적인 형사처벌을 통해 그 입법목적을 달성할 수 있다고 볼 수 없으므로 수단의 적합성을 인정할 수 없다.

해설 심판대상조항의 신설 당시 제안이유에서는 '국가의 안전과 이익, 위신 보전'을 그 입법목적으로 밝히고 있으나, 언론이 통제되고 있던 당시 상황과 위 조항의 삭제 경위 등에 비추어 볼 때 이를 진정한 입법목적으로 볼 수 있는지 의문이고, 일률적인 형사처벌을 통해 국가의 안전과 이익, 위신 등을 보전할 수 있다고 볼 수도 없으므로 수단의 적합성을 인정할 수 없다. 심판대상조항에서 규정하고 있는 "기타 방법", 대한민국의 "이익"이나 "위신" 등과 같은 개념은 불명확하고 적용범위가 지나치게 광범위하며, 이미 형법, 국가보안법, 군사기밀보호법에서 대한민국의 안전과 독립을 지키기 위한 처벌규정을 두고 있는 점, 국가의 "위신"을 훼손한다는 이유로 표현행위를 형사처벌하는 것은 자유로운 비판과 참여를 보장하는 민주주의 정신에 위배되는 점, 형사처벌조항에 의하지 않더라도 국가는 보유하고 있는 방대한 정보를 활용해 스스로 국정을 홍보할 수 있고, 허위사실 유포나 악의적인 왜곡 등에 적극적으로 대응할 수도 있는 점 등을 고려하면 심판대상조항은 침해의 최소성 원칙에도 어긋난다. 나아가 민주주의 사회에서 국민의 표현의 자유가 갖는 가치에 비추어 볼 때, 기본권 제한의 정도가 매우 중대하여 법익의 균형성 요건도 갖추지 못하였으므로, 심판대상조항은 과잉금지원칙에 위배되어 표현의 자유를 침해한다(헌재 2015.10.21. 2013헌가20).

정답 ○

15년·19년 변시

483. (1) 정보 등을 불특정 다수인에게 전파하는 광고물도 헌법 제21조가 보장하는 언론·출판의 자유의 보호대상이 된다.
(2) 건강기능식품에 대한 기능성 광고는 상업광고이므로 헌법상 표현의 자유의 보호대상이 될 수 없다.

해설 광고물도 사상·지식·정보 등을 불특정다수인에게 전파하는 것으로서 언론·출판의 자유에 의한 보호를 받는 대상이 됨은 물론이고, 상업적 광고표현 또한 보호 대상이 되며 텔레비전 방송광고 역시 그 보호의 대상이 되므로 이 사건 건강기능식품 표시·광고 역시 언론·출판의 자유의 보호 대상이 된다(헌재 2010.07.29. 2006헌바75).

정답 O, ×

 18년 변시, 17년(1) 모의

484.
(1) 의료인이 아닌 자가 의료에 관한 광고를 할 경우 이를 형사처벌하도록 규정한 「의료법」 조항은 의료인이 아닌 자의 표현의 자유뿐만 아니라 직업수행의 자유도 동시에 제한한다.

(2) 의료에 관한 광고는 표현의 자유의 보호영역에 속하지만 사상이나 지식에 관한 정치적·시민적 표현 행위와는 차이가 있고, 한편 직업수행의 자유의 보호영역에도 속하지만 인격발현과 개성신장에 미치는 효과가 중대한 것은 아니므로, 의료에 관한 광고의 규제에 대한 과잉금지원칙 위배 여부를 심사함에 있어 그 기준을 완화하는 것이 타당하다.

해설 (1) 한약업사가 의약품을 판매함에 있어서 그에 관련된 정보를 표시·광고하는 것은 영업활동의 중요한 한 부분을 이루고 있으므로, 광고 게재사항이 의료에 관한 내용을 포함하는 경우에 이를 형사처벌하는 이 사건 법률조항은 헌법 제15조의 직업의 자유 중 직업수행의 자유도 동시에 제한한다(헌재 2014.03.27. 2012헌바293).

(2) 의료에 관한 광고는 표현의 자유의 보호영역에 속하지만 사상이나 지식에 관한 정치적, 시민적 표현 행위와는 차이가 있으며, 직업수행의 자유는 직업선택의 자유에 비해 인격발현과 개성신장에 미치는 효과가 중대한 것은 아니다. 그러므로 의료에 관한 광고의 규제에 대한 과잉금지원칙 위배 여부를 심사함에 있어, 피해의 최소성 원칙은 같은 목적을 달성하기 위하여 달리 덜 제약적인 수단이 없을 것인지 혹은 입법목적을 달성하기 위하여 필요한 최소한의 제한인지를 심사하기 보다는 '입법목적을 달성하기 위하여 필요한 범위 내의 것인지'를 심사하는 정도로 완화하는 것이 상당하다(헌재 2014.03.27. 2012헌바293).

정답 O, O

 18년 변시

485. 언론의 자유에 의하여 보호되는 것은 정보의 획득에서부터 뉴스와 의견의 전파에 이르기까지 언론의 기능과 본질적으로 연관되는 활동에 국한되므로, 인터넷언론사가 취재인력 3명 이상을 포함하여 취재 및 편집 인력 5명 이상을 상시적으로 고용하도록 하는 것은 언론의 자유를 제한하는 것이 아니라 인터넷언론사의 직업의 자유를 제한하는 것이다.

해설 언론의 자유에 의하여 보호되는 것은 정보의 획득에서부터 뉴스와 의견의 전파에 이르기까지 언론의 기능과 본질적으로 관련되는 모든 활동이다. 이런 측면에서 고용조항과 확인조항은 인터넷신문의 발행을 제한하는 효과를 가지고 있으므로 언론의 자유를 제한한다(헌재 2016.10.27. 2015헌마1206).

정답 ×

18년 변시

486. (1) 금치처분을 받은 자에 대한 집필제한은 표현의 자유를 제한하는 것이며, 서신수수 제한은 통신의 자유에 대한 제한에 속한다.

(2) 금치처분을 받은 미결수용자에 대하여 그 기간 중 집필을 금지하면서 예외적인 경우에만 교도소장이 집필을 허가할 수 있도록 한 「형의 집행 및 수용자의 처우에 관한 법률」상의 규정은 미결수용자의 표현의 자유를 침해하지 않는다.

해설 (1) (금치기간 중 집필을 금지하도록 한) 이 사건 집필제한 조항에 의하여 가장 직접적으로 제한되는 것은 표현의 자유라고 볼 수 있다. … (금치기간 중 서신수수를 금지하도록 한) 이 사건 서신수수제한 조항이 직접적으로 제한하고 있는 것은 외부인과 서신을 이용한 교통·통신이므로, 이 부분 심판청구에 대해서는 이 사건 서신수수제한 조항이 과잉금지원칙을 위반하여 미결수용자인 청구인의 통신의 자유를 침해하는지 여부를 판단하도록 한다(헌재 2014.08.28. 2012헌마623).

(2) 금치 처분을 받은 수용자들은 이미 수용시설의 안전과 질서유지에 위반되는 행위, 그 중에서도 가장 중한 평가를 받은 행위를 한 자들이라는 점에서, 집필과 같은 처우 제한의 해제는 예외적인 경우로 한정될 수밖에 없고, 선례가 금치기간 중 집필을 전면 금지한 조항을 위헌으로 판단한 이후, 입법자는 집필을 허가할 수 있는 예외를 규정하고 금치처분의 기간도 단축하였다. 나아가 미결수용자는 징벌집행 중 소송서류의 작성 등 수사 및 재판 과정에서의 권리행사는 제한 없이 허용되는 점 등을 감안하면, 이 사건 집필제한 조항은 청구인의 표현의 자유를 침해하지 아니한다(헌재 2014.08.28. 2012헌마623).

정답 O, O

17년(3) 모의

487. 대통령의 전과와 토지소유 현황은 공적 관심 사안에 해당하는 것이지만, 이에 대한 충분한 사실 확인 없이 대통령의 부동산 정책을 비판하는 것을 주된 내용으로 하는 동영상을 인터넷에 게시한 것은 피해자인 대통령을 비방할 목적이 있었다고 볼 수 있으므로, 공적 인물에 대한 보도라 하더라도 그 보호되는 범위를 넘어 선 것이다.

해설 대통령인 피해자의 전과와 토지소유 현황은 공인에 관한 공적 관심 사안에 해당하는바, 청구인이 피해자의 정책비판을 주된 내용으로 하고 있는 이 사건 동영상을 게시한 행위에 피해자를 비방할 목적이 있었다고 볼 수 없다(헌재 2013.12.26. 2009헌마747).

정답 X

17년(3) 모의

488. 인터넷에 제3자의 표현물을 게시한 행위가 전체적으로 보아 단순히 그 표현물을 인용하거나 소개하는 것에 불과한 경우에는 명예훼손의 책임이 부정되고, 제3자의 표현물을 실질적으로 이용·지배함으로써 제3자의 표현물과 동일한 내용을 직접 적시한 것과 다름없다고 평가되는 경우에는 명예훼손의 책임이 인정되어야 한다.

해설 인터넷에 제3자의 표현물을 게시한 행위가 전체적으로 보아 단순히 그 표현물을 인용하거나 소개하는 것에 불과한 경우에는 명예훼손의 책임이 부정되고, 제3자의 표현물을 실질적으로 이용·지배함으로써 제3자의 표현물과 동일한 내용을 직접 적시한 것과 다름없다고 평가되는 경우에는 명예훼손의 책임이 인정되어야 할 것이다(헌재 2013.12.26. 2009헌마747).

정답 ○

17년(1) 모의

489. 공포심이나 불안감을 유발하는 부호·문언·음향·화상 또는 영상을 반복적으로 상대방에게 도달하게 한 자를 1년 이하의 징역 또는 1,000만 원 이하의 벌금으로 처벌하는 것은 과잉금지원칙에 위배되지 않는다.

해설 심판대상조항은 일정 행위의 반복을 구성요건요소로 하고 있어서 적용범위를 제한하고 있고, 법정형도 1년 이하의 징역 또는 1,000만 원 이하의 벌금으로 형벌규정 중 상대적으로 가볍다. 이러한 사정을 종합하면 심판대상조항은 침해의 최소성에 반한다고 할 수 없다. 심판대상조항으로 인하여 개인은 정보통신망을 통한 표현에 일정한 제약을 받게 되나, 수신인인 피해자의 사생활의 평온 보호 및 정보의 건전한 이용풍토 조성이라고 하는 공익이 침해되는 사익보다 크다고 할 것이어서 심판대상조항은 법익균형성의 요건도 충족하였다. 따라서 심판대상조항은 표현의 자유를 침해하지 아니한다(헌재 2016.12.29. 2014헌바434).

14년(1)·17년(3) 모의

490. 상업광고에 있어서 표현의 자유를 제한하는 경우에 '피해의 최소성' 원칙은 같은 목적을 달성하기 위하여 달리 덜 제약적인 수단이 없을 것인지를 심사하기 보다는 입법자의 판단이 현저하게 잘못되었는지 여부만을 심사하는 명백성 통제에 그치고 있다.

해설 명백성 통제는 사회·경제정책적 법률에 대한 헌법재판소의 위헌심사 방식이다. 상업광고에 있어서 표현의 자유의 제한하는 경우에 피해의 최소성 원칙은 '입법목적을 달성하기 위하여 필요한 범위 내의 것인지'를 심사한다(헌재 2005.10.27. 2003헌가3).

15년(2) 모의

491. 일반적으로 상품의 표시·광고규제는 상품제조업자 등의 직업행사의 자유(영업의 자유)를 제한하는 것일 뿐만 아니라, 상업적 광고표현 또는 표현의 자유를 제한하는 것이기도 하다.

해설 이 사건 규정은 식품이나 식품의 용기·포장(이하 "식품등"이라 한다)에 "음주전후" 또는 "숙취해소"라는 표시를 금지하는 것이다. 식품제조업자 등이 숙취해소용 식품을 제조·판매함에 있어서 그 식품의 효능에 관하여 표시·광고하는 것은 영업활동의 중요한 한 부분을 이루므로 이 사건 규정에 의하여 식품제조업자 등의 직업행사의 자유(영업의 자유)가 제한된다. 뿐만 아니라 "음주전후" 또는 "숙취해소"라는 표시는 식품판매를 위한 상업적 광고표현에 해당한다고 할 것인데, 상업적 광고표현 또한 표현의 자유의 보호를 받는 대상이 되므로 이 사건 규정은 표현의 자유를 제한하는 것이기도 하다(헌재 2000.03.30. 99헌마143).

정답 O

15년(2) 모의

492. '모욕적 표현'은 일정한 경우 타인의 명예나 권리를 침해하므로 표현의 자유의 보호영역에서 배제된다.

 헌법 제21조 제4항은 '언론·출판은 타인의 명예나 권리 또는 공중도덕이나 사회윤리를 침해하여서는 아니 된다.'고 규정하고 있는바, 이는 언론출판의 자유에 따르는 책임과 의무를 강조하는 동시에 언론·출판의 자유에 대한 제한의 요건을 명시한 규정으로 볼 것이고, 헌법상 표현의 자유의 보호영역 한계를 설정한 것이라고는 볼 수 없다. 즉, 표현이 어떤 내용에 해당한다는 이유만으로 표현의 자유의 보호영역에서 애당초 배제된다고는 볼 수 없으므로, '모욕적 표현'이 일정한 경우 타인의 명예나 권리를 침해한다고 하여도 헌법 제21조가 규정하는 언론·출판의 자유의 보호영역에는 해당하되, 다만 헌법 제37조 제2항에 따라 국가안전보장·질서유지 또는 공공복리를 위하여 제한할 수 있는 것이라고 해석하여야 할 것이다(헌재 2012.11.29. 2011헌바137).

정답 ×

15년 변시, 12년(2) 모의

493. 표현의 자유는 정보의 전달 또는 전파와 관련지어 생각되므로 구체적인 전달이나 전파의 상대방이 없는 집필의 단계를 당연히 표현의 자유의 보호영역에 속한다고 볼 수는 없다.

 집필행위는 사람의 내면에 있는 생각이 외부로 나타나는 첫 단계의 행위란 점에서 문자를 통한 표현행위의 가장 기초적이고도 전제가 되는 행위라 할 것이다. 일반적으로 표현의 자유는 정보의 전달 또는 전파와 관련지어 생각되므로 구체적인 전달이나 전파의 상대방이 없는 집필의 단계를 표현의 자유의 보호영역에 포함시킬 것인지 의문이 있을 수 있으나, 집필은 문자를 통한 모든 의사표현의 기본 전제가 된다는 점에서 당연히 표현의 자유의 보호영역에 속해 있다고 보아야 한다(헌재 2005.02.24. 2003헌마289).

정답 ×

12년·15년 변시

494. '음란'이란 인간존엄 내지 인간성을 왜곡하는 노골적이고 적나라한 성표현으로서 오로지 성적 흥미에만 호소할 뿐 전체적으로 보아 하등의 문학적, 예술적, 과학적 또는 정치적 가치를 지니지 않은 것으로서, 사회의 건전한 성도덕을 크게 해칠 뿐만 아니라 사상의 경쟁메커니즘에 의해서도 그 해악이 해소되기 어려워, 음란한 표현은 언론·출판의 자유의 보호영역에 포함되지 아니한다.

해설 음란표현이 언론·출판의 자유의 보호영역에 해당하지 아니한다고 해석할 경우, … 결국 음란표현에 대한 최소한의 헌법상 보호마저도 부인하게 될 위험성이 농후하게 된다는 점을 간과할 수 없다. 이 사건 법률조항의 음란표현은 헌법 제21조가 규정하는 언론·출판의 자유의 보호영역 내에 있다고 볼 것인바, 종전에 이와 견해를 달리하여 음란표현은 헌법 제21조가 규정하는 언론·출판의 자유의 보호영역에 해당하지 아니한다는 취지로 판시한 우리 재판소의 의견(헌재 1998.04.30. 95헌가16)을 변경한다(헌재 2009.05.28. 2006헌바109).

12년 변시

495. 국가가 개인의 표현행위를 규제하는 경우, 표현내용에 대한 규제는 원칙적으로 중대한 공익의 실현을 위하여 불가피한 경우에 한하여 엄격한 요건 하에서만 허용되는 반면, 표현내용과 무관한 표현방법에 대한 제한은 합리적인 공익상의 이유로 비례의 원칙의 준수 하에서 가능하다.

해설 국가가 개인의 표현행위를 규제하는 경우, 표현내용에 대한 규제는 원칙적으로 중대한 공익의 실현을 위하여 불가피한 경우에 한하여 엄격한 요건 하에서 허용되는 반면, 표현내용과 무관하게 표현의 방법을 규제하는 것은 합리적인 공익상의 이유로 폭넓은 제한이 가능하다. … 이 사건 시행령조항은 … 표현방법에 따른 규제로서, 표현의 방법에 대한 제한은 합리적인 공익상의 이유로 비례의 원칙의 준수 하에서 가능하다고 할 것이다(헌재 2002.12.18. 2000헌마764).

12년(3) 모의

496. 불법 감청·녹음 등으로 생성된 정보를 합법적으로 취득한 자가 이를 공개 또는 누설하는 경우에도 그것이 진실한 사실로서 오로지 공공의 이익을 위한 경우에는 이를 처벌하지 아니하는 특별한 위법성 조각사유를 두고 있지 않은 것은 표현의 자유를 침해한다.

해설 이 사건 법률조항이 불법 취득한 타인간의 대화내용을 공개한 자를 처벌함에 있어 형법 제20조(정당행위)의 일반적 위법성조각사유에 관한 규정을 적정하게 해석 적용함으로써 공개자의 표현의 자유도 적절히 보장될 수 있는 이상, 이 사건 법률조항에 형법상의 명예훼손죄와 같은 위법성조각사유에 관한 특별규정을 두지 아니하였다는 점만으로 기본권 제한의 비례성을 상실하였다고는 볼 수 없다. … 이 사건 법률조항은 표현의 자유를 보장한 헌법 제21조 제1항에 위반되지 아니한다(헌재 2012.08.30. 2009헌바42).

2. 알 권리

497. 알 권리는 적어도 이미 생성되어 존재하는 정보원(情報源)을 전제로 하는 것이므로, 현존하는 정보원에 대한 접근을 넘어 적극적으로 새로운 정보의 생성을 구하는 것은 알 권리의 보호대상에 포함된다고 볼 수 없다.

해설 알 권리는 적어도 이미 생성되어 존재하는 정보원(情報源)을 전제로 하는 것이며, 인식의 대상이 되는 정보원이 존재하지 아니하는 경우에는 알 권리가 제한될 여지가 없다. 청구인들의 주장은 결국 사업시행인 조합이 토지 등 소유자에게 통지하여야 하는 정보의 범위를 '개략적인 부담금내역'보다 더 확대·구체화하여야 한다는 것으로, 현존하는 정보원에 대한 접근을 넘어 적극적으로 새로운 정보의 생성을 구하는 것은 헌법이 보장하는 알 권리의 보호대상에 포함된다고 볼 수 없다(헌재 2015.12.23. 2015헌바66).

정답 O

498. 알 권리는 모든 정보원으로부터 일반적 정보를 수집하고 이를 처리할 수 있는 권리를 말하는데, 여기서 '일반적'이란 신문, 잡지, 방송 등 불특정다수인에게 개방될 수 있는 것을, '정보'란 양심, 사상, 의견, 지식 등의 형성에 관련이 있는 일체의 자료를 말한다.

해설 헌법 제21조 등에서 도출되는 기본권인 알 권리는 모든 정보원으로부터 일반적 정보를 수집하고 이를 처리할 수 있는 권리를 말하는데, 여기서 '일반적'이란 신문, 잡지, 방송 등 불특정다수인에게 개방될 수 있는 것을, '정보'란 양심, 사상, 의견, 지식 등의 형성에 관련이 있는 일체의 자료를 말한다(헌재 2016.05.26. 2014헌마45).

정답 O

499. (1) 알 권리는 국가권력의 간섭을 받지 아니하고 국민이 원하는 정보를 자유롭게 수집할 수 있는 정보의 자유와 국가기관 등 공공기관이 보유하고 있는 정보에 대하여 공개를 요구할 수 있는 정보공개청구권을 내용으로 한다.

(2) 정부가 보유하고 있는 정보에 대한 국민의 '알 권리'의 실현은 법률의 제정이 뒤따라 이를 구체화시키는 것이 충실하고도 바람직하지만, 그러한 법률이 제정되어 있지 않다고 하더라도 불가능한 것은 아니고 헌법 제21조에 의해 직접 보장될 수 있다.

해설 (1) 알 권리(right to know)는 일반적으로 접근할 수 있는 정보원으로부터 자유롭게 정보를 수령·수집하거나, 국가기관 등에 대하여 정보의 공개를 청구할 수 있는 권리를 말한다. 알 권리는 표현의 자유와 표리일체의 관계에 있으며 자유권적 성질과 청구권적 성질을 공유하는 것이다. ① 자유권적 성질은 일반적으로 정보에 접근하고 수집·처리함에 있어서 국가권력의 방해를 받지 아니한다는 것을 말하며, ② 청구권적 성질은 의사형성이나 여론형성에 필요한 정보를 적극적으로 수집할 권리 등을 의미하는 것이다(헌재 2013.07.25. 2012헌마167).
(2) 헌법상 입법의 공개(제50조 제1항), 재판의 공개(제109조)와는 달리 행정의 공개에 대하여서는 명문규정을 두고 있지 않지만, "알 권리"의 생성기반을 살펴볼 때 이 권리의 핵심은 정부가 보유하고 있는 정보에 대한 국민의 "알 권리", 즉 국민의 정부에 대한 일반적 정보공개를 구할 권리(청구권적 기본권)라고 할 것이며, 이러한 "알 권리"의 실현은 법률의 제정이 뒤따라 이를 구체화시키는 것이 충실하고도 바람직하지만, 그러한 법률이 제정되어 있지 않다고 하더라도 불가능한 것은 아니고 헌법 제21조에 의해 직접 보장될 수 있다고 하는 것이 헌법재판소의 확립된 판례인 것이다(헌재 1991.05.13. 90헌마133).

정답 ○, ○

23년(1) 모의

500. 이미 변호사시험에 합격한 사람의 변호사시험 성적 공개 청구기간을 개정 「변호사시험법」 시행일로부터 6개월로 제한하는 것은, 변호사시험 성적의 의미와 기능, 변호사시험 합격자의 취업과 이직에 관한 현실 등을 고려할 때 성적 공개 청구기간이 지나치게 짧다고 볼 수 있으므로, 변호사시험 합격자의 정보공개청구권을 침해한다.

해설 … 이 법 시행일부터 6개월 내라는 기간은 변호사시험 합격자가 취업시장에서 성적 정보에 접근하고 이를 활용하기에 지나치게 짧다. 변호사시험 합격자는 성적 공개 청구기간 내에 열람한 성적 정보를 인쇄하는 등의 방법을 통해 개별적으로 자신의 성적 정보를 보관할 수 있으나, 성적 공개 청구기간이 지나치게 짧아 정보에 대한 접근을 과도하게 제한하는 이상, 이러한 점을 들어 기본권 제한이 충분히 완화되어 있다고 보기도 어렵다. 이상을 종합하면, 특례조항은 과잉금지원칙에 위배되어 청구인의 정보공개청구권을 침해한다(헌재 2019.07.25. 2017헌마1329(전합)).

정답

17년(2)·20년(2) 모의

501. (1) 「공공기관의 정보공개에 관한 법률」에 따라 정보의 공개를 청구하려는 자는 해당 정보를 보유하거나 관리하고 있는 공공기관에 정보공개 청구서를 제출하여야 하며, 말로써는 정보공개를 청구할 수 없다.
(2) 공공기관은 전자적 형태로 보유, 관리하지 아니하는 정보에 대하여 청구인이 전자적 형태로 공개하여 줄 것을 요청한 경우에는 정상적인 업무수행에 현저한 지장을 초래하거나 그 정보의 성질이 훼손될 우려가 없으면 그 정보를 전자적 형태로 변환하여 공개할 수 있다.

해설 공공기관의 정보공개에 관한 법률 제10조 및 제15조 참조.

공공기관의 정보공개에 관한 법률 제10조(정보공개의 청구방법) ① 정보의 공개를 청구하는 자(이하 "청구인"이라 한다)는 해당 정보를 보유하거나 관리하고 있는 공공기관에 다음 각 호의 사항을 적은 정보공개 청구서를 제출하거나 말로써 정보의 공개를 청구할 수 있다.
1. 청구인의 성명·주민등록번호·주소 및 연락처(전화번호·전자우편주소 등을 말한다)
2. 공개를 청구하는 정보의 내용 및 공개방법

② 제1항에 따라 청구인이 말로써 정보의 공개를 청구할 때에는 담당 공무원 또는 담당 임직원(이하 "담당공무원등"이라 한다)의 앞에서 진술하여야 하고, 담당공무원등은 정보공개 청구조서를 작성하여 이에 청구인과 함께 기명날인하거나 서명하여야 한다.

공공기관의 정보공개에 관한 법률 제15조(정보의 전자적 공개) ② 공공기관은 전자적 형태로 보유·관리하지 아니하는 정보에 대하여 청구인이 전자적 형태로 공개하여 줄 것을 요청한 경우에는 정상적인 업무수행에 현저한 지장을 초래하거나 그 정보의 성질이 훼손될 우려가 없으면 그 정보를 전자적 형태로 변환하여 공개할 수 있다.

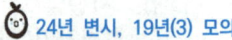

502. (1) 국민은 헌법상 보장된 '알 권리'의 한 내용으로서 국회에 대하여 입법과정의 공개를 요구할 권리를 가지며, 국회의 의사에 대하여는 직접적인 이해관계 유무와 상관없이 일반적 정보공개청구권을 가진다.

(2) 출석의원 과반수의 찬성이 있거나 의장이 국가의 안전보장을 위하여 필요하다고 인정할 때에는 국회의 회의를 공개하지 아니할 수 있다고 규정한 헌법 제50조 제1항 단서가 국회 소위원회에도 적용되므로, 국회 소위원회의 의결로 회의를 비공개할 수 있도록 규정한 「국회법」조항은 과잉금지원칙에 위배되는 위헌적인 규정이라 할 수 없다.

해설 (1) 국회 의사공개의 원칙은 대의민주주의 정치에 있어서 공공정보의 공개를 통해 국정에 대한 국민의 참여도를 높이고 국정운영의 투명성을 확보하기 위하여 필요불가결한 요소이다. 이 같은 헌법규정의 취지를 고려하면, 국민은 헌법상 보장된 알권리의 한 내용으로서 국회에 대하여 입법과정의 공개를 요구할 권리를 가지며, 국회의 의사에 대하여는 직접적인 이해관계 유무와 상관없이 일반적 정보공개청구권을 가진다고 할 수 있다(헌재 2009.09.24. 2007헌바17).

(2) 헌법 제50조 제1항 본문에서 천명하고 있는 국회 의사공개의 원칙이 소위원회의 회의에 적용되는 것과 마찬가지로, 출석의원 과반수의 찬성이 있거나 의장이 국가의 안전보장을 위하여 필요하다고 인정할 때에는 국회 회의를 공개하지 아니할 수 있다고 규정한 동항 단서 역시 소위원회의 회의에 적용된다. 국회법 제57조 제5항 단서는 헌법 제50조 제1항 단서가 국회의사공개원칙에 대한 예외로서의 비공개 요건을 규정한 내용을 소위원회 회의에 관하여 그대로 이어받아 규정한 것에 불과하므로, 헌법 제50조 제1항에 위반하여 국회 회의에 대한 국민의 알권리를 침해하는 것이라거나 과잉금지의 원칙을 위배하는 위헌적인 규정이라 할 수 없다(헌재 2009.09.24. 2007헌바17).

17년(2)·19년(2) 모의

503. **(1) 국민의 알권리에서 나오는 정보공개청구권과 개인정보 주체의 사생활의 비밀과 자유가 충돌하는 경우, 어느 하나를 상위 기본권이라고 하거나 어느 쪽이 우월하다고 할 수는 없어 상충하는 기본권 모두가 최대한으로 그 기능과 효력을 발휘할 수 있도록 조화로운 방법을 모색하여야 한다.**

(2) 공공기관이 보유, 관리하는 개인정보를 공개하면 개인의 사생활의 비밀 또는 자유를 침해할 우려가 있다고 인정되는 경우에 이를 비공개할 수 있도록 하는 것은 정보공개를 청구한 자의 정보공개청구권을 침해하지 않는다.

해설 (1) 이 사건 법률조항('공공기관의 정보공개에 관한 법률'(2004.01.29. 법률 제7127호로 개정된 것, 이하 '정보공개법'이라 한다)제9조 제1항 제6호 본문)은 공공기관이 보유·관리하는 개인정보를 공개하면 개인의 사생활의 비밀 또는 자유를 침해할 우려가 있다고 인정되는 경우에 이를 비공개대상으로 할 수 있도록 함으로써, 국민의 알권리(정보공개청구권)와 개인정보 주체의 사생활의 비밀과 자유가 서로 충돌하게 되는바, 위와 같은 기본권들이 충돌하는 경우에 기본권의 서열이나 법익의 형량을 통하여 어느 한 쪽의 기본권을 우선시키고 다른 쪽의 기본권을 후퇴시킬 수는 없다. 정보공개청구권은 알권리의 당연한 내용이며, 알권리는 헌법 제21조의 표현의 자유에 당연히 포함되는 기본권으로서(헌재 1989.09.04. 88헌마22) 개인의 자유권적 기본권에 해당하고, 헌법 제17조의 사생활의 비밀과 자유 또한 개인의 자유권적 기본권에 해당하므로 국민의 알권리(정보공개청구권)와 개인정보 주체의 사생활의 비밀과 자유 중 어느 하나를 상위 기본권이라고 하거나 어느 쪽이 우월하다고 할 수는 없을 것이기 때문이다. 따라서 이러한 경우에는 헌법의 통일성을 유지하기 위하여 상충하는 기본권 모두가 최대한으로 그 기능과 효력을 발휘할 수 있도록 조화로운 방법을 모색하되(규범조화적 해석), 법익형량의 원리, 입법에 의한 선택적 재량 등을 종합적으로 참작하여 심사하여야 한다.
(2) 개인정보가 정보주체의 의사와 무관하게 누구에게나 노출되어 개인의 사생활의 비밀과 자유가 침해되는 것을 방지하고자 하는 이 사건 법률조항의 입법목적은 정당하고, 공개하면 개인의 사생활의 비밀 또는 자유를 침해할 우려가 있다고 인정되는 개인정보를 비공개할 수 있도록 한 것은 그 입법목적을 달성하기 위한 효과적이고 적절한 수단이라고 할 수 있다. 한편, 정보공개법은 비공개대상으로 정할 수 있는 개인정보의 범위를 공개될 경우 개인의 사생활의 비밀 또는 자유를 침해할 우려가 있다고 인정되는 정보로 제한하고 있으며, 공개청구한 정보가 비공개대상정보에 해당하는 부분과 공개가 가능한 부분이 혼합되어 있는 경우로서 공개청구의 취지에 어긋나지 아니하는 범위 안에서 두 부분을 분리할 수 있는 때에는 비공개대상정보에 해당하는 부분을 제외하고 공개하도록 규정하고 있으며(정보공개법 제14조), 공공기관은 비공개대상정보에 해당하는 개인정보가 비공개의 필요성이 없어진 경우에는 그 정보를 공개대상으로 하여야 한다고 규정하여(정보공개법 제9조 제2항), 국민의 알권리(정보공개청구권)를 필요·최소한으로 제한하고 있다. 나아가 이 사건 법률조항에 따른 비공개로 인하여 법률상 이익을 침해받은 자를 위한 구제절차(이의신청, 행정심판, 행정소송)도 마련되어 있어, 국민의 알권리(정보공개청구권)와 개인정보 주체의 사생활의 비밀과 자유 사이에 균형을 도모하고 있으므로 이 사건 법률조항은 청구인의 알권리(정보공개청구권)를 침해하지 아니한다 (헌재 2010.12.28. 2009헌바258).

정답 ○, ○

19년(1) 모의

504. 공시대상정보로서 교원의 교원단체 및 노동조합 가입현황(인원 수)만을 규정할 뿐 개별 교원의 명단은 규정하고 있지 아니한 것은 학부모들의 알 권리를 침해하지 않는다.

해설 이 사건 시행령조항은 공시대상정보로서 교원의 교원단체 및 노동조합 "가입현황(인원 수)"만을 규정할 뿐 개별 교원의 명단은 규정하고 있지 아니한바, 교원의 교원단체 및 노동조합 가입에 관한 정보는 '개인정보 보호법'상의 민감정보로서 특별히 보호되어야 할 성질의 것이고, 인터넷 게시판에 공개되는 '공시'로 말미암아 발생할 교원의 개인정보 자기결정권에 대한 중대한 침해의 가능성을 고려할 때, 이 사건 시행령조항은 학부모 등 국민의 알 권리와 교원의 개인정보 자기결정권이라는 두 기본권을 합리적으로 조화시킨 것이라 할 수 있으므로, 학부모들의 알 권리를 침해하지 않는다(헌재 2011.12.29. 2010헌마293).

정답 O

18년(1) 모의

505. 일반 국민의 알 권리와는 무관하게 국가기관이 평소의 동향을 감시할 목적으로 개인의 정보를 비밀리에 수집한 경우에는 그 대상자가 공적 인물이라는 이유만으로 면책될 수 없다.

해설 구 국군보안사령부가 군과 관련된 첩보 수집, 특정한 군사법원 관할 범죄의 수사 등 법령에 규정된 직무범위를 벗어나 민간인들을 대상으로 평소의 동향을 감시·파악할 목적으로 지속적으로 개인의 집회·결사에 관한 활동이나 사생활에 관한 정보를 미행, 망원 활용, 탐문채집 등의 방법으로 비밀리에 수집·관리한 경우, 이는 헌법에 의하여 보장된 기본권을 침해한 것으로서 불법행위를 구성한다. … 공적 인물에 대하여는 사생활의 비밀과 자유가 일정한 범위 내에서 제한되어 그 사생활의 공개가 면책되는 경우도 있을 수 있으나, 이는 공적 인물은 통상인에 비하여 일반 국민의 알 권리의 대상이 되고 그 공개가 공공의 이익이 된다는 데 근거한 것이므로, 일반 국민의 알 권리와는 무관하게 국가기관이 평소의 동향을 감시할 목적으로 개인의 정보를 비밀리에 수집한 경우에는 그 대상자가 공적 인물이라는 이유만으로 면책될 수 없다(대판 1998.07.24. 96다42789). ▶ 원고들(민간인들)이 일반공중에 널리 알려져 있거나 공적 인물이어서 그 사생활의 공개가 면책된다는 피고의 주장을 배척한 사례

정답 O

 18년 변시

506. 금치처분은 금치처분을 받은 사람을 징벌거실 속에 구금하여 반성에 전념하게 하려는 목적을 가지고 있으므로, 금치기간 중 텔레비전 시청을 제한하는 것은 수용자의 알 권리를 침해하지 아니한다.

해설 형집행법 제112조 제3항 본문 중 제108조 제6호에 관한 부분은 금치의 징벌을 받은 사람에 대해 금치기간 동안 텔레비전 시청 제한이라는 불이익을 가함으로써, 규율의 준수를 강제하여 수용시설 내의 안전과 질서를 유지하기 위한 것으로서 목적의 정당성 및 수단의 적합성이 인정된다. … 위와 같은 불이익은 규율 준수를 통하여 수용질서를 유지한다는 공익에 비하여 크다고 할 수 없다. 따라서 위 조항은 청구인의 알 권리를 침해하지 아니한다(헌재 2016.05.26. 2014헌마45).

정답 O

17년(2) 모의

507. 구속적부심사건 피의자의 변호인에게 고소장과 피의자신문조서에 대한 열람 및 등사를 거부한 경찰서장의 정보비공개결정은 변호인의 알 권리를 침해하지 않는다.

해설 고소장이나 피의자신문조서를 변호인에게 열람시켜도 이로 인하여 국가안전보장·질서유지 또는 공공복리에 위험을 가져올 우려라든지 또는 사생활침해를 초래할 우려가 있다고 인정할 아무런 자료가 없다. 또한 공공기관의정보공개에관한법률 제7조 제1항 제4호는 '수사, 공소의 제기 및 유지에 관한 사항으로서 공개될 경우 그 직무수행을 현저히 곤란하게 하거나 형사피고인의 공정한 재판을 받을 권리를 침해한다고 인정할 만한 상당한 이유가 있는 정보'를 공개거부의 대상으로 규정하고 있지만 이 사건에서는 고소장과 피의자신문조서를 공개한다고 하더라도 증거인멸, 증인협박, 수사의 현저한 지장, 재판의 불공정 등의 위험을 초래할 만한 사유 있음을 인정할 자료를 기록상 발견하기 어렵다. 결국 변호인에게 고소장과 피의자신문조서에 대한 열람 및 등사를 거부한 경찰서장의 정보비공개결정은 변호인의 피구속자를 조력할 권리 및 알 권리를 침해하여 헌법에 위반된다(헌재 2003.03.27. 2000헌마474).

정답 ×

17년(2) 모의

508. 알 권리에서 파생되는 정부의 공개의무는 특별한 사정이 없는 한 국민의 적극적인 정보수집행위, 특히 특정의 정보에 대한 공개청구가 있는 경우에야 비로소 존재하므로, 정보공개청구가 없었던 경우 정보를 사전에 공개할 정부의 의무는 인정되지 아니한다.

해설 알 권리에서 파생되는 정부의 공개의무는 특별한 사정이 없는 한 국민의 적극적인 정보수집행위, 특히 특정의 정보에 대한 공개 청구가 있는 경우에야 비로소 존재하므로, 정보공개청구가 없었던 경우 대한민국과 중화인민공화국이 2000. 7. 31. 체결한 양국 간 마늘교역에 관한 합의서 및 그 부속서 중 '2003. 1. 1.부터 한국의 민간 기업이 자유롭게 마늘을 수입할 수 있다'는 부분을 사전에 마늘재배농가들에게 공개할 정부의 의무는 인정되지 아니한다(헌재 2004.12.16. 2002헌마579).

정답

15년(2) 모의

509. 일정한 표현물에 대한 일반 국민의 접근을 차단하거나 일정한 내용의 표현물의 제작에 대해서 규제를 하는 경우에는 의사표현의 자유의 제한문제뿐만 아니라 알권리의 제한 문제도 발생할 수 있다.

해설 청소년의 건전한 심성을 보호하기 위해서 퇴폐적인 성표현이나 지나치게 폭력적이고 잔인한 표현 등을 규제할 필요성은 분명 존재하지만, 이들 저속한 표현을 규제하더라도 그 보호대상은 청소년에 한정되어야 하고, 규제수단 또한 청소년에 대한 유통을 금지하는 방향으로 좁게 설정되어야 할 것인데, 저속한 간행물의 출판을 전면 금지시키고 출판사의 등록을 취소시킬 수 있도록 하는 것은 청소년보호를 위해 지나치게 과도한 수단을 선택한 것이고, 또 청소년보호라는 명목으로 성인이 볼 수 있는 것까지 전면 금지시킨다면 이는 성인의 알권리의 수준을 청소년의 수준으로 맞출 것을 국가가 강요하는 것이어서 성인의 알권리까지 침해하게 된다(헌재 1998.04.30. 95헌가16). ▶ 표현물에 대한 국민의 접근을 차단하는 경우 의사표현의 제한문제뿐만 아니라 알권리의 제한문제도 발생할 수 있다.

 정답 ○

3. 액세스권
4. 보도의 자유

Ⅱ 언론·출판의 자유의 제한

1. 사전제한금지

23년(2) 모의

510. 1962년 헌법에서는 언론·출판뿐만 아니라 영화·연예에 대해서도 검열을 금지하는 명문의 규정을 두었다.

해설 사전검열금지의 원칙을 처음 명문화한 1962년 개정 제2공화국 헌법은 "언론·출판에 대한 허가나 검열과 집회·결사에 대한 허가는 인정되지 아니한다. 다만, 공중도덕과 사회윤리를 위하여는 영화나 연예에 대한 검열을 할 수 있다."고 규정하였다(동법 제18조 제2항).

 정답 ×

 21년 변시

511. 사전검열금지원칙은 의사표현의 발표 여부가 오로지 행정권의 허가에 달려있는 사전심사만을 금지하는 것이 아니라 모든 형태의 사전적인 규제를 금지하는 것이다.

해설 검열금지의 원칙은 모든 형태의 사전적인 규제를 금지하는 것이 아니고 단지 의사표현의 발표 여부가 오로지 행정권의 허가에 달려있는 사전심사만을 금지하는 것을 뜻하며, 또한 정신작품의 발표 이후에 비로소 취해지는 사후적인 사법적 규제를 금지하지 않는다. 따라서 심의기관에서 허가절차를 통하여 영화의 상영 여부를 종국적으로 결정할 수 있도록 하는 것은 검열에 해당하나, 예컨대 영화의 상영으로 인한 실정법위반의 가능성을 사전에 막고, 청소년 등에 대한 상영이 부적절할 경우 이를 유통단계에서 효과적으로 관리할 수 있도록 미리 등급을 심사하는 것은 사전검열이 아니다(헌재 1993.02.23. 93헌가13).

 정답 ×

🕐 21년 변시

512. 사전허가금지의 대상은 어디까지나 언론·출판 자유의 내재적 본질인 표현의 내용을 보장하는 것을 말하는 것이지, 언론·출판을 위해 필요한 물적 시설이나 언론기업의 주체인 기업인으로서의 활동까지 포함되는 것으로 볼 수는 없다.

해설 사전허가금지의 대상은 어디까지나 언론·출판 자유의 내재적 본질인 표현의 내용을 보장하는 것을 말하는 것이지, 언론·출판을 위해 필요한 물적 시설이나 언론기업의 주체인 기업인으로서의 활동까지 포함되는 것으로 볼 수는 없다. 즉, 언론·출판에 대한 허가·검열금지의 취지는 정부가 표현의 내용에 관한 가치판단에 입각해서 특정 표현의 자유로운 공개와 유통을 사전 봉쇄하는 것을 금지하는 데 있으므로, 내용 규제 그 자체가 아니거나 내용 규제 효과를 초래하는 것이 아니라면 헌법이 금지하는 "허가"에는 해당되지 않는다(헌재 2016.10.27. 2015헌마1206).

정답 O

20년(3)·21년(1)·23년(3) 모의

513. (1) 인터넷언론사에 대하여 선거일 전 90일부터 선거일까지 후보자 명의의 칼럼이나 저술을 게재하는 보도를 제한하는 것은 인터넷 선거보도의 공정성과 선거의 공정성을 확보하려는 입법목적을 달성할 수 있는 적합한 수단이다.
(2) 인터넷언론사에 대하여 선거일 전 90일부터 선거일까지 후보자 명의의 칼럼이나 저술을 게재하는 보도를 제한하는 것은 해당 후보자의 표현의 자유를 침해한다.

해설 (1) … 이 사건 시기제한조항의 입법목적은 선거일 전 90일부터 선거일까지 후보자 명의의 칼럼 등을 게재하는 인터넷 선거보도를 금지함으로써 인터넷 선거보도의 공정성과 선거의 공정성을 확보하려는 것이므로, 그 입법목적은 정당하다. 또한 이 사건 시기제한조항은 인터넷언론사에 대하여 위와 같은 선거보도를 제한함으로써 공직선거의 후보자나 후보자가 되려는 사람이 인터넷언론사에 칼럼 등을 게재하려는 것을 제한하고, 이를 위반한 경우 이 사건 심의위원회의 심의를 거쳐 필요한 조치를 취할 수 있게 되므로, 그 입법목적을 달성하기 위하여 적합한 수단이다(헌재 2019.11.28. 2016헌마90).

(2) 이 사건 시기제한조항은 선거일 전 90일부터 선거일까지 후보자 명의의 칼럼 등을 게재하는 인터넷 선거보도가 불공정하다고 볼 수 있는지에 대해 구체적으로 판단하지 않고 이를 불공정한 선거보도로 간주하여 선거의 공정성을 해치지 않는 보도까지 광범위하게 제한한다. … 이 사건 시기제한조항의 입법목적을 달성할 수 있는 덜 제약적인 다른 방법들이 이 사건 심의기준 규정과 공직선거법에 이미 충분히 존재한다. 따라서 이 사건 시기제한조항은 과잉금지원칙에 반하여 청구인의 표현의 자유를 침해한다(헌재 2019.11.28. 2016헌마90). ▶ 인터넷언론사에 대하여 선거일 전 90일부터 선거일까지 후보자 명의의 칼럼이나 저술을 게재하는 보도를 제한하는 구 '인터넷선거보도 심의기준 등에 관한 규정' 제8조 제2항 본문과 '인터넷선거보도 심의기준 등에 관한 규정' 제8조 제2항은 법률유보원칙에 반하지 않지만, 과잉금지원칙에 반하여 표현의 자유를 침해한다고 판시

정답 O, O

514.
(1) 건강기능식품의 허위·과장 광고를 사전에 예방하지 않을 경우 소비자들이 신체·건강상으로 이미 입은 피해의 회복이 사실상 불가능하며, 그 광고는 영리목적의 순수한 상업광고로서 표현의 자유 등이 위축될 위험도 작으므로 건강기능식품의 기능성 표시·광고에 대하여 식품의약품안전청장이 건강기능식품협회에 위탁하여 사전심의를 받도록 하는 것은 헌법이 금지하는 사전검열에 해당하지 않는다.

(2) 건강기능식품 기능성 광고 사전심의가 헌법이 금지하는 사전검열에 해당하려면 심사절차를 관철할 수 있는 강제수단이 존재할 것을 필요로 하는데, 영업허가취소와 같은 행정제재나 벌금형과 같은 형벌의 부과는 사전심의절차를 관철하기 위한 강제수단에 해당한다.

해설 (사전검열금지 원칙의 적용 여부 및 사전검열금지원칙의 의미) 현행 헌법상 사전검열은 표현의 자유 보호대상이면 예외 없이 금지된다. 건강기능식품의 기능성 광고는 인체의 구조 및 기능에 대하여 보건용도에 유용한 효과를 준다는 기능성 등에 관한 정보를 널리 알려 해당 건강기능식품의 소비를 촉진시키기 위한 상업광고이지만, 헌법 제21조 제1항의 표현의 자유의 보호 대상이 됨과 동시에 같은 조 제2항의 사전검열 금지 대상도 된다. … 사전검열금지원칙이 모든 형태의 사전적인 규제를 금지하는 것은 아니고, 의사표현의 발표 여부가 오로지 행정권의 허가에 달려있는 사전심사만을 금지한다. 헌법재판소는 헌법이 금지하는 사전검열의 요건으로 첫째, 일반적으로 허가를 받기 위한 표현물의 제출의무가 존재할 것, 둘째, 행정권이 주체가 된 사전심사절차가 존재할 것, 셋째, 허가를 받지 아니한 의사표현을 금지할 것, 넷째, 심사절차를 관철할 수 있는 강제수단이 존재할 것을 들고 있다. (심사절차를 관철할 수 있는 강제수단이 존재하는지 여부) 심의받은 내용과 다른 내용의 광고를 한 경우, 이 사건 제재조항은 대통령령으로 정하는 바에 따라 영업허가를 취소·정지하거나, 영업소의 폐쇄를 명할 수 있도록 하고, 이 사건 처벌조항은 5년 이하의 징역 또는 5천만 원 이하의 벌금에 처하도록 하고 있다. 이와 같은 행정제재나 형벌의 부과는 사전심의절차를 관철하기 위한 강제수단에 해당한다. (행정권이 주체가 된 사전심사절차가 존재하는지 여부) 광고의 심의기관이 행정기관인지 여부는 기관의 형식에 의하기보다는 그 실질에 따라 판단되어야 하고, 행정기관의 자의로 개입할 가능성이 열려 있다면 개입 가능성의 존재 자체로 헌법이 금지하는 사전검열이라고 보아야 한다. 건강기능식품법상 기능성 광고의 심의는 식약처장으로부터 위탁받은 한국건강기능식품협회에서 수행하고 있지만, 법상 심의주체는 행정기관인 식약처장이며, 언제든지 그 위탁을 철회할 수 있고, 심의위원회의 구성에 관하여도 법령을 통해 행정권이 개입하고 지속적으로 영향을 미칠 가능성이 존재하는 이상 그 구성에 자율성이 보장되어 있다고 볼 수 없다. 식약처장이 심의기준 등의 제정과 개정을 통해 심의 내용과 절차에 영향을 줄 수 있고, 식약처장이 재심의를 권하면 심의기관이 이를 따라야 하며, 분기별로 식약처장에게 보고가 이루어진다는 점에서도 그 심의업무의 독립성과 자율성이 있다고 보기 어렵다. (소결) 따라서 한국건강기능식품협회가 행하는 이 사건 건강기능식품 기능성광고 사전심의는 헌법이 금지하는 사전검열에 해당하므로 헌법에 위반된다(헌재 2018.06.28. 2016헌가8). ▶ 지문 (1)은 재판관 조용호의 반대의견

정답 ×, ○

19년(2) 모의

515. 사후심사나 검열의 성격을 띠지 아니한 사전심사 절차의 허용 여부는 표현의 자유와 충돌되는 다른 법익 사이의 조화의 문제이므로 헌법상의 기본권 제한의 일반적 원칙인 헌법 제37조 제2항에 의하여 상충하는 다른 법익과의 교량과정을 통하여 결정된다.

해설 헌법 제21조 제2항이 금지하는 검열은 사전검열만을 의미하므로 개인이 정보와 사상을 발표하기 이전에 국가기관이 미리 그 내용을 심사·선별하여 일정한 범위내에서 발표를 저지하는 것만을 의미하고(헌재 1992.11.12. 89헌마88 결정 참조), 헌법상 보호되지 않는 의사표현에 대하여 공개한 뒤에 국가기관이 간섭하는 것을 금지하는 것은 아니다(헌재 1992.06.26. 90헌바26). 그러므로 사후심사나 앞에서 밝힌 검열의 성격을 띠지 아니한 그 외의 사전심사는 검열에 해당하지 아니한다. 다만, 이러한 검열의 성격을 띠지 아니한 심사절차의 허용 여부는 표현의 자유와 이와 충돌되는 다른 법익 사이의 조화의 문제이므로 헌법상의 기본권제한의 일반적 원칙인 헌법 제37조 제2항에 의하여 상충하는 다른 법익과의 교량과정을 통하여 결정된다 할 것이다(헌재 1996.10.04. 93헌가13).

정답 O

18년(2) 모의

516. 오늘날 영화도 다른 예술 장르와 마찬가지로 예술표현의 수단으로 이해되고 있는 이상 영화의 제작 및 상영에 대한 사전 억제는 예술의 자유를 규정하고 있는 헌법 제22조 제1항에 의해 금지되는 것으로 보아야 할 것이므로, 영화에 대한 사전심의제도에 대해서는 언론·출판에 대한 검열을 금지하는 헌법 제21조 제2항의 위반 여부를 검토할 필요가 없다.

해설 의사표현의 자유는 헌법 제21조 제1항이 규정하는 언론·출판의 자유에 속하고, 여기서 의사표현의 매개체는 어떠한 형태이건 그 제한이 없다고 할 것이다. 영화도 의사표현의 한 수단이므로 영화의 제작 및 상영은 다른 의사표현수단과 마찬가지로 헌법에 의한 보장을 받음은 물론 영화는 학문적 연구결과를 발표하는 수단이 되기도 하고, 예술표현의 수단이 되기도 하므로 그 제작 및 상영은 학문·예술의 자유를 규정하고 있는 헌법 제22조 제1항에 의하여도 보장을 받는다. 영화법은, 영화는 상영 전에 공륜의 사전심의를 받아야 할 의무를 부과하고(제12조 제1항), 사전심의를 거치지 않은 모든 영화의 상영을 금지하고(제12조 제2항), 사전심의를 받지 아니하고 영화를 상영한 자는 2년이하의 징역 또는 500만원이하의 벌금에 처하도록(제32조 제5호) 규정하고 있다. 한편 동법 제13조 제1항은 영화에 대한 심의기준을 정하고, 심의기관인 공륜(공연윤리위원회)이 그 기준에 적합하지 않은 영화에 대하여는 심의필 결정을 할 수 없으나, 해당 부분을 삭제하여도 상영에 지장이 없다고 인정되는 경우에는 그 부분을 삭제하고 심의필을 결정할 수 있도록 규정하고 있다. 이러한 이유로 동법 제12조 제1항 및 제2항, 제13조 제1항에 근거한 공륜에 의한 영화에 대한 사전심의에 관한 부분은 헌법 제21조 제2항에 위배되는 검열제도라 할 것이다(헌재 1996.10.04. 93헌가13).

정답 X

517. 「옥외광고물 등 관리법」상 사전허가제도는 일정한 지역·장소 및 물건에 광고물 또는 게시시설을 표시하거나 설치하는 경우에 그 광고물 등의 종류·모양·크기·색깔, 표시 또는 설치의 방법 및 기간 등을 규제하고 있을 뿐, 광고물 등의 내용을 심사·선별하여 광고물을 사전에 통제하려는 제도가 아님은 명백하므로, 헌법 제21조 제2항이 정하는 사전허가·검열에 해당되지 아니한다.

해설 헌법 제21조 제2항에서 정하는 허가나 검열은 행정권이 주체가 되어 사상이나 의견 등이 발표되기 이전에 예방적 조치로서 그 내용을 심사·선별하여 발표를 사전에 억제하는, 즉 허가받지 아니한 것의 발표를 금지하는 제도를 뜻한다. 옥외광고물등관리법 제3조는 일정한 지역·장소 및 물건에 광고물 또는 게시시설을 표시하거나 설치하는 경우에 그 광고물 등의 종류·모양·크기·색깔, 표시 또는 설치의 방법 및 기간 등을 규제하고 있을 뿐, 광고물 등의 내용을 심사·선별하여 광고물을 사전에 통제하려는 제도가 아님은 명백하므로, 헌법 제21조 제2항이 정하는 사전허가·검열에 해당되지 아니한다(헌재 1998.02.27. 96헌바2).

정답 O

518. (1) 표현의 특성이나 규제의 필요성에 따라 언론·출판의 자유의 보호를 받는 표현 중에서 사전검열금지원칙의 적용이 배제되는 영역을 따로 설정할 경우 그 기준에 대한 객관성을 담보할 수 없다는 점 등을 고려하면, 헌법상 사전검열은 예외 없이 금지되는 것으로 보아야 한다.
(2) 사전심의를 받지 아니한 의료광고를 금지하고 이를 위반한 경우 처벌하는 「의료법」상의 규정은 사전검열금지원칙에 위반되지 않는다.

해설 (1) 헌법이 특정한 표현에 대해 예외적으로 검열을 허용하는 규정을 두지 않은 점, 이러한 상황에서 표현의 특성이나 규제의 필요성에 따라 언론·출판의 자유의 보호를 받는 표현 중에서 사전검열금지원칙의 적용이 배제되는 영역을 따로 설정할 경우 그 기준에 대한 객관성을 담보할 수 없다는 점 등을 고려하면, 헌법상 사전검열은 예외 없이 금지되는 것으로 보아야 하므로 의료광고 역시 사전검열금지원칙의 적용대상이 된다(헌재 2015.12.23. 2015헌바75).
(2) 의료광고의 사전심의는 보건복지부장관으로부터 위탁을 받은 각 의사협회가 행하고 있으나 사전심의의 주체인 보건복지부장관은 언제든지 위탁을 철회하고 직접 의료광고 심의업무를 담당할 수 있는 점, 의료법 시행령이 심의위원회의 구성에 관하여 직접 규율하고 있는 점, 심의기관의 장은 심의 및 재심의 결과를 보건복지부장관에게 보고하여야 하는 점, 보건복지부장관은 의료인 단체에 대해 재정지원을 할 수 있는 점, 심의기준·절차 등에 관한 사항을 대통령령으로 정하도록 하고 있는 점 등을 종합하여 보면, 각 의사협회는 행정권의 영향력에서 벗어나 독립적이고 자율적으로 사전심의업무를 수행하고 있다고 보기 어렵다. 따라서 이 사건 법률규정들은 사전검열금지원칙에 위배된다(헌재 2015.12.23. 2015헌바75).

정답 O, X

17년(1) 모의

519. 인터넷신문을 발행하려는 사업자가 취재 인력 3인 이상을 포함하여 취재 및 편집 인력 5명 이상을 상시 고용하지 않는 경우 인터넷신문으로 등록할 수 없도록 하는 것은 사전허가금지원칙에 위배되지 않는다.

> 해설 고용조항은 5인 이상 취재 및 편집 인력을 고용하도록 하고 있고, 확인조항은 취재 및 편집 담당자의 국민연금 등 가입사실 확인서류를 제출하도록 하고 있다. 이런 조항들은 인터넷신문에 대한 인적 요건의 규제 및 확인에 관한 것으로 인터넷신문의 내용을 심사·선별하여 사전에 통제하기 위한 규정이 아님이 명백하다. 따라서 등록조항이 헌법 제21조 제2항에 위배된다고 볼 수 없다(헌재 2016.10.27. 2015헌마1206).

정답

11년(1)·15년(2) 모의

520. 방송사업허가제는 정보와 견해의 다양성과 공정성을 유지한다는 방송의 공적 기능을 보장하기 위하여 표현내용에 대한 가치판단에 입각한 사전봉쇄 내지 그와 같은 실질을 가진다고 볼 수 있으므로 헌법상 금지되는 언론·출판에 대한 허가에 해당한다.

> 해설 구조적 규제의 일종인 진입규제로서의 이 허가제는 방송의 기술적·사회적 특수성을 반영한 것으로서 정보와 견해의 다양성과 공정성을 유지한다는 방송의 공적 기능을 보장하는 것을 주된 입법목적으로 하는 것이고, 표현내용에 대한 가치판단에 입각한 사전봉쇄를 위한 것이거나 그와 같은 실질을 가진다고는 볼 수 없으므로 위의 금지된 "허가"에는 해당되지 않는다고 할 것이다(헌재 2001.05.31. 2000헌바43).

정답

15년 변시

521. (1) 헌법 제21조 제2항의 검열금지조항은 절대적 금지를 의미하므로 국가안전보장·질서유지·공공복리를 위하여 필요한 경우라도 사전검열이 허용되지 않는다.
(2) 청소년 등에게 부적절한 내용의 음반에 대하여 청소년에게 판매할 수 없도록 미리 등급을 심사하는 등급심사제도는 사전검열에 해당한다

> 해설 (1) 헌법 제21조 제2항이 언론·출판에 대한 검열금지를 규정한 것은 비록 헌법 제37조 제2항이 국민의 자유와 권리를 국가안전보장·질서유지 또는 공공복리를 위하여 필요한 경우에 한하여 법률로써 제한할 수 있도록 규정하고 있다고 할지라도 언론·출판의 자유에 대하여는 검열을 수단으로 한 제한만은 법률로써도 허용되지 아니 한다는 것을 밝힌 것이다.
> (2) 검열금지의 원칙은 음반에 대한 사전심사를 모두 금지하는 것은 아니다. 음반은 음을 표현수단으로 하는 매체로서 국민의 문화생활과 정서에 미치는 영향력이 크고 그 파급효과가 광범위한데다 일단 음반이 소비자에게 보급되고 난 이후에는 이를 효율적으로 규제할 방법이 없으므로 음반을 제작 또는 판매하기 이전에 이를 심사,규제해야 할 필요가 있고, 특히 감수성이 예민한 청소년이 퇴폐

적인 음반에 접근하는 것을 미리 막아야 할 필요성 역시 매우 크다. 따라서 청소년등에게 부적절한 내용의 음반에 대하여는 청소년에게 판매할 수 없도록 미리 등급을 심사하는 이른바 등급심사제도는 사전검열에 해당하지 아니한다(헌재 1996.10.31. 94헌가6).

정답 ○, ×

2. 사후제한의 원리

 18년 변시

522. 「언론중재 및 피해구제 등에 관한 법률」은 언론이 사망한 사람의 인격권을 침해한 경우에 그 피해가 구제될 수 있도록 명문의 규정을 두고 있으며, 사망한 사람의 인격권을 침해하였거나 침해할 우려가 있는 경우의 구제절차는 유족이 수행하도록 하고 있다.

해설 언론중재 및 피해구제 등에 관한 법률 제5조 및 제5조의2 제2항 참조.

언론중재 및 피해구제 등에 관한 법률 제5조(언론등에 의한 피해구제의 원칙) ① 언론, 인터넷뉴스서비스 및 인터넷 멀티미디어 방송(이하 "언론등"이라 한다)은 타인의 생명, 자유, 신체, 건강, 명예, 사생활의 비밀과 자유, 초상, 성명, 음성, 대화, 저작물 및 사적 문서, 그 밖의 인격적 가치 등에 관한 권리(이하 "인격권"이라 한다)를 침해하여서는 아니 되며, 언론등이 타인의 인격권을 침해한 경우에는 이 법에서 정한 절차에 따라 그 피해를 신속하게 구제하여야 한다.
언론중재 및 피해구제 등에 관한 법률 제5조의2(사망자의 인격권 보호) ② 사망한 사람의 인격권을 침해하였거나 침해할 우려가 있는 경우에는 이에 따른 구제절차를 유족이 수행한다.

정답 ○

 17년(1) 모의

523. 「군형법」상 상관모욕죄는 모욕의 범위가 넓어 표현의 자유에 대한 위축효과가 지나치게 크고, 가벼운 모욕행위나 단순한 경멸적 감정 표현 또는 부정적 비판이나 풍자행위까지 처벌할 수 있어 표현의 자유를 침해하는 것이다.

해설 심판대상조항으로 제한되는 행위는 상관에 대한 사회적 평가를 저하시킬 만한 추상적 판단이나 경멸적 감정의 표현이어서 비록 그 표현에 군인 개인의 정치적 의사 표현이 포함될 수 있다고 하더라도 군조직의 특수성과 강화된 군인의 정치적 중립의무 등에 비추어 그 제한은 수인의 한도 내에 있다고 보인다. 따라서 심판대상조항은 과잉금지원칙에 위배되어 군인의 표현의 자유를 침해하지 아니한다(헌재 2016.02.25. 2013헌바111). ▶ 지문은 반대의견

정답 ×

17년(1) 모의

524. 비방할 목적으로 정보통신망을 이용하여 공공연하게 사실을 드러내어 다른 사람의 명예를 훼손한 자를 처벌하는 것은 명예훼손적 표현을 규제하면서도 '비방할 목적'이라는 초과주관적 구성요건을 추가로 요구하여 그 규제 범위를 최소한도로 하고 있어 표현의 자유를 침해하지 않는다.

 명예훼손적 표현을 규제하면서도 '비방할 목적'이라는 초과주관적 구성요건을 추가로 요구하여 그 규제 범위를 최소한도로 하고 있고, 헌법재판소와 대법원은 정부 또는 국가기관의 정책결정이나 업무수행과 관련된 사항에 관하여는 표현의 자유를 최대한 보장함으로써 정보통신망에서의 명예보호가 표현의 자유에 대한 지나친 위축효과로 이어지지 않도록 하고 있다. 또한, 민사상 손해배상 등 명예훼손 구제에 관한 다른 제도들이 형사처벌을 대체하여 인터넷 등 정보통신망에서의 악의적이고 공격적인 명예훼손행위를 방지하기에 충분한 덜 제약적인 수단이라고 보기 어렵다. 그러므로 심판대상조항은 과잉금지원칙을 위반하여 표현의 자유를 침해하지 않는다(헌재 2016.02.25. 2013헌바105).

14년 변시

525. 정보통신망을 통하여 일반에게 공개된 정보로 말미암아 사생활 침해나 명예훼손 등 타인의 권리가 침해된 경우, 그 침해를 받은 자가 삭제요청을 하면 정보통신서비스 제공자는 권리의 침해 여부를 판단하기 어렵거나 이해당사자 간에 다툼이 예상되는 경우에는 30일 이내에서 해당 정보에 대한 접근을 임시적으로 차단하는 조치를 하도록 하는 법률조항은 과잉금지원칙에 위배되지 않는다.

 이 사건 법률조항은 … 정보통신서비스 제공자로 하여금 임시조치를 취하도록 함으로써 정보의 유통 및 확산을 일시적으로 차단하려는 것이므로, 그 입법목적이 정당하고 수단 또한 적절하다. 게다가 '30일 이내'라는 비교적 짧은 기간 동안의 정보 접근만을 차단할 뿐이라는 점, 임시조치 후 '30일 이내'에 정보게재자의 재게시청구가 있을 경우라든가 임시조치기간이 종료한 경우 등 향후의 분쟁해결절차에 관하여는 정보통신서비스 제공자의 자율에 맡김으로써 정보의 불법성을 보다 정확히 확인하는 동시에 권리침해 주장자와 정보게재자 간의 자율적 분쟁 해결을 도모할 시간적 여유를 제공한다는 점 등에 비추어 볼 때, 이 사건 법률조항이 규정하고 있는 임시조치의 절차적 요건과 내용 역시 정보게재자의 표현의 자유를 필요최소한으로 제한하도록 설정되어 있다고 할 수 있다. 타인의 명예나 권리를 표현의 자유가 갖는 구체적 한계로까지 규정하여 보호하고 있는 헌법 제21조 제4항의 취지 등에 비추어 볼 때, 사생활 침해, 명예훼손 등 타인의 권리를 침해할 만한 정보가 무분별하게 유통됨으로써 타인의 인격적 법익 기타 권리에 대한 침해가 돌이킬 수 없는 상황에 이르게 될 가능성을 미연에 차단하려는 공익은 매우 절실한 반면, 이 사건 법률조항으로 말미암아 침해되는 정보게재자의 사익은 그리 크지 않으므로, 법익균형성 요건도 충족한다(헌재 2012.05.31. 2010헌마88).

정답 ○

🕐 14년 변시

526. '법관의 그 품위를 손상하거나 법원의 위신을 실추시킨 경우'를 징계사유로 하고 있는 법률규정은 '품위 손상', '위신 실추'라는 불명확한 개념을 전제로 하여 법관의 표현의 자유를 제한하는 것으로서, 위 개념의 모호성과 포괄성으로 인해 제한되지 않아야 할 표현까지 다 함께 제한하여 법관의 사법부 내부 혁신 등을 위한 표현행위를 위축시키므로 과잉금지원칙에 위배된다.

해설 구 법관징계법 제2조 제2호가 '품위 손상', '위신 실추'와 같은 추상적인 용어를 사용하고 있기는 하나, 수범자인 법관이 구체적으로 어떠한 행위가 이에 해당하는지를 충분히 예측할 수 없을 정도로 그 적용범위가 모호하다거나 불분명하다고 할 수 없고, 법관이 사법부 내부 혁신 등을 위한 표현행위를 하였다는 것 자체가 위 법률조항의 징계사유가 되는 것이 아니라, 표현행위가 이루어진 시기와 장소, 표현의 내용 및 방법, 행위의 상대방 등 제반 사정을 종합하여 볼 때 법관으로서의 품위를 손상하거나 법원의 위신을 실추시킨 행위에 해당하는 경우에 한하여 징계사유가 되는 것이므로, 구 법관징계법 제2조 제2호는 그 적용범위가 지나치게 광범위하거나 포괄적이어서 법관의 표현의 자유를 과도하게 제한한다고 볼 수 없어 과잉금지원칙에 위배되지 아니한다(헌재 2012.02.23. 2009헌바34).

정답 ×

12년(2) 모의

527. 헌법 제21조 제2항에 의한 사전검열은 법률로써도 불가능한 것으로서 절대적으로 금지되는 것이나, 비상계엄이 선포된 경우에는 법률이 정하는 바에 의하여 표현의 자유에 관하여 특별한 조치를 할 수 있다.

해설 헌법 제77조 제3항 참조.

헌법 제77조 ③ 비상계엄이 선포된 때에는 법률이 정하는 바에 의하여 영장제도, 언론, 출판, 집회, 결사의 자유, 정부나 법원의 권한에 관하여 특별한 조치를 할 수 있다.

정답   ○

제❹항 | 집회·결사의 자유

Ⅰ 집회의 자유

🕐 23년 변시, 23년(3) 모의

528. 집회신고를 하지 아니하였다는 이유만으로 그 옥외집회를 헌법의 보호범위를 벗어나 개최가 허용되지 않는 집회라고 단정할 수 없다.

해설 집회의 자유가 가지는 헌법적 가치와 기능, 집회에 대한 허가 금지를 선언한 헌법정신, 신고제도의 취지 등을 종합하여 보면, 신고는 행정관청에 집회에 관한 구체적인 정보를 제공함으로써 공공질서의 유지에 협력하도록 하는 데 의의가 있는 것으로 집회의 허가를 구하는 신청으로 변질되어서는 아니 되므로, 신고를 하지 아니하였다는 이유만으로 옥외집회 또는 시위를 헌법의 보호 범위를 벗어나 개최가 허용되지 않는 집회 내지 시위라고 단정할 수 없다. (대판 2021.11.11. 2018다288631).

정답

23년(3) 모의

529. 집시법에서 미신고 옥외집회를 해산명령 대상으로 정하면서 별도의 해산요건을 규정하고 있지 않더라도, 옥외집회로 인하여 타인의 법익이나 공공의 안녕질서에 대한 직접적인 위험이 명백하게 초래된 경우에 한하여 해산을 명할 수 있다.

해설 집회 및 시위에 관한 법률(이하 '집시법'이라고 한다) 제20조 제1항 제2호가 미신고 옥외집회 또는 시위를 해산명령의 대상으로 하면서 별도의 해산 요건을 정하고 있지 않더라도, 그 옥외집회 또는 시위로 인하여 타인의 법익이나 공공의 안녕질서에 대한 직접적인 위험이 명백하게 초래된 경우에 한하여 위 조항에 기하여 해산을 명할 수 있고, 이러한 요건을 갖춘 해산명령에 불응하는 경우에만 집시법 제24조 제5호에 의하여 처벌할 수 있다고 보아야 한다(대판 2021.11.11. 2018다288631).

20년(2) 모의

530. 「집회 및 시위에 관한 법률」상 옥외집회에 해당하려면, 사방이 폐쇄되어 있지 않을 뿐 아니라 천장이 없는 장소이어야 한다.

해설 집회 및 시위에 관한 법률 제2조 참조.

> 집회 및 시위에 관한 법률 제2조(정의) 이 법에서 사용하는 용어의 뜻은 다음과 같다.
> 1. "옥외집회"란 천장이 없거나 사방이 폐쇄되지 아니한 장소에서 여는 집회를 말한다.

정답 ×

18년(3)·20년(1)·(2) 모의

531. (1) 집회의 자유는 집회를 통하여 형성된 의사를 집단으로 표현하고 이를 통하여 불특정 다수인의 의사에 영향을 줄 자유를 포함하므로, 이를 내용으로 하는 시위의 자유도 헌법 제21조 제1항에 의하여 보호된다.
(2) 집회·시위장소는 집회·시위의 목적을 달성하는 데 매우 중요한 역할을 수행하는 경우가 많기 때문에 집회·시위장소를 자유롭게 선택할 수 있어야만 집회·시위의 자유가 비로소 효과적으로 보장되므로 장소선택의 자유는 집회·시위의 자유의 한 실질을 형성한다.

::해설 (1) 헌법 제21조 제1항은 "모든 국민은 언론·출판의 자유와 집회·결사의 자유를 가진다."고 규정하여 집회의 자유를 표현의 자유로서 언론·출판의 자유와 함께 국민의 기본권으로 보장하고 있다. 집회의 자유에는 집회를 통하여 형성된 의사를 집단적으로 표현하고 이를 통하여 불특정 다수인의 의사에 영향을 줄 자유를 포함한다. 따라서 이를 내용으로 하는 시위의 자유 또한 집회의 자유를 규정한 헌법 제21조 제1항에 의하여 보호되는 기본권이다(헌재 2014.03.27. 2010헌가2).
(2) 집회·시위장소는 집회·시위의 목적을 달성하는데 있어서 매우 중요한 역할을 수행하는 경우가 많기 때문에 집회·시위장소를 자유롭게 선택할 수 있어야만 집회·시위의 자유가 비로소 효과적으로 보장되므로 장소선택의 자유는 집회·시위의 자유의 한 실질을 형성한다(헌재 2005.11.24. 2004헌가17).

정답  ○, ○

14년(3)·20년(1) 모의

532. (1) 시위란 여러 사람이 공동목적을 가지고 도로, 광장, 공원 등 일반인이 자유로이 통행할 수 있는 장소를 진행하거나 위력 또는 기세를 보여 불특정한 여러 사람의 의견에 영향을 주거나 제압을 가하는 행위이다.
(2) 집시법상 시위는 반드시 '일반인이 자유로이 통행할 수 있는 장소'에서 이루어져야 한다거나 '행진' 등 장소 이동을 동반해야만 성립하는 것은 아니다.

::해설 집시법상의 시위는, 다수인이 공동목적을 가지고 ① 도로·광장·공원 등 공중이 자유로이 통행할 수 있는 장소를 행진함으로써 불특정한 여러 사람의 의견에 영향을 주거나 제압을 가하는 행위와 ② 위력 또는 기세를 보여 불특정한 여러 사람의 의견에 영향을 주거나 제압을 가하는 행위를 말한다고 풀이해야 할 것이다. 따라서 집시법상의 시위는 반드시 '일반인이 자유로이 통행할 수 있는 장소'에서 이루어져야 한다거나 '행진'등 장소 이동을 동반해야만 성립하는 것은 아니다(헌재 2014.03.27. 2010헌가2).

정답  ○, ○

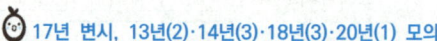
17년 변시, 13년(2)·14년(3)·18년(3)·20년(1) 모의

533. (1) 집회의 자유는 집회의 시간, 장소, 방법과 목적을 스스로 결정할 권리를 보장하며, 이에 따라 구체적으로 보호되는 주요행위는 집회의 준비 및 조직, 지휘, 참가, 집회장소·시간의 선택이다.
(2) 대의민주주의 체제에서 집회의 자유는 불만과 비판 등을 공개적으로 표출케 함으로써 정치적 안정에 기여하는 긍정적 기능을 수행하므로, 단지 '평화적' 또는 '비폭력적' 집회만 집회의 자유에 의하여 보호된다고 할 수 없다.
(3) 집회의 자유는 국가가 개인의 집회참가행위를 감시하고 그에 대한 정보를 수집함으로써 집회에 참가하고자 하는 자로 하여금 불이익을 두려워하여 미리 집회참가를 포기하도록 집회참가의사를 약화시키는 것 등 집회의 자유의 행사에 영향을 미치는 모든 조치를 금지한다.
(4) 헌법재판소는 집회의 자유가 다른 법익의 보호를 위하여 정당화되지 않는 한, 원칙적으로 항의의 대상에 관련되는 집회의 장소를 선택할 자유가 있다고 판시했다.

■해설 (1), (2), (3) (집회의 자유의 보장내용) 집회의 자유는 집회의 시간, 장소, 방법과 목적을 스스로 결정할 권리를 보장한다. 집회의 자유에 의하여 구체적으로 보호되는 주요행위는 집회의 준비 및 조직, 지휘, 참가, 집회장소·시간의 선택이다. … 비록 헌법이 명시적으로 밝히고 있지는 않으나, 집회의 자유에 의하여 보호되는 것은 단지 '평화적' 또는 '비폭력적' 집회이다. 집회의 자유는 민주국가에서 정신적 대립과 논의의 수단으로서, 평화적 수단을 이용한 의견의 표명은 헌법적으로 보호되지만, 폭력을 사용한 의견의 강요는 헌법적으로 보호되지 않는다. … 집회의 자유는 일차적으로 국가공권력의 침해에 대한 방어를 가능하게 하는 기본권으로서, 개인이 집회에 참가하는 것을 방해하거나 또는 집회에 참가할 것을 강요하는 국가행위를 금지하는 기본권이다. 따라서 집회의 자유는 집회에 참가하지 못하게 하는 국가의 강제를 금지할 뿐 아니라, … 국가가 개인의 집회참가행위를 감시하고 그에 관한 정보를 수집함으로써 집회에 참가하고자 하는 자로 하여금 불이익을 두려워하여 미리 집회참가를 포기하도록 집회참가의사를 약화시키는 것 등 집회의 자유행사에 영향을 미치는 모든 조치를 금지한다.

(4) (집회장소의 헌법적 의미) 집회장소는 특별한 상징적 의미를 가진다. … 집회장소가 바로 집회의 목적과 효과에 대하여 중요한 의미를 가지기 때문에, 누구나 '어떤 장소에서' 자신이 계획한 집회를 할 것인가를 원칙적으로 자유롭게 결정할 수 있어야만 집회의 자유가 비로소 효과적으로 보장되는 것이다. 따라서 집회의 자유는 다른 법익의 보호를 위하여 정당화되지 않는 한, 집회장소를 항의의 대상으로부터 분리시키는 것을 금지한다(헌재 2003.10.30. 2000헌바67).

정답 O, ×, O, O

534. (1) 집회의 자유에 대한 법률적 제한이 실질적으로는 행정청의 허가 없는 옥외집회를 불가능하게 하는 것이라면 헌법상 금지되는 사전허가제에 해당되지만, 그에 이르지 않는 한 헌법 제21조 제2항에 반하는 것이 아니라, 단지 그 제한이 헌법 제37조 제2항에 위반하여 집회의 자유를 과도하게 제한하는지 여부만이 문제된다.

(2) 「집회 및 시위에 관한 법률」 제10조 본문이 해가 뜨기 전이나 해가 진 후에는 옥외집회를 못하도록 규정한 것은 시간적 제한을 둔 것으로서 그 예외를 허용하는 단서 조항의 존재 여부와 관계없이 헌법 제21조 제2항의 사전허가금지에 위반된다.

(3) '일출시간 전, 일몰시간 후'라는 광범위하고 가변적인 시간대의 옥외집회 또는 시위를 금지하는 것은 오늘날 직장인이나 학생들의 근무·학업 시간, 도시화·산업화가 진행된 현대사회의 생활형태 등을 고려하지 아니하고 목적 달성을 위해 필요한 정도를 넘는 지나친 제한을 가하는 것이어서 집회의 자유를 침해한다.

■해설 (1) 헌법 제21조 제2항의 '허가'는 '행정청이 주체가 되어 집회의 허용 여부를 사전에 결정하는 것'으로서 행정청에 의한 사전허가는 헌법상 금지되지만, 입법자가 법률로써 일반적으로 집회를 제한하는 것은 헌법상 '사전허가금지'에 해당하지 않는다. … 물론 이러한 법률적 제한이 실질적으로는 행정청의 허가없는 옥외집회를 불가능하게 하는 것이라면 헌법상 금지되는 사전허가제에 해당되지만, 그에 이르지 않는 한 헌법 제21조 제2항에 반하는 것이 아니라, 위 법률적 제한이 헌법 제37조 제2항에 위반하여 집회의 자유를 과도하게 제한하는지 여부만이 문제된다고 할 것이다.

(2) 이 사건 집회조항은 본문에서 "누구든지 일출시간 전, 일몰시간 후에는 옥외집회를 하여서는 아니된다."라고 규정하여 옥외집회를 시간적으로 제한하면서, 단서에서 "다만, 집회의 성격상 부득이하여 주최자가 질서유지인을 두고 미리 신고하는 경우에는 관할경찰관서장은 질서 유지를 위한 조건을 붙여 일출시간 전, 일몰시간 후에도 옥외집회를 허용할 수 있다."라고 규정하여 행정청의 허가를 받아 야간 옥외집회를 할 수 있도록 하고 있다. 이와 같은 단서의 규정은 본문에 의한 제한을 완화시키려는 것이므로, 본문에 의한 시간적 제한이 집회의 자유를 과도하게 제한하는지 여부는 별론으로 하고, 단서의 '관할경찰관서장의 허용'이 '옥외집회에 대한 일반적인 사전허가'라고는 볼 수 없는 것이다. 결국 이 사건 집회조항은 법률에 의하여 옥외집회의 시간적 제한을 규정한 것으로서 그 단서조항의 존재에 관계없이 헌법 제21조 제2항의 '사전허가금지'에 위반되지 않는다고 할 것이다. 한편, 이 사건 법률조항 중 단서 부분은 시위에 대하여 적용되지 않으므로 <u>야간 시위의 금지와 관련하여 헌법상 '허가제 금지' 규정의 위반 여부는 문제되지 아니한다.</u>

(3) 이 사건 법률조항은 사회의 안녕질서를 유지하고 시민들의 주거 및 사생활의 평온을 보호하기 위한 것으로서 정당한 목적 달성을 위한 적합한 수단이 된다. 그러나 '일출시간 전, 일몰시간 후'라는 광범위하고 가변적인 시간대의 옥외집회 또는 시위를 금지하는 것은 오늘날 직장인이나 학생들의 <u>근무·학업 시간, 도시화·산업화가 진행된 현대사회의 생활형태 등을 고려하지 아니하고 목적 달성을 위해 필요한 정도를 넘는 지나친 제한을 가하는 것이어서 최소침해성 및 법익균형성 원칙에 반한다.</u> 이 사건에 있어서 가능한 한 심판대상조항들 중 위헌인 부분을 가려내야 할 필요성은 2010헌가2 결정에서와 마찬가지로 인정되므로, 심판대상조항들은 '일몰시간 후부터 같은 날 24시까지의 옥외집회 또는 시위'에 적용되는 한 헌법에 위반된다(헌재 2014.04.24. 2011헌가29). ▶ 이 사건 심판대상조항은 ㉠ "누구든지 일출시간 전, 일몰시간 후에는 옥외집회 또는 시위를 하여서는 아니된다. 다만, 집회의 성격상 부득이하여 주최자가 질서유지인을 두고 미리 신고하는 경우에는 관할경찰관서장은 질서유지를 위한 조건을 붙여 일출시간 전, 일몰시간 후에도 옥외집회를 허용할 수 있다."는 부분(구 집회 및 시위에 관한 법률 제10조) 및 ㉡ 위 제10조 본문의 규정에 위반한 경우 처벌하는 규정(같은 법 제20조)이다. 실질적으로 동일한 내용의 개정 전 법률조항에 대하여 헌법재판소가 헌법불합치 결정을 선고(2008헌가25)한 이후, 이 사건에서 헌법재판소가 한정위헌 결정을 선고하였음에 유의

정답 ○, ×, ○

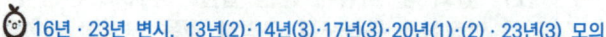

535. (1) 집회는 일정한 장소를 전제로 하여 특정 목적을 가진 다수인이 일시적으로 회합하는 것을 말하는 것으로, 여기서의 다수인이 가지는 공동의 목적은 '내적인 유대 관계'로 족하지 않고 공통의 의사형성과 의사표현이라는 공동의 목적이 포함되어야 한다.
(2) 여러 사람이 모여야 집회이므로 1인 시위는 집회가 아니다.
(3) 2인이 모인 집회도 집시법의 규제 대상이 된다.

해설 (1) 집시법상 집회에 대한 정의규정은 존재하지 아니한다. 그러나 <u>일반적으로 집회는, 일정한 장소를 전제로 하여 특정 목적을 가진 다수인이 일시적으로 회합하는 것을 말하는 것으로 일컬어지고 있고, 그 공동의 목적은 '내적인 유대 관계'로 족하다</u>(헌재 2014.03.27. 2010헌가2).
(2) 구 집시법에 의하여 보장 및 규제의 대상이 되는 집회란 '특정 또는 불특정 다수인이 공동의 의견을 형성하여 이를 대외적으로 표명할 목적 아래 일시적으로 일정한 장소에 모이는 것'을 말한다(대판 2012.05.24. 2010도11381). 위 헌법재판소 판례(2010헌가2) 및 대법원 판례(2010도11381)

가 집회의 인적 요건으로 '다수인'을 요구하므로, 1인 시위는 집회의 개념에 해당하지 않는다.
(3) 구 집회 및 시위에 관한 법률(2007. 5. 11. 법률 제8424호로 전부 개정되기 전의 것)에 의하여 보장 및 규제의 대상이 되는 집회란 '특정 또는 불특정 다수인이 공동의 의견을 형성하여 이를 대외적으로 표명할 목적 아래 일시적으로 일정한 장소에 모이는 것'을 말하고, 모이는 장소나 사람의 다과에 제한이 있을 수 없으므로, 2인이 모인 집회도 위 법의 규제 대상이 된다고 보아야 한다(대판 2012.05.24. 2010도11381).

정답 ×, ○, ○

19년(1)·20년(2) 모의

536. 집회·시위 등 현장에서 집회·시위 참가자에 대한 사진이나 영상촬영 등의 행위는 집회·시위 참가자들에게 심리적 부담으로 작용하여 여론형성 및 민주적 토론절차에 영향을 주고 집회의 자유를 전체적으로 위축시키는 결과를 가져올 수 있으므로, 과잉금지원칙에 위반하여 참가자들의 집회의 자유를 침해한다.

해설 집회의 자유는 그 내용에 있어 집회참가자가 기본권행사를 이유로 혹은 기본권행사와 관련하여 국가의 감시를 받게 되거나, 경우에 따라서는 어떠한 불이익을 받을 수도 있다는 것을 걱정할 필요가 없는, 즉 자유로운 심리상태의 보장이 전제되어야 한다. 개인이 가능한 외부의 영향을 받지 않고 집회의 준비와 실행에 참여할 수 있고, 집회참가자 상호간 및 공중과의 의사소통이 가능한 방해받지 않아야 한다. 따라서 집회·시위 등 현장에서 집회·시위 참가자에 대한 사진이나 영상촬영 등의 행위는 집회·시위 참가자들에게 심리적 부담으로 작용하여 여론형성 및 민주적 토론절차에 영향을 주고 집회의 자유를 전체적으로 위축시키는 결과를 가져올 수 있으므로 집회의 자유를 제한한다고 할 수 있다. … 근접촬영과 달리 먼 거리에서 집회·시위 현장을 전체적으로 촬영하는 소위 조망촬영이 기본권을 덜 침해하는 방법이라는 주장도 있으나, 최근 기술의 발달로 조망촬영과 근접촬영 사이에 기본권 침해라는 결과에 있어서 차이가 있다고 보기 어려우므로, 경찰이 이러한 집회·시위에 대해 조망촬영이 아닌 근접촬영을 하였다는 이유만으로 헌법에 위반되는 것은 아니다(헌재 2018.08.30. 2014헌마843).
▶ 이 사건 촬영행위가 과잉금지원칙을 위반하여 청구인들의 일반적 인격권, 개인정보자기결정권, 집회의 자유를 침해하지 않는다고 본 사안

정답 ×

 17년·23년 변시, 17년(3)·19년(1) 모의

537. (1) 집시법에서 미신고 옥외집회를 해산명령 대상으로 정하면서 별도의 해산요건을 규정하고 있지 않더라도, 옥외집회로 인하여 타인의 법익이나 공공의 안녕질서에 대한 직접적인 위험이 명백하게 초래된 경우에 한하여 해산을 명할 수 있다.

(2) 미신고 시위에 대한 해산명령에 불응하는 자를 처벌하는 것은 해당 시위 참가자의 집회의 자유를 침해하지 않는다.

해설 (1) 집시법 제20조 제1항 제2호가 미신고 옥외집회 또는 시위를 해산명령의 대상으로 하면서 별도의 해산 요건을 정하고 있지 않더라도, 그 옥외집회 또는 시위로 인하여 타인의 법익이나 공공의 안녕질서에 대한 직접적인 위험이 명백하게 초래된 경우에 한하여 위 조항에 기하여 해산을 명할

수 있고, 이러한 요건을 갖춘 해산명령에 불응하는 경우에만 집시법 제24조 제5호에 의하여 처벌할 수 있다고 보아야 한다. 이와 달리 미신고라는 사유만으로 그 옥외집회 또는 시위를 해산할 수 있는 것으로 해석한다면, 이는 사실상 집회의 사전신고제를 허가제처럼 운용하는 것이나 다름없어 집회의 자유를 침해하게 되므로 부당하다(대판 2012.04.26. 2011도6294).

(2) 심판대상조항이 해산명령의 발령 여부를 관할 경찰관서장의 재량에 맡기고 있는 것은 미신고 시위 현장의 다양한 상황에 따라 탄력적·유동적으로 대응할 필요성이 있다는 점을 고려한 것일 뿐, 구성요건의 실질적 내용을 전적으로 관할 경찰관서장에게 위임한 것으로 볼 수 없다. 그러므로 심판대상조항은 죄형법정주의의 법률주의에 위반되지 아니한다. … 심판대상조항은 이러한 해산명령 제도의 실효성 확보를 위해 해산명령에 불응하는 자를 형사처벌하도록 한 것으로서 입법목적의 정당성과 수단의 적절성이 인정된다. 집시법상 해산명령은 미신고 시위라는 이유만으로 발할 수 있는 것이 아니라, 미신고 시위로 인하여 타인의 법익이나 공공의 안녕질서에 대한 위험이 명백하게 발생한 경우에만 발할 수 있고, 먼저 자진 해산을 요청한 후 참가자들이 자진 해산 요청에 따르지 아니하는 경우에 해산명령을 내리도록 하고 이에 불응하는 경우에만 처벌하는 점 등을 고려하면, 심판대상조항은 집회의 자유에 대한 제한을 최소화하고 있다. 해산명령에 불응하는 행위는 단순히 행정질서에 장해를 줄 위험성이 있는 정도의 의무태만 내지 의무위반이 아니고, 직접적으로 행정목적을 침해하고 나아가 공익을 침해할 고도의 개연성을 띤 행위라고 볼 수 있으므로, 심판대상조항이 법정형의 종류 및 범위의 선택에 관한 입법재량의 한계를 벗어난 과중한 처벌을 규정하였다고도 볼 수 없다. 또한 심판대상조항이 달성하려는 공공의 안녕질서 유지 및 회복이라는 공익과 심판대상조항으로 인하여 제한되는 청구인의 집회의 자유 사이의 균형을 상실하였다고 보기 어려우므로, 심판대상조항은 과잉금지원칙을 위반하여 집회의 자유를 침해한다고 볼 수 없다(헌재 2016.09.29. 2014헌바492).

정답 O, O

22년(1) 모의

538. 학문, 예술, 체육, 종교, 의식, 친목, 오락, 관혼상제 및 국경행사에 관한 집회에는 「집회 및 시위에 관한 법률」상의 옥외집회 신고 규정은 적용되지 않는다.

해설 집회 및 시위에 관한 법률 제15조 참조.

집회 및 시위에 관한 법률 제6조(옥외집회 및 시위의 신고 등) ① 옥외집회나 시위를 주최하려는 자는 그에 관한 다음 각 호의 사항 모두를 적은 신고서를 옥외집회나 시위를 시작하기 720시간 전부터 48시간 전에 관할 경찰서장에게 제출하여야 한다. … (생략)
집회 및 시위에 관한 법률 제15조(적용의 배제) 학문, 예술, 체육, 종교, 의식, 친목, 오락, 관혼상제 및 국경행사에 관한 집회에는 제6조부터 제12조까지의 규정을 적용하지 아니한다.

정답 O

23년 변시, 23년(3) 모의

539. 미신고 옥외집회에 대해 과태료가 아니라 행정형벌을 과하도록 한 것은 과잉형벌에 해당하지 않는다.

해설 [1] 미신고 옥외집회 주최자를 형사처벌하도록 한 구 집시법 제19조 제2항 중 '제6조 제1항의 옥외집회'에 관한 부분이 과잉형벌을 규정한 것인지 여부(소극) [2] 어떤 행정법규 위반행위에 대하여, 직접적으로 행정목적과 공익을 침해한 행위로 보아 행정형벌을 과할 것인가, 그리고 행정형벌을 과할 경우 그 법정형의 형종과 형량을 어떻게 정할 것인가는, 기본적으로 입법권자가 제반 사정을 고려하여 결정할 그 입법재량에 속하는 문제이다. 미신고 옥외집회의 주최는 직접적으로 행정목적을 침해하고 나아가 공익을 침해할 고도의 개연성을 띤 행위라고 볼 수 있으므로 이에 대하여 행정형벌을 과하도록 한 구 집시법 제19조 제2항이 집회의 자유를 침해한다고 할 수 없고, 그 법정형이 입법재량의 한계를 벗어난 과중한 처벌이라고 볼 수 없으며, 이로 인하여 신고제가 사실상 허가제화한다고도 볼 수 없다(헌재 2009.05.28. 2007헌바22).

19년 변시

540. 민주적 기본질서에 위배되는 집회·시위를 금지하고 위반 시 형사처벌하는 것은 규율범위의 광범성으로 인하여, 집회·시위의 내용이나 목적이 민주적 기본질서에 조금이라도 위배되는 경우 처벌이 가능할 뿐 아니라 사실상 사회현실이나 정부정책에 비판적인 사람들의 집단적 의견표명 일체를 봉쇄하는 결과를 초래하므로 집회의 자유를 침해한다.

해설 이 사건 제3호 부분은 6. 25. 전쟁 및 4. 19. 혁명 이후 남북한의 군사적 긴장 상태와 사회적 혼란이 계속되던 상황에서 우리 헌법의 지배원리인 민주적 기본질서를 수호하기 위한 방어적 장치로서 도입된 것으로 정당한 목적 달성을 위한 적합한 수단이 된다. 그러나 이 사건 제3호 부분은 규제대상인 집회·시위의 목적이나 내용을 구체적으로 적시하지 않은 채 헌법의 지배원리인 '민주적 기본질서'를 구성요건으로 규정하였을 뿐 기본권 제한의 한계를 설정할 수 있는 구체적 기준을 전혀 제시한 바 없다. 이와 같은 규율의 광범성으로 인하여 헌법이 규정한 민주주의의 세부적 내용과 상이한 주장을 하거나 집회·시위 과정에서 우발적으로 발생한 일이 민주적 기본질서에 조금이라도 위배되는 경우 처벌이 가능할 뿐 아니라 사실상 사회현실이나 정부정책에 비판적인 사람들의 집단적 의견표명 일체를 봉쇄하는 결과를 초래함으로써 침해의 최소성 및 법익의 균형성을 상실하였으므로, 이 사건 제3호 부분은 과잉금지원칙에 위배되어 집회의 자유를 침해한다(헌재 2016.09.29. 2014헌가3).

19년(1) 모의

541. 집회의 금지는 원칙적으로 공공의 안녕질서에 대한 직접적 위협이 명백하게 존재하는 경우에 한하여 허용될 수 있는 것으로서, 집회의 자유를 보다 적게 제한하는 다른 가능성이 없는 경우에 비로소 고려될 수 있는 최종적인 수단이다.

해설 집회의 금지는 원칙적으로 공공의 안녕질서에 대한 직접적 위협이 명백하게 존재하는 경우에 한하여 허용될 수 있는 것으로서, 집회의 자유를 보다 적게 제한하는 다른 가능성이 없는 경우에 비로소 고려될 수 있는 최종 수단이다. 심판대상조항이 집회·시위금지장소를 설정함으로써 각급 법원을 강하게 보호하는 것은 법원 기능의 특수성과 중요성 때문이다(헌재 2018.07.26. 2018헌바137).

19년 변시, 20년(1) 모의

542. 국무총리 공관의 출입이나 안전에 위협을 가할 위험성이 낮은 소규모 옥외집회·시위라고 하더라도 일반 대중의 합세로 인하여 대규모 집회·시위로 확대될 우려나 폭력집회·시위로 변질될 위험이 있으므로, 국무총리 공관 경계지점으로부터 100미터 이내의 장소에서 옥외집회·시위를 전면적으로 금지하는 것은 집회의 자유를 침해하지 않는다.

해설 국무총리 공관 인근에서의 옥외집회·시위를 예외적으로 허용한다고 하더라도 위와 같은 수단들을 통하여 이 사건 금지장소 조항이 달성하려는 국무총리 공관의 기능과 안녕은 충분히 보장될 수 있다고 할 것이므로, 단지 폭력적 옥외집회·시위의 가능성이 있다는 이유만으로 이 사건 금지장소 조항에 의한 일률적·절대적 옥외집회·시위의 금지가 정당화되는 것은 아니다. 이러한 사정들을 종합하여 볼 때, 이 사건 금지장소 조항은 그 입법목적을 달성하는 데 필요한 최소한도의 범위를 넘어, 규제가 불필요하거나 또는 예외적으로 허용하는 것이 가능한 집회까지도 이를 일률적·전면적으로 금지하고 있다고 할 것이므로 침해의 최소성 원칙에 위배된다. 표현의 자유에 속하는 집회의 자유를 제한하는 경우에는 그 제한을 통해 보호하려는 공익이 그로 인해 침해되는 사익보다 우월하여야 한다. 앞서 본 바와 같이 이 사건 금지장소 조항은 국무총리의 업무수행이나 신체적 안전을 저해할 우려가 있는 옥외집회·시위를 금지하는 것에 머무르지 않고, 그 밖의 평화적이고 정당한 옥외집회·시위까지 전면적으로 제한함으로써 구체적인 상황을 고려하여 상충하는 법익간의 조화를 이루려는 노력을 전혀 기울이지 않고 있다. 이처럼 이 사건 금지장소 조항을 통한 국무총리 공관의 기능과 안녕 보장이라는 목적과 집회의 자유에 대한 제약 정도를 비교할 때, 이 사건 금지장소 조항으로 달성하려는 공익이 제한되는 집회의 자유 정도보다 크다고 단정할 수는 없다고 할 것이므로 이 사건 금지장소 조항은 법익의 균형성 원칙에도 위배된다. 이 사건 금지장소 조항은 입법 목적의 정당성과 수단의 적절성이 인정된다고 하더라도, 침해의 최소성 및 법익의 균형성 원칙에 반한다고 할 것이므로 과잉금지원칙을 위반하여 집회의 자유를 침해한다(헌재 2018.06.28. 2015헌가28).

정답

23년(3) 모의

543. 국회의장 공관의 경계 지점으로부터 100미터 이내의 장소에서의 옥외집회 또는 시위를 일률적으로 금지하고 이를 위반한 집회·시위의 참가자를 처벌하는 것은, 국회의장 공관 인근 일대를 광범위하게 전면적인 집회 금지 장소로 설정함으로써 입법목적 달성에 필요한 범위를 넘어 집회의 자유를 과도하게 제한하는 것으로 해당 집회·시위 참가자의 집회의 자유를 침해한다.

해설 '집회 및 시위에 관한 법률'은 국회의장 공관의 기능과 안녕을 보호할 다양한 규제 수단을 마련하고 있고, 집회·시위 과정에서의 폭력행위나 업무방해 행위 등은 형사법상의 범죄행위로 처벌되므로, 국회의장 공관 인근에서 예외적으로 옥외집회·시위를 허용한다고 하더라도 국회의장 공관의 기능과 안녕은 충분히 보장될 수 있다. 그럼에도 심판대상조항은 국회의장 공관 인근 일대를 광범위하게 전면적인 집회 금지 장소로 설정함으로써 입법목적 달성에 필요한 범위를 넘어 집회의 자유를 과도하게 제한하고 있는바, 과잉금지원칙에 반하여 집회의 자유를 침해한다(헌재 2023.03.23. 2021헌가1(전합)).

정답

🕐 19년 변시

544. 국회의사당의 경계지점으로부터 100미터 이내의 장소에서 옥외집회를 전면적으로 금지하는 것은 국회의원에 대한 물리적인 압력이나 위해를 가할 가능성이 없는 장소 및 국회의사당 등 국회시설에의 출입이나 안전에 지장이 없는 장소까지도 집회금지장소에 포함되게 하여 국회의 헌법적 기능에 대한 보호의 필요성을 고려하더라도 지나친 규제라고 할 것이다.

해설 결국 심판대상조항은 국회의사당 인근 일대를 광범위하게 집회금지장소로 설정함으로써, 국회의원에 대한 물리적인 압력이나 위해를 가할 가능성이 없는 장소 및 국회의사당 등 국회 시설에의 출입이나 안전에 지장이 없는 장소까지도 집회금지장소에 포함되게 한다. 더욱이 대한민국 국회는 국회 부지의 경계지점에 담장을 설치하고 있고, 국회의 담장으로부터 국회의사당 건물과 같은 국회 시설까지 상당한 공간이 확보되어 있으므로 국회의원 등의 자유로운 업무수행 및 국회 시설의 안전이 보장될 수 있다. 그럼에도 심판대상조항이 국회 부지 또는 담장을 기준으로 100미터 이내의 장소에서 옥외집회를 금지하는 것은 국회의 헌법적 기능에 대한 보호의 필요성을 고려하더라도 지나친 규제라고 할 것이다(헌재 2018.05.31. 2013헌바322).

19년(1) 모의

545. 각급 법원 인근에서의 옥외집회와 시위를 절대적으로 금지하고 이를 위반한 경우에 형벌을 부과하는 것은 헌법 제21조 제2항의 사전허가제 금지에 위반되지 않는다.

해설 심판대상조항은 각급 법원 인근에서의 옥외집회와 시위를 절대적으로 금지하고 이를 위반한 경우에는 형벌을 예정하고 있으므로 집회의 자유를 장소적으로 제한하고 있다. 심판대상조항의 옥외집회·시위 장소의 제한은 입법에 의한 것이므로 헌법 제21조 제2항의 '사전허가제 금지'에 위반되지는 않지만, 헌법 제37조 제2항이 정하는 기본권 제한의 한계 안에 있는지 여부가 문제된다(헌재 2018.07.26. 2018헌바137).

17년(3)·19년(1) 모의

546. 각급 법원의 경계 지점으로부터 100미터 이내의 장소에서 옥외집회 또는 시위를 한 사람을 형사처벌하는 것은 해당 집회나 시위 참가자의 집회의 자유를 침해한다.

해설 심판대상조항은 입법목적을 달성하는 데 필요한 최소한도의 범위를 넘어 규제가 불필요하거나 또는 예외적으로 허용 가능한 옥외집회·시위까지도 일률적·전면적으로 금지하고 있으므로, 침해의 최소성 원칙에 위배된다. 또한 법관의 독립이나 법원의 재판에 영향을 미칠 우려가 있는 집회·시위를 제한하는 데 머무르지 않고, 각급 법원 인근의 모든 옥외집회를 전면적으로 금지함으로써 구체적 상황을 고려하여 상충하는 법익 사이의 조화를 이루려는 노력을 기울이지 않고 있다. 심판대상조항을 통해 달성하려는 공익과 집회의 자유에 대한 제약 정도를 비교할 때, 심판대상조항으로 달성하려는 공익이 제한되는 집회의 자유 정도보다 크다고 단정할 수 없으므로, 심판대상조항은 법익의 균형성 원칙에도 어긋난다. 심판대상조항은 과잉금지원칙을 위반하여 집회의 자유를 침해한다(헌재 2018.07.26. 2018헌바137).

정답 O

 17년·19년 변시

547. **재판에 영향을 미칠 염려가 있거나 미치게 하기 위한 집회 또는 시위를 금지하고 이를 위반한 자를 형사처벌하는 것은 어떠한 집회·시위가 규제대상에 해당하는지를 판단할 수 있는 아무런 기준도 제시하지 아니함으로써 사실상 재판과 관련된 집단적 의견표명 일체가 불가능하게 되어 집회의 자유를 실질적으로 박탈하는 결과를 초래하므로 집회의 자유를 침해한다.**

해설 이 사건 제2호 부분은 법관의 직무상 독립을 보호하여 사법작용의 공정성과 독립성을 확보하기 위한 것으로 입법목적의 정당성은 인정되나, 국가의 사법권한 역시 국민의 의사에 정당성의 기초를 두고 행사되어야 한다는 점과 재판에 대한 정당한 비판은 오히려 사법작용의 공정성 제고에 기여할 수도 있는 점을 고려하면 사법의 독립성을 확보하기 위한 적합한 수단이라 보기 어렵다. 또한 구 집시법의 옥외집회·시위에 관한 일반규정 및 형법에 의한 규제 및 처벌에 의하여 사법의 독립성을 확보할 수 있음에도 불구하고, 이 사건 제2호 부분은 재판에 영향을 미칠 염려가 있거나 미치게 하기 위한 집회·시위를 사전적·전면적으로 금지하고 있을 뿐 아니라, 어떠한 집회·시위가 규제대상에 해당하는지를 판단할 수 있는 아무런 기준도 제시하지 아니함으로써 사실상 재판과 관련된 집단적 의견표명 일체가 불가능하게 되어 집회의 자유를 실질적으로 박탈하는 결과를 초래하므로 최소침해성 원칙에 반한다. 더욱이 이 사건 제2호 부분으로 인하여 달성하고자 하는 공익 실현 효과는 가정적이고 추상적인 반면, 이 사건 제2호 부분으로 인하여 침해되는 집회의 자유에 대한 제한 정도는 중대하므로 법익균형성도 상실하였다. 따라서 이 사건 제2호 부분은 과잉금지원칙에 위배되어 집회의 자유를 침해한다(헌재 2016.09.29. 2014헌가3).

정답 O

 12년 변시

548. **외교기관 인근의 옥외집회나 시위를 원칙적으로 금지하면서도, 해당 외교기관을 대상으로 하지 아니하는 경우, 대규모 집회 또는 시위로 확산될 우려가 없는 경우, 외교기관의 업무가 없는 휴일에 개최하는 경우를 예외로 하는 것은, 집회의 자유를 침해하지 않는다.**

해설 이 사건 법률조항은 외교기관을 대상으로 하는 외교기관 인근에서의 집회를 금지하고 있는바, 이는 외교기관에서 근무하는 외교관과 일반직원 그리고 외교기관에 출입하고자 하는 내·외국인 등이 생명·신체에 대한 어떠한 위협 없이 자유롭게 외교기관에 출입하고, 외교기관 시설 내에서의 안전이 보장될 수 있도록 하며, 나아가 외교관의 신체적 안전을 보호하고 원활한 업무를 보장함으로써 외교기관의 기능보장과 안전보호를 달성하고자 하는 데 그 주요한 입법목적이 있다고 할 것이므로 그 입법목적의 정당성과 수단의 적합성이 인정된다. 또한, 외교기관을 대상으로 하는 외교기관 인근에서의 옥외집회나 시위는 당사자들 사이의 갈등이 극단으로 치닫거나, 물리적 충돌로 발전할 개연성이 높고, 고도의 법익충돌 상황을 야기할 수 있기 때문에 집시법의 일반적인 규제조치 외에 외교기관 인근을 집회금지 구역으로 설정한 것 자체는 외교기관의 기능과 안전을 보호하려는 이 사건 법률조항의 입법목적을 보다 충실히 달성하기 위하여 적절한 수단이 될 수 있다. 나아가 이 사건 법률조항은 외교기관의 경계지점으로부터 반경 100미터 이내 지점에서의 집회 및 시위를 원칙적으로 금지하되, 그 가운데에서도 외교기관의 기능이나 안녕을 침해할 우려가 없다고 인정되는 세 가지의 예외적인 경우에는 이러한 집회 및 시위를 허용하고 있는바, 이는 입법기술상 가능한 최대한의 예외적 허용 규정이며, 그 예외적 허용 범위는 적절하다고 보이므로 이보다 더 넓은 범위의 예외를 인정하지 않는 것을 두고 침해의 최소성원칙에 반한다고 할 수 없다. 그리고 이 사건 법률조항으로 달성하고자 하는 공익은 외교기관의 기능과 안전의 보호라는 국가적 이익이며, 이 사건 법률조항은 법익충돌의 위험성이 없는 경우에는 외교기관 인근에서의 집회나 시위도 허용함으로써 구체적인 상황에 따라 상충하는 법익 간의 조화를 이루고 있다. 따라서 이 사건 법률조항이 청구인의 집회의 자유를 침해한다고 할 수 없다(헌재 2010.10.28. 2010헌마111).

정답

17년 변시, 13년(2) 모의

549. 집회의 시간과 장소가 중복되는 2개 이상의 신고가 있을 경우 관할경찰관서장은 먼저 신고된 집회가 다른 집회의 개최를 봉쇄하기 위한 가장집회신고에 해당하는지 여부에 관하여 판단할 권한이 없으므로 뒤에 신고된 집회에 대하여 집회 자체를 금지하는 통고를 하여야 한다.

해설 집회의 신고가 경합할 경우 특별한 사정이 없는 한 관할경찰관서장은 집회 및 시위에 관한 법률(이하 '집시법'이라 한다) 제8조 제2항의 규정에 의하여 신고 순서에 따라 뒤에 신고된 집회에 대하여 금지통고를 할 수 있지만, 먼저 신고된 집회의 참여예정인원, 집회의 목적, 집회개최장소 및 시간, 집회 신고인이 기존에 신고한 집회 건수와 실제로 집회를 개최한 비율 등 먼저 신고된 집회의 실제 개최 가능성 여부와 양 집회의 상반 또는 방해가능성 등 제반 사정을 확인하여 먼저 신고된 집회가 다른 집회의 개최를 봉쇄하기 위한 허위 또는 가장 집회신고에 해당함이 객관적으로 분명해 보이는 경우에는, 뒤에 신고된 집회에 다른 집회금지 사유가 있는 경우가 아닌 한, 관할경찰관서장이 단지 먼저 신고가 있었다는 이유만으로 뒤에 신고된 집회에 대하여 집회 자체를 금지하는 통고를 하여서는 아니 되고, 설령 이러한 금지통고에 위반하여 집회를 개최하였다고 하더라도 그러한 행위를 집시법상 금지통고에 위반한 집회개최행위에 해당한다고 보아서는 아니 된다(대판 2014.12.11. 2011도13299).

정답

II 결사의 자유

22년(1) 모의

550. 농협중앙회장 선출행위는 결사 내 업무집행 및 의사결정기관의 구성에 관한 자율적인 활동이라 할 수 있고, 중앙회장선거 후보자의 선거운동에 관한 사항은 결사의 자유의 보호범위에 속한다.

해설 농협중앙회장은 농협중앙회를 대표하여 업무를 집행하는 사람으로서, 총회와 이사회의 의장이자 소집권자이다(농협법 제122조 제2항, 제3항, 제125조 제7항, 농협중앙회정관 제40조 제2항, 제48조 제2항). 그러므로 농협중앙회장 선출행위는 결사 내 업무집행 및 의사결정기관의 구성에 관한 자율적인 활동이라 할 수 있고, 중앙회장선거 후보자의 선거운동에 관한 사항은 결사의 자유의 보호범위에 속한다(헌재 2019.07.25. 2018헌바85).

정답 O

22년(1) 모의

551. 자연인 약사만이 약국을 개설할 수 있도록 하는 「약사법」 규정은 약사가 아닌 자들이 법인을 설립하여 약사를 고용하는 방법으로 약국을 운영할 수 있음에도 불구하고 이를 금지하고 있으므로 약사가 아닌 자연인의 결사의 자유를 침해한다.

해설 "약사 또는 한약사가 아니면 약국을 개설할 수 없다."고 규정한 약사법 제16조 제1항은 자연인 약사만이 약국을 개설할 수 있도록 함으로써, 약사가 아닌 자연인 및 일반법인은 물론, 약사들로만 구성된 법인의 약국 설립 및 운영도 금지하고 있는바, 국민의 보건을 위해서는 약국에서 실제로 약을 취급하고 판매하는 사람은 반드시 약사이어야 한다는 제한을 둘 필요가 있을 뿐, 약국의 개설 및 운영 자체를 자연인 약사에게만 허용할 합리적 이유는 없다. 입법자가 약국의 개설 및 운영을 일반인에게 개방할 경우에 예상되는 장단점을 고려한 정책적 판단의 결과 약사가 아닌 일반인 및 일반법인에게 약국개설을 허용하지 않는 것으로 결정하는 것은 그 입법형성의 재량권 내의 것으로서 헌법에 위반된다고 볼 수 없지만, 법인의 설립은 그 자체가 간접적인 직업선택의 한 방법으로서 직업수행의 자유의 본질적 부분의 하나이므로, 정당한 이유 없이 본래 약국개설권이 있는 약사들만으로 구성된 법인에게도 약국개설을 금지하는 것은 입법목적을 달성하기 위하여 필요하고 적정한 방법이 아니고, 입법형성권의 범위를 넘어 과도한 제한을 가하는 것으로서, 법인을 구성하여 약국을 개설·운영하려고 하는 약사들 및 이들로 구성된 법인의 직업선택(직업수행)의 자유의 본질적 내용을 침해하는 것이고, 동시에 약사들이 약국경영을 위한 법인을 설립하고 운영하는 것에 관한 결사의 자유를 침해하는 것이다(헌재 2002.09.19. 2000헌바84).

정답 ×

22년(1) 모의

552. 헌법재판소는 근로자가 노동조합을 결성하지 아니할 자유의 근거를 결사의 자유 또는 일반적 행동의 자유에서 찾고 있다.

해설 근로자가 노동조합을 결성하지 아니할 자유나 노동조합에 가입을 강제당하지 아니할 자유, 그리고 가입한 노동조합을 탈퇴할 자유는 근로자에게 보장된 단결권의 내용에 포섭되는 권리로서가 아니라 헌법 제10조의 행복추구권에서 파생되는 일반적 행동의 자유 또는 제21조 제1항의 결사의 자유에서 그 근거를 찾을 수 있다(헌재 2005.11.24. 2002헌바95).

정답 O

18년(3)·22년(1) 모의

553. **(1)** 헌법 제21조 제1항이 보장하고 있는 결사의 자유에 의하여 보호되는 '결사' 개념에는 법이 특별한 공공목적에 의하여 구성원의 자격을 정하고 있는 특수단체의 조직활동까지 그에 해당하는 것으로 볼 수 없다.

(2) 헌법 제21조에서 보장하는 결사에는 공법상의 결사나 법이 특별한 공공목적에 의하여 구성원의 자격을 정하고 있는 특수단체는 포함되지 아니한다.

해설 (1) 헌법 제21조 제1항이 보장하고 있는 결사의 자유에 의하여 보호되는 "결사"개념에는 법이 특별한 공공목적에 의하여 구성원의 자격을 정하고 있는 특수단체의 조직활동까지 그에 해당하는 것으로 볼 수 없다. 주택건설촉진법상의 주택조합은 주택이 없는 국민의 주거생활의 안정을 도모하고 모든 국민의 주거수준의 향상을 기한다는(동법 제1조) 공공목적을 위하여 법이 구성원의 자격을 제한적으로 정해 놓은 특수조합이어서 이는 헌법상의 결사의 자유가 뜻하는 헌법상 보호법익의 대상이 되는 단체가 아니다(헌재 1994.02.24. 92헌바43).

(2) 헌법 제21조가 규정하는 결사의 자유에서의 결사란 자연인 또는 법인이 공동목적을 위하여 자유의사에 기하여 결합한 단체를 말하는 것으로 공적책무의 수행을 목적으로 하는 공법상의 결사는 이에 포함되지 아니한다(헌재 2000.11.30. 99헌마190).

정답 ○, ○

18년(3)·22년(3) 모의

554. **(1)** 법인 등 결사체도 그 조직과 의사형성 그리고 업무수행에 관한 자기결정권을 가지므로 결사의 자유의 주체가 된다.

(2) 축협중앙회는 공법인성과 사법인성을 겸유한 특수한 법인으로서 결사의 자유라는 기본권의 주체가 될 수 있지만, 축협중앙회의 공법인적 특성이 상대적으로 더 크다는 점은 그의 기본권의 제약요소로 작용한다.

해설 (1) 법인 등 결사체도 그 조직과 의사형성에 있어서, 그리고 업무수행에 있어서 자기결정권을 가지고 있어 결사의 자유의 주체가 된다고 봄이 상당하므로, 축협중앙회는 그 회원조합들과 별도로 결사의 자유의 주체가 된다(헌재 2000.06.01. 99헌마553).

(2) 헌법상 기본권의 주체가 될 수 있는 법인은 원칙적으로 사법인에 한하는 것이고 공법인은 헌법의 수범자이지 기본권의 주체가 될 수 없다. 축협중앙회는 지역별·업종별 축협과 비교할 때, 회원의 임의탈퇴나 임의해산이 불가능한 점 등 그 공법인성이 상대적으로 크다고 할 것이지만, 이로써 공법인이라고 단정할 수는 없을 것이고, 이 역시 그 존립목적 및 설립형식에서의 자주적 성격에 비추어 사법인적 성격을 부인할 수 없으므로, 축협중앙회는 공법인성과 사법인성을 겸유한 특수한 법인으로서 이 사건에서 기본권의 주체가 될 수 있다. … 다만 위와 같이 두드러진 공법인적 특성이 축협중앙회가 가지는 기본권의 제약요소로 작용하는 것만은 이를 피할 수 없다고 할 것이다(헌재 2000.06.01. 99헌마553).

정답 ○, ○

16년(3) 모의

555.
(1) 결사의 자유는 견해 표명과 정보유통을 집단적으로 구현시켜 사회연대를 촉진하고 국가로부터 사회의 민주성과 자율성을 구현하는 자유로서, 공동의 목적을 가진 다수인이 자발적으로 계속적인 단체를 조직할 수 있는 자유를 말한다.
(2) 결사는 개인이 타인과 더불어 단체를 조직하고 견해를 같이하는 자들끼리 일정한 기간 동안 결합함으로써 공동의 목적을 추구하고 단체의사를 형성하며, 그 조직의 한 구성원으로서 그 단체의사에 복종하는 사회공동체의 기본적인 조직 원리이다.
(3) 결사의 자유에는 단체결성의 자유, 단체존속의 자유, 단체활동의 자유, 결사에의 가입·잔류의 자유와 같은 적극적인 자유는 물론, 기존의 단체로부터 탈퇴할 자유와 결사에 가입하지 아니할 소극적인 자유도 포함된다.

해설 결사의 자유는 견해 표명과 정보유통을 집단적으로 구현시켜 사회연대를 촉진하고 국가로부터 사회의 민주성과 자율성을 구현하는 자유로서, 공동의 목적을 가진 다수인이 자발적으로 계속적인 단체를 조직할 수 있는 자유를 말한다. 그리고 결사는 개인이 타인과 더불어 단체를 조직하고 견해를 같이하는 자들끼리 일정한 기간 동안 결합함으로써 공동의 목적을 추구하고 단체의사를 형성하며, 그 조직의 한 구성원으로서 그 단체의사에 복종하는 사회공동체의 기본적인 조직 원리이고, 이러한 결사의 자유에는 ① 단체결성의 자유, ② 단체존속의 자유, ③ 단체활동의 자유, ④ 결사에의 가입·잔류의 자유와 같은 적극적인 자유는 물론, 기존의 단체로부터 탈퇴할 자유와 결사에 가입하지 아니할 소극적인 자유도 포함된다(헌재 2012.03.29. 2011헌바53).

 정답 O, O, O

16년(3) 모의

556. 결사에 대한 허가제는 원칙적으로 금지되나 예외적으로 비례의 원칙을 충족하는 경우에는 허용된다.

해설 헌법 제21조 제2항은 "언론·출판에 대한 허가나 검열과 집회·결사에 대한 허가는 인정되지 아니한다."고 규정함으로써 헌법 자체에서 언론·출판에 대한 허가나 검열의 금지와 더불어 집회에 대한 허가금지를 명시함으로써, 집회의 자유에 있어서는 다른 기본권 조항들과는 달리, '허가'의 방식에 의한 제한을 허용하지 않겠다는 헌법적 결단을 분명히 하고 있다(헌재 2009.09.24. 2008헌가25).

 정답 ×

 16년 변시, 12년(3) 모의

557. 노동조합을 설립할 때 행정관청에 설립신고서를 제출하게 하고 그 요건을 충족하지 못하는 경우 설립신고서를 반려하도록 하는 법률조항은 헌법상 금지된 결사에 대한 허가제에 해당하여 헌법에 위반된다.

해설 헌법 제21조 제2항 후단의 결사의 자유에 대한 '허가제'란 행정권이 주체가 되어 예방적 조치로 단체의 설립 여부를 사전에 심사하여 일반적인 단체 결성의 금지를 특정한 경우에 한하여 해제함으로써 단체를 설립할 수 있게 하는 제도, 즉 사전 허가를 받지 아니한 단체 결성을 금지하는 제도를 말한다. 그런데 이 사건 법률조항은 노동조합 설립에 있어 노동조합법상의 요건 충족 여부를 사전에 심사하도록 하는 구조를 취하고 있으나, 이 경우 노동조합법상 요구되는 요건만 충족되면 그 설립이 자유롭다는 점에서 일반적인 금지를 특정한 경우에 해제하는 허가와는 개념적으로 구분되고, 더욱이 행정관청의 설립신고서 수리 여부에 대한 결정은 재량 사항이 아니라 의무 사항으로 그 요건 충족이 확인되면 설립신고서를 수리하고 그 신고증을 교부하여야 한다는 점에서 단체의 설립 여부 자체를 사전에 심사하여 특정한 경우에 한해서만 그 설립을 허용하는 '허가'와는 다르다. 따라서 이 사건 법률조항의 노동조합 설립신고서 반려제도가 헌법 제21조 제2항 후단에서 금지하는 결사에 대한 허가제라고 볼 수 없다(헌재 2012.03.29. 2011헌바53).

558. 안마사들로 하여금 의무적으로 대한안마사협회의 회원이 되어 정관을 준수하도록 하는 법률조항은, 그들 사이에 정보를 교환하고 친목을 도모하며 직업활동을 효과적으로 수행하도록 하기 위하여 국가가 적극적으로 개입하는 것이 필요하므로 안마사들의 결사의 자유를 침해하지 않는다.

해설 안마사회는 안마사들이 공동의 목적을 위하여 결합하고 조직하는 사법상의 결사에 해당하고, 이에 따라 안마사들은 안마사회에 자유롭게 가입하고 탈퇴할 수 있는 헌법상 결사의 자유를 누릴 수 있다 할 것인데도, 이 사건 법률조항이 안마사들을 안마사회에 의무적으로 가입하도록 한 것은 결과적으로 소극적 결사의 자유를 제한하는 것이다. … 안마사들은 시각장애로 말미암아 공동의 이익을 증진하기 위하여 개인적으로나 이익단체를 조직하여 활동하는 것이 용이하지 않고, 안마사들로 하여금 하나의 중앙회에 의무적으로 가입하도록 하여 전국적 차원의 단체를 존속시키는 것은 그들 사이에 정보를 교환하고 친목을 도모하며 직업수행 능력을 높일 수 있고, 시각장애인으로 하여금 직업활동을 효과적으로 수행하도록 하기 위하여 국가가 적극적으로 개입하는 것이 필요하다. 이 사건 법률조항으로 안마사회에 의무적으로 가입하고 정관을 준수하고 회비를 납부하게 되지만 과다한 부담이라고 단정하기 어렵다. 이 사건 법률조항은 안마사들의 결사의 자유를 침해하지 않는다(헌재 2008.10.30. 2006헌가15).

제❺항 | 학문과 예술의 자유

23년(2) 모의

559. 학문과 예술의 자유는 1948년 헌법에서부터 규정되었으나, 과학기술자의 권리는 1987년 헌법에서 추가되었다.

해설 (○) 1948년 제정된 제헌헌법 제14조의 내용은 "모든 국민은 학문과 예술의 자유를 가진다. 저작자, 발명가와 예술가의 권리는 법률로써 보호한다."이다. 1987년 개정된 현행 헌법 제22조의 내용은 "①모든 국민은 학문과 예술의 자유를 가진다. ②저작자·발명가·과학기술자와 예술가의 권리는 법률로써 보호한다."이다. 정부 수립부터 지금까지 예술가의 권리는 법률로 보호하는 것을 헌법에 명시하고 있다.

정답 O

Ⅰ 학문의 자유

20년(3) 모의

560. 헌법 제22조 제1항이 보장하고 있는 학문의 자유와 헌법 제31조 제4항에서 보장하고 있는 대학의 자율성에 따라 대학이 학생의 선발 및 전형 등 대학입시제도를 자율적으로 마련할 수 있으므로, 대학의 자율적 학생 선발권에 대한 제약은 허용되지 않는다.

 헌법 제22조 제1항이 보장하고 있는 학문의 자유와 헌법 제31조 제4항에서 보장하고 있는 대학의 자율성에 따라 대학이 학생의 선발 및 전형 등 대학입시제도를 자율적으로 마련할 수 있다 하더라도, 이러한 대학의 자율적 학생 선발권을 내세워 국민의 '균등하게 교육을 받을 권리'를 침해할 수 없으며, 이를 위해 대학의 자율권은 일정부분 제약을 받을 수 있다(헌재 2017.12.28. 2016헌마649).

정답 ×

23년(3) 모의

561. 헌법 제31조의 능력에 따라 균등한 교육을 받을 권리는 국가에 의한 교육제도의 정비·개선 외에도 의무교육의 도입 및 확대, 교육비의 보조나 학자금의 융자 등 교육영역에서의 사회적 급부의 확대와 같은 국가의 적극적인 활동을 통하여 사인간의 출발기회에서의 불평등을 완화해야 할 국가의 의무를 규정한 것으로, 교육의 모든 영역, 특히 학교교육 밖에서의 사적인 교육영역에까지 균등한 교육이 이루어질 수 있도록 하는 수권규범이 된다.

 헌법은 자유권적 기본권의 보장을 통하여 개인이 자유를 행사함으로써 필연적으로 발생하는 사회내에서의 개인간의 불평등을 인정하면서 다른 한편, 사회적 기본권의 보장을 통하여 되도록 국민 누구나가 자력으로 자신의 기본권을 행사할 수 있는 실질적인 조건을 형성해야 할 국가의 의무, 특히 헌법 제31조의 '교육을 받을 권리'의 보장을 통하여 교육영역에서의 기회균등을 이룩할 의무를 부과하고 있다. 따라서 헌법 제31조의 '능력에 따라 균등한 교육을 받을 권리'는 국가에 의한 교육제도의 정비·개선 외에도 의무교육의 도입 및 확대, 교육비의 보조나 학자금의 융자 등 교육영역에서의 사회적 급부의 확대와 같은 국가의 적극적인 활동을 통하여 사인간의 출발기회에서의 불평등을 완화해야 할 국가의 의무를 규정한 것이다. 그러나 위 조항은 교육의 모든 영역, 특히 학교교육 밖에서의 사적인 교육영역에까지 균등한 교육이 이루어지도록 개인이 별도로 교육을 시키거나 받는 행위를 국가가 금지하거나 제한할 수 있는 근거를 부여하는 수권규범이 아니다 …(헌재 2000.04.27. 98헌가16,98헌마429(병합,전합))

정답 ×

562. 19년·23년 변시, 17년(1)·18년(2)·20년(2) 모의

(1) 교육의 자주성이나 대학의 자율성은 헌법 제22조 제1항이 보장하고 있는 학문의 자유의 확실한 보장수단으로 꼭 필요한 것으로서 이는 대학에 부여된 헌법상의 기본권이다.

(2) 대학의 자치의 주체는 대학이고, 법인격이 없는 국립대학교교수회는 대학의 자치의 주체가 될 수 없다.

(3) 국립대학교의 교수가 대학총장 후보자 선출에 참여할 권리는 헌법상 기본권으로 인정할 수 없다.

해설 (1), (2) (대학의 자율의 기본권성 및 국립대학 교수나 교수회의 기본권주체성) 헌법재판소는 대학의 자율성은 헌법 제22조 제1항이 보장하고 있는 학문의 자유의 확실한 보장수단으로 꼭 필요한 것으로서 대학에게 부여된 헌법상의 기본권으로 보고 있다. 그러나 대학의 자치의 주체를 기본적으로 대학으로 본다고 하더라도 교수나 교수회의 주체성이 부정된다고 볼 수는 없고, 가령 학문의 자유를 침해하는 대학의 장에 대한 관계에서는 교수나 교수회가 주체가 될 수 있고, 또한 국가에 의한 침해에 있어서는 대학 자체 외에도 대학 전구성원이 자율성을 갖는 경우도 있을 것이므로 문제되는 경우에 따라서 대학, 교수, 교수회 모두가 단독, 혹은 중첩적으로 주체가 될 수 있다고 보아야 할 것이다(헌재 2006.04.27. 2005헌마1047).

(3) (교수에게 헌법상 기본권인 국립대학의 장 후보자 선정에 참여할 권리가 있는지) 전통적으로 대학자치는 학문활동을 수행하는 교수들로 구성된 교수회가 누려오는 것이었고, 현행법상 국립대학의 장 임명권은 대통령에게 있으나, 1990년대 이후 국립대학에서 총장 후보자에 대한 직접선거방식이 도입된 이래 거의 대부분 대학 구성원들이 추천하는 후보자 중에서 대학의 장을 임명하여 옴으로써 대통령이 대학총장을 임명함에 있어 대학교원들의 의사를 존중하여 온 점을 고려하면, 청구인들(교수들)에게 대학총장 후보자 선출에 참여할 권리가 있고 이 권리는 대학의 자치의 본질적인 내용에 포함된다고 할 것이므로 결국 헌법상의 기본권으로 인정할 수 있다(헌재 2006.04.27. 2005헌마1047).

정답 O, ×, ×

563. 20년(2) 모의

학문의 자유를 향유하는 대학 교원은 대학자치의 주체로서 어느 정도 대학의 운영에 적극적으로 참여할 수 있는 길이 보장되어 있으나, 임금, 근무조건, 후생복지 등 교원의 경제적·사회적 지위향상에 대해서까지 대학 구성원들이 대학의 자율성을 근거로 그 의사결정 과정에 참여할 수 있다고 보기는 어렵다.

해설 … 학문의 자유를 향유하는 대학 교원은 대학자치의 주체로서 어느 정도 대학의 운영에 적극적으로 참여할 수 있는 길이 보장되어 있으나, 임금, 근무조건, 후생복지 등 교원의 경제적·사회적 지위향상에 대해서까지 대학 구성원들이 대학의 자율성을 근거로 그 의사결정 과정에 참여할 수 있다고 보기는 어렵다(헌재 2018.08.30. 2015헌가38).

정답 O

22년(2) 모의

564. 대학의 자율권의 보호영역에는 대학시설의 관리·운영만이 아니라 연구와 교육의 내용, 방법과 대상, 교과과정의 편성, 학생의 선발과 전형 및 교원의 임면에 관한 사항도 포함되나, 교원의 보수에 관한 사항은 포함되지 않는다.

해설 헌법 제31조 제4항은 헌법상의 기본권으로 대학의 자율성을 보장하고 있고, 여기서 대학의 자율은 대학시설의 관리·운영만이 아니라 전반적인 것이어야 하므로 연구와 교육의 내용, 방법과 대상, 교과과정의 편성, 학생의 선발과 전형 및 교원의 임면에 관한 사항도 자율의 범위에 속하며, 이는 교원의 보수에 관한 사항도 마찬가지이다(대판 2018.11.29. 2018다207854).

정답

19년 변시, 16년(1) 모의

565. 헌법상 대학의 자율은 대학에 대학의 장 후보자 선정과 관련하여 반드시 직접선출 방식을 보장하여야 하는 것은 아니다.

해설 대학의 장 후보자 선정과 관련하여 대학에게 반드시 직접선출 방식을 보장하여야 하는 것은 아니며, 다만 대학교원들의 합의된 방식으로 그 선출방식을 정할 수 있는 기회를 제공하면 족하다(헌재 2006.04.27. 2005헌마1047).

정답

18년 변시

566. 대학의 자율의 구체적인 내용은 법률이 정하는 바에 의하여 보장되며, 국가는 헌법 제31조 제6항에 따라 모든 학교제도의 조직·계획·운영·감독에 관한 포괄적인 권한을 부여받지만, 대학의 자율성 보장은 대학자치의 본질이므로 대학의 자율에 대한 침해 여부를 심사함에 있어서는 엄격한 과잉금지원칙을 적용하여야 한다.

해설 대학의 자율도 헌법상의 기본권이므로 기본권제한의 일반적 법률유보의 원칙을 규정한 헌법 제37조 제2항에 따라 제한될 수 있고, 대학의 자율의 구체적인 내용은 법률이 정하는 바에 의하여 보장되며, 또한 국가는 헌법 제31조 제6항에 따라 모든 학교제도의 조직, 계획, 운영, 감독에 관한 포괄적인 권한 즉, 학교제도에 관한 전반적인 형성권과 규율권을 부여받았다고 할 수 있고, 다만 그 규율의 정도는 그 시대의 사정과 각급 학교에 따라 다를 수 밖에 없는 것이므로 교육의 본질을 침해하지 않는 한 궁극적으로는 입법자의 형성의 자유에 속하는 것이라 할 수 있다. 따라서 … 이 사건 법률조항 등이 대학의 자유를 제한하고 있다고 하더라도 그 위헌 여부는 입법자가 기본권을 제한함에 있어 헌법 제37조 제2항에 의한 합리적인 입법한계를 벗어나 자의적으로 그 본질적 내용을 침해하였는지 여부에 따라 판단되어야 할 것이다(헌재 2006.04.27. 2005헌마1047).

정답

14년(1)·18년(2)·23년(2) 모의

567. 학문의 자유는 진리탐구의 자유와 결과발표의 자유 내지 수업의 자유를 포함하는 것으로서, 진리탐구의 자유는 신앙의 자유·양심의 자유처럼 절대적인 자유라고 할 수 있으나, 결과발표 내지 수업의 자유는 경우에 따라 헌법 제37조 제2항에 따른 제약이 있을 수 있는 것이다.

해설 학문의 자유라 함은 진리를 탐구하는 자유를 의미하는데, 그것은 단순히 진리탐구의 자유에 그치지 않고 탐구한 결과에 대한 발표의 자유 내지 가르치는 자유(편의상 대학의 교수의 자유와 구분하여 수업의 자유로 한다) 등을 포함하는 것이라 할 수 있다. 다만, 진리탐구의 자유와 결과발표 내지 수업의 자유는 같은 차원에서 거론하기가 어려우며, 전자는 신앙의 자유·양심의 자유처럼 절대적인 자유라고 할 수 있으나, 후자는 표현의 자유와도 밀접한 관련이 있는 것으로서 경우에 따라 헌법 제21조 제4항은 물론 제37조 제2항에 따른 제약이 있을 수 있는 것이다(헌재 1992.11.12. 89헌마88).

정답

23년(2) 모의

568. 헌법 제22조 제2항은 저작자·발명가·과학기술자와 예술가의 권리를 법률로써 보호한다고 규정하여 입법자에게 지식재산권을 형성할 수 있는 광범위한 입법형성권을 부여하고 있으므로, 컴퓨터프로그램을 업무상 창작하는 경우 어떠한 요건 하에서 누구에게 저작권을 귀속시킬지에 관하여는 입법자에게 광범위한 형성의 여지가 인정된다.

해설 프로그램을 업무상 창작함에 있어서는 기획하는 법인 등과 작성하는 피용자가 모두 개입하게 된다. 그런데 헌법 제22조 제2항은 저작자·발명가·과학기술자와 예술가의 권리를 '법률로써' 보호한다고 규정하여 입법자에게 지식재산권을 형성할 수 있는 광범위한 입법형성권을 부여하고 있으므로, 프로그램을 업무상 창작하는 경우 어떠한 요건 하에서 누구에게 저작권을 귀속시킬지에 관하여는 입법자에게 광범위한 형성의 여지가 인정된다(헌재 2018.08.30. 2016헌가12).

정답

18년(2) 모의

569. 저작자 등의 권리를 보호하는 것은 학문과 예술을 발전·진흥시키고 문화국가를 실현하기 위하여 불가결할 뿐 아니라, 이들 저작자 등의 산업재산권을 보호한다는 의미도 함께 가지고 있다. 이와 같은 헌법의 취지에 따라 「특허법」, 「실용신안법」, 「의장법」 등 산업재산권을 보호하기 위한 개별법률들이 제정되어 발명가 등의 권리를 구체적으로 보호하고 있다.

해설 헌법 제22조 제2항은 저작자·발명가·과학기술자와 예술가의 권리는 법률로써 보호한다고 하여 학문과 예술의 자유를 제도적으로 뒷받침해 주고 학문과 예술의 자유에 내포된 문화국가실현의 실효성을 높이기 위하여 저작자 등의 권리보호를 국가의 과제로 규정하고 있다. 저작자 등의 권리를 보호하는 것은 학문과 예술을 발전·진흥시키고 문화국가를 실현하기 위하여 불가결할 뿐 아니라, 이들 저작자 등의 산업재산권을 보호한다는 의미도 함께 가지고 있다. 이와 같은 헌법의 취지에 따라 특허법, 실용신안법, 의장법 등 산업재산권을 보호하기 위한 개별법률들이 제정되어 발명가 등의 권리를 구체적으로 보호하고 있다(헌재 2002.04.25. 2001헌마200).

정답 O

22년(3) 모의

570. **(1)** 교육제도 법정주의는 의회민주주의 내지 법치주의 이념에서 비롯된 것으로 교육제도와 교원의 지위를 행정권력에 의한 부당한 침해로부터 보호하고 국민의 균등한 교육을 받을 기본권을 실효성 있게 보장하기 위한 것이다.

(2) 입법자가 교육제도와 교원의 지위를 정하는 법률을 제정함에 있어서는 국민의 균등한 교육을 받을 권리를 효율적으로 보장하기 위한 규정과 함께 교원의 신분보장 등 교원의 권리에 관한 사항이 반드시 규정되어야 한다.

해설 헌법 제31조 제1항은 "모든 국민은 능력에 따라 균등하게 교육을 받을 권리를 가진다"고 규정하여 국민의 균등한 교육을 받을 권리를 보장하는 한편, 제31조 제6항은 "학교교육 및 평생교육을 포함한 교육제도와……교원의 지위에 관한 기본적인 사항은 법률로 정한다"라고 규정하여 교육제도 및 교원지위 법정주의(이하 "교육법정주의"라 한다)를 교육에 관한 기본원칙으로 선언하고 있다. 교육법정주의는 교육제도와 교원의 지위를 행정권력에 의한 부당한 침해로부터 보호하고, 국민의 균등한 교육을 받을 기본권을 실효성 있게 보장하기 위하여 교육제도 및 교원지위에 관한 기본적인 사항을 법률로 정하도록 한 것이지만, 입법자가 교육제도와 교원의 지위를 정하는 법률을 제정함에 있어서는 국민의 균등한 교육을 받을 권리를 효율적으로 보장하기 위한 규정과 함께 교원의 신분보장 등 교원의 권리에 관한 사항이 반드시 규정되어야 한다(헌재 1998.07.16. 95헌바19).

정답 O,O

22년(3) 모의

571. 입법자는 공교육을 담당하는 사립학교에 대한 감독과 사립학교 교원의 지위 보장과 관련하여 교육제도 및 교원지위 법정주의에 의하여 교육의 본질을 침해하지 아니하는 범위에서 입법형성의 자유를 가진다.

해설 교육제도와 교원의 지위에 관한 기본적인 사항을 법률로 정함에 있어 국가가 공교육을 담당하는 사립학교에 대하여 어느 정도 감독하고 사립학교 교원의 지위를 어떤 수준으로 보장할 것인지의 문제는 교육의 본질을 침해하지 아니하는 한 궁극적으로는 입법권자의 입법형성의 자유에 속하는 것이라고 할 것이다(헌재 1998.07.16. 95헌바19).

정답 O

22년(3) · 23년(2) 모의

572. 교원지위 법정주의를 근거로 하여 제정되는 법률에는 국민의 교육을 받을 권리의 실효적 보장을 저해할 우려 있는 행위의 금지 등 교원의 기본권을 제한하는 사항은 규정할 수 없다.

::해설 교원지위법정주의는 단순히 교원의 권익보장만을 위한다거나 교원의 지위를 행정권력에 의한 부당한 침해로부터 보호하는 것만을 목적으로 한 것은 아니고, 국민의 교육을 받을 권리를 실효성 있게 보장하는 것도 그 중요한 목적이라 할 것이므로, 입법부가 교원의 지위를 정하는 법률을 제정함에 있어 교원의 신분보장이나 경제적·사회적 지위보장과 함께 국민의 교육을 받을 권리를 저해할 우려가 있는 행위의 금지 등 교원의 의무에 관한 사항을 포함하여 교원의 기본권을 제한하는 사항까지도 규율할 수 있다(헌재 2008.11.27. 2005헌가21).

정답 ×

23년(2) 모의

573. 대학의 자율은 학생선발, 학사운영뿐만 아니라 교원의 임면에 관한 사항을 자율적으로 규율하는 것도 포함하므로, 교원의 기간임용제를 채택하면서 재임용에 관한 사항을 정하지 않더라도 교원지위 법정주의에 반하는 것은 아니다.

::해설 … 이상 본 바와 같이 객관적인 기준의 재임용 거부사유와 재임용에서 탈락하게 되는 교원이 자신의 입장을 진술할 수 있는 기회 그리고 재임용거부를 사전에 통지하는 규정 등이 없으며, 나아가 재임용이 거부되었을 경우 사후에 그에 대해 다툴 수 있는 제도적 장치를 전혀 마련하지 않고 있는 이 사건 법률조항은, 현대사회에서 대학교육이 갖는 중요한 기능과 그 교육을 담당하고 있는 대학교원의 신분의 부당한 박탈에 대한 최소한의 보호요청에 비추어 볼 때 헌법 제31조 제6항에서 정하고 있는 교원지위법정주의에 위반된다고 볼 수밖에 없다(헌재 1998.07.16. 96헌바33).

정답

22년(3)·23년(1) 모의

574. 헌법 제31조 제6항은 국민의 교육을 받을 기본적 권리를 보다 효과적으로 보장하기 위하여 교원의 보수 및 근무조건 등을 포함하는 개념인 '교원의 지위'에 관한 기본적인 사항을 법률로써 정하도록 한 것이므로, 교원의 지위에 관련된 사항에 관한 한 위 헌법조항이 근로기본권에 관한 헌법 제33조 제1항에 우선하여 적용된다.

::해설 헌법재판소는 국민의 교육받을 권리를 효과적으로 보장하기 위하여 교원의 지위에 관한 사항을 법률로 정하도록 한 헌법 제31조 제6항이 근로기본권에 관한 헌법 제33조 제1항에 우선하여 적용된다고 보고, 사립학교 교원의 근로3권을 제한 또는 금지하고 있던 당시의 사립학교법 규정이 교원 지위의 특수성과 역사적 현실을 종합하여 교육제도의 본질을 지키기 위하여 입법자가 결정한 것으로 헌법에 위반되지 아니한다고 판단하였다(헌재 2015.05.28. 2013헌마671).

정답

22년(2) 모의

575. 국립대학 교원의 성과연봉 지급에 대하여 규정한 공무원보수규정이 교육공무원법, 국가공무원법 등 관련 법률조항들의 위임에 따라서 교원 보수의 결정 기준이 되는 '자격, 경력, 직무의 곤란성 및 책임의 정도'를 보다 구체화하여 정한 것이라면 교원지위 법정주의에 반하지 않는다.

해설 이 사건 조항은 교육공무원법 제34조 및 제35조, 국가공무원법 제46조, 제47조 등의 위임에 따라서 교원 보수의 결정 기준이 되는 '자격, 경력, 직무의 곤란성 및 책임의 정도'를 보다 구체화하여 정한 것이므로, 교원지위 법정주의에 반하여 청구인들의 학문의 자유를 침해한다고 볼 수 없다 (헌재 2013.11.28. 2011헌마282).

정답 O

Ⅱ 예술의 자유

14년(1)·18년(2)·23년(2) 모의

576. 공연장 및 영화상영관 운영자의 자유로운 공연장 등의 운영은 직업을 수행하는 활동이라는 점에서 직업의 자유에 의한 보호의 대상이 될 뿐, 예술의 자유와는 직접 관련된다고 볼 수 없다.

해설 이 사건 법률조항은 정화구역 내에서 극장시설 및 영업행위를 금지하고 있는바, 여기서의 '극장'이란 그 사전적 의미 및 이 사건 법률조항의 입법취지를 종합하여 살펴볼 때 연극 등의 공연을 위한 무대공연시설과 영화상영을 위한 극장 시설을 모두 포함하는 개념이다. … 이 사건 위헌법률심판의 쟁점은 우선 이 사건 법률조항이 정화구역 내에서 극장영업을 하고자 하는 자의 직업의 자유를 침해하여 위헌인지 여부이다. 아울러 학생들의 문화향유에 관한 행복추구권도 문제가 된다고 할 것이다. 한편, 극장의 자유로운 운영에 대한 제한은 공연물·영상물이 지니는 표현물, 예술작품으로서의 성격에 기하여 직업의 자유에 대한 제한으로서의 측면 이외에 표현의 자유 및 예술의 자유의 제한과도 관련성을 가지고 있다(헌재 2004.05.27. 2003헌가1).

정답 X

제4장 경제적 기본권

제1절 경제질서와 경제적 기본권

제2절 재산권

제❶항 재산권의 보장

제❷항 재산권의 주체

제❸항 재산권의 범위(객체)

21년(3) 모의

577. 예비군 교육훈련에 참가한 예비군대원이 훈련 과정에서 식비, 여비 등을 스스로 지출함으로써 생기는 경제적 부담은 헌법에서 보장하는 재산권의 범위에 포함된다고 할 수 없고, 예비군 교육훈련 기간 동안의 일실수익과 같은 기회비용 역시 경제적인 기회에 불과하여 재산권의 범위에 포함되지 아니한다.

해설 예비군 교육훈련에 참가한 예비군대원이 훈련 과정에서 식비, 여비 등을 스스로 지출함으로써 생기는 경제적 부담은 헌법에서 보장하는 재산권의 범위에 포함된다고 할 수 없고, 예비군 교육훈련 기간 동안의 일실수익과 같은 기회비용 역시 경제적인 기회에 불과하여 재산권의 범위에 포함되지 아니한다. 그렇다면 심판대상조항으로 인하여 청구인의 재산권이 침해될 가능성을 인정할 수 없다 (헌재 2019.08.29. 2017헌마828).

23년(2) 모의

578. 건강보험수급권은 보험사고로 초래되는 재산상 부담을 전보하여 주는 경제적 유용성을 가지므로 헌법상 재산권의 보호범위에 속한다고 볼 수 있다.

해설 건강보험수급권은 가입자가 납부한 보험료에 대한 반대급부의 성격을 가지며, 보험사고로 초래되는 재산상 부담을 전보하여 주는 경제적 유용성을 가지므로, 헌법상 재산권의 보호범위에 속한다고 볼 수 있다(헌재 2003.12.18. 2002헌바1).

21년(2) 모의

579. 청중이나 관중으로부터 당해 공연에 대한 반대급부를 받지 아니하는 경우에는 상업용 목적으로 공표된 음반 또는 상업용 목적으로 공표된 영상저작물을 재생하여 공중에게 공연할 수 있도록 하는 것은 저작권자의 정당한 수익을 비(非)권리자에게 이전한다는 점에서 저작권자의 재산권을 침해한다.

해설 청중이나 관중으로부터 당해 공연에 대한 반대급부를 받지 아니하는 경우에는 상업용 목적으로 공표된 음반 또는 상업용 목적으로 공표된 영상저작물(이하 '상업용 음반 등'이라 한다)을 재생하여 공중에게 공연할 수 있다고 규정한 저작권법(2016. 3. 22. 법률 제14083호로 개정된 것) … 심판대상조항은 공중이 저작물의 이용을 통한 문화적 혜택을 누릴 수 있도록 하기 위한 것으로 입법목적이 정당하고, 일정한 요건 하에 누구든지 상업용 음반 등을 재생하여 공중에게 공연할 수 있도록 하는 것은 상업용 음반 등에 대한 공중의 접근성을 향상시켜 위와 같은 입법목적 달성에 적합한 수단이 된다. 심판대상조항이 적용되는 공연의 경우 영리의 목적 유무를 불문하고 저작재산권자 등은 해당 상업용 음반 등에 관한 권리를 행사할 수 없으나, 저작권법 제29조 제2항 단서 및 저작권법 시행령에서 정한 예외사유에 해당하는 경우에는 저작재산권자 등이 여전히 해당 상업용 음반 등에 관한 권리를 행사할 수 있다. 비록 위 조항들은 재산권의 원칙적 제한 및 예외적 보장의 형식을 취하고 있으나, 이는 입법자가 구체적 사안에서 저작재산권자 등의 재산권 보장과 공중의 문화적 혜택 향수라는 공익이 조화롭게 달성되도록 하기 위하여 이와 같은 규율형식을 택한 것으로 볼 수 있다. 또한, 심판대상조항에 의한 공연을 통해 해당 상업용 음반 등이 공중에 널리 알려짐으로써 판매량이 증가하는 등 저작재산권자 등이 간접적인 이익을 얻을 가능성도 있다. 이상을 고려하여 보면, 심판대상조항이 침해의 최소성 원칙에 위반된다고 단정하기 어렵다. 나아가, 심판대상조항으로 인하여 저작재산권자 등이 상업용 음반 등을 재생하는 공연을 허락할 권리를 행사하지 못하거나 그러한 공연의 대가를 받지 못하게 되는 불이익이 상업용 음반 등을 재생하는 공연을 통하여 공중이 문화적 혜택을 누릴 수 있게 한다는 공익보다 크다고 보기도 어려우므로, 심판대상조항은 법익의 균형성도 갖추었다. 따라서 심판대상조항이 비례의 원칙에 반하여 저작재산권자 등의 재산권을 침해한다고 볼 수 없다(헌재 2019.11.28. 2016헌마1115,2019헌가18(병합)).

정답

23년(1) 모의

580. 「국민연금법」상 유족연금 또는 반환일시금을 지급받지 못하는 가입자 등의 가족에게 사망으로 소요되는 비용의 일부로써 지급되는 사망일시금은 사회보장적 급여에 해당할 뿐 재산권의 보장대상은 아니다.

해설 사망일시금 제도는 유족연금 또는 반환일시금을 지급받지 못하는 가입자 등의 가족에게 사망으로 소요되는 비용의 일부를 지급함으로써 국민연금제도의 수혜범위를 확대하고자 하는 차원에서 도입되었는데, 국민연금제도가 사회보장에 관한 헌법규정인 제34조 제1항, 제2항, 제5항을 구체화한 제도로서, 국민연금법상 연금수급권 내지 연금수급기대권이 재산권의 보호대상인 사회보장적 급여라고 한다면 사망일시금은 사회보험의 원리에서 다소 벗어난 장제부조적·보상적 성격을 갖는

급여로 사망일시금은 헌법상 재산권에 해당하지 아니하므로, 이 사건 사망일시금 한도 조항이 청구인들의 재산권을 제한한다고 볼 수 없다(헌재 2019.02.28. 2017헌마432).

정답 O

15년 변시, 15년(2)·20년(1) 모의

581. 헌법 제23조의 재산권은 「민법」상의 소유권뿐만 아니라, 재산적 가치 있는 사법상의 물권·채권 등 모든 권리를 포함하며, 국가로부터의 일방적인 급부가 아닌 자기 노력의 대가나 자본의 투자 등 특별한 희생을 통하여 얻은 공법상의 권리도 포함한다.

해설 헌법 제23조의 재산권은 민법상의 소유권뿐만 아니라, 재산적 가치있는 사법상의 물권, 채권 등 모든 권리를 포함하며, 또한 국가로부터의 일방적인 급부가 아닌 자기 노력의 댓가나 자본의 투자 등 특별한 희생을 통하여 얻은 공법상의 권리도 포함한다(헌재 2000.06.29. 99헌마289).

정답 O

15년 변시, 20년(1) 모의

582. 「군인연금법」상 퇴역연금수급권과 같이 연금수급인 자신이 기여금의 납부를 통해 연금의 재원 형성에 일부 기여하는 경우에는 이러한 연금수급권은 사회적 기본권의 하나인 사회보장수급권의 성격을 지니면서도 재산권으로서의 성격을 아울러 지닌다.

해설 퇴역연금수급권은 사회보장수급권과 재산권이라는 양 권리의 성격이 불가분적으로 혼화되어 있으므로 전체적으로 재산권적 보호의 대상이 되면서도 순수한 재산권만은 아니라는 특성을 가지고 있다. 다만, 퇴역연금 중 본인의 기여금에 해당하는 부분은 복무중 근무의 대가로 지급하였어야 할 임금의 후불적 성격이 강하고, 국고의 부담금에 해당하는 부분은 은혜적 급여 또는 사회보장적 급여의 성격이 강하다. 따라서 퇴역연금의 사회보장적 성격에 비추어 볼 때, 퇴역연금의 지급정도는 원칙적으로 입법자가 사회정책적 측면과 국가의 재정 및 기금의 상황 등 여러 가지 사정을 참작하여 폭넓은 재량으로 결정할 수 있는 사항이긴 하지만 임금후불적 성격이 강한 기여금 부분에 관해서는 재산권적 보호가 더욱 강조되어야 하므로 입법형성의 여지가 보다 좁다고 보아야 할 것이다(헌재 2005.12.22. 2004헌가24).

정답 O

17년(1)·19년(2) 모의

583. 분할연금은 국민연금 가입기간 중 실질적인 혼인기간을 고려하여 산정하여야 하므로, 법률혼 관계를 유지하고 있었다고 하더라도 실질적인 혼인관계가 해소되어 노령연금 수급권의 형성에 아무런 기여가 없었다면 그 기간에 대하여는 노령연금의 분할을 청구할 전제를 갖추었다고 볼 수 없다.

해설 분할연금제도는 재산권적인 성격과 사회보장적 성격을 함께 가진다. 분할연금제도의 재산권적 성격은 노령연금 수급권도 혼인생활 중에 협력하여 이룬 부부의 공동재산이므로 이혼 후에는 그 기여분에 해당하는 몫을 분할하여야 한다는 것이고, 여기서 노령연금 수급권 형성에 대한 기여란 부부 공동생활 중에 역할분담의 차원에서 이루어지는 가사·육아 등을 의미하므로, 분할연금은 국민연금 가입기간 중 실질적인 혼인 기간을 고려하여 산정하여야 한다. 따라서 법률혼 관계를 유지하고 있었다고 하더라도 실질적인 혼인관계가 해소되어 노령연금 수급권의 형성에 아무런 기여가 없었다면 그 기간에 대하여는 노령연금의 분할을 청구할 전제를 갖추었다고 볼 수 없다. 그럼에도 불구하고 심판대상조항은 법률혼 관계에 있었지만 별거·가출 등으로 실질적인 혼인관계가 존재하지 않았던 기간을 일률적으로 혼인 기간에 포함시켜 분할연금을 산정하도록 하고 있는바, 이는 분할연금제도의 재산권적 성격을 몰각시키는 것으로서 그 입법형성권의 재량을 벗어났다고 보아야 한다. 2015. 12. 29. 개정된 국민연금법은 제64조의2를 신설하여 민법상 재산분할청구제도에 따라 연금의 분할에 관하여 별도로 결정된 경우에는 그에 따르도록 하였다. 그런데, 위 조항이 신설되었다 하더라도 심판대상조항이 유효하다면 노령연금 수급권자로서는 하여금 먼저 재산분할청구권을 행사하여야 자신의 정당한 연금을 확보할 수 있으므로, 위 조항이 신설되었다 하여 심판대상조항의 위헌성이 해소되는 것은 아니다. 따라서 심판대상조항은 재산권을 침해한다(헌재 2016.12.29. 2015헌바182).

정답 O

13년 변시, 12년(3)·15년(1)·(2)·17년(1) 모의

584. 헌법이 보장하고 있는 재산권은 경제적 가치가 있는 모든 공법상·사법상의 권리를 뜻하며 사적 유용성 및 그에 대한 원칙적인 처분권을 내포하는 재산가치 있는 구체적 권리를 의미하고, 영리획득의 단순한 기회나 기업활동의 사실적·법적 여건은 기업에게는 중요한 의미를 갖는다고 하더라도 재산권보장의 대상은 아니다.

해설 헌법 제23조 제1항에 의하여 보호되는 재산권은 사적 유용성 및 그에 대한 원칙적 처분권을 내포하는 재산가치 있는 구체적 권리이므로, 구체적인 권리가 아닌 단순한 이익이나 재화의 획득에 관한 기회 또는 기업활동의 사실적·법적 여건 등은 재산권 보장의 대상이 아니다(헌재 2009.06.25. 2007헌마451).

정답 O

23년(2)(3) 모의

585. 대통령은 북한의 계속되는 핵실험으로 인해 남북협력사업인 개성공단의 운영을 즉시 전면 중단하기로 결정하고, 통일부장관은 대통령의 지시에 따라 철수계획을 마련하여 관련 기업인들에게 통보한 다음 개성공단 전면중단 성명을 발표하고, 이에 대응한 북한의 조치에 따라 2016. 2. 10. 개성공단에 체류 중인 국민들 전원을 대한민국 영토 내로 귀환하도록 한 일련의 행위로 이루어진 개성공단 전면중단 조치(이하 '이 사건 중단조치'라고 함)를 취하였다. 이 사건 중단조치는 A의 직업선택의 자유에 의해 보장되는 기업경영 내지 영업의 자유를 제한하지만 이 사건 중단조치로 인해 개성공단에서 생산한 제품을 처분하지 못함에 따르는 경제적 소득의 감소는 반사적 이익에 불과하다는 점에서 재산권을 제한하지 않는다.

해설 영업의 자유를 장소적으로 제한받게 됨으로써 청구인들은 개성공단 내에서 기업활동을 위해 이용권 등을 확보한 토지, 건물을 사용, 수익할 수 없게 되었고, 개성공단에 설치, 반입한 생산설비, 원·부자재를 사용하거나 개성공단에서 생산한 제품을 반출하여 처분하지 못하게 되었으므로, 이 사건 중단조치로 인하여 청구인들의 재산권도 제한된다고 볼 수 있다.(헌법재판소 2022.01.27. 2016헌마364). ▶ "개성공단에서 생산한 제품"에 관하여는 재산권을 제한한다.

정답 ×

23년 변시

586. **개성공단 전면 중단조치에 의한 영업중단으로 인해 발생하는 영업상 손실이나 주식 등 권리의 가치하락으로 인한 손실은 헌법 제23조의 재산권보장의 범위에 속한다.**

해설 [1] 청구인들은 이 사건 중단조치가 공공의 필요에 의한 재산권의 공용 제한에 해당함에도 정당한 보상이 지급되지 않았으므로, 헌법 제23조 제3항을 위반하여 재산권을 침해한 것이라는 주장을 한다. 그러나 이 사건 중단조치는 개성공단에서의 영업활동을 중단시키는 것을 목적으로 하고, 개성공단 내에 존재하는 토지나 건물, 설비, 생산물품 등에 직접 공용부담을 가하여 개별적, 구체적으로 이용을 제한하고자 하는 것이 아니다. 개성공단에서의 영업활동을 중단시킴으로써 개성공단 내에 위치한 사업용 토지나 건물 등 재산을 사용할 수 없게 되는 제한이 발생하기는 하였으나 이는 개성공단이라는 특수한 지역에 위치한 사업용 재산이 받는 사회적 제약이 구체화된 것일 뿐이므로, 공익목적을 위해 개별적, 구체적으로 이미 형성된 구체적 재산권을 제한하는 공용 제한과는 구별된다. [2] 또한 청구인들은 개성공단에서 영업을 계속하지 못하여 발생한 기업들의 영업손실이나 개성공단 자회사나 영업소에 대하여 가지고 있던 주식 등 권리의 가치 하락 등도 재산권 제한으로서 보상이 이루어져야 한다는 취지의 주장도 한다. 그러나 헌법상 보장된 재산권은 사적 유용성 및 그에 대한 원칙적인 처분권을 내포하는 재산가치 있는 구체적인 권리이므로, 구체적 권리가 아닌 영리획득의 단순한 기회나 기업활동의 사실적·법적 여건은 기업에게는 중요한 의미를 갖는다고 하더라도 재산권보장의 대상이 아니다(헌재 1996. 8. 29. 95헌바36; 헌재 2006. 1. 26. 2005헌마424 등 참조). 이 사건 중단조치에 의한 영업중단으로 영업상 손실이나 주식 등 권리의 가치하락이 발생하였더라도 이는 영리획득의 기회나 기업활동의 여건 변화에 따른 재산적 손실일 뿐이므로, 헌법 제23조의 재산권보장의 범위에 속한다고 보기 어렵다. [3] 따라서 청구인들이 주장하는 재산권 제한이나 재산적 손실에 대해 헌법 제23조 제3항이 규정한 정당한 보상이 지급되지 않았더라도, 이 사건 중단조치가 위 헌법규정을 위반하여 청구인들의 재산권을 침해한 것으로 볼 수 없다(헌재 2022.01.27. 2016헌마364).

비교판례 모든 국민의 재산권은 보장되고, 공공필요에 의한 재산권의 수용 등에 대하여는 정당한 보상을 지급하여야 하는 것이 헌법의 대원칙이고(헌법 제23조), 법률도 그런 취지에서 공익사업의 시행 결과 공익사업의 시행이 공익사업시행지구 밖에 미치는 간접손실 등에 대한 보상의 기준 등에 관하여 상세한 규정을 마련해 두거나 하위법령에 세부사항을 정하도록 위임하고 있다. (중략) 위와 같은 공익사업시행지구 밖 영업손실보상의 특성과 헌법이 정한 '정당한 보상의 원칙'에 비추어 보면, 공익사업시행지구 밖 영업손실보상의 요건인 '공익사업의 시행으로 인한 그 밖의 부득이한 사유로 일정 기간 동안 휴업이 불가피한 경우'란 공익사업의 시행 또는 시행 당시 발생한 사유로 휴업이 불가피한 경우만을 의미하는 것이 아니라 공익사업의 시행 결과, 즉 그 공익사업의 시행으로 설치되는 시설의 형태·구조·사용 등에 기인하여 휴업이 불가피한 경우도 포함된다고 해석함이 타당하다(대판 2019.11.28. 2018두227).

정답 ×

17년(1) 모의

587. 상속권은 재산권의 일종이고 상속제도나 상속권의 내용은 입법자가 입법정책적으로 결정하여야 할 사항으로서 입법자는 상속권의 내용과 한계를 구체적으로 형성함에 있어서 일반적으로 광범위한 입법형성권을 가진다.

해설 상속권은 재산권의 일종이고 상속제도나 상속권의 내용은 입법자가 입법정책적으로 결정하여야 할 사항으로서 입법자는 상속권의 내용과 한계를 구체적으로 형성함에 있어서 일반적으로 광범위한 입법형성권을 가진다(헌재 2009.11.26. 2007헌마1424).

정답

17년(1) 모의

588. 학교안전공제회가 관리·운용하는 학교안전공제 및 사고예방 기금은 헌법 제23조 제1항에 의하여 보호되는 학교안전공제회의 재산권에 해당되지 않는다.

해설 공제회가 관리·운용하는 기금은 학교안전사고보상공제 사업 등에 필요한 재원을 확보하고, 공제급여에 충당하기 위하여 설치 및 조성되는 것으로서 학교안전법령이 정하는 용도에 사용되는 것일 뿐, 각 공제회에 귀속되어 사적 유용성을 갖는다거나 원칙적 처분권이 있는 재산적 가치라고 보기 어렵고, 공제회가 갖는 기금에 대한 권리는 법에 의하여 정해진 대로 운영할 수 있는 법적 권능에 불과할 뿐 사적 이익을 위해 권리주체에게 귀속될 수 있는 성질의 것이 아니므로, 이는 헌법 제23조 제1항에 의하여 보호되는 공제회의 재산권에 해당되지 않는다(헌재 2015.07.30. 2014헌가7).

정답

 13년 변시, 16년(1) 모의

589. 우리 헌법의 재산권 보장은 사유재산의 처분과 그 상속을 포함하는 것인바, 유언자가 생전에 최종적으로 자신의 재산권에 대하여 처분할 수 있는 법적 가능성을 의미하는 유언의 자유는 생전증여에 의한 처분과 마찬가지로 헌법상 재산권의 보호를 받는다.

해설 우리 헌법의 재산권 보장은 사유재산의 처분과 그 상속을 포함하는 것인바, 유언자가 생전에 최종적으로 자신의 재산권에 대하여 처분할 수 있는 법적 가능성을 의미하는 유언의 자유는 생전증여에 의한 처분과 마찬가지로 헌법상 재산권의 보호를 받는다(헌재 2008.12.26. 2007헌바128).

정답

16년(1) 모의

590. 퇴직 공무원들에게 어떠한 잘못이나 책임이 없는 경우, 이미 이행기가 도래하여 퇴직 공무원들이 퇴직연금을 모두 수령한 부분에까지 사후적으로 소급하여 환수하는 것은 헌법 제13조 제2항에 의하여 원칙적으로 금지되는 이미 완성된 사실·법률관계를 규율하는 소급입법에 해당하고 재산권을 침해한다.

해설 이 사건 부칙조항은 이미 이행기가 도래하여 청구인들이 퇴직연금을 모두 수령한 부분에까지 사후적으로 소급하여 적용되는 것으로서 헌법 제13조 제2항에 의하여 원칙적으로 금지되는 이미 완성된 사실·법률관계를 규율하는 소급입법에 해당한다. 헌법재판소의 위 헌법불합치결정에 따라 개선입법이 이루어질 것이 미리 예정되어 있기는 하였으나 그 결정이 내려진 2007. 3. 29.부터 잠정적용시한인 2008. 12. 31.까지 상당한 시간적 여유가 있었음에도 국회에서 개선입법이 이루어지지 아니하였다. 그에 따라 청구인들이 2009. 1. 1.부터 2009. 12. 31.까지 퇴직연금을 전부 지급받았는데 이는 전적으로 또는 상당 부분 국회가 개선입법을 하지 않은 것에 기인한 것이다. 그럼에도 이미 받은 퇴직연금 등을 환수하는 것은 국가기관의 잘못으로 인한 법집행의 책임을 퇴직공무원들에게 전가시키는 것이며, 퇴직급여를 소급적으로 환수당하지 않을 것에 대한 청구인들의 신뢰이익이 적다고 할 수도 없다. 이 사건 부칙조항으로 달성하려는 공무원범죄의 예방, 공무원의 성실 근무 유도, 공무원에 대한 국민의 신뢰 제고, 제재의 실효성 확보 등은 범죄를 저지른 공무원을 당연퇴직시키거나, 장래 지급될 퇴직연금을 감액하는 방법으로 충분히 달성할 수 있고, 이 사건 부칙조항으로 보전되는 공무원연금의 재정규모도 그리 크지 않을 것으로 보이는 반면, 헌법불합치결정에 대한 입법자의 입법개선의무의 준수, 신속한 입법절차를 통한 법률관계의 안정 등은 중요한 공익상의 사유라고 볼 수 있다. 따라서 이 사건 부칙조항은 헌법 제13조 제2항에서 금지하는 소급입법에 해당하며 예외적으로 소급입법이 허용되는 경우에도 해당하지 아니하므로, 소급입법금지원칙에 위반하여 청구인들의 재산권을 침해한다(헌재 2013.08.29. 2011헌바391).

정답 O

15년(2) 모의

591. 국가보훈 내지 국가보상적 수급권은 보상수급권 발생에 필요한 절차 등 수급권 발생요건이 법정되어 있지 않는 경우에도 헌법에 의해 재산권으로 보장된다.

해설 예우법상 보상금수급권은 다른 국가보상적 내지 국가보훈적 수급권이나 사회보장수급권과 마찬가지로 구체적인 법률에 의하여 비로소 부여되는 권리로서, 법정요건을 갖춘 후 발생하는 보상금수급권은 구체적인 법적 권리로 보장되는 경제적·재산적 가치가 있는 공법상의 권리라 할 것이지만, 법정요건을 갖추기 전에는 헌법이 보장하는 재산권이라 할 수 없고, 예우법 시행 전 또는 그 시행 중에 상이를 입은 군경이 상이를 입게 된 시점에 가지게 되는 보상금수급권에 관한 지위는 수급권 발생에 필요한 법정요건을 갖춘 후에 비로소 재산권인 보상금수급권을 취득할 수 있으리라는 기대이익에 불과하다(헌재 2011.07.28. 2009헌마27).

정답 ×

12년(2)·15년(2) 모의

592. 연금청구권, 의료보험조합의 적립금, 환매권은 헌법 제23조에 의하여 보장되는 재산권의 보호대상이라고 볼 수 있다.

해설 사회보험법상의 지위는 청구권자에게 구체적인 급여에 대한 법적 권리가 인정되어 있는 경우에 한하여 재산권의 보호대상이 된다. 그러나 이 사건 적립금의 경우, 법률이 조합의 해산이나 합병 시 적립금을 청구할 수 있는 조합원의 권리를 규정하고 있지 않을 뿐만 아니라, 공법상의 권리인 사회보험법상의 권리가 재산권보장의 보호를 받기 위해서는 법적 지위가 사적 이익을 위하여 유용한 것으로서 권리주체에게 귀속될 수 있는 성질의 것이어야 하는데, 적립금에는 사법상의 재산권과 비교될 만한 최소한의 재산권적 특성이 결여되어 있다. 따라서 의료보험조합의 적립금은 헌법 제23조에 의하여 보장되는 재산권의 보호대상이라고 볼 수 없다. 그리고 의료보험수급권은 의료보험법상 재산권의 보장을 받는 공법상의 권리이다. 그러나 적립금의 통합이 의료보험수급권의 존속을 위태롭게 하거나 의료보험법 제29조 내지 제46조에 규정된 구체적인 급여의 내용을 직장가입자에게 불리하게 변경하는 것이 아니므로, 적립금의 통합에 의하여 재산권인 의료보험수급권이 제한되는 것은 아니다(헌재 2000.06.29. 99헌마289).

 ×

 23년 변시

593. 사회부조와 같이 국가의 일방적인 급부에 대한 권리는 재산권의 보호대상에서 제외되고, 단지 사회법상의 지위가 자신의 급부에 대한 등가물에 해당하는 경우에 한하여 사법상의 재산권과 유사한 정도로 보호받아야 할 공법상의 권리가 인정된다.

해설 공법상의 권리가 헌법상의 재산권보장의 보호를 받기 위해서는 다음과 같은 요건을 갖추어야 한다. 첫째, 공법상의 권리가 권리주체에게 귀속되어 개인의 이익을 위하여 이용가능해야 하며(사적 유용성), 둘째, 국가의 일방적인 급부에 의한 것이 아니라 권리주체의 노동이나 투자, 특별한 희생에 의하여 획득되어 자신이 행한 급부의 등가물에 해당하는 것이어야 하며(수급자의 상당한 자기기여), 셋째, 수급자의 생존의 확보에 기여해야 한다. 이러한 요건을 통하여 사회부조와 같이 국가의 일방적인 급부에 대한 권리는 재산권의 보호대상에서 제외되고, 단지 사회법상의 지위가 자신의 급부에 대한 등가물에 해당하는 경우에 한하여 사법상의 재산권과 유사한 정도로 보호받아야 할 공법상의 권리가 인정된다. 즉 공법상의 법적 지위가 사법상의 재산권과 비교될 정도로 강력하여 그에 대한 박탈이 법치국가원리에 반하는 경우에 한하여, 그러한 성격의 공법상의 권리가 재산권의 보호대상에 포함되는 것이다(헌재 2000.06.29. 99헌마289(전합)).

12년(2)・23년(3) 모의

594. 사회보장수급권이 헌법상의 재산권보장의 보호를 받기 위해서는, 사회보장수급권이 권리주체에게 귀속되어 개인의 이익을 위하여 이용가능해야 하고, 국가의 일방적인 급부에 의한 것이 아니라 권리주체의 노동이나 투자, 특별한 희생에 의하여 획득되어 자신이 행한 급부의 등가물에 해당하는 것이어야 하며, 수급자의 생존의 확보에 기여해야 한다.

해설 공법상의 권리가 헌법상의 재산권보장의 보호를 받기 위해서는 다음과 같은 요건을 갖추어야 한다. 첫째, 공법상의 권리가 권리주체에게 귀속되어 개인의 이익을 위하여 이용가능해야 하며(사적 유용성), 둘째, 국가의 일방적인 급부에 의한 것이 아니라 권리주체의 노동이나 투자, 특별한 희생에 의하여 획득되어 자신이 행한 급부의 등가물에 해당하는 것이어야 하며(수급자의 상당한 자기기여), 셋째, 수급자의 생존의 확보에 기여해야 한다(헌재 2000.06.29. 99헌마289).

12년(2) 모의

595. 장해보상연금청구권은 국가에 의하여 일방적으로 지급되는 급부에 해당하므로, 헌법상 보장되는 재산권의 범주에 포함된다고 할 수 없다.

해설 보상금수급권은 법률에 의하여 비로소 인정되는 권리이지만, 법정요건을 갖춘 후 발생하는 보상금수급권은 구체적인 법적 권리로 보장되고, 그 성질상 경제적·재산적 가치가 있는 공법상의 권리라 할 것이다. 한편 공법상의 재산적 가치 있는 지위가 헌법상 재산권의 보호를 받기 위하여는, 우선 입법자에 의하여 수급요건, 수급자의 범위, 수급액 등 구체적인 사항이 법률에 규정됨으로써 구체적인 법적 권리로 형성되어 개인의 주관적 공권의 형태를 갖추어야 한다. 공법상의 권리인 사회보험수급권이 재산권적인 성질을 가지기 위해서는, ① 공법상의 권리가 권리주체에게 귀속되어 개인의 이익을 위해 이용 가능해야 하고(사적 유용성), ② 국가의 일방적인 급부에 의한 것이 아니라 권리주체의 노동이나 투자, 특별한 희생에 의하여 획득되어 자신이 행한 급부의 등가물에 해당하는 것이어야 하며(수급자의 상당한 자기기여), ③ 수급자의 생존의 확보에 기여해야 한다(생존보장에 기여). 이러한 기준에 비추어 볼 때, 청구인들은 법 소정의 요건을 갖추어 장해보상연금을 이미 수령하던 자들이므로 청구인들의 장해보상연금청구권은 헌법상 보장되는 재산권의 범주에 속한다고 볼 것이다(헌재 2009.05.28. 2005헌바20).

정답

제❹항 ▎재산권의 내용 및 사회적 제약

21년(3) 모의

596. 소급입법에 의한 재산권박탈금지는 헌법에는 규정을 두고 있지 않으나, 법치국가원리에서 파생되는 소급입법금지원칙에 의하여 당연히 인정되고 있다.

해설 헌법 제13조 제2항 참조.

헌법 제13조 ② 모든 국민은 소급입법에 의하여 참정권의 제한을 받거나 재산권을 박탈당하지 아니한다.

정답

21년(3) · 23년(2) 모의

597. (1) 법 제23조에 의하여 재산권을 제한하는 형태에는 제1항 및 제2항에 근거하여 재산권의 내용과 한계를 정하는 것과 제3항에 따른 수용·사용 또는 제한을 하는 것의 두 가지 형태가 있는데, 전자는 "입법자가 장래에 있어서 추상적이고 일반적인 형식으로 재산권의 내용을 형성하고 확정하는 것"을 의미하고, 후자는 "국가가 구체적인 공적 과제를 수행하기 위하여 이미 형성된 구체적인 재산적 권리를 전면적 또는 부분적으로 박탈하거나 제한하는 것"을 의미한다.

(2) 재산권의 내용과 한계를 정할 입법자의 권한은 장래에 발생할 사실관계에 적용될 새로운 권리를 형성하고 그 내용을 규정할 권한을 가질 뿐, 과거의 법에 의하여 취득한 구체적인 법적 지위에 대하여 그 내용을 새로이 형성할 수 있는 권한을 포함하고 있다고 볼 수는 없다.

해설 헌법 제23조에 의하여 재산권을 제한하는 형태에는, 제1항 및 제2항에 근거하여 재산권의 내용과 한계를 정하는 것과, 제3항에 따른 수용·사용 또는 제한을 하는 것의 두 가지 형태가 있다. 전자는 "입법자가 장래에 있어서 추상적이고 일반적인 형식으로 재산권의 내용을 형성하고 확정하는 것"을 의미하고, 후자는 "국가가 구체적인 공적 과제를 수행하기 위하여 이미 형성된 구체적인 재산적 권리를 전면적 또는 부분적으로 박탈하거나 제한하는 것"을 의미한다. 그런데 법은, 택지의 소유에 상한을 두거나 그 소유를 금지하고, 허용된 소유상한을 넘은 택지에 대하여는 처분 또는 이용·개발의 무를 부과하며, 이러한 의무를 이행하지 아니하였을 때에는 부담금을 부과하는 등의 제한 및 의무부과 규정을 두고 있는바, 위와 같은 규정은 헌법 제23조 제1항 및 제2항에 의하여 토지재산권에 관한 권리와 의무를 일반·추상적으로 확정함으로써 재산권의 내용과 한계를 정하는 규정이라고 보아야 한다. 한편 재산권이 헌법 제23조에 의하여 보장된다고 하더라도, 입법자에 의하여 일단 형성된 구체적 권리가 그 형태로 영원히 지속될 것이 보장된다고까지 하는 의미는 아니다. 재산권의 내용과 한계를 정할 입법자의 권한은, 장래에 발생할 사실관계에 적용될 새로운 권리를 형성하고 그 내용을 규정할 권한뿐만 아니라, 더 나아가 과거의 법에 의하여 취득한 구체적인 법적 지위에 대하여까지도 그 내용을 새로이 형성할 수 있는 권한을 포함하고 있는 것이다(헌재 1999.04.29. 94헌바37).

정답 O,X

24년 변시

598. 「가축전염병 예방법」상 살처분 명령은 이미 형성된 재산권을 개별적·구체적으로 박탈한다는 점에서, 가축 소유자가 수인해야 하는 사회적 제약의 범위를 벗어나는 것으로 보아야 한다.

해설 … 전염병에 걸린 가축은 적절한 방역조치를 취하지 않으면, 함께 사육하고 있는 가축, 농장에 출입하는 사람, 그리고 농장을 출입하는 야생동물 등을 통하여 인근 농장의 가축과 야생동물, 나아가 인근 주민과 일반 국민에게 전염병을 전파시킬 수 있어, 일반 국민의 생명과 건강 그리고 재산에 큰 영향을 미칠 수 있다. 살처분 명령은 이처럼 가축의 전염병이 전파가능성과 위해성이 매우 커서 타인의 생명, 신체나 재산에 중대한 침해를 가할 우려가 있는 경우 이를 막기 위해 취해지는 조치이므로, 살처분 명령으로 인한 재산권의 제약은 가축 소유자가 수인해야 하는 사회적 제약의 범위에 속한다고 보아야 한다(헌재 2014.04.24. 2013헌바110).

정답 X

21년(3) 모의

599. 재산권에 대한 제약이 비례의 원칙에 합치하는 것이라면 그 제약은 재산권자가 수인하여야 하는 사회적 제약의 범위 내에 있는 것이고, 반대로 비례의 원칙에 위배되는 과잉제한이라면 그 제약은 재산권자가 수인하여야 하는 사회적 제약의 한계를 넘는 것이다.

해설 … 재산권에 대한 제약이 비례원칙에 합치하는 것이라면 그 제약은 재산권자가 수인하여야 하는 사회적 제약의 범위 내에 있는 것이고, 반대로 재산권에 대한 제약이 비례원칙에 반하여 과잉된 것이라면 그 제약은 재산권자가 수인하여야 하는 사회적 제약의 한계를 넘는 것이라 하겠다. 토지재산권에 대한 사회적 제약이 수인할 수 있는 정도인가에 관하여 우리 재판소는 이미 그 판단기준을 제시한 바 있다. … 요컨대, 토지를 종래의 목적으로도 사용할 수 없거나 더 이상 법적으로 허용된 토지이용방법이 없어서 실질적으로 사용·수익을 할 수 없는 경우에 해당하지 않는 제약은 토지소유자가 수인하여야 하는 사회적 제약의 범주 내에 있는 것이고, 그러하지 아니한 제약은 손실을 완화하는 보상적 조치가 있어야 비로소 허용되는 범주 내에 있다는 것이다(헌재 2005.09.29. 2002헌바84).

정답 O

21년(2) 모의

600. 재산권에 대한 제약이 재산권자가 수인하여야 하는 사회적 제약의 한계를 넘는 경우, 입법자는 재산권에 대한 제한의 비례성을 회복할 수 있도록 수인의 한계를 넘어 가혹한 부담이 발생하는 예외적인 때에는 이를 완화하거나 조정하는 등의 보상규정을 두어야 한다.

해설 입법자가 도시계획법 제21조를 통하여 국민의 재산권을 비례의 원칙에 부합하게 합헌적으로 제한하기 위해서는, 수인의 한계를 넘어 가혹한 부담이 발생하는 예외적인 경우에는 이를 완화하는 보상규정을 두어야 한다. 이러한 보상규정은 입법자가 헌법 제23조 제1항 및 제2항에 의하여 재산권의 내용을 구체적으로 형성하고 공공의 이익을 위하여 재산권을 제한하는 과정에서 이를 합헌적으로 규율하기 위하여 두어야 하는 규정이다. 재산권의 침해와 공익간의 비례성을 다시 회복하기 위한 방법은 헌법상 반드시 금전보상만을 해야 하는 것은 아니다. 입법자는 지정의 해제 또는 토지매수청구권 제도와 같이 금전보상에 갈음하거나 기타 손실을 완화할 수 있는 제도를 보완하는 등 여러 가지 다른 방법을 사용할 수 있다(헌재 1998.12.24. 89헌바214).

정답 O

21년(2) 모의

601. 헌법적으로 가혹한 부담의 조정이란 '목적'을 달성하기 위하여 이를 완화·조정할 수 있는 '방법'의 선택에 있어서는 반드시 직접적인 금전적 보상의 방법에 한정되지 아니하고, 입법자에게 광범위한 형성의 자유가 부여된다.

해설 헌법적으로 가혹한 부담의 조정이란 '목적'을 달성하기 위하여 이를 완화·조정할 수 있는 '방법'의 선택에 있어서는 반드시 직접적인 금전적 보상의 방법에 한정되지 아니하고, 입법자에게 광범위한 형성의 자유가 부여된다(헌재 2019.11.28. 2016헌마1115,2019헌가18(병합)).

정답 O

21년(2) 모의

602. 농지의 경우 그 사회성과 공공성은 일반적인 토지의 경우보다 더 강하다고 할 수 있으므로, 농지 재산권을 제한하는 입법에 대한 헌법심사의 강도는 다른 토지 재산권을 제한하는 입법에 대한 것보다 낮다.

해설 토지재산권에 대하여는 강한 사회성 내지는 공공성으로 말미암아 다른 재산권에 비하여 더 강한 제한과 의무가 부과될 수 있으나, 그렇다고 하더라도 토지재산권에 대한 제한입법 역시 다른 기본권을 제한하는 입법과 마찬가지로 과잉금지의 원칙을 준수해야 하고, 재산권의 본질적 내용인 사용·수익권과 처분권을 부인해서는 아니 된다. 다만 농지의 경우 그 사회성과 공공성은 일반적인 토지의 경우보다 더 강하다고 할 수 있으므로, 농지 재산권을 제한하는 입법에 대한 헌법심사의 강도는 다른 토지 재산권을 제한하는 입법에 대한 것보다 낮다고 봄이 상당하다(헌재 2010.02.25. 2008헌바80).

정답 O

603. 헌법재판소는 개인파산절차에서 면책을 받은 채무자가 악의로 채권자목록에 기재하지 않은 청구권에 대해서만 면책의 예외를 인정하고, 파산채권자에게 채무자의 악의를 입증하도록 규정한 「채무자 회생 및 파산에 관한 법률」 조항은 파산채권자의 재산권을 침해하지 않는다고 판시하였다.

해설 개인파산절차에서 면책을 받은 채무자가 악의로 채권자목록에 기재하지 않은 청구권에 대해서만 면책의 예외를 인정하고, 파산채권자에게 채무자의 악의를 입증하도록 하는 '채무자 회생 및 파산에 관한 법률' 제566조 단서 제7호는 채권의 공평한 변제와 채무자의 경제적 재기를 목적으로 하면서도, 채권자목록에 기재되지 아니함으로 인하여 채권이 상실될 채권자를 보호하기 위한 것으로 목적의 정당성이 인정되고, 채무자가 악의로 채권자목록에서 누락한 채권을 면책 대상에서 제외하는 것은 위 목적달성을 위한 적합한 수단에 해당한다. 만약 채권자목록에 기재되지 않은 모든 채권을 면책의 대상에서 제외한다면, 파산 및 면책 본연의 기능을 수행하기 어렵고, 면책 여부가 채권자목록에 기재하였는지 여부에 좌우된다는 불합리한 점이 생길 수 있으며, 면책제도의 취지와 실제 면책이 이루어지는 채무자의 상황 등을 고려할 때, 입증책임을 채권자에게 부담시켰다 하더라도 재산권에 대한 과도한 제한으로 보기는 어렵다(헌재 2014.06.26. 2012헌가22).

정답 O

604. 헌법재판소는 도로의 지표 지하 50미터 이내의 장소에서는 관할 관청의 허가나 소유자 또는 이해관계인의 승낙이 없으면 광물을 채굴할 수 없도록 규정한 구 「광업법」 조항에 대하여, 다른 권리와의 충돌가능성이 내재되어 있는 광업권의 특성을 감안하더라도 위와 같은 제한은 광업권자가 수인하여야 하는 사회적 제약의 범주를 벗어나 광업권자의 재산권을 침해한다고 판시하였다.

해설 심판대상조항은 광업권이 정당한 토지사용권 등 공익과 충돌하는 것을 조정하는 정당한 입법목적이 있고, 도로와 일정 거리 내에서는 허가 또는 승낙 하에서만 채굴할 수 있도록 하는 것은 적절한 수단이 되며, 정당한 이유 없이 허가 또는 승낙을 거부할 수 없도록 하여 광업권이 합리적인 이유 없이 제한되는 일이 없도록 하므로 최소침해성의 원칙에도 부합하고, 실현하고자 하는 공익과 광업권의 침해 정도를 비교형량할 때 적정한 비례관계가 성립하므로 법익균형성도 충족된다. 또한 광업권의 특성을 감안할 때 심판대상조항에 의한 제한은 광업권자가 수인하여야 하는 사회적 제약의 범주에 속하는 것이다. 따라서 심판대상조항은 광업권자의 재산권을 침해하지 아니한다(헌재 2014.02.27. 2010헌바483).

정답 ×

16년·23년 변시, 23년(3) 모의

605. 개발제한구역의 지정으로 인한 개발가능성의 소멸과 그에 따른 지가의 하락은 토지소유자가 감수하여야 하는 사회적 제약의 범주에 속한다.

해설 개발제한구역의 지정으로 인한 개발가능성의 소멸과 그에 따른 지가의 하락이나 지가상승률의 상대적 감소는 토지소유자가 감수해야 하는 사회적 제약의 범주에 속하는 것으로 보아야 한다. 자신의 토지를 장래에 건축이나 개발목적으로 사용할 수 있으리라는 기대가능성이나 신뢰 및 이에 따른 지가상승의 기회는 원칙적으로 재산권의 보호범위에 속하지 않는다. 구역지정 당시의 상태대로 토지를 사용·수익·처분할 수 있는 이상, 구역지정에 따른 단순한 토지이용의 제한은 원칙적으로 재산권에 내재하는 사회적 제약의 범주를 넘지 않는다(헌재 1998.12.24. 89헌마214).

참조판례 개발제한구역 지정으로 인하여 토지를 종래의 목적으로도 사용할 수 없거나 또는 더 이상 법적으로 허용된 토지이용의 방법이 없기 때문에 실질적으로 토지의 사용·수익의 길이 없는 경우에는 토지소유자가 수인해야 하는 사회적 제약의 한계를 넘는 것으로 보아야 한다. … 도시계획법 제21조에 규정된 개발제한구역제도 그 자체는 원칙적으로 합헌적인 규정인데 다만 개발제한구역의 지정으로 말미암아 일부 토지소유자에게 사회적 제약의 범위를 넘는 가혹한 부담이 발생하는 예외적인 경우에 대하여 보상규정을 두지 않은 것에 위헌성이 있는 것이고, 보상의 구체적 기준과 방법은 헌법재판소가 결정할 성질의 것이 아니라 광범위한 입법형성권을 가진 입법자가 입법정책적으로 정할 사항이므로, 입법자가 보상입법을 마련함으로써 위헌적인 상태를 제거할 때까지 위 조항을 형식적으로 존속케 하기 위하여 헌법불합치결정을 하는 것인바, 입법자는 되도록 빠른 시일내에 보상입법을 하여 위헌적 상태를 제거할 의무가 있고, 행정청은 보상입법이 마련되기 전에는 새로 개발제한구역을 지정하여서는 아니되며, 토지소유자는 보상입법을 기다려 그에 따른 권리행사를 할 수 있을 뿐 개발제한구역의 지정이나 그에 따른 토지재산권의 제한 그 자체의 효력을 다투거나 위 조항에 위반하여 행한 자신들의 행위의 정당성을 주장할 수는 없다(헌재 1998.12.24. 89헌마214).

정답

23년(3) 모의

606. 개발제한구역 내에서 허가받지 않은 건축물을 건축하는 등 개발행위를 한 토지 소유자에게 이행강제금을 부과하는 것은, 농·축산업을 제외한 일체의 개발행위를 이행강제금을 부과하는 방식으로 금지하는 것이어서 해당 토지소유자들의 재산권을 침해한다.

해설 도시의 무질서한 확산을 방지하고 도시주변의 자연환경을 보전하여 도시민의 건전한 생활환경을 확보하기 위하여 도시의 개발을 제한할 필요가 있으므로 개발제한구역지정으로 인한 토지재산권의 제한은 그 목적의 정당성이 인정되고, 개발제한구역 내에서 그 구역지정의 목적에 위배되는 건축물의 건축, 공작물의 설치 등을 원칙적으로 그리고 전면적으로 금지하는 것은 위와 같은 개발제한구역의 입법목적을 달성하는데 기여하므로 수단의 적정성도 인정되며, 개발제한구역 내의 토지에 대한 선별적, 부분적, 예외적 이용제한의 수단만을 선택하여서는 목적의 효율적인 달성을 기대하기 어려우므로 전면적인 규제수단은 입법목적을 달성하기 위해 필요한 최소한의 조치인 것으로 인정된다. 그리고 같은 법이 개발제한구역의 지정으로 인하여 토지의 효용이 현저히 감소하거나 그 사용·수익이 사실상 불가능한 토지소유자에게 토지매수청구권을 인정하는 등 보상규정을 두고 있는 점에 비추어, 이 사건 특조법 조항이 토지재산권의 제한을 통하여 실현하고자 하는 공익의 비중과 이 사건 특조법 조항에 의하여 발생하는 토지재산권의 침해의 정도를 비교형량할 때 양자 사이에 적정한 비례관계가 성립한다고 보이므로 법익균형성도 충족된다. 따라서 개발제한구역내에서 건축물의 건축 및 용도변경 등의 행위를 제한하는 이 사건 특조법 조항이 비례의 원칙을 위반하여 청구인들의 재산권을 과도하게 침해한 것으로 보기 어렵다(헌재 2004.02.26. 2001헌바80,84,102,103,2002헌바26(병합,전합)).

23년(3) 모의

607. 다른 법률에 따라 설치가 금지된 장소에 대기오염물질 배출시설을 설치한 경우 그 배출시설에 대해 필요적으로 폐쇄를 명하도록 하는 구 「대기환경보전법」 조항은 그 위법의 정도나 환경에 미치는 영향의 정도가 미약한 경우까지도 획일적으로 해당 시설을 폐쇄하도록 하는 것으로 해당 배출시설 설치·사용자의 재산권을 침해한다.

… 이 사건 시행령 조항에 의하면, 특정대기유해물질 배출시설을 설치하기 위해서는 행정청의 허가를 받아야 하는데, 계획관리지역에서는 특정대기유해물질을 배출하는 시설의 설치가 금지되기 때문에 허가를 받을 수 없으므로, 그 범위에서 특정대기유해물질을 배출하는 공장시설을 설치하여 운영하려는 자의 직업수행의 자유, 계획관리지역에서 토지나 건물을 소유하고 있는 자의 재산권이 제한받을 수 있다. 그러나 이 사건 시행령 조항이 헌법 제37조 제2항의 과잉금지원칙을 위반하였다고 볼 수는 없다(대판 2019.10.18. 2018두34497).

608. (1) 문화재와 문화적으로 보존가치가 큰 건축물 등의 미관을 유지·관리하기 위해 필요한 지구를 지정하여 그 지정목적에 부합하지 않는 토지이용을 규제하려는 것은 입법자가 토지재산권에 관한 권리와 의무를 일반·추상적으로 확정하는 재산권의 내용과 한계에 관한 규정이자 재산권의 사회적 제약을 구체화하는 규정이다.

(2) 문화재의 사용, 수익, 처분에 있어 고의로 문화재의 효용을 해하는 은닉을 금지하는 것은 문화재에 관한 재산권 행사의 사회적 제약을 구체화한 것에 불과하다.

(1) 문화재와 문화적으로 보존가치가 큰 건축물 등의 미관을 유지·관리하기 위해 필요한 지구를 지정하여 그 지정목적에 부합하지 않는 이 사건 법률조항들은, 입법자가 '토지재산권에 관한 권리와 의무를 일반·추상적으로 확정하는' 재산권의 내용과 한계에 관한 규정이자 재산권의 사회적 제약을 구체화하는 규정이다(헌법 제23조 제1항 및 제2항). 토지재산권에 대한 제한입법은 토지의 강한 사회성 내지는 공공성으로 말미암아 다른 재산권에 비하여 보다 강한 제

한과 의무가 부과될 수 있으나, 역시 다른 기본권에 대한 제한입법과 마찬가지로 과잉금지의 원칙(비례의 원칙)을 준수해야 하고, 재산권의 본질적 내용인 사적 이용권과 원칙적인 처분권을 부인하여서는 아니 되며, 특히 토지재산권의 사회적 의미와 기능 및 법의 목적과 취지를 고려하더라도 당해 토지재산권을 과도하게 제한하여서는 아니 된다(헌재 2012.07.26. 2009헌바328).

(2) 본인의 은닉행위 이전에 타인이 당해 문화재를 절취하는 등으로 문화재의 효용을 해한 행위가 처벌되지 않은 경우에도, 본인의 은닉행위를 처벌하도록 규정한 구 문화재보호법 제81조 제4항 및 법 제103조 제4항은 문화재를 사용, 수익, 처분함에 있어 고의로 문화재의 효용을 해하는 은닉을 하여서는 아니된다는 것, 즉 문화재의 사회적 효용과 가치를 유지하는 방법으로만 사용·수익할 수 있다는 것으로, 문화재에 관한 재산권 행사의 사회적 제약을 구체화한 것에 불과하고 문화재의 사용·수익을 금지하는 등 문화재의 사적 유용성과 처분권을 부정하여 구체적으로 형성된 재산권을 박탈하거나 제한하는 것은 아니므로 보상을 요하는 헌법 제23조 제3항 소정의 수용 등에 해당하는 것은 아니다(헌재 2007.07.26. 2003헌마377).

정답 O, O

12년(3)·15년(1)·(2) 모의

609. 재산권의 내용과 한계를 구체적으로 형성함에 있어서는 입법자는 광범위한 입법형성권을 가지지만 재산권의 본질적 내용을 침해하여서는 아니 되고 사회적 기속성을 함께 고려하여 균형을 이루도록 하여야 한다.

해설 재산권의 내용과 한계를 구체적으로 형성함에 있어서 입법자는 일반적으로 광범위한 입법형성권을 가지지만 재산권의 본질적 내용을 침해하여서는 아니 되고 사회적 기속성을 함께 고려하여 균형을 이루도록 해야 한다는 등 입법형성권의 한계를 일탈해서는 안된다(헌재 2000.02.24. 97헌바41).

정답 O

14년 변시

610. 도시계획시설결정의 집행이 지연되는 경우, 토지재산권의 강화된 사회적 의무와 도시계획의 필요성이란 공익에 비추어 일정한 기간까지는 토지소유자가 도시계획시설결정의 집행지연으로 인한 재산권의 제한을 수인해야 하지만, 일정 기간이 지난 뒤에는 입법자가 보상규정의 제정을 통하여 과도한 부담에 대한 보상을 하도록 함으로써 도시계획시설결정에 관한 집행계획은 비로소 헌법상의 재산권 보장과 조화될 수 있다.

해설 입법자는 도시계획사업도 가능하게 하면서 국민의 재산권 또한 존중하는 방향으로, 재산권의 사회적 제약이 보상을 요하는 수용적 효과로 전환되는 시점, 즉 보상의무가 발생하는 시점을 확정하여 보상규정을 두어야 한다. 토지재산권의 강화된 사회적 의무와 도시계획의 필요성이란 공익에 비추어 일정한 기간까지는 토지소유자가 도시계획시설결정의 집행지연으로 인한 재산권의 제한을 수인해야 하지만, 일정 기간이 지난 뒤에는 입법자가 보상규정의 제정을 통하여 과도한 부담에 대한 보상을 하도록 함으로써 도시계획시설결정에 관한 집행계획은 비로소 헌법상의 재산권 보장과 조화될 수 있다(헌재 1999.10.21. 97헌바26).

정답

제❺항 | 재산권의 공용침해(공용수용)

18년 변시, 19년(2)·21년(2) 모의

611. '공공필요'의 요건과 관련한 공익성은 추상적인 공익 일반 또는 국가의 이익 이상의 중대한 공익을 요구하므로 기본권 일반의 제한사유인 '공공복리'보다 좁게 보는 것이 타당하다.

해설 오늘날 공익사업의 범위가 확대되는 경향에 대응하여 재산권의 존속보장과의 조화를 위해서는, '공공필요'의 요건에 관하여, 공익성은 추상적인 공익 일반 또는 국가의 이익 이상의 중대한 공익을 요구하므로 기본권 일반의 제한사유인 '공공복리'보다 좁게 보는 것이 타당하며, 공익성의 정도를 판단함에 있어서는 공용수용을 허용하고 있는 개별법의 입법목적, 사업내용, 사업이 입법목적에 이바지 하는 정도는 물론, 특히 그 사업이 대중을 상대로 하는 영업인 경우에는 그 사업 시설에 대한 대중의 이용·접근가능성도 아울러 고려하여야 한다(헌재 2014.10.30. 2011헌바129,172(병합)).

정답 O

22년(2) 모의

612. 시혜적인 법률의 경우 국민의 권리를 제한하거나 새로운 의무를 부과하는 법률과는 달리 입법자에게 보다 광범위한 입법형성의 자유가 인정되므로, 제정된 법률의 내용이 현저하게 합리성이 결여되었다고 보이지 아니하는 한 헌법에 위반된다 할 수 없다.

해설 시혜적인 법률은 국민의 권리를 제한하거나 새로운 의무를 부과하는 법률과는 달리 입법자에게 보다 광범위한 입법형성의 자유가 인정되므로, 입법자는 그 입법의 목적, 수혜자의 상황, 국가예산 등 제반사항을 고려하여 그에 합당하다고 스스로 판단하는 내용의 입법을 할 권한이 있다 할 것이고, 그렇게 하여 제정된 법률의 내용이 현저하게 합리성이 결여되어 있다고 보이지 아니하는 한 헌법에 위반된다 할 수 없다(헌재 2007.07.26. 2004헌마914).

정답 O

23년 변시, 23년(3) 모의

613. 공익사업의 시행자는 해당 공익사업의 성격 등 제반 사정을 고려하여 관련 법이 정한 이주대책대상자를 포함하여 그 밖의 이해관계인에게까지 대상자를 넓혀 이주대책수립 등을 시행할 수 있다.

해설 [1] 공익사업을 위한 토지 등의 취득 및 보상에 관한 법률(이하 '공익사업법'이라 한다) 및 공익사업을 위한 토지 등의 취득 및 보상에 관한 법률 시행령이 공익사업의 시행으로 인하여 주거용 건축물을 제공함에 따라 생활의 근거를 상실하게 되는 자(이하 '이주대책대상자'라 한다)의 범위를 정하고 이주대책대상자에게 시행할 이주대책 수립·실시 또는 이주정착금의 지급(이하 '이주대책 수립 등'이라 한다)의 내용에 관하여 구체적으로 규정하고 있으므로, 사업시행자는 법이 정한 이주대책대상자를 법령이 예정하고 있는 이주대책 수립 등의 대상에서 임의로 제외해서는 아니 된다. 그렇지만 규정 취지가 사업시행자가 시행하는 이주대책 수립 등의 대상자를 법이 정한 이주대책대상자로 한정하는 것은 아니므로, 사업시행자는 해당 공익사업의 성격, 구체적인 경위나 내용, 원만한 시행을 위한 필요 등 제반 사정을 고려하여 법이 정한 이주대책대상자를 포함하여 그 밖의 이해관계인에게까지 넓혀 이주대책 수립 등을 시행할 수 있다. [2] 그런데 사업시행자가 이주대책 수립 등의 시행 범위를 넓힌 경우에, 그 내용은 법이 정한 이주대책대상자에 관한 것과 그 밖의 이해관계인에 관한 것으로 구분되고, 그 밖의 이해관계인에 관한 이주대책 수립 등은 법적 의무가 없는 시혜적인 것이다. 따라서 시혜적으로 시행되는 이주대책 수립 등의 경우에 대상자(이하 '시혜적인 이주대책대상자'라 한다)의 범위나 그들에 대한 이주대책 수립 등의 내용을 어떻게 정할 것인지에 관하여는 사업시행자에게 폭넓은 재량이 있다. 그리고 이주대책의 내용으로서 사업시행자가 이주정착지(이주대책의 실시로 건설하는 주택단지를 포함한다)에 대한 도로·급수시설·배수시설 그 밖의 공공시설 등 통상적인 수준의 생활기본시설을 설치하고 비용을 부담하도록 강제한 공익사업법 제78조 제4항은 법이 정한 이주대책대상자를 대상으로 하여 특별히 규정된 것이므로, 이를 넘어서서 그 규정이 시혜적인 이주대책대상자에까지 적용된다고 볼 수 없다(대판 2015.07.23. 2012두22911).

614. 공익사업의 시행자가 해당 공익사업을 수행할 의사와 능력을 상실하였음에도 사업인정에 기하여 수용권을 행사하는 것은 수용권의 남용에 해당한다.

해설 공용수용은 헌법상의 재산권 보장의 요청상 불가피한 최소한에 그쳐야 한다는 헌법 제23조의 근본취지에 비추어 볼 때, 사업시행자가 사업인정을 받은 후 그 사업이 공용수용을 할 만한 공익성을 상실하거나 사업인정에 관련된 자들의 이익이 현저히 비례의 원칙에 어긋나게 된 경우 또는 사업시행자가 해당 공익사업을 수행할 의사나 능력을 상실하였음에도 여전히 그 사업인정에 기하여 수용권을 행사하는 것은 수용권의 공익 목적에 반하는 수용권의 남용에 해당하여 허용되지 않는다. … 앞서 본 법리와 사실관계에 비추어 보면, 소외 1은 사업인정을 받은 이후 재정상황이 더욱 악화되어 이 사건 수용재결 당시 이미 이 사건 사업을 수행할 능력을 상실한 상태에 있었다고 볼 여지가 있고, 그렇다면 소외 1이 이 사건 각 토지에 관한 수용재결을 신청하여 그 재결을 받은 것은 수용권의 남용에 해당한다고 볼 여지가 있다(대판 2011.01.27. 2009두1051).

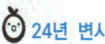

615. 댐사용권을 취소·변경할 수 있도록 규정한 「댐건설 및 주변지역지원 등에 관한 법률」 조항은 이미 형성된 구체적인 재산권을 공익을 위하여 개별적이고 구체적으로 박탈·제한하는 것으로서 보상을 요하는 헌법 제23조 제3항의 수용·사용·제한을 규정한 것이라고 볼 수 없고, 적정한 수자원의 공급 및 수재방지 등 공익적 목적에서 건설되는 다목적댐에 관한 독점적 사용권인 댐사용권의 내용과 한계를 정하는 규정인 동시에 공익적 요청에 따른 재산권의 사회적 제약을 구체화하는 규정이라고 보아야 한다.

해설 ··· 댐사용권변경조항은 다목적댐 건설 이후의 주변 환경 변화에 따라 댐의 저수 이용상황이 변경되어 댐사용권을 그대로 유지하는 것이 곤란한 경우 저수의 용도별 배분 및 댐사용권자를 변경함으로써 댐사용권을 둘러싼 법률관계를 일반적이고 추상적으로 규율하고자 하는 규정이다. 즉 댐사용권변경조항은 이미 형성된 구체적인 재산권을 공익을 위하여 개별적이고 구체적으로 박탈·제한하는 것으로서 보상을 요하는 헌법 제23조 제3항의 수용·사용·제한을 규정한 것이라고 볼 수 없고, 적정한 수자원의 공급 및 수재방지 등 공익적 목적에서 건설되는 다목적댐에 관한 독점적 사용권인 댐사용권의 내용과 한계를 정하는 규정인 동시에 공익적 요청에 따른 재산권의 사회적 제약을 구체화하는 규정이라고 보아야 한다(헌결 2022.10.27. 2019헌바44(전합)).

정답 O

 24년 변시

616. 종전 규정에 의한 폐기물재생처리신고업자의 사업이 개정 규정에 의한 폐기물중간처리업에 해당하는 경우, 영업을 계속하기 위하여는 법 시행일부터 1년 이내에 개정 규정에 의한 폐기물중간처리업의 허가를 받도록 하고 있는 구「폐기물관리법」부칙 규정으로 인해 사실상 폐업이 불가피하게 된 기존의 폐기물재생처리신고업자는 재산권 침해를 이유로 헌법 제23조 제3항에 따른 보상을 받을 수 있다.

해설 종전의 규정에 의한 폐기물재생처리신고업자의 사업이 개정규정에 의한 폐기물중간처리업에 해당하는 경우에 영업을 계속하기 위하여는 법 시행일부터 1년 이내에 개정규정에 의한 폐기물중간처리업의 허가를 받도록 하고 있는 폐기물관리법(1999. 2. 8. 법률 제5865호로 개정된 것) 부칙 제5조 제2항 전단 ··· 그러나 위 헌법조항들에 의하여 보호되는 재산권은 사적 유용성 및 그에 대한 원칙적 처분권을 내포하는 재산가치 있는 구체적 권리이다. 그러므로 구체적인 권리가 아닌 단순한 이익이나 재화의 획득에 관한 기회 또는 기업활동의 사실적·법적 여건 등은 재산권보장의 대상이 아니다(헌재 2000.07.20. 99헌마452).

정답 X

 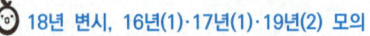 18년 변시, 16년(1)·17년(1)·19년(2) 모의

617. 행정기관이 개발촉진지구 지역개발사업으로 실시계획을 승인하고 이를 고시하기만 하면 고급골프장 사업과 같이 공익성이 낮은 사업에 대해서까지도 시행자인 민간개발자에게 수용권한을 부여하는 것은 헌법 제23조 제3항에 반하므로 허용될 수 없다.

해설 헌법 제23조 제3항에서 규정하고 있는 '공공필요'는 "국민의 재산권을 그 의사에 반하여 강제적으로라도 취득해야 할 공익적 필요성"으로서, '필요성'이 인정되기 위해서는 공용수용을 통하여 달성하려는 공익과 그로 인하여 재산권을 침해당하는 사인의 이익 사이의 형량에서 사인의 재산권침해를 정당화할 정도의 공익의 우월성이 인정되어야 하며, 사업시행자가 사인인 경우에는 그 사업 시행으로 획득할 수 있는 공익이 현저히 해태되지 않도록 보장하는 제도적 규율도 갖추어져 있어야 한다. 그런데 이 사건에서 문제된 지구개발사업의 하나인 '관광휴양지 조성사업' 중에는 고급골프장, 고급리조트 등(이하 '고급골프장 등'이라 한다)의 사업과 같이 입법목적에 대한 기여도가 낮을 뿐만 아니라, 대중의 이용·접근가능성이 작아 공익성이 낮은 사업도 있다. 또한 고급골프장 등 사업은 그 특성상 사업 운영 과정에서 발생하는 지방세수 확보와 지역경제 활성화는 부수적인 공익일 뿐이고, 이 정도의 공익이 그 사업으로 인하여 강제수용 당하는 주민들의 기본권침해를 정당화할 정도로 우월하다고 볼 수는 없다. 따라서 이 사건 법률조항은 공익적 필요성이 인정되기 어려운 민간개발자의 지구개발사업을 위해서까지 공공수용이 허용될 수 있는 가능성을 열어두고 있어 헌법 제23조 제3항에 위반된다(헌재 2014.10.30. 2011헌바129).

정답 O

19년(2) 모의

618. **공용수용은 특정한 공익사업의 시행을 위하여 타인의 토지 등의 재산권을 강제적으로 취득하는 제도를 말하는 것이므로, 헌법 제23조 제3항에서 규정하는 '공공필요'의 의미는 "국민의 재산권을 그 의사에 반하여 강제적으로라도 취득해야 할 공익적 필요성"으로 해석된다.**

해설 공용수용이란 특정한 공익사업의 시행을 위하여 법률에 의거하여 타인의 토지 등의 재산권을 강제적으로 취득하는 제도를 말한다(헌재 2014.10.30. 2011헌바129,172). 헌법재판소는 헌법 제23조 제3항에서 규정하고 있는 '공공필요'의 의미를 "국민의 재산권을 그 의사에 반하여 강제적으로라도 취득해야 할 공익적 필요성"으로 해석하여 왔다(헌재 1995.02.23. 92헌바14, 헌재 2000.04.27. 99헌바58, 헌재 2011.04.28. 2010헌바114 등 참조). 즉 '공공필요'의 개념은 '공익성'과 '필요성'이라는 요소로 구성되어 있다(헌재 2014.10.30. 2011헌바129,172(병합)).

정답 O

19년(2) 모의

619. **'공익사업'으로 실정법에 열거되어 있지 않은 사업이라고 하더라도 공공의 이익에 도움이 되는 사업으로서 공익성이 인정되면 공용수용이 허용될 수 있다.**

해설 공용수용이 허용될 수 있는 공익성을 가진 사업, 즉 공익사업의 범위는 사업시행자와 토지소유자 등의 이해가 상반되는 중요한 사항으로서, 공용수용에 대한 법률유보의 원칙에 따라 법률에서 명확히 규정되어야 한다. 공공의 이익에 도움이 되는 사업이라도 '공익사업'으로 실정법에 열거되어 있지 않은 사업은 공용수용이 허용될 수 없다. 다만 법이 공용수용 할 수 있는 공익사업을 열거하고 있더라도, 이는 공공성 유무를 판단하는 일응의 기준을 제시한 것에 불과하므로, 사업인정의 단계에서 개별적·구체적으로 공공성에 관한 심사를 하여야 한다. 즉 공공성의 확보는 1차적으로 입법자가 입법을 행할 때 일반적으로 당해 사업이 수용이 가능할 만큼 공공성을 갖는가를 판단하고, 2차적으로는 사업인정권자가 개별적·구체적으로 당해 사업에 대한 사업인정을 행할 때 공공성을 판단하는 것이다(헌재 2014.10.30. 2011헌바129,172(병합)).

정답 X

19년(2) 모의

620. 법률에서 공용수용이 가능한 공익사업을 열거하고 있더라도, 이는 공공성 유무를 판단하는 일응의 기준을 제시한 것에 불과하므로, 사업인정의 단계에서 개별적·구체적으로 공공성에 관한 심사를 하여야 한다.

해설 공용수용이 허용될 수 있는 공익성을 가진 사업, 즉 공익사업의 범위는 사업시행자와 토지소유자 등의 이해가 상반되는 중요한 사항으로서, 공용수용에 대한 법률유보의 원칙에 따라 법률에서 명확히 규정되어야 한다. 공공의 이익에 도움이 되는 사업이라도 '공익사업'으로 실정법에 열거되어 있지 않은 사업은 공용수용이 허용될 수 없다. 다만 법이 공용수용 할 수 있는 공익사업을 열거하고 있더라도, 이는 공공성 유무를 판단하는 일응의 기준을 제시한 것에 불과하므로, 사업인정의 단계에서 개별적·구체적으로 공공성에 관한 심사를 하여야 한다. 즉 공공성의 확보는 1차적으로 입법자가 입법을 행할 때 일반적으로 당해 사업이 수용이 가능할 만큼 공공성을 갖는가를 판단하고, 2차적으로는 사업인정권자가 개별적·구체적으로 당해 사업에 대한 사업인정을 행할 때 공공성을 판단하는 것이다(헌재 2014.10.30. 2011헌바129,172(병합)).

정답 O

18년 변시

621. 공용수용은 헌법 제23조 제3항에 명시되어 있는 대로 국민의 재산권을 그 의사에 반하여 강제적으로라도 취득해야 할 공익적 필요성이 있을 것, 법률에 의거할 것, 정당한 보상을 지급할 것의 요건을 모두 갖추어야 한다.

해설 우리 헌법의 재산권 보장에 관한 규정의 근본취지에 비추어 볼 때, 공공필요에 의한 재산권의 공권력적, 강제적 박탈을 의미하는 공용수용은 헌법상의 재산권 보장의 요청상 불가피한 최소한에 그쳐야 한다. 즉 공용수용은 헌법 제23조 제3항에 명시되어 있는 대로 국민의 재산권을 그 의사에 반하여 강제적으로라도 취득해야 할 공익적 필요성이 있을 것, 법률에 의거할 것, 정당한 보상을 지급할 것의 요건을 모두 갖추어야 한다(헌재 1995.02.23. 92헌바14).

정답  O

18년(1) 모의

622. 50여 년 전에 국가에 수용되었던 주식의 보상금액을 산정함에 있어 수용 당시의 주식 시세를 알 수 있는 자료가 없어 주식거래 시세를 기준으로 하지 않고 대차대조표에 기초한 산정방식을 택하고 있고 대차대조표 작성시점이 아니라 수용시점을 기준으로 생산자물가 지수변동율을 적용하는 것은 헌법에 위반되지 않는다.

해설 헌법 제23조 제3항에 규정된 '정당한 보상'의 원칙이 모든 경우에 예외없이 개별적 시가에 의한 보상을 요구하는 것이라고 할 수 없으며, 본 사건의 경우 50여년 전에 국가에 수용되었던 주식의 현재가치를, 정확한 자료가 미비한 상태에서 산정하여야 하는 특수한 어려움이 존재하므로, 어떤 방식으로 주식의 가치를 산출할 것인지에 관하여 입법자에게 보다 넓은 판단권과 형성권을 부여하지 않을 수 없다. … 수용 당시의 주식시세를 알 수 있는 객관적 자료가 없는 상황에서 수용일에 가장 가까운 시기에 작성된 1945. 8. 31.자 대차대조표가 수용 당시 피수용회사의 재정상태를 가장 잘 반영하는 것으로 보아 이를 기준으로 … 종합하여 보면, 위 법률조항들은 '정당한 보상'을 지향하는 가운데 실현가능한 나름대로의 합리적이고 적정한 보상을 꾀한 것이라 할 것이어서 반드시 헌법에 위반된다고 볼 수 없다(헌재 2002.12.18. 2002헌가4).

정답 ○

623. (1) 헌법 제23조 제3항이 규정하는 정당한 보상이란 원칙적으로 피수용재산의 객관적인 재산가치를 완전하게 보상하는 완전보상을 의미하는바, 공시지가를 기준으로 수용된 토지에 대한 보상액을 산정하는 것은 정당보상원칙에 위배된다.

(2) 토지수용으로 인한 손실보상액을 공시지가를 기준으로 산정하되 개별공시지가가 아닌 표준지공시지가를 기준으로 하는 것은 헌법 제23조 제3항이 규정한 정당보상의 원칙에 위배되지 않는다.

해설 (1) 토지의 협의성립 또는 재결 당시 공시된 공시지가 중 당해 사업인정의 고시일에 가장 근접한 시점에 공시된 공시지가로 하도록 규정한 것은 시점보정의 기준이 되는 공시지가에 개발이익이 포함되는 것을 방지하기 위한 것으로 개발이익이 배제된 손실보상액을 산정하는 적정한 수단에 해당되므로 헌법 제23조 제3항에 위반된다고 할 수 없다(헌재 2009.12.29. 2009헌바142).
(2) '부동산 가격공시 및 감정평가에 관한 법률'(2007. 4. 27. 법률 제8409호로 개정된 것) 제9조 제1항 제1호가 개별공시지가가 아닌 표준지공시지가를 기준으로 보상액을 산정하도록 한 것은 개발이익이 배제된 수용 당시 피수용 재산의 객관적인 재산가치를 가장 정당하게 보상하는 것이라고 할 것이므로, 헌법 제23조 제3항에 위반된다고 할 수 없다(헌재 2011.08.30. 2009헌바245).

정답 ×, ○

624. A도 甲군수는 「지역균형개발 및 지방중소기업 육성에 관한 법률」에 따라 지역개발사업을 실시하기로 결정하였다. 甲군수는 같은 법률에 따라 골프장 및 리조트 건설사업의 시행자로 주식회사 乙을 지정·고시하였다. 乙은 위 사업시행에 필요한 토지의 취득을 위하여 A도 지방토지수용위원회에 수용재결을 신청하였고, 동 위원회는 수용재결을 하였다.

1) 공용수용에서 공공성의 확보는 입법자가 입법을 할 때 공공성을 갖는가를 판단하면 족하고, 甲이 개별적·구체적으로 당해 사업에 대한 사업인정을 행할 때 별도로 판단할 필요가 없다.

해설 현재 공용수용이 허용될 수 있는 공익사업은 '공익사업을 위한 토지 등의 취득 및 보상에 관한 법률' 및 각 개별법에 열거되어 있다. 다만 법이 공용수용 할 수 있는 공익사업을 열거하고 있더라도, 이는 공공성 유무를 판단하는 일응의 기준을 제시한 것에 불과하므로, 사업인정의 단계에서 개별적·구체적으로 공공성에 관한 심사를 하여야 한다. 즉 공공성의 확보는 1차적으로 입법자가 입법을 행할 때 일반적으로 당해 사업이 수용이 가능할 만큼 공공성을 갖는가를 판단하고, 2차적으로는 사업인정권자가 개별적·구체적으로 당해 사업에 대한 사업인정을 행할 때 공공성을 판단하는 것이다(헌재 2014.10.30. 2011헌바129).

정답 ✕

2) **乙의 고급골프장, 고급리조트 건설을 위한 토지수용은 국토균형발전, 지역경제활성화 등의 공공 이익이 인정되는 것으로서 법익의 형량에 있어서 사인의 재산권 보호의 이익보다 월등하게 우월한 공익으로 판단되므로 공공필요에 의한 수용에 해당한다.**

해설 …오늘날 공익사업의 범위가 확대되는 경향에 대응하여 재산권의 존속보장과의 조화를 위해서는, '공공필요'의 요건에 관하여, 공익성은 추상적인 공익 일반 또는 국가의 이익 이상의 중대한 공익을 요구하므로 기본권 일반의 제한사유인 '공공복리'보다 좁게 보는 것이 타당하며, … 고급골프장, 고급리조트 등의 사업을 시행하기 위하여 공용수용을 통하여 달성하려는 공익과 그로 인하여 재산권을 침해당하는 사인의 이익을 형량해 볼 때, 고급골프장 등 사업의 특성상 그 사업 운영 과정에서 발생하는 지방세수 확보와 지역경제 활성화는 부수적인 공익일 뿐이고, 이 정도의 공익이 그 사업으로 인하여 강제수용 당하는 주민들이 침해받는 기본권에 비하여 그 기본권침해를 정당화할 정도로 우월하다고 볼 수는 없다. 따라서 고급골프장 등의 사업에 있어서는 그 사업 시행으로 획득할 수 있는 공익이 현저히 해태되지 않도록 보장하는 제도적 규율이 갖추어졌는지에 관하여는 살펴볼 필요도 없이, 민간개발자로 하여금 위와 같이 공익성이 낮은 고급골프장 등의 사업 시행을 위하여 타인의 재산을 그 의사에 반하여 강제적으로라도 취득할 수 있게 해야 할 필요성은 인정되지 아니한다(헌재 2014.10.30. 2011헌바129).

정답 ✕

625. **공익사업을 수행하는 자는 동일한 토지소유자에 속하는 일단의 토지의 일부가 취득되거나 사용됨으로 인하여 잔여지의 가격이 감소하거나 그 밖의 손실이 있는 때에는 원칙적으로 국토교통부령으로 정하는 바에 따라 그 손실을 보상하여야 한다.**

해설 헌법 제23조 제3항, 공익사업을 위한 토지 등의 취득 및 보상에 관한 법률 제73조 제1항 참조.

> 헌법 제23조 ③ 공공필요에 의한 재산권의 수용·사용 또는 제한 및 그에 대한 보상은 법률로써 하되, 정당한 보상을 지급하여야 한다.
> 공익사업을 위한 토지 등의 취득 및 보상에 관한 법률 제73조(잔여지의 손실과 공사비 보상) ① 사업시행자는 동일한 소유자에게 속하는 일단의 토지의 일부가 취득되거나 사용됨으로 인하여 잔여지의 가격이 감소하거나 그 밖의 손실이 있을 때 또는 잔여지에 통로·도랑·담장 등의 신설이나 그 밖의 공사가 필요할 때에는 국토교통부령으로 정하는 바에 따라 그 손실이나 공사의 비용을 보상하여야 한다. 다만, 잔여지의 가격 감소분과 잔여지에 대한 공사의 비용을 합한 금액이 잔여지의 가격보다 큰 경우에는 사업시행자는 그 잔여지를 매수할 수 있다.

정답 ○

🕐 15년 변시

626. 생활보상의 일종인 이주대책은 입법자의 입법정책적 재량영역이 아니라 헌법 제23조 제3항의 정당한 보상에 포함된다고 함이 헌법재판소의 입장이다.

> 해설 이주대책은 헌법 제23조 제3항에 규정된 정당한 보상에 포함되는 것이라기보다는 이에 부가하여 이주자들에게 종전의 생활상태를 회복시키기 위한 생활보상의 일환으로서 국가의 정책적인 배려에 의하여 마련된 제도라고 볼 것이다. 따라서 이주대책의 실시 여부는 입법자의 입법정책적 재량의 영역에 속하므로 공익사업을위한토지등의취득및보상에관한법률시행령 제40조 제3항 제3호가 이주대책의 대상자에서 세입자를 제외하고 있는 것이 세입자의 재산권을 침해하는 것이라 볼 수 없다(헌재 2006.02.23. 2004헌마19).

정답

🕐 13년 · 23년 변시

627. 헌법 제23조 제3항은 재산권 수용의 주체를 한정하지 않고 있는바, 그 수용의 주체가 국가 등에 한정되어야 하는지, 아니면 민간기업에도 허용될 수 있는지 여부에 대하여 헌법이라는 규범적 층위에서는 구체적으로 결정된 내용이 없다는 것을 의미하므로, 수용의 주체를 국가 등 공적 기관에 한정하여 해석할 이유가 없다.

> 해설 헌법 제23조 제3항은 정당한 보상을 전제로 하여 재산권의 수용 등에 관한 가능성을 규정하고 있지만, 재산권 수용의 주체를 한정하지 않고 있다. 위 헌법조항의 핵심은 당해 수용이 공공필요에 부합하는가, 정당한 보상이 지급되고 있는가 여부 등에 있는 것이지, 그 수용의 주체가 국가인지 민간기업인지 여부에 달려 있다고 볼 수 없다. 또한 국가 등의 공적 기관이 직접 수용의 주체가 되는 것이든 그러한 공적 기관의 최종적인 허부판단과 승인결정 하에 민간기업이 수용의 주체가 되는 것이든, 양자 사이에 공공필요에 대한 판단과 수용의 범위에 있어서 본질적인 차이를 가져올 것으로 보이지 않는다. 따라서 위 수용 등의 주체를 국가 등의 공적 기관에 한정하여 해석할 이유가 없다(헌재 2009.09.24. 2007헌바114).

정답

제❻항 ㅣ 재산권 제한 입법의 위헌 여부

🕐 23년 변시, 23년(2) 모의

628. 최저임금을 인상하는 내용의 고시는 근로자에게 지급하여야 할 임금 증가, 생산성 저하, 이윤 감소 등 사업자에게 불이익을 겪게 할 우려가 있으므로 사업자의 재산권을 제한한다.

> 해설 헌법상 보장된 재산권은 원래 사적 유용성 및 그에 대한 원칙적인 처분권을 내포하는 재산가치 있는 구체적인 권리이므로 구체적 권리가 아닌 영리획득의 단순한 기회나 기업활동의 사실적·법적 여건은 기업에게는 중요한 의미를 갖는다고 하더라도 재산권 보장의 대상이 아니다. 각 최저임

금 고시 부분은 사용자가 최저임금의 적용을 받는 근로자에게 지급하여야 할 임금의 최저액을 정한 것으로 청구인들이 이로 인하여 계약의 자유와 기업의 자유를 제한 받는 결과 근로자에게 지급하여야 할 임금이 늘어나거나 생산성 저하, 이윤 감소 등 불이익을 겪을 우려가 있거나, 그 밖에 사업상 어려움이 발생할 수 있다고 하더라도 이는 기업활동의 사실적·법적 여건에 관한 것으로 재산권 침해는 문제되지 않는다(헌재 2019.12.27. 2017헌마1366).

정답

21년(3) · 23년(2)(3)모의

629. 환매권의 발생기간을 '취득일로부터 10년 이내'로 제한한 「공익사업을 위한 토지 등의 취득 및 보상에 관한 법률」 규정은 토지수용 등의 원인이 된 공익사업의 폐지 등으로 공공필요가 소멸하였음에도 단지 10년이 경과하였다는 사정만으로 환매권이 배제되는 결과가 초래될 수 있으므로 환매권자의 재산권을 침해한다.

해설 토지수용 등 절차를 종료하였다고 하더라도 공익사업에 해당 토지가 필요 없게 된 경우에는 토지수용 등의 헌법상 정당성이 장래를 향하여 소멸한 것이므로, 이러한 경우 종전 토지소유자가 소유권을 회복할 수 있는 권리인 환매권은 헌법이 보장하는 재산권의 내용에 포함되는 권리이다. … 이 사건 법률조항의 환매권 발생기간 '10년'을 예외 없이 유지하게 되면 토지수용 등의 원인이 된 공익사업의 폐지 등으로 공공필요가 소멸하였음에도 단지 10년이 경과하였다는 사정만으로 환매권이 배제되는 결과가 초래될 수 있다. 다른 나라의 입법례에 비추어 보아도 발생기간을 제한하지 않거나 더 길게 규정하면서 행사기간 제한 또는 토지에 현저한 변경이 있을 때 환매거절권을 부여하는 등 보다 덜 침해적인 방법으로 입법목적을 달성하고 있다. 이 사건 법률조항은 침해의 최소성 원칙에 어긋난다. 이 사건 법률조항으로 제한되는 사익은 헌법상 재산권인 환매권의 발생 제한이고, 이 사건 법률조항으로 환매권이 발생하지 않는 경우에는 환매권 통지의무도 발생하지 않기 때문에 환매권 상실에 따른 손해배상도 받지 못하게 되므로, 사익 제한 정도가 상당히 크다. 그런데 10년 전후로 토지가 필요 없게 되는 것은 취득한 토지가 공익목적으로 실제 사용되지 못한 경우가 대부분이고, 토지보상법은 부동산등기부상 협의취득이나 토지수용의 등기원인 기재가 있는 경우 환매권의 대항력을 인정하고 있어 공익사업에 참여하는 이해관계인들은 환매권이 발생할 수 있음을 충분히 알 수 있다. 토지보상법은 이미 환매대금증감소송을 인정하여 당해 공익사업에 따른 개발이익이 원소유자에게 귀속되는 것을 차단하고 있다. 이 사건 법률조항이 추구하고자 하는 공익은 원소유자의 사익 침해 정도를 정당화할 정도로 크다고 보기 어려우므로, 법익의 균형성을 충족하지 못한다. 결국 이 사건 법률조항은 헌법 제37조 제2항에 반하여 재산권을 침해한다(헌재 2020.11.26. 2019헌바131).

▶ 헌법불합치결정을 선고하면서 적용중지를 명한 사례

정답

23년(3) 모의

630. 공무원이거나 공무원이었던 사람이 재직 중의 사유로 금고 이상의 형을 받거나 형이 확정된 경우 퇴직급여 및 퇴직수당의 일부를 감액하여 지급함에 있어 그 이후 형의 선고의 효력을 상실하게 하는 특별사면 및 복권을 받은 경우를 달리 취급하는 규정을 두지 아니한 것은, 특별사면 및 복권을 받은 사람과 그렇지 않은 사람을 구별하지 아니하고 일률적으로 공무원의 퇴직급여청구권을 제한하는 것으로 해당 공무원의 재산권을 침해한다.

해설 심판대상조항은 재직 중 직무와 관련 있는 범죄 혹은 직무와 관련 없는 고의범으로 금고 이상의 형을 받거나 확정된 경우라면 그 후 형의 선고의 효력을 상실하게 하는 특별사면 및 복권을 받아 형의 선고의 효력이 상실된 경우에도 마찬가지로 퇴직급여 등을 감액하고 있는바, …한편, 청구인은 퇴직급여수급권은 계속적으로 이행기가 도래하므로 특별사면 및 복권을 받은 때부터 퇴직급여 등을 수급할 수 있다는 취지로도 주장하나, 앞서 살펴본 바와 같이 심판대상조항에 의한 퇴직급여 등의 감액은 재직 중 범죄사실에 대한 제재인 것이고, 형의 선고의 효력을 상실하게 하는 특별사면 및 복권을 받았다 하더라도 그것이 범죄사실에 기초한 형의 선고가 기왕에 있었다는 사실 그 자체까지 부정하는 것은 아닌 이상 제재의 근거가 소멸되는 것은 아니므로 특별사면 및 복권을 받았다 하더라도 퇴직급여 등에 대한 계속적인 감액을 함이 상당하다. 이상의 점들을 종합할 때, 심판대상조항이 형의 선고의 효력을 상실하게 하는 특별사면 및 복권을 받은 경우에도 퇴직급여 등을 여전히 감액하는 것은 그 합리적인 이유가 인정되는바, 재산권 및 인간다운 생활을 할 권리를 침해한다고 볼 수 없다 (헌결 2020.04.23. 2018헌바402(전합)).

 정답

23년(3) 모의

631. 토지소유자의 승낙 없이 분묘를 설치한 경우에도 20년간 평온·공연하게 그 분묘의 기지를 점유하였다는 사실만으로 물권인 분묘기지권의 시효취득을 인정하고 분묘의 수호와 봉사를 계속하는 한 분묘기지권의 계속 존속을 인정하는 분묘기지권에 관한 관습법은, 악의의 무단점유인 경우에도 아무런 보상 없이 사실상 영구·무상의 분묘기지권을 인정하는 것으로 해당 토지소유자의 재산권을 침해한다.

해설 분묘기지권에 관한 관습법 중 "타인 소유의 토지에 소유자의 승낙 없이 분묘를 설치한 경우에는 20년간 평온·공연하게 그 분묘의 기지를 점유하면 지상권과 유사한 관습상의 물권인 분묘기지권을 시효로 취득하고, 이를 등기 없이 제3자에게 대항할 수 있다."는 부분 및 "분묘기지권의 존속기간에 관하여 당사자 사이에 약정이 있는 등 특별한 사정이 없는 경우에는 권리자가 분묘의 수호와 봉사를 계속하는 한 그 분묘가 존속하고 있는 동안은 분묘기지권은 존속한다."는 부분은 헌법에 위반되지 아니한다(헌재 2020.10.29. 2017헌바208(전합)).

정답

632. 공무원 또는 공무원이었던 자가 재직 중의 사유로 금고 이상의 형을 받은 때 퇴직급여 및 퇴직수당의 일부를 감액하여 지급하도록 한 「공무원연금법」 조항은 공무원의 신분이나 직무상 의무와 관련 없는 범죄인지 여부 등과 관계없이 일률적·필요적으로 퇴직급여를 감액하는 것으로서 재산권을 침해한다.

해설 재직중의 사유로 금고 이상의 형을 선고받아 처벌받음으로써 기본적 죗값을 받은 공무원에게 다시 당연퇴직이란 공무원의 신분상실의 치명적인 법익박탈을 가하고, 이로부터 더 나아가 다른 특별한 사정도 없이 범죄의 종류에 상관 않고, 직무상 저지른 범죄인지 여부와도 관계없이, 누적되어 온 퇴직급여 등을 누적 이후의 사정을 이유로 일률적·필요적으로 감액하는 것은 과도한 재산권의 제한으로서 심히 부당하며 공무원의 퇴직 후 노후생활보장이라는 공무원연금제도의 기본적인 입법목적에도 부합하지 않는다. 또 가사 이 사건 법률조항이 그 입법 목적 달성을 위하여 필요한 수단이라고 하더라도 당해 공무원에게 지나치게 가혹한 불이익을 주는 것으로서 그로 인하여 달성되는 공익과 당해 공무원이 입는 불이익 사이에 현저한 불균형을 초래하여 법익의 최소침해성의 요건 및 법익균형성의 요건을 충족시키지 못한다 할 것이다(헌재 2007.03.29. 2005헌바33).

 정답 O

633. 중학교 학교환경위생 정화구역 안에서 여관영업을 금지하는 법률조항은, 구체적·개별적으로 형성된 재산권인 여관영업권을 사회적 수인한도를 넘어 박탈하거나 제한하면서 아무런 보상규정을 두지 아니하여 국민의 재산권을 침해한다.

해설 이 사건 법률조항은 여관의 유해환경으로부터 중학교 학생들을 보호하여 중학교 교육의 능률화를 기하려는 것으로서 그 입법목적의 정당성이 인정되고, 유해환경으로서의 특성을 갖는 여관영업을 정화구역 안에서 금지한 것은 위와 같은 입법목적을 달성하기 위하여 효과적이고 적절한 방법의 하나라고 할 수 있어서 수단의 적정성도 인정된다. 또한 학교환경위생정화위원회의 심의를 거쳐 학습과 학교보건위생에 나쁜 영향을 주지 않는다고 인정하는 경우에는 상대정화구역 안에서의 여관영업이 허용되며, 건물의 소유주로서는 건물을 "여관" 이외의 다른 용도로는 사용할 수 있으므로 건물의 기능에 합당한 사적인 효용성은 그대로 유지된다고 할 것이고, 재산권 침해를 최소화하고 사전에 여관영업을 정리할 수 있도록 기존시설에 대하여 2회에 걸쳐 각각 5년 가량의 유예기간을 주는 규정이 있었음을 고려하면, 피해최소성의 원칙에도 부합될 뿐 아니라, 여관영업을 금지함으로써 건물소유자 내지 여관업자가 입게 될 불이익보다는 이를 허용함으로 인하여 중학교 교육의 능률화를 기할 수 없는 결과가 더 크다고 할 것이므로, 법익균형성도 충족하고 있다. 따라서 이 사건 법률조항은 비례의 원칙을 위반하여 직업수행의 자유 및 재산권을 침해하지 않는다(헌재 2011.10.25. 2010헌바384).

 정답 X

14년(3) 모의

634. 회사정리계획에 따라 새로 정리회사의 주주가 된 사람이 3년 내에 주권의 교부를 청구하지 않은 때에는 주주로서의 권리를 잃도록 하는 것은 재산권의 침해이다.

해설 정리계획에 의하여 새로이 정리회사의 주주가 된 자가 3년 내에 주권의 교부를 청구하지 아니한 때에는 주주로서의 권리를 잃도록 한 이 사건 법률조항은, 정리계획이 변경된 권리관계를 명확하게 정하고 있어 주권을 발행하지 아니하더라도 권리관계가 불명확해 지는 것은 아니고, 구 증권의 회수를 위해서는 종전의 주주 또는 사채권자이었던 자에 대하여만 주권의 교부를 청구하게 하는 것으로 충분함에도 주주가 된 자 모두에게 주권의 교부청구를 강제하며, 구 증권을 반환하지 않으면 주주로서의 권리행사를 제한하는 등 기본권을 덜 침해하는 다른 방법이 있음에도 변경된 권리관계의 증권 상 정리와 구 증권 회수라는 입법목적 달성을 위하여 실권이라는 과도한 수단을 사용함으로써 피해의 최소성과 법익의 균형성을 갖추지 못하여 과잉금지원칙에 위배되어 재산권을 침해한다(헌재 2012.05.31. 2010헌가85).

정답

14년(3) 모의

635. 토양오염원인자의 범위를 토양오염관리대상시설의 소유자·점유자·운영자로 확장하여 이들에게 무과실 책임을 부담시키는 것은 대상시설 소유자등의 재산권 및 평등권을 침해한다.

해설 … 이 사건 오염원인자조항은 침해의 최소성 원칙에 반한다. 토양오염관리대상시설의소유자·점유자·운영자는 사실상 면책이 불가능한 1차적인 무과실 책임을 부담하고, 경우에 따라서는 파산에 이를 정도로 거액에 이르기도 하는 비용을 그 범위의 제한 없이 전부 부담하여야 한다는 점에서, 이 사건 오염원인자조항으로 인하여 얻게 될 공익보다 토양오염관리대상시설의 소유자·점유자·운영자가 입게 되는 불이익이 더 클 수도 있다. 나아가, 토양오염관리대상시설의 양수자·인수자와는 달리, 토양오염관리대상시설의 소유자·점유자·운영자에게는 천재·지변, 전쟁으로 인한 면책만을 허용하고 다른 면책사유 또는 책임 제한수단을 전혀 인정하지 않은 것은 합리적인 이유가 있다고 할 수 없다. 따라서 이 사건 오염원인자조항은 토양오염관리대상시설 소유자·점유자·운영자의 재산권 및 평등권을 침해한다(헌재 2012.08.23. 2010헌바167).

정답

12년(2) 모의

636. 형의 집행 중에 있는 수용자에 대하여 보험급여를 정지하는 것은 인간다운 생활을 할 권리뿐만 아니라 재산권도 침해한다.

해설 교도소에 수용된 때에는 국민건강보험급여를 정지하도록 한 국민건강보험법 제49조 제4호는 수용자에게 불이익을 주기 위한 것이 아니라, 국가의 보호, 감독을 받는 수용자의 질병치료를 국가가 부담하는 것을 전제로 수용자에 대한 의료보장제도를 합리적으로 운영하기 위한 것이므로 입법목적의 정당성을 갖고 있다. 가사 국가의 예산상의 이유로 수용자들이 적절한 의료보장을 받지 못하는 것이 현실이라고 하더라도 이는 수용자에 대한 국가의 보건의무불이행에 기인하는 것이지 위 조항에 기인하는 것으로 볼 수 없다. 위 조항은 수용자의 의료보장수급권을 직접 제약하는 규정이 아니며, 입법재량을 벗어나 수용자의 건강권을 침해하거나 국가의 보건의무를 저버린 것으로 볼 수 없으므로 수용자의 건강권, 인간의 존엄성, 행복추구권, 인간다운 생활을 할 권리를 침해하는 것이라 할 수 없다. … 위 조항에 의하여 수용자에게 보험급여가 정지되는 경우 보험료 납부의무도 면제되므로, 수급자의 자기기여가 없는 상태에서 수용자가 위 조항을 재산권 침해로 다툴 수는 없다(헌재 2005.02.24. 2003헌마31).

제3절 직업선택의 자유

21년(3) 모의

637. 「공직선거법」상 인터넷게시판 실명확인 조항은 인터넷언론사에게 인터넷홈페이지 게시판 등을 운영함에 있어서 선거운동기간 중 이용자의 실명확인 조치의무, 실명인증표시 조치의무 및 실명인증표시가 없는 게시물에 대한 삭제의무를 부과하여 인터넷언론사의 직업의 자유도 제한한다.

해설 실명확인조항은 인터넷언론사에게 인터넷홈페이지 게시판을 운영함에 있어서 선거운동기간 중 이용자의 실명확인조치의무, 실명인증 표시조치의무 및 실명인증 표시가 없는 게시물에 대한 삭제의무를 부과하여 인터넷언론사의 직업수행의 자유도 제한하나, 이 사건과 가장 밀접한 관계에 있고 또 침해의 정도가 큰 주된 기본권은 언론의 자유라 할 것이고, 인터넷언론사의 언론의 자유의 제한은 게시판 이용자의 정치적 익명표현의 자유의 제한에 수반되는 결과라고 할 수 있으므로, 이하에서는 게시판 이용자의 정치적 익명표현의 자유 침해 여부를 중심으로 하여 인터넷언론사의 언론의 자유 등 침해 여부를 함께 판단하기로 한다(헌재 2015.07.30. 2012헌마734).

21년(3) 모의

638. 「도로교통법」상 운전면허 부정 취득시 모든 운전면허에 대한 필요적 취소는, 상시 자동차 운전을 담당하는 직업의 경우에는 도로교통과 관련한 공공 안전에 미치는 효과가 다른 직업보다 더 크고 국민의 생명·신체를 보호할 필요성이 크므로 직업의 자유를 침해하지 않는다.

해설 심판대상조항은 운전면허를 취소함으로써 자유롭게 자동차를 운전할 수 없게 하므로, 일반적 행동의 자유를 제한한다. 또한 심판대상조항의 수범자 가운데 자동차의 운전을 필수불가결한 요소로 하는 일정한 직업군의 사람들에 대하여는 종래의 직업을 계속 유지하는 것을 불가능하게 하고, 자동차 운행으로도 수행 가능한 직업을 가진 사람들에 대하여는 직업을 수행하는 방법에 제한을 가하게 되므로, 좁은 의미의 직업선택의 자유와 직업수행의 자유를 포함하는 직업의 자유 역시 제한한다. 직업의 자유 또는 일반적 행동의 자유 침해 여부를 판단함에 있어서는 헌법 제37조 제2항의 과잉금지원칙 준수 여부가 그 기준이 된다. … 한편 심판대상조항은 특정한 운전면허를 거짓이나 그 밖의 부정한 수단으로 받으면, '거짓이나 그 밖의 부정한 수단으로 받은 운전면허'(이하 '부정 취득한 운전면허'라 한다)뿐만 아니라, 적법하게 취득하여 보유하고 있는 다른 운전면허, 즉 '거짓이나 그 밖의 부정한 수단으로 받은 운전면허를 제외한 운전면허'(이하 '부정 취득하지 않은 운전면허'라 한다)까지 필요적으로 취소하도록 하고 있다. … 부정 취득하지 않은 운전면허까지 필요적으로 취소하도록 한 것은, 법익의 균형성 원칙에 위배된다(헌재 2020.06.25. 2019헌가9). ▶ 부정 취득하지 않은 운전면허까지 필요적으로 취소하도록 한 것은 과잉금지원칙에 위반된다고 본 사례

21년(2) 모의

639. 제조업의 직접생산공정업무를 근로자파견의 대상 업무에서 제외하는 법률조항은 근로자 파견을 허용하되 파견기간을 제한하는 방법 등의 대안이 존재하므로, 침해의 최소성 원칙에 위배되어 제조업의 직접생산공정업무에 관하여 근로자파견의 역무를 제공받고자 하는 사업주의 직업수행의 자유를 침해한다.

해설 심판대상조항은 제조업의 직접생산공정업무를 근로자파견의 대상 업무에서 제외하고, 이에 관하여 근로자파견의 역무를 제공받는 것을 금지하며, 위반 시 형사처벌하도록 함으로써 제조업의 직접생산공정업무에 파견근로자를 사용하고자 하는 사업주의 직업수행의 자유를 제한한다. … 심판대상조항이 과잉금지원칙에 위반하여 제조업의 직접생산공정업무에 파견근로자를 사용하고자 하는 사업주의 직업수행의 자유를 침해한다고 볼 수 없다(헌재 2017.12.28. 2016헌바346).

20년(3)·21년(2)·(3) 모의

640. 청원경찰이 저지른 범죄의 종류나 내용을 불문하고 범죄행위로 금고 이상의 형의 선고유예를 받게 되면 당연히 퇴직되도록 규정한 것은 이를 통해 달성하려는 공익의 비중에도 불구하고 청원경찰의 직업의 자유를 과도하게 제한하고 있어 헌법에 위반된다.

해설 금고 이상의 형의 선고유예를 받은 경우 사회적 비난가능성이 크거나 직무수행에 대한 국민의 신뢰 등에 미치는 부정적인 영향이 크다고 일률적으로 단정하기 어렵고, 같은 금고 이상의 형의 선고유예를 받은 경우라고 하여도 범죄의 종류, 죄질, 내용이 지극히 다양하므로, 그에 따라 국민의 청원경찰직에 대한 신뢰 등에 미치는 영향도 큰 차이가 있다. … 그럼에도 불구하고 심판대상조항은 청원경찰이 저지른 범죄의 종류나 내용을 불문하고 금고 이상의 형의 선고유예를 받게 되면 당연히 퇴직되도록 규정함으로써 청원경찰에게 공무원보다 더 가혹한 제재를 가하고 있으므로, 침해의 최소성 원칙에 위배된다. 심판대상조항은 청원경찰이 저지른 범죄의 종류나 내용을 불문하고 범죄행위로 금고 이상의 형의 선고유예를 받게 되면 당연히 퇴직되도록 규정함으로써 그것이 달성하려는 공익의 비중에도 불구하고 청원경찰의 직업의 자유를 과도하게 제한하고 있어 법익의 균형성 원칙에도 위배된다. 따라서, 심판대상조항은 과잉금지원칙에 반하여 직업의 자유를 침해한다(헌재 2018.01.25. 2017헌가26).

21년(2)·(3) 모의

641. 아동학대 관련 범죄전력자가 아동 관련 기관인 체육시설 등을 운영하거나 학교에 취업하는 것을 형이 확정된 때부터 형의 집행이 종료되거나 집행을 받지 아니하기로 확정된 후 10년까지의 기간 동안 제한하는 것은 과잉금지원칙에 반하여 직업의 자유를 침해한다.

해설 헌법 제15조는 "모든 국민은 직업선택의 자유를 가진다."라고 규정함으로써 개인이 원하는 직업을 자유롭게 선택하는 '좁은 의미의 직업선택의 자유'와 그가 선택한 직업을 자기가 원하는 방식으로 자유롭게 수행할 수 있는 '직업수행의 자유'를 보장하고 있다. 청구인들은 심판대상조항에 의하여 형이 확정된 때부터 형의 집행이 종료되거나 집행을 받지 아니하기로 확정된 후 10년까지의 기간 동안 아동관련기관인 체육시설 또는 '초·중등교육법' 제2조 각 호의 학교를 운영하거나 그에 취업할 수 없게 되었다. 이는 일정한 직업을 선택함에 있어 기본권 주체의 능력과 자질에 따른 제한에 해당하므로 이른바 '주관적 요건에 의한 좁은 의미의 직업선택의 자유'에 대한 제한에 해당한다. … 아동학대관련범죄전력만으로 재범의 위험성이 있다고 간주하고 일률적·편의적인 시각에서 아동학대관련 범죄전력자에 대하여 아동관련기관인 체육시설 또는 학교에 10년간 취업을 금지하는 것은, 아동학대관련범죄전력이 있지만 10년의 기간 안에 재범의 위험성이 해소될 수 있는 자들에게 과도한 기본권 제한에 해당한다. … 심판대상조항은 그 목적의 정당성 및 수단의 적합성이 인정되지만, 침해의 최소성 및 법익의 균형성 요건을 충족하지 아니하므로 과잉금지원칙에 위반되어 청구인들의 직업선택의 자유를 침해한다(헌재 2018.06.28. 2017헌마130).

정답

18년(1)·21년(2) 모의

642. 약사 또는 한약사가 아닌 자연인의 약국 개설을 금지하고 위반 시 형사처벌 하는 것은 과잉금지원칙에 반하여 약국 개설을 원하는 자연인의 직업의 자유를 침해한다고 볼 수 없다.

해설 심판대상조항이 '약사 또는 한약사가 아닌 자연인'인 비약사의 약국 개설을 금지하고 위반 시 형사처벌하는 것 … 과잉금지원칙에 반하여 직업의 자유를 침해하지 아니한다(헌재 2020.10.29. 2019헌바249).

정답

17년·20년 변시, 13년(3)·16년(1)·20년(1) 모의

643. 직업의 자유에는 해당 직업에 합당한 보수를 받을 권리까지 포함되어 있다고 보기 어려우므로 자신이 원하는 수준보다 적은 보수를 법령에서 규정하고 있다고 하여 직업선택이나 직업수행의 자유가 침해된다고 할 수 없다.

해설 직업의 자유에 '해당 직업에 합당한 보수를 받을 권리'까지 포함되어 있다고 보기 어려우므로 이 사건 법령조항이 청구인이 원하는 수준 보다 적은 봉급월액을 규정하고 있다고 하여 이로 인해

청구인의 직업선택이나 직업수행의 자유가 침해되었다고 할 수 없고, 위 조항은 경찰공무원인 경장의 봉급표를 규정한 것으로서 개성 신장을 위한 행복추구권의 제한과는 직접적인 관련이 없으므로, 청구인의 위 주장들은 모두 이유 없다(헌재 2008.12.26. 2007헌마444).

정답 O

17년·20년 변시

644. 직업의 개념표지 가운데 '계속성'과 관련하여서는 주관적으로 활동의 주체가 어느 정도 계속적으로 해당 소득활동을 영위할 의사가 있고, 객관적으로도 그러한 활동이 계속성을 띨 수 있으면 족한 것으로 휴가기간 중에 하는 일, 수습직으로서의 활동 따위도 포함된다.

해설 우리 헌법 제15조는 "모든 국민은 직업선택의 자유를 가진다"고 규정하여 직업의 자유를 국민의 기본권의 하나로 보장하고 있는바, 직업의 자유에 의한 보호의 대상이 되는 '직업'은 '생활의 기본적 수요를 충족시키기 위한 계속적 소득활동'을 의미하며 그러한 내용의 활동인 한 그 종류나 성질을 묻지 아니한다. 이러한 직업의 개념표지들은 개방적 성질을 지녀 엄격하게 해석할 필요는 없는바, '계속성'과 관련하여서는 주관적으로 활동의 주체가 어느 정도 계속적으로 해당 소득활동을 영위할 의사가 있고, 객관적으로도 그러한 활동이 계속성을 띨 수 있으면 족하다고 해석되므로 휴가기간 중에 하는 일, 수습직으로서의 활동 따위도 이에 포함된다고 볼 것이고, 또 '생활수단성'과 관련하여서는 단순한 여가활동이나 취미활동은 직업의 개념에 포함되지 않으나 겸업이나 부업은 삶의 수요를 충족하기에 적합하므로 직업에 해당한다고 말할 수 있다(헌재 2003.09.25. 2002헌마519).

정답 O

14년·20년 변시, 12년(2)·16년(3) 모의

645. 어떠한 직업분야에 관한 자격제도를 만들면서 그 자격요건을 어떻게 설정할 것인가에 관하여는 그 입법재량의 폭이 좁다 할 것이므로, 과잉금지원칙을 적용함에 있어서 다른 방법으로 직업선택의 자유를 제한하는 경우에 비하여 보다 엄격한 심사가 필요하다.

해설 과잉금지의 원칙을 적용함에 있어, 어떠한 직업분야에 관하여 자격제도를 만들면서 그 자격요건을 어떻게 설정할 것인가에 관하여는 국가에게 폭넓은 입법재량권이 부여되어 있으므로, 다른 방법으로 직업의 자유를 제한하는 경우에 비하여 보다 유연하고 탄력적인 심사가 필요하다 할 것이다(헌재 2008.09.25. 2007헌마419).

정답 X

20년(3) 모의

646. 교통사고로 사람을 사상한 후 필요한 조치를 하지 아니한 경우 운전면허를 취소 또는 정지시킬 수 있도록 한 것은 자동차 등의 운전을 불가결의 요건으로 하는 직업을 수행하는 사람들에게는 직업을 박탈하는 것과 같은 효과를 발생시키므로, 그들의 직업의 자유를 침해한다.

해설 교통사고로 사람을 사상한 후 필요한 조치를 하지 아니한 경우 운전면허를 취소 또는 정지시킬 수 있도록 한 것은 교통사고로 타인의 생명 또는 신체를 침해하고도 구호조치를 하지 아니한 사람이 계속하여 교통에 관여하는 것을 금지함으로써 궁극적으로 국민의 생명·신체를 보호하고 도로교통에 관련한 공공의 안전을 확보하고자 하는 입법목적을 가진다. 이러한 입법목적은 정당하고, 수단의 적합성 또한 인정된다. 교통사고로 인하여 사람을 사상한 후 교통상의 위험과 장해를 제거하거나 방지하기 위한 구호조치를 하지 않은 사람은 자동차 등 운전에 요구되는 안전의식 및 책임의식이 결여되어 있음을 징표하는 행위를 한 사람이므로 이러한 자들을 교통 관여에서 배제하는 것은 일응 불가피한 측면이 있다. 나아가 이 사건 취소조항은 사상 후 미조치를 운전면허의 임의적 취소사유로 규정하여 구체적·개별적 사정을 고려할 수 있는 길을 열어 두고 있으므로, 위 조항이 침해최소성 원칙에 반한다고 할 수 없다. 이 사건 취소조항으로 인하여 제한되는 사익에 상응하는 정도 이상의 중대한 공익이 인정되므로, 법익균형성 요건 또한 충족하였다. 그렇다면 이 사건 취소조항이 과잉금지원칙에 반하여 일반적 행동의 자유 또는 직업의 자유를 침해한다고 할 수 없다(헌재 2019.08.29. 2018헌바4).

정답

19년(2)·20년(3) 모의

647. 「신용정보의 이용 및 보호에 관한 법률」상 사생활 등 조사업 금지조항은 특정인의 소재 및 연락처를 알아내거나 사생활 등을 조사하는 일을 업으로 할 수 없게 함으로써 탐정업의 개설·운영을 전면 금지하는 것이므로 직업수행의 자유를 침해한다.

해설 청구인은 '사생활 등 조사업 금지조항'에 의하여 특정인의 소재 및 연락처를 알아내거나 사생활 등을 조사하는 일을 업으로 할 수 없게 됨으로써 직업선택의 자유가 제한되고, '탐정 등 명칭사용 금지조항'에 의하여 탐정명칭을 사용할 수 없게 됨으로써 직업수행의 자유가 제한되므로, 이 사건 금지조항이 청구인의 직업의 자유를 침해하는지 여부가 문제된다. … 청구인은 탐정업의 업무영역에 속하지만 위 조항에 의해 금지되지 않는 업무를 수행하는 것이 불가능하지 않다. 예를 들어, 청구인은 현재에도 도난·분실 등으로 소재를 알 수 없는 물건 등을 찾아주는 일을 직업으로 삼을 수 있고, 개별 법률이 정한 요건을 갖추어 신용조사업, 경비업, 손해사정사 등 법이 특별히 허용하는 범위에서 탐정업 유사직역에 종사할 수 있다. 따라서 위 조항은 과잉금지원칙을 위반하여 직업선택의 자유를 침해하지 아니한다(헌재 2018.06.28. 2016헌마473).

정답 ✕

20년(1) 모의

648. 게임물을 이용하여 도박, 그 밖의 사행행위를 하게 하거나 이를 하도록 방치한 게임물 관련사업자가 소유 또는 점유하는 게임물을 필요적으로 몰수하도록 하는 것은 게임물 관련사업자의 직업수행의 자유를 침해하지 않는다.

해설 게임물을 이용한 사행행위를 근절하고 재범을 방지하여 건전한 게임문화를 조성하고자 하는 것으로 그 입법목적의 정당성이 인정되고, 게임물을 필요적으로 몰수하게 되면 해당 게임물을 사행행위 등에 제공하는 것을 차단함으로써 재범을 방지할 수 있으므로 입법목적을 달성하는 적절한 수단이 된다. 심판대상조항에 의하면 게임물이 위반행위의 수행에 실질적으로 기여하였다고 인정되는 한도 내에서 필요적 몰수의 대상이 된다고 해석되고, 몰수의 범위가 다소 광범위하다는 이유로 몰수의 대상이 되는 게임물을 사행행위에 직접 이용된 게임물 등으로 한정한다면 점점 다양해지고 지능화되어 가는 사행행위 행태들에 대하여 효과적으로 대응할 수 없어 입법목적을 달성하기 어렵게 된다. 또한 심판대상조항에 의하면 제3자 소유의 게임물도 몰수의 대상이 될 수 있으나, 이를 몰수의 대상에서 제외할 경우 게임물 관련사업자가 제3자소유의 게임물을 이용하여 사행행위를 하는 데 아무런 지장을 받지 않게 되고, 임의적 몰수의 방법으로는 입법목적을 실현하기에 부족하다. 심판대상조항은 침해의 최소성 원칙에 위반된다고 볼 수 없다. 심판대상조항으로 달성하고자 하는 공익은 게임물을 이용한 사행행위를 근절하고 재범을 방지하여 건전한 게임문화를 조성하는 것이고, 심판대상조항으로 제한되는 사익은 게임물 관련사업자가 소유 또는 점유하는 게임물을 몰수당하는 것인데, 이러한 사익이 심판대상조항으로 달성하려는 공익에 비해서 중하다고 보기 어려우므로, 심판대상조항은 법익의 균형성도 갖추고 있다. 따라서 심판대상조항은 과잉금지원칙에 위배하여 게임물 관련사업자의 재산권 및 직업수행의 자유를 침해하지 않는다(헌재 2019.02.28. 2017헌바401).

 정답 O

16년(1)·20년(1)·(3) 모의

649. 로스쿨에 입학하는 자들에 대하여 학사 전공별로, 그리고 출신 대학별로 로스쿨 입학 정원의 비율을 각각 규정한 것은 변호사가 되기 위하여 필요한 전문지식을 습득할 수 있는 로스쿨에 입학하는 것을 제한하는 것이기 때문에 직업교육장 선택의 자유를 제한하는 것이다.

해설 헌법 제15조에 의한 직업선택의 자유라 함은 자신이 원하는 직업 내지 직종을 자유롭게 선택하는 직업선택의 자유뿐만 아니라 그가 선택한 직업을 자기가 결정한 방식으로 자유롭게 수행할 수 있는 직업수행의 자유를 포함한다. 그리고 직업선택의 자유에는 자신이 원하는 직업 내지 직종에 종사하는데 필요한 전문지식을 습득하기 위한 직업교육장을 임의로 선택할 수 있는 '직업교육장 선택의 자유'도 포함된다. 그런데 법 제26조 제2항 및 제3항이 로스쿨에 입학하는 자들에 대하여 학사 전공별로, 그리고 출신 대학별로 로스쿨 입학정원의 비율을 각각 규정한 것은 변호사가 되기 위하여 필요한 전문지식을 습득할 수 있는 로스쿨에 입학하는 것을 제한하는 것이기 때문에 직업교육장 선택의 자유 내지 직업선택의 자유를 제한한다고 할 것이다(헌재 2009.02.26. 2007헌마1262).

 정답 O

16년(1)·17년(1)·20년(1) 모의

650. 정원제로 사법시험의 합격자를 결정하는 방법은 객관적 사유에 의한 직업선택의 자유의 제한이 아니라 주관적 사유에 의한 직업선택의 자유의 제한에 해당한다.

∷ 해설 사법시험은 판사, 검사, 변호사 또는 군법무관이 되려고 하는 자에게 필요한 학식과 능력의 유무 등을 검정하기 위한 것인바(사법시험법 제1조), 선발인원의 제한을 두는 취지는 상대평가라는 방식을 통하여 응시자의 주관적 자질과 능력을 검정하려 하는 것이므로, 이는 객관적 사유에 의한 제한이 아니라 주관적 사유에 의한 제한이라고 하여야 할 것이다(헌재 2010.05.27. 2008헌바110).

정답 O

20년(1)·(3) 모의

651. 직업행사의 자유에 대한 제한에 있어서는 직업선택의 자유에 비하여 상대적으로 그 침해의 정도가 작다고 할 것이고 공공복리 등 공익상의 이유로 비교적 넓은 법률상의 규제가 가능하므로, 이 경우에는 과잉금지원칙이 아니라 자의금지원칙의 위반 여부를 심사하게 된다.

∷ 해설 직업수행의 자유는 직업선택의 자유에 비하여 성질상 상대적으로 그 침해의 정도가 작다고 할 수 있어 이에 대하여는 공공복리 등 공익상의 이유로 비교적 넓은 법률상의 규제가 가능하지만, 그 경우에도 헌법 제37조 제2항에 따른 비례의 원칙은 지켜져야 한다(헌재 2018.01.25. 2016헌바201).

정답

19년(2)·21년(2)·(3) 모의

652. 세무사 자격 보유 변호사가 세무사로서 세무조정업무를 일체 수행할 수 없도록 한 규정은 이들에게 세무사 자격을 부여한 의미를 상실시키는 것일 뿐만 아니라 세무사 자격에 기한 직업선택의 자유를 지나치게 제한하는 것으로 헌법에 위반된다.

∷ 해설 … 심판대상조항은 세무사 자격 보유 변호사로 하여금 세무대리를 일체 할 수 없도록 전면적으로 금지하고 있으므로, 수단의 적합성을 인정할 수 없다. 세무사 자격 보유 변호사는 법률에 의해 세무사의 자격을 부여받은 이상 그 자격에 따른 업무를 수행할 자유를 회복한 것이고, 세무사의 업무 중 세법 및 관련 법령에 대한 해석·적용이 필요한 업무에 대한 전문성과 능력이 인정됨에도 불구하고, 심판대상조항이 세무사 자격 보유 변호사에 대하여 세무사로서의 세무대리를 일체 할 수 없도록 전면 금지하는 것은 세무사 자격 부여의 의미를 상실시키는 것 일 뿐만 아니라, 세무사 자격에 기한 직업선택의 자유를 지나치게 제한하는 것이다. 또한 소비자가 세무사, 공인회계사, 변호사 중 가장 적합한 자격사를 선택할 수 있도록 하는 것이 세무대리의 전문성을 확보하고 납세자의 권익을 보호하고자 하는 입법목적에 보다 부합한다. 따라서 심판대상조항은 침해의 최소성에도 반한다. 세무사로서 세무대리를 일체 할 수 없게 됨으로써 세무사 자격 보유 변호사가 받게 되는 불이익이 심판대상조항으로 달성하려는 공익보다 경미하다고 보기 어려우므로, 심판대상조항은 법익의 균형성도 갖추지 못하였다. 그렇다면, 심판대상조항은 과잉금지원칙을 위반하여 세무사 자격 보유 변호사의 직업선택의 자유를 침해하므로 헌법에 위반된다(헌재 2018.04.26. 2015헌가19).

정답

19년(2) 모의

653. 변호사에게 변리사 자격을 부여하더라도, 변리사시험을 치르는 일반응시자의 직업선택의 자유를 침해하지 않는다.

■해설 심판대상조항으로 인해 청구인들과 같은 일반 응시자가 변리사시험에 합격하는 데 어느 정도 불이익을 받는 것은 사실이지만, 일반 응시자도 변리사시험을 보아 합격하여 변리사가 될 수 있는 길이 열려 있음은 자명하다. 만일 심판대상조항에 의한 자격부여 내지 시험면제 제도들이 현저히 합리성을 결하는 것이고 이 제도와의 관계에서 일반 응시자가 변리사시험에 합격하는 길이 현저히 제약되거나 사실상 불가능하도록 법률이 규정하고 있다면 심판대상조항이 일반 응시자의 직업선택의 자유를 침해하여 위헌인지 여부가 문제될 수 있을 것이나, 위에서 살펴본 바와 같이 심판대상 조항이 변호사에게 변리사 자격을 부여하는 것 및 특허청 경력공무원에게 변리사시험의 일부를 면제해 주는 데에는 합리적인 이유가 있다고 할 것이고, 달리 변리사 시험제도를 유명무실하게 하는 또는 그럴 위험이 있는 요소는 찾아 볼 수 없다. 그러므로 심판대상조항은 청구인들이 변리사라는 직업을 선택하는 자유를 침해하지 않는다고 할 것이다(헌재 2010.02.25. 2007헌마956).

정답

12년 변시, 19년(2) 모의

654. 의료인이 아닌 자의 무면허의료행위를 일률적·전면적으로 금지하고 이를 위반한 경우에 그 치료결과에 관계없이 형사처벌을 하는 것은, 국가에서 일정한 형태의 자격인증을 하는 방법 이외에는 달리 대안이 없어 비례의 원칙에 위배되지 않는다.

■해설 법이 인정하는 의료인이 아니면서 어떤 특정분야에 관하여는 우수한 의료능력을 가진 한 부류의 의료인들(넓은 의미)이 있다고 한다면, 국민건강의 보호증진을 위하여 입법자로서는 이들의 지식과 능력을 충분히 검증하고 이들에게 의료인 자격을 부여하는 경우의 순기능과 역기능을 면밀히 검토한 후 긍정적인 평가가 나오면 이들에게도 의료행위를 할 수 있는 길을 열어주는 것이 바람직하겠지만, 이는 어디까지나 입법정책의 문제로서 이러한 입법정책의 문제 때문에 이 사건 법률조항이 헌법에 위반된다고는 할 수 없다. 요컨대, 이 사건 법률조항이 의료인이 아닌 자의 의료행위를 전면적으로 금지한 것은 매우 중대한 헌법적 법익인 국민의 생명권과 건강권을 보호하고 국민의 보건에 관한 국가의 보호의무(헌법 제36조 제3항)를 이행하기 위하여 적합한 조치로서, 위와 같은 중대한 공익이 국민의 기본권을 보다 적게 침해하는 다른 방법으로는 효율적으로 실현될 수 없으므로, 이 사건 법률조항으로 인한 기본권의 제한은 비례의 원칙에 부합하는 것으로서 헌법적으로 정당화되는 것이다(헌재 2002.12.18. 2001헌마370).

정답

18년(3) 모의

655. 헌법 제15조에서 보장하는 '직업'이란 생활의 기본적 수요를 충족시키기 위하여 행하는 계속적인 소득활동을 의미하고, 성매매는 그것이 가지는 사회적 유해성과는 별개로 성판매자의 입장에서 생활의 기본적 수요를 충족하기 위한 소득활동에 해당한다. 따라서 성매매행위도 헌법 제15조의 직업의 자유보호영역에 속한다.

해설 헌법 제15조에서 보장하는 '직업'이란 생활의 기본적 수요를 충족시키기 위하여 행하는 계속적인 소득활동을 의미하고, 성매매는 그것이 가지는 사회적 유해성과는 별개로 성판매자의 입장에서 생활의 기본적 수요를 충족하기 위한 소득활동에 해당함을 부인할 수 없다 할 것이므로, (성매매를 한 자를 형사처벌하도록 규정한) 심판대상조항은 성판매자의 직업선택의 자유도 제한하고 있다(헌재 2016.03.31. 2013헌가2).

정답 O

18년(1)·(3) 모의

656. 운전면허를 받은 사람이 다른 사람의 자동차를 훔친 경우 운전면허를 필요적으로 취소하도록 하는 것은 자동차를 훔친 범죄행위로 인하여 개인과 사회 그리고 국가가 입는 피해를 방지하여야 할 공익이 중대하므로 운전면허 소지자의 직업의 자유를 침해하지 않는다.

해설 심판대상조항은 다른 사람의 자동차등을 훔친 범죄행위에 대한 행정적 제재를 강화하여 자동차등의 운행과정에서 야기될 수 있는 교통상의 위험과 장해를 방지함으로써 안전하고 원활한 교통을 확보하기 위한 것이다. 그러나 자동차등을 훔친 범죄행위에 대한 행정적 제재를 강화하더라도 불법의 정도에 상응하는 제재수단을 선택할 수 있도록 임의적 운전면허 취소 또는 정지사유로 규정하여도 충분히 그 목적을 달성하는 것이 가능함에도, 심판대상조항은 필요적으로 운전면허를 취소하도록 하여 구체적 사안의 개별성과 특수성을 고려할 수 있는 여지를 일절 배제하고 있다. 자동차 절취행위에 이르게 된 경위, 행위의 태양, 당해 범죄의 경중이나 그 위법성의 정도, 운전자의 형사처벌 여부 등 제반사정을 고려할 여지를 전혀 두지 아니한 채 다른 사람의 자동차등을 훔친 모든 경우에 필요적으로 운전면허를 취소하는 것은, 그것이 달성하려는 공익의 비중에도 불구하고 운전면허 소지자의 직업의 자유 내지 일반적 행동의 자유를 과도하게 제한하는 것이다. 그러므로 심판대상조항은 직업의 자유 내지 일반적 행동의 자유를 침해한다(헌재 2017.05.25. 2016헌가6).

정답 ×

18년(3) 모의

657. 아동·청소년 대상 성범죄로 형 또는 치료감호를 선고받아 확정된 자에 대하여 예외 없이 그 형 또는 치료감호의 전부 또는 일부의 집행을 종료하거나 집행이 유예·면제된 날부터 10년간 아동·청소년 관련기관 등을 운영하거나 이에 취업하거나 사실상 노무를 제공할 수 없도록 한 「아동·청소년의 성보호에 관한 법률」 규정은 직업의 자유를 침해한다.

해설 이 사건 취업제한 조항은 아동·청소년대상 성범죄 전력에 기초하여 어떠한 예외도 없이 그 대상자가 재범의 위험성이 있다고 간주하여 일률적으로 아동·청소년 관련기관 등의 취업 등을 10년간 금지하고 있는 점, 특히 이 사건 취업제한 조항은 치료감호심의위원회가 아동·청소년 성범죄의 원인이 된 소아성기호증, 성적가학증 등 성적 성벽이 있는 정신성적 장애가 치료되었음을 전제로 피치료감호자에 대하여 치료감호 종료 결정을 하는 경우에도 여전히 피치료감호자에게 재범의 위험성이 있음을 전제하고 있어 치료감호제도의 취지와도 모순되는 점, 이 사건 취업제한 조항이 범죄행위의 유형이나 구체적 태양 등을 고려하지 않은 채 범행의 정도가 가볍고 재범의 위험성이 상대적으로 크지 않은 자에게까지 10년 동안 일률적인 취업제한을 부과하고 있는 점 등을 종합하면, 이 사건 취업제한 조항은 침해의 최소성 원칙에 위배된다. 또한, 이 사건 취업제한 조항이 달성하고자 하는 공익이 우리 사회의 중요한 공익이지만 이 사건 취업제한 조항에 의하여 청구인의 직업선택의 자유가 과도하게 제한되므로, 이 사건 취업제한 조항은 법익의 균형성 원칙에도 위배된다. 따라서 이 사건 취업제한 조항은 청구인의 직업선택의 자유를 침해한다(헌재 2016.04.28. 2015헌마98).

정답 O

18년(3) 모의

658. 「마약류 관리에 관한 법률」을 위반하여 금고 이상의 실형을 선고받고 그 집행이 끝나거나 면제된 날부터 20년이 지나지 아니한 것을 택시운송사업의 운전업무 종사자격의 결격사유 및 취소사유로 정한 「여객자동차 운수사업법」 규정은, 마약류 사범과 관련된 법원의 실무에 따르면 마약류의 의존성, 중독성과 사회적 비난 가능성이 그다지 높지 않을 경우 벌금형이나 집행유예를 선고하고 있고 일정한 자격제도의 일부를 형성하고 있는 법령에서 결격사유 또는 취소사유의 적용기간을 얼마로 할 것인지에 대해서는 기본적으로 입법자의 입법재량이 인정되는 부분임에 비추어 볼 때 직업의 자유를 침해하지 않는다.

해설 일정한 자격제도의 일부를 형성하고 있는 법령에서 결격사유 또는 취소사유의 적용기간을 얼마로 할 것인지에 대해서는 기본적으로 입법자의 입법재량이 인정되는 부분임을 감안하더라도, 20년이라는 기간은 좁게는 여객자동차운송사업과 관련된 결격사유 또는 취소사유를 규정하는 법률에서, 넓게는 기타 자격증 관련 직업의 결격사유 또는 취소사유를 규율하는 법률에서도 쉽게 찾아보기 어려운 긴 기간으로, 택시운송사업 운전업무 종사자의 일반적인 취업 연령이나 취업 실태에 비추어 볼 때 실질적으로 해당 직업의 진입 자체를 거의 영구적으로 막는 것에 가까운 효과를 나타내며, 타 운송수단 대비 택시의 특수성을 고려하더라도 지나치게 긴 기간이라 할 수 있다. 또한 택시운송사업의 운전자격 제한 기간을 기존의 2년에서 20년으로 늘리는 것이 관련 범죄를 예방하기 위한 필요최소한의 기간인지에 대한 실증적 뒷받침이 없고, 이러한 장기간의 연장에 대한 필요성이나 효과에 대한 특정한 근거를 찾기 어렵다. 심판대상조항은 구체적 사안의 개별성과 특수성을 고려할 수 있는 여지를 일체 배제하고 그 위법의 정도나 비난 가능성의 정도가 미약한 경우까지도 획일적으로 20년이라는 장기간 동안 택시운송사업의 운전업무 종사자격을 제한하는 것이므로 침해의 최소성 원칙에 위배되며, 법익의 균형성 원칙에도 반한다. 따라서 심판대상조항은 청구인들의 직업선택의 자유를 침해한다(헌재 2015.12.23. 2013헌마575).

정답

17년(3)·18년(3) 모의

659. 치과전문의 자격 인정 요건으로 '외국의 의료기관에서 치과의사 전문의 과정을 이수한 사람'을 포함하지 아니하는 것은 치과의사전문의 자격을 취득하려는 자의 직업수행의 자유를 침해하지 않는다.

 심판대상조항은 치과의사로서 외국의 의료기관에서 치과전문의 과정을 이수한 사람이라도 다시 국내에서 치과전문의 수거치련과정을 이수하도록 하여 국내 실정에 맞는 경험과 지식을 갖추도록 하기 위한 것이므로 입법목적이 정당하고, 그 수단 또한 적합하다. 외국의 의료기관에서 치과전문의 과정을 이수한 사람에 대해 그 외국의 치과전문의 과정에 대한 인정절차를 거치거나, 치과전문의 자격시험에 앞서 예비시험제도를 두는 등 직업의 자유를 덜 제한하는 방법으로도 입법목적을 달성할 수 있고, 이미 국내에서 치과의사면허를 취득하고 외국의 의료기관에서 치과전문의 과정을 이수한 사람들에게 다시 국내에서 전문의 과정을 다시 이수할 것을 요구하는 것은 지나친 부담을 지우는 것이므로, 심판대상조항은 침해의 최소성원칙에 위배되고 법익의 균형성도 충족하지 못한다. 따라서 심판대상조항은 과잉금지원칙에 위배되어 청구인들의 직업수행의 자유를 침해한다(헌재 2015.09.24. 2013헌마197).

정답 ×

18년(1) 모의

660. 변호사시험 성적을 공개하지 않도록 하는 것은 변호사시험 응시자들의 직업의 자유를 제한하지 않는다.

 심판대상조항은 변호사시험 합격자에 대하여 그 성적을 공개하지 않도록 규정하고 있을 뿐이고, 이러한 시험 성적의 비공개가 청구인들의 법조인으로서의 직역 선택이나 직업수행에 있어서 어떠한 제한을 두고 있는 것은 아니므로 심판대상조항이 청구인들의 직업선택의 자유를 제한하고 있다고 볼 수 없다(헌재 2015.06.25. 2011헌마769).

정답 O

18년(1) 모의

661. 당사자의 능력이나 자격과도 상관없는 객관적 사유에 의한 직업선택의 자유의 제한은 월등하게 중요한 공익을 위하여 명백하고 확실한 위험을 방지하기 위한 경우에만 정당화될 수 있기 때문에 엄격한 비례의 원칙이 그 심사척도가 된다.

 이미 선택한 직업을 어떠한 제약아래 수행하느냐의 관점이나 당사자의 능력이나 자격과도 상관없는 객관적 사유에 의한 직업선택의 자유의 제한은 직업의 자유에 대한 제한 중에서도 가장 심각한 제약이 아닐 수 없다. 따라서 이러한 제한은 월등하게 중요한 공익을 위하여 명백하고 확실한 위험을 방지하기 위한 경우에만 정당화될 수 있다고 보아야 한다. 헌법재판소가 이 사건을 심사함에 있어서는 헌법 제37조 제2항이 요구하는바 과잉금지의 원칙, 즉 엄격한 비례의 원칙이 그 심사척도가 된다(헌재 2002.04.25. 2001헌마614).

정답 O

12년(2)·17년(1)·18년(1) 모의

662. 현 농업협동조합 조합장의 임기를 연장하고, 차기 조합장선거의 시기를 늦추는 것은 차기 조합장선거에 입후보하려고 하는 자의 직업의 자유를 제한한다.

해설 헌법 제15조는 "모든 국민은 직업선택의 자유를 가진다."라고 규정하여 직업의 자유를 국민의 기본권의 하나로 보장하고 있는바, 직업의 자유에 의한 보호의 대상이 되는 '직업'은 '생활의 기본적 수요를 충족시키기 위한 계속적 소득활동'을 의미하며 그러한 내용의 활동인 한 그 종류나 성질을 묻지 아니한다. 농협의 조합장은 조합을 대표하며 업무를 집행하는 사람으로서, 총회와 이사회의 의장이 된다. ○○농협정관에 의하면 조합장은 상임이고, 상임임원의 보수는 규약으로 정하고 있다. 이러한 점에 비추어 볼 때, 조합장 선거에 입후보하여 당선되는 것은 그 자체가 직업선택의 한 방법으로서, 농협의 조합장은 헌법 제15조에 의하여 보호되는 직업에 속한다고 볼 수 있다. 이 사건 부칙조항으로 인하여 현 조합장의 임기가 연장되어 차기 조합장선거의 시기가 늦춰지게 되면 조합장으로 선출될 기회가 늦춰질 수밖에 없으므로, 결국 이 사건 부칙조항은 차기 조합장선거에 입후보하려고 하는 청구인의 직업의 자유를 제한한다(헌재 2012.12.27. 2011헌마562).

정답 O

18년(1) 모의

663. 헌법 제15조에 의한 직업선택의 자유는 주관적 공권의 성격을 가지면서도 국민 개개인이 선택한 직업의 수행에 의하여 국가의 사회질서와 경제질서가 형성된다는 점에서 사회적 시장경제질서라고 하는 객관적 법질서의 구성요소이기도 하다.

해설 헌법 제15조에 의한 직업선택의 자유라 함은 자신이 원하는 직업 내지 직종을 자유롭게 선택하는 직업의 선택의 자유뿐만 아니라 그가 선택한 직업을 자기가 결정한 방식으로 자유롭게 수행할 수 있는 직업의 수행의 자유를 포함한다고 할 것인바, 이 자유는 각자의 생활의 기본적 수요를 충족시키는 방편이 되고 개성신장의 바탕이 된다는 점에서 주관적 공권의 성격을 가지면서도 국민 개개인이 선택한 직업의 수행에 의하여 국가의 사회질서와 경제질서가 형성된다는 점에서 사회적 시장경제질서라고 하는 객관적 법질서의 구성요소이기도 하다(헌재 1995.07.21. 94헌마125).

정답 O

17년 변시, 17년(3) 모의

664. 성인 대상 성범죄로 형을 선고받아 확정된 자로 하여금 그 형의 집행을 종료한 날부터 10년 동안 의료기관에 취업할 수 없도록 한 것은, 일정한 직업을 선택함에 있어 기본권 주체의 능력과 자질에 따른 제한이므로 이른바 '주관적 요건에 의한 좁은 의미의 직업선택의 자유'에 대한 제한에 해당한다.

해설 청구인들은 이 사건 법률조항에 의하여 형의 집행을 종료한 때부터 10년간 의료기관에 취업할 수 없게 되었는바, 이는 일정한 직업을 선택함에 있어 기본권 주체의 능력과 자질에 따른 제한이므로 이른바 '주관적 요건에 의한 좁은 의미의 직업선택의 자유'에 대한 제한에 해당한다 … 이 사건 법률조항은 의료기관의 운영자나 종사자의 자질을 일정 수준으로 담보하도록 함으로써, 아동·청소년을 잠재적 성범죄로부터 보호하고, 의료기관의 윤리성과 신뢰성을 높여 아동·청소년 및 그 보호자가 이들 기관을 믿고 이용할 수 있도록 하는 입법목적을 지니는바 이러한 입법목적은 정당하다. 그러나 이 사건 법률조항이 성범죄 전력만으로 그가 장래에 동일한 유형의 범죄를 다시 저지를 것을 당연시하고, 형의 집행이 종료된 때부터 10년이 경과하기 전에는 결코 재범의 위험성이 소멸하지 않는다고 보며, 각 행위의 죄질에 따른 상이한 제재의 필요성을 간과함으로써, 성범죄 전력자 중 재범의 위험성이 없는 자, 성범죄 전력이 있지만 10년의 기간 안에 재범의 위험성이 해소될 수 있는 자, 범행의 정도가 가볍고 재범의 위험성이 상대적으로 크지 않은 자에게까지 10년 동안 일률적인 취업제한을 부과하고 있는 것은 침해의 최소성 원칙과 법익의 균형성 원칙에 위배된다. 따라서 이 사건 법률조항은 청구인들의 직업선택의 자유를 침해한다(헌재 2016.03.31. 2013헌마585).

정답

17년(3) 모의

665. 「수상레저안전법」상 조종면허를 받은 사람이 동력수상레저기구를 이용하여 범죄행위를 하는 경우에 조종면허를 필요적으로 취소하는 것은 「수상레저안전법」상의 조종면허 소지자의 직업의 자유를 침해하지 않는다.

해설 범죄행위의 유형, 경중이나 위법성의 정도, 동력수상레저기구의 당해 범죄행위에 대한 기여도 등 제반사정을 전혀 고려하지 않고 필요적으로 조종면허를 취소하도록 규정하였으므로 심판대상조항은 침해의 최소성 원칙에 위배되고, 심판대상조항에 따라 조종면허가 취소되면 면허가 취소된 날부터 1년 동안은 조종면허를 다시 받을 수 없게 되어 법익의 균형성 원칙에도 위배된다. 따라서 심판대상조항은 직업의 자유 및 일반적 행동의 자유를 침해한다(헌재 2015.07.30. 2014헌가13).

정답

17년(3) 모의

666. 국가기술자격증을 다른 자로부터 빌려 건설업의 등록기준을 충족시킨 경우 그 건설업 등록을 필요적으로 말소하도록 하는 것은 과잉금지원칙에 위배되어 건설업자의 직업의 자유를 침해한다.

해설 이 사건 법률조항은 건설업등록제도의 근간을 유지하고, 무자격자에 의한 부실공사를 방지하여 국민의 생명과 재산을 보호하고자 하는데 입법목적이 있는바, 이러한 입법목적은 정당하고, 부정한 방법에 의한 건설업의 등록을 말소하는 것은 위 입법목적을 달성하는데 적정한 수단이며, 영업의 정지를 명하는 수단을 선택해서는 건설업등록제도의 목적을 효율적으로 달성하기 어렵고, 부실공사로부터 국민의 생명과 재산을 보호하는 것은 건설업자가 건설업을 영위하지 못하는 손해보다 중대한 법익이므로 피해의 최소성 및 법익균형성의 요건을 충족하였다고 볼 수 있어 건설업자의 직업의 자유를 침해하지 않는다고 하였는바, 위 결정과 달리 판단하여야 할 새로운 사정변경이 없다(헌재 2007.05.31. 2007헌바3).

정답

16년(1)·17년(1) 모의

667. (1) 직업선택의 자유와 직업수행의 자유는 기본권의 주체에 대한 제한의 효과가 다르기 때문에 제한에 있어 적용되는 기준 또한 다르며, 특히 직업수행의 자유에 대한 제한의 경우 인격발현에 대한 침해의 효과가 일반적으로 직업선택 그 자체에 대한 제한에 비하여 작기 때문에, 그에 대한 제한은 보다 폭넓게 허용된다.

(2) 일반적으로 직업수행의 자유에 대하여는 직업선택의 자유와는 달리 공익목적을 위하여 상대적으로 폭넓은 입법적 규제가 가능한 것이므로, 그 제한에 있어서 목적의 정당성과 수단의 적합성이 충족되는지 검토하면 족하고 목적의 달성에 필요한 최소한의 제한인지에 대해서까지 심사할 필요는 없다.

(3) 직업수행의 자유는 직업선택의 자유에 비하여 비교적 넓은 법률상의 규제가 가능하지만 이 경우에도 헌법 제37조 제2항에 따른 비례의 원칙은 지켜야 한다.

해설 (1) 직업선택의 자유와 직업수행의 자유는 기본권의 주체에 대한 제한의 효과가 다르기 때문에 제한에 있어 적용되는 기준 또한 다르고, 특히 직업수행의 자유에 대한 제한의 경우 인격발현에 대한 침해의 효과가 일반적으로 직업선택 그 자체에 대한 제한에 비하여 작기 때문에, 그에 대한 제한은 보다 폭넓게 허용된다(헌재 2009.06.25. 2007헌마451).

(2) 직업수행의 자유에 대하여는 직업선택의 자유와는 달리 공익목적을 위하여 상대적으로 폭넓은 입법적 규제가 가능하나, 그렇다 하더라도 그 수단은 목적달성에 적절한 것이어야 하고, 또한 필요한 정도를 넘는 지나친 제한이어서는 아니 된다(헌재 2009.09.24. 2007헌마1345).

(3) 직업수행의 자유는 직업결정의 자유에 비하여 상대적으로 그 침해의 정도가 작다고 할 것이어서, 이에 대하여는 공공복리 등 공익상의 이유로 비교적 넓은 법률상의 규제가 가능하다. 그러나 직업수행의 자유를 제한할 때에도 헌법 제37조 제2항에 의거한 비례의 원칙에 위배되어서는 안 된다(헌재 2004.10.28. 2002헌바41).

정답 O, ×, O

16년(3)·17년(1) 모의

668. 직업의 자유는 겸직의 자유도 포함하므로 한 가지 직업 이외의 다른 직업의 행사를 금하는 겸직금지규정은 직업선택의 자유를 제한하는 것이나, 일반적으로 겸직금지규정은 당해 업종의 성격상 다른 업무와의 겸직이 업무의 공정성을 해칠 우려가 있을 경우에 제한적으로 둘 수 있다 할 것이므로 겸직금지규정을 둔 그 자체만으로는 위헌적이라 할 수 없다.

해설 헌법 제15조는 모든 국민은 직업선택의 자유를 가진다고 규정하고 있는데 그 뜻은 누구든지 자기가 선택한 직업에 종사하여 이를 영위하고 언제든지 임의로 그것을 바꿀 수 있는 자유와 여러 개의 직업을 선택하여 동시에 함께 행사할 수 있는 자유, 즉 겸직의 자유도 가질 수 있다는 것이다. 법 제35조 제1항 제1호는 등록된 행정사가 법 제2조에 규정된 업무외의 다른 업무를 수행하는 것을 금지하는 내용의 것이므로 한 가지 직업 이외의 다른 직업의 행사를 금하는 겸직금지규정으로 보아야 하고, 이는 직업선택의 자유를 제한하는 규정이 분명하다. … 일반적으로 겸직금지규정은 당해 업종의 성격상 다른 업무와의 겸직이 업무의 공정성을 해칠 우려가 있을 경우에 제한적으로 둘 수 있다 할 것이므로 겸직금지규정을 둔 그 자체만으로는 위헌적이라 할 수 없다(헌재 1997.04.24. 95헌마90).

정답 O

🕐 17년 변시

669. 국가 정책에 따라 정부의 허가를 받은 외국인은 정부가 허가한 범위 내에서 소득활동을 할 수 있는 것이므로, 외국인이 국내에서 누리는 직업의 자유는 법률 이전에 헌법에 의해서 부여된 기본권이라고 할 수는 없고, 법률에 따른 정부의 허가에 의해 비로소 발생하는 권리이다.

해설 심판대상조항이 제한하고 있는 직업의 자유는 국가자격제도정책과 국가의 경제상황에 따라 법률에 의하여 제한할 수 있는 국민의 권리에 해당한다. 국가정책에 따라 정부의 허가를 받은 외국인은 정부가 허가한 범위 내에서 소득활동을 할 수 있는 것이므로, 외국인이 국내에서 누리는 직업의 자유는 법률에 따른 정부의 허가에 의해 비로소 발생하는 권리이다. 따라서 외국인인 청구인에게는 그 기본권주체성이 인정되지 아니하며, 자격제도 자체를 다툴 수 있는 기본권주체성이 인정되지 아니하는 이상 국가자격제도에 관련된 평등권에 관하여 따로 기본권주체성을 인정할 수 없다(헌재 2014.08.28. 2013헌마359).

정답

🕐 17년 변시

670. 의료인이 '치료효과를 보장하는 등 소비자를 현혹할 우려가 있는 내용의 광고'를 한 경우 형사처벌하도록 규정한 「의료법」조항은 의료인의 표현의 자유뿐만 아니라 직업수행의 자유도 동시에 제한한다.

해설 광고물은 사상·지식·정보 등을 불특정 다수인에게 전파하는 것으로서 헌법 제21조 제1항이 보장하는 언론·출판의 자유에 의해 보호받는 대상이 되므로, 의료광고를 규제하는 심판대상조항은 청구인의 표현의 자유를 제한한다. 또한, 헌법 제15조는 직업수행의 자유 내지 영업의 자유를 포함하는 직업의 자유를 보장하고 있는바, 의료인 등이 의료서비스를 판매하는 영업활동의 중요한 수단이 되는 의료광고를 규제하는 심판대상조항은 직업수행의 자유도 동시에 제한한다(헌재 2014.09.25. 2013헌바28).

정답

16년(3) 모의

671. 직업선택의 자유가 특정인에게 배타적·우월적인 직업선택권이나 독점적인 직업활동의 자유까지 보장하는 것은 아니다.

해설 직업선택의 자유는 특정인에게 배타적·우월적인 직업선택권이나 독점적인 직업활동의 자유까지 보장하는 것은 아니므로, 국세관련 경력공무원에 대한 세무사자격의 부여 여부는 정책적 판단에 따라 결정될 입법정책의 과제이다(헌재 2001.09.27. 2000헌마152).

정답

16년(3) 모의

672. 게임결과물의 환전업은 생활의 기본적 수요를 충족시키는 계속적인 소득활동이기는 하나 게임물을 사행기구로 변질시키는 반사회적 행위로서 그 영업은 직업의 자유의 보호범위에 포함되지 않는다.

▸ 해설 헌법 제15조는 "모든 국민은 직업선택의 자유를 가진다."고 규정하고 있다. 여기에서 보장하고 있는 '직업'이란 생활의 기본적 수요를 충족시키기 위한 계속적인 소득활동을 의미하며 그러한 내용의 활동인 한 그 종류나 성질을 불문한다. 이 사건에서 문제되는 게임 결과물의 환전은 게임이용자로부터 게임 결과물을 매수하여 다른 게임이용자에게 이윤을 붙여 되파는 것으로, 이러한 행위를 영업으로 하는 것은 생활의 기본적 수요를 충족시키는 계속적인 소득활동이 될 수 있다. 따라서 게임결과물의 환전업은 헌법 제15조가 보장하고 있는 직업에 해당한다고 할 것이다(헌재 2010.02.25. 2009헌바38).

정답

16년(1) 모의

673. 甲은 치과의사전문의(이하 '치과전문의'라 한다)로서 치과의원을 운영하는 자이다. 甲은 전문과목을 표시한 치과의원으로 하여금 그 표시한 전문과목에 해당하는 환자만을 진료하도록 하는 의료법 조항(이하 '심판대상조항'이라 한다)이 치과의원을 개설·운영하는 자신의 기본권을 침해한다고 주장하면서 헌법소원심판을 청구하였다.

1) 심판대상조항은 치과전문의가 1차 의료기관인 치과의원에서 진료하는 것을 가급적 억제하고 2차 의료기관에서 진료하는 것을 유도함으로써 적정한 치과 의료전달체계를 정립하고, 특정 전문과목에만 치과전문의가 편중되는 현상을 방지함으로써 치과 전문과목 간의 균형있는 발전을 도모하고자 하는 것으로, 이와 같은 입법목적은 정당하다.

▸ 해설 심판대상조항은 치과전문의가 1차 의료기관인 치과의원에서 진료하는 것을 가급적 억제하고 그들이 2차 의료기관에서 진료하는 것을 유도함으로써 적정한 치과 의료전달체계를 정립하고, 특정 전문과목에만 치과전문의가 편중되는 현상을 방지함으로써 치과 전문과목 간의 균형 있는 발전을 도모하고자 하는 것인바, 이와 같은 입법목적은 정당하다(헌재 2015.05.28. 2013헌마799).

정답

2) 심판대상조항은 전문과목을 표시한 치과의원의 진료범위를 제한하는 것으로 달성하고자 하는 공익에 비하여 제한으로 인한 치과전문의의 사적인 불이익은 매우 크므로, 심판대상조항은 법익의 균형성 요건을 충족하지 못하였다.

▸ 해설 심판대상조항이 달성하고자 하는 적정한 치과 의료전달체계의 정립 및 치과전문의의 특정 전문과목에의 편중 방지라는 공익은 중요하나, 심판대상조항으로 그러한 공익이 얼마나 달성될 수 있을 것인지 의문인 반면, 치과의원의 치과전문의가 표시한 전문과목 이외의 영역에서 치과일반의로서의 진료도 전혀 하지 못하는 데서 오는 사적인 불이익은 매우 크므로, 심판대상조항은 과잉금지원칙에 위배되어 청구인들의 직업수행의 자유를 침해한다(헌재 2015.05.28. 2013헌마799).

정답

674. 직업이란 생활의 기본적 수요를 충족시키기 위한 계속적인 소득활동을 의미하며 그 종류나 성질을 묻지 아니하나, 대학생이 방학 또는 휴학 중 학원강사로서 일하는 행위는 직업의 자유의 보호영역에 속한다고 볼 수 없다.

해설 우리 헌법 제15조는 "모든 국민은 직업선택의 자유를 가진다"고 규정하여 직업의 자유를 국민의 기본권의 하나로 보장하고 있는바, 직업의 자유에 의한 보호의 대상이 되는 '직업'은 '생활의 기본적 수요를 충족시키기 위한 계속적 소득활동'을 의미하며 그러한 내용의 활동인 한 그 종류나 성질을 묻지 아니한다. 이러한 직업의 개념표지들은 개방적 성질을 지녀 엄격하게 해석할 필요는 없는바, '계속성'과 관련하여서는 주관적으로 활동의 주체가 어느 정도 계속적으로 해당 소득활동을 영위할 의사가 있고, 객관적으로도 그러한 활동이 계속성을 띨 수 있으면 족하다고 해석되므로 휴가기간 중에 하는 일, 수습직으로서의 활동 따위도 이에 포함된다고 볼 것이고, 또 '생활수단성'과 관련하여서는 단순한 여가활동이나 취미활동은 직업의 개념에 포함되지 않으나 겸업이나 부업은 삶의 수요를 충족하기에 적합하므로 직업에 해당한다고 말할 수 있다. 위에서 살펴본 '직업'의 개념에 비추어 보면 비록 학업 수행이 청구인과 같은 대학생의 본업이라 하더라도 방학기간을 이용하여 또는 휴학 중에 학비 등을 벌기 위해 학원강사로서 일하는 행위는 어느 정도 계속성을 띤 소득활동으로서 직업의 자유의 보호영역에 속한다고 봄이 상당하다(헌재 2003.09.25. 2002헌마519).

정답 ×

675. 경쟁의 자유는 다른 기업과의 경쟁에서 국가의 간섭이나 방해를 받지 않고 기업활동을 할 수 있는 자유를 의미하기 때문에 직업의 자유에 의하여 보장된다.

해설 직업의 자유는 영업의 자유와 기업의 자유를 포함하고, 이러한 영업 및 기업의 자유를 근거로 원칙적으로 누구나가 자유롭게 경쟁에 참여할 수 있다. 경쟁의 자유는 기본권의 주체가 직업의 자유를 실제로 행사하는데에서 나오는 결과이므로 당연히 직업의 자유에 의하여 보장되고 다른 기업과의 경쟁에서 국가의 간섭이나 방해를 받지 않고 기업활동을 할 수 있는 자유를 의미한다(헌재 1996. 12.26. 96헌가18).

정답 ○

676. 유치원 주변의 학교환경위생정화구역 안에서 당구장 시설을 하지 못하도록 하는 것은 비례의 원칙에 위배되어 직업수행의 자유를 침해한다.

해설 유치원주변에 당구장시설을 허용한다고 하여도 이로 인하여 유치원생이 학습을 소홀히 하거나 교육적으로 나쁜 영향을 받을 위험성이 있다고 보기 어려우므로, 유치원 및 이와 유사한 교육기관의 학교환경위생정화구역안에서 당구장시설을 하지 못하도록 기본권을 제한하는 것은 입법목적의 달성을 위하여 필요하고도 적정한 방법이라고 할 수 없어 역시 기본권제한의 한계를 벗어난 것이다(헌재 1997.03.27. 94헌마196).

정답 ○

🕐 12년 변시

677. **시각장애인만 안마사 자격인정을 받을 수 있도록 하는 이른바 비맹제외기준을 설정하고 있는 의료법 조항은, 시각장애인의 생계보장 및 직업활동 참여기회 제공을 달성할 다른 수단이 없는 것도 아니어서 입법목적 달성을 위한 불가피한 수단이라고 보기 어려우며, 동 법률조항으로 달성하려는 시각장애인의 생계보장 등의 공익이 비시각장애인이 받게 되는 직업선택의 자유보다 우월하다고 할 수 없어 헌법에 위반된다.**

해설 이 사건 법률조항은 시각장애인에게 삶의 보람을 얻게 하고 인간다운 생활을 할 권리를 실현시키려는 데에 그 목적이 있으므로 입법목적이 정당하고, 다른 직종에 비해 공간이동과 기동성을 거의 요구하지 않을 뿐더러 촉각이 발달한 시각장애인이 영위하기에 용이한 안마업의 특성 등에 비추어 시각장애인에게 안마업을 독점시킴으로써 그들의 생계를 지원하고 직업활동에 참여할 수 있는 기회를 제공하는 이 사건 법률조항의 경우 이러한 입법목적을 달성하는 데 적절한 수단임을 인정할 수 있다. 나아가 시각장애인에 대한 복지정책이 미흡한 현실에서 안마사가 시각장애인이 선택할 수 있는 거의 유일한 직업이라는 점, 안마사 직역을 비시각장애인에게 허용할 경우 시각장애인의 생계를 보장하기 위한 다른 대안이 충분하지 않다는 점, 시각장애인은 역사적으로 교육, 고용 등 일상생활에서 차별을 받아온 소수자로서 실질적인 평등을 구현하기 위해서 이들을 우대하는 조치를 취할 필요가 있는 점 등에 비추어 최소침해성원칙에 반하지 아니하고, 이 사건 법률조항으로 인해 얻게 되는 시각장애인의 생존권 등 공익과 그로 인해 잃게 되는 일반국민의 직업선택의 자유 등 사익을 비교해 보더라도, 공익과 사익 사이에 법익 불균형이 발생한다고 단정할 수도 없다. 따라서 이 사건 법률조항이 헌법 제37조 제2항에서 정한 기본권제한입법의 한계를 벗어나서 비시각장애인의 직업선택의 자유를 침해하거나 평등권을 침해한다고 볼 수는 없다(헌재 2008.10.30. 2006헌마1098).

정답

제4절 소비자의 권리

🕐 20년·23년 변시, 13년(3)·14년(2)·23년(2) 모의

678. **(1) 헌법 제124조는 현대 자유시장경제질서 하에서 생산물품 또는 용역의 가격이나 품질의 결정, 그 유통구조 등의 결정과정이 지나치게 사업자 중심으로 왜곡되어 소비자들이 사회적 약자의 지위에 처하게 되는 결과 구조적 피해를 입을 수 있음을 인식하고, 미약한 소비자들의 역량을 사회적으로 결집시키기 위하여 소비자보호운동을 최대한 보장·촉진하도록 국가에게 요구함으로써, 소비자의 권익을 옹호하고 나아가 시장의 지배와 경제력의 남용을 방지하며 경제주체간의 조화를 통해**

균형있는 국민경제의 성장을 도모할 수 있도록 소비자의 권익에 관한 헌법적 보호를 창설한 것이다.

(2) 현행 헌법이 보장하는 소비자보호운동이란 '공정한 가격으로 양질의 상품 또는 용역을 적절한 유통구조를 통해 적절한 시기에 안전하게 구입하거나 사용할 소비자의 제반 권익을 증진할 목적으로 이루어지는 구체적 활동'을 의미하고, 단체를 조직하고 이를 통하여 활동하는 형태, 즉 근로자의 단결권이나 단체행동권에 유사한 활동뿐만 아니라, 하나 또는 그 이상의 소비자가 동일한 목표로 함께 의사를 합치하여 벌이는 운동이면 모두 이에 포함된다.

해설 우리 헌법 제124조는 "국가는 건전한 소비행위를 계도하고 생산품의 품질향상을 촉구하기 위한 소비자보호운동을 법률이 정하는 바에 의하여 보장한다."라고 규정하고 있다. 이는 현대 자유시장경제질서 하에서 생산물품 또는 용역의 가격이나 품질의 결정, 그 유통구조 등의 결정과정이 지나치게 사업자 중심으로 왜곡되어 소비자들이 사회적 약자의 지위에 처하게 되는 결과 구조적 피해를 입을 수 있음을 인식하고, 미약한 소비자들의 역량을 사회적으로 결집시키기 위하여 소비자보호운동을 최대한 보장·촉진하도록 국가에게 요구함으로써, 소비자의 권익을 옹호하고 나아가 시장의 지배와 경제력의 남용을 방지하며 경제주체간의 조화를 통해 균형있는 국민경제의 성장을 도모할 수 있도록 소비자의 권익에 관한 헌법적 보호를 창설한 것이다. … 위 헌법 제124조에 의거하여 소비자의 권리를 마련하고 구체적으로 보장하기 위해 제정된 법률은 소비자기본법을 비롯하여, 제조물책임법, 약관의 규제에 관한 법률 등이 있다. … 결국 현행 헌법이 보장하는 소비자보호운동이란 '공정한 가격으로 양질의 상품 또는 용역을 적절한 유통구조를 통해 적절한 시기에 안전하게 구입하거나 사용할 소비자의 제반 권익을 증진할 목적으로 이루어지는 구체적 활동'을 의미하고, 단체를 조직하고 이를 통하여 활동하는 형태, 즉 근로자의 단결권이나 단체행동권에 유사한 활동뿐만 아니라, 하나 또는 그 이상의 소비자가 동일한 목표로 함께 의사를 합치하여 벌이는 운동이면 모두 이에 포함된다 할 것이다(헌재 2011.12.29. 2010헌바54).

2) 소비자불매운동의 목표로서의 '소비자의 권익'이란 원칙적으로 사업자가 제공하는 물품이나 용역의 소비생활과 관련된 것으로서 상품의 질이나 가격, 유통구조, 안전성 등 시장적 이익에 국한된다. 따라서 일간신문의 정치적 입장이나 보도논조의 편향성은 해당 신문을 구매하는 '소비자의 권익'과 관련되는 문제가 아니므로, 헌법이 보장하는 소비자불매운동의 목표가 될 수 없다.

해설 소비자보호운동 가운데서 구매력을 무기로 소비자가 자신의 선호를 시장에 실질적으로 반영하고자 하는 시도로서 소비자불매운동이란, '하나 또는 그 이상의 운동주도세력이 소비자의 권익을 향상시킬 목적으로 개별 소비자들로 하여금 시장에서 특정 상품의 구매를 억지하거나 제3자로 하여금 그렇게 하도록 설득하는 조직화된 행위'를 의미한다. … 불매운동의 목표로서의 '소비자의 권익'이란 원칙적으로 사업자가 제공하는 물품이나 용역의 소비생활과 관련된 것으로서 상품의 질이나 가격, 유통구조, 안전성 등 시장적 이익에 국한된다. … 일간신문을 구매하는 소비자의 입장에서 볼 때, 해당 신문의 정치적 입장이나 보도논조는 신문에 실리는 정보 또는 지식의 품질이나 구매력과 밀접한 연관성이 있어서 신문의 구매여부를 결정하는 중요한 요소로서 신문이라는 상품의 품질이나 가격의 핵심적 부분을 차지하고 있다는 점에 비추어 볼 때, 청구인들이 문제삼고 있는 조중동 일간신문의 정치적 입장이나 보도논조의 편향성은 '소비자의 권익'과 관련되는 문제로서 불매운동의 목표가 될 수 있다 할 것이다(헌재 2011.12.29. 2010헌바54).

정답 ×

3)
(1) 소비자보호운동의 일환으로서, 구매력을 무기로 소비자가 자신의 선호를 시장에 실질적으로 반영하려는 시도인 소비자불매운동은 모든 경우에 있어서 그 정당성이 인정될 수는 없고, 헌법이나 법률의 규정에 비추어 정당하다고 평가되는 범위에 해당하는 경우에만 형사책임이나 민사책임이 면제된다.

(2) 소비자불매운동이 객관적으로 진실한 사실을 기초로 행해지지 않고 소비자불매운동에 참여하는 소비자의 의사결정의 자유가 보장되지 않는다면 해당 소비자불매운동에 대해서는 형사책임이나 민사책임이 면제된다고 할 수 없다.

(3) 소비자불매운동은 헌법이나 법률의 규정에 비추어 정당하게 평가되는 경우에만 법적 책임이 면제되므로, 물품 등의 공급자나 사업자 이외의 제3자를 상대로 하는 불매운동은 제3자의 권리를 부당하게 침해하지 않더라도 형사책임이나 민사책임이 면제되지 않는다.

해설 소비자불매운동은 … 기업의 파산이라는 결과를 초래할 수 있는 막대한 영향력을 가지고 있다. 한편, 불매운동이 해당 사업자와 이해관계를 맺고 있는 제3자에 대하여 이루어질 경우는 나아가서 이들의 영업의 자유를 부당하게 침해할 소지도 없지 않다. 따라서, 헌법상 보장되는 소비자보호운동의 일환으로 행해지는 소비자불매운동은 모든 경우에 있어서 그 정당성이 인정될 수는 없고, 헌법이나 법률의 규정에 비추어 정당하다고 평가되는 범위에 해당하는 경우에만 형사책임이나 민사책임이 면제된다고 할 수 있다. … ⅰ) 객관적으로 진실한 사실을 기초로 행해져야 하고, ⅱ) 소비자불매운동에 참여하는 소비자의 의사결정의 자유가 보장되어야 하며, ⅲ) 불매운동을 하는 과정에서 폭행, 협박, 기물파손 등 위법한 수단이 동원되지 않아야 하고, ⅳ) 특히 물품 등의 공급자나 사업자 이외의 제3자를 상대로 불매운동을 벌일 경우 그 경위나 과정에서 제3자의 영업의 자유 등 권리를 부당하게 침해하지 않을 것이 요구된다. 이 경우 제3자의 정당한 영업의 자유 기타 권리를 부당하게 제한하거나 위축시키는지 여부는, 불매운동의 취지나 목적, 성격에 비추어 볼 때, 제3자를 불매운동 대상으로 선택해야 할 필요성이 있었는지, 또한 제3자를 대상으로 이루어진 불매운동의 내용과 그 경위 및 정도와 사이에 긴밀한 상관관계가 존재하는지를 기준으로 결정될 수 있을 것이다(헌재 2011.12.29. 2010헌바54).

정답 O,O,×

4) 일간신문에 대한 불매운동의 수단으로 해당 신문에 광고를 게재하는 광고주들을 대상으로 '전화걸기'는, 설령 그것이 조직적으로 행해진 것이라 하더라도, 전화 그 자체만으로는 심리적 압박과 두려움을 느낄 정도의 물리력 행사로서 사회통념의 허용한도를 벗어나 피해자의 자유의사를 제압하기에 족한 '위력'이 될 수 없으므로, 형법상 '위력에 의한 업무방해죄'의 구성요건에 해당하지 않는다.

::해설 소비자불매운동은 소비자가 그의 주장을 관철하기 위하여 불매운동 대상자의 업무의 정상적인 운영을 저해하는 행위이다. 여러 사람에 의한 집단적 행동으로서 '위력'의 개념요소인 '위세와 인원수' 요건을 이미 충족하고 있으며, 압력을 가하는 실력행사를 통해 정상적인 업무를 저해한다는 속성상 '업무방해'가 야기될 것 역시 불매운동의 행위태양 자체에 내재되어 있으므로, '위력에 의한 업무방해죄'의 구성요건을 대부분 충족시킨다. … 헌법이 위와 같이 소비자보호운동을 보장하고 있는 취지를 충분히 감안하여 신중히 법률을 해석·적용해야 할 것이다. … 헌법과 법률이 보장하고 있는 한계를 넘어선 소비자불매운동 역시 정당성을 결여한 것으로서 정당행위 기타 다른 이유로 위법성이 조각되지 않는 한 업무방해죄로 형사처벌할 수 있다고 할 것이다. … 위 광고주들에 대한 소비자불매운동의 정당성 여부를 판단함에 있어 이 사건 청구인들이 불매운동의 수단으로 선택한 '무차별적 전화걸기' 자체가 가지는 위력도 충분히 고려해야 할 것이다. 항의전화 횟수, 그와 더불어 행해진 홈페이지 글남기기 등과 어울려 조직적으로 계획된 비정상적인 전화공세는, 그 내용의 정당성 여부를 떠나서 계속해서 걸려오는 전화 그 자체만으로도 심리적 압박과 두려움을 느낄 정도의 물리력 행사로서 사회통념의 허용한도를 벗어나 피해자의 자유의사를 제압하기에 족한 '위력'이 될 수도 있기 때문이다(헌재 2011.12.29. 2010헌바54).

정답 ×

제5장 정치적 기본권

제1절 정당의 설립과 활동의 자유

22년(3) 모의

679. 공무원의 정치적 중립성 요청은 공무원이 정치적 압력이나 영향력으로부터 벗어나 소신껏 공직을 수행할 수 있도록 보장하고, 직무집행과 관련하여 공무원의 정치적 편향성을 배제하기 위함이다. 헌법소원심판에서의 가처분 결정과 권한쟁의심판에서의 가처분 결정은 의결정족수가 동일하다.

해설 헌법 제7조 제2항은 "공무원의 정치적 중립성은 법률이 정하는 바에 의하여 보장된다."고 명시하고 있다. 이와 같은 공무원의 정치적 중립성의 요청은 정권교체로 인한 행정의 일관성과 계속성이 상실되지 않도록 하고, 공무원의 정치적 신조에 따라서 행정이 좌우되지 않도록 함으로써 공무집행에서의 혼란의 초래를 예방하고 국민의 신뢰를 확보하기 위함이다. 헌법재판소는 1995. 5. 25. 선고한 91헌마67 결정에서 공무원에 대한 정치적 중립성의 필요성에 관하여, "공무원은 국민전체에 대한 봉사자이므로 중립적 위치에서 공익을 추구하고(국민전체의 봉사자설), 행정에 대한 정치의 개입을 방지함으로써 행정의 전문성과 민주성을 제고하고 정책적 계속성과 안정성을 유지하며(정치와 행정의 분리설), 정권의 변동에도 불구하고 공무원의 신분적 안정을 기하고 엽관제로 인한 부패·비능률 등의 폐해를 방지하며(공무원의 이익보호설), 자본주의의 발달에 따르는 사회경제적 대립의 중재자·조정자로서의 기능을 적극적으로 담당하기 위하여 요구되는 것(공적 중재자설)"이라고 하면서, 공무원의 정치적 중립성 요청은 결국 위 각 근거를 종합적으로 고려하여 "공무원의 직무의 성질상 그 직무집행의 중립성을 유지하기 위하여 필요한 것"이라고 판시한 바 있다(판례집 7-1, 722, 759)(헌재 2004.03.25. 2001헌마710).

정답

680. (1) 교육은 그 본질상 이상적이고 비권력적임에 반하여 정치는 현실적이고 권력적이기 때문에 서로 일정한 거리를 유지하는 것이 바람직하므로 공무원에 대한 정치적 중립성은 교육 분야에서 종사하는 교육공무원의 경우 더욱 강력히 요청된다.

(2) 초·중등 교원인 교육공무원에 대하여 정당의 결성에 관여하거나 이에 가입하는 것을 전면적으로 금지함으로써 얻어지는 공무원의 정치적 중립성 또는 교육의 정치적 중립성은 명백하거나 구체적이지 못한 반면, 그로 인하여 초·중등 교원인 교육공무원이 받게 되는 정당설립의 자유, 정당가입의 자유에 대한 제약과 민주적 의사형성과정의 개방성 및 이를 통한 민주주의의 발전이라는 공익에 발생하는 피해는 매우 크므로, 법익의 균형성을 인정할 수 없다.

해설 헌법재판소는 2004. 3. 25. 2001헌마710 결정 및 2014. 3. 27. 2011헌바42 결정에서, 국가공무원이 정당의 발기인 및 당원이 될 수 없도록 규정한 구 정당법 및 구 국가공무원법 조항들이 헌법에 위반되지 않는다고 판단하였다. 그 요지는 '이 사건 정당가입 금지조항은 국가공무원이 정당에 가입하는 것을 금지함으로써 공무원이 국민 전체에 대한 봉사자로서 그 임무를 충실히 수행할 수 있도록 정치적 중립성을 보장하고, 초·중등학교 교원이 당파적 이해관계의 영향을 받지 않도록 교육의 중립성을 확보하기 위한 것이므로, 목적의 정당성 및 수단의 적합성이 인정된다. 공무원의 정치적 행위가 직무 내의 것인지 직무 외의 것인지 구분하기 어려운 경우가 많고, 공무원의 행위는 근무시간 내외를 불문하고 국민에게 중대한 영향을 미치므로, 직무 내의 정당 활동에 대한 규제만으로는 입법목적을 달성하기 어렵다. 또한 정당에 대한 지지를 선거와 무관하게 개인적인 자리에서 밝히거나 선거에서 투표를 하는 등 일정한 범위 내의 정당관련 활동은 공무원에게도 허용되므로 이 사건 정당가입 금지조항은 침해의 최소성 원칙에 반하지 않는다. 정치적 중립성, 초·중등학교 학생들에 대한 교육기본권 보장이라는 공익은 공무원들이 제한받는 사익에 비해 중대하므로 법익의 균형성 또한 인정된다. 따라서 이 사건 정당가입 금지조항은 과잉금지원칙에 위배되지 않는다(헌재 2020.04.23. 2018헌마551). ▶ 헌재 2020.04.23. 2018헌마551결정(정당법 제22조 제1항 단서 제1호 등 위헌확인)에서 1) 초·중등학교의 교육공무원이 정당의 발기인 및 당원이 될 수 없도록 규정한 정당법 및 초·중등학교의 교육공무원이 정당의 결성에 관여하거나 이에 가입하는 행위를 금지한 국가공무원법 제65조 제1항 중 '국가공무원법 제2조 제2항 제2호의 교육공무원 가운데 초·중등교육법 제19조 제1항의 교원은 정당의 결성에 관여하거나 이에 가입할 수 없다.' 부분이 나머지 청구인들의 정당가입의 자유 등을 침해하지 않는다고 판단하였지만, 2) 초·중등학교의 교육공무원이 정치단체의 결성에 관여하거나 이에 가입하는 행위를 금지한 국가공무원법 제65조 제1항 중 '국가공무원법 제2조 제2항 제2호의 교육공무원 가운데 초·중등교육법 제19조 제1항의 교원은 그 밖의 정치단체의 결성에 관여하거나 이에 가입할 수 없다.' 부분이 나머지 청구인들의 정치적 표현의 자유 및 결사의 자유를 침해한다고 판단하였음에 주의

정답 O, ×

23년(1) 모의

681. 누구든지 2 이상의 정당의 당원이 되지 못하도록 하는 것은 정당 가입·활동의 자유 제한의 정도가 정당정치를 보호·육성하고자 하는 공익에 비하여 중하다고 볼 수 없으므로 2 이상의 정당의 당원이 되려는 자의 정당 가입·활동의 자유를 침해하지 않는다.

해설 "누구든지 2 이상의 정당의 당원이 되지 못한다."라고 규정하고 있는 정당법 제42조 제2항(이하 '심판대상조항'이라 한다)은 예외 없이 복수 당적 보유를 금지하고 있으나, 정당법상 당원의 입당, 탈당 또는 재입당이 제한되지 아니하는 점, 복수 당적 보유를 허용하면서도 예상되는 부작용을 실효적으로 방지할 수 있는 대안을 상정하기 어려운 점, 어느 정당의 당원이라 하더라도 일반에 개방되는 다른 정당의 경선에 참여하는 등 다양한 방법으로 정치적 의사를 표현할 수 있다는 점 등을 고려하면, 심판대상조항이 침해의 최소성에 반한다고 보기 어렵다. 나아가, 정당의 당원인 청구인들로 하여금 다른 정당의 당원이 될 수 없도록 하는 정당 가입·활동 자유 제한의 정도가 정당정치를 보호·육성하고자 하는 공익에 비하여 중하다고 볼 수 없다. 따라서 심판대상조항이 정당의 당원인 청구인들의 정당 가입·활동의 자유를 침해한다고 할 수 없다(헌재 2022.03.31. 2020헌마1729(전합)).

정답 O

21년 · 24년 변시, 21년(2) · 23년(1) 모의

682. (1) 「국가공무원법」 제65조 제1항에서 초·중등 교원인 교육공무원의 가입 등이 금지되는 '정치단체'는 '특정 정당이나 특정 정치인을 지지·반대하는 단체로서 그 결성에 관여하거나 가입하는 경우 공무원의 정치적 중립성 및 교육의 정치적 중립성을 훼손할 가능성이 높은 단체'로 한정할 수 있으므로, '정치단체'의 의미 내지 범위가 지나치게 광범위하다거나 법관의 해석에 의하여 무한히 확대될 위험이 있다고 보기 어렵다.

(2) 「국가공무원법」 조항 중 교육공무원인 초·중등교원은 '그 밖의 정치단체'의 결성에 관여하거나 이에 가입할 수 없다고 한 부분은 명확성원칙에 위배된다.

해설 국가공무원법조항 중 '그 밖의 정치단체'에 관한 부분은 법적용기관인 법관의 보충적 법해석을 통하여도 그 규범내용이 확정될 수 없는 모호하고 막연한 개념을 사용하고 있으므로 명확성원칙에 위배되어 나머지 청구인들의 정치적 표현의 자유 및 결사의 자유를 침해한다. … 국가공무원법조항 중 '그 밖의 정치단체'에 관한 부분은 과잉금지원칙에 위배되어 나머지 청구인들의 정치적 표현의 자유 및 결사의 자유를 침해한다(헌재 2020.04.23. 2018헌마551). ▶지문(1)은 법정의견이 아니라 재판관 이선애, 재판관 이은애, 재판관 이종석의 국가공무원법조항 중 '그 밖의 정치단체'에 관한 부분에 대한 반대의견

정답  ×, ○

23년(3) 모의

683. 지방공단의 상근직원이 당원이 아닌 자에게도 투표권을 부여하는 당내경선에서 경선운동을 할 수 없도록 하는 것은, 정치적 표현의 자유의 중대한 제한에 비하여, 지방공단의 상근직원이 당내경선에서 공무원에 준하는 영향력이 있다고 볼 수 없다는 점 등을 고려하면 이는 당내경선의 형평성과 공정성의 확보라는 공익에 기여하는 바가 크다고 보기 어려우므로 해당 지방공단 상근직원의 정치적 표현의 자유를 침해한다.

해설 … 당내경선의 형평성과 공정성을 확보하기 위한 심판대상조항의 목적의 정당성 및 수단의 적합성이 인정된다. 그러나 이 사건 공단의 상근직원은 이 사건 공단의 경영에 관여하거나 실질적인 영향력을 미칠 수 있는 권한을 가지고 있지 아니하므로, 경선운동을 한다고 하여 그로 인한 부작용과 폐해가 크다고 보기 어렵다. 또한 공직선거법은 이미 이 사건 공단의 상근직원이 당내경선에 직·간접적으로 영향력을 행사하는 행위들을 금지·처벌하는 규정들을 마련하고 있다. 이 사건 공단의 상근직원이 그 지위를 이용하여 경선운동을 하는 행위를 금지·처벌하는 규정을 두는 것은 별론으로 하고, 이 사건 공단의 상근직원의 경선운동을 일률적으로 금지·처벌하는 것은 정치적 표현의 자유를 과도하게 제한하는 것이다. 정치적 표현의 자유의 중대한 제한에 비하여, 이 사건 공단의 상근직원이 당내경선에서 공무원에 준하는 영향력이 있다고 볼 수 없는 점 등을 고려하면 심판대상조항이 당내경선의 형평성과 공정성의 확보라는 공익에 기여하는 바가 크다고 보기 어렵다. 따라서 심판대상조항은 과잉금지원칙에 반하여 정치적 표현의 자유를 침해한다.(헌재 2021.04.29. 2019헌가11(전합)).

정답   ○

24년 변시

684. 선거운동기간 전에 개별적으로 대면하여 말로 하는 선거운동을 형사처벌하도록 한 구 「공직선거법」 조항은 정치적 표현의 자유를 침해한다.

 … 그러나 선거운동을 어느 정도 규제하는 것에 불가피한 측면이 있더라도, 그 제한의 정도는 정치·사회적 발전단계와 국민의식의 성숙도 등을 종합하여 합리적으로 결정해야 한다. 오늘날, 일부 미흡한 측면이 있더라도 공정한 선거제도가 확립되고 국민의 정치의식이 높아지고 있으며, 입법자도 선거운동의 자유를 최대한 보장할 필요가 있다는 반성적 고려 하에 2020. 12. 29. 공직선거법 개정을 통해 선거과열 등 부작용을 초래할 위험성이 적은 선거운동 방법에 대한 선거운동기간 규제를 완화한 상황이다. 그럼에도 심판대상조항은 입법목적을 달성하는 데 지장이 없는 선거운동방법, 즉 돈이 들지 않는 방법으로서 '후보자 간 경제력 차이에 따른 불균형 문제'나 '사회·경제적 손실을 초래할 위험성'이 낮은, 개별적으로 대면하여 말로 지지를 호소하는 선거운동까지 금지하고 처벌함으로써, 과잉금지원칙에 반하여 선거운동 등 정치적 표현의 자유를 과도하게 제한하고 있다. 결국 이 사건 선거운동기간조항 중 선거운동기간 전에 개별적으로 대면하여 말로 하는 선거운동에 관한 부분, 이 사건 처벌조항 중 '그 밖의 방법'에 관한 부분 가운데 개별적으로 대면하여 말로 하는 선거운동을 한 자에 관한 부분은 과잉금지원칙에 반하여 선거운동 등 정치적 표현의 자유를 침해한다.(헌결 2022.02.24. 2018헌바146).

정답 O

22년(2) 모의

685. 정치적 표현의 자유의 헌법상 지위, 그 성격과 중요성, 선거의 공정성과의 관계 등에 비추어 볼 때, 선거의 공정성을 위하여 부득이하게 선거 국면에서의 정치적 표현의 자유를 제한하더라도, 그 침해 여부를 판단함에 있어서는 엄격한 심사기준을 적용하여야 한다.

 선거에 있어서 균등한 기회가 보장되지 아니하거나, 여론조작과 흑색선전 등으로 인하여 유권자가 올바른 선택을 할 수 없게 된다면 선거제도의 본래적 기능과 대의민주주의의 본질이 훼손되는 결과를 초래할 수 있으므로, 선거의 공정성은 정치적 표현의 자유의 한정원리로 기능할 수 있다. 다만 선거의 공정성을 위하여 정치적 표현의 자유를 제한함에 있어서는 선거에 있어 자유와 공정이 반드시 상충관계에 있는 것만이 아니라 서로 보완하는 기능도 함께 가지고 있다는 점을 고려하여야 한다. 이와 같은 정치적 표현의 자유의 헌법상 지위, 그 성격과 중요성, 선거의 공정성과의 관계 등에 비추어 볼 때, 선거의 공정성을 위하여 부득이하게 선거 국면에서의 정치적 표현의 자유를 제한하더라도, 이러한 제한이 정치적 표현의 자유를 침해하는지 여부를 판단함에 있어서는 엄격한 심사기준을 적용하여야 한다(헌재 2021.12.23. 2018헌바152).

정답 O

22년(2) 모의

686. 정당의 명칭은 그 정당의 정책과 정치적 신념을 나타내는 대표적인 표지에 해당하므로, 정당설립의 자유는 자신들이 원하는 명칭을 사용하여 정당을 설립하는 것을 포함한다.

해설 정당의 명칭은 그 정당의 정책과 정치적 신념을 나타내는 대표적인 표지에 해당하므로, 정당설립의 자유는 자신들이 원하는 명칭을 사용하여 정당을 설립하거나 정당활동을 할 자유도 포함한다(헌재 2014.01.28. 2012헌가19).

정답 ○

21년(2) 모의

687. 정당설립의 자유는 헌법 제8조 제1항 전단에 규정되어 있지만, 국민 개인과 정당 그리고 권리능력 없는 사단의 실체를 가지고 있는 등록 취소된 정당이 주장할 수 있는 기본권이다.

해설 정당설립의 자유는 헌법 제8조 제1항 전단에 규정되어 있지만, 국민 개인과 정당 그리고 '권리능력 없는 사단'의 실체를 가지고 있는 등록취소된 정당에게 인정되는 '기본권'이다(헌재 2014.01.28. 2012헌마431).

정답 ○

13년·18년 변시, 16년(3)·22년(2)·23년(1) 모의

688. 정당이 국회의원선거에 처음 참여하여 의석을 얻지 못하고 유효투표총수의 100분의 2 이상을 득표하지 못한 때에 그 정당의 등록을 취소하도록 하는 것은 군소정당 난립으로 인한 정치질서의 혼란을 방지하기 위한 것으로서 정당설립의 자유를 침해하지 않는다.

해설 실질적으로 국민의 정치적 의사형성에 참여할 의사나 능력이 없는 정당을 정치적 의사형성과정에서 배제함으로써 정당제 민주주의 발전에 기여하고자 하는 한도에서 정당등록취소조항의 입법목적의 정당성과 수단의 적합성을 인정할 수 있다. 그러나 정당등록의 취소는 정당의 존속 자체를 박탈하여 모든 형태의 정당활동을 불가능하게 하므로, 그에 대한 입법은 필요최소한의 범위에서 엄격한 기준에 따라 이루어져야 한다. 그런데 일정기간 동안 공직선거에 참여할 기회를 수 회 부여하고 그 결과에 따라 등록취소 여부를 결정하는 등 덜 기본권 제한적인 방법을 상정할 수 있고, 정당법에서 법정의 등록요건을 갖추지 못하게 된 정당이나 일정 기간 국회의원선거 등에 참여하지 아니한 정당의 등록을 취소하도록 하는 등 현재의 법체계 아래에서도 입법목적을 실현할 수 있는 다른 장치가 마련되어 있으므로, 정당등록취소조항은 침해의 최소성 요건을 갖추지 못하였다. 나아가, 정당등록취소조항은 어느 정당이 대통령선거나 지방자치선거에서 아무리 좋은 성과를 올리더라도 국회의원선거에서 일정 수준의 지지를 얻는 데 실패하면 등록이 취소될 수밖에 없어 불합리하고, 신생·군소정당으로 하여금 국회의원선거에의 참여 자체를 포기하게 할 우려도 있어 법익의 균형성 요건도 갖추지 못하였다. 따라서 정당등록취소조항은 과잉금지원칙에 위반되어 청구인들의 정당설립의 자유를 침해한다(헌재 2014.01.28. 2012헌마431).

정답 ×

13년·19년 변시, 12년(3) 모의

689. 헌법 제8조 제1항은 정당설립의 자유, 정당조직의 자유, 정당활동의 자유를 포괄하는 정당의 자유를 보장하는 규정이어서, 이와 같은 정당의 자유는 단체로서 정당이 가지는 기본권이고, 국민이 개인적으로 가지는 기본권이 될 수는 없다.

해설 헌법 제8조 제1항이 명시하는 정당설립의 자유는 설립할 정당의 조직형태를 어떠한 내용으로 할 것인가에 관한 정당조직 선택의 자유 및 그와 같이 선택된 조직을 결성할 자유를 포괄하는 '정당조직의 자유'를 포함한다. 정당조직의 자유는 정당설립의 자유에 개념적으로 포괄될 뿐만 아니라 정당조직의 자유가 완전히 배제되거나 임의적으로 제한될 수 있다면 정당설립의 자유가 실질적으로 무의미해지기 때문이다. 또 헌법 제8조 제1항은 정당활동의 자유도 보장하고 있기 때문에 위 조항은 결국 정당설립의 자유, 정당조직의 자유, 정당활동의 자유 등을 포괄하는 정당의 자유를 보장하고 있다. 이러한 정당의 자유는 국민이 개인적으로 갖는 기본권일 뿐만 아니라, 단체로서의 정당이 가지는 기본권이기도 하다(헌재 2004.12.16. 2004헌마456).

정답 ×

13년(1)·16년(3)·19년(2) 모의

690. (1) 헌법 제8조 제1항은 단지 정당설립의 자유만을 명시적으로 규정하고 있지만, 정당의 설립만이 보장될 뿐 설립된 정당이 언제든지 다시 금지될 수 있거나 정당의 활동이 임의로 제한될 수 있다면 정당설립의 자유는 사실상 아무런 의미가 없기 때문에, 누구나 국가의 간섭을 받지 아니하고 자유롭게 정당에 가입하고 정당으로부터 탈퇴할 수 있는 자유를 함께 보장하는 것으로 보아야 한다.

(2) 정당의 자유는 개개인의 자유로운 정당설립 및 정당가입의 자유, 조직형식 내지 법형식 선택의 자유, 정당해산의 자유, 합당의 자유, 분당의 자유뿐만 아니라, 개인이 정당 일반 또는 특정 정당에 가입하지 아니할 자유, 가입했던 정당으로부터 탈퇴할 자유 등 소극적 자유도 포함한다.

해설 (정당설립의 자유의 내용) 헌법 제8조 제1항 전단의 정당설립의 자유는 정당설립의 자유만이 아니라 정당활동의 자유를 포함한다. 즉, 헌법 제8조 제1항은 정당설립의 자유만을 명시적으로 규정하고 있지만, 정당설립의 자유만이 아니라 누구나 국가의 간섭을 받지 아니하고 자유롭게 정당에 가입하고 정당으로부터 탈퇴할 수 있는 자유를 함께 보장한다. 정당의 설립만이 보장될 뿐 설립된 정당이 언제든지 다시 금지될 수 있거나 정당의 활동이 임의로 제한될 수 있다면, 정당설립의 자유는 사실상 아무런 의미가 없기 때문이다. 따라서 정당설립의 자유는 당연히 정당의 존속과 정당활동의 자유도 보장하는 것이다. … 구체적으로 정당의 자유는 개개인의 자유로운 정당설립 및 정당가입의 자유, 조직형식 내지 법형식 선택의 자유를 포함한다. 또한 정당설립의 자유는 설립에 대응하는 정당해산의 자유, 합당의 자유, 분당의 자유도 포함한다. 뿐만 아니라 정당설립의 자유는 개인이 정당 일반 또는 특정 정당에 가입하지 아니할 자유, 가입했던 정당으로부터 탈퇴할 자유 등 소극적 자유도 포함한다(헌재 2006.03.30. 2004헌마246).

정답 ○, ○

18년(2) 모의

691. 정당이 국회의원 지역구 및 자치구·시·군, 읍·면·동별로 당원협의회를 둘 수 있도록 하면서도 당원협의회 활동의 근거가 되는 사무소를 설치하는 것을 금지하더라도 정당활동의 자유를 침해하는 것은 아니다.

> **해설** 대중정당을 지향할 것인지, 원내정당을 강화할 것인지 여부에 관한 선택은 법적인 문제라기보다는 헌법의 테두리 안에서 입법자가 합목적적으로 판단할 문제로서, 헌법의 테두리를 벗어나지 않는 한 그 선택의 재량을 갖는다고 할 수 있다. 따라서 가사 지구당을 폐지하거나 당원협의회 사무소 설치를 금지하여 정당조직을 경량화함으로써 대중정당적인 성격이 줄어드는 결과가 발생한다 하더라도 그것이 헌법의 테두리를 벗어나지 않는 한, 이는 당·부당의 문제에 그치고 합헌·위헌의 문제로까지 되는 것은 아니므로, 그 구체적인 선택의 당부를 엄격하게 판단하여 위헌여부를 가릴 일은 아니다. 심판대상조항은 제청신청인의 정당활동의 자유를 침해하지 아니한다(헌재 2016.03.31. 2013헌가22).

정답 O

17년(3) 모의

692. 헌법 제8조 제1항은 국민 누구나 국가의 간섭을 받지 아니하고 정당을 설립할 권리를 기본권으로 보장하고 있는바, 입법자는 정당설립의 자유를 최대한 보장하는 방향으로 입법하여야 하고, 헌법재판소가 정당설립의 자유를 제한하는 법률의 합헌성을 심사할 때에는 헌법 제37조 제2항에 따라 엄격한 비례심사를 하여야 한다.

> **해설** 입법자는 정당설립의 자유를 최대한 보장하는 방향으로 입법하여야 하고, 헌법재판소는 정당설립의 자유를 제한하는 법률의 합헌성을 심사할 때에 헌법 제37조 제2항에 따라 엄격한 비례심사를 하여야 한다(헌재 2014.01.28. 2012헌마431).

정답 O

22년(2) 모의

693. 입법자는 정당설립과 관련하여 형식적 요건을 설정할 수는 있으나, 일정한 내용적 요건을 구비해야만 정당을 설립할 수 있다는 소위 '허가절차'는 헌법적으로 허용되지 않는다.

> **해설** 헌법 제8조 제1항의 정당설립의 자유와 제2항의 헌법적 요청을 함께 고려하여 볼 때, 입법자가 정당으로 하여금 헌법상 부여된 기능을 이행하도록 하기 위하여 그에 필요한 절차적·형식적 요건을 규정함으로써 정당의 자유를 구체적으로 형성하고 동시에 제한하는 경우를 제외한다면, 정당설립에 대한 국가의 간섭이나 침해는 원칙적으로 허용되지 아니한다. 이는 곧 입법자가 정당설립과 관련하여 형식적 요건을 설정할 수는 있으나(정당법 제16조), 일정한 내용적 요건을 구비해야만 정당을 설립할 수 있다는 소위 '허가절차'는 헌법적으로 허용되지 아니한다는 것을 뜻한다(헌재 1999.12.23. 99헌마135).

정답 O

15년 변시, 16년(3) 모의

694. 정당설립의 자유를 최대한으로 보호하려는 헌법 제8조의 정신에 비추어, 정당의 설립 및 가입을 금지하는 법률조항은 이를 정당화하는 사유의 중대성에 있어서 적어도 민주적 기본질서에 대한 위반에 버금가는 것이어야 한다.

해설 민주적 의사형성과정의 개방성을 보장하기 위하여 정당설립의 자유를 최대한으로 보호하려는 헌법 제8조의 정신에 비추어, 정당의 설립 및 가입을 금지하는 법률조항은 이를 정당화하는 사유의 중대성에 있어서 적어도 '민주적 기본질서에 대한 위반'에 버금가는 것이어야 한다고 판단된다(헌재 1999.12.23. 99헌마135).

정답

22년(2) 모의

695. 정당에 대한 재정적 후원을 금지하는 「정치자금법」조항은 정치자금 조달의 투명성을 확보하고 정경유착의 위험을 방지하고자 하는 것으로서 정당활동의 자유를 침해하지 않는다.

해설 정당에 대한 재정적 후원을 금지하고 위반 시 형사처벌하는 구 정치자금법 … 이 사건 법률조항은 정당 후원회를 금지함으로써 불법 정치자금 수수로 인한 정경유착을 막고 정당의 정치자금 조달의 투명성을 확보하여 정당 운영의 투명성과 도덕성을 제고하기 위한 것으로, 입법목적의 정당성은 인정된다. 그러나 정경유착의 문제는 일부 재벌기업과 부패한 정치세력에 국한된 것이고 대다수 유권자들과는 직접적인 관련이 없으므로 일반 국민의 정당에 대한 정치자금 기부를 원천적으로 봉쇄할 필요는 없고, 기부 및 모금한도액의 제한, 기부내역 공개 등의 방법으로 정치자금의 투명성을 충분히 확보할 수 있다. 정치자금 중 당비는 반드시 당원으로 가입해야만 납부할 수 있어 일반 국민으로서 자신이 지지하는 정당에 재정적 후원을 하기 위해 반드시 당원이 되어야 하므로, 정당법상 정당 가입이 금지되는 공무원 등의 경우에는 자신이 지지하는 정당에 재정적 후원을 할 수 있는 방법이 없다. 그리고 현행 기탁금 제도는 중앙선거관리위원회가 국고보조금의 배분비율에 따라 각 정당에 배분·지급하는 일반기탁금제도로서, 기부자가 자신이 지지하는 특정 정당에 재정적 후원을 하는 것과는 전혀 다른 제도이므로 이로써 정당 후원회를 대체할 수 있다고 보기도 어렵다. 나아가 정당제 민주주의 하에서 정당에 대한 재정적 후원이 전면적으로 금지됨으로써 정당이 스스로 재정을 충당하고자 하는 정당활동의 자유와 국민의 정치적 표현의 자유에 대한 제한이 매우 크다고 할 것이므로, 이 사건 법률조항은 정당의 정당활동의 자유와 국민의 정치적 표현의 자유를 침해한다(헌재 2015.12.23. 2013헌바168).

정답

13년(1) 모의

696. (1) 정당의 자유를 규정하는 헌법 제8조 제1항이 기본권의 규정형식을 취하고 있지 아니하고 '국민의 기본권에 관한 장'인 제2장에 위치하고 있지 아니하므로 객관적 제도보장에 해당하고, 그 침해를 이유로 헌법소원심판을 청구하는 것은 부적법하다.

(2) 헌법 제8조 제1항은 정당을 설립할 권리를 보장하면서 아울러 그 당연한 법적 산물인 복수정당제를 제도적으로 보장하고 있다.

해설 (1) 정당설립의 자유는 비록 헌법 제8조 제1항 전단에 규정되어 있지만 국민 개인과 정당의 '기본권'이라 할 수 있고, 당연히 이를 근거로 하여 헌법소원심판을 청구할 수 있다고 보아야 할 것이다. 이 사건에서도 헌법 제21조 제1항 결사의 자유의 특별규정으로서, 헌법 제8조 제1항 전단의 정당설립의 자유의 침해 여부가 문제된다고 할 것이다(헌재 2006.03.30. 2004헌마246).
(2) 헌법 제8조 제1항은 "정당의 설립은 자유이며, 복수정당제는 보장된다."고 규정하여 국민 누구나가 원칙적으로 국가의 간섭을 받지 아니하고 정당을 설립할 권리를 국민의 기본권으로 보장하면서 아울러 그 당연한 법적 산물인 복수정당제를 제도적으로 보장하고 있다(헌재 2004.12.16. 2004헌마456).

정답 ×, ○

13년 변시

697. 경찰청장이 퇴직일로부터 2년 이내에는 정당의 발기인이 되거나 당원이 될 수 없도록 하는 것은 헌법의 정당 설립 및 가입의 자유를 침해한다.

해설 정당설립의 자유를 제한하는 법률의 경우에는 입법수단이 입법목적을 달성할 수 있다는 것을 어느 정도 확실하게 예측될 수 있어야 한다. 경찰청장이 퇴임후 공직선거에 입후보하는 경우 당적취득금지의 형태로써 정당의 추천을 배제하고자 하는 이 사건 법률조항이 어느 정도로 입법목적인 '경찰청장 직무의 정치적 중립성'을 확보할 수 있을지 그 실효성이 의문시된다. 따라서 이 사건 법률조항은 정당의 자유를 제한함에 있어서 갖추어야 할 적합성의 엄격한 요건을 충족시키지 못한 것으로 판단되므로 이 사건 법률조항은 정당설립 및 가입의 자유를 침해하는 조항이다(헌재 1999.12.23. 99헌마135).

정답 ○

제2절 참정권

제❶항 ∥ 국민발안·투표·소환권

17년 변시, 16년(1) 모의

698. 주권자인 국민의 지위에 아무런 영향을 미칠 수 없는 주민등록 여부만을 기준으로 하여 주민등록을 할 수 없는 재외국민의 국민투표권 행사를 전면적으로 배제하도록 한 규정은 주민등록이 되어 있지 않은 재외국민의 국민투표권을 침해한다.

해설 국민투표는 국가의 중요정책이나 헌법개정안에 대해 주권자로서의 국민이 그 승인 여부를 결정하는 절차인데, 주권자인 국민의 지위에 아무런 영향을 미칠 수 없는 주민등록 여부만을 기준으로 하여, 주민등록을 할 수 없는 재외국민의 국민투표권 행사를 전면적으로 배제하고 있는 국민투표법 제14조 제1항은 주민등록이 되어 있지 않은 재외국민의 국민투표권을 침해한다(헌재 2007.06.28. 2004헌마644).

23년(3) 모의

699. 선거권이 국가기관의 형성에 간접적으로 참여할 수 있는 간접적인 참정권이라면, 국민투표권은 국민이 국가의 의사형성에 직접 참여하는 헌법에 의해 보장되는 직접적인 참정권이라 할 수 있다.

::해설 선거권이 국가기관의 형성에 간접적으로 참여할 수 있는 간접적인 참정권이라면, 국민투표권은 국민이 국가의 의사형성에 직접 참여하는 헌법에 의해 보장되는 직접적인 참정권이다 (헌재 2014.07.24. 2009헌마256,2010헌마394(병합,전합)).

14년(2) · 23년(2) 모의

700. (1) 우리 헌법은 법률이 정하는 바에 따른 '선거권'과 '공무담임권' 및 국가안위에 관한 중요정책과 헌법개정에 대한 '국민투표권'만을 헌법상의 참정권으로 보장하고 있다.
(2) 「지방자치법」상 주민투표권은 주민생활에 영향을 미치는 지방자치단체의 정책결정 및 집행과정에 참여하는 권리이므로 헌법상 보장되는 참정권에 해당한다.

::해설 (1) 우리 헌법은 법률에 정하는 바에 따른 '선거권'(헌법 제24조)과 '공무담임권'(헌법 제25조) 및 국가안위에 관한 중요정책과 헌법개정에 대한 '국민투표권'(헌법 제72조, 제130조)만을 헌법상의 참정권으로 보장하고 있으므로, 지방자치법에서 규정한 주민투표권이나 주민소환청구권은 그 성질상 위에서 본 선거권, 공무담임권, 국민투표권과는 다른 것이어서 이를 법률이 보장하는 참정권이라고 할 수 있을지언정 헌법이 보장하는 참정권이라 할 수는 없다(헌재 2011.12.29. 2010헌바368).

(2) 우리 헌법은 간접적인 참정권으로 선거권(헌법 제24조), 공무담임권(헌법 제25조)을, 직접적인 참정권으로 국민투표권(헌법 제72조, 제130조)을 규정하고 있을 뿐 주민투표권을 기본권으로 규정한 바가 없고 제117조, 제118조에서 제도적으로 보장하고 있는 지방자치단체의 자치의 내용도 자치단체의 설치와 존속 그리고 그 자치기능 및 자치사무로서 지방자치단체의 자치권의 본질적 사항에 관한 것이므로 주민투표권을 헌법상 보장되는 기본권이라고 하거나 헌법 제37조 제1항의 "헌법에 열거되지 아니한 권리"의 하나로 보기 어렵다(헌재 2005.12.22. 2004헌마530(전합)).

23년(3) 모의

701. 국민투표권의 제한은 그 제한을 불가피하게 요청하는 개별적·구체적 사유가 존재함이 명백한 경우에만 정당화될 수 있으며, 막연하고 추상적인 위험이라든지 국가의 노력에 의해 극복될 수 있는 기술상의 어려움이나 장애 등의 사유로는 그 제한이 정당화될 수 없다.

> **해설** …그러나 국민투표권의 제한은 그 제한을 불가피하게 요청하는 개별적·구체적 사유가 존재함이 명백한 경우에만 정당화될 수 있으며, 막연하고 추상적인 위험이라든지 국가의 노력에 의해 극복될 수 있는 기술상의 어려움이나 장애 등의 사유로는 그 제한이 정당화될 수 없다(헌재 2014.07.24. 2009헌마256,2010헌마394(병합,전합)).

정답 O

제❷항 ┃ 선거권

21년 변시, 18년(1) 모의

702. 사법적인 성격을 지니는 농업협동조합의 조합장선거에서 조합장을 선출하거나 조합장으로 선출될 권리, 조합장선거에서 선거운동을 하는 것은 헌법에 의하여 보호되는 선거권의 범위에 포함되지 않는다.

> **해설** … 사법인적인 성격을 지니는 농협의 조합장선거에서 조합장을 선출하거나 선거운동을 하는 것은 헌법에 의하여 보호되는 선거권의 범위에 포함되지 않으며, 차기 조합장선거의 시기가 늦춰졌다고 하여 조합원들의 표현의 자유와 관련된 어떠한 법적 이익이 침해된다고 보기도 어려우므로, 이 사건 부칙조항이 청구인들의 선거권이나 표현의 자유를 제한한다고 할 수는 없다(헌재 2012.12.27. 2011헌마562).

정답 O

21년(1) 모의

703. 사법인(私法人)적인 성격을 지니는 농협·축협의 조합장선거에서 선거운동기간을 후보자등록마감일의 다음 날부터 선거일 전일까지로 한정하면서 예비후보자 제도를 두지 아니한 것은 헌법상 보장되는 선거권을 침해한다.

> **해설** 직선제 조합장선거의 경우 선거운동기간을 후보자등록마감일의 다음 날부터 선거일 전일까지로 한정하면서 예비후보자 제도를 두지 아니한 구 '공공단체등 위탁선거에 관한 법률'(2014. 6. 11. 법률 제12755호로 제정되고, 2015. 12. 24. 법률 제13619호로 개정되기 전의 것) 제24조 제2항(이하 '기간조항'이라 한다) 및 법정된 선거운동방법만을 허용하면서 합동연설회 또는 공개토론회의 개최나 언론기관 및 단체가 주최하는 대담·토론회를 허용하지 아니하는 같은 조 제3항 제1호(이하 '방법조항'이라 하고, 기간조항과 방법조항을 합하여 '심판대상조항들'이라 한다)가 조합장선거의 후보자 및 선거인인 조합원의 결사의 자유 등을 침해하지 않는다. … 사법인적인 성격을 지니는 농협·축협의 조합장선거에서 조합장을 선출하거나 선거운동을 하는 것은 헌법에 의하여 보호되는 선거권의 범위에 포함되지 아니한다(헌재 2017.07.27. 2016헌바372).

정답 X

16년 변시, 21년(1) 모의

704. 동시계표 투표함 수를 제한하지 아니하는 것은 개표참관인들의 실질적 개표참관을 불가능하게 하고 선거의 공정성을 현저히 해함으로써 선거인들의 선거권을 침해한다.

해설 신고된 개표참관인의 수가 많지 않을 경우 동시에 계표되는 투표함의 수에 비하여 상대적으로 적은 수의 개표참관인이 참관을 하게 될 수도 있다. 그러나 개표부정에 대하여 가장 큰 이해관계를 가진 정당 및 후보자들은 공직선거법이 허용하는 범위 내에서 스스로 개표참관인을 선정·신고함으로써 개표절차를 감시할 수 있고, 그 외에도 개표사무원을 중립적인 자들로 위촉하고, 개표관람을 실시하는 등 개표의 공정성을 확보하기 위해 다양한 조치들이 시행되고 있는 점에 비추어, 동시계표 투표함 수에 대한 제한을 두지 아니한 것은 입법자의 합리적 재량의 범위 안에 있는 것으로 인정되고, 일부 개표소에서 동시계표 투표함 수에 비하여 상대적으로 적은 수의 개표참관인이 선정될 수 있다는 사정만으로 입법자의 선택이 현저히 불합리하거나 불공정하여 청구인들의 선거권이 침해되었다고 볼 수 없다(헌재 2013.08.29. 2012헌마326).

정답

20년(1) 모의

705. 100만 원 이상의 벌금형이 확정된 선거범에 대하여 5년간 선거권을 정지시키는 것은 민주주의와 국민주권을 선언한 헌법 제1조에 비추어 볼 때 해당 선거범의 선거권을 침해한다.

해설 이사건 선거권제한조항은 선거의 공정성을 확보하기 위한 것으로서, 선거권 제한의 대상과 요건, 기간이 제한적인 점, 선거의 공정성을 해친 바 있는 선거범으로부터 부정선거의 소지를 차단하여 공정한 선거가 이루어지도록 하기 위하여는 선거권을 제한하는 것이 효과적인 방법인 점, 법원이 선거범에 대한 형량을 결정함에 있어서는 양형의 조건뿐만 아니라 선거권의 제한 여부에 대하여도 합리적 평가를 하게 되는 점, 선거권의 제한기간이 공직선거의 참여를 1회 정도 제한하는 것에 불과한 점 등을 종합하면, 이 사건 선거권제한조항은 청구인의 선거권을 침해한다고 볼 수 없다(헌재 2011.12.29. 2009헌마476).

정답

16년(1) 모의

706. 국내에 주민등록이 되어 있지 아니하고 국내거소신고도 하지 아니한 사람으로서 외국에서 투표하려는 재외선거인이 등록신청을 할 때 여권을 제시하도록 하는 것은 엄연히 선거권을 가진 대한민국 국민임에도 여권이 없다는 이유로 선거권을 행사할 수 없게 되는 부당한 결과를 초래하게 되어 헌법에 위배된다.

해설 심판대상조항이 재외선거인 등록신청 시 여권을 제시하도록 한 것은, 국외에서 이루어지는 재외선거의 특성상 선거권 없는 자의 선거참여를 방지하여 선거의 공정성을 확보하기 위한 것으로서, 목적의 정당성과 수단의 적합성이 인정되고, 선거권이 있는 대한민국 국민인지 여부를 확인함에 있어 여권과 동일한 정도의 신뢰성 있는 다른 공신력 있는 방법을 찾기 어려우므로 침해최소성 원칙에 위배되지 아니한다. 또한 대통령선거 및 국회의원선거에서 선거의 공정성을 유지하여 선거의 본질적 기능을 보전하는 공익은 매우 중대한 것으로서, 재외선거권자의 선거권 제한의 정도가 심판대상조항에 의하여 추구되는 공익에 비하여 결코 중하다고 볼 수 없으므로, 심판대상조항은 청구인의 선거권을 침해하지 아니한다(헌재 2014.04.24. 2011헌마567).

정답

 15년 변시

707. 대한민국 국외의 구역을 항해하는 선박에 장기 기거하는 선원들이 선거권을 행사할 수 있는 방법을 마련하지 않은 「공직선거법」 조항은 위와 같은 선원들의 선거권을 침해한다.

해설 이 사건 법률조항이 대한민국 국외의 구역을 항해하는 선박에서 장기 기거하는 선원들이 선거권을 행사할 수 있도록 하는 효과적이고 기술적인 방법이 존재함에도 불구하고, 선거의 공정성이나 선거기술상의 이유만을 들어 선거권 행사를 위한 아무런 법적 장치도 마련하지 않고 있는 것은, 그 입법목적이 국민들의 선거권 행사를 부인할만한 '불가피한 예외적인 사유'에 해당하는 것이라 볼 수 없고, 나아가 기술적인 대체수단이 있음에도 불구하고 선거권을 과도하게 제한하고 있어 '피해의 최소성'원칙에 위배되며, 원양의 해상업무에 종사하는 선원들은 아무런 귀책사유도 없이 헌법상의 선거권을 행사할 수 없게 되는 반면, 이와 관련하여 추구되는 공익은 불분명한 것이어서 '법익의 균형성'원칙에도 위배된다(헌재 2007.06.28. 2005헌마772).

정답

 12년 변시, 14년(3) 모의

708. 부재자투표시간을 오전 10시부터 오후 4시까지로 규정한 구 「공직선거법」 조항 중 '오전 10시에 열고' 부분은 일과시간에 학업이나 직장업무를 하여야 하는 자로 하여금 사실상 선거권을 행사할 수 없게 하므로 과잉금지원칙에 위반되고, '오후 4시에 닫는다' 부분은 투표당일 부재자투표의 인계·발송 절차의 지연을 방지하고 투표함의 관리위험을 경감하기 위하여 부득이하므로 헌법에 반하지 않는다.

해설 이 사건 투표시간조항이 투표종료시간을 오후 4시까지로 정한 것은 투표당일 부재자투표의 인계·발송 절차를 밟을 수 있도록 함으로써 부재자투표의 인계·발송절차가 지연되는 것을 막고 투표관리의 효율성을 제고하고 투표함의 관리위험을 경감하기 위한 것이고, 이 사건 투표시간조항이 투표종료시간을 오후 4시까지로 정한다고 하더라도 투표개시시간을 일과시간 이전으로 변경한다면, 부재자투표의 인계·발송절차가 지연될 위험 등이 발생하지 않으면서도 일과시간에 학업·직장업무를 하여야 하는 부재자투표자가 현실적으로 선거권을 행사하는 데 큰 어려움이 발생하지 않을 것이다. 따라서 이 사건 투표시간조항 중 투표종료시간 부분은 수단의 적정성, 법익균형성을 갖추고 있으므로 청구인의 선거권이나 평등권을 침해하지 않는다. … 이 사건 투표시간조항이 투표개시시간을 일과시간 이내인 오전 10시부터로 정한 것은 투표시간을 줄인 만큼 투표관리의 효율성을 도모하고 행정부담을 줄이는 데 있고, 그 밖에 부재자투표의 인계·발송절차의 지연위험 등과는 관련이 없다. 이에 반해 일과시간에 학업이나 직장업무를 하여야 하는 부재자투표자는 이 사건 투표시간조항 중 투표개시시간 부분으로 인하여 일과시간 이전에 투표소에 가서 투표할 수 없게 되어 사실상 선거권을 행사할 수 없게 되는 중대한 제한을 받는다. 따라서 이 사건 투표시간조항 중 투표개시시간 부분은 수단의 적정성, 법익균형성을 갖추지 못하므로 과잉금지원칙에 위배하여 <u>청구인의 선거권과 평등권을 침해하는 것이다</u>(헌재 2012.02.23. 2010헌마601).

 정답 O

14년(3) 모의

709. 임기만료에 의한 공직선거에서 투표소를 오후 6시에 닫도록 한 것이 투표권의 자유로운 행사를 침해하는 것인가는 총 투표시간, 투표시간 보장 장치, 선거일 전 투표의 기회 보장 여부 등 투표제도 전반을 종합적으로 살펴서 판단하여야 한다.

해설 심판대상조항이 오후 6시에 투표소를 닫도록 한 것이 실질적으로 투표권의 자유로운 행사를 가로막는 것으로 평가된다면, 이는 투표나 개표 관리의 업무 부담이나 비용을 적정한 수준으로 유지한다는 공익에 비할 수 없는 중대한 기본권 제한으로서 법익균형성이 인정되지 않는다고 볼 것이다. 그러나 실질적으로 투표권을 자유로이 행사할 수 있는 기회가 충분히 보장되어 있는가는 <u>투표종료시간이 언제로 정해져 있는지, 그 한 가지만을 보고 판단할 수 없는 성질의 것이고, 총 투표시간이 어느 정도인지, 투표시간의 보장을 위하여 어떠한 장치가 강구되어 있는지, 선거일 전 투표의 기회가 어느 정도로 보장되어 있는지 투표제도 전반을 종합적으로 살펴 판단하여야 할 것이다</u>(헌재 2013.07.25. 2012헌마815).

 정답 O

제❸항 ▎ 공무담임권

Ⅰ 의의 및 보호영역

20년(3) 모의

710. 공무담임권은 국민이 국가나 공공단체의 구성원으로서 직무를 담당할 수 있는 권리를 뜻하고, 여기서 직무를 담당한다는 것은 공무담임에 관하여 능력과 적성에 따라 평등한 기회를 보장받는 것을 의미한다.

해설 공무담임권은, 국민이 국가나 공공단체의 구성원으로서 직무를 담당할 수 있는 권리를 뜻하고, 여기서 직무를 담당한다는 것은 공무담임에 관하여 <u>능력과 적성에 따라 평등한 기회를 보장받는 것을 의미한다</u>(헌재 2018.07.26. 2017헌마1183).

 정답 O

14년(1)·15년(3)·18년(2)·19년(1)·20년(3) 모의

711. 공무원의 경우 승진시험의 응시 제한이나 이를 통한 승진기회의 보장 문제는 공무원 신분의 유지나 업무수행에는 영향을 주지 않는 단순한 내부 승진 인사에 관한 문제에 불과하여 공무담임권의 보호영역에 포함되지 않는다.

해설 공무담임권의 보호영역에는 공직취임 기회의 자의적인 배제뿐 아니라, 공무원 신분의 부당한 박탈이나 권한(직무)의 부당한 정지도 포함된다. 다만, 승진시험의 응시제한이나 이를 통한 승진기회의 보장 문제는 공직신분의 유지나 업무수행에는 영향을 주지 않는 단순한 내부 승진인사에 관한 문제에 불과하여 공무담임권의 보호영역에 포함된다고 보기는 어렵다고 할 것이다(헌재 2010.03.25. 2009헌마538).

정답 ○

14년 변시, 14년(1)·17년(3)·20년(1)·(3) 모의

712. 공무담임권의 보호영역에는 공직취임 기회의 자의적인 배제뿐 아니라 공무원 신분의 부당한 박탈이나 직무의 부당한 정지도 포함되며, 특정의 보직을 받아 근무하는 것을 포함하는 일종의 공무수행의 자유까지 포함된다.

해설 공무담임권이란 입법부·집행부·사법부는 물론 지방자치단체 등 국가·공공단체의 구성원으로서 그 직무를 담당할 수 있는 권리를 의미하며, 이러한 공무담임권의 보호영역에는 공직취임 기회의 자의적인 배제뿐만 아니라 공무원 신분의 부당한 박탈이나 권한(직무)의 부당한 정지도 포함된다. 청구인들은 이 사건 법률조항이 현역군인에게만 국방부 등의 보조기관 등에 보해질 수 있는 기회를 부여하고 군무원인 청구인들에게는 이러한 기회를 박탈하였고 이와 같은 기회의 박탈은 청구인들의 공무담임권을 침해하는 것이라고 주장하나, 위에서 본 바와 같이 공무담임권의 보호영역에는 일반적으로 공직취임의 기회보장, 신분박탈, 직무의 정지가 포함되는 것일 뿐, 특별한 사정도 없이 여기서 더 나아가 공무원이 특정의 장소에서 근무하는 것 또는 특정의 보직을 받아 근무하는 것을 포함하는 일종의 '공무수행의 자유'까지 그 보호영역에 포함된다고 보기는 어렵다(헌재 2008.06.26. 2005헌마1275).

정답 ×

20년(3) 모의

713. 기능직공무원들에게 일반직공무원으로 우선 임용될 기회를 주지 않는다고 하여도 기능직공무원으로서 그대로 신분을 유지하게 되므로, 일반직공무원으로 우선 임용될 권리 내지 기회보장은 공무담임권의 보호영역에 속하지 않는다.

해설 기능직공무원이 일반직공무원으로 우선 임용될 수 있는 기회의 보장은 공무담임권에서 당연히 파생되는 것으로 볼 수 없다. 특히 공개경쟁시험이나 일반적인 경력경쟁시험보다 유리한 조건으로 청구인들과 같은 조무직렬 기능직공무원들에게 일반직공무원으로 우선 임용될 기회를 주지 않는다고 하여도 청구인들은 기능직공무원으로서 그대로 신분을 유지하게 되므로, 심판대상조항이 청구인

들의 공직신분의 유지나 업무수행과 같은 법적 지위에 직접 영향을 미치는 것도 아니다. 따라서 청구인들이 주장하는 일반직공무원으로 우선 임용될 권리 내지 기회보장은 공무담임권의 보호영역에 속하지 아니하고, 심판대상조항으로 인하여 청구인들의 공무담임권 침해 문제가 생길 여지가 없다(헌재 2013.11.28. 2011헌마565).

정답 O

19년(1) 모의

714. 공무원 채용시험의 응시연령의 제한은 공무담임권의 중대한 제한이 되는 것이므로 공무담임권의 보호영역에 포함된다.

 공무원채용시험에 있어서의 응시연령의 제한은 공무담임권의 중대한 제한이 되는 것이므로 국민이 이를 미리 예측하고 대비할 수 있도록 해야 함에도 불구하고, 지방고등고시 응시연령의 기준일을 정함에 있어서 매 연도별로 결정되고 그 결정에 달리 객관적인 기준이 있는 것도 아닌 최종시험시행일을 기준일로 하는 것은 국민(응시자)의 예측가능성을 현저히 저해하는 것이다. 이 사건의 경우 1998년도 제4회 지방고등고시 제1차 시험에 합격한 청구인은 1965. 12. 10.생으로서 1999년도 제5회 지방고등고시에는 그 응시상한연령(33세)에 달하게 되나 과거에 한 번도 연말에 최종시험이 실시된 적이 없어 제5회 지방고등고시 제2차 시험의 응시자격이 있을 것으로 신뢰한 것은 정당하다고 할 것이므로, 피청구인이 제5회 지방고등고시 시행계획을 공고하면서 그 최종시험시행일을 예년과 달리 연도말인 1999. 12. 14.로 정함으로써 청구인의 연령이 응시상한연령을 5일 초과하게 하여 청구인이 제2차 시험에 응시할 수 있는 자격을 박탈한 것은 청구인의 정당한 신뢰를 해한 것일 뿐 아니라, 법치주의의 한 요청인 예측가능성의 보장을 위반하여 청구인의 공무담임권을 침해한 것에 해당한다(헌재 2000.01.27. 99헌마123). ▶ 따라서 공무원 채용시험의 응시연령 제한에 관한 부분은 공무담임권의 보호영역에 포함된다.

정답 O

15년(3)·17년(3) 모의

715. 공무원의 재임 기간 동안 충실한 공무 수행을 담보하기 위하여 공무원의 퇴직급여 및 공무상 재해보상을 보장할 것까지 헌법 제25조의 공무담임권의 보호영역에 포함되는 것은 아니다.

 헌법 제25조의 공무담임권이 공무원의 재임 기간 동안 충실한 공무 수행을 담보하기 위하여 공무원의 퇴직급여 및 공무상 재해보상을 보장할 것까지 그 보호영역으로 하고 있다고 보기 어렵다(헌재 2004.06.26. 2012헌마459).

정답 O

16년(3) 모의

716. **정당의 공직선거 후보자 선출은 단순히 국민의 자발적 조직 내부의 의사결정에 그치는 것이 아니라 국가의 중요한 공적 절차에 해당하므로, 정당의 내부경선에 참여할 권리도 헌법이 보장하는 공무담임권의 내용에 포함된다.**

해설 정당은 정치적 주장이나 정책을 추진하고 공직선거의 후보자를 추천 또는 지지함으로써 국민의 정치적 의사형성에 참여함을 목적으로 하는 국민의 자발적 조직으로서, 정당의 공직선거 후보자 선출은 자발적 조직 내부의 의사결정에 지나지 아니한다. 따라서 청구인이 정당의 내부경선에 참여할 권리는 헌법이 보장하는 공무담임권의 내용에 포함된다고 보기 어렵고, 청구인의 소속 정당이 당내경선을 실시하지 않는다고 하여 청구인이 공직선거의 후보자로 출마할 수 없는 것이 아니므로, 심판대상조항으로 인하여 청구인의 공무담임권이 침해될 여지는 없다(헌재 2014.11.27. 2013헌마814).

정답 ×

15년(3) 모의

717. **공무담임권은 국가나 공공단체의 구성원으로서 그 직무를 담당할 수 있는 권리를 말하고, 여기서 직무를 담당한다는 것은 모든 국민이 현실적으로 그 직무를 담당할 수 있다고 하는 의미가 아니라 국민이 공무담임에 관하여 자의적이지 않고 평등한 기회를 보장받음을 의미한다.**

해설 헌법 제25조에서 보장하는 공무담임권은 입법부, 집행부, 사법부는 물론 지방자치단체 등 국가, 공공단체의 구성원으로서 그 직무를 담당할 수 있는 권리를 말한다. 여기서 직무를 담당한다는 것은 국민이 공무담임에 관한 자의적이지 않고 평등한 기회를 보장받는 것, 즉 공직취임의 기회를 자의적으로 배제당하지 않음을 의미하는 것이지, 모든 국민이 현실적으로 국가나 공공단체의 직무를 담당할 수 있다고 하는 의미가 아니다(헌재 2005.09.29. 2003헌마127).

정답 ○

14년(1) 모의

718. **공무담임권은 각종 선거에 입후보하여 당선될 수 있는 피선거권과 공직에 임명될 수 있는 공직취임권을 포함한다.**

해설 공무담임권은 피선거권과 공직취임권을 포괄하는 개념인바, 공무담임권의 보호영역에는 공직취임의 기회의 자의적인 배제뿐 아니라, 공무원 신분의 부당한 박탈까지 포함되는 것이라고 할 것이다(헌재 2002.08.29. 2001헌마788).

정답 ○

Ⅱ 공무담임권 침해 여부

20년(3) 모의

719. 행정5급 일반임기제공무원을 채용하는 경력경쟁채용시험공고를 하면서 그 응시자격요건으로 '변호사 자격 등록'을 요구한 것은, 변호사 자격을 갖추었음에도 불구하고 변호사 자격 등록을 하지 않는 자에게 국가공무원으로 임용될 수 있는 기회를 갖지 못하도록 하는 것이므로 공무담임권을 침해한다.

해설 피청구인 방위사업청장이 행정5급 일반임기제공무원을 채용하는 경력경쟁채용시험공고를 하면서, 그 응시자격요건으로 '변호사 자격 등록'을 요구한 것은, 대한변호사협회에 등록한 변호사로서 실제 변호사의 업무를 수행한 경력이 있는 사람을 우대하는 한편, 임용예정자에게 변호사등록 거부사유 등이 있는지를 대한변호사협회의 검증절차를 통하여 확인받도록 하는 데 목적이 있다. 이 사건 공고가 응시자격요건으로 변호사 자격 등록을 요구하는 것은 이러한 목적, 그리고 지원자가 채용예정직위에서 수행할 업무 등에 비추어 합리적이다. 인사권자인 피청구인은 경력경쟁채용시험을 실시하면서 응시자격요건을 구체적으로 어떻게 정할 것인지를 판단하고 결정하는 데 재량이 인정되는데, 이 사건 공고가 그 재량권을 현저히 일탈하였다고 볼 수 없다. 이 사건 공고는 청구인들의 공무담임권을 침해하지 않는다(헌재 2019.08.29. 2019헌마616).

20년(1) 모의

720. 공무원으로 임용되기 전에 병역의무를 이행한 기간을 승진소요 최저연수에 포함하는 규정을 두지 않는 것은 승진임용기회에 과도한 제한을 가한다고 볼 수 있으므로 병역의무 이행자의 공무담임권을 침해한다.

해설 승진기간조항은 직무 난이도 증가에 대비해 능력을 배양할 최소한의 재직기간이 필요하다는 취지에서 재직하지 않고도 승진기간을 채울 수 있는 예외를 병역휴직과 같이 공무원 휴직으로만 한정하고 청구인의 병역의무 이행기간을 포함시키지 않았다. 승진소요 최저연수를 충족하였다는 의미는 승진임용자로 결정된다는 것이 아니라 경력평정을 실시하는 등 승진임용을 위한 절차가 개시될 수 있다는 의미에 불과하다. 승진소요 최저연수에 공무원 임용 전 병역의무 이행기간을 포함시키지 않았다 하여 청구인의 승진임용기회에 과도한 제한을 가한다고 보기 어려우므로, 승진기간조항은 공무담임권을 침해하지 않는다(헌재 2018.07.26. 2017헌마1183).

20년(1) 모의

721. 국회의원선거 및 지방의회의원선거에 있어서 피선거권 행사 연령을 25세 이상으로 정한 것은 입법형성권의 한계 내에 있으므로, 25세 미만인 사람들의 공무담임권을 침해한다고 볼 수 없다.

해설 헌법 제25조 및 제118조 제2항에 따라 입법자는 국회의원 및 지방의회의원 선거 피선거권 행사연령을 정함에 있어 선거의 의미와 기능, 국회의원 및 지방의회의원의 지위와 직무 등을 고려하여 재량에 따라 결정할 수 있다. 그러한 재량에는 피선거권 연령 설정을 통하여 달성하려는 공익과 그로 인한 공무담임권 등에 대한 제한 사이에 균형과 조화를 이루어야 하는 헌법적 한계가 존재하지만, 입법자가 정한 구체적인 연령기준이 입법형성권의 범위와 한계 내의 것으로 그 기준이 현저히 높거나 불합리하지 않다면 헌법에 위반되지 않는다. 입법자가 국회의원 및 지방의회의원에게 요구되는 능력 및 이러한 능력을 갖추기 위하여 요구되는 교육과정 등에 소요되는 최소한의 기간, 선출직 공무원에게 납세 및 병역의무의 이행을 요구하는 국민의 기대와 요청을 고려하여 국회의원 및 지방의회의원의 피선거권 행사연령을 25세 이상으로 정한 것은 합리적이고 입법형성권의 한계 내에 있으므로 25세 미만인 사람의 공무담임권 및 평등권을 침해한다고 볼 수 없다(헌재 2013.08.29. 2012헌마288).

722. 비례대표국회의원 당선인이 선거범죄로 비례대표국회의원직을 상실하여 비례대표국회의원에 결원이 생긴 경우에 소속 정당의 비례대표국회의원 후보자명부상 차순위자의 의원직 승계를 인정하지 않는 공직선거법 조항은 과잉금지원칙에 위반되지 않아 그 정당의 비례대표국회의원 후보자명부상의 차순위 후보자의 공무담임권을 침해하지 않는다.

해설 심판대상조항은 비례대표국회의원 후보자명부상의 차순위 후보자의 승계까지 부인함으로써 선거를 통하여 표출된 선거권자들의 정치적 의사표명을 무시·왜곡하는 결과를 초래하고, 선거범죄에 관하여 귀책사유도 없는 정당이나 차순위 후보자에게 불이익을 주는 것은 필요 이상의 지나친 제재를 규정한 것이라고 보지 않을 수 없으므로, 과잉금지원칙에 위배하여 청구인들의 공무담임권을 침해한 것이다(헌재 2009.10.29. 2009헌마350).

723. 국회의원으로 당선된 사립대학 교원으로 하여금 사립대학 교원의 직을 사직하도록 하는 법률 조항은 사립대학 교원의 공무담임권을 침해하지 않는다.

해설 심판대상조항은 국회의원의 직을 수행하는 동안 업무수행에 있어서 공정성을 확보하고 국회의원의 성실한 의정활동을 보장함과 동시에 국회의원으로 당선된 교원의 공백이 장기간 계속되어 학생들의 충실한 수업을 받을 권리가 침해되는 것을 방지하고자 함에 그 목적이 있고, 위 조항은 이러한 목적을 달성하기 위한 적절한 수단이다. 국회의원 임기동안 사립대학 교원의 직을 휴직하는 것만으로는 직무의 공정성이 훼손될 가능성이 여전히 존재하고, 사립대학 교원의 휴직이 장기화될 경우에는 학생들의 수업권이 적절히 보장되지 않을 우려도 적지 않다. 또한, 다른 정무직 공무원과는 달리 헌법 제43조는 국회의원에 대해서 일부 직종의 겸직을 불허할 수 있는 가능성을 직접 열어두고 있고, 국회의원은 국가공동체의 정치적 의사형성에 직접이고 포괄적으로 참여하고 있어서 이해관계의 충돌 상황을 사전에 차단해야 할 필요성이 상대적으로 크며, 일단 교원의 직을 유지한 채 국회의원선거에 입후보하는 것 자체는 허용하면서 국회의원 당선이 확정된 이후에 비로소 사립대학 교원의 직을 사직하도록 하고 있는 것은 출마를 위해 사직하도록 하는 초·중등학교 교원에 비해 제한의 정도가 크지 않으므로, 침해의 최소성 원칙에 위반되지 않는다. 심판대상조항은 국회의원의 직무수행에 있어 공정성과 전념성을 확보하여 국회가 본연의 기능을 충실히 수행하도록 하는 동시에 대학교육을 정상화하기 위한 것이므로, 입법자가 이를 심판대상조항으로 인해 발생하는 공무담임권 및 직업선택의 자유에 대한 제한보다 중시한다고 해서 법익의 균형성 원칙에도 위반된다고 보기 어렵다(헌재 2015.04.30. 2014헌마621).

정답 O

 19년 변시, 19년(1)·20년(1) 모의

724. 간접선거제를 채택하고 있는 국립대학교 총장후보자 선정과정에서 후보자에 지원하려는 사람에게 기탁금 1,000만원을 납부하도록 하고, 기탁금을 납입하지 않을 경우 총장후보자에 지원하는 기회가 주어지지 않도록 하는 것은 총장후보에 지원하려는 자의 공무담임권을 침해한다.

해설 이 사건 기탁금조항은 총장후보자 지원자들의 무분별한 난립을 방지하고 그 책임성과 성실성을 확보함으로써 선거의 과열을 예방하기 위한 것이므로 목적의 정당성은 인정된다. 총장후보자 지원자들에게 1,000만 원의 기탁금을 납부하게 하는 것은 지원자가 무분별하게 총장후보자에 지원하는 것을 예방하는데 기여할 수 있으므로 수단의 적합성도 인정된다. 현행 총장후보자 선정규정에 따르면 총장후보자는 간선제 방식인데, 이러한 방식 하에서는 지원자들의 무분별한 난립과 선거 과열 문제가 발생할 여지가 적다. 그리고 총장후보자의 자격요건을 강화하는 등 지원자들의 무분별한 난립을 막을 대체수단이 있다. 또한 이 사건 기탁금조항의 1,000만 원이라는 액수는 총장후보자에 지원하려는 의사를 단념토록 할 수 있을 정도로 과다한 액수이다. 이러한 사정들을 종합하면 이 사건 기탁금조항은 침해의 최소성에 반한다. 현행 총장후보자 선정규정에 따른 간선제 방식에서는 이 사건 기탁금조항으로 달성하려는 공익은 제한적이다. 반면 이 사건 기탁금조항으로 인하여 기탁금을 납입할 자력이 없는 교원 등 학내 인사 및 일반 국민들은 총장후보자에 지원하는 것 자체를 단념하게 되므로, 이 사건 기탁금조항으로 제약되는 공무담임권의 정도는 결코 과소평가될 수 없다. 이 사건 기탁금조항으로 달성하려는 공익이 제한되는 공무담임권 정도보다 크다고 단정할 수 없으므로, 이 사건 기탁금조항은 법익의 균형성에도 반한다. 따라서, 이 사건 기탁금조항은 과잉금지원칙에 반하여 청구인의 공무담임권을 침해한다(헌재 2018.04.26. 2014헌마274).

정답 O

 19년(1)·20년(1) 모의

725. 금고 이상의 형의 선고유예의 판결을 받아 그 기간 중에 있는 사람이 공무원으로 임용되는 것을 금지하고 이러한 사람이 공무원으로 임용되더라도 그 임용을 당연무효로 하는 것은 해당 공무원의 공무담임권을 침해하지 않는다.

해설 이 사건 법률조항은 금고 이상의 형의 선고유예의 판결을 받아 그 기간 중에 있는 사람이 공무원으로 임용되는 것을 금지하고 이러한 사람이 공무원으로 임용되더라도 그 임용을 당연무효로 하는 것으로서, 공직에 대한 국민의 신뢰를 보장하고 공무원의 원활한 직무수행을 도모하기 위하여 마련된 조항이다. 청구인과 같이 임용결격사유에도 불구하고 임용된 임용결격공무원은 상당한 기간 동안 근무한 경우라도 적법한 공무원의 신분을 취득하여 근무한 것이 아니라는 이유로 공무원연금법상 퇴직급여의 지급대상이 되지 못하는 등 일정한 불이익을 받기는 하지만, 재직기간 중 사실상 제공한 근로에 대하여는 그 대가에 상응하는 금액의 반환을 부당이득으로 청구하는 등의 민사적 구제수단이 있는 점을 고려하면, 공직에 대한 국민의 신뢰보장이라는 공익과 비교하여 임용결격공무원의 사익 침해가 현저하다고 보기 어렵다. 따라서 이 사건 법률조항은 입법자의 재량을 일탈하여 공무담임권을 침해한 것이라고 볼 수 없다(헌재 2016.07.28. 2014헌바437).

정답 O

16년(3)·17년(2)·19년(3) 모의

726. 수뢰죄를 범하여 금고 이상의 형의 선고유예를 받은 국가공무원을 당연퇴직하도록 하는 것은, 수뢰죄가 수수액의 다과에 관계없이 공무원 직무의 불가매수성과 염결성을 치명적으로 손상시키고 직무의 공정성을 해치며 국민의 불신을 초래하는 것이어서 일반 형법상 범죄와 달리 엄격하게 취급할 필요가 있으므로, 공무담임권을 침해하지 않는다.

해설 심판대상조항은 공무원 직무수행에 대한 국민의 신뢰 및 직무의 정상적 운영의 확보, 공무원범죄의 예방, 공직사회의 질서 유지를 위한 것으로서 목적이 정당하고, 형법 제129조 제1항의 수뢰죄를 범하여 금고 이상 형의 선고유예를 받은 국가공무원을 공직에서 배제하는 것은 적절한 수단에 해당한다. 수뢰죄는 수수액의 다과에 관계없이 공무원 직무의 불가매수성과 염결성을 치명적으로 손상시키고, 직무의 공정성을 해치며 국민의 불신을 초래하므로 일반 형법상 범죄와 달리 엄격하게 취급할 필요가 있다. 수뢰죄를 범하더라도 자격정지형의 선고유예를 받은 경우 당연퇴직하지 않을 수 있으며, 당연퇴직의 사유가 직무 관련 범죄로 한정되므로 심판대상조항은 침해의 최소성원칙에 위반되지 않고, 이로써 달성되는 공익이 공무원 개인이 입는 불이익보다 훨씬 크므로 법익균형성원칙에도 반하지 아니한다. 따라서 심판대상조항은 과잉금지원칙에 반하여 청구인의 공무담임권을 침해하지 아니한다(헌재 2013.07.25. 2012헌바409).

정답

19년(3) 모의

727. 서울특별시 국·공립 초등학교 교사 임용시험에서 동일 지역 교육대학 출신 응시자에게 지역가산점을 부여하는 것은 다른 지역 교육대학 출신자의 공무담임권을 침해한다.

해설 구 교육공무원법 제11조의2 [별표2]에서 인정되는 각종 가산점은 제1차 시험성적의 10% 범위에서만 부여할 수 있고, 임용권자로서는 다른 가산점을 고려하여 지역가산점을 부여해야 하므로 지역가산점을 제한된 범위 내에서 부여할 수밖에 없는 점, 이 사건 지역가산점을 받지 못하는 불이익은 그런 점을 알고도 다른 지역 교대에 입학한 것에서 기인하는 점, 노력 여하에 따라서는 가산점의 불이익을 감수하고라도 수도권 지역에 합격할 길이 열려 있는 점 등에 비추어, 이 사건 지역가산점규정이 과잉금지원칙에 위배되어 다른 지역 교대출신 응시자들의 공무담임권, 평등권을 침해한다고 볼 수 없다(헌재 2014.04.24. 2010헌마747).

정답

19년(3) 모의

728. 7급 또는 9급 국가공무원 공개경쟁채용시험에서 노동직류와 직업상담직류를 선발할 때, 직업상담사 자격증 소지자에게 점수를 가산하는 것은 해당 자격증을 소지하지 아니한 자의 공무담임권을 침해한다.

해설 2003년과 2007년경부터 규정된 것이어서 해당 직류의 채용시험을 진지하게 준비 중이었다면 누구라도 직업상담사 자격증이 가산대상 자격증임을 알 수 있었다고 보이며, 자격증소지를 시험의 응시자격으로 한 것이 아니라 각 과목 만점의 최대 5% 이내에서 가산점을 부여하는 점, 자격증 소지자도 다른 수험생들과 마찬가지로 합격의 최저 기준인 각 과목 만점의 40%이상을 취득하여야 한다는 점, 그 가산점 비율은 3% 또는 5%로서 다른 직렬과 자격증 가산점 비율에 비하여 과도한 수준이라고 볼 수 없다는 점을 종합하면 이 조항이 피해최소성 원칙에 위배된다고 볼 수 없고, 법익의 균형성도 갖추었다. 따라서 심판대상조항이 청구인들의 공무담임권과 평등권을 침해하였다고 볼 수 없다 (헌재 2018.08.30 2018헌마46).

정답

14년(1)·17년(2)·18년(2) 모의

729. (1) 도지사인 甲은 당선되기 이전에 범한 정치자금법위반죄로 기소되어 직무 수행 중에 1심에서 징역 8월의 형을 선고받고 현재 상고심 계속 중이다. 그런데 甲은 지방자치법의 규율로 인하여 1심 선고 직후부터 직무에서 배제되어 도지사직을 수행하지 못하고 있다. 이 경우 甲은 공무담임권이 아닌 도지사의 권한 침해를 이유로 권한쟁의심판을 청구할 수 있을 뿐이다.

(2) 헌법재판소는 지방자치단체의 장이 금고 이상의 형의 선고를 받은 경우 부단체장으로 하여금 그 권한을 대행하도록 한 것에 대하여 종전판례를 변경하여 공무담임권을 침해하고 무죄추정의 원칙에 위배된다고 하였다.

해설 (1) 우리 헌법 제25조는 "모든 국민은 법률이 정하는 바에 의하여 공무담임권을 가진다."고 규정하여 공무담임권을 기본권으로 보장하고 있고, 공무담임권의 보호영역에는 공직취임 기회의 자의적인 배제뿐 아니라 공무원 신분의 부당한 박탈이나 권한(직무)의 부당한 정지도 포함된다. 결국 이 사건 법률조항이 임기가 정하여져 있는 선거직 공무원의 직무를 '형이 확정될 때까지'라는 불확실한 시점까지 정지시키는 것은, 비록 일시적이고 잠정적인 처분이라 하더라도, 헌법상 보장된 청구인의 공무담임권을 제한하고 있다고 할 것이다(헌재 2010.09.02. 2010헌마418).

(2) [5인 위헌의견] 헌법 제27조 제4항은 "형사피고인은 유죄의 판결이 확정될 때까지는 무죄로 추정된다."고 선언함으로써, 공소가 제기된 피고인이 비록 1심이나 2심에서 유죄판결을 선고받았더라도 그 유죄판결이 확정되기 전까지는 원칙적으로 죄가 없는 자에 준하여 취급해야 함은 물론, 유죄임을 전제로 하여 해당 피고인에 대하여 유형·무형의 일체의 불이익을 가하지 못하도록 하고 있다. 그런데 이 사건 법률조항은 '금고 이상의 형이 선고되었다.'는 사실 자체에 주민의 신뢰가 훼손되고 자치단체장으로서 직무의 전념성이 해쳐질 것이라는 부정적 의미를 부여한 후, 그러한 판결이 선고되었다는 사실만을 유일한 요건으로 하여, 형이 확정될 때까지의 불확정한 기간동안 자치단체장으로서의 직무를 정지시키는 불이익을 가하고 있으며, 그와 같이 불이익을 가함에 있어 필요최소한에 그

치도록 엄격한 요건을 설정하지도 않았으므로, 무죄추정의 원칙에 위배되고 지방자치단체장인 청구인의 공무담임권을 침해한다(헌재 2010.09.02. 2010헌마418).

정답 ×, ○

🍊 13년·16년 변시, 14년(2)·15년(3)·17년(1)·(3)·22년(2) 모의

730. 지방자치단체의 장이 공소 제기된 후 구금상태에 있는 경우 일시적으로 부단체장이 그 권한을 대행하도록 규정한 법률조항은 과잉금지원칙이나 무죄추정원칙에 위반되지 않아 지방자치단체장에게 보장된 공무담임권을 침해하지 않고 평등권도 침해하지 않는다.

해설 이 사건 법률조항의 입법목적은 주민의 복리와 자치단체행정의 원활하고 효율적인 운영에 초래될 것으로 예상되는 위험을 미연에 방지하려는 것으로, 자치단체장이 '공소 제기된 후 구금상태'에 있는 경우 자치단체행정의 계속성과 융통성을 보장하고 주민의 복리를 위한 최선의 정책집행을 도모하기 위해서는 해당 자치단체장을 직무에서 배제시키는 방법 외에는 달리 의미 있는 대안을 찾을 수 없다. 나아가 정식 형사재판절차를 앞두고 있는 '공소 제기된 후'부터 시작하여 '구금상태에 있는' 동안만 직무를 정지시키고 있어 그 침해가 최소한에 그치도록 하고 있고, 이 사건 법률조항이 달성하려는 공익은 매우 중대한 반면, 일시적·잠정적으로 직무를 정지당할 뿐 신분을 박탈당하지도 않는 자치단체장의 사익에 대한 침해는 가혹하다고 볼 수 없으므로 과잉금지원칙에 위반되지 않는다. … 국무총리, 행정 각부의 장은 임명권자에 의해 교체될 수 있다는 점에서, 국회의원은 국회라는 합의체의 일원으로서 구금상태가 직무의 원활한 운영에 미치는 효과가 다르다는 점에서, 자치단체장에 대하여만 이 사건 법률조항에 기한 직무정지를 부과한다 하여 <u>자의적 차별이라 할 수는 없다</u>(헌재 2011.04.28. 2010헌마474).

🍊 24년 변시

731. 탄핵심판절차에 따른 파면결정으로 피청구인이 된 행정부나 사법부의 고위공직자는 공직을 박탈당하게 되는데, 이는 공무담임권의 제한에 해당한다.

해설 탄핵심판절차에 따른 파면결정으로 피청구인이 된 행정부나 사법부의 고위공직자는 공직을 박탈당하게 되는데, 이는 공무담임권의 제한에 해당한다.(헌재 2004.05.14. 2004헌나1(전합)).

🍊 14년 변시, 17년(3)·18년(2) 모의

732. (1) 형사사건으로 기소된 국가공무원을 임용권자의 판단에 따라 확정판결 이전에도 형사사건으로 기소되었다는 이유만으로 직위해제처분을 할 수 있도록 규정한 법률조항은 그 공무원의 공무담임권을 제한한다.

(2) 임용권자로 하여금 형사사건으로 기소된 공무원을 직위해제할 수 있도록 규정한 것은 그러한 공무원을 직무담당으로부터 배제함으로써 공직 및 직무수행의 공정성

과 그에 대한 국민의 신뢰를 유지하기 위한 것으로서 입법목적이 정당하지만, 직무와 전혀 관련이 없는 범죄나 지극히 경미한 범죄로 기소된 경우까지 임용권자의 임의적인 판단에 따라 직위해제를 할 수 있게 허용하므로 공무담임권을 침해한다.

해설 (1) 이 사건 법률조항에 의하면 임용권자는 약식명령이 청구된 경우를 제외하고 형사사건으로 기소된 국가공무원에 대하여 직위해제를 할 수 있다. 공무담임권의 보호영역에는 공직취임 기회의 자의적인 배제 뿐 아니라, 공무원 신분의 부당한 박탈이나 권한(직무)의 부당한 정지도 포함된다고 할 것이다. 따라서 공무원의 직무수행을 제한하고 있는 이 사건 법률조항은 공무담임권을 제한하고 있다.
(2) 형사사건으로 기소된 국가공무원을 직위해제할 수 있도록 규정한 구 국가공무원법조항의 입법목적은 형사소추를 받은 공무원이 계속 직무를 집행함으로써 발생할 수 있는 공직 및 공무집행의 공정성과 그에 대한 국민의 신뢰를 해할 위험을 예방하기 위한 것으로 정당하고, 직위해제는 이러한 입법목적을 달성하기에 적합한 수단이다. 이 사건 법률조항이 임용권자로 하여금 구체적인 경우에 따라 개별성과 특수성을 판단하여 직위해제 여부를 결정하도록 한 것이지 직무와 전혀 관련이 없는 범죄나 지극히 경미한 범죄로 기소된 경우까지 임용권자의 자의적인 판단에 따라 직위해제를 할 수 있도록 허용하는 것은 아니고, 기소된 범죄의 법정형이나 범죄의 성질에 따라 그 요건을 보다 한정적, 제한적으로 규정하는 방법을 찾기 어렵다는 점에서 이 사건 법률조항이 필요최소한도를 넘어 공무담임권을 제한하였다고 보기 어렵다. 그리고 이 사건 법률조항에 의한 공무담임권의 제한은 잠정적이고 그 경우에도 공무원의 신분은 유지되고 있다는 점에서 공무원에게 가해지는 신분상 불이익과 보호하려는 공익을 비교할 때 공무집행의 공정성과 그에 대한 국민의 신뢰를 유지하고자 하는 공익이 더욱 크다. 따라서 이 사건 법률조항은 공무담임권을 침해하지 않는다(헌재 2006.05.25. 2004헌바12).

정답 O, X

16년 변시, 17년(2) 모의

733. **부사관으로 최초로 임용되는 사람의 최고연령을 27세로 정한 법률조항은 부사관이라는 공직 취임의 기회를 제한하고 있으나, 군 조직의 특수성, 군 조직 내에서 부사관의 상대적 지위 및 역할 등을 고려할 때 공무담임권을 침해한다고 볼 수 없다.**

해설 국가의 안전보장과 국토방위의 의무를 수행하기 위하여 군인은 강인한 체력과 정신력을 바탕으로 한 전투력을 유지할 필요가 있고, 이를 위해 군 조직은 위계질서의 확립과 기강확보가 어느 조직보다 중요시된다. 이러한 군의 특수성을 고려할 때 부사관의 임용연령상한을 제한하는 심판대상조항은 그 입법목적이 정당하고, 부사관보다 상위 계급인 소위의 임용연령상한도 27세로 정해져 있는 점, 연령과 체력의 보편적 상관관계 등을 고려할 때 수단의 적합성도 인정된다. 평균수명이 증가하고 취업연령이 전반적으로 늦어지고 있는 것이 오늘날의 현실이나, 부사관 임용을 원하는 사람에게 고등학교 졸업 후 적어도 9년, 대학 졸업 후에도 최소한 4~5년 동안 지원 기회가 제공되고, 특히 제대군인의 경우 최대 3년간 상한 연장특례가 부여되는 점, 군인사법상 부사관의 계급별 연령정년은 하사가 40세로서 낮게 설정되어 있는 반면 근속진급기간은 다소 장기여서, 현재의 정년 및 진급체계를 그대로 둔 채 부사관의 임용연령상한만을 완화하는 경우 부사관 인사체계에 불합리한 결과가 발생할 수 있는 점, 첨단무기·정보를 바탕으로 한 미래전에 대비하기 위해서 각 분야별로 숙련되고 기술력 있는 부사관을 조기에 발굴하여 양성할 필요가 있는데 부사관의 임용연령상한을 상향 조정하는 경우 숙련된 부사관의 활용기간을 단축시키는 결과를 초래할 수 있는 점 등 제반 사정을 종합하여 볼 때, 심판대상조항에서 정한 부사관의 최초 임용연령상한이 지나치게 낮아 부사관 임용을 원하는 사람의 응시기회를 실질적으로 차단한다거나 제한할 정도에 이르렀다고 보기 어렵다. 나아가 심판대상조항으로 인하여 입는 불이익은 부사관 임용지원기회가 27세 이후에 제한되는 것임에 반하여, 이를 통해 달성할 수 있는 공익은 군의 전투력 등 헌법적 요구에 부응하는 적절한 무력의 유지, 궁극적으로 국가안위의 보장과 국민의 생명·재산 보호로서 매우 중대하므로, 법익의 균형성 원칙에도 위배되지 아니한다. 따라서 심판대상조항이 과잉금지의 원칙을 위반하여 청구인들의 공무담임권을 침해한다고 볼 수 없다(헌재 2014.09.25. 2011헌마414).

734. '외국의 영주권을 취득한 재외국민'과 같이 법령의 규정상 주민등록이 불가능한 재외국민인 주민의 지방선거 피선거권을 부인하도록 한 규정은 국내거주 재외국민의 공무담임권을 침해한다.

해설 '외국의 영주권을 취득한 재외국민'과 같이 주민등록을 하는 것이 법령의 규정상 아예 불가능한 자들이라도 지방자치단체의 주민으로서 오랜 기간 생활해 오면서 그 지방자치단체의 사무와 얼마든지 밀접한 이해관계를 형성할 수 있고, 주민등록이 아니더라도 그와 같은 거주 사실을 공적으로 확인할 수 있는 방법은 존재한다는 점, 나아가 법 제16조 제2항이 국회의원 선거에 있어서는 주민등록 여부와 관계없이 25세 이상의 국민이라면 누구든지 피선거권을 가지는 것으로 규정함으로써 국내거주 여부를 불문하고 재외국민도 국회의원 선거의 피선거권을 가진다는 사실에 비추어, 주민등록만을 기준으로 함으로써 주민등록이 불가능한 재외국민인 주민의 지방선거 피선거권을 부인하는 법 제16조 제3항은 헌법 제37조 제2항에 위반하여 국내거주 재외국민의 공무담임권을 침해한다(헌재 2007.06.28. 2004헌마644).

735. 원칙적으로 공직자선발에 있어 해당 공직이 요구하는 직무수행능력과 무관한 요소인 성별·종교·사회적 신분·출신지역 등을 이유로 하는 차별은 허용되지 않는다고 할 것이므로, 우리 헌법의 기본원리인 사회국가원리도 능력주의 원칙에 대한 예외로 작용할 수 없다.

해설 헌법의 기본원리나 특정조항에 비추어 능력주의 원칙에 대한 예외를 인정할 수 있는 경우가 있다. 그러한 헌법규범 내지 헌법원리로는 우리 헌법의 기본원리인 사회국가원리를 들 수 있고, 헌법조항으로는 여자와 연소자의 근로의 특별보호를 규정한 헌법 제32조 제4항, 제5항, 국가유공자·상이군경 및 전몰군경의 유가족에 대한 우선적 근로기회의 보장을 규정한 헌법 제32조 제6항, 여자, 노인과 청소년, 신체장애자 등에 대한 사회보장의무를 규정한 헌법 제34조 제2항 내지 제5항 등을 들 수 있다. 이와 같은 헌법적 요청이 있는 경우에는 합리적 범위 안에서 능력주의가 제한될 수 있다(헌재 2001.02.22. 2000헌마25).

 16년 변시

736. 향토예비군 지휘관이 금고 이상 형의 선고유예를 받은 경우에는 그 직에서 당연해임되도록 규정하고 있는 법률조항은, 범죄의 종류와 내용을 가리지 않고 모두 당연퇴직사유로 정함으로써 공무담임권을 침해한다.

해설 향토예비군 지휘관이 금고 이상의 형의 선고유예를 받은 경우에는 그 직에서 당연해임하도록 규정하고 있는 이 사건 법률조항은 금고 이상의 선고유예의 판결을 받은 모든 범죄를 포괄하여 규정하고 있을 뿐 아니라, 심지어 오늘날 누구에게나 위험이 상존하는 교통사고 관련 범죄 등 과실범의 경우마저 당연해임의 사유에서 제외하지 않고 있으므로 최소침해성의 원칙에 반한다. 오늘날 사회구조의 변화로 인하여 '모든 범죄로부터 순결한 공직자 집단'이라는 신뢰를 요구하는 것은 지나치게 공익만을 우선한 것이며, 오늘날 사회국가원리에 입각한 공직제도의 중요성이 강조되면서 개개 공무원의 공무담임권 보장의 중요성이 더욱 큰 의미를 가지고 있다. 일단 공무원으로 채용된 공무원을 퇴직시키는 것은 공무원이 장기간 쌓은 지위를 박탈해 버리는 것이므로 같은 입법목적을 위한 것이라고 하여도 당연퇴직 또는 당연해임사유를 임용결격사유와 동일하게 취급하는 것은 타당하다고 할 수 없다. 따라서 이 사건 법률조항은 과잉금지원칙에 위배하여 공무담임권을 침해하는 조항이라고 할 것이다(헌재 2005.12.22. 2004헌마947).

15년(3) 모의

737. 직업공무원에게는 정치적 중립성과 더불어 효율적으로 업무를 수행할 수 있는 능력이 요구되기 때문에 직업공무원의 공직취임을 규율하는 경우에 임용희망자의 능력·전문성·적성·품성을 기준으로 하는 능력주의 또는 성과주의를 바탕으로 하여야 한다.

해설 국민의 신임에 의하여 정당화되는 선거직공직과는 달리 비선거직공직자의 선발에 있어서는 공직이 요구하는 전문성·능력·적성 등을 기준으로 하는 능력주의 내지 성적주의가 그 바탕이 되어야 하므로, 헌법 제25조가 보장하고 있는 비선거직공직에 대한 공직취임권은 모든 국민에게 누구나 그 능력과 적성에 따라 공직에 취임할 수 있는 균등한 기회를 보장한다는 뜻으로 보아야 할 것이다. 따라서 원칙적으로 공직자선발에 있어 해당 공직이 요구하는 직무수행능력과 무관한 요소인 성별·종교·사회적 신분·출신지역 등을 이유로 하는 어떠한 차별도 허용되지 않는다고 할 것이다(헌재 2001.02.22. 2000헌마25).

14년 변시

738. 금고 이상의 형의 집행유예 판결을 공무원의 당연퇴직사유로 규정한 법률조항이 입법자의 재량을 일탈하여 공무담임권을 침해한 것으로 볼 수 없다.

해설 공무원에게 부과되는 신분상 불이익과 보호하려는 공익이 합리적 균형을 이루는 한 법원이 범죄의 모든 정황을 고려하여 금고 이상의 형의 집행유예 판결을 하였다면 그 범죄행위가 직무와 직접적 관련이 없거나 과실에 의한 것이라 하더라도 공무원의 품위를 손상하는 것으로 당해 공무원에 대한 사회적 비난가능성이 결코 적지 아니함을 의미하므로 이를 공무원의 당연퇴직사유로 규정한 법률조항이 입법자의 재량을 일탈한 것이라고 볼 수 없다. 또한 집행유예와 선고유예의 차이, 금고형과 벌금형의 경중을 고려할 때 이 사건 법률조항이 집행유예 판결을 받은 자를 합리적 이유 없이 선고유예나 벌금형의 판결을 받은 자에 비하여 차별하는 것이라고도 볼 수 없다. 그렇다면 공무원에게 가해지는 신분상 불이익과 보호하려는 공익을 비교할 때 금고 이상의 형의 집행유예 판결을 받은 것을 공무원의 당연퇴직사유로 규정한 이 사건 법률조항이 공무담임권 및 행복추구권을 침해하여 헌법에 위반된다고 할 수 없다(헌재 2011.06.30. 2010헌바478).

제6장 청구권적 기본권

제1절 청원권

🕐 21년 변시, 11년(1)·14년(1) · 22년(2) 모의

739.
(1) 국회에 청원을 하려는 자는 국회의원의 소개를 받지 않더라도 청원할 수 있다.

(2) 국회법과 지방자치법은 각각 국회와 지방의회에 청원할 때 국회의원과 지방의회 의원의 소개를 얻도록 요구하고 있는데 이러한 법률규정은 청원권을 침해하지 않는다.

(3) 국회에 청원을 하려는 자는 국회규칙으로 정하는 기간 동안, 국회규칙으로 정하는 일정한 수 이상의 국민의 동의를 받아 청원서를 제출할 수 있다.

해설 ㉠ 국회 : 의회에 대한 청원에 국회의원의 소개를 얻도록 한 것은 청원 심사의 효율성을 확보하기 위한 적절한 수단이다. 또한 청원은 일반의안과 같이 처리되므로 청원서 제출단계부터 의원의 관여가 필요하고, 의원의 소개가 없는 민원의 경우에는 진정으로 접수하여 처리하고 있으며, 청원의 소개의원은 1인으로 족한 점 등을 감안할 때 이 사건 법률조항이 국회에 청원을 하려는 자의 청원권을 침해한다고 볼 수 없다(헌재 2006.06.29. 2005헌마604).

㉡ 지방의회 : 지방의회에 청원을 할 때에 지방의회 의원의 소개를 얻도록 한 것은 의원이 미리 청원의 내용을 확인하고 이를 소개하도록 함으로써 청원의 남발을 규제하고 심사의 효율을 기하기 위한 것이고, 지방의회 의원 모두가 소개의원이 되기를 거절하였다면 그 청원내용에 찬성하는 의원이 없는 것이므로 지방의회에서 심사하더라도 인용가능성이 전혀 없어 심사의 실익이 없으며, 청원의 소개의원도 1인으로 족한 점을 감안하면 이러한 정도의 제한은 공공복리를 위한 필요·최소한의 것이라고 할 수 있다(헌재 1999.11.25. 97헌마54). 국회법 제123조, 국회청원심사규칙 제1조의2 참조.

▶ 국회법의 개정으로 국회에 하는 청원은 의원소개청원과 국민동의청원으로 구분, 국민동의청원의 경우 국회의원의 소개를 받지 않더라도 국회에 청원이 가능하도록 함

국회법 제123조(청원서의 제출) ① 국회에 청원을 하려는 자는 의원의 소개를 받거나 국회규칙으로 정하는 기간 동안 국회규칙으로 정하는 일정한 수 이상의 국민의 동의를 받아 청원서를 제출하여야 한다.
국회청원심사규칙 제1조의2(청원의 종류) 청원은 다음 각 호와 같이 구분한다.
1. "의원소개청원"이란 국회에 청원을 하려는 자가 국회의원(이하 "의원"이라 한다)의 소개를 받아 서면으로 제출하는 청원을 말한다.
2. "국민동의청원"이란 국회에 청원을 하려는 자가 「국회법」 제123조의2에 따른 전자청원시스템(이하 "전자청원시스템"이라 한다)을 이용하여 전자적 방식으로 등록하고 국민의 동의를 받아 제출하는 청원을 말한다.

정답 ○,○,○

20년(1)·22년(2) 모의

740. 국민은 여러 가지 이해관계 또는 국정에 관하여 자신의 의견이나 희망을 해당 기관에 직접 진술하는 외에 그 본인을 대리하거나 중개하는 제3자를 통해 진술하는 것도 청원권으로 보호된다.

해설 우리 헌법 제26조에서 "모든 국민은 법률이 정하는 바에 의하여 국가기관에 문서로 청원할 권리를 가진다. 국가는 청원에 대하여 심사할 의무를 진다."고 하여 청원권을 기본권으로 보장하고 있으므로 국민은 여러 가지 이해관계 또는 국정에 관하여 자신의 의견이나 희망을 해당 기관에 직접 진술하는 외에 그 본인을 대리하거나 중개하는 제3자를 통해 진술하더라도 이는 청원권으로서 보호된다(헌재 2012.04.24. 2011헌바40).

정답 ○

11년(1)·14년(1)·18년(2) 모의

741. 국민이 국가기관에 문서로 청원을 한 경우에 당해 국가기관은 이를 수리하여 심사하고 그 결과를 통지할 의무를 지지만, 그 처리결과에 심판서나 재결서에 준하는 이유를 명시할 헌법상의 의무는 지지 않는다.

해설 헌법상 보장된 청원권은 공권력과의 관계에서 일어나는 여러 가지 이해관계, 의견, 희망 등에 관하여 적법한 청원을 한 모든 국민에게 국가기관이 청원을 수리할 뿐만 아니라 이를 심사하여 청원자에게 그 처리결과를 통지할 것을 요구할 수 있는 권리를 말하나, 청원사항의 처리결과에 심판서나 재결서에 준하여 이유를 명시할 것을 요구하는 것은 청원권의 보호범위에 포함되지 아니하므로, 청원 소관관서는 청원법이 정하는 절차와 범위 내에서 청원사항을 성실·공정·신속히 심사하고 청원인에게 그 청원을 어떻게 처리하였거나 처리하려 하는지를 알 수 있는 정도로 결과통지함으로써 충분하다(헌재 1994.02.24. 93헌마213).

정답 ○

14년(1)·22년(2) 모의

742. 헌법상 청원권은 문서로 행사하도록 하고 있으나 청원법은 국민의 기본권보장을 강화하기 위하여 구두로도 청원할 수 있도록 하고 있다.

해설 헌법 제26조 제1항, 청원법 제9조 참조. ▶ 청원법에서도 청원은 문서(전자문서 포함)로 하도록 규정

헌법 제26조 ① 모든 국민은 법률이 정하는 바에 의하여 국가기관에 문서로 청원할 권리를 가진다.
청원법 제9조(청원방법) ① 청원은 청원서에 청원인의 성명(법인인 경우에는 명칭 및 대표자의 성명을 말한다)과 주소 또는 거소를 적고 서명한 문서(「전자문서 및 전자거래 기본법」에 따른 전자문서를 포함한다)로 하여야 한다.
② 제1항에 따라 전자문서로 제출하는 청원(이하 "온라인청원"이라 한다)은 본인임을 확인할 수 있는 전자적 방법을 통해 제출하여야 한다. 이 경우 서명이 대체된 것으로 본다.
③ 제2항에 따른 본인임을 확인할 수 있는 전자적 방법은 대법원규칙, 헌법재판소규칙, 중앙선거관리위원회규칙 및 대통령령으로 정한다. [시행일: 2022. 12. 23.] 제9조제2항, 제9조제3항

정답 ×

11년(1)·14년(1) · 22년(2) 모의

743. 적법한 청원에 대하여 국가기관이 수리·심사하여 그 결과를 청원인에게 통지하였다면 이로써 당해 국가기관은 헌법 및 청원법상의 의무이행을 다한 것이라 할 것이고, 비록 그 처리내용이 청원인이 기대한 바에 미치지 않는다고 하더라도 헌법소원의 대상이 되는 공권력의 불행사가 있다고 볼 수 없다.

해설 헌법상의 청원권은 공권력과의 관계에서 일어나는 여러가지 이해관계, 의견, 희망 등에 관하여 적법한 청원을 한 국민에게 국가기관이 이를 수리·심사하여 그 심사결과를 통보하여 줄 것을 요구할 수 있는 권리를 의미한다. 따라서 적법한 청원에 대하여 국가기관이 이를 수리·심사하여 그 결과를 청원인에게 통보하였다면, 이로써 당해 국가기관은 헌법 및 청원법상의 의무이행을 다한 것이고, 그 통보 자체에 의하여 청구인의 권리의무나 법률관계가 직접 영향을 받는 것도 아니므로 비록 그 통보내용이 청원인이 기대하는 바에는 미치지 못한다고 하더라도 그러한 통보조치가 헌법소원의 대상이 되는 구체적인 공권력의 행사 내지 불행사라고 볼 수는 없다(헌재 2004.10.28. 2004헌마512).

정답 O

14년(1) 모의

744. 헌법재판소 판례에 따르면 입법부가 대가를 받는 로비제도를 인정하지 않고, 공무원의 직무에 속한 사항의 알선에 관하여 금품 등을 수수하는 모든 행위를 형사처벌하고 있다고 하더라도 이것이 청원권을 침해하는 것으로 볼 수 없다.

해설 금전적 대가를 받는 알선 내지 로비활동을 합법적으로 보장할 것인지 여부는 그 시대 국민의 법 감정이나 사회적 상황에 따라 입법자가 판단할 사항으로, 우리의 역사에서 로비가 공익이 아닌 특정 개인이나 집단의 사익을 추구하는 도구로 이용되었다는 점이나 건전한 정보제공보다는 비합리적인 의사결정을 하게 하여 시민사회의 발전을 저해하는 요소가 되었다는 점을 감안하여 청원권 등의 구체적인 내용 형성에 폭넓은 재량을 가진 입법부가 대가를 받는 로비제도를 인정하고 않고, 공무원의 직무에 속한 사항의 알선에 관하여 금품 등을 수수하는 모든 행위를 형사처벌하고 있다고 하더라도 이것이 청원권이나 일반적 행동자유권을 침해하는 것으로 볼 수 없다(헌재 2005.11.24. 2003헌바108).

정답 O

제2절 재판청구권

제❶항 재판청구권의 내용

Ⅰ 「헌법과 법률이 정한 법관」에 의한 재판을 받을 권리

21년 변시, 16년(1)·19년(3)·22년(2) 모의

745. 재판을 받을 권리는 신분이 보장되고 독립된 법관에 의한 재판의 보장을 주된 내용으로 하지만 국민참여재판을 받을 권리도 헌법 제27조 제1항에서 규정한 재판을 받을 권리의 보호범위에 속한다.

> 해설 국민참여재판을 받을 권리는 헌법상 기본권으로서 보호될 수는 없지만, 재판참여법에서 정하는 대상 사건에 해당하는 한 피고인은 원칙적으로 국민참여재판으로 재판을 받을 법률상 권리를 가진다고 할 것이고, 이러한 형사소송절차상의 권리를 배제함에 있어서는 헌법에서 정한 적법절차원칙을 따라야 한다(헌재 2014.01.28. 2012헌바298).

정답 ✕

23년(2) 모의

746. 청소년보호위원회가 청소년유해매체물로 결정한 영상물을 청소년에게 판매하였다는 이유로 처벌하는 것은 범죄구성요건으로서 청소년유해매체물인지 여부에 대한 사실확정의 권한을 행정기관인 청소년보호위원회에 위임하는 것으로 법관에 의한 재판을 받을 권리를 침해한다.

> 해설 그런데 이 사건 법률조항은 범죄의 구성요건의 일부인 청소년유해매체물의 결정을 행정기관인 청소년보호위원회 등에 위임하고 있어 법관에 의한 재판을 받을 권리를 규정하고 있는 헌법 제27조 제1항에 위반되는 것이 아닌지 문제될 수 있으나, 청소년보호위원회 등의 결정이 이 사건 법률조항에 따라 그 위임의 범위 내에서 행하여지는 이상 그것은 법률상 구성요건의 내용을 일부 보충하는 것에 불과하므로 이를 토대로 재판이 행하여진다 하더라도 그로 인하여 사실확정과 법률의 해석·적용에 관한 법관의 고유권한이 박탈된 것이라 할 수 없으며, 더욱이 법관은 청소년보호위원회 등의 결정이 적법하게 이루어진 것인지에 관하여 독자적으로 판단하여 이를 기초로 재판할 수도 있는 것이다. 따라서 청소년유해매체물의 결정권한을 청소년보호위원회 등에 부여하고 있다는 점만으로 "법관에 의한" 재판을 받을 권리를 침해하는 것이라 볼 수 없다(헌재 2000.06.29. 99헌가16(전합)).

23년(3) 모의

747. 항소심 기일에 2회 불출석한 경우 항소취하로 본다고 규정한 「민사소송법」 조항은 항소심에서 2회 불출석하였다고 하더라도 항소심으로서는 원심기록과 항소심에서 소송당사자가 제출한 서면을 가지고도 충분한 심리를 할 수 있다는 점에서 해당 항소심 당사자의 재판청구권을 침해한다.

> 해설 항소심 기일에 2회 불출석한 경우 항소취하 간주를 규정한 민사소송법(2002. 1. 26. 법률 제6626호로 개정된 것) 제268조 제4항 중 같은 조 제2항을 준용하는 이 사건 법률조항은 민사소송절차에 있어 당사자의 기일 해태로 인한 소송지연을 방지하기 위한 것으로서 그 입법목적의 정당성이 인정되고, 항소취하간주가 되기 위해서는 당사자가 변론기일에 2회 불출석한 후에도 1개월이 경과

하여야 그 효과가 발생하는 점 등을 고려하면 항소취하간주의 요건과 효과를 정함에 있어 입법재량의 범위를 일탈하였다고 볼 수 없으므로, 청구인의 재판청구권을 침해하지 아니한다(헌재 2013.07.25. 2012헌마656(전합)).

정답 ×

19년(1)·20년(3)·22년(2) 모의

748. 국민참여재판은 사형·무기 등 일정형량 이상의 1심 중요 형사사건으로서 법원이 필요하다고 인정하는 경우를 대상으로 하며, 사형·무기 또는 단기 1년 이상의 징역 또는 금고에 해당하는 사건은 피고인이 국민참여재판을 원하지 않더라도 국민참여재판의 대상이 될 수 있다.

해설 국민의 형사재판 참여에 관한 법률 제5조 및 제13조, 법원조직법 제32조 제1항 참조. ▶ 대상사건에 해당하면 국민참여 재판이 원칙이며 다만, 법원이 국민의 형사재판 참여에 관한 법률 제9조 사유로 배제결정(소극적 요건)이 가능하지, 대상사건에 대한 필요성 판단권이 법원에 부여되는 것은 아니다.

국민의 형사재판 참여에 관한 법률 제5조(대상사건) ① 다음 각 호에 정하는 사건을 국민참여재판의 대상사건(이하 "대상사건"이라 한다)으로 한다.
  1. 「법원조직법」 제32조제1항(제2호 및 제5호는 제외한다)에 따른 합의부 관할 사건
  2. 제1호에 해당하는 사건의 미수죄·교사죄·방조죄·예비죄·음모죄에 해당하는 사건
  3. 제1호 또는 제2호에 해당하는 사건과 「형사소송법」 제11조에 따른 관련 사건으로서 병합하여 심리하는 사건
② 피고인이 국민참여재판을 원하지 아니하거나 제9조제1항에 따른 배제결정이 있는 경우는 국민참여재판을 하지 아니한다.
국민의 형사재판 참여에 관한 법률 제9조(배제결정) ① 법원은 공소제기 후부터 공판준비기일이 종결된 다음날까지 다음 각 호의 어느 하나에 해당하는 경우 국민참여재판을 하지 아니하기로 하는 결정을 할 수 있다.
국민의 형사재판 참여에 관한 법률 제13조(배심원의 수) ① 법정형이 사형·무기징역 또는 무기금고에 해당하는 대상사건에 대한 국민참여재판에는 9인의 배심원이 참여하고, 그 외의 대상사건에 대한 국민참여재판에는 7인의 배심원이 참여한다. 다만, 법원은 피고인 또는 변호인이 공판준비절차에서 공소사실의 주요내용을 인정한 때에는 5인의 배심원이 참여하게 할 수 있다.
법원조직법 제32조(합의부의 심판권) ① 지방법원과 그 지원의 합의부는 다음의 사건을 제1심으로 심판한다.

정답

19년(1) 모의

749. 「국민의 형사재판 참여에 관한 법률」이 정하는 대상 사건에 해당하는 경우에 피고인은 원칙적으로 국민참여재판으로 재판을 받을 법률상 권리를 가진다고 할 것이고, 이러한 형사소송절차상의 권리를 배제함에 있어서는 헌법에서 정한 적법절차원칙을 따라야 한다.

해설 국민참여재판을 받을 권리는 헌법상 기본권으로서 보호될 수는 없지만, 재판참여법에서 정하는 대상 사건에 해당하는 한 피고인은 원칙적으로 국민참여재판으로 재판을 받을 법률상 권리를 가

진다고 할 것이고, 이러한 형사소송절차상의 권리를 배제함에 있어서는 헌법에서 정한 적법절차원칙을 따라야 한다(헌재 2014.01.28. 2012헌바298).

정답 ○

15년(1)·19년(2) 모의

750. (1) 국민참여재판으로 진행하는 것이 적절하지 아니하다고 인정되는 경우 법원이 국민참여재판 배제결정을 할 수 있도록 하는 것은 피고인의 재판청구권을 침해한다.
(2) 국민참여재판으로 진행하는 것이 적절하지 아니하다고 인정되는 경우에 법원이 국민참여재판 배제 결정을 할 수 있도록 하는 것은 피고인에 대한 범죄사실 인정이나 유죄판결을 전제로 하여 불이익을 과하는 것이 아니므로 무죄추정원칙에 위배되지 않는다.

해설 (1) 헌법 제27조 제1항의 재판을 받을 권리는 신분이 보장되고 독립된 법관에 의한 재판의 보장을 주된 내용으로 한다. 따라서 형사소송절차에서 국민참여재판제도는 사법의 민주적 정당성과 신뢰를 높이기 위하여 배심원이 사실심 법관의 판단을 돕기 위한 권고적 효력을 가지는 의견을 제시하는 제한적 역할을 수행하게 되고(재판참여법 제1조, 제46조 등 참조), 배심재판을 받을 권리를 헌법상 권리로 보장하고 있는 미국의 경우와 달리 우리 헌법상 재판을 받을 권리의 보호범위에는 배심재판을 받을 권리가 포함되지 아니한다. 그러므로 이 사건 참여재판 배제조항은 청구인의 재판청구권을 침해한다고 볼 수 없다(헌재 2014.01.28. 2012헌바298).

(2) 국민참여재판으로 진행하는 것이 적절하지 아니하다고 인정되는 경우 법원이 국민참여재판 배제 결정을 할 수 있도록 한 구 '국민의 형사재판 참여에 관한 법률' 제9조 제1항 제3호는 참여재판 배제조항은 국민참여재판의 특성에 비추어 그 절차로 진행함이 부적당한 사건에 대하여 법원의 재량으로 국민참여재판을 하지 아니하기로 하는 결정을 할 수 있도록 한 것일 뿐, 피고인에 대한 범죄사실 인정이나 유죄판결을 전제로 하여 불이익을 과하는 것이 아니므로 무죄추정원칙에 위배된다고 볼 수 없다(헌재 2014.01.28. 2012헌바298).

정답 ×, ○

 24년 변시, 22년(1) 모의

751. 피고인에게 치료감호에 대한 재판절차에의 접근권을 부여하는 것이 피고인의 권리를 보다 효율적으로 보장하기 위하여 필요하다고 인정되므로 '피고인 스스로 치료감호를 청구할 수 있는 권리' 역시 재판청구권의 보호범위에 포함된다.

해설 …이 사건에서 청구인이 '피고인 스스로 치료감호를 청구할 수 있어야 한다.'는 취지의 주장을 하는 배경은 치료감호와 형이 병과된 경우 치료감호를 먼저 집행하고 그 기간을 형기에 산입(법 제18조)하기 때문인 것으로 보인다. 즉 형기에 산입되는 치료감호를 병과받는 것이 실형만 선고받아 복역하는 것보다 더 이익이라는 것을 전제로 하고 있는 것이다. 그러나 실형만을 선고받는 것에 비하여 치료감호와 실형을 함께 선고받는 것이 피고인에게 더 유리한 것이라고는 단정할 수 없다. 나아가, 설령 피고인의 이익으로 보이는 측면이 있더라도 그러한 이익은 주관적·상대적 이익일 뿐이고,

그마저도 실형이 명백히 예상되는 자에 국한되는 이익이므로, 이를 보장하기 위하여 피고인에게 자유박탈적이고 침익적인 처분을 스스로 청구할 권리를 국민의 기본권으로 인정해 줄 필요가 있다고는 볼 수 없다. 더욱이, 재판청구권의 보호범위는 사항의 성격 자체에서 판단되어야 하고, 다른 법률조항의 내용 여하, 예컨대 치료감호 기간의 형기 산입 여부(법 제18조) 등에 따라 그 판단이 달라질 것은 아니다. 결국 '피고인 스스로 치료감호를 청구할 수 있는 권리'가 헌법상 재판청구권의 보호범위에 포함된다고 보기는 어렵다. 치료감호청구를 피고인 본인에게 허용할 것인지 여부는 재판청구권의 문제가 아니라 순수한 입법정책의 문제라 할 것이고, 검사뿐만 아니라 피고인에게까지 치료감호청구권을 주어야만 절차의 적법성이 담보되는 것도 아니다. 따라서 심판대상조항이 청구인의 재판청구권을 침해하거나 적법절차의 원칙을 위반한다고 볼 수 없다(헌재 2021.01.28. 2019헌가24. 2019헌바404(병합,전합)).

정답 ×

19년(1) 모의

752. 「성폭력범죄의 처벌 등에 관한 특례법」에 따른 성폭력범죄 피해자의 법정대리인이 국민참여재판을 원하지 아니하는 경우에 법원은 국민참여재판을 하지 아니하기로 하는 배제결정을 할 수 있다.

해설 국민의 형사재판 참여에 관한 법률 제9조 제1항 3호 참조.

국민의 형사재판 참여에 관한 법률 제9조(배제결정) ① 법원은 공소제기 후부터 공판준비기일이 종결된 다음날까지 다음 각 호의 어느 하나에 해당하는 경우 국민참여재판을 하지 아니하기로 하는 결정을 할 수 있다.
3. 「성폭력범죄의 처벌 등에 관한 특례법」 제2조의 범죄로 인한 피해자(이하 "성폭력범죄 피해자"라 한다) 또는 법정대리인이 국민참여재판을 원하지 아니하는 경우

정답 ○

18년 변시, 12년(3)·18년(3)·21년(3) 모의

753. 특허청의 심판절차에 의한 심결은 특허청 행정공무원에 의한 것으로서, 이를 헌법과 법률이 정한 법관에 의한 재판이라고 볼 수 없으므로, 특허청의 항고심판심결에 대하여 곧바로 대법원에 상고하도록 규정한 것은, 법관에 의한 재판받을 권리의 본질적 내용을 침해하는 것이다.

해설 헌법 제27조 제1항은 "모든 국민은 헌법과 법률이 정한 법관에 의하여 법률에 의한 재판을 받을 권리를 가진다"고 규정함으로써 모든 국민은 헌법과 법률이 정한 자격과 절차에 의하여 임명되고(헌법 제101조 제3항, 제104조, 법원조직법 제41조 내지 제43조), 물적 독립(헌법 제103조)과 인적 독립(헌법 제106조, 법원조직법 제46조)이 보장된 법관에 의하여 합헌적인 법률이 정한 내용과 절차에 따라 재판을 받을 권리를 보장하고 있다. 한편, 재판이라 함은 구체적 사건에 관하여 사실의 확정과 그에 대한 법률의 해석적용을 그 본질적인 내용으로 하는 일련의 과정이다. 따라서 법관에 의한 재판을 받을 권리를 보장한다고 함은 결국 법관이 사실을 확정하고 법률을 해석·적용하는 재

판을 받을 권리를 보장한다는 뜻이고, 그와 같은 법관에 의한 사실확정과 법률의 해석적용의 기회에 접근하기 어렵도록 제약이나 장벽을 쌓아서는 아니된다고 할 것이며, 만일 그러한 보장이 제대로 이루어지지 아니한다면 헌법상 보장된 재판을 받을 권리의 본질적 내용을 침해하는 것으로서 우리 헌법상 허용되지 아니한다(헌법 제37조 제2항). 그런데 특허법 제186조 제1항은 특허청의 항고심판절차에 의한 항고심결 또는 보정각하결정에 대하여 불복이 있는 경우에도 법관에 의한 사실확정 및 법률적용의 기회를 주지 아니하고 단지 그 심결이나 결정이 법령에 위반된 것을 이유로 하는 경우에 한하여 곧바로 법률심인 대법원에 상고할 수 있도록 하고 있는바, 특허청의 심판절차에 의한 심결이나 보정각하결정은 특허청의 행정공무원에 의한 것으로서 이를 헌법과 법률이 정한 법관에 의한 재판이라고 볼 수 없다(헌재 1995.09.28. 92헌가11).

정답 ○

 19년 변시, 16년(1) 모의

754. 재판청구권에 관하여 규정한 헌법 제27조, 헌법재판소 재판관의 구성과 재판관의 국회선출 등에 관하여 규정한 헌법 제111조 제2항 및 제3항의 해석상, 국회가 선출하여 임명된 재판관 중 공석이 발생한 경우 국회는 공정한 헌법재판을 받을 권리의 보장을 위해 공석인 재판관의 후임자를 선출하여야 할 구체적 작위의무가 있다.

해설 헌법 제27조, 제111조 제2항 및 제3항의 해석상, 피청구인(대한민국 국회)이 선출하여 임명된 재판관 중 공석이 발생한 경우, 국회는 공정한 헌법재판을 받을 권리의 보장을 위하여 공석인 재판관의 후임자를 선출하여야 할 구체적 작위의무를 부담한다고 할 것이다(헌재 2014.04.24. 2012헌마2).

정답 ○

 24년 변시

755. 범죄인인도절차는 본질적으로 형사소송절차적 성격을 갖는 것이고 재판절차로서의 형사소송절차는 당연히 상급심에의 불복절차를 포함하는 것이므로, 범죄인인도심사를 서울고등법원의 전속관할로 하고 그 결정에 대하여 대법원에의 불복절차를 인정하지 않는 법률조항은 범죄인의 재판청구권을 침해한다.

해설 … 범죄인인도법 제3조(이하, '이 사건 법률조항'이라 한다)가 법원의 범죄인인도심사를 서울고등법원의 전속관할로 하고 그 심사결정에 대한 불복절차를 인정하지 않고 있다. 헌법 제27조의 재판을 받을 권리는 모든 사건에 대해 상소심 절차에 의한 재판을 받을 권리까지도 당연히 포함된다고 단정할 수 없는 것이며, 상소할 수 있는지, 상소이유를 어떻게 규정하는지는 특단의 사정이 없는 한 입법정책의 문제로 보아야 한다는 것이 헌법재판소의 판례이다. 이 사건에서 설사 범죄인인도를 형사처벌과 유사한 것이라 본다고 하더라도, 이 사건 법률조항이 적어도 법관과 법률에 의한 한 번의 재판을 보장하고 있고, 그에 대한 상소를 불허한 것이 적법절차원칙이 요구하는 합리성과 정당성을 벗어난 것이 아닌 이상, 그러한 상소 불허 입법이 입법재량의 범위를 벗어난 것으로서 재판청구권을 과잉 제한하는 것이라고 보기는 어렵다(헌재2003.01.30. 2001헌바95).

정답 ×

# 16년·18년 변시

756. 법관의 자격이 없는 법원공무원으로 하여금 소송비용액 확정결정절차 등 재판의 부수적 업무를 처리하게 하는 사법보좌관제도는 법관에 의한 재판을 받을 권리를 침해한다.

 이 사건 조항에 의한 사법보좌관제도는 이의절차 등에 의하여 법관이 사법보좌관의 소송비용액 확정결정절차를 처리할 수 있는 장치를 마련함으로써 적정한 업무처리를 도모함과 아울러 사법보좌관의 처분에 대하여 법관에 의한 사실확정과 법률의 해석적용의 기회를 보장하고 있는바, 이는 한정된 사법 인력을 실질적 쟁송에 집중하도록 하면서 궁극적으로 국민의 재판받을 권리를 실질적으로 보장한다는 입법목적 달성에 기여하는 적절한 수단임을 인정할 수 있다. 따라서 사법보좌관에게 소송비용액 확정결정절차를 처리하도록 한 이 사건 조항이 그 입법재량권을 현저히 불합리하게 또는 자의적으로 행사하였다고 단정할 수 없으므로 헌법 제27조 제1항에 위반된다고 할 수 없다(헌재 2009.02.26. 2007헌바8).

정답 ×

16년 변시, 14년(2)·(3)·15년(1)·19년(3) 모의

757. 현역병으로 입대한 군인이 그 신분취득 전 저지른 범죄에 대한 군사법원의 재판권을 규정하고 있는 법률조항은 헌법 제27조 제1항의 재판청구권을 침해하지 않는다.

 군대는 각종 훈련 및 작전수행 등으로 인해 근무시간이 정해져 있지 않고 집단적 병영(兵營)생활 및 작전위수(衛戍)구역으로 인한 생활공간적인 제약 등, 군대의 특수성으로 인하여 일단 군인 신분을 취득한 군인이 군대 외부의 일반법원에서 재판을 받는 것은 군대 조직의 효율적인 운영을 저해하고, 현실적으로도 군인이 수감 중인 상태에서 일반법원의 재판을 받기 위해서는 상당한 비용·인력 및 시간이 소요되므로 이러한 군의 특수성 및 전문성을 고려할 때 군인신분 취득 전에 범한 죄에 대하여 군사법원에서 재판을 받도록 하는 것은 합리적인 이유가 있다. 또한, 형사재판에 있어 범죄사실의 확정과 책임은 행위 시를 기준으로 하지만, 재판권 유무는 원칙적으로 재판 시점을 기준으로 해야 하며, 형사재판은 유죄인정과 양형이 복합되어 있는데 양형은 일반적으로 재판받을 당시, 즉 선고시점의 피고인의 군인신분을 주요 고려 요소로 하여 군의 특수성을 반영할 수 있어야 하므로, 이러한 양형은 군사법원에서 담당하도록 하는 것이 타당하다. 나아가 군사법원의 상고심은 대법원에서 관할하고 군사법원에 관한 내부규율을 정함에 있어서도 대법원이 종국적인 관여를 하고 있으므로 이 사건 법률조항이 군사법원의 재판권과 군인의 재판청구권을 형성함에 있어 그 재량의 헌법적 한계를 벗어났다고 볼 수 없다(헌재 2009.07.30. 2008헌바162).

정답 ○

17년(2) 모의

758. '군사시설' 중 '전투용에 공하는 시설'을 손괴한 일반 국민이 항상 군사법원에서 재판받도록 하는 구 군사법원법 조항은, 비상계엄이 선포된 경우를 제외하고는 '군사시설'에 관한 죄를 범한 군인 또는 군무원이 아닌 일반 국민은 군사법원의 재판을 받지 아니하도록 규정한 헌법 제27조 제2항에 위반되고, 국민이 헌법과 법률이 정한 법관에 의한 재판을 받을 권리를 침해한다.

해설 구 군형법 제69조 중 '전투용에 공하는 시설'은 '군사목적에 직접 공용되는 시설'로 항상 '군사시설'에 해당한다. 군용물·군사시설에 관한 죄를 병렬적으로 규정하고 있었던 구 헌법(1980. 10. 27. 헌법 제9호로 개정되고, 1987. 10. 29. 헌법 제10호로 개정되기 전의 것) 제26조 제2항에서 '군용물'은 명백히 '군사시설'을 포함하지 않는 개념으로 사용된 점, 군사시설에 관한 죄를 범한 민간인에 대한 군사법원의 재판권을 제외하는 것을 명백히 의도한 헌법 개정 경과 등을 종합하면, 군인 또는 군무원이 아닌 국민에 대한 군사법원의 예외적인 재판권을 정한 헌법 제27조 제2항에 규정된 군용물에는 군사시설이 포함되지 않는다. 그렇다면 '군사시설' 중 '전투용에 공하는 시설'을 손괴한 일반 국민이 항상 군사법원에서 재판받도록 하는 이 사건 법률조항은, 비상계엄이 선포된 경우를 제외하고는 '군사시설'에 관한 죄를 범한 군인 또는 군무원이 아닌 일반 국민은 군사법원의 재판을 받지 아니하도록 규정한 헌법 제27조 제2항에 위반되고, 국민이 헌법과 법률이 정한 법관에 의한 재판을 받을 권리를 침해한다(헌재 2013.11.28. 2012헌가10).

정답

16년 변시

759. 재판이라 함은 구체적 사건에 관하여 사실의 확정과 그에 대한 법률의 해석적용을 그 본질적인 내용으로 하는 일련의 과정이므로, 법관에 의한 재판을 받을 권리를 보장한다고 함은 법관이 사실을 확정하고 법률을 해석·적용하는 재판을 받을 권리를 보장한다는 뜻이다.

해설 헌법 제27조 제1항은 "모든 국민은 헌법과 법률이 정한 법관에 의하여 법률에 의한 재판을 받을 권리를 가진다"고 규정함으로써 모든 국민은 헌법과 법률이 정한 자격과 절차에 의하여 임명되고(헌법 제101조 제3항, 제104조, 법원조직법 제41조 내지 제43조), 물적독립(헌법 제103조)과 인적독립(헌법 제106조, 법원조직법 제46조)이 보장된 법관에 의하여 합헌적인 법률이 정한 내용과 절차에 따라 재판을 받을 권리를 보장하고 있다. 한편, 재판이라 함은 구체적 사건에 관하여 사실의 확정과 그에 대한 법률의 해석적용을 그 본질적인 내용으로 하는 일련의 과정이다. 따라서 법관에 의한 재판을 받을 권리를 보장한다고 함은 결국 법관이 사실을 확정하고 법률을 해석·적용하는 재판을 받을 권리를 보장한다는 뜻이고, 만일 그러한 보장이 제대로 이루어지지 아니한다면, 헌법상 보장된 재판을 받을 권리의 본질적 내용을 침해하는 것으로서 우리 헌법상 허용되지 아니한다(헌재 2002.02.28. 2001헌가18).

정답

16년 변시

760. 교원의 신분과 관련되는 징계처분의 적법성 판단에 있어서는 교육의 자주성·전문성이 요구되는바, 교원 징계처분에 관하여 교원징계재심위원회의 재심을 거치지 않으면 행정소송을 제기할 수 없도록 한 법률조항은 헌법 제27조의 재판청구권을 침해하지 않는다.

해설 입법자는 행정심판을 통한 권리구제의 실효성, 행정청에 의한 자기시정의 개연성, 문제되는 행정처분의 특수성 등을 고려하여 행정심판을 임의적 전치절차로 할 것인지, 아니면 필요적 전치절차로 할 것인지를 결정하는 입법형성권을 가지고 있는데, 교원에 대한 징계처분은 그 적법성을 판단함에 있어서 전문성과 자주성에 기한 사전심사가 필요하고, 판단기관인 재심위원회의 독립성 및 공정성이 확보되어 있고 심리절차에 있어서도 상당한 정도로 사법절차가 준용되어 권리구제절차로서의 실효성을 가지고 있으며, 재판청구권의 제약은 경미한 데 비하여 그로 인하여 달성되는 공익은 크므로, 재심제도가 입법형성권의 한계를 벗어나 국민의 재판청구권을 침해하는 제도라고 할 수 없다(헌재 2007.01.17. 2005헌바86).

정답 O

15년(1) 모의

761. 대한변호사협회징계위원회에서 징계를 받은 변호사로 하여금 법무부변호사징계위원회에서의 이의절차를 밟은 후 곧바로 대법원에 즉시항고토록 하는 「변호사법」 조항은 재판청구권을 침해한다.

해설 대한변호사협회변호사징계위원회나 법무부변호사징계위원회의 징계에 관한 결정은 비록 그 징계위원 중 일부로 법관이 참여한다고 하더라도 이를 헌법과 법률이 정한 법관에 의한 재판이라고 볼 수 없으므로, 법무부변호사징계위원회의 결정이 법률에 위반된 것을 이유로 하는 경우에 한하여 법률심인 대법원에 즉시항고할 수 있도록 한 변호사법 제81조 제4항 내지 제6항은, 법관에 의한 사실확정 및 법률적용의 기회를 박탈한 것으로서 헌법상 국민에게 보장된 "법관에 의한" 재판을 받을 권리를 침해하는 위헌규정이다(헌재 2000.06.29. 99헌가9).

정답 O

23년(3) 모의

762. 재판청구권은 권리보호절차의 개설과 개설된 절차에의 접근의 효율성에 관한 절차법적 요청이므로 절차법에 의하여 구체적으로 형성되고 실현된다.

해설 재판청구권은 권리보호절차의 개설과 개설된 절차에의 접근의 효율성에 관한 절차법적 요청으로서, 권리구제절차 내지 소송절차를 규정하는 절차법에 의하여 구체적으로 형성·실현되며, 또한 이에 의하여 제한되는 것인바, 이 사건 법률조항은 행정상 즉시강제에 관한 근거규정으로서 권리구제절차 내지 소송절차를 규정하는 절차법적 성격을 전혀 갖고 있지 아니하기 때문에, 이 사건 법률조항에 의하여는 재판청구권이 침해될 여지가 없다(헌재 2002.10.31. 2000헌가12(전합)).

정답 O

Ⅱ 「법률」에 의한 재판을 받을 권리

14년(2) 모의

763. 재판청구권은 법률에 의한 재판을 전제하고 법률에 의한 재판은 합헌적인 법률로 정한 내용과 절차에 따른 재판을 의미하기 때문에 형사재판이나 민사재판을 불문하고 반드시 형식적 의미의 법률에 따라 재판하여야 한다.

> **해설** 헌법 제27조 제1항의 '법률에 의한 재판'은 합헌적인 실체법과 절차법에 따라 행하여지는 재판을 의미한다(헌재 1993.07.29. 90헌바35). 이 때 말하는 법률의 의미는 재판의 유형에 따라 동일하지 아니하다. ㉠ 민사재판과 행정재판에서의 법원(法源)은 형식적 의미의 법률에 한정되지 아니하고, 관습법 또는 조리와 같은 불문법도 포함된다. 반면에 ㉡ 형사재판은 죄형법정주의가 지배하므로 그 법원(法源)은 형식적 의미의 법률이어야 한다(다만 긴급명령, 긴급재정경제명령, 국회의 동의를 받은 조약 등은 예외이다).

정답 ✕

22년(1) 모의

764. 즉시항고 제기기간을 3일로 제한한 「형사소송법」 조항은 즉시항고 제도를 단지 형식적이고 이론적인 권리로서만 기능하게 함으로써 헌법상 재판청구권을 공허하게 하므로 입법재량의 한계를 일탈하여 항고인의 재판청구권을 침해한다.

> **해설** 형사재판 중 결정절차에서는 그 결정 일자가 미리 당사자에게 고지되는 것이 아니기 때문에 결정에 대한 불복 여부를 결정하고 즉시항고 절차를 준비하는데 있어 상당한 기간을 부여할 필요가 있다. 또한 심판대상조항의 제정 당시와 비교할 때, 오늘날의 형사사건은 그 내용이 더욱 복잡해져 즉시항고 여부를 결정함에 있어서도 많은 시간이 소요될 수 있고, 근로기준법의 개정으로 주 40시간 근무가 확대, 정착됨에 따라 금요일 오후에 결정문을 송달받을 경우 주말동안 공공기관이나 변호사로부터 법률적 도움을 구하는 것도 쉽지 않게 되었으며, 우편 접수를 통해 즉시항고를 한다고 하더라도 사실상 월요일 하루 안에 발송 및 도달을 완료해야 한다. 그럼에도 심판대상조항은 변화된 사회 현실을 제대로 반영하지 못하여, 당사자가 어느 한 순간이라도 지체할 경우 즉시항고권 자체를 행사할 수 없게 하는 부당한 결과를 초래하고 있다. 형사재판절차의 당사자가 직접 또는 다른 사람의 도움을 받아 인편으로 법원에 즉시항고장을 제출하기 어려운 상황은 얼마든지 발생할 수 있고, 교도소 또는 구치소에 있는 피고인에게 적용되는 형사소송법 제344조의 재소자 특칙 규정은 개별적으로 준용규정이 있는 경우에만 그 적용을 받게 되며, 형사소송법상의 법정기간 연장조항이나 상소권회복청구 조항들만으로는 3일이라는 지나치게 짧은 즉시항고 제기기간의 도과를 보완하기에 미흡하다. 나아가 민사소송, 민사집행, 행정소송, 형사보상절차 등의 즉시항고기간 1주나, 외국의 입법례와 비교하더라도 3일이라는 제기기간은 지나치게 짧다. 즉시항고 자체가 형사소송법상 명문의 규정이 있는 경우에만 허용되므로 기간 연장으로 인한 폐해가 크다고 볼 수도 없는 점 등을 고려하면, 심판대상조항은 즉시항고 제도를 단지 형식적이고 이론적인 권리로서만 기능하게 함으로써 헌법상 재판청구권을 공허하게 하므로 입법재량의 한계를 일탈하여 재판청구권을 침해하는 규정이다(헌재 2018.12.27. 2015헌바77).

정답 ○

III 「재판」을 받을 권리

21년 변시

765. 무죄판결이 확정된 피고인이 구금 여부와 상관없이 재판에 들어간 비용의 보상을 법원에 청구할 수 있도록 하는 내용의 비용보상청구권의 제척기간을 무죄판결이 확정된 날부터 6개월로 규정한 법률조항은 형사보상청구권을 제한한다.

해설 심판대상조항은 무죄판결이 확정된 경우 피고인이 비용보상청구권을 재판상 행사할 수 있는 기간을 제한하는 규정이므로 기본적으로 청구권자의 재판청구권을 제한한다. 한편, 심판대상조항은 재산적 가치가 있는 비용보상청구권의 행사를 제한함으로써 비용보상청구권자의 재산권을 침해하고, 형사보상청구권이나 국가배상청구권과 비교할 때 청구기간이 지나치게 짧아 평등원칙에 위배된다고 볼 수 있다. 그런데 재산권이나 평등원칙 침해 여부는 재판청구권 침해 여부에 대한 판단에서 함께 다루어질 것이므로, 이 사건에서는 심판대상조항이 비용보상청구권자의 재판청구권을 침해하는지 여부를 중심으로 판단한다(헌재 2015.04.30. 2014헌바408).

정답

21년(3) 모의

766. 변호사보수를 소송비용에 산입하여 패소한 당사자의 부담으로 한 것은 정당한 권리행사를 하려는 당사자의 실효적 권리구제를 보장하고, 남소와 남상소를 방지하여 사법제도의 적정하고 합리적 운영을 도모하려는 것으로서, 과잉금지원칙에 위반되어 소송당사자의 재판을 받을 권리를 침해한다고 할 수 없다.

해설 변호사보수 산입 조항이 변호사보수를 소송비용에 산입하여 패소한 당사자의 부담으로 한 것은 정당한 권리행사를 하려는 당사자의 실효적 권리구제를 보장하고, 남소와 남상소를 방지하여 사법제도의 적정하고 합리적 운영을 도모하려는 데 취지가 있다. 민사소송법 관련 규정에는 소송비용에 산입될 변호사보수의 범위를 합리적으로 제한하도록 하고 있고, 변호사보수 산입 조항은 이와 같은 중대한 공익을 추구하고 있으므로 피해의 최소성과 법익의 균형성을 갖추고 있다. 공익 소송 또는 전문 분야와 관련한 소송 등이라고 하더라도 모든 경우 소송 상대방의 실효적인 권리구제의 필요 또는 남소, 남상소의 우려가 없다고 단정할 수는 없다. 따라서 변호사보수 산입 조항이 과잉금지원칙에 위반되어 소송당사자의 재판을 받을 권리를 침해한다고 할 수 없다(헌재 2019.11.28. 2018헌바235·391·460·471,2019헌바56·95·145(병합)).

정답

21년(3) 모의

767. 소취하간주의 경우도 소송이 재판에 의하여 종료된 경우와 마찬가지로 변호사보수를 소송비용에 산입하여 원고가 부담하도록 한 규정은, 원고로 하여금 부당한 제소 및 방어를 자제하게 하는 효과를 갖는다는 점에서 원고의 재판을 받을 권리를 침해하지 않는다.

::해설 이 사건 변호사보수조항은 정당한 권리행사를 위하여 소송을 제기하거나 부당한 제소에 대하여 응소하려는 당사자를 위하여 실효적인 권리구제를 보장하고, 부당한 제소를 방지하여 사법제도의 적정하고 합리적인 운영을 도모하려는 데에 그 취지가 있으므로 그 입법목적이 정당하고, 이로써 정당한 권리실행을 위하여 소송을 제기하거나 응소한 사람의 경우 지출한 변호사비용을 상환받을 수 있게 되는 반면 패소할 경우 비교적 고액인 변호사비용을 부담하게 될 수도 있다는 점 때문에 부당한 제소 및 방어를 자제하게 되어 입법목적의 달성에 실효적인 수단이 된다고 할 것이므로 수단의 적절성도 인정된다. 소취하간주의 경우를 소송이 재판에 의하여 종료된 경우와 달리 취급하여 변호사비용을 소송비용에 산입하지 않을 합리적 근거도 없다. 이 사건 변호사보수조항 및 '변호사보수의 소송비용 산입에 관한 규칙'은 당사자가 부담하게 되는 구체적인 소송비용의 상환범위를 당사자가 수인할 수 있는 범위 내로 제한하고 있으므로, 침해의 최소성과 법익의 균형성도 갖추고 있다. 따라서 이 사건 변호사보수조항은 재판청구권을 침해하지 아니한다(헌재 2017.07.27. 2015헌바1).

정답 O

21년(2) 모의

768. 「민주화운동 관련자 명예회복 및 보상 등에 관한 법률」상 민주화운동과 관련하여 희생된 자와 그 유족이 민주화운동 관련자 명예회복 및 보상심의 위원회의 보상금 등 지급결정에 동의한 때에 재판상 화해의 성립으로 간주하는 것은 해당 민주화운동 관련자의 재판청구권을 침해하지 않는다.

::해설 민주화보상법은 관련규정을 통하여 보상금 등을 심의·결정하는 위원회의 중립성과 독립성을 보장하고 있고, 심의절차의 전문성과 공정성을 제고하기 위한 장치를 마련하고 있으며, 신청인으로 하여금 위원회의 지급결정에 대한 동의 여부를 자유롭게 선택하도록 정하고 있다. 따라서 심판대상조항은 관련자 및 유족의 재판청구권을 침해하지 아니한다(헌재 2018.08.30. 2014헌바180(병합)).
▶ 과거사 민주화보상법 '재판상 화해 간주' 사건에서 명확성원칙에 위배되지 않고 재판청구권을 침해하지 않는다고 판단하였으나, 심판대상조항 중 정신적 손해에 관한 부분은 관련자와 유족의 국가배상청구권을 침해한다고 판시

정답 O

21년(2) 모의

769. 「4·16세월호참사 피해구제 및 지원 등을 위한 특별법」상 배상금 등을 지급받으려는 신청인이 '4·16세월호참사 배상 및 보상 심의위원회'의 배상금 등 지급결정에 동의한 때에 국가와 해당 신청인 사이에 민사소송법에 따른 재판상 화해가 성립된 것으로 보는 것은 해당 신청인의 재판청구권을 침해한다.

::해설 세월호피해지원법 제16조는 지급절차를 신속히 종결함으로써 세월호 참사로 인한 피해를 신속하게 구제하기 위한 것이다. 세월호피해지원법에 따라 배상금 등을 지급받고도 또 다시 소송으로 다툴 수 있도록 한다면, 신속한 피해구제와 분쟁의 조기종결 등 세월호피해지원법의 입법목적은 달성할 수 없게 된다. 세월호피해지원법 규정에 의하면, 심의위원회의 제3자성, 중립성 및 독립성이 보장되어 있다고 인정되고, 그 심의절차에 공정성과 신중성을 제고하기 위한 장치도 마련되어 있다. 세월호피해지원법은 소송절차에 준하여 피해에 상응하는 충분한 배상과 보상이 이루어질 수 있도록

관련 규정을 마련하고 있다. 신청인에게 지급결정 동의의 법적 효과를 안내하는 절차를 마련하고 있으며, 신청인은 배상금 등 지급에 대한 동의에 관하여 충분히 생각하고 검토할 시간이 보장되어 있고, 배상금 등 지급결정에 대한 동의 여부를 자유롭게 선택할 수 있다. 따라서 심의위원회의 배상금 등 지급결정에 동의한 때 재판상 화해가 성립한 것으로 간주하더라도 이것이 재판청구권 행사에 대한 지나친 제한이라고 보기 어렵다. 세월호피해지원법 제16조가 지급결정에 재판상 화해의 효력을 인정함으로써 확보되는 배상금 등 지급을 둘러싼 분쟁의 조속한 종결과 이를 통해 확보되는 피해구제의 신속성 등의 공익은 그로 인한 신청인의 불이익에 비하여 작다고 보기는 어려우므로, 법익의 균형성도 갖추고 있다. 따라서 세월호피해지원법 제16조는 청구인들의 재판청구권을 침해하지 않는다(헌재 2017.06.29. 2015헌마654). ▶ 배상금 등을 지급받으려는 신청인으로 하여금 '4·16세월호참사에 관하여 어떠한 방법으로도 일체의 이의를 제기하지 않을 것임을 서약합니다'라는 내용이 기재된 배상금 등 동의 및 청구서를 제출하도록 규정한 세월호피해지원법 시행령 제15조 중 '이의제기금지조항'은 법률유보원칙을 위반, 청구인들의 일반적 행동의 자유를 침해

정답 ✕

21년(2) 모의

770. 「학교안전사고 예방 및 보상에 관한 법률」상 학교안전사고에 대한 공제급여결정에 대하여 학교안전공제중앙회 소속의 학교안전공제보상재심사위원회가 재결을 행한 경우 재심사청구인이 공제급여와 관련된 소를 제기하지 아니하거나 소를 취하한 때에는 학교안전공제회와 해당 재심사청구인 간에 당해 재결 내용과 동일한 합의가 성립된 것으로 간주하는 것은 학교안전공제회의 재판청구권을 침해한다.

 공제중앙회는 공제회의 상급기관이라거나 지휘·감독기관으로 볼 수 없으므로 공제중앙회 소속 재심위원회의 재심사절차는 제3자적 입장에서 공제회와 재심사청구인 사이의 사법적 분쟁을 해결하기 위한 간이분쟁해결절차에 불과하다. 따라서 이러한 재심사절차에서 공제회는 재심사청구인과 마찬가지로 공제급여의 존부 및 범위에 관한 법률상 분쟁의 일방당사자의 지위에 있으므로, 공제회 역시 이에 관하여 법관에 의하여 재판받을 기회를 보장받아야 함에도 불구하고 이를 박탈하는 것은 헌법상 용인될 수 없다. 그런데 합의간주조항은 실질적으로 재심사청구인에게만 재결을 다툴 수 있도록 하고 있으므로, 합리적인 이유 없이 분쟁의 일방당사자인 공제회의 재판청구권을 침해한다(헌재 2015.07.30. 2014헌가7).

정답 ○

16년(2)·21년(1) 모의

771. 비상계엄하의 군사재판은 군인·군무원의 범죄나 군사에 관한 간첩죄에 대하여 사형을 선고하는 경우에는 단심으로 할 수 있다.

 헌법 제110조 참조.

헌법 제110조 ④ 비상계엄하의 군사재판은 군인·군무원의 범죄나 군사에 관한 간첩죄의 경우와 초병·초소·유독음식물공급·포로에 관한 죄중 법률이 정한 경우에 한하여 단심으로 할 수 있다. 다만, 사형을 선고한 경우에는 그러하지 아니하다.

정답 ✕

🕐 16년 변시, 18년(3)·19년(3)·20년(3) 모의

772. 재판을 받을 권리는 사건의 경중을 가리지 않고 모든 사건에 대하여 대법원을 구성하는 법관에 의한 균등한 재판을 받을 권리나 상고심 재판을 받을 권리를 의미하지 않는다.

▎해설 헌법이 대법원을 최고법원으로 규정하였다고 하여 대법원이 곧바로 모든 사건을 상고심으로서 관할하여야 한다는 결론이 당연히 도출되는 것은 아니며, "헌법과 법률이 정하는 법관에 의하여 법률에 의한 재판을 받을 권리"가 사건의 경중을 가리지 않고 모든 사건에 대하여 대법원을 구성하는 법관에 의한 균등한 재판을 받을 권리를 의미한다거나 상고심재판을 받을 권리를 의미하는 것이라고 할 수는 없다(헌재 2008.05.29. 2007헌마1408).

정답 ○

22년(2) 모의

773. 재판을 받을 권리란 법관에 의하여 사실적 측면과 법률적 측면의 심리검토의 기회가 보장되어야 한다는 것을 의미하며, 그러한 법관에 의한 심리검토의 기회가 한차례 이상 보장되어야 한다.

▎해설 재판은 사실확정과 법률의 해석·적용을 본질로 하므로 헌법상 재판청구권은 사실적 측면과 법률적 측면에서 법관에 의한 적어도 한 차례의 심리검토의 기회가 보장될 것을 요한다(헌재 2015.09.24. 2012헌마798).

정답 ○

22년(1) 모의

774. 법관에 의한 재판을 받을 권리를 보장한다고 함은 결국 법관이 사실을 확정하고 법률을 해석·적용하는 재판을 받을 권리를 보장한다는 뜻이고, 그와 같은 법관에 의한 사실확정과 법률의 해석적용의 기회에 접근하기 어렵도록 제약이나 장벽을 쌓아서는 아니 된다.

▎해설 법관에 의한 재판을 받을 권리를 보장한다고 함은 법관이 사실을 확정하고 법률을 해석·적용하는 재판을 받을 권리를 보장한다는 뜻이고, 그와 같은 법관에 의한 사실확정과 법률의 해석적용의 기회에 접근하기 어렵도록 제약이나 장벽을 쌓아서는 아니되며, 만일 그러한 보장이 제대로 이루어지지 아니한다면 헌법상 보장된 재판을 받을 권리의 본질적 내용을 침해하는 것으로서 우리 헌법상 허용되지 아니한다(헌재 2000.06.29. 99헌가9).

정답

19년(3)·20년(2) 모의

775. 특허무효심결에 대한 소의 경우, 심결의 등본을 송달받은 날부터 30일 이내에 제기하도록 하는 것은 해당 소를 제기하려는 자의 재판청구권을 침해하지 않는다.

해설 특허권의 효력 여부에 대한 분쟁은 신속히 확정할 필요가 있는 점, 특허무효심판에 대한 심결은 특허법이 열거하고 있는 무효사유에 대해 특허법이 정한 방법과 절차에 따라 청구인과 특허권자가 다툰 후 심결의 이유를 기재한 서면에 의하여 이루어지는 것이므로, 당사자가 그 심결에 대하여 불복할 것인지를 결정하고 이를 준비하는 데 그리 많은 시간이 필요하지 않은 점, 특허법은 심판장으로 하여금 30일의 제소기간에 부가기간을 정할 수 있도록 하고 있고, 제소기간 도과에 대하여 추후보완이 허용되기도 하는 점 등을 종합하여 보면, 이 사건 제소기간 조항이 정하고 있는 30일의 제소기간이 지나치게 짧아 특허무효심결에 대하여 소송으로 다투고자 하는 당사자의 재판청구권 행사를 불가능하게 하거나 현저히 곤란하게 한다고 할 수 없으므로, 재판청구권을 침해하지 아니한다(헌재 2018.08.30. 2017헌바258).

정답

20년(1)·23년(1)(3) 모의

776. **재판청구권은 법적 분쟁의 해결을 가능하게 하는 적어도 한 번의 권리구제절차가 개설될 것을 요청할 뿐 아니라, 실효성 있는 권리보호를 위하여 필요한 절차적 요건을 갖추어야 한다.**

해설 헌법 제27조 제1항은 권리구제절차에 관한 구체적 형성을 완전히 입법자의 형성권에 맡기지는 않는다. 입법자가 단지 법원에 제소할 수 있는 형식적인 권리나 이론적인 가능성만을 제공할 뿐 권리구제의 실효성이 보장되지 않는다면 권리구제절차의 개설은 사실상 무의미할 수 있다. 그러므로 재판청구권은 법적 분쟁의 해결을 가능하게 하는 적어도 한번의 권리구제절차가 개설될 것을 요청할 뿐 아니라 그를 넘어서 소송절차의 형성에 있어서 실효성있는 권리보호를 제공하기 위하여 그에 필요한 절차적 요건을 갖출 것을 요청한다. 비록 재판절차가 국민에게 개설되어 있다 하더라도, 절차적 규정들에 의하여 법원에의 접근이 합리적인 이유로 정당화될 수 없는 방법으로 어렵게 된다면, 재판청구권은 사실상 형해화될 수 있으므로, 바로 여기에 입법형성권의 한계가 있다(헌재 2002.10.31. 2001헌바40).

정답

16년(1) 모의

777. **재심은 상소와는 달리 확정판결에 대한 불복방법이고 확정판결에 대한 법적 안정성의 요청은 미확정판결에 대한 그것보다 훨씬 크기 때문에, 상소보다 더 예외적으로 인정되어야 한다는 점에서, 재심청구권은 상고심재판을 받을 권리와는 다르게 재판을 받을 권리에 당연히 포함된다.**

해설 재심이나 준재심은 확정판결이나 화해조서 등에 대한 특별한 불복방법이고, 확정판결에 대한 법적 안정성의 요청은 미확정판결에 대한 그것보다 훨씬 크다고 할 것이므로 재심을 청구할 권리가 헌법 제27조에서 규정한 재판을 받을 권리에 당연히 포함된다고 할 수 없고 어떤 사유를 재심사유로 하여 재심이나 준재심을 허용할 것인가는 입법자가 확정된 판결이나 화해조서에 대한 법적 안정성, 재판의 신속, 적정성, 법원의 업무부담 등을 고려하여 결정하여야 할 입법정책의 문제이다(헌재 1996.03.28. 93헌바27).

정답 ×

15년(1) 모의

778. 국민은 자신의 기본권이 침해되었을 때 헌법재판소에 헌법소원심판을 청구할 수 있는 권리가 있고, 당사자인 국민은 법원재판에서 재판의 전제가 된 법률이 헌법에 위반된다고 보면 법원이 헌법재판소에 위헌심판을 제청해 줄 것을 신청할 수 있는 권리가 있다.

> **해설** 헌법 제111조 제1항, 헌법재판소법 제68조 제1항, 제41조 제1항 참조.
>
> 헌법 제111조 ① 헌법재판소는 다음 사항을 관장한다.
>   1. 법원의 제청에 의한 법률의 위헌여부 심판
>   2. 탄핵의 심판
>   3. 정당의 해산 심판
>   4. 국가기관 상호간, 국가기관과 지방자치단체간 및 지방자치단체 상호간의 권한쟁의에 관한 심판
>   5. 법률이 정하는 헌법소원에 관한 심판
> 헌법재판소법 제68조(청구 사유) ① 공권력의 행사 또는 불행사(不行使)로 인하여 헌법상 보장된 기본권을 침해받은 자는 법원의 재판을 제외하고는 헌법재판소에 헌법소원심판을 청구할 수 있다. 다만, 다른 법률에 구제절차가 있는 경우에는 그 절차를 모두 거친 후에 청구할 수 있다.
> 헌법재판소법 제41조(위헌 여부 심판의 제청) ① 법률이 헌법에 위반되는지 여부가 재판의 전제가 된 경우에는 당해 사건을 담당하는 법원(군사법원을 포함한다. 이하 같다)은 직권 또는 당사자의 신청에 의한 결정으로 헌법재판소에 위헌 여부 심판을 제청한다.

정답

23년(1) 모의

779. 수형자와 그가 제기한 헌법소원 사건의 국선대리인인 변호사 간의 접견 시 교도소장이 접견내용을 녹음, 기록하는 것은 제3자인 교도소 측에 접견내용이 그대로 노출된다는 점에서 재판을 받을 권리를 침해한다.

> **해설** 수형자와 변호사와의 접견내용을 녹음, 녹화하게 되면 그로 인해 제3자인 교도소 측에 접견내용이 그대로 노출되므로 수형자와 변호사는 상담과정에서 상당히 위축될 수밖에 없고, 특히 소송의 상대방이 국가나 교도소 등의 구금시설로서 그 내용이 구금시설 등의 부당처우를 다투는 내용일 경우에 접견내용에 대한 녹음, 녹화는 실질적으로 당사자대등의 원칙에 따른 무기평등을 무력화시킬 수 있다 (헌재 2013.09.26. 2011헌마398).

정답

Ⅳ 「신속한 공개재판」을 받을 권리

21년 변시, 22년(1) 모의

780. 심급제도는 하급심에서 잘못된 재판을 하였을 때 상소심으로 하여금 이를 바로잡게 하는 것이 재판청구권을 실질적으로 보장하는 방법이 된다는 의미에서 재판청구권을 보장하기 위한 하나의 수단이며, 사법에 의한 권리보호에 관하여 한정된 사법자원의 합리적인 분배의 문제인 동시에 재판의 적정과 신속이라는 상반되는 요청을 어떻게 조화시키느냐의 문제에 속한다.

■해설 심급제도는 하급심에서 잘못된 재판을 하였을 때에는 상소심으로 하여금 이를 바로잡게 하는 것이 재판청구권을 실질적으로 보장하는 방법이 된다는 의미에서 재판청구권을 보장하기 위한 하나의 수단이다. 그러나, 심급의 반복에 의한 절차의 지연은 헌법 제27조 제3항에 의한 '신속한 재판을 받을 권리'라는 재판청구권의 또 다른 측면과 배치될 수 있고, 모든 사건에 대하여 아무런 제한 없이 상소를 허용하는 것은 제한된 사법자원의 효율적 활용과 합리적 분배를 저해할 수 있다. 따라서 심급제도는 사법에 의한 권리보호에 관하여 한정된 사법자원의 합리적 분배의 문제인 동시에 재판의 적정과 신속이라는 상반되는 요청을 어떻게 조화시키느냐의 문제이므로 원칙적으로 입법자의 형성의 자유에 속하는 사항이다(헌재 2015.09.24. 2012헌마798).

정답

781. 모든 심리와 평의는 공개가 원칙이나, 국가안전보장, 안녕질서 또는 선량한 풍속을 해칠 우려가 있는 경우에는 결정으로 공개하지 아니할 수 있다.

■해설 헌법 제109조 참조.

헌법 제109조 재판의 심리와 판결은 공개한다. 다만, 심리는 국가의 안전보장 또는 안녕질서를 방해하거나 선량한 풍속을 해할 염려가 있을 때에는 법원의 결정으로 공개하지 아니할 수 있다.

정답

22년(2) 모의

782. 재판의 심리와 판결은 공개한다. 다만, 심리는 국가의 안전보장, 안녕질서 또는 선량한 풍속을 해칠 우려가 있는 경우에는 결정으로 공개하지 아니할 수 있지만 이 결정은 이유를 밝혀 선고해야 한다.

■해설 법원조직법 제57조 참조.

법원조직법 제57조(재판의 공개) ① 재판의 심리와 판결은 공개한다. 다만, 심리는 국가의 안전보장, 안녕질서 또는 선량한 풍속을 해칠 우려가 있는 경우에는 결정으로 공개하지 아니할 수 있다.
② 제1항 단서의 결정은 이유를 밝혀 선고한다.

정답

22년(1) 모의

783. 법률에 의한 재판을 받을 권리를 보장하기 위해서는 입법자에 의한 재판청구권의 구체적인 형성이 불가피한데, 이는 단지 법원에 제소할 수 있는 형식적인 권리나 이론적인 가능성만을 허용하는 것이어서는 아니 되며, 상당한 정도로 권리구제의 실효성이 보장되도록 하는 것이어야 한다.

▪해설 …"법률에 의한" 재판을 받을 권리를 보장하기 위하여 입법자에 의한 재판청구권의 구체적 형성이 불가피하여 입법자에게 광범위한 입법재량이 허용되고, 일정한 경우 법률로써 항소심재판을 받을 기회를 제한하는 것도 가능하지만, 그러한 입법을 함에 있어서도 입법자는 헌법 제37조 제2항의 비례의 원칙을 준수하여야 하고, 특히 당해 입법이 단지 법원에 제소할 수 있는 형식적인 권리나 이론적인 가능성만을 허용하는 것이어서는 아니되며 상당한 정도로 권리구제의 실효성이 보장되도록 하는 것이어야 한다(헌재 2005.03.31. 2003헌바34).

정답 ○

14년(2)·16년(2)·18년(3) 모의

784. **(1)** 헌법 제27조 제3항 제1문의 신속한 재판을 받을 권리의 실현을 위해서는 구체적인 입법형성이 필요하므로 입법자에게는 상대적으로 광범위한 입법형성권이 인정되며, 법률에 의한 구체적 형성이 없이는 신속한 재판을 위한 어떤 직접적이고 구체적인 청구권이 발생하지 않는다. 따라서 주류판매업면허취소처분에 관한 취소소송의 전치절차로서 행정심판을 반드시 거치도록 한 것이 합리적인 입법형성의 범위 내에 있는 한 위헌이라고 볼 수 없다.

(2) 헌법상 신속한 재판을 받을 권리의 실현을 위해서는 구체적인 입법형성이 필요하고 신속한 재판을 위한 어떤 직접적이고 구체적인 청구권이 이 헌법규정으로부터 직접 발생하지 아니하므로 보안관찰처분들의 취소청구에 대해서 법원이 그 처분들의 효력이 만료되기 전까지 신속하게 판결을 선고해야 할 헌법이나 법률상의 작위의무가 존재하지 아니한다.

▪해설 (1) 재판청구권을 보장하고 신속한 재판을 받을 권리를 실현하기 위한 방법들은 헌법 규정으로부터 곧바로 도출되는 것이 아니고 입법자에 의한 구체적인 입법형성이 필요하므로, 입법자에게는 상대적으로 광범위한 입법형성권이 인정된다. 따라서 심판대상조항이 의제주류판매업면허취소처분에 관한 취소소송의 전치절차로서 행정심판을 거치도록 한 것이 합리적인 입법형성의 범위 내에 있는 한 위헌이라고 볼 수 없다(헌재 2016.12.29. 2015헌바229).
(2) 법원은 민사소송법 제184조에서 정하는 기간 내에 판결을 선고하도록 노력해야 하겠지만, 이 기간 내에 반드시 판결을 선고해야 할 법률상의 의무가 발생한다고 볼 수 없으며, 헌법 제27조 제3항 제1문에 의거한 신속한 재판을 받을 권리의 실현을 위해서는 구체적인 입법형성이 필요하고, 신속한 재판을 위한 어떤 직접적이고 구체적인 청구권이 이 헌법규정으로부터 직접 발생하지 아니하므로, 보안관찰처분들의 취소청구에 대해서 법원이 그 처분들의 효력이 만료되기 전까지 신속하게 판결을 선고해야 할 헌법이나 법률상의 작위의무가 존재하지 아니한다(헌재 1999.09.16. 98헌마75).

정답 ○, ○

18년 변시

785. 「군사법원법」의 적용대상이 되는 모든 범죄에 대하여 수사기관의 구속기간의 연장을 허용하는 것은 부적절한 방식에 의한 과도한 기본권 제한으로서, 신체의 자유 및 신속한 재판을 받을 권리를 침해하는 것이다.

해설 군사법원법의 적용대상 중에 특히 수사를 위하여 구속기간의 연장이 필요한 경우가 있음을 인정한다고 하더라도, 이 사건 법률규정과 같이 군사법원법의 적용대상이 되는 모든 범죄에 대하여 수사기관의 구속기간의 연장을 허용하는 것은 그 과도한 광범성으로 인하여 과잉금지의 원칙에 어긋난다고 할 수 있을 뿐만 아니라, 국가안보와 직결되는 사건과 같이 수사를 위하여 구속기간의 연장이 정당화될 정도의 중요사건이라면 더 높은 법률적 소양이 제도적으로 보장된 군검찰관이 이를 수사하고 필요한 경우 그 구속기간의 연장을 허용하는 것이 더 적절하기 때문에, 군사법경찰관의 구속기간을 연장까지 하면서 이러한 목적을 달성하려는 것은 부적절한 방식에 의한 과도한 기본권의 제한으로서, 과잉금지의 원칙에 위반하여 신체의 자유 및 신속한 재판을 받을 권리를 침해하는 것이다(헌재 2003.11.27. 2002헌마193).

정답 ○

17년(3) 모의

786. 신속한 재판을 받을 권리는 주로 피고인의 이익을 보호하기 위하여 인정된 기본권으로 실체적 진실발견, 소송경제, 재판에 대한 국민의 신뢰와 형벌목적의 달성과 같은 공공의 이익에 필요한 것이므로 민사재판에는 적용되지 않는다.

해설 이 사건 법률조항들은 민사재판절차에서의 공정성과 아울러 신속성까지도 조화롭게 보장하기 위한 것이라고 할 것이고, 신속한 재판에 치우쳐서 재판의 공정성을 필요한 한도를 넘어서 침해한다고 보기도 어렵다. 결국 이 사건 법률조항들은 헌법 제27조 제1항, 제37조 제2항에 위반된다고 할 수 없다(헌재 2008.06.26. 2007헌바28).

정답 ×

17년(3) 모의

787. 헌법 제27조 제3항의 신속한 재판을 받을 권리의 적용범위에는 판결절차는 포함되나 판결에 따른 집행절차까지 포함되는 것은 아니다.

해설 헌법 제27조 제3항의 신속한 재판을 받을 권리의 적용범위에는 판결 절차 외에 집행절차도 포함되고, 민사상의 분쟁해결에 있어서 판결절차가 권리 또는 법률관계의 존부의 확정, 즉 청구권의 존부의 관념적 형성을 목적으로 하는 절차라면 강제집행절차는 권리의 강제적 실현, 즉 청구권의 사실적 형성을 목적으로 하는 절차이므로 강제집행절차에서는 판결절차에 있어서보다 신속성의 요청이 더욱 강하다(헌재 2007.03.29. 2004헌바93).

정답 ×

V 「공정한 재판」을 받을 권리

21년 변시, 23년(2) 모의

788. 재판청구권에는 민사재판, 형사재판, 행정재판뿐만 아니라 헌법재판을 받을 권리도 포함되므로, 헌법상 보장되는 기본권인 '공정한 재판을 받을 권리'에는 '공정한 헌법재판을 받을 권리'도 포함된다.

해설 헌법 제27조는 국민의 재판청구권을 보장하고 있는데, 여기에는 공정한 재판을 받을 권리가 포함되어 있다. 그런데 재판청구권에는 민사재판, 형사재판, 행정재판뿐만 아니라 헌법재판을 받을 권리도 포함되므로, 헌법상 보장되는 기본권인 '공정한 재판을 받을 권리'에는 '공정한 헌법재판을 받을 권리'도 포함된다(헌재 2016.11.24. 2015헌마902).

정답 ○

23년(3) 모의

789. 공정한 재판이란 헌법과 법률이 정한 자격이 있고, 헌법이 정한 절차에 의하여 임명되고 신분이 보장되어 독립하여 심판하는 법관으로부터 헌법과 법률에 의하여 그 양심에 따라 적법절차에 의하여 이루어지는 재판을 의미하는 것으로, 공개된 법정의 법관의 면전에서 모든 증거자료가 조사·진술되고, 이에 대하여 검사와 피고인이 서로 공격·방어할 수 있는 공평한 기회가 보장되는 재판을 받을 권리까지 그로부터 파생되는 것은 아니다.

해설 … 여기서 '공정한 재판'이란 헌법과 법률이 정한 자격이 있고, 헌법 제104조 내지 헌법 제106조에 정한 절차에 의하여 임명되고 신분이 보장되어 독립하여 심판하는 법관으로부터 헌법과 법률에 의하여 그 양심에 따라 적법절차에 의하여 이루어지는 재판을 의미하며, 공개된 법정의 법관의 면전에서 모든 증거자료가 조사·진술되고, 이에 대하여 검사와 피고인이 서로 공격·방어할 수 있는 공평한 기회가 보장되는 재판을 받을 권리도 그로부터 파생되어 나온다(헌재 2001.08.30. 99헌마496(전합)).

정답

23년(1) 모의

790. 공판기일전 증인신문절차에서의 피고인의 참여권을 판사의 재량사항으로 정한 것은 피고인의 공격·방어권을 과다하게 제한하는 것으로 공정한 재판을 받을 권리를 침해한다.

해설 피고인 등의 반대신문권을 제한하고 있는 법 제221조의2 제5항은 피고인들의 공격·방어권을 과다히 제한하는 것으로서 그 자체의 내용이나 대법원의 제한적 해석에 의하더라도 그 입법목적을 달성하기에 필요한 입법수단으로서의 합리성 내지 정당성이 인정될 수는 없다고 할 것이므로, 헌법상의 적법절차의 원칙 및 청구인의 공정한 재판을 받을 권리를 침해하고 있다(헌재 1996.12.26. 94헌바1).

정답 ○

20년(2) 모의

791. 구체적인 상속분의 확정과 분할의 방법에 관하여서는 가정법원이 당사자의 주장에 구애받지 않고 후견적 재량을 발휘하여 합목적적으로 판단하여야 할 필요성이 인정되므로, 상속재산분할에 관한 사건을 가사비송사건으로 분류하는 것은 상속재산분할에 관한 사건을 제기하고자 하는 자의 공정한 재판을 받을 권리를 침해하지 않는다.

해설 상속재산분할에 관한 사건의 결과는 가족공동체의 안정에 커다란 영향을 미친다는 특수성을 감안할 때, 구체적인 상속분의 확정과 분할의 방법에 관하여서는 가정법원이 당사자의 주장에 구애받지 않고 후견적 재량을 발휘하여 합목적적으로 판단하여야 할 필요성이 인정된다. 이와 같은 점을 고려하여 가사비송 조항은 상속재산분할에 관한 사건을 법원의 후견적 재량이 인정되는 가사비송절차에 의하도록 한 것이다. 따라서 가사비송 조항이 입법재량의 한계를 일탈하여 상속재산분할에 관한 사건을 제기하고자 하는 자의 공정한 재판을 받을 권리를 침해한다고 볼 수 없다(헌재 2017.04.27. 2015헌바24).

정답 O

19년(1) 모의

792. 「형사소송법」에서 공판조서의 절대적 증명력을 인정하는 것은 해당 피고인의 재판을 받을 권리를 침해하지 않는다.

해설 형사소송법 제56조는 상소심에서 사건의 실체심리가 지연되거나 심리의 초점이 흐려지는 위험을 방지하고자 공판조서 기재에 절대적 증명력을 부여하는 것이므로 목적의 정당성 및 수단의 적절성이 인정되고, 공판조서의 증명력은 공판기일의 소송절차에 한하여 인정되며, 형사소송법은 그 기재의 정확성을 담보하기 위하여 요건을 엄격히 규정하고 있고, 피고인 등으로 하여금 기재 내용에 이의를 진술할 수 있도록 함으로써 기본권 침해를 최소화하고 있으며, 위 조항으로 인한 기본권 제한이 상소심에서의 심리지연 등으로 인한 피해보다 크다고 볼 수 없어 침해의 최소성과 법익의 균형성 요건도 갖추었으므로, 위 법률조항이 청구인의 재판을 받을 권리를 침해한다고 볼 수 없다(헌재 2013.08.29. 2011헌바253).

정답 O

18년(3)·22년(2) 모의

793. 재판청구권은 비밀재판을 배제하고 일반 국민의 감시 하에서 심리와 판결을 받음으로써 공정한 재판을 받을 수 있는 권리를 포함하고 있으며, 공정한 재판을 받을 권리 속에는 원칙적으로 당사자주의와 구두변론주의가 보장되고 당사자의 공격·방어권이 충분히 보장되는 재판을 받을 권리가 포함되어 있다.

해설 재판청구권은 재판절차를 규율하는 법률과 재판에서 적용될 실체적 법률이 모두 합헌적이어야 한다는 의미에서의 법률에 의한 재판을 받을 권리뿐만 아니라, 비밀재판을 배제하고 일반 국민의 감시 하에서 심리와 판결을 받음으로써 공정한 재판을 받을 수 있는 권리를 포함하고 있다. 이 공정한 재판을 받을 권리 속에는 신속하고 공개된 법정의 법관의 면전에서 모든 증거자료가 조사·진술되고 이에 대하여 피고인이 공격·방어할 수 있는 기회가 보장되는 재판, 즉 원칙적으로 당사자주의와 구두변론주의가 보장되어 당사자가 공소사실에 대한 답변과 입증 및 반증하는 등 공격, 방어권이 충분히 보장되는 재판을 받을 권리가 포함되어 있다(헌재 2005.12.22. 2004헌바45)

정답 O

22년(2) 모의

794. 자기에게 불리하게 진술한 증인에 대하여 반대신문의 기회를 부여하여야 한다는 절차적 권리의 보장은 '공정한 재판을 받을 권리'의 핵심적인 내용을 이루는 것이다.

해설 자기에게 불리하게 진술한 증인에 대하여 반대신문의 기회를 부여하여야 한다는 절차적 권리의 보장은 '공정한 재판을 받을 권리'의 핵심적인 내용을 이루는 것이다. 이처럼 반대신문권의 보장이 강조되는 것은, 전문증거의 내용이 되는 '진술증거'는 불완전한 인간의 지각과 기억에 기초한 것일 뿐 아니라 그 표현과 전달에 잘못이 있을 수 있고 신문자의 신문방식에 의해서도 진술자의 원래 의사나 기억과 다른 내용이 전달될 가능성이 커서 본질적으로 오류가 개입할 가능성이 큰 증거방법이기 때문이다(헌재 2021.12.23. 2018헌바524).

정답

23년(1) 모의

795. 19세 미만 성폭력범죄 피해자의 진술내용을 촬영한 영상물에 수록된 피해자 진술에 대해 공판기일에 조사과정에 동석하였던 신뢰관계에 있는 사람에 의해 그 성립의 진정함이 인정된 경우 증거로 할 수 있도록 하는 것은 피고인의 반대신문권 행사를 제한하여 공정한 재판을 받을 권리를 침해한다.

해설 성폭력범죄의 처벌 등에 관한 특례법(2012.12.18. 법률 제11556호로 전부개정된 것) 제30조 제6항 중 '제1항에 따라 촬영한 영상물에 수록된 피해자의 진술은 공판준비기일 또는 공판기일에 조사 과정에 동석하였던 신뢰관계에 있는 사람 또는 진술조력인의 진술에 의하여 그 성립의 진정함이 인정된 경우에 증거로 할 수 있다' 과잉금지원칙을 위반하여 청구인의 공정한 재판을 받을 권리를 침해한다.(헌재 2021.12.23. 2018헌바524).

정답

18년 변시

796. 민사재판을 받는 수형자에게 재소자용 의류를 착용하게 하는 것은 재판부나 소송관계자들에게 불리한 심증을 줄 수 있으므로, 수형자의 공정한 재판을 받을 권리를 침해한다.

해설 민사재판에서 법관이 당사자의 복장에 따라 불리한 심증을 갖거나 불공정한 재판진행을 하게 되는 것은 아니므로, 심판대상조항이 민사재판의 당사자로 출석하는 수형자에 대하여 사복착용을 불허하는 것으로 공정한 재판을 받을 권리가 침해되는 것은 아니다(헌재 2015.12.23. 2013헌마712).

정답

24년 변시, 17년(2) 모의

797. 압수물은 공소사실을 입증하고자 하는 검사의 이익을 위해 존재하는 것이므로, 수사기관이 현행범 체포과정에서 압수하였지만 피고인의 소유권 포기가 없는 압수물을 임의로 폐기한 행위가 피고인의 공정한 재판을 받을 권리를 침해한다고 볼 수 없다.

해설 압수물은 검사의 이익을 위해서 뿐만 아니라 이에 대한 증거신청을 통하여 무죄를 입증하고자 하는 피고인의 이익을 위해서도 존재하므로 사건종결 시까지 이를 그대로 보존할 필요성이 있다. 따라서 사건종결 전 일반적 압수물의 폐기를 규정하고 있는 형사소송법 제130조 제2항은 엄격히 해석할 필요가 있으므로, 위 법률조항에서 말하는 '위험발생의 염려가 있는 압수물'이란 사람의 생명, 신체, 건강, 재산에 위해를 줄 수 있는 물건으로서 보관 자체가 대단히 위험하여 종국판결이 선고될 때까지 보관하기 매우 곤란한 압수물을 의미하는 것으로 보아야 하고, 이러한 사유에 해당하지 아니하는 압수물에 대하여는 설사 피압수자의 소유권포기가 있다 하더라도 폐기가 허용되지 아니한다고 해석하여야 한다. 피청구인은 이 사건 압수물을 보관하는 것 자체가 위험하다고 볼 수 없을 뿐만 아니라 이를 보관하는 데 아무런 불편이 없는 물건임이 명백함에도 압수물에 대하여 소유권포기가 있다는 이유로 이를 사건종결 전에 폐기하였는바, 위와 같은 피청구인의 행위는 적법절차의 원칙을 위반하고, 청구인의 공정한 재판을 받을 권리를 침해한 것이다(헌재 2012.12.27. 2011헌마351).
▶ 형법상 가중적 구성요건요소의 하나인 흉기나 위험한 물건(사안의 경우 '과도')이라도 그 보관 자체에 위험이 없는 압수물을 폐기하는 것은 공정한 재판을 받을 권리를 침해

 정답 ×

17년 변시

798. 甲은 사기혐의로 기소되었으며, 법무부장관 乙은 甲이 형사재판에 계속 중임을 이유로 「출입국관리법」 제4조 제1항 제1호에 근거하여 甲에 대해서 6개월 동안 출국을 금지하였다. 이에 甲은 「출입국관리법」 제4조 제1항 제1호의 위헌 여부를 다투고자 한다. 공정한 재판을 받을 권리가 보장되기 위해서는 피고인이 자신에게 유리한 증거를 제한 없이 수집할 수 있어야 하므로, 공정한 재판을 받을 권리에는 외국에 나가 증거를 수집할 권리가 포함된다.

해설 심판대상조항은 법무부장관으로 하여금 피고인의 출국을 금지할 수 있도록 하는 것일 뿐 피고인의 공격·방어권 행사와 직접 관련이 있다고 할 수 없고, 공정한 재판을 받을 권리에 외국에 나가 증거를 수집할 권리가 포함된다고 보기도 어렵다. 따라서 심판대상조항은 공정한 재판을 받을 권리를 침해한다고 볼 수 없다(헌재 2015.09.24. 2012헌바302).

 정답 ×

16년(2) 모의

799. 공정한 재판을 받을 권리는 변론 과정에서 요구되는 것으로, 증거의 판단과 법률의 적용 등 소송 전 과정에서 적용되는 것은 아니다.

해설 공정한 재판을 받을 권리는 변론 과정에서뿐만 아니라, 증거의 판단, 법률의 적용 등 소송 전 과정에서 적용된다. 어떠한 요증사실의 존부가 확정되지 않았을 때 그 사실이 존재하지 않는 것으로 취급되어 법률판단을 받게 되는 불이익인 증명책임의 분배 문제도 공정한 재판을 받을 권리의 보호범위에 해당한다(헌재 2013.09.26. 2012헌바23).

정답

16년(1) 모의

800. 피고인 등의 증거신청에 대하여 법원의 재량에 의하여 증거채택 여부를 결정할 수 있도록 한 형사소송법 규정은 형사피고인의 공정한 재판을 받을 권리를 침해하는 것이라고 볼 수 없다.

해설 형사소송법 제295조, 제296조 제2항이 증거신청에 대하여 법원의 재량에 의하여 증거채택 여부를 결정할 수 있도록 한 것은, 소송절차의 신속·원활한 진행을 도모하고 부당한 결론이 도출되는 것을 방지하기 위한 것으로 목적의 정당성과 수단의 적절성이 인정된다. 또한 법원이 당사자가 신청하는 모든 증거를 조사하는 경우 재판의 불필요한 지연, 인적·물적 자원의 낭비 등을 피할 수 없으며, 이의신청 내지 종국재판에 대한 상소로써 불복할 수 있고, 재판청구권에 대하여 상대적으로 광범위한 입법형성권이 인정되는 점 등을 고려하면 침해의 최소성을 인정할 수 있으며, 신속·공정한 재판실현이라는 공익이 당사자가 입는 불이익보다 중대하여 법익의 균형성도 인정되므로, 청구인의 공정한 재판을 받을 권리를 침해하지 아니한다(헌재 2013.08.29. 2011헌바253).

정답

15년(1) 모의

801. 수용자가 그의 재판청구권을 행사하기 위하여 변호사와 접견하는 경우 접촉차단시설이 설치된 접견실에서의 접견만을 일률적으로 강제하는 것은 수용자의 재판청구권을 침해한다.

해설 이 사건 접견조항에 따르면 수용자는 효율적인 재판준비를 하는 것이 곤란하게 되고, 특히 교정시설 내에서의 처우에 대하여 국가 등을 상대로 소송을 하는 경우에는 소송의 상대방에게 소송자료를 그대로 노출하게 되어 무기대등의 원칙이 훼손될 수 있다. 변호사 직무의 공공성, 윤리성 및 사회적 책임성은 변호사 접견권을 이용한 증거인멸, 도주 및 마약 등 금지물품 반입 시도 등의 우려를 최소화시킬 수 있으며, 변호사접견이라 하더라도 교정시설의 질서 등을 해할 우려가 있는 특별한 사정이 있는 경우에는 예외를 두도록 한다면 악용될 가능성도 방지할 수 있다. 따라서 이 사건 접견조항은 과잉금지원칙에 위배하여 청구인의 재판청구권을 지나치게 제한하고 있으므로, 헌법에 위반된다(헌재 2013.08.29. 2011헌마122).

정답

14년(2) 모의

802. 소환된 증인이나 그 친족 등이 보복을 당할 우려가 있는 경우 피고인을 퇴정시키고 증인신문을 할 수 있도록 한 규정은, 실체적 진실의 발견을 용이하게 하기 위한 정당한 목적이 있는 것이며, 또한 피고인에게 반대신문권이 실질적으로 보장될 수 있는 점 등에 비추어 볼 때 피고인의 공정한 재판을 받을 권리를 침해한다고 할 수 없다.

해설 이 사건 법률조항은 증인의 진술을 제약하는 요소를 제거하고 이를 통해 실체적 진실의 발견을 용이하게 하기 위한 것으로서, 그 목적의 정당성 및 수단의 적합성이 인정된다. 이 사건 법률조항에 의하여 피고인 퇴정 후 증인신문을 하는 경우에도 피고인은 진술의 요지를 고지받고 변호인이 있는 경우에는 변호인이, 변호인이 없는 경우에는 재판장이 반대신문을 대신하는 방식으로 피고인은 여전히 형사소송법 제161조의2에 의하여 반대신문권이 보장되며, 이때 피고인은 증인신문 전에 수사기관 작성의 조서나 증인 작성의 진술서 등의 열람·복사를 통하여 증인의 신분, 그 증언의 취지나 내용을 미리 알 수 있으므로, 반대신문할 내용을 실질적으로 준비할 수 있는 등 기본권제한에 관한 피해의 최소성이 인정된다. 나아가 기본권제한의 정도가 증인을 보호하여 실체적 진실의 발견에 이바지하는 공익에 비하여 크다고 할 수 없어 법익의 균형성도 갖추고 있으므로, 공정한 재판을 받을 권리를 침해한다고 할 수 없다(헌재 2012.07.26. 2010헌바62).

정답 O

Ⅵ 형사피해자의 재판절차진술권

20년(2) 모의

803. 헌법 제27조 제5항은 형사피해자의 재판절차진술권을 헌법상 기본권으로 보장함으로써 형사피해자의 공판절차 참여권을 보장하고 있는바, 형사피해자를 약식명령의 고지 대상자에서 제외하고 있는 「형사소송법」조항은 형사피해자의 재판절차진술권을 침해한다.

해설 형사피해자는 약식명령을 고지받지 않으나, 신청을 하는 경우 형사사건의 진행 및 처리 결과에 대한 통지를 받을 수 있고, 고소인인 경우에는 신청 없이도 검사가 약식명령을 청구한 사실을 알 수 있어, 법원이나 수사기관에 자신의 진술을 기재한 진술서나 탄원서 등을 제출하는 등 의견을 밝힐 수 있는 기회를 가질 수 있다. 또한, 약식명령은 경미하고 간이한 사건을 대상으로 하기 때문에, 대부분 범죄사실에 다툼이 없는 경우가 많고, 형사피해자도 이미 범죄사실을 충분히 인지하고 있어, 범죄사실에 대한 별도의 확인 없이도 얼마든지 법원이나 수사기관에 의견을 제출할 수 있으며, 직접 범죄사실의 확인을 원하는 경우에는 소송기록의 열람·등사를 신청하는 것도 가능하므로, 형사피해자가 약식명령을 고지받지 못한다고 하여 형사재판절차에서의 참여기회가 완전히 봉쇄되어 있다고 볼 수 없다. 따라서 이 사건 고지조항은 형사피해자의 재판절차진술권을 침해하지 않는다(헌재 2019. 09.26. 2018헌마1015).

정답 ×

🕐 15년 변시

804. 형사실체법상으로 직접적인 보호법익의 주체가 아니라도 범죄로 인하여 법률상 불이익을 받게 되는 자라면 헌법상 형사피해자의 재판절차진술권의 주체가 될 수 있다.

▸ 해설 ▸ 헌법상 재판절차진술권의 주체인 형사피해자의 개념은 반드시 형사실체법상의 보호법익을 기준으로 한 피해자의 개념에 의존할 필요가 없고, 형사실체법상으로는 직접적인 보호법익의 주체로 해석되지 않는 자라 하더라도 문제되는 범죄 때문에 법률상의 불이익을 받게 되는 자라면 헌법상 형사피해자의 재판절차진술권의 주체가 될 수 있다고 할 것이다(헌재 1995.07.21. 94헌마136).

정답

제❷항 ▎재판청구권의 제한

19년(1)·21년(3) 모의

805. 헌법이 대법원을 최고법원으로 규정하였으므로 대법원은 모든 사건을 상고심으로서 관할하며, 대법원이 상고이유에 관하여 일정한 요건에 해당하지 않는다고 인정하면서 더 이상 심리를 하지 않는다고 판결로 상고를 기각하는 것은 헌법에 위반된다.

▸ 해설 ▸ 헌법이 대법원을 최고법원으로 규정하였다고 하여 대법원이 곧바로 모든 사건을 상고심으로서 관할하여야 한다는 결론이 당연히 도출되는 것은 아니며, "헌법과 법률이 정하는 법관에 의하여 법률에 의한 재판을 받을 권리"가 사건의 경중을 가리지 않고 모든 사건에 대하여 대법원을 구성하는 법관에 의한 균등한 재판을 받을 권리를 의미한다거나 또는 상고심재판을 받을 권리를 의미하는 것이라고 할 수는 없다. 또한 심급제도는 사법에 의한 권리보호에 관하여 한정된 법발견자원의 합리적인 분배의 문제인 동시에 재판의 적정과 신속이라는 서로 상반되는 두 가지의 요청을 어떻게 조화시키느냐의 문제로 돌아가므로, 원칙적으로 입법자의 형성의 자유에 속하는 사항이다(헌재 2007.07.26. 2006헌마551). ▸ 심리불속행제도를 규정하고 있는 '상고심절차에 관한 특례법' 규정이 헌법에 위반되지 않고, 심리불속행 상고기각판결의 경우 판결이유를 생략할 수 있도록 규정한 특례법 조항이 헌법 제27조 제1항에서 보장하는 재판청구권 등을 침해하지 않는다고 본 사례

정답

21년(3) 모의

806. 의견제출 기한 내에 감경된 과태료를 자진납부한 경우 해당 질서위반행위에 대한 과태료 부과 및 징수절차는 종료한다고 규정하여, 당사자가 질서위반행위에 대한 의견제출이나 이의제기를 할 수 없도록 하더라도 재판청구권을 침해한 것은 아니다.

▸ 해설 ▸ 행정청이 과태료를 부과하기 전에 미리 당사자에게 사전통지를 하면서 의견제출 기한을 부여하고, 그 기한 내에 과태료를 자진납부한 당사자에게 과태료 감경의 혜택을 부여하는 주된 목적은 과태료를 신속하고 효율적으로 징수하려는 것인 점, 당사자는 의견제출 기간 내에 과태료를 자진납부하여 과태료의 감경을 받을 것인지, 아니면 과태료의 부과 여부나 그 액수를 다투어 법원을 통한 과태료 재판을 받을 것인지를 선택할 수 있는 점 등을 고려하면, 의견제출 기한 내에 감경된 과태료를 자진

남부하는 경우 해당 질서위반행위에 대한 과태료 부과 및 징수절차가 종료되도록 함으로써 당사자가 질서위반행위규제법에 따라 의견을 제출하거나 이의를 제기할 수 없도록 하였다고 하더라도, 이것이 입법형성의 한계를 일탈하여 재판청구권을 침해하였다거나 당사자의 의견제출 권리를 충분히 보장하지 않음으로써 적법절차원칙을 위반하였다고 보기 어렵다(헌재 2019.12.27. 2017헌바413).

23년(1) 모의

807. 각급 사립학교 교원이 학교법인의 징계처분에 불복하여 교원소청심사위원회에 소청심사를 청구한 경우, 심사위원회의 결정에 대하여 학교법인의 불복을 금지하는 것은 학교법인에 대한 국가의 실효적인 감독권 행사를 보장하고, 사립학교 교원의 신분보장과 지위향상을 위한 「교원의 지위 향상 및 교육활동 보호를 위한 특별법」의 입법취지에도 부합하므로 학교법인의 재판청구권을 침해하지 아니한다.

해설 교원이 제기한 민사소송에 대하여 응소하거나 피고로서 재판절차에 참여함으로써 자신의 권리를 주장하는 것은 어디까지나 상대방인 교원이 교원지위법이 정하는 재심절차와 행정소송절차를 포기하고 민사소송을 제기하는 경우에 비로소 가능한 것이므로 이를 들어 학교법인에게 자신의 침해된 권익을 구제받을 수 있는 실효적인 권리구제절차가 제공되었다고 볼 수 없고, 교원지위부존재확인 등 민사소송절차도 교원이 처분의 취소를 구하는 재심을 따로 청구하거나 또는 재심결정에 불복하여 행정소송을 제기하는 경우에는 민사소송의 판결과 재심결정 또는 행정소송의 판결이 서로 모순·저촉될 가능성이 상존하므로 이 역시 간접적이고 우회적인 권리구제수단에 불과하다. 그리고 학교법인에게 재심결정에 불복할 제소권한을 부여한다고 하여 이 사건 법률조항이 추구하는 사립학교 교원의 신분보장에 특별한 장애사유가 생긴다든가 그 권리구제에 공백이 발생하는 것도 아니므로 이 사건 법률조항은 분쟁의 당사자이자 재심절차의 피청구인인 학교법인의 재판청구권을 침해한다(헌재 2006.02.23. 2005헌가7,2005헌마1163).

20년(2) · 23년(2) 모의

808. 디엔에이감식시료채취영장 발부 과정에서 채취대상자에게 자신의 의견을 밝히거나 영장 발부 후 불복할 수 있는 절차 등에 관하여 규정하지 아니한 「디엔에이신원확인정보의 이용 및 보호에 관한 법률」조항은 채취대상자의 재판청구권을 침해한다.

해설 이 사건 영장절차 조항은 이와 같이 신체의 자유를 제한하는 디엔에이감식시료 채취 과정에서 중립적인 법관이 구체적 판단을 거쳐 발부한 영장에 의하도록 함으로써 법관의 사법적 통제가 가능하도록 한 것이므로, 그 목적의 정당성 및 수단의 적합성은 인정된다. 디엔에이감식시료채취영장 발부 여부는 채취대상자에게 자신의 디엔에이감식시료가 강제로 채취당하고 그 정보가 영구히 보관·관리됨으로써 자신의 신체의 자유, 개인정보자기결정권 등의 기본권이 제한될 것인지 여부가 결정되는 중대한 문제이다. 그럼에도 불구하고 이 사건 영장절차 조항은 채취대상자에게 디엔에이감식시료 채취영장 발부 과정에서 자신의 의견을 진술할 수 있는 기회를 절차적으로 보장하고 있지 않을 뿐만 아니라, 발부 후 그 영장 발부에 대하여 불복할 수 있는 기회를 주거나 채취행위의 위법성 확인을 청구할 수 있도록 하는 구제절차마저 마련하고 있지 않다. 위와 같은 입법상의 불비가 있는 이 사건 영장절차 조항은 채취대상자인 청구인들의 재판청구권을 과도하게 제한하므로, 침해의 최소성 원칙에 위반된다. 이 사건 영장절차 조항에 따라 발부된 영장에 의하여 디엔에이신원확인정보를 확보할 수 있고, 이로써 장래 범죄수사 및 범죄예방 등에 기여하는 공익적 측면이 있으나, 이 사건 영장절차 조항의 불완전·불충분한 입법으로 인하여 채취대상자의 재판청구권이 형해화되고 채취대상자가 범죄 수사 및 범죄예방의 객체로만 취급받게 된다는 점에서, 양자 사이에 법익의 균형성이 인정된다고 볼 수도 없다. 따라서 이 사건 영장절차 조항은 과잉금지원칙을 위반하여 청구인들의 재판청구권을 침해한다(헌재 2018.08.30. 2016헌마344).

정답 ○

19년(1) 모의

809. 「공익사업을 위한 토지 등의 취득 및 보상에 관한 법률」에서 토지수용위원회의 수용재결서를 받은 날로부터 60일 이내에 보상금증감청구소송을 제기하도록 하는 것은 해당 토지소유자의 재판청구권을 침해하지 않는다.

해설 공익사업의 안정적인 시행을 위하여서는 수용대상토지의 수용여부 못지않게 보상금을 둘러싼 분쟁 역시 조속히 확정하여야 할 필요가 있다. 또한 토지소유자는 협의 및 수용재결 단계를 거치면서 오랜 기간 보상금 액수에 대하여 다투어 왔으므로, 수용재결의 보상금 액수에 관하여 보상금증감청구소송을 제기할 것인지 결정하는 데에 많은 시간이 필요하지 않다. 따라서 이 사건 법률조항이 정한 60일의 제소기간은 입법재량의 한계를 벗어났다고 보기 어려우므로, 보상금증감청구소송을 제기하려는 토지소유자의 재판청구권을 침해한다고 볼 수 없다(헌재 2016.07.28. 2014헌바206).

정답 ○

17년(2)·19년(1)·23년(2) 모의

810. 「인신보호법」에서 피수용자인 구제청구자의 즉시항고 제기기간을 3일로 정한 것은 구제청구자의 재판청구권을 침해한다.

해설 인신보호법상 피수용자인 구제청구자는 자기 의사에 반하여 수용시설에 수용되어 인신의 자유가 제한된 상태에 있으므로 그 자신이 직접 법원에 가서 즉시항고장을 접수할 수 없고, 외부인의 도움을 받아서 즉시항고장을 접수하는 방법은 외부인의 호의와 협조가 필수적이어서 이를 기대하기 어려운 때에는 그리 효과적이지 않으며, 우편으로 즉시항고장을 접수하는 방법도 즉시항고장을 작성하는 시간과 우편물을 발송하고 도달하는 데 소요되는 시간을 고려하면 3일의 기간이 충분하다고 보기 어렵다. 인신보호법상으로는 국선변호인이 선임될 수 있지만, 변호인의 대리권에 상소권까지 포함되어 있다고 단정하기 어렵고, 그의 대리권에 상소권이 포함되어 있다고 하더라도 법정기간의 연장 등 형사소송법 제345조 등과 같은 특칙이 적용될 여지가 없으므로 3일의 즉시항고기간은 여전히 과도하게 짧은 기간이다. … 즉시항고 제기기간을 3일보다 조금 더 긴 기간으로 정한다고 해도 피수용자의 신병에 관한 법률관계를 조속히 확정하려는 이 사건 법률조항의 입법목적이 달성되는 데 큰 장애가 생긴다고 볼 수 없으므로, 이 사건 법률조항은 피수용자의 재판청구권을 침해한다(헌재 2015.09.24. 2013헌가21). ▶ 위 결정 이후 개정된 인신보호법 제15조는 "7일 이내에 즉시항고 할 수 있다"고 규정하고 있다.

정답 ○

18년 변시

811. 교도소장이 수형자가 출정비용을 예납하지 않았거나 영치금과의 상계에 동의하지 않았다는 이유로 행정소송 변론기일에 출정을 제한한 행위는 형벌의 집행을 위한 것으로 수형자의 재판청구권을 침해하였다고 볼 수 없다.

해설 교도소장은 수형자가 출정비용을 예납하지 않았거나 영치금과의 상계에 동의하지 않았다고 하더라도, 우선 수형자를 출정시키고 사후에 출정비용을 받거나 영치금과의 상계를 통하여 출정비용을 회수하여야 하는 것이지, 이러한 이유로 수형자의 출정을 제한할 수 있는 것은 아니다. 그러므로 피청구인이, 청구인이 출정하기 이전에 여비를 납부하지 않았거나 출정비용과 영치금과의 상계에 미리 동의하지 않았다는 이유로 이 사건 출정제한행위를 한 것은, 피청구인에 대한 업무처리지침 내지 사무처리준칙인 이 사건 지침을 위반하여 청구인이 직접 재판에 출석하여 변론할 권리를 침해함으로써, 형벌의 집행을 위하여 필요한 한도를 벗어나서 청구인의 재판청구권을 과도하게 침해하였다고 할 것이다(헌재 2012.03.29 2010헌마457).

정답 ✕

17년(3) 모의

812. 수형자가 자신의 민사재판의 소송수행을 목적으로 출정하는 경우 교도소에서 법원까지의 차량운행비 등 비용이 소요되는데, 이는 재판청구권을 행사하는 데 불가피한 비용이므로 수익자부담의 원칙에 따라 당사자 본인이 부담하여야 한다.

해설 수형자가 소송수행을 목적으로 출정하는 경우 교도소에서 법원까지의 차량운행비 등 비용이 소요되는데, 이는 재판청구권을 행사하는 데 불가피한 비용이므로 수익자부담의 원칙에 따라 당사자 본인이 부담하여야 한다(헌재 2012.03.29. 2010헌마475).

정답   ○

16년(3) 모의

813. 심리불속행제도는 남상고 사건에 대한 신속한 처리를 통해 당사자의 재판을 받을 권리를 충실히 하기 위한 것이므로 위헌이라고 볼 수 없으나, 심리불속행 상고기각 판결 시 일체의 이유를 기재하지 않을 수 있도록 하는 것은, 판결의 적정성 여부, 상고인 주장에 대한 판단 누락 등을 살펴볼 기회가 원천적으로 차단되므로, 침해의 최소성에 위반되어 재판청구권을 침해한다.

해설 심리불속행 상고기각판결에 이유를 기재한다고 해도, 당사자의 상고이유가 법률상의 상고이유를 실질적으로 포함하고 있는지 여부만을 심리하는 심리불속행 재판의 성격 등에 비추어 현실적으로 특례법 제4조의 심리속행사유에 해당하지 않는다는 정도의 이유기재에 그칠 수밖에 없고, 나아가 그 이상의 이유기재를 하게 하더라도 이는 법령해석의 통일을 주된 임무로 하는 상고심에게 불필요한 부담만 가중시키는 것으로서 심리불속행제도의 입법취지에 반하는 결과를 초래할 수 있으므로, 이 사건 제5조 제1항은 재판청구권 등을 침해하여 위헌이라고 볼 수 없다(헌재 2007.07.26. 2006헌마551).

정답 ✕

16년(3) 모의

814. 형사재판에서 피고인이 중죄를 범한 중죄인이라거나 외국에 도피 중이라는 이유만으로 상소의 제기 또는 상소권회복청구를 전면 봉쇄하는 것은 재판청구권을 침해하는 것이다.

해설 형사재판에 있어서 합헌적인 실체법과 절차법에 따라 행하여지는 재판이라고 하려면, 적어도 그 기본원리라고 할 수 있는 죄형법정주의와 적법절차주의에 위반되지 아니하는 실체법과 절차법에 따라 규율되는 재판이 되어야 할 것이다. 이러한 의미의 재판을 보장하는 헌법 제27조 제1항 소정의 재판청구권이 곧바로 모든 사건에서 상고심 또는 대법원의 재판을 받을 권리를 인정하는 것이라고 보기는 어렵지만 그렇다고 하여 형사재판에서 피고인이 중죄를 범한 중죄인이라거나 외국에 도피 중이라는 이유만으로 상소의 제기 또는 상소권회복청구를 전면 봉쇄하는 것은 재판청구권의 침해임에 틀림이 없다고 보아야 할 것이다(헌재 1993.07.29. 90헌바35).

정답 O

16년(2) 모의

815. 미결수용자가 형사사건의 변호인이 아닌 헌법재판에서의 변호사와 접견하는 것은 헌법상 변호인의 조력을 받을 권리가 아닌 재판청구권으로부터 파생되는 권리이다.

해설 변호인의 조력을 받을 권리에 대한 헌법과 법률의 규정 및 취지에 비추어 보면, '형사사건에서 변호인의 조력을 받을 권리'를 의미한다고 보아야 할 것이므로 형사절차가 종료되어 교정시설에 수용 중인 수형자나 미결수용자가 형사사건의 변호인이 아닌 민사재판, 행정재판, 헌법재판 등에서 변호사와 접견할 경우에는 원칙적으로 헌법상 변호인의 조력을 받을 권리의 주체가 될 수 없다. 따라서 이 사건 접견조항에 의하여 헌법상 변호인의 조력을 받을 권리가 제한된다고 볼 수는 없다(헌재 2013.08.29. 2011헌마122). 교정시설 내 수용자와 변호사 사이의 접견교통의 보장은 헌법상 보장되는 재판청구권의 한 내용 또는 그로부터 파생되는 권리로 볼 수 있다(헌재 2004.12.16. 2002헌마478). ▶ 헌법 제27조의 재판을 받을 권리에는 민사재판, 형사재판, 행정재판뿐 아니라 헌법재판도 포함되므로 수형자나 미결수용자가 형사사건의 변호인이 아닌 민사재판, 행정재판, 헌법재판 등에서 변호사와 접견할 경우에는 변호인의 조력을 받을 권리가 아닌 재판청구권의 문제가 된다.

정답 O

16년(1) 모의

816. 사실오인 또는 양형부당을 이유로 원심판결에 대한 상고를 할 수 있는 경우를 '사형, 무기 또는 10년 이상의 징역이나 금고가 선고된 사건'의 경우로만 제한하는 것은 당사자의 재판을 받을 권리를 침해하지 않는다.

해설 형사소송법 제383조 제4호는, 사실인정이나 형의 양정을 전권사항으로 하는 하급심과 법령의 해석·적용의 통일을 기하는 상고심 간의 재판기능에 따라 사법자원을 적절히 분배하고, 불필요한 상고제기를 방지하며, 하급심의 충실한 재판을 도모하는 동시에 소송경제도 꾀하기 위하여 "사형, 무기 또는 10년 이상의 징역이나 금고가 선고된 경우"에만 사실오인 또는 양형부당을 이유로 상고할 수 있도록 제한하고 있는바, 이는 정당한 입법목적을 달성하기 위한 필요하고도 합리적인 제한이라 할 수 있고, 한정된 사법자원을 효율적으로 분배하고 상고심 재판의 법률심 기능을 제고할 필요성, 제1심과 제2심에서 사실오인이나 양형부당을 다툴 충분한 기회가 부여되어 있다는 점 등을 감안할 때, 이로 인해 당사자가 입게 되는 불이익과 이로써 달성하고자 하는 공익을 법익형량함에 있어 현저히 합리성을 결하였다고 할 수도 없으므로, 과잉금지원칙에 위반하여 당사자의 재판받을 권리를 침해한 것으로 볼 수 없고, 평등원칙에 위반되지도 아니한다(헌재 2020.07.16. 2020헌바14).

 정답 O

13년(2)·14년(1) 모의

817. 재판청구권은 헌법 제27조 제1항이 규정하는 "법률에 의한" 재판청구권을 보장하기 위한 것이므로 이에는 과소보호금지 원칙이 적용되고 헌법 제37조 제2항의 비례의 원칙은 적용되지 아니한다는 것이 헌법재판소 판례이다.

해설 헌법 제27조 제1항이 규정하는 "법률에 의한" 재판청구권을 보장하기 위해서는 입법자에 의한 재판청구권의 구체적 형성이 불가피하므로 입법자의 광범위한 입법재량이 인정되기는 하나, 그러한 입법을 함에 있어서는 비록 완화된 의미에서일지언정 헌법 제37조 제2항의 비례의 원칙은 준수되어야 한다. 특히, 당해 입법이 단지 법원에 제소할 수 있는 형식적인 권리나 이론적인 가능성만을 허용하는 것이어서는 아니되고, 상당한 정도로 권리구제의 실효성이 보장되도록 하는 것이어야 할 것이다(헌재 2001.06.28. 2000헌바77).

 정답 X

제3절 국가배상청구권

 21년 변시

818. 국가배상청구권의 성립요건으로서 공무원의 고의 또는 과실을 규정한 것은 법률로 이미 형성된 국가배상청구권의 행사 및 존속을 제한한다기보다는 국가배상청구권의 내용을 형성하는 것이다.

해설 헌법상 국가배상청구권은 청구권적 기본권이고, 앞에서 본 바와 같이 그 요건인 '불법행위'는 법률에서 구체적으로 형성할 수 있는 개념이라 할 것이다. 따라서 이 사건 법률조항이 국가배상청구권의 성립요건으로서 공무원의 고의 또는 과실을 규정한 것은 법률로 이미 형성된 국가배상청구권의 행사 및 존속을 제한한다고 보기 보다는 국가배상청구권의 내용을 형성하는 것이라고 할 것이므로, 헌법상 국가배상제도의 정신에 부합하게 국가배상청구권을 형성하였는지의 관점에서 심사하여야 한다(헌재 2015.04.30. 2013헌바395).

 정답 O

21년 변시

819. 법관이 행하는 재판사무의 특수성과 그 재판과정의 잘못에 대하여는 따로 불복절차에 의하여 시정될 수 있는 제도적 장치가 마련되어 있는 점 등에 비추어 보면, 특별한 경우가 아닌 한 법관의 재판에 법령의 규정을 따르지 아니한 잘못이 있다 하더라도 이로써 바로 그 재판상 직무행위가 「국가배상법」 제2조 제1항에서 말하는 위법한 행위로 되어 국가의 손해배상책임이 발생하는 것은 아니다.

해설 법관이 행하는 재판사무의 특수성과 그 재판과정의 잘못에 대하여는 따로 불복절차에 의하여 시정될 수 있는 제도적 장치가 마련되어 있는 점 등에 비추어 보면, 법관의 재판에 법령의 규정을 따르지 아니한 잘못이 있다 하더라도 이로써 바로 그 재판상 직무행위가 국가배상법 제2조 제1항에서 말하는 위법한 행위로 되어 국가의 손해배상책임이 발생하는 것은 아니고, 그 국가배상책임이 인정되려면 당해 법관이 위법 또는 부당한 목적을 가지고 재판을 하는 등 법관이 그에게 부여된 권한의 취지에 명백히 어긋나게 이를 행사하였다고 인정할 만한 특별한 사정이 있어야 한다고 해석함이 상당하다(대판 2001.04.24. 2000다16114).

정답 ○

22년(1) 모의

820. 국회의원의 입법행위는 그 입법 내용이 헌법의 문언에 명백히 위배됨에도 불구하고 국회가 굳이 당해 입법을 한 것과 같은 특수한 경우가 아닌 한 「국가배상법」 제2조 제1항 소정의 위법행위에 해당한다고 볼 수 없다.

해설 우리 헌법이 채택하고 있는 의회민주주의하에서 국회는 다원적 의견이나 각가지 이익을 반영시킨 토론과정을 거쳐 다수결의 원리에 따라 통일적인 국가의사를 형성하는 역할을 담당하는 국가기관으로서 그 과정에 참여한 국회의원은 입법에 관하여 원칙적으로 국민 전체에 대한 관계에서 정치적 책임을 질 뿐 국민 개개인의 권리에 대응하여 법적 의무를 지는 것은 아니므로, 국회의원의 입법행위는 그 입법 내용이 헌법의 문언에 명백히 위배됨에도 불구하고 국회가 굳이 당해 입법을 한 것과 같은 특수한 경우가 아닌 한 국가배상법 제2조 제1항 소정의 위법행위에 해당한다고 볼 수 없고, 같은 맥락에서 국가가 일정한 사항에 관하여 헌법에 의하여 부과되는 구체적인 입법의무를 부담하고 있음에도 불구하고 그 입법에 필요한 상당한 기간이 경과하도록 고의 또는 과실로 이러한 입법의무를 이행하지 아니하는 등 극히 예외적인 사정이 인정되는 사안에 한정하여 국가배상법 소정의 배상책임이 인정될 수 있으며, 위와 같은 구체적인 입법의무 자체가 인정되지 않는 경우에는 애당초 부작위로 인한 불법행위가 성립할 여지가 없다(대판 2008.05.29. 2004다33469).

정답 ○

21년(1) · 22년(1) 모의

821. 승용차를 운전하던 민간인 甲의 과실과 오토바이를 운전하여 직무를 집행하던 육군 중사 乙의 과실이 경합하여 오토바이 뒷좌석에 타고 있던 직무집행중인 육군 중사 丙에게 전치 약 10주의 상해를 입힌 경우

1) 피해자 丙은 「군인연금법」 등에 의하여 보상을 받을 수 있으므로 헌법 제29조 제2항과 「국가배상법」 제2조 제1항 단서에 따라 국가의 배상책임이 인정되지 않는다.

해설 국가배상법 제2조 참조.

정답 ○

2) 헌법재판소 판례에 따르면, 甲이 丙에게 손해 전부를 배상한 경우 국가에 대하여 자신의 부담부분을 넘어선 부분에 대해 구상권이 인정된다.

해설 국가배상법 제2조 제1항 단서 중 군인에 관련되는 부분을, 일반국민이 직무집행 중인 군인과의 공동불법행위로 직무집행 중인 다른 군인에게 공상을 입혀 그 피해자에게 공동의 불법행위로 인한 손해를 배상한 다음 공동불법행위자인 군인의 부담부분에 관하여 국가에 대하여 구상권을 행사하는 것을 허용하지 않는다고 해석한다면, 이는 위 단서 규정의 헌법상 근거규정인 헌법 제29조가 구상권의 행사를 배제하지 아니하는데도 이를 배제하는 것으로 해석하는 것으로서 합리적인 이유 없이 일반국민을 국가에 대하여 지나치게 차별하는 경우에 해당하므로 헌법 제11조, 제29조에 위반되며, 또한 국가에 대한 구상권은 헌법 제23조 제1항에 의하여 보장되는 재산권이고 위와 같은 해석은 그러한 재산권의 제한에 해당하며 재산권의 제한은 헌법 제37조 제2항에 의한 기본권제한의 한계 내에서만 가능한데, 위와 같은 해석은 헌법 제37조 제2항에 의하여 기본권을 제한할 때 요구되는 비례의 원칙에 위배하여 일반국민의 재산권을 과잉제한하는 경우에 해당하여 헌법 제23조 제1항 및 제37조 제2항에도 위반된다(헌재 1994.12.29. 93헌바21).

정답 ○

3) 공무원이 직무수행 중 불법행위로 타인에게 손해를 입힌 경우 국가가 국가배상책임을 부담하는 외에 공무원 개인도 고의 또는 중과실이 있는 경우에는 불법행위로 인한 손해배상책임을 지지만, 공무원에게 경과실뿐인 경우 공무원 개인은 손해배상책임을 부담하지 아니한다.

해설 국가배상법 제2조 제1항 본문 및 제2항의 입법 취지는 공무원의 직무상 위법행위로 타인에게 손해를 끼친 경우에는 변제자력이 충분한 국가 등에게 선임감독상 과실 여부에 불구하고 손해배상책임을 부담시켜 국민의 재산권을 보장하되, 공무원이 직무를 수행함에 있어 경과실로 타인에게 손해를 입힌 경우에는 그 직무수행상 통상 예기할 수 있는 흠이 있는 것에 불과하므로, 이러한 공무원의 행위는 여전히 국가 등의 기관의 행위로 보아 그로 인하여 발생한 손해에 대한 배상책임도 전적으로 국가 등에만 귀속시키고 공무원 개인에게는 그로 인한 책임을 부담시키지 아니하여 공무원의 공무집행의 안정성을 확보하고, 반면에 공무원의 위법행위가 고의·중과실에 기한 경우에는 비록 그 행위가 그의 직무와 관련된 것이라고 하더라도 그와 같은 행위는 그 본질에 있어서 기관행위로서의 품격을 상실하여 국가 등에게 그 책임을 귀속시킬 수 없으므로 공무원 개인에게 불법행위로 인한 손해배상책임을 부담시키되, 다만 이러한 경우에도 그 행위의 외관을 객관적으로 관찰하여 공무원의 직무집행으로 보여질 때에는 피해자인 국민을 두텁게 보호하기 위하여 국가 등이 공무원 개인과 중첩적으로 배상책임을 부담하되 국가 등이 배상책임을 지는 경우에는 공무원 개인에게 구상할 수 있도록 함으로써 궁극적으로 그 책임이 공무원 개인에게 귀속되도록 하려는 것이라고 봄이 합당하다(대판 1996.02.15. 95다38677(전합)).

정답 O

4) **대법원 판례에 의하면, 이중배상금지규정은 절대적 효력을 가지므로 국가에 대한 甲의 구상권은 인정될 수 없다.**

해설 헌법 제29조 제2항, 국가배상법 제2조 제1항 단서의 입법 취지를 관철하기 위하여는, 국가배상법 제2조 제1항 단서가 적용되는 공무원의 직무상 불법행위로 인하여 직무집행과 관련하여 피해를 입은 군인 등에 대하여 위 불법행위에 관련된 일반국민(법인을 포함한다. 이하 '민간인'이라 한다)이 공동불법행위책임, 사용자책임, 자동차운행자책임 등에 의하여 그 손해를 자신의 귀책부분을 넘어서 배상한 경우에도, 국가 등은 피해 군인 등에 대한 국가배상책임을 면할 뿐만 아니라, 나아가 민간인에 대한 국가의 귀책비율에 따른 구상의무도 부담하지 않는다고 하여야 할 것이다. 그러나 위와 같은 경우, … 각 당사자의 이해관계의 실질을 고려하여, 위와 같은 경우에는 공동불법행위자 등이 부진정연대채무자로서 각자 피해자의 손해 전부를 배상할 의무를 부담하는 공동불법행위의 일반적인 경우와 달리 예외적으로 민간인은 피해 군인 등에 대하여 그 손해 중 국가 등이 민간인에 대한 구상의무를 부담한다면 그 내부적인 관계에서 부담하여야 할 부분을 제외한 나머지 자신의 부담부분에 한하여 손해배상의무를 부담하고, 한편 국가 등에 대하여는 그 귀책부분의 구상을 청구할 수 없다고 해석함이 상당하다 할 것이고, 이러한 해석이 손해의 공평·타당한 부담을 그 지도원리로 하는 손해배상제도의 이상에도 맞는다 할 것이다(대판 2001.02.15. 96다42420(전합)).

정답 O

5) **대법원 판례에 의하면, 피해자가 경비교도대원인 경우에도 국가의 배상책임은 인정될 수 없다.**

해설 현역병으로 입대한 후 경비교도로 전임되어 군인신분을 상실함으로써 사망 당시에는 국가배상법 제2조 제1항 단서 소정의 군인 등 어느 신분에도 속하지 아니하고, 비록 국가기관이 위 망인을 국가유공자예우등에관한법률의 순직군경에 해당한다 하여 국가유공자로 결정, 사망급여금 등을 지급하였다 하더라도 위 망인의 신분이 군인 또는 경찰공무원으로 바뀌는 것은 아니므로 위 국가배상법 제2조 제1항 단서의 규정이 적용되지 아니한다고 판시하고 위 국가배상법의 규정이 적용됨을 전제로 이중배상에 해당되어 이 사건 청구를 할 수 없다고 하는 피고의 주장을 배척하였다. … 같은 취지로 한 원심의 판단은 정당하고 피고 주장과 같은 법리를 오해한위법이 있다고 할 수 없다(대판 1993.04.09. 92다43395).

정답 ×

20년(1) 모의

822. **국가배상청구권의 성립요건으로서 공무원의 고의 또는 과실을 규정함으로써 무과실책임을 인정하지 않는 것은 해당 청구권자의 국가배상청구권을 침해하지 않는다.**

∷해설 헌법 제29조 제1항 제1문은 '공무원의 직무상 불법행위'로 인한 국가 또는 공공단체의 책임을 규정하면서 제2문은 '이 경우 공무원 자신의 책임은 면제되지 아니한다'고 규정하여 헌법상 국가배상책임은 공무원의 책임을 일정 부분 전제하는 것으로 해석될 수 있고, 헌법 제29조 제1항에 법률유보 문구를 추가한 것은 국가재정을 고려하여 국가배상책임의 범위를 법률로 정하도록 한 것으로 해석된다. 공무원의 고의 또는 과실이 없는데도 국가배상을 인정할 경우 피해자 구제가 확대되기는 하겠지만 현실적으로 원활한 공무수행이 저해될 수 있어 이를 입법정책적으로 고려할 필요성이 있다. 외국의 경우에도 대부분 국가에서 국가배상책임에 공무수행자의 유책성을 요구하고 있으며, 최근에는 국가배상법상의 과실관념의 객관화, 조직과실의 인정, 과실 추정과 같은 논리를 통하여 되도록 피해자에 대한 구제의 폭을 넓히려는 추세에 있다. 이러한 점들을 고려할 때, 이 사건 법률조항이 국가배상청구권의 성립요건으로서 공무원의 고의 또는 과실을 규정한 것을 두고 입법형성의 범위를 벗어나 헌법 제29조에서 규정한 국가배상청구권을 침해한다고 보기는 어렵다(헌재 2015.04.30. 2013헌바395).

22년(1) 모의

823. 도로·하천, 그 밖의 공공의 영조물의 설치나 관리에 하자가 있기 때문에 타인에게 손해를 발생하게 하였을 때에는 국가나 지방자치단체는 그 손해를 배상하여야 하고, 손해의 원인에 대하여 책임을 질 자가 따로 있으면 국가나 지방자치단체는 그 자에게 구상할 수 있다.

∷해설 국가배상법 제5조 참조.

국가배상법 제5조(공공시설 등의 하자로 인한 책임) ① 도로·하천, 그 밖의 공공의 영조물의 설치나 관리에 하자가 있기 때문에 타인에게 손해를 발생하게 하였을 때에는 국가나 지방자치단체는 그 손해를 배상하여야 한다. 이 경우 제2조제1항 단서, 제3조 및 제3조의2를 준용한다.
② 제1항을 적용할 때 손해의 원인에 대하여 책임을 질 자가 따로 있으면 국가나 지방자치단체는 그 자에게 구상할 수 있다.

19년(2) 모의

824. 「국가배상법」 제7조가 정하는 상호보증은 당사국과의 조약이 체결되어 있을 것을 요건으로 하지 않는다.

∷해설 국가배상법 제7조는 우리나라만이 입을 수 있는 불이익을 방지하고 국제관계에서 형평을 도모하기 위하여 외국인의 국가배상청구권의 발생요건으로 '외국인이 피해자인 경우에는 해당 국가와 상호보증이 있을 것'을 요구하고 있는데, 해당 국가에서 외국인에 대한 국가배상청구권의 발생요건이 우리나라의 그것과 동일하거나 오히려 관대할 것을 요구하는 것은 지나치게 외국인의 국가배상청구권을 제한하는 결과가 되어 국제적인 교류가 빈번한 오늘날의 현실에 맞지 아니할 뿐만 아니라 외국에서 우리나라 국민에 대한 보호를 거부하게 하는 불합리한 결과를 가져올 수 있는 점을 고려할 때, 우리나라와 외국 사이에 국가배상청구권의 발생요건이 현저히 균형을 상실하지 아니하고 외국에서 정한 요건이 우리나라에서 정한 그것보다 전체로서 과중하지 아니하여 중요한 점에서 실질적으로

거의 차이가 없는 정도라면 국가배상법 제7조가 정하는 상호보증의 요건을 구비하였다고 봄이 타당하다. 그리고 상호보증은 외국의 법령, 판례 및 관례 등에 의하여 발생요건을 비교하여 인정되면 충분하고 반드시 당사국과의 조약이 체결되어 있을 필요는 없으며, 당해 외국에서 구체적으로 우리나라 국민에게 국가배상청구를 인정한 사례가 없더라도 실제로 인정될 것이라고 기대할 수 있는 상태이면 충분하다(대판 2015.06.11. 2013다208388).

정답 ○

19년(2) 모의

825. 이중배상청구금지와 관련한 「국가배상법」 제2조 제1항 단서는 국가배상청구권을 헌법 내재적으로 제한하는 헌법 제29조 제2항에 직접 근거하고, 실질적으로 그 내용을 같이 하는 것이므로 헌법에 위반되지 않는다.

해설 헌법의 개별규정은 위헌심사의 대상이 되는 형식적 의미의 법률에 해당하지 아니할 뿐만 아니라 헌법의 개별규정 사이에 어느 특정 규정이 다른 규정의 효력을 전면 부인할 수 있는 정도의 효력상 차이를 인정할 이유가 없으므로 헌법 제29조 제2항은 위헌심판의 대상이 아니어서 이에 대한 위헌제청신청 부분은 부적법하고 국가배상법 제2조 제1항 단서는 헌법 제29조 제1항에 의하여 보장되는 국가배상청구권을 헌법 내재적으로 제한하는 헌법 제29조 제2항에 직접 근거하고, 실질적으로 그 내용을 같이 하는 것이므로 헌법에 위반된다고 할 수 없다(헌재 2005.05.26. 2005헌바28).

정답 ○

18년(2) 모의

826. 헌법 제29조 제2항은 군인의 경우 직무집행과 관련하여 다른 군인의 직무상 불법행위로 받은 손해에 대하여는 국가배상을 청구할 수 없도록 규정하고 있다. 따라서 일반국민이 직무집행 중인 군인과 공동불법행위로 직무집행 중인 다른 군인에게 공상을 입혀 그 피해자에게 공동의 불법행위로 인한 손해를 전액 배상한 다음에 공동불법행위자인 군인의 부담부분에 관하여 국가에 대하여 구상권을 행사하는 것을 허용하지 않는 법률조항은 헌법 제29조 제2항에 따른 것으로서 합헌이다.

해설 국가배상법 제2조 제1항 단서 중 군인에 관련되는 부분을, 일반국민이 직무집행 중인 군인과의 공동불법행위로 직무집행 중인 다른 군인에게 공상을 입혀 그 피해자에게 공동의 불법행위로 인한 손해를 배상한 다음 공동불법행위자인 군인의 부담부분에 관하여 국가에 대하여 구상권을 행사하는 것을 허용하지 않는다고 해석한다면, 이는 위 단서 규정의 헌법상 근거규정인 헌법 제29조가 구상권의 행사를 배제하지 아니하는데도 이를 배제하는 것으로 해석하는 것으로서 합리적인 이유 없이 일반국민을 국가에 대하여 지나치게 차별하는 경우에 해당하므로 헌법 제11조, 제29조에 위반되며, 또한 국가에 대한 구상권은 헌법 제23조 제1항에 의하여 보장되는 재산권이고 위와 같은 해석은 그러한 재산권의 제한에 해당하며 재산권의 제한은 헌법 제37조 제2항에 의한 기본권제한의 한계 내에서만 가능한데, 위와 같은 해석은 헌법 제37조 제2항에 의하여 기본권을 제한할 때 요구되는 비례의 원칙에 위배하여 일반국민의 재산권을 과잉제한하는 경우에 해당하여 헌법 제23조 제1항 및 제37조 제2항에도 위반된다(헌재 1994.12.29. 93헌바21).

정답 ×

19년(2) 모의

827. 전투·훈련 등 직무집행과 관련하여 공상을 입은 군인이 「국가배상법」에 따라 손해배상금을 지급받은 다음 국가유공자법이 정한 보상금 등 보훈급여금의 지급을 청구하는 경우에, 국가는 그 지급을 거부할 수 없다.

> **해설** 국가배상법 제2조 제1항 단서는 헌법 제29조 제2항에 근거를 둔 규정으로서, 구 국가유공자법이 정한 보상에 관한 규정은 국가배상법 제2조 제1항 단서가 정한 '다른 법령'에 해당하므로, 구 국가유공자법에서 정한 국가유공자 요건에 해당하여 보상금 등 보훈급여금을 지급받을 수 있는 경우는 구 국가유공자법에 따라 '보상을 지급받을 수 있을 때'에 해당한다(대판 1994.12.13. 93다29969, 대판 2002.05.10. 2000다39735). 따라서 군인·군무원·경찰공무원 또는 향토예비군대원(이하 '군인 등'이라 한다)이 전투·훈련 등 직무집행과 관련하여 공상을 입는 등의 이유로 구 국가유공자법이 정한 국가유공자 요건에 해당하여 보상금 등 보훈급여금을 지급받을 수 있는 경우에는 국가배상법 제2조 제1항 단서에 따라 국가를 상대로 국가배상을 청구할 수 없다고 보아야 한다. 그러나 이와 달리 전투·훈련 등 직무집행과 관련하여 공상을 입은 군인 등이 먼저 국가배상법에 따라 손해배상금을 지급받은 다음 구 국가유공자법이 정한 보상금 등 보훈급여금의 지급을 청구하는 경우 피고로서는 다음과 같은 사정에 비추어 국가배상법에 따라 손해배상을 받았다는 사정을 들어 보상금 등 보훈급여금의 지급을 거부할 수 없다고 보아야 한다(대판 2017.02.03. 2014두40012).

22년(1) 모의

828. 국가나 지방자치단체에 대한 배상신청사건을 심의하기 위하여 법무부에 본부심의회를 두지만, 군인이나 군무원이 타인에게 입힌 손해에 대한 배상신청사건을 심의하기 위하여는 국방부에 특별심의회를 둔다.

> **해설** 국가배상법 제10조 참조.

> 국가배상법 제10조(배상심의회) ① 국가나 지방자치단체에 대한 배상신청사건을 심의하기 위하여 법무부에 본부심의회를 둔다. 다만, 군인이나 군무원이 타인에게 입힌 손해에 대한 배상신청사건을 심의하기 위하여 국방부에 특별심의회를 둔다.

19년(2) 모의

829. 「국가배상법」에 따른 손해배상의 소송은 배상심의회에 배상신청을 하지 아니하고도 제기할 수 있다.

> **해설** 국가배상법 제9조 참조.

> 국가배상법 제9조(소송과 배상신청의 관계) 이 법에 따른 손해배상의 소송은 배상심의회(이하 "심의회"라 한다)에 배상신청을 하지 아니하고도 제기할 수 있다.

19년(2) 모의

830. 생명·신체·재산의 침해로 인한 국가배상을 받을 권리는 양도하거나 압류하지 못한다.

해설 국가배상법 제4조 참조.

국가배상법 제4조(양도 등 금지) 생명·신체의 침해로 인한 국가배상을 받을 권리는 양도하거나 압류하지 못한다.

정답

22년(1) 모의

831. 소멸시효를 배제하는 특별규정을 두지 아니함으로써 국가배상청구권에 대하여 「민법」 또는 그 외의 법률상의 소멸시효 규정이 적용되도록 하는 것은, 국가의 불법행위에 대한 국민의 배상청구권을 보장하려는 헌법상 기본권 보장 정신에 위배되는 것으로서, 국가배상청구권의 본질적인 내용에 대한 침해라고 볼 수 있다.

해설 이 사건 법률조항에 대하여 이미 헌법재판소는 1997. 2. 20. 선고한 96헌바24 결정(판례집 9-1, 168)에서 「… 민법상의 소멸시효제도의 존재이유는 그대로 국가배상청구권의 경우에도 적용되는 것이다. 즉, 국가배상청구에 있어서도 오랜 기간의 경과로 인한 과거사실에 대한 증명의 곤란으로부터 채무자를 구제하고 또 권리행사를 게을리 한 자에 대한 제재 및 장기간 불안정한 상태에 놓이게 되는 가해자의 보호를 위하여 소멸시효제도의 적용은 필요하므로 그대로 인정되어야 하기 때문이다. 따라서 국가배상법 제8조가 국가배상청구권에도 소멸시효제도를 적용하도록 하여 국가배상청구권의 행사를 일정한 경우에 제한하고 있다 하더라도 이는 위와 같은 불가피한 필요성에 기인하는 것이고, 나아가 그 소멸시효기간을 정함에 있어서 민법상의 규정을 준용하도록 함으로써 결과에 있어서 민법상의 소멸시효기간과 같도록 규정하였다 하더라도 그것은 국가배상청구권의 성격과 책임의 본질, 소멸시효제도의 존재이유 등을 종합적으로 고려한 결과로서의 입법자의 결단의 산물인 것이고, 그것이 청구인이 주장하는 바와 같이 국가배상청구권의 특성을 전혀 도외시한 결과라고 단정할 수는 없는 것이다. 결국 국가배상법 제8조는 그것이 헌법 제29조 제1항이 규정하는 국가배상청구권을 일부 제한하고 있다 하더라도 일정한 요건하에 그 행사를 제한하고 있는 점에서 그 본질적인 내용에 대한 침해라고는 볼 수 없을뿐더러, 앞에서 본 바와 같이 그 제한의 목적과 수단 및 방법에 있어서 정당하고 상당한 것이며 그로 인하여 침해되는 법익과의 사이에 입법자의 자의라고 볼 정도의 불균형이 있다고 볼 수도 없어서 기본권제한의 한계를 규정한 헌법 제37조 제2항에 위반된다고 볼 수도 없다」라고 합헌 판단을 하였다. 헌법재판소의 위와 같은 견해는 타당하고, 그와 달리 판단해야 할 아무런 사정변경이 없다고 판단되므로, 이 사건에서도 위 견해를 그대로 유지한다. 따라서 국가배상법 제8조는 헌법 제37조 제2항을 위반하여 청구인의 국가배상청구권을 침해한다고 할 수 없으므로, 헌법에 위반되지 아니한다(헌재 2011.09.29. 2010헌바116).

정답 ✕

제4절 형사보상청구권

🕐 21년 변시, 13년(3)·17년(2)·18년(1)·20년(1)·21년(2) 모의

832. 형사보상의 청구에 대한 보상 결정에 불복을 신청할 수 없도록 하여 형사보상의 결정을 단심재판으로 규정한 것은 보상제도의 성격상 해당 청구인들의 형사보상청구권을 침해한다.

해설 보상액의 산정에 기초되는 사실인정이나 보상액에 관한 판단에서 오류나 불합리성이 발견되는 경우에도 그 시정을 구하는 불복신청을 할 수 없도록 하는 것은 형사보상청구권 및 그 실현을 위한 기본권으로서의 재판청구권의 본질적 내용을 침해하는 것이라 할 것이고, 나아가 법적 안정성만을 지나치게 강조함으로써 재판의 적정성과 정의를 추구하는 사법제도의 본질에 부합하지 아니하는 것이다. 또한, 불복을 허용하더라도 즉시항고는 절차가 신속히 진행될 수 있고 사건수도 과다하지 아니한데다 그 재판내용도 비교적 단순하므로 불복을 허용한다고 하여 상급심에 과도한 부담을 줄 가능성은 별로 없다고 할 것이어서, 이 사건 불복금지조항은 형사보상청구권 및 재판청구권을 침해한다고 할 것이다(헌재 2010.10.28. 2008헌마514). ▶ 이후 보상결정에 대하여 1주일 이내에 즉시항고할 수 있도록 개정(형사보상 및 명예회복에 관한 법률 제20조 제1항)

정답 O

13년(3)·18년(2) 모의

833. 형사보상청구권은 형사피의자 또는 형사피고인으로서 구금되었던 자가 법률이 정하는 불기소처분을 받거나 무죄판결을 받은 때에 국가에 보상을 청구할 수 있는 권리이다.

해설 헌법 제28조 참조.

헌법 제28조 형사피의자 또는 형사피고인으로서 구금되었던 자가 법률이 정하는 불기소처분을 받거나 무죄판결을 받은 때에는 법률이 정하는 바에 의하여 국가에 정당한 보상을 청구할 수 있다.

정답 O

18년(2) 모의

834. 국가배상청구권이 위법한 공권력의 행사로 말미암아 손해를 구제받기 위하여 행사할 수 있는 권리라면, 형사보상청구권은 적법한 공권력의 행사로 말미암아 발생한 특별한 재산적 손실의 전보를 청구할 수 있는 권리이다.

해설 헌법 제28조는 "형사피의자 또는 형사피고인으로서 구금되었던 자가 법률이 정하는 불기소처분을 받거나 무죄판결을 받은 때에는 법률이 정하는 바에 의하여 국가에 정당한 보상을 청구할 수 있다."고 규정함으로써, 형사피의자 또는 형사피고인(이하 '형사피고인 등'이라 한다)으로서 구금되었던 자가 무죄판결 등을 받은 경우에 국가에 대하여 물질적·정신적 피해에 대한 정당한 보상을 청구할 수 있는 권리를 보장하고 있다. 형사피고인 등으로서 적법하게 구금되었다가 후에 무죄판결 등

을 받음으로써 발생하는 신체의 자유 제한에 대한 보상은 형사사법절차에 내재하는 불가피한 위험으로 인한 피해에 대한 보상으로서, 국가의 위법·부당한 행위를 전제로 하는 국가배상과는 그 취지 자체가 상이한 것이고, 따라서 그 보상 범위도 손해배상의 범위와 동일하여야 하는 것이 아니다(헌재 2010.10.28. 2008헌마514).

정답

18년(1) 모의

835. 헌법은 형사피고인의 형사보상청구권만을 규정하고 있지만, 그 의미상 형사피의자까지도 형사보상청구권자가 된다고 보아야 하는 것이 형사보상청구권의 취지에 부합한다.

해설 헌법 제28조 참조.

헌법 제28조 형사피의자 또는 형사피고인으로서 구금되었던 자가 법률이 정하는 불기소처분을 받거나 무죄판결을 받은 때에는 법률이 정하는 바에 의하여 국가에 정당한 보상을 청구할 수 있다.

정답

13년(3)·18년(1) 모의

836. 국가의 형사사법행위가 고의·과실로 인한 것으로 인정되는 경우에는 국가배상청구 등 별개의 절차에 의하여 인과관계 있는 모든 손해를 배상받을 수 있으므로, 형사보상절차로써 인과관계 있는 모든 손해를 보상하지 않는다고 하여 반드시 부당하다고 할 수는 없다.

해설 형사피고인 등으로서 적법하게 구금되었다가 후에 무죄판결 등을 받음으로써 발생하는 신체의 자유 제한에 대한 보상은 형사사법절차에 내재하는 불가피한 위험으로 인한 피해에 대한 보상으로서, 국가의 위법·부당한 행위를 전제로 하는 국가배상과는 그 취지 자체가 상이한 것이고, 따라서 그 보상 범위도 손해배상의 범위와 동일하여야 하는 것이 아니다. 국가의 형사사법행위가 고의·과실로 인한 것으로 인정되는 경우에는 국가배상청구 등 별개의 절차에 의하여 인과관계 있는 모든 손해를 배상받을 수 있으므로, 형사보상절차로써 인과관계 있는 모든 손해를 보상하지 않는다고 하여 반드시 부당하다고 할 수는 없을 것이다(헌재 2010.10.28. 2008헌마514).

정답

18년(1) 모의

837. 무죄재판을 받아 확정된 사건의 피고인이 미결구금을 당한 경우에는 공소를 제기한 검사가 소속된 지방검찰청에 보상청구를 한다.

해설 형사보상 및 명예회복에 관한 법률 제3조 제1항 참조.

형사보상 및 명예회복에 관한 법률 제7조(관할법원) 보상청구는 무죄재판을 한 법원에 대하여 하여야 한다.

정답

838. 형사보상을 청구할 수 있는 자가 청구를 하지 아니하고 사망하였을 때에는 그 상속인이 청구할 수 있다.

해설 형사보상 및 명예회복에 관한 법률 제7조 참조.

형사보상 및 명예회복에 관한 법률 제3조(상속인에 의한 보상청구) ① 제2조에 따라 보상을 청구할 수 있는 자가 그 청구를 하지 아니하고 사망하였을 때에는 그 상속인이 이를 청구할 수 있다.

정답 ○

제5절 범죄피해자구조청구권

839. 범죄피해자구조청구권은 생존권적 기본권으로서의 성격을 가지는 청구권적 기본권이므로 구조금청구권의 행사대상을 우선적으로 대한민국의 영역 안의 범죄피해에 한정하는 것은 입법형성의 재량의 범위 내에 있다.

해설 헌법 제30조는 "타인의 범죄행위로 인하여 생명·신체에 대한 피해를 받은 국민은 법률이 정하는 바에 의하여 국가로부터 구조를 받을 수 있다."라고 규정하고 있다. 범죄피해자구조청구권이라 함은 타인의 범죄행위로 말미암아 생명을 잃거나 신체상의 피해를 입은 국민이나 그 유족이 가해자로부터 충분한 피해배상을 받지 못한 경우에 국가에 대하여 일정한 보상을 청구할 수 있는 권리이며, 그 법적 성격은 생존권적 기본권으로서의 성격을 가지는 청구권적 기본권이라고 할 것이다. … 범죄피해자구조금은 국가의 재정에 기반을 두고 있는 바, 위와 같은 이유들을 고려하면, 구조금청구권의 행사대상을 우선적으로 대한민국의 영역 안의 범죄피해에 한정하고, 향후 구조금의 확대에 따라서 해외에서 발생한 범죄피해의 경우에도 구조를 하는 방향으로 운영하는 것은 입법형성의 재량의 범위 내라고 할 수 있다(헌재 2011.12.29. 2009헌마354).

정답 ○

840. 타인의 범죄행위로 인하여 재산상 피해를 받은 국민에게는 법률이 정하는 바에 의하여 국가로부터 구조를 받을 수 있는 헌법상의 권리가 인정된다.

해설 헌법 제30조 참조.

헌법 제30조 타인의 범죄행위로 인하여 생명·신체에 대한 피해를 받은 국민은 법률이 정하는 바에 의하여 국가로부터 구조를 받을 수 있다.

정답 ×

13년(1) · 23년(3) 모의

841. **(1) 구조대상 범죄피해는 대한민국의 영역 안에서 또는 해외에서 대한민국 국민에 의하여 행하여진 사람의 생명 또는 신체를 해치는 죄에 해당하는 행위로 인하여 사망하거나 장해 또는 중상해를 입는 경우이다.**

(2) 국내에서 외국인의 범죄행위로 피해를 입은 사람은 범죄피해자구조청구권을 행사할 수 없다.

해설 범죄피해자보호법 제3조 참조. ▶ 해외에서 발생한 범죄로 인한 피해에는 적용되지 않는다.

> 범죄피해자보호법 제3조(정의) ① 이 법에서 사용하는 용어의 뜻은 다음과 같다.
> 4. "구조대상 범죄피해"란 대한민국의 영역 안에서 또는 대한민국의 영역 밖에 있는 대한민국의 선박이나 항공기 안에서 행하여진 사람의 생명 또는 신체를 해치는 죄에 해당하는 행위(「형법」 제9조, 제10조 제1항, 제12조, 제22조 제1항에 따라 처벌되지 아니하는 행위를 포함하며, 같은 법 제20조 또는 제21조 제1항에 따라 처벌되지 아니하는 행위 및 과실에 의한 행위는 제외한다)로 인하여 사망하거나 장해 또는 중상해를 입은 것을 말한다.

정답 ×, ×

13년(1) 모의

842. **구조대상 범죄피해를 받은 사람은 가해자의 불명이나 무자력으로 인하여 피해의 전부 또는 일부를 배상받지 못하는 경우에 한하여 구조금을 지급받을 수 있다.**

해설 범죄피해자보호법 제16조 제1호 참조. ▶ 2010.05.14. 개정법에서는 구조금의 지급요건에서 가해자의 불명 또는 무자력 부분을 삭제하여 범죄피해자 구조의 범위를 확대

> 범죄피해자보호법 제3조(정의) 국가는 구조대상 범죄피해를 받은 사람(이하 "구조피해자"라 한다)이 다음 각 호의 어느 하나에 해당하면 구조피해자 또는 그 유족에게 범죄피해 구조금(이하 "구조금"이라 한다)을 지급한다.
> 1. 구조피해자가 피해의 전부 또는 일부를 배상받지 못하는 경우
> 2. 자기 또는 타인의 형사사건의 수사 또는 재판에서 고소·고발 등 수사단서를 제공하거나 진술, 증언 또는 자료제출을 하다가 구조피해자가 된 경우

정답 ×

13년(1) 모의

843. **범죄행위 당시 구조피해자와 가해자 사이에 동거친족 관계가 있는 경우 구조금은 지급되지 않는다.**

해설 범죄피해자보호법 제19조 제1항 제4호 참조.

> 범죄피해자보호법 제19조(구조금을 지급하지 아니할 수 있는 경우) ① 범죄행위 당시 구조피해자와 가해자 사이에 다음 각 호의 어느 하나에 해당하는 친족관계가 있는 경우에는 구조금을 지급하지 아니한다.
> 4. 동거친족

정답 ○

23년(3) 모의

844. 범죄행위 당시 구조피해자와 가해자가 부부관계(사실상의 혼인관계를 포함한다)에 있는 경우에는 구조금을 지급하지 아니한다.

해설 범죄피해자 보호법 제19조 제1호 참조.

범죄피해자 보호법 제19조(구조금을 지급하지 아니할 수 있는 경우) ① 범죄행위 당시 구조피해자와 가해자 사이에 다음 각 호의 어느 하나에 해당하는 친족관계가 있는 경우에는 구조금을 지급하지 아니한다.
1. 부부(사실상의 혼인관계를 포함한다)

정답

23년(3) 모의

845. 국가는 구조피해자나 유족이 해당 구조대상 범죄피해를 원인으로 하여 손해배상을 받았으면 그 범위에서 구조금을 지급하지 않는다.

해설 범죄피해자 보호법 제21조 제1항 참조.

범죄피해자 보호법 제21조(손해배상과의 관계) ① 국가는 구조피해자나 유족이 해당 구조대상 범죄피해를 원인으로 하여 손해배상을 받았으면 그 범위에서 구조금을 지급하지 아니한다.

정답

13년(1) 모의

846. 구조금을 받을 권리는 그 구조결정이 해당 신청인에게 송달된 날부터 3년간 행사하지 아니하면 시효로 인하여 소멸된다.

해설 범죄피해자보호법 제31조 참조.

범죄피해자보호법 제31조(소멸시효) 구조금을 받을 권리는 그 구조결정이 해당 신청인에게 송달된 날부터 2년간 행사하지 아니하면 시효로 인하여 소멸된다.

정답

제7장 사회적 기본권

제1절 인간다운 생활을 할 권리

22년(2) 모의

847. 국민이 공동의 목표로 삼고 있는 일정한 방향으로 국가사회를 유도하고 그러한 상태를 형성하는 현대 조세의 기능은 인간다운 생활을 할 권리를 보장한 헌법 제34조 제1항에 의하여 헌법적 정당성이 뒷받침된다.

> 해설 현대에 있어서의 조세의 기능은 국가재정 수요의 충당이라는 고전적이고도 소극적인 목표에서 한걸음 더 나아가, 국민이 공동의 목표로 삼고 있는 일정한 방향으로 국가사회를 유도하고 그러한 상태를 형성한다는 보다 적극적인 목적을 가지고 부과되는 것이 오히려 일반적인 경향이 되고 있다. 이러한 조세의 유도적·형성적 기능은 우리 헌법상 "국민생활의 균등한 향상"을 하도록 한 헌법 전문(前文), 모든 국민으로 하여금 "인간다운 생활을 할 권리"를 보장한 제34조 제1항, "균형 있는 국민경제의 성장 및 안정과 적정한 소득의 분배를 유지하고, 시장의 지배와 경제력의 남용을 방지하며, 경제주체간의 조화를 통한 경제의 민주화를 위하여" 국가로 하여금 경제에 관한 규제와 조정을 할 수 있도록 한 제119조 제2항, "국토의 효율적이고 균형 있는 이용·개발과 보전을 위하여" 국가로 하여금 필요한 제한과 의무를 과할 수 있도록 한 제122조 등에 의하여 그 헌법적 정당성이 뒷받침되고 있다(헌재 1994.07.29. 92헌바49).

정답

22년(2) 모의

848. 입법부와 행정부는 인간다운 생활을 할 권리의 보장을 위해 국민소득, 국가의 재정능력과 정책 등을 고려하여 가능한 범위 안에서 최대한으로 모든 국민이 물질적인 최저생활을 넘어서 인간의 존엄성에 맞는 건강하고 문화적인 생활을 누릴 수 있도록 하여야 한다.

> 해설 입법부나 행정부에 대하여는 국민소득, 국가의 재정능력과 정책 등을 고려하여 가능한 범위안에서 최대한으로 모든 국민이 물질적인 최저생활을 넘어서 인간의 존엄성에 맞는 건강하고 문화적인 생활을 누릴 수 있도록 하여야 한다는 행위의 지침 즉 행위규범으로서 작용하지만, 헌법재판에 있어서는 다른 국가기관 즉 입법부나 행정부가 국민으로 하여금 인간다운 생활을 영위하도록 하기 위하여 객관적으로 필요한 최소한의 조치를 취할 의무를 다하였는지를 기준으로 국가기관의 행위의 합헌성을 심사하여야 한다는 통제규범으로 작용하는 것이다(헌재 1997.05.29. 94헌마33).

정답

23년(1)(2) 모의

849. **(1)** 「공무원연금법」상 유족연금수급권의 상실사유로 수급권자인 배우자의 재혼을 규정한 것은 한정된 재원의 범위 내에서 부양의 필요성과 중요성 등을 고려하여 유족들을 보다 효과적으로 보호하기 위한 것이므로, 인간다운 생활을 할 권리를 침해하였다고 볼 수 없다.

(2) 재혼을 유족연금수급권 상실사유로 하는 것은 한정된 재원의 범위 내에서 부양의 필요성과 중요성 등을 고려하여 유족들을 보다 효과적으로 보호하기 위한 것이므로, 입법재량의 한계를 벗어나 재혼한 배우자의 재산권을 침해하였다고 볼 수 없다.

∷해설 배우자의 재혼을 유족연금수급권 상실사유로 규정한 것은 배우자가 재혼을 통하여 새로운 부양관계를 형성함으로써 재혼 상대방 배우자를 통한 사적 부양이 가능해짐에 따라 더 이상 사망한 공무원의 유족으로서의 보호의 필요성이나 중요성을 인정하기 어렵다고 보았기 때문이다. 이는 한정된 재원의 범위 내에서 부양의 필요성과 중요성 등을 고려하여 유족들을 보다 효과적으로 보호하기 위한 것이므로, 입법재량의 한계를 벗어나 재혼한 배우자의 인간다운 생활을 할 권리와 재산권을 침해하였다고 볼 수 없다(헌재 2022.08.31. 2019헌가31).

정답  O, O

22년(2) 모의

850. 주거의 안정은 인간다운 생활을 위한 필수불가결한 요소이며 국가는 경제적 약자인 소액임차인을 보호하고 사회복지 증진에 노력할 의무를 진다는 점에서, 소액임차인을 보호하는 것은 헌법 제34조 제1항 및 제2항에 의해 정당화될 수 있다.

∷해설 주거의 안정은 인간다운 생활을 위한 필수불가결한 요소이며 국가는 경제적 약자인 소액임차인을 보호하고 사회복지의 증진에 노력할 의무를 진다는 점에서, 소액임차인을 보호하는 것은 헌법 제34조 제1항 및 제2항에 의해 정당화될 수 있다(헌재 2019.12.27. 2018헌마825).

정답 O

 17년 변시, 12년(3)·16년(2)·19년(3)·20년(2)·22년(2)(3) 모의

851. **(1)** 인간다운 생활을 할 권리로부터는 인간의 존엄에 상응하는 생활에 필요한 최소한의 물질적인 생활의 유지에 필요한 급부를 요구할 수 있는 구체적인 권리가 상황에 따라서는 직접 도출될 수 있다고 할 수는 있어도, 동 기본권이 직접 그 이상의 급부를 내용으로 하는 구체적인 권리를 발생케 한다고는 볼 수 없다.

(2) 국가의 사회복지·사회보장증진의 의무도 국가에게 물질적 궁핍이나 각종 재난으로부터 국민을 보호할 대책을 세울 의무를 부과함으로써, 결국 인간다운 생활을 할 권리의 실현을 위한 수단적인 성격을 갖는다.

∷해설 (1) 인간다운 생활을 할 권리로부터는 인간의 존엄에 상응하는 생활에 필요한 "최소한의 물질적인 생활"의 유지에 필요한 급부를 요구할 수 있는 구체적인 권리가 상황에 따라서는 직접 도출될

수 있다고 할 수는 있어도, 동 기본권이 직접 그 이상의 급부를 내용으로 하는 구체적인 권리를 발생케 한다고는 볼 수 없다(헌재 2003.05.15. 2002헌마90).
(2) 국가의 사회복지·사회보장증진의 의무도 국가에게 물질적 궁핍이나 각종 재난으로부터 국민을 보호할 대책을 세울 의무를 부과함으로써, 결국 '인간다운 생활을 할 권리'의 실현을 위한 수단적인 성격을 갖는다고 할 것이다(헌재 1995.07.21. 93헌가14).

정답 ○, ○

23년(3) 모의

852. 업무상 질병으로 인한 업무상 재해를 인정함에 있어 업무와 재해 사이의 상당인과관계에 대한 입증책임을 이를 주장하는 근로자나 그 유족에게 부담시키는 「산업재해보상보험법」 규정은 통상적으로 업무상 재해를 직접 경험한 당사자가 이를 입증하는 것이 용이하다는 점 등을 고려할 때 해당 근로자나 유족의 사회보장수급권을 침해하지 않는다.

해설 업무상 재해의 인정요건 중 하나로 '업무와 재해 사이에 상당인과관계'를 요구하고 근로자 측에게 그에 대한 입증을 부담시키는 것은 재해근로자와 그 가족에 대한 보상과 생활보호를 필요한 수준으로 유지하면서도 그와 동시에 보험재정의 건전성을 유지하기 위한 것으로서 그 합리성이 있다. 입증책임분배에 있어 권리의 존재를 주장하는 당사자가 권리근거사실에 대하여 입증책임을 부담한다는 것은 일반적으로 받아들여지고 있고, 통상적으로 업무상 재해를 직접 경험한 당사자가 이를 입증하는 것이 용이하다는 점을 감안하면, 이러한 입증책임의 분배가 입법재량을 일탈한 것이라고는 보기 어렵다. 또한 산업재해보상보험법 시행령 별표 3은 업무상 질병에 대한 구체적인 인정기준을 규정하면서 각 질환별로 업무상 질병에 해당하는 경우를 예시하고 있는바, 적어도 그에 해당하는 질병에 대하여는 근로자 측의 입증부담이 어느 정도 완화되어 있다고 볼 수 있는 점, 대법원도 업무상 질병으로 인한 업무상 재해에 있어 업무와 재해 사이의 상당인과관계에 대한 입증 정도를 완화하는 판시를 하고 있는 점, 산업재해보상보험법 등은 근로복지공단으로 하여금 사업장 조사 등 업무상 재해 여부를 판단할 수 있는 자료를 실질적으로 조사·수집하게 하도록 하고 있는데 이는 근로자 측의 입증부담을 사실상 완화하는 역할을 할 수 있는 점 등을 고려할 때, 근로자 측이 현실적으로 부담하는 입증책임이 근로자 측의 보호를 위한 산업재해보상보험제도 자체를 형해화시킬 정도로 과다하다고 보기도 어렵다. 따라서 심판대상조항이 사회보장수급권을 침해한다고 볼 수 없다(헌결 2015.06.25. 2014헌바269).

정답 ○

21년 변시, 22년(1) 모의

853. 「산업재해보상보험법」 및 「근로기준법 시행령」은 「근로기준법」과 같은 법 시행령에 의하여 근로자의 평균임금을 산정할 수 없는 경우 노동부장관으로 하여금 평균임금을 정하여 고시하도록 하고 있는데, 노동부장관은 그 취지에 따라 평균임금을 정하여 고시할 행정입법의무가 있으며, 이는 헌법적 의무라고 보아야 한다.

해설 산업재해보상보험법 제4조 제2호 단서 및 근로기준법시행령 제4조는 근로기준법과 같은법시행령에 의하여 근로자의 평균임금을 산정할 수 없는 경우에 노동부장관으로 하여금 평균임금을 정하여 고시하도록 규정하고 있으므로, 노동부장관으로서는 그 취지에 따라 평균임금을 정하여 고시하는 내용의 행정입법을 하여야 할 의무가 있다고 할 것인바, 노동부장관의 그러한 작위의무는 직접 헌법에 의하여 부여된 것은 아니나, 법률이 행정입법을 당연한 전제로 규정하고 있음에도 불구하고 행정권이 그 취지에 따라 행정입법을 하지 아니함으로써 법령의 공백상태를 방치하고 있는 경우에는 행정권에 의하여 입법권이 침해되는 결과가 되는 것이므로, 노동부장관의 그러한 행정입법 작위의무는 헌법적 의무라고 보아야 한다(헌재 2002.07.18. 2000헌마707).

정답 O

22년(1) · 23년(1) 모의

854. **(1)** 「공무원연금법」상의 연금수급권은 사회보장수급권의 성격과 아울러 재산권적 성격을 가지고 있다는 점에서 양 권리의 성격이 불가분적으로 혼재되어 있으므로, 입법자로서는 연금수급권의 구체적 내용을 정함에 있어 이를 하나의 전체로서 파악하여 어느 한 쪽의 요소에 보다 중점을 둘 수 있다.

(2) 연금보험료를 낸 기간이 그 연금보험료를 낸 기간과 연금보험료를 내지 아니한 기간을 합산한 기간의 3분의 2보다 짧은 경우에 유족연금 지급을 제한하는 규정은 유족의 인간다운 생활을 할 권리를 침해하는 것은 아니다.

해설 (1) 공무원연금법상의 연금수급권은 사회보장수급권의 성격과 아울러 재산권적 성격을 가지고 있다는 점에서 양 권리의 성격이 불가분적으로 혼재되어 있으므로, 비록 연금수급권에 재산권의 성격이 일부 있다 하더라도 그것은 사회보장법리의 강한 영향을 받지 않을 수 없다. 사회보장수급권과 재산권의 두 요소가 불가분적으로 혼재되어 있다면, 입법자로서는 연금수급권의 구체적 내용을 정함에 있어 이를 하나의 전체로서 파악하여 어느 한 쪽의 요소에 보다 중점을 둘 수도 있다(헌재 2020.05.27. 2018헌바129).

(2) … 또한, 연금수급권의 구체적 내용 즉, 수급요건, 수급권자의 범위, 급여금액 등을 법률로 형성함에 있어 입법자는 광범위한 형성의 자유를 누리므로, 입법자가 가입기간의 상당 부분을 성실하게 납부한 사람의 유족만을 유족연금 지급대상에 포함시키기 위하여 연금보험료 납입비율을 다소 높은 3분의 2 이상으로 설정하였다고 하여 이를 입법재량의 한계를 일탈하였을 정도로 불합리하다고 볼 수 없다. 더 나아가 심판대상조항에 따라 유족연금을 지급받지 못하게 된 유족들은 구 국민연금법 제77조에 따라 국민연금가입자가 납부한 연금보험료(사업장가입자의 경우에는 사용자의 부담금을 포함)에 대통령령으로 정하는 이자를 더한 금액에 상당하는 반환일시금을 받을 수 있으므로, 유족연금 지급대상에서 제외되었다고 하여 유족들에게 가혹한 손해나 심대한 불이익이 발생한다고 보기도 어렵다. … 심판대상조항에서 연금보험료를 낸 기간이, 연금보험료를 낸 기간과 연금보험료를 내지 아니한 기간을 합산한 기간의 3분의 2보다 짧은 경우 유족연금의 지급을 제한한 것이 입법형성의 한계를 벗어나 청구인의 인간다운 생활을 할 권리 및 재산권을 침해한다고 볼 수 없다(헌재 2020.05.27. 2018헌바129).

정답 O, O

21년(2)·23년(1) 모의

855. **(1)** 「국민건강보험법」상 직장가입자가 월별 보수를 기준으로 하는 보수월액보험료를 납부하였더라도 보수외 소득을 기준으로 하는 소득월액보험료를 1개월 이상 체납한 경우 가입자 및 피부양자에 대하여 보험급여를 실시하지 아니할 수 있도록 하는 것은 재산권으로서 건강보험수급권을 침해하고 보험원리의 본질에도 반한다.

(2) 직장가입자가 소득월액보험료를 일정 기간 이상 체납한 경우 그 체납한 보험료를 완납할 때까지 국민건강보험공단이 그 가입자 및 피부양자에 대하여 보험급여를 실시하지 아니할 수 있도록 하는 것은 해당 직장가입자의 인간다운 생활을 할 권리를 침해하는 것이다.

해설 입법자는 건강보험수급권의 구체적인 내용을 형성함에 있어서 국가의 재정부담 능력, 국민 전체의 소득과 전체적인 사회보장수준, 상충하는 국민 각 계층의 이해관계, 그 밖에 여러 가지 사회·경제적 여건 등 복잡 다양한 요소를 종합하여 합리적인 수준에서 결정할 수 있는 광범위한 형성의 자유를 가진다. 그러므로 심판대상조항은 그 내용이 현저히 불합리하여 입법형성권의 범위를 벗어난 경우에 한하여 헌법에 위반된다고 할 수 있다(헌재 2013.09.26. 2010헌마204 등 참조). … 가입자들에 대한 안정적인 보험급여 제공을 보장하기 위해서는 소득월액보험료 체납에 따른 보험재정의 악화를 방지할 필요가 있다. … 보험급여는 건강보험의 가입자가 누릴 수 있는 가장 핵심적인 혜택이므로, 보험료를 체납한 사람에게 보험급여 자체를 제한하는 것은 보험료 납부를 보장하는 실효적인 수단이라고 할 수 있다. … 행정벌 등을 부과하거나 의무이행을 민사적으로 집행하는 방법은, 건강보험이 전 국민을 대상으로 하기에 보험료 체납 건수가 매우 많다는 점을 고려하면 과도하게 많은 시간과 비용을 필요로 하는 반면, 보험료의 지급을 강제하는 효과는 보험급여 제한에 비하여 현저히 낮을 것으로 보인다. 게다가 행정벌 등 부과의 경우에는 보험급여 제한에 비하여 기본권의 제한 정도가 덜하다고 단정하기도 어렵다. … 소득월액보험료는 근로소득을 제외한 보수외소득이 상당한 수준(이 사건 청구 당시인 2017년을 기준으로 연간 7,200만 원 초과)에 이르는 경우에만 부과된다는 점을 감안하면, 심판대상조항으로 인하여 저소득 체납자가 보험급여 제한의 불이익을 받을 가능성은 매우 낮다고 볼 수 있다. … 국민건강보험법은 심판대상조항으로 인하여 가입자가 과도한 불이익을 입지 않도록 배려하고 있다. 이상의 내용을 종합하면, 심판대상조항은 청구인의 인간다운 생활을 할 권리나 재산권을 침해하지 아니한다(헌재 2020.04.23. 2017헌바244).

정답 ×, ×

23년(1) 모의

856. 「공무원연금법」상 본인의 퇴직연금과 유족연금을 동시에 받게 된 경우 유족연금액의 2분의 1을 감액하여 지급하도록 한 것은, 유족연금의 특성이나 사회보장의 기본원리 등을 종합적으로 고려한 것으로 인간다운 생활을 할 권리를 침해하였다고 볼 수 없다.

해설 공무원연금법상 본인의 퇴직연금과 유족연금을 동시에 받게 된 경우 유족연금액의 2분의 1을 감액하여 지급하도록 한 것은, 점차 악화되는 공무원연금재정의 안정을 도모하고, 연금제도의 기본원리에 충실한 급여의 적절성을 확보하기 위한 것이다. 공무원연금법상 퇴직연금 수급자는 이미 퇴직연금에 의하여 상당한 생활보장을 받고 있는 사람이므로 갑작스런 소득 상실에 대비하여 유족의 생활안정을 도모하고자 하는 유족급여가 긴절하게 필요한 사람이라고 보기 어렵다. 따라서 심판대상조항이 공무원연금법상 퇴직연금 수급자에게 유족연금액을 감액하여 지급한다고 하여 불합리하다고 보기 어렵다(헌재 2020.06.25. 2018헌마865).

정답 O

21년(2) 모의

857. 구 「종합부동산세법」이 공시가격을 기준으로 주택분의 경우에는 6억 내지 9억 원, 종합합산 토지분의 경우에는 3억 내지 6억 원을 초과하여 보유한 자를 납세의무자로 규정한 것은 납세의무자의 인간다운 생활을 할 권리를 제한하거나 침해하지 않는다.

해설 종합부동산세법은 공시가격을 기준으로 주택분의 경우에는 6억 내지 9억 원, 종합합산 토지분의 경우에는 3억 내지 6억 원을 초과하여 보유한 자를 납세의무자로 하고 있는바, 위 과세대상 주택 등의 가액에 비추어 보면, 종합부동산세의 납세의무자는 인간의 존엄에 상응하는 최소한의 물질적인 생활을 유지할 수 있는 지위에 있다 할 것이므로, 이 사건 종합부동산세 부과규정으로 인하여 납세의무자의 생존권이나 인간다운 생활을 할 권리를 제한하거나 침해한다고 보기 어렵다 할 것이다(헌재 2008.11.13. 2006헌바112).

정답 O

21년(2) 모의

858. 일정 범위의 사업을 「산업재해보상보험법」의 적용 대상에서 제외하면서 그 적용제외사업을 대통령령으로 정하도록 규정한 것은 적용제외사업에 종사하는 근로자의 인간다운 생활을 할 권리를 침해하지 않는다.

해설 일정 범위의 사업을 산업재해보상보험법의 적용 대상에서 제외하면서 그 적용제외사업을 대통령령으로 정하도록 규정한 산업재해보상보험법 제5조 단서 … 헌법 제34조의 인간다운 생활을 할 권리나 국가의 사회보장·사회복지 증진의무 등의 성질에 비추어 볼 때 국가가 어떠한 내용의 산업재해보상보험제도를 어떠한 범위에서, 어떠한 방법으로 시행할 것인지는 입법자의 재량영역에 속하는 문제라 할 것이고, 근로자에게 인정되는 보험수급권도 그와 같은 입법재량권의 행사에 따라 제정되는 산업재해보상보험법에 의하여 비로소 구체화되는 법률상의 권리라고 볼 것인바, 그렇다면 처음부터 적용제외사업에 종사함으로써 위 법 소정의 수급자격을 갖추지 못한 근로자로서는 헌법상의 인간다운 생활을 할 권리나 산업재해보상보험법에 기한 권리를 내세워 국가에 대하여 적용대상사업 획정과 관련한 적극적 행위를 요구할 지위에 있다고 볼 수 없으므로, 이 사건 법률조항은 헌법 제34조에 위반되지 않는다(헌재 2003.07.24. 2002헌바51).

정답 O

21년(2) 모의

859. 통상의 출퇴근 재해를 업무상 재해로 인정하여 근로자를 보호해 주는 것이 산업재해보상보험의 생활보장적 성격에 부합한다.

해설 산재보험제도는 사업주의 무과실배상책임을 전보하는 기능도 있지만, 오늘날 산업재해로부터 피재근로자와 그 가족의 생활을 보장하는 기능의 중요성이 더 커지고 있다. 그런데 근로자의 출퇴근 행위는 업무의 전 단계로서 업무와 밀접·불가분의 관계에 있고, 사실상 사업주가 정한 출퇴근 시각과 근무지에 기속된다. 대법원은 출장행위 중 발생한 재해를 사업주의 지배관리 아래 발생한 업무상 재해로 인정하는데, 이러한 출장행위도 이동방법이나 경로선택이 근로자에게 맡겨져 있다는 점에서 통상의 출퇴근행위와 다를 바 없다. 따라서 통상의 출퇴근 재해를 업무상 재해로 인정하여 근로자를 보호해 주는 것이 산재보험의 생활보장적 성격에 부합한다(헌재 2016.09.29. 2014헌바254).

정답

15년·17년 변시, 12년(3)·19년(2)·21년(2) 모의

860. **(1)** 사회보장에 따른 국민의 수급권은 국가에게 단순히 국민의 자유를 침해하지 말 것을 내용으로 하는 것이 아니라 적극적으로 급부를 요구할 수 있는 권리를 주된 내용으로 하기 때문에, 그 권리의 구체적인 부여 여부, 그 내용 등은 무엇보다도 국가의 경제적인 수준, 재정능력 등에 따르는 재원확보의 가능성이라는 요인에 의하여 크게 좌우되게 된다.
(2) 헌법상의 사회보장권은 그에 관한 수급요건, 수급자의 범위, 수급액 등 구체적인 사항이 법률에 규정됨으로써 비로소 구체적인 법적 권리로 형성된다고 보아야 할 것이다.

해설 (1) 헌법 제34조 제1항에 의거하여 국민에게 주어지게 되는 사회보장에 따른 국민의 수급권(受給權)은 국가에게 단순히 국민의 자유를 침해하지 말 것을 내용으로 하는 것이 아니라 적극적으로 급부를 요구할 수 있는 권리를 주된 내용으로 하기 때문에, 그 권리의 구체적인 부여 여부, 그 내용 등은 무엇보다도 국가의 경제적인 수준, 재정능력 등에 따르는 재원확보의 가능성이라는 요인에 의하여 크게 좌우되게 된다(헌재 1995.07.21. 93헌가14).
(2) 국가가 '인간다운 생활을 할 권리'를 국민에게 보장하기 위하여 국가의 보호를 필요로 하는 국민들에게 한정된 가용자원을 분배하는 이른바 사회보장권에 관한 입법을 할 경우에는 국가의 재정부담능력, 전체적인 사회보장수준과 국민감정 등 사회정책적인 고려, 제도의 장기적인 지속을 전제로 하는 데서 오는 제도의 비탄력성과 같은 사회보장제도의 특성 등 여러 가지 요소를 감안하여야 하기 때문에 입법자에게 광범위한 입법재량이 부여되지 않을 수 없고, 따라서 헌법상의 사회보장권은 그에 관한 수급요건, 수급자의 범위, 수급액 등 구체적인 사항이 법률에 규정됨으로써 비로소 구체적인 법적 권리로 형성된다고 보아야 할 것이다(헌재 1995.07.21. 93헌가14).

정답

861. 보건복지부장관이 고시한 생활보호사업지침상의 생계보호급여의 수준이 일반 최저생계비에 못미친다고 하더라도 그 사실만으로 국민의 인간다운 생활을 보장하기 위하여 국가가 실현해야 할 객관적 내용의 최소한도의 보장에 이르지 못하였다거나 헌법상 용인될 수 있는 재량의 범위를 명백히 일탈하였다고 볼 수 없다.

해설 국가가 행하는 생계보호의 수준이 그 재량의 범위를 명백히 일탈하였는지의 여부, 즉 인간다운 생활을 보장하기 위한 객관적 내용의 최소한을 보장하고 있는지의 여부는 생활보호법에 의한 생계보호급여만을 가지고 판단하여서는 아니되고 그외의 법령에 의거하여 국가가 생계보호를 위하여 지급하는 각종 급여나 각종 부담의 감면등을 총괄한 수준을 가지고 판단하여야 하는바, 1994년도를 기준으로 생활보호대상자에 대한 생계보호급여와 그 밖의 각종 급여 및 각종 부담감면의 액수를 고려할 때, 이 사건 생계보호기준이 청구인들의 인간다운 생활을 보장하기 위하여 국가가 실현해야 할 객관적 내용의 최소한도의 보장에도 이르지 못하였다거나 헌법상 용인될 수 있는 재량의 범위를 명백히 일탈하였다고는 보기 어렵고, 따라서 비록 위와 같은 생계보호의 수준이 일반 최저생계비에 못 미친다고 하더라도 그 사실만으로 곧 그것이 헌법에 위반된다거나 청구인들의 행복추구권이나 인간다운 생활을 할 권리를 침해한 것이라고는 볼 수 없다(헌재 1997.05.29. 94헌마33).

862. 공무원연금제도는 공무원을 대상으로 퇴직 또는 사망과 공무로 인한 부상·질병 등에 대하여 적절한 급여를 실시함으로써 공무원 및 그 유족의 생활안정과 복리향상에 기여하는 데 그 목적이 있으며, 사회적 위험이 발생한 때에 국가의 책임 아래 보험기술을 통하여 공무원의 구제를 도모하는 사회보험제도의 일종이다.

해설 공무원연금제도는 공무원을 대상으로 퇴직 또는 사망과 공무로 인한 부상·질병·폐질에 대하여 적절한 급여를 실시함으로써, 공무원 및 그 유족의 생활안정과 복리향상에 기여하는 데에 그 목적이 있는 것으로서(법 제1조), 위의 사유와 같은 사회적 위험이 발생한 때에 국가의 책임아래 보험기술을 통하여 공무원의 구제를 도모하는 사회보험제도의 일종이다(헌재 2000.03.30. 98헌마401).

863. 「공무원연금법」상의 퇴직급여 등 각종 급여를 받을 권리, 즉 연금수급권은 재산권의 성격과 사회보장수급권의 성격이 불가분적으로 혼재되어 있는데, 입법자로서는 연금수급권의 구체적 내용을 정함에 있어 어느 한 쪽의 요소에 보다 중점을 둘 수 있다.

해설 연금수급권에 재산권의 성격이 일부 있다 하더라도 그것은 이미 사회보장법리의 강한 영향을 받지 않을 수 없다 할 것이고, 또한 사회보장수급권과 재산권의 두 요소가 불가분적으로 혼재되어 있다면 입법자로서는 연금수급권의 구체적 내용을 정함에 있어 이를 하나의 전체로서 파악하여 어느 한 쪽의 요소에 보다 중점을 둘 수도 있다 할 것이다. 따라서 연금수급권의 구체적 내용을 형성함에 있어서 입법자는 청구인들의 주장과 같이 반드시 민법상 상속의 법리와 순위에 따라야 하는 것이 아니라, 이 법의 입법목적 달성에 알맞도록 독자적으로 규율할 수 있고, 여기에 필요한 정책판단·결정에 관하여는 일차적으로 입법자의 재량에 맡겨져 있다(헌재 1999.04.29. 97헌마333).

정답 O

23년(3) 모의

864. **사회보장수급권은 국가에게 적극적으로 급부를 요구할 수 있는 권리를 주된 내용으로 하기 때문에, 국가가 인간다운 생활을 할 권리를 보장하기 위하여 사회보장수급권에 관한 입법을 할 경우에는 국가의 재정부담 능력, 전체적인 사회보장수준과 국민감정 등 다양한 요소를 함께 고려해야 한다.**

해설 헌법 제34조 제1항은 "모든 국민은 인간다운 생활을 할 권리를 가진다"고 하고, 제2항은 "국가는 사회보장·사회복지의 증진에 노력할 의무를 진다"고 규정하고 있는바, 이 법상의 연금수급권과 같은 사회보장수급권은 이 규정들로부터 도출되는 사회적 기본권의 하나이다. 이와 같이 사회적 기본권의 성격을 가지는 연금수급권은 국가에 대하여 적극적으로 급부를 요구하는 것이므로 헌법규정만으로는 이를 실현할 수 없고, 법률에 의한 형성을 필요로 한다. 연금수급권의 구체적 내용, 즉 수급요건, 수급권자의 범위, 급여금액 등은 법률에 의하여 비로소 확정된다. 그런데 연금수급권과 같은 사회적 기본권을 법률로 형성함에 있어 입법자는 광범위한 형성의 자유를 누린다. 국가의 재정능력, 국민 전체의 소득 및 생활수준, 기타 여러 가지 사회적·경제적 여건 등을 종합하여 합리적인 수준에서 결정할 수 있고, 그 결정이 현저히 자의적이거나, 사회적 기본권의 최소한도의 내용마저 보장하지 않은 경우에 한하여 헌법에 위반된다고 할 것이다(헌재 1999.04.29. 97헌마333(전합)).

20년(2) 모의

865. **사회적 기본권의 성격을 가지는 기초연금수급권은 법률에 의해서 구체적으로 형성되는 권리로서, 국가가 재정부담능력과 전체적인 사회보장 수준 등을 고려하여 그 내용과 범위를 정하는 것이므로 폭넓은 입법형성의 자유가 인정된다.**

해설 기초연금은 노인에게 안정적인 소득기반을 제공함으로써 노인의 생활안정을 지원하고 복지를 증진하기 위한 목적으로 지급되는 것으로, 헌법규정만으로는 이를 실현할 수 없고, 법률에 의한 형성을 필요로 한다. 즉 기초연금수급권의 구체적 내용인 수급요건·수급권자의 범위·급여금액 등은 법률에 의해서 비로소 확정된다. 이와 같이 사회적 기본권의 성격을 가지는 기초연금수급권은 법률에 의해서 구체적으로 형성되는 권리로서, 국가가 재정부담능력과 전체적인 사회보장 수준 등을 고려하여 그 내용과 범위를 정하는 것이므로 폭넓은 입법형성의 자유가 인정된다(헌재 2016.02.25. 2015헌바191).

20년(2) 모의

866. 도시환경정비사업의 시행으로 인하여 철거되는 주택의 소유자를 위하여 사업시행기간 동안 거주할 임시수용시설을 설치하는 것은 국가에 대하여 최소한의 물질적 생활을 요구할 수 있는 인간다운 생활을 할 권리의 향유와 관련되어 있다고 할 수 없다.

해설 헌법 제34조 제1항에 따른 인간다운 생활을 할 권리는 사회권적 기본권의 일종으로서 인간의 존엄에 상응하는 최소한의 물질적인 생활의 유지에 필요한 급부를 국가에게 적극적으로 요구할 수 있는 권리를 의미한다. 그런데 도시환경정비사업의 시행으로 인하여 철거되는 주택의 소유자를 위하여 사업시행기간 동안 거주할 임시수용시설을 설치하는 것은 국가에 대하여 최소한의 물질적 생활을 요구할 수 있는 인간다운 생활을 할 권리의 향유와 관련되어 있다고 할 수 없다. 또한, 청구인과 같은 주택의 소유자는 정비사업에 의하여 건설되는 주택을 자신의 선택에 따라 분양받을 수 있는 우선적 권리를 향유하게 되고, 정비사업의 완료 후에는 종전보다 주거환경이 개선된 기존의 생활근거지에서 계속 거주할 수 있으므로 청구인의 주장처럼 생활의 근거를 상실하는 것도 아니다. 그렇다면 이 사건 법률조항이 인간다운 생활을 할 권리를 제한하거나 침해한다고 할 수 없다(헌재 2014.03.27. 2011헌바396).

정답

20년(2) 모의

867. 참전명예수당이 참전유공자의 노고와 명예를 고양하기 위하여 70세 이상 노령의 참전유공자에게 경제적 지원을 하는 것이라는 점을 고려하면, 참전유공자 예우와 관련하여 70세 되지 않은 참전유공자를 참전명예수당 지급대상에서 제외하였다 하여 70세 되지 않은 참전유공자의 인간다운 생활을 할 권리가 침해당하였다고 보기는 어렵다.

해설 인간다운 생활이라고 하는 개념이 사회의 경제적 수준 등에 따라 달라질 수 있는 상대적 개념이고 이 사건 참전명예수당이 소득수준을 기준으로 하는 것이 아니며 단지 참전유공자의 노고와 명예를 고양하기 위하여 70세 이상 노령의 참전유공자에게 경제적 지원을 하는 것이라는 점을 고려하면, 이 사건 법률조항이 70세 되지 않은 참전유공자를 참전명예수당 지급대상에서 제외하였다 하여 그들의 생계보호에 관한 입법을 전혀 하지 않은 것으로 볼 것은 아니므로 인간의 존엄에 상응하는 최소한의 물질생활의 보장을 내용으로 하는 청구인들의 인간다운 생활을 할 권리가 침해당하였다고 보기는 어렵다 할 것이다(헌재 2003.07.24. 2002헌마522).

정답

17년 변시, 12년(3)·16년(2)·20년(2) 모의

868. (1) 모든 국민은 인간다운 생활을 할 권리를 가지며 국가는 생활능력 없는 국민을 보호할 의무가 있다는 헌법의 규정은 모든 국가기관을 기속하므로, 입법부 또는 행정부의 경우와 헌법재판소의 경우에 있어서 그 기속력의 의미가 다르게 이해되어서는 안 된다.

(2) 인간다운 생활을 할 권리는 여타 사회적 기본권에 관한 헌법 규범들의 이념적인 목표를 제시하고 있으며 국민이 인간적 생존의 최소한을 확보하는 데 있어서 필요한 최소한의 재화를 국가에게 요구할 수 있는 내용의 입법을 국회에 요구하는 지침으로서의 의미만을 가진다.

해설 모든 국민은 인간다운 생활을 할 권리를 가지며 국가는 생활능력 없는 국민을 보호할 의무가 있다는 헌법의 규정은 모든 국가기관을 기속하지만, 그 기속의 의미는 적극적·형성적 활동을 하는 입법부 또는 행정부의 경우와 헌법재판에 의한 사법적 통제기능을 하는 헌법재판소에 있어서 동일하지 아니하다. 위와 같은 헌법의 규정이, 입법부나 행정부에 대하여는 국민소득, 국가의 재정능력과 정책 등을 고려하여 가능한 범위안에서 최대한으로 모든 국민이 물질적인 최저생활을 넘어서 인간의 존엄성에 맞는 건강하고 문화적인 생활을 누릴 수 있도록 하여야 한다는 행위의 지침 즉 행위규범으로서 작용하지만, 헌법재판에 있어서는 다른 국가기관 즉 입법부나 행정부가 국민으로 하여금 인간다운 생활을 영위하도록 하기 위하여 객관적으로 필요한 최소한의 조치를 취할 의무를 다하였는지를 기준으로 국가기관의 행위의 합헌성을 심사하여야 한다는 통제규범으로 작용하는 것이다(헌재 1997.05.29. 94헌마33).

정답 ×, ×

22년(2) 모의

869. 국가가 인간다운 생활을 보장하기 위한 헌법적인 의무를 다하였는지의 여부가 사법적 심사의 대상이 된 경우에는, 국가가 생계보호에 관한 입법을 할 때 과잉금지원칙을 위반하여 그 내용이 지나치게 보장 내용을 제한하고 불합리하여 헌법상 용인될 수 있는 범위를 일탈한 경우에 한하여 헌법에 위반된다고 할 수 있다.

해설 국가가 인간다운 생활을 보장하기 위한 헌법적 의무를 다하였는지의 여부가 사법적 심사의 대상이 된 경우에는, 국가가 생계보호에 관한 입법을 전혀 하지 아니하였다든가 그 내용이 현저히 불합리하여 헌법상 용인될 수 있는 재량의 범위를 명백히 일탈한 경우에 한하여 헌법에 위반된다고 할 수 있다(헌재 1997.05.29. 94헌마33).

정답 ×

20년(1) 모의

870. 헌법재판소가 공무원의 '신분이나 직무상 의무'와 관련이 없는 범죄의 경우도 퇴직급여의 감액사유로 삼는 것은 헌법에 합치되지 않는다고 선언한 후, 국회가 법률개정을 통해 '직무관련성이 없는 고의범'은 여전히 퇴직급여 감액사유로 규정하더라도, 이는 공무원의 법령준수의무, 청렴의무, 품위유지의무 등에 비추어 위 헌법불합치결정의 취지에 반한다고 볼 수 없다.

해설 헌법재판소는 2005헌바33 결정에서 구 공무원연금법(1995. 12. 29. 법률 제5117호로 개정되고, 2009. 12. 31. 법률 제9905호로 개정되기 전의 것) 제64조 제1항 제1호(이하 '구법조항'이라 한다)가 공무원의 '신분이나 직무상 의무'와 관련이 없는 범죄의 경우도 퇴직급여의 감액사유로 삼는 것이 퇴직공무원들의 기본권을 침해한다고 판시하였는데, 공무원의 직무와 관련이 없는 범죄라 할지라도 고의범의 경우에는 공무원의 법령준수의무, 청렴의무, 품위유지의무 등을 위반한 것으로 볼 수 있으므로 이를 퇴직급여의 감액사유에서 제외하지 아니하더라도 위 결정의 취지에 반한다고 볼 수 없다(헌재 2016.06.30. 2014헌바365).

정답 O

19년(3) 모의

871. 건강보험제도에 따른 건강보험수급권은 사회보장수급권의 하나로서 사회적 기본권에 속하므로, 건강보험의 수급 범위를 제한하는 것이 문제되는 경우에는 인간다운 생활을 할 권리를 침해하는지 여부에 관하여 심사한다.

해설 헌법 제34조 제1항은 모든 국민의 인간다운 생활을 할 권리 보장을, 제2항은 국가의 사회보장 및 사회복지 증진에 노력할 의무를 규정하고 있다. 사회보장수급권은 헌법 제34조 제1항에 따른 인간다운 생활을 보장하기 위한 사회적 기본권 중의 핵심인데, 건강보험수급권은 사회보장수급권의 하나로서 바로 이러한 사회적 기본권에 속하므로, 건강보험수급권의 보장은 인간다운 생활을 할 권리의 보장을 의미한다(헌재 2003.12.18. 2002헌바1). 이 사건 심판대상조항은 인조테이프를 이용한 요실금수술의 요양급여 인정기준을 요류역학검사로 복압성 요실금 또는 복압성 요실금이 주된 혼합성 요실금이 확인될 것으로 정하고 그 이외에는 비급여 대상으로 함으로써 건강보험의 수급범위를 제한하고 있는데, 이러한 건강보험 수급범위의 제한이 요실금 환자의 인간다운 생활을 할 권리를 침해하는지 여부가 문제된다(헌재 2013.09.26. 2010헌마204,679,2012헌마187(병합)).

정답 O

19년(3)·22년(1) 모의

872. (1) 인간다운 생활을 할 권리에 관한 헌법의 규정은 모든 국가기관을 기속하며, 그 기속의 의미는 적극적·형성적 활동을 하는 입법부 또는 행정부뿐만 아니라 헌법재판에 의한 사법적 통제기능을 하는 헌법재판소에 있어서도 동일하다.

(2) 국가가 인간다운 생활을 보장하기 위한 헌법적 의무를 다하였는지의 여부가 사법적 심사의 대상이 된 경우에는, 국가가 최저 생활 보장에 관한 입법을 전혀 하지 아니하였다든가 그 내용이 현저히 불합리하여 헌법상 용인될 수 있는 재량의 범위를 명백히 일탈한 경우에 한하여 헌법에 위반된다고 할 수 있다.

(3) 인간다운 생활을 할 권리는 입법부와 행정부에 대하여 국민소득, 국가의 재정능력과 정책 등을 고려하여 가능한 범위 안에서 최대한으로 모든 국민이 물질적인 최저생활을 넘어서 인간의 존엄성에 맞는 건강하고 문화적인 생활을 누릴 수 있도록 하여야 한다는 행위규범으로 작용한다.

해설 모든 국민은 인간다운 생활을 할 권리를 가지며 국가는 생활능력 없는 국민을 보호할 의무가 있다는 헌법의 규정은 모든 국가기관을 기속하지만 그 기속의 의미는 동일하지 아니한데, 입법부나 행정부에 대하여는 국민소득, 국가의 재정능력과 정책 등을 고려하여 가능한 범위 안에서 최대한으로 모든 국민이 물질적인 최저생활을 넘어서 인간의 존엄성에 맞는 건강하고 문화적인 생활을 누릴 수 있도록 하여야 한다는 행위의 지침, 즉 행위규범으로서 작용하지만, 헌법재판에 있어서는 다른 국가기관, 즉 입법부나 행정부가 국민으로 하여금 인간다운 생활을 영위하도록 하기 위하여 객관적으로 필요한 최소한의 조치를 취할 의무를 다하였는지를 기준으로 국가기관의 행위의 합헌성을 심사하여야 한다는 통제규범으로 작용하는 것이다. 또한, 국가가 행하는 생계보호가 헌법이 요구하는 객관적인 최소한도의 내용을 실현하고 있는지 여부는 결국 국가가 국민의 '인간다운 생활'을 보장함에 필요한 최소한도의 조치를 취하였는가의 여부에 달려있다고 할 것인데 생계보호의 구체적 수준을 결정하는 것은 입법부 또는 입법에 의하여 다시 위임을 받은 행정부 등 해당기관의 광범위한 재량에 맡겨져 있다고 보아야 할 것이므로, 국가가 인간다운 생활을 보장하기 위한 헌법적 의무를 다하였는지의 여부가 사법적 심사의 대상이 된 경우에는, 국가가 생계보호에 관한 입법을 전혀 하지 아니하였다든가 그 내용이 현저히 불합리하여 헌법상 용인될 수 있는 재량의 범위를 명백히 일탈한 경우에 한하여 인간다운 생활을 할 권리를 보장한 헌법에 위반된다고 할 수 있다(헌재 2004.10.28. 2002헌마328).

정답 ×, ○, ○

17년 변시, 18년(2)·19년(2) 모의

873. 「형의 집행 및 수용자의 처우에 관한 법률」에 의하여 생계유지의 보호를 받고 있는 교도소·구치소에 수용 중인 자에 대하여 「국민기초생활 보장법」에 의한 중복적인 보장을 피하고자 기초생활보장제도의 보장단위인 개별가구에서 제외토록 하는 법령 규정은 헌법상 용인될 수 있는 재량의 범위를 일탈하여 인간다운 생활을 할 권리를 침해한다고 볼 수 없다.

해설 생활이 어려운 국민에게 필요한 급여를 행하여 이들의 최저생활을 보장하기 위해 제정된 '국민기초생활 보장법'은 부양의무자에 의한 부양과 다른 법령에 의한 보호가 이 법에 의한 급여에 우선하여 행하여지도록 하는 보충급여의 원칙을 채택하고 있는바, '형의 집행 및 수용자의 처우에 관한 법률'에 의한 교도소·구치소에 수용 중인 자는 당해 법률에 의하여 생계유지의 보호를 받고 있으므로 이러한 생계유지의 보호를 받고 있는 교도소·구치소에 수용 중인 자에 대하여 '국민기초생활 보장법'에 의한 중복적인 보장을 피하기 위하여 개별가구에서 제외키로 한 입법자의 판단이 헌법상 용인될 수 있는 재량의 범위를 일탈하여 인간다운 생활을 할 권리를 침해한다고 볼 수 없다(헌재 2011.03.31. 2009헌마617).

정답 ○

15년 변시, 19년(3)·23년(3) 모의

874. (1) 산재보험수급권은 이른바 '사회보장수급권'의 하나로서 국가에 대하여 적극적으로 급부를 요구하는 것이지만, 헌법규정만으로는 이를 실현할 수 없고, 법률에 의한 형성을 필요로 한다.
(2) 사회적 기본권의 성격을 가지는 산재보험수급권은 법률에 의해서 구체적으로 형성되는 권리로서, 국가가 헌법 제34조에 따른 사회보장의무에 위반하여 생계보호에

관한 입법을 전혀 하지 아니하였거나 또는 그 내용이 현저히 불합리하여 헌법상 용인될 수 있는 재량의 범위를 명백히 일탈한 경우에 한하여 헌법에 위반된다고 할 수 있다.

해설 (1) 헌법 제34조 제1항은 "모든 국민은 인간다운 생활을 할 권리를 가진다."라고 정하고, 같은 조 제2항은 국가의 사회보장·사회복지 증진의무를, 같은 조 제6항은 재해예방 및 그 위험으로부터 국민을 보호하기 위해 노력할 국가의 의무를 정하고 있다. 산재보험수급권은 사회보장수급권의 하나로서 국가에 대하여 적극적으로 급부를 요구하는 권리이나 위와 같은 헌법규정만으로는 실현될 수 없고 법률에 의한 형성을 필요로 한다.

(2) 법률에 의해서 구체적으로 형성되는 권리인 산재보험수급권은 국가가 재정부담능력과 전체적인 사회보장 수준 등을 고려하여 그 내용과 범위를 정하는 것이므로 광범위한 입법형성의 자유영역에 있는 것이고, 국가가 헌법 제34조에 따른 사회보장의무에 위반하여 생계보호에 관한 입법을 전혀 하지 아니하였거나 또는 그 내용이 현저히 불합리하여 헌법상 용인될 수 있는 재량의 범위를 명백히 일탈한 경우에 한하여 헌법에 위반된다고 할 수 있다(헌재 2018.01.25. 2016헌바466).

정답  ○, ○

23년(3) 모의

875. 「공무원연금법」상의 각종 급여는 모두 사회보장수급권으로서의 성격과 아울러 재산권으로서의 성격도 가지는데, 그 중 퇴직연금수급권은 후불임금 내지 재산권적 성격을 많이 띠는 반면, 퇴직일시금 및 퇴직수당수급권은 상대적으로 사회보장적 급여로서의 성격이 강하다.

해설 공무원연금법상의 각종 급여는 모두 사회보장 수급권으로서의 성격과 아울러 재산권으로서의 성격도 가지고, 그 중 퇴직일시금 및 퇴직수당 수급권은 후불임금 내지 재산권적 성격을 많이 띠고 있는데 비하여, 퇴직연금 수급권은 상대적으로 사회보장적 급여로서의 성격이 강하다. 따라서 퇴직연금 수급자가 퇴직 후에 사업소득이나 근로소득을 얻게 된 경우 입법자는 사회 정책적 측면과 국가의 재정 및 기금의 상황 등 여러 가지 사정을 참작하여 일반적인 재산권에 비하여 폭넓은 재량으로 소득과 연계하여 퇴직연금 지급 정도를 결정할 수 있으므로, 소득심사제에 의하여 퇴직연금 중 일부의 지급을 정지하는 것은 포괄위임금지의 원칙에 위배되는 등 특별한 사정이 없는 한 위헌이라고 볼 수 없다(헌재 2008.02.28. 2005헌마872,918(병합,전합)).

정답 ×

19년(2) 모의

876. 「공무원연금법」상의 연금수급권과 같은 사회보장수급권은 헌법 제34조로부터 도출되는 사회적 기본권의 하나이다.

해설 공무원연금법상의 연금수급권과 같은 사회보장수급권은 헌법 제34조의 규정으로부터 도출되는 사회적 기본권의 하나이며, 따라서 국가에 대하여 적극적으로 급부를 요구하는 것이므로 헌법규정만으로는 이를 실현할 수 없고, 법률에 의한 형성을 필요로 한다. 연금수급권과 같은 사회적 기본권을 법률로 형성함에 있어 입법자는 광범위한 입법형성의 자유를 누린다. 국가의 재정능력, 국민 전체의 소득 및 생활수준, 기타 여러 가지의 사회적·경제적 여건 등을 종합하여 합리적인 수준에서 결정할 수 있고, 그 결정이 현저히 자의적이거나, 사회적 기본권의 최소한도의 내용마저 보장하지 않는 경우에 한하여 헌법에 위반된다고 할 것이다(헌재 2012.08.23. 2010헌바425).

877. 헌법 제25조의 공무담임권은 공무원의 재임 기간 동안 충실한 공직 수행을 담보하기 위하여 공무원의 퇴직급여 및 공무상 재해보상 보장까지 그 보호영역으로 하고 있으므로, 「공무원연금법」이 선출직 지방자치단체의 장을 위한 별도의 퇴직급여제도를 마련하지 않은 것은 사회보장수급권을 침해한다.

해설 기본적으로 사회적 기본권의 구체적인 실현에 있어서 입법자는 광범위한 형성의 자유를 가지므로 헌법 제34조로부터 바로 지방자치단체장을 위한 별도의 퇴직급여제도를 마련할 입법의무가 도출된다고 보기 어렵다(헌재 2014.06.26. 2012헌마459).

정답 ×

878. 국민연금이 근로관계로부터 독립하여 제3자인 보험자로 하여금 피보험자의 생활위험을 보호하도록 함으로써 순수한 사회정책적 차원에서 가입자의 노령보호를 주된 목적으로 하는 데 비하여, 공무원연금은 근무관계의 한 당사자인 국가가 다른 당사자인 공무원의 사회보장을 직접 담당함으로써 피보험자(공무원)에 대한 사회정책적 보호 외에 공무원근무관계의 기능유지라는 측면도 함께 도모하고 있다.

해설 국민연금이 근로관계로부터 독립하여 제3자인 보험자로 하여금 피보험자의 생활위험을 보호하도록 함으로써 순수한 사회정책적 차원에서 가입자의 노령보호를 주된 목적으로 하는 데 비하여, 공무원연금은 근무관계의 한 당사자인 국가가 다른 당사자인 공무원의 사회보장을 직접 담당함으로써 피보험자(공무원)에 대한 사회정책적 보호 외에 공무원근무관계의 기능유지라는 측면도 함께 도모하고 있다(헌재 2016.06.30. 2014헌바365).

정답 ○

879. 「군인연금법」상 퇴역연금수급권은 사회보장수급권과 재산권이라는 두 가지 성격이 불가분적으로 혼화되어, 전체적으로 재산권의 보호 대상이 되면서도 순수한 재산권만이 아닌 특성을 지니므로, 비록 퇴역연금수급권이 재산권으로서의 성격을 일부 지닌다고 하더라도 사회보장법리에 강하게 영향을 받을 수밖에 없다.

해설 군인연금법상 퇴역연금 수급권은 사회보장수급권과 재산권이라는 두 가지 성격이 불가분적으로 혼화되어, 전체적으로 재산권의 보호 대상이 되면서도 순수한 재산권만이 아닌 특성을 지니므로, 비록 퇴역연금 수급권이 재산권으로서의 성격을 일부 지닌다고 하더라도 사회보장법리에 강하게 영향을 받을 수밖에 없다(헌재 2015.07.30. 2014헌바371).

정답 O

 14년 변시, 18년(2) 모의

880. 사회적 기본권의 성격을 가지는 의료보험수급권은 국가에 대하여 적극적으로 급부를 요구하는 것이므로 헌법규정만으로 개인적 공권이 바로 도출될 수 있다.

해설 사회적 기본권의 성격을 가지는 의료보험수급권은 국가에 대하여 적극적으로 급부를 요구하는 것이므로 헌법규정만으로는 이를 실현할 수 없고 법률에 의한 형성을 필요로 한다. 의료보험수급권의 구체적 내용 즉, 수급요건·수급권자의 범위·급여금액 등은 법률에 의하여 비로소 확정된다(헌재 2003.12.18. 2002헌바1).

정답 ×

 22년(3) 모의

881. 헌법상 신체장애자에 대한 보호의무는 신체장애자도 인간다운 생활을 누릴 수 있도록 정의로운 사회질서를 형성해야 할 일반적인 의무를 뜻하는 것이므로 이로부터 신체장애를 가진 국민에게 어떠한 기본권이 직접 발생하는 것은 아니다.

해설 우리 헌법은 제34조 제1항에서 모든 국민은 "인간다운 생활을 할 권리"를 가진다고 규정하면서 제5항에서 "신체장애자 및 질병·노령 기타의 사유로 생활능력이 없는 국민은 법률이 정하는 바에 의하여 국가의 보호를 받는다."고 하여 생활능력이 없는 국민의 복지향상을 위하여 노력해야 할 국가의 의무를 규정하고 있다. 그러나 이러한 국가의 의무는 신체장애자 등 생활능력이 없는 국민도 인간다운 생활을 누릴 수 있도록 정의로운 사회질서를 형성해야 할 일반적인 의무를 뜻하는 것이지, 신체장애자 등을 위하여 특정한 의무를 이행해야 한다는 구체적 내용의 의무가 헌법으로부터 나오는 것은 아니다. 따라서 이러한 헌법 규정으로부터 직접 신체장애 등을 가진 국민에게 어떠한 기본권이 발생한다고 보기는 어렵다(헌재 2012.05.31. 2011헌마241).

정답 O

 13년·16년 변시

882. 헌법 제34조 제5항의 '신체장애자'에 대한 국가보호의무 조항은 사회국가원리를 구체화한 것이므로, 이 조항으로부터 장애인을 위하여 저상버스를 도입해야 한다는 구체적 내용의 의무가 도출된다.

해설 장애인의 복지를 향상해야 할 국가의 의무가 다른 다양한 국가과제에 대하여 최우선적인 배려를 요청할 수 없을 뿐 아니라, 나아가 헌법의 규범으로부터는 '장애인을 위한 저상버스의 도입'과 같은 구체적인 국가의 행위의무를 도출할 수 없는 것이다. 국가에게 헌법 제34조에 의하여 장애인의 복지를 위하여 노력을 해야 할 의무가 있다는 것은, 장애인도 인간다운 생활을 누릴 수 있는 정의로운 사회질서를 형성해야 할 국가의 일반적인 의무를 뜻하는 것이지, 장애인을 위하여 저상버스를 도입해야 한다는 구체적 내용의 의무가 헌법으로부터 나오는 것은 아니다(헌재 2002.12.18. 2002헌마52).

정답 ×

16년(3) 모의

883. 「산업재해보상보험법」상 유족급여수급권과 같은 사회적 기본권을 법률로 형성함에 있어서는 입법자에게 광범위한 입법형성의 재량이 부여되어 있어, 입법자는 유족의 범위를 정함에 있어서 광범위한 입법형성의 재량을 가진다.

해설 그런데 연금수급권과 같은 사회적 기본권을 법률로 형성함에 있어서는 입법자에게 광범위한 입법 재량이 부여되어 있어, 국가의 재정능력, 국민 전체의 소득 및 생활수준, 기타 여러 가지 사회적·경제적 여건 등을 종합해 합리적인 수준에서 결정할 수 있는 것이고, 그 결정이 현저히 자의적이거나, 사회적 기본권의 최소한도의 내용마저도 보장하지 않은 경우에 한해 헌법에 위반된다 할 수 있는 것이다(헌재 2010.04.29. 2009헌바102).

정답 ○

16년(2) 모의

884. 공무원연금제도는 공무원이 퇴직하거나 사망한 때에 공무원 및 그 유족의 생활안정과 복리향상에 기여하기 위한 사회보험으로서, 「공무원연금법」상 퇴직급여나 유족급여는 후불 임금의 성격을 가지므로 사회보장적 급여로서의 성격을 갖는 것으로 볼 수 없다.

해설 공무원연금제도는 공무원이 퇴직하거나 사망한 때에 공무원 및 그 유족의 생활안정과 복리향상에 기여하기 위한 사회보장제도임과 아울러 보험의 원리에 의하여 운용되는 사회보험의 하나이고, 다만 기여금 납부를 통하여 공무원 자신도 그 재원의 형성에 일부 기여한다는 점에서 후불임금의 성격도 가미되어 있다고 할 것이다. 그렇다면 공무원연금법상의 퇴직급여, 유족급여 등 각종 급여를 받을 권리, 즉 연금수급권은 사회적 기본권의 하나인 사회보장수급권의 성격과 재산권의 성격을 아울러 지니고 있다고 하겠다(헌재 1999.04.29. 97헌마333).

정답 ×

16년(2) 모의

885. 국가가 경제주체간의 조화를 통한 경제의 민주화를 위해 규제와 조정을 할 수 있다고 천명하고 있는 헌법 규정에 비추어 볼 때, 장애인고용의무제로 인하여 사업주의 계약의 자유가 일정한 범위 내에서 제한된다고 하여 곧 헌법상 비례의 원칙을 위반하였다고 볼 수는 없다.

해설 장애인의 근로의 권리를 보장하기 위하여는 사회적·국가적 차원에서의 조치가 요구된다. 이러한 관점에서 볼 때, 자유민주적 기본질서를 지향하는 우리 헌법이 원칙적으로 기업의 경제활동의 자유를 보장(헌법 제119조 제1항)하고 개인의 계약자유의 원칙을 천명(헌법 제10조 전문)하고 있다 하더라도 일정한 범위에서 이러한 자유를 제약하는 것은 불가피한 조치라고 할 수 있다. 청구인이 주장하는 계약자유의 원칙과 기업의 경제상의 자유는 무제한의 자유가 아니라 헌법 제37조 제2항에 의하여 공공복리를 위해 법률로써 제한이 가능한 것이며, 국가가 경제주체간의 조화를 통한 경제의 민주화를 위해 규제와 조정을 할 수 있다고 천명(헌법 제119조 제2항)하고 있는 것은 사회·경제적 약자인 장애인에 대하여 인간으로서의 존엄과 가치를 인정하고 나아가 인간다운 생활을 보장하기 위한 불가피한 요구라고 할 것이어서, 그로 인하여 사업주의 계약의 자유 및 경제상의 자유가 일정한 범위내에서 제한된다고 하여 곧 비례의 원칙을 위반하였다고는 볼 수 없다(헌재 2003.07.24. 2001헌바96).

정답 O

16년(2) 모의

886. 당구장 출입문에 18세 미만자에 대한 출입금지 표시를 하게 하는 것은 당구장 경영자의 직업의 자유와 인간다운 생활을 할 권리를 침해하는 것이다.

해설 게시의무규정으로 인하여 당구장 이용고객의 일정범위를 당구장 영업대상에서 제외시키는 결과가 된다고 할 것이고 따라서 청구인을 포함한 모든 당구장 경영자의 직업종사(직업수행)의 자유가 제한되어 헌법상 보장되고 있는 직업선택의 자유가 침해된다. 체육시설의설치·이용에관한법률 및 동시행령에서 당구장영업에만 유독 18세 미만자 출입금지표시 규정을 두어 영업의 대상범위에 일정한 제한을 가하는 것은 위 법률에 명시되어 있는 국회의 입법의지에 비추어 볼 때 합리적이라 하기가 어렵고 대국가적 기속성에 기인하는 입법에 있어서의 평등의 원칙에 대한 적합한 예외사유로 판단되기 어렵다(헌재 1993.05.13. 92헌마80). ▶ 인간다운 생활을 할 권리가 제한되는 것이 아니다.

정답

14년(3) 모의

887. 헌법 제34조 제3항은 사회적 생활영역에서의 양성평등원칙을 규정한 것으로서 현실적으로 사회적 약자인 여성의 권익 향상을 위한 국가의 노력의무를 명문화한 것이며 이는 사회적 법치국가원리에 근거한다.

해설 특히 여성과 장애인은 이른바 우리 사회의 약자들이다. 헌법은 실질적 평등, 사회적 법치국가의 원리에 입각하여 이들의 권익을 국가가 적극적으로 보호하여야 함을 여러 곳에서 천명하고 있다. 성별에 의한 차별을 금지하고 있는 헌법 제11조, 인간다운 생활을 할 권리를 보장하고 있는 헌법 제34조 제1항 외에도, 위에서 본 헌법 제32조 제4항, "국가는 여자의 복지와 권익의 향상을 위하여 노력하여야 한다"고 규정하고 있는 헌법 제34조 제3항, "신체장애자 및 질병·노령 기타의 사유로 생활능력이 없는 국민은 법률이 정하는 바에 의하여 국가의 보호를 받는다"고 규정하고 있는 헌법 제34조 제5항, "국가는 모성의 보호를 위하여 노력하여야 한다"고 규정하고 있는 헌법 제36조 제2항 등이 여기에 해당한다(헌재 1999.12.23. 98헌마363).

정답 O

제2편 기본권 | 495

⏱ 12년 변시

888. 국가의 사회보장·사회복지 증진의무나 재해예방노력의무 등의 성질에 비추어 국가가 어떠한 내용의 산재보험을 어떠한 범위와 방법으로 시행할지 여부는 입법자의 재량영역에 속하는 문제이고, 산재피해 근로자에게 인정되는 산재보험수급권도 그와 같은 입법재량권의 행사에 의하여 제정된 산업재해보상보험법에 의하여 비로소 구체화되는 '법률상의 권리'이다.

해설 헌법재판소의 선례에 의하면, 헌법 제34조 제2항 및 제6항의 국가의 사회보장·사회복지 증진의무나 재해예방노력의무 등의 성질에 비추어 국가가 어떠한 내용의 산재보험을 어떠한 범위와 방법으로 시행할지 여부는 입법자의 재량영역에 속하는 문제이고, 산재피해 근로자에게 인정되는 산재보험수급권도 그와 같은 입법재량권의 행사에 의하여 제정된 산재보험법에 의하여 비로소 구체화되는 '법률상의 권리'이며, 개인에게 국가에 대한 사회보장·사회복지 또는 재해예방 등과 관련된 적극적 급부청구권은 인정하고 있지 않다(헌재 2005.07.21. 2004헌바2).

정답 ○

22년(1) 모의

889. 국가의 사회복지·사회보장증진의 의무는 국가에게 물질적 궁핍이나 각종 재난으로부터 국민을 보호할 대책을 세울 의무를 부과함으로써 결국 인간다운 생활을 할 권리의 실현을 위한 수단적인 성격을 갖는다.

해설 … 헌법은 제34조 제1항에서 국민에게 인간다운 생활을 할 권리를 보장하는 한편, 동조 제2항에서는 국가의 사회보장 및 사회복지증진의무를 천명하고 있다. '인간다운 생활을 할 권리'는 여타 사회적 기본권에 관한 헌법규범들의 이념적인 목표를 제시하고 있는 동시에 국민이 인간적 생존의 최소한을 확보하는 데 있어서 필요한 최소한의 재화를 국가에게 요구할 수 있는 권리를 내용으로 하고 있다. 국가의 사회복지·사회보장증진의 의무도 국가에게 물질적 궁핍이나 각종 재난으로부터 국민을 보호할 대책을 세울 의무를 부과함으로써, 결국 '인간다운 생활을 할 권리'의 실현을 위한 수단적인 성격을 갖는다고 할 것이다(헌재 2000.06.01. 98헌마216).

정답 ○

⏱ 12년 변시, 22년(1) 모의

890. 보건복지부장관이 장애로 인한 추가지출비용을 반영한 별도의 최저생계비를 결정하지 않은 채 가구별 인원수만을 기준으로 최저생계비를 결정한 당해연도 최저생계비고시는, 생활능력이 없는 장애인가구 구성원의 인간다운 생활을 할 권리를 침해한다.

해설 국가가 생활능력 없는 장애인의 인간다운 생활을 보장하기 위하여 행하는 사회부조에는 보장법에 의한 생계급여 지급을 통한 최저생활보장 외에 다른 법령에 의하여 행하여지는 것도 있으므로, 국가가 행하는 최저생활보장 수준이 그 재량의 범위를 명백히 일탈하였는지 여부, 즉 인간다운 생활을 보장하기 위한 객관적 내용의 최소한을 보장하고 있는지 여부는 보장법에 의한 생계급여만을 가지고 판단하여서는 아니되고, 그 외의 법령에 의거하여 국가가 최저생활보장을 위하여 지급하는 각종 급여나 각종 부담의 감면 등을 총괄한 수준으로 판단하여야 한다. 이러한 사정들에 비추어 보면, 보건복지부장관이 이 사건 고시를 하면서 장애인가구의 추가지출비용을 반영한 최저생계비를 별도로 정하지 아니한 채 가구별 인원수를 기준으로 한 최저생계비만을 결정·공표함으로써 장애인가구의 추가지출비용이 반영되지 않은 최저생계비에 따라 장애인가구의 생계급여 액수가 결정되었다 하더라도 그것만으로 국가가 생활능력 없는 장애인의 인간다운 생활을 보장하기 위한 조치를 취함에 있어서 국가가 실현해야 할 객관적 내용의 최소한도의 보장에도 이르지 못하였다거나 헌법상 용인될 수 있는 재량의 범위를 명백히 일탈하였다고 보기 어렵다 할 것이어서 이 사건 고시로 인하여 생활능력 없는 장애인가구 구성원의 인간다운 생활을 할 권리가 침해되었다고 할 수 없다(헌재 2004. 10.28. 2002헌마328).

제2절 교육을 받을 권리

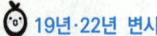

891. 대학 입학전형자료의 하나인 수능시험은 고등학교 교육과정에 대한 최종적이고 종합적인 평가로서 학교교육 제도와 밀접한 관계가 있기 때문에, 수능시험의 출제 방향이나 원칙을 어떻게 정할 것인지에 대하여 국가는 폭넓은 재량권을 갖는다.

해설 2018학년도 대학수학능력시험 시행기본계획' 중 대학수학능력시험의 문항 수 기준 70%를 한국교육방송공사(이하 'EBS'라 한다) 교재와 연계하여 출제한다는 부분(이하 '심판대상계획'이라 한다)은 대학수학능력 시험을 준비해온 자들의 교육을 통한 자유로운 인격발현권을 제한하게 된다. … 국가의 공권력행사가 학생의 자유로운 인격발현권을 제한하는 경우에도 헌법 제37조 제2항에 따른 한계를 준수하여야 한다. 다만, 국가는 수능시험 출제 방향이나 원칙을 정할 때 폭넓은 재량권을 가지므로, 심판대상계획이 청구인들의 기본권을 침해하는지 여부를 심사할 때 이러한 국가의 입법형성권을 감안하여야 한다(헌재 2018.02.22. 2017헌마691).

정답 ○

21년·22년 변시, 19년(1)·20년(1)·21년(1) 모의

892. 검정고시로 고등학교 졸업학력을 취득한 사람들에게는 정규 고등학교 학교생활기록부가 없어 초등교사로서의 품성과 자질 등을 다방면으로 평가할 자료가 부족하므로, 국립 교육대학교 수시모집요강에서 이들에게 수시모집에 응시할 수 있는 기회를 부여하지 않았더라도 검정고시로 고등학교 졸업학력을 취득한 사람들의 교육을 받을 권리를 침해한 것은 아니다.

해설 이 사건 수시모집요강은 기초생활수급자 및 차상위계층, 장애인 등을 대상으로 하는 일부 특별전형에만 검정고시 출신자의 지원을 허용하고 있을 뿐 수시모집에서의 검정고시 출신자의 지원을

일률적으로 제한하여 실질적으로 검정고시 출신자의 대학입학 기회의 박탈이라는 결과를 초래하고 있다. 수시모집의 학생선발방법이 정시모집과 동일할 수는 없으나, 이는 수시모집에서 응시자의 수학능력이나 그 정도를 평가하는 방법이 정시모집과 다른 것을 의미하며, 수학능력이 있는 자들에게 동등한 기회를 주고 합리적인 선발 기준에 따라 학생을 선발하여야 한다는 점에서는 정시모집과 다르다고 할 수 없다. 따라서 이 사건 수시모집요강이 수시모집에서 검정고시 출신의 응시자에게 수학능력이 있는지 여부를 평가할 수 있는 기회를 부여하지 아니하고 이를 박탈한다는 것은 수학능력에 따른 합리적인 차별이라고 보기 어렵다. … 이러한 사정을 종합하면, 이 사건 수시모집요강은 검정고시 출신자인 청구인들을 합리적인 이유 없이 차별하여 청구인들의 교육을 받을 권리를 침해한다고 할 수 있다(헌재 2017.12.28. 2016헌마649).

정답

22년 변시, 13년(1)·16년(2)·18년(3)·20년(3) 모의

893. 의무교육 무상의 원칙은 의무교육을 위탁받은 사립학교를 설치·운영하는 학교법인이 관련 법령에 의하여 이미 부담하도록 규정되어 있는 경비까지 종국적으로 국가나 지방자치단체의 부담으로 한다는 취지는 아니다.

해설 헌법 제31조 제3항의 의무교육 무상의 원칙이 의무교육을 위탁받은 사립학교를 설치·운영하는 학교법인 등과의 관계에서 관련 법령에 의하여 이미 학교법인이 부담하도록 규정되어 있는 경비까지 종국적으로 국가나 지방자치단체의 부담으로 한다는 취지로 볼 수는 없다. 따라서 사립학교를 설치·경영하는 학교법인이 공유재산을 점유하는 목적이 의무교육 실시라는 공공 부문과 연결되어 있다는 점만으로 그 점유자를 변상금 부과대상에서 제외하여야 한다고 할 수 없고, 심판대상조항이 공익 목적 내지 공적 용도로 무단점유한 경우와 사익추구의 목적으로 무단점유한 경우를 달리 취급하지 않았다 하더라도 평등원칙에 위반되지 아니한다(헌재 2017.07.27. 2016헌바374).

정답

13년(3)·14년(1)·(3)·16년(1)·19년(1)·20년(1) 모의

894. (1) 의무교육 무상의 범위는 원칙적으로 헌법상 교육의 기회균등을 실현하기 위해 필수불가결한 비용, 즉 모든 학생이 의무교육을 받음에 있어서 경제적인 차별 없이 수학하는 데 반드시 필요한 비용에 한한다.

(2) 학교급식은 학생들에게 한 끼 식사를 제공하는 영양공급 차원을 넘어 교육적인 성격을 가지고 있어서 의무교육의 실질적인 균등보장을 위한 본질적이고 핵심적인 부분에 해당하므로, 중학생의 학부모들에게 급식관련 비용의 일부를 부담하도록 하는 것은 헌법상 의무교육의 무상원칙에 반한다.

해설 (1) 의무교육에 있어서 무상의 범위에는 의무교육이 실질적이고 균등하게 이루어지기 위한 본질적 항목으로, 수업료나 입학금의 면제, 학교와 교사 등 인적·물적 시설 및 그 시설을 유지하기 위한 인건비와 시설유지비, 신규시설투자비 등의 재원 부담으로부터의 면제가 포함된다 할 것이며, 그 외에도 의무교10월육을 받는 과정에 수반하는 비용으로서 의무교육의 실질적인 균등보장을 위해 필

수불가결한 비용은 무상의 범위에 포함된다. 한편, 의무교육에 있어서 본질적이고 필수불가결한 비용 이외의 비용을 무상의 범위에 포함시킬 것인지는 국가의 재정상황과 국민의 소득수준, 학부모들의 경제적 수준 및 사회적 합의 등을 고려하여 입법자가 입법정책적으로 해결해야 할 문제이다. … 헌법 제31조 제3항에 규정된 의무교육의 무상원칙에 있어서 의무교육 무상의 범위는 원칙적으로 헌법상 교육의 기회균등을 실현하기 위해 필수불가결한 비용, 즉 모든 학생이 의무교육을 받음에 있어서 경제적인 차별 없이 수학하는 데 반드시 필요한 비용에 한한다(헌재 2012.04.24. 2010헌바164).
(2) 학교급식은 학생들에게 한 끼 식사를 제공하는 영양공급 차원을 넘어 교육적인 성격을 가지고 있지만, 이러한 교육적 측면은 기본적이고 필수적인 학교 교육 이외에 부가적으로 이루어지는 식생활 및 인성교육으로서의 보충적 성격을 가지므로 의무교육의 실질적인 균등보장을 위한 본질적이고 핵심적인 부분이라고까지는 할 수 없다. 이 사건 법률조항들은 비록 중학생의 학부모들에게 급식관련 비용의 일부를 부담하도록 하고 있지만, 학부모에게 급식에 필요한 경비의 일부를 부담시키는 경우에 있어서도 학교급식 실시의 기본적 인프라가 되는 부분은 배제하고 있으며, 국가나 지방자치단체의 지원으로 학부모의 급식비 부담을 경감하는 조항이 마련되어 있고, 특히 저소득층 학생들을 위한 지원방안이 마련되어 있다는 점 등을 고려해 보면, 이 사건 법률조항들이 입법형성권의 범위를 넘어 헌법상 의무교육의 무상원칙에 반하는 것으로 보기는 어렵다(헌재 2012.04.24. 2010헌바164).

정답 O, ×

16년 변시, 14년(1)·19년(1) 모의

895. 공립중학교에서의 학교운영지원비는 기본적으로 학부모의 자율적 협찬금의 외양을 갖고 있음에도 그 조성이나 징수의 자율성이 완전히 보장되지 않아 기본적이고 필수적인 학교 교육에 필요한 비용에 가깝게 운영되고 있다는 점 등을 고려해볼 때 공립중학교에서 학교운영지원비를 부과하는 것은 의무교육의 무상원칙에 위배된다.

해설 학교운영지원비는 기본적으로 학부모의 자율적 협찬금의 외양을 갖고 있음에도 그 조성이나 징수의 자율성이 완전히 보장되지 않아 기본적이고 필수적인 학교 교육에 필요한 비용에 가깝게 운영되고 있다는 점 등을 고려해보면 학교운영지원비를 학교회계 세입항목에 포함시키도록 하는 구 초·중등교육법 조항은 헌법 제31조 제3항에 규정되어 있는 의무교육의 무상원칙에 위배되어 헌법에 위반된다(헌재 2012.08.23. 2010헌바220).

정답 O

13년(3)·14년(1)·18년(3) 모의

896. "의무교육은 무상으로 한다."라는 헌법 제31조 제3항은 초등교육에 관하여는 직접적인 효력규정으로서, 이로부터 개인은 국가에 대하여 초등학교의 입학금·수업료 등을 면제받을 수 있는 헌법상의 권리를 가진다.

해설 (1) 헌법 제31조는 제1항에서 "모든 국민은 능력에 따라 균등하게 교육을 받을 권리를 가진다."고 규정하여 국민의 교육을 받을 권리를 보장하고 있는 한편, 이러한 국민의 교육을 받을 권리를 현실적으로 보장하기 위한 수단의 하나로서 같은 조 제2항에서 "모든 국민은 그 보호하는 자녀에게 적어도 초등교육과 법률이 정하는 교육을 받게 할 의무를 진다."라고 하여 국민에게 교육의 의무를 부과하였고, 이에 따라 교육기본법은 의무교육을 6년의 초등교육과 3년의 중등교육으로 한다고 규정하여 의무교육의 범위를 중학교까지로 정하였다(교육기본법 제8조 제1항)(헌재 2012.04.24. 2010헌바164).

(2) 의무교육의 실시범위와 관련하여 의무교육의 무상원칙을 규정한 헌법 제31조 제3항은 초등교육에 관하여는 직접적인 효력규정으로서 개인이 국가에 대하여 입학금·수업료 등을 면제받은 수 있는 헌법상의 권리라고 볼 수 있다. … 헌법상 초등교육에 대한 의무교육과는 달리 중등교육의 단계에 있어서는 어느범위에서 어떠한 절차를 거쳐 어느 시점에서 의무교육으로서 실시할 것인가는 입법자의 형성의 자유에 속하는 사항으로서 국회가 입법정책적으로 판단하여 법률로 구체적으로 규정할 때에 비로소 헌법상 권리로서 구체화되는 것으로 보아야 하기 때문이다(헌재 1991.02.11. 90헌가27).

897. 공동주택의 수분양자들에게 학교용지부담금을 부과하는 것은 부담금의 헌법적 한계를 벗어난 것이지만, 그 개발사업자들에게 학교용지부담금을 부과하는 것은 부담금의 헌법적 한계를 벗어난 것이 아니다.

해설 (1) 공동주택의 수분양자들에게 부과는 위헌 : 의무교육에 필요한 학교시설은 국가의 일반적 과제이고, 학교용지는 의무교육을 시행하기 위한 물적 기반으로서 필수조건임은 말할 필요도 없으므로 이를 달성하기 위한 비용은 국가의 일반재정으로 충당하여야 한다. 따라서 적어도 의무교육에 관한 한 일반재정이 아닌 부담금과 같은 별도의 재정수단을 동원하여 특정한 집단으로부터 그 비용을 추가로 징수하여 충당하는 것은 의무교육의 무상성을 선언한 헌법에 반한다(헌재 2005.03.31. 2003헌가20).

(2) 개발사업자들에게 부과는 합헌 : 의무교육의 무상성에 관한 헌법상 규정은 교육을 받을 권리를 보다 실효성 있게 보장하기 위해 의무교육 비용을 학령아동 보호자의 부담으로부터 공동체 전체의 부담으로 이전하라는 명령일 뿐 의무교육의 모든 비용을 조세로 해결해야 함을 의미하는 것은 아니므로, 학교용지부담금의 부과대상을 수분양자가 아닌 개발사업자로 정하고 있는 이 사건 법률조항은 의무교육의 무상원칙에 위배되지 아니한다. … 개발사업자는 개발사업을 통해 이익을 얻었다는 점에서 개발사업 지역에서의 학교시설 확보라는 특별한 공익사업에 대해 밀접한 관련성을 가지고 있을 뿐만 아니라 이에 대해 일정한 부담을 져야 할 책임도 가지고 있는바, 개발사업자에 대한 학교용지부담금 부과는 평등원칙에 위배되지 아니한다(헌재 2008.09.25. 2007헌가1).

898. (1) 학교교육에 있어서 교원의 수업권은 직업의 자유에 의하여 보장되는 기본권이지만, 원칙적으로 학생의 학습권은 교원의 수업권에 대하여 우월한 지위에 있다. 교원의 고의적인 수업거부행위는 학생의 학습권과 정면으로 상충하는 것인바, 수업권의 우월적 지위가 인정되는 예외적인 경우에만 수업거부행위는 헌법상 정당화된다.

(2) 국민의 수학권과 교사의 수업의 자유는 다 같이 보호되어야 하겠지만, 그 중에서도 국민의 수학권이 더 우선적으로 보호되어야 한다.

(3) 교원으로서 학문연구의 결과를 가르치는 자유로서의 수업권은 학문의 자유로부터 파생될 수 있다.

해설 (1) 교사의 수업권은 전술과 같이 교사의 지위에서 생겨나는 직권인데, 그것이 헌법상 보장되는 기본권이라고 할 수 있느냐에 대하여서는 이를 부정적으로 보는 견해가 많으며, 설사 헌법상 보장되고 있는 학문의 자유 또는 교육을 받을 권리의 규정에서 교사의 수업권이 파생되는 것으로 해석하여 기본권에 준하는 것으로 간주하더라도 수업권을 내세워 수학권을 침해할 수는 없으며 국민의 수학권의 보장을 위하여 교사의 수업권은 일정범위 내에서 제약을 받을 수밖에 없는 것이다(헌재 1992.11.12. 89헌마88). ▶ 헌법재판소는 교원의 수업권을 직업의 자유에서 구하지는 않고, 학문의 자유 내지 교육을 받을 권리에서 파생될 수 있다고 봄

(2) … 국민의 수학권(헌법 제31조 제1항의 교육을 받을 권리)과 교사의 수업의 자유는 다같이 보호되어야 하겠지만 그 중에서도 국민의 수학권이 더 우선적으로 보호되어야 한다(헌재 1992.11.12. 89헌마88).

(3) 청구인들은 교원으로서의 교육권을 침해받았다고 주장하면서 이를 헌법 제31조 제1항에서 도출하고 있으나, 동 헌법조항은 "교육을 받을 권리"를 보장하는 것이고, 교원으로서 학문연구의 결과를 가르치는 자유로서의 수업권은 학문의 자유로부터 파생될 수 있다고 할 것이다(헌재 2000.12.14. 99헌마112).

정답 ×, ○, ○

23년(1) 모의

899. 국민의 교육을 받을 권리를 보호하는 차원에서 학년과 과목에 따라 교과용 도서에 대하여 이를 자유발행제로 하는 것이 온당하지 못한 경우가 있을 수 있지만, 그렇다고 하여 국가가 저작권을 가지는 국정도서만을 허용하는 것은 헌법 제31조 제4항에 반한다.

해설 국정교과서제도는 교과서라는 형태의 도서에 대하여 국가가 이를 독점하는 것이지만, 국민의 수학권의 보호라는 차원에서 학년과 학과에 따라 어떤 교과용 도서에 대하여 이를 자유발행제로 하는 것이 온당하지 못한 경우가 있을 수 있고 그러한 경우 국가가 관여할 수밖에 없다는 것과 관여할 수 있는 헌법적 근거가 있다는 것을 인정한다면 그 인정의 범위내에서 국가가 이를 검·인정제로 할 것인가 또는 국정제로 할 것인가에 대하여 재량권을 갖는다고 할 것이다(헌재 1992.11.12. 89헌마88).

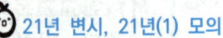

900. 헌법 제31조 제6항의 교육제도 법정주의는 교육제도에 관한 기본방침을 제외한 나머지 세부적인 사항까지 반드시 형식적 의미의 법률만으로 정하여야 한다는 것은 아니

고, 입법자가 정한 기본방침을 구체화하거나 이를 집행하기 위한 세부시행 사항은 하위법령에 위임하는 것이 가능하다.

해설 헌법 제31조 제6항 소정의 교육제도 법정주의는 교육제도에 관한 기본방침을 제외한 나머지 세부적인 사항까지 반드시 형식적 의미의 법률만으로 정하여야 한다는 의미는 아니다. 그러므로 입법자가 정한 기본방침을 구체화하거나 이를 집행하기 위한 세부시행 사항은 하위법령에 위임이 가능하다(헌재 2019.04.11. 2018헌마221).

정답 O

21년(1) 모의

901. 초·중등교육법은 고등학교 교육제도와 그 운영에 관하여 기본적인 사항을 이미 규정하고 있고, 다만 고등학교의 입학방법과 절차 등 입학전형에 관한 사항은 각 지역과 시점에 따라 달라지는 고등학교 교육에 대한 수요 및 공급의 상황과, 각종 고등학교별 특성 등을 고려하여야 할 필요성으로 인하여 행정입법에 위임하고 있으므로, 신입생 선발시기와 지원 방법을 대통령령으로 규정한 것은 교육제도 법정주의에 위반되지 않는다.

해설 초·중등교육법(이하 '법'이라 한다)은 고등학교 교육제도와 그 운영에 관하여 교육의 목적(제45조), 수업연한(제46조), 입학자격(제47조), 학과와 교과 및 교육과정(제48조) 등 기본적인 사항을 이미 규정하고 있다. 또한 법 제61조 제1항은 '학교교육제도를 포함한 교육제도의 개선과 발전을 위하여 특히 필요하다고 인정되는 경우 한시적으로' 대통령령으로 정하는 바에 따라 초·중등교육법 조항의 일부를 적용받지 않는 학교 또는 교육과정을 운영할 수 있도록 규정함으로써 다양한 고등학교 교육제도를 운영할 수 있는 근거를 마련하고 있다. 다만 고등학교의 입학방법과 절차 등 입학전형에 관한 사항은 각 지역과 시점에 따라 달라지는 고등학교 교육에 대한 수요 및 공급의 상황과 각종 고등학교별 특성 등을 고려하여야 할 필요성으로 인하여 행정입법에 위임하고 있다(법 제47조 제2항). 따라서 심판대상조항이 고등학교별 특성과 필요성에 따라 신입생 선발시기와 지원 방법을 대통령령으로 규정한 것 자체가 교육제도 법정주의에 위반된다고 보기는 어렵다(헌재 2019.04.11. 2018헌마221).

정답 O

21년(1) 모의

902. 교육을 받을 권리는 '국민이 그 의사와 능력에 따라 균등하게 교육받을 것을 공권력에 의하여 부당하게 침해받지 않을 권리'와 '국민이 능력에 따라 균등하게 교육받을 수 있도록 국가가 적극적으로 배려하여 줄 것을 요구할 수 있는 권리'를 포함한다.

해설 헌법 제31조 제1항에 규정된 교육을 받을 권리는 기본적으로 교육영역에서 평등원칙을 구체화하는 것으로서, '국민이 그 의사와 능력에 따라 균등하게 교육받을 것을 공권력에 의하여 부당하게 침해받지 않을 권리'와 '국민이 능력에 따라 균등하게 교육받을 수 있도록 국가가 적극적으로 배려하여 줄 것을 요구할 수 있는 권리'를 포함한다. 전자는 자유권적 기본권의 성격이, 후자는 사회권적 기본권의 성격을 가진다(헌재 2017.12.28. 2016헌마649).

정답 O

🕐 21년 변시, 16년(1) 모의

903. 임시이사 체제를 종료하고 정식이사 체제로 환원되는 단계에서도 종전이사 등(설립자 또는 임시이사가 선임되기 전의 이사)에게 정식이사 선임과정에 관여할 권리를 보장하지 아니하고 사학분쟁조정위원회라는 제3의 국가기관에 주도권을 부여하고 있는 사립학교법 규정은 사립학교 운영의 자유를 침해하는 것이다.

해설 임시이사가 선임된 학교법인의 정상화를 위한 이사 선임에 관하여 사학분쟁조정위원회에 주도권을 부여한 사립학교법 제24조의2 제2항 제3호, 제25조의3 제1항은, 사학분쟁조정위원회가 그 인적 구성과 기능에 있어 공정성 및 전문성을 갖추고 있다는 점, 학교법인의 정체성은 설립자로부터 이어지는 이사의 인적 연속성보다는 설립 목적이 화체된 정관을 통하여 유지·계승된다는 점, 사학분쟁조정위원회는 정상화 심의과정에서 종전이사 등의 의견을 청취할 수 있다는 점 등을 고려할 때 학교법인과 종전이사 등의 사학의 자유를 침해한다고 볼 수 없다(헌재 2013.11.28. 2009헌바206).

정답

23년(1) 모의

904. 교육부장관이 선임하는 학교법인 임시이사의 재임기간을 2년 이내로 하되, 1차에 한하여 연임할 수 있도록 한 것은 임시이사 개인의 직업의 자유 등 기본권을 제한할 수 있을 뿐 학교법인 자체의 사립학교 운영의 자유를 제한하지 않는다.

해설 사립학교법상 임시이사 관련 조항 중 법 제25조 제3항은 개별 임시이사의 임기만 제한하고 있을 뿐 임시이사 체제의 존속기한에 관하여는 아무런 제한을 두지 않고 있어 관선이사 체제가 영속될 수도 있는데, 이는 학교법인의 사립학교운영의 자유 및 재산권을 침해하고, 학교법인 설립자의 설립행위의 근간을 무너뜨리는 것으로 학교법인 설립자 및 운영자의 행복추구권을 침해하며, 학교법인이나 학교법인의 설립자, 운영자의 직업선택의 자유도 침해한다(헌재 2013.11.28. 2007헌마1189,1190).

정답

22년(2) 모의

905. 사립대학을 운영하는 학교법인으로 하여금 대학자치의 범위에 속하는 사항들 중 중요사항에 관하여 심의·자문하도록 하는 대학평의원회를 의무적으로 설치하도록 한 사립학교법 조항은 학교법인의 사학의 자유를 제한한다.

해설 사립대학을 운영하는 학교법인은 법 제26조의2 제1항에 의하여 대학평의원회를 의무적으로 설치하여야 하므로, 위 법률조항은 사립대학을 운영하는 청구인 ○○학원의 사학의 자유를 제한한다. … 대학평의원회에 관한 사립학교법 제26조의2 제1항은, 대학평의원회가 대학자치의 범위에 속하는 사항들 중 중요사항에 한하여 심의 또는 자문하는 데 불과해 이사회의 결정권한을 제약하지 않는 점, 학교법인에 정관을 통한 자율적 형성의 여지가 부여되어 있는 점 등을 고려하면, 학교법인의 사학의 자유를 침해한다고 볼 수 없다(헌재 2013.11.28. 2007헌마1189).

정답

21년(1) 모의

906. 사립학교도 공교육의 일익을 담당한다는 점에서 국·공립학교와 본질적인 차이가 있을 수 없기 때문에 그 규율의 정도는 그 시대의 사정과 각급 학교의 형편에 따라 다를 수밖에 없는 것이므로, 교육의 본질을 침해하지 않는 한 궁극적으로는 입법권자의 형성의 자유에 속하는 것이라 할 수 있다.

해설 사립학교 운영의 자유가 헌법 제10조, 제31조 제1항, 제4항에서 도출되는 기본권이기는 하나, 사립학교도 공교육의 일익을 담당한다는 점에서 국·공립학교와 본질적인 차이가 있을 수 없다. 따라서 공적인 학교 제도를 보장하여야 할 책무를 진 국가가 일정한 범위 안에서 사립학교의 운영을 감독·통제할 권한과 책임을 지는 것은 당연한바, 그 규율의 정도는 시대적 상황과 각급 학교의 형편에 따라 다를 수밖에 없는 것이므로, 교육의 본질을 침해하지 않는 한 궁극적으로는 입법자의 형성의 자유에 속한다(대판 2014.01.23. 2012두6629).

정답

20년(1)·23년(2) 모의

907. 자율형 사립고등학교는 국가 및 지방자치단체로부터 재정적으로 독립하는 대신 일반 사립고보다 폭넓은 자율권을 향유하고 학생선발권에 대한 규제도 되도록 받지 않는다고 보아야 하므로 자율형 사립고등학교를 후기학교로 정하여 신입생을 일반고와 동시에 선발하도록 한 것은 학교법인의 사학운영의 자유를 침해한다.

해설 헌법 제10조, 제31조 제1항, 제4항에서 도출되는 사학의 자유는 학교법인을 설립하고 이를 통하여 사립학교를 설립·경영하는 것을 내용으로 하는바, 사립학교의 설립 취지에 맞는 교육을 실시하기 위해서는 학생선발에 있어서도 일정한 자유를 인정할 필요가 있다. 따라서 이 사건 동시선발 조항이 자사고를 전기학교에 포함시키지 아니한 것이 청구인 학교법인의 사학운영의 자유를 침해하는지 여부를 살펴본다. … 이 사건 동시선발 조항이 신입생 선발시기를 후기로 정함으로써 청구인 학교법인의 사학운영의 자유를 제한하고 있더라도 그 위헌 여부는 헌법 제37조 제2항에 의한 기본권 제한의 한계를 벗어나 자의적으로 그 본질적인 내용을 침해하였는지 여부에 따라 판단되어야 할 것이다. … 이 사건 동시선발 조항이 기본권 제한의 한계를 벗어나 자의적으로 그 본질적인 내용을 침해하였다고 볼 수 없다(헌재 2019.04.11. 2018헌마221).

정답

13년(1)·16년(1)·18년(3)·20년(2)·23년(1) 모의

908. (1) 헌법 제31조 제6항은 "교육제도와 그 운영에 관한 기본적인 사항은 법률로 정한다."라고 규정함으로써 국가는 모든 학교제도의 조직, 계획, 운영, 감독에 관한 포괄적인 권한을 부여받았기 때문에, 사립학교운영의 자유는 헌법상의 기본권으로 인정되지 아니한다.

(2) 사립학교의 설립자가 사립학교를 자유롭게 운영할 자유는 헌법 제10조에서 보장되는 일반적 행동 자유권의 보호범위에 포함되지 않으며, 모든 국민의 능력에 따

라 균등하게 교육을 받을 권리를 규정하고 있는 헌법 제31조 제1항, 교육의 자주성·전문성·정치적 중립성 및 대학의 자율성을 규정하고 있는 헌법 제31조 제4항에 의하여 인정되는 기본권이다.

해설 (1) 헌법 제31조 제4항도 "교육의 자주성·전문성·정치적 중립성 및 대학의 자율성은 법률이 정하는 바에 의하여 보장된다"고 규정하여 교육의 자주성·대학의 자율성을 보장하고 있는데, 이는 대학에 대한 공권력 등 외부세력의 간섭을 배제하고 대학구성원 자신이 대학을 자주적으로 운영할 수 있도록 함으로써 대학인으로 하여금 연구와 교육을 자유롭게 하여 진리탐구와 지도적 인격의 도야라는 대학의 기능을 충분히 발휘할 수 있도록 하기 위한 것이며, 교육의 자주성이나 대학의 자율성은 헌법 제22조 제1항이 보장하고 있는 학문의 자유의 확실한 보장수단으로 꼭 필요한 것으로서 이는 대학에게 부여된 헌법상의 기본권이다. 여기서 대학의 자율은 대학시설의 관리·운영만이 아니라 전반적인 것이라야 하므로 연구와 교육의 내용, 그 방법과 대상, 교과과정의 편성, 학생의 선발과 전형 및 특히 교원의 임면에 관한 사항도 자율의 범위에 속한다(헌재 1998.07.16. 96헌바33).
(2) 헌법재판소는 비록 헌법에 명문의 규정은 없지만 학교법인을 설립하고 이를 통하여 사립학교를 설립·경영하는 것을 내용으로 하는 사학의 자유가 헌법 제10조, 제31조 제1항, 제4항에서 도출되는 기본권임을 확인하는 한편, 학교 교육이 개인·사회·국가에 지대한 영향을 미친다는 점에서 사립학교도 국·공립학교와 본질적으로 다를 바 없음을 밝힌 바 있다(헌재 2016.02.25. 2013헌마692).

정답  ×, ×

 13년 변시

909. 국·공립학교와는 달리 사립학교를 설치·경영하는 학교법인 등이 당해 학교에 운영위원회를 둘 것인지의 여부를 스스로 결정할 수 있도록 한 것은 사립학교의 특수성과 자주성을 존중하기 위한 것이므로 합리적이고 정당한 사유가 있는 차별에 해당한다.

해설 입법자가 국·공립학교와는 달리 사립학교를 설치·경영하는 학교법인 등이 당해학교에 운영위원회를 둘 것인지의 여부를 스스로 결정할 수 있도록 이 사건 법률조항을 만든 것은 사립학교의 특수성과 자주성을 존중하는데 그 목적이 있고 목적의 정당성 또한 시인할 수 있다. 결국, 국·공립학교의 학부모에 비하여 사립학교의 학부모를 차별취급한 것은 합리적이고 정당한 사유가 있다고 인정되므로 평등권 위반이 된다고 볼 수 없다(헌재 1999.03.25. 97헌마130).

정답 ○

20년(3) 모의

910. 교원노조에게 일반적인 정치활동을 허용할 경우 교육을 통해 책임감 있고 건전한 인격체로 성장해가야 할 학생들의 교육을 받을 권리는 중대한 침해를 받을 수 있는 점 등에 비추어 보면, 교원노조라는 집단성을 이용하여 행하는 정치활동을 금지하는 것이 과잉금지원칙에 위반된다고 볼 수 없다.

해설 교원의 행위는 교육을 통해 건전한 인격체로 성장해 가는 과정에 있는 미성숙한 학생들의 인격형성에 지대한 영향을 미칠 수 있는 점, 교원의 정치적 표현행위가 교원노조와 같은 단체의 이름으로 교원의 지위를 전면에 드러낸 채 대규모로 행해지는 경우 다양한 가치관을 조화롭게 소화하여 건전한 세계관·인생관을 형성할 능력이 미숙한 학생들에게 편향된 가치관을 갖게 할 우려가 있는 점, 교원노조에게 일반적인 정치활동을 허용할 경우 교육을 통해 책임감 있고 건전한 인격체로 성장해가야 할 학생들의 교육을 받을 권리는 중대한 침해를 받을 수 있는 점 등에 비추어 보면, 교원노조라는 집단성을 이용하여 행하는 정치활동을 금지하는 것이 과잉금지원칙에 위반된다고 볼 수 없다(헌재 2014.08.28. 2011헌바32).

정답 ○

18년 변시

911. 甲은 국립대학교 교수로 재직하던 중 같은 대학 총장 乙로부터 감봉 3개월의 징계처분을 받았다. 甲은 A지방법원에 징계처분취소의 소를 제기하였으나, 위 법원은 교원소청심사위원회의 전심절차를 거치지 아니하였다는 이유로 이를 각하하였다. 사안에서 교원에 대한 징계처분의 적법성을 판단함에 있어서는 교육의 자주성·전문성이 요구되므로 법원의 재판에 앞서 교육전문가들의 심사를 먼저 받아볼 필요가 있다.

해설 헌법 제31조 제1항은 국민의 교육을 받을 권리를 규정하면서 이를 위하여 같은 조 제4항에서 교육의 자주성·전문성·정치적 중립성 등을 보장하고 있다. 이처럼 교원의 신분과 관련되는 징계처분에 대한 적법성을 판단함에 있어서는 교육의 자주성·전문성이 요구되므로 법원의 재판에 앞서 교육전문가들의 심사를 먼저 받아볼 필요가 있다(헌재 2007.01.17. 2005헌바86).

정답 ○

14년(1) 모의

912. 교원지위법정주의를 규정하고 있는 헌법 제31조 제6항은 근로자의 근로3권과는 관계없는 조항이므로 교원의 근로3권을 제한하는 헌법적 근거로 볼 수 없다는 것이 헌법재판소 판례이다.

해설 이 사건에서 문제가 된 사립학교법의 법률조항들은 교육법 및 교육공무원법과 마찬가지로 바로 헌법 제31조 제6항을 근거로 하고, 교육의 본질에 따른 교육제도의 구조적 특성, 교원직무의 공공성·전문성과 자주성, 교육에 대한 우리나라의 역사적 전통과 국민의식 및 교육현장의 여러 가지 사정 따위를 아울러 고려하여 제정된 것이므로 비록 사립학교법의 위 법률 조항들이 교원이 근로자의 근로기본권을 제한하고 있다고 하더라도 그것만으로 근로기본권에 관한 헌법 제33조 제1항의 규정을 내세워 바로 헌법에 위반된다고 단정할 수는 없다. 왜냐하면 헌법 제31조 제6항은 앞서 밝힌 바와 같이 국민의 교육을 받을 기본적인 권리를 보다 효과적으로 보장하기 위하여 교원의 보수 및 근무조건 등을 포함하는 개념인 "교원의 지위"에 관한 기본적인 사항을 법률로서 정하도록 한 것이므로 교원의 지위에 관련된 사항에 관한 한 위 헌법조항이 헌법 제33조 제1항에 우선하여 적용된다고 보아야 할 것이기 때문이다(헌재 1991.07.22. 89헌가106).

정답 ×

🍊 19년 변시, 19년(3) 모의

913. 초등학교 정규교과에서 영어를 배제하거나 영어교육 시수를 제한하는 것은 학생들의 인격의 자유로운 발현권을 제한하나, 이는 균형적인 교육을 통해 초등학생의 전인적 성장을 도모하고 영어과목에 대한 지나친 사교육의 폐단을 막기 위한 것으로 학생들의 기본권을 침해하지 않는다.

해설 이 사건 고시 부분(초등학교 정규교과에 영어를 배제하고, 영어교육을 일정한 시수로 제한하는 교육과학기술부 고시)은 초등학생의 전인적 성장을 도모하고, 영어 사교육 시장의 과열을 방지하기 위한 것으로, 그 목적의 정당성이 인정되고, 이 사건 고시 부분으로 영어교육의 편제와 시간 배당을 통제하는 것은 위 목적을 달성하기 위한 적절한 수단이다. 초등학교 시기는 인격 형성의 토대를 마련하는 중요한 시기이므로, 한정된 시간에 교육과정을 고르게 구성하여 초등학생의 전인적 성장을 도모하기 위해서는 초등학생의 영어교육이 일정한 범위로 제한되는 것이 불가피하다. 또한, 초등학교 1, 2학년은 공교육 체계 하에서 한글을 처음 접하는 시기로, 이 시기에 영어를 배우게 되면 한국어 발달과 영어 교육에 문제점이 발생하게 될 가능성이 높다는 전문가의 의견이 있고, 이러한 의견을 반영한 해당 부처의 판단이 명백히 잘못되었다고 할 수 없다. 한편, 사립학교에게 그 특수성과 자주성이 인정된다고 하더라도, 자율적인 교육과정의 편성은 국가 수준의 교육과정 내에서 허용될 수 있는 것이지, 이를 넘어 허용한다면 교육의 기회에 불평등을 조장하는 결과를 초래하여, 종국에는 사회적 양극화를 초래하는 주요한 요소가 될 것이다. 따라서 이 사건 고시 부분은 청구인들의 인격의 자유로운 발현권과 자녀교육권을 침해하지 않는다(헌재 2016.02.25. 2013헌마838).

 O

🍊 18년 변시

914. 초등학교 교육과정의 편제와 수업시간은 교육현장을 가장 잘 파악하고 교육과정에 대해 적절한 수요 예측을 할 수 있는 해당 부처에서 정하도록 할 필요가 있으므로, 「초·중등교육법」 제23조 제2항이 교육과정의 기준과 내용에 관한 기본적인 사항을 교육부장관이 정하도록 위임한 것 자체가 교육제도 법정주의에 반한다고 보기 어렵다.

해설 초등학교의 교육목적과 교육목표를 달성하기 위한 교육과정은 국가 수준의 공통성뿐만 아니라 지역, 학교, 개인 수준의 다양성을 동시에 갖추어야 하는 과정으로서, 교육을 둘러싼 여러 여건에 따라 적절히 대처할 필요성이 있기 때문에 이에 관한 모든 사항을 법률에 규정하는 것은 입법기술상 매우 어렵다. 특히, 초등학교 교육과정의 편제와 수업시간은 교육여건의 변화에 따른 시의적절한 대처가 필요하므로 교육현장을 가장 잘 파악하고 교육과정에 대해 적절한 수요 예측을 할 수 있는 해당 부처에서 정하도록 할 필요가 있다. 따라서 초·중등교육법 제23조 제2항이 교육과정의 기준과 내용에 관한 기본적인 사항을 교육부장관이 정하도록 위임한 것 자체가 교육제도 법정주의에 반한다고 보기 어렵다(헌재 2016.02.25. 2013헌마838).

 O

🕐 13년·22년 변시, 14년(3)·16년(1)·(2) 모의

915. **(1) 헌법은 국가의 교육권한과 부모의 교육권의 범주 내에서 학생에게도 자신의 교육에 관하여 스스로 결정할 권리, 즉 자유롭게 교육을 받을 권리를 부여하고, 학생은 국가의 간섭을 받지 아니하고 자신의 능력과 개성, 적성에 맞는 학교를 자유롭게 선택할 권리를 가진다.**
(2) 고등학교 배정을 추첨에 의하도록 하는 것은 학생과 학부모의 학교선택권을 침해하지 않는다.

해설 (1) … 헌법은 국가의 교육권한과 부모의 교육권의 범주 내에서 학생에게도 자신의 교육에 관하여 스스로 결정할 권리, 즉 자유롭게 교육을 받을 권리를 부여하고, 학생은 국가의 간섭을 받지 아니하고 자신의 능력과 개성, 적성에 맞는 학교를 자유롭게 선택할 권리를 가진다(헌재 2012.11.29. 2011헌마827).

(2) 고등학교를 교육감이 추첨에 의하여 배정하도록 한 초·중등교육법 시행령 제84조 제2항의 입법목적은 고등학교 교육 기회의 균등 제공, 고등학교 입시의 폐지로 인한 중학교 교육의 정상화 등으로서 정당하고, 교육감에 의한 입학전형 및 학교군별 추첨에 의한 배정방식 입법목적의 달성에 기여하므로 수단의 적절성도 인정되며, 추첨 배정을 받기 전에 학교를 선택 지원할 수 있는 기회가 대폭 확대되고, 고교평준화정책 시행 지역을 결정함에 있어서 객관적 타당성 및 민주적 정당성이 제고된 점 등을 고려하면, 입법목적을 달성하는 데 적합한 다른 대체수단이 존재한다고 보기도 어렵고, 또한 고교평준화제도를 통하여 달성하고자 하는 위와 같은 공익이 침해되는 청구인들의 학교선택권보다 크므로 피해의 최소성 및 법익균형성도 인정된다고 할 것이어서, 이 사건 시행령조항은 과잉금지원칙에 위반되지 아니하며 청구인들의 학교선택권을 침해한다고 할 수 없다(헌재 2012.11.29. 2011헌마827).

정답

🕐 21년 변시, 13년(3) 모의

916. **부모는 자녀의 교육에 관하여 전반적인 계획을 세우고 자신의 인생관·사회관·교육관에 따라 자녀의 교육을 자유롭게 형성할 권리를 가지므로 학부모의 학교선택권에는 종교학교선택권도 포함된다.**

해설 부모의 자녀에 대한 교육권은 비록 헌법에 명문으로 규정되어 있지는 아니하지만, 혼인과 가족생활을 보장하는 헌법 제36조 제1항, 행복추구권을 보장하는 헌법 제10조 및 헌법 제37조 제1항에서 나오는 중요한 기본권이며, 이러한 부모의 자녀교육권이 학교영역에서는 자녀의 교육진로에 관한 결정권 내지는 자녀가 다닐 학교를 선택하는 권리로 구체화된다. … '사립'학교선택권의 보장은 여러 교육여건이 갖추어진 뒤에 정책적으로 결정하여야 할 사항으로서, 우리나라도 특수목적고등학교, 자립형 사립고등학교, 자율형 학교의 증가로 사립학교 선택권이 점차 보장되는 방향으로 가고 있으며, 대부분의 시·도에서 선복수지원·후추첨방식을 채택하고 있어 제한적으로 종교학교를 선택하거나 선택하지 않을 권리를 보장하고 있고, 종교과목이 정규과목인 경우 대체과목의 설치를 의무화하고 있는 점들을 고려할 때, 이 사건 조항으로 인하여 학부모의 '사립학교선택권'이나 종교교육을 위한 학교선택권이 과도하게 제한된다고 보기도 어렵다(헌재 2009.04.30. 2005헌마514).

정답

21년 변시

917. 학교폭력과 관련하여 학교가 가해학생에 대해 일정한 조치를 내렸을 경우, 그 조치가 적절하였는지 여부에 대해 가해학생의 학부모가 의견을 제시할 권리는 법률상의 권리에 불과하여 학부모의 자녀교육권에 포함되지 않는다.

해설 부모는 자녀의 교육에 관하여 전반적인 계획을 세우고 자신의 인생관·사회관·교육관에 따라 자녀의 교육을 자유롭게 형성할 권리를 가지고, 아직 성숙하지 못한 초·중·고등학생인 자녀의 교육과정에 참여할 권리를 가진다. 따라서 학교가 학생에 대해 불이익 조치를 할 경우 해당 학생의 학부모가 의견을 제시할 권리는 자녀교육권의 일환으로 보호된다. 학교폭력예방법 제17조 제5항이 학교폭력 가해학생에 대한 조치 전에 자녀교육권의 일환으로 그 보호자에게 의견 진술의 기회를 부여하는 것처럼, 가해학생에 대해 일정한 조치가 내려졌을 경우 그 조치가 적절하였는지 여부에 대해 의견을 제시할 수 있는 권리 또한 그 연장선상에서 학부모의 자녀교육권의 내용에 포함된다(헌재 2013.10.24. 2012헌마832).

정답 ×

22년(2) 모의

918. 일반적으로 부모의 자녀에 대한 교육권으로부터 바로 학부모의 학교참여권(참가권)이 도출되는 것은 아니나 학부모가 미성년자인 학생의 교육과정에 참여할 당위성은 부정할 수 없으므로 입법자가 학부모의 집단적인 교육참여권을 법률로써 인정하는 것은 헌법상 당연히 허용된다.

해설 헌법상 부모의 자녀에 대한 교육권은, 비록 명문으로 규정되어 있지는 아니하지만, 이는 모든 인간이 국적과 관계없이 누리는 양도할 수 없는 불가침의 인권으로서, 혼인과 가족생활을 보장하는 헌법 제36조 제1항, 행복추구권을 보장하는 헌법 제10조 및 "국민의 자유와 권리는 헌법에 열거되지 아니한 이유로 경시되지 아니한다"고 규정하는 헌법 제37조 제1항에서 나오는 중요한 기본권이다(헌재 2000.04.27. 98헌가16등, 판례집 12-1, 427, 446-448). 일반적으로 부모의 그러한 교육권으로부터 바로 학부모의 학교참여권(참가권)이 도출된다고 보기는 어렵겠지만, 학부모가 미성년자인 학생의 교육과정에 참여할 당위성은 부정할 수 없다. 그러므로 입법자가 학부모의 집단적인 교육참여권을 법률로써 인정하는 것은 헌법상 당연히 허용된다고 할 것이다(헌재 2001.11.29. 2000헌마278).

정답 ○

20년(1)·(3) 모의

919. 청소년의 자유롭게 교육을 받을 권리는 국가의 교육권한과 부모의 교육권의 범주 내에서 인정되는 것이므로, 구체적 사정에 따라 다양한 조치를 취할 수 있도록 하기 위해 마련된 「학교폭력예방 및 대책에 관한 법률」상의 기간제한 없는 출석정지조치는 청소년의 자유롭게 교육을 받을 권리를 침해하지 않는다.

해설 학교폭력의 사안이 심각하여 가해학생에게 전학·퇴학처분 등의 조치를 취하는 경우에는 그 절차가 마무리될 때까지 피해학생과 격리함으로써 피해학생을 보호할 필요가 있는데, 출석정지기간의 상한을 둔다면 가해학생과 피해학생이 함께 생활하는 경우가 있을 수 있어 피해학생이 다시 학교폭력에 노출될 위험성이 있고, 이는 가해학생에 대하여 출석정지조치를 취할 수 있도록 한 취지에 부합하지 아니한다. 이 사건 징계조치 조항에서 출석정지기간의 상한을 두지 않은 것은 바로 이러한 취지에서 이해할 수 있다. 가해학생에 대해서 출석정지조치와 함께 학내외 전문가에 의한 특별 교육 이수 또는 심리치료를 병행할 수 있으므로 이러한 경우에도 가해학생의 선도·교육이 도외시된다고 볼 수 없다. … 이 사건 징계조치 조항은 학습의 자유를 침해하지 아니한다(헌재 2019.04.11. 2017헌바140).

정답

23년(3) 모의

920. 설립자가 사립학교를 자유롭게 운영할 자유는 비록 헌법에 명문규정은 없으나 헌법 제10조에서 보장되는 행복추구권의 한 내용을 이루는 일반적인 행동의 자유권과 모든 국민의 능력에 따라 균등하게 교육을 받을 권리를 규정하고 있는 헌법 제31조 제1항 그리고 교육의 자주성·전문성·정치적 중립성 및 대학의 자율성을 규정하고 있는 헌법 제31조 제3항에 의하여 인정되는 기본권이다.

해설 진리탐구와 인격도야의 본산이며 자유로운 인간형성을 본분으로 하는 학교에서야말로 학생들의 다양한 자질과 능력이 자유롭게 발현될 수 있는 교육제도가 마련되어야 한다. 특히 사립학교는 설립자의 의사와 재산으로 독자적인 교육목적을 구현하기 위해 설립되는 것이므로 사립학교설립의 자유와 운영의 독자성을 보장하는 것은 그 무엇과도 바꿀 수 없는 본질적 요체라고 할 수 있다. 따라서 설립자가 사립학교를 자유롭게 운영할 자유는 비록 헌법에 독일기본법 제7조 제4항과 같은 명문규정은 없으나 헌법 제10조에서 보장되는 행복추구권의 한 내용을 이루는 일반적인 행동의 자유권과 모든 국민의 능력에 따라 균등하게 교육을 받을 권리를 규정하고 있는 헌법 제31조 제1항 그리고 교육의 자주성·전문성·정치적 중립성 및 대학의 자율성을 규정하고 있는 헌법 제31조 제3항에 의하여 인정되는 기본권의 하나라 하겠다(헌재 2001.01.18. 99헌바63(전합)).

정답

21년(1) 모의

921. 헌법 제31조는 부모 외에 국가에게도 자녀의 교육에 대한 과제와 의무가 있다는 것을 규정하고 있으므로 국가는 부모의 자녀교육권을 제한할 수 있다.

해설 부모는 자녀의 교육에 있어서 자녀의 정신적, 신체적 건강을 고려하여 교육의 목적과 그에 적합한 수단을 선택해야 할 것이고, 부모가 자녀의 건강에 반하는 방향으로 자녀교육권을 행사할 경우에는 헌법 제31조는 부모 외에도 국가에게 자녀의 교육에 대한 과제와 의무가 있다는 것을 규정하고 있으므로 국가는 부모의 자녀교육권을 제한할 수 있다(헌재 2009.10.29. 2008헌마635).

정답

922.

🕐 17년·20년 변시, 14년(1)·18년(3)·20년(1)·22년(3)·23년(3) 모의

(1) 부모의 자녀교육권이란 부모의 자기결정권이라는 의미에서 보장되는 자유가 아니라, 자녀의 보호와 인격발현을 위하여 부여되는 것이므로, 자녀의 행복이란 관점에서 교육방향을 결정하라는 행위지침을 의미할 뿐 부모의 기본권이라고는 볼 수 없다.

(2) 부모의 자녀교육권의 헌법적 근거는 혼인과 가족의 보호(제36조 제1항), 행복추구권(제10조) 및 열거되지 아니한 자유와 권리 경시 금지(제37조 제1항)에서 찾을 수 있다.

(3) 부모는 어떠한 방향으로 자녀의 인격이 형성되어야 하는가에 관한 목표를 정하고, 자녀의 개인적 성향·능력·정신적, 신체적 발달상황 등을 고려하여 교육목적을 달성하기에 적합한 교육수단을 선택할 권리를 가진다.

(4) 학교 교육의 범주 내에서 국가는 헌법 제31조에 의하여 부모의 교육권으로부터 원칙적으로 독립된 독자적인 교육권한을 부여받음으로써 부모의 교육권과 함께 자녀의 교육을 담당하는 것은 물론이고, 학교 밖의 교육영역에서도 국가는 부모와 함께 자녀의 교육을 담당하므로 부모의 교육권이 우위를 차지한다고 할 수는 없다.

▸해설 (1) 부모의 자녀교육권은 다른 기본권과는 달리, 기본권의 주체인 부모의 자기결정권이라는 의미에서 보장되는 자유가 아니라, 자녀의 보호와 인격발현을 위하여 부여되는 기본권이다(헌재 2000.04.27. 98헌가16).

(2) '부모의 자녀에 대한 교육권'은 비록 헌법에 명문으로 규정되어 있지는 아니하지만, 이는 모든 인간이 누리는 불가침의 인권으로서 혼인과 가족생활을 보장하는 헌법 제36조 제1항, 행복추구권을 보장하는 헌법 제10조 및 "국민의 자유와 권리는 헌법에 열거되지 아니한 이유로 경시되지 아니한다"고 규정하는 헌법 제37조 제1항에서 나오는 중요한 기본권이다. (3) 부모는 자녀의 교육에 관하여 전반적인 계획을 세우고 자신의 인생관·사회관·교육관에 따라 자녀의 교육을 자유롭게 형성할 권리를 가지며, 부모의 교육권은 다른 교육의 주체와의 관계에서 원칙적인 우위를 가진다(헌재 2000.04.27. 98헌가16).(4)따라서 자녀의 양육과 교육에 있어서 부모의 교육권은 교육의 모든 영역에서 존중되어야 하며 다만, 학교교육의 범주내에서는 국가의 교육권한이 헌법적으로 독자적인 지위를 부여받음으로써 부모의 교육권과 함께 자녀의 교육을 담당하지만, 학교 밖의 교육영역에서는 원칙적으로 부모의 교육권이 우위를 차지한다(헌재 2000.04.27. 98헌가16,98헌마429(병합,전합)).

🕐 20년 변시

923.

아동은 인격의 발현을 위하여 어느 정도 부모에 의한 결정을 필요로 하는 미성숙한 인격체이므로, 아동에게 자신의 교육환경에 관하여 스스로 결정할 권리가 부여되지 않는다.

▸해설 아동과 청소년은 부모와 국가에 의한 단순한 보호의 대상이 아닌 독자적인 인격체이며, 그의 인격권은 성인과 마찬가지로 인간의 존엄성 및 행복추구권을 보장하는 헌법 제10조에 의하여 보호된다. 따라서 헌법이 보장하는 인간의 존엄성 및 행복추구권은 국가의 교육권한과 부모의 교육권의

범주 내에서 아동에게도 자신의 교육환경에 관하여 스스로 결정할 권리, 그리고 자유롭게 문화를 향유할 권리를 부여한다고 할 것이다(헌재 2004.05.27. 2003헌가1).

정답 ×

⏱ 13년·20년 변시, 18년(3) 모의

924. 학교교육에서 국가는 부모의 자녀교육권으로부터 원칙적으로 독립된 독자적인 교육권한을 부여받고 있지만, 학교 밖의 교육영역에서는 원칙적으로 부모의 자녀교육권이 우선한다.

해설 자녀의 양육과 교육에 있어서 부모의 교육권은 교육의 모든 영역에서 존중되어야 하며 다만, 학교교육에 관한 한, 국가는 헌법 제31조에 의하여 부모의 교육권으로부터 원칙적으로 독립된 독자적인 교육권한을 부여받음으로써 부모의 교육권과 함께 자녀의 교육을 담당하지만, 학교 밖의 교육영역에서는 원칙적으로 부모의 교육권이 우위를 차지한다(헌재 2000.04.27. 98헌가16).

정답 ○

⏱ 19년 변시, 23년(1) 모의

925. 고졸검정고시 또는 고입검정고시에 합격했던 자가 해당 검정고시에 다시 응시할 수 없게 됨으로써 제한되는 주된 기본권은 자유로운 인격발현권인데, 이러한 응시자격 제한은 검정고시제도 도입 이후 허용되어 온 합격자의 재응시를 경과조치 등 없이 무조건적으로 금지하는 것이어서 과잉금지원칙에 위배된다.

해설 이 사건 응시제한은 청구인들이 상급학교 진학을 위하여 취득하여야 할 평가자료(검정고시 성적자료 등)의 형성을 제약함으로써 청구인들의 상급학교 진학의 가능성에 영향을 미칠 수 있으므로 교육을 받을 권리를 제한한다 할 것이다. 청구인들은 … 행복추구권, 자기결정권 등의 침해에 대하여도 주장하고 있으나, 이 사건과 가장 밀접한 관련을 가지고 핵심적으로 다루어지는 사항은 교육을 받을 권리이므로, 이하에서는 이 사건 응시제한이 교육을 받을 권리를 침해하는지 여부를 판단하기로 한다. … 이 사건 응시제한은 정규 교육과정의 학생이 검정고시제도를 입시전략에 활용하는 것을 방치함으로써 발생할 수 있는 공교육의 붕괴를 막고, 상급학교 진학 시 검정고시 출신자와 정규학교 출신자 간의 형평성을 도모하고자 하는 것으로서 그 입법목적의 정당성은 인정할 수 있으나, 이와 같은 목적의 달성을 위해 선행되어야 할 근본적인 조치에 대한 검토 없이 검정고시 제도 도입 이후 허용되어 온 합격자의 재응시를 아무런 경과조치 없이 무조건적으로 금지함으로써 응시자격을 단번에 영구히 박탈한 것이어서 최소침해성의 원칙에 위배되고 법익의 균형성도 상실하고 있다 할 것이므로 과잉금지원칙에 위배된다(헌재 2012.05.31. 2010헌마139).

정답 ×

16년 변시, 19년(1) 모의

926. 지능이나 수학능력 등 일정한 능력이 있음에도 법률에 따라 아동의 입학연령을 제한하여 초등학교 입학을 허용하지 않는 것은 능력에 따라 균등한 교육을 받을 권리를 침해한다.

해설 헌법 제31조 제1항에서 말하는 "능력에 따라 균등하게 교육을 받을 권리"란 법률이 정하는 일정한 교육을 받을 전제조건으로서의 능력을 갖추었을 경우 차별 없이 균등하게 교육을 받을 기회가 보장된다는 것이지 일정한 능력, 예컨대 지능이나 수학능력 등이 있다고 하여 제한 없이 다른 사람과 차별하여 어떠한 내용과 종류와 기간의 교육을 받을 권리가 보장된다는 것은 아니다. 따라서 의무취학 시기를 만 6세가 된 다음날 이후의 학년 초로 규정하고 있는 교육법 제96조 제1항은 의무교육제도 실시를 위해 불가피한 것이며 이와 같은 아동들에 대하여 만 6세가 되기 전에 앞당겨서 입학을 허용하지 않는다고 해서 헌법 제31조 제1항의 능력에 따라 균등하게 교육을 받을 권리를 본질적으로 침해한 것으로 볼 수 없다(헌재 1994.02.24. 93헌마192).

정답

18년 변시

927. 한자를 국어과목에서 분리하여 초등학교 재량에 따라 선택적으로 가르치도록 하는 것은, 국어교과의 내용으로 한자를 배우고 일정 시간 이상 필수적으로 한자교육을 받음으로써 교육적 성장과 발전을 통해 자아를 실현하고자 하는 학생들의 자유로운 인격발현권을 제한하는 것이나, 학부모의 자녀교육권을 제한하는 것은 아니다.

해설 이 사건 한자 관련 고시는 한자를 국어과목에서 분리하여 학교 재량에 따라 선택적으로 가르치도록 하고 있으므로, 국어교과의 내용으로 한자를 배우고 일정 시간 이상 필수적으로 한자교육을 받음으로써 교육적 성장과 발전을 통해 자아를 실현하고자 하는 학생들의 자유로운 인격발현권을 제한한다. 또한 학부모는 자녀의 개성과 능력을 고려하여 자녀의 학교교육에 관한 전반적인 계획을 세우고, 자신의 인생관·사회관·교육관에 따라 자녀를 교육시킬 권리가 있는바(헌재 2016.02.25. 2013헌마838 참조), 이 사건 한자 관련 고시는 자녀의 올바른 성장과 발전을 위하여 한자교육이 반드시 필요하고 국어과목 시간에 이루어져야 한다고 생각하는 학부모의 자녀교육권도 제한할 수 있다(헌재 2016.11.24. 2012헌마854).

정답

928. (1) 교육을 받을 권리란 국민이 헌법 제31조 제1항을 근거로 하여 직접 특정한 교육제도나 학교시설을 요구할 수 있는 권리로 모든 국민이 능력에 따라 균등하게 교육을 받을 수 있는 교육제도를 제공해야 할 국가의 의무를 규정한 것이다.

(2) 교육의 기회균등에는 교육시설에 균등하게 참여할 수 있는 권리가 포함된다 하더라도, 편입학조치로 인하여 기존의 재학생들의 교육환경이 상대적으로 열악해지는 경우에는 새로운 편입학 자체를 금지할 수 있다.

해설 (1) 헌법 제31조 제1항에 의해서 보장되는 교육을 받을 권리는 교육영역에서의 기회균등을 내용으로 한다. 즉, 능력이 있으면서도 여러 가지 사회적·경제적 이유로 교육을 받지 못하는 일이 없도록, 국가가 재정능력이 허용하는 범위 내에서 가능하면 모든 국민에게 취학의 기회가 골고루 돌아가게끔 그에 필요한 교육시설 및 제도를 마련할 의무를 지게 하기 위한 것이 바로 이 교육을 받을 권리이다. 그러나 교육을 받을 권리는 국민이 국가에 대해 직접 특정한 교육제도나 학교시설을 요구할 수 있음을 뜻하지는 않으며, 더구나 자신의 교육환경을 최상 혹은 최적으로 만들기 위해 타인의 교육시설 참여 기회를 제한할 것을 청구할 수 있는 기본권은 더더욱 아닌 것이다(헌재 2003.09.25. 2001헌마814).

(2) 기존의 재학생들에 대한 교육환경이 상대적으로 열악해질 수 있음을 이유로 새로운 편입학 자체를 하지 말도록 요구하는 것은, 본래 균등한 취학기회 보장을 목표로 하는 교육을 받을 권리의 내용으로는 포섭할 수 없다고 보아야 한다. 그렇다면 그러한 편입학시험에 관한 이 사건 공고들 자체가 직접 청구인들의 교육을 받을 권리를 침해할 가능성은 인정되지 않는다(헌재 2003.09.25. 2001헌마814).

14년(3)·16년(2) 모의

929. 모든 국민에게 교육의 기회균등권을 보장한다는 것은 국가가 교육을 받을 기회를 차별하지 않고 균등한 교육을 제공한다는 것이지, 경제적 약자가 실질적인 평등교육을 받을 수 있도록 적극적인 정책을 실현해야 할 국가의 의무를 의미하는 것은 아니다.

해설 헌법 제31조 제1항에서 보장되는 교육의 기회균등권은 '정신적·육체적 능력 이외의 성별·종교·경제력·사회적 신분 등에 의하여 교육을 받을 기회를 차별하지 않고, 즉 합리적 차별사유 없이 교육을 받을 권리를 제한하지 아니함과 동시에 국가가 모든 국민에게 균등한 교육을 받게 하고 특히 경제적 약자가 실질적인 평등교육을 받을 수 있도록 적극적 정책을 실현해야 한다는 것'을 의미하므로, 실질적인 평등교육을 실현해야 할 국가의 적극적인 의무가 인정되지만, 이러한 의무조항으로부터 국민이 직접 실질적 평등교육을 위한 교육비를 청구할 권리가 도출되는 것은 아니다(헌재 2003.11.27. 2003헌바39).

16년 변시, 13년(1)·23년(1) 모의

930. 고등학교 졸업학력 검정고시 응시자격을 제한하는 것은, 국민의 교육받을 권리 중 그 의사와 능력에 따라 균등하게 교육받을 것을 국가로부터 방해받지 않을 권리, 즉 자유권적 기본권을 제한하는 것이므로, 그 제한에 대하여는 헌법 제37조 제2항의 과잉금지원칙에 의한 심사를 받아야 한다.

해설 헌법 제31조 제1항의 교육을 받을 권리는, 국민이 능력에 따라 균등하게 교육받을 것을 공권력에 의하여 부당하게 침해받지 않을 권리와, 국민이 능력에 따라 균등하게 교육받을 수 있도록 국가가 적극적으로 배려하여 줄 것을 요구할 수 있는 권리로 구성되는바, 전자는 자유권적 기본권의 성격이, 후자는 사회권적 기본권의 성격이 강하다고 할 수 있다. 그런데 이 사건 규칙조항과 같이 검정고시응시자격을 제한하는 것은, 국민의 교육받을 권리 중 그 의사와 능력에 따라 균등하게 교육받을 것을 국가로부터 방해받지 않을 권리, 즉 자유권적 기본권을 제한하는 것이므로, 그 제한에 대하여는 헌법 제37조 제2항의 비례원칙에 의한 심사, 즉 과잉금지원칙에 따른 심사를 받아야 할 것이다(헌재 2008.04.24. 2007헌마1456).

 ○

 16년 변시

931. 2년제 전문대학의 졸업자에게만 대학·산업대학 또는 원격대학의 편입학 자격을 부여하고, 3년제 전문대학의 2년 이상 과정 이수자에게는 편입학 자격을 부여하지 아니한 것은 교육을 받을 권리를 침해한다.

해설 전문대학 과정의 이수와 대학과정의 이수를 반드시 동일하다고 볼 수 없어, 3년제 전문대학의 2년 이상 과정을 이수한 자에게 편입학 자격을 부여하지 아니한 것이 현저하게 불합리한 자의적인 차별이라고 볼 수 없다. 나아가 평생교육을 포함한 교육시설의 입학자격에 관하여는 입법자에게 광범위한 형성의 자유가 있다고 할 것이어서, 3년제 전문대학의 2년 이상의 이수자에게 의무교육기관이 아닌 대학에의 일반 편입학을 허용하지 않는 것이 교육을 받을 권리나 평생교육을 받을 권리를 본질적으로 침해하지 않는다(헌재 2010.11.25. 2010헌마144).

 ×

14년(3) 모의

932. 농어촌특별전형의 모집인원은 증가되지 않은 상태에서 지원자격이 확대됨으로 인하여 읍면지역에 소재하고 있는 학생들의 국립대에서 수학할 수 있는 기회가 축소된 것은 교육을 받을 권리를 침해하지 않는 것이다.

해설 농·어촌학생특별전형의 모집인원은 증가되지 않은 상태에서 특별전형의 지원자격이 확대되므로, 그 자격확대로 인하여 청구인들이 서울대학교에서 수학할 수 있는 기회가 축소되어 교육을 받을 권리가 제한될 수는 있으나 그러한 불이익은 사실상의 불이익에 불과할 뿐이므로 지원자격의 확대로 인하여 청구인들의 자유의 제한, 의무의 부과, 권리 또는 법적 지위의 박탈이 생긴 경우라고 볼 수 없으므로 이로써 청구인들의 헌법상 기본권의 침해 문제가 생길 여지는 없다(헌재 2008.09.25. 2008헌마456).

 ○

 13년 변시

933. 부모가 자녀의 이익을 가장 잘 보호할 수 있다는 점에 비추어 자녀가 의무교육을 받아야 할지 여부를 부모가 자유롭게 결정할 수 없도록 하는 것은 부모의 교육권에 대한 침해이다.

해설 학교제도에 관한 국가의 규율권한과 부모의 교육권이 서로 충돌하는 경우, 어떠한 법익이 우선하는가의 문제는 구체적인 경우마다 법익형량을 통하여 판단해야 하는데, 자녀가 의무교육을 받아야 할지의 여부와 그의 취학연령을 부모가 자유롭게 결정할 수 없다는 것은 부모의 교육권에 대한 과도한 제한이 아니다. 마찬가지로 국가는 교육목표, 학습계획, 학습방법, 학교제도의 조직 등을 통하여 학교교육의 내용과 목표를 정할 수 있는 포괄적인 규율권한을 가지고 있다(헌재 2000.04.27. 98헌가16).

정답 ✕

23년(3) 모의

934. 교육을 받을 권리는 자신의 교육환경이 상대적으로 열악해질 수 있거나 자신의 교육시설 참여 기회가 축소될 수 있다는 우려를 이유로 타인의 교육시설 참여 기회를 제한할 것을 청구할 수 있는 권리까지 포함한다.

해설 헌법 제31조 제1항에 의해 보장되는 교육을 받을 권리는 교육영역에서의 기회균등을 내용으로 하며, 국가로 하여금 능력이 있는 국민이 여러 가지 사회적·경제적 이유로 교육을 받지 못하는 일이 없도록 재정능력이 허용하는 범위 내에서 모든 국민에게 취학의 기회가 골고루 주어지도록 그에 필요한 교육시설 및 제도를 마련할 의무를 부과한다. 그러나 교육을 받을 권리는 국민이 국가에 대해 직접 특정한 교육제도나 학교시설을 요구할 수 있음을 뜻하지 않는다. 또한 교육을 받을 권리는 자신의 교육환경이 상대적으로 열악해질 수 있음을 이유로 타인의 교육시설 참여 기회를 제한할 것을 청구하거나, 자신의 교육시설 참여 기회가 축소될 수 있다는 우려를 이유로 타인의 교육시설 참여 기회를 제한할 것을 청구할 수 있는 권리가 아니다 (헌재 2019.02.28. 2018헌마37·38(병합,전합)).

정답 ✕

제3절 근로의 권리

22년(3) 모의

935. 근로의 권리는 사회적 기본권으로서 국가에 대하여 직접 일자리를 청구하거나 일자리에 갈음하는 생계비의 지급청구권을 의미하는 것이 아니라 고용증진을 위한 사회적·경제적 정책을 요구할 수 있는 권리에 그친다.

해설 헌법 제32조 제1항이 규정하는 근로의 권리는 사회적 기본권으로서 국가에 대하여 직접 일자리를 청구하거나 일자리에 갈음하는 생계비의 지급청구권을 의미하는 것이 아니라 고용증진을 위한 사회적·경제적 정책을 요구할 수 있는 권리에 그친다. (헌재 2011.07.28. 2009헌마408).

정답 ○

20년 변시, 15년(2)·23년(2) 모의

936. 직장선택의 자유는 원하는 직장을 제공하여 주거나 선택한 직장의 존속보호를 청구할 권리를 보장하지 않으나, 국가는 직업선택의 자유로부터 나오는 객관적 보호의무, 즉 사용자에 의한 해고로부터 근로자를 보호할 의무를 진다.

해설 헌법 제15조의 직업의 자유 또는 헌법 제32조의 근로의 권리, 사회국가원리 등에 근거하여 실업방지 및 부당한 해고로부터 근로자를 보호하여야 할 국가의 의무를 도출할 수는 있을 것이나, 국가에 대한 직접적인 직장존속보장청구권을 근로자에게 인정할 헌법상의 근거는 없다. … 근로의 권리는 사회적 기본권으로서, 국가에 대하여 직접 일자리(직장)를 청구하거나 일자리에 갈음하는 생계비의 지급청구권을 의미하는 것이 아니라, 고용증진을 위한 사회적·경제적 정책을 요구할 수 있는 권리에 그친다. 근로의 권리는 원하는 직장을 제공하여 줄 것을 청구하거나 한번 선택한 직장의 존속보호를 청구할 권리를 보장하지 않으며, 또한 사용자의 처분에 따른 직장 상실로부터 직접 보호하여 줄 것을 청구할 수도 없다. 다만 국가는 이 기본권에서 나오는 객관적 보호의무, 즉 사용자에 의한 해고로부터 근로자를 보호할 의무를 질 뿐이다(헌재 2002.11.28. 2001헌바50).

정답

22년(3) 모의

937. 국가는 근로의 권리를 보장하기 위하여 사용자의 처분에 따른 직장 상실에 대하여 최소한의 보호를 제공하여야 할 의무를 부담하나, 이러한 경우에도 입법자가 그 보호의무를 전혀 이행하지 않거나 사용자와 근로자의 상충하는 기본권적 지위나 이익을 현저히 부적절하게 형량한 때에만 위헌 여부가 문제될 수 있다.

해설 근로의 권리로부터 국가에 대한 직접적인 직장존속청구권을 도출할 수도 없다. 단지 위에서 본 직업의 자유에서 도출되는 보호의무와 마찬가지로 사용자의 처분에 따른 직장 상실에 대하여 최소한의 보호를 제공하여야 할 의무를 국가에 지우는 것으로 볼 수는 있을 것이나, 이 경우에도 입법자가 그 보호의무를 전혀 이행하지 않거나 사용자와 근로자의 상충하는 기본권적 지위나 이익을 현저히 부적절하게 형량한 경우에만 위헌 여부의 문제가 생길 것이다(헌재 2002.11.28. 2001헌바50).

정답

20년(3) 모의

938. 근로자의 건강하고 문화적인 생활의 실현에 이바지할 수 있도록 여가를 부여하는 데 그 목적이 있는 연차유급휴가는 인간의 존엄성을 보장하기 위한 합리적인 근로조건에 해당하므로, 연차유급휴가에 관한 권리는 근로의 권리의 내용에 포함된다.

해설 헌법 제32조 제3항은 위와 같은 근로의 권리가 실효적인 것이 될 수 있도록 "근로조건의 기준은 인간의 존엄성을 보장하도록 법률로 정한다."고 하여 근로조건의 법정주의를 규정하고 있고, 이에 따라 근로기준법 등에 규정된 연차유급휴가는 근로자의 건강하고 문화적인 생활의 실현에 이바지할 수 있도록 여가를 부여하는데 그 목적이 있으므로 이는 인간의 존엄성을 보장하기 위한 합리적인 근로조건에 해당한다. 따라서 연차유급휴가에 관한 권리는 인간의 존엄성을 보장받기 위한 최소한의 근로조건을 요구할 수 있는 권리로서 근로의 권리의 내용에 포함된다 할 것이다(헌재 2008.09.25. 2005헌마586).

정답 ○

20년(3) 모의

939. 해고예고제도는 근로조건의 핵심적 부분인 해고와 관련된 사항이며 근로자가 갑자기 직장을 잃어 생활이 곤란해지는 것을 막는 데 목적이 있으므로 근로자의 인간 존엄성을 보장하기 위한 최소한의 근로조건에 해당하고, 이러한 해고예고에 대한 권리는 근로의 권리의 내용에 포함된다.

해설 해고예고제도는 근로조건의 핵심적 부분인 해고와 관련된 사항일 뿐만 아니라, 근로자가 갑자기 직장을 잃어 생활이 곤란해지는 것을 막는 데 목적이 있으므로 근로자의 인간 존엄성을 보장하기 위한 최소한의 근로조건으로서 근로의 권리의 내용에 포함된다(헌재 2015.12.23. 2014헌바3).

정답 ○

17년(2) · 23년(2) 모의

940. 월급근로자로서 6개월이 되지 못한 근로자에게 미리 해고를 예고하도록 하는 해고예고제도를 적용하지 않는 것은 월급제근로자의 근무형태 특수성과 근로관계의 단기성을 고려한 것으로 합리적인 이유가 있으므로 근로의 권리를 침해하지 아니한다.

해설 합리적 이유 없이 "월급근로자로서 6개월이 되지 못한자"를 해고예고제도의 적용대상에서 제외한 이 사건 법률조항은 근무기간이 6개월 미만인 월급근로자의 근로의 권리를 침해하고, 평등원칙에도 위배된다(헌재 2015.12.23. 2014헌바3).

정답

20년(3) · 22년(3) 모의

941. 근로자가 퇴직급여를 청구할 수 있는 권리는 퇴직급여법 등 관련 법률이 구체적으로 정하는 바에 따라 비로소 인정될 수 있는 것이므로, 근로의 권리를 보장하는 헌법 제32조 제1항에 의하여 계속근로기간 1년 미만인 근로자가 퇴직급여를 청구할 수 있는 권리가 당연히 보장되는 것은 아니다.

해설 헌법 제32조 제1항이 규정하는 근로의 권리는 사회적 기본권으로서 국가에 대하여 직접 일자리를 청구하거나 일자리에 갈음하는 생계비의 지급청구권을 의미하는 것이 아니라 고용증진을 위한 사회적·경제적 정책을 요구할 수 있는 권리에 그치며, 근로의 권리로부터 국가에 대한 직접적인 직장존속청구권이 도출되는 것도 아니다. 나아가 근로자가 퇴직급여를 청구할 수 있는 권리도 헌법상 바로 도출되는 것이 아니라 퇴직급여법 등 관련 법률이 구체적으로 정하는 바에 따라 비로소 인정될 수 있는 것이므로 계속근로기간 1년 미만인 근로자가 퇴직급여를 청구할 수 있는 권리가 헌법 제32조 제1항에 의하여 보장된다고 보기는 어렵다(헌재 2011.07.28. 2009헌마408).

정답 ○

20년(3) · 23년(2) 모의

942. 「근로기준법」상 부당해고제한조항과 노동위원회의 구제절차를 4인 이하의 근로자를 사용하는 사업 또는 사업장에 적용하지 않더라도, 개별 근로관계법상의 해고금지조항과 해고예고제도 등이 4인 이하 사업장에도 적용되므로, 이는 근로의 권리를 침해하지 아니한다.

해설 심판대상조항이 4인 이하 사업장에 부당해고제한조항 및 노동위원회 구제절차를 적용되는 조항으로 나열하지 않은 결과 민법이 적용되므로, 고용기간의 약정이 없는 때에는 원칙적으로 사용자는 근로자를 자유로이 해고할 수 있다. 단, 민법 제660조 제1항은 임의규정이므로 개별 사업장에서 해고사유를 열거한 해고제한의 특약을 한 경우에는 해고의 자유가 제한된다. … 또한 4인 이하 사업장에도 근로기준법 제35조의 해고예고제도가 적용되므로, 해고예고를 받은 날부터 30일분의 임금청구가 가능한 것을 감안하면 4인 이하 사업장에 대한 최소한의 근로자 보호는 이루어지고 있다. … 심판대상조항이 근로기준법 제11조 제2항의 위임에 따라 4인 이하 사업장에 적용될 근로기준법 조항을 정하면서, 4인 이하 사업장에 부당해고제한조항이나 노동위원회 구제절차를 적용되는 조항으로 나열하지 않았다 하여 근로자에 대한 보호의무에서 요구되는 최소한의 절차적 규율마저 하지 아니하였다거나, 그 내용이 현저히 불합리하여 헌법상 용인될 수 있는 재량의 범위를 벗어난 것이라고 볼 수 없다. 심판대상조항은 청구인의 근로의 권리를 침해하지 아니한다(헌재 2019.04.11. 2017헌마820).

정답 O

13년(2) · 15년(2) · 17년(2) · 19년(2) · 20년(2) · 22년(3) 모의

943. 헌법 제32조 제1항이 규정한 근로의 권리는 국가의 개입·간섭을 받지 않고 자유로이 근로를 할 자유와, 국가에 대하여 근로의 기회를 제공하는 정책을 수립해줄 것을 요구할 수 있는 권리 등을 기본적 내용으로 하고 있는 것으로, 개인인 근로자가 권리의 주체가 되는 것이고, 노동조합은 그 주체가 될 수 없다.

해설 헌법 제32조 제1항은 "모든 국민은 근로의 권리를 가진다. 국가는 사회적·경제적 방법으로 근로자의 고용의 증진과 적정임금의 보장에 노력하여야 하며, 법률이 정하는 바에 의하여 최저임금제를 시행하여야 한다."라고 규정하고 있다. 이는 국가의 개입·간섭을 받지 않고 자유로이 근로를 할 자유와, 국가에 대하여 근로의 기회를 제공하는 정책을 수립해 줄 것을 요구할 수 있는 권리 등을 기본적인 내용으로 하고 있고, 이 때 근로의 권리는 근로자를 개인의 차원에서 보호하기 위한 권리로서 개인인 근로자가 근로의 권리의 주체가 되는 것이고, 노동조합은 그 주체가 될 수 없는 것으로 이해되고 있다(헌재 2009.02.26. 2007헌바27).

정답 O

19년 변시

944. 헌법 제32조 제6항의 "국가유공자·상이군경 및 전몰군경의 유가족은 법률이 정하는 바에 의하여 우선적으로 근로의 기회를 부여받는다."라는 규정은 엄격하게 해석할 필요가 있고, 이러한 관점에서 위 조항의 대상자는 조문의 문리해석대로 "국가유공자", "상이군경", 그리고 "전몰군경의 유가족"이라고 봄이 상당하다.

해설 일반 응시자의 공무담임권과의 관계를 고려할 때 헌법 제32조 제6항의 문언은 엄격하게 해석할 필요가 있고, 위 조항에 따라 우선적인 근로의 기회를 부여받는 대상자는 '국가유공자', '상이군경', 그리고 '전몰군경의 유가족'이라고 보아야 한다. 따라서 전몰군경의 유가족을 제외한 국가유공자의 가족은 위 헌법 조항에 의한 보호대상에 포함되지 않고, 이 사건 시행령 조항이 국가유공자의 가족인 청구인의 취업지원과 관련하여 국가기관 등이 시행하는 공무원 채용시험 중에서 기능직 공무원과 유사한 계약직 공무원을 가점 대상에서 배제하였다고 하여 헌법 제32조 제6항의 우선적 근로의 기회제공의무를 위반한 것이라고 볼 수 없다(헌재 2012.11.29. 2011헌마533).

정답 O

19년(2) 모의

945. 국가기관 등의 취업지원 실시기관이 시행하는 공무원 채용시험의 가점 대상이 되는 공무원의 범위에서 지도직 공무원을 배제하는 것은 국가유공자 등에게 우선적으로 근로의 기회를 제공할 국가의 의무에 위배된다.

해설 이 사건 시행령조항은 지도직 공무원의 임용 목적, 업무상의 특징, 대체가능성 및 국가유공자법상의 취업가산점 제도의 취지 등을 고려하여 지도직 공무원을 그 가점 대상 공무원에서 제외한 것이다. 그러므로 이 사건 시행령조항이 입법재량의 한계를 일탈하여 국가유공자에 대한 근로기회 우선보장 의무를 규정한 헌법 제32조 제6항을 위반하였다고 볼 수도 없다(헌재 2016.10.27. 2014헌마254, 2016헌마779(병합)).

정답

19년(2) 모의

946. 일용근로자로서 3개월을 계속 근무하지 아니한 자를 해고예고제도의 적용제외사유로 규정한 것은 해당 일용근로자의 근로의 권리를 침해하지 않는다.

해설 근로제공이 일시적이거나 계약기간이 짧은 경우에는 근로자에게 계속하여 근로를 제공할 수 있다는 기대나 신뢰가 존재한다고 볼 수 없다. 해고예고는 본질상 일정기간 이상을 계속하여 사용자에게 고용되어 근로제공을 하는 것을 전제로 하는데, 일용근로자는 계약한 1일 단위의 근로기간이 종료되면 해고의 절차를 거칠 것도 없이 근로관계가 종료되는 것이 원칙이므로, 그 성질상 해고예고의 예외를 인정한 것에 상당한 이유가 있다. 다만 3개월 이상 근무하는 경우에는 임시로 고용관계를 유지하고 있다고 보기 어렵고, 소득세법이나 산업재해보상보험법의 적용과 관련하여서도 상용근로자와 동일한 취급을 받게 되므로, 근로계약의 형식 여하에 불구하고 일용근로자를 상용근로자와 동일하게 취급하기 위한 최소한의 기간으로 3개월이라는 기준을 설정한 것이 입법재량의 범위를 현저히 일탈하였다고 볼 수 없다. 해고예고제도는 30일 전에 예고를 하거나 30일분 이상의 통상임금을 해고예고수당으로 지급하도록 하고 있는바, 일용근로계약을 체결한 후 근속기간이 3개월이 안 된 근로자를 해고할 때에도 이를 적용하도록 한다면 사용자에게 지나치게 불리하다는 점에서도 심판대상조항이 입법재량의 범위를 현저히 일탈하였다고 볼 수 없다. 따라서 심판대상조항이 청구인의 근로의 권리를 침해한다고 보기 어렵다(헌재 2017.05.25. 2016헌마640).

정답

🍊 19년 변시

947. 고용허가를 받아 국내에 입국한 외국인 근로자의 출국만기보험금을 출국 후 14일 이내에 지급하도록 한 조항은, 외국인 근로자의 불법체류를 방지할 필요성을 고려하더라도 출국 전에는 예외 없이 보험금을 지급받지 못하도록 한 것이어서 외국인 근로자의 근로의 자유를 침해한다.

::해설 퇴직금(출국만기보험금)의 지급시기와 같은 근로조건을 정함에 있어 입법자는 여러 가지 사회적·경제적 여건 등을 함께 고려할 필요성이 있으므로 폭넓은 입법재량이 있다 … 즉, 헌법 제32조 제3항에서 "근로조건의 기준은 인간의 존엄성을 보장하도록 법률로 정한다."고 규정하고 있는 취지에 비추어 입법 내용이 인간의 존엄을 유지하기 위한 최소한 합리성을 담보하고 있으면 위헌이라고 볼 수 없다. 청구인들은 출국만기보험금을 받지 못하고 출국하는 경우 본국에서 이를 받지 못할 위험이 있다고 주장하나, 출국 후에는 신속하게 이를 지급 받을 수 있도록 ① 외국인근로자의 해외계좌로 입금하거나, ② 공항의 출국심사대를 통과한 후 직접 현금을 수령할 수 있도록 하고 있으며, 3년의 소멸시효제도를 두면서도 소멸시효가 완성된 보험금을 한국산업인력공단으로 이전하도록 하여 이를 피보험자에게 찾아주는 등 출국만기보험금이 빠짐없이 지급될 수 있는 조치들을 강구하고 있다. 이러한 점을 종합하면 심판대상조항이 외국인근로자의 출국만기보험금의 지급시기를 출국 후 14일 이내로 정한 것이 청구인들의 근로의 권리를 침해한다고 볼 수 없다(헌재 2016.03.31. 2014헌마367).

정답

17년(2)·19년(2)·(3) · 22년(3) 모의

948. 근로의 권리는 '일할 자리에 관한 권리' 뿐만 아니라 '일할 환경에 관한 권리'도 함께 내포하고 있는바, 후자는 인간의 존엄성에 대한 침해를 방어하기 위한 자유권적 기본권의 성격도 갖고 있어 외국인 근로자라고 하여 이 부분에까지 기본권 주체성을 부인할 수는 없다.

::해설 헌법상 근로의 권리는 '일할 자리에 관한 권리'만이 아니라 '일할 환경에 관한 권리'도 의미하는데, '일할 환경에 관한 권리'는 인간의 존엄성에 대한 침해를 방어하기 위한 권리로서 외국인에게도 인정되며, 건강한 작업환경, 일에 대한 정당한 보수, 합리적인 근로조건의 보장 등을 요구할 수 있는 권리 등을 포함한다. 여기서의 근로조건은 임금과 그 지불방법, 취업시간과 휴식시간 등 근로계약에 의하여 근로자가 근로를 제공하고 임금을 수령하는 데 관한 조건들이고, 이 사건 출국만기보험금은 퇴직금의 성질을 가지고 있어서 그 지급시기에 관한 것은 근로조건의 문제이므로 외국인인 청구인들에게도 기본권 주체성이 인정된다(헌재 2016.03.31. 2014헌마367).

정답

17년(3) · 22년(3) 모의

949. 근로의 권리는 '일할 자리에 관한 권리'와 '일할 환경에 관한 권리'를 말하며, 후자는 건강한 작업환경, 일에 대한 정당한 보수, 합리적인 근로조건의 보장 등을 요구할 수 있는 권리 등을 의미하므로 외국인 근로자의 직장변경 횟수를 제한하고 있는 법률조항은 근로의 권리를 제한한다.

해설 근로의 권리란 "일할 자리에 관한 권리"와 "일할 환경에 관한 권리"를 말하며, 후자는 건강한 작업환경, 일에 대한 정당한 보수, 합리적인 근로조건의 보장 등을 요구할 수 있는 권리 등을 의미하는바, 직장변경의 횟수를 제한하고 있는 이 사건 법률조항은 위와 같은 근로의 권리를 제한하는 것은 아니라 할 것이다(헌재 2011.09.29. 2007헌마1083).

정답

17년(3) 모의

950. 육아휴직제도는 양육권이 갖는 사회권적 기본권으로서의 측면이 입법자에 의하여 제도로 도입된 것으로 볼 수 있지만, 육아의 수단으로 휴직제도를 이용한다는 점에서는 근로자의 권리로서의 측면도 아울러 가지고 있다.

해설 육아휴직제도는 양육권이 갖는 사회권적 기본권으로서의 측면이 입법자에 의하여 제도로 도입된 것으로 볼 수 있지만, 육아의 수단으로 휴직제도를 이용한다는 점에서는 근로자의 권리로서의 측면도 아울러 가지고 있다고 할 수 있다(헌재 2008.10.30. 2005헌마1156).

정답

17년(2) 모의

951. 지방의회의원이 지방공사 직원의 직을 겸할 수 없도록 규정하고 있는 것은 지방공사 직원의 근로의 권리를 침해하지 않는다.

해설 근로의 권리란 인간이 자신의 의사와 능력에 따라 근로관계를 형성하고, 타인의 방해를 받음이 없이 근로관계를 계속 유지하며, 근로의 기회를 얻지 못한 경우에는 국가에 대하여 근로의 기회를 제공하여 줄 것을 요구할 수 있는 권리를 의미하는바 지방의회의원은 지방공사 직원의 직을 겸할 수 없다고 정하고 있는 지방자치법 제35조 제1항 제5호에 의하여 이러한 근로의 권리가 제한된다고 볼 수는 없다(헌재 2012.04.24. 2010헌마605).

정답

16년(1)·17년(2) 모의

952. (1) 연차유급휴가는 최소한의 인간의 존엄성을 보장하기 위한 핵심적인 근로조건에 해당하므로 근로연도 중도퇴직자의 중도퇴직 전 근로에 대해 유급휴가를 보장하지 않는 것이 근로의 권리를 침해하는지 여부는 과잉금지의 원칙에 의해 엄격히 심사되어야 한다.

(2) 계속근로기간 1년 이상인 근로자가 근로연도 중도에 퇴직한 경우 중도퇴직 전 1년 미만의 근로에 대하여 유급휴가를 보장하지 않는 것은 근로의 권리를 침해한다.

해설 (1) 유급휴가권의 구체적 내용을 형성함에 있어 입법자는 국가적 노동 상황, 경영계(사용자)의 의견, 국민감정, 인정 대상자의 업무와 지위, 기타 여러 가지 사회적·경제적 여건 등을 함께 고려해야 할 것이므로 유급휴가를 어느 범위에서 인정하고, 어느 경우에 제한할 것인지 등에 대하여는 입법자 또는 입법에 의하여 다시 위임을 받은 행정부 등 해당기관의 재량에 맡겨져 있다고 할 것이다. 따라서 이 사건 법률조항이 근로연도 중도퇴직자의 중도퇴직 전 근로에 대해 유급휴가를 보장하지 않음으로써 청구인의 근로의 권리를 침해하는지 여부는 이것이 현저히 불합리하여 헌법상 용인될 수 있는 재량의 범위를 명백히 일탈하고 있는지 여부에 달려있다고 할 수 있다.

(2) 연차유급휴가는 매년 일정 기간 근로의무를 면제하여 근로자에게 정신적·육체적 휴양의 기회를 부여하려는 것으로, 근로기준법 제60조 제1항이 15일의 연차유급휴가를 부여함에 있어 근로연도 1년간 재직과 출근율 80% 이상일 것을 요건으로 정한 것은 근로자의 정신적·육체적 휴양의 필요성이 기본적으로는 상당기간 계속되는 근로의무의 이행과 불가분의 관계에 있다는 점을 고려한 것이다. 연차유급휴가의 판단기준으로 근로연도 1년간의 재직 요건을 정한 이상, 이 요건을 충족하지 못한 근로연도 중도퇴직자의 중도퇴직 전 근로에 관하여 반드시 그 근로에 상응하는 등의 유급휴가를 보장하여야 하는 것은 아니므로, 근로연도 중도퇴직자의 중도퇴직 전 근로에 대해 1개월 개근 시 1일의 유급휴가를 부여하지 않더라도 이것이 청구인의 근로의 권리를 침해한다고 볼 수 없다(헌재 2015.05.28. 2013헌마619).

정답  ×, ×

16년(1) 모의

953. 근로의 권리란 인간이 자신의 의사와 능력에 따라 근로관계를 형성하고, 타인의 방해를 받음이 없이 근로관계를 계속 유지할 권리로, 근로의 기회를 얻지 못하였다고 하여 국가에 대하여 근로의 기회를 제공하여 줄 것을 요구할 수 있는 권리는 아니다.

해설 근로의 권리란 인간이 자신의 의사와 능력에 따라 근로관계를 형성하고, 타인의 방해를 받음이 없이 근로관계를 계속 유지하며, 근로의 기회를 얻지 못한 경우에는 국가에 대하여 근로의 기회를 제공하여 줄 것을 요구할 수 있는 권리를 말하는바, 이러한 근로의 권리는 생활의 기본적인 수요를 충족시킬 수 있는 생활수단을 확보해 주고 나아가 인격의 자유로운 발현과 인간의 존엄성을 보장해 주는 기본권이다(헌재 2008.09.25. 2005헌마586).

정답 ×

16년(1) 모의

954. 헌법재판소는 교원도 학생들에 대한 지도·교육이라는 노무에 종사하고 그 대가로 받는 임금·급료 그 밖에 이에 준하는 수입으로 생활하는 사람이므로 근로자에 해당한다고 보고 있다.

> :: 해설 교원도 학생들에 대한 지도·교육이라는 노무에 종사하고 그 대가로 받는 임금·급료 그 밖에 이에 준하는 수입으로 생활하는 사람이므로 근로자에 해당한다(헌재 2003.05.15. 2001헌가31).
>
> 정답 O

12년 변시

955. 외국인 산업연수생이 연수라는 명목 하에 사업주의 지시·감독을 받으면서 사실상 노무를 제공하고 수당 명목의 금품을 수령하는 등 실질적인 근로관계에 있는 경우에도 근로기준법이 보장한 근로기준 중 주요사항을 그들에게 적용되지 않도록 하는 것은, 합리적인 근거가 없으므로 자의적인 차별이다.

> :: 해설 산업연수생이 연수라는 명목하에 사업주의 지시·감독을 받으면서 사실상 노무를 제공하고 수당 명목의 금품을 수령하는 등 실질적인 근로관계에 있는 경우에도, 근로기준법이 보장한 근로기준 중 주요사항을 외국인 산업연수생에 대하여만 적용되지 않도록 하는 것은 합리적인 근거를 찾기 어렵다. 특히 이 사건 중소기업청 고시에 의하여 사용자의 법 준수능력이나 국가의 근로감독능력 등 사업자의 근로기준법 준수와 관련된 제반 여건이 갖추어진 업체만이 연수업체로 선정될 수 있으므로, 이러한 사업장에서 실질적 근로자인 산업연수생에 대하여 일반 근로자와 달리 근로기준법의 일부 조항의 적용을 배제하는 것은 자의적인 차별이라 아니할 수 없다(헌재 2007.08.30. 2004헌마670).
>
> 정답 O

제4절 근로3권

21년(3) 모의

956. 노동3권 중 단결권은 결사의 자유가 근로의 영역에서 구체화된 것으로서, 연혁적·개념적으로 자유권으로서의 본질을 가지고 있으므로, '국가에 의한 자유'가 아니라 '국가로부터의 자유'가 보다 강조되어야 한다.

> :: 해설 ··· 노동3권 중 단결권은 결사의 자유가 근로의 영역에서 구체화된 것으로서, 연혁적·개념적으로 자유권으로서의 본질을 가지고 있으므로, '국가에 의한 자유'가 아니라 '국가로부터의 자유'가 보다 강조되어야 한다. 따라서 노동관계법령을 입법할 때에는 이러한 노동3권, 특히 단결권의 헌법적 의미와 직접적 규범력을 존중하여야 하고, 이렇게 입법된 법령의 집행과 해석에 있어서도 단결권의 본질과 가치가 훼손되지 않도록 하여야 한다(대판 2020.09.03. 2016두32992(전합)).
>
> 정답 O

🍊 24년 변시, 21년(3) 모의

957. (1) 「노동조합 및 노동관계조정법 시행령」에 법률의 위임 없이 법률이 정하지 아니한 법외노조 통보에 관하여 규정한 것은 헌법상 노동3권을 본질적으로 제한하고 있어 그 자체로 무효이다.

(2) 법외노조 통보는 적법하게 설립된 노동조합의 법적 지위를 박탈하는 중대한 침익적 처분으로서 원칙적으로 국민의 대표자인 입법자가 스스로 형식적 법률로써 규정하여야 할 사항이고, 행정입법으로 이를 규정하기 위하여는 반드시 법률의 명시적이고 구체적인 위임이 있어야 한다.

해설 법외노조 통보는 적법하게 설립된 노동조합의 법적 지위를 박탈하는 중대한 침익적 처분으로서 원칙적으로 국민의 대표자인 입법자가 스스로 형식적 법률로써 규정하여야 할 사항이고, 행정입법으로 이를 규정하기 위하여는 반드시 법률의 명시적이고 구체적인 위임이 있어야 한다. 그런데 노동조합 및 노동관계조정법 시행령(이하 '노동조합법 시행령'이라 한다) 제9조 제2항은 법률의 위임 없이 법률이 정하지 아니한 법외노조 통보에 관하여 규정함으로써 헌법상 노동3권을 본질적으로 제한하고 있으므로 그 자체로 무효이다. … 법외노조 통보는 이미 법률에 의하여 법외노조가 된 것을 사후적으로 고지하거나 확인하는 행위가 아니라 그 통보로써 비로소 법외노조가 되도록 하는 형성적 행정처분이다. 이러한 법외노조 통보는 단순히 노동조합에 대한 법률상 보호만을 제거하는 것에 그치지 않고 헌법상 노동3권을 실질적으로 제약한다. 그런데 노동조합 및 노동관계조정법(이하 '노동조합법'이라 한다)은 법상 설립요건을 갖추지 못한 단체의 노동조합 설립신고서를 반려하도록 규정하면서도, 그보다 더 침익적인 설립 후 활동 중인 노동조합에 대한 법외노조 통보에 관하여는 아무런 규정을 두고 있지 않고, 이를 시행령에 위임하는 명문의 규정도 두고 있지 않다. 더욱이 법외노조 통보 제도는 입법자가 반성적 고려에서 폐지한 노동조합 해산명령 제도와 실질적으로 다를 바 없다. 결국 노동조합법 시행령 제9조 제2항은 법률이 정하고 있지 아니한 사항에 관하여, 법률의 구체적이고 명시적인 위임도 없이 헌법이 보장하는 노동3권에 대한 본질적인 제한을 규정한 것으로서 법률유보원칙에 반한다(대판 2020.09.03. 2016두32992(전합)).

정답 O, O

21년(3) 모의

958. 노동3권은 법률의 제정이라는 국가의 개입을 통하여 비로소 실현될 수 있는 권리로서, 법률이 없으면 헌법의 규정만으로 직접 법규범으로서 효력을 발휘할 수 있는 구체적 권리라고 보기는 어렵다.

해설 헌법 제33조 제1항은 "근로자는 근로조건의 향상을 위하여 자주적인 단결권·단체교섭권 및 단체행동권을 가진다."라고 규정함으로써 노동3권을 기본권으로 보장하고 있다. 노동3권은 법률의 제정이라는 국가의 개입을 통하여 비로소 실현될 수 있는 권리가 아니라, 법률이 없더라도 헌법의 규정만으로 직접 법규범으로서 효력을 발휘할 수 있는 구체적 권리라고 보아야 한다(대판 2020.09.03. 2016두32992(전합)).

정답

22년(1) 모의

959. 노동조합 및 노동관계조정법령상 법외노조 통보는 적법하게 설립된 노동조합의 법적 지위를 박탈하는 중대한 침익적 처분으로서 원칙적으로 입법자가 스스로 형식적 법률로써 규정하여야 할 사항이고, 행정입법으로 이를 규정하기 위하여는 반드시 법률의 명시적이고 구체적인 위임이 있어야 한다.

해설 법외노조 통보는 적법하게 설립된 노동조합의 법적 지위를 박탈하는 중대한 침익적 처분으로서 원칙적으로 국민의 대표자인 입법자가 스스로 형식적 법률로써 규정하여야 할 사항이고, 행정입법으로 이를 규정하기 위하여는 반드시 법률의 명시적이고 구체적인 위임이 있어야 한다(대판 2020.09.03. 2016두32992(전합)).

정답 ○

24년·23년 변시, 20년(3)·21년(3) 모의

960. 「고등교육법」에서 규율하는 대학 교원들에게 단결권을 인정하지 않는 것은, 교원노조를 설립하거나 가입하여 활동할 수 있는 자격을 초·중등교원으로 한정함으로써 교육공무원 아닌 대학 교원에 대해서 근로기본권의 핵심인 단결권조차 부정한 것으로 목적의 정당성을 인정할 수 없고, 수단의 적합성도 인정할 수 없다.

해설 대학 교원을 교육공무원 아닌 대학 교원과 교육공무원인 대학 교원으로 나누어, 각각의 단결권 침해가 헌법에 위배되는지 여부에 관하여 본다. 먼저, 심판대상조항으로 인하여 교육공무원 아닌 대학 교원들이 향유하지 못하는 단결권은 헌법이 보장하고 있는 근로3권의 핵심적이고 본질적인 권리이다. 심판대상조항의 입법목적이 재직 중인 초·중등교원에 대하여 교원노조를 인정해 줌으로써 교원노조의 자주성과 주체성을 확보한다는 측면에서는 그 정당성을 인정할 수 있을 것이나, 교원노조를 설립하거나 가입하여 활동할 수 있는 자격을 초·중등교원으로 한정함으로써 교육공무원이 아닌 대학 교원에 대해서는 근로기본권의 핵심인 단결권조차 전면적으로 부정한 측면에 대해서는 그 입법목적의 정당성을 인정하기 어렵고, 수단의 적합성 역시 인정할 수 없다. 설령 일반 근로자 및 초·중등교원과 구별되는 대학 교원의 특수성을 인정하더라도, 대학 교원에게도 단결권을 인정하면서 다만 해당 노동조합이 행사할 수 있는 권리를 다른 노동조합과 달리 강한 제약 아래 두는 방법도 얼마든지 가능하므로, 단결권을 전면적으로 부정하는 것은 필요 최소한의 제한이라고 보기 어렵다. 또 최근 들어 대학 사회가 다층적으로 변화하면서 대학 교원의 사회·경제적 지위의 향상을 위한 요구가 높아지고 있는 상황에서 단결권을 행사하지 못한 채 개별적으로만 근로조건의 향상을 도모해야 하는 불이익은 중대한 것이므로, 심판대상조항은 과잉금지원칙에 위배된다. 다음으로 교육공무원인 대학 교원에 대하여 보더라도, 교육공무원의 직무수행의 특성과 헌법 제33조 제1항 및 제2항의 정신을 종합해 볼 때, 교육공무원에게 근로3권을 일체 허용하지 않고 전면적으로 부정하는 것은 합리성을 상실한 과도한 것으로서 입법형성권의 범위를 벗어나 헌법에 위반된다(헌재 2018.08.30. 2015헌가38). ▶ 헌법불합치결정을 하면서 잠정적용을 명한 사례

정답

🕐 24년 변시, 21년(3) 모의

961. 국가기관이나 지방자치단체 이외의 곳에서 근무하는 청원경찰은 사용자인 청원주와의 고용계약에 의한 근로자일 뿐, 국민전체에 대한 봉사자로서 국민에 대하여 책임을 지며 그 신분과 정치적 중립성이 법률에 의해 보장되는 공무원 신분이 아니므로, 이러한 청원경찰에게는 기본적으로 근로3권이 보장되어야 한다.

해설 청원경찰은 일반근로자일 뿐 공무원이 아니므로 원칙적으로 헌법 제33조 제1항에 따라 근로3권이 보장되어야 한다. 청원경찰은 제한된 구역의 경비를 목적으로 필요한 범위에서 경찰관의 직무를 수행할 뿐이며, 그 신분보장은 공무원에 비해 취약하다. 또한 국가기관이나 지방자치단체 이외의 곳에서 근무하는 청원경찰은 근로조건에 관하여 공무원뿐만 아니라 국가기관이나 지방자치단체에 근무하는 청원경찰에 비해서도 낮은 수준의 법적 보장을 받고 있으므로, 이들에 대해서는 근로3권이 허용되어야 할 필요성이 크다. 청원경찰에 대하여 직접행동을 수반하지 않는 단결권과 단체교섭권을 인정하더라도 시설의 안전 유지에 지장이 된다고 단정할 수 없다. 헌법은 주요방위산업체 근로자들의 경우에도 단체행동권만을 제한하고 있고, 경비업법은 무기를 휴대하고 국가중요시설의 경비 업무를 수행하는 특수경비원의 경우에도 쟁의행위를 금지할 뿐이다. 청원경찰은 특정 경비구역에서 근무하며 그 구역의 경비에 필요한 한정된 권한만을 행사하므로, 청원경찰의 업무가 가지는 공공성이나 사회적 파급력은 군인이나 경찰의 그것과는 비교하여 견주기 어렵다. 그럼에도 심판대상조항은 군인이나 경찰과 마찬가지로 모든 청원경찰의 근로3권을 획일적으로 제한하고 있다. 이상을 종합하여 보면, 심판대상조항이 모든 청원경찰의 근로3권을 전면적으로 제한하는 것은 과잉금지원칙을 위반하여 청구인들의 근로3권을 침해하는 것이다(헌재 2017.09.28. 2015헌마653). ▶ 근로3권의 제한이 필요한 청원경찰까지 근로3권 모두를 행사하게 되는 혼란이 발생할 우려가 있으므로 잠정적용 헌법불합치결정을 선고한 사례(심판대상조항의 위헌성은 모든 청원경찰에 대해 획일적으로 근로3권 전부를 제한하는 점이고, 입법자는 청원경찰의 구체적 직무내용, 근무장소의 성격, 근로조건이나 신분보장 등을 고려하여 심판대상조항의 위헌성을 제거할 재량 有)

정답

🕐 23년 변시

962. 업무의 공공성과 특수성을 이유로, 공항·항만 등 국가중요시설의 경비업무를 담당하는 특수경비원에게 경비업무의 정상적인 운영을 저해하는 일체의 쟁의행위를 금지하는 것은, 단체행동권을 전면 박탈하는 것으로 과잉금지원칙에 위배된다.

해설 특수경비원의 단체행동권이 제한되는 불이익을 받게 되는 것을 부정할 수는 없으나 국가나 사회의 중추를 이루는 중요시설 운영에 안정을 기함으로써 얻게 되는 국가안전보장, 질서유지, 공공복리 등의 공익이 매우 크다고 할 것이므로, 이 사건 법률조항에 의한 기본권제한은 법익의 균형성 원칙에 위배되지 아니한다. 따라서 이 사건 법률조항은 과잉금지원칙에 위배되지 아니하므로 헌법에 위반되지 아니한다(헌재 2009.10.29. 2007헌마1359).

정답

🕐 12년 변시, 18년(2) 모의

963. 헌법 제33조 제1항에 단체협약체결권을 명시하여 규정하고 있지 않다고 하더라도 단체교섭권에는 단체협약체결권이 포함되는 것으로 해석하여야 한다.

▪️해설 헌법 제33조 제1항이 "근로자는 근로조건의 향상을 위하여 자주적인 단결권, 단체교섭권, 단체행동권을 가진다"고 규정하여 근로자에게 "단결권, 단체교섭권, 단체행동권"을 기본권으로 보장하는 뜻은 근로자가 사용자와 대등한 지위에서 단체교섭을 통하여 자율적으로 임금 등 근로조건에 관한 단체협약을 체결할 수 있도록 하기 위한 것이다. 비록 헌법이 위 조항에서 '단체협약체결권'을 명시하여 규정하고 있지 않다고 하더라도 근로조건의 향상을 위한 근로자 및 그 단체의 본질적인 활동의 자유인 '단체교섭권'에는 단체협약체결권이 포함되어 있다고 보아야 한다(헌재 1998.02.27. 94헌바13).

정답 ○

18년(2) 모의

964. (1) 근로3권은 국가공권력에 대하여 근로자의 단결권 방어를 일차적인 목표로 하지만, 근로3권의 보다 큰 헌법적 의미는 근로자단체라는 사회적 반대세력의 창출을 가능하게 함으로써 노사관계의 형성에서 사회적 균형을 이루어 근로조건에 관한 노사 간의 실질적인 자치를 보장하려는 데 있다.

(2) 근로자는 노동조합과 같은 근로자단체의 결성을 통하여 집단으로 사용자에 대항함으로써 사용자와 대등한 세력을 이루어 근로조건의 형성에 영향을 미칠 수 있는 기회를 가지게 되므로 이러한 의미에서 근로3권은 '사회적 보호기능을 담당하는 자유권' 또는 '사회권적 성격을 띤 자유권'이라고 말할 수 있다.

▪️해설 (1) 근로3권은 국가공권력에 대하여 근로자의 단결권의 방어를 일차적인 목표로 하지만, 근로3권의 보다 큰 헌법적 의미는 근로자단체라는 사회적 반대세력의 창출을 가능하게 함으로써 노사관계의 형성에 있어서 사회적 균형을 이루어 근로조건에 관한 노사간의 실질적인 자치를 보장하려는 데 있다(헌재 1998.02.27. 94헌바13).

(2) 근로자는 노동조합과 같은 근로자단체의 결성을 통하여 집단으로 사용자에 대항함으로써 사용자와 대등한 세력을 이루어 근로조건의 형성에 영향을 미칠 수 있는 기회를 가지게 되므로 이러한 의미에서 근로3권은 '사회적 보호기능을 담당하는 자유권' 또는 '사회권적 성격을 띤 자유권'이라고 말할 수 있다(헌재 1998.02.27. 94헌바13).

정답 ○, ○

18년(2) 모의

965. 근로3권의 사회권적 성격에 따라 입법자는 근로자단체의 조직, 단체교섭, 단체협약, 노동쟁의 등에 관한 노동조합관련법의 제정을 통하여 노사 간의 세력균형이 이루어지고 근로자의 근로3권이 실질적으로 기능할 수 있도록 하는 데 필요한 법적 제도와 법규범을 마련하여야 할 의무가 있다.

해설 근로3권의 성격은 국가가 단지 근로자의 단결권을 존중하고 부당한 침해를 하지 아니함으로써 보장되는 자유권적 측면인 국가로부터의 자유뿐이 아니라, 근로자의 권리행사의 실질적 조건을 형성하고 유지해야 할 국가의 적극적인 활동을 필요로 한다. 이는 곧, 입법자가 근로자단체의 조직, 단체교섭, 단체협약, 노동쟁의 등에 관한 노동조합관련법의 제정을 통하여 노사간의 세력균형이 이루어지고 근로자의 근로3권이 실질적으로 기능할 수 있도록 하기 위하여 필요한 법적 제도와 법규범을 마련하여야 할 의무가 있다는 것을 의미한다(헌재 1998.02.27. 94헌바13).

정답

966. 12년 변시, 13년(2)·14년(1)·15년(2)·16년(1)·17년(3)·23년(1) 모의

(1) 헌법 제33조 제1항의 단결권은 개별 근로자가 노동조합 등 근로자단체를 조직하거나 그에 가입하여 활동할 수 있는 개별적 단결권을 보호대상으로 할 뿐, 근로자단체가 존립하고 활동할 수 있는 집단적 단결권까지 포함하는 것은 아니다.

(2) 근로자가 노동조합에 가입을 강제당하지 아니할 자유와 노동조합의 조직강제가 충돌하게 되더라도, 근로자에게 보장되는 적극적 단결권이 단결하지 아니할 자유보다 특별한 의미를 갖고 있다고 볼 수 있고, 노동조합의 조직강제권도 이른바 자유권을 수정하는 의미의 생존권(사회권)적 성격을 함께 가지는 만큼 근로자 개인의 자유권에 비하여 보다 특별한 가치로 보장된다.

해설 헌법상 보장된 단결권은 근로자 개인의 개별적 단결권뿐만 아니라 노동조합의 집단적 단결권도 포함한다. … 이 사건 법률조항은 노동조합의 조직유지·강화를 위하여 당해 사업장에 종사하는 근로자의 3분의 2 이상을 대표하는 노동조합(이하 '지배적 노동조합'이라 한다)의 경우 단체협약을 매개로 한 조직강제[이른바 유니언 샵(Union Shop) 협정의 체결]를 용인하고 있다. 이 경우 근로자의 단결하지 아니할 자유와 노동조합의 적극적 단결권(조직강제권)이 충돌하게 되나, 근로자에게 보장되는 적극적 단결권이 단결하지 아니할 자유보다 특별한 의미를 갖고 있고, 노동조합의 조직강제권도 이른바 자유권을 수정하는 의미의 생존권(사회권)적 성격을 함께 가지는 만큼 근로자 개인의 자유권에 비하여 보다 특별한 가치로 보장되는 점 등을 고려하면, 노동조합의 적극적 단결권은 근로자 개인의 단결하지 않을 자유보다 중시된다고 할 것이고, 또 노동조합에게 위와 같은 조직강제권을 부여한다고 하여 이를 근로자의 단결하지 아니할 자유의 본질적인 내용을 침해하는 것으로 단정할 수는 없다. … 이 사건 법률조항은 단체협약을 매개로 하여 특정 노동조합에의 가입을 강제함으로써 근로자의 단결선택권과 노동조합의 집단적 단결권(조직강제권)이 충돌하는 측면이 있으나, 이러한 조직강제를 적법·유효하게 할 수 있는 노동조합의 범위를 엄격하게 제한하고 지배적 노동조합의 권한남용으로부터 개별근로자를 보호하기 위한 규정을 두고 있는 등 전체적으로 상충되는 두 기본권 사이에 합리적인 조화를 이루고 있고 그 제한에 있어서도 적정한 비례관계를 유지하고 있으며, 또 근로자의 단결선택권의 본질적인 내용을 침해하는 것으로도 볼 수 없으므로, 근로자의 단결권을 보장한 헌법 제33조 제1항에 위반되지 않는다(헌재 2005.11.24. 2002헌바95).

정답

15년(2) 모의

967. 행정관청이 요구하는 경우 노동조합으로 하여금 결산결과와 운영상황을 보고하도록 하고 그 위반시 과태료에 처하도록 하는 것은 국가가 노동조합에 대하여 일정한 의무를 부과하고 강제하는 것으로서 노동조합의 단결권, 그 중에서도 노동조합의 자주적인 운영에 대한 자유를 제한하는 것이다.

해설 이 사건 법률조항은 노동조합으로 하여금 행정관청이 요구하는 경우 결산결과와 운영상황을 보고하도록 하고 그 위반시 과태료에 처하도록 하고 있는바, 이는 국가가 노동조합에 대하여 일정한 의무를 부과하고 강제하는 것으로서 노동조합의 단결권, 그 중에서도 노동조합의 자주적인 운영에 대한 자유를 제한한다(헌재 2013.07.25. 2012헌바11).

정답 ○

23년 변시, 15년(2) 모의

968. (1) 노동조합에 대한 단체교섭권 보장은 사회적 약자인 근로자가 사용자와의 사이에서 대등성을 확보하여 적정한 근로조건을 형성할 수 있도록 하는 수단이므로, 반드시 사업장 내 모든 노동조합에 각각 단체교섭권을 보장하여야 하는 것은 아니다.

(2) 하나의 사업 또는 사업장에 두 개 이상의 노동조합이 있는 경우, 단체교섭에 있어 그 창구를 단일화하도록 하고 교섭대표가 된 노동조합에게만 단체교섭권을 부여하고 있는 교섭창구단일화제도는 노사의 자율성을 부정하는 것이므로 단체교섭권을 침해하는 것이다.

해설 '노동조합 및 노동관계조정법'은 교섭창구단일화제도를 원칙으로 하되, 사용자의 동의가 있는 경우에는 자율교섭도 가능하도록 하고 있고, 노동조합 사이에 현격한 근로조건 등의 차이로 교섭단위를 분리할 필요가 있는 경우에는 교섭단위를 분리할 수 있도록 하는 한편, 교섭대표노동조합이 되지 못한 소수 노동조합을 보호하기 위해 사용자와 교섭대표노동조합에게 공정대표의무를 부과하여 교섭창구단일화를 일률적으로 강제할 경우 발생하는 문제점을 보완하고 있다. 한편, 청구인들은 소수 노동조합에게 교섭권을 인정하는 자율교섭제도 채택을 주장하고 있으나, 이 경우 하나의 사업장에 둘 이상의 협약이 체결·적용됨으로써 동일한 직업적 이해관계를 갖는 근로자 사이에 근로조건의 차이가 발생될 수 있음은 물론, 복수의 노동조합이 유리한 단체협약 체결을 위해 서로 경쟁하는 경우 그 세력다툼이나 분열로 교섭력을 현저히 약화시킬 우려도 있으므로 자율교섭제도가 교섭창구단일화제도보다 단체교섭권을 덜 침해하는 제도라고 단언할 수 없다. 따라서 위 '노동조합 및 노동관계조정법' 조항들이 과잉금지원칙을 위반하여 청구인들의 단체교섭권을 침해한다고 볼 수 없다(헌재 2012.04.24. 2011헌마338).

정답 ○,×

23년(1) 모의

969. 사용자가 노동조합의 운영비를 원조하는 행위를 부당노동행위로 금지하는 것은, 단체교섭의 장에서 대립관계에 있는 노동조합이 사용자로부터 경비원조를 받는 경우 대립단체로서의 노동조합의 자주성을 퇴색시켜 근로3권의 실질적 행사에 방해가 될 수 있다는 점에서 노동조합의 단체교섭권을 침해하지 않는다.

해설 노동조합의 자주성을 저해하거나 저해할 위험이 현저하지 않은 운영비 원조 행위를 부당노동행위로 규제하는 것은 입법목적 달성에 기여하는 바가 전혀 없는 반면, 운영비원조금지조항으로 인하여 청구인은 사용자로부터 운영비를 원조받을 수 없을 뿐만 아니라 궁극적으로 노사자치의 원칙을 실현할 수 없게 되므로, 운영비원조금지조항은 법익의 균형성에도 반한다. 따라서 운영비원조금지조항은 과잉금지원칙을 위반하여 청구인의 단체교섭권을 침해하므로 헌법에 위반된다(헌재 2018.05.31. 2012헌바90).

정답 ×

23년(1) 모의

970. 단체행동권에 있어서 쟁의행위는 고용주의 업무에 지장을 초래하는 것을 당연한 전제로 하므로, 정당화될 수 있는 업무의 지장 초래가 당연히 업무방해에 해당하여 원칙적으로 불법한 것이라 볼 수는 없다.

해설 근로자는 원칙적으로 헌법상 보장된 기본권으로서 근로조건 향상을 위한 자주적인 단결권·단체교섭권 및 단체행동권을 가지므로(헌법 제33조 제1항), 쟁의행위로서 파업이 언제나 업무방해죄에 해당하는 것으로 볼 것은 아니고, 전후 사정과 경위 등에 비추어 사용자가 예측할 수 없는 시기에 전격적으로 이루어져 사용자의 사업운영에 심대한 혼란 내지 막대한 손해를 초래하는 등으로 사용자의 사업계속에 관한 자유의사가 제압·혼란될 수 있다고 평가할 수 있는 경우에 비로소 집단적 노무제공의 거부가 위력에 해당하여 업무방해죄가 성립한다고 보는 것이 타당하다(대판 2011.03.17. 2007도482).

정답 ○

12년(3)·14년(1) 모의

971. 노동조합의 대표자 또는 노동조합으로부터 위임을 받은 자에게 단체교섭권과 함께 단체협약체결권을 부여한 것은 노동조합으로 하여금 근로3권의 기능을 보다 효율적으로 이행하기 위한 조건을 규정하기 위한 것이므로 헌법에 위반된다고 할 수 없다는 것이 헌법재판소 판례이다.

해설 노동조합의 대표자 또는 노동조합으로부터 위임을 받은 자에게 단체교섭권과 함께 단체협약체결권을 부여한 이 사건 법률조항의 입법목적은 노동조합이 근로3권의 기능을 보다 효율적으로 이행하기 위한 조건을 규정함에 있다 할 것이다. 따라서 비록 이 사건 법률조항으로 말미암아 노동조합의 자주성이나 단체자치가 제한되는 경우가 있다고 하더라도 이는 근로3권의 기능을 보장함으로써 산업평화를 유지하고자 하는 중대한 공익을 위한 것으로서 그 수단 또한 필요·적정한 것이라 할 것이므로 헌법에 위반된다고 할 수 없다(헌재 1998.02.27. 94헌바13).

정답 ○

18년(2) 모의

972. 전국교직원노동조합 조합원들이 집단 연가서를 제출한 후 수업을 하지 않고 무단결근 내지 무단조퇴를 한 채 교육부가 추진하고 있는 교육행정정보시스템(NEIS) 반대집회에 참석하는 행위는 헌법 제33조 제1항의 보호를 받는 쟁의행위이다.

> **해설** 전교조 조합원들이 다수 조합원들과 함께 집단 연가서를 제출한 후 수업을 하지 않고 무단 결근 내지 무단 조퇴를 한 채 교육인적자원부가 추진하고 있는 교육행정정보시스템(NEIS) 반대집회에 참석하는 등의 쟁의행위는 NEIS의 시행을 저지하기 위한 목적으로 이루어진 것인바, 청구인들의 행위는 직접적으로는 물론 간접적으로도 근로조건의 결정에 관한 주장을 관철할 목적으로 한 쟁의행위라고 볼 수 없어 노동조합및노동관계조정법의 적용대상인 쟁의행위에 해당하지 않는다고 할 것이다(헌재 2004.07.15. 2003헌마878).

정답

18년(2) 모의

973. 노조전임자가 사용자로부터 급여를 지급받는 것을 금지하는 한편, 일부 노동조합 업무에 대하여 일정한 한도 내에서 유급처리가 가능하도록 근로시간 면제를 인정하면서, 이를 위반하여 사용자에게 급여 지급을 요구하고 이를 관철할 목적의 쟁의행위를 금지하는 법률조항은 노사가 자율적으로 결정하여 집단적 자치를 실현할 수 있는 자유를 방해하는 것으로서 헌법 제33조 제1항의 단체교섭권 및 단체행동권을 제한한다.

> **해설** 노조전임자 및 근로시간 면제 제도는 특정 근로자의 개인적 근로조건에 관한 문제가 아니라 전체 조합원들의 이해와 관련된 집단적 노사관계에 관한 사항으로, 근로3권의 행사목적인 '근로조건의 유지·개선과 근로자의 경제적·사회적 지위의 향상'에 관한 사항에 해당하므로, 결국 노조전임자에 대한 급여 지급 요구나 근로시간 면제 한도를 초과하는 요구를 하고 이를 관철하기 위한 쟁의행위를 금지하는 이 사건 노조법 조항들은 헌법상 보장된 청구인들의 단체교섭권 및 단체행동권을 제한한다(헌재 2014.05.29. 2010헌마606).

정답

12년(3)·14년(1)·17년(3) 모의

974. "방위산업에관한특별조치법에 의하여 지정된 방위산업체에 종사하는 근로자"에 대하여 쟁의행위를 금지시키고 있는 구 노동쟁의조정법 제12조 제2항은 "주요방위산업체에 종사하는 근로자의 단체행동권은 법률이 정하는 바에 의하여 이를 제한하거나 인정하지 아니할 수 있다"고 규정한 헌법 제33조 제3항의 명문에 반한다.

> **해설** 위 조항은 단체행동권의 제한 또는 금지를 규정하고 있는 헌법 제33조 제3항을 직접 근거로 하고 있고, 단체행동이 금지되는 것은 주요방산업체에 있어서 방산물자의 생산과 직접 관계되거나 그와 긴밀한 연계성이 인정되는 공장에 종사하는 근로자에 한정하는 것으로 해석상 그 범위의 제한이 가능하며, 단체교섭에 있어서 발생하는 노동쟁의에 대하여 노동위원회의 알선, 조정을 받을 수 있는 등 대상조치가 마련되어 있으므로, 위 조항이 평등의 원칙에 반한다거나 근로자의 단체행동권의 본질적 내용을 침해하고 과잉금지의 원칙에 위배된 규정이라고 볼 수 없다(헌재 1998.02.27. 95헌바10).

정답 ×

17년(2) 모의

975. **(1)** 근로3권의 주체가 되는 '사실상 노무에 종사하는 공무원'의 개념은 공무원의 주된 직무를 정신활동으로 보고 이에 대비되는 신체활동에 종사하는 공무원으로 해석된다.
(2) 지방공무원법이 근로3권이 보장되는 공무원의 범위를 사실상 노무에 종사하는 공무원에 한정하고 있는 것은 입법자에게 부여하고 있는 형성적 재량권의 범위를 벗어나서 근로3권을 침해한 것으로 위헌이다.

해설 (1) '사실상 노무에 종사하는 공무원'의 개념은 공무원의 주된 직무를 정신활동으로 보고 이에 대비되는 신체활동에 종사하는 공무원으로 명확하게 해석된다. 그렇다면, 위 개념들은 집행당국에 의한 자의적 해석의 여지를 주거나 수범자의 예견가능성을 해할 정도로 불명확하다고 볼 여지가 없다.
(2) 근로3권이 보장되는 공무원의 범위를 사실상 노무에 종사하는 공무원에 한정하고 있는 것은 근로3권의 향유주체가 될 수 있는 공무원의 범위를 법률로 정하도록 위임하고 있는 헌법 제33조 제2항에 근거한 것으로 입법자에게 부여하고 있는 형성적 재량권의 범위를 벗어난 것이라고는 볼 수 없으므로, 위 법률조항이 근로3권을 침해한 것으로 위헌이라 할 수 없다(헌재 2005.10.27. 2003헌바50).

 정답 ○, ×

13년(2) · 23년(1) 모의

976. 헌법 제33조 제2항이 직접 '법률이 정하는 자'만이 노동3권을 향유할 수 있다고 규정하고 있어서 '법률이 정하는 자' 이외의 공무원은 노동3권의 주체가 되지 못하므로, 공무원인 근로자의 단결권 등을 정하는 법률조항의 위헌심사에 헌법 제37조 제2항의 과잉금지원칙은 적용되지 아니한다.

해설 헌법 제33조 제2항이 직접 '법률이 정하는 자'만이 노동3권을 향유할 수 있다고 규정하고 있어서 '법률이 정하는 자' 이외의 공무원은 노동3권의 주체가 되지 못하므로, 노동3권이 인정됨을 전제로 하는 헌법 제37조 제2항의 과잉금지원칙은 적용이 없는 것으로 보아야 할 것이다(헌재 2007.08.30. 2003헌바51).

 정답 ○

12년(3) 모의

977. 법령에 따르면 조례에 의하여 '사실상 노무에 종사하는 공무원'으로 규정되는 지방공무원만이 단체행동권을 보장받게 되므로 '사실상 노무에 종사하는 공무원의 범위'를 정하는 조례를 제정하지 아니한 부작위는 해당 공무원들의 단체행동권을 침해한다.

해설 지방공무원법 제58조 제2항은 '사실상 노무에 종사하는 공무원'의 구체적인 범위를 조례로 정하도록 하고 있기 때문에 그 범위를 정하는 조례가 제정되어야 비로소 지방공무원 중에서 단결권·단체교섭권 및 단체행동권을 보장받게 되는 공무원이 구체적으로 확정된다. 그러므로 지방자치단체는 소속 공무원 중에서 지방공무원법 제58조 제1항의 '사실상 노무에 종사하는 공무원'에 해당하는 지방공무원이 단결권·단체교섭권 및 단체행동권을 원만하게 행사할 수 있도록 보장하기 위하여 그 구체적인 범위를 조례로 제정할 헌법상 의무를 부담하며, 지방공무원법 제58조가 '사실상 노무에 종사하는 공무원'에 대하여 단체행동권을 포함한 근로3권을 인정하더라도 업무 수행에 큰 지장이 없고 국민에 대한 영향이 크지 아니하다는 입법자의 판단에 기초하여 제정된 이상, 해당 조례의 제정을 미루어야 할 정당한 사유가 존재한다고 볼 수도 없다. … 헌법 제33조 제2항과 지방공무원법 제58조 제1항 단서 및 제2항에 의하면 조례에 의하여 '사실상 노무에 종사하는 공무원'으로 규정되는 지방공무원만이 단체행동권을 보장받게 되므로 조례가 아예 제정되지 아니하면 지방공무원 중 누구도 단체행동권을 보장받을 수 없게 된다. 따라서 이 사건 부작위는 청구인들이 단체행동권을 향유할 가능성조차 봉쇄하여 버리는 것으로 청구인들의 기본권을 침해한다(헌재 2009.07.30. 2006헌마358).

 정답 O

제5절 환경권

17년(2)·19년(2) 모의

978. 헌법에는 국가의 기본권보호의무와 국가와 국민의 환경보전을 위하여 노력할 의무가 규정되어 있고, 환경침해는 사인에 의해서 빈번하게 유발되므로 입법자가 그 허용 범위에 관해 정할 필요가 있으며, 환경피해는 생명·신체의 보호 등 중요한 기본권적 법익 침해로 이어질 수 있다는 점 등에 비추어 일정한 경우 국가는 사인인 제3자에 의한 국민의 환경권 침해에 대해서도 적극적으로 기본권 보호조치를 취할 의무를 진다.

해설 국가가 국민의 기본권을 적극적으로 보장하여야 할 의무가 인정된다는 점, 헌법 제35조 제1항이 국가와 국민에게 환경보전을 위하여 노력하여야 할 의무를 부여하고 있는 점, 환경침해는 사인에 의해서 빈번하게 유발되므로 입법자가 그 허용 범위에 관해 정할 필요가 있다는 점, 환경피해는 생명·신체의 보호와 같은 중요한 기본권적 법익 침해로 이어질 수 있다는 점 등을 고려할 때, 일정한 경우 국가는 사인인 제3자에 의한 국민의 환경권 침해에 대해서도 적극적으로 기본권 보호조치를 취할 의무를 진다. …일정한 경우 국가는 사인인 제3자에 의한 국민의 환경권 침해에 대해서도 적극적으로 기본권 보호조치를 취할 의무를 지나, 헌법재판소가 이를 심사할 때에는 국가가 국민의 기본권적 법익 보호를 위하여 적어도 적절하고 효율적인 최소한의 보호조치를 취했는가 하는 이른바 "과소보호금지원칙"의 위반 여부를 기준으로 삼아야 한다(헌재 2008.07.31. 2006헌마711).

 정답 O

17년(2) 모의

979. 「자연공원법」에서 자연공원 내 집단시설지구의 지정·개발에 관한 규정을 둔 것이 집단시설지구의 하류지역 주민들의 환경권을 침해하지 않는다.

해설 자연공원법 제16조 제2항 제4호는 집단시설지구 안에서 허용될 수 있는 행위를 "탐방휴양에 적합한 공원시설 및 그 부대시설의 설치행위"로 제한하고 있고, 자연공원법의 입법목적 및 위에서 본 제21조의2 제1항, 제2항 등 관련조항의 내용 등을 종합하여 볼 때, 이 사건 법률조항이 집단시설지구 안에서 행정청에게 제한 없는 개발허가권한을 부여한 것이라고는 볼 수 없다 할 것이다. 그러므로 이 사건 법률조항은 그 자체로는 청구인들의 기본권을 침해한다고 할 수 없다(헌재 1999.07.22. 97헌바9).

정답 O

17년(2) 모의

980. 헌법 제35조 제1항의 환경권 규정은 환경정책에 관한 국가적 규제와 조정을 뒷받침하는 헌법적 근거가 되며, 국가는 환경정책 실현을 위한 재원마련과 환경침해적 행위를 억제하고 환경보전에 적합한 행위를 유도하기 위한 수단으로 수질개선부담금과 같은 환경부담금을 부과·징수하는 방법을 선택할 수 있다.

해설 헌법 제35조 제1항은 환경정책에 관한 국가적 규제와 조정을 뒷받침하는 헌법적 근거가 되며 국가는 환경정책 실현을 위한 재원마련과 환경침해적 행위를 억제하고 환경보전에 적합한 행위를 유도하기 위한 수단으로 환경부담금을 부과·징수하는 방법을 선택할 수 있다(헌재 2007.12.27. 2006헌바25).

정답

17년(2) 모의

981. 환경권 침해 내지 환경권에 대한 국가의 보호의무위반은 궁극적으로 생명·신체의 안전에 대한 침해로 귀결된다.

해설 환경권에 대하여 국가의 보호의무를 인정한 것은, 환경피해는 생명·신체의 보호와 같은 중요한 기본권적 법익 침해로 이어질 수 있다는 점 등을 고려한 것이므로 환경권 침해 내지 환경권에 대한 국가의 보호의무위반도 궁극적으로는 생명·신체의 안전에 대한 침해로 귀결된다(헌재 2015.09.24. 2013헌마384).

정답

17년(2) 모의

982. 교도소 독거실 내 화장실 창문과 철격자 사이에 안전 철망을 설치한 행위는 수용자의 환경권을 침해하지 않는다.

해설 교정시설 내 자살사고는 수용자 본인이 생명을 잃는 중대한 결과를 초래할 뿐만 아니라 다른 수용자들에게도 직접적으로 부정적인 영향을 미치고 나아가 교정시설이나 교정정책 전반에 대한 불신을 야기할 수 있다는 점에서 이를 방지할 필요성이 매우 크고, 그에 비해 청구인에게 가해지는 불이익은 채광·통풍이 다소 제한되는 정도에 불과하다. 따라서 이 사건 설치행위는 청구인의 환경권 등 기본권을 침해하지 아니한다(헌재 2014.06.26. 2011헌마150).

정답

제6절 혼인·가족·모성보호·보건에 관한 권리

21년(3)·22년(3) 모의

983. 헌법 제36조 제1항은 소극적으로는 국가권력의 부당한 침해에 대한 개인의 주관적 방어권으로서 국가권력이 혼인과 가정이란 사적인 영역을 침해하는 것을 금지하면서, 적극적으로는 혼인과 가정을 제3자 등으로부터 보호해야 할 뿐 아니라 개인의 존엄과 양성의 평등을 바탕으로 성립되고 유지되는 혼인·가족제도를 실현해야 할 국가의 과제를 부과하고 있다.

 헌법 제36조 제1항은 "혼인과 가족생활은 개인의 존엄과 양성의 평등을 기초로 성립되고 유지되어야 하며, 국가는 이를 보장한다"고 하여 혼인 및 그에 기초하여 성립된 부모와 자녀의 생활공동체인 가족생활이 국가의 특별한 보호를 받는다는 것을 규정하고 있다. 이 헌법규정은 소극적으로는 국가권력의 부당한 침해에 대한 개인의 주관적 방어권으로서 국가권력이 혼인과 가정이란 사적인 영역을 침해하는 것을 금지하면서, 적극적으로는 혼인과 가정을 제3자 등으로부터 보호해야 할 뿐이 아니라 개인의 존엄과 양성의 평등을 바탕으로 성립되고 유지되는 혼인·가족제도를 실현해야 할 국가의 과제를 부과하고 있다(헌재 2000.04.27. 98헌가16).

정답 O

23년(2) 모의

984. 혼인한 등록의무자 모두 배우자가 아닌 본인의 직계존·비속의 재산을 등록하도록 「공직자윤리법」이 개정되었음에도 불구하고, "이 법 시행 당시 종전의 규정에 따라 재산등록을 한 혼인한 여성 등록의무자는 제4조 제1항 제3호의 개정규정에도 불구하고 종전의 규정에 따른다."라고 규정한 「공직자윤리법」 부칙 조항은 성별에 의한 차별금지 및 혼인과 가족생활에서의 양성의 평등을 천명하고 있는 헌법에 정면으로 위배되는 것으로 그 목적의 정당성을 인정할 수 없다.

 혼인한 남성 등록의무자와 달리 혼인한 여성 등록의무자의 경우에만 본인이 아닌 배우자의 직계존·비속의 재산을 등록하도록 하는 것은 여성의 사회적 지위에 대한 그릇된 인식을 양산하고, 가족관계에 있어 시가와 친정이라는 이분법적 차별구조를 정착시킬 수 있으며, 이것이 사회적 관계로 확장될 경우에는 남성우위·여성비하의 사회적 풍토를 조성하게 될 우려가 있다. 이는 성별에 의한 차별금지 및 혼인과 가족생활에서의 양성의 평등을 천명하고 있는 헌법에 정면으로 위배되는 것으로 그 목적의 정당성을 인정할 수 없다. 따라서 이 사건 부칙조항은 평등원칙에 위배된다(헌재 2021.09.30. 2019헌가3).

정답 O

12년(3)·16년(3)·21년(1)·(3)·22년(3) 모의

985. **(1) 헌법 제36조 제1항은 혼인과 가족에 관련되는 공법 및 사법의 모든 영역에 영향을 미치는 헌법원리 내지 원칙규범으로서의 성격도 가지는데, 이는 적극적으로는 적절한 조치를 통해서 혼인과 가족을 지원하고 제3자에 의한 침해 앞에서 혼인과 가족을 보호해야 할 국가의 과제를 포함하며, 소극적으로는 불이익을 야기하는 제한조치를 통해서 혼인과 가족을 차별하는 것을 금지해야 할 국가의 의무를 포함한다.**

(2) 헌법상 혼인과 가족생활에서의 차별금지명령은 헌법 제11조 제1항에서 보장되는 평등원칙을 혼인과 가족생활영역에서 더욱 더 구체화함으로써 혼인과 가족을 부당한 차별로부터 특별히 더 보호하려는 목적을 가진다.

해설 헌법 제36조 제1항은 "혼인과 가족생활은 개인의 존엄과 양성의 평등을 기초로 성립되고 유지되어야 하며, 국가는 이를 보장한다."라고 규정하고 있는데, 헌법 제36조 제1항은 혼인과 가족생활을 스스로 결정하고 형성할 수 있는 자유를 기본권으로서 보장하고, 혼인과 가족에 대한 제도를 보장한다. 그리고 헌법 제36조 제1항은 혼인과 가족에 관련되는 공법 및 사법의 모든 영역에 영향을 미치는 헌법원리 내지 원칙규범으로서의 성격도 가지는데, 이는 적극적으로는 적절한 조치를 통해서 혼인과 가족을 지원하고 제삼자에 의한 침해 앞에서 혼인과 가족을 보호해야 할 국가의 과제를 포함하며, 소극적으로는 불이익을 야기하는 제한조치를 통해서 혼인과 가족을 차별하는 것을 금지해야 할 국가의 의무를 포함한다 이러한 헌법원리로부터 도출되는 차별금지명령은 헌법 제11조 제1항에서 보장되는 평등원칙을 혼인과 가족생활영역에서 더욱 더 구체화함으로써 혼인과 가족을 부당한 차별로부터 특별히 더 보호하려는 목적을 가진다. 이 때 특정한 법률조항이 혼인한 자를 불리하게 하는 차별취급은 중대한 합리적 근거가 존재하여 헌법상 정당화되는 경우에만 헌법 제36조 제1항에 위배되지 아니한다(헌재 2002.08.29. 2001헌바82).

 정답 O,O

23년 변시

986. **헌법 제36조 제1항은 혼인과 가족에 관련되는 공법 및 사법의 모든 영역에 영향을 미치는 헌법원리 내지 원칙규범으로서의 성격을 가질 뿐, 위 조항으로부터 혼인과 가족생활을 스스로 결정하고 형성할 수 있는 자유까지 도출되지는 않는다.**

해설 헌법 제36조 제1항은 "혼인과 가족생활은 개인의 존엄과 양성의 평등을 기초로 성립되고 유지되어야 하며, 국가는 이를 보장한다."라고 규정함으로써 혼인과 가족생활을 스스로 결정하고 형성할 수 있는 자유를 기본권으로서 보장하고, 혼인과 가족에 대한 제도를 보장한다. 그리고 헌법 제36조 제1항은 혼인과 가족에 관련되는 공법 및 사법의 모든 영역에 영향을 미치는 헌법원리 내지 원칙규범으로서의 성격도 가지는데, 이는 적극적으로는 적절한 조치를 통해서 혼인과 가족을 지원하고 제삼자에 의한 침해 앞에서 혼인과 가족을 보호해야 할 국가의 과제를 포함하며, 소극적으로는 불이익을 야기하는 제한조치를 통해서 혼인과 가족을 차별하는 것을 금지해야 할 국가의 의무를 포함한다(헌재 2020.05.27. 2018헌바398).

 정답 X

🕐 17년 · 23년 변시, 20년(2)·21년(1)·(3) · 22년(3) · 23(2) 모의

987. 법적으로 승인되지 아니한 사실혼은 헌법 제36조 제1항의 보호범위에 포함된다고 보기 어렵다.

::해설:: 헌법 제36조 제1항에서 규정하는 '혼인'이란 양성이 평등하고 존엄한 개인으로서 자유로운 의사의 합치에 의하여 생활공동체를 이루는 것으로서 법적으로 승인받은 것을 말하므로, 법적으로 승인되지 아니한 사실혼은 헌법 제36조 제1항의 보호범위에 포함된다고 보기 어렵다(헌재 2014.08.28. 2013헌바119).

정답 ○

18년(1)·21년(3) 모의

988. 1세대 3주택 이상 보유자에 대하여 양도소득세 중과세를 하는 것은 재산권을 침해하는 것은 아니지만, 혼인으로 새로이 1세대를 이루는 자를 위하여 상당한 기간 내에 보유 주택수를 줄일 수 있도록 하고 그러한 경과규정이 정하는 기간 내에 양도하는 주택에 대해서는 혼인 전의 보유 주택수에 따라 양도소득세를 정하는 등의 완화규정을 두지 않는 것은 헌법 제36조 제1항이 정하고 있는 혼인에 따른 차별금지원칙에 위배되고, 혼인의 자유를 침해한다.

::해설:: 주택 양도소득세 과세에 있어 '1세대'를 과세단위로 한 것이 적절한지에 관하여 보면, ㉠ 이 사건 법률조항이 3주택 이상에 해당하는 자의 인적 범위를 정함에 있어 주로 생계를 같이하는 '1세대'를 기준으로 한 것은, 세대별로 주택이 사용되어지고, 세대의 개념상 1주택을 넘는 주택은 일시적 1세대 2주택자 등의 예외를 제외하고는 보유자의 주거용으로 사용되지 않을 개연성이 높은 점을 고려한 것이며, 주택이 다른 재산권과 구별되는 위와 같은 특성을 고려하여 오로지 보유 주택수를 제한하고자 '세대'를 주택 양도소득세의 과세단위로 규정하고 있는 점, ㉡ 이 사건 법률조항이 1세대 3주택 이상 보유자에 대한 양도소득세 중과세로 인하여 사실상 보유 주택수를 제한하는 것은 맞으나, 주택 이외의 다른 재산을 소유하는 것까지 막는 것은 아니어서 세대별 보유 재산권에 대한 제한이 상대적으로 크다고 할 수 없는 점 등을 합쳐 보면, 이 사건 법률조항이 정하고 있는 '1세대'를 기준으로 하여 3주택 이상 보유자에 대해 중과세하는 방법은 보유 주택수를 억제하여 주거생활의 안정을 꾀하고자 하는 이 사건 법률조항의 입법목적을 위하여 일응 합리적인 방법이라 할 수 있다. 그러나 혼인으로 새로이 1세대를 이루는 자를 위하여 상당한 기간 내에 보유 주택수를 줄일 수 있도록 하고 그러한 경과규정이 정하는 기간 내에 양도하는 주택에 대해서는 혼인 전의 보유 주택수에 따라 양도소득세를 정하는 등의 완화규정을 두는 것과 같은 손쉬운 방법이 있음에도 이러한 완화규정을 두지 아니한 것은 최소침해성원칙에 위배된다고 할 것이고, 이 사건 법률조항으로 인하여 침해되는 것은 헌법이 강도 높게 보호하고자 하는 헌법 제36조 제1항에 근거하는 혼인에 따른 차별금지 또는 혼인의 자유라는 헌법적 가치라 할 것이므로 이 사건 법률조항이 달성하고자 하는 공익과 침해되는 사익 사이에 적절한 균형관계를 인정할 수 없어 법익균형성원칙에도 반한다. 결국 이 사건 법률조항은 과잉금지원칙에 반하여 헌법 제36조 제1항이 정하고 있는 혼인에 따른 차별금지원칙에 위배되고, 혼인의 자유를 침해한다. … 차별금지의 명령은 헌법 제11조 제1항의 평등원칙과 결합하여 혼인과 가족을 부당한 차별로부터 보호하고자 하는 목적을 지니고 있고, 따라서 특정한 조세 법률조항이

혼인이나 가족생활을 근거로 부부 등 가족이 있는 자를 혼인하지 아니한 자 등에 비하여 차별 취급하는 것이라면 비례의 원칙에 의한 심사에 의하여 정당화되지 않는 한 헌법 제36조 제1항에 위반된다 할 것이다(헌재 2011.11.24. 2009헌바146). ▶ 1세대 3주택 이상에 해당하는 주택에 대하여 양도소득세 중과세를 규정하고 있는 구 소득세법 조항은 과잉금지원칙에 반하여 재산권을 침해하지 않는다고 판단했으나, 과잉금지원칙에 위배되어 헌법 제36조 제1항에 위배된다고 보아 헌법불합치결정을 한 사례

정답 O

14년 변시, 19년(1) 모의

989. 부부자산소득 합산과세제도에 따라 부부(夫婦)가 합산과세로 인하여 개인과세되는 독신자 등 다른 사람들보다 더 많은 조세를 부담하게 하는 것은 부부간의 인위적인 자산 명의의 분산과 같은 가장행위(假裝行爲)를 방지한다는 사회적 공익이 혼인한 부부에게 가하는 조세부담의 증가라는 불이익보다 크지 않기 때문에 혼인과 가족생활을 보장하는 헌법 제36조 제1항에 위반된다.

∷해설 부부의 자산소득을 합산하여 과세하는 취지는 자산소득을 부부간에 분산하여 종합소득세의 누진세 체계를 회피하는 것을 방지하고, 소비단위별 생활실태에 부합하는 공평한 과세를 실현하며, 불로소득인 자산소득에 대하여 중과세하여 소득의 재분배를 기하려는 데에 있으므로 그 입법목적은 정당하다. 그러나, 자산소득의 인위적인 분산에 의한 조세회피행위 방지라는 목적은 상속세및증여세법상의 증여추정규정 또는 부동산실권리자명의등기에관한법률상 조세포탈 목적으로 배우자에게 명의신탁한 경우 부동산에 관한 물권변동을 무효로 하는 규정 등에 의해서 충분히 달성할 수 있다. 그리고, 자산소득이 있는 모든 납세의무자 가운데 혼인한 부부에 대하여만 사실혼관계의 부부나 독신자에 비하여 더 많은 조세부담을 가하여 소득을 재분배하도록 강요하는 것은 위와 같은 입법목적 달성을 위한 적절한 방법이라 볼 수 없다. 오늘날 여성의 사회적 지위가 상승하여 맞벌이 부부의 수가 늘어나고 법률혼 외에 사실혼관계의 남녀가 증가하는 등 전통적인 생활양식에 많은 변화가 일어나고 있음을 고려할 때 혼인한 부부가 사실혼관계의 부부나 독신자에 비하여 조세부담에 관하여 불리한 취급을 받아야 할 이유를 찾아보기 어렵다. 나아가, 부부자산소득합산과세가 추구하는 공익은 입법정책적 법익에 불과한 반면, 이로 인하여 침해되는 것은 헌법이 강도 높게 보호하고자 하는 혼인을 근거로 한 차별금지라는 헌법적 가치이므로, 달성하고자 하는 공익과 침해되는 사익 사이에 적정한 균형관계를 인정할 수 없다. 그러므로 부부자산소득합산과세는 혼인한 부부를 비례의 원칙에 반하여 사실혼관계의 부부나 독신자에 비하여 차별하는 것으로서 헌법 제36조 제1항에 위반된다(헌재 2002.08.29. 2001헌바82).

정답 O

12년·13년 변시

990. 평등원칙과 결합하여 혼인과 가족을 부당한 차별로부터 보호하고자 하는 목적을 지니고 있는 헌법 제36조 제1항(혼인과 가족생활의 보장)에 비추어 볼 때, 종합부동산세의 과세방법을 "인별 합산"이 아니라 "세대별 합산"으로 규정한 종합부동산세법 규정은 비례원칙에 의한 심사에 의하여 정당화되지 않으므로 헌법에 위반된다.

해설 이 사건 세대별 합산규정으로 인한 조세부담의 증가라는 불이익은 이를 통하여 달성하고자 하는 조세회피의 방지 등 공익에 비하여 훨씬 크고, 조세회피의 방지와 경제생활 단위별 과세의 실현 및 부동산 가격의 안정이라는 공익은 입법정책상의 법익인데 반해 혼인과 가족생활의 보호는 헌법적 가치라는 것을 고려할 때 법익균형성도 인정하기 어렵다. 따라서 이 사건 세대별 합산규정은 혼인한 자 또는 가족과 함께 세대를 구성한 자를 비례의 원칙에 반하여 개인별로 과세되는 독신자, 사실혼 관계의 부부, 세대원이 아닌 주택 등의 소유자 등에 비하여 불리하게 차별하여 취급하고 있으므로, 헌법 제36조 제1항에 위반된다(헌재 2008.11.13. 2006헌바112).

정답 ○

 23년 변시, 16년(3)·18년(1)·21년(1) 모의

991. (1) 양육권은 공권력으로부터 자녀의 양육을 방해받지 않을 권리라는 점에서는 자유권적 기본권의 성격을, 자녀의 양육에 관하여 국가의 지원을 요구할 수 있는 권리라는 점에서는 사회권적 기본권의 성격을 가진다.
(2) 육아휴직신청권은 헌법 제36조 제1항으로부터 개인에게 직접 주어지는 헌법적 차원의 권리이다.

해설 (1) 양육권은 공권력으로부터 자녀의 양육을 방해받지 않을 권리라는 점에서는 자유권적 기본권으로서의 성격을, 자녀의 양육에 관하여 국가의 지원을 요구할 수 있는 권리라는 점에서는 사회권적 기본권으로서의 성격을 아울러 가지고 있다고 할 수 있다(헌재 2008.10.30. 2005헌마1156).
(2) 육아휴직신청권은 헌법 제36조 제1항 등으로부터 개인에게 직접 주어지는 헌법적 차원의 권리라고 볼 수는 없고, 입법자가 입법의 목적, 수혜자의 상황, 국가예산, 전체적인 사회보장수준, 국민정서 등 여러 요소를 고려하여 제정하는 입법에 적용요건, 적용대상, 기간 등 구체적인 사항이 규정될 때 비로소 형성되는 법률상의 권리이다(헌재 2008.10.30. 2005헌마1156).

정답 ○, ×

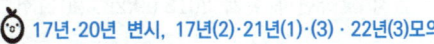 17년·20년 변시, 17년(2)·21년(1)·(3) · 22년(3)모의

992. 부모가 자녀의 이름을 지어주는 것은 자녀의 양육과 가족생활을 위하여 필수적인 것이고, 가족생활의 핵심적 요소라 할 수 있으므로, '부모가 자녀의 이름을 지을 자유'는 혼인과 가족생활을 보장하는 헌법 제36조 제1항과 행복추구권을 보장하는 헌법 제10조에 의하여 보호받는다.

해설 부모가 자녀의 이름을 지어주는 것은 자녀의 양육과 가족생활을 위하여 필수적인 것이고, 가족생활의 핵심적 요소라 할 수 있으므로, '부모가 자녀의 이름을 지을 자유'는 혼인과 가족생활을 보장하는 헌법 제36조 제1항과 행복추구권을 보장하는 헌법 제10조에 의하여 보호받는다(헌재 2016.07.28. 2015헌마964).

정답 ○

🕐 23년 변시, 20년(2) 모의

993. 출생신고 시 자녀의 이름에 사용할 수 있는 한자의 범위를 대법원규칙이 정하는 '인명용 한자'로 한정하는 것은 헌법 제36조 제1항에 의하여 보호되는 '부모의 자녀 이름을 지을 자유'를 침해한다.

해설 한자는 그 숫자가 방대하고 범위가 불분명한데다가, 우리나라는 한글 전용 정책을 주축으로 하여 한자에 익숙하지 못한 사람이 증가하고 있는바, 이름에 통상 사용되지 아니하는 한자를 사용하는 경우에는 그와 사회적·법률적 관계를 맺는 사람들이 그 이름을 인식하고 사용하는 데 상당한 불편을 겪게 될 뿐만 아니라, 그 범위조차 불분명한 한자를 가족관계등록 전산시스템에 모두 구현하는 것도 현실적으로 어려우므로, 자녀의 이름에 사용할 수 있는 한자의 범위를 제한하는 것은 불가피한 측면이 있다. 심판대상조항은 자녀의 이름에 사용할 수 있는 한자를 정함에 있어 총 8,142자를 '인명용 한자'로 지정하고 있는데 이는 결코 적지 아니하고, '인명용 한자'의 범위를 일정한 절차를 거쳐 계속 확대함으로써 이름에 한자를 사용함에 있어 불편함이 없도록 하는 보완장치를 강구하고 있다. 또한 '인명용 한자'가 아닌 한자를 사용하였다고 하더라도, 출생신고나 출생자 이름 자체가 불수리되는 것은 아니고, 가족관계등록부에 해당 이름이 한글로만 기재되어 종국적으로 해당 한자가 함께 기재되지 않는 제한을 받을 뿐이며, 가족관계등록부나 그와 연계된 공적 장부 이외에 사적 생활의 영역에서 해당 한자 이름을 사용하는 것을 금지하는 것도 아니다. 따라서 심판대상조항은 자녀의 이름을 지을 자유를 침해하지 않는다(헌재 2016.07.28. 2015헌마964).

정답

🕐 19년 변시

994. 헌법 제36조 제1항은 가족생활을 스스로 결정하고 형성할 수 있는 자유를 기본권으로 보장한다.

해설 헌법 제36조 제1항은 혼인과 가족생활을 스스로 결정하고 형성할 수 있는 자유를 기본권으로서 보장한다(헌재 2013.09.26. 2011헌가42).

정답

17년(2) 모의

995. 혼인과 가족생활의 보호에 관한 헌법 제36조 제1항은 인간의 존엄과 양성의 평등이 가족생활에서도 보장되어야 한다는 것으로 기본권과 제도적 보장의 성격을 함께 갖는다.

해설 혼인과 가족생활의 보장에 관한 헌법 제36조 제1항은 인간의 존엄과 양성의 평등이 가족생활에서도 보장되어야 한다는 요청에서 인간다운 생활을 보장하는 기본권의 성격을 갖는 동시에 그 제도적 보장의 성격도 가진다(헌재 2011.02.24. 2009헌바89).

정답

🔔 17년·19년 변시, 17년(2)·20년(2) · 23년(2) 모의

996. **(1) 혼인한 자만 친양자 입양을 할 수 있도록 정한 「민법」 조항은 독신자의 친양자 입양을 원천적으로 봉쇄하여 독신자의 기본권에 중대한 제한을 초래하므로 평등권 침해 여부 심사 시 비례의 원칙이 적용되나, 독신자도 일반 입양은 할 수 있고 일반 입양의 사실도 친양자 입양과 마찬가지로 가족관계증명서에 드러나지 않는다는 점 등을 고려하면, 비례의 원칙에 위배되어 독신자의 평등권을 침해한다고 볼 수 없다.**

(2) 친양자로 될 사람이 자신의 의사에 따라 스스로 입양의 대상이 될 것인지 여부를 결정할 수 있는 자유와 친양자 입양을 하려는 사람이 자신의 의사에 따라 친양자 입양을 할지 여부를 결정할 수 있는 자유는 모두 기본권으로 보호된다.

::해설 (1) 심판대상조항은 친양자가 안정된 양육환경을 제공할 수 있는 가정에 입양되도록 하여 양자의 복리를 증진시키기 위해, 친양자의 양친을 기혼자로 한정하였다. 독신자 가정은 기혼자 가정과 달리 기본적으로 양부 또는 양모 혼자서 양육을 담당해야 하며, 독신자를 친양자의 양친으로 하면 처음부터 편친가정을 이루게 하고 사실상 혼인 외의 자를 만드는 결과가 발생하므로, 독신자 가정은 기혼자 가정에 비하여 양자의 양육에 있어 불리할 가능성이 높다. 나아가 독신자가 친양자를 입양하게 되면 그 친양자는 아버지 또는 어머니가 없는 자녀로 가족관계등록부에 공시되어, 친양자의 친생자로서의 공시가 사실상 의미를 잃게 될 수 있다. 한편, 입양특례법에서는 독신자도 일정한 요건을 갖추면 양친이 될 수 있도록 규정하고 있으나, 입양의 대상, 요건, 절차 등에서 민법상의 친양자 입양과 다른 점이 있으므로, 입양특례법과 달리 민법에서 독신자의 친양자 입양을 허용하지 않는 것에는 합리적인 이유가 있다. 따라서 심판대상조항은 독신자의 평등권을 침해한다고 볼 수 없다(헌재 2013.09.26. 2011헌가42). ▶ 법정의견은 평등권 침해 여부에 관하여 차별취급에 합리적인 이유가 있는지 여부만을 심사하는 자의금지의 원칙에 따라 판단

(2) 친양자 입양의 경우에도 친양자로 될 사람이 그의 의사에 따라 스스로 입양의 대상이 될 것인지 여부를 결정할 수 있는 자유가 보장되므로, 친양자로 될 사람은 자신의 양육에 보다 적합한 가정환경에서 양육받을 것을 선택할 권리를 가진다. 친양자 입양을 하려는 사람도 친양자 입양 여부에 대한 의사결정의 주체이자 친양자 입양으로 새롭게 형성될 가족의 구성원이므로 친양자가 될 사람과 마찬가지로 그의 의사에 따라 친양자 입양을 할지 여부를 결정할 수 있는 자유를 갖고, 양자의 양육에 보다 적합한 가정환경에서 양자를 양육할 것을 선택할 권리를 가진다(헌재 2013.09.26. 2011헌가42).

정답 ✕, ○

🔔 17년 변시

997. **친양자로 될 자와 마찬가지로 친생부모 역시 그로부터 출생한 자와의 가족 및 친족관계의 유지에 관하여 헌법 제36조 제1항에 의하여 인정되는 혼인과 가정생활의 자유로운 형성에 대한 기본권을 가진다.**

::해설 친양자로 될 자와 마찬가지로, 친생부모 역시 그로부터 출생한 자와의 가족 및 친족관계의 '유지'에 관하여 헌법 제10조에 의하여 인정되는 가정생활과 신분관계에 대한 인격권 및 행복추구권 및 헌법 제36조 제1항에 의하여 인정되는 혼인과 가정생활의 자유로운 형성에 대한 기본권을 가진다는 점에 대해서는 별다른 의문이 없다(헌재 2012.05.31. 2010헌바87).

 정답 ○

17년(2) 모의

998. 친생부모의 친권이 상실되거나 사망 그 밖의 사유로 동의할 수 없는 경우를 제외하고는 친생부모의 동의가 있어야 친양자 입양을 청구할 수 있도록 규정한 구 민법 조항은, 친양자가 될 자의 가족생활에 관한 기본권 등을 제한함에 있어 기본권 제한의 비례성을 준수하고 있으므로 헌법에 위반되지 아니한다.

해설 이 사건 법률조항은 친생부모의 친권이 상실되거나 사망 그 밖의 사유로 동의할 수 없는 경우를 제외하고는 친생부모의 동의가 있어야 친양자 입양을 청구할 수 있도록 규정하여 친양자가 될 자의 가족생활에 관한 기본권 등을 제한하고 있는바, 기본권 제한의 비례성을 준수하고 있으므로 헌법에 위반되지 아니한다(헌재 2012.05.31. 2010헌바87).

정답 O

19년(1)·20년(2) 모의

999. (1) 혼인 종료 후 300일 이내에 출생한 자를 전남편의 친생자로 추정하는 것은 모의 가정생활과 신분관계에서 누려야 할 인격권 및 혼인과 가족생활에 관한 기본권을 침해한다.

(2) 출생과 동시에 자(子)에게 안정된 법적 지위를 부여함으로써 자의 출생 시 법적 보호의 공백을 없앴다는 측면에서 친생추정은 여전히 자의 복리를 위하여 매우 중요하고, 친자관계에 대하여 다툼이 없는 대다수의 경우 친자 관계를 형성하기 위하여 특별한 절차를 밟을 필요가 없다는 점을 고려하면, 친생추정제도 자체는 계속 유지될 필요성이 있다.

해설 혼인 종료 후 300일 내에 출생한 자녀가 전남편의 친생자가 아님이 명백하고, 전남편이 친생추정을 원하지도 않으며, 생부가 그 자를 인지하려는 경우에도, 그 자녀는 전남편의 친생자로 추정되어 가족관계등록부에 전남편의 친생자로 등록되고, 이는 엄격한 친생부인의 소를 통해서만 번복될 수 있다. 그 결과 심판대상조항은 이혼한 모와 전남편이 새로운 가정을 꾸리는 데 부담이 되고, 자녀와 생부가 진실한 혈연관계를 회복하는 데 장애가 되고 있다. 이와 같이 민법 제정 이후의 사회적·법률적·의학적 사정변경을 전혀 반영하지 아니한 채, 이미 혼인관계가 해소된 이후에 자가 출생하고 생부가 출생한 자를 인지하려는 경우마저도, 아무런 예외 없이 그 자를 전남편의 친생자로 추정함으로써 친생부인의 소를 거치도록 하는 심판대상조항은 입법형성의 한계를 벗어나 모가 가정생활과 신분관계에서 누려야 할 인격권, 혼인과 가족생활에 관한 기본권을 침해한다(헌재 2015.04.30. 2013헌마623).

정답 O, O

19년(1) 모의

1000 친생부인의 소에 관한 제척기간이 지나치게 단기간이거나 불합리하여 진실한 혈연관계에 반하는 친자관계를 부인할 수 있는 기회를 극단적으로 제한하는 것이라면, 이는 입법재량의 한계를 넘어서는 것으로서 헌법에 위반된다.

해설 친생부인의 소에 대한 제척기간을 어느 정도로 할 것인가는 중요한 문제로서 원칙적으로 입법 재량에 속한다 하더라도, 그 제척기간 자체가 지나치게 단기간이거나 불합리하여 친생을 부인하고자 하는 부(夫)로 하여금 제소를 현저히 곤란하게 하거나 사실상 불가능하게 하여 진실한 혈연관계에 반하는 친자관계를 부인할 수 있는 기회를 극단적으로 제한하는 것이라면 이는 입법재량의 한계를 넘어서는 것으로서 위헌이라 아니할 수 없다(헌재 1997.03.27. 95헌가14).

정답 O

19년(1)·20년(2) 모의

1001 중혼을 혼인취소의 사유로 정하면서 그 취소청구권의 제척기간 또는 소멸사유를 규정하지 않은 것은 후혼배우자의 인격권 및 행복추구권을 침해하지 않는다.

해설 만약 이 사건 법률조항에 중혼 취소청구권의 권리소멸사유 또는 제척기간을 규정한다면, 일정한 경우 영원히 법률상 보호되는 중혼관계가 있을 수 있다. 그런데 자신의 혼인이 중혼임을 알고 후혼관계를 형성한 후혼배우자까지 보호받는 것은 심히 부당하다. 설령 후혼배우자가 선의인 경우에만 그러한 권리소멸사유 또는 제척기간을 둔다 하더라도, 실제 경우에서 후혼배우자의 선의 또는 악의 여부가 명확히 드러나는 것도 아니어서, 악의의 후혼배우자까지 보호될 우려가 있다. 후혼이 뒤늦게 취소됨으로써 후혼배우자 등에게 가혹한 결과가 발생하는 경우가 있다면 이는 구체적인 사건을 담당하는 법원에서 권리남용의 법리 등을 통해 해결할 수 있고, 유족연금수급권자의 결정 등 특정 영역에서만 가혹한 결과가 발생한다면 해당 특정 영역을 규율하는 법령의 해석이나 개정을 통해 부당한 결과를 방지할 수도 있다. … 이 사건 법률조항에서 중혼 취소 청구권에 대한 권리소멸사유 또는 제척기간을 두지 않은 것이 합리적인 입법재량의 한계를 벗어나 후혼배우자의 인격권 및 행복추구권을 침해한다고 보기 어렵다(헌재 2014.07.24. 2011헌바275).

정답 O

17년(2) 모의

1002 중혼의 취소청구권자를 규정한 민법 제818조는 그 취소청구권자로 직계존속과 4촌 이내의 방계혈족을 규정하면서도 직계비속을 제외하였는바, 헌법재판소는 위 조항이 합리적인 이유 없이 직계비속을 차별하고 있어 평등원칙에 위반된다는 이유로 헌법불합치결정을 하면서도, 잠정적용을 명하였다.

해설 중혼의 취소청구권자를 규정한 이 사건 법률조항은 그 취소청구권자로 직계존속과 4촌 이내의 방계혈족을 규정하면서도 직계비속을 제외하였는바, 직계비속을 제외하면서 직계존속만을 취소청구권자로 규정한 것은 가부장적·종법적인 사고에 바탕을 두고 있고, 직계비속이 상속권 등과 관련하여 중혼의 취소청구를 구할 법률적인 이해관계가 직계존속과 4촌 이내의 방계 혈족 못지않게 크며, 그 취소청구권자의 하나로 규정된 검사에게 취소청구를 구한다고 하여도 검사로 하여금 직권발동을 촉구하는 것에 지나지 않은 점 등을 고려할 때, 합리적인 이유 없이 직계비속을 차별하고 있어, 평등원칙에 위반된다. … 다만, 이 사건 법률조항을 단순위헌을 선언할 경우에는 기존의 중혼취소청구권자로 규정된 자까지도 중혼취소청구권을 행사할 수 없는 법적 공백상태가 발생하므로, 2011. 12. 31.을 시한으로 입법자의 개선입법이 있을 때까지 잠정적인 적용을 명하는 헌법불합치를 선언한다(헌재 2010.07.29. 2009헌가8).

정답 O

제8장 국민의 기본적 의무

21년(2) 모의

1003 우리 헌법상 납세의 의무, 국방의 의무, 교육을 받게 할 의무, 근로의 의무, 환경보전의무가 명시적으로 규정되어 있다.

해설 헌법 제31조, 제32조, 제35조, 제38조, 제39조 참조.

정답 O

21년(2) 모의

1004 환경보전의무는 1980년 제8차 개정헌법에서 처음 규정되었으나, 교육을 받게 할 의무는 1948년 제헌헌법에서부터 규정되었다.

해설 1960년대 이후 공업화·산업화의 부작용으로 환경문제의 중요성이 부각되기 시작한 이래, 1980년 헌법에서는 헌법상 기본권으로서 환경권(環境權)을 명시하기에 이르렀다(성낙인, 헌법학 제18판, p.1431). ▶ 1980년 제8차 개정헌법 제33조 및 1962년 제5차 개정헌법 제27조 참조.

정답 ×

13년(2)·21년(2) 모의

1005 교육을 받게 할 의무의 주체는 우리나라의 국민으로서 교육을 받아야 할 자녀, 즉 학령아동을 가진 친권자 또는 후견인이나, 헌법 제31조 제3항의 의무교육 무상제의 책임주체는 국가 또는 지방자치단체이다.

해설 헌법 제31조 제2항 및 제3항은 "모든 국민은 그 보호하는 자녀에게 적어도 초등교육과 법률이 정하는 교육을 받게 할 의무를 진다." "의무교육은 무상으로 한다."고 규정함으로써 독립하여 생활할 수 없는 취학연령에 있는 미성년자의 교육을 받을 권리를 실효성 있게 확보하기 위하여 학령아동의 친권자 또는 후견인에 대해 그 보호아동에게 교육을 받게 할 의무를 부과하고, 그 의무교육을 무상으로 하고 있다(헌재 1994.02.24. 93헌마192). 의무교육의 무상성과 비용 부담에 관한 법령의 내용과 취지, 체계를 종합해 보면, 의무교육 등에 소요되는 경비의 재원에 관한 지방교육자치에 관한 법률 제37조, 지방교육재정교부금법 제11조 제1항은 헌법이 규정한 의무교육 무상의 원칙에 따라 경제적 능력에 관계없이 교육기회를 균등하게 보장하기 위하여 의무교육대상자의 학부모 등이 교직원의 보수 등 의무교육에 관련된 경비를 부담하지 않도록 국가와 지방자치단체에 교육재정을 형성·운영할 책임을 부여하고, 그 재원 형성의 구체적인 내용을 규정하고 있는 데 그칠 뿐, 더 나아가 의무교육을 위탁받은 사립학교를 설치·운영하는 학교법인 등과의 관계에서 관련 법령에 의하여 이미 학교법인이 부담하도록 규정되어 있는 경비까지 종국적으로 국가나 지방자치단체의 부담으로 한다는 취지까지 규정한 것으로 볼 수 없다(대판 2015.01.29. 2012두7387).

정답 O

23년(3) 모의

1006 의무교육의 무상성을 규정한 헌법 제31조 제3항은 의무교육비용을 학령아동의 보호자 개개인의 직접적 부담에서 공동체 전체의 부담으로 이전하라는 명령으로, 의무교육비용의 비용을 오로지 국가 또는 지방자치단체의 예산이나 조세로 해결해야 함을 의미하는 것이다.

해설 헌법 제31조 제3항이 "의무교육은 무상으로 한다."라고 규정한 것은 교육을 받을 권리를 보다 실효성 있게 보장하기 위하여 의무교육 비용을 학령아동의 보호자 개개인의 직접적 부담에서 공동체 전체의 부담으로 이전하라는 명령일 뿐, 의무교육의 비용을 오로지 국가 또는 지방자치단체의 예산, 즉 조세로 해결해야 함을 의미하는 것은 아니다(헌재 2008.09.25. 2007헌가1(전합), 대판 2015.01.29. 선고 2012두7387).

정답

꼭 봐야 할

헌 법

핵심기출 OX

제3편
통치구조

제1장 통치구조의 구성원리
제2장 국 회
제3장 대통령과 정부
제4장 법 원
제5장 헌법재판소

제1장 통치구조의 구성원리

제1절 대의제의 원리

🕒 14년 변시, 12년(2)·(3)·14년(2)·17년(2)·19년(2)·21년(1)·22년(1)(2)·23년(3) 모의

1. **(1)** 국민과 국회의원은 자유위임의 관계에 있으므로, 유권자가 설정한 국회의석분포에 국회의원들을 구속시키는 것을 내용으로 하는 '국회구성권'을 기본권으로 인정하는 것은 대의제의 본질에 반한다.
   (2) 국민과 국회의원은 자유위임관계에 있는 것이 아니라 명령적 위임관계에 있다.
   (3) 대의제 민주주의하에서 국회의원 선거권은 국회의원을 선출하는 권리에 그치고, 선출된 국회의원이 국민의 의사를 그대로 대리하여 줄 것을 요구할 수 있는 권리까지 포함하는 것은 아니다.

   해설 헌법의 기본원리인 대의제 민주주의하에서 국회의원 선거권이란 것은 국회의원을 보통·평등·직접·비밀선거에 의하여 국민의 대표자인 국회의원을 선출하는 권리에 그치고, 개별 유권자 혹은 집단으로서의 국민의 의사를 선출된 국회의원이 그대로 대리하여 줄 것을 요구할 수 있는 권리까지 포함하는 것은 아니다. 또한 대의제도에 있어서 국민과 국회의원은 명령적 위임관계에 있는 것이 아니라 자유위임관계에 있으므로, 유권자가 설정한 국회의석분포에 국회의원들을 기속시키고자 하는 내용의 "국회구성권"이라는 기본권은 오늘날 이해되고 있는 대의제도의 본질에 반하는 것이어서 헌법상 인정될 여지가 없고, 청구인들 주장과 같은 대통령에 의한 여야 의석분포의 인위적 조작행위로 국민주권주의라든지 복수정당제도가 훼손될 수 있는지의 여부는 별론으로 하고 그로 인하여 바로 헌법상 보장된 청구인들의 구체적 기본권이 침해당하는 것은 아니다(헌재 1998.10.29. 96헌마186).

   정답 ○, ×, ○

   22년(1)(2) 모의

2. **(1)** 자유위임원칙은 개별 국회의원이 국회 내부에서 구체적으로 어떠한 직무를 담당하는 것까지 보장하는 원리는 아니다.
   (2) 자유위임원칙은 무제한적으로 보장되는 것이 아니며, 국회의 기능을 수행하기 위해서 필요한 범위 내에서 불가피하게 제한될 수밖에 없다.

   해설 헌법 제46조 제2항은 "국회의원은 국가이익을 우선하여 양심에 따라 직무를 행한다."라고 규정하고 있다. 국회의원은 단독으로 국회의 의사를 결정하여 국회의 권한을 행사하는 것이 아니라 국회의 구성원으로서 국회의 의사절차에 참여하는 것이므로, 국회의원의 직무는 국회의 기능 수행을 위해서 정해진 의사절차와 그에 필요한 내부조직의 구성방법에 의하여 구체화될 수밖에 없다. 이와 같은 의사절차와 내부조직을 정할 때에도 국회의원의 자유위임에 기한 권한을 충분히 보장하여야

하는 것이나, 국회 내 다수형성의 가능성을 높이고 의사결정의 능률성을 확보하는 것 역시 중대한 헌법적 요청이므로 자유위임원칙이 언제나 최우선적으로 고려되어야 하는 것은 아니다. 나아가 자유위임원칙이 개별 국회의원이 국회 내부에서 구체적으로 어떠한 직무를 담당하는 것까지 보장하는 원리는 아니다. 통치구조의 구성원리는 자기목적적인 것이 아니라 국민의 기본권과 헌법이 추구하는 가치를 보장하고 실현하기 위한 수단의 성격을 가지는 것이다. 따라서 자유위임원칙 역시 무제한적으로 보장되는 것은 아니며, 국회의 기능을 수행하기 위해서 필요한 범위 내에서 불가피하게 제한될 수밖에 없는 것이다(헌재 2020.05.27. 2019헌라3, 2019헌라2 병합).

정답 ○,○

19년(2) 모의

3. **국민과 대표 간의 관계에 관한 학설 가운데 헌법적 대표설에 따르면 헌법 제1조 제2항의 "모든 권력은 국민으로부터 나온다"는 규정에 따라 국회가 국민의 헌법적 대표기관이며, 대통령·헌법재판소·법원은 국민대표기관에 해당되지 않는다.**

해설 주권자인 국민과 대의기관의 관계에 대한 헌법적 대표설에 의하면, 대의기관의 권한은 국민의 위임행위에 의하여 인정되는 것이 아니라 헌법규정에 의해서 부여된다. 대의기관의 권한이 국민의 위임행위에 의하여 인정된다고 보는 견해는 '법적 위임관계설'이다(정회철, 기본강의 헌법 2005년 판, p.614). ▶ 헌법적 대표설에 따르면 헌법 제1조 제2항과 헌법규정에 의해 직접 국민의 대표가 성립된다는, 헌법적 의미의 대표관계를 설명하는 견해이므로 대통령의 경우에도 헌법 제1조 제2항과 헌법 제66조 이하 규정에 의해 헌법적 대표기관으로 평가된다. 또한 헌법재판소와 법원도 헌법규정에 의해 직접 국민을 대표하는 국가기관으로 해석될 여지가 있다.

정답

13년(1)·17년(2) 모의

4. **대의제에서는 국가기관구성권과 정책결정권의 통합, 정책결정권의 자유위임을 기본적 요소로 한다.**

해설 대의제는 국민주권의 이념을 존중하면서도 현대국가가 지니는 민주정치에 대한 현실적인 장애요인들을 극복하기 위하여 마련된 통치구조의 구성원리로서, 기관구성권과 정책결정권의 분리, 정책결정권의 자유위임을 기본적 요소로 하고, 특히 국민이 선출한 대의기관은 일단 국민에 의하여 선출된 후에는 법적으로 국민의 의사와 관계없이 독자적인 양식과 판단에 따라 정책 결정에 임하기 때문에 자유위임 관계에 있게 된다는 것을 본질로 하고 있다(헌재 2009.03.26. 2007헌마843).

정답

15년 변시

5. **대의제는 대표민주제, 국민대표제, 대의민주주의, 의회제, 의회민주주의로 다양하게 표현되고 있다.**

해설 대의제라 함은 주권자인 국민이 국가의사나 국가정책을 직접 결정하지 아니하고 대표자를 선출하여 그들로 하여금 국민을 대신하여 국가의사나 국가정책 등을 결정하게 하는 통치구조의 구성원리를 말하며, 대의제는 대표민주제, 국민대표제, 대의민주주의, 의회제, 의회민주주의 등으로 다양하게 표현되고 있다.

정답 O

 13년 변시

6. 임기만료전 180일 이내에 비례대표 국회의원에 궐원이 생긴 때 정당의 비례대표 국회의원 후보자 명부에 의한 의석승계를 허용하지 않는 것은 정당에 비례대표 국회의원 의석을 할당받도록 한 선거권자들의 정치적 의사표현을 무시하고 왜곡하는 결과를 낳을 수 있고 대의제 민주주의 원리에 부합하지 않는다.

해설 임기만료일 전 180일 이내에 비례대표국회의원에 궐원이 생긴 때에는 정당의 비례대표국회의원 후보자명부에 의한 의석 승계를 인정하지 아니함으로써 결과적으로 그 정당에 비례대표국회의원 의석을 할당받도록 한 선거권자들의 정치적 의사표명을 무시하고 왜곡하는 결과가 된다. 심판대상조항은 선거권자의 의사를 무시하고 왜곡하는 결과를 낳을 수 있고, 의회의 정상적인 기능 수행에 장애가 될 수 있다는 점에서 헌법의 기본원리인 대의제 민주주의 원리에 부합되지 않는다(헌재 2009. 06.25. 2008헌마413).

정답 O

제2절 권력분립의 원리

 22년 변시

7. 권력분립원칙이란 국가권력의 기계적 분립과 엄격한 절연을 의미하는 것이 아니라 권력상호간의 견제와 균형을 통한 국가권력의 통제를 의미한다.

해설 헌법상 권력분립의 원칙이란 국가권력의 기계적 분립과 엄격한 절연을 의미하는 것이 아니라, 권력 상호간의 견제와 균형을 통한 국가권력의 통제를 의미하는 것이다(헌재 2008.01.10. 2007헌마1468).

정답 O

 13년·22년 변시, 17년(3) 모의

8. 특정한 국가기관을 구성함에 있어 입법부, 행정부, 사법부가 그 권한을 나누어 가지거나 기능적인 분담을 하는 것은 권력분립의 원칙에 반하는 것이 아니라 권력분립의 원칙을 실현하는 것으로 볼 수 있다.

해설 헌법상 권력분립의 원칙이란 국가권력의 기계적 분립과 엄격한 절연을 의미하는 것이 아니라, 권력 상호간의 견제와 균형을 통한 국가권력의 통제를 의미하는 것이다. 따라서 특정한 국가기관을 구성함에 있어 입법부, 행정부, 사법부가 그 권한을 나누어 가지거나 기능적인 분담을 하는 것은 권력분립의 원칙에 반하는 것이 아니라 권력분립의 원칙을 실현하는 것으로 볼 수 있다(헌재 2008.01. 10. 2007헌마1468).

정답 ○

🕐 22년·23년 변시, 17년(3) 모의

9. **대법원장이 특별검사 후보자 2인을 추천하고 대통령은 그 추천 후보자 중에서 1인을 특별검사로 임명하도록 하는 것은 사실상 대법원장에게 특별검사 임명권을 부여한 것으로 권력분립원칙에 위배되어 대통령의 공무원 임명권을 침해한다.**

해설 대법원장은 법관의 임명권자이지만(헌법 제104조 제3항) 대법원장이 각급 법원의 직원에 대하여 지휘·감독할 수 있는 사항은 사법행정에 관한 사무에 한정되므로(법원조직법 제13조 제2항) 구체적 사건의 재판에 대하여는 어떠한 영향도 미칠 수 없고, 나아가 이 사건 법률 제3조에 의하면 대법원장은 변호사 중에서 2인의 특별검사후보자를 대통령에게 추천하는 것에 불과하고 특별검사의 임명은 대통령이 하도록 되어 있으므로 소추기관과 심판기관이 분리되지 않았다거나, 자기 자신의 사건을 스스로 심판하는 구조라고 볼 수는 없다. 결국 이 사건 법률 제3조에 의한 특별검사의 임명절차가 소추기관과 심판기관의 분리라는 근대 형사법의 대원칙이나 적법절차원칙 등을 위반하였다고 볼 수 없다. (2) 본질적으로 권력통제의 기능을 가진 특별검사제도의 취지와 기능에 비추어 볼 때, 특별검사제도의 도입 여부를 입법부가 독자적으로 결정하고 특별검사 임명에 관한 권한을 헌법기관 간에 분산시키는 것이 권력분립원칙에 반한다고 볼 수 없다. 한편 정치적 중립성을 엄격하게 지켜야 할 대법원장의 지위에 비추어 볼 때 정치적 사건을 담당하게 될 특별검사의 임명에 대법원장을 관여시키는 것이 과연 바람직한 것인지에 대하여 논란이 있을 수 있으나, 그렇다고 국회의 이러한 정치적·정책적 판단이 헌법상 권력분립원칙에 어긋난다거나 입법재량의 범위에 속하지 않는다고는 할 수 없다. (3) 그렇다면 이 사건 법률 제3조는 적법절차원칙에 위반되거나 권력분립원칙에 위반되지 아니하므로 청구인들의 기본권을 침해하지 않는다(헌재 2008.01.10. 2007헌마1468(전합)).

정답 ×

🕐 22년 변시, 23년(1) 모의

10. **(1) 권력분립원칙은 입법권, 행정권, 사법권의 분할과 이들 간의 견제와 균형의 원리이므로, 설령 고위공직자범죄수사처의 설치로 말미암아 고위공직자범죄수사처와 기존의 다른 수사기관과의 관계가 문제된다 하더라도 동일하게 행정부 소속인 수사처와 다른 수사기관 사이의 권한 배분의 문제는 헌법상 권력분립원칙의 문제라고 볼 수 없다.**

(2) 고위공직자범죄수사처를 독립된 형태로 설치하도록 규정한 것은 고위공직자범죄수사처가 행정부 소속의 중앙행정기관으로서 여러 기관에 의한 통제가 충실히 이루어질 수 있으므로 권력분립의 원칙에 위배되지 않는다.

해설 (1) 수사처의 설치로 말미암아 수사처와 기존의 다른 수사기관과의 관계가 문제된다 하더라도 동일하게 행정부 소속인 수사처와 다른 수사기관 사이의 권한 배분의 문제는 헌법상 권력분립원칙의 문제라고 볼 수 없다.(헌재 2021.01.28. 2020헌마264,681).

(2) 수사처의 권한 행사에 대해서는 여러 기관으로부터의 통제가 이루어질 수 있으므로, 단순히 수사처가 독립된 형태로 설치되었다는 이유만으로 권력분립원칙에 위반된다고 볼 수 없다. 수사처는 '고위공직자범죄수사처 설치 및 운영에 관한 법률'이라는 입법을 통해 도입되었으므로 의회는 법률의 개폐를 통하여 수사처에 대한 시원적인 통제권을 가지고, 수사처 구성에 있어 입법부, 행정부, 사법부를 비롯한 다양한 기관이 그 권한을 나누어 가지므로 기관 간 견제와 균형이 이루어질 수 있으며, 국회, 법원, 헌법재판소에 의한 통제가 가능할 뿐 아니라 행정부 내부적 통제를 위한 여러 장치도 마련되어 있다(헌재 2021.01.28. 2020헌마264).

정답  O,O

23년(1) 모의

11. 중앙행정기관이란 '국가의 행정사무를 담당하기 위하여 설치된 행정기관으로서 그 관할권의 범위가 전국에 미치는 행정기관'을 말하는데, 어떤 행정기관이 중앙행정기관에 해당하는지 여부는 기관 설치의 형식이 아니라 해당 기관이 실질적으로 수행하는 기능에 따라 결정되어야 한다.

해설 중앙행정기관이란 '국가의 행정사무를 담당하기 위하여 설치된 행정기관으로서 그 관할권의 범위가 전국에 미치는 행정기관'을 말하는데(행정기관의 조직과 정원에 관한 통칙 제2조 제1호), 어떤 행정기관이 중앙행정기관에 해당하는지 여부는 기관 설치의 형식이 아니라 해당 기관이 실질적으로 수행하는 기능에 따라 결정되어야 한다(헌재 2021.01.28. 2020헌마264,681).

정답 O

23년(1) 모의

12. 권력분립원칙은 국가권력의 집중과 남용의 위험을 방지하여 국민의 자유와 권리를 보호하고자 하는 데에 근본적인 목적이 있는바, 이를 위해서는 국가권력을 분할하는 것으로 족하고 분할된 권력 상호간의 견제와 균형을 통한 권력간 통제까지 요구하는 것은 아니다.

해설 권력분립의 원칙은 국가권력의 분리와 합리적 제약을 통하여 권력의 남용을 방지하고, 이로써 국민의 자유와 권리를 보장하려는 것으로, 국가권력의 기계적 분립과 엄격한 절연을 의미하는 것이 아니라, 권력 상호 간의 견제와 균형을 통한 국가권력의 통제를 의미하는 것이다.(헌재 2021.01.28. 2020헌마264,681).(헌재 2021.01.28. 2020헌마264,681).

정답   ×

19년(1) 모의

13. 대법원장이 사학분쟁조정위원회 위원 중 5인을 추천하고, 위원장은 대법원장이 추천하는 인사 중에서 호선하도록 하는 것은 법원이 행정행위에 직접 관여하고 사전 통제를 하는 것으로 권력분립원칙에 위반된다.

해설 헌법상 권력분립의 원칙이란 국가권력의 기계적 분립과 엄격한 절연을 의미하는 것이 아니라, 권력 상호 간의 견제와 균형을 통한 국가권력의 통제를 의미하는 것이다. 따라서 특정한 국가기관을 구성함에 있어 입법부, 행정부, 사법부가 그 권한을 나누어 가지거나 기능적인 분담을 하는 것은 권력분립의 원칙에 반하는 것이 아니라 권력분립의 원칙을 실현하는 것으로 볼 수 있다. 이러한 원리에 따라 우리 헌법은 대통령이 국무총리, 대법원장, 헌법재판소장을 임명할 때에 국회의 동의를 얻도록 하고 있고(제86조 제1항, 제104조 제1항, 제111조 제4항), 헌법재판소와 중앙선거관리위원회의 구성에 대통령, 국회 및 대법원장이 공동으로 관여하도록 하고 있는 것이다(제111조 제3항, 제114조 제2항). 위에서 본 바와 같이 조정위원회는 행정·입법·사법부에서 추천한 인사들로 구성되고, 임기제를 취함으로써 고도의 정치적 중립성을 가지며, 위원의 자격을 법률과 회계, 그리고 교육에 전문적 지식을 갖추고 일정한 경력을 가진 자로 제한함으로써 그 인적 구성의 면에서 공정성 및 전문성을 갖추고 있다고 볼 수 있다. 또한 정치적 중립성을 엄격하게 지켜야 할 대법원장의 지위에 비추어 대법원장이 더 많은 위원을 추천하고, 대법원장이 추천한 위원 중에서 위원장을 호선하도록 한 것은 오히려 중립성이 강조되는 조정위원회의 성격을 반영한 것이다. 따라서 설치·기능 조항 및 구성 조항이 권력분립의 원칙을 위반한다고 볼 수는 없다(헌재 2015.11.26. 2012헌바300).

정답

14. 특정 사안에서 법관으로 하여금 증거조사에 의한 사실판단 없이 최초의 공판기일에 공소사실과 검사의 의견만을 듣고 결심하여 형을 선고하도록 규정한 법률조항은, 입법에 의해서 사법의 본질적인 중요부분을 대체하는 것이므로 권력분립원칙에 위배된다.

해설 특조법 제7조 제7항이 특정 사안에 있어 법관으로 하여금 증거조사에 의한 사실판단도 하지 말고, 최초의 공판기일에 공소사실과 검사의 의견만을 듣고 결심하여 형을 선고하라는 것은 입법에 의해서 사법의 본질적인 중요부분을 대체시켜 버리는 것에 다름 아니어서 우리 헌법상의 권력분립원칙에 어긋나는 것이다. 우리 헌법은 권력 상호간의 견제와 균형을 위하여 명시적으로 규정한 예외를 제외하고는 입법부에게 사법작용을 수행할 권한을 부여하지 않고 있다. 그런데도 입법자가 법원으로 하여금 증거조사도 하지 말고 형을 선고하도록 하는 법률을 제정한 것은 헌법이 정한 입법권의 한계를 유월하여 사법작용의 영역을 침범한 것이라고 할 것이다(헌재 1996.01.25. 95헌가5).

정답

17년(3) 모의

15. 적용범위가 광범위하고 불명확하여 편의적·자의적 법 운영이 가능하도록 하는 입법은, 어떠한 것이 금지되며 어떠한 것이 범죄의 구성요건이 되는가를 법 제정기관인 입법자가 법률로 정하는 것이 아니라 사실상 법 운영당국의 재량으로 결정하는 결과가 되어 권력분립원칙에 위반된다.

해설 법운영에 있어서 주관적인 자의성을 주는 것은 법치주의의 원리에 반하는 것이고, 결국 법집행을 받는 자에 대한 헌법 제11조의 평등권 침해가 될 것이다. 나아가 어떠한 것이 금지되며 어떠한 것이 범죄의 구성요건이 되는가를 법 제정기관인 입법자가 법률로 정하는 것이 아니라 사실상 법 운영당국의 재량으로 결정하는 결과가 되어 권력분립주의 내지 법치주의에 위배되고 죄형법정주의에도 저촉될 소지가 생겨날 것이다(헌재 1992.01.28. 89헌가8).

정답 O

제3절 정부형태

제4절 정당제도

제❶항 정당제 민주주의

제❷항 현행헌법과 정당제도

I 헌법상 정당의 개념과 지위

21년 변시

16. 헌법 제8조 제4항의 민주적 기본질서 개념은 정당해산결정의 가능성과 긴밀히 결부되어 있다. 이 민주적 기본질서의 외연이 확장될수록 정당해산결정의 가능성은 축소되고, 이와 동시에 정당활동의 자유는 확대될 것이다. 따라서 민주적 기본질서를 현행 헌법이 채택한 민주주의의 구체적 모습과 동일하게 보아서는 안 된다.

해설 헌법 제8조 제4항의 민주적 기본질서 개념은 정당해산결정의 가능성과 긴밀히 결부되어 있다. 이 민주적 기본질서의 외연이 확장될수록 정당해산결정의 가능성은 확대되고, 이와 동시에 정당 활동의 자유는 축소될 것이다. 민주 사회에서 정당의 자유가 지니는 중대한 함의나 정당해산심판제도의 남용가능성 등을 감안한다면, 헌법 제8조 제4항의 민주적 기본질서는 최대한 엄격하고 협소한 의미로 이해해야 한다. 따라서 민주적 기본질서를 현행 헌법이 채택한 민주주의의 구체적 모습과 동일하게 보아서는 안 된다. 정당이 위에서 본 바와 같은 민주적 기본질서, 즉 민주적 의사결정을 위해서 필요한 불가결한 요소들과 이를 운영하고 보호하는 데 필요한 최소한의 요소들을 수용한다면, 현행 헌법이 규정한 민주주의 제도의 세부적 내용에 관해서는 얼마든지 그와 상이한 주장을 개진할 수 있는 것이다(헌재 2014.12.19. 2013헌다1).

정답 ×

19년(2) 모의

17. **정당은 국민의 이익을 위하여 책임 있는 정치적 주장이나 정책을 추진하고 공직선거의 후보자를 추천 또는 지지함으로써 국민의 정치적 의사형성에 참여함을 목적으로 하여 조직된 단체이고 또 그러한 목적수행에 필요한 조직을 갖추고 있으므로, 헌법은 정당에 대하여 일반결사와는 다른 특별한 보호와 규제를 하고 있다.**

해설 헌법이 정당에 대하여 일반결사와는 다른 특별한 보호와 규제를 하고 있는 이유는 정당이 "국민이 이익을 위하여 책임 있는 정치적 주장이나 정책을 추진하고 공직선거의 후보자를 추천 또는 지지함으로써 국민의 정치적 의사형성에 참여함을 목적으로"하여 조직된 단체이고 또 그러한 목적수행에 필요한 조직을 갖추고 있기 때문인 것으로 이해되고(정당법 제1조, 제2조 참조) 반대로 일반결사에 대하여 정당의 경우와 같은 헌법상의 보호와 규제가 없는 것은 그러한 단체는 각기 자기고유의 설립목적이 따로 있고 국민의 정치적 의사형성에 참여함을 직접 목적으로 하여 조직된 것이 아니며 또 그러한 의사형성에 참여하는 데 필요한 조직도 갖추고 있지 않기 때문인 것으로 이해된다(헌재 1995.05.25. 95헌마105).

정답 O

19년(2) 모의

18. **헌법 제8조 제2항은 정당의 자유의 헌법적 근거를 제공하는 근거규범으로서 기능하는 동시에 정당에 대하여 정당의 자유의 한계를 부과하고 입법자에 대하여 그에 필요한 입법을 해야 할 의무를 부과하는 규정이다.**

해설 헌법 제8조 제2항은 헌법 제8조 제1항에 의하여 정당의 자유가 보장됨을 전제로 하여, 그러한 자유를 누리는 정당의 목적·조직·활동이 민주적이어야 한다는 요청, 그리고 그 조직이 국민의 정치적 의사형성에 참여하는데 필요한 조직이어야 한다는 요청을 내용으로 하는 것으로서, 정당에 대하여 정당의 자유의 한계를 부과하는 것임과 동시에 입법자에 대하여 그에 필요한 입법을 해야 할 의무를 부과하고 있다. 그러나 이에 나아가 정당의 자유의 헌법적 근거를 제공하는 근거규범으로서 기능한다고는 할 수 없다(헌재 2004.12.16. 2004헌마456).

정답

18년(3) 모의

19. **정당의 헌법적 기능과 과제를 고려할 때 정당의 자유는 물론 정당의 단체자치도 최대한 보장되어야 하지만, 자유위임의 본질을 훼손할 수는 없다.**

해설 정당은 국민과 국가의 중개자로서 정치적 도관의 기능을 수행하여 주체적·능동적으로 국민의 다원적 정치의사를 유도·통합함으로써 국가정책의 결정에 직접 영향을 미칠 수 있는 규모의 정치적 의사를 형성하고 있다. 이와 같은 정당의 기능을 수행하기 위해서는 무엇보다도 먼저 정당의 자유로운 지위가 전제되지 않으면 안 된다. 즉, 정당의 자유는 민주정치의 전제인 자유롭고 공개적인 정치적 의사형성을 가능하게 하는 것이므로 그 자유는 최대한 보장되지 않으면 안 되는 것이다. 한편, 정당은 그 자유로운 지위와 함께 "공공의 지위"를 함께 가지므로 이 점에서 정당은 일정한 법적 의무를 지게 된다. 또한 정당은 정치적 조직체인 탓에 그 내부조직에서 형성되는 과두적·권위주의적 지배경향을 배제하여 민주적 내부질서를 확보하기 위한 법적 규제가 불가피하게 요구된다. 그러나 정당에 대한 법적 규제는 위와 같은 한정된 목적에 필요한 범위 안에서 행해져야 하며, 그것이 국민의 정치활동의 자유나 정당의 단체자치에 부당한 간섭으로 작용해서는 안 된다(헌재 2003.10.30. 2002헌라1).

정답 O

17년(1) 모의

20. 대통령은 통상 정당의 당원으로서 정당의 추천과 지지를 받아 선거운동을 하고 대통령으로 선출되므로, 선출된 후에도 일반적으로 정당의 당원으로 남게 되고, 특정 정당과의 관계를 그대로 유지하게 된다.

해설 대통령이 '정치적 헌법기관이라는 점'과 '선거에 있어서 정치적 중립성을 유지해야 한다는 점'은 서로 별개의 문제로서 구분되어야 한다. 대통령은 통상 정당의 당원으로서 정당의 추천과 지지를 받아 선거운동을 하고 대통령으로 선출된다. 그러므로 대통령은 선출된 후에도 일반적으로 정당의 당원으로 남게 되고, 특정 정당과의 관계를 그대로 유지하게 된다. 현행 법률도 정당의 당원이 될 수 없는 일반 직업공무원과는 달리, 대통령에게는 당원의 자격을 유지할 수 있도록 규정하여(정당법 제22조 제1항 제1호) 정당활동을 허용하고 있다(헌재 2004.05.14. 2004헌나1).

정답 O

Ⅱ 정당의 설립

22년(2) 모의

21. 헌법 제8조 제1항은 정당설립의 자유만을 명시적으로 규정하고 있으므로 정당 존속의 자유는 그 보호대상이 아니다.

해설 헌법 제8조 제1항 전단은 단지 정당설립의 자유만을 명시적으로 규정하고 있지만, 정당의 설립만이 보장될 뿐 설립된 정당이 언제든지 해산될 수 있거나 정당의 활동이 임의로 제한될 수 있다면 정당설립의 자유는 사실상 아무런 의미가 없게 되므로, 정당설립의 자유는 당연히 정당존속의 자유와 정당활동의 자유를 포함하는 것이다(헌재 2014.01.28. 2012헌가19).

정답 X

18년(2) 모의

22. 정당의 합당으로 신설 또는 존속하는 정당에 대해 합당 전 정당의 권리·의무를 승계하도록 한 정당법 조항은 임의규정이므로, 그 규정과 다른 내용의 합당 전 정당들의 해당 기관의 결의나 합동회의의 결의는 유효하다.

해설 정당법 제4조의2(현행법 제19조) 제1항, 제2항에 의하면, 정당이 새로운 당명으로 합당(신설합당)하거나 다른 정당에 합당(흡수합당)될 때에는 합당을 하는 정당들의 대의기관이나 그 수임기관의 합동회의의 결의로써 합당할 수 있고, 정당의 합당은 소정의 절차에 따라 중앙선거관리위원회에 등록 또는 신고함으로써 성립하는 것으로 규정되어 있는 한편, 같은 조 제5항에 의하면, 합당으로 신설 또는 존속하는 정당은 합당 전 정당의 권리의무를 승계하는 것으로 규정되어 있는바, 위 정당법 조항에 의한 합당의 경우에 합당으로 인한 권리의무의 승계조항은 강행규정으로서 합당 전 정당들의 해당 기관의 결의나 합동회의의 결의로써 달리 정하였더라도 그 결의는 효력이 없다(대판 2002.02.08. 2001다68969).

정답 ×

18년(2) 모의

23. 지역정당과 군소정당을 배제하기 위한 목적에서 정당의 등록요건을 설정하는 것은 입법자가 추구할 수 있는 정당한 입법목적으로 볼 수 있다.

해설 우선 우리 헌법의 대의민주적 기본질서가 제기능을 수행하기 위해서는 의회 내의 안정된 다수세력의 확보를 필요로 한다는 점에서, 군소정당의 배제는 그 목적의 정당성이 인정될 수 있다. 다만 지역정당의 배제가 정당한 목적으로 인정될 수 있는가에 대해서는 이론이 제기될 수 있다. 그러나, 지역적 연고에 지나치게 의존하는 정당정치풍토가 우리의 정치현실에서 자주 문제시되고 있다는 점에서 볼 때, 단지 특정지역의 정치적 의사만을 반영하려는 지역정당을 배제하려는 취지가 헌법적 정당성에 어긋난 입법목적이라고 단정하기는 어렵다. 따라서 이 사건 법률조항의 입법목적은 정당한 것이라고 할 것이다(헌재 2006.03.30. 2004헌마246).

정답 ○

 18년 변시, 12년(3) 모의

24. 정당의 등록요건으로 '5 이상의 시·도당과 각 시·도당 1천인 이상의 당원'을 요구하는 것은 국민의 정당설립의 자유에 어느 정도 제한을 가하지만, 이러한 제한은 '상당한 기간 또는 계속해서', '상당한 지역에서' 국민의 정치적 의사형성과정에 참여해야 한다는 정당의 개념표지를 구현하기 위한 합리적인 제한이다.

해설 이 사건 법률조항이 비록 정당으로 등록되기에 필요한 요건으로서 5개 이상의 시·도당 및 각 시·도당마다 1,000명 이상의 당원을 갖출 것을 요구하고 있기 때문에 국민의 정당설립의 자유에 어느 정도 제한을 가하는 점이 있는 것은 사실이나, 이러한 제한은 "상당한 기간 또는 계속해서", "상당한 지역에서" 국민의 정치적 의사형성 과정에 참여해야 한다는 헌법상 정당의 개념표지를 구현하기 위한 합리적인 제한이라고 할 것이므로, 그러한 제한은 헌법적으로 정당화된다고 할 것이다(헌재 2006.03.30. 2004헌마246). ▶ 정당법 참조.

정당법 제17조(법정시·도당수) 정당은 5 이상의 시·도당을 가져야 한다.
정당법 제18조(시·도당의 법정당원수) ① 시·도당은 1천인 이상의 당원을 가져야 한다.
정당법 제37조(활동의 자유) ③ 정당은 국회의원지역구 및 자치구·시·군, 읍·면·동별로 당원협의회를 둘 수 있다. 다만, 누구든지 시·도당 하부조직의 운영을 위하여 당원협의회 등의 사무소를 둘 수 없다.

정답 ○

25. 외국인인 사립대학의 교원은 정당의 발기인이나 당원이 될 수 있다.

> 해설 대한민국 국민이 아닌 자는 당원이 될 수 없다(정당법 제22조).

정답 ×

23년(1) 모의

26. 정당은 국회의원지역구 및 자치구·시·군, 읍·면·동별로 당원협의회를 둘 수 있으나 시·도당 하부조직의 운영을 위한 당원협의회 등의 사무소는 둘 수 없다.

> 해설 정당법 제37조 제3항 참조.

> 정당법 제37조(활동의 자유) ① 정당은 헌법과 법률에 의하여 활동의 자유를 가진다.
> ② 정당이 특정 정당이나 공직선거의 후보자(후보자가 되고자 하는 자를 포함한다)를 지지·추천하거나 반대함이 없이 자당의 정책이나 정치적 현안에 대한 입장을 인쇄물·시설물·광고 등을 이용하여 홍보하는 행위와 당원을 모집하기 위한 활동(호별방문을 제외한다)은 통상적인 정당활동으로 보장되어야 한다.
> ③ 정당은 국회의원지역구 및 자치구·시·군, 읍·면·동별로 당원협의회를 둘 수 있다. 다만, 누구든지 시·도당 하부조직의 운영을 위하여 당원협의회 등의 사무소를 둘 수 없다.

정답 ○

Ⅲ 정당의 활동

17년(2)·21년(1) 모의

27. 정당대표나 주요 당직자 등의 공식적 발언, 정당의 기관지나 선전자료와 같은 간행물, 정당의 의사결정과정에서 일정한 영향력을 가지거나 정당의 이념으로부터 영향을 받은 당원들의 행위 등도 정당의 목적을 파악하는 자료로 사용될 수 있다.

> 해설 '정당의 목적'이란, 어떤 정당이 추구하는 정치적 방향이나 지향점 혹은 현실 속에서 구현하고자 하는 정치적 계획 등을 통칭한다. 이는 주로 정당의 공식적인 강령이나 당헌의 내용을 통해 드러나겠지만, 그밖에 정당대표나 주요 당직자 등의 공식적 발언, 정당의 기관지나 선전자료와 같은 간행물, 정당의 의사결정과정에서 일정한 영향력을 가지거나 정당의 이념으로부터 영향을 받은 당원들의 행위 등도 정당의 목적을 파악하는 데에 도움이 될 수 있다. 만약 정당의 진정한 목적이 숨겨진 상태라면 이 경우에는 강령 이외의 자료를 통해 진정한 목적을 파악해야 한다. 한편 '정당의 활동'이란, 정당 기관의 행위나 주요 정당관계자, 당원 등의 행위로서 그 정당에게 귀속시킬 수 있는 활동 일반을 의미한다(헌재 2014.12.19. 2013헌다1).

정답 ○

Ⅳ 당내 민주주의

28.
정당이 그 소속 국회의원을 제명하기 위해서는 당헌이 정하는 절차를 거치는 외에 그 소속 국회의원 전원의 2분의 1 이상의 찬성이 있어야 한다.

해설 정당법 제33조 참조.

정당법 제33조 (정당소속 국회의원의 제명) 정당이 그 소속 국회의원을 제명하기 위해서는 당헌이 정하는 절차를 거치는 외에 그 소속 국회의원 전원의 2분의 1 이상의 찬성이 있어야 한다.

정답 O

Ⅴ 위헌정당의 해산

29.
대통령의 직무상 해외 순방 중 국무총리가 주재한 국무회의에서 이루어진 정당해산심판청구서 제출안에 대한 의결은 위법하지 아니하다.

해설 대통령은 국무회의의 의장으로서 회의를 소집하고 이를 주재하지만 대통령이 사고로 직무를 수행할 수 없는 경우에는 국무총리가 그 직무를 대행할 수 있고, 대통령이 해외 순방 중인 경우는 '사고'에 해당되므로, 대통령의 직무상 해외 순방 중 국무총리가 주재한 국무회의에서 이루어진 정당해산심판청구서 제출안에 대한 의결은 위법하지 아니하다(헌재 2014.12.19. 2013헌다1).

정답 O

30.
정당해산을 명하는 결정서는 피청구인 외에 국회, 정부 및 중앙선거관리위원회에도 송달하여야 한다.

해설 헌법재판소법 제58조 참조.

헌법재판소법 제58조 ② 정당해산을 명하는 결정서는 피청구인 외에 국회, 정부 및 중앙선거관리위원회에도 송달하여야 한다.

정답 O

31.
헌법 제8조 제4항에 의하면 정당의 목적이나 활동이 민주적 기본질서에 위배되기만 하면 정당해산의 사유가 되는 것이므로, 헌법재판소가 정당해산결정을 내리는 경우 그 해산이 비례원칙에 부합하는지를 별도로 검토할 필요는 없다.

해설 일반적으로 비례원칙은 우리 재판소가 법률이나 기타 공권력 행사의 위헌 여부를 판단할 때 사용하는 위헌심사 척도의 하나이다. 그러나 정당해산심판제도에서는 헌법재판소의 정당해산결정이 정당의 자유를 침해할 수 있는 국가권력에 해당하므로 헌법재판소가 정당해산결정을 내리기 위해서는 그 해산결정이 비례원칙에 부합하는지를 숙고해야 하는바, 이 경우의 비례원칙 준수 여부는 그것이 통상적으로 기능하는 위헌심사의 척도가 아니라 헌법재판소의 정당해산결정이 충족해야 할 일종의 헌법적 요건 혹은 헌법적 정당화 사유에 해당한다. 이와 같이 강제적 정당해산은 우리 헌법상 핵심적인 정치적 기본권인 정당 활동의 자유에 대한 근본적 제한이므로 헌법재판소는 이에 관한 결정을 할 때 헌법 제37조 제2항이 규정하고 있는 비례원칙을 준수해야만 하는 것이다(헌재 2014.12.19. 2013헌다1).

정답

32. **(1)** 정당해산심판절차에서는 정당해산심판의 성질에 반하지 않는 한도에서 「헌법재판소법」 제40조에 따라 민사소송에 관한 법령이 준용될 수 있지만, 민사소송에 관한 법령이 준용되지 않아 법률의 공백이 생기는 부분에 대하여는 헌법재판소가 정당해산심판의 성질에 맞는 절차를 창설할 수 있다.

(2) 정당해산심판절차에 관하여 민사소송에 관한 법령을 준용하도록 한 「헌법재판소법」 제40조 제1항은 헌법상 재판을 받을 권리를 침해하지 아니한다.

해설 (1) 민사소송에 관한 법령의 준용이 배제되어 법률의 공백이 생기는 부분에 대하여는 헌법재판소가 정당해산심판의 성질에 맞는 절차를 창설하여 이를 메울 수밖에 없다. 이와 같이 법률의 공백이 있는 경우 정당해산심판제도의 목적과 취지에 맞는 절차를 창설하여 실체적 진실을 발견하고 이에 근거하여 헌법정신에 맞는 결론을 도출해내는 것은 헌법이 헌법재판소에 부여한 고유한 권한이자 의무이다(헌재 2014.02.27. 2014헌마7). ▶ 헌법재판소법 제40조 참조. 정당해산심판의 경우 헌법재판소법 제40조 제1항 단서에 해당하지 않으므로, 동항 본문에 따라서 특별한 규정이 있는 경우를 제외하고는 헌법재판의 성질에 반하지 아니하는 한도에서 민사소송에 관한 법령을 준용

(2) 이 사건 준용조항은 헌법재판에서의 불충분한 절차진행규정을 보완하고, 원활한 심판절차진행을 도모하기 위한 조항으로, 그 절차보완적 기능에 비추어 볼 때, 소송절차 일반에 준용되는 절차법으로서의 민사소송에 관한 법령을 준용하도록 한 것이 현저히 불합리하다고 볼 수 없다. 또한 '헌법재판의 성질에 반하지 아니하는 한도'에서 민사소송에 관한 법령을 준용하도록 규정하여 정당해산심판의 고유한 성질에 반하지 않도록 적용범위를 한정하고 있는바, 여기서 '헌법재판의 성질에 반하지 않는' 경우란, 다른 절차법의 준용이 헌법재판의 고유한 성질을 훼손하지 않는 경우로 해석할 수 있고, 이는 헌법재판소가 당해 헌법재판이 갖는 고유의 성질·헌법재판과 일반재판의 목적 및 성격의 차이·준용 절차와 대상의 성격 등을 종합적으로 고려하여 구체적·개별적으로 판단할 수 있다. 따라서 준용조항은 청구인의 공정한 재판을 받을 권리를 침해한다고 볼 수 없다(헌재 2014.02.27. 2014헌마7).

정답

⏱ 16년 변시, 15년(1)·(2)·20년(2)·21년(1) 모의

33. '정당의 목적이나 활동이 민주적 기본질서에 위배될 때'라는 헌법 제8조 제4항의 정당해산 요건이 충족되면, 헌법재판소는 해당 정당의 위헌적 문제성을 해결할 수 있는 다른 대안적 수단이 있는 경우라 하더라도 강제적 정당해산결정을 할 수 있다.

> **해설** 강제적 정당해산은 헌법상 핵심적인 정치적 기본권인 정당활동의 자유에 대한 근본적 제한이므로, 헌법재판소는 이에 관한 결정을 할 때 헌법 제37조 제2항이 규정하고 있는 비례원칙을 준수해야만 한다. 따라서 헌법 제8조 제4항의 명문규정상 요건이 구비된 경우에도 해당 정당의 위헌적 문제성을 해결할 수 있는 다른 대안적 수단이 없고, 정당해산결정을 통하여 얻을 수 있는 사회적 이익이 정당해산결정으로 인해 초래되는 정당활동 자유 제한으로 인한 불이익과 민주주의 사회에 대한 중대한 제약이라는 사회적 불이익을 초과할 수 있을 정도로 큰 경우에 한하여 정당해산결정이 헌법적으로 정당화될 수 있다(헌재 2014.12.19. 2013헌다1).

정답

⏱ 16년 변시, 14년(2)·15년(2)·17년(3)·19년(1) 모의

34. 헌법재판소는 위헌정당해산결정으로 정당이 해산되는 경우 정당해산결정의 실효성을 위해 지역구 의원이냐 비례대표 의원이냐를 불문하고 해산된 정당 소속의 국회의원과 지방의회의원은 그 자격을 상실한다고 결정하였다.

> **해설** 헌법재판소의 해산결정에 따른 정당의 강제해산의 경우에는 그 정당 소속 국회의원이 그 의원직을 상실하는지 여부에 관하여 헌법이나 법률에 아무런 규정을 두고 있지 않다. 따라서 위헌으로 해산되는 정당 소속 국회의원의 의원직 상실 여부는 위헌정당해산제도의 취지와 그 제도의 본질적 효력에 비추어 판단하여야 한다. … 정당해산심판제도의 본질은 그 목적이나 활동이 민주적 기본질서에 위배되는 정당을 국민의 정치적 의사 형성과정에서 미리 배제함으로써 국민을 보호하고 헌법을 수호하기 위한 것이다. 어떠한 정당을 엄격한 요건 아래 위헌정당으로 판단하여 해산을 명하는 것은 헌법을 수호한다는 방어적 민주주의 관점에서 비롯되는 것이고, 이러한 비상상황에서는 국회의원의 국민대표성은 부득이 희생될 수밖에 없다. … 국회의원이 국민 전체의 대표자로서의 지위를 가진다는 것과 방어적 민주주의의 정신이 논리 필연적으로 충돌하는 것이 아닐 뿐 아니라, 국회의원이 헌법기관으로서 정당기속과 무관하게 국민의 자유위임에 따라 정치활동을 할 수 있는 것은 헌법의 테두리 안에서 우리 헌법이 추구하는 민주적 기본질서를 존중하고 실현하는 경우에만 가능한 것이지, 헌법재판소의 해산결정에도 불구하고 그 정당 소속 국회의원이 위헌적인 정치이념을 실현하기 위한 정치활동을 계속하는 것까지 보호받을 수는 없다. … 만일 해산되는 위헌정당 소속 국회의원들이 의원직을 유지한다면 그 정당의 위헌적인 정치이념을 정치적 의사 형성과정에서 대변하고 또 이를 실현하려는 활동을 계속하는 것을 허용함으로써 실질적으로는 그 정당이 계속 존속하여 활동하는 것과 마찬가지의 결과를 가져오게 될 것이다. 따라서 해산정당 소속 국회의원의 의원직을 상실시키지 않는 것은 결국 위헌정당해산제도가 가지는 헌법수호의 기능이나 방어적 민주주의 이념과 원리에 어긋나는 것이고, 나아가 정당해산결정의 실효성을 제대로 확보할 수 없게 된다. … 이와 같이 헌법재판소의 해산결정으로 해산되는 정당 소속 국회의원의 의원직 상실은 정당해산심판제도의 본

질로부터 인정되는 기본적 효력으로 봄이 상당하므로, 이에 관하여 명문의 규정이 있는지 여부는 고려의 대상이 되지 아니하고, 그 국회의원이 지역구에서 당선되었는지, 비례대표로 당선되었는지에 따라 아무런 차이가 없이, 정당해산결정으로 인하여 신분유지의 헌법적인 정당성을 잃으므로 그 의원직은 상실되어야 한다(헌재 2014.12.19. 2013헌다1). ▶ 헌법재판소는 위헌정당해산결정으로 정당이 해산되는 경우 그 정당 소속 국회의원이 의원직을 상실한다고 판시하였으나, 지방의회의원에 대하여는 판단하지 않음

정답

15년(2) 모의

35. 정당은 우리 헌법에 의해 두텁게 보호되므로, 단순히 행정부의 통상적인 처분에 의해서는 해산될 수 없고, 오직 헌법재판소가 그 정당의 위헌성을 확인하고 해산의 필요성을 인정한 경우에만 정당정치의 영역에서 배제된다.

해설 모든 정당의 존립과 활동은 최대한 보장되며, 설령 어떤 정당이 민주적 기본질서를 부정하고 이를 적극적으로 공격하는 것으로 보인다 하더라도 국민의 정치적 의사형성에 참여하는 정당으로서 존재하는 한 우리 헌법에 의해 최대한 두텁게 보호되므로, 단순히 행정부의 통상적인 처분에 의해서는 해산될 수 없고, 오직 헌법재판소가 그 정당의 위헌성을 확인하고 해산의 필요성을 인정한 경우에만 정당정치의 영역에서 배제된다는 것이다(헌재 2014.12.19. 2013헌다1).

정답

15년 변시

36. 헌법 제8조 제4항에서 말하는 민주적 기본질서의 위배란, 정당의 목적이나 활동이 우리 사회의 민주적 기본질서에 대하여 실질적인 해악을 끼칠 수 있는 구체적 위험성을 초래하는 경우뿐만 아니라 민주적 기본질서에 대한 단순한 위반이나 저촉까지도 포함하는 넓은 개념이다.

해설 헌법 제8조 제4항은 정당해산심판의 사유를 "정당의 목적이나 활동이 민주적 기본질서에 위배될 때"로 규정하고 있는데, 여기서 말하는 민주적 기본질서의 '위배'란, 민주적 기본질서에 대한 단순한 위반이나 저촉을 의미하는 것이 아니라, 민주사회의 불가결한 요소인 정당의 존립을 제약해야 할 만큼 그 정당의 목적이나 활동이 우리 사회의 민주적 기본질서에 대하여 실질적인 해악을 끼칠 수 있는 구체적 위험성을 초래하는 경우를 가리킨다(헌재 2014.12.19. 2013헌다1).

정답

14년(3) 모의

37. 정당해산심판제도는 헌법을 부정하는 조직화된 헌법의 적으로부터 헌법을 보호하는 목적도 있고, 다른 한편 헌법재판소의 심판을 통해서만 정당을 해산할 수 있게 함으로써 일반단체에 비해 정당을 두텁게 보호하는 목적도 있다.

해설 정당해산제도는 정당에 대하여 일반 결사와 달리 엄격한 요건과 절차에 의해서만 해산되도록 한다는 정당보호라는 의미와, 정당이 정당 활동의 자유라는 미명으로 헌법을 공격하여 파괴하는 것을 방지한다는 헌법보호라는 의미를 가진다. 따라서 정당해산제도는 정당 존립의 특권을 보장함(정당의 보호)과 동시에, 정당 활동의 자유에 관한 한계를 설정한다(헌법의 보호)는 이중적 성격을 가진다(헌재 2014.02.27. 2014헌마7).

정답 O

23년(2) 모의

38. 정당이 헌법재판소의 결정으로 해산된 때에는 해산된 정당의 강령과 동일한 정당을 창당하지 못하고, 헌법재판소의 결정에 의하여 해산된 정당의 명칭과 유사한 명칭은 정당의 명칭으로 다시 사용하지 못한다.

해설 정당법 제40조, 제41조 제2항 참조.

정당법 제40조(대체정당의 금지) 정당이 헌법재판소의 결정으로 해산된 때에는 해산된 정당의 강령(또는 기본정책)과 동일하거나 유사한 것으로 정당을 창당하지 못한다.
정당법 제41조(유사명칭 등의 사용금지) ②헌법재판소의 결정에 의하여 해산된 정당의 명칭과 같은 명칭은 정당의 명칭으로 다시 사용하지 못한다.

정답

23년(2) 모의

39. 누구든지 헌법재판소의 결정에 따라 해산된 정당의 목적을 달성하기 위한 집회 또는 시위를 주최하여서는 안 되며, 그러한 집회 또는 시위를 할 것을 선전하거나 선동하여서도 안 된다.

해설 집회 및 시위에 관한 법률 제5조 참조.

집회 및 시위에 관한 법률 제5조(집회 및 시위의 금지) ① 누구든지 다음 각 호의 어느 하나에 해당하는 집회나 시위를 주최하여서는 아니 된다.
1. 헌법재판소의 결정에 따라 해산된 정당의 목적을 달성하기 위한 집회 또는 시위
2. 집단적인 폭행, 협박, 손괴(損壞), 방화 등으로 공공의 안녕 질서에 직접적인 위협을 끼칠 것이 명백한 집회 또는 시위
② 누구든지 제1항에 따라 금지된 집회 또는 시위를 할 것을 선전하거나 선동하여서는 아니 된다.

정답 O

23년(2) 모의

40. 정당의 해산을 명하는 헌법재판소의 결정은 중앙선거관리위원회가 「국회법」에 따라 집행한다.

해설 헌법재판소법 제60조 참조.

헌법재판소법 제60조(결정의 집행) 정당의 해산을 명하는 헌법재판소의 결정은 중앙선거관리위원회가 「정당법」에 따라 집행한다.

정답 ×

Ⅵ 정당의 소멸

 22년 변시

41. 정당이 자유민주적 기본질서를 부정하고 이를 적극적으로 제거하려는 경우 중앙선거관리위원회는 그 정당의 등록을 취소할 수 있다.

해설 헌법 제8조 제1항은 정당설립의 자유와 복수정당제를 명시적으로 규정함으로써 정당 간의 경쟁을 유도하고 정치적 다양성 및 정치과정의 개방성을 보장하고 있으며, 헌법 제8조 제4항은 그 목적이나 활동이 자유민주적 기본질서를 부정하고 이를 적극적으로 제거하려는 정당까지도 국민의 정치적 의사형성에 참여하는 한 '정당설립의 자유'의 보호를 받는 정당으로 보고 오로지 헌법재판소가 그 위헌성을 확인한 경우에만 정치생활의 영역으로부터 축출될 수 있음을 규정하여 정당설립의 자유를 두텁게 보호하고 있다(헌재 2014.01.28. 2012헌가19).

정답 ×

 18년·21년 변시, 14년(3)·23년(2) 모의

42. 헌법재판소는 정당해산심판의 청구를 받은 때에는 청구인의 신청에 의하여 종국결정의 선고 시까지 피청구인의 활동을 정지하는 결정을 할 수 있고, 직권으로는 할 수 없다.

해설 헌법재판소법 제57조 참조.

헌법재판소법 제57조(가처분) 헌법재판소는 정당해산심판의 청구를 받은 때에는 직권 또는 청구인의 신청에 의하여 종국결정의 선고 시까지 피청구인의 활동을 정지하는 결정을 할 수 있다.

정답 ×

제❸항 ┃ 정치자금

 21년 변시

43. 경상보조금과 선거보조금은 지급 당시 「국회법」에 의하여 동일 정당의 소속의원으로 교섭단체를 구성한 정당에 대하여 그 100분의 50을 정당별로 의석 비율에 따라 분할하여 배분·지급한다.

해설 정치자금법 제27조 참조.

정치자금법 제27조(보조금의 배분) ① 경상보조금과 선거보조금은 지급 당시 「국회법」 제33조(교섭단체)제1항 본문의 규정에 의하여 동일 정당의 소속의원으로 교섭단체를 구성한 정당에 대하여 그 100분의 50을 정당별로 균등하게 분할하여 배분·지급한다.

정답 ✗

21년(2) 모의

44. 경상보조금을 지급받은 정당은 그 경상보조금 총액의 100분의 30 이상은 「정당법」상의 정책연구소에, 100분의 10 이상은 시·도당에 배분·지급하여야 하며, 100분의 10 이상은 여성정치발전을 위하여 사용하여야 한다.

해설 정치자금법 제28조 제2항 참조.

정치자금법 제28조(보조금의 용도제한 등) ②경상보조금을 지급받은 정당은 그 경상보조금 총액의 100분의 30 이상은 정책연구소 [「정당법」 제38조(정책연구소의 설치·운영)에 의한 정책연구소를 말한다. 이하 같다]에, 100분의 10 이상은 시·도당에 배분·지급하여야 하며, 100분의 10 이상은 여성정치발전을 위하여, 100분의 5 이상은 청년정치발전을 위하여 사용하여야 한다. 이 경우 여성정치발전을 위한 경상보조금의 구체적인 사용 용도는 다음 각 호와 같다. <개정 2022. 2. 22., 2024. 1. 2.>
1. 여성정책 관련 정책개발비
2. 여성 공직선거 후보자 지원 선거관계경비
3. 여성정치인 발굴 및 교육 관련 경비
4. 양성평등의식 제고 등을 위한 당원 교육 관련 경비
5. 여성 국회의원·지방의회의원 정치활동 지원 관련 경비
6. 그 밖에 여성정치발전에 필요한 활동비, 인건비 등의 경비로서 중앙선거관리위원회규칙으로 정하는 경비

정답 ○

19년 변시

45. 정당운영에 필요한 자금에 대한 국가보조는 정당의 공적 기능의 중요성을 감안하여 정당의 정치자금 조달을 보완하는 데에 의의가 있으므로, 본래 국민의 자발적 정치조직인 정당에 대한 과도한 국가보조는 국민의 지지를 얻고자 하는 노력이 실패한 정당이 스스로 책임져야 할 위험부담을 국가가 상쇄하는 것으로서 정당 간 자유로운 경쟁을 저해할 수 있다.

해설 헌법 제8조 제3항은 "정당은 법률이 정하는 바에 의하여 국가의 보호를 받으며, 국가는 법률이 정하는 바에 의하여 정당운영에 필요한 자금을 보조할 수 있다."고 규정하고 있고, 이에 따라 정치자금법에서 정당 운영자금에 대한 국가보조를 규정하고 있다. 그러나 국가보조는 정당의 공적 기능의 중요성을 감안하여 정당의 정치자금 조달을 보완하는 데에 그 의의가 있으므로, 본래 국민의 자발적 정치조직인 정당에 대한 과도한 국가보조는 정당의 국민의존성을 떨어뜨리고 정당과 국민을 멀어지게 할 우

려가 있다. 이는 국민과 국가를 잇는 중개자로서의 정당의 기능, 즉 공당으로서의 기능을 약화시킴으로써 정당을 국민과 유리된 정치인들만의 단체, 즉 사당으로 전락시킬 위험이 있다. 뿐만 아니라 과도한 국가보조는 국민의 지지를 얻고자 하는 노력이 실패한 정당이 스스로 책임져야 할 위험부담을 국가가 상쇄하는 것으로서 정당간 자유로운 경쟁을 저해할 수 있다(헌재 2015.12.23. 2013헌바168).

정답 O

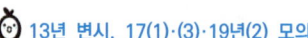 13년 변시, 17(1)·(3)·19년(2) 모의

46. 정치자금법상 국고보조금 배분에 있어서 교섭단체 구성 여부에 따라 차등을 두는 것은 다수의석을 가지고 있는 원내정당을 우대하고자 하는 것으로 합리적 이유가 있다.

해설 우리 나라와 같이 정당제가 불안정하고 정당과 국민 간의 동일성이 희박한 정당정치풍토에서 대의민주적 기본질서가 제 기능을 수행하기 위해서는 의회 내에 안정된 다수세력을 확보할 필요가 있으므로, 다수 의석을 가지고 있는 원내정당을 우대하고자 하는 이 사건 법률조항이 부당하다고 하기는 어렵다. 교섭단체를 구성할 정도의 다수 정당과 그에 미치지 못하는 소수 정당 사이에 나타나는 차등지급의 정도는 정당 간의 경쟁상태를 현저하게 변경시킬 정도로 합리성을 결여한 차별이라고 보기 어렵다(헌재 2006.07.27. 2004헌마655).

정답 O

19년(2) 모의

47. 정당은 당내 민주주의가 확립되고 민의에 따라 정당이 구성되고 공천되는 것을 전제로 해야 하며, 정당의 금품수수에 대한 일정한 규제는 민주주의의 기초가 훼손되는 것을 방지하기 위하여 이루어지는 대의제 민주주의의 필연적 귀결이다.

해설 헌법 제8조 제2항은 헌법 제8조 제1항에 의하여 정당의 자유가 보장됨을 전제로 하여, 그러한 자유를 누리는 정당의 목적·조직·활동이 민주적이어야 하고, 국민의 정치적 의사형성에 참여하는 데 필요한 조직이어야 한다는 요청을 내용으로 하는 것으로서, 정당에 대하여 정당의 자유의 한계를 부과하는 동시에 입법자에 대하여 그에 필요한 입법을 해야 할 의무를 부과하고 있는 것인바(헌재 2004.12.16. 2004헌마456), 정당은 국민 각자의 선거의 자유와 기회균등을 보장하는 민주사회의 기반 위에서 존립하는 것이므로 당내 민주주의가 확립되고 민의에 따라 정당이 구성되고 공천되는 것을 전제로 해야 한다(헌재 1989. 9.8. 88헌가6). 만약 정당의 운영자금 조달을 정당 또는 정치인에게 맡겨 두고 아무런 규제를 하지 않는다면 정치권력과 금력의 결탁이 만연해지고, 필연적으로 기부자의 정치적 영향력이 증대될 것이며, 이처럼 금력을 가진 소수 기득권자에게 유리한 정치적 결정이 이루어진다면 민주주의의 기초가 심각하게 훼손될 수 있으므로, 정당의 금품수수에 대한 일정한 규제는 대의제 민주주의의 필연적 귀결이라고 할 것이다(헌재 2009.10.29. 2008헌바146).

정답 O

15년(2)·17년(1) 모의

48. 단체와 관련된 자금으로 정치자금을 기부할 수 없도록 하는 것은 단체의 정치적 의사표현 자체를 금지하거나 그 내용에 따라 규제하도록 한 것이 아니므로 정치적 표현의 자유의 본질을 침해하는 것이라고 볼 수 없다.

해설 단체관련자금 기부금지조항에 의한 개인이나 단체의 정치적 표현의 자유 제한은 수인 불가능할 정도로 큰 것이 아닌 반면, 금권정치와 정경유착의 차단, 단체와의 관계에서 개인의 정치적 기본권 보호 등 위 조항에 의하여 달성되는 공익은 매우 크고 중요하다는 점에서 법익균형성 원칙도 충족된다. 따라서 단체관련자금 기부금지조항이 과잉금지원칙을 위반하여 정치활동의 자유 내지 정치적 의사표현의 자유를 침해하는 것이라 볼 수 없다(헌재 2014.04.24. 2011헌바254).

정답 O

17년(1) 모의

49. 금력을 가진 소수 기득권자에게 유리한 정치적 결정이 이루어진다면 민주주의의 기초라 할 수 있는 1인 1표의 기회균등원리가 심각하게 훼손될 수 있으므로, 정치자금에 대한 규제는 대의제 민주주의의 필연적 귀결이다.

해설 정치자금의 조달을 정당 또는 정치인에게 맡겨 두고 아무런 규제를 하지 않는다면 정치권력과 금력의 결탁이 만연해지고, 필연적으로 기부자의 정치적 영향력이 증대될 것이다. 금력을 가진 소수 기득권자에게 유리한 정치적 결정이 이루어진다면 민주주의의 기초라 할 수 있는 1인 1표의 기회균등원리가 심각하게 훼손될 수 있다. 그러므로, 구체적인 내용은 별론으로 하더라도, 정치자금에 대한 규제는 대의제 민주주의의 필연적 귀결이다(헌재 2004.06.24. 2004헌바16).

정답   O

17년(1) 모의

50. 후원회는 우편·전화에 의한 모금을 할 수 있으며, 집회에 의한 방법으로도 후원금을 모금할 수 있다.

해설 후원회는 우편·통신(전화, 인터넷전자결제시스템 등을 말한다)에 의한 모금, 중앙선거관리위원회가 제작한 정치자금영수증(이하 "정치자금영수증"이라 한다)과의 교환에 의한 모금 또는 신용카드·예금계좌 등에 의한 모금 그 밖에 이 법과 「정당법」 및 「공직선거법」 에 위반되지 아니하는 방법으로 후원금을 모금할 수 있다. 다만, 집회에 의한 방법으로는 후원금을 모금할 수 없다(정치자금법 제14조 제1항).

정답 ×

22년(2) 모의

51. 당내경선은 공직선거 자체와는 구별되는 정당 내부의 자발적인 의사결정에 해당하고 경선운동은 원칙적으로 공직선거에서의 당선 또는 낙선을 위한 행위인 선거운동에 해당하지 않으므로 당내경선의 형평성과 공정성을 담보하기 위해서 국가가 개입하여야 하는 정도는 공직선거와 동등하다고 보기 어렵다.

해설 당내경선은 정당이 추천하는 공직선거후보자를 선출하는 절차로서(공직선거법 제57조의2 제1항 및 제2항), 국민의 정치적 의사 형성에 참여하는 정당의 중요한 활동 중 하나이고, 정당의 규모와 역할이 증대됨에 따라, 당내경선이 공직선거에 있어 중요한 부분을 차지하게 된 점은 부인하기 어렵다. 그러나 당내경선은 공직선거 자체와는 구별되는 정당 내부의 자발적인 의사결정에 해당하고, 경선운동은 원칙적으로 공직선거에서의 당선 또는 낙선을 위한 행위인 선거운동에 해당하지 않는다. 따라서 당내경선의 형평성과 공정성을 담보하기 위해서 국가가 개입하여야 하는 정도가 공직선거와 동등하다고 보기 어려우므로, 심판대상조항이 과잉금지원칙에 반하는지 여부를 판단할 때에는 엄격한 심사기준이 적용되어야 한다(헌재 2021.04.29. 2019헌가11).

정답

15년 변시, 22년(2) 모의

52. 대통령선거경선후보자가 당내경선 후보자로 등록을 하고 당내경선 과정에서 탈퇴함으로써 후원회를 둘 수 있는 자격을 상실한 때에는 후원회로부터 후원받은 후원금 전액을 국고에 귀속하도록 하는 것은 경선에 참여하여 낙선한 대통령선거경선후보자와의 관계에서 합리적인 이유가 있는 차별이라고 하기 어렵다.

해설 대통령선거경선후보자가 후보자가 될 의사를 갖고 당내경선 후보자로 등록을 하고 선거운동을 한 경우라고 한다면, 비록 경선에 참여하지 아니하고 포기하였다고 하여도 대의민주주의의 실현에 중요한 의미를 가지는 정치과정이라는 점을 부인할 수 없다. 따라서 경선을 포기한 대통령선거경선후보자에 대하여도 정치자금의 적정한 제공이라는 입법목적을 실현할 필요가 있는 것이며, 이들에 대하여 후원회로부터 지원받은 후원금 총액을 회수함으로써 경선에 참여한 대통령선거경선후보자와 차별하는 이 사건 법률조항의 차별은 합리적인 이유가 있는 차별이라고 하기 어렵다(헌재 2009.12.29. 2007헌마1412).

정답

제5절 선거제도

제❶항 │ 선거제도의 기본원칙

Ⅰ 보통선거의 원칙

1. 선거권의 제한

21년 변시, 23년(3) 모의

53. 대의기관의 선출주체가 곧 대의기관의 의사결정에 대한 승인주체가 되는 것은 당연한 논리적 귀결이므로, 국민투표권자의 범위는 대통령선거권자·국회의원선거권자와 일치하여야 한다.

해설 헌법 제72조의 중요정책 국민투표와 헌법 제130조의 헌법개정안 국민투표는 대의기관인 국회와 대통령의 의사결정에 대한 국민의 승인절차에 해당한다. 대의기관의 선출주체가 곧 대의기관의 의사결정에 대한 승인주체가 되는 것은 당연한 논리적 귀결이므로, 국민투표권자의 범위는 대통령선거권자·국회의원선거권자와 일치되어야 한다. 공직선거법 제15조 제1항은 19세 이상의 국민에게 대통령 및 국회의원의 선거권을 인정하고 있는바, 재외선거인에게도 대통령선거권과 국회의원선거권이 인정되고 있다. 따라서 재외선거인은 대의기관을 선출할 권리가 있는 국민으로서 대의기관의 의사결정에 대해 승인할 권리가 있고, 국민투표권자에는 재외선거인이 포함된다고 보아야 한다(헌재 2014.07.24. 2009헌마256). ▶ 현행 공직선거법 제15조에 의하면 선거연령은 만 18세로 하향되었음에 주의

정답 O

23년(3) 모의

54. 외교·국방·통일 기타 국가안위에 관한 중요정책에 관한 국민투표 규정인 헌법 제72조는 국민투표권자에 관하여 규정하고 있지 않지만, 헌법개정에 관한 국민투표 규정인 헌법 제130조 제2항은 국민투표권자에 관하여 규정하고 있다.

해설 우리 헌법은 정책국민투표에 관한 제72조에서는 의결정족수를 규정하고 있지 않으나 헌법개정국민투표에 관한 제130조 제2항에서 국회의원선거권자 과반수의 투표와 투표자 과반수의 찬성을 얻어야 한다고 규정하고 있으므로, 이를 제72조의 경우에 유추 적용한다고 할 때, 투표에의 불참은 국민투표의 부결에 귀결될 수 있다(헌재 2003.11.27. 2003헌마694,700,742(병합,전합)

헌법 제72조 대통령은 필요하다고 인정할 때에는 외교·국방·통일 기타 국가안위에 관한 중요정책을 국민투표에 붙일 수 있다.
헌법 제130조 ②헌법개정안은 국회가 의결한 후 30일 이내에 국민투표에 붙여 국회의원선거권자 과반수의 투표와 투표자 과반수의 찬성을 얻어야 한다.

정답 O

17년 변시, 19년(1)·(3) · 23년(2) 모의

55. 국민투표는 대한민국의 헌법질서 내에서 국민의 의사를 직접적으로 반영하는 절차이므로 국민투표권자를 대한민국의 영토에서 생활영역을 영위하는 사람으로 한정하는 것은 재외선거인의 국민투표권을 침해하지 않는다.

해설 헌법 제72조의 중요정책 국민투표와 헌법 제130조의 헌법개정안 국민투표는 대의기관인 국회와 대통령의 의사결정에 대한 국민의 승인절차에 해당한다. 대의기관의 선출주체가 곧 대의기관의 의사결정에 대한 승인주체가 되는 것은 당연한 논리적 귀결이다. 재외선거인은 대의기관을 선출할 권리가 있는 국민으로서 대의기관의 의사결정에 대해 승인할 권리가 있으므로, 국민투표권자에는 재외선거인이 포함된다고 보아야 한다. 또한, 국민투표는 선거와 달리 국민이 직접 국가의 정치에 참여하는 절차이므로, 국민투표권은 대한민국 국민의 자격이 있는 사람에게 반드시 인정되어야 하는 권리이다. 이처럼 국민의 본질적 지위에서 도출되는 국민투표권을 추상적 위험 내지 선거기술상의 사유로 배제하는 것은 헌법이 부여한 참정권을 사실상 박탈한 것과 다름없다. 따라서 국민투표법조항은 재외선거인의 국민투표권을 침해한다(헌재 2014.07.24. 2009헌마256,2010헌마394(병합)).

정답

21년(3) 모의

56. 공직선거권 행사 연령을 19세 이상으로 획일적으로 제한한 것은 보통선거의 원칙에 위배되지 않는다.

해설 보통선거의 원칙은 일정한 연령에 도달한 사람이라면 누구라도 당연히 선거권을 갖는 것을 요구하는데 그 전제로서 일정한 연령에 이르지 못한 국민에 대하여는 선거권을 제한하는바, 선거권 행사는 일정한 수준의 정치적인 판단능력이 전제되어야 하기 때문이다. 헌법 제24조는 "모든 국민은 '법률이 정하는 바'에 의하여 선거권을 가진다."라고 규정함으로써, 선거권 연령을 어떻게 정할 것인지는 입법자에게 위임하고 있다. 입법자는 우리의 현실상 19세 미만의 미성년자의 경우, 아직 정치적·사회적 시각을 형성하는 과정에 있거나, 일상생활에 있어서도 현실적으로 부모나 교사 등 보호자에게 의존할 수밖에 없는 상황이므로 독자적인 정치적 판단을 할 수 있을 정도로 정신적·신체적 자율성을 충분히 갖추었다고 보기 어렵다고 보고, 선거권 연령을 19세 이상으로 정한 것이다. 또한 많은 국가에서 선거권 연령을 18세 이상으로 정하고 있으나, 선거권 연령은 국가마다 특수한 상황 등을 고려하여 결정할 사항이고, 다른 법령에서 18세 이상의 사람에게 근로능력이나 군복무능력 등을 인정한다고 하여 선거권 행사능력과 반드시 동일한 기준에 따라 정하여야 하는 것은 아니므로 선거권 연령을 19세 이상으로 정한 것이 불합리하다고 볼 수 없다. 따라서 선거권 연령을 19세 이상으로 정한 것이 입법자의 합리적인 입법재량의 범위를 벗어난 것으로 볼 수 없으므로, 19세 미만인 사람의 선거권 및 평등권을 침해하였다고 볼 수 없다(헌재 2013.07.25. 2012헌마174).

정답

21년(1) · 23년(1) 모의

57. 지방자치단체장 선거에서 후보자가 1명인 경우 당선인 결정방식을 무투표 당선으로 규정한 것은 유권자의 자유로운 정치적 의사표현의 기회를 막아 사실상 선거권을 형해화하고, 지방자치제도의 본질과 정당성을 훼손하는 것이다.

해설 후보자가 1인일 경우 선거 비용감소 및 절차의 간소화를 위한 제도 정비 차원에서 무투표 당선 제도가 효율적이므로 이를 도입한 것으로 보인다. 다득표당선제를 채택하고 있는 우리나라의 선거는 후보자 등록기한까지 후보자가 1명이 된 경우에는 투표 여부와는 관계없이 당선자가 확정된 것으로 볼 수 있다. 심판대상조항의 입법목적은 선거에 소요되는 여러 가지 절차를 간소화하여 행정적 편의를 도모하고 선거비용을 절감하는 등 선거제도의 효율성을 제고하기 위한 것으로 그 정당성을 인정할 수 있으며, 후보자등록기한까지 후보자가 1인일 경우 투표를 생략하고 해당 후보자를 당선자로 결정하는 것은 이러한 입법목적을 달성하기 위한 적절한 수단이라 할 수 있다(헌재 2016.10.27. 2014헌마797).

정답 ×

21년(1) 모의

58. 청각장애선거인에 대하여 '후보자·정당에 관한 정치적 정보 및 의견'에 대한 알 권리를 내포하는 선거권을 실질적으로 보장하는 것의 헌법적 의의를 고려할 때 선거방송토론위원회 주관 대담·토론회의 방송에서 한국수화언어 또는 자막의 방영을 재량사항으로 규정한 것은 청각장애인의 선거권을 침해한다.

해설 선거운동기간 중의 방송광고, 방송시설주관 후보자연설의 방송, 선거방송토론위원회 주관 대담·토론회의 방송에 있어서 청각장애 선거인을 위한 자막 또는 수화통역의 방영을 의무사항으로 규정하지 아니한 공직선거법 제70조 제6항, 제72조 제2항(각 2000. 2. 16. 법률 제6265호로 개정된 것, 구 '공직선거 및 선거부정방지법'), 제82조의2 제12항(2005. 8. 4. 법률 제7681호로 개정된 것)은 청각장애 선거인인 청구인들의 참정권 등 헌법상 기본권을 침해하지 않는다(헌재 2009.05.28. 2006헌마285).

20년(1) 모의

59. 선거제도는 국민의 주권행사 내지 참정권행사의 과정으로서 국가권력의 창출과 국가 내에서 행사되는 모든 권력의 정당성을 국민의 정치적인 합의에 근거하게 하는 통치기구의 조직원리이다.

해설 대의제민주주의에 바탕을 둔 우리 헌법의 통치구조에서 선거제도는 국민의 주권행사 내지 참정권행사의 과정으로서 국가권력의 창출과 국가 내에서 행사되는 모든 권력의 정당성을 국민의 정치적인 합의에 근거하게 하는 통치기구의 조직원리이다(헌재 1996.08.29. 96헌마99).

20년(2) 모의

60. 보통선거라 함은 개인의 납세액이나 소유하는 재산, 사회적 신분, 인종, 성별, 종교, 교육 등을 요건으로 하지 않고 일정한 연령에 달한 모든 국민에게 선거권을 인정하는 제도를 말한다.

해설 우리 헌법은 제24조에서 '모든 국민은 법률이 정하는 바에 의하여 선거권을 가진다'고 규정하고 제41조 제1항(제67조 제1항)은 '보통·평등·직접·비밀선거'를 선거의 기본원칙으로 규정하고 있다. 여기서 말하는 보통선거라 함은 개인의 납세액이나 소유하는 재산을 선거권의 요건으로 하는 제한선거에 대응하는 것으로 이러한 요건뿐만 아니라 그밖에 사회적 신분·인종·성별·종교·교육 등을 요건으로 하지 않고 일정한 연령에 달한 모든 국민에게 선거권을 인정하는 제도를 말한다(헌재 1997.06.26. 96헌마89).

61. **(1) 주민등록이 되어 있지 않고 국내거소신고도 하지 않은 재외국민에게 국회의원 재·보궐선거의 선거권을 인정하지 않은 「공직선거법」상 재외선거인 등록신청조항은, 선거제도를 현저히 불합리하거나 불공정하게 형성한 것이므로 그 재외국민의 선거권을 침해하고 보통선거원칙에도 위배된다.**

(2) 재외선거인 등록신청조항이 재외선거인에게 선거를 실시할 때마다 재외선거인 등록신청을 하도록 하는 것은 재외선거인의 선거권을 침해한다.

해설 입법자는 재외선거제도를 형성하면서, 잦은 재·보궐선거는 재외국민으로 하여금 상시적인 선거체제에 직면하게 하는 점, 재외 재·보궐선거의 투표율이 높지 않을 것으로 예상되는 점, 재·보궐선거 사유가 확정될 때마다 전 세계 해외 공관을 가동하여야 하는 등 많은 비용과 시간이 소요된다는 점을 종합적으로 고려하여 재외선거인에게 국회의원의 재·보궐선거권을 부여하지 않았다고 할 것이고, 이와 같은 선거제도의 형성이 현저히 불합리하거나 불공정하다고 볼 수 없다. 따라서 재외선거인 등록신청조항은 재외선거인의 선거권을 침해하거나 보통선거원칙에 위배된다고 볼 수 없다. … 재외선거인의 등록신청서에 따라 재외선거인명부를 작성하는 방법은 해당 선거에서 투표할 권리가 있는지 확인함으로써 투표의 혼란을 막고, 선거권이 있는 재외선거인을 재외선거인명부에 등록하기 위한 합리적인 방법이다. 따라서 재외선거인 등록신청조항이 재외선거인자로 하여금 선거를 실시할 때마다 재외선거인 등록신청을 하도록 규정한 것이 재외선거인의 선거권을 침해한다고 볼 수 없다(헌재 2014.07.24. 2009헌마256).

정답 ✕, ✕

23년(2) 모의

62. **인터넷투표의 경우 본인확인의 어려움, 투표의 조작이나 위조, 투표 프로그램의 오류 가능성 등으로 도입에 어려움이 있으나 우편투표의 경우에는 이러한 위험성이 해소될 수 있으므로, 재외선거에서 우편투표를 허용하지 않는 것은 재외선거인의 선거권을 침해한다.**

해설 입법자가 선거 공정성 확보의 측면, 투표용지 배송 등 선거기술적인 측면, 비용 대비 효율성의 측면을 종합적으로 고려하여, 인터넷투표방법이나 우편투표방법을 채택하지 아니하고 원칙적으로 공관에 설치된 재외투표소에 직접 방문하여 투표하는 방법을 채택한 것이 현저히 불공정하고 불합리하다고 볼 수는 없으므로, 재외선거 투표절차조항은 재외선거인의 선거권을 침해하지 아니한다. (헌재 2014.07.24. 2009헌마256,2010헌마394(병합,전합)).

🕐 17년 변시, 19년(3) 모의

63. **특정한 지역구의 국회의원선거에 투표하기 위해서는 국민이라는 자격만으로 충분하므로, 주민등록이 되어 있지 않고 국내거소신고도 하지 않은 재외국민에게 임기만료 지역구국회의원선거권을 인정하지 않은 것은 그 재외국민의 선거권을 침해하고 보통선거원칙에도 위배된다.**

해설 지역구국회의원은 국민의 대표임과 동시에 소속지역구의 이해관계를 대변하는 역할을 하고 있다. 전국을 단위로 선거를 실시하는 대통령선거와 비례대표국회의원선거에 투표하기 위해서는 국민이라는 자격만으로 충분한 데 반해, 특정한 지역구의 국회의원선거에 투표하기 위해서는 '해당 지역과의 관련성'이 인정되어야 한다. 주민등록과 국내거소신고를 기준으로 지역구국회의원선거권을 인정하는 것은 해당 국민의 지역적 관련성을 확인하는 합리적인 방법이다. 따라서 선거권조항과 재외선거인 등록신청조항이 재외선거인의 임기만료지역구국회의원선거권을 인정하지 않은 것이 재외선거인의 선거권을 침해하거나 보통선거원칙에 위배된다고 볼 수 없다(헌재 2014.07.24. 2009헌마256).

▶국민투표권과 구분할 것

정답

23년(1) 모의

64. **지역구국회의원이든 비례대표국회의원이든 국회의원은 국민전체의 대표이므로 '특정한 지역의 국회의원을 선출할 수 있는 권리'의 요건은 '대한민국 국회의 국회의원을 선출할 수 있는 권리'와 다르게 형성될 수 없다.**

해설 지역구국회의원은 해당 선거구 지역과 관련성이 있다. 즉, 지역구국회의원은 국민의 대표임과 동시에 소속지역구의 이해관계를 대변하는 역할을 하고 있다. 이에 따라 '특정한 지역의 국회의원을 선출할 수 있는 권리'의 요건은 '대한민국 국회의 국회의원을 선출할 수 있는 권리'와 다르게 형성될 수 있다. 전국을 단위로 선거를 실시하는 대통령선거와 비례대표국회의원선거에 투표하기 위해서는 국민이라는 자격만으로 충분한 데 반해, 특정한 지역구의 국회의원선거에 투표하기 위해서는 '해당 지역과의 관련성'이 인정되어야 한다. 결국 '특정 지역구의 국회의원'이라면 '지역에 이해를 가지는 자'가 지역의 이익을 대표하는 국회의원을 선출하여야 하는 것이다(헌재 2014.07.24. 2009헌마256,2010헌마394).

정답

18년(3) 모의

65. **"주민등록을 요건으로 재외국민의 국정선거권을 제한하는 것은 재외국민의 선거권, 평등권을 침해하고 보통선거원칙을 위반한다"는 헌법재판소 결정의 논거를 기준으로 함**

1) 선거권을 제한하는 입법은 헌법 제24조에 의해서 곧바로 정당화될 수는 없고, 헌법 제37조 제2항의 규정에 따라 국가안전보장·질서유지 또는 공공복리를 위하여 필요하고 불가피한 예외적인 경우에만 그 제한이 정당화될 수 있으며, 그 경우에도 선거권의 본질적인 내용을 침해할 수 없다. 더욱이 보통선거의 원칙은 선거권자의 능력, 재산, 사회적 지위 등의 실질적인 요소를 배제하고 성년자이면 누구라도 당연히 선거권을 갖는 것을 요구하므로 보통선거의 원칙에 반하는 선거권 제한의 입법을 하기 위해서는 헌법 제37조 제2항의 규정에 따른 한계가 한층 엄격히 지켜져야 한다.

해설 민주주의 국가에서 국민주권과 대의제 민주주의의 실현수단으로서 선거권이 갖는 중요성으로 인해 한편으로 입법자는 선거권을 최대한 보장하는 방향으로 입법을 하여야 하며, 또 다른 한편에서 선거권을 제한하는 법률의 합헌성을 심사하는 경우에는 그 심사의 강도도 엄격하여야 한다. 선거권을 제한하는 입법은 헌법 제24조에 의해서 곧바로 정당화될 수는 없고, 헌법 제37조 제2항의 규정에 따라 국가안전보장·질서유지 또는 공공복리를 위하여 필요하고 불가피한 예외적인 경우에만 그 제한이 정당화될 수 있으며, 그 경우에도 선거권의 본질적인 내용을 침해할 수 없다. 더욱이 보통선거의 원칙은 선거권자의 능력, 재산, 사회적 지위 등의 실질적인 요소를 배제하고 성년자이면 누구라도 당연히 선거권을 갖는 것을 요구하므로 보통선거의 원칙에 반하는 선거권 제한의 입법을 하기 위해서는 헌법 제37조 제2항의 규정에 따른 한계가 한층 엄격히 지켜져야 한다(헌재 2007.06.28. 2004헌마644).

 정답 O

2) 선거권의 제한은 불가피하게 요청되는 개별적·구체적 사유가 존재함이 명백할 경우에만 정당화될 수 있고, 막연하고 추상적인 위험이나 국가의 노력으로 극복될 수 있는 기술상의 어려움이나 장애 등을 사유로 그 제한이 정당화될 수 없다.

해설 선거권의 제한은 불가피하게 요청되는 개별적·구체적 사유가 존재함이 명백할 경우에만 정당화될 수 있고, 막연하고 추상적인 위험이나 국가의 노력에 의해 극복될 수 있는 기술상의 어려움이나 장애 등을 사유로 그 제한이 정당화될 수 없다(헌재 2007.06.28. 2004헌마644).

 정답 O

3) 북한주민이나 조총련계 재일동포가 선거에 영향을 미칠 가능성, 선거의 공정성, 선거기술적 이유 등은 재외국민등록제도나 재외국민 거소신고제도, 해외에서의 선거운동방법에 대한 제한이나 투표자 신분확인제도, 정보기술의 활용 등을 통해 극복할 수 있으며, 나아가 납세나 국방의 의무와 선거권 간의 필연적 견련관계도 인정되지 않는다.

해설 북한주민이나 조총련계 재일동포가 선거에 영향을 미칠 가능성, 선거의 공정성, 선거기술적 이유 등은 재외국민등록제도나 재외국민 거소신고제도, 해외에서의 선거운동방법에 대한 제한이나 투표자 신분확인제도, 정보기술의 활용 등을 통해 극복할 수 있으며, 나아가 납세나 국방의무와 선거권 간의 필연적 견련관계도 인정되지 않는다는 점 등에 비추어 볼 때, 단지 주민등록이 되어 있는지 여부에 따라 선거인명부에 오를 자격을 결정하여 그에 따라 선거권 행사 여부가 결정되도록 함으로써 엄연히 대한민국의 국민임에도 불구하고 주민등록법상 주민등록을 할 수 없는 재외국민의 선거권 행사를 전면적으로 부정하고 있는 이 사건 심판조항은 어떠한 정당한 목적도 찾기 어려우므로 헌법 제37조 제2항에 위반하여 재외국민의 선거권과 평등권을 침해하고 보통선거원칙에도 위반된다(헌재 2007.06.28. 2004헌마644).

정답 O

18년(3) 모의

66. 주민등록과 국내거소신고를 기준으로 지역구국회의원선거권을 인정하는 것은 해당 국민의 지역적 관련성을 확인하는 합리적인 방법이다.

해설 지역구국회의원은 국민의 대표임과 동시에 소속지역구의 이해관계를 대변하는 역할을 하고 있다. 전국을 단위로 선거를 실시하는 대통령선거와 비례대표국회의원선거에 투표하기 위해서는 국민이라는 자격만으로 충분한 데 반해, 특정한 지역구의 국회의원선거에 투표하기 위해서는 '해당 지역과의 관련성'이 인정되어야 한다. 주민등록과 국내거소신고를 기준으로 지역구국회의원선거권을 인정하는 것은 해당 국민의 지역적 관련성을 확인하는 합리적인 방법이다. 따라서 선거권조항과 재외선거인 등록신청조항이 재외선거인의 임기만료지역구국회의원선거권을 인정하지 않은 것이 재외선거인의 선거권을 침해하거나 보통선거원칙에 위배된다고 볼 수 없다(헌재 2014.07.24. 2009헌마256).

정답 O

21년(1) 모의

67. 1년 이상의 징역의 형의 선고를 받고 그 집행이 종료되지 아니한 사람의 선거권을 제한하는 것은 해당 수형자의 선거권을 침해하지 않는다.

해설 심판대상조항은 공동체 구성원으로서 기본적 의무를 저버린 수형자에 대하여 사회적·형사적 제재를 부과하고, 수형자와 일반국민의 준법의식을 제고하기 위한 것이다. 법원의 양형관행을 고려할 때 1년 이상의 징역형을 선고받은 사람은 공동체에 상당한 위해를 가하였다는 점이 재판 과정에서 인정된 자이므로, 이들에 한해서는 사회적·형사적 제재를 가하고 준법의식을 제고할 필요가 있다. 심판대상조항에 따른 선거권 제한 기간은 각 수형자의 형의 집행이 종료될 때까지이므로, 형사책임의 경중과 선거권 제한 기간은 비례하게 된다. 심판대상조항이 과실범, 고의범 등 범죄의 종류를 불문하고, 침해된 법익의 내용을 불문하며, 형 집행 중에 이뤄지는 재량적 행정처분인 가석방 여부를 고려하지 않고 선거권을 제한한다고 하여 불필요한 제한을 부과한다고 할 수 없다. 1년 이상의 징역형을 선고받은 사람의 선거권을 제한함으로써 형사적·사회적 제재를 부과하고 준법의식을 강화한다는 공익이, 형 집행기간 동안 선거권을 행사하지 못하는 수형자 개인의 불이익보다 작다고 할 수 없다. 따라서 심판대상조항은 과잉금지원칙을 위반하여 청구인의 선거권을 침해하지 아니한다(헌재 2017.05.25. 2016헌마292).

정답 O

🕐 15년 변시, 14년(3)·16년(1)·18년(1)·21년(3) 모의

68. 집행유예자와 수형자에 대하여 전면적·획일적으로 선거권을 제한하는 것은 평등원칙에 위배되지 않으나 보통선거원칙에 위배된다.

해설 심판대상조항은 집행유예자와 수형자에 대하여 전면적·획일적으로 선거권을 제한하고 있다. 심판대상조항의 입법목적에 비추어 보더라도, 구체적인 범죄의 종류나 내용 및 불법성의 정도 등과 관계없이 이와 같이 일률적으로 선거권을 제한하여야 할 필요성이 있다고 보기는 어렵다. 보통선거의 원칙과 선거권 보장의 중요성을 감안할 때 선거권의 제한은 필요 최소한의 범위에서 엄격한 기준에 따라 이루어져야 한다. 범죄자의 선거권을 제한할 필요가 있다 하더라도 그가 저지른 범죄의 경중을 전혀 고려하지 않고 수형자와 집행유예자 모두의 선거권을 제한하는 것은 침해의 최소성 원칙에 어긋난다. … 특히 집행유예자는 집행유예 선고가 실효되거나 취소되지 않는 한 교정시설에 구금되지 않고 일반인과 동일한 사회생활을 하고 있으므로, 그들의 선거권을 제한해야 할 필요성이 크지 않다. 따라서 심판대상조항은 청구인들의 선거권을 침해하고, 보통선거원칙에 위반하여 집행유예자와 수형자를 차별 취급하는 것이므로 평등원칙에도 어긋난다(헌재 2014.01.28. 2012헌마409).
▶ 심판대상조항 중 '수형자' 부분은 헌법불합치, '집행유예기간 중인 자' 부분은 위헌 결정

2. 피선거권의 제한

17년(2)·18년(2) 모의

69. (1) 비례대표국회의원선거에서 기탁금조항을 두는 것은 정당이 비례대표국회의원선거에 참여하여 소속 당원을 후보자로 추천하여 등록을 신청할 자유인 정당활동의 자유를 침해하는 동시에, 국민이 정당의 추천을 받아 비례대표국회의원 후보자가 되어 국회의원에 취임할 수 있는 공무담임권을 침해하는 것으로 허용되지 않는다.
(2) 비례대표국회의원선거에 후보자등록을 신청하는 자에게 1,500만원의 기탁금을 납부하도록 한 것은 비례대표국회의원선거에 후보자 등록을 신청하는 자의 공무담임권을 침해한다.

해설 비례대표 기탁금조항은 정당이 비례대표국회의원선거에 참여하여 소속 당원을 후보자로 추천하여 등록을 신청할 자유인 정당활동의 자유를 제한하는 동시에, 국민이 정당의 추천을 받아 비례대표국회의원후보자가 되어 국회의원에 취임할 수 있는 공무담임권을 제한한다. … 비례대표 기탁금조항은 정당이 후보자 등록신청을 함에 있어서의 진지성을 확보하여 선거관리업무 및 비용의 증가를 방지하고, 선거과정에서 발생하는 불법행위에 대한 과태료 및 행정대집행비용을 사전 확보하기 위한 것으로서, 그 목적의 정당성 및 수단의 적합성이 인정된다. 그런데 정당에 대한 선거로서의 성격을 가지는 비례대표국회의원선거는 인물에 대한 선거로서의 성격을 가지는 지역구국회의원선거와 근본적으로 그 성격이 다르고, 공직선거법상 허용된 선거운동을 통하여 선거의 혼탁이나 과열을 초래할 여지가 지역구국회의원선거보다 훨씬 적다고 볼 수 있다. 또한 비례대표국회의원선거에서 실제 정당에게 부과된 전체 과태료 및 행정대집행비용의 액수는 후보자 1명에 대한 기탁금액인 1,500만 원에도 현저히 미치지 못하는데, 후보자 수에 비례하여 기탁금을 증액하는 것은 지나치게 과다한 기탁금을 요구하는 것이다. 나아가 이러한 고액의 기탁금은 거대정당에게 일방적으로 유리하고, 다양해진

국민의 목소리를 제대로 대표하지 못하여 사표를 양산하는 다수대표제의 단점을 보완하기 위하여 도입된 비례대표제의 취지에도 반하는 것이다. 따라서 비례대표 기탁금조항은 침해의 최소성 원칙에 위반되며, 위 조항을 통해 달성하고자 하는 공익보다 제한되는 정당활동의 자유 등의 불이익이 크므로 법익의 균형성 원칙에도 위반된다. 그러므로 비례대표 기탁금조항은 과잉금지원칙을 위반하여 정당활동의 자유와 공무담임권을 침해한다. … 비례대표 기탁금조항은 기탁금 액수가 지나치게 과다하여 정당활동의 자유 등을 침해하여 위헌이나, 그 적정한 액수는 비례대표국회의원선거의 성격, 방식, 이에 관한 선거관리업무와 비용의 정도 등을 종합적으로 고려하여 입법자가 정책적으로 정함이 바람직하므로 위 조항에 대하여 헌법불합치결정을 하고 그 적용을 중지한다(헌재 2016.12.29. 2015헌마509).
▶ 비례대표국회의원선거에 대한 기탁금 존재 자체가 위헌인 것이 아니라 지역구국회의원선거에서의 기탁금과 동일한 금액을 기탁금으로 설정하는 것이 위헌인 경우이므로, 기탁금조항을 두는 것 자체가 허용되지 않는다고 볼 수는 없음

정답 ×, ○

22년(2) 모의

70. 득표율에 따라 반환금액을 차등적으로 정하고 있는 기탁금 반환 조항은 이미 납부한 기탁금을 사후적으로 반환받을 수 있는 요건을 정한 것일 뿐, 선거 전에 후보자로 등록하는 것을 제한하여 공직취임의 기회를 제한하는 것은 아니므로, 후보자의 공무담임권 또는 피선거권을 제한하지 않는다.

해설 청구인은 기탁금 반환 조항이 공무담임권을 제한한다는 취지로 주장하나, 기탁금 반환 조항은 이미 납부한 기탁금을 사후적으로 반환받을 수 있는 요건을 정한 것일 뿐, 선거 전에 청구인이 후보자로 등록하는 것을 제한하여 공직취임의 기회를 제한하는 것은 아니므로, 청구인의 공무담임권 내지 피선거권을 제한하지 않는다(헌재 2021.09.30. 2020헌마899).

정답

18년(2) 모의

71. 지역구국회의원선거의 후보자에 대한 기탁금 반환기준을 유효투표 총수의 100분의 20 이상으로 정하는 것은 위헌이지만, 유효투표 총수의 100분의 15 이상으로 정하는 것은 합헌이다.

해설 ㉠ 선거는 그 과정을 통하여 국민의 다양한 정치적 의사가 표출되는 장으로서 낙선한 후보자라고 하여 결과적으로 '난립후보'라고 보아 제재를 가하여서는 아니되므로 기탁금 반환의 기준으로 득표율을 사용하고자 한다면 그 기준득표율은 유효투표총수의 미미한 수준에 머물러야 할 것인바, 공선법 제57조 제1항, 제2항은 지역구국회의원선거에 있어 후보자의 득표수가 유효투표총수를 후보자수로 나눈 수 이상이거나 유효투표총수의 100분의 20이상인 때에 해당하지 않으면 기탁금을 반환하지 아니하고 국고에 귀속시키도록 하고 있는데, 이러한 기준은 과도하게 높아 진지한 입후보희망자의 입후보를 가로막고 있으며, 또한 일단 입후보한 자로서 진지하게 당선을 위한 노력을 다한 입후보자에게 선거결과에 따라 부당한 제재를 가하는 것이 되고, 특히 2, 3개의 거대정당이 존재하는 경우 군소정당이나 신생정당 후보자로서는 위 기준을 충족하기가 힘들게 될 것이므로 결국 이들의 정치참여 기회를 제약하는 효과를 낳게 된다 할 것이므로 위 조항은 국민의 피선거권을 침해하는 것

이다(헌재 2001.07.19. 2000헌마91).

ⓒ 기탁금제도가 실효성을 유지하기 위해서는 일정한 반환기준에 미달하는 경우 기탁금을 국고에 귀속시키는 것이 반드시 필요하지만, 진지하게 입후보를 고려하는 자가 입후보를 포기할 정도로 반환기준이 높아서는 안될 헌법적 한계가 있다. 그러므로 기탁금제도의 대안으로서 유권자추천제도를 실시할 경우에 후보자난립을 방지할 정도에 이르는 유권자의 추천수, 역대 선거에서의 기탁금반환비율의 추이, 기탁금반환제도와 국고귀속제도의 입법취지 등을 감안하면, 유효투표총수를 후보자수로 나눈 수 또는 유효투표총수의 100분의 15 이상으로 정한 기탁금반환기준은 입법자의 기술적이고 정책적 판단에 근거한 것으로서 현저히 불합리하거나 자의적인 기준이라고 할 수 없다(헌재 2003.08.21. 2001헌마687).

정답 O

18년(2) 모의

72. 당해 지방자치단체의 관할구역과 같거나 겹치는 지역구국회의원선거에 입후보하고자 하는 지방자치단체장에 대해 해당 선거의 선거일 전 180일까지 그 직에서 사퇴하도록 강제하는 것은 위헌이지만, 120일 전까지 사퇴하도록 강제하는 것은 합헌이다.

해설 ㉠ 이 사건 조항은 지방자치단체의 장이 당해 지방자치단체의 관할구역과 같거나 겹치는 지역구 국회의원선거에 입후보할 경우 그 직을 위 '선거일 전 60일'보다 훨씬 앞당겨 '선거일 전 180일'까지 사퇴하도록 함으로써, 선거일 전 60일까지 사퇴하여 입후보할 수 있는 다른 공무원에 비하여 피선거권에 있어서 차별대우를 하고 있다. 이 사건 조항이 지방자치단체의 장에 대해 조기사퇴를 강제하는 것은 다른 공무원과의 관계에서 지방자치단체의 장을 합리적 이유 없이 차별하는 것이라 할 것이다. 또한, 이 사건 조항은 지방자치단체의 장이 당해 지방자치단체의 관할구역과 같거나 겹치는 지역구 국회의원선거에 입후보하고자 하는 경우에 한해 공직사퇴의 시기를 선거일 전 180일까지로 앞당겨 선거에 출마하기 위해 갖추어야 할 요건을 다른 사람에 비해 엄격하게 함으로써 청구인들의 피선거권에 제한을 가함과 동시에, 다른 한편 지방자치단체의 장으로서 공직을 유지할 공무담임권도 제한하고 있다. 공선법이 이 사건 조항 이외에도 다른 여러 조항들을 통하여 선거의 공정성과 직무전념성을 달성할 수 있도록 규정하고 있기 때문에, 이 사건 조항이 선거일 전 180일까지 사퇴하도록 하는 수단을 통해 현실적으로 달성할 수 있는 법률적 효과는 그리 크다고 할 수 없다. 결국, 이 사건 조항은 다른 조항들에 의해서도 충분히 달성될 수 있는 선거의 공정성과 직무전념성이라는 입법목적을 넘어서 과도하게 청구인들과 같은 지방자치단체장의 기본권을 제한하고 있다고 할 것이다(헌재 2003.09.25. 2003헌마106).

ⓒ 이 사건 조항은 일반 공무원이 공직선거에 출마하려는 경우 '선거일 전 60일까지' 사퇴하도록 하는 것과 달리 단체장을 '120일 전까지' 사퇴하도록 하고 있으나, 단체장은 지방자치단체의 행정기능을 총괄하며, 직원의 인사권과 주민의 복리에 관한 각종 사업의 기획·시행, 예산의 집행 등 지방자치단체의 운영에 있어서 막중한 지위와 권한을 가지므로 자신의 관할구역 국회의원선거에 입후보할 것에 대비하여 전시성 사업으로 예산을 낭비하거나 불공정한 선심행정을 행할 개연성이 다른 공무원에 비하여 상대적으로 더 높다. 단체장의 그러한 지위와 권한의 특수성을 감안할 때 이 사건 조항은 합리성을 벗어난 것이라 볼 수 없다. 또한 이 사건 조항이 국회의원과 달리 단체장에게 그러한 공직사퇴시한을 두고 있는 것은 국회의원직의 사퇴로 인한 심각한 국정공백을 우려한 것이므로 합리

적 이유가 있다. 그러므로 이 사건 조항은 단체장의 평등권을 침해하지 않는다. 이 사건 조항은 동 규정들과 별도로 단체장의 지위와 권한의 남용을 방지하고 입법목적을 달성하기 위하여 필요하며 헌법재판소의 종전 2003헌마106 결정 중 이 부분 견해와 저촉되는 부분은 변경한다. 단체장의 지위와 권한의 특수성 그리고 지역 주민들에 대한 영향력을 고려할 때 이 사건 조항이 단체장의 공무담임권을 과도하게 제한하는 것으로 볼 수 없다(헌재 2006.07.27. 2003헌마758).

정답 O

18년(2) 모의

73. 지방자치단체의 장이 임기 중에 공직선거에 입후보하는 것을 금지하거나, 자치구의회의원이 시·도의회의원선거에 입후보하려면 선거일 전 90일까지 그 자치구의회 의원의 직을 포기하도록 요구하거나, 지방의회의원선거에 입후보하기 위해 700만 원의 기탁금을 내라고 요구하는 것은 공무담임권을 제한한다.

해설 이 사건 법률조항은 "지방자치단체의 장은 그 임기중에 그 직을 사퇴하여 대통령선거, 국회의원선거, 지방의회의원선거 및 다른 지방자치단체의 장 선거에 입후보할 수 없다."고 규정하여, 지방자치단체의 장은 그 임기중에는 대통령은 물론, 지역이나 전국구를 가리지 아니하고 국회의원, 지방의회의원 및 다른 지방자치단체의 장에 선출될 수 있는 가능성을 원천적으로 봉쇄하고 있다. 따라서 이 사건 법률조항은 청구인들의 피선거권, 즉 헌법 제25조가 보장하는 국민의 기본권인 공무담임권을 제한하는 규정이다(헌재 1999.05.27. 98헌마214). 국가공무원과 지방공무원(다만, 정당법 제6조 제1호 단서의 규정에 의하여 정당의 당원이 될 수 있는 정무직 이외의 공무원은 제외)으로서 이 법이 적용되는 공직선거의 후보자가 되고자 하는 자는 누구나 선거일 전 90일까지 그 직을 그만두어야 하되 다만 국회의원으로서 대통령선거와 국회의원선거에 입후보하는 경우, 지방의회의원으로서 당해 지방의회의원선거에 입후보하는 경우나 지방자치단체의 장으로서 당해 지방자치단체의 장 선거에 입후보하는 경우는 그 직을 가진 채 입후보할 수 있다. 따라서 위 예외규정에 해당하지 않는 공무원으로서는 자신이 현재 보유하고 있는 공직을 그만두지 않는 한 공직선거에 입후보할 수 없게 되므로 이는 이들의 현재 보유하고 있는 공직에 대한 공무담임권을 제한하는 것이라고 볼 수 있다(헌재 1995.03.23. 95헌마53). 지방의회의원선거법 제36조 제1항의 "시·도의회의원 후보자는 700만 원의 기탁금" 부분은 너무 과다하여, 자연인의 경우는 헌법 제11조의 평등권, 제24조의 선거권, 제25조의 공무담임권 등을 침해하는 것이고, 정당의 경우는 선거에 있어서 기회균등의 보장을 받을 수 있는 헌법적 권리를 침해한 것이다(헌재 1991.03.11. 91헌마21).

정답 O

17년(2) 모의

74. 지방자치단체의 장 선거에서 피선거권 자격요건으로서 선거일 현재 계속하여 일정기간 이상 당해 지방자치단체의 관할구역 안에 주민등록이 되어 있을 것을 입후보의 요건으로 하는 것은 거주·이전의 자유를 침해한다.

해설 선거일 현재 계속하여 90일 이상 당해 지방자치단체의 관할구역 안에 주민등록이 되어 있을 것을 입후보의 요건으로 하는 이 사건 법률조항으로 인하여 청구인이 그 체류지와 거주지의 자유로운 결정과 선택에 사실상 제약을 받는다고 하더라도 청구인의 공무담임권에 대한 위와 같은 제한이 있는 것은 별론으로 하고 거주·이전의 자유가 침해되었다고 할 수는 없다(헌재 1996.06.26. 96헌마200).

정답

II 평등선거의 원칙

🍊 12년·13년·16년 변시, 12년(2)·14년(1)·(3)·16년(1)·21년(3) 모의

75. 국회의원 선거구구역표 중 인구편차 상하 33⅓%의 기준을 넘어서는 선거구에 관한 부분은 평등선거의 원칙에 위배된다.

> **해설** 인구편차 상하 33⅓%를 넘어 인구편차를 완화하는 것은 지나친 투표가치의 불평등을 야기하는 것으로, 이는 대의민주주의의 관점에서 바람직하지 아니하고, 국회를 구성함에 있어 국회의원의 지역대표성이 고려되어야 한다고 할지라도 이것이 국민주권주의의 출발점인 투표가치의 평등보다 우선시 될 수는 없다. 특히, 현재는 지방자치제도가 정착되어 지역대표성을 이유로 헌법상 원칙인 투표가치의 평등을 현저히 완화할 필요성이 예전에 비해 크지 아니하다(헌재 2014.10.30. 2012헌마190).
> ▶ 인구편차의 허용한계에 대하여, 국회의원선거에서는 상하 33⅓%, 지방의회의원선거 중 시·도의회의원선거에서는 상하 50%를, 자치구·시·군의회의원선거에서는 상하 50%를 기준으로 함

> **판례** **시·도의회의원** : 과거 헌법재판소 결정에 의한 기준(인구편차 상하 60%)에 의하면 투표가치의 불평등이 지나치고, 위 기준을 채택한지 11년이 지났으며, 이 결정에서 제시하는 기준은 2022년에 실시되는 시·도의회의원선거에 적용될 것인 점 등을 고려하면, 현시점에서 인구편차의 허용한계를 보다 엄격하게 설정할 필요가 있다. 다만 시·도의원은 주로 지역적 사안을 다루는 지방의회의 특성상 지역대표성도 겸하고 있고, 우리나라는 도시와 농어촌 간의 인구격차가 크고 각 분야에 있어서의 개발불균형이 현저하다는 특수한 사정이 존재하므로, 시·도의원지역구 획정에 있어서는 행정구역 내지 지역대표성 등 2차적 요소도 인구비례의 원칙에 못지않게 함께 고려해야 할 필요성이 크다. 인구편차 상하 50%를 기준으로 하는 방안은 투표가치의 비율이 인구비례를 기준으로 볼 때의 등가의 한계인 2:1의 비율에 그 50%를 가산한 3:1 미만이 되어야 한다는 것으로서 인구편차 상하 33⅓%를 기준으로 하는 방안보다 2차적 요소를 폭넓게 고려할 수 있고, 인구편차 상하 60%의 기준에서 곧바로 인구편차 상하 33⅓%의 기준을 채택하는 경우 시·도의원지역구를 조정함에 있어 예기치 않은 어려움에 봉착할 가능성이 매우 크므로, 현시점에서는 시·도의원지역구 획정에서 허용되는 인구편차 기준을 인구편차 상하 50%(인구비례 3:1)로 변경하는 것이 타당하다(헌재 2018.06.28. 2014헌마189).

정답

21년(3) 모의

76. 자치구·시·군의원 선거구 획정에 있어서는 지역대표성과 지역 간 불균형 등의 2차적 요소를 폭넓게 고려할 수 있는 인구편차 상하 50%를 기준으로 하는 방안을 선택하는 것이 해당 선거구 선거권자의 평등권을 침해한다고 볼 수 없다.

> **해설** 인구편차 상하 33⅓%의 기준이 선거권 평등의 이상에 보다 접근하는 안이지만, 위 기준을 적용할 경우 자치구·시·군의원의 지역대표성과 도시와 농어촌 간의 인구격차를 비롯한 각 분야에 있어서의 지역 간 불균형 등 2차적 요소를 충분히 고려하기 어렵다. 반면 인구편차 상하 50%를 기준으

로 하는 방안은 최대선거구와 최소선거구의 투표가치의 비율이 1차적 고려사항인 인구비례를 기준으로 볼 때의 등가의 한계인 2 : 1의 비율에 그 50%를 가산한 3 : 1 미만이 되어야 한다는 것으로서, 인구편차 상하 33⅓%를 기준으로 하는 방안보다 2차적 요소를 폭넓게 고려할 수 있다(헌재 2007.03.29. 2005헌마985등). … 그렇다면 현재의 시점에서 자치구·시·군의원 선거구 획정과 관련하여 헌법이 허용하는 인구편차의 기준을 인구편차 상하 50%(인구비례 3 : 1)로 변경하는 것이 타당하다. … 따라서 이 사건 선거구란에 의한 선거구 획정이 헌법상 허용되는 인구편차의 허용한계를 일탈하여 청구인들의 선거권 및 평등권을 침해한다고 볼 수 없다(헌재 2018.06.28. 2014헌마166).

정답 O

20년(2) 모의

77. **투표가치의 평등은 모든 투표가 선거의 결과에 미치는 기여도 내지 영향력에 있어서 숫자적으로 완전히 동일할 것까지를 요구하는 것이 아니다.**

해설 평등선거의 원칙은 평등의 원칙이 선거제도에 적용된 것으로서 투표의 수적(數的) 평등 즉 복수투표제 등을 부인하고 모든 선거인에게 1인 1표(one man, one vote)를 인정함을 의미할 뿐만 아니라 투표의 성과가치(成果價値)의 평등 즉 1표의 투표가치가 대표자선정이라는 선거의 결과에 대하여 기여한 정도에 있어서도 평등하여야 함(one vote, one value)을 의미한다. 그러나 이러한 투표가치의 평등은 모든 투표가 선거의 결과에 미치는 기여도 내지 영향력에 있어서 숫자적으로 완전히 동일할 것까지를 요구하는 것이라고는 보기 어렵다. 왜냐하면 투표가치는 그 나라의 선거제도의 구조와 밀접하게 관련되어 있고 따라서 그 구조가 어떠하냐에 따라 결과적으로 선거의 결과에 미치는 투표의 영향력에 어느 정도의 차이가 생기는 것은 면할 수 없기 때문이다(헌재 1995.12.27. 95헌마224).

정답 O

16년(2) 모의

78. **헌법재판소는 투표가치의 평등에 관해 일부 지역구 국회의원선거구의 선거구획정에 위헌성이 있는 경우에도 선거구역표 전부에 관하여 위헌 결정을 한다.**

해설 선거구구역표는 각 선거구가 서로 유기적으로 관련을 가짐으로써 한 부분에서의 변동은 다른 부분에서도 연쇄적으로 영향을 미치는 성질을 가진다. 이러한 의미에서 선거구구역표는 전체가 불가분의 일체를 이루는 것으로서 어느 한 부분에 위헌적인 요소가 있다면, 선거구구역표 전체가 위헌의 하자를 갖는 것이라고 보아야 할 뿐만 아니라, 당해 선거구에 대하여만 인구과다를 이유로 위헌선언을 할 경우에는 헌법소원의 청구기간의 적용 때문에 당해 선거구보다 인구의 불균형이 더 심한 선거구의 선거구획정이 그대로 효력을 유지하게 되는 불공평한 결과를 초래할 수도 있으므로, 일부 선거구의 선거구획정에 위헌성이 있다면, 선거구구역표의 전부에 관하여 위헌선언을 하는 것이 상당하다 (헌재 2014.10.30. 2012헌마192).

정답 O

13년 변시, 20년(2) 모의

79. (1) 자의적인 선거구 획정으로 말미암아 특정 지역의 선거인이 정치과정에 참여할 기회를 잃게 되었거나 그가 지지하는 후보가 당선될 가능성을 의도적으로 박탈하는 것이 명확하다면 평등선거원칙에 위반된다.

(2) 국회의원선거구 획정의 위헌 여부는 국민의 기본권과 직접적인 관련이 없기 때문에 헌법재판소의 심판대상이 아니다.

해설 선거구획정에 관하여 국회의 광범한 재량이 인정되지만 그 재량에는 평등선거의 실현이라는 헌법적 요청에 의하여 일정한 한계가 있을 수밖에 없는바, 첫째로, 선거구획정에 있어서 인구비례원칙에 의한 투표가치의 평등은 헌법적 요청으로서 다른 요소에 비하여 기본적이고 일차적인 기준이기 때문에, 합리적 이유없이 투표가치의 평등을 침해하는 선거구획정은 자의적인 것으로서 헌법에 위반된다는 것이고, 둘째로, 특정 지역의 선거인들이 자의적인 선거구획정으로 인하여 정치과정에 참여할 기회를 잃게 되었거나, 그들이 지지하는 후보가 당선될 가능성을 의도적으로 박탈당하고 있음이 입증되어 특정 지역의 선거인들에 대하여 차별하고자 하는 국가권력의 의도와 그 집단에 대한 실질적인 차별효과가 명백히 드러난 경우, 즉 게리맨더링에 해당하는 경우에는, 그 선거구획정은 입법재량의 한계를 벗어난 것으로서 헌법에 위반된다는 것이다(헌재 2001.10.25. 2000헌마92).

▶ 선거구 획정은 선거권 및 평등권 침해 여부가 문제되는 사안이므로 헌법재판소의 심판대상

정답

22년(2) 모의

80. 평등선거의 원칙은 평등의 원칙이 선거제도에 적용된 것으로서 투표의 수적 평등과 투표의 성과가치의 평등을 내용으로 할 뿐만 아니라, 일정한 집단의 의사가 정치과정에서 반영될 수 없도록 자의적으로 선거구를 획정하는 이른바 '게리맨더링'에 대한 부정을 의미하기도 한다.

해설 평등선거의 원칙은 헌법 제11조 제1항의 평등의 원칙이 선거제도에 적용된 것으로서 투표의 수적 평등, 즉 모든 선거인에게 1인 1표(one man, one vote)를 인정함과 동시에 투표의 성과가치의 평등 즉 1표의 투표가치가 대표자선정이라는 선거의 결과에 대하여 기여한 정도에 있어서도 평등하여야 함(one vote, one value)을 의미할 뿐만 아니라, 일정한 집단의 의사가 정치과정에서 반영될 수 없도록 선거구를 획정하는 방식으로 일정한 집단을 차별하는 소위 게리맨더링이 부정됨을 의미하기도 하기 때문이다(헌재 2002.08.29. 2002헌마4).

정답

III 직접선거의 원칙

20년(2)·21년(3) 모의

81. 지역구 후보자에 대한 투표를 해당 후보 소속정당 비례대표후보자에 대한 투표로 의제하는 1인 1표제는 직접선거의 원칙에 위배된다.

해설 공선법은 이른바 1인 1표제를 채택하여(제146조 제2항) 유권자에게 별도의 정당투표를 인정하지 않고 있으며, 지역구선거에서 표출된 유권자의 의사를 그대로 정당에 대한 지지의사로 의제하여 비례대표의석을 배분토록 하고 있는바(제189조 제1항), … 비례대표제를 채택하는 경우 직접선거의 원칙은 의원의 선출 뿐만 아니라 정당의 비례적인 의석확보도 선거권자의 투표에 의하여 직접 결정될 것을 요구하는바, 비례대표의원의 선거는 지역구의원의 선거와는 별도의 선거이므로 이에 관한 유권자의 별도의 의사표시, 즉 정당명부에 대한 별도의 투표가 있어야 함에도 현행제도는 정당명부에 대한 투표가 따로 없으므로 결국 비례대표의원의 선출에 있어서는 정당의 명부작성행위가 최종적·결정적인 의의를 지니게 되고, 선거권자들의 투표행위로써 비례대표의원의 선출을 직접·결정적으로 좌우할 수 없으므로 직접선거의 원칙에 위배된다(헌재 2001.07.19. 2000헌마91).

정답 O

Ⅳ 비밀선거의 원칙

 24년 변시, 21년(1) 모의

82. 신체의 장애로 인하여 자신이 기표할 수 없는 선거인에 대해 투표보조인이 가족이 아닌 경우 반드시 투표보조인 2인을 동반하여서만 투표를 보조하게 할 수 있도록 정한 「공직선거법」 조항은 비밀선거의 원칙에 대한 예외를 정하고 있지만, 형사처벌을 통해 투표보조인이 선거인의 투표의 비밀을 침해하는 것을 방지하여 투표의 비밀이 유지되도록 하고 있으므로 선거권을 침해하지 않는다.

해설 … 그런데 앞에서 살펴본 것처럼 중앙선거관리위원회는 실무상 선거인이 가족이 아닌 투표보조인 2인을 동반하지 않은 경우 투표참관인의 입회 아래 투표사무원 중 1인 또는 2인을 투표보조인으로 선정하여 투표보조인 2인이 투표를 보조할 수 있도록 함으로써 선거인이 투표보조인을 섭외해야 하는 불편을 해소하고 있고, 이러한 투표보조인 2인은 중증장애인의 선거권 행사를 실질적으로 보장하고 선거의 공정성을 확보하기 위한 최소한의 인원이라는 점에서 그 불이익이 크다고 보기 어렵다. 나아가 공직선거법은 형사처벌을 통해 투표보조인이 선거인의 투표의 비밀을 침해하는 것을 방지하여 투표의 비밀이 유지되도록 하고 있다. 따라서 심판대상조항으로 달성하고자 하는 공익이 청구인이 받는 불이익보다 더 크다고 할 수 있으므로, 심판대상조항은 법익의 균형성원칙에 반하지 않는다. 그러므로 심판대상조항은 비밀선거의 원칙에 대한 예외를 두고 있지만 필요하고 불가피한 예외적인 경우에 한하고 있으므로, 과잉금지원칙에 반하여 청구인의 선거권을 침해하지 않는다(헌결 2020.05.27. 2017헌마867).

정답 O

 13년 변시, 21년(3) 모의

83. 모사전송 시스템을 이용한 선상투표 제도는 직접선거의 원칙이나 비밀선거의 원칙에 위배되지 않는다.

해설 통상 모사전송 시스템의 활용에는 특별한 기술을 요하지 않고, 당사자들이 스스로 이를 이용하여 투표를 한다면 비밀 노출의 위험이 적거나 없을 뿐만 아니라, 설사 투표 절차나 그 전송 과정에서 비밀이 노출될 우려가 있다 하더라도, 이는 국민주권원리나 보통선거원칙에 따라 선원들이 선거권을 행사할 수 있도록 충실히 보장하기 위한 불가피한 측면이라 할 수도 있고, 더욱이 선원들로서는 자신의 투표결과에 대한 비밀이 노출될 위험성을 스스로 용인하고 투표에 임할 수도 있을 것이므로, 선거권 내지 보통선거원칙과 비밀선거원칙을 조화적으로 해석할 때, 이를 두고 헌법에 위반된다 할 수 없다. … (판결이유 중) 직접선거의 원칙은 선거 결과가 선거권자의 투표에 의하여 직접 결정될 것을 요구하는 것인데(헌재 2001. 7. 10. 2000헌마91등), 이러한 선상투표도 선거권자가 직접 의사결정을 하고 단지 그 송부만이 모사전송 시스템에 의하여 이루어지는 것이므로, 직접선거원칙에 위배되는 것이 아니다(헌재 2007.06.28. 2005헌마772).

Ⅴ 자유선거의 원칙

21년(1) 모의

84. 탈법방법에 의한 광고의 배부를 금지하고 이를 위반한 경우 처벌하는 「공직선거법」조항은 일반 유권자의 정치적 표현을 원천적으로 봉쇄하는 것으로 과잉금지원칙에 위반된다.

해설 광고는 일방적으로 배부되고 불특정 다수의 사람들이 그들의 의도와 상관없이 광고에 노출된다는 점에서는 문서, 인쇄물 등 다른 방식과 마찬가지이지만, 대중매체를 이용할 경우 광범위한 표현의 상대방을 두기 때문에 그 파급효과가 문서, 인쇄물 등 다른 방식에 비하여 훨씬 크다. 또한 광고는 표현 방법을 금전적으로 구매하는 것이기 때문에 문서, 인쇄물 등 다른 방식에 비하여 후보자 본인의 특별한 노력은 필요로 하지 않으면서 비용은 많이 드는 매체이므로, 경제력에 따라 그 이용가능성에 큰 차이가 있을 수 있다. 이와 같은 사정 등을 종합하여 볼 때, 광고는 문서, 인쇄물 등 다른 방식에 비하여 선거의 공정성을 훼손할 우려가 더 크다고 할 것이므로, 탈법방법에 의한 광고의 배부를 금지하는 것은 과잉금지원칙에 위배되어 선거운동의 자유 및 정치적 표현의 자유를 침해한다고 볼 수 없다(헌재 2016.03.31. 2013헌바26). ▶ 공직선거법 제93조(탈법방법에 의한 문서·도화의 배부·게시 등 금지)

20년(2) 모의

85. 자유선거원칙은 선거의 전 과정에 요구되는 선거권자의 의사형성의 자유와 의사실현의 자유를 말하고, 구체적으로는 투표의 자유, 입후보의 자유 나아가 선거운동의 자유를 뜻한다.

해설 자유선거의 원칙은 비록 우리 헌법에 명문으로 규정되지는 아니하였지만 민주국가의 선거제도에 내재하는 법 원리로서, 국민주권의 원리, 의회민주주의의 원리 및 참정권에 관한 규정에서 그 근거를 찾을 수 있다. 이러한 자유선거의 원칙은 선거의 전과정에 요구되는 선거권자의 의사형성의 자유와 의사실현의 자유를 말하고, 구체적으로는 투표의 자유, 입후보의 자유 나아가 선거운동의 자유를 뜻한다(헌재 2009.12.29. 2007헌마1412).

18년(1) 모의

86. 입후보의 자유는 선거의 전과정에서 입후보와 관련한 의사형성 및 의사실현의 자유를 의미하는 것이라 하더라도, 공직선거에 입후보하였던 자가 참여하였던 선거과정으로부터 이탈할 자유까지 포함하는 것은 아니다.

해설 선거의 자유에는 입후보의 자유가 포함되는 바, 입후보의 자유란 공직선거의 입후보에 관한 사항은 개인의 주관적인 판단에 기초하여 자유로이 결정하여야 할 사항으로서 직접적 내지 간접적인 법적 강제가 개입되어서는 아니된다고 하는 의미를 갖는다. 한편, 입후보의 자유는 선거의 전과정에서 입후보와 관련한 의사형성 및 의사실현의 자유를 의미하는 것인바, 이에는 공직선거에 입후보할 자유 뿐 아니라 입후보를 하지 아니할 자유 및 후보자(예비후보자)로서 참여한 선거과정에서 이탈할 자유도 포함된다(헌재 2009.12.29. 2008헌마141).

정답

제❷항 ┃ 선거제도의 유형

24년 변시

87. 지역구국회의원선거에 있어서 당해 국회의원지역구에서 유효투표의 다수를 얻은 자를 당선인으로 결정하는 소선거구 다수대표제를 규정한 「공직선거법」 조항은 다른 선거제도를 배제하는 것으로서 평등권과 선거권을 침해한다.

해설 이러한 점들을 고려하면, 선거권자들에게 성별, 재산 등에 의한 제한 없이 모두 투표참여의 기회를 부여하고(보통선거), 선거권자 1인의 투표를 1표로 계산하며(평등선거), 선거결과가 선거권자에 의해 직접 결정되고(직접선거), 투표의 비밀이 보장되며(비밀선거), 자유로운 투표를 보장함으로써(자유선거) 헌법상의 선거원칙은 모두 구현되는 것이므로, 이에 더하여 국회의원선거에서 사표를 줄이기 위해 소선거구 다수대표제를 배제하고 다른 선거제도를 채택할 것까지 요구할 수는 없다. 따라서 지역구국회의원선거에 있어서 선거구선거관리위원회가 당해 국회의원지역구에서 유효투표의 다수를 얻은 자를 당선인으로 결정하도록 한 공직선거법(1994. 3. 16. 법률 제4739호로 제정된 것) 제188조 제1항 본문이 청구인의 평등권과 선거권을 침해한다고 할 수 없다(헌결 2016.05.26. 2012헌마374).

정답

제❸항 ┃ 현행 선거제도

Ⅰ 후보자추천과 후보자등록

21년 변시

88. 임기만료에 따른 비례대표국회의원선거에서 정당에 배분된 비례대표국회의원의석수가 그 정당이 추천한 비례대표국회의원후보자수를 넘는 때에는 그 넘는 의석은 공석으로 한다.

■해설 공직선거법 제189조 제5항 참조.

공직선거법 제189조(비례대표국회의원의석의 배분과 당선인의 결정·공고·통지) ⑤ 정당에 배분된 비례대표국회의원의석수가 그 정당이 추천한 비례대표국회의원후보자수를 넘는 때에는 그 넘는 의석은 공석으로 한다.

정답 ○

14년(1) 모의

89. 정당이 비례대표국회의원선거에서 후보자를 추천하는 때에는 그 후보자 중 100분의 50 이상을 여성으로 추천하되, 그 후보자명부의 순위의 매 홀수에는 여성을 추천하여야 하지만 이를 위반하여도 등록무효가 되는 것은 아니다.

■해설 공직선거법 제47조, 제52조 참조. ▶ 구 공직선거법에서는 비례대표지방의회의원선거에 있어 여성후보자 추천의 비율과 순위에 위반한 때만을 등록무효사유로 규정하였으나, 2018. 4. 6. 시행된 개정 공직선거법은 비례대표국회의원선거 및 비례대표지방의회의원선거에 있어 여성후보자 추천의 비율과 순위를 위반한 때에 그 후보자의 등록을 무효로 하고 있다(공직선거법 제52조 제1항 제2호, 제47조 제3항). 하지만 지역구국회의원선거 및 지역구지방의회의원선거의 경우, 100분의 30 이상을 여성으로 추천하는 것을 여전히 '노력'할 사항으로 하여 등록무효사유로 규정하지 아니하고 있다.

공직선거법 제47조(정당의 후보자추천) ③ 정당이 비례대표국회의원선거 및 비례대표지방의회의원선거에 후보자를 추천하는 때에는 그 후보자 중 100분의 50 이상을 여성으로 추천하되, 그 후보자명부의 순위의 매 홀수에는 여성을 추천하여야 한다.
공직선거법 제52조(등록무효) ① 후보자등록후에 다음 각 호의 어느 하나에 해당하는 사유가 있는 때에는 그 후보자의 등록은 무효로 한다.
 2. 제47조 제1항 본문의 규정에 위반하여 선거구별로 선거할 정수범위를 넘어 추천하거나, 같은 조 제3항에 따른 여성후보자 추천의 비율과 순위를 위반하거나, 제48조 제2항의 규정에 의한 추천인수에 미달한 것이 발견된 때

정답 ×

Ⅱ 선거운동

22년 변시

90. 甲은 ○○새마을금고 이사장 선거에 출마한 자로서 「새마을금고법」 제22조 제3항 제1호 내지 제3호 위반을 이유로 기소되었다. 이에 甲은 위 조항이 자신의 기본권을 침해한다고 주장한다(다툼이 있는 경우 판례에 의함).

「새마을금고법」 제22조(임원의 선거운동 제한)
③ 누구든지 임원 선거와 관련하여 다음 각 호의 방법 외의 선거운동을 할 수 없다.
 1. 금고에서 발행하는 선거공보 제작 및 배부
 2. 금고에서 개최하는 합동연설회에서의 지지 호소
 3. 전화(문자메시지를 포함한다) 및 컴퓨터통신(전자우편을 포함한다)을 이용한 지지 호소

1) 위 「새마을금고법」 조항은 甲 자신이 원하는 방법으로 자신의 선거공약 등을 자유롭게 표현할 자유를 제한한다.

해설 ··· 헌법 제21조가 규정하는 결사의 자유라 함은 다수의 자연인 또는 법인이 공동의 목적을 위하여 단체를 결성할 수 있는 자유를 의미하는 것으로, 이에는 적극적으로 단체결성의 자유, 단체존속의 자유, 결사에의 가입·잔류의 자유와 소극적으로 기존의 단체로부터 탈퇴할 자유와 결사에 가입하지 아니할 자유가 모두 포함된다. ··· 심판대상조항은 금고에서 발행하는 선거공보 제작 및 배부, 금고에서 개최하는 합동연설회에서의 지지 호소, 전화 및 컴퓨터통신을 이용한 지지 호소의 방법을 통한 선거운동만을 허용함으로써, 임원 선거에 출마하는 후보자가 자신이 원하는 방법으로 자신의 선거공약 등을 자유롭게 표현할 자유를 제한한다(헌재 2018.02.22. 2016헌바364).

정답 O

2) 위 「새마을금고법」 조항은 甲의 결사의 자유를 제한하는 것은 아니다.

해설 ··· 임원 선거에 있어서 법률에서 정하고 있는 방법 이외의 방법으로 선거운동을 할 수 없도록 하고, 이를 위반하여 선거운동을 한 사람을 처벌하는 심판대상조항은 단체의 내부적 활동을 스스로 결정하고 형성하고자 하는 결사의 자유를 제한한다(헌재 2018.02.22. 2016헌바364).

정답 ×

3) 결사의 자유에 포함되는 단체활동의 자유는 단체 외부에 대한 활동만을 포함하고, 단체의 조직, 의사형성의 절차 등 단체의 내부적 생활을 스스로 결정하고 형성할 권리인 단체 내부 활동의 자유는 포함하지 않는다.

해설 ··· 특히 결사의 자유에 포함되는 단체활동의 자유는 단체 외부에 대한 활동뿐만 아니라 단체의 조직, 의사형성의 절차 등 단체의 내부적 생활을 스스로 결정하고 형성할 권리인 단체 내부 활동의 자유를 포함한다(헌재 2018.02.22. 2016헌바364).

정답

4) 새마을금고 임원 선거에서 선거운동을 하는 것은 헌법에 의하여 보호되는 선거권의 범위에 포함된다.

해설 ··· 헌법 제24조에 의하여 보장되는 선거권이란 국민이 공무원을 선거하는 권리를 의미하는 것으로, 사법인적인 성격을 지니는 새마을금고의 임원 선거에서 임원을 선출하거나 선거운동을 하는 것은 헌법에 의하여 보호되는 선거권의 범위에 포함되지 아니한다(헌재 2018.02.22. 2016헌바364).

정답 ×

5) 공적인 역할을 수행하는 결사 또는 그 구성원들이 결사의 자유의 침해를 주장하는 경우, 과잉금지원칙 위반 여부를 판단함에 있어 순수한 사적인 임의결사의 결사의 자유가 제한되는 경우와 동일한 기준을 적용하여야 한다.

해설 ··· 공적인 역할을 수행하는 결사 또는 그 구성원들이 기본권의 침해를 주장하는 경우 과잉금지원칙 위반 여부를 판단함에 있어, 순수한 사적인 임의결사의 기본권이 제한되는 경우에 비하여 완화된 기준을 적용할 수 있다. 다만, 앞서 살펴본 바와 같이 새마을금고는 설립목적과 목적 사업이 법률에 직접 규정되어 있는 공공성이 강한 특수법인이므로, 이 사건에서 과잉금지원칙 위반 여부를 심사함에 있어 새마을금고의 특수법인으로서의 성격과 임원 선거 관리의 공공성을 고려하여야 할 것이다(헌재 2018.02.22. 2016헌바364).

정답

91. (1) 환경권을 행사함에 있어 국민은 국가에 대하여 건강하고 쾌적한 환경을 향유할 수 있는 자유를 침해당하지 않을 권리를 행사할 수 있고, 일정한 경우 건강하고 쾌적한 환경에서 생활할 수 있도록 요구하는 권리도 행사할 수 있다.

(2) 헌법재판소는 대통령선거와 국회의원선거에서 확성장치의 사용과 관련하여 확성장치의 수만 규정하고 있을 뿐 확성장치의 소음규제기준을 마련하고 있지 아니한 「공직선거법」 조항은 과잉금지원칙에 위배되어 건강하고 쾌적한 환경에서 생활할 권리를 침해한다고 하였다.

해설 선거운동의 자유를 감안하여 선거운동을 위한 확성장치를 허용할 공익적 필요성이 인정된다고 하더라도 정온한 생활환경이 보장되어야 할 주거지역에서 출근 또는 등교 이전 및 퇴근 또는 하교 이후 시간대에 확성장치의 최고출력 내지 소음을 제한하는 등 사용시간과 사용지역에 따른 수인한도 내에서 확성장치의 최고출력 내지 소음 규제기준에 관한 규정을 두지 아니한 것은, 국민이 건강하고 쾌적하게 생활할 수 있는 양호한 주거환경을 위하여 노력하여야 할 국가의 의무를 부과한 헌법 제35조 제3항에 비추어 보면, 적절하고 효율적인 최소한의 보호조치를 취하지 아니하여 국가의 기본권 보호의무를 과소하게 이행한 것으로서, 청구인의 건강하고 쾌적한 환경에서 생활할 권리를 침해하므로 헌법에 위반된다(헌재 2019.12.27. 2018헌마730).

정답

19년(1)·20년(1) 모의

92. 한국철도공사와 같이 정부가 100분의 50 이상의 지분을 가지고 있는 기관의 상근직원은 선거운동을 할 수 없도록 「공직선거법」은 규정하고 있다. 그럼에도 불구하고 한국철도공사 상근직원 甲은 특정 정당과 그 정당의 후보자에 대한 지지를 호소하는 내용의 메일을 한국철도공사 경기지부 소속 노조원에게 발송하였다는 이유로 기소되었다. 甲은 소송 계속 중 자신의 선거운동을 금지하고 있는 「공직선거법」 규정에 대하여 위헌법률심판제청신청을 하였으나 기각되자, 「헌법재판소법」 제68조 제2항에 의한 헌법소원심판을 청구하였다.

1) 甲은 선거과정에서 자유로이 의사를 표현할 자유가 제한된다는 이유로 헌법상 언론·출판·집회·결사의 자유가 침해되었다고 주장할 수 있다.

해설 선거운동의 자유는 널리 선거과정에서 자유로이 의사를 표현할 자유의 일환이므로 표현의 자유의 한 태양이기도 한데, 이러한 정치적 표현의 자유는 선거과정에서의 선거운동을 통하여 국민이 정치적 의견을 자유로이 발표, 교환함으로써 비로소 그 기능을 다하게 된다 할 것이므로 선거운동의 자유는 헌법이 정한 언론·출판·집회·결사의 자유 및 보장규정에 의한 보호를 받는다(헌재 2016.06.30. 2013헌가1).

정답 O

2) **선거운동의 자유는 선거권 행사의 전제 내지 선거권의 중요한 내용을 이룬다고 할 수 있으므로, 甲에 대한 선거운동의 제한은 선거권의 제한으로도 파악될 수 있다.**

해설 우리 헌법은 참정권의 내용으로서 모든 국민에게 법률이 정하는 바에 따라 선거권을 부여하고 있는데, 선거권이 제대로 행사되기 위하여는 후보자에 대한 정보의 자유교환이 필연적으로 요청된다 할 것이므로, 선거운동의 자유는 선거권 행사의 전제 내지 선거권의 중요한 내용을 이룬다고 할 수 있고, 따라서 선거운동의 제한은 선거권의 제한으로도 파악될 수 있을 것이다(헌재 2004.04.29. 2002헌마467).

정답 O

3) **甲의 선거운동의 자유를 제한하고 있는 「공직선거법」 규정의 위헌 여부에 대하여는 엄격한 심사기준이 적용된다.**

해설 선거운동의 자유도 무제한일 수는 없는 것이고, 선거의 공정성이라는 또 다른 가치를 위하여 어느 정도 선거운동의 주체, 기간, 방법 등에 대한 규제가 행하여지지 않을 수 없다. 다만 선거운동은 국민주권 행사의 일환일 뿐 아니라 정치적 표현의 자유의 한 형태로서 민주사회를 구성하고 움직이게 하는 요소이므로 그 제한입법의 위헌여부에 대하여는 엄격한 심사기준이 적용되어야 할 것이다(헌재 2016.12.29. 2013헌가1).

정답 O

4) **甲이 수행하는 직무의 공익적 성격과 선거의 공정성을 고려할 때 甲에게는 공무원에 준하는 정치적 중립성이 요구된다.**

해설 한국철도공사 상근직원이 수행하는 직무의 성격에 비추어 볼 때 이들에게 공무원에 준하는 정치적 중립성이 요구된다고 할 수 없을 뿐만 아니라, 직무에 공익적 성격이 있다고 하더라도 그러한 공익적 업무를 수행하는 자의 영향력 행사를 배제하여 선거의 공정성을 확보한다는 공익은 그 지위를 이용한 선거운동 내지 영향력 행사만을 금지하는 것으로 충분히 확보될 수 있다. 그러므로 심판대상조항과 같이 한국철도공사 상근직원에 대하여 일체의 선거운동을 금지하는 것은 선거운동의 자유를 중대하게 제한하는 데 비하여, 이러한 금지가 선거의 공정성 및 형평성의 확보라는 공익에 기여하는 바는 크지 않다. 따라서 심판대상조항은 법익의 균형성을 충족하지 못하였다(헌재 2018.02.22. 2015헌바124).

정답

5) **한국철도공사 상근직원의 직급이나 직무의 성격에 대한 검토 없이 일률적으로 모든 상근직원에게 선거운동을 전면적으로 금지하는 것은 선거운동의 자유를 지나치게 제한한다.**

해설 심판대상조항은 한국철도공사에서 상근직원으로 근무하는 자가 선거에 직·간접적으로 영향력을 행사하는 행위를 금지하여 선거의 형평성과 공정성을 확보하기 위한 것이므로 입법목적의 정당성을 인정할 수 있고, 한국철도공사의 상근직원에 대하여 선거운동을 금지하고 이를 위반한 경우 처벌하는 것은 위와 같은 목적의 달성에 적합한 수단으로 인정된다. 그러나 한국철도공사 상근직원의 지위와 권한에 비추어볼 때, 특정 개인이나 정당을 위한 선거운동을 한다고 하여 그로 인한 부작용과 폐해가 일반 사기업 직원의 경우보다 크다고 보기 어려우므로, 직급이나 직무의 성격에 대한 검토 없이 일률적으로 모든 상근직원에게 선거운동을 전면적으로 금지하고 이에 위반한 경우 처벌하는 것은 선거운동의 자유를 지나치게 제한하는 것이다. 또한, 한국철도공사의 상근직원은 공직선거법의 다른 조항에 의하여 직무상 행위를 이용하여 선거운동을 하거나 하도록 하는 행위를 할 수 없고, 선거에 영향을 미치는 전형적인 행위도 할 수 없다. 더욱이 그 직을 유지한 채 공직선거에 입후보할 수 없는 상근임원과 달리, 한국철도공사의 상근직원은 그 직을 유지한 채 공직선거에 입후보하여 자신을 위한 선거운동을 할 수 있음에도 타인을 위한 선거운동을 전면적으로 금지하는 것은 과도한 제한이다. 따라서 심판대상조항은 선거운동의 자유를 침해한다(헌재 2018.02.22. 2015헌바124).

정답 ○

20년(1) 모의

93. 선거운동의 기회균등의 원칙은 무소속후보자를 포함한 모든 후보자가 불합리한 차별을 받지 않도록 하는 것이므로, 정당의 기본적 활동을 보장하기 위한 상대적인 차별도 허용되지 않는다.

해설 대의제민주주의에 바탕을 둔 우리 헌법의 통치구조에서 선거제도는 통치기구의 조직원리이므로 모든 국민이 선거에 평등하게 참여할 수 있는 기회를 보장하는 것은 필수불가결할 뿐만 아니라 헌법상 선거운동의 기회균등 원칙은 무소속후보자를 포함한 모든 후보자에게 균등한 선거운동의 기회를 부여하고 불합리한 차별을 받지 않도록 보장하는 것이라고 할 것이나, 위에서 본 정당제도와 관련하여 정당의 본질적 기능과 기본적 활동을 보장하기 위한 합리적이고 상대적인 차별은 허용된다 할 것이다(헌재 1996.03.28. 96헌마9).

정답

18년(2) 모의

94. 정당의 당원이 될 수 없는 공무원은 선거운동을 할 수 없으므로, 공무원이 후보자의 배우자인 경우에도 후보자를 위한 선거운동을 할 수 없다.

해설 공직선거법 제60조 참조.

> 공직선거법 제60조(선거운동을 할 수 없는 자) ① 다음 각 호의 어느 하나에 해당하는 사람은 선거운동을 할 수 없다. 다만, 제1호에 해당하는 사람이 예비후보자·후보자의 배우자인 경우와 제4호부터 제8호까지의 규정에 해당하는 사람이 예비후보자·후보자의 배우자이거나 후보자의 직계존비속인 경우에는 그러하지 아니하다.
> 4.「국가공무원법」제2조(공무원의 구분)에 규정된 국가공무원과「지방공무원법」제2조(공무원의 구

분)에 규정된 지방공무원. 다만, 「정당법」 제22조(발기인 및 당원의 자격)제1항제1호 단서의 규정에 의하여 정당의 당원이 될 수 있는 공무원(국회의원과 지방의회의원외의 정무직공무원을 제외한다)은 그러하지 아니하다.

정답 ×

18년(2) 모의

95. **노동조합, 정부가 1/2 이상의 지분을 가지고 있는 공공기관이 단체나 기관의 명의 또는 그 대표 명의로 선거운동을 하는 것은 금지되고 있지만, 향우회나 종친회, 동창회에 대해서는 선거운동을 직접 금지하는 규정은 없다.**

해설 공직선거법 제87조, 제53조 참조. ▶ 개정된 공직선거법은 단체에 대해서도 원칙적으로 선거운동을 허용하되, 선거운동을 할 수 없는 단체를 한정적으로 열거하고 있다. 따라서 노동조합은 원칙적으로 선거운동이 허용되지만 정부가 1/2 이상의 지분을 가지고 있는 공공기관과 향우회, 종친회, 동창회에 대해서는 선거운동이 금지된다.

공직선거법 제87조(단체의 선거운동금지) ① 다음 각 호의 어느 하나에 해당하는 기관·단체(그 대표자와 임직원 또는 구성원을 포함한다)는 그 기관·단체의 명의 또는 그 대표의 명의로 선거운동을 할 수 없다.
 2. 제53조(공무원 등의 입후보)제1항 제4호 내지 제6호에 규정된 기관·단체
 3. 향우회·종친회·동창회, 산악회 등 동호인회, 계모임 등 개인간의 사적모임

공직선거법 제53조(공무원 등의 입후보) ① 다음 각 호의 어느 하나에 해당하는 사람으로서 후보자가 되려는 사람은 선거일 전 90일까지 그 직을 그만두어야 한다. 다만, 대통령선거와 국회의원선거에 있어서 국회의원이 그 직을 가지고 입후보하는 경우와 지방의회의원선거와 지방자치단체의 장의 선거에 있어서 당해 지방자치단체의 의회의원이나 장이 그 직을 가지고 입후보하는 경우에는 그러하지 아니하다
 4. 「공공기관의 운영에 관한 법률」제4조 제1항 제3호에 해당하는 기관 중 정부가 100분의 50 이상의 지분을 가지고 있는 기관(한국은행을 포함한다)의 상근 임원

정답 ×

18년(1) 모의

96. **사회복무요원이 선거운동을 할 경우 경고처분 및 연장복무를 하게 하는 것은 사회복무요원의 선거운동의 자유를 침해하지 않는다.**

해설 사회복무요원이 선거운동을 할 경우 경고처분 및 연장복무를 하게 하는 병역법(2013. 6. 4. 법률 제11849호로 개정된 것) 제33조 제2항 제2호 중 공직선거법 제58조 제1항의 선거운동에 관한 부분(심판대상조항)은 사회복무요원의 선거운동을 금지함으로써 선거의 공정성과 형평성을 확보하고, 사회복무요원의 정치적 중립성을 유지하며 업무전념성을 보장하고자 하는 것이다. 이러한 입법목적은 정당하고, 심판대상조항은 입법목적을 달성하기 위한 적절한 수단이며, 또한 침해의 최소성 원칙에 반하지 아니하며 선거의 공정성·형평성 확보, 사회복무요원의 정치적 중립성 유지 및 업무전념성 보장이라는 공익은 사회복무요원이 선거운동을 금지당함에 따라 제한받는 사익보다 훨씬 중요하므로, 심판대상조항은 법익의 균형성 원칙에도 위배되지 아니한다. 따라서 심판대상조항은 과잉금지원칙에 위배되어 청구인의 선거운동의 자유를 침해하지 아니한다(헌재 2016.10.27. 2016헌마252).

정답

97. 국민건강보험공단 직원의 업무가 일반 보험회사의 직원이 담당하는 보험업무와 내용상 크게 다르지 않다 하더라도 그 신분상의 특수성과 조직의 규모, 개인정보 지득의 정도, 선거개입시 예상되는 부작용 등이 사보험업체 직원이나 다른 공단의 직원의 경우와 현저히 차이가 나는 이상, 국민건강보험공단 직원의 선거운동의 금지는 정당한 차별목적을 위한 합리적인 수단을 강구한 것으로서 평등권을 침해하지 않는다.

해설 국민건강보험공단 직원의 업무가 일반 보험회사의 직원이 담당하는 보험업무와 내용상 크게 다르지 않다 하더라도 그 신분상의 특수성과 조직의 규모, 개인정보 지득의 정도, 선거개입시 예상되는 부작용 등이 사보험업체 직원이나 다른 공단의 직원의 경우와 현저히 차이가 나는 이상 위와 같은 선거운동의 금지는 정당한 차별목적을 위한 합리적인 수단을 강구한 것으로서 합헌이다(헌재 2004.04.29. 2002헌마467).

정답 ○

98. 「공직선거법」상 기부행위 제한의 적용을 받는 자에 '후보자가 되고자 하는 자'까지 포함하면서 기부행위의 제한기간을 폐지하여 기부행위를 상시 제한하도록 한 것은 '후보자가 되려는 자'를 다른 후보자들과 합리적 이유 없이 동일하게 취급하여 평등권을 침해한다.

해설 기부행위의 제한은 부정한 경제적 이익을 제공함으로써 유권자의 자유의사를 왜곡시키는 선거운동을 범죄로 처벌하여 선거의 공정성을 보장하기 위한 규정으로 입법 목적의 정당성 및 기본권 제한 수단의 적절성이 인정된다. 이 사건 법률 조항이 기부행위를 상시 제한하고 있지만 제한되는 기부행위의 범위는 동법 제112조 소정의 기부행위의 정의 규정에 의하여 한정되고 있고, 중앙선거관리위원회규칙으로 기부행위에 해당하지 아니하는 행위를 추가로 정할 수 있도록 개방적으로 규정되어 있으며, 기부행위가 비록 제112조 제2항 등에 의하여 규정된 의례적이거나 직무상의 행위 또는 통상적인 정당 활동에 해당하지는 아니하더라도 그것이 극히 정상적인 생활형태의 하나로서 역사적으로 생성된 사회질서의 범위 안에 있는 것이라고 볼 수 있는 경우에는 일종의 의례적 직무상의 행위로서 사회상규에 위배되지 아니하여 위법성이 조각되는 것으로 해석되고 있는 점 등을 감안하면 기본권 제한의 최소침해성원칙에 위배되지 아니한다. 또한, 선거의 공정이 훼손되는 경우 후보자 선택에 관한 민의가 왜곡되고 대의민주주의 제도 자체가 위협을 받을 수 있는 점을 감안하면 이를 보호하기 위하여 본질적인 부분을 침해하지 않는 범위 내에서 기본권을 일부 제한하는 것은 법익 균형성도 준수한 것이므로 이 사건 법률 조항이 과잉금지원칙에 위배하여 인격권, 행복추구권, 평등권, 공무담임권을 침해하는 것으로 보기 어렵다(헌재 2009.04.30. 2007헌바29).

정답 ×

99. 선거운동기간 중 공개장소에서 비례대표국회의원후보자의 연설·대담을 금지하는 것은 지역구국회의원후보자와 차별하는 것이며, 정당의 재정적 능력에 따른 선거운동기회를 부당하게 제한하여 선거운동의 자유 및 정당활동의 자유를 침해한다.

■해설 공직선거법은 비례대표국회의원선거가 기본적으로 전국을 하나의 선거구로 하는 정당선거라는 점을 고려하여 그 특성에 맞추어 더 적합하고 효율적인 선거운동방법을 허용하고 있는 점, 만약 비례대표국회의원후보자에게 공개장소에서의 연설·대담을 허용한다면 각 정당은 정당의 정강이나 정책실현 의지보다는 후보자 개인의 지명도나 연설 및 홍보 능력 등에 기초하여 비례대표국회의원후보자를 지명할 가능성이 높아져 비례대표국회의원선거제도의 취지가 몰각될 우려가 있고, 연설·대담에 소요되는 비용과 노력으로 인한 경제적 부담이 가중되어 정당의 재정적 능력의 차이에 따라 선거운동기회가 차별적으로 부여되는 결과가 야기될 수 있는 점 등을 종합하여 보면, 이 사건 법률조항과 동일한 효과를 가지면서도 덜 침익적인 수단을 발견할 수 없으므로, 이 사건 법률조항은 침해의 최소성원칙에 위배되지 아니한다. 또한 이 사건 법률조항을 통하여 달성하려는 선거의 공정성 확보 등의 공익은 매우 중대한 반면, 비례대표국회의원후보자로 하여금 공개장소에서 연설·대담을 하게 할 필요성이나 이를 금지함으로써 제한되는 비례대표국회의원후보자의 이익 내지 정당활동의 자유가 결코 크다고 볼 수 없어, 이 사건 법률조항은 법익의 균형성도 갖추었다. 따라서 이 사건 법률조항은 과잉금지원칙에 반하여 청구인의 선거운동의 자유 및 정당활동의 자유를 침해한다고 할 수 없다(헌재 2013.10.24. 2012헌마311).

15년 변시

100. 시각장애선거인을 위한 점자형 선거공보의 작성 여부를 후보자의 임의사항으로 규정하고 그 면수를 책자형 선거공보의 면수 이내로 한정한 「공직선거법」 조항은 시각장애인의 선거권과 평등권을 침해한다.

■해설 선거공보는 다양한 선거정보제공 수단 중 하나에 불과하다. 시각장애인 중 상당수는 점자를 해독하지 못한다는 사정까지 감안하면 책자형 선거공보와 달리 점자형 선거공보의 작성을 의무사항으로 하는 것은 후보자의 선거운동의 자유에 대한 지나친 간섭이 될 수 있다. 따라서 심판대상조항이 점자형 선거공보의 작성 여부를 후보자의 임의사항으로 규정하고 그 면수를 책자형 선거공보의 면수 이내로 한정하고 있더라도, 시각장애인의 선거권과 평등권을 침해한다고 볼 수 없다(헌재 2014.05.29. 2012헌마913).

14년(2) 모의

101. 노동조합과 정당이 아닌 기타의 단체에 대하여 특정 정당이나 후보자에 대한 명시적인 지지나 반대 등의 의사표현행위를 금지하는 것이 정치적 의사표현의 자유를 과도하게 제한하는 것은 아니다.

■해설 단체가 선거기간 중에 특정 정당이나 후보자를 지지·반대하거나 지지·반대할 것을 권유하는 행위를 할 수 없도록 하였다 하더라도, 단체에 의한 선거운동이 지닌 문제점, 헌법이 정당에 대하여 일반결사와는 다른 특별한 보호와 규제를 하고 있는 점, 특정 정당이나 후보자에 대한 명시적인 지지나 반대 등의 행위만 금지할 뿐 단체의 정치적 의사표현의 자유를 달리 더 제한하는 것이 아니라

는 점 등에 비추어 볼 때 정당이 아닌 단체의 평등권이나 정치적 의사표현의 자유를 과도하게 제한하는 것이라 할 수 없다(헌재 1997.10.30. 96헌마94). ▶ 공직선거법은 선거운동기간 중에 정당과 노동조합 외의 단체들이 선거운동을 하는 것을 일체 금지하였는데, 이에 대하여 헌법재판소는 선거의 공정성을 이유로 합헌결정을 하였다(헌재 1995.05.25. 95헌마105 등). 그러나 이에 대해서는 단체의 성격이나 규모 여하를 불문하고 모든 단체에 일률적으로 선거운동을 금지하고 있어 위헌이라는 의견이 강하게 제기되면서 그 후 두 번에 걸쳐 공직선거법이 개정되었다. 2004. 3. 12. 개정된 공직선거법은 단체에 대해서도 원칙적으로 선거운동을 허용하되, 선거운동을 할 수 없는 단체를 한정적으로 열거하였고, 2005. 8. 4. 개정법에서는 국민건강보험공단을 선거운동을 할 수 없는 단체에서 제외시켰다(같은 법 제87조 제1항 제7호).

23년(2) 모의

102. 국가를 상대로 한 당사자소송에는 가집행선고를 할 수 없도록 하는 것은, 피고가 국가인 경우에만 가집행선고를 할 수 없도록 하여 국가가 아닌 공공단체 그 밖의 권리주체를 차별하는 것으로 이를 자의금지원칙에 따라 판단하더라도 그 차별의 합리성을 인정할 수 없다.

해설 재산권의 청구가 공법상 법률관계를 전제로 한다는 점만으로 국가를 상대로 하는 당사자소송에서 국가를 우대할 합리적인 이유가 있다고 할 수 없고, 집행가능성 여부에 있어서도 국가와 지방자치단체 등이 실질적인 차이가 있다고 보기 어렵다. 한편 가집행 후 상소심에서 판결이 번복되었으나 원상회복이 어려운 경우 국고손실이 발생할 수 있으나, 이는 국가가 피고일 경우에만 생기는 문제가 아니라 가집행제도의 일반적인 문제라 할 것이며, 이러한 문제는 법원이 판결을 할 때 가집행을 붙이지 아니할 상당성의 유무를 신중히 판단하고 담보제공명령이나 가집행 면제제도(민사소송법 제213조 참조)를 이용하여 사전에 예방할 수 있는 것이므로 위와 같은 문제가 국가에 대하여 예외적으로 가집행선고를 금지할 이유가 될 수 없다(헌재 1989. 1. 25. 88헌가7 참조). 따라서 심판대상조항은 국가가 당사자소송의 피고인 경우 가집행의 선고를 제한하여, 국가가 아닌 공공단체 그 밖의 권리주체가 피고인 경우에 비하여 합리적인 이유 없이 차별하고 있으므로 평등원칙에 반한다(헌재 2022.02.24. 2020헌가12).

12년(3) 모의

103. 공무원이 공직선거법상 '공무원 기타 정치적 중립을 지켜야 하는 자'에 포함되는지 여부와 관련하여 차별이 있는 경우에는 완화된 심사기준인 자의금지원칙에 따라 판단한다는 것이 헌법재판소 판례이다.

해설 국회의원 및 지방의회의원도 대통령과 마찬가지로 정당의 추천을 받아 국민의 직접선거에 의해 선출되는 선출직 공무원인데, 관계 법령의 해석상 이 사건 법률조항의 적용을 받지 않음으로써, 대통령과의 사이에 차별이 발생한다. 헌법 제11조 제1항이 규정하고 있는 평등의 원칙은 일체의 차별적 대우를 부정하는 절대적 평등을 의미하는 것이 아니라 법의 적용이나 입법에 있어서 불합리한 조건에 의한 차별을 하여서는 안된다는 것을 뜻하고, 따라서 합리적 근거 없이 차별하는 경우에 한하여 평등의 원칙에 위반된다. 한편 평등의 원칙 위반 여부를 심사함에 있어서는 헌법에서 특별히 평등을 요구하고 있는 경우나 차별적 취급으로 인하여 관련 기본권에 대한 중대한 제한이 있는 경우에는 엄격한 심사척도가 적용되고 그 외에는 완화된 심사척도가 적용된다. 이 사건 법률조항은 '선거에 대한 부당한 영향력의 행사 기타 선거결과에 영향을 미치는 행위'를 제한하는 것으로서, 헌법에서 특별히 평등을 요구하는 부분이 아니다. 또한 일정한 시기에 부당한 방법에 의한 선거활동을 제한하는 것으로서 형벌 등 제재수단이 있는 것도 아니므로 기본권에 대한 중대한 침해가 된다고 보기도 어렵다. 따라서 평등권심사에 있어서의 완화된 심사기준인 자의(恣意)금지 원칙에 따라 판단하기로 한다(헌재 2008.01.17. 2007헌마700).

정답 ○

12년 변시 · 22년(2) 모의

104. 대통령은 국민의 선거에 의하여 취임하는 공무원이므로 선거운동을 허용할 수밖에 없다. 따라서 공직선거법 제9조 제1항이 규정하는 '공무원 기타 정치적 중립을 지켜야 하는 자'에 대통령이 포함되지 아니하는 것으로 해석해야 한다.

해설 공선법 제9조의 '공무원'이란, 위 헌법적 요청을 실현하기 위하여 선거에서의 중립의무가 부과되어야 하는 모든 공무원 즉, 구체적으로 '자유선거원칙'과 '선거에서의 정당의 기회균등'을 위협할 수 있는 모든 공무원을 의미한다. 그런데 사실상 모든 공무원이 그 직무의 행사를 통하여 선거에 부당한 영향력을 행사할 수 있는 지위에 있으므로, 여기서의 공무원이란 원칙적으로 국가와 지방자치단체의 모든 공무원 즉, 좁은 의미의 직업공무원은 물론이고, 적극적인 정치활동을 통하여 국가에 봉사하는 정치적 공무원을 포함한다. 다만, 국회의원과 지방의회의원은 정당의 대표자이자 선거운동의 주체로서의 지위로 말미암아 선거에서의 정치적 중립성이 요구될 수 없으므로, 공선법 제9조의 '공무원'에 해당하지 않는다. 따라서 선거에 있어서의 정치적 중립성은 행정부와 사법부의 모든 공직자에게 해당하는 공무원의 기본적 의무이다. 더욱이, 대통령은 행정부의 수반으로서 공정한 선거가 실시될 수 있도록 총괄·감독해야 할 의무가 있으므로, 당연히 선거에서의 중립의무를 지는 공직자에 해당하는 것이고, 이로써 공선법 제9조의 '공무원'에 포함된다(헌재 2004.05.14. 2004헌나1).

정답 ×

Ⅲ 기타

16년 변시, 20년(1) 모의

105. 선거공영제의 내용은 우리의 선거문화와 풍토, 정치문화 및 국가의 재정상황과 국민의 법감정 등 여러 가지 요소를 종합적으로 고려하여 입법자가 정책적으로 결정할 사항으로서 넓은 입법형성권이 인정되는 영역이다.

해설 선거공영제의 내용은 우리의 선거문화와 풍토, 정치문화 및 국가의 재정상황과 국민의 법감정 등 여러 가지 요소를 종합적으로 고려하여 입법자가 정책적으로 결정할 사항으로서 넓은 입법형성권이 인정되는 영역이라고 할 것이다(헌재 2012.02.23. 2010헌바485).

23년(2) 모의

106. 선거에 참여한 선거권자들의 정치적 의사표명에 의하여 직접 결정되는 것은 어떠한 후보자가 비례대표국회의원으로 선출되는가라기보다는 비례대표국회의원을 할당받을 정당에 배분되는 비례대표국회의원의 의석수이지만, 비례대표국회의원선거 역시 전체국민의 대표로서 국회의원을 선출하는 데 그 본질이 있으므로 정당보다는 인물에 대한 선거의 성격이 여전히 더 강조된다.

해설 선거에 참여한 선거권자들의 정치적 의사표명에 의하여 직접 결정되는 것은 어떠한 비례대표국회의원후보자가 비례대표국회의원으로 선출되느냐의 문제라기보다는 비례대표국회의원을 할당받을 정당에 배분되는 비례대표국회의원의 의석수이고, 비례대표국회의원선거는 인물에 대한 선거가 아닌 정당에 대한 선거로서의 성격을 갖는다(헌결 2016.12.29. 2015헌마509, 2015헌마1160(병합)).

정답

20년(1)·22년(1) 모의

107. 비례대표지방의회의원 당선인이 선거범죄로 의원직을 상실하여 결원이 생긴 때 후보자명부에 기재된 순위에 따른 승계를 인정하지 않는 것이 대의제 민주주의원리에 위배되는 것은 아니다.

해설 … 심판대상조항은 선거범죄를 범한 비례대표지방의회의원 당선인 본인의 의원직 박탈로 그치지 아니하고 그로 인하여 궐원된 비례대표지방의회의원의석에 대하여 소속 정당의 비례대표지방의회의원 후보자명부에 의한 의석 승계를 인정하지 아니함으로써 결과적으로 그 정당에 비례대표지방의회의원의석을 할당받도록 한 선거권자들의 정치적 의사표명을 무시하고 왜곡하는 결과가 된다. 이는 국민주권의 원리 내지 대의제 민주주의를 근간으로 하는 우리 법체계하에서는 원칙적으로 용인되기 어려운 것이다(헌재 2009.06.25. 2007헌마40).

정답

20년(1) 모의

108. 선거는 주권자인 국민이 그 주권을 행사하는 통로이므로 정당의 공직선거 후보자의 결정과정이 민주적이지 않으면 민주주의원리와 국민주권원리에 부합한다고 볼 수 없다.

해설 선거는 주권자인 국민이 그 주권을 행사하는 통로이므로 선거제도는 첫째, 국민의 의사를 제대로 반영하고, 둘째, 국민의 자유로운 선택을 보장하여야 하고, 셋째, 정당의 공직선거 후보자의 결정과정이 민주적이어야 하며, 그렇지 않으면 민주주의 원리 나아가 국민주권의 원리에 부합한다고 볼 수 없다(헌재 2009.06.25. 2007헌마40).

정답

17년(3) 모의

109. 국민주권론은 전체 국민이 이념적으로 주권의 근원이라는 전제 아래 형식적인 이론에 그치지 않고 실질적 국민주권을 보장하기 위하여 유권자들이 자기들의 권익과 전체국민의 이익을 위해 적절하게 주권을 행할 수 있도록 민주적인 선거제도가 마련될 것을 요구한다.

해설 헌법상의 국민주권론을 추상적으로 보면 전체국민이 이념적으로 주권의 근원이라는 전제 아래 형식적인 이론으로 만족할 수 있으나, 현실적으로 보면 구체적인 주권의 행사는 투표권 행사인 선거를 통하여 이루어지는 것이다. 실질적 국민주권을 보장하기 위하여 유권자들이 자기들의 권익과 전체국민의 이익을 위해 적절하게 주권을 행할 수 있도록 민주적인 선거제도가 마련되어야 하고, 국민 각자의 참정권을 합리적이고 합헌적으로 보장하는 선거법을 제정하지 않으면 안된다(헌재 1989.09.08. 88헌가6).

정답 ○

17년(2) 모의

110. 선거범죄로 당선이 무효로 된 자에게 이미 반환받은 기탁금과 보전받은 선거비용을 다시 반환하도록 한 구「공직선거법」조항이 낙선자를 제외하고 당선자만을 제재대상으로 규정하더라도, 당선자의 재산권이나 평등권 제한이 문제될 뿐이고 공무담임권이 제한되는 것은 아니다.

해설 이 사건 법률조항의 제재는 공직취임을 배제하거나 공무원 신분을 박탈하는 내용이 아니므로 공무담임권의 보호영역에 속하는 사항을 규정한 것이라고 할 수 없고, 선거범죄를 저지르지 않고 선거를 치르는 대부분의 후보자는 제재대상에 포함되지 아니하여 자력이 충분하지 못한 국민의 입후보를 곤란하게 하는 효과를 갖는다고 할 수 없으므로 이 사건 법률조항은 공무담임권을 제한한다고 할 수 없다(헌재 2011.04.28. 2010헌바232).

정답 ○

15년 변시·17년(1)·23년(2) 모의

111. 국회의원선거에 있어서 선거의 효력에 관하여 이의가 있는 선거인·정당 또는 후보자는 선거일부터 30일 이내에 당해 선거구선거관리위원회위원장을 피고로 하여 관할 고등법원에 소를 제기할 수 있다.

해설 공직선거법 제222조 참조. ▶ 대통령 및 국회의원선거의 선거소송에서 제소법원은 '대법원'

공직선거법 제222조(선거소송) ① 대통령선거 및 국회의원선거에 있어서 선거의 효력에 관하여 이의가 있는 선거인·정당(후보자를 추천한 정당에 한한다) 또는 후보자는 선거일부터 30일 이내에 당해 선거구선거관리위원회위원장을 피고로 하여 대법원에 소를 제기할 수 있다.

정답 ×

제6절 공무원제도

제❶항 | 국민전체에 대한 봉사자

19년(1) 모의

112. 직업공무원제도에서의 공무원이란 국가 또는 공공단체와 근로관계를 맺고 이른바 공법상 특별권력관계 내지 특별행정법관계 아래 공무를 담당하는 것을 직업으로 하는 협의의 공무원은 물론 정치적 공무원을 포함한다.

해설 우리나라는 직업공무원제도를 채택하고 있는데, 이는 공무원이 집권세력의 논공행상의 제물이 되는 엽관제도(獵官制度)를 지양하고 정권교체에 따른 국가작용의 중단과 혼란을 예방하고 일관성있는 공무수행의 독자성을 유지하기 위하여 헌법과 법률에 의하여 공무원의 신분이 보장되는 공직구조에 관한 제도이다. 여기서 말하는 공무원은 국가 또는 공공단체와 근로관계를 맺고 이른바 공법상 특별권력관계 내지 특별행정법관계 아래 공무를 담당하는 것을 직업으로 하는 협의의 공무원을 말하며 정치적 공무원이라든가 임시적 공무원은 포함되지 않는 것이다(헌재 1989.12.18. 89헌마32).

정답

19년(1) 모의

113. 직업공무원제도는 국민주권원리에 바탕을 둔 민주적이고 법치주의적인 공직제도로서 정권담당자에 따라 영향을 받지 않는 것은 물론 같은 정권하에서도 정당한 이유 없이 해임당하지 않는 것을 불가결의 요건으로 한다.

해설 헌법이 "공무원은 국민전체에 대한 봉사자이며, 국민에 대하여 책임을 진다. 공무원의 신분과 정치적 중립성은 법률이 정하는 바에 의하여 보장된다."(헌법 제7조, 구 헌법 제6조)라고 명문으로 규정하고 있는 것은 바로 직업공무원제도가 국민주권원리에 바탕을 둔 민주적이고 법치주의적인 공직제도임을 천명하고 정권담당자에 따라 영향받지 않는 것은 물론 같은 정권하에서도 정당한 이유 없이 해임당하지 않는 것을 불가결의 요건으로 하는 직업공무원제도의 확립을 내용으로 하는 입법의 원리를 지시하고 있는 것으로서 법률로서 관계규정을 마련함에 있어서도 헌법의 위와 같은 기속적 방향(羈束的方向) 제시에 따라 공무원의 신분보장이라는 본질적 내용이 침해되지 않는 범위내라는 입법의 한계가 확정되어진 것이라 할 것이다(헌재 1989.12.18. 89헌마32).

정답

19년(1)·(3) 모의

114. 공무원의 보수청구권은 법률 및 법률의 위임을 받은 하위법령에서 보수의 구체적 수준이 형성되면 재산권적 성격이 인정되는 공법상 권리가 되나, 그 보수청구권의 구체적 내용을 형성함에 있어서는 입법자에게 폭 넓은 재량이 허용된다.

해설 직업공무원제도를 유지하기 위해 공무원에게 보수청구권이 인정되지만, 공무담당자로서의 지위, 공무의 특수성, 국가재정적 상황 등 공무원법관계의 특성으로 인하여 그 보수청구권의 구체적 내용을 형성함에 있어서는 입법자에게 폭 넓은 재량이 헌법상 허용된다고 할 것이다. 한편 이러한 공무원의 보수청구권은 법률 및 법률의 위임을 받은 하위법령에서 보수의 구체적 수준이 형성되면 직업공무원제도의 한 내용으로서 재산권적 성격이 인정되는 공법상 권리가 된다(헌재 2008.12.26. 2007헌마444).

정답 O

18년(2) 모의

115. 헌법 제7조에서 보장하는 직업공무원제도의 기본적 요소에 능력주의가 포함되는 점에 비추어 헌법 제25조의 공무담임권 조항은 모든 국민이 누구나 그 능력과 적성에 따라 공직에 취임할 균등한 기회를 보장한다고 해석하여야 한다.

해설 국민의 신임에 의하여 정당화되는 선거직공직과는 달리 비선거직공직자의 선발에 있어서는 공직이 요구하는 전문성·능력·적성 등을 기준으로 하는 능력주의 내지 성적주의가 그 바탕이 되어야 하므로, 헌법 제25조가 보장하고 있는 비선거직공직에 대한 공직취임권은 모든 국민에게 누구나 그 능력과 적성에 따라 공직에 취임할 수 있는 균등한 기회를 보장한다는 뜻으로 보아야 할 것이다 (헌재 2006.07.27. 2005헌마821).

정답 O

14년(3)·19년(3) 모의

116. 직업공무원제도에서 말하는 공무원은 국가 또는 공공단체와 근로관계를 맺고 이른바 공법상 특별권력관계 내지 특별행정법관계 아래 공무를 담당하는 것을 직업으로 하는 협의의 공무원을 말하며 정치적 공무원은 포함되지 않는다.

해설 직업공무원은 국가 또는 공공단체와 근로관계를 맺고 이른바 공법상 특별권력관계 내지 특별행정법관계 아래 공무를 담당하는 것을 직업으로 하는 협의의 공무원을 말하며 정치적 공무원이라든가 임시적 공무원은 포함되지 않는 것이다(헌재 1989.12.18. 89헌마32).

정답 O

14년(3)·19년(1)·(3)·22년(3) 모의

117. (1) 공무원은 공직자인 동시에 국민의 한 사람이기도 하므로, 공무원은 공인으로서의 지위와 사인으로서의 지위, 국민전체에 대한 봉사자로서의 지위와 기본권을 향유하는 기본권주체로서의 지위라는 이중적 지위를 가진다.

(2) 공무원의 정치적 책임 때문에 공직자는 국가정책의 결정과 집행에 대한 국민의 비판을 수인해야 하므로 일반국민에 비하여 명예 내지 인격권의 보호정도가 제한된다.

해설 공무원은 공직자인 동시에 국민의 한 사람이기도 하므로, 공무원은 공인으로서의 지위와 사인으로서의 지위, 국민전체에 대한 봉사자로서의 지위와 기본권을 향유하는 기본권주체로서의 지위라는 이중적 지위를 가진다. 따라서 공무원이라고 하여 기본권이 무시되거나 경시되어서도 아니 되지만, 공무원의 신분과 지위의 특수성에 비추어 공무원에 대해서는 일반 국민에 비해 보다 넓고 강한 기본권

제한이 가능하게 된다. 그런 측면에서 우리 헌법은 공무원이 국민전체의 봉사자라는 지위에 있음을 확인하면서 공무원에 대해 정치적 중립성을 지킬 것을 요구하고 있다(헌재 2012.05.31. 2009헌마705).

정답 O, O

제❷항 ❙ 공무원의 신분보장

17년(3) 모의

118. 공무원이 특정의 장소에서 근무하는 것은 공무담임권의 보호영역에 포함된다고 보기 어려우므로, 지방공무원의 의사와 관계없이 지방자치단체의 장 사이의 동의만으로 지방공무원을 소속 지방자치단체에서 다른 지방자치단체로 전출시킬 수 있다 하더라도 공무원의 신분보장이라는 헌법적 요청에 위반되지 않는다.

∷해설 이 사건 법률조항을, 해당 지방공무원의 동의없이도 지방자치단체의 장 사이의 동의만으로 지방공무원에 대한 전출 및 전입명령이 가능하다고 풀이하는 것은 헌법적으로 용인되지 아니한다(헌재 2002.11.28. 98헌바101).

정답 ✕

17년(2)·19년(1)·(3) 모의

119. 임용당시의 공무원법상의 정년까지 근무할 수 있다는 기대와 신뢰는 절대적인 권리로서 보호되어야만 하는 것은 아니고 행정조직, 직제의 변경 또는 예산의 감소 등 강한 공익상의 정당한 근거에 의하여 좌우될 수 있는 상대적이고 가변적인 것이라 할 것이므로 입법자에게는 제반사정을 고려하여 합리적인 범위 내에서 정년을 조정할 입법형성권이 인정된다.

∷해설 공무원이 정년까지 근무할 수 있는 권리는 헌법의 공무원신분보장규정에 의하여 보호되는 기득권으로서 그 침해 내지 제한은 신뢰보호의 원칙에 위배되지 않는 범위 내에서만 가능하다고 할 것인 즉 기존의 정년규정을 변경하여 임용 당시의 공무원법상의 정년까지 근무할 수 있다는 기대 내지 신뢰를 합리적 이유없이 박탈하는 것은 위 공무원신분 보장규정에 위배된다 할 것이나, 임용당시의 공무원법상의 정년까지 근무할 수 있다는 기대와 신뢰는 절대적인 권리로서 보호되어야만 하는 것은 아니고 행정조직, 직제의 변경 또는 예산의 감소 등 강한 공익상의 정당한 근거에 의하여 좌우될 수 있는 상대적이고 가변적인 것이라 할 것이므로 입법자에게는 제반사정을 고려하여 합리적인 범위 내에서 정년을 조정할 입법형성권이 인정된다(헌재 1994.04.28. 91헌바15).

정답 O

 24년 변시

120. 「국가공무원법」은 공무원의 보수 등에 관하여 '근무조건 법정주의'를 규정하고 있지 않아, 국가 예산에 계상되어 있으면 공무원 보수 지급이 가능하다.

해설 국가공무원법은 공무원의 보수 등에 관하여 이른바 '근무조건 법정주의'를 규정하고 있다. 이는 공무원이 헌법 제7조에 정한 직업공무원제도에 기하여 국민 전체에 대한 봉사자로서의 특수한 지위를 가지므로 국민 전체의 의사를 대표하는 국회에서 근무조건을 결정하도록 함이 타당할 뿐 아니라, 공무원의 보수 등은 국가예산에서 지급되는 것이므로 헌법 제54조에 따라 예산안 심의·확정 권한을 가진 국회가 예산상의 고려가 함께 반영된 법률로써 공무원의 근무조건을 정하도록 할 필요가 있기 때문이다. 그리고 공무원보수규정 제31조에 따라 공무원의 수당 등 보수는 예산의 범위에서 지급되는데, 여기서 '예산의 범위에서'란 문제 되는 보수 항목이 국가예산에 계상되어 있을 것을 요한다는 의미이다. 이와 같이 공무원 보수 등 근무조건은 법률로 정하여야 하고, 국가예산에 계상되어 있지 아니하면 공무원 보수의 지급이 불가능한 점 등에 비추어 볼 때, 공무원이 국가를 상대로 실질이 보수에 해당하는 금원의 지급을 구하려면 공무원의 '근무조건 법정주의'에 따라 국가공무원법령 등 공무원의 보수에 관한 법률에 지급근거가 되는 명시적 규정이 존재하여야 하고, 나아가 해당 보수 항목이 국가예산에도 계상되어 있어야만 한다(대판 2016.08.25. 2013두14610).

23년(2) 모의

121. 변호사, 공인회계사, 세무사 등 자격증 소지자들에게 세무직 7급 시험에서 가산점을 부여하는 것은 이를 소지하지 아니한 사람들에게는 공직 진입에 장애를 초래하지만, 세무영역에서 업무능력을 갖춘 사람을 우대하여 직업공무원제도의 능력주의를 구현하는 측면이 있으므로 과잉금지원칙 위반 여부를 심사할 때 이를 고려할 필요가 있다.

해설 한편, 이 사건 가산점제도는 가산 대상 자격증을 소지하지 아니한 사람들에 대하여는 공직으로의 진입에 장애를 초래하지만, 변호사, 공인회계사, 세무사의 업무능력을 갖춘 사람을 우대하여 헌법 제7조에서 보장하는 직업공무원제도의 능력주의를 구현하는 측면이 있으므로 헌법 제37조 제2항에 따른 과잉금지원칙 위반 여부를 심사할 때 이를 고려할 필요가 있다(헌재 2020.06.25. 2017헌마1178(전합)).

제❸항 | 공무원의 정치적 중립 등 의무

24년 변시

122. 「국가공무원법」에서 금지하고 있는 '공무 외의 일을 위한 집단행위'는 비단 '공익에 반하는 목적을 위한 행위로서 직무전념의무를 해태하는 등의 영향을 가져오는 집단적 행위'만을 말하는 것은 아니고, 국민 전체에 대한 봉사자인 공무원의 사명에 입각하여 볼 때 공무가 아닌 어떤 일을 위하여 공무원들이 하는 모든 집단행위를 의미한다.

해설 헌법재판소는 헌재 2014. 8. 28. 2011헌바32등 결정에서 심판대상조항과 동일한 내용의 국가공무원법(2008. 3. 28. 법률 제8996호로 개정된 것) 제78조 제1항 제1호의 '이 법' 부분 중 국가공무원법 제66조 제1항 본문의 '공무 외의 일을 위한 집단행위' 부분이 명확성원칙에 위반되지 않는다고 판단하였는바, 그 요지는 다음과 같다. 법원은 '공무 외의 일을 위한 집단행위'란 공무에 속하지 아니하는 어떤 일을 위하여 공무원들이 하는 모든 집단적 행위를 의미하는 것이 아니라 언론의 자유를 보장하고 있는 헌법 제21조 제1항과 국가공무원법의 입법취지, 국가공무원법상의 성실의무와 직무전념의무 등을 종합적으로 고려하여 '공익에 반하는 목적을 위하여 직무전념의무를 해태하는 등의 영향을 가져오는 집단적 행위'라고 한정하여 해석하고 있다. 또한 국가공무원법이 공무원의 집단행위를 금지하는 취지에 비추어 보면, 여기서의 집단행위는 공무원의 직무전념성을 해치거나 공무에 대한 국민의 신뢰에 손상을 가져올 수 있는 다수의 결집된 행위로 봄이 상당하다. 나아가 국가공무원법 조항의 해석을 통해 나온 '공익' 개념은 개인 또는 특정 단체나 집단의 이익이 아니라 일반 다수 국민의 이익 내지는 사회공동의 이익을 의미한다 할 것이다. 다만 심판대상조항의 의미를 구체화하는 과정에서 다시 공익과 같은 추상적 개념을 사용하면 그 의미의 불명확성을 완전하게 해소하지 못할 가능성은 있으나 이는 통상적 법해석 또는 법보충 작용을 통해 보완함이 바람직하다(헌결 2020.04.23. 2018헌마550(전합)).

123. 공무원의 정당가입이 허용된다면, 공무원의 정치적 행위가 직무 내의 것인지 직무 외의 것인지 구분하기 어려운 경우가 많고, 설사 공무원이 근무시간 외에 혹은 직무와 관련 없이 정당과 관련된 정치적 표현행위를 한다 하더라도 공무원의 정치적 중립성에 대한 국민의 기대와 신뢰는 유지되기 어렵다.

해설 ⋯ 위 규정들은 국가 또는 지방자치단체의 정책에 대한 공무원의 집단적인 반대·방해 행위를 금지함으로써 공무원의 근무기강을 확립하고 공무원의 정치적 중립성을 확보하려는 입법목적을 가진 것으로서, 위 규정들은 그러한 입법목적 달성을 위한 적합한 수단이 된다. 한편, 공무원의 신분과 지위의 특수성에 비추어 볼 때 공무원에 대해서는 일반 국민에 비해 보다 넓고 강한 기본권제한이 가능한바, 위 규정들은 공무원의 정치적 의사표현이 집단적인 행위가 아닌 개인적·개별적인 행위인 경우에는 허용하고 있고, 공무원의 행위는 그것이 직무 내의 것인지 직무 외의 것인지 구분하기 어려운 경우가 많으며, 설사 공무원이 직무 외에서 집단적인 정치적 표현 행위를 한다 하더라도 공무원의 정치적 중립성에 대한 국민의 신뢰는 유지되기 어려우므로 직무 내외를 불문하고 금지한다 하더라도 침해의 최소성원칙에 위배되지 아니한다. 만약 국가 또는 지방자치단체의 정책에 대한 공무원의 집단적인 반대·방해 행위가 허용된다면 원활한 정책의 수립과 집행이 불가능하게 되고 공무원의 정치적 중립성이 훼손될 수 있는바, 위 규정들이 달성하려는 공익은 그로 말미암아 제한받는 공무원의 정치적 표현의 자유에 비해 작다고 할 수 없으므로 법익의 균형성 또한 인정된다. 따라서 위 규정들은 과잉금지원칙에 반하여 공무원의 정치적 표현의 자유를 침해한다고 할 수 없다(헌재 2012.05.31. 2009헌마705).

정답 ○

21년 변시, 16년(3)·21년(2) 모의

124.

1) 국가공무원법 제66조 제1항이 '공무 외의 일을 위한 집단행위'라고 포괄적이고 광범위하게 규정하고 있다 하더라도, 이는 공무가 아닌 어떤 일을 위하여 공무원들이 하는 모든 집단행위를 의미하는 것이 아니라, '공익에 반하는 목적을 위한 행위로서 직무전념의무를 해태하는 등의 영향을 가져오는 집단적 행위'라고 해석된다.

> **해설** 국가공무원법이 위와 같이 '공무 외의 일을 위한 집단행위'라고 다소 포괄적이고 광범위하게 규정하고 있다 하더라도, 이는 공무가 아닌 어떤 일을 위하여 공무원들이 하는 모든 집단행위를 의미하는 것이 아니라, 언론·출판·집회·결사의 자유를 보장하고 있는 헌법 제21조 제1항, 공무원에게 요구되는 헌법상의 의무 및 이를 구체화한 국가공무원법의 취지 등을 종합적으로 고려하여 '공익에 반하는 목적을 위한 행위로서 직무전념의무를 해태하는 등의 영향을 가져오는 집단적 행위'라고 해석된다(대판 2017.04.13. 2014두8469).

 정답 O

2) 국가공무원법 제66조 제1항이 수범자인 공무원이 구체적으로 어떠한 행위가 여기에 해당하는지를 충분히 예측할 수 없을 정도로 그 적용 범위가 모호하다거나 불분명하다고 할 수 없으므로 공무원의 집단행위 금지 규정이 명확성의 원칙에 반한다고 볼 수 없고, 또한 위 규정이 그 적용 범위가 지나치게 광범위하거나 포괄적이어서 공무원의 표현의 자유를 과도하게 제한한다고 볼 수 없으므로, 과잉금지의 원칙에 반한다고 볼 수도 없다.

> **해설** 위 규정을 위와 같이 해석한다면 수범자인 공무원이 구체적으로 어떠한 행위가 여기에 해당하는지를 충분히 예측할 수 없을 정도로 적용 범위가 모호하다거나 불분명하다고 할 수 없으므로 위 규정이 명확성의 원칙에 반한다고 볼 수 없고, 또한 위 규정이 적용 범위가 지나치게 광범위하거나 포괄적이어서 공무원의 표현의 자유를 과도하게 제한한다고 볼 수 없으므로, 과잉금지의 원칙에 반한다고 볼 수도 없다(대판 2017.04.13. 2014두8469).

 정답 O

3) (1) 공무원들의 어느 행위가 국가공무원법 제66조 제1항에 규정된 '집단행위'에 해당하려면, 그 행위가 반드시 같은 시간, 장소에서 행하여져야 하는 것은 아니지만, 공익에 반하는 어떤 목적을 위한 다수인의 행위로서 집단성이라는 표지를 갖추어야만 한다고 해석함이 타당하므로, 공무원들이 순차적으로 각각 다른 시간대에 릴레이 1인 시위를 하거나 여럿이 단체를 결성하여 그 단체 명의로 의사를 표현하는 경우에는 국가공무원법 제66조 제1항이 금지하는 집단행위에 해당한다.

(2) 실제 여럿이 모이는 형태로 의사표현을 하는 것은 아니지만 발표문에 서명날인을 하는 등의 수단으로 여럿이 가담한 행위임을 표명하는 경우 또는 일제 휴가나 집단적인 조퇴, 초과근무 거부 등과 같이 정부활동의 능률을 저해하기 위한 집단적 태업 행위로 볼 수 있는 경우에 속하거나 이에 준할 정도로 행위의 집단성이 인정되어야 국가공무원법 제66조 제1항에 해당한다.

해설 공무원들의 어느 행위가 국가공무원법 제66조 제1항에 규정된 '집단행위'에 해당하려면, 그 행위가 반드시 같은 시간, 장소에서 행하여져야 하는 것은 아니지만, 공익에 반하는 어떤 목적을 위한 다수인의 행위로서 집단성이라는 표지를 갖추어야만 한다고 해석함이 타당하다. 따라서 여럿이 같은 시간에 한 장소에 모여 집단의 위세를 과시하는 방법으로 의사를 표현하거나 여럿이 단체를 결성하여 그 단체 명의로 의사를 표현하는 경우, 실제 여럿이 모이는 형태로 의사표현을 하는 것은 아니지만 발표문에 서명날인을 하는 등의 수단으로 여럿이 가담한 행위임을 표명하는 경우 또는 일제 휴가나 집단적인 조퇴, 초과근무 거부 등과 같이 정부활동의 능률을 저해하기 위한 집단적 태업 행위로 볼 수 있는 경우에 속하거나 이에 준할 정도로 행위의 집단성이 인정되어야 국가공무원법 제66조 제1항에 해당한다고 볼 수 있다. 릴레이 1인 시위, 릴레이 언론기고, 릴레이 내부 전산망 게시는 모두 후행자가 선행자에 동조하여 동일한 형태의 행위를 각각 한 것에 불과하고 … 행위의 집단성이 있다고 보기 어렵다(대판 2017.04.13. 2014두8469).

정답 X, O

4) 공무원의 '공무 외의 일을 위한 집단 행위'를 금지하여 공무원의 집단적인 정치적 표현을 제한하는 것은 해당 공무원의 표현의 자유를 침해한다.

해설 우리 헌법은 공무원이 국민전체에 대한 봉사자라는 지위에 있음을 확인하면서 공무원에 대해 정치적 중립성을 지킬 것을 요구하고 있으므로, 공무원의 경우 그 신분과 지위의 특수성에 비추어 경우에 따라서는 일반 국민에 비하여 표현의 자유가 더 제한될 수 있다. 이 사건 국가공무원법 규정에서 공무원의 정치적 의사표현이 집단적으로 이루어지는 것을 금지하는 것은, 공무원이 집단적으로 정치적 의사표현을 하는 경우에는 이것이 공무원이라는 집단의 이익을 대변하기 위한 것으로 비춰질 수 있으며, 정치적 중립성의 훼손으로 공무의 공정성과 객관성에 대한 신뢰를 저하시킬 수 있기 때문이다. 특히 우리나라의 정치 현실에서는 집단적으로 이루어지는 정부 정책에 대한 비판이나 반대가 특정 정당이나 정파 등을 지지하는 형태의 의사표시로 나타나지 않더라도 그러한 주장 자체로 현실정치에 개입하려 한다거나, 정파적 또는 당파적인 것으로 오해 받을 소지가 크다. 따라서 공무원의 집단적인 의사표현을 제한하는 것은 불가피하고 이것이 과잉금지원칙에 위반된다고 볼 수 없다(헌재 2014.08.28. 2011헌바32).

정답 X

24년 변시, 21년(2) 모의

125. 군인과 달리 국가공무원의 지위에 있지 않은 군무원은 정치적 표현의 자유에 대해 엄격한 제한을 받아서는 안 되며, 군무원의 정치적 의견을 공표하는 행위도 엄격히 제한할 필요가 없다.

해설 … 그러므로 헌법상 군무원은 국민의 구성원으로서 정치적 표현의 자유를 보장받지만, 위와 같은 특수한 지위로 인하여 국가공무원으로서 헌법 제7조에 따라 그 정치적 중립성을 준수하여야 할 뿐만 아니라, 나아가 국군의 구성원으로서 헌법 제5조 제2항에 따라 그 정치적 중립성을 준수할 필요성이 더욱 강조되므로, 정치적 표현의 자유에 대해 일반 국민보다 엄격한 제한을 받을 수밖에 없다(헌결 2018.07.26. 2016헌바139(전합)).

정답

14년 변시, 21년(2) 모의

126. 공무원에 대하여 국가 또는 지방자치단체의 정책에 대한 집단적인 반대·방해 행위를 금지하는 것은 해당 공무원의 표현의 자유를 침해한다.

해설 … 위 규정들은 국가 또는 지방자치단체의 정책에 대한 공무원의 집단적인 반대·방해 행위를 금지함으로써 공무원의 근무기강을 확립하고 공무원의 정치적 중립성을 확보하려는 입법목적을 가진 것으로서, 위 규정들은 그러한 입법목적 달성을 위한 적합한 수단이 된다. 한편, 공무원의 신분과 지위의 특수성에 비추어 볼 때 공무원에 대해서는 일반 국민에 비해 보다 넓고 강한 기본권제한이 가능한바, 위 규정들은 공무원의 정치적 의사표현이 집단적인 행위가 아닌 개인적·개별적인 행위인 경우에는 허용하고 있고, 공무원의 행위는 그것이 직무 내의 것인지 직무 외의 것인지 구분하기 어려운 경우가 많으며, 설사 공무원이 직무 외에서 집단적인 정치적 표현 행위를 한다 하더라도 공무원의 정치적 중립성에 대한 국민의 신뢰는 유지되기 어려우므로 직무 내외를 불문하고 금지한다 하더라도 침해의 최소성원칙에 위배되지 아니한다. 만약 국가 또는 지방자치단체의 정책에 대한 공무원의 집단적인 반대·방해 행위가 허용된다면 원활한 정책의 수립과 집행이 불가능하게 되고 공무원의 정치적 중립성이 훼손될 수 있는바, 위 규정들이 달성하려는 공익은 그로 말미암아 제한받는 공무원의 정치적 표현의 자유에 비해 작다고 할 수 없으므로 법익의 균형성 또한 인정된다. 따라서 위 규정들은 과잉금지원칙에 반하여 공무원의 정치적 표현의 자유를 침해한다고 할 수 없다(헌재 2012.05.31. 2009헌마705).

21년(1) · 22년(3) 모의

127. (1) 지방의회의원은 주민의 선거에 의하여 취임하는 선출직 공무원이지만 선거에서의 정치적 중립성이 요구되므로 선거결과에 영향을 미치는 행위를 금지하는 공직선거법상의 '공무원'에 해당한다.
(2) 선거에서의 정치적 중립의무를 지지 않는 지방의회의원의 지위를 이용한 선거운동을 금지하고 위반 시 형사처벌하는 것은 지방의회의원의 정치적 표현의 자유를 침해하지 않는다.

해설 (1) 지방의회의원은 정무직공무원 중 주민의 선거에 의하여 취임하는 선출직으로서(지방공무원법 제2조 제3항), 자신의 정치적 주장을 펼쳐 주민의 표를 획득함으로써 지방자치행정에 참여하게 되는 대의제민주주의의 핵심 주역이므로, 정치적 중립을 요구받지 아니한다. 개별 법령에서도 지방의회의원의 정치활동의 자유를 일반적으로 보장하고 있으며(지방공무원법 제3조 제2항, 제57조, 지방공무원 복무규정 제8조 제1호) 선거운동을 할 수 있다고 규정하고 있다(공직선거법 제60조 제1항 제4호 단서, 정당법 제22조 제1항 제1호 단서). 이렇듯 지방의회의원은 정당의 대표자이자 선거운동의 주체로서 선거에서의 정치적 중립성이 요구될 수 없으므로, 선거결과에 영향을 미치는 행위를 금지하는 공직선거법 제9조 제1항의 '공무원'에 해당하지 않는다
(2) 공무원 지위이용 선거운동죄 조항이 선거에서의 정치적 중립의무를 지지 않는 지방의회의원의 지위를 이용한 선거운동을 금지하고 위반 시 형사처벌하면서 5년 이하의 징역형만을 법정형으로 규

정한 것은 과잉금지원칙을 위반하여 정치적 표현의 자유를 침해하지 않는다(헌재 2020.03.26. 2018헌바3).

정답 ×, ○

17년(2)·21년(2) 모의

128. 공무원에 대하여 직무 수행 중 정치적 주장을 표시·상징하는 복장 등 착용행위를 금지하는 것은 해당 공무원의 정치적 표현의 자유를 침해한다.

해설 '국가공무원 복무규정' 제8조의2 제2항 및 '지방공무원 복무규정' 제1조의3 제2항은 공무원의 직무 수행 중 정치적 주장을 표시·상징하는 복장 등 착용행위를 금지하고 있는바 … 위 규정들이 금지하는 '정치적 주장을 표시 또는 상징하는 행위'에서의 '정치적 주장'이란, 정당활동이나 선거와 직접적으로 관련되거나 특정 정당과의 밀접한 연계성을 인정할 수 있는 경우 등 공무원의 정치적 중립성을 훼손할 가능성이 높은 주장에 한정된다고 해석되므로, 명확성원칙에 위배되지 아니한다. 위 규정들은 공무원의 근무기강을 확립하고 공무원의 정치적 중립성을 확보하려는 입법목적을 가진 것으로서, 공무원이 직무 수행 중 정치적 주장을 표시·상징하는 복장 등을 착용하는 행위는 그 주장의 당부를 떠나 국민으로 하여금 공무집행의 공정성과 정치적 중립성을 의심하게 할 수 있으므로 공무원이 직무수행 중인 경우에는 그 활동과 행위에 더 큰 제약이 가능하다고 하여야 할 것인바, 위 규정들은 오로지 공무원의 직무수행 중의 행위만을 금지하고 있으므로 침해의 최소성원칙에 위배되지 아니한다. 따라서 위 규정들은 과잉금지원칙에 반하여 공무원의 정치적 표현의 자유를 침해한다고 할 수 없다(헌재 2012.05.31. 2009헌마705).

17년(2)·23년(3) 모의

129. (1) 국가공무원법 제63조에 규정된 품위유지의무란 공무원이 직무의 내외를 불문하고, 국민의 수임자로서의 직책을 맡아 수행해 나가기에 손색이 없는 인품에 걸맞게 본인은 물론 공직사회에 대한 국민의 신뢰를 실추시킬 우려가 있는 행위를 하지 않아야 할 의무라고 해석할 수 있으므로, 위 규정이 명확성의 원칙에 위배된다고 볼 수도 없다.

(2) 공무원에게 직무의 내외를 불문하고 품위유지의무를 부과하고, 품위손상행위를 공무원 대한 징계사유로 규정한 것은 공무원의 일반적 행동의 자유를 침해하지 않는다.

해설 (1) 국가공무원법 제63조에 규정된 품위유지의무란 공무원이 직무의 내외를 불문하고, 국민의 수임자로서의 직책을 맡아 수행해 나가기에 손색이 없는 인품에 걸맞게 본인은 물론 공직사회에 대한 국민의 신뢰를 실추시킬 우려가 있는 행위를 하지 않아야 할 의무라고 해석할 수 있고, 수범자인 평균적인 공무원이 구체적으로 어떠한 행위가 여기에 해당하는지를 충분히 예측할 수 없을 정도로 규정의 의미가 모호하다거나 불분명하다고 할 수 없으므로 위 규정은 명확성의 원칙에 위배되지 아니한다(대판 2017.04.13. 2014두8469).

(2) 공무원 개인 및 공직 전반에 대한 국민의 신뢰는 공무원의 직무 외의 영역에서도 형성될 수 있고 국민의 신뢰에 영향을 미칠 수 있는 공무원의 행위 유형은 다양하게 나타날 수 있으므로, 공무원의 직무와 관련된 사유에 한하여 징계사유로 규정하거나 품위손상행위의 유형을 구체적으로 열거하

여 징계사유로 규정하는 방식에 의해서는 입법목적을 달성하기에 불충분하다. 나아가 어떠한 공무원의 행위가 품위손상행위에 해당한다 하더라도 징계양형의 단계에서 구체적·개별적으로 평가되어 각각 다른 징계처분이 내려질 수 있고, 해당 공무원에게는 징계처분에 대한 불복의 기회가 보장되어 있다. 따라서 이 사건 법률조항으로 인한 공무원의 기본권 제한을 최소화하기 위한 장치들이 마련되어 있어, 이 사건 법률조항이 공무원의 일반적 행동의 자유를 과도하게 제한한다고 보기 어려우므로, 과잉금지원칙에 위배되지 아니한다(헌재 2016.02.25. 2013헌바435).

정답 O, O

17년(3) 모의

130. 공직자의 사생활에 관한 사실도 공직자 등의 사회적 활동에 대한 비판 내지 평가의 한 자료가 될 수 있고, 업무집행의 내용에 따라서는 업무와 관련이 있을 수도 있으므로, 이에 대한 문제제기 내지 비판은 허용되어야 한다.

해설 공직자의 자질·도덕성·청렴성에 관한 사실은 그 내용이 개인적인 사생활에 관한 것이라 할지라도 순수한 사생활의 영역에 있다고 보기 어렵다. 이러한 사실은 공직자 등의 사회적 활동에 대한 비판 내지 평가의 한 자료가 될 수 있고, 업무집행의 내용에 따라서는 업무와 관련이 있을 수도 있으므로, 이에 대한 문제제기 내지 비판은 허용되어야 한다(헌재 2013.12.26. 2009헌마747).

정답 O

16년 변시, 22년(2) 모의

131. 대통령, 지방자치단체의 장, 지방의회의원은 직무의 기능이나 영향력을 이용하여 선거에서 국민의 자유로운 의사형성과정에 영향을 미치고 정당간의 경쟁관계를 왜곡할 가능성이 크다는 점에서 선거에서의 정치적 중립성이 요구된다.

해설 이 사건 법률조항(공직선거법 제9조 제1항) 중 수범자인 행위주체 부분을 살펴보면, 주체는 '공무원 기타 정치적 중립을 지켜야 하는 자'로 규정되어 있으므로, 이 때 '공무원'은 자유선거원칙과 선거에서의 정당의 기회균등을 수호하여야 하는 모든 공무원을 의미한다. 그런데 사실상 모든 공무원이 그 직무의 행사를 통하여 선거에 부당한 영향력을 행사할 수 있는 지위에 있으므로, 여기서의 공무원이란 원칙적으로 국가와 지방자치단체의 모든 공무원 즉 좁은 의미의 직업공무원은 물론이고, 적극적인 정치활동을 통하여 국가에 봉사하는 정치적 공무원(예컨대, 대통령, 국무총리, 국무위원, 도지사, 시장, 군수, 구청장 등 지방자치단체의 장)을 포함하며, 특히 직무의 기능이나 영향력을 이용하여 선거에서 국민의 자유로운 의사형성과정에 영향을 미치고 정당간의 경쟁관계를 왜곡할 가능성은 정부나 지방자치단체의 집행기관에 있어서 더욱 크다고 판단되므로, 대통령, 지방자치단체의 장 등에게는 다른 공무원보다도 선거에서의 정치적 중립성이 특히 요구된다. 다만 공무원 중에서 국회의원과 지방의회의원은 정치활동의 자유가 보장되고 선거에서의 중립의무 없이 선거운동이 가능하므로 국회의원과 지방의회의원은 위 공무원의 범위에 포함되지 않는다(헌재 2008.01.17. 2007헌마700). ▶ 지방의회의원은 선거에서의 중립의무를 지는 공무원에 해당하지 않음

정답 ✕

🕐 16년 변시

132. 공무원의 기부금 모집을 금지하고 있는 법률조항은 선거의 공정성을 확보하고 공무원의 정치적 중립성을 보장하기 위한 것이므로, 정치적 의사표현의 자유를 침해하지 않는다.

해설 공무원의 투표권유운동 및 기부금모집을 금지하고 있는 국가공무원법 조항들은 공무원의 정치적 중립성에 정면으로 반하는 행위를 금지함으로써 선거의 공정성과 형평성을 확보하고 공무원의 정치적 중립성을 보장하기 위한 것인바, 그 입법목적이 정당할 뿐 아니라 방법이 적절하고, 공무원이 국가사무를 담당하며 국민의 이익을 위하여 존재하는 이상 그 직급이나 직렬 등에 상관없이 공무원의 정치운동을 금지하는 것이 부득이하고 불가피하며, 법익 균형성도 갖추었다고 할 것이므로, 과잉금지원칙을 위배하여 선거운동의 자유 및 정치적 의사표현의 자유를 침해한다고 볼 수 없다(헌재 2012.07.26. 2009헌바298).

정답

제7절 지방자치제도

제❶항 지방자치의 의의·본질·유형

19년(3) · 22년(3) 모의

133. 지방자치제도의 헌법적 보장은 국민주권의 기본원리에서 출발하여 주권의 지역적 주체로서의 주민에 의한 자기통치의 실현으로 요약될 수 있고, 이러한 지방자치의 본질적 내용인 핵심영역은 입법 기타 중앙정부의 침해로부터 보호되어야 한다.

해설 지방자치제도의 헌법적 보장은 한마디로 국민주권의 기본원리에서 출발하여 주권의 지역적 주체로서의 주민에 의한 자기통치의 실현으로 요약할 수 있고, 이러한 지방자치의 본질적 내용인 핵심영역(자치단체·자치기능·자치사무의 보장)은 어떠한 경우라도 입법 기타 중앙정부의 침해로부터 보호되어야 한다는 것을 의미한다(헌재 2014.01.28. 2012헌바216).

정답

19년(3) 모의

134. 지방자치제도는 지방의 공동관심사를 자율적으로 처결함과 동시에 주민의 자치역량을 배양하여 국민주권주의와 자유민주주의 이념구현에 이바지함을 목적으로 하는 제도이다.

해설 지방자치제도는 민주정치의 요체이며 현대의 다원적 복합사회가 요구하는 정치적 다원주의를 실현시키기 위한 제도적 장치로서 지방의 공동관심사를 자율적으로 처결함과 동시에 주민의 자치역량을 배양하여 국민주권주의와 자유민주주의 이념구현에 이바지함을 목적으로 하는 제도이다(헌재 1998.04.30. 96헌바62).

정답

🕐 13년 변시

135. 지방자치단체의 구역은 주민, 자치권과 함께 지방자치단체의 구성요소로서 자치권을 행사할 수 있는 장소적 범위를 말하며, 자치권이 미치는 관할 구역의 범위에는 육지는 물론 바다도 포함된다.

::해설 지방자치법 제4조 제1항에 규정된 지방자치단체의 구역은 주민·자치권과 함께 지방자치단체의 구성요소로서 자치권을 행사할 수 있는 장소적 범위를 말하며, 자치권이 미치는 관할 구역의 범위에는 육지는 물론 바다도 포함되므로, 공유수면에 대한 지방자치단체의 자치권한이 존재한다(헌재 2006.08.31. 2003헌라1).

정답 O

제❷항 | 현행 지방자치제도

I 지방자치단체의 종류와 기관과 권능

1. 지방자치단체의 종류

21년(1) 모의

136. 지방자치단체의 폐치·분합에 관한 것은 지방자치단체의 자치행정권 중 지역고권의 보장문제이나, 대상지역 주민들은 그로 인하여 인간다운 생활공간에서 살 권리 등을 침해받게 될 수도 있다는 점에서 헌법소원의 대상이 될 수 있다.

::해설 지방자치단체의 폐치·분합에 관한 것은 지방자치단체의 자치행정권 중 지역고권의 보장문제이나, 대상지역 주민들은 그로 인하여 인간다운 생활공간에서 살 권리, 평등권, 정당한 청문권, 거주이전의 자유, 선거권, 공무담임권, 인간다운 생활을 할 권리, 사회보장·사회복지수급권 및 환경권 등을 침해받게 될 수도 있다는 점에서 기본권과도 관련이 있어 헌법소원의 대상이 될 수 있다(헌재 1994. 12.29. 94헌마201).

정답 O

🕐 13년 변시, 23년(3) 모의

137. 특정 지방자치단체의 존속을 보장하는 것은 헌법상 지방자치제도 보장의 핵심적 영역 내지 본질적 부분이 아니므로 현행법상의 지방자치단체의 중층구조를 계속 존속하도록 할지 여부는 입법자의 입법형성권 범위 안에 있다.

::해설 헌법상 지방자치제도보장의 핵심영역 내지 본질적 부분이 특정 지방자치단체의 존속을 보장하는 것이 아니며 지방자치단체에 의한 자치행정을 일반적으로 보장하는 것이므로, 현행법에 따른 지방자치단체의 중층구조 또는 지방자치단체로서 특별시·광역시 및 도와 함께 시·군 및 구를 계속하여 존속하도록 할지 여부는 결국 입법자의 입법형성권의 범위에 들어가는 것으로 보아야 한다. 같은 이유로 일정구역에 한하여 당해 지역 내의 지방자치단체인 시·군을 모두 폐지하여 중층구조를 단층화하는 것 역시 입법자의 선택범위에 들어가는 것이다(헌재 2006.04.27. 2005헌마1190).

정답 O

2. 지방자치단체의 기관

20년 변시, 18년(1)·19년(3)·23년(1) 모의

138. 헌법 제118조 제2항에서는 지방의회의원의 '선거'와 지방자치단체의 장의 '선임방법' 등에 관한 사항을 법률로 정한다고 규정하여 지방의회의원과 지방자치단체의 장을 문언상 다르게 정하고 있으므로, 지방자치단체의 장의 선거권은 「헌법재판소법」 제68조 제1항의 '헌법상 보장된 기본권'으로 보기 어렵다.

해설 헌법에서 지방자치제를 제도적으로 보장하고 있고, 지방자치는 지방자치단체가 독자적인 자치기구를 설치해서 그 자치단체의 고유사무를 국가기관의 간섭 없이 스스로의 책임 아래 처리하는 것이라는 점에서 지방자치단체의 대표인 단체장은 지방의회의원과 마찬가지로 주민의 자발적 지지에 기초를 둔 선거를 통해 선출되어야 한다. 공직선거 관련법상 지방자치단체의 장 선임방법은 '선거'로 규정되어 왔고, 지방자치단체의 장을 선거로 선출하여 온 우리 지방자치제의 역사에 비추어 볼 때, 지방자치단체의 장에 대한 주민직선제 이외의 다른 선출방법을 허용할 수 없다는 관행과 이에 대한 국민적 인식이 광범위하게 존재한다고 볼 수 있다. 주민자치제를 본질로 하는 민주적 지방자치제도가 안정적으로 뿌리내린 현 시점에서 지방자치단체의 장 선거권을 지방의회의원 선거권, 나아가 국회의원 선거권 및 대통령 선거권과 구별하여 하나는 법률상의 권리로, 나머지는 헌법상의 권리로 이원화하는 것은 허용될 수 없다. 그러므로 지방자치단체의 장 선거권 역시 다른 선거권과 마찬가지로 헌법 제24조에 의해 보호되는 기본권으로 인정하여야 한다(헌재 2016.10.27. 2014헌마797).

정답

22년(3) 모의

139. 지방공사는 지방직영기업처럼 지방의회의 직접적 통제를 받지는 않지만, 지방자치단체의 영향력하에 있는 지방공사의 직원이 지방의회에 진출할 수 있도록 하는 것은 정치적 중립성 보장의 원칙에 위반된다.

해설 지방공사에 강한 공법적 특수성이 인정되는 이상, 지방공사의 직원 역시 정치적 중립성이 보장되어야 함에 있어서는 지방공무원과 차이가 없다. 따라서 지방공사의 직원이 지방의회의원직을 겸할 수 있도록 하는 것은 정치적 중립성 보장의 원칙에도 위배된다. 따라서 이 사건 법률조항은 지방의회의원으로 하여금 지방공사 직원의 직을 겸하지 못하도록 규정함으로써, 입법과 행정간의 권력 분립이라는 헌법상 원칙을 유지하고 실현하며, 공직자의 정치적 중립성을 보장하고자 한다(헌재 2012.04.24. 2010헌마605).

정답

13년 변시, 16년(1)·17년(3) 모의

140. 지방의회의원으로 하여금 지방공사 직원을 겸직하지 못하도록 한 것은 지방공사 직원과 지방의회의원으로서의 지위가 충돌하여 직무의 공정성이 훼손될 가능성이 존재하며, 지방의회의 활성화라는 취지에 비추어 볼 때 지방의회의원의 평등권과 직업선택의 자유를 침해하지 않는다.

해설 이 사건 법률조항은 권력분립과 정치적 중립성 보장의 원칙을 실현하고, 지방의회의원의 업무전념성을 담보하고자 하는 것으로 그 입법목적에 정당성이 인정되며, 지방의회의원으로 하여금 지방공사 직원을 겸직하지 못하도록 한 것은 이러한 목적을 달성하기 위한 적합한 수단이다. 또한 지방의회의원의 직을 수행하는 동안 지방공사 직원의 직을 휴직한 경우나 지방공사를 설치·운영하는 지방자치단체가 아닌 다른 지방자치단체의 의원인 경우에도, 지방공사 직원과 지방의회의원으로서의 지위가 충돌하여 직무의 공정성이 훼손될 가능성은 여전히 존재하며, 지방의회의 활성화라는 취지에 비추어 볼 때 특정 의제에 대하여 지방의회의원의 토론 및 의결권을 반복적으로 제한하는 것 역시 바람직하다고 보이지 아니하므로, 겸직을 금지하는 것 이외에 덜 침익적인 수단이 존재한다고 볼 수도 없고, 이 사건 법률조항으로 인하여 제한되는 직업선택의 자유에 비하여 심판대상 조항을 통하여 달성하고자 하는 공익이 결코 적다고 할 수 없으므로, 법익의 균형성도 인정된다. 따라서 헌법상 과잉금지원칙에 위배하여 청구인의 직업선택의 자유를 침해하지 아니한다. … 지방공사와 지방자치단체, 지방의회의 관계에 비추어 볼 때, 지방공사 직원의 직을 겸할 수 없도록 함에 있어 지방의회의원과 국회의원은 본질적으로 동일한 비교집단이라고 볼 수 없으므로, 양자를 달리 취급하였다고 할지라도 이것이 지방의회의원인 청구인의 평등권을 침해한 것이라고 할 수는 없다(헌재 2012.04.24. 2010헌마605).

정답

 16년 변시

141. **헌법 제118조 제1항 및 제2항은 지방의회의 설치와 지방의회의원선거를 규정함으로써 주민들이 지방의회의원을 선출할 수 있는 선거권 및 주민들이 지방의회의원이라는 선출직공무원에 취임할 수 있는 공무담임권을 기본권으로 보호하고 있다.**

해설 헌법 제118조 제1항 및 제2항은 지방의회의 설치와 지방의회의원선거를 규정함으로써 주민들이 지방의회의원을 선출할 수 있는 선거권 및 주민들이 지방의회의원이라는 선출직공무원에 취임할 수 있는 공무담임권을 기본권으로 보호하고 있다(헌재 2013.02.28. 2012헌마131).

정답 ○

3. 지방자치단체의 권능

  22년 변시, 14년(3)·17년(3)·23년(1) 모의

142. **지방의회 사무직원의 임용권을 지방자치단체의 장에게 부여하도록 규정한 것은 지방의회와 지방자치단체의 장 사이의 상호견제와 균형의 원리에 비추어 헌법상 권력분립원칙에 위반된다.**

해설 지방자치단체의 장에게 지방의회 사무직원의 임용권을 부여하고 있는 심판대상조항은 지방자치법 제101조, 제105조 등에서 규정하고 있는 지방자치단체의 장의 일반적 권한의 구체화로서 우리 지방자치의 현황과 실상에 근거하여 지방의회 사무직원의 인력수급 및 운영 방법을 최대한 효율적으로 규율하고 있다고 할 것이다. 심판대상조항에 따른 지방의회 의장의 추천권이 적극적이고 실질적으로 발휘된다면 지방의회 사무직원의 임용권이 지방자치단체의 장에게 있다고 하더라도 그것이

곧바로 지방의회와 집행기관 사이의 상호견제와 균형의 원리를 침해할 우려로 확대된다거나 또는 지방자치제도의 본질적 내용을 침해한다고 볼 수는 없다(헌재 2014.01.28. 2012헌바216).

23년(3) 모의

143. 국회의 입법에 의하여 지방자치권이 침해되었는지 여부를 심사함에 있어서는 지방자치권의 본질적 내용이 침해되었는지 여부뿐만 아니라 기본권 침해를 심사하는 데 적용되는 과잉금지원칙이나 평등원칙 위반 여부도 심사하여야 한다.

해설 … 앞서 본 바와 같이 헌법 제117조 제1항에 의해 지방자치단체에게 보장된 지방자치권은 절대적인 것이 아니고 법령에 의하여 형성되는 것이므로, 입법자는 지방자치에 관한 사항을 형성하면서 지방자치단체의 지방자치권을 제한할 수 있다. 그러나 법령에 의하여 지방자치단체의 지방자치권을 제한하는 것이 가능하다고 하더라도, 지방자치단체의 존재 자체를 부인하거나 각종 권한을 말살하는 것과 같이 그 제한이 불합리하여 지방자치권의 본질적인 내용을 침해하여서는 아니된다. 따라서 국회의 입법에 의하여 지방자치권이 침해되었는지 여부를 심사함에 있어서는 지방자치권의 본질적 내용이 침해되었는지 여부만을 심사하면 족하고, 기본권침해를 심사하는 데 적용되는 과잉금지원칙이나 평등원칙 등을 적용할 것은 아니다(헌재 2010.10.28. 2007헌라4(전합)).

23년(1) 모의

144. 지방자치단체의 대표인 단체장이 지방의회의원과 마찬가지로 주민의 자발적 지지에 기초를 둔 선거를 통해 선출되어야 한다는 것은 지방자치제도의 본질에서 당연히 도출되는 원리이다.

해설 헌법에서 지방자치제를 제도적으로 보장하고 있고, 지방자치는 지방자치단체가 독자적인 자치기구를 설치해서 그 자치단체의 고유사무를 국가기관의 간섭 없이 스스로의 책임 아래 처리하는 것을 의미한다는 점에서 지방자치단체의 대표인 단체장은 지방의회의원과 마찬가지로 주민의 자발적 지지에 기초를 둔 선거를 통해 선출되어야 한다는 것은 지방자치제도의 본질에서 당연히 도출되는 원리이다(헌재 2016.10.27. 2014헌마797).

20년(3) · 22년(2) 모의

145. 헌법 제117조 제1항에서 규정하고 있는 '법령'에는 법률 이외에 '대통령령', '총리령' 및 '부령'과 같은 법규명령이 포함되는 것은 물론 법규명령으로서 기능하는 행정규칙도 포함된다.

해설 헌법 제117조 제1항에서 규정하고 있는 '법령'에 법률 이외에 헌법 제75조 및 제95조 등에 의거한 '대통령령', '총리령' 및 '부령'과 같은 법규명령이 포함되는 것은 물론이지만, 헌법재판소의 "법령의 직접적인 위임에 따라 수임행정기관이 그 법령을 시행하는데 필요한 구체적 사항을 정한 것이면, 그 제정형식은 비록 법규명령이 아닌 고시, 훈령, 예규 등과 같은 행정규칙이더라도, 그것이 상위법령의 위임한계를 벗어나지 아니하는 한, 상위법령과 결합하여 대외적인 구속력을 갖는 법규명령으로서 기능하게 된다고 보아야 한다"고 판시 한 바에 따라, 헌법 제117조 제1항에서 규정하는 '법령'에는 법규명령으로서 기능하는 행정규칙이 포함된다(헌재 2002.10.31. 2001헌라1).

정답 O

 23년 변시

146. 법령에서 조례로 정하도록 위임한 사항은 그 법령의 하위 법령에서 그 위임의 내용과 범위를 제한하거나 직접 규정할 수 없다.

해설 지방자치법 제28조 제2항 참조.

> 지방자치법 제28조(조례) ① 지방자치단체는 법령의 범위에서 그 사무에 관하여 조례를 제정할 수 있다. 다만, 주민의 권리 제한 또는 의무 부과에 관한 사항이나 벌칙을 정할 때에는 법률의 위임이 있어야 한다.
> ② 법령에서 조례로 정하도록 위임한 사항은 그 법령의 하위 법령에서 그 위임의 내용과 범위를 제한하거나 직접 규정할 수 없다.

정답 O

 23년 변시, 20년(3) 모의

147. (1) 조례 제정은 지방자치단체의 고유사무인 자치사무와 국가사무로서 지방자치단체의 장에게 위임된 기관위임사무에 관해서 허용되며, 개별 법령이 지방자치단체에 위임한 단체위임사무에 관해서는 조례를 제정할 수 없다.

(2) 국가사무가 지방자치단체의 장에게 위임된 기관위임사무는 원칙적으로 자치조례의 제정범위에 속하지 않는다.

해설 지방자치단체는 주민의 복리에 관한 사무를 처리하고 재산을 관리하며, 법령의 범위 안에서 자치에 관한 규정을 제정할 수 있다(헌법 제117조 제1항). 지방자치법 제22조, 제9조에 따르면, 지방자치단체가 조례를 제정할 수 있는 사항은 지방자치단체의 고유사무인 자치사무와 개별 법령에 따라 지방자치단체에 위임된 단체위임사무에 한정된다. 국가사무가 지방자치단체의 장에게 위임되거나 상위 지방자치단체의 사무가 하위 지방자치단체의 장에게 위임된 기관위임사무에 관한 사항은 원칙적으로 조례의 제정범위에 속하지 않는다. 법령상 지방자치단체의 장이 처리하도록 규정하고 있는 사무가 자치사무인지 기관위임사무인지를 판단할 때 그에 관한 법령의 규정 형식과 취지를 우선 고려하여야 하지만, 그 밖에도 사무의 성질이 전국적으로 통일적인 처리가 요구되는 사무인지 여부나 그에 관한 경비부담과 최종적인 책임귀속의 주체 등도 아울러 고려하여야 한다(대판 2017.12.05. 2016추5162).

정답 ×, O

◐ 23년 변시, 23년(3) 모의

148. 조례 제정·개폐청구권은 법률에 의하여 보장되는 권리가 아니라 헌법 제37조 제1항의 '헌법에 열거되지 아니한 권리'에 해당하므로 헌법상 보장된 기본권으로 볼 수 있다.

해설 … 그런데 주민투표권이나 조례제정·개폐청구권은 법률에 의하여 보장되는 권리에 해당하고, 헌법상 보장되는 기본권이라거나 헌법 제37조 제1항의 '헌법에 열거되지 아니한 권리'로 보기 어려우므로, 19세 미만인 사람들에 대하여 법률에 의하여 보장되는 권리에 불과한 주민투표권이나 조례제정·개폐청구권을 인정하지 않는다고 하여 포괄적인 의미의 자유권으로서의 행복추구권이 제한된다고 볼 수 없다(헌재 2014.04.24. 2012헌마287).

정답

21년(1) 모의

149. 대통령이 법률안에 대해서만 재의를 요구할 수 있는 것과 같이, 지방자치단체의 장은 자치단체의 법(法)인 조례안에 대해서만 재의를 요구할 수 있고, 이를 제외한 나머지 지방의회 의결사항에 대해서는 재의를 요구할 수 없다.

해설 지방자치법 제107조 및 제108조 참조. ▶ 대통령은 법률안에 대해서만 재의요구가 가능하나, 지방자치단체장은 조례안만이 아니라 지방의회의 의결사항 전체에 대하여 재의요구가 가능

> 지방자치법 제107조(지방의회의 의결에 대한 재의요구와 제소) ① 지방자치단체의 장은 지방의회의 의결이 월권이거나 법령에 위반되거나 공익을 현저히 해친다고 인정되면 그 의결사항을 이송받은 날부터 20일 이내에 이유를 붙여 재의를 요구할 수 있다.
> ② 제1항의 요구에 대하여 재의한 결과 재적의원 과반수의 출석과 출석의원 3분의 2 이상의 찬성으로 전과 같은 의결을 하면 그 의결사항은 확정된다.
> ③ 지방자치단체의 장은 제2항에 따라 재의결된 사항이 법령에 위반된다고 인정되면 대법원에 소(訴)를 제기할 수 있다. 이 경우에는 제172조제3항을 준용한다.
> 지방자치법 제108조(예산상 집행 불가능한 의결의 재의요구) ① 지방자치단체의 장은 지방의회의 의결이 예산상 집행할 수 없는 경비를 포함하고 있다고 인정되면 그 의결사항을 이송받은 날부터 20일 이내에 이유를 붙여 재의를 요구할 수 있다.
> ② 지방의회가 다음 각 호의 어느 하나에 해당하는 경비를 줄이는 의결을 할 때에도 제1항과 같다.
> 1. 법령에 따라 지방자치단체에서 의무적으로 부담하여야 할 경비
> 2. 비상재해로 인한 시설의 응급 복구를 위하여 필요한 경비
> ③ 제1항과 제2항의 경우에는 제107조제2항을 준용한다.

정답

20년(3) 모의

150. 지방자치단체의 장은 이송받은 조례안에 대하여 이의가 있으면 조례안을 이송받은 후 20일 이내에 이유를 붙여 지방의회로 환부하여 재의를 요구할 수 있다.

해설 지방자치법 제26조 제2항, 제3항 참조.

> **지방자치법 제26조(조례와 규칙의 제정 절차 등)** ① 조례안이 지방의회에서 의결되면 의장은 의결된 날부터 5일 이내에 그 지방자치단체의 장에게 이를 이송하여야 한다.
> ② 지방자치단체의 장은 제1항의 조례안을 이송받으면 20일 이내에 공포하여야 한다.
> ③ 지방자치단체의 장은 이송받은 조례안에 대하여 이의가 있으면 제2항의 기간에 이유를 붙여 지방의회로 환부하고, 재의를 요구할 수 있다. 이 경우 지방자치단체의 장은 조례안의 일부에 대하여 또는 조례안을 수정하여 재의를 요구할 수 없다.

정답

17년(1)·22년(2) 모의

151. 지방의회의 의결에 대하여 지방자치단체의 장이 재의요구를 하였으나, 지방의회가 전과 같은 의결을 한 경우, 지방자치단체의 장은 그 재의결사항이 법령에 위반하거나 공익을 현저히 해한다고 인정된 때에는 대법원에 소를 제기할 수 있다.

해설 지방자치법 제120조 참조.

> **지방자치법 제120조(지방의회의 의결에 대한 재의 요구와 제소)** ① 지방자치단체의 장은 지방의회의 의결이 월권이거나 법령에 위반되거나 공익을 현저히 해친다고 인정되면 그 의결사항을 이송받은 날부터 20일 이내에 이유를 붙여 재의를 요구할 수 있다.
> ② 제1항의 요구에 대하여 재의한 결과 재적의원 과반수의 출석과 출석의원 3분의 2 이상의 찬성으로 전과 같은 의결을 하면 그 의결사항은 확정된다.
> ③ 지방자치단체의 장은 제2항에 따라 재의결된 사항이 법령에 위반된다고 인정되면 대법원에 소(訴)를 제기할 수 있다. 이 경우에는 제192조제4항을 준용한다.

정답

19년(3) 모의

152. 헌법이 규정하는 자치권 가운데에는 자치에 관한 규정을 스스로 제정할 수 있는 자치입법권은 물론이고 그 밖에 그 소속 공무원에 대한 인사와 처우를 스스로 결정하고 이에 관련된 예산을 스스로 편성하여 집행하는 권한이 성질상 당연히 포함된다.

해설 헌법 제117조 제1항은 "지방자치단체는 주민의 복리에 관한 사무를 처리하고 재산을 관리하며, 법령의 범위안에서 자치에 관한 규정을 제정할 수 있다"고 규정하여 지방자치제도의 보장과 지방자치단체의 자치권을 규정하고 있다. 헌법이 규정하는 이러한 자치권 가운데에는 자치에 관한 규정을 스스로 제정할 수 있는 자치입법권은 물론이고 그밖에 그 소속 공무원에 대한 인사와 처우를 스스로 결정하고 이에 관련된 예산을 스스로 편성하여 집행하는 권한이 성질상 당연히 포함된다(헌재 2002.10.31. 2001헌라1).

정답

17년(1) 모의

153.
「지방자치법」은 지방의회와 지방자치단체의 장에게 독자적 권한을 부여하고 상호견제와 균형을 이루도록 하고 있으므로, 지방의회는 법률에 특별한 규정이 없는 한 견제의 범위를 넘어서 상대방의 고유권한을 침해하는 내용의 조례를 제정할 수 없다.

해설 지방자치법은 지방자치단체의 의사를 내부적으로 결정하는 최고의결기관으로 지방의회를, 외부에 대하여 지방자치단체의 대표로서 지방자치단체의 의사를 표명하고 그 사무를 통할하는 집행기관으로 단체장을 독립한 기관으로 두고, 의회와 단체장에게 독자적인 권한을 부여하여 상호 견제와 균형을 이루도록 하고 있으므로, 법률에 특별한 규정이 없는 한 조례로써 견제의 범위를 넘어서 상대방의 고유권한을 침해하는 규정을 제정할 수 없는 것인바, 지방의회는 조례의 제정 및 개폐, 예산의 심의·확정, 결산의 승인, 기타 같은 법 제35조에 규정된 사항에 대한 의결권을 가지는 외에 같은 법 제36조 등의 규정에 의하여 지방자치단체사무에 관한 행정사무감사 및 조사권 등을 가지므로, 이처럼 법령에 의하여 주어진 권한의 범위 내에서 집행기관을 견제할 수 있는 것이지 법령에 규정이 없는 새로운 견제장치를 만드는 것은 집행기관의 고유권한을 침해하는 것이 되어 허용할 수 없다(대판 2003.09.23. 2003추13).

정답 O

17년(1)·22년(2) 모의

154.
조례에 의한 규제가 지역 여건이나 환경 등 그 특성에 따라 다르게 나타나는 것은 헌법이 지방자치단체의 자치입법권을 인정한 이상 당연히 예상되는 결과이므로, 자신들이 거주하는 지역의 학원 심야교습을 제한하는 학원조례조항으로 인하여 다른 지역 주민들에 비하여 더한 규제를 받게 되었다 하여 평등권이 침해되었다고 볼 수는 없다.

해설 조례에 의한 규제가 지역 여건이나 환경 등 그 특성에 따라 다르게 나타나는 것은 헌법이 지방자치단체의 자치입법권을 인정한 이상 당연히 예상되는 결과이다. 청구인들이 자신들이 거주하는 지역의 학원조례조항으로 인하여 다른 지역 주민들에 비하여 더한 규제를 받게 되었다 하여 평등권이 침해되었다고 볼 수는 없다(헌재 2016.05.26. 2014헌마374).

정답 O

20년(3) 모의

155.
지방자치단체는 그 내용이 주민의 권리 제한이나 의무 부과에 관한 사항이거나 벌칙에 관한 사항이 아니면 국가의 사무와 성질에 비추어 전국적으로 통일되어야 할 사항을 제외한 모든 사무에 관해서 법률의 위임이 없더라도 조례를 제정할 수 있다.

해설 ⋯ 헌법 제117조 제1항은 "지방자치단체는 …… 법령의 범위 안에서 자치에 관한 규정을 제정할 수 있다"고 규정하여 지방자치단체의 자치입법권을 명시적으로 보장하고 있다. 헌법은 제40조에서 입법권을 국회에 부여하고 있고 제75조와 제95조에서 행정입법권을 대통령과 국무총리, 행정 각부의 장에게 부여하면서, 이와 별도의 독립적인 규정을 통해 지방자치단체의 자치입법권을 규정하고 있는 것이다. 특히 행정입법권에 대해서는 '법률의 구체적인 위임의 존재'라는 제한을 둔 반면, 지방자치단체의 자치입법권에 대해서는 법률의 근거나 위임을 요구하지 아니하여 자치사무에 관한 한 지방자치단체의 포괄적이고 자율적인 입법권을 보장하고 있다(헌재 2007.12.27. 2004헌바98).

정답 ○

156. 12년·15년·21년 변시, 11년(1)·12년(3)·13년(1)·(3)18년(1)·19년(3)·20년(3)·22년(1)·22년(3) 모의

지방자치법 제15조 단서는 "주민의 권리제한 또는 의무부과에 관한 사항이나 벌칙을 정할 때에는 법률의 위임이 있어야 한다"고 규정하고 있는데, 여기서 주민의 권리제한, 의무부과 또는 벌칙에 관한 사항은 주민의 기본권제한을 그 내용으로 하는 것이므로, 법치국가원칙상 이 경우 조례에 대한 법률의 위임은 법규명령에 대한 법률의 위임의 경우와 마찬가지로 구체적으로 범위를 정하여 할 필요가 있다.

해설 지방자치법 제22조, 행정규제기본법 제4조 제3항에 따르면 지방자치단체가 조례를 제정할 때 내용이 주민의 권리 제한 또는 의무 부과에 관한 사항이나 벌칙인 경우에는 법률의 위임이 있어야 한다. 법률의 위임 없이 주민의 권리를 제한하거나 의무를 부과하는 사항을 정한 조례는 효력이 없다. 그러나 법률에서 조례에 위임하는 방식에 관해서는 법률상 제한이 없다. 조례의 제정권자인 지방의회는 선거를 통해서 지역적인 민주적 정당성을 지니고 있는 주민의 대표기관이다. 헌법 제117조 제1항은 지방자치단체에 포괄적인 자치권을 보장하고 있다. 따라서 조례에 대한 법률의 위임은 법규명령에 대한 법률의 위임과 같이 반드시 구체적으로 범위를 정하여 할 필요가 없다. 법률이 주민의 권리의무에 관한 사항에 관하여 구체적으로 범위를 정하지 않은 채 조례로 정하도록 포괄적으로 위임한 경우에도 지방자치단체는 법령에 위반되지 않는 범위 내에서 주민의 권리의무에 관한 사항을 조례로 제정할 수 있다(대판 2017.12.05. 2016추5162).

헌법 제117조 ① 지방자치단체는 주민의 복리에 관한 사무를 처리하고 재산을 관리하며, 법령의 범위 안에서 자치에 관한 규정을 제정할 수 있다.
지방자치법 제28조(조례) ① 지방자치단체는 법령의 범위에서 그 사무에 관하여 조례를 제정할 수 있다. 다만, 주민의 권리 제한 또는 의무 부과에 관한 사항이나 벌칙을 정할 때에는 법률의 위임이 있어야 한다.
② 법령에서 조례로 정하도록 위임한 사항은 그 법령의 하위 법령에서 그 위임의 내용과 범위를 제한하거나 직접 규정할 수 없다.

정답 ×

157. 23년 변시, 23년(3) 모의

법률에서 조례에 위임할 사항이 헌법 제75조 소정의 행정입법에 위임할 사항보다 더 포괄적이라면 헌법에 위반된다.

해설 헌법 제117조 제1항과 지방자치법 제15조가 조례에 관한 일반적인 수권규정인 사실은 앞서 본 바와 같다. 그런데 헌법은 자치입법권의 허용근거만을 마련해 두고 있을 뿐 조례에의 위임입법은 어떤 범위 내에서 어떤 기준에 의하여 위임할 수 있는지에 관하여 명시적 규정을 두고 있지 않다. 살펴건대, 지방자치단체는 헌법상 자치입법권이 인정되고, 법령의 범위 안에서 그 권한에 속하는 모든

사무에 관하여 조례를 제정할 수 있다는 점과 조례는 선거를 통하여 선출된 그 지역의 지방의원으로 구성된 주민의 대표기관인 지방의회에서 제정되므로 지역적인 민주적 정당성까지 갖고 있다는 점을 고려하면, 조례에 위임할 사항은 헌법 제75조 소정의 행정입법에 위임할 사항보다 더 포괄적이어도 헌법에 반하지 않는다고 할 것이다(헌재 2004.09.23. 2002헌바76).

17년(2) 모의

158. 기관위임사무의 수행과 관련하여 법률에서 조례에 위임하는 경우에는 구체적인 범위를 정하여 해야 하며, 포괄적인 위임은 허용되지 않는다.

해설 조례에 대한 법률의 위임은 포괄적으로도 가능하지만, 기관위임사무와 관련해서는 원칙적으로 지방자치단체의 자치조례의 제정범위에 속하지 않는 것으로서 포괄위임금지원칙을 준수해야 한다. 기관위임사무에 있어서도 그에 관한 개별 법령에서 일정한 사항을 조례로 정하도록 위임하고 있는 경우에는 지방자치단체의 자치조례 제정권과 무관하게 이른바 위임조례를 정할 수 있다고 하겠으나 이때에도 그 내용은 개별 법령이 위임하고 있는 사항에 관한 것으로서 개별 법령의 취지에 부합하는 것이라야만 하고, 그 범위를 벗어난 경우에는 위임조례로서의 효력도 인정할 수 없다(대판 1999.09. 17. 99추30).

23년(3) 모의

159. 조례가 집행행위의 개입 없이도 그 자체로서 직접 국민의 구체적인 권리의무나 법적 이익에 영향을 미치는 등의 법률상 효과를 발생하는 경우 그 조례는 항고소송의 대상이 되는 행정처분에 해당하고, 이러한 조례에 대한 무효확인소송을 제기함에 있어서 피고는 지방자치단체의 의결기관인 지방의회가 된다.

해설 조례가 집행행위의 개입 없이도 그 자체로서 직접 국민의 구체적인 권리의무나 법적 이익에 영향을 미치는 등의 법률상 효과를 발생하는 경우 그 조례는 항고소송의 대상이 되는 행정처분에 해당하고, 이러한 조례에 대한 무효확인소송을 제기함에 있어서 행정소송법 제38조 제1항, 제13조에 의하여 피고적격이 있는 처분 등을 행한 행정청은, 행정주체인 지방자치단체 또는 지방자치단체의 내부적 의결기관으로서 지방자치단체의 의사를 외부에 표시한 권한이 없는 지방의회가 아니라, 구 지방자치법(1994. 3. 16. 법률 제4741호로 개정되기 전의 것) 제19조 제2항, 제92조에 의하여 지방자치단체의 집행기관으로서 조례로서의 효력을 발생시키는 공포권이 있는 지방자치단체의 장이다(대판 1996.09.20. 95누8003).

13년 변시

160. 조례는 지방자치단체가 그 자치입법권에 근거하여 자주적으로 지방의회의 의결을 거쳐 제정한 법규이기 때문에 조례 자체로 인하여 직접 그리고 현재 자기의 기본권을 침해 받은 자는 그 권리구제의 수단으로서 조례에 대한 헌법소원을 제기할 수 있다.

> **해설** 조례는 지방자치단체가 그 자치입법권에 근거하여 자주적으로 지방의회의 의결을 거쳐 제정한 법규이기 때문에 조례 자체로 인하여 기본권을 침해받은 자는 그 권리구제의 수단으로서 조례에 대한 헌법소원을 제기할 수 있다고 할 것이다. 다만 이 경우에 그 적법요건으로서 조례가 별도의 구체적인 집행행위를 기다리지 아니하고 직접 그리고 현재 자기의 기본권을 침해하는 것이어야 함을 요한다(헌재 1995.04.20. 92헌마264).

정답 O

Ⅱ 주민의 권리와 의무

14년 변시, 13년(2)·17년(1)·18년(1)·19년(1)·22년(2) 모의

161. **(1) 헌법은 선거권과 공무담임권, 국가안위에 관한 중요정책 및 헌법개정에 대한 국민투표권을 헌법상의 참정권으로 보장하고 있는바, 「지방자치법」상의 주민투표권도 그 성질상 선거권·공무담임권·국민투표권과 마찬가지이므로 헌법이 보장하는 참정권이라고 할 수 있다.**

(2) 헌법상 기본권이 아닌 법률상의 권리에 해당한다 하더라도 비교집단 상호간에 차별이 존재할 경우 헌법상의 평등권 심사까지 배제되는 것은 아니다.

> **해설** (1) 지방자치법 제13조의2에서 규정한 주민투표권은 그 성질상 선거권, 공무담임권, 국민투표권과 전혀 다른 것이어서 이를 법률이 보장하는 참정권이라고 할 수 있을지언정 헌법이 보장하는 참정권이라고 할 수는 없다(헌재 2001.06.28. 2000헌마735).
> (2) 주민투표권은 헌법상의 열거되지 아니한 권리 등 그 명칭의 여하를 불문하고 헌법상의 기본권성이 부정된다는 것이 우리 재판소의 일관된 입장이다. … 하지만 주민투표권이 헌법상 기본권이 아닌 법률상의 권리에 해당한다 하더라도 비교집단 상호간에 차별이 존재할 경우에 헌법상의 평등권 심사까지 배제되는 것은 아니다(헌재 2007.06.28. 2004헌마643).

정답 X, O

21년(1) 모의

162. **주민소환투표가 발의되어 공고되었다는 이유만으로 곧바로 주민소환투표 대상자의 권한 행사가 정지되도록 한 것은 주민소환투표 대상자의 공무담임권을 침해하는 것이 아니다.**

> **해설** 법 제21조 제1항의 입법목적은 행정의 정상적인 운영과 공정한 선거관리라는 정당한 공익을 달성하려는데 있고, 주민소환투표가 공고된 날로부터 그 결과가 공표될 때까지 주민소환투표 대상자의 권한행사를 정지하는 것은 위 입법목적을 달성하기 위한 상당한 수단이 되는 점, 위 기간 동안 권한행사를 일시 정지한다 하더라도 이로써 공무담임권의 본질적인 내용이 침해된다고 보기 어려운 점, 권한행사의 정지기간은 통상 20일 내지 30일의 비교적 단기간에 지나지 아니하므로, 이 조항이 달성하려는 공익과 이로 인하여 제한되는 주민소환투표 대상자의 공무담임권이 현저한 불균형 관계에 있지 않은 점 등을 고려하면, 위 조항이 과잉금지의 원칙에 반하여 과도하게 공무담임권을 제한

하는 것으로 볼 수 없다. 또 대통령 등 탄핵소추 대상 공무원의 권한행사 정지와 주민소환대상 공무원의 권한행사 정지는 성격과 차원을 달리하여, 양자를 평등권 침해 여부 판단에 있어 비교의 대상으로 삼을 수 없으므로, 탄핵소추대상 공무원과 비교하여 평등권이 침해된다는 청구인의 주장도 이유 없다(헌재 2009.03.26. 2007헌마843).

18년(1) 모의

163. 주민소환투표청구를 위한 서명요청의 방법을 소환청구인서명부 제시와 구두 설명에 한정한다면, 이는 주민의 헌법상 기본권인 주민소환권을 제한하는 것이다.

해설 청구인은 이 사건 법률조항이 국민주권의 원리와 참정권에서 유래하는 '주민소환권'이라는 기본권을 침해한다고 주장한다. 그러나 우리 헌법은 법률에 정하는 바에 따른 '선거권'(헌법 제24조)과 '공무담임권'(헌법 제25조) 및 국가안위에 관한 중요정책과 헌법개정에 대한 '국민투표권'(헌법 제72조, 제130조)만을 헌법상의 참정권으로 보장하고 있으므로, 지방자치법에서 규정한 주민투표권이나 주민소환청구권은 그 성질상 위에서 본 선거권, 공무담임권, 국민투표권과는 다른 것이어서 이를 법률이 보장하는 참정권이라고 할 수 있을지언정 헌법이 보장하는 참정권이라 할 수는 없다. 또한 주민소환제 자체는 지방자치의 본질적 내용이라고 할 수 없으므로 … 주민소환제 및 그에 부수하여 법률상 창설되는 주민소환권이 지방자치의 본질적 내용에 해당하여 반드시 헌법적인 보장이 요구되는 제도라고 할 수도 없다. 결국, 주민소환청구권 자체는 헌법상 기본권으로서 보장되는 것은 아니고, 입법에 의하여 형성된 주민소환청구제도에 따라 행사할 수 있는 법률상의 권리에 불과하다 할 것이므로, 이 사건 법률조항이 주민소환권이라는 기본권을 침해한다는 취지의 청구인 주장에 대해서는 더 이상의 판단을 필요로 하지 아니한다(헌재 2011.12.29. 2010헌바368).

17년(1) · 22년(2) 모의

164. 주민소환제는 대표자에 대한 신임을 묻는 것으로 그 속성이 재선거와 같아 그 사유를 묻지 않는 것이 제도의 취지에도 부합하며, 비민주적, 독선적인 정책추진 등을 광범위하게 통제한다는 주민소환제의 필요성에 비추어 청구사유에 제한을 둘 필요가 없다.

해설 대의민주주의 아래에서 대표자에 대한 선출과 신임은 선거의 형태로 이루어지는 것이 바람직하고, 주민소환은 대표자에 대한 신임을 묻는 것으로서 그 속성은 재선거와 다를 바 없으므로 선거와 마찬가지로 그 사유를 묻지 않는 것이 제도의 취지에 부합한다. 또한, 주민소환제는 역사적으로도 위법·탈법행위에 대한 규제보다 비민주적·독선적행위에 대한 광범위한 통제의 필요성이 강조되어 왔으므로 주민소환의 청구사유에 제한을 둘 필요가 없고, 또 업무의 광범위성이나 입법기술적 측면에서 소환사유를 구체적으로 적시하는 것도 쉽지 않다. 다만, 청구사유에 제한을 두지 않음으로써 주민소환제가 남용될 소지는 있으나, 법에서 그 남용의 가능성을 제도적으로 방지하고 있을 뿐만 아니라, 현실적으로도 시민의식 또한 성장하여 남용의 위험성은 점차 줄어들 것으로 예상할 수 있다. 그리고 청구사유를 제한하는 경우 그 해당여부를 사법기관에서 심사하는 것이 과연 가능하고 적정한지 의문이고, 이 경우 절차가 지연됨으로써 조기에 문제를 해결하지 못할 위험성이 크다 할 수 있으므로 법이 주민소환의 청구사유에 제한을 두지 않는 데에는 상당한 이유가 있고, 입법자가 주민소환제 형성에 있어서 반드시 청구사유를 제한하여야 할 의무가 있다고 할 수도 없으며, 달리 그와 같이 청구사유를 제한하지 아니한 입법자의 판단이 현저하게 잘못되었다고 볼 사정 또한 찾아볼 수 없다(헌재 2011.03.31. 2008헌마355).

정답 ○

15년 변시

165. 주민투표권 행사를 위한 요건으로 그 지방자치단체의 관할 구역에 주민등록이 되어 있을 것을 요구함으로써 국내거소신고만 할 수 있고 주민등록을 할 수 없는 국내거주 재외국민에 대하여 주민투표권을 인정하지 않은 「주민투표법」 조항은 위와 같은 국내 거주 재외국민의 평등권을 침해한다.

해설 주민에게 과도한 부담을 주거나 중대한 영향을 미치는 당해 지방자치단체의 주요결정사항에 대한 주민투표의 결과는 주민등록이 가능한 국민인 주민은 물론 주민등록을 할 수 없는 국내거주 재외국민에게도 그 미치는 영향에 있어 다르다고 보기 어렵다. 지방자치단체의 폐치·분합 또는 구역변경, 주요시설의 설치 등 국가정책의 수립에 관한 주민투표의 경우에도 마찬가지이다. 지방자치단체의 폐치·분합 또는 구역변경은 단순히 행정단위나 행정구역의 개편 차원을 넘어 폐치·분합 또는 구역변경의 대상이 되는 지방자치단체의 주민의 이익과 직접적으로 관련되어 있으며, 국내거주 재외국민의 경우에도 예외는 아니다. 주요시설의 설치와 관련하여 주민투표가 실시되는 경우에도 마찬가지이다. 법 제5조 제2항은 출입국관리 관계 법령의 규정에 의하여 대한민국에 계속거주할 수 있는 자격을 갖춘 자로서 지방자치단체의 조례가 정하는 '외국인'에게 주민투표권을 부여하고 있는바, 주민투표의 결과가 그 법적 및 사실적 효과라는 측면에서 국내거주 재외국민과 외국인 간에 본질적으로 달리 나타난다고 보기는 어렵다. 주민투표의 대상이 되는 사항과의 관련성 내지 이해관계의 밀접성이라는 점에서 양자 간에 본질적 차이가 존재하지 아니한다. 이 사건 법률조항 부분은 주민등록만을 요건으로 주민투표권의 행사 여부가 결정되도록 함으로써 '주민등록을 할 수 없는 국내거주 재외국민'을 '주민등록이 된 국민인 주민'에 비해 차별하고 있고, 나아가 '주민투표권이 인정되는 외국인'과의 관계에서도 차별을 행하고 있는바, 그와 같은 차별에 아무런 합리적 근거도 인정될 수 없으므로 국내거주 재외국민의 헌법상 기본권인 평등권을 침해하는 것으로 위헌이다(헌재 2007.06.28. 2004헌마643).

정답 ○

14년(3) 모의

166. 지방자치단체의 20세 이상 주민은 법령에 규정된 일정한 요건에 따라 해당 지방자치단체장에게 조례를 제정·개정 또는 폐지할 것을 청구할 수 있다.

해설 지방자치법 제15조 제1항 참조.

지방자치법 제15조(조례의 제정과 개폐 청구) ① 19세 이상의 주민으로서 다음 각 호의 어느 하나에 해당하는 사람(「공직선거법」 제18조에 따른 선거권이 없는 자는 제외한다. 이하 이 조 및 제16조에서 "19세 이상의 주민"이라 한다)은 시·도와 제175조에 따른 인구 50만 이상 대도시에서는 19세 이상 주민 총수의 100분의 1 이상 70분의 1 이하, 시·군 및 자치구에서는 19세 이상 주민 총수의 50분의 1 이상 20분의 1 이하의 범위에서 지방자치단체의 조례로 정하는 19세 이상의 주민 수 이상의 연서로 해당 지방자치단체의 장에게 조례를 제정하거나 개정하거나 폐지할 것을 청구할 수 있다.

정답

14년(3) 모의

167. 지방자치단체의 주민투표에 부쳐진 사항에 대해서는 주민투표권자 총수의 1/3 이상의 투표와 유효투표수 과반수의 득표로 확정되며, 지방자치단체의 장 및 지방의회는 주민투표결과에 확정된 내용대로 필요한 조치를 취하여야 하고, 2년 이내에는 이를 변경하거나 새로운 결정을 할 수 없다.

해설 주민투표법 제24조 참조.

주민투표법 제24조(주민투표결과의 확정) ① 주민투표에 부쳐진 사항은 주민투표권자 총수의 3분의 1 이상의 투표와 유효투표수 과반수의 득표로 확정된다. 다만, 다음 각호의 1에 해당하는 경우에는 찬성과 반대 양자를 모두 수용하지 아니하거나, 양자택일의 대상이 되는 사항 모두를 선택하지 아니하기로 확정된 것으로 본다.
⑤ 지방자치단체의 장 및 지방의회는 주민투표결과 확정된 내용대로 행정·재정상의 필요한 조치를 하여야 한다.
⑥ 지방자치단체의 장 및 지방의회는 주민투표결과 확정된 사항에 대하여 2년 이내에는 이를 변경하거나 새로운 결정을 할 수 없다. 다만, 제1항 단서의 규정에 의하여 찬성과 반대 양자를 모두 수용하지 아니하거나 양자택일의 대상이 되는 사항 모두를 선택하지 아니하기로 확정된 때에는 그러하지 아니하다.

정답

14년(3) 모의

168. 지방자치법상 주민은 그 지방자치단체장 및 비례대표의원을 포함한 지방의회의원을 소환할 권리를 가진다.

해설 지방자치법 제20조 제1항 참조.

지방자치법 제20조(주민소환) ① 주민은 그 지방자치단체의 장 및 지방의회의원(비례대표 지방의회의원은 제외한다)을 소환할 권리를 가진다.

정답

Ⅲ 지방자치단체에 대한 외부적 감독과 통제

◎ 12년·21년 변시, 14년(2)·17년(3)·19년(2) 모의

169. 헌법재판소 결정에 의할 때, 감사원이 지방자치단체를 상대로 감사를 하면서 위임사무에 대하여 뿐만 아니라 자치사무에 대하여도 합법성 감사와 더불어 합목적성 감사까지 하는 것은 그것이 법률에 근거하여 이루어진 감사행위라고 하여도 헌법상 보장된 지방자치권의 본질적 내용을 침해한 것이다.

해설 감사원법은 지방자치단체의 위임사무나 자치사무의 구별 없이 합법성 감사뿐만 아니라 합목적성 감사도 허용하고 있는 것으로 보이므로, 감사원의 지방자치단체에 대한 이 사건 감사는 법률상 권한 없이 이루어진 것은 아니다. … 헌법이 감사원을 독립된 외부감사기관으로 정하고 있는 취지, 중앙정부와 지방자치단체는 서로 행정기능과 행정책임을 분담하면서 중앙행정의 효율성과 지방행정의 자주성을 조화시켜 국민과 주민의 복리증진이라는 공동목표를 추구하는 협력관계에 있다는 점을 고려하면 지방자치단체의 자치사무에 대한 합목적성 감사의 근거가 되는 이 사건 관련규정은 그 목적의 정당성과 합리성을 인정할 수 있다. 또한 감사원법에서 지방자치단체의 자치권을 존중할 수 있는 장치를 마련해두고 있는 점, 국가재정지원에 상당부분 의존하고 있는 우리 지방재정의 현실, 독립성이나 전문성이 보장되지 않은 지방자치단체 자체감사의 한계 등으로 인한 외부감사의 필요성까지 감안하면, 이 사건 관련규정이 지방자치단체의 고유한 권한을 유명무실하게 할 정도로 지나친 제한을 함으로써 지방자치권의 본질적 내용을 침해하였다고는 볼 수 없다(헌재 2008.05.29. 2005헌라3).

정답

◎ 12년 변시, 13년(2)·14년(3)·21년(1) 모의

170. 중앙행정기관의 자치사무에 관한 감사범위는 위법성 감사에 한정되며, 이를 넘어선 포괄적인 감사는 지방자치권을 침해하는 것으로 허용될 수 없다.

해설 중앙행정기관의 지방자치단체의 자치사무에 대한 구 지방자치법 제158조 단서 규정의 감사권은 사전적·일반적인 포괄감사권이 아니라 그 대상과 범위가 한정적인 제한된 감사권이라 해석함이 마땅하다. … 중앙행정기관이 구 지방자치법 제158조 단서 규정상의 감사에 착수하기 위해서는 자치사무에 관하여 특정한 법령위반행위가 확인되었거나 위법행위가 있었으리라는 합리적 의심이 가능한 경우이어야 하고, 또한 그 감사대상을 특정해야 한다. 따라서 전반기 또는 후반기 감사와 같은 포괄적·사전적 일반감사나 위법사항을 특정하지 않고 개시하는 감사 또는 법령위반사항을 적발하기 위한 감사는 모두 허용될 수 없다(헌재 2009.05.28. 2006헌라6).

정답

21년(1) 모의

171. 지방자치단체의 사무에 관한 그 장(長)의 명령이나 처분이 법령에 위반되거나 현저히 부당하여 공익을 해친다고 인정되면 시·도에 대하여는 주무부장관이, 시·군 및 자치구에 대하여는 시·도지사가 기간을 정하여 서면으로 시정할 것을 명하고, 그 기간에 이행하지 아니하면 이를 취소하거나 정지할 수 있다. 이 경우 자치사무에 관한 명령이나 처분에 대하여는 법령을 위반하는 것에 한한다.

해설 지방자치법 제169조 제1항 참조.

지방자치법 제169조(위법·부당한 명령·처분의 시정) ① 지방자치단체의 사무에 관한 그 장의 명령이나 처분이 법령에 위반되거나 현저히 부당하여 공익을 해친다고 인정되면 시·도에 대하여는 주무부장관이, 시·군 및 자치구에 대하여는 시·도지사가 기간을 정하여 서면으로 시정할 것을 명하고, 그 기간에 이행하지 아니하면 이를 취소하거나 정지할 수 있다. 이 경우 자치사무에 관한 명령이나 처분에 대하여는 법령을 위반하는 것에 한한다.

정답 O

20년 변시

172. 지방자치단체의 장이 그 의무에 속하는 국가위임사무 또는 시·도위임사무의 관리 및 집행을 명백히 게을리하고 있다고 인정되는 때에는 시·도에 대하여는 주무부장관이, 시·군 및 자치구에 대하여는 시·도지사가 기간을 정하여 서면으로 그 이행할 사항을 명령할 수 있는데, 이 경우 지방자치단체의 장은 위 이행명령에 이의가 있으면 이행명령서를 접수한 날부터 15일 이내에 대법원에 소를 제기할 수 있다.

해설 지방자치법 제170조 참조.

지방자치법 제170조(지방자치단체의 장에 대한 직무이행명령) ① 지방자치단체의 장이 법령의 규정에 따라 그 의무에 속하는 국가위임사무나 시·도위임사무의 관리와 집행을 명백히 게을리하고 있다고 인정되면 시·도에 대하여는 주무부장관이, 시·군 및 자치구에 대하여는 시·도지사가 기간을 정하여 서면으로 이행할 사항을 명령할 수 있다.
③ 지방자치단체의 장은 제1항의 이행명령에 이의가 있으면 이행명령서를 접수한 날부터 15일 이내에 대법원에 소를 제기할 수 있다. 이 경우 지방자치단체의 장은 이행명령의 집행을 정지하게 하는 집행정지결정을 신청할 수 있다.

정답 O

제2장 국회

제1절 의회주의

제2절 국회의 구성과 조직

제❶항 ┃ 국회의장과 부의장

21년·23년 변시, 19년(3) 모의

173. 국회의장은 헌법에 규정되어 있는 헌법기관이지만, 부의장은 헌법에 규정되어 있지 않은 법률상 기관에 불과하여 국회부의장을 3인으로 하기 위해서는 헌법개정 없이 「국회법」을 개정하는 것으로 족하다.

해설 헌법 제48조 참조.

헌법 제48조 국회는 의장 1인과 부의장 2인을 선출한다.

정답 ×

21년(2) 모의

174. 국회의원 총선거 후 처음으로 의장과 부의장을 선거할 때에는 출석의원 중 최다선(最多選) 의원이, 최다선 의원이 2명 이상인 경우에는 그 중 연장자가 의장의 직무를 대행한다.

해설 국회법 제18조 참조.

정답 ○

18년(1) 모의

175. 의장과 부의장은 국회에서 무기명투표로 선거하되, 재적의원 과반수 출석과 출석의원 과반수의 득표로 당선된다.

해설 국회법 제15조 제1항 참조.

국회법 제15조(의장·부의장의 선거) ① 의장과 부의장은 국회에서 무기명투표로 선거하고 재적의원 과반수의 득표로 당선된다.

정답 ×

14년(3)·17년(1)·19년(2)·21년(1)·23년(1) 모의

176.
(1) 국회의장이 궐위된 때에는 잔여 임기동안 소속 의원 수가 많은 교섭단체 소속 부의장이 의장의 직무를 대행한다.
(2) 의장이 사고(事故)가 있을 때에는 의장이 지정하는 부의장이 그 직무를 대리하며, 의장이 심신상실 등 부득이한 사유로 의사표시를 할 수 없게 되어 직무대리자를 지정할 수 없을 때에는 연장자인 부의장의 순으로 의장의 직무를 대행한다.

해설 헌법 제48조, 국회법 제12조, 제13조, 제15조 참조.

헌법 제48조 국회는 의장 1인과 부의장 2인을 선출한다.
국회법 제12조(부의장의 의장직무대리) ① 의장이 사고가 있을 때에는 의장이 지정하는 부의장이 그 직무를 대리한다.
② 의장이 심신상실 등 부득이한 사유로 의사표시를 할 수 없게 되어 직무대리자를 지정할 수 없는 때에는 소속의원수가 많은 교섭단체소속인 부의장의 순으로 의장의 직무를 대행한다.
국회법 제13조(임시의장) 의장과 부의장이 모두 사고가 있을 때에는 임시의장을 선출하여 의장의 직무를 대행하게 한다.
국회법 제15조(의장·부의장의 선거) ① 의장과 부의장은 국회에서 무기명투표로 선거하되 재적의원 과반수의 득표로 당선된다.

 정답 ×, ×

23년 변시

177. 국회의원이 국회의장 또는 부의장으로 당선된 때에는 당선된 다음 날부터 국회의장 또는 부의장으로 재직하는 동안 당적을 가질 수 없다.

해설 국회법 제20조의2 제1항 참조

국회법 제20조의2(의장의 당적 보유 금지) ① 의원이 의장으로 당선된 때에는 당선된 다음 날부터 의장으로 재직하는 동안은 당적(黨籍)을 가질 수 없다. 다만, 국회의원 총선거에서 「공직선거법」 제47조에 따른 정당추천후보자로 추천을 받으려는 경우에는 의원 임기만료일 90일 전부터 당적을 가질 수 있다.

 정답 ×

14년(3) 모의

178. 국회법에 의하면 국회의원이 국회의장으로 당선된 때에는 당선된 다음 날부터 그 직에 있는 동안은 당적을 가질 수 없으므로, 비례대표국회의원은 국회의장으로 선출될 수 없다.

해설 공직선거법 제192조 제4항 참조. ▶ 비례대표국회의원도 국회의장으로 선출될 수 있음

국회법 제20조의2(의장의 당적보유금지) ① 의원이 의장으로 당선된 때에는 당선된 다음 날부터 그 직에 있는 동안은 당적을 가질 수 없다. 다만, 국회의원총선거에 있어서 「공직선거법」 제47조의 규정에 의한 정당추천후보자로 추천을 받고자 하는 경우에는 의원 임기만료일전 90일부터 당적을 가질 수 있다.
② 제1항 본문의 규정에 의하여 당적을 이탈한 의장이 그 임기를 만료한 때에는 당적을 이탈할 당시의 소속정당으로 복귀한다.
공직선거법 제192조(피선거권상실로 인한 당선무효 등) ④ 비례대표국회의원 또는 비례대표지방의회의원이 소속정당의 합당·해산 또는 제명외의 사유로 당적을 이탈·변경하거나 2 이상의 당적을 가지고 있는 때에는 「국회법」 제136조(퇴직) 또는 「지방자치법」 제78조(의원의 퇴직)의 규정에 불구하고 퇴직된다. 다만, 비례대표국회의원이 국회의장으로 당선되어 「국회법」 규정에 의하여 당적을 이탈한 경우에는 그러하지 아니하다.

정답

제❷항 ǀ 국회의 위원회

21년(1) 모의

179. 위원회는 그 소관에 속하는 사항에 관하여 법률안과 그 밖의 의안을 제출할 수 있으며, 이 경우에 해당 의안은 위원장이 제안자가 된다.

해설 국회법 제51조 참조.

국회법 제51조(위원회의 제안) ① 위원회는 그 소관에 속하는 사항에 관하여 법률안과 그 밖의 의안을 제출할 수 있다.
② 제1항의 의안은 위원장이 제안자가 된다

정답 ○

22년(1) 모의

180. 국회는 둘 이상의 상임위원회와 관련된 안건이거나 특히 필요하다고 인정한 안건을 효율적으로 심사하기 위한 경우라고 하더라도 본회의 상정 이후에는 전원위원회를 개회할 수 없다.

해설 국회법 제44조 제1항 및 제63조의2 제1항 참조.

국회법 제44조(특별위원회) ① 국회는 둘 이상의 상임위원회와 관련된 안건이거나 특히 필요하다고 인정한 안건을 효율적으로 심사하기 위하여 본회의의 의결로 특별위원회를 둘 수 있다.
국회법 제63조의2(전원위원회) ① 국회는 위원회의 심사를 거치거나 위원회가 제안한 의안 중 정부조직에 관한 법률안, 조세 또는 국민에게 부담을 주는 법률안 등 주요 의안의 본회의 상정 전이나 본회의 상정 후에 재적의원 4분의 1 이상이 요구할 때에는 그 심사를 위하여 의원 전원으로 구성되는 전원위원회를 개회할 수 있다. 다만, 의장은 주요 의안의 심의 등 필요하다고 인정하는 경우 각 교섭단체 대표의원의 동의를 받아 전원위원회를 개회하지 아니할 수 있다.

정답

23년(1) 모의

181. 전원위원회는 재적위원 5분의 1 이상의 출석으로 개회하고, 재적위원 4분의 1 이상의 출석과 출석위원 과반수의 찬성으로 의결한다.

해설 국회법 제54조, 제63조의2 제4항 참조

국회법 제54조(위원회의 의사정족수·의결정족수) 위원회는 재적위원 5분의 1 이상의 출석으로 개회하고, 재적위원 과반수의 출석과 출석위원 과반수의 찬성으로 의결한다.
제63조의2(전원위원회) ④ 전원위원회는 제54조에도 불구하고 재적위원 5분의 1 이상의 출석으로 개회하고, 재적위원 4분의 1 이상의 출석과 출석위원 과반수의 찬성으로 의결한다.

정답 O

20년(3)·21년(1) 모의

182. 국회는 위원회의 심사를 거치거나 위원회가 제안한 의안 중 정부조직에 관한 법률안, 조세 또는 국민에게 부담을 주는 법률안 등 주요 의안의 본회의 상정 전이나 본회의 상정 후에 재적의원 4분의 1 이상이 요구할 때에는 그 심사를 위하여 의원 전원으로 구성되는 전원위원회(全院委員會)를 개회할 수 있으나, 전원위원회는 해당 의안에 대한 수정안을 제출할 수 없다.

해설 국회법 제63조 참조.

국회법 제63조의2(전원위원회)
② 전원위원회는 제1항에 따른 의안에 대한 수정안을 제출할 수 있다. 이 경우 해당 수정안은 전원위원장이 제안자가 된다.

정답 ×

23년(3) 모의

183. 국회의장이 위원회의 위원을 선임·개선하는 행위는 국회의 자율권에 근거한 행위로서 이러한 행위의 권한 침해 여부를 판단할 때에는 헌법이나 법률을 명백히 위반한 흠이 있는지를 심사하는 것으로 충분하다.

해설 국회의장이 위원회의 위원을 선임·개선하는 행위는 국회의 자율권에 근거하여 내부적으로 회의체 기관을 구성·조직하는 것으로서 다른 국가기관의 간섭을 받지 아니하고 광범위한 재량에 의하여 자율적으로 정할 수 있는 고유한 영역에 속한다. 따라서 이 사건 개선행위의 권한 침해 여부를 판단할 때 헌법이나 법률을 명백히 위반한 흠이 있는지를 심사하는 것으로 충분하다(헌결 2020.05.27. 2019헌라1).

정답 O

21년(1) 모의

184. 「국회법」은 상임위원회 상임위원을 개선할 때 임시회의 경우에는 회기 중에 개선될 수 없도록 하고 있는데, 여기에서의 '회기'는 '개선의 대상이 되는 해당 위원이 선임 또는 개선된 임시회의 회기'를 의미하는 것으로 해석된다.

 국회법 제48조 제6항의 입법목적은 '위원이 일정 기간 재임하도록 함으로써 위원회의 전문성을 강화'하는 것이므로, 국회법 제48조 제6항은 '위원이 된(선임 또는 보임된) 때'로부터 일정 기간 동안 '위원이 아니게 되는(사임되는) 것'을 금지하는 형태로 규정되어야 한다. 따라서 국회법 제48조 제6항 본문 중 "위원을 개선할 때 임시회의 경우에는 회기 중에 개선될 수 없고" 부분은 개선의 대상이 되는 해당 위원이 '위원이 된(선임 또는 보임된) 임시회의 회기 중'에 개선을 금지하는 것이다. 이는 국회법 제48조 제6항 본문 중 "정기회의 경우에는 선임 또는 개선 후 30일 이내에는 개선될 수 없다." 부분이 '선임 또는 개선된 때로부터' '30일' 동안 개선을 금지하는 것과 마찬가지이다. 그러므로 국회법 제48조 제6항 본문 중 "임시회의 경우에는 회기 중에 개선될 수 없고"라는 문언에서 개선될 수 없는 '회기'는 '개선의 대상이 되는 해당 위원이 선임 또는 개선된 임시회의 회기'를 의미하는 것으로 해석된다(헌재 2020.05.27. 2019헌라1).

정답 ○

 15년 · 24년 변시, 21년(1) · 22년(1) 모의

185. 국회의원은 둘 이상의 상임위원이 될 수 있고, 각 교섭단체 대표의원은 국회운영위원회의 위원이 된다. 다만, 국회의장과 부의장은 상임위원이 될 수 없다.

 국회법 제39조 참조. ▶ 국회운영위원회의 위원이 되는 것은 각 교섭단체의 대표이다. 각 교섭단체의 대표는 국회운영위원회의 위원뿐만아니라 정보위원회의 위원이 된다.

국회법 제39조(상임위원회의 위원) ① 의원은 둘 이상의 상임위원회의 위원(이하 "상임위원"이라 한다)이 될 수 있다.
② 각 교섭단체 대표의원은 국회운영위원회의 위원이 된다.
③ 의장은 상임위원이 될 수 없다.
국회법 제48조(위원의 선임 및 개선) ③ 정보위원회의 위원은 의장이 각 교섭단체 대표의원으로부터 해당 교섭단체 소속 의원 중에서 후보를 추천받아 부의장 및 각 교섭단체 대표의원과 협의하여 선임하거나 개선한다. 다만, 각 교섭단체 대표의원은 정보위원회의 위원이 된다.

정답 ×

18년(1) 모의

186. 국회의장은 어느 교섭단체에도 속하지 아니하는 의원을 각 교섭단체대표의원의 요청이 없음에도 단독으로 특정 상임위원으로 선임할 수 있다.

해설 국회법 제48조 제2항 참조.

국회법 제48조(위원의 선임 및 개선) ② 어느 교섭단체에도 속하지 아니하는 의원의 상임위원 선임은 의장이 한다.

정답 ○

22년(3) 모의

187. 금융위원회에 속하는 소관 사항과 공정거래위원회에 속하는 소관 사항은 국회 정무위원회의 소관이다.

해설 국회법 제37조 제1항 제3호 참조.

국회법 제37조(상임위원회와 그 소관) ① 상임위원회의 종류와 소관 사항은 다음과 같다.
3. 정무위원회
 다. 공정거래위원회 소관에 속하는 사항
 라. 금융위원회 소관에 속하는 사항

정답 ○

 17년 변시, 18년(1) 모의

188. 국회의장은 어느 상임위원회에도 속하지 아니하는 사항을 국회운영위원회와 협의 없이 단독으로 소관 상임위원회를 정할 수 있다.

해설 국회법 제37조 제2항 참조.

국회법 제37조(상임위원회와 그 소관) ② 의장은 어느 상임위원회에도 속하지 아니하는 사항은 국회운영위원회와 협의하여 소관 상임위원회를 정한다.

정답 ×

17년(2) · 22년(1) 모의

189. 상임위원회 위원 정수는 국회법에서 정하며, 정보위원회 위원 정수는 14명으로 한다.

해설 국회법 제38조 참조.

국회법 제38조(상임위원회의 위원 정수) 상임위원회의 위원 정수(定數)는 국회규칙으로 정한다. 다만, 정보위원회의 위원 정수는 12명으로 한다.

정답 ×

17년(2)·22년(1) 모의

190. 상임위원은 교섭단체 소속 의원 수의 비율에 따라 각 교섭단체 대표의원의 요청으로 국회의장이 선임하거나 개선한다.

> 해설 국회법 제48조 제1항 본문 참조.

> 국회법 제48조(위원의 선임 및 개선) ① 상임위원은 교섭단체 소속 의원 수의 비율에 따라 각 교섭단체 대표의원의 요청으로 의장이 선임하거나 개선한다. 이 경우 각 교섭단체 대표의원은 국회의원 총선거 후 첫 임시회의 집회일부터 2일 이내에 의장에게 상임위원 선임을 요청하여야 하고, 처음 선임된 상임위원의 임기가 만료되는 경우에는 그 임기만료일 3일 전까지 의장에게 상임위원 선임을 요청하여야 하며, 이 기한까지 요청이 없을 때에는 의장이 상임위원을 선임할 수 있다.

정답

18년(1)·19년(2)·21년(1) 모의

191. 소관 위원회는 다른 위원회와 협의하여 연석회의(連席會議)를 열고 의견을 교환하고 표결을 할 수 있다.

> 해설 국회법 제63조 제1항 참조.

> 국회법 제63조(연석회의) ① 소관 위원회는 다른 위원회와 협의하여 연석회의(連席會議)를 열고 의견을 교환할 수 있다. 다만, 표결은 할 수 없다.

정답

17년(3) 모의

192. (1) 국회는 헌법에 의하여 그 임명에 국회의 동의를 요하는 대법원장과 대법관 등의 임명동의안을 심사하기 위하여 인사청문특별위원회를 둔다.
(2) 헌법에 의하여 그 임명에 국회의 동의를 요하는 직위를 선출하는 경우에는 국회 인사청문특별위원회의 인사청문을 실시하여야 하고, 법률에서 국회의 인사청문을 거치도록 규정한 경우에는 소관 상임위원회의 인사청문을 실시하여야 한다.

> 해설 국회법 제46조의3 제1항, 제65조의2 제2항 참조.

> 국회법 제46조의3(인사청문특별위원회) ① 국회는 다음 각 호의 임명동의안 또는 의장이 각 교섭단체 대표의원과 협의하여 제출한 선출안 등을 심사하기 위하여 인사청문특별위원회를 둔다. 다만,「대통령직 인수에 관한 법률」제5조제2항에 따라 대통령당선인이 국무총리 후보자에 대한 인사청문의 실시를 요청하는 경우에 의장은 각 교섭단체 대표의원과 협의하여 그 인사청문을 실시하기 위한 인사청문특별위원회를 둔다.
> 1. 헌법에 따라 그 임명에 국회의 동의가 필요한 대법원장·헌법재판소장·국무총리·감사원장 및 대법관에 대한 임명동의안
> 2. 헌법에 따라 국회에서 선출하는 헌법재판소 재판관 및 중앙선거관리위원회 위원에 대한 선출안

국회법 제65조의2(인사청문회) ① 제46조의3에 따른 심사 또는 인사청문을 위하여 인사에 관한 청문회(이하 "인사청문회"라 한다)를 연다.
② 상임위원회는 다른 법률에 따라 다음 각 호의 어느 하나에 해당하는 공직후보자에 대한 인사청문 요청이 있는 경우 인사청문을 실시하기 위하여 각각 인사청문회를 연다

정답 O, O

17년(3) 모의

193. 헌법재판소 재판관 후보자가 헌법재판소장 후보자를 겸하는 경우에는 법제사법위원회와 인사청문특별위원회의 인사청문회를 각각 거쳐야 한다.

해설 국회법 제65조의2 제5항 참조.

국회법 제65조의2(인사청문특별위원회) ② 상임위원회는 다른 법률에 따라 다음 각 호의 어느 하나에 해당하는 공직후보자에 대한 인사청문 요청이 있는 경우 인사청문을 실시하기 위하여 각각 인사청문회를 연다.
 1. 대통령이 임명하는 헌법재판소 재판관, 중앙선거관리위원회 위원, 국무위원, 방송통신위원회 위원장, 국가정보원장, 공정거래위원회 위원장, 금융위원회 위원장, 국가인권위원회 위원장, 국세청장, 검찰총장, 경찰청장, 합동참모의장, 한국은행 총재, 특별감찰관 또는 한국방송공사 사장의 후보자
⑤ 헌법재판소 재판관 후보자가 헌법재판소장 후보자를 겸하는 경우에는 제2항제1호에도 불구하고 제1항에 따른 인사청문특별위원회의 인사청문회를 연다. 이 경우 제2항에 따른 소관 상임위원회의 인사청문회를 겸하는 것으로 본다.

정답

17년(2) 모의

194. 국회 예산결산특별위원회의 위원 수는 30인으로 하고, 그 선임은 교섭단체소속의원 수의 비율과 상임위원회의 위원수의 비율에 의하여 각 교섭단체대표의원의 요청으로 의장이 행한다.

해설 국회법 제45조 제2항 참조.

국회법 제45조(예산결산특별위원회) ② 예산결산특별위원회의 위원 수는 50명으로 한다. 이 경우 의장은 교섭단체 소속 의원 수의 비율과 상임위원회 위원 수의 비율에 따라 각 교섭단체 대표의원의 요청으로 위원을 선임한다.

정답

17년(2) 모의

195. 상임위원의 임기는 2년으로 하되 국회의원총선거 후 처음 선임된 위원의 임기는 그 선임된 날부터 개시하여 의원의 임기개시 후 2년이 되는 날까지로 한다.

해설 국회법 제40조 제1항 참조.

> 국회법 제40조(상임위원의 임기) ① 상임위원의 임기는 2년으로 한다. 다만, 국회의원 총선거 후 처음 선임된 위원의 임기는 선임된 날부터 개시하여 의원의 임기 개시 후 2년이 되는 날까지로 한다.

정답 O

🕐 15년 변시, 14년(3)·17년(2) 모의

196. 「국회법」상 상설특별위원회로는 예산결산특별위원회와 국정조사특별위원회가 있고, 윤리특별위원회와 인사청문특별위원회는 한시적 특별위원회에 속한다.

> **해설** 국회법상 특별위원회는 원칙적으로 활동기한을 정하여 구성되는 비상설특별위원회이나, 예산결산특별위원회는 국회법 제44조 제2항 및 제3항의 적용을 배제함으로써 상설특별위원회로 운영된다. 따라서 예산결산특별위원회는 상설특별위원회이고, 국정조사특별위원회, 윤리특별위원회, 인사청문특별위원회는 한시적 특별위원회이다(국회법 제44조 제2항, 제3항, 제45조 제5항, 제46조 참조).
> ▶ 윤리특별위원회는 출제 당시 상설특별위원회였으나, 국회법 제46조가 개정됨에 따라 비상설특별위원회임을 주의

> 국회법 제44조(특별위원회) ② 제1항에 따른 특별위원회를 구성할 때에는 그 활동기간을 정하여야 한다. 다만, 본회의 의결로 그 기간을 연장할 수 있다.
> ③ 특별위원회는 활동기한의 종료 시까지 존속한다. (단서 생략)
> 국회법 제45조(예산결산특별위원회) ⑤ 예산결산특별위원회에 대해서는 제44조 제2항 및 제3항을 적용하지 아니한다.
> 국회법 제46조(윤리특별위원회) ① 의원의 자격심사·징계에 관한 사항을 심사하기 위하여 제44조제1항에 따라 윤리특별위원회를 구성한다.

정답 ×

제❸항 | 교섭단체

🕐 21년 변시

197. 교섭단체 대표의원은 국회운영위원회의 위원이며 동시에 정보위원회의 위원이 된다.

> **해설** 국회법 제39조 제2항, 제48조 제3항 참조.

> 국회법 제39조(상임위원회의 위원) ② 각 교섭단체 대표의원은 국회운영위원회의 위원이 된다.
> 국회법 제48조(위원의 선임 및 개선) ③ 정보위원회의 위원은 의장이 각 교섭단체 대표의원으로부터 해당 교섭단체 소속 의원 중에서 후보를 추천받아 부의장 및 각 교섭단체 대표의원과 협의하여 선임하거나 개선한다. 다만, 각 교섭단체 대표의원은 정보위원회의 위원이 된다.

정답 O

15년 변시, 17년(2)·19년(1) 모의

198. (1) 교섭단체소속 국회의원만 국회 정보위원회 위원이 될 수 있도록 한 「국회법」 조항은 교섭단체소속이 아닌 국회의원의 평등권을 제한한다.

(2) 국회의원이 상임위원회에서 활동할 권한을 침해당하였다고 하더라도, 이에 대한 「헌법재판소법」 제68조 제1항에 의한 헌법소원심판 청구는 부적법하다.

:: 해설 청구인이 이 사건 법률조항에 의하여 침해당하였다고 주장하는 기본권은 청구인이 국회 상임위원회에 소속하여 활동할 권리, 청구인이 무소속 국회의원으로서 교섭단체소속 국회의원과 동등하게 대우받을 권리라는 것으로서 이는 입법권을 행사하는 국가기관인 국회를 구성하는 국회의원의 지위에서 주장하는 권리일지언정 헌법이 일반국민에게 보장하고 있는 기본권이라고 할 수는 없다. 그러므로 국회의 구성원인 지위에서 공권력작용의 주체가 되어 오히려 국민의 기본권을 보호 내지 실현할 책임과 의무를 지는 국회의원이 위와 같은 권한을 침해당하였다고 하더라도 이는 헌법재판소법 제68조 제1항에서 말하는 기본권의 침해에는 해당하지 않으므로, 이러한 경우 국회의원은 개인의 권리구제수단인 헌법소원을 청구할 수 없다고 할 것이다(헌재 2000.08.31. 2000헌마156).

 ×, ○

17년(1)·22년(1) 모의

199. 국회운영위원회는 본회의 의결이 있거나 의장이 필요하다고 인정하여 각 교섭단체대표의원과 협의한 경우를 제외하고는 본회의 중에는 개회할 수 없다.

:: 해설 국회법 제56조 참조.

국회법 제56조(본회의 중 위원회의 개회) 위원회는 본회의 의결이 있거나 의장이 필요하다고 인정하여 각 교섭단체 대표의원과 협의한 경우를 제외하고는 본회의 중에는 개회할 수 없다. 다만, 국회운영위원회는 그러하지 아니하다.

 ×

제3절 국회의 운영과 의사절차

제❶항 ❙ 국회의 운영

21년(2) 모의

200. 헌법 제49조에 따라 어떠한 사항을 일반정족수가 아닌 특별정족수에 따라 의결할 것인지 여부는 국회 스스로 판단하여 법률에 정할 사항이 아니기 때문에 가중다수결은 헌법이 명시적으로 허용한 경우에만 인정된다.

해설 헌법 제49조에 따라 어떠한 사항을 일반정족수가 아닌 특별정족수에 따라 의결할 것인지 여부는 국회 스스로 판단하여 법률에 정할 사항이다. 국회법 제109조도 "의사는 헌법 또는 이 법에 특별한 규정이 없는 한, 재적의원 과반수의 출석과 출석의원 과반수의 찬성으로 의결한다."라고 규정하여 국회법에 의결의 요건을 달리 규정할 수 있음을 밝히고 있다(헌재 2016.05.26. 2015헌라1).

정답 ×

🕒 23년 변시, 16년(3)·17년(2)·19년(1)·20년(2) 모의

201. 정부는 회계연도마다 예산안을 편성하여 회계연도 개시 60일 전까지 국회에 제출하고, 국회는 회계연도 개시 30일 전까지 이를 의결하여야 한다.

해설 헌법 제54조 제2항 참조.

> 헌법 제54조 ② 정부는 회계연도마다 예산안을 편성하여 회계연도 개시 90일전까지 국회에 제출하고, 국회는 회계연도 개시 30일전까지 이를 의결하여야 한다.

정답 ×

🕒 17년 변시

202. 국회의장의 직권상정권한은 국회의 수장이 국회의 비상적인 헌법적 장애상태를 회복하기 위하여 가지는 권한으로 국회의장의 의사정리권에 속하고, 의안 심사에 관하여 위원회 중심주의를 채택하고 있는 우리 국회에서는 비상적·예외적 의사절차에 해당한다.

해설 국회법상 의장은 천재지변의 경우, 전시·사변 또는 이에 준하는 국가비상사태의 경우, 의장이 각 교섭단체대표의원과 합의하는 경우 중 어느 하나에 해당하는 경우에만 위원회에 회부하는 안건 또는 회부된 안건에 대하여 심사기간을 지정할 수 있고(국회법 제85조 제1항), 위원회가 이유 없이 그 기간 내에 심사를 마치지 아니한 때에는 의장은 중간보고를 들은 후 다른 위원회에 회부하거나 바로 본회의에 부의할 수 있다(동조 제2항). 이는 국회의 수장이 국회의 비상적인 헌법적 장애상태를 회복하기 위하여 가지는 권한으로 국회의장의 의사정리권에 속하고, 의안 심사에 관하여 위원회 중심주의를 채택하고 있는 우리 국회에서는 비상적·예외적 의사절차에 해당한다(헌재 2016.05.26. 2015헌라1).

정답

🕒 17년 변시

203. 「국회법」제85조 제1항 각 호의 심사기간 지정사유는 국회의장의 직권상정권한을 제한하는 역할을 할 뿐 국회의원의 국회 본회의에서의 법안에 대한 심의·표결권을 제한하는 내용을 담고 있지는 않다.

해설 국회법 제85조 제1항의 직권상정권한은 국회의 수장이 국회의 비상적인 헌법적 장애상태를 회복하기 위하여 가지는 권한으로 국회의장의 의사정리권에 속하고, 의안 심사에 관하여 위원회 중심

주의를 채택하고 있는 우리 국회에서는 비상적·예외적 의사절차에 해당한다. 국회법 제85조 제1항 각 호의 심사기간 지정사유는 국회의장의 직권상정권한을 제한하는 역할을 할 뿐 국회의원의 법안에 대한 심의·표결권을 제한하는 내용을 담고 있지는 않다(헌재 2016.05.26. 2015헌라1).

정답 O

 17년 변시, 20년(1) 모의

204. (1) 헌법의 명문규정 및 해석상 국회 재적의원 과반수의 요구가 있는 경우 국회의장이 심사기간을 지정하고 본회의에 부의해야 한다는 헌법상 의무가 도출된다.
(2) 국회 위원회 단계에서 교착상태에 빠진 쟁점안건에 대하여 재적의원 과반수가 심사기간 지정요구를 하는 경우 국회의장이 의무적으로 심사기간을 지정하도록 하는 내용의 규정을 마련하지 않는 것은 다수결원리와 의회민주주의에 위반되고, 나아가 국민주권주의에도 위반된다.

해설 국회법 제85조 제1항에 국회 재적의원 과반수가 의안에 대하여 심사기간 지정을 요청하는 경우 국회의장이 그 의안에 대하여 의무적으로 심사기간을 지정하도록 규정하지 아니한 입법부작위는 입법자가 재적의원 과반수의 요구에 의해 위원회의 심사를 배제할 수 있는 비상입법절차와 관련하여 아무런 입법을 하지 않음으로써 입법의 공백이 발생한 '진정입법부작위'에 해당한다. 따라서 이 사건 입법부작위의 위헌 여부와 국회법 제85조 제1항은 아무런 관련이 없고, 그 위헌 여부가 이 사건 심사기간 지정 거부행위에 어떠한 영향도 미칠 수 없다. 나아가 헌법실현에 관한 1차적 형성권을 갖고 있는 정치적·민주적 기관인 국회와의 관계에서 헌법재판소가 가지는 기능적 한계에 비추어 보더라도, 헌법재판소가 근거규범도 아닌 이 사건 입법부작위의 위헌 여부에 대한 심사에까지 나아가는 것은 부적절하므로 그 심사를 최대한 자제하여 의사절차에 관한 국회의 자율성을 존중하는 것이 바람직하다. 만일 이 사건 입법부작위의 위헌 여부를 선결문제로 판단하더라도, 헌법의 명문규정이나 해석상 국회 재적의원 과반수의 요구가 있는 경우 국회의장이 심사기간을 지정하고 본회의에 부의해야 한다는 의무는 도출되지 않으므로, 국회법 제85조 제1항에서 이러한 내용을 규정하지 않은 것이 다수결의 원리, 나아가 의회민주주의에 반한다고도 볼 수 없다(헌재 2016.05.26. 2015헌라1)

정답 ×, ×

 16년(3) 모의

205. 현행헌법은 정기회의 회기는 100일을, 임시회의 회기는 60일을 초과할 수 없다고 규정하고 있다.

해설 헌법 제47조 제2항 참조.

헌법 제47조 ② 정기회의 회기는 100일을, 임시회의 회기는 30일을 초과할 수 없다.

정답

16년(3) 모의

206. 대통령의 요구에 의하여 집회된 임시회에서는 정부가 제출한 의안에 한하여 처리한다.

해설 제7차 개정헌법 제82조 제5항, 제8차 개정헌법 제83조 제5항 참조. ▶ 1972년 헌법과 1980년 헌법에서는 대통령의 요구에 의하여 집회된 임시회에서는 정부가 제출한 의안에 한하여 처리하며, 국회는 대통령이 집회요구시에 정한 기간에 한하여 개회한다고 규정, 행 헌법에서는 이 규정을 삭제

> 1972년 헌법 제82조 ⑤ 대통령의 요구에 의하여 집회된 임시회에서는 정부가 제출한 의안에 한하여 처리하며, 국회는 대통령이 집회요구시에 정한 기간에 한하여 개회한다.
> 1980년 헌법 제83조 ⑤ 대통령의 요구에 의하여 집회된 임시회에서는 정부가 제출한 의안에 한하여 처리하며, 국회는 대통령이 집회요구시에 정한 기간에 한하여 개회한다.

정답 ×

22년 변시, 16년(3) 모의

207. (1) 국회는 헌법 또는 법률에 특별한 규정이 없는 한 재적의원 과반수의 출석과 출석의원 과반수의 찬성으로 의결하며 가부동수인 때에는 국회의장이 결정한다.

(2) 국회 본회의에서 A법률안을 표결에 부친 결과 재적 300명, 출석 280명, 찬성 140명, 반대 130명, 무효 10명으로 나타난 경우, 이 법률안은 가결된다.

해설 헌법 제49조 참조.

> 헌법 제49조 국회는 헌법 또는 법률에 특별한 규정이 없는 한 재적의원 과반수의 출석과 출석의원 과반수의 찬성으로 의결한다. 가부동수인 때에는 부결된 것으로 본다.

정답 ×, ×

제❷항 ▎국회의 의사절차

I 의사절차에 관한 원칙

21년(3) · 23년(1) 모의

208. 「국회법」상 국회의원이 아닌 사람이 위원회를 방청하려면 위원장의 허가를 받도록 하는 것은 비공개를 원칙으로 하여 위원장이 자의에 따라 공개여부를 결정케 한 것으로 보아야 하므로, 위원장은 임의로 방청불허 결정을 할 수 있다.

해설 ⋯ 국회법 제55조 제1항은 위원회의 공개원칙을 전제로 한 것이지, 비공개를 원칙으로 하여 위원장의 자의에 따라 공개여부를 결정케 한 것이 아닌바, 위원장이라고 하여 아무런 제한없이 임의로 방청불허 결정을 할 수 있는 것이 아니라, 회의장의 장소적 제약으로 불가피한 경우, 회의의 원활한 진행을 위하여 필요한 경우 등 결국 회의의 질서유지를 위하여 필요한 경우에 한하여 방청을 불허할 수 있는 것으로 제한적으로 풀이되며, 이와 같이 이해하는 한, 위 조항은 헌법에 규정된 의사공개의 원칙에 저촉되지 않으면서도 국민의 방청의 자유와 위원회의 원활한 운영간에 적절한 조화를

꾀하고 있다고 할 것이므로 국민의 기본권을 침해하는 위헌조항이라 할 수 없다(헌재 2000.06.29. 98헌마443).

> 국회법 제55조(위원회에서의 방청 등) ① 의원이 아닌 사람이 위원회를 방청하려면 위원장의 허가를 받아야 한다.
> ② 위원장은 질서 유지를 위하여 필요할 때에는 방청인의 퇴장을 명할 수 있다.

정답

21년(3) 모의

209. 헌법과 「국회법」에 의하면 의사공개의 원칙은 본회의뿐만 아니라 위원회, 청문회에도 적용된다.

∷해설 … 의사공개원칙의 헌법적 의미, 오늘날 국회기능의 중점이 본회의에서 위원회로 옮겨져 위원회중심주의로 운영되고 있는 점, 국회법 제75조 제1항 및 제71조의 규정내용에 비추어 본회의든 위원회의 회의든 국회의 회의는 원칙적으로 공개되어야 하고, 원하는 모든 국민은 원칙적으로 그 회의를 방청할 수 있다(헌재 2000.06.29. 98헌마443).

정답 ○

15년(1)·16년(1)·21년(3) 모의

210. 의사공개의 원칙은 방청과 보도의 자유를 그 내용으로 하며, 회의록의 공표까지 포함하는 것은 아니다.

∷해설 … (판결이유 중) 의사공개의 원칙은 방청 및 보도의 자유와 회의록의 공표를 그 내용으로 하는데 다만, 의사공개의 원칙은 절대적인 것이 아니므로, 출석의원 과반수의 찬성이 있거나 의장이 국가의 안전보장을 위하여 필요하다고 인정할 때에는 공개하지 아니할 수 있다(헌법 제50조 제1항 단서)(헌재 2000.06.29. 98헌마443).

정답

21년(3) 모의

211. 의사공개원칙은 국회의 헌법적 기능과 관련된 회의뿐만 아니라 단순한 행정적 회의도 공개되어야 한다는 것이다.

∷해설 헌법 제50조 제1항은 "국회의 회의는 공개한다"라고 하여 의사공개의 원칙을 규정하고 있는 바, 이는 단순한 행정적 회의를 제외하고 국회의 헌법적 기능과 관련된 모든 회의는 원칙적으로 국민에게 공개되어야 함을 천명한 것으로서, 의사공개원칙의 헌법적 의미, 오늘날 국회기능의 중점이 본회의에서 위원회로 옮겨져 위원회중심주의로 운영되고 있는 점, 국회법 제75조 제1항 및 제71조의 규정내용에 비추어 본회의든 위원회의 회의든 국회의 회의는 원칙적으로 공개되어야 하고, 원하는 모든 국민은 원칙적으로 그 회의를 방청할 수 있다(헌재 2000.06.29. 98헌마443).

정답

19년(3) 모의

212. (1) 의사공개원칙은 의사진행의 내용과 의원의 활동을 국민에게 공개함으로써 민의에 따른 국회운영을 실천한다는 민주주의적 요청에서 유래하는 것이다.

(2) 국회 의사공개 원칙은 의사진행의 내용과 의원의 활동을 국민에게 공개함으로써 주권자인 국민의 정치적 의사형성과 참여, 의정활동에 대한 감시와 비판이 가능하게 하고, 의사결정의 공정성을 담보하고 정치적 야합과 부패에 대한 방부제 역할을 하기 위한 헌법원칙에 해당하지만, 이로부터 국민의 기본권이 도출되지는 않으므로, 국민이 국회의 의사공개 원칙 위반을 이유로 헌법소원을 제기하는 것은 허용되지 않는다.

해설 우리 헌법은 제50조 제1항 본문에서 "국회의 회의는 공개한다"라고 하여 국회 의사공개의 원칙을 천명하고 있다. 이는 방청 및 보도의 자유와 회의록의 공개 등을 그 내용으로 한다. 의사공개의 원칙은 의사진행의 내용과 의원의 활동을 국민에게 공개함으로써 민의에 따른 국회운영을 실천한다는 민주주의적 요청에서 유래하는 것인바, 국회에서의 토론 및 정책결정의 과정이 공개되어야 주권자인 국민의 의정활동에 대한 감시와 비판이 가능하고 의사결정의 공정성을 확보할 수 있을 뿐 아니라, 국민에게 의제에 대하여 이해하고 의견을 발표할 수 있도록 정보가 제공되고 국가의사결정의 과정에 참여할 수 있는 실질적 기회가 부여되어 국민의 정치적 의사형성에 기여할 수 있게 된다. 따라서, 국회 의사공개의 원칙은 대의민주주의 정치에 있어서 공공정보의 공개를 통해 국정에 대한 국민의 참여도를 높이고 국정운영의 투명성을 확보하기 위하여 필요불가결한 요소이다. 이 같은 헌법규정의 취지를 고려하면, 국민은 헌법상 보장된 알권리의 한 내용으로서 국회에 대하여 입법과정의 공개를 요구할 권리를 가지며, 국회의 의사에 대하여는 직접적인 이해관계 유무와 상관없이 일반적 정보공개청구권을 가진다고 할 수 있다(헌재 2009.09.24. 2007헌바17).

정답  ○, ×

15년(1)·16년(1)·(3)·19년(3)·22년(3) 모의

213. 의사공개원칙은 본회의, 위원회, 소위원회의 회의 모두에 적용되는 것으로, 「국회법」에서 "소위원회의 회의는 공개한다."라고 규정한 것은 헌법상 의사공개원칙을 확인한 것에 불과하다.

해설 오늘날 국회기능의 중점이 본회의에서 위원회로 이동하여 위원회 중심으로 운영되고 있고, 법안 등의 의안에 대한 실질적인 심의가 위원회에서 이루어지고 있는 현실에서, 헌법 제50조 제1항 본문이 천명한 국회 의사공개의 원칙은 위원회의 회의에도 적용되며, 소위원회의 회의에도 당연히 적용되는 것으로 보아야 한다. 따라서 국회법 제57조 제5항 본문에서 "소위원회의 회의는 공개한다"라고 규정한 것은 헌법 제50조 제1항 본문에서 천명한 국회 의사공개의 원칙을 확인한 것에 불과하다 할 것이다(헌재 2009.09.24. 2007헌바17).

정답 ○

21년(3) 모의

214. 출석의원 과반수의 찬성이 있거나 국회의장이 국가의 안전보장을 위하여 필요하다고 인정할 때에는 국회의 회의를 공개하지 아니할 수 있다.

해설 헌법 제50조 제1항 참조.

헌법 제50조 ① 국회의 회의는 공개한다. 다만, 출석의원 과반수의 찬성이 있거나 의장이 국가의 안전보장을 위하여 필요하다고 인정할 때에는 공개하지 아니할 수 있다.

정답 O

19년(3) 모의

215. 본회의는 공개하나, 의장의 제의 또는 의원 10명 이상의 연서에 의한 동의(動議)로 본회의 의결이 있거나 의장이 각 교섭단체 대표의원과 협의하여 국가안전보장을 위하여 필요하다고 인정할 때에는 공개하지 아니할 수 있다.

해설 국회법 제75조 참조.

국회법 제75조(회의의 공개) ① 본회의는 공개한다. 다만, 의장의 제의 또는 의원 10명 이상의 연서에 의한 동의로 본회의 의결이 있거나 의장이 각 교섭단체 대표의원과 협의하여 국가의 안전보장을 위하여 필요하다고 인정할 때에는 공개하지 아니할 수 있다.

정답 O

19년(3) 모의

216. 「국회법」은 정보위원회의 회의를 공개하도록 하면서, 다만 공청회를 실시하는 경우에는 위원회의 의결로 이를 공개하지 아니할 수 있도록 규정하고 있다.

해설 국회법 제54조의2 참조.

국회법 제54조의2(정보위원회에 대한 특례) ① 정보위원회의 회의는 공개하지 아니한다. 다만, 공청회 또는 제65조의2에 따른 인사청문회를 실시하는 경우에는 위원회의 의결로 이를 공개할 수 있다.

정답 ×

16년(1) 모의

217. 우리나라 헌법은 회기 중에 의결되지 못한 의안은 자동으로 폐기되는 회기불계속의 원칙을 채택하고 있다.

해설 헌법 제51조 참조.

헌법 제51조 국회에 제출된 법률안 기타의 의안은 회기중에 의결되지 못한 이유로 폐기되지 아니한다. 다만, 국회의원의 임기가 만료된 때에는 그러하지 아니하다.

16년(1)·19년(2) 모의

218. 「국회법」 규정에 위배하여 야당의원들에게 본회의 개의일시를 알리지 않은 채 본회의를 개의하여 여당의원들만의 출석과 표결로 법안의 가결을 선포한 것은 야당의원들의 헌법상의 권한을 침해한 것임과 아울러 다수결원리를 규정한 헌법 제49조에 위배되는 것이다.

해설 의회민주주의의 기본원리의 하나인 다수결의 원리는 의사형성과정에서 소수파에게 토론에 참가하여 다수파의 견해를 비판하고 반대의견을 밝힐 수 있는 기회를 보장하여 다수파와 소수파가 공개적이고 합리적인 토론을 거쳐 다수의 의사로 결정한다는 데 그 정당성의 근거가 있는 것이다. 따라서 입법과정에서 소수파에게 출석할 기회조차 주지 않고 토론과정을 거치지 아니한 채 다수파만으로 단독 처리하는 것은 다수결의 원리에 의한 의사결정이라고 볼 수 없다. … 이 사건 법률안은 재적의원의 과반수인 국회의원 155인이 출석한 가운데 개의된 본회의에서 출석의원 전원의 찬성으로 의결처리 되었고, 그 본회의에 관하여 일반국민의 방청이나 언론의 취재를 금지하는 조치가 취하여지지도 않았음이 분명한바, 그렇다면 이 사건 법률안의 가결선포행위는 입법절차에 관한 헌법의 규정을 명백히 위반한 흠이 있다고 볼 수 없으므로 이를 무효라고 할 수 없다(헌재 1997.07.16. 96헌라2).
▶ 지문은 법률안 가결선포행위의 위헌여부에 대한 재판관 이재화, 재판관 조승형, 재판관 고중석의 인용의견, 위 권한쟁의심판은 인용의견이 과반수에 이르지 아니하여 기각

23년(1) 모의

219. 일사부재의 원칙은 헌법에 규정되어 있는 원칙으로 본회의는 물론 소위원회에까지 적용되는 원칙이다.

해설 일사부재의 원칙은 헌법이 아니라 국회법에 규정되어 있다.

국회법 제92조(일사부재의) 부결된 안건은 같은 회기 중에 다시 발의하거나 제출할 수 없다.

15년(3) 모의

220. 의원이 발언하려고 할 때에는 미리 의장에게 통지하여 허가를 받아야 하며, 모든 발언은 의제 외에 미치거나 허가받은 발언의 성질에 반하여서는 아니된다.

해설 국회법 제99조 제1항, 국회법 제102조 참조.

국회법 제99조(발언의 허가) ① 의원이 발언하려고 할 때에는 미리 의장에게 통지하여 허가를 받아야 한다.
국회법 제102조(의제외 발언의 금지) 의제와 관계없거나 허가받은 발언의 성질과 다른 발언을 하여서는 아니 된다.

정답 O

22년(1) 모의

221. 국회의장이 토론에 참가할 때에는 의장석에서 물러나야 하며, 그 안건에 대한 표결이 끝날 때까지 의장석으로 돌아갈 수 없다.

해설 국회법 제107조 참조.

국회법 제107조(의장의 토론 참가) 의장이 토론에 참가할 때에는 의장석에서 물러나야 하며, 그 안건에 대한 표결이 끝날 때까지 의장석으로 돌아갈 수 없다.

정답 O

II 정족수와 표결

14년(2)·17년(2) 모의

222. 의원 10인 이상이 발의할 수 있는 의안으로는 법률안, 체포 또는 구금된 의원의 석방요구권, 정부관계자의 출석요구안, 의원의 자격심사 요구권이 해당된다.

해설 국회법 제79조, 제28조, 제121조, 제138조 참조. ▶ 지문에서 의원 10인 이상이 발의할 수 있는 의안은 법률안

국회법 제79조(의안의 발의 또는 제출) ① 의원은 10인 이상의 찬성으로 의안을 발의할 수 있다.
③ 의원이 법률안을 발의하는 때에는 발의의원과 찬성의원을 구분하되, 당해 법률안에 대하여 그 제명의 부제로 발의의원의 성명을 기재한다. 다만, 발의의원이 2인 이상인 경우에는 대표발의의원 1인을 명시하여야 한다.
국회법 제28조(석방요구의 절차) 의원이 체포 또는 구금된 의원의 석방요구를 발의할 때에는 재적의원 4분의 1 이상의 연서로 그 이유를 첨부한 요구서를 의장에게 제출하여야 한다.
국회법 제121조(국무위원등의 출석요구) ① 본회의는 그 의결로 국무총리·국무위원 또는 정부위원의 출석을 요구할 수 있다. 이 경우 그 발의는 의원 20인 이상이 이유를 명시한 서면으로 하여야 한다.
국회법 제138조(자격심사의 청구) 의원이 다른 의원의 자격에 대하여 이의가 있을 때에는 30인 이상의 연서로 자격심사를 의장에게 청구할 수 있다.

정답 ✕

23년(3) 모의

223. 국회의원이 다른 의원의 자격에 대하여 이의가 있을 때에는 30명 이상의 연서로 의장에게 자격심사를 청구할 수 있는데, 본회의에서 자격이 없는 것으로 의결할 때에는 재적의원 3분의 2 이상의 찬성이 있어야 한다.

::해설:: 국회법 제138조, 제142조 제3항 참조.

국회법 제138조(자격심사의 청구) 의원이 다른 의원의 자격에 대하여 이의가 있을 때에는 30명 이상의 연서로 의장에게 자격심사를 청구할 수 있다.
국회법 제142조(의결) ③ 본회의는 심사대상 의원의 자격 유무를 의결로 결정하되, 그 자격이 없는 것으로 의결할 때에는 재적의원 3분의 2 이상의 찬성이 있어야 한다.

정답 O

24년 변시

224. 국회의원이 체포 또는 구금된 의원의 석방 요구를 발의할 때에는 국회 재적의원 4분의 1 이상의 연서로 그 이유를 첨부한 요구서를 국회의장에게 제출하여야 한다.

::해설:: 국회법 제28조 참조.

국회법 제28조(석방 요구의 절차) 의원이 체포 또는 구금된 의원의 석방 요구를 발의할 때에는 재적의원 4분의 1 이상의 연서(連書)로 그 이유를 첨부한 요구서를 의장에게 제출하여야 한다.

정답 O

17년(1) 모의

225. 국회의장이 각 교섭단체대표의원과 협의하여 그 개의시를 변경하는 경우를 제외하고, 본회의는 오후 2시(토요일은 오전 10시)에 개의하는데, 의장은 개의시로부터 1시간이 경과할 때까지 재적의원 5분의 1이상의 출석이 없을 때에는 유회를 선포할 수 있다.

::해설:: 국회법 제72조, 제73조 제1항, 제2항 참조.

국회법 제72조(개의) 본회의는 오후 2시(토요일은 오전 10시)에 개의한다. 다만, 의장은 각 교섭단체 대표의원과 협의하여 그 개의시(개의시)를 변경할 수 있다.
국회법 제73조(의사정족수) ① 본회의는 재적의원 5분의 1 이상의 출석으로 개의한다.
② 의장은 제72조에 따른 개의시부터 1시간이 지날 때까지 제1항의 정족수에 미치지 못할 때에는 유회를 선포할 수 있다.

정답 O

17년(1) 모의

226. 국회의 임시회는 국회 재적의원 4분의 1 이상의 요구로 집회될 수 있으며, 이 경우 기간과 집회요구의 이유를 명시하여야 한다.

::해설:: 헌법 제47조 제1항, 제3항 참조.

> 헌법 제47조 ① 국회의 정기회는 법률이 정하는 바에 의하여 매년 1회 집회되며, 국회의 임시회는 대통령 또는 국회재적의원 4분의 1 이상의 요구에 의하여 집회된다.
> ③ 대통령이 임시회의 집회를 요구할 때에는 기간과 집회요구의 이유를 명시하여야 한다.

정답 ×

15년(3) 모의

227. 상임위원회는 이견을 조정할 필요가 있는 안건을 심사하기 위하여 재적위원 3분의 1 이상의 요구로 안건조정위원회를 구성하고, 해당 안건을 대체토론이 끝난 후 안건조정위원회에 회부한다.

 국회법 제57조의2 제1항 참조.

> 국회법 제57조의2(안건조정위원회) ① 위원회는 이견을 조정할 필요가 있는 안건(예산안, 기금운용계획안, 임대형 민자사업 한도액안 및 체계·자구심사를 위하여 법제사법위원회에 회부된 법률안은 제외한다. 이하 이 조에서 같다)을 심사하기 위하여 재적위원 3분의 1 이상의 요구로 안건조정위원회(이하 이 조에서 "조정위원회"라 한다)를 구성하고 해당 안건을 제58조 제1항에 따른 대체토론이 끝난 후 조정위원회에 회부한다. 다만, 조정위원회를 거친 안건에 대하여는 그 심사를 위한 조정위원회를 구성하지 못한다.

정답 ○

15년(3) · 22년(1) 모의

228. 무제한토론을 위하여 재적의원 3분의 1 이상이 서명한 요구서가 국회의장에게 제출되면, 국회의장은 해당 안건에 대하여 무제한토론을 실시하여야 한다.

 국회법 제106조의2 제1항 참조.

> 국회법 제106조의2(무제한 토론의 실시 등) ① 의원이 본회의에 부의된 안건에 대하여 이 법의 다른 규정에도 불구하고 시간의 제한을 받지 아니하는 토론(이하 이 조에서 "무제한 토론"이라 한다)을 하려는 경우 재적의원 3분의 1 이상이 서명한 요구서를 의장에게 제출하여야 한다. 이 경우 의장은 해당 안건에 대하여 무제한 토론을 실시하여야 한다.

정답 ○

14년(2) · 15년(3) · 22년(1) 모의

229. (1) 표결을 할 때에는 회의장에 있지 아니한 의원도 표결에 참가할 수 있으며, 기명·무기명투표에 의하여 표결할 때에는 투표함이 폐쇄될 때까지 표결에 참가할 수 있다.

(2) 의원의 표결은 의제에 대한 최종적인 찬반 의사표시이기 때문에 소속정당의 의사에 기속되지 않고 양심에 따라야 하므로, 표결 뒤에라도 의원 자신의 뜻에 따라 변경할 수 있다.

해설 국회법 제111조 참조.

국회법 제111조(표결의 참가와 의사변경의 금지) ① 표결을 할 때에는 회의장에 있지 아니한 의원은 표결에 참가할 수 없다. 그러나 기명·무기명투표에 의하여 표결할 때에는 투표함이 폐쇄될 때까지 표결에 참가할 수 있다.
② 의원은 표결에 대하여 표시한 의사를 변경할 수 없다.

정답 ×, ×

22년(1)(2) 모의

230. 같은 의제에 대하여 여러 건의 수정안이 제출되었을 때에는, 가장 늦게 제출된 수정안부터 먼저 표결하며, 의원의 수정안은 위원회의 수정안보다 먼저 표결한다.

해설 국회법 제96조 참조.

국회법 제96조(수정안의 표결 순서) ① 같은 의제에 대하여 여러 건의 수정안이 제출되었을 때에는 의장은 다음 각 호의 기준에 따라 표결의 순서를 정한다.
1. 가장 늦게 제출된 수정안부터 먼저 표결한다.
2. 의원의 수정안은 위원회의 수정안보다 먼저 표결한다.
3. 의원의 수정안이 여러 건 있을 때에는 원안과 차이가 많은 것부터 먼저 표결한다.
② 수정안이 전부 부결되었을 때에는 원안을 표결한다.

정답 ○

14년(2) · 23년(1) 모의

231. 국회의원은 그가 발의한 의안 또는 동의(動議)를 철회할 수 있는데, 의원이 본회의 또는 위원회에서 의제가 된 의안 또는 동의를 철회할 때에는 발의의원 2분의 1 이상이 철회의사를 표시하는 경우에 철회할 수 있다.

해설 국회법 제90조 제1항, 제2항 참조.

국회법 제90조(의안·동의의 철회) ① 의원은 그가 발의한 의안 또는 동의를 철회할 수 있다. 다만, 2인 이상의 의원이 공동으로 발의한 의안 또는 동의에 대하여는 발의의원 2분의 1 이상이 철회의사를 표시하는 때에 철회할 수 있다.
② 제1항에도 불구하고 의원이 본회의 또는 위원회에서 의제가 된 의안 또는 동의를 철회할 때에는 본회의 또는 위원회의 동의를 얻어야 한다.

정답 ×

22년(1) 모의

232. 표결할 때에는 국회의장이 표결할 안건의 제목을 의장석에서 선포하여야 하며, 국회의장이 표결을 선포한 후에는 누구든지 그 안건에 관하여 발언할 수 없다.

해설 국회법 제110조 참조.

> 국회법 제110조 (표결의 선포) ① 표결할 때에는 의장이 표결할 안건의 제목을 의장석에서 선포하여야 한다.
> ② 의장이 표결을 선포한 때에는 누구든지 그 안건에 관하여 발언할 수 없다.

정답

23년(1) 모의

233. 「국회법」에 따른 기간을 계산할 때에는 초일불산입원칙이 적용되어 첫날을 산입하지 아니한다.

해설 국회법 제165조 참조

> 국회법 제165조 (기간의 기산일) 이 법에 의한 기간의 계산에는 초일을 산입한다.

정답

제4절 국회의 권한

제❶항 ┃ 입법에 관한 권한

Ⅰ 처분적 법률

14년(2) 모의

234. 헌법은 처분적 법률로서 개인대상법률 또는 개별사건법률의 정의를 따로 두고 있지 않음은 물론, 처분적 법률의 제정을 금하는 명문의 규정도 두고 있지 않기 때문에, 처분적 법률이 특정 개인만을 대상으로 하더라도 법률의 차별적 규율이 합리적인 이유로 정당화되는 경우에는 허용된다.

해설 우리 헌법은 처분적 법률로서의 개인대상법률 또는 개별사건법률의 정의를 따로 두고 있지 않음은 물론, 이러한 처분적 법률의 제정을 금하는 명문의 규정도 두고 있지 않으므로 특정한 규범이 개인대상 또는 개별사건법률에 해당한다고 하여 그것만으로 바로 헌법에 위반되는 것은 아니다. 다만 이러한 법률이 일반국민을 그 규율대상으로 하지 아니하고 특정 개인이나 사건만을 대상으로 함으로써 차별이 발생하는바, 그 차별적 규율이 합리적인 이유로 정당화되는 경우에는 허용된다고 할 것이다(헌재 2008.01.10. 2007헌마1468).

정답

Ⅱ 법률제정절차

22년(2) 모의

235. 의회주의 이념에 따르면 국회는 법률을 제정할 때 전체 국회의원을 구성원으로 하는 회의에서 심의절차를 거친 이후의 표결에 의하여 다수결로 결정해야 하고, 이러한 의사결정과정은 국회의 의사를 국민의 의사로 간주하는 대의효과(代議效果)의 실질적인 요건이다.

해설 심의와 표결을 통한 국회 의사결정의 원리인 의회주의 이념의 핵심은 국민을 대표하는 의원들이 국정에 관하여 자유로이 의견을 개진하는 심의(제안·질의·토론) 과정을 거친 후 표결에 따라 국정에 관한 의사결정을 한다는 데 있다. 그런데 의회주의 이념이 제대로 실현되기 위해서는 자유로운 질의와 토론, 소수의견의 존중과 반대의견에 대한 설득이 전제되어야 한다. 따라서 질의·토론 과정에서 소수파의 토론 기회를 박탈하거나 또는 아예 토론절차를 열지 아니한 채 표결을 진행하여 결론을 내리게 된다면, 다양한 견해에 입각한 의안의 심의 및 타협은 불가능하고, 결과적으로 의회주의 이념에 입각한 국회의 기능은 형해화될 수밖에 없다. 따라서 국회가 법률을 제정함에 있어서도 전체 국회의원을 구성원으로 하는 회의에서 심의절차를 거친 이후의 표결에 의하여 다수결로 결정해야 하는 것이고, 이러한 의사결정과정은 국회의 의사를 국민의 의사로 간주하는 대의효과(代議效果)의 실질적인 요건이라 할 것이다. 그러므로 국회의 심의절차는 표결 절차와 마찬가지로 국회에 의한 의사결정절차에서 생략할 수 없는 핵심절차이며, 의회주의 이념을 기초로 하는 국회 입법절차의 본질적인 부분이라 할 것이다(헌재 2009.10.29. 2009헌라8).

정답

 20년 변시

236. 국회의장이 본회의의 위임 없이 법률안을 정리한 경우, 그러한 정리가 본회의에서 의결된 법률안의 실질적 내용에 변경을 초래하지 아니하였더라도, 본회의의 명시적인 위임이 없는 것이므로 헌법이나 「국회법」상의 입법절차에 위반된다.

해설 국회의 위임 의결이 없더라도 국회의장은 국회에서 의결된 법률안의 조문이나 자구·숫자, 법률안의 체계나 형식 등의 정비가 필요한 경우 의결된 내용이나 취지를 변경하지 않는 범위 안에서 이를 정리할 수 있다고 봄이 상당하고, 이렇듯 국회의장이 국회의 위임 없이 법률안을 정리하더라도 그러한 정리가 국회에서 의결된 법률안의 실질적 내용에 변경을 초래하는 것이 아닌 한 헌법이나 국회법상의 입법절차에 위반된다고 볼 수 없다(헌재 2009.06.25. 2007헌마451).

정답

20년(3) 모의

237. 위원회 위원장은 간사와 협의하여 회부된 법률안의 입법 취지와 주요 내용 등을 국회공보 또는 국회 인터넷 홈페이지 등에 게재하는 방법 등으로 입법예고해야 하며, 그 기간은 20일 이상으로 한다.

해설 국회법 제82조의2 제1항 및 제2항 참조.

국회법 제82조의2(입법예고) ① 위원장은 간사와 협의하여 회부된 법률안(체계·자구 심사를 위하여 법제사법위원회에 회부된 법률안은 제외한다)의 입법 취지와 주요 내용 등을 국회공보 또는 국회 인터넷 홈페이지 등에 게재하는 방법 등으로 입법예고하여야 한다. 다만, 다음 각 호의 어느 하나에 해당하는 경우에는 위원장이 간사와 협의하여 입법예고를 하지 아니할 수 있다.
1. 긴급히 입법을 하여야 하는 경우
2. 입법 내용의 성질 또는 그 밖의 사유로 입법예고가 필요 없거나 곤란하다고 판단되는 경우
② 입법예고기간은 10일 이상으로 한다. 다만, 특별한 사정이 있는 경우에는 단축할 수 있다.
③ 입법예고의 시기·방법·절차, 그 밖에 필요한 사항은 국회규칙으로 정한다.

정답

20년(3) 모의

238. 의장은 천재지변이나 전시·사변 또는 이에 준하는 국가비상사태의 경우 각 교섭단체 대표의원과 협의하여 관련 안건의 심사기간을 지정할 수 있다.

해설 국회법 제85조 제1항 참조.

국회법 제85조(심사기간) ① 의장은 다음 각 호의 어느 하나에 해당하는 경우에는 위원회에 회부하는 안건 또는 회부된 안건에 대하여 심사기간을 지정할 수 있다. 이 경우 제1호 또는 제2호에 해당할 때에는 의장이 각 교섭단체 대표의원과 협의하여 해당 호와 관련된 안건에 대해서만 심사기간을 지정할 수 있다.
1. 천재지변의 경우
2. 전시·사변 또는 이에 준하는 국가비상사태의 경우
3. 의장이 각 교섭단체 대표의원과 합의하는 경우

정답

20년(3) 모의

239. 위원회에 회부된 안건을 신속처리대상안건으로 지정하려는 경우 의원은 재적의원 3분의 1 이상이 서명한 신속처리대상안건 지정요구 동의를 의장에게 제출하고, 의장은 지체 없이 이를 무기명투표로 표결하되, 재적의원 5분의 3 이상의 찬성으로 의결한다.

해설 국회법 제85조의2 제1항 참조.

국회법 제85조의2(안건의 신속 처리) ① 위원회에 회부된 안건(체계·자구 심사를 위하여 법제사법위원회에 회부된 안건을 포함한다)을 제2항에 따른 신속처리대상안건으로 지정하려는 경우 의원은 재적의원 과반수가 서명한 신속처리대상안건 지정요구 동의(이하 이 조에서 "신속처리안건 지정동의"라 한다)를 의장에게 제출하고, 안건의 소관 위원회 소속 위원은 소관 위원회 재적위원 과반수가 서명한 신속처리안건 지정동의를 소관 위원회 위원장에게 제출하여야 한다. 이 경우 의장 또는 안건의 소관 위원회 위원장은 지체 없이 신속처리안건 지정동의를 무기명투표로 표결하되, 재적의원 5분의 3 이상 또는 안건의 소관 위원회 재적위원 5분의 3 이상의 찬성으로 의결한다.

정답

20년(3) 모의

240. 신속처리대상안건은 본회의에 부의된 것으로 보는 날부터 60일 이내에 본회의에 상정되어야 하며, 신속처리대상안건이 60일 이내에 본회의에 상정되지 아니하였을 때에는 그 기간이 지난 후 처음으로 개의되는 본회의에 상정된다.

해설 국회법 제85조의2 제6항 및 제7항 참조.

국회법 제85조의2(안건의 신속 처리) ② 의장은 제1항 후단에 따라 신속처리안건 지정동의가 가결되었을 때에는 그 안건을 제3항의 기간 내에 심사를 마쳐야 하는 안건으로 지정하여야 한다. 이 경우 위원회가 전단에 따라 지정된 안건(이하 "신속처리대상안건"이라 한다)에 대한 대안을 입안한 경우 그 대안을 신속처리대상안건으로 본다.
③ 위원회는 신속처리대상안건에 대한 심사를 그 지정일부터 180일 이내에 마쳐야 한다. 다만, 법제사법위원회는 신속처리대상안건에 대한 체계·자구 심사를 그 지정일, 제4항에 따라 회부된 것으로 보는 날 또는 제86조제1항에 따라 회부된 날부터 90일 이내에 마쳐야 한다.
④ 위원회(법제사법위원회는 제외한다)가 신속처리대상안건에 대하여 제3항 본문에 따른 기간 내에 심사를 마치지 아니하였을 때에는 그 기간이 끝난 다음 날에 소관 위원회에서 심사를 마치고 체계·자구 심사를 위하여 법제사법위원회로 회부된 것으로 본다. 다만, 법률안 및 국회규칙안이 아닌 안건은 바로 본회의에 부의된 것으로 본다.
⑤ 법제사법위원회가 신속처리대상안건(체계·자구 심사를 위하여 법제사법위원회에 회부되었거나 제4항 본문에 따라 회부된 것으로 보는 신속처리대상안건을 포함한다)에 대하여 제3항 단서에 따른 기간 내에 심사를 마치지 아니하였을 때에는 그 기간이 끝난 다음 날에 법제사법위원회에서 심사를 마치고 바로 본회의에 부의된 것으로 본다.
⑥ 제4항 단서 또는 제5항에 따른 신속처리대상안건은 본회의에 부의된 것으로 보는 날부터 60일 이내에 본회의에 상정되어야 한다.
⑦ 제6항에 따라 신속처리대상안건이 60일 이내에 본회의에 상정되지 아니하였을 때에는 그 기간이 지난 후 처음으로 개의되는 본회의에 상정된다.

정답

20년(3) 모의

241. 위원회에서 본회의에 부의할 필요가 없다고 결정된 의안은 본회의에 부의하지 않지만, 위원회의 결정이 본회의에 보고된 날부터 폐회 또는 휴회 중의 기간을 제외한 7일 이내에 의원 20명 이상의 요구가 있을 때에는 그 의안을 본회의에 부의해야 한다.

해설 국회법 제87조 제1항 참조.

국회법 제87조(위원회에서 폐기된 의안) ① 위원회에서 본회의에 부의할 필요가 없다고 결정된 의안은 본회의에 부의하지 아니한다. 다만, 위원회의 결정이 본회의에 보고된 날부터 폐회 또는 휴회 중의 기간을 제외한 7일 이내에 의원 30명 이상의 요구가 있을 때에는 그 의안을 본회의에 부의하여야 한다.
② 제1항 단서의 요구가 없을 때에는 그 의안은 폐기된다.

정답

19년 변시

242. 법률안에 대한 재의의 요구가 있을 때에는 국회는 재의에 붙이고, 재적의원과반수의 출석과 출석의원 3분의 2 이상의 찬성으로 전과 같은 의결을 하면 그 법률안은 법률로서 확정된다.

해설 헌법 제53조 제4항 참조.

헌법 제53조 ④ 재의의 요구가 있을 때에는 국회는 재의에 붙이고, 재적의원과반수의 출석과 출석의원 3분의 2 이상의 찬성으로 전과 같은 의결을 하면 그 법률안은 법률로서 확정된다.

정답

19년 변시

243. 국회의원과 정부는 법률안을 제출할 수 있으며, 정부의 법률안 제출권은 미국식 대통령제 정부형태의 요소이다.

해설 정부의 법률안제출권은 대통령제 국가에서는 이질적인 의원내각제적 요소이다(한수웅, 헌법학 제7판, p.1238). 헌법 제52조 참조.

헌법 제52조 국회의원과 정부는 법률안을 제출할 수 있다.

정답

18년(3) 모의

244. 국회의원과 정부는 법률안을 제출할 수 있다. 국회의원은 10인 이상 찬성으로 법률안을 발의할 수 있다.

해설 헌법 제52조, 국회법 제79조 참조.

헌법 제52조 국회의원과 정부는 법률안을 제출할 수 있다.
국회법 제79조(의안의 발의 또는 제출) ① 의원은 10명 이상의 찬성으로 의안을 발의할 수 있다.

정답

16년(2)·21년(1) 모의

245. (1) 정기회 기간 중에 위원회 또는 본회의에 상정하는 법률안은 긴급하고 불가피한 사유로 위원회 또는 본회의 의결이 있는 경우를 제외하고는 다음 연도의 예산안처리에 부수하는 법률안에 한한다.

(2) 국회의장은 특별한 사유로 각 교섭단체대표의원과의 협의를 거쳐 의사일정을 정한 경우를 제외하고, 국회 위원회가 법률안에 대한 심사를 마치고 국회의장에게 그

보고서를 제출한 후 7일을 경과하지 아니한 때에는 당해 법률안을 국회 본회의 의사일정으로 상정할 수 없다.

> **해설** 국회법 제93조의2 참조. ▶법률안의 효율적인 심사를 위하여 정기국회기간 중에는 원칙적으로 예산부수법안만 처리하되, 긴급하고 불가피한 사유로 위원회 또는 본회의 의결이 있는 경우에는 예산부수법안이 아닌 경우에도 처리할 수 있도록 했던 법 제93조의2제2항 삭제됨

> 국회법 제93조의2(법률안의 본회의 상정시기) 본회의는 위원회가 법률안에 대한 심사를 마치고 의장에게 그 보고서를 제출한 후 1일이 지나지 아니하였을 때에는 그 법률안을 의사일정으로 상정할 수 없다. 다만, 의장이 특별한 사유로 각 교섭단체 대표의원과의 협의를 거쳐 이를 정한 경우에는 그러하지 아니하다.

정답 ×,×

 23년 변시, 21년(1) 모의

246. 수정동의를 통해 발의할 수 있는 적법한 수정안은 '원안의 취지와 수정안의 취지 사이의 직접 관련성', '원안의 취지와 수정안의 내용 사이의 직접 관련성', '원안의 내용과 수정안의 내용 사이의 직접 관련성'을 모두 갖추어야 한다.

> **해설** 국회법 제95조 제5항 본문은 "제1항에 따른 수정동의는 원안 또는 위원회에서 심사보고(제51조에 따라 위원회에서 제안하는 경우를 포함한다)한 안의 취지 및 내용과 직접 관련이 있어야 한다."라고 규정하고 있다. 위 조항의 문언의 의미를 살펴보면, 수정이란 원안에 대하여 다른 의사를 가하는 것으로 새로 추가, 삭제 또는 변경하는 것을 모두 포함하는 개념이다. 의안의 취지는 의안이 달성하고자 하는 근본 목적을 의미하고, 의안의 내용은 국회의 의결을 통하여 시행하고자 하는 사항을 의미하며, 직접 관련이 있어야 한다는 것은 원안과 수정안이 바로 연결되는 관계에 있어야 한다는 것을 의미한다. 위 조항의 문언의 의미와 앞서 본 입법취지, 입법경과를 종합적으로 고려하면, 위원회의 심사를 거쳐 본회의에 부의된 법률안의 취지 및 내용과 직접 관련이 있는지 여부는 '원안에서 개정하고자 하는 조문에 관한 추가, 삭제 또는 변경으로서, 원안에 대한 위원회의 심사절차에서 수정안의 내용까지 심사할 수 있었는지 여부'를 기준으로 판단하는 것이 타당하다(헌재 2020.05.27. 2019헌라6). ▶지문은 반대의견

정답 ×

 19년 변시, 15년(1)·16년(2)·18년(3) 모의

247. 법률안에 대한 수정동의는 그 안을 갖추고 이유를 붙여 의원 30인 이상의 찬성자와 연서하여 미리 의장에게 제출하여야 한다.

> **해설** 국회법 제95조 제1항 참조.

> 국회법 95조(수정동의) ① 의안에 대한 수정동의는 그 안을 갖추고 이유를 붙여 30명 이상의 찬성 의원과 연서하여 미리 의장에게 제출하여야 한다. 다만, 예산안에 대한 수정동의는 의원 50명 이상의 찬성이 있어야 한다.

정답 ○

248.

> (1) 국회에서 의결된 법률안은 의장이 이를 정부에 이송한다. 정부에 이송된 법률안에 대한 이의가 없으면 대통령이 서명하고 국무총리와 관계 국무위원이 부서하며, 대통령은 법률안이 정부에 이송된 날부터 15일 이내에 공포하여야 한다.
>
> (2) 대통령의 국법상 행위는 문서로써 하며, 이 문서에는 국무총리와 관계 국무위원이 부서한다. 군사에 관한 것도 또한 같다.

해설 국회법 제98조, 헌법 제53조, 제82조 참조.

국회법 제98조(의안의 이송) ① 국회에서 의결된 의안은 의장이 정부에 이송한다.
헌법 제53조 ① 국회에서 의결된 법률안은 정부에 이송되어 15일 이내에 대통령이 공포한다.
② 법률안에 이의가 있을 때에는 대통령은 제1항의 기간내에 이의서를 붙여 국회로 환부하고, 그 재의를 요구할 수 있다. 국회의 폐회중에도 또한 같다.
헌법 제82조 대통령의 국법상 행위는 문서로써 하며, 이 문서에는 국무총리와 관계 국무위원이 부서한다. 군사에 관한 것도 또한 같다.

정답 O, O

249.

> 국회의장이 적법한 반대토론 신청이 있었음에도 반대토론을 허가하지 않고 토론절차를 생략하기 위한 의결을 거치지도 않은 채 법률안들에 대한 표결절차를 진행한 것은 국회의원의 법률안 심의·표결권을 침해한 것이며, 국회의원의 법률안 심의·표결권 침해가 확인된 이상 그 법률안의 가결선포행위는 무효이다.

해설 가. '한국정책금융공사법안' 및 '신용정보의 이용 및 보호에 관한 법률 전부개정법률안(대안)'(이하 이들을 합하여 '이 사건 법률안들'이라 한다)은 위원회의 심사를 거친 안건이지만 청구인으로부터 적법한 반대토론 신청이 있었으므로 원칙적으로 피청구인이 그 반대토론 절차를 생략하기 위해서는 반드시 본회의 의결을 거쳐야 할 것인데(국회법 제93조 단서), 피청구인은 청구인의 반대토론 신청이 적법하게 이루어졌음에도 이를 허가하지 않고 나아가 토론절차를 생략하기 위한 의결을 거치지도 않은 채 이 사건 법률안들에 대한 표결절차를 진행하였으므로, 이는 국회법 제93조 단서를 위반하여 청구인의 법률안 심의·표결권을 침해하였다. 나. 국회의 입법과 관련하여 일부 국회의원들의 권한이 침해되었다 하더라도 그것이 다수결의 원칙(헌법 제49조)과 회의공개의 원칙(헌법 제50조)과 같은 입법절차에 관한 헌법의 규정을 명백히 위반한 흠에 해당하는 것이 아니라면 그 법률안의 가결 선포행위를 곧바로 무효로 볼 것은 아닌데, 피청구인의 이 사건 법률안들에 대한 가결 선포행위는 그것이 입법절차에 관한 헌법규정을 위반하였다는 등 가결 선포행위를 취소 또는 무효로 할 정도의 하자에 해당한다고 보기는 어렵다(헌재 2011.08.30. 2009헌라7).

정답 X

20년(2) 모의

250. 헌법재판소가 국회의장의 법률안 가결선포행위에 대하여 입법절차상 하자를 이유로 국회의원의 법률안 심의·표결권 침해를 인정하였음에도 국회의장이 그 하자를 치유하기 위한 아무런 조치를 취하지 않았다면, 이는 권한침해확인결정의 기속력에 반하여 국회의원의 법률안 심의·표결권을 침해하는 것이다.

해설 … 권한쟁의심판은 본래 청구인의 「권한의 존부 또는 범위」에 관하여 판단하는 것이므로, 입법절차상의 하자에 대한 종전 권한침해확인결정이 갖는 기속력의 본래적 효력은 피청구인의 이 사건 각 법률안 가결선포행위가 청구인들의 법률안 심의·표결권을 위헌·위법하게 침해하였음을 확인하는 데 그친다. 그 결정의 기속력에 의하여 법률안 가결선포행위에 내재하는 위헌·위법성을 어떤 방법으로 제거할 것인지는 전적으로 국회의 자율에 맡겨져 있다. 따라서 헌법재판소가 「권한의 존부 또는 범위」의 확인을 넘어 그 구체적 실현방법까지 임의로 선택하여 가결선포행위의 효력을 무효확인 또는 취소하거나 부작위의 위법을 확인하는 등 기속력의 구체적 실현을 직접 도모할 수는 없다(헌재 2010.11.25. 2009헌라12).

정답

18년(3) 모의

251. 국회의 입법과 관련하여 일부 국회의원들의 심의·표결권이 침해되었다면 그것이 다수결의 원칙(헌법 제49조), 회의공개의 원칙(헌법 제50조)과 같은 입법절차에 관한 헌법의 규정을 명백히 위반한 흠에 해당하지 않는 경우에도 그 법률안의 가결 선포행위는 무효이다.

해설 국회의 입법과 관련하여 일부 국회의원들의 권한이 침해되었다 하더라도 그것이 다수결의 원칙(헌법 제49조)과 회의공개의 원칙(헌법 제50조)과 같은 입법절차에 관한 헌법의 규정을 명백히 위반한 흠에 해당하는 것이 아니라면 그 법률안의 가결 선포행위를 곧바로 무효로 볼 것은 아닌데, 피청구인의 이 사건 법률안들에 대한 가결 선포행위는 그것이 입법절차에 관한 헌법규정을 위반하였다는 등 가결 선포행위를 취소 또는 무효로 할 정도의 하자에 해당한다고 보기는 어렵다(헌재 2011.08.30. 2009헌라7).

정답

23년(3) 모의

252. 국회의원은 국회 내 의안 처리 과정에서 질의권·토론권 및 표결권을 침해받았음을 이유로 「헌법재판소법」제68조 제1항에 따른 헌법소원심판을 청구할 수 없다.

해설 국회의원이 국회 내에서 행하는 질의권·토론권 및 표결권 등은 입법권 등 공권력을 행사하는 국가기관인 국회의 구성원의 지위에 있는 국회의원에게 부여된 권한이지 국회의원 개인에게 헌법이 보장하는 권리 즉 기본권으로 인정된 것이라고 할 수 없으므로, 설사 국회의장의 불법적인 의안처리행위로 헌법의 기본원리가 훼손되었다고 하더라도 그로 인하여 헌법상 보장된 구체적 기본권을 침해당한 바 없는 국회의원인 청구인들에게 헌법소원심판청구가 허용된다고 할 수 없다(헌재 1995.02.23. 90헌마125(전합)).

정답 ○

🔔 17년 변시, 18년(3)·20년(2)·22년(2) 모의

253. 법치주의원칙에 비추어 국회의 입법절차는 헌법과 법률이 정한 절차를 따라야 하므로 법률의 제정절차에 헌법이나 국회법을 위반한 하자가 존재한다는 이유만으로도 국민은 그러한 하자를 헌법소원심판을 통해 다툴 수 있다.

> 해설 법률의 입법절차가 헌법이나 국회법에 위반된다고 하더라도 그러한 사유만으로는 그 법률로 인하여 국민의 기본권이 현재, 직접적으로 침해받는다고 볼 수 없으므로 헌법소원심판을 청구할 수 없다. … 따라서 청구인들은 이 사건 법률의 실체적 내용으로 인하여 현재, 직접적으로 기본권을 침해받은 경우에 헌법소원심판을 청구하거나 이 사건 법률이 구체적 소송사건에서 재판의 전제가 된 경우에 위헌여부심판의 제청신청을 하여 그 심판절차에서 입법절차에 하자가 있음을 이유로 이 사건 법률이 위헌임을 주장하는 것은 별론으로 하고 단순히 입법절차의 하자로 인하여 기본권을 현재, 직접적으로 침해받았다고 주장하여 헌법소원심판을 청구할 수는 없다고 할 것이다(헌재 1998.08.27. 97헌마8).

정답 ×

20년(2) 모의

254. 법률안 표결과정에서 권한 없는 자에 의한 임의 투표행위와 위법한 무권·대리투표행위로 의심받을 만한 행위가 있었다면, 이러한 법률안 표결과정의 현저한 무질서와 불합리·불공정은 그 표결 결과의 정당성에 영향을 미쳤을 개연성이 있으므로, 국회의장의 법률안 가결선포행위는 국회의원의 표결권을 침해한다.

> 해설 신문법 수정안에 대한 표결 과정에 권한 없는 자에 의한 임의의 투표행위, 위법한 무권 또는 대리투표행위로 의심받을 만한 여러 행위, 투표방해 또는 반대 투표행위 등 정상적인 절차에서 나타날 수 없는 투표행위가 다수 확인되는바, 신문법 수정안에 대한 표결 절차는 자유와 공정이 현저히 저해되었다. 신문법 수정안 표결 전후 상황, 위법의 의심이 있는 투표행위의 횟수 및 정도 등을 종합하면, 신문법 수정안의 표결 결과는 극도로 무질서한 상황에서 발생한 위법한 투표행위, 정당한 표결권 행사에 의한 것인지를 객관적으로 가릴 수 없는 다수의 투표행위들이 그대로 반영된 것으로서, 표결과정의 현저한 무질서와 불합리 내지 불공정이 표결 결과의 정당성에 영향을 미쳤을 개연성이 있다. 결국, 피청구인의 신문법안 가결선포행위는 헌법 제49조 및 국회법 제109조의 다수결 원칙에 위배되어 청구인들의 표결권을 침해한 것이다(헌재 2009.10.29. 2009헌라8).

정답 ○

20년(2) 모의

255. 국회의 회의는 공개하는 것이 원칙이지만, 출석 의원 3분의 1 이상의 찬성이 있거나 국회의장이 국가의 안전보장 또는 안녕질서를 유지하기 위하여 필요하다고 인정할 때에는 공개하지 아니할 수 있다.

> 해설 헌법 제50조 참조.

헌법 제50조 ① 국회의 회의는 공개한다. 다만, 출석의원 과반수의 찬성이 있거나 의장이 국가의 안전보장을 위하여 필요하다고 인정할 때에는 공개하지 아니할 수 있다.

정답 ×

15년(1)·16년(2)·18년(1) 모의

256. (1) 정부가 예산 또는 기금상의 조치를 수반하는 법률안을 국회에 제출하는 경우에는 그 법률안의 시행에 수반될 것으로 예상되는 비용에 대한 추계서와 이에 상응하는 재원조달방안에 관한 자료를 법률안에 첨부하여야 한다.

(2) 국회의원 또는 위원회가 예산상의 조치를 수반하는 의안을 제출하는 경우에는 그 의안의 시행에 수반될 것으로 예상되는 비용에 대한 추계서와 이에 상응하는 재원조달방안에 관한 자료를 의안에 첨부하여야 한다.

해설 국회법 제79조의2 참조. ▶ '정부'가 예산 또는 기금상의 조치를 수반하는 의안을 제출하는 경우에만 재원조달방안에 관한 자료를 의안에 첨부하도록 함

국회법 제79조의2(의안에 대한 비용추계 자료 등의 제출) ① 의원이 예산 또는 기금상의 조치를 수반하는 의안을 발의하는 경우에는 그 의안의 시행에 수반될 것으로 예상되는 비용에 대한 국회예산정책처의 추계서 또는 국회예산정책처에 대한 추계요구서를 아울러 제출하여야 한다. 다만, 국회예산정책처에 대한 비용추계요구서를 제출한 경우에는 제58조 제1항에 따른 위원회의 심사 전에 국회예산정책처의 비용추계서를 제출하여야 한다.
② 위원회가 예산 또는 기금상의 조치를 수반하는 의안을 제안하는 경우에는 그 의안의 시행에 수반될 것으로 예상되는 비용에 대한 국회예산정책처의 추계서를 아울러 제출하여야 한다. 다만, 긴급한 사유가 있는 경우 위원회의 의결로 이를 생략할 수 있다.
③ 정부가 예산 또는 기금상의 조치를 수반하는 의안을 제출하는 경우에는 그 의안의 시행에 수반될 것으로 예상되는 비용에 대한 추계서와 이에 상응하는 재원조달방안에 관한 자료를 의안에 첨부하여야 한다.

정답 ×, ×

 15년·17년·19년·22년 변시, 11년(1)·16년(3)·17년(2)·18년(1)·21년(2)·22년(2)(3) 모의

257. (1) 법률에 시행일이 명시된 경우에 시행일까지 공포되지 않으면 그 법률은 시행일부터 효력을 발생한다.

(2) 법률안에 이의가 있을 때에는 대통령은 정부에 이송된 후 15일 이내에 이의서를 붙여 국회로 환부하고 재의를 요구할 수 있으나, 국회의 폐회 중에는 환부할 수 없다.

(3) 제21대국회(2020~2024)의 제388회국회(임시회: 2021. 6. 4.~2021. 7. 3.)에서 의결되어 2021. 6. 27. 정부에 이송된 C법률안에 대해 대통령은 국회가 폐회 중인 2021. 7. 4. 국회에 재의를 요구할 수 있다.

(4) 국회에서 의결되어 정부에 이송된 B법률안 중 제3조에 대해 위헌 논란이 있어 대통령이 국회에 재의를 요구하는 경우, 제3조를 수정하여 재의를 요구할 수 있다.

(5) 대통령의 법률안거부는 법률안이 정부로 이송된 후 20일 이내에, 국무회의 심의를 거치고, 국무총리와 관계국무위원이 부서한 이의서를 붙여 국회의장에게 환부하여 재의를 요구하는 방법으로 행한다.

(6) 대통령이 법률안거부권을 행사하였으나 국회에서 재적의원 과반수의 출석과 출석의원 3분의 2 이상의 찬성으로 해당 법률안이 재의결된 경우, 대통령은 법률을 지체 없이 공포하여야 하며, 대통령이 이를 공포하지 아니할 때에는 국회의장이 이를 공포한다.

(7) 국회에서 의결되어 정부에 이송된 법률안에 대해 대통령이 15일 이내에 공포나 재의의 요구를 하지 아니한 때에는 그 법률안은 법률로서 확정되며, 이 경우 공포 없이도 그 효력이 발생한다.

(8) 정부에 이송된 E법률안에 대해 대통령이 재의를 요구하는 경우, 국회가 재적의원 3분의 2 이상의 찬성으로 전과 같은 의결을 하면 대통령은 더 이상 재의를 요구할 수 없고 지체 없이 공포하여야 하며, 대통령이 공포함으로써 E법률안은 법률로서 확정된다.

(9) 대통령의 재의의 요구가 있을 때에는 국회는 재의에 붙이고 재적의원 과반수의 출석과 출석의원 3분의 2 이상의 찬성으로 전과 같은 의결을 하면 그 법률안은 법률로서 확정되며, 이 경우 대통령이 공포하지 않더라도 법률로서의 효력에는 영향이 없다.

(10) 대통령이 거부한 법률안에 대하여 국회가 재의결하여 확정된 법률이 정부에 이송된 후라면 국회의장이 당연히 공포권을 갖는다.

해설 헌법 제53조 참조. ▶ '법률안이 법률로서 확정되는 것'과 '법률이 효력을 발생하는 것'은 별개의 문제이다. 헌법 제53조 제4항 또는 제5항에 의하여 법률안이 법률로서 확정된 경우, 대통령이나 국회의장이 이를 공포한 때에 그로부터 20일을 경과하여야만 그 효력을 발생한다.

헌법 제53조 ① 국회에서 의결된 법률안은 정부에 이송되어 15일 이내에 대통령이 공포한다.
② 법률안에 이의가 있을 때에는 대통령은 제1항의 기간내에 이의서를 붙여 국회로 환부하고, 그 재의를 요구할 수 있다. 국회의 폐회중에도 또한 같다.
③ 대통령은 법률안의 일부에 대하여 또는 법률안을 수정하여 재의를 요구할 수 없다.
④ 재의의 요구가 있을 때에는 국회는 재의에 붙이고, 재적의원과반수의 출석과 출석의원 3분의 2 이상의 찬성으로 전과 같은 의결을 하면 그 법률안은 법률로서 확정된다.
⑤ 대통령이 제1항의 기간내에 공포나 재의의 요구를 하지 아니한 때에도 그 법률안은 법률로서 확정된다.
⑥ 대통령은 제4항과 제5항의 규정에 의하여 확정된 법률을 지체없이 공포하여야 한다. 제5항에 의하여 법률이 확정된 후 또는 제4항에 의한 확정법률이 정부에 이송된 후 5일 이내에 대통령이 공포하지 아니할 때에는 국회의장이 이를 공포한다.
⑦ 법률은 특별한 규정이 없는 한 공포한 날로부터 20일을 경과함으로써 효력을 발생한다.

정답 ×, ×, O, ×, ×, O, ×, ×, ×, ×

18년(1) 모의

258. **(1) 법령의 공포일은 해당 법령을 게재한 관보 또는 신문이 발행된 날로 한다.**

(2) 국민의 권리 제한 또는 의무 부과와 직접 관련되는 법률은 긴급히 시행하여야 할 특별한 사유가 있는 경우를 제외하고는 공포일부터 적어도 30일이 경과한 날부터 시행되도록 하여야 한다.

해설 법령 등 공포에 관한 법률 제12조, 제13조의2 참조.

법령 등 공포에 관한 법률 제12조(공포일·공고일) 제11조의 법령 등의 공포일 또는 공고일은 해당 법령 등을 게재한 관보 또는 신문이 발행된 날로 한다.
법령 등 공포에 관한 법률 제13조의2(법령의 시행유예기간) 국민의 권리 제한 또는 의무 부과와 직접 관련되는 법률, 대통령령, 총리령 및 부령은 긴급히 시행하여야 할 특별한 사유가 있는 경우를 제외하고는 공포일부터 적어도 30일이 경과한 날부터 시행되도록 하여야 한다.

정답

18년 변시

259. **어떠한 의안으로 인하여 원안이 본래의 취지를 잃고 전혀 다른 의미로 변경되는 정도에까지 이르지 않는다면 이를 「국회법」상의 수정안에 해당하는 것으로 보아 의안을 처리할 수 있다는 해석이 가능하므로, 헌법상 보장된 국회의 자율권을 근거로 개별적인 수정안에 대한 평가와 그 처리에 대한 국회의장의 판단은 명백히 법에 위반되지 않는 한 존중되어야 한다.**

해설 국회법상 수정안의 범위에 대한 어떠한 제한도 규정되어 있지 않은 점과 국회법 규정에 따른 문언의 의미상 수정이란 원안에 대하여 다른 의사를 가하는 것으로 새로 추가, 삭제, 또는 변경하는 것을 모두 포함하는 개념이라는 점에 비추어, 어떠한 의안으로 인하여 원안이 본래의 취지를 잃고 전혀 다른 의미로 변경되는 정도에까지 이르지 않는다면 이를 국회법상의 수정안에 해당하는 것으로 보아 의안을 처리할 수 있는 것으로 볼 수 있다. (중략) 국회의장에게 폭넓은 권한을 부여하고 있어 국회의 의사진행에 관한 한 원칙적으로 의장에게 그 권한과 책임이 귀속된다. 따라서 개별적인 수정안에 대한 평가와 그 처리에 대한 피청구인의 판단은 명백히 법에 위반되지 않는 한 존중되어야 한다(헌재 2006.02.23. 2005헌라6).

정답

17년(1) 모의

260. **위원회에서 본회의에 부의할 필요가 없다고 결정된 의안은 본회의에 부의하지 아니하나, 위원회의 결정이 본회의에 보고된 날로부터 폐회 또는 휴회 중의 기간을 제외한 7일 이내에 국회의원 20인 이상의 요구가 있을 때에는 그 의안을 본회의에 부의하여야 한다.**

해설 국회법 제87조. ▶ 위원회의 결정이 본회의에 보고된 날로부터 폐회 또는 휴회중의 기간을 제외한 7일 이내에 의원 30인 이상의 요구가 있을 때에는 그 의안을 본회의에 부의하여야 함

> 국회법 제87조(위원회에서 폐기된 의안) ① 위원회에서 본회의에 부의할 필요가 없다고 결정된 의안은 본회의에 부의하지 아니한다. 그러나 위원회의 결정이 본회의에 보고된 날로부터 폐회 또는 휴회중의 기간을 제외한 7일 이내에 의원 30인 이상의 요구가 있을 때에는 그 의안을 본회의에 부의하여야 한다.
> ② 제1항 단서의 요구가 없을 때에는 그 의안은 폐기된다.

정답

261. 대통령의 법률안 제출행위는 국가기관간의 내부적 행위에 불과하고 국민에 대하여 직접적인 법률효과를 발생시키는 행위가 아니므로 「헌법재판소법」 제68조 제1항의 헌법소원심판의 대상이 되는 공권력의 행사에 해당되지 않는다.

해설 대통령의 법률안 제출행위는 국가기관간의 내부적 행위에 불과하고 국민에 대하여 직접적인 법률효과를 발생시키는 행위가 아니므로 헌법재판소법 제68조에서 말하는 공권력의 행사에 해당되지 않는다(헌재 1994.08.31. 92헌마174).

정답

262. (1) 국회에 제출된 법률안은 회기 중에 의결되지 못한 이유로 폐기되지 아니하나, 국회의원의 임기가 만료된 때에는 그러하지 아니하다.
(2) 제20대국회(2016~2020)의 마지막 회기에서 처리되지 못한 D법률안은 제21대국회의 첫 회기에서 자동으로 상정되어 심의된다.

해설 헌법 제51조 참조.

> 헌법 제51조 국회에 제출된 법률안 기타의 의안은 회기중에 의결되지 못한 이유로 폐기되지 아니한다. 다만, 국회의원의 임기가 만료된 때에는 그러하지 아니하다.

정답 ○, ×

263. '회기결정의 건'을 무제한토론에서 배제하는 법률조항과 관행이 존재하지 않고 '회기결정의 건'의 성격도 무제한토론에 부적합하다고 볼 수 없으므로, '회기결정의 건'은 무제한토론의 대상이 된다.

해설 무제한토론제도의 입법취지는 소수 의견이 개진될 수 있는 기회를 보장하면서도 안건에 대한 효율적인 심의가 이루어지도록 하는 것인 점, 국회법 제7조가 집회 후 즉시 의결로 회기를 정하도록 한 취지와 회기제도의 의미, 헌법과 국회법이 예정하고 있는 국회의 정상적인 운영 절차, '회기결정의 건'에 대한 무제한토론을 허용할 경우 국회의 운영에 심각한 장애가 초래될 수 있는 점, 국회법 제106조의2의 규정, 국회 선례 등을 체계적·종합적으로 고려하면, '회기결정의 건'은 그 본질상 국회법 제106조의2에 따른 무제한토론의 대상이 되지 않는다고 보는 것이 타당하다(헌재 2020.05.27. 2019헌라6).

정답 ✕

제❷항 ▎재정에 관한 권한

Ⅰ 조세평등주의와 조세법률주의

21년(2) 모의

264. 조세의 부과·징수는 국민의 납세의무에 기초하는 것으로서 재산권을 제한하는 것이 아니므로 과잉금지원칙이 적용되지 않는다.

해설 조세의 부과·징수는 국민의 납세의무에 기초하는 것으로서 원칙으로 재산권의 침해가 되지 않지만 그로 인하여 납세의무자의 사유재산에 관한 이용, 수익, 처분권이 중대한 제한을 받게되는 경우에는 그것도 재산권의 침해가 될 수 있다(헌재 1997.12.24. 96헌가19).

정답 ✕

20년(3) 모의

265. 우리나라는 조세입법에서 영구세주의를 따르기 때문에 국회가 조세에 관한 법률을 제정하면 그 법률에 따라 국가나 지방자치단체가 계속하여 조세를 부과·징수할 수 있다.

해설 우리 헌법 제59조에서 "조세의 종목과 세율은 법률로 정한다"라고 할 뿐이기 때문에 입법례상 영구세주의를 채택한다. 그러나 그 실제에 있어서 조세는 예산과 불가분의 관계에 있기 때문에 사실상 매년 개정이 불가피하다(성낙인, 헌법학 제18판, p.475). ▶영구세주의란 의회가 조세에 관한 법률을 제정하면 그 법률에 따라 국가나 공공단체가 계속하여 조세를 부과·징수할 수 있는 방식이다. 반면에 일년세주의란 국가나 공공단체가 조세를 부과·징수하기 위하여서는 의회가 매년 그에 관한 법률을 새로이 의결하는 방식이다.

정답 ○

20년(3) 모의

266. 조세법률주의의 이념은 과세요건을 법률로 명확하게 규정함으로써 국민의 재산권을 보장함과 동시에 국민의 경제생활에 법적 안정성과 예측가능성을 보장함에 있으므로, 조세법률주의는 조세의 부과·징수에 관한 규정뿐 아니라 조세감면규정에도 적용된다.

해설 조세는 국가 또는 지방자치단체가 재정수요의 충족을 위한 경비를 조달하기 위하여 일반 국민에게 반대급부 없이 일방적·강제적으로 징수하는 것이어서 국민의 재산권에 침해가 되므로, 헌법은 모든 국민은 법률이 정하는 바에 의하여 납세의 의무를 지고 조세의 종목과 세율은 법률로 정하도록 규정함으로써(제38조, 제59조) 조세법률주의를 선언하고 있는바, 조세법률주의는 조세의 부과·징수에 관한 규정뿐 아니라 조세감면규정에도 적용된다(헌재 2012.07.26. 2011헌바365).

 정답 O

20년(3) 모의

267. 조세감면 등의 조세우대조치를 내용으로 하는 경우, 조세평등주의 위반 여부를 판단함에 있어서는 입법재량의 범위를 벗어났는지에 관하여 합리성 심사기준이 아니라 엄격 심사기준을 적용하여야 한다.

해설 이 사건 법률조항은 양도소득세의 전부 또는 일부를 감면하는 조세우대조치를 내용으로 하고 있으므로, 이 사건 법률조항이 조세평등주의에 위반되는지 여부를 판단함에 있어서는 그 내용이 입법목적 등에 비추어 현저하게 입법재량의 범위를 벗어나 합리성을 결여한 것인지 여부, 즉 합리성 심사기준을 적용하여 판단할 수 있다(헌재 2011.06.30. 2010헌바430).

 정답 ×

20년(3) 모의

268. 납세의무의 중요한 사항 내지 본질적인 내용에 관련된 것이라 하더라도 그 중 경제현실의 변화나 전문적 기술의 발달 등에 즉응하여야 하는 세부적인 사항에 관하여는 국회 제정의 형식적 법률보다 더 탄력성이 있는 행정입법에 이를 위임할 필요가 있다.

해설 납세의무의 중요한 사항 내지 본질적인 내용에 관련된 것이라 하더라도 그 중 경제현실의 변화나 전문적 기술의 발달 등에 즉응하여야 하는 세부적인 사항에 관하여는 국회제정의 형식적 법률보다 더 탄력성이 있는 행정입법에 이를 위임할 필요가 있다(헌재 2006.02.23. 2004헌바32).

 정답 O

18년(2) 모의

269. 헌법이나 「국세기본법」에 조세의 개념 정의는 없으나 조세는 국가 또는 지방자치단체가 재정수요를 충족시키거나 경제적·사회적 정책의 실현을 위하여 국민 또는 주민에 대하여 아무런 특별한 반대급부 없이 강제적으로 부과·징수하는 과징금을 뜻한다.

해설 헌법이나 국세기본법에 조세의 개념정의는 없으나 조세는 국가 또는 지방자치단체가 재정수요를 충족시키거나 경제적·사회적 특수정책의 실현을 위하여 국민 또는 주민에 대하여 아무런 특별한 반대급부없이 강제적으로 부과징수하는 과징금을 의미하는 것이다(헌재 1990.09.03. 89헌가95).

 정답 O

15년 변시, 18년(2) 모의

270. (1) 헌법재판소는 사회보험료인 구 「국민건강보험법」상의 보험료는 특정의 반대급부 없이 금전납부의무를 부담하는 세금과는 달리, 반대급부인 보험급여를 전제로 하고 있고, 부과주체가 국가 또는 지방자치단체가 아니며, 그 징수절차가 조세와 다르므로 조세법률주의가 적용되지 않는다고 판시하였다.

(2) 국민건강보험료는 조세와는 근본적으로 성격을 달리하는 공과금으로서 조세법률주의가 적용되지 않는다.

해설 보험료는 특정의 반대급부 없이 금전납부의무를 부담하는 세금과는 달리, 반대급부인 보험급여를 전제로 하고 있고, 부과주체가 국가 또는 지방자치단체가 아니며, 그 징수절차가 조세와 다르므로 위 헌법재판소의 결정에서와 같이 조세법률주의가 적용되지 않는다고 할 것이다. 그러나 보험료도 국민의 재산권과 직결되는 사항으로서 구체적이고 확정적인 법률규정에 의하여 부과되어야 하므로, 포괄위임입법금지원칙과 같은 일반적인 헌법적 기준은 적용된다 할 것이다(헌재 2007.04.26. 2005헌바51).

정답 O, O

18년(2) 모의

271. 조세법규 해석에서 유추해석이나 확장해석은 허용되지 아니하고 엄격히 해석하여야 하지만, 조세법규에서도 체계적 해석을 통해서 그 의미를 명백히 밝힐 필요가 있는 것은 다른 법률과 마찬가지이고, 그러한 해석에 따라 조세의 부과와 면제 여부를 확정하는 것은 유추해석이나 확장해석에 의한 것으로 볼 수 없다.

해설 조세법규의 해석에 있어 유추해석이나 확장해석은 허용되지 아니하고 엄격히 해석하여야 하는 것은 조세법률주의에 비추어 당연한 것이지만 조세법규에 있어서도 법규 상호간의 해석을 통하여 그 의미를 명백히 할 필요가 있는 것은 다른 법률의 경우와 마찬가지이고, 그와 같은 조세법규의 해석에 의하여 조세의 부과, 면제 여부를 확정하는 것은 유추해석 또는 확장해석에 의하여 조세의 부과나 면제범위를 확장, 감축하는 것과는 전혀 다른 문제이다(헌재 1996.08.29. 95헌바41).

정답 O

14년 변시, 18년(2) 모의

272. (1) 조세평등주의가 요구하는 담세능력에 따른 과세의 원칙(또는 응능부담의 원칙)은 한편으로는 동일한 소득은 원칙적으로 동일하게 과세할 것을 요청하며(이른바 수평적 조세정의), 다른 한편으로는 소득이 다른 사람들 사이의 공평한 조세부담의 배분을 요청한다(이른바 수직적 조세정의).

(2) 조세평등주의가 요구하는 담세능력에 따른 과세의 원칙(또는 응능부담의 원칙)은 소득이 다른 사람들간의 공평한 조세부담의 배분을 요청하므로, 소득계층에 관계없이 동일한 세율을 적용하는 것은 특별한 사정이 없는 한 담세능력의 원칙에 어긋나는 것이다.

해설 조세평등주의가 요구하는 담세능력에 따른 과세의 원칙(또는 응능부담의 원칙)은 한편으로 동일한 소득은 원칙적으로 동일하게 과세될 것을 요청하며(이른바 '수평적 조세정의') 다른 한편으로 소득이 다른 사람들 간의 공평한 조세부담의 배분을 요청한다(이른바 '수직적 조세정의'). 담세능력의 원칙은 소득이 많으면 그에 상응하여 많이 과세되어야 한다는 것, 즉 담세능력이 큰 자는 담세능력이 작은 자에 비하여 더 많은 세금을 낼 것과, 최저생계를 위하여 필요한 경비는 과세로부터 제외되어야 한다는 최저생계를 위한 공제를 요청할 뿐 입법자로 하여금 소득세법에 있어서 반드시 누진세율을 도입할 것까지 요구하는 것은 아니다. 소득에 단순비례하여 과세할 것인지 아니면 누진적으로 과세할 것인지는 입법자의 정책적 결정에 맡겨져 있다. 그러므로 이 사건 법률조항이 소득계층에 관계없이 동일한 세율을 적용한다고 하여 담세능력의 원칙에 어긋나는 것이라 할 수 없다(헌재 1999.11.25. 98헌마55).

정답 ○, ×

18년(2) 모의

273. 조세평등주의의 이념을 실현하기 위한 실질과세의 원칙에 비추어 보면 형식상의 외관이나 명목에 치중하여 과세하는 것은 어느 경우에나 과세공평의 이념에 반하여 헌법에 위반된다.

해설 실질과세의 원칙은, 조세평등주의의 이념을 실현하기 위하여, 법률상의 형식과 경제적 실질이 서로 부합하지 않는 경우에 그 경제적 실질을 추구하여 그에 과세함으로써 조세를 공평하게 부과하여야 한다는 것이나 때로는 형식상의 외관이나 명목에 치중하여 과세하는 것이 오히려 공평한 과세를 통한 조세정의의 실현에 부합되는 경우가 있다(헌재 2009.02.26. 2006헌바65).

정답 ×

18년(1) 모의

274. 조세를 비롯한 공과금의 부과에서의 평등원칙은 공과금 납부의무자가 법률에 의하여 법적 및 사실적으로 평등하게 부담을 받을 것을 요청한다.

해설 국가가 국민에게 세금을 비롯한 공과금을 부과하는 경우 그에 대한 헌법적 한계가 있는 것과 같이, 사회보험법상 보험료의 부과에 있어서도 국민의 기본권이나 헌법의 기본원리에 위배되어서는 아니 된다는 헌법적 제한을 받는다. 특히 헌법상의 평등원칙에서 파생하는 부담평등의 원칙은 조세뿐만 아니라, 보험료를 부과하는 경우에도 준수되어야 한다. 조세를 비롯한 공과금의 부과에서의 평등원칙은 공과금 납부의무자가 법률에 의하여 법적 및 사실적으로 평등하게 부담을 받을 것을 요청한다(헌재 2016.12.29. 2015헌바199).

정답 ○

23년(3) 모의

275. 직장가입자와 지역가입자의 건강보험료 산정·부과를 위해 직장근로자의 경우에는 기본적으로 보수만을 기준으로 하고, 지역가입자의 경우에는 소득뿐만 아니라 재산·생활수

준·경제활동참가율 등 다양한 변수를 참작한 추정소득을 기준으로 하는 것은, 동일한 보험집단을 구성하고 있음에도 합리적 이유 없이 지역가입자를 차별하는 것이므로 헌법상 평등원칙에 위배된다.

해설 직장가입자의 대부분은 임금 생활자로 보수가 100% 파악이 되는 반면, 지역가입자의 소득은 납세자의 자발적 신고를 전제로 하고 있고 분리과세되는 금융소득이나 사적연금소득 등은 세제 개편이나 관련 법령을 개정하지 않는 한 공단이 이를 '소득'으로 파악하기에 한계가 있기 때문에 여전히 지역가입자의 소득파악율은 직장가입자의 소득파악율에 비하여 낮다고 볼 수밖에 없다. 새로운 체제로의 개편은 보험재정의 안정성을 확보할 수 있는 한도에서 이루어져야 하는데, 소득만을 기반으로 보험료를 부과할 경우 지역가입자의 재산 등을 기반으로 한 보험재정 부분에 대한 보충 방안이 확실히 마련된 것으로 보이지 않는다. 따라서 현재의 보험료 산정·부과 방식에 다소 불합리한 점이 있다 하더라도 그러한 불합리성이 부분적·단계적 제도 개선을 통해 어느 정도 해결될 수 있다면 이원적 부과체계 자체가 합리적이지 않다고 단정할 수 없다.····그렇다면, 지역가입자에 대한 보험료 산정·부과 시 소득 외에 재산 등의 요소를 추가적으로 고려하는 데에 합리적 이유가 있다 할 것이고, 재산 등의 요소를 추가적으로 고려함에 있어 발생하는 문제점은 보험재정의 안정성을 유지하는 한도 내에서 개선되어 나아가는 중이므로, 심판대상조항이 헌법상 평등원칙에 위반된다고 할 수 없다 (헌결 2016.12.29. 2015헌바199).

정답

 15년 변시

276. (1) 조세감면의 근거 역시 법률로 정하여야만 하는 것이 국민주권주의나 법치주의원리에 부응한다.
(2) 특정인이나 특정계층에 대하여 조세감면조치를 취하는 것은 국민의 재산권에 대한 제한이 아니기 때문에 법률로 규정하지 않더라도 언제나 가능하다.
(3) 조세감면의 우대조치는 국민에게 유리한 것이므로, 면제혜택을 받는 자의 요건을 완화하여 넓은 범위에서 허용하는 것이 바람직하다.

해설 조세의 감면에 관한 규정은 조세의 부과·징수의 요건이나 절차와 직접 관련되는 것은 아니지만, 조세란 공공경비를 국민에게 강제적으로 배분하는 것으로서 납세의무자 상호간에는 조세의 전가관계가 있으므로 특정인이나 특정계층에 대하여 정당한 이유없이 조세감면의 우대조치를 하는 것은 특정한 납세자군이 조세의 부담을 다른 납세자군의 부담으로 떠맡기는 것에 다름아니므로 조세감면의 근거 역시 법률로 정하여야만 하는 것이 국민주권주의나 법치주의의 원리에 부응하는 것이다. ··· 조세감면의 우대조치는 조세평등주의에 반하고 국가나 지방자치단체의 재원의 포기이기도 하여 가급적 억제되어야 하고 그 범위를 확대하는 것은 결코 바람직하지 못하므로 특히 정책목표달성에 필요한 경우에 그 면제혜택을 받는 자의 요건을 엄격히 하여 극히 한정된 범위 내에서 예외적으로 허용되어야 한다(헌재 1996.06.26. 93헌바2).

정답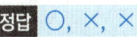

15년(3) 모의

277. 헌법 제13조 제2항은 소급과세금지원칙을 규정하고 있으므로 새로운 입법으로 과거에 소급하여 과세하거나 이미 납세의무가 존재하는 경우에도 소급하여 중과세하는 것은 헌법에 위반된다.

해설 헌법 제13조 제2항은 소급과세금지 원칙을 규정하고 있고, 새로운 입법으로 과거에 소급하여 과세하거나 또는 이미 납세의무가 존재하는 경우에도 소급하여 중과세하는 것은 헌법에 위반된다(헌재 2012.12.27. 2011헌바132).

정답 O

15년 변시

278. 헌법재판소는 유사석유제품 제조자와 석유제품 제조자 모두에게 교통·에너지·환경세를 부과하면서 동일하게 제조량을 과세표준으로 삼은 것은 조세평등주의에 위반되지 않는다고 판시하였다.

해설 환경오염원이자 교통혼잡의 원인인 자동차등의 연료를 제조·판매하여 이익을 얻는 자에게 과세하고자 하는 입법취지에 비추어 보면, 유사석유제품 제조자는 자동차등의 연료를 제조·판매하여 수익을 얻고 있으므로 석유제품 제조자와 본질적으로 동일한 집단이다. 따라서 과세물품조항과 납세의무자조항이 유사석유제품 제조자와 석유제품 제조자 모두에게 교통·에너지·환경세를 과세하면서 동일하게 제조량을 과세표준으로 삼은 것은 조세평등주의에 위배되지 아니한다(헌재 2014.07.24. 2013헌바177).

정답 O

12년·15년 변시, 20년(1) 모의

279. 어떤 공적 과제에 관한 재정조달을 조세로 할 것인지 아니면 부담금으로 할 것인지는 원칙적으로 입법자의 자유로운 선택이 인정되는 정책재량 차원의 문제에 속한다.

해설 부담금은 조세에 대한 관계에서 어디까지나 예외적으로만 인정되어야 하며, 어떤 공적 과제에 관한 재정조달을 조세로 할 것인지 아니면 부담금으로 할 것인지에 관하여 입법자의 자유로운 선택권을 허용하여서는 안 된다. 즉, 국가 등의 일반적 재정수입에 포함시켜 일반적 과제를 수행하는 데 사용할 목적이라면 반드시 조세의 형식으로 해야 하지, 거기에 부담금의 형식을 남용해서는 안 되는 것이다(헌재 2004.07.15. 2002헌바42).

정답 X

21년 변시

280. 재정조달목적 부담금의 경우에는 공적 과제가 부담금 수입의 지출 단계에서 비로소 실현되나, 정책실현목적 부담금의 경우에는 공적 과제의 전부 혹은 일부가 부담금의 부과 단계에서 이미 실현된다.

해설 부담금은 그 부과목적과 기능에 따라 ① 순수하게 재정조달 목적만 가지는 것(이하 '재정조달목적 부담금'이라 한다)과 ② 재정조달 목적뿐 아니라 부담금의 부과 자체로 추구되는 특정한 사회·경제정책 실현 목적을 가지는 것(이하 '정책실현목적 부담금'이라 한다)으로 양분해 볼 수 있다. 전자의 경우에는 추구되는 공적 과제가 부담금 수입의 지출 단계에서 비로소 실현된다고 한다면, 후자의 경우에는 추구되는 공적 과제의 전부 혹은 일부가 부담금의 부과 단계에서 이미 실현된다고 할 것이다. 가령 부담금이라는 경제적 부담을 지우는 것 자체가 국민의 행위를 일정한 정책적 방향으로 유도하는 수단이 되는 경우(유도적 부담금) 또는 특정한 공법적 의무를 이행하지 않은 사람과 그것을 이행한 사람 사이 혹은 공공의 출연(出捐)으로부터 특별한 이익을 얻은 사람과 그 외의 사람 사이에 발생하는 형평성 문제를 조정하는 수단이 되는 경우(조정적 부담금), 그 부담금은 후자의 예에 속한다고 할 수 있다(헌재 2004.07.15. 2002헌바42).

정답

14년(3) 모의

281. 고급오락장으로 사용할 목적 없이 고급오락장을 취득한 경우에 중과세를 부과하는 것은 헌법에 반한다.

해설 이 사건 법률조항의 모태라고 할 수 있는 '국민생활의 안정을 위한 대통령 긴급조치'(제정 1974. 1. 14. 대통령긴급조치 제3호) 제1조에 비추어 볼 때, 이 사건 법률조항의 주된 목적은 사치·향락적 소비시설의 취득 및 소비를 억제하고자 하는 유도적·형성적 기능에 있다고 할 것이며, 이와 같은 입법목적은 그 정당성이 인정된다. 위와 같은 입법목적에 비추어 본다면 고급오락장으로 사용할 목적이 없는 고급오락장의 취득에 대하여까지 취득세 중과세를 부과하는 것은 입법목적의 달성과 전혀 무관한 내용에 대해 제한을 가하는 셈이 되어 방법의 적절성을 인정하기 어렵다. 또한 고급오락장으로 사용할 목적 없이 고급오락장을 취득한 사람의 피해를 가능한 한 줄일 수 있는 방안들을 강구해보지 아니한 채 취득목적을 불문하고 모든 고급오락장 취득행위를 취득세 중과세 대상으로 삼는 것은 침해의 최소성 요건을 충족하지 못한 것이라 할 것이다. 나아가 이 사건 법률조항을 통해 '고급오락장으로 사용할 목적 없는 취득'에 대해 중과세율에 의한 취득세를 부과하는 것은 이 사건 법률조항에 의하여 보호하고자 하는 공익과 무관한 것이어서 이를 통해 얻게 되는 공익은 없는 반면 제한되는 사익은 중대하여, 양자 사이에 현저한 불균형이 있다 할 것이다. 그렇다면 이 사건 법률조항은 고급오락장으로 사용할 목적 없는 취득에 대하여도 적용되는 한도 내에서 과잉금지원칙을 위반한 것이라 할 것이다(헌재 2009.09.24. 2007헌바87).

정답

🍋 14년 변시

282. 지방세법이 사치성재산에 대해 중과세를 하면서 '고급오락장용 건축물'을 과세대상으로 규정한 경우, '오락'의 개념이 추상적이기는 하지만 '고급'이라는 한정적 수식어가 있을 뿐만 아니라 어느 정도의 규모와 설비를 갖춘 오락장이 위 개념에 포섭되는지를 법관의 보충적 해석을 통해 확인할 수 있으므로 과세요건명확주의를 내용으로 하는 조세법률주의에 위배되지 않는다.

해설 위법 제188조 제1항 제2호 (2)목 중 "고급오락장용 건축물" 부분은 "고급오락장"의 개념이 지나치게 추상적이고 불명확하여 고급오락장용 건축물이 무엇인지를 예측하기가 어렵고, 과세관청의 자의적인 해석과 집행을 초래할 염려가 있으므로 헌법 제38조, 제59조에 규정된 조세법률주의에 위배된다(헌재 1999.03.25. 98헌가11).

정답 ×

🍋 14년 변시

283. 28년 간의 혼인생활 끝에 협의이혼하면서 재산분할을 청구하여 받은 재산액 중 상속세의 배우자 인적공제액을 초과하는 부분에 대하여 증여세를 부과하는 것은, 증여세제의 본질에 반하여 증여라는 과세원인이 없음에도 불구하고 증여세를 부과하는 것이어서 실질적 조세법률주의에 위배된다.

해설 이혼시의 재산분할제도는 본질적으로 혼인 중 쌍방의 협력으로 형성된 공동재산의 청산이라는 성격에, 경제적으로 곤궁한 상대방에 대한 부양적 성격이 보충적으로 가미된 제도라 할 것이어서, 이에 대하여 재산의 무상취득을 과세원인으로 하는 증여세를 부과할 여지가 없으며, 이혼시 재산분할을 청구하여 상속세 인적공제액을 초과하는 재산을 취득한 경우 그 초과부분에 대하여 증여세를 부과하는 것은, 증여세제의 본질에 반하여 증여라는 과세원인 없음에도 불구하고 증여세를 부과하는 것이어서 현저히 불합리하고 자의적이며 재산권보장의 헌법이념에 부합하지 않으므로 실질적 조세법률주의에 위배된다(헌재 1997.10.30. 96헌바14).

정답 ○

🍋 12년 변시

284. 부담금 납부의무자는 재정조달 대상인 공적 과제에 대하여 일반국민에 비해 '특별히 밀접한 관련성'을 가져야 하며, 부담금이 장기적으로 유지되는 경우에 그 징수의 타당성이나 적정성이 입법자에 의해 지속적으로 심사될 것이 요구된다.

해설 부담금 납부의무자는 재정조달 대상인 공적 과제에 대하여 일반국민에 비해 '특별히 밀접한 관련성'을 가져야 하며, 부담금이 장기적으로 유지되는 경우에 있어서는 그 징수의 타당성이나 적정성이 입법자에 의해 지속적으로 심사될 것이 요구된다(헌재 2004.07.15. 2002헌바42).

정답 ○

⏱ 12년 변시

285. 국가가 조세저항을 회피하기 위한 수단으로 부담금의 형식을 남용해서는 안 되므로, 부담금을 국가의 일반적 재정수입에 포함시켜 일반적 국가과제를 수행하는 데 사용하는 것은 허용될 수 없다.

▣해설 부담금은 그 특정과제의 수행을 위하여 별도로 관리·지출되어야 하며 국가의 일반적 재정수입에 포함시켜 일반적 국가과제를 수행하는데 사용되어서는 아니된다. 그렇지 않으면 국가가 조세저항을 회피하기 위한 수단으로 부담금이라는 형식을 남용할 수 있기 때문이다(헌재 1998.12.24. 98헌가1).

정답

⏱ 12년 변시

286. '먹는 샘물' 수입판매업자에게 수질개선부담금을 부과하는 것은, 수돗물 우선정책에 반하는 수입된 '먹는 샘물'의 보급 및 소비를 억제하도록 간접적으로 유도하기 위한 합리적인 이유가 있으므로 평등원칙에 위배되지 않는다.

▣해설 먹는샘물 수입판매업자에게 수질개선부담금을 부과하는 것은 수돗물 우선정책에 반하는 수입 먹는샘물의 보급 및 소비를 억제하도록 간접적으로 유도함으로써 궁극적으로는 수돗물의 질을 개선하고 이를 국민에게 저렴하게 공급하려는 정당한 국가정책이 원활하게 실현될 수 있게 하기 위한 것으로서, 부과에 합리적인 이유가 있으므로 평등원칙에 위배되는 것이라 볼 수 없다(헌재 2004.07.15. 2002헌바42).

정답 ○

Ⅱ 예산 심의, 확정권

1. 예산의 의의와 성질

15년(2) 모의

287. 예산에 관해서는 그것을 법률의 형식으로 의결하는 예산법률주의와 법률과는 다른 특수한 형식으로 의결하는 예산특수의결주의(예산비법률주의)가 있는데, 우리나라는 예산법률주의를 채택하고 있다.

▣해설 헌법 제4조, 제54조 참조. ▶ 우리 헌법은 제40조와 제53조의 국회입법권과는 별도로 제54조에서 국회의 예산심의권을 규정하여 법률과 예산의 형식을 구별하고 있다(예산비법률주의, 예산특수의결주의). 따라서 예산법률주의를 채택하기 위해서는 헌법개정이 필요하다.

> 헌법 제40조 입법권은 국회에 속한다.
> 헌법 제54조 ① 국회는 국가의 예산안을 심의·확정한다.

정답

2. 예산의 성립

21년(2) 모의

288. 세입과는 달리 세출을 위해서는 예산에 계상(計上)되어 있으면 족하고, 별도로 법률의 근거를 요하지 않는다.

해설 세출예산과 법률이 불일치할 수 있는 원인은 예산과 법률이 상호불변관계 및 상호구속관계에 있기 때문이다. 즉 예산과 법률은 별개의 국법형식으로 성질·성립절차·효력이 상이하기 때문에 예산을 가지고 법률을 변경할 수 없고, 법률을 가지고 예산을 변경할 수 없다는 점에서는 상호불변관계에 있다. 이러한 상호불변관계로 인해 예산에는 지출이 계상되어 있어도 그 지출을 명하거나 인정하는 법률이 없는 경우에는 정부는 지출을 할 수 없고, 법률에 의하여 지출이 인정되고 명령되었다 하더라도 그 지출의 실행에 필요한 예산이 없으면 마찬가지로 정부는 지출을 할 수 없게 된다는 점에서 상호구속관계가 발생한다. … 법률이 있는데 예산이 없다면 정부는 예비비제도와 추가경정예산제도에 의하여 불일치를 조정하여야 한다. … 예산은 있는데 법률이 없는 경우에는 정부는 법률안을 국회에 제출하여 의결을 구할 필요가 있고, 국회는 필요한 법률을 제정하여 불일치를 조정할 수 있다. 그러나 국회가 예산안을 의결했기 때문에 그에 따른 법률을 제정해야하는 정치적 의무를 부담한다고 볼 수 있지만 법적 의무까지 인정된다고 보기는 어렵다(김유향, 기본강의 헌법 전정 제7판, p.1251~1252). 국가재정법 제17조 참조.

> 국가재정법 제17조(예산총계주의) ① 한 회계연도의 모든 수입을 세입으로 하고, 모든 지출을 세출로 한다.
> ② 제53조에 규정된 사항을 제외하고는 세입과 세출은 모두 예산에 계상하여야 한다.

21년 변시, 20년(2) 모의

289. 예산안에 대한 국회의 수정동의는 그 안을 갖추고 이유를 붙여 50명 이상의 찬성 국회의원과 연서하여 미리 국회의장에게 제출하여야 한다.

해설 국회법 제95조 제1항 단서 참조.

> 국회법 제95조(수정동의) ① 의안에 대한 수정동의는 그 안을 갖추고 이유를 붙여 30명 이상의 찬성 의원과 연서하여 미리 의장에게 제출하여야 한다. 다만, 예산안에 대한 수정동의는 의원 50명 이상의 찬성이 있어야 한다.

21년(2) 모의

290. 대통령은 국회에서 통과된 예산안을 국회에 환부하여 재심의를 요구하는 거부권을 행사할 수 있다.

해설 헌법 제53조 제2항 참조. ▶ 대통령은 법률과 달리 확정된 본예산에 대해서는 재의를 요구(거부권 행사)할 수 없음

헌법 제53조 ② 법률안에 이의가 있을 때에는 대통령은 제1항의 기간내에 이의서를 붙여 국회로 환부하고, 그 재의를 요구할 수 있다. 국회의 폐회중에도 또한 같다.

정답 ×

17년(2)·20년(1)·23년(2) 모의

291. 정부는 예산안을 국회에 제출한 후 부득이한 사유로 인하여 그 내용의 일부를 수정하고자 하는 때에는 국무회의의 심의를 거쳐 대통령의 승인을 얻은 수정예산안을 국회에 제출할 수 있다.

해설 국가재정법 제35조 참조.

국가재정법 제35조(국회제출 중인 예산안의 수정) 정부는 예산안을 국회에 제출한 후 부득이한 사유로 인하여 그 내용의 일부를 수정하고자 하는 때에는 국무회의의 심의를 거쳐 대통령의 승인을 얻은 수정예산안을 국회에 제출할 수 있다.

정답 ○

15년(2)·23년(2) 모의

292. 정부는 회계연도마다 예산안을 편성하여 회계연도 개시 120일 전까지 국회에 제출하여야 하고, 국회는 회계연도 개시 60일 전까지 예산안을 의결해야 한다.

해설 헌법 제54조 제2항 참조.

헌법 제54조 ② 정부는 회계연도마다 예산안을 편성하여 회계연도 개시 90일전까지 국회에 제출하고, 국회는 회계연도 개시 30일전까지 이를 의결하여야 한다.

정답 ×

 21년 변시, 15년(1)·23년(2) 모의

293. 국회의장이 각 교섭단체 대표의원과 합의한 경우를 제외하고, 국회 위원회는 예산안의 심사를 매년 12월 30일까지 마쳐야 하는데, 위원회가 예산안에 대하여 12월 30일까지 심사를 마치지 아니하였을 때에는 그 다음 날에 위원회에서 심사를 마치고 바로 본회의에 부의된 것으로 본다.

해설 국회법 제85조의3 제1항, 제2항.

국회법 제85조의3(예산안등 본회의 자동부의 등) ① 위원회는 예산안, 기금운용계획안, 임대형 민자사업 한도액안(이하 "예산안등"이라 한다)과 제4항에 따라 지정된 세입예산안 부수 법률안의 심사를 매년 11월 30일까지 마쳐야 한다.
② 위원회가 예산안등과 제4항에 따라 지정된 세입예산안 부수 법률안(체계·자구심사를 위하여 법제사법위원회에 회부된 법률안을 포함한다)에 대하여 제1항에 따른 기한 내에 심사를 마치지 아니한 때에는

그 다음 날에 위원회에서 심사를 마치고 바로 본회의에 부의된 것으로 본다. 다만, 의장이 각 교섭단체대표의원과 합의한 경우에는 그러하지 아니하다.

정답

🍊 23년 변시, 14년(2)·19년(1)·20년(2) 모의

294. 한 회계연도를 넘어 계속하여 지출할 필요가 있을 때에는 연한을 정하여 계속비로서 국회의 의결을 얻어야 하며, 이 때 연한은 원칙적으로 5년 이내로 하되, 예외적으로 10년 이내로 할 수 있고, 기획재정부장관이 필요하다고 인정하는 경우에는 국회의 의결을 거쳐 지출연한을 연장할 수도 있다.

해설 헌법 제55조 제1항, 국가재정법 제23조 참조.

헌법 제55조 ① 한 회계연도를 넘어 계속하여 지출할 필요가 있을 때에는 정부는 연한을 정하여 계속비로서 국회의 의결을 얻어야 한다.
국가재정법 제23조(계속비) ① 완성에 수년도를 요하는 공사나 제조 및 연구개발사업은 그 경비의 총액과 연부액을 정하여 미리 국회의 의결을 얻은 범위 안에서 수년도에 걸쳐서 지출할 수 있다.
② 제1항의 규정에 따라 국가가 지출할 수 있는 연한은 그 회계연도부터 5년 이내로 한다. 다만, 사업규모 및 국가재원 여건상 필요한 경우에는 예외적으로 10년 이내로 할 수 있다.
③ 기획재정부장관은 필요하다고 인정하는 때에는 국회의 의결을 거쳐 제2항의 지출연한을 연장할 수 있다.

정답

21년(2) 모의

295. 정부는 감사원의 검사를 거친 결산을 국회에 제출해야 하며, 국회에 제출된 결산은 예산안과 마찬가지로 소관 상임위원회와 예산결산특별위원회의 심사를 거쳐 본회의의 의결을 거쳐야 한다.

해설 헌법 제99조, 국회법 제84조 참조.

헌법 제99조 감사원은 세입·세출의 결산을 매년 검사하여 대통령과 차년도국회에 그 결과를 보고하여야 한
국회법 제84조(예산안·결산의 회부 및 심사) ① 예산안과 결산은 소관 상임위원회에 회부하고, 소관 상임위원회는 예비심사를 하여 그 결과를 의장에게 보고한다. 이 경우 예산안에 대해서는 본회의에서 정부의 시정연설을 듣는다.

② 의장은 예산안과 결산에 제1항의 보고서를 첨부하여 이를 예산결산특별위원회에 회부하고 그 심사가 끝난 후 본회의에 부의한다. 결산의 심사 결과 위법하거나 부당한 사항이 있는 경우에 국회는 본회의 의결 후 정부 또는 해당 기관에 변상 및 징계조치 등 그 시정을 요구하고, 정부 또는 해당 기관은 시정 요구를 받은 사항을 지체 없이 처리하여 그 결과를 국회에 보고하여야 한다.

③ 예산결산특별위원회의 예산안 및 결산 심사는 제안설명과 전문위원의 검토보고를 듣고 종합정책질

의, 부별 심사 또는 분과위원회 심사 및 찬반토론을 거쳐 표결한다. 이 경우 위원장은 종합정책질의를 할 때 간사와 협의하여 각 교섭단체별 대표질의 또는 교섭단체별 질의시간 할당 등의 방법으로 그 기간을 정한다.

④ 정보위원회는 제1항과 제2항에도 불구하고 국가정보원 소관 예산안과 결산, 「국가정보원법」 제4조제1항제5호에 따른 정보 및 보안 업무의 기획·조정 대상 부처 소관의 정보 예산안과 결산에 대한 심사를 하여 그 결과를 해당 부처별 총액으로 하여 의장에게 보고하고, 의장은 정보위원회에서 심사한 예산안과 결산에 대하여 총액으로 예산결산특별위원회에 통보한다. 이 경우 정보위원회의 심사는 예산결산특별위원회의 심사로 본다. <개정 2020. 12. 15.>

⑤ 예산결산특별위원회는 소관 상임위원회의 예비심사 내용을 존중하여야 하며, 소관 상임위원회에서 삭감한 세출예산 각 항의 금액을 증가하게 하거나 새 비목(費目)을 설치할 경우에는 소관 상임위원회의 동의를 받아야 한다. 다만, 새 비목의 설치에 대한 동의 요청이 소관 상임위원회에 회부되어 회부된 때부터 72시간 이내에 동의 여부가 예산결산특별위원회에 통지되지 아니한 경우에는 소관 상임위원회의 동의가 있는 것으로 본다.

⑥ 의장은 예산안과 결산을 소관 상임위원회에 회부할 때에는 심사기간을 정할 수 있으며, 상임위원회가 이유 없이 그 기간 내에 심사를 마치지 아니한 때에는 이를 바로 예산결산특별위원회에 회부할 수 있다.

⑦ 위원회는 세목 또는 세율과 관계있는 법률의 제정 또는 개정을 전제로 하여 미리 제출된 세입예산안은 이를 심사할 수 없다.

[전문개정 2018. 4. 17.]

정답 ○

3. 예산의 불성립과 변경

21년·23년 변시, 14년(2)·15년(2)·17년(2)·19년(1)·20년(1)·(2) 모의

296. (1) 새로운 회계연도가 개시될 때까지 예산안이 의결되지 못한 때에는 정부는 국회에서 예산안이 의결될 때까지 법률상 지출의무의 이행을 위한 경비를 전년도 예산에 준하여 집행할 수 있다.

(2) 새로운 회계연도가 개시될 때까지 예산안이 의결되지 못한 경우, 정부는 국회에서 예산안이 의결될 때까지 법령에 의하여 설치된 기관 또는 시설의 유지·운영 목적을 위한 경비는 전년도 예산에 준하여 집행할 수 있다.

해설 헌법 제54조 제3항 참조.

헌법 제54조 ③ 새로운 회계연도가 개시될 때까지 예산안이 의결되지 못한 때에는 정부는 국회에서 예산안이 의결될 때까지 다음의 목적을 위한 경비는 전년도 예산에 준하여 집행할 수 있다.
1. 헌법이나 법률에 의하여 설치된 기관 또는 시설의 유지·운영
2. 법률상 지출의무의 이행
3. 이미 예산으로 승인된 사업의 계속

정답 O, ×

14년(2)·19년(1)·20년(1) 모의

297. 정부는 예측할 수 없는 예산 외의 지출 또는 예산초과지출에 충당하기 위하여 예비비로 세입세출예산에 계상할 수 있으며, 이 때 예비비는 총액으로 국회의 의결을 얻고 예비비의 지출도 정부가 금액의 총괄명세서를 회계연도 당해 국회에서 승인을 얻어야 한다.

해설 국가재정법 제22조, 국가재정법 제52조, 헌법 제55조 제2항 참조. ▶ 예비비의 지출은 차기 국회의 승인 필요

헌법 제55조 ② 예비비는 총액으로 국회의 의결을 얻어야 한다. 예비비의 지출은 차기국회의 승인을 얻어야 한다.
국가재정법 제22조(예비비) ① 정부는 예측할 수 없는 예산 외의 지출 또는 예산초과지출에 충당하기 위하여 일반회계 예산총액의 100분의 1 이내의 금액을 예비비로 세입세출예산에 계상할 수 있다. 다만, 예산총칙 등에 따라 미리 사용목적을 지정해 놓은 예비비는 본문의 규정에 불구하고 별도로 세입세출예산에 계상할 수 있다.
국가재정법 제52조(예비비사용명세서의 작성 및 국회제출) ④ 정부는 예비비로 사용한 금액의 총괄명세서를 다음 연도 5월 31일까지 국회에 제출하여 그 승인을 얻어야 한다.

정답 ×

14년(2)·19년(1) 모의

298. 법령에 따라 국가가 지급하여야 하는 지출이 발생하거나 증가함으로써 이미 확정한 예산에 대하여 변경을 가할 필요가 있는 경우, 정부는 추가경정예산안을 편성할 수 있다.

해설 헌법 제56조, 국가재정법 제89조 참조.

헌법 제56조 정부는 예산에 변경을 가할 필요가 있을 때에는 추가경정예산안을 편성하여 국회에 제출할 수 있다.
국가재정법 제89조(추가경정예산안의 편성) ① 정부는 다음 각 호의 어느 하나에 해당하게 되어 이미 확정된 예산에 변경을 가할 필요가 있는 경우에는 추가경정예산안을 편성할 수 있다.
1. 전쟁이나 대규모 자연재해가 발생한 경우
2. 경기침체, 대량실업, 남북관계의 변화, 경제협력과 같은 대내·외 여건에 중대한 변화가 발생하였거나 발생할 우려가 있는 경우
3. 법령에 따라 국가가 지급하여야 하는 지출이 발생하거나 증가하는 경우
② 정부는 국회에서 추가경정예산안이 확정되기 전에 이를 미리 배정하거나 집행할 수 없다.

정답 O

4. 예산의 효력

13년 · 23년 변시, 14년(2)·15년(2)·17년(2)·20년(2)·21년(2) · 22년(1)(3) · 23년(2) 모의

299. (1) 국회는 정부의 동의 없이 정부가 제출한 지출예산 각항의 금액을 증감하거나 새 비목을 설치할 수 없다.
(2) 국회는 정부의 동의 없이 정부가 제출한 지출예산 각항의 금액을 감액할 수 없다.
(3) 정부는 국채를 모집하거나 예산 외에 국가의 부담이 될 계약을 체결한 경우에는 즉시 국회의 승인을 얻어야 한다.
(4) 국채를 모집하였거나 예산 외에 국가의 부담이 될 계약을 체결한 때에는 정부는 지체없이 국회의 승인을 얻어야 한다.

해설 헌법 제57조, 제58조 참조. ▶삭감에 대해서는 따로 규정하고 있지 않음

헌법 제57조 국회는 정부의 동의없이 정부가 제출한 지출예산 각항의 금액을 증가하거나 새 비목을 설치할 수 없다.
헌법 제58조 국채를 모집하거나 예산외에 국가의 부담이 될 계약을 체결하려 할 때에는 정부는 미리 국회의 의결을 얻어야 한다.

정답  ×, ×, ×, ×

23년 변시, 15년(2) 모의

300. 예산은 법률과 마찬가지로 국회의 의결을 거쳐 제정되어 국가기관과 일반국민을 구속하므로 국회의 예산안 의결은 「헌법재판소법」 제68조 제1항에 따른 헌법소원심판의 대상이 된다.

해설 국회가 의결한 예산 또는 국회의 예산안 의결은 헌법소원의 대상이 된다고 볼 수 없다. 예산도 일종의 법규범이고 법률과 마찬가지로 국회의 의결을 거쳐 제정되지만 예산은 법률과 달리 국가기관만을 구속할 뿐 일반국민을 구속하지 않는다. 가사 예산이 정부의 재정행위를 통하여 국민의 기본권에 영향을 미친다고 하더라도 그것은 관련 법령에 근거한 정부의 구체적인 집행행위로 나타나는 것이지 예산 그 자체나 예산안의 의결행위와는 직접 관련성이 없다(헌재 2006.04.25. 2006헌마409).

정답 ×

21년 변시

301. 행정각부의 장관이 국가 예산을 재원으로 사회복지사업을 시행함에 있어 예산확보방법과 그 집행대상 등에 관하여 정책결정을 내리고 이를 미리 일선 공무원들에게 지침 등의 형태로 고지하는 일련의 행위는 장래의 예산확보 및 집행에 대비한 일종의 준비행위로서 「헌법재판소법」 제68조 제1항의 헌법소원의 대상이 될 수 없지만, 위와 같은 정책결정을 구체화한 지침의 내용이 국민의 기본권에 직접적으로 영향을 끼치고,

> 앞으로 법령의 뒷받침에 의하여 그대로 실시될 것이 틀림없을 것으로 예상될 수 있을 때에는 예외적으로 대상이 될 수도 있다.

해설 행정 각 부의 장관이 국가 예산을 재원으로 사회복지사업을 시행함에 있어 예산 확보 방법과 그 집행 대상 등에 관하여 정책결정을 내리고 이를 미리 일선 공무원들에게 지침 등의 형태로 고지하는 일련의 행위는 장래의 예산 확보 및 집행에 대비한 일종의 준비행위로서 헌법소원의 대상이 될 수 없지만, 위와 같은 정책결정을 구체화시킨 지침의 내용이 국민의 기본권에 직접적으로 영향을 끼치고, 앞으로 법령의 뒷받침에 의하여 그대로 실시될 것이 틀림없을 것으로 예상될 수 있을 때에는 예외적으로 헌법소원의 대상이 될 수도 있다(헌재 2007.10.25. 2006헌마1236).

정답 O

제❸항 | 인사에 관한 권한

21년(3) 모의

302. 헌법재판소는 대통령이 국회의 동의 없이 국무총리를 임명하였다면 그 임명행위는 명백히 헌법에 위배되고, 이러한 법리는 국무총리 대신 국무총리 '서리'라는 이름으로 임명하였다고 하여 달라지는 것이 아니라고 하였다.

해설 대통령이 국회의 동의를 얻지 아니하고 국무총리서리를 임명한 행위가 국회에 대한 관계에서 국무총리의 임명에 관한 국회의 동의권한을 침해한 것인지의 여부는 별론으로 하고, 국회의원인 청구인들과의 관계에서 국무총리 임명동의안에 관한 청구인들의 심의·표결권한의 행사를 불가능하게 하거나 방해함으로써 그 권한을 침해할 가능성이 있다고 볼 수 없다(헌재 1998.07.14. 98헌라1).
▶ 관여재판관의 과반수인 5인이 이유를 달리하나 결론에 있어 각하의견이어서 심판청구를 각하한 사례로, 지문은 재판관 김문희, 재판관 이재화, 재판관 한대현의 인용의견

헌법 제86조 ① 국무총리는 국회의 동의를 얻어 대통령이 임명한다.

정답 X

제❹항 | 국정통제에 관한 권한

I 탄핵소추권과 헌법재판소에 의한 탄핵심판

 24년 변시

303. (1) 탄핵심판의 이익을 인정하기 위해서는 탄핵결정 선고 당시까지 피청구인이 해당 공직을 보유하는 것이 필요하다.
(2) 탄핵소추 당시 피청구인이 공직에 있어 적법하게 소추되었더라도 탄핵심판 계속 중 그 직에서 퇴직하였다면 이는 심판절차의 계속을 저지하는 사유이므로 주문에서 심판절차종료선언을 하여야 한다.

해설 … 위에서 살펴본 헌법 및 헌법재판소법 등 규정의 문언과 취지에 비추어 보면, 탄핵심판청구가 이유 있는 경우에는 헌법재판소가 피청구인을 해당 공직에서 파면하는 결정을 선고하도록 되어 있는데, 이를 위해서는 탄핵결정 선고 당시 피청구인이 해당 공직을 보유하는 것이 반드시 요구된다는 점이 명백히 확인된다. 기록에 의하면, 국회는 2021. 2. 4. 피청구인에 대한 탄핵소추를 의결한 후 같은 날 헌법재판소에 탄핵심판청구를 하였고, 그 무렵 소추의결서가 송달되어 피청구인의 법관으로서의 권한 행사가 정지되었으며, 2021. 2. 28. 임기만료로 피청구인이 2021. 3. 1. 법관직에서 퇴직함에 따라 더 이상 해당 공직을 보유하지 않게 된 사실이 인정되므로, 피청구인이 임기만료 퇴직으로 법관직을 상실함에 따라 이 사건에서 본안심리를 마친다 해도 공직을 박탈하는 파면결정 자체가 불가능한 상태가 되었음이 분명하다. 따라서 탄핵심판절차의 헌법수호기능으로서 손상된 헌법질서의 회복 수단인 '공직 박탈'의 관점에서 볼 때 이 사건 탄핵심판의 이익을 인정할 수 없다. 뿐만 아니라 피청구인이 임기만료 퇴직으로 법관직을 상실함으로써 피청구인에게 부여되었던 민주적 정당성은 이미 상실되었고, 해당 공직에 새로운 공직자를 취임시킴으로써 민주적 정당성을 회복하는 절차도 예정되어 있으므로, 탄핵심판절차의 헌법수호기능으로서 '민주적 정당성의 박탈'의 관점에서 보더라도 탄핵심판에 따른 파면결정을 통해 공직의 상실과 회복에 기여하는 역할을 수행할 필요가 없어졌다. '민주적 정당성이 훼손된 상태를 회복하는 기능'을 통한 권력분립원칙의 실현이라는 관점에서도 탄핵제도라는 '비상적 수단'이 더 이상 기능할 여지가 없어 이 사건 탄핵심판의 이익은 인정할 수 없다. 결국 헌법 및 헌법재판소법 등 규정의 문언과 취지 및 탄핵심판절차의 헌법수호기능을 종합적으로 감안하더라도 이 사건 탄핵심판의 이익은 인정할 수 없으므로 이 사건 탄핵심판청구를 각하해야 한다(헌결 2021.10.28. 2021헌나1(전합)).

정답 O, ×

🕐 18년 변시, 22년(2) 모의

304. 국회는 국무총리나 국무위원이 그 직무집행에 있어서 헌법이나 법률을 위배한 때에는 탄핵의 소추를 의결할 수 있고, 그 탄핵소추는 국회재적의원 3분의 1 이상의 발의가 있어야 하며, 그 의결은 국회재적의원 과반수의 찬성이 있어야 한다.

해설 헌법 제65조 제1항, 제2항 참조.

> 헌법 제65조 ① 대통령·국무총리·국무위원·행정각부의 장·헌법재판소 재판관·법관·중앙선거관리위원회 위원·감사원장·감사위원 기타 법률이 정한 공무원이 그 직무집행에 있어서 헌법이나 법률을 위배한 때에는 국회는 탄핵의 소추를 의결할 수 있다.
> ② 제1항의 탄핵소추는 국회재적의원 3분의 1 이상의 발의가 있어야 하며, 그 의결은 국회재적의원 과반수의 찬성이 있어야 한다. 다만, 대통령에 대한 탄핵소추는 국회재적의원 과반수의 발의와 국회재적의원 3분의 2 이상의 찬성이 있어야 한다.

정답 O

22년 변시, 14년(2)·15년(3)·17년(3)·22년(2) 모의

305. 헌법재판소는 원칙적으로 국회의 소추의결서에 기재된 소추사유에 의하여 구속을 받지 않으므로 소추의결서에 기재되지 아니한 소추사유도 판단의 대상으로 삼을 수 있다.

해설 헌법재판소는 사법기관으로서 원칙적으로 탄핵소추기관인 국회의 탄핵소추의결서에 기재된 소추사유에 의하여 구속을 받는다. 따라서 헌법재판소는 탄핵소추의결서에 기재되지 아니한 소추사유를 판단의 대상으로 삼을 수 없다. 그러나 탄핵소추의결서에서 그 위반을 주장하는 '법규정의 판단'에 관하여 헌법재판소는 원칙적으로 구속을 받지 않으므로, 청구인이 그 위반을 주장한 법규정 외에 다른 관련 법규정에 근거하여 탄핵의 원인이 된 사실관계를 판단할 수 있다. 또한, 헌법재판소는 소추사유의 판단에 있어서 국회의 탄핵소추의결서에서 분류된 소추사유의 체계에 의하여 구속을 받지 않으므로, 소추사유를 어떠한 연관관계에서 법적으로 고려할 것인가의 문제는 전적으로 헌법재판소의 판단에 달려있다(헌재 2004.05.14. 2004헌나1).

정답

14년(2)·16년(2)·17년(3) 모의

306. 헌법재판소법 제53조 제1항의 '탄핵심판청구가 이유 있는 때'란 모든 법위반의 경우가 아니라, 단지 공직자의 파면을 정당화할 정도로 '중대한' 법위반의 경우를 말한다.

해설 헌법재판소법 제53조 제1항의 '탄핵심판청구가 이유 있는 때'란, 모든 법위반의 경우가 아니라, 단지 공직자의 파면을 정당화할 정도로 '중대한' 법위반의 경우를 말한다(헌재 2004.05.14. 2004헌나1).

정답

24년 변시

307. 헌법재판소의 탄핵결정에 의한 파면은 그 요건과 절차가 준수될 경우 공직의 부당한 박탈이 되지 않으며, 권력분립원칙에 따른 균형을 훼손하지 않는다.

해설 헌법재판소의 탄핵심판은 공직자가 직무집행에 있어서 중대한 위헌·위법행위를 한 경우 이에 대한 법적 책임을 추궁함으로써 헌법의 규범력을 확보하기 위한 것이므로, 탄핵심판이익의 존부에 대한 판단까지 포함하여 그 결정의 내용이 기본권 보장이나 권력분립의 측면에서도 헌법질서에 부합하여야 한다. 헌법에 명문의 근거가 있는 '헌법재판소의 탄핵결정에 의한 파면'은 그 요건과 절차가 준수될 경우 '공직의 부당한 박탈'이 되지 않을 것이고, 권력분립원칙에 따른 균형을 훼손하지 않을 것이다(헌재 2004.05.14. 2004헌나1(전합)).

정답

14년(2) 모의

308. 탄핵소추의결서에서 그 위반을 주장하는 '법규정의 판단'에 관하여 헌법재판소는 원칙적으로 구속을 받지 않으므로 청구인이 그 위반을 주장한 법규정 외에 다른 관련 법규정에 근거하여 탄핵의 원인이 된 사실관계를 판단할 수 있다.

해설 탄핵소추의결서에서 그 위반을 주장하는 '법규정의 판단'에 관하여 헌법재판소는 원칙적으로 구속을 받지 않으므로, 청구인이 그 위반을 주장한 법규정 외에 다른 관련 법규정에 근거하여 탄핵의 원인이 된 사실관계를 판단할 수 있다(헌재 2004.05.14. 2004헌나1).

정답 ○

14년(2) 모의

309. 탄핵 결정 선고 전에 피청구인이 당해 공직에서 파면된 경우라도 객관적 헌법질서의 보호를 위하여 헌법재판소는 심리를 진행하여 이에 대한 탄핵여부의 결정을 내려야 한다.

해설 헌법재판소법 제53조 제2항 참조.

헌법재판소법 제53조(결정의 내용) ② 피청구인이 결정 선고 전에 해당 공직에서 파면되었을 때에는 헌법재판소는 심판청구를 기각하여야 한다.

정답 ×

 23년 변시, 14년(2) 모의

310. 탄핵결정의 내용은 공직으로부터 파면하는 것이며, 이로써 형사상 책임은 면제되나 민사상의 책임은 면제되지 않고, 결정선고가 있은 날로부터 5년이 경과하지 않으면 다시 공무원이 될 수 없다.

해설 헌법 제65조, 헌법재판소법 제54조 참조. ▶ 형사상 책임도 면제되지 않는다.

헌법 제65조 ④ 탄핵결정은 공직으로부터 파면함에 그친다. 그러나, 이에 의하여 민사상이나 형사상의 책임이 면제되지는 아니한다.
헌법재판소법 제54조(결정의 효력) ① 탄핵결정은 피청구인의 민사상 또는 형사상의 책임을 면제하지 아니한다.
② 탄핵결정에 의하여 파면된 사람은 결정 선고가 있은 날부터 5년이 지나지 아니하면 공무원이 될 수 없다.

정답 ×

Ⅱ 국무총리, 국무위원의 해임건의권

18년 변시, 15년(3)·20년(3)·22년(2) 모의

311. 국회는 국무총리나 국무위원에 대한 해임을 건의할 수 있으나, 국회의 해임건의는 대통령을 기속하는 해임결의권이 아니라, 아무런 법적 구속력이 없는 단순한 해임건의권에 불과하다.

해설 국회는 국무총리나 국무위원의 해임을 건의할 수 있으나(헌법 제63조), 국회의 해임건의는 대통령을 기속하는 해임결의권이 아니라, 아무런 법적 구속력이 없는 단순한 해임건의에 불과하다(헌

재 2004.05.14. 2004헌나1). ▶국무총리의 국무위원해임건의에 대하여 대통령은 법적으로 구속될 필요가 없다는 것이 통설이다(성낙인, 헌법학 제18판, p.623).

정답 O

15년(3) 모의

312. (1) 국회의 해임건의권은 국회의 대정부통제권으로서 엄격한 삼권분립과 권력상호간의 견제와 균형을 원칙으로 하는 대통령제의 핵심적 내용이다.

(2) 해임건의는 임기 중 아무런 정치적 책임을 물을 수 없는 대통령 대신에 국무총리·국무위원에 대하여 정치적 책임을 추궁함으로써 대통령을 직접적으로 견제하려는 의미를 가진다.

해설 헌법 제63조의 국무총리·국무위원에 대한 해임건의권은 대통령제하에서 이례적인 제도이나, 현행헌법상 국정전반에 걸쳐 막강한 권한을 보유하고 있는 대통령에 대한 간접적 견제장치라고 볼 수 있다.(정회철, 기본강의 헌법, p.1130)

정답 ×, ×

15년(3) 모의

313. 국무총리에 대한 해임건의는 국회재적의원 2분의 1 이상의 발의에 의하여 국회재적의원 3분의 2 이상의 찬성이 있어야 한다.

해설 헌법 제63조 제2항 참조.

> 헌법 제63조 ① 국회는 국무총리 또는 국무위원의 해임을 대통령에게 건의할 수 있다.
> ② 제1항의 해임건의는 국회재적의원 3분의 1 이상의 발의에 의하여 국회재적의원 과반수의 찬성이 있어야 한다.

정답 ×

III 국정감사·조사권

	국정감사	국정조사
대상	- 국정 전반	- 특정 사안
시기	- 소관상임위원회	- 상임위원회 또는 특별위원회
기관	- 매년 정기회 집회일 이전	- 부정기 : 본회의 의결로

17년(2)·19년(2) 모의

314. 국회 증언에서 18세 미만의 자나 선서의 취지를 이해하지 못하는 자는 증언선서를 하게 하지 아니한다.

해설 국회에서의 증언·감정 등에 관한 법률 제3조 제4항 참조.

> 국회에서의 증언·감정 등에 관한 법률 제3조(증언 등의 거부) ④ 16세 미만의 사람이나 선서의 취지를 이해하지 못하는 사람에게는 선서를 하게 하지 아니한다.

정답 ×

19년(2) 모의

315. 국정감사나 국정조사와 관련하여 보고와 서류 및 해당기관이 보유한 사진·영상물의 제출 요구를 받은 때에는 이 법에 특별한 규정이 있는 경우를 제외하고는 다른 법률의 규정에 불구하고 누구든지 이에 응하여야 한다.

해설 국회에서의 증언·감정 등에 관한 법률 제2조 참조.

> 국회에서의 증언·감정 등에 관한 법률 제2조(증인출석 등의 의무) 국회에서 안건심의 또는 국정감사나 국정조사와 관련하여 보고와 서류 및 해당 기관이 보유한 사진·영상물(이하 "서류등"이라 한다)의 제출 요구를 받거나, 증인·참고인으로서 출석이나 감정의 요구를 받은 때에는 이 법에 특별한 규정이 있는 경우를 제외하고는 다른 법률에도 불구하고 누구든지 이에 따라야 한다.

정답 ○

17년(2)·21년(2) 모의

316. 「국회에서의 증언·감정 등에 관한 법률」상의 증인이 허위의 진술을 한 경우 위증죄로 처벌하는 것은 해당 증인의 진술거부권을 제한하지만 과잉금지원칙에 위반되는 것은 아니다.

해설 국회증언감정법상의 증인의 경우 진술거부권을 고지받을 권리가 인정되지 않으므로, 청구인이 진술거부권을 고지받지 않았다고 하더라도 심판대상조항이 헌법상 진술거부권을 제한한다고 볼 수 없다(헌재 2015.09.24. 2012헌바410).

정답 ×

21년(2) 모의

317. 국정감사의 대상은 지방자치단체 중 특별시·광역시·도의 경우에는 국가위임사무와 국가가 보조금 등 예산을 지원하는 사업으로 제한된다.

해설 국정감사 및 조사에 관한 법률 제7조 참조.

정답 ○

17년(2)·19년(2) 모의

318. 지방자치단체에 대한 국정감사는 국회 본회의가 특히 필요하다고 의결한 경우에 한한다.

국정감사 및 조사에 관한 법률 제7조 참조. ▶ 지자체 중 2호 외의 경우에만 본회의 의결 필요

국정감사 및 조사에 관한 법률 제7조(감사의 대상) 감사의 대상기관은 다음 각호와 같다.
2. 지방자치단체중 특별시·광역시·도. 다만, 그 감사범위는 국가위임사무와 국가가 보조금 등 예산을 지원하는 사업으로 한다.
4. 제1호 내지 제3호외의 지방행정기관·지방자치단체·감사원법에 의한 감사원의 감사대상기관. 다만, 이 경우 본회의가 특히 필요하다고 의결한 경우에 한한다.

정답

13년(2)·17년(2)·19년(2)·21년(2) 모의

319. 국회는 재적의원 4분의 1 이상의 요구가 있는 때에는 특별위원회 또는 상임위원회로 하여금 국정의 특정사안에 관하여 조사를 시행하게 하는바, 이 경우 국정조사를 위한 특별위원회는 교섭단체의원 수의 비율에 따라 구성하여야 하나 조사에 참여하기를 거부하는 교섭단체의 의원은 제외할 수 있다.

국정감사 및 조사에 관한 법률 제3조 제1항, 제4조 제1항 참조.

국정감사 및 조사에 관한 법률 제3조(조사) ① 국회는 재적의원 4분의 1 이상의 요구가 있는 때에는 특별위원회 또는 상임위원회로 하여금 국정의 특정사안에 관하여 조사를 시행하게 한다.
국정감사 및 조사에 관한 법률 제4조(조사위원회) ① 제3조 제3항의 특별위원회는 교섭단체의원수의 비율에 따라 구성하여야 한다. 다만, 조사에 참여하기를 거부하는 교섭단체의 의원은 제외할 수 있다.

정답

14년(2) 모의

320. 국회임시회 집회 요구권, 국정조사 요구권, 전원위원회 개회요구권을 행사하기 위한 국회의원의 수는 동일하다.

헌법 제47조, 국정감사 및 조사에 관한 법률 제3조, 국회법 제63조의2 참조. ▶ 재적의원 4분의 1 이상의 요구가 있어야 하는 점에서 동일하다.

헌법 제47조 ① 국회의 정기회는 법률이 정하는 바에 의하여 매년 1회 집회되며, 국회의 임시회는 대통령 또는 국회재적의원 4분의 1 이상의 요구에 의하여 집회된다.
국정감사 및 조사에 관한 법률 제3조(조사) ① 국회는 재적의원 4분의 1 이상의 요구가 있는 때에는 특별위원회 또는 상임위원회로 하여금 국정의 특정사안에 관하여 조사를 시행하게 한다.
국회법 제63조의2(전원위원회) ① 국회는 위원회의 심사를 거치거나 위원회가 제안한 의안중 정부조직에 관한 법률안, 조세 또는 국민에게 부담을 주는 법률안등 주요의안의 본회의상정전이나 본회의상정후에 재적의원 4분의 1 이상의 요구가 있는 때에는 그 심사를 위하여 의원전원으로 구성되는 전원위원회를 개회할 수 있다.

정답 O

13년(2)·19년(1) 모의

321. 국회가 감사나 조사의 형태로 범죄수사와 형사소추에 관여하는 것은 허용되지 않는다.

해설 국정감사 및 조사에 관한 법률 제8조 참조.

국정감사 및 조사에 관한 법률 제8조(감사 또는 조사의 한계) 감사 또는 조사는 개인의 사생활을 침해하거나 계속 중인 재판 또는 수사 중인 사건의 소추에 관여할 목적으로 행사되어서는 아니 된다.

정답

13년 변시

322. 국정조사를 위한 조사위원회는 조사의 목적, 조사할 사안의 범위와 조사방법 등이 포함된 조사계획서를 본회의에 제출하여 승인을 얻어야 하는데, 본회의는 조사계획서를 의결로써 승인하거나 반려할 수 있다.

해설 국정감사 및 조사에 관한 법률 제3조 제4항, 제5항 참조.

국정감사 및 조사에 관한 법률 제3조(조사) ④ 조사위원회는 조사의 목적, 조사할 사안의 범위와 조사방법, 조사에 필요한 기간 및 소요경비등을 기재한 조사계획서를 본회의에 제출하여 승인을 얻어 조사를 시행한다.
⑤ 본회의는 제4항의 조사계획서를 검토한 다음 의결로써 이를 승인하거나 반려한다.

정답

Ⅳ 국회출석 요구 및 질문권

13년 변시

323. 국회의원은 30인 이상의 찬성으로 회기 중 현안이 되고 있는 중요한 사항을 대상으로 정부에 대하여 질문을 할 것을 의장에게 요구할 수 있다.

해설 국회법 제122조의3 제1항 참조.

국회법 제122조의3(긴급현안질문) ① 의원은 20명 이상의 찬성으로 회기 중 현안이 되고 있는 중요한 사항을 대상으로 정부에 대하여 질문(이하 이 조에서 "긴급현안질문"이라 한다)을 할 것을 의장에게 요구할 수 있다.

정답

21년(2) 모의

324. 국회로부터 공무원이 국가기밀 사항에 대한 증언의 요구를 받은 경우에 이로부터 5일 이내에 그 발표로 말미암아 국가안위에 중대한 영향을 미칠 수 있음이 명백하다는 주무부장관의 소명이 있으면 해당 증언을 거부할 수 있으나, 국회가 주무부장관의 소명을 수락하지 아니할 경우에는 해당 증언을 거부할 수 없다.

해설 국회에서의 증언·감정 등에 관한 법률 제4조 참조.

국회에서의 증언·감정 등에 관한 법률 제4조(공무상 비밀에 관한 증언·서류등의 제출) ① 국회로부터 공무원 또는 공무원이었던 사람이 증언의 요구를 받거나, 국가기관이 서류등의 제출을 요구받은 경우에 증언할 사실이나 제출할 서류등의 내용이 직무상 비밀에 속한다는 이유로 증언이나 서류등의 제출을 거부할 수 없다. 다만, 군사·외교·대북 관계의 국가기밀에 관한 사항으로서 그 발표로 말미암아 국가안위에 중대한 영향을 미칠 수 있음이 명백하다고 주무부장관(대통령 및 국무총리의 소속기관에서는 해당 관서의 장)이 증언 등의 요구를 받은 날부터 5일 이내에 소명하는 경우에는 그러하지 아니하다.
② 국회가 제1항 단서의 소명을 수락하지 아니할 경우에는 본회의의 의결로, 폐회 중에는 해당 위원회의 의결로 국회가 요구한 증언 또는 서류등의 제출이 국가의 중대한 이익을 해친다는 취지의 국무총리의 성명을 요구할 수 있다.
③ 국무총리가 제2항의 성명 요구를 받은 날부터 7일 이내에 그 성명을 발표하지 아니하는 경우에는 증언이나 서류등의 제출을 거부할 수 없다.

정답

V 대통령의 국정행위에 대한 동의권

325. 대통령은 조약을 체결·비준할 권한을 가지며, 국회는 상호원조 또는 안전보장에 관한 조약, 중요한 국제조직에 관한 조약, 우호통상항해조약, 주권의 제약에 관한 조약, 강화조약, 국가나 국민에게 중대한 재정적 부담을 지우는 조약 또는 입법사항에 관한 조약의 체결·비준에 대한 동의권을 가진다.

해설 헌법 제73조, 제60조 제1항 참조.

헌법 제73조 대통령은 조약을 체결·비준하고, 외교사절을 신임·접수 또는 파견하며, 선전포고와 강화를 한다.
헌법 제60조 ① 국회는 상호원조 또는 안전보장에 관한 조약, 중요한 국제조직에 관한 조약, 우호통상항해조약, 주권의 제약에 관한 조약, 강화조약, 국가나 국민에게 중대한 재정적 부담을 지우는 조약 또는 입법사항에 관한 조약의 체결·비준에 대한 동의권을 가진다.
헌법 제89조 다음 사항은 국무회의의 심의를 거쳐야 한다.
3. 헌법개정안·국민투표안·조약안·법률안 및 대통령령안

정답

20년(1) 모의

326. 국회는 선전포고, 국군의 외국에의 파견에는 동의권을 가지나 외국군대의 대한민국 영역 안에서의 주류에 대해서는 동의권을 갖지 않는다.

> 해설 헌법 제60조 제2항 참조.

> 헌법 제60조 ② 국회는 선전포고, 국군의 외국에의 파견 또는 외국군대의 대한민국 영역안에서의 주류에 대한 동의권을 가진다.

정답

15년(2) 모의

327. 모든 조약안에 대해서 국무회의 심의를 거쳐야 하는 것은 아니고, 국회의 동의를 요하는 조약안에 대해서만 국무회의 심의를 거치면 된다.

> 해설 헌법 제89조, 제60조 참조. ▶ 국회의 동의를 요하는지 여부와 상관없이 조약을 체결·비준함에 앞서 국무회의의 심의를 거쳐야 한다(국회가 중요한 사항에 관한 조약의 체결·비준에 대하여 동의권을 가지는 것과 구별).

> 헌법 제89조 다음 사항은 국무회의의 심의를 거쳐야 한다.
> 3. 헌법개정안·국민투표안·조약안·법률안 및 대통령령안
> 헌법 제60조 ① 국회는 상호원조 또는 안전보장에 관한 조약, 중요한 국제조직에 관한 조약, 우호통상항해조약, 주권의 제약에 관한 조약, 강화조약, 국가나 국민에게 중대한 재정적 부담을 지우는 조약 또는 입법사항에 관한 조약의 체결·비준에 대한 동의권을 가진다.

정답

제❺항 | 국회의 자율권

I 자율권의 의의 및 내용

21년(3) 모의

328. 국회의 자율권은 권력분립의 원칙에 입각한 것으로 의회주의사상에 뿌리를 둔 국회기능의 하나로 간주된다.

> 해설 국회의 자율권은 의회주의사상에 그 뿌리를 두고 권력분립의 원칙에 입각한 것으로, 현대국가의 의회에서는 국회가 갖는 입법·재정·견제·인사기능의 실효성을 높이기 위해서 필요불가결한 국회기능의 하나로 간주되고 있다(헌재 2020.05.27. 2019헌라1).

정답 O

21년(3) 모의

329. 헌법은 교섭단체와 위원회를 구성할 수 있는 국회의 권한을 직접 규정함으로써 국회의 내부조직에 관한 자율권을 보장하고 있다.

해설 헌법이 아닌 국회법에서 규정하고 있다. 국회법 "제5장 교섭단체·위원회와 위원" 제33조 이하 참조.

정답 ×

Ⅱ 자율권의 한계

22년(3) 모의

330. 국회의 자율권도 헌법이나 법률을 위반하지 않는 범위 내에서 허용되어야 하므로, 국회의 의사절차나 입법절차에 헌법이나 법률의 규정을 명백히 위반한 흠이 있는 경우에도 국회가 자율권을 가진다고 할 수는 없다.

해설 국회는 국민의 대표기관, 입법기관으로서 폭넓은 자율권을 가지고 있고, 그 자율권은 권력분립의 원칙이나 국회의 지위, 기능에 비추어 존중되어야 하는 것이지만, 한편 법치주의의 원리상 모든 국가기관은 헌법과 법률에 의하여 기속을 받는 것이므로 국회의 자율권도 헌법이나 법률을 위반하지 않는 범위내에서 허용되어야 하고 따라서 국회의 의사절차나 입법절차에 헌법이나 법률의 규정을 명백히 위반한 흠이 있는 경우에도 국회가 자율권을 가진다고는 할 수 없다(헌재 1997.07.16. 96헌라2).

정답 ○

 13년 변시, 12년(3)·19년(1)·(3)·21년(3) 모의

331. 헌법은 국회의원의 자격심사·징계·제명에 관하여 법원에 제소할 수 없음을 규정함으로써 국회의 자율권을 보장하고 있다.

해설 헌법 제64조 참조.

> 헌법 제64조 ② 국회는 의원의 자격을 심사하며, 의원을 징계할 수 있다.
> ③ 의원을 제명하려면 국회재적의원 3분의 2 이상의 찬성이 있어야 한다.
> ④ 제2항과 제3항의 처분에 대하여는 법원에 제소할 수 없다.

정답 ○

21년(2) · 22년(2) 모의

332. 국회의원이 교섭단체의 결정에 위반하는 정치활동을 한 이유로 제재를 받는 경우, 자유위임원칙에 비추어 국회의원의 신분을 상실하게 할 수는 없을 뿐만 아니라 소속 정당으로부터의 제명도 불가능하다.

해설 국회의원의 원내활동을 기본적으로 각자에 맡기는 자유위임은 자유로운 토론과 의사형성을 가능하게 함으로써 당내민주주의를 구현하고 정당의 독재화 또는 과두화를 막아주는 순기능을 갖는다. 그러나 자유위임은 의회내에서의 정치의사형성에 정당의 협력을 배척하는 것이 아니며, 의원이 정당과 교섭단체의 지시에 기속되는 것을 배제하는 근거가 되는 것도 아니다. 또한 국회의원의 국민대표성을 중시하는 입장에서도 특정 정당에 소속된 국회의원이 정당기속 내지는 교섭단체의 결정(소위 '당론')에 위반하는 정치활동을 한 이유로 제재를 받는 경우, 국회의원 신분을 상실하게 할 수는 없으나 "정당내부의 사실상의 강제" 또는 소속 "정당으로부터의 제명"은 가능하다고 보고 있다. 그렇다면, 당론과 다른 견해를 가진 소속 국회의원을 당해 교섭단체의 필요에 따라 다른 상임위원회로 전임(사·보임)하는 조치는 특별한 사정이 없는 한 헌법상 용인될 수 있는 "정당내부의 사실상 강제"의 범위내에 해당한다고 할 것이다(헌재 2003.10.30. 2002헌라1).

정답

21년(3) 모의

333. 국회는 법률에 저촉되지 아니하는 범위 안에서 의사와 내부규율에 관한 규칙을 제정할 수 있다.

해설 헌법 제64조 제1항 참조.

> 헌법 제64조 ① 국회는 법률에 저촉되지 아니하는 범위 안에서 의사와 내부규율에 관한 규칙을 제정할 수 있다.

정답

21년(3) 모의

334. 의사진행에 관한 폭넓은 재량권은 국회의 자율권에 속하므로 국회의장의 의사절차 진행 행위가 헌법이나 법률에 명백히 위배되지 않는 한 다른 국가기관은 이를 존중하여야 한다.

해설 국회의장의 의사진행에 관한 폭넓은 재량권은 국회의 자율권의 일종이므로, 다른 국가기관은 헌법이나 법률에 명백히 위배되지 않는 한 국회의장의 의사절차 진행 행위를 존중하여야 한다(헌재 2020.05.27. 2019헌라6,2020헌라1(병합)).

정답

제5절 국회의원의 헌법상 지위와 권한·의무

제❶항 국회의원의 헌법상 지위와 신분

I 국회의원의 헌법상 지위

12년·13년 변시, 11년(1)·15년(2)·18년(3)·19년(2)·21년(1) 모의

335. **(1) 국회 위원회에서 소속 상임위원이 당론에 반하는 의사를 표시하였다는 이유로 해당 상임위원의 의사에 반하여 상임위원 개선(改選)이 이루어졌다면, 이는 국회의원이 국민의 대표자로서 갖는 지위보다 특정 정당의 당원으로서 갖는 지위를 우선순위에 두는 것으로 대의제 헌법원리에 위배된다.**

(2) 정당의 교섭단체는 의원의 정당기속을 강화하는 하나의 수단으로 기능할 뿐 아니라 정당소속 의원들의 원내 행동통일을 기함으로써 정당의 정책을 의안심의에서 최대한 반영하기 위한 기능도 갖는다.

(3) 국회의장이 국회의 의사를 원활히 운영하기 위하여 상임위원회의 구성원인 위원의 선임 및 개선에 있어 교섭단체대표의원과 협의하고 그의 요청에 응하는 것은 국회운영에 있어 본질적인 요소이다.

해설 자유위임은 의회내에서의 정치의사형성에 정당의 협력을 배척하는 것이 아니며, 의원이 정당과 교섭단체의 지시에 기속되는 것을 배제하는 근거가 되는 것도 아니다. 또한 국회의원의 국민대표성을 중시하는 입장에서도 특정 정당에 소속된 국회의원이 정당기속 내지는 교섭단체의 결정(소위 '당론')에 위반하는 정치활동을 한 이유로 제재를 받는 경우, 국회의원 신분을 상실하게 할 수는 없으나 "정당내부의 사실상의 강제" 또는 소속 "정당으로부터의 제명"은 가능하다고 보고 있다. 그렇다면, 당론과 다른 견해를 가진 소속 국회의원을 당해 교섭단체의 필요에 따라 다른 상임위원회로 전임(사·보임)하는 조치는 특별한 사정이 없는 한 헌법상 용인될 수 있는 "정당내부의 사실상 강제"의 범위 내에 해당한다고 할 것이다. … 또한 오늘날 교섭단체가 정당국가에서 의원의 정당기속을 강화하는 하나의 수단으로 기능할 뿐만 아니라 정당소속 의원들의 원내 행동통일을 기함으로써 정당의 정책을 의안심의에서 최대한으로 반영하기 위한 기능도 갖는다는 점에 비추어 볼 때, 국회의장이 국회의 의사(議事)를 원활히 운영하기 위하여 상임위원회의 구성원인 위원의 선임 및 개선에 있어 교섭단체대표의원과 협의하고 그의 "요청"에 응하는 것은 국회운영에 있어 본질적인 요소라고 아니할 수 없다. 피청구인은 국회법 제48조 제1항에 규정된 바에 따라 청구인이 소속된 한나라당 "교섭단체대표의원의 요청"을 서면으로 받고 이 사건 사·보임행위를 한 것으로서 하등 헌법이나 법률에 위반되는 행위를 한 바가 없다(헌재 2003.10.30. 2002헌라1).

정답 ×, O, O

19년(3) · 22년(1) 모의

336. **당론과 다른 견해를 가진 소속 국회의원을 다른 상임위원회로 사·보임하는 조치는 헌법상 용인될 수 있는 정당내부의 사실상의 강제의 범위 내에 해당하는 것으로 자유위임원칙에 반하지 않는다.**

해설 국회는 중요한 헌법기관으로서 스스로의 문제를 자주적으로 처리할 수 있는 폭넓은 자율권을 갖는다. 국회의 자율권은 의회주의사상에 그 뿌리를 두고 권력분립의 원칙에 입각하여 현대 헌법국가의 의회에서는 당연한 국회기능의 하나로 간주되고 있다. 국회의 자율기능은 국회가 갖는 입법·재정·통제·인사기능의 실효성을 높이기 위한 불가결한 전제조건을 뜻하기 때문이다. 규칙제정(헌법 제

64조 제1항, 법 제166조), 신분보장(헌법 제44조, 제45조, 제64조 제2항~제4항), 질서유지(법 제143조, 제144조, 제150조) 등의 규정은 그 제도적 표현이라고 할 수 있다. 이 중 국회가 외부의 간섭 없이 독자적으로 그 내부조직을 할 수 있는 권능, 즉 국회의 기관인 의장 1인과 부의장 2인을 선거하고 그 궐위시에 보궐선거를 실시하며 의장·부의장의 사임을 처리하며, 필요할 때 임시의장을 선출하고 그 직원을 임면하고 교섭단체와 위원회를 구성하는 것 등은 모두 자율적인 국회내부의 조직구성행위이다. 이러한 관점에서 볼 때, 이 사건 사·보임행위는 기본적으로 국회의 조직자율권에 해당하는 행위라고 할 수 있고, 헌법재판소는, 국회의원을 상임위원회의 위원으로 '선임'하는 행위는 국회법 제48조 제1항에 따라 국민의 대표자로 구성된 국회가 그 자율권에 근거하여 내부적으로 회의체기관을 구성·조직하는 "국회내부의 조직구성행위"라고 하였다(헌재 2003.10.30. 2002헌라1).

정답

16년(1)·17년(2)·19년(3) 모의

337.
국무총리·국무위원·국무총리실장·처의 장, 행정각부의 차관 기타 국가공무원의 직을 겸한 의원은 국회 상임위원회의 상임위원을 사임하여야 한다.

해설 국회법 제39조 제4항 참조.

국회법 제39조(상임위원회의 위원) ④ 국무총리, 국무위원, 국무총리실장, 처의 장, 행정각부의 차관, 그 밖의 국가공무원의 직을 겸한 의원은 상임위원을 사임할 수 있다.

정답

24년 변시

338.
국회 상임위원은 소관 상임위원회의 직무와 관련한 영리행위를 하여서는 아니 된다. 다만, 국회 윤리심사자문위원회의 심사를 거쳐 윤리심사자문위원회 위원장의 허가를 받은 경우에는 예외로 한다.

해설 국회법 제40조의2 참조.

국회법 제40조의2(상임위원의 직무 관련 영리행위 금지) 상임위원은 소관 상임위원회의 직무와 관련한 영리행위를 하여서는 아니 된다.

정답

16년(1) 모의

339.
선거일의 투표마감시각 후 당선인결정 전까지 지역구국회의원후보자가 사퇴·사망하거나 등록이 무효로 된 경우에는 개표결과 유효투표의 다수를 얻은 자를 당선인으로 결정하되, 사퇴·사망하거나 등록이 무효로 된 자가 유효투표의 다수를 얻은 때에는 그 국회의원지역구는 당선인이 없는 것으로 한다.

해설 공직선거법 제188조 제4항 참조.

공직선거법 제188조(지역구국회의원당선인의 결정·공고·통지) ④ 선거일의 투표마감시각후 당선인결정전까지 지역구국회의원후보자가 사퇴·사망하거나 등록이 무효로 된 경우에는 개표결과 유효투표의 다수를 얻은 자를 당선인으로 결정하되, 사퇴·사망하거나 등록이 무효로 된 자가 유효투표의 다수를 얻은 때에는 그 국회의원지역구는 당선인이 없는 것으로 한다.

정답 O

14년(2) · 22년(2) 모의

340. (1) 헌법재판소는 자유위임하의 국회의원 지위는 비례대표선거로 얻었는가, 지역구선거로 얻었는가에 의하여 구별된다고 판시하고 있다.

(2) 헌법이 자유위임원리에 입각하고 있는 이상, 법률에서 비례대표국회의원이 소속정당을 탈당할 때 의원직을 상실한다는 규정을 둘 수 없다.

해설 자유위임하의 국회의원의 지위는 그 의원직을 얻은 방법 즉 전국구로 얻었는가, 지역구로 얻었는가에 의하여 차이가 없으며, 전국구의원도 그를 공천한 정당을 탈당하였다고 하여도 별도의 법률규정이 있는 경우는 별론으로 하고 당연히 국회의원직을 상실하지는 않는다는 것이다(헌재 1994.04.28. 92헌마153).

정답 ×, ×

14년(2) 모의

341. 헌법재판소는 대통령 탄핵소추의결을 위하여 각 정당이 "탄핵소추안의 의결에 참여하지 않는 소속 국회의원들을 출당시키겠다."고 공언한 것이 오늘날의 정당민주주의 하에서 허용되는 국회의원의 정당기속의 범위를 넘어 국회의원의 양심에 따른 표결권행사(헌법 제46조 제2항, 국회법 제114조의2)를 실질적으로 방해할 정도의 압력 또는 협박이었다고 볼 수 없다고 판시한 바 있다.

해설 한나라당과 민주당이 "탄핵소추안의 의결에 참여하지 않는 소속 국회의원들을 출당시키겠다."고 공언하였다 하더라도, 그것이 오늘날의 정당민주주의 하에서 허용되는 국회의원의 정당기속의 범위를 넘어 국회의원의 양심에 따른 표결권행사(헌법 제46조 제2항, 국회법 제114조의2)를 실질적으로 방해할 정도의 압력 또는 협박이었다고 볼 수 없다(헌재 2004.05.14. 2004헌나1).

정답 O

II 의원자격의 발생과 소멸

18년(3) 모의

342. 국회의원의 임기는 총선거에 의한 전임의원 임기만료일 다음 날부터 개시된다. 다만, 의원 임기가 개시된 후에 실시하는 선거에 의한 의원 임기는 당선이 결정된 때부터 개시된다.

해설 공직선거법 제14조 참조.

> 공직선거법 제14조(임기개시) ② 국회의원과 지방의회의원(이하 이 항에서 "의원"이라 한다)의 임기는 총선거에 의한 전임의원의 임기만료일의 다음 날부터 개시된다. 다만, 의원의 임기가 개시된 후에 실시하는 선거와 지방의회의원의 증원선거에 의한 의원의 임기는 당선이 결정된 때부터 개시되며 전임자 또는 같은 종류의 의원의 잔임기간으로 한다.

정답

18년(3)·20년(2)·23년(1)(2) 모의

343. (1) 헌법재판소의 해산결정으로 정당이 해산되는 경우에 그 정당 소속 국회의원의 의원직은 정당해산결정의 실효성을 확보하는 차원에서 그 당선 방식을 불문하고 모두 상실된다.

(2) 정당해산심판절차에 따라 해산된 정당에 소속된 지역구국회의원은 물론 비례대표 국회의원의 경우에도 그 해산결정으로 의원직을 상실하므로 원칙적으로 보궐선거를 하여야 한다.

해설 헌법재판소의 해산결정으로 정당이 해산되는 경우에 그 정당 소속 국회의원이 의원직을 상실하는지에 대하여 명문의 규정은 없으나, 정당해산심판제도의 본질은 민주적 기본질서에 위배되는 정당을 정치적 의사형성과정에서 배제함으로써 국민을 보호하는 데에 있는데 해산정당 소속 국회의원의 의원직을 상실시키지 않는 경우 정당해산결정의 실효성을 확보할 수 없게 되므로, 이러한 정당해산제도의 취지 등에 비추어 볼 때 헌법재판소의 정당해산결정이 있는 경우 그 정당 소속 국회의원의 의원직은 당선 방식을 불문하고 모두 상실되어야 한다(헌재 2014.12.19. 2013헌다1). ▶ 지역구국회의원의 경우 보궐선거를 실시하나 비례대표국회의원의 경우 보궐선거를 실시하지 않는다.

정답

11년(1)·14년(2) 모의

344. 비례대표국회의원이 국회의장으로 당선되어 국회법 규정에 따라 당적을 이탈한 경우를 제외하고는 비례대표국회의원은 소속정당의 합당·해산 또는 제명외의 사유로 당적을 이탈·변경하거나 2 이상의 당적을 가지고 있는 때에는 「국회법」제136조(퇴직)에도 불구하고 퇴직된다.

해설 공직선거법 제192조 제4항 참조.

공직선거법 제192조(피선거권상실로 인한 당선무효 등) ④ 비례대표국회의원 또는 비례대표지방의회의원이 소속정당의 합당·해산 또는 제명외의 사유로 당적을 이탈·변경하거나 2 이상의 당적을 가지고 있는 때에는 「국회법」 제136조 또는 「지방자치법」 제78조의 규정에 불구하고 퇴직된다. 다만, 비례대표국회의원이 국회의장으로 당선되어 「국회법」 규정에 의하여 당적을 이탈한 경우에는 그러하지 아니하다.

정답 O

14년(2) 모의

345. 헌법재판소는, 국회의원이 그를 공천한 정당을 탈당한 때 국회의원직을 상실하는지 여부는 그 나라의 헌법과 기타 법제에 의하여 결정되는 문제라고 판시한 바 있다.

해설 국회의원의 법적인 지위 특히 전국구의원이 그를 공천한 정당을 탈당한 때 국회의원직을 상실하는 여부는 그 나라의 헌법과 국회의원선거법 등의 법규정 즉, 법제에 의하여 결정되는 문제이다. 즉 국회의원의 법적 지위 특히 전국구의원이 그를 공천한 정당을 탈당할 때 의원직을 상실하는 여부는 그 나라의 헌법과 법률이 국회의원을 이른바 자유위임(또는 무기속위임)하에 두었는가, 명령적 위임(또는 기속위임)하에 두었는가, 양 제도를 병존하게 하였는가에 달려있다(헌재 1994.04.28. 92헌마153).

정답 O

12년 변시, 19년(3) 모의

346. (1) 국회의원이 사직하고자 하는 경우, 회기 중에는 국회의 의결이 있어야 하고, 폐회 중에는 국회의장의 허가가 있어야 한다.
(2) 국회는 의결로 국회의원의 사직을 허가할 수 있는데, 사직허가 여부는 토론을 거쳐 표결하여야 한다.

해설 국회법 제135조 제1항 참조.

국회법 제135조(사직) ① 국회는 의결로 의원의 사직을 허가할 수 있다. 다만, 폐회 중에는 의장이 허가할 수 있다.
② 의원이 사직하려는 경우에는 본인이 서명·날인한 사직서를 의장에게 제출하여야 한다.
③ 사직 허가 여부는 토론을 하지 아니하고 표결한다.

정답 O, ×

Ⅲ 국회의원의 겸직 등 제한

22년(1) 모의

347. 국회의원은 국무위원의 직을 겸하는 경우 상임위원의 직을 사임하여야 한다.

> **해설** 국회법 제29조 제1항 참조. ▶ 국회의원은 국무위원 직을 겸직할 수 있다.

> 국회법 제29조(겸직 금지) ① 의원은 국무총리 또는 국무위원 직 외의 다른 직을 겸할 수 없다. 다만, 다음 각 호의 어느 하나에 해당하는 경우에는 그러하지 아니하다.

정답 ×

12년 변시, 14년(2)·19년(1) 모의

348. 현행 헌법은 국회의원과 국무총리 또는 국무위원의 겸직을 허용하고 있으며 국회법에서 이를 확인하고 있다.

> **해설** 헌법 제43조, 국회법 제29조 참조. ▶ 헌법은 국회의원의 국무총리 또는 국무위원 직의 겸직에 관하여 명시적으로 규정하고 있지 않으며 국회법에서 겸직을 허용하는 규정을 두고 있다.

> 헌법 제43조 국회의원은 법률이 정하는 직을 겸할 수 없다.
> 국회법 제29조(겸직 금지) ① 의원은 국무총리 또는 국무위원의 직 이외의 다른 직을 겸할 수 없다. 다만, 다음 각 호의 어느 하나에 해당하는 경우에는 그러하지 아니하다.

정답 ×

18년(1) 모의

349. 국회의원이 지방자치단체의 장의 선거에 입후보하는 경우에는 선거일 전 30일까지 그 직을 그만두어야 한다.

> **해설** 공직선거법 제53조 제2항 참조.

> 공직선거법 제53조(공무원 등의 입후보) ② 제1항 본문에도 불구하고 다음 각 호의 어느 하나에 해당하는 경우에는 선거일 전 30일까지 그 직을 그만두어야 한다.
> 1. 비례대표국회의원선거나 비례대표지방의회의원선거에 입후보하는 경우
> 2. 보궐선거등에 입후보하는 경우
> 3. 국회의원이 지방자치단체의 장의 선거에 입후보하는 경우

정답 ○

제❷항 | 국회의원의 특권

I 불체포특권

24년 변시, 19년(1)·23년(3) 모의

350. (1) 국회의원을 체포하거나 구금하기 위하여 국회의 동의를 받으려고 할 때에는 관할 법원의 판사는 영장을 발부하기 전에 체포동의 요구서를 정부에 제출하여야 하며,

정부는 이를 수리한 후 지체 없이 그 사본을 첨부하여 국회에 체포동의를 요청하여야 한다.
(2) 국회의장은 정부의 의원체포동의를 요청받은 후 처음 개의하는 본회의에 이를 보고하고, 본회의에 보고된 때부터 24시간 이후 72시간 이내에 표결하되, 체포동의안이 72시간 이내에 표결되지 아니하는 경우에는 그 이후에 최초로 개의하는 본회의에 상정하여 표결한다.

해설 국회법 제26조 참조.

국회법 제26조(체포동의 요청의 절차) ① 의원을 체포하거나 구금하기 위하여 국회의 동의를 받으려고 할 때에는 관할법원의 판사는 영장을 발부하기 전에 체포동의 요구서를 정부에 제출하여야 하며, 정부는 이를 수리한 후 지체 없이 그 사본을 첨부하여 국회에 체포동의를 요청하여야 한다.
② 의장은 제1항에 따른 체포동의를 요청받은 후 처음 개의하는 본회의에 이를 보고하고, 본회의에 보고된 때부터 24시간 이후 72시간 이내에 표결한다. 다만, 체포동의안이 72시간 이내에 표결되지 아니하는 경우에는 그 이후에 최초로 개의하는 본회의에 상정하여 표결한다.

정답 O, O

16년(1) 모의

351. 국회의원이 현행범인인 경우 회기 중이라도 국회의 동의없이 체포 또는 구금될 수 있다.

해설 헌법 제44조 제1항 참조.

헌법 제44조 ① 국회의원은 현행범인인 경우를 제외하고는 회기중 국회의 동의없이 체포 또는 구금되지 아니한다.

정답 O

23년(1) 모의

352. 경위나 경찰공무원은 국회 안에 현행범인인 국회의원이 있을 때에는 국회의장의 명령 없이 국회의원을 체포할 수 있으며, 체포한 후 의장의 지시를 받아야 한다.

해설 국회법 제150조 참조

국회법 제150조(현행범인의 체포) 경위나 경찰공무원은 국회 안에 현행범인이 있을 때에는 체포한 후 의장의 지시를 받아야 한다. 다만, 회의장 안에서는 의장의 명령 없이 의원을 체포할 수 없다.

정답 ×

Ⅱ 면책특권

16년(2) 모의

353. 국회의원은 국회에서 직무상 행한 발언과 표결에 관하여 책임을 지지 아니한다.

해설 헌법 제45조 참조.

헌법 제45조 국회의원은 국회에서 직무상 행한 발언과 표결에 관하여 국회외에서 책임을 지지 아니한다.

정답 ×

16년(2) 모의

354. 국회는 국회 본회의에서 다른 사람을 모욕하는 발언을 한 국회의원에 대해 징계책임을 물을 수 있다.

해설 국회법 제146조, 제155조 제9호 참조.

국회법 제146조(모욕 등 발언의 금지) 의원은 본회의나 위원회에서 다른 사람을 모욕하거나 다른 사람의 사생활에 대한 발언을 하여서는 아니 된다.
국회법 제155조(징계) 국회는 의원이 다음 각 호의 어느 하나에 해당하는 행위를 하였을 때에는 윤리특별위원회의 심사를 거쳐 그 의결로써 징계할 수 있다. (단서 생략)
  9. 제146조를 위반하여 본회의 또는 위원회에서 다른 사람을 모욕하거나 다른 사람의 사생활에 대한 발언을 하였을 때

정답 ○

12년 변시, 16년(1)·(2) 모의

355. 국회의원이 국회 위원회에서 직무상 행한 발언에 대해 명예훼손죄로 공소제기된 경우 법원은 공소기각의 판결을 내려야 한다.

해설 국회의원의 면책특권에 속하는 행위에 대하여는 공소를 제기할 수 없으며 이에 반하여 공소가 제기된 것은 결국 공소권이 없음에도 공소가 제기된 것이 되어 형사소송법 제327조 제2호의 "공소제기의 절차가 법률의 규정에 위반하여 무효인 때"에 해당되므로 공소를 기각하여야 한다(대판 1992.09.22. 91도3317).

정답 ○

16년(2)·22년(3) 모의

356. 국회의원의 면책특권의 대상이 되는 행위는 국회의 직무수행에 필수적인 국회의원의 국회 내에서의 직무상 발언과 표결이라는 의사표현행위 자체에만 국한되지 아니하고 이에 통상적으로 부수하여 행하여지는 행위까지 포함한다.

해설 면책특권의 대상이 되는 행위는 국회의 직무수행에 필수적인 국회의원의 국회 내에서의 직무상 발언과 표결이라는 의사표현행위 자체에만 국한되지 아니하고 이에 통상적으로 부수하여 행하여지는 행위까지 포함하며, 그와 같은 부수행위인지 여부는 구체적인 행위의 목적·장소·태양 등을 종합하여 개별적으로 판단하여야 한다(대판 2011.05.13. 2009도14442).

정답 ○

23년(3) 모의

357. 국회의원이 국회 내에서 하는 정부·행정기관에 대한 자료제출의 요구는 그것이 직무상 질문이나 질의를 준비하기 위한 것인 경우에 직무상 발언에 부수하여 행하여진 것으로서 면책특권이 인정되어야 한다.

해설 면책특권의 대상이 되는 행위는 국회의 직무수행에 필수적인 국회의원의 국회 내에서의 직무상 발언과 표결이라는 의사표현행위 자체에만 국한되지 않고 이에 통상적으로 부수하여 행하여지는 행위까지 포함되므로, 국회의원이 국회의 위원회나 국정감사장에서 국무위원·정부위원 등에 대하여 하는 질문이나 질의는 국회의 입법활동에 필요한 정보를 수집하고 국정통제기능을 수행하기 위한 것이므로 면책특권의 대상이 되는 발언에 해당함은 당연하고, 또한 국회의원이 국회 내에서 하는 정부·행정기관에 대한 자료제출의 요구는 국회의원이 입법 및 국정통제 활동을 수행하기 위하여 필요로 하는 것이므로 그것이 직무상 질문이나 질의를 준비하기 위한 것인 경우에는 직무상 발언에 부수하여 행하여진 것으로서 면책특권이 인정되어야 한다(대판 1996.11.08. 96도1742).

정답 ○

14년 변시·22년(3) 모의

358. 대기업으로부터 이른바 떡값 명목의 금품을 수수하였다는 검사들의 실명이 게재된 보도자료를 국회의원이 작성하여 국회 법제사법위원회 개의 당일 국회의원회관에서 기자들에게 배포한 행위는 면책특권의 대상이 된다.

해설 국회의원인 피고인이, 구 국가안전기획부 내 정보수집팀이 대기업 고위관계자와 중앙일간지 사주 간의 사적 대화를 불법 녹음한 자료를 입수한 후 그 대화 내용과, 전직 검찰간부인 피해자가 위 대기업으로부터 이른바 떡값 명목의 금품을 수수하였다는 내용이 게재된 보도자료를 작성하여 국회 법제사법위원회 개의 당일 국회 의원회관에서 기자들에게 배포한 경우, 위 행위는 국회의원 면책특권의 대상이 되는 직무부수행위에 해당한다(대판 2011.05.13. 2009도14442).

정답 ○

🍊 20년 변시, 11년(1)·12년(3)·19년(1) · 22년(3) 모의

359. 국회의원이 발언 내용이 허위라는 점을 인식하지 못했다면 비록 발언 내용에 다소 근거가 부족하거나 진위 여부를 확인하기 위한 조사를 제대로 하지 않았다고 하더라도, 그것이 직무 수행의 일환으로 이뤄진 것인 이상 면책특권의 대상이 된다.

> 해설 발언 내용이 허위라는 점을 인식하지 못하였다면 비록 발언 내용에 다소 근거가 부족하거나 진위 여부를 확인하기 위한 조사를 제대로 하지 않았다고 하더라도, 그것이 직무 수행의 일환으로 이루어진 것인 이상 이는 면책특권의 대상이 된다(대판 2007.01.12. 2005다57752).

정답 ○

22년(3) 모의

360. 국회의원의 면책특권은 국회에서 행한 발언과 표결에 대하여 책임을 면제하는 특권이고, 국회의원의 임기 중은 물론 임기만료 후에도 그 효과가 미친다.

> 해설 면책되는 기간은 재임중에 국한되지 않으므로 임기만료 이후에도 적용된다(김유향, 기본강의 헌법 제7판, p.1310). ▶ 헌법 제45조 참조

> 헌법 제45조 국회의원은 국회에서 직무상 행한 발언과 표결에 관하여 국회외에서 책임을 지지 아니한다.

정답 ○

22년(3) 모의

361. 면책특권은 책임만 면제받을 뿐 위법성은 조각되지 아니하므로 국회의원의 발언·표결을 교사·방조한 자는 민형사상의 책임을 진다.

> 해설 면책특권은 범죄불성립요건이 아니라 단지 형벌권의 발생을 저지하는 인적 처벌조각사유이므로, 교사하거나 방조한 자는 처벌을 면할 수 없다. 그리고 면책특권에 해당할 경우 책임이 면제되기 때문에 그 행위가 형법상의 범죄를 구성한다 할지라도 소추를 받지 아니한다(김유향, 기본강의 헌법 제7판, p.1310).

정답 ○

제❸항 ┃ 국회의원의 의무

19년(1) 모의

362. 국회는 국회의원이 의장석 또는 위원장석을 점거하고 점거 해제를 위한 의장 또는 위원장의 조치에 따르지 않은 경우에는 윤리특별위원회의 심사를 거치지 아니하고 그 의결로써 해당 국회의원을 징계할 수 있다.

해설 국회법 제155조 등 참조.

국회법 제145조(회의의 질서 유지) ① 의원이 본회의 또는 위원회의 회의장에서 이 법 또는 국회규칙을 위반하여 회의장의 질서를 어지럽혔을 때에는 의장이나 위원장은 경고나 제지를 할 수 있다.
② 제1항의 조치에 따르지 아니하는 의원에 대해서는 의장이나 위원장은 당일 회의에서 발언하는 것을 금지하거나 퇴장시킬 수 있다.
③ 의장이나 위원장은 회의장이 소란하여 질서를 유지하기 곤란하다고 인정할 때에는 회의를 중지하거나 산회를 선포할 수 있다.
국회법 제148조의2(의장석 또는 위원장석의 점거 금지) 의원은 본회의장 의장석이나 위원회 회의장 위원장석을 점거해서는 아니 된다.
국회법 제155조(징계) 국회는 의원이 다음 각 호의 어느 하나에 해당하는 행위를 하였을 때에는 윤리특별위원회의 심사를 거쳐 그 의결로써 징계할 수 있다. 다만, 의원이 제10호에 해당하는 행위를 하였을 때에는 윤리특별위원회의 심사를 거치지 아니하고 그 의결로써 징계할 수 있다.
   10. 제148조의2를 위반하여 의장석 또는 위원장석을 점거하고 점거 해제를 위한 제145조에 따른 의장 또는 위원장의 조치에 따르지 아니하였을 때

정답

23년(1) 모의

363. 징계대상자로부터 모욕을 당한 국회의원이 징계를 요구할 때에는 국회의원 20명 이상의 찬성으로 그 사유를 적은 요구서를 의장에게 제출하여야 한다.

해설 국회법 제156조 참조

국회법 제156조(징계의 요구와 회부) ③ 의원이 징계대상자에 대한 징계를 요구하려는 경우에는 의원 20명 이상의 찬성으로 그 사유를 적은 요구서를 의장에게 제출하여야 한다.
④ 징계대상자로부터 모욕을 당한 의원이 징계를 요구할 때에는 찬성의원을 필요로 하지 아니하며, 그 사유를 적은 요구서를 의장에게 제출한다.

정답

19년(1) 모의

364. 직무관련성이 인정되는 주식을 보유한 국회의원에 대하여 그 주식을 매각 또는 백지신탁 후 일정 기간 내 처분하도록 강제하는 것은 국회의원의 이해충돌을 방지하기 위한 다른 방법이 존재한다는 점에서 과잉금지원칙에 위반된다.

해설 이 사건 법률조항은 국회의원으로 하여금 직무관련성이 인정되는 주식을 매각 또는 백지신탁하도록 하여 그 직무와 보유주식 간의 이해충돌을 원천적으로 방지하고 있는바, 헌법상 국회의원의 국가이익 우선의무, 지위남용 금지의무 조항 등에 비추어 볼 때 이는 정당한 입법목적을 달성하기 위한 적절한 수단이다. 나아가 이 사건 법률조항은 국회의원이 보유한 모든 주식에 대해 적용되는 것이 아니라 직무관련성이 인정되는 금 3천만 원 이상의 주식에 대하여 적용되어 그 적용범위를 목적달성에 필요한 범위 내로 최소화하고 있는 점, 당사자에 대한 사후적 제재수단인 형사처벌이나 부당이득환수, 또는 보다 완화된 사전적 이해충돌회피수단이라 할 수 있는 직무회피나 단순보관신탁만으로는 이 사건 법률조항과 같은 수준의 입법목적 달성효과를 가져올 수 있을지 단정할 수 없다는 점에 비추어 최소침해성원칙에 반한다고 볼 수 없고, 국회의원의 공정한 직무수행에 대한 국민의 신뢰확보는 가히 돈으로 환산할 수 없는 가치를 지니는 점 등을 고려해 볼 때, 이 사건 법률조항으로 인한 사익의 침해가 그로

인해 확보되는 공익보다 반드시 크다고는 볼 수 없으므로 법익균형성원칙 역시 준수하고 있다. 따라서 이 사건 법률조항은 당해사건 원고의 재산권을 침해하지 아니한다(헌재 2012.08.23. 2010헌가65).

정답 ×

14년 변시

365. 국회의원으로 하여금 3천만 원의 가액을 초과하여 보유한 직무관련성이 있는 주식의 매각 또는 백지신탁을 명하고 있는 구 공직자윤리법 조항은 국회의원의 국가이익 우선의무와 지위남용 금지의무를 담보하기 위한 것으로 헌법에 위반되지 않는다.

해설 이 사건 법률조항은 국회의원으로 하여금 직무관련성이 인정되는 주식을 매각 또는 백지신탁하도록 하여 그 직무와 보유주식 간의 이해충돌을 원천적으로 방지하고 있는바, 헌법상 국회의원의 국가이익 우선의무, 지위남용 금지의무 조항 등에 비추어 볼 때 이는 정당한 입법목적을 달성하기 위한 적절한 수단이다. 나아가 이 사건 법률조항은 국회의원이 보유한 모든 주식에 대해 적용되는 것이 아니라 직무관련성이 인정되는 금 3천만 원 이상의 주식에 대하여 적용되어 그 적용범위를 목적달성에 필요한 범위 내로 최소화하고 있는 점, 당사자에 대한 사후적 제재수단인 형사처벌이나 부당이득환수, 또는 보다 완화된 사전적 이해충돌회피수단이라 할 수 있는 직무회피나 단순보관신탁만으로는 이 사건 법률조항과 같은 수준의 입법목적 달성효과를 가져올 수 있을지 단정할 수 없다는 점에 비추어 최소침해성원칙에 반한다고 볼 수 없고, 국회의원의 공정한 직무수행에 대한 국민의 신뢰확보는 가히 돈으로 환산할 수 없는 가치를 지니는 점 등을 고려해 볼 때, 이 사건 법률조항으로 인한 사익의 침해가 그로 인해 확보되는 공익보다 반드시 크다고는 볼 수 없으므로 법익균형성원칙 역시 준수하고 있다. 따라서 이 사건 법률조항은 당해사건 원고의 재산권을 침해하지 아니한다(헌재 2012.08.23. 2010헌가65).

정답

12년(3) 모의

366. 국회의원의 청렴의무, 국익우선의무, 품위유지의무, 지위남용금지의무, 겸직금지의무, 모욕 등 발언의 금지의무 중에서 헌법상의 의무가 아닌 것은 품위유지의무와 모욕 등 발언의 금지의무이다.

해설 헌법 제43조, 제46조, 국회법 제25조, 146조 참조. ▶ 품위유지의무(국회법 제25조), 모욕 등 발언의 금지의무(국회법 제146조)는 국회법상 의무이다.

> 헌법 제43조 국회의원은 법률이 정하는 직을 겸할 수 없다.
> 헌법 제46조 ① 국회의원은 청렴의 의무가 있다.
> ② 국회의원은 국가이익을 우선하여 양심에 따라 직무를 행한다.
> ③ 국회의원은 그 지위를 남용하여 국가·공공단체 또는 기업체와의 계약이나 그 처분에 의하여 재산상의 권리·이익 또는 직위를 취득하거나 타인을 위하여 그 취득을 알선할 수 없다.
> 국회법 제25조(품위유지의 의무) 의원은 의원으로서의 품위를 유지하여야 한다.
> 국회법 제146조(모욕등 발언의 금지) 의원은 본회의 또는 위원회에서 다른 사람을 모욕하거나 다른 사람의 사생활에 대한 발언을 할 수 없다.

정답

제3장 대통령과 정부

제1절 대통령

제❶항 | 대통령의 헌법상 지위와 신분

I 대통령의 헌법상 지위

18년 변시, 20년(1) · 22년(3) 모의

367. 행정권은 헌법상 대통령에게 귀속되고, 국무총리는 단지 대통령의 첫째가는 보좌기관으로서 행정에 관하여 독자적인 권한을 가지지 못하고 대통령의 명을 받아 행정각부를 통할하는 기관으로서의 지위만을 가지며, 행정권 행사에 대한 최후의 결정권자는 대통령이라고 해석하는 것이 타당하다.

해설 우리 나라의 행정권은 헌법상 대통령에게 귀속되고, 국무총리는 단지 대통령의 첫째가는 보좌기관으로서 행정에 관하여 독자적인 권한을 가지지 못하고 대통령의 명을 받아 행정각부를 통할하는 기관으로서의 지위만을 가지며, 행정권 행사에 대한 최후의 결정권자는 대통령이라고 해석하는 것이 타당하다(헌재 1994.04.28. 89헌마221).

정답

12년(2) 모의

368. 위헌정당해산심판 제소권자로서의 정부, 법률안제출권자로서의 정부, 예산안편성권자로서의 정부, 행정권의 주체로서의 정부, 비상계엄의 특별한 조치대상으로서의 정부는 모두 대통령을 포함한 정부를 의미한다.

해설 '비상계엄의 특별한 조치대상으로서의 정부'에는 대통령이 포함되지 않는다(아래 도표 참조).

1. 위헌정당해산심판 제소권자로서의 정부 : 정부⊃대통령	
참고내용	정당해산심판을 청구할 수 있는 정부란 대한민국이라는 국가를 의미하는 것이 아니라, 헌법 제4장에서 정하고 있는 정부를 말하며, 구체적으로는 대통령이 정당해산심판청구권을 가진다 (통설).
참고조문	헌법 제8조 ④ 정당의 목적이나 활동이 민주적 기본질서에 위배될 때에는 정부는 헌법재판소에 그 해산을 제소할 수 있고, 정당은 헌법재판소의 심판에 의하여 해산된다. 헌법재판소법 제55조(정당해산심판의 청구) 정당의 목적이나 활동이 민주적 기본질서에 위배될 때에는 정부는 국무회의의 심의를 거쳐 헌법재판소에 정당해산심판을 청구할 수 있다.
2. 법률안제출권자로서의 정부 : 정부⊃대통령	
참고내용	정부가 법률안을 제출하는 것은 행정부의 수반인 대통령의 명의로 하는 것이므로 대통령이 법률안의 제출권을 가진다고 할 수 있다.
참고조문	헌법 제52조 국회의원과 정부는 법률안을 제출할 수 있다.

	3. 예산안편성권자로서의 정부 : 정부⊃대통령
참고조문	헌법 제54조 ② 정부는 회계연도마다 예산안을 편성하여 회계연도 개시 90일전까지 국회에 제출하고, 국회는 회계연도 개시 30일전까지 이를 의결하여야 한다. 국가재정법 제32조(예산안의 편성) 기획재정부장관은 제31조 제1항의 규정에 따른 예산요구서에 따라 예산안을 편성하여 국무회의의 심의를 거친 후 대통령의 승인을 얻어야 한다.
	4. 행정권의 주체로서의 정부 : 정부⊃대통령
참고조문	헌법 제66조 ④ 행정권은 대통령을 수반으로 하는 정부에 속한다.
	5. 비상계엄의 특별한 조치대상으로서의 정부 : 정부⊋대통령
참고내용	비상계엄을 선포할 수 있는 권한은 대통령만이 가지는 것인바, 계엄의 선포권자인 대통령이 비상계엄의 특별한 조치대상인 정부에 포함된다고 볼 수 없다.
참고조문	헌법 제77조 ① 대통령은 전시·사변 또는 이에 준하는 국가비상사태에 있어서 병력으로써 군사상의 필요에 응하거나 공공의 안녕질서를 유지할 필요가 있을 때에는 법률이 정하는 바에 의하여 계엄을 선포할 수 있다. ③ 비상계엄이 선포된 때에는 법률이 정하는 바에 의하여 영장제도, 언론, 출판, 집회, 결사의 자유, 정부나 법원의 권한에 관하여 특별한 조치를 할 수 있다.

Ⅱ 대통령의 신분과 직무

1. 대통령의 당선과 취임

21년(1) 모의

369. 대통령으로 선거될 수 있으려면 국회의원의 피선거권이 있고 선거일 현재 40세에 달하여야 하나, 국내 거주 요건은 따로 요구되지 않는다.

해설 헌법 제67조 제4항 및 공직선거법 제16조 참조.

헌법 제67조 ④ 대통령으로 선거될 수 있는 자는 국회의원의 피선거권이 있고 선거일 현재 40세에 달하여야 한다.
공직선거법 제16조(피선거권) ① 선거일 현재 5년 이상 국내에 거주하고 있는 40세 이상의 국민은 대통령의 피선거권이 있다. 이 경우 공무로 외국에 파견된 기간과 국내에 주소를 두고 일정기간 외국에 체류한 기간은 국내거주기간으로 본다.

21년(1) 모의

370. 대통령의 임기가 만료되는 때에는 60일 이내에 그 후임자를 선거하여야 한다.

해설 헌법 제68조 참조.

헌법 제68조 ① 대통령의 임기가 만료되는 때에는 임기만료 70일 내지 40일전에 후임자를 선거한다.

21년(1) 모의

371. 대통령은 국민의 보통·평등·직접·비밀선거에 의하여 선출되지만, 국회의원의 투표에 의해 대통령으로 당선되는 경우도 있다.

해설 헌법 제67조 참조.

헌법 제67조 ① 대통령은 국민의 보통·평등·직접·비밀선거에 의하여 선출한다.
② 제1항의 선거에 있어서 최고득표자가 2인 이상인 때에는 국회의 재적의원 과반수가 출석한 공개회의에서 다수표를 얻은 자를 당선자로 한다.
③ 대통령후보자가 1인일 때에는 그 득표수가 선거권자 총수의 3분의 1 이상이 아니면 대통령으로 당선될 수 없다.

정답 O

17년(3)·22년(2) 모의

372. 대통령선거에 있어서 최고득표자가 2인 이상인 때에는 국회의 재적의원 과반수가 출석한 공개회의에서 다수표를 얻은 자를 당선자로 한다.

해설 헌법 제67조 제2항 참조.

정답 O

12년(2)·21년(1) 모의

373. 대통령후보자가 1인일 때에는 그 득표수가 선거권자 총수의 과반수가 아니면 대통령으로 당선될 수 없다.

해설 헌법 제67조 제3항 참조.

정답 ×

19년(2) 모의

374. 대통령의 임기는 전임대통령의 임기만료일의 다음날 0시부터 개시되나, 전임자의 임기가 만료된 후에 실시하는 선거와 궐위로 인한 선거에 의한 대통령의 임기는 당선이 결정된 때부터 개시된다.

해설 공직선거법 제14조 제1항 참조.

공직선거법 제14조(임기개시) ① 대통령의 임기는 전임대통령의 임기만료일의 다음날 0시부터 개시된다. 다만, 전임자의 임기가 만료된 후에 실시하는 선거와 궐위로 인한 선거에 의한 대통령의 임기는 당선이 결정된 때부터 개시된다.
② 국회의원과 지방의회의원(이하 이 항에서 "의원"이라 한다)의 임기는 총선거에 의한 전임의원의 임기만료일의 다음 날부터 개시된다. 다만, 의원의 임기가 개시된 후에 실시하는 선거와 지방의회의원의 증원선거에 의한 의원의 임기는 당선이 결정된 때부터 개시되며 전임자 또는 같은 종류의 의원의 잔임기간으로 한다.

정답 O

13년(1)·14년(3) 모의

375. 대통령은 대통령직에 취임함으로써 대통령으로서의 신분을 취득하고 직무를 수행할 수 있으므로 취임식은 임기개시의 조건이다.

해설 공직선거법 제14조 참조. ▶ 대통령은 대통령직에 취임함으로써 대통령으로서의 신분을 취득하고 직무를 수행할 수 있다. 우리나라의 경우 대통령의 임기는 전임대통령 임기만료일 다음날 0시에 시작하게 되어 있으므로 현실상 대통령의 취임식은 이미 대통령이 취임한 후인 시점에 행해진다. 따라서 대통령의 취임식이 대통령직 취임의 성립요건은 아니다.

공직선거법 제14조(임기개시) ① 대통령의 임기는 전임대통령의 임기만료일의 다음날 0시부터 개시된다. 다만, 전임자의 임기가 만료된 후에 실시하는 선거와 궐위로 인한 선거에 의한 대통령의 임기는 당선이 결정된 때부터 개시된다.

정답

2. 대통령의 겸직 등 제한

12년(3)·13년(1) 모의

376. (1) 헌법은 대통령의 겸직금지의무 뿐만 아니라 영업금지의무도 규정하고 있다.

(2) 비상계엄하일지라도 대통령은 국방부장관의 직을 겸할 수 없다.

해설 헌법 제83조 참조. ▶ 헌법은 대통령의 겸직금지의무를 규정하고 있으나, 영업금지의무에 관하여는 규정이 없다. 대통령이 행정각부의 장을 겸하는 것을 금지하고 있는바 이는 비상계엄의 경우에도 적용된다.

헌법 제83조 대통령은 국무총리·국무위원·행정각부의 장 기타 법률이 정하는 공사의 직을 겸할 수 없다.

정답

3. 대통령의 권한대행

15년·24년 변시

377. 대통령의 임기가 만료되거나 궐위된 때 또는 대통령 당선자가 사망하거나 판결 기타의 사유로 그 자격을 상실한 때에는 일정기간 이내에 후임자를 선거하여야 하며, 대통령이 사고로 인하여 직무를 수행할 수 없는 경우에도 마찬가지이다.

해설 헌법 제68조, 제71조 참조. ▶ 대통령이 궐위된 때에는 60일 이내에 후임자를 선거한다. 그러나 사고로 인하여 직무를 수행할 수 없을 때에는 60일 이내에 후임자를 선거한다는 규정은 없고, 헌법 제71조에 따라 권한대행이 문제될 뿐이다.

헌법 제68조 ② 대통령이 궐위된 때 또는 대통령 당선자가 사망하거나 판결 기타의 사유로 그 자격을 상실한 때에는 60일 이내에 후임자를 선거한다.
헌법 제71조 대통령이 궐위되거나 사고로 인하여 직무를 수행할 수 없을 때에는 국무총리, 법률이 정한 국무위원의 순서로 그 권한을 대행한다.

정답

378.
(1) 국무총리가 사고로 직무를 수행할 수 없는 경우에는 대통령의 지명을 받은 국무위원이 우선적으로 국무총리의 직무를 대행한다.

(2) 국무총리가 사고로 직무를 수행할 수 없는 경우에는 교육부장관이 겸임하는 부총리, 기획재정부장관이 겸임하는 부총리의 순으로 직무를 대행하고, 국무총리와 부총리가 모두 사고로 직무를 수행할 수 없는 경우에는 대통령의 지명이 있으면 그 지명을 받은 국무위원이, 지명이 없는 경우에는 「정부조직법」 제26조 제1항에 규정된 순서에 따른 국무위원이 그 직무를 대행한다.

해설 정부조직법 제22조 참조.

정부조직법 제22조(국무총리의 직무대행) 국무총리가 사고로 직무를 수행할 수 없는 경우에는 기획재정부장관이 겸임하는 부총리, 교육부장관이 겸임하는 부총리의 순으로 직무를 대행하고, 국무총리와 부총리가 모두 사고로 직무를 수행할 수 없는 경우에는 대통령의 지명이 있으면 그 지명을 받은 국무위원이, 지명이 없는 경우에는 제26조제1항에 규정된 순서에 따른 국무위원이 그 직무를 대행한다.

4. 대통령의 형사상 특권

17년(1)·21년(1) 모의

379.
(1) 대통령은 내란 또는 외환의 죄를 범한 경우에도 재직 중에는 형사상의 소추를 받지 아니한다.

(2) 대통령에게 내란 또는 외환의 죄를 범한 경우를 제외하고는 재직 중 형사상의 소추를 받지 아니한다는 형사상 특권이 인정된다 하더라도 퇴임 후 형사책임까지 면제되는 것은 아니다.

해설 헌법 제84조, 제65조 제1항 참조. ▶ 대통령의 불소추특권은 대통령 재직 중에만 적용되어 임기종료하여 퇴임된 후나 탄핵으로 파면된 경우에는 형사소추가 가능

헌법 제84조 대통령은 내란 또는 외환의 죄를 범한 경우를 제외하고는 재직 중 형사상의 소추를 받지 아니한다.
헌법 제65조 ① 대통령·국무총리·국무위원·행정각부의 장·헌법재판소 재판관·법관·중앙선거관리위원회 위원·감사원장·감사위원 기타 법률이 정한 공무원이 그 직무집행에 있어서 헌법이나 법률을 위배한 때에는 국회는 탄핵의 소추를 의결할 수 있다.

13년(1)·19년(3)·23년(3) 모의

380.
헌법이 대통령의 불소추특권을 인정하고 있다 하더라도 대통령으로 재직 중인 때에는 내란 또는 외환의 죄를 제외한 범죄에 대하여 공소시효의 진행이 당연히 정지된다고 할 수 없다.

해설 공소시효제도나 공소시효정지제도의 본질에 비추어 보면, 비록 헌법 제84조에는 "대통령은 내란 또는 외환의 죄를 범한 경우를 제외하고는 재직중 형사상의 소추를 받지 아니한다"고만 규정되어 있을 뿐 헌법이나 형사소송법 등의 법률에 대통령의 재직중 공소시효의 진행이 정지된다고 명백히 규정되어 있지는 않다고 하더라도, 위 헌법규정의 근본취지를 대통령의 재직중 형사상의 소추를 할 수 없는 범죄에 대한 공소시효의 진행은 정지되는 것으로 해석하는 것이 원칙일 것이다. 즉 위 헌법규정은 바로 공소시효진행의 소극적 사유가 되는 국가의 소추권행사의 법률상 장애사유에 해당하므로, 대통령의 재직중에는 공소시효의 진행이 당연히 정지되는 것으로 보아야 한다(헌재 1995.01.20. 94헌마246).

정답 ×

5. 대통령의 의무

 20년 변시, 20년(2) · 22년(1)(3) 모의

381. (1) 대통령은 국회에 출석하여 발언하거나 서한으로 의견을 표시할 수 있다.
(2) 국회나 위원회의 요구가 있을 때에는 대통령·국무총리·국무위원은 출석·답변하여야 한다.
(3) 국무총리·국무위원 또는 정부위원은 국회나 그 위원회에 출석하여 국정처리상황을 보고하거나 의견을 진술할 수 있다.
(4) 국무총리는 국회나 그 위원회에 출석하여 국정처리상황을 보고하거나 의견을 진술하고 질문에 응답할 수 있으며, 국회나 그 위원회의 출석요구가 있을 때에는 국무총리는 국무위원으로 하여금 출석·답변하게 할 수 있다.

해설 헌법 제81조 참조.

헌법 제81조 대통령은 국회에 출석하여 발언하거나 서한으로 의견을 표시할 수 있다.
헌법 제62조 ① 국무총리·국무위원 또는 정부위원은 국회나 그 위원회에 출석하여 국정처리상황을 보고하거나 의견을 진술하고 질문에 응답할 수 있다.
② 국회나 그 위원회의 요구가 있을 때에는 국무총리·국무위원 또는 정부위원은 출석·답변하여야 하며, 국무총리 또는 국무위원이 출석요구를 받은 때에는 국무위원 또는 정부위원으로 하여금 출석·답변하게 할 수 있다.

정답 O,×,O,O

 19년 · 23년 변시

382. 대통령은 행정부의 수반으로서 국가가 국민의 생명과 신체의 안전 보호의무를 충실하게 이행할 수 있도록 권한을 행사하고 직책을 수행하여야 하는 의무를 부담하지만, 국민의 생명이 위협받는 재난상황이 발생하였다고 하여 대통령이 직접 구조 활동에 참여하여야 하는 등 구체적이고 특정한 행위의무까지 바로 발생한다고 보기는 어렵다.

해설 피청구인(대통령)은 행정부의 수반으로서 국가가 국민의 생명과 신체의 안전 보호의무를 충실하게 이행할 수 있도록 권한을 행사하고 직책을 수행하여야 하는 의무를 부담한다. 하지만 국민의 생명이 위협받는 재난상황이 발생하였다고 하여 피청구인이 직접 구조 활동에 참여하여야 하는 등 구체적이고 특정한 행위의무까지 바로 발생한다고 보기는 어렵다(헌재 2017.03.10. 2016헌나1).

정답 O

 19년 변시

383. 헌법 제69조는 단순히 대통령의 취임선서의무만을 규정한 것이 아니라, 헌법 제66조 제2항 및 제3항에 규정된 대통령의 헌법적 책무를 구체화하고 강조하는 실체적 내용을 지닌 규정이다.

해설 헌법은 제66조 제2항에서 대통령에게 '국가의 독립·영토의 보전·국가의 계속성과 헌법을 수호할 책무'를 부과하고, 같은 조 제3항에서 '조국의 평화적 통일을 위한 성실한 의무'를 지우면서, 제69조에서 이에 상응하는 내용의 취임선서를 하도록 규정하고 있다. 헌법 제69조는 단순히 대통령의 취임선서의무만을 규정한 것이 아니라, 헌법 제66조 제2항 및 제3항에 규정된 대통령의 헌법적 책무를 구체화하고 강조하는 실체적 내용을 지닌 규정이다(헌재 2004.05.14. 2004헌나1).

헌법 제69조 대통령은 취임에 즈음하여 다음의 선서를 한다.
"나는 헌법을 준수하고 국가를 보위하며 조국의 평화적 통일과 국민의 자유와 복리의 증진 및 민족문화의 창달에 노력하여 대통령으로서의 직책을 성실히 수행할 것을 국민 앞에 엄숙히 선서합니다."

정답 O

 13년 변시

384. 위헌적인 법률을 법질서로부터 제거하는 권한은 헌법상 단지 헌법재판소에 부여되어 있으므로, 설사 행정부가 특정 법률에 대하여 위헌의 의심이 있다 하더라도 헌법재판소에 의하여 법률의 위헌성이 확인될 때까지는 법을 존중하고 집행하기 위한 모든 노력을 기울여야 한다.

해설 위헌적인 법률을 법질서로부터 제거하는 권한은 헌법상 단지 헌법재판소에 부여되어 있으므로, 설사 행정부가 특정 법률에 대하여 위헌의 의심이 있다 하더라도, 헌법재판소에 의하여 법률의 위헌성이 확인될 때까지는 법을 존중하고 집행하기 위한 모든 노력을 기울여야 한다(헌재 2004.05.14. 2004헌나1).

정답 O

12년(3) 모의

385. 대통령이 사인으로서의 표현의 자유를 행사하는 경우에도 국민 전체에 대한 봉사자라는 헌법 제7조 제1항의 요청에 부합하도록 하여야 한다는 것이 헌법재판소 판례이다.

🔷해설 모든 공직자는 선거에서의 정치적 중립의무를 부과 받고 있으며, 다른 한편으로는 동시에 국가에 대하여 자신의 기본권을 주장할 수 있는 국민이자 기본권의 주체이다. 마찬가지로, 대통령의 경우에도 소속정당을 위하여 정당활동을 할 수 있는 사인으로서의 지위와 국민 모두에 대한 봉사자로서 공익실현의 의무가 있는 헌법기관으로서의 대통령의 지위는 개념적으로 구분되어야 한다. 대통령이 사인으로서의 표현의 자유를 행사하고 정당활동을 하는 경우에도 그에게 부과된 대통령직의 원활한 수행과 기능유지 즉, 국민 전체에 대한 봉사자라는 헌법 제7조 제1항의 요청에 부합될 수 있도록 해야 한다(헌재 2004.05.14. 2004헌나1).

정답 ○

23년(3) 모의

386. **대통령은 소속 정당원으로서 정치적 의견을 표시할 수 있지만, 국가기관의 신분에서 선거 관련 발언을 하는 경우에는 선거에서의 정치적 중립의무의 구속을 받는다.**

🔷해설 대통령이 선거에 있어서 정치적 중립성을 유지해야 한다는 요청은 대통령의 정치활동의 금지나 정당정치적 무관심을 요구하는 것이 아니다. 정당활동이 금지되어 있는 다른 공무원과는 달리, 대통령은 정당의 당원이나 간부로서, 정당 내부의 의사결정과정에 관여하고 통상적인 정당 활동을 할 수 있으며, 뿐만 아니라 전당대회에 참석하여 정치적 의견표명을 할 수 있고 자신이 소속된 정당에 대한 지지를 표명할 수 있다. 다만, 대통령이 정치인으로서 표현의 자유를 행사하는 경우에도, 대통령직의 중요성과 자신의 언행의 정치적 파장에 비추어 그에 상응하는 절제와 자제를 하여야 하며, 국민의 시각에서 볼 때, 직무 외에 정치적으로 활동하는 대통령이 더 이상 자신의 직무를 공정하게 수행할 수 없으리라는 인상을 주어서는 안 된다. 더욱이, 대통령의 절대적인 지명도로 말미암아 그의 '사인으로서의 기본권행사'와 '직무범위 내에서의 활동'의 구분이 불명확하므로, 대통령이 사인으로서의 표현의 자유를 행사하고 정당활동을 하는 경우에도 그에게 부과된 대통령직의 원활한 수행과 기능유지 즉, 국민 전체에 대한 봉사자라는 헌법 제7조 제1항의 요청에 부합될 수 있도록 해야 한다. 따라서, 대통령은 국가의 원수 및 행정부 수반으로서의 지위에서 직무를 수행하는 때에는 원칙적으로 정당정치적 의견표명을 삼가야 하며, 나아가, 대통령이 정당인이나 정치인으로서가 아니라 국가기관인 대통령의 신분에서 선거관련 발언을 하는 경우에는 선거에서의 정치적 중립의무의 구속을 받는다(헌재 2004.05.14. 2004헌나1(전합)).

정답

12년(3) 모의

387. **대통령이 현행법을 관권선거시대의 유물로 폄하하고 법률의 합헌성과 정당성에 대하여 대통령의 지위에서 공개적으로 의문을 제시하는 것은 헌법과 법률을 준수해야 할 의무와 부합하지 않을 뿐만 아니라 헌법을 수호해야할 의무를 위반하는 행위라는 것이 헌법재판소 판례이다.**

🔷해설 대통령이 현행법을 '관권선거시대의 유물'로 폄하하고 법률의 합헌성과 정당성에 대하여 대통령의 지위에서 공개적으로 의문을 제기하는 것은 헌법과 법률을 준수해야 할 의무와 부합하지 않는다. 물론, 대통령도 정치인으로서 현행 법률의 개선방향에 관한 입장과 소신을 피력할 수는 있으나,

어떠한 상황에서, 어떠한 연관관계에서 법률의 개정에 관하여 논의하는가 하는 것은 매우 중요하며, 이 사건의 경우와 같이, 대통령이 선거법위반행위로 말미암아 중앙선거관리위원회로부터 경고를 받는 상황에서 그에 대한 반응으로서 현행 선거법을 폄하하는 발언을 하는 것은 법률을 존중하는 태도라고 볼 수 없는 것이다. 모든 공직자의 모범이 되어야 하는 대통령의 이러한 언행은 법률을 존중하고 준수해야 하는 다른 공직자의 의식에 중대한 영향을 미치고, 나아가 국민 전반의 준법정신을 저해하는 효과를 가져오는 등 법치국가의 실현에 있어서 매우 부정적인 영향을 미칠 수 있다. 결론적으로, 대통령이 국민 앞에서 현행법의 정당성과 규범력을 문제삼는 행위는 법치국가의 정신에 반하는 것이자, 헌법을 수호해야 할 의무를 위반한 것이다(헌재 2004.05.14. 2004헌나1).

정답 O

제❷항 ❙ 대통령의 권한

I 국가긴급권

20년·22년 변시, 17년(3) 모의

388. 긴급재정경제명령은 내우·외환·천재지변 또는 중대한 재정·경제상의 위기가 현실적으로 발생한 경우뿐만 아니라 그러한 위기가 발생할 우려가 있는 경우 사전적·예방적으로 발할 수 있다.

해설 헌법 제76조 제1항 참조.

헌법 제76조 ① 대통령은 내우·외환·천재·지변 또는 중대한 재정·경제상의 위기에 있어서 국가의 안전보장 또는 공공의 안녕질서를 유지하기 위하여 긴급한 조치가 필요하고 국회의 집회를 기다릴 여유가 없을 때에 한하여 최소한으로 필요한 재정·경제상의 처분을 하거나 이에 관하여 법률의 효력을 가지는 명령을 발할 수 있다.
② 대통령은 국가의 안위에 관계되는 중대한 교전상태에 있어서 국가를 보위하기 위하여 긴급한 조치가 필요하고 국회의 집회가 불가능한 때에 한하여 법률의 효력을 가지는 명령을 발할 수 있다.
③ 대통령은 제1항과 제2항의 처분 또는 명령을 한 때에는 지체없이 국회에 보고하여 그 승인을 얻어야 한다.

	긴급명령	긴급재정경제명령	계엄선포
요건	국가의 안위에 관계되는 중대한 교전상태	중대한 재정·경제상의 위기	전시·사변 또는 이에 준하는 국가 비상사태
국회의 집회	국회의 집회가 불가능한 때	국회의 집회를 기다릴 여유가 없을 때	국회의 집회여부와 무관
국회의 통제	국회에 보고하여 승인	국회에 보고하여 승인	국회에 통고하되 승인을 얻을 필요 없음. 국회는 해제 요구
기본권의 제한	제한되는 기본권에 제한이 없음	국민의 경제적 생활에 관련된 기본권 제한	영장제도, 언론·출판·집회·결사의 자유에 한하여 특별한 조치를 할 수 있음

정답 X

22년 변시

389. 긴급재정경제명령이 헌법상 소정의 요건과 한계에 부합하는 것이라면 그 자체로 목적의 정당성, 수단의 적정성, 피해의 최소성, 법익의 균형성이라는 기본권제한의 한계로서의 과잉금지원칙을 준수하는 것이 된다.

해설 헌법 제76조 참조.

정답 ○

22년 변시

390. 긴급재정경제명령은 국가의 안전보장이나 공공의 안녕질서라는 소극적 목적뿐만 아니라 공공복지의 증진과 같은 적극적 목적을 위해서도 발할 수 있다.

해설 헌법 제76조 참조.

정답 ×

22년 변시

391. 대통령은 긴급재정경제명령을 한 때에는 지체 없이 국회에 보고하여 승인을 얻어야 하며, 승인을 얻지 못한 때에는 그 명령은 그때부터 효력을 상실한다.

해설 헌법 제76조 참조.

정답 ○

23년(3) 모의

392. 대통령은 계엄을 선포한 때에는 지체없이 국회에 통고하여야 하며, 국회가 재적의원 과반수의 찬성으로 계엄의 해제를 요구한 때에는 대통령은 이를 해제하여야 한다.

해설 헌법 제77조 제4항, 제5항 참조.

> 헌법 제77조 ④계엄을 선포한 때에는 대통령은 지체없이 국회에 통고하여야 한다.
> ⑤국회가 재적의원 과반수의 찬성으로 계엄의 해제를 요구한 때에는 대통령은 이를 해제하여야 한다.

정답 ○

393.
(가) A는 전시·사변 또는 이에 준하는 국가비상사태에 있어서 병력으로써 군사상의 필요에 응하거나 공공의 안녕질서를 유지할 필요가 있을 때에는 법률이 정하는 바에 의하여 B를 선포할 수 있다.
(나) A는 내우·외환·천재·지변 또는 중대한 재정·경제상의 위기에 있어서 국가의 안전보장 또는 공공의 안녕질서를 유지하기 위하여 긴급한 조치가 필요하고 C의 집회를 기다릴 여유가 없을 때에 한하여 최소한으로 필요한 재정·경제상의 처분을 하거나 이에 관하여 법률의 효력을 가지는 명령을 발할 수 있다.
(다) 비상계엄이 선포된 때에는 법률이 정하는 바에 의하여 영장제도, 언론·출판·집회·결사의 자유, D의 권한에 관하여 특별한 조치를 할 수 있다.

1) A가 (가)의 권한을 행사하기 위해서는 국무회의 심의를 거쳐야 하나, (나)의 권한을 행사할 때에는 국무회의 심의를 거칠 필요가 없다.

해설 헌법 제89조 참조. ▶ 대통령은 계엄권의 행사 뿐만 아니라 긴급재정경제명령권을 행사하기 위해서도 국무회의 심의를 거쳐야한다.

> 헌법 제89조 다음 사항은 국무회의의 심의를 거쳐야 한다.
> 5. 대통령의 긴급명령·긴급재정경제처분 및 명령 또는 계엄과 그 해제

2) B를 선포할 때에는 A는 지체없이 C에 통고하여야 한다.

해설 대통령이 계엄을 선포하려면 ㉠ 국무회의의 심의를 거쳐야 하며(헌법 제89조 제5호), ㉡ 문서의 형식으로 하여야 하고(헌법 제82조), ㉢ 국무총리와 관계국무위원의 부서를 거쳐야 한다(헌법 제82조). ㉣ 그리고 지체 없이 국회에 통고하여야 한다(헌법 제77조 제4항). 국회가 폐회중이면 지체 없이 임시회의 소집을 요구해야 한다(계엄법 제4조 제2항).

3) C가 재적의원 과반수의 출석과 출석의원 과반수의 찬성으로 B의 해제를 요구한 때에는 A는 B를 해제하여야 한다.

해설 국회가 재적의원 과반수의 찬성으로 계엄의 해제를 요구한 때에는 대통령은 이를 해제하여야 한다(헌법 제77조 제5항).

4) D에는 국회와 정부 그리고 법원이 해당된다.

해설 헌법 제77조 3항 참조. ▶ 정부나 법원

헌법 제77조 ① 대통령은 전시·사변 또는 이에 준하는 국가비상사태에 있어서 병력으로써 군사상의 필요에 응하거나 공공의 안녕질서를 유지할 필요가 있을 때에는 법률이 정하는 바에 의하여 계엄을 선포할 수 있다.
③ 비상계엄이 선포된 때에는 법률이 정하는 바에 의하여 영장제도, 언론·출판·집회·결사의 자유, 정부나 법원의 권한에 관하여 특별한 조치를 할 수 있다.

정답 ×

5) A가 (나)의 명령을 할 때 C가 폐회 중일 때에는 A는 지체 없이 C에 집회를 요구하여야 한다.

해설 헌법 제76조 제3항 참조. ▶ 대통령이 긴급명령과 긴급재정경제명령의 처분 또는 명령을 한 때에는 지체없이 국회에 보고하여 그 승인을 얻으면 족하다. (A: 대통령, B: 계엄, C: 국회, D: 정부나 법원, (가): 계엄, 비상계엄, (나): 긴급명령·긴급재정경제처분 및 명령)

헌법 제76조 ③ 대통령은 제1항과 제2항의 처분 또는 명령을 한 때에는 지체없이 국회에 보고하여 그 승인을 얻어야 한다.

정답 ×

23년 변시, 19년(2) 모의

394. 대통령은 국가의 안위에 관계되는 중대한 교전상태에 있어서 국가를 보위하기 위하여 긴급한 조치가 필요하고 국회의 집회를 기다릴 여유가 없을 때에 한하여 법률의 효력을 가지는 명령을 발할 수 있다.

해설 헌법 제76조 제1항, 제2항 참조.

헌법 제76조 ① 대통령은 내우·외환·천재·지변 또는 중대한 재정·경제상의 위기에 있어서 국가의 안전보장 또는 공공의 안녕질서를 유지하기 위하여 긴급한 조치가 필요하고 국회의 집회를 기다릴 여유가 없을 때에 한하여 최소한으로 필요한 재정·경제상의 처분을 하거나 이에 관하여 법률의 효력을 가지는 명령을 발할 수 있다.
② 대통령은 국가의 안위에 관계되는 중대한 교전상태에 있어서 국가를 보위하기 위하여 긴급한 조치가 필요하고 국회의 집회가 불가능한 때에 한하여 법률의 효력을 가지는 명령을 발할 수 있다.

정답 ×

21년 변시

395. 대통령이 계엄을 선포하였을 때에는 지체 없이 국회에 통고하여야 하며, 국회가 폐회 중일 때에는 대통령은 지체 없이 국회에 집회를 요구하여야 한다.

해설 계엄법 제4조 참조.

계엄법 제4조(계엄 선포의 통고) ① 대통령이 계엄을 선포하였을 때에는 지체 없이 국회에 통고하여야 한다.
② 제1항의 경우에 국회가 폐회 중일 때에는 대통령은 지체 없이 국회에 집회를 요구하여야 한다.

정답 O

 19년 변시

396. 대통령은 전시·사변 또는 이에 준하는 국가비상사태에 있어서 병력으로써 군사상의 필요에 응하거나 공공의 안녕질서를 유지할 필요가 있을 때에는 법률이 정하는 바에 의하여 계엄을 선포할 수 있다.

해설 헌법 제77조 제1항 참조.

헌법 제77조 ① 대통령은 전시·사변 또는 이에 준하는 국가비상사태에 있어서 병력으로써 군사상의 필요에 응하거나 공공의 안녕질서를 유지할 필요가 있을 때에는 법률이 정하는 바에 의하여 계엄을 선포할 수 있다.

정답 O

 15년 변시, 17년(3) 모의

397. 대통령의 계엄선포권과 관련하여 군사상 필요에 의하여 비상계엄이 선포된 경우, 특별한 조치를 할 수 있는 대상으로 헌법은 '영장제도, 언론·출판·집회·결사의 자유, 정부나 법원의 권한'을 규정하고 있으나, 「계엄법」은 '체포·구금·압수·수색·거주·이전·언론·출판·집회·결사 또는 단체행동'을 규정하고 있다.

해설 헌법 제77조 제3항, 계엄법 제9조 제1항 참조.

헌법 제77조 ③ 비상계엄이 선포된 때에는 법률이 정하는 바에 의하여 영장제도, 언론·출판·집회·결사의 자유, 정부나 법원의 권한에 관하여 특별한 조치를 할 수 있다.
계엄법 제9조(계엄사령관의 특별조치권) ① 비상계엄지역에서 계엄사령관은 군사상 필요할 때에는 체포·구금·압수·수색·거주·이전·언론·출판·집회·결사 또는 단체행동에 대하여 특별한 조치를 할 수 있다. 이 경우 계엄사령관은 그 조치내용을 미리 공고하여야 한다.

정답 O

 17년(1) 모의

398. 대통령의 국가긴급권은 비상적인 위기상황을 극복하고 헌법질서를 수호하기 위해 헌법질서에 대한 예외를 허용하는 것이기 때문에 그 본질상 일시적·잠정적으로만 행사되어야 한다는 시간적 한계가 있다.

해설 국가긴급권의 행사는 헌법질서에 대한 중대한 위기상황의 극복을 위한 것이기 때문에, 본질적으로 위기상황의 직접적인 원인을 제거하는데 필수불가결한 최소한도 내에서만 행사되어야 한다는 목적상 한계가 있고 또한 국가긴급권은 비상적인 위기상황을 극복하고 헌법질서를 수호하기 위해 헌법질서에 대한 예외를 허용하는 것이기 때문에 그 본질상 일시적·잠정적으로만 행사되어야 한다는 시간적 한계가 있다(헌재 2015.03.26. 2014헌가5).

정답 O

24년 변시, 23년(2) 모의

399. 대통령이 개성공단의 운영중단 결정 과정에서 국무회의 심의를 거치지 않았더라도 그 결정에 헌법과 법률이 정한 절차를 위반한 하자가 있다거나, 적법절차원칙에 따라 필수적으로 요구되는 절차를 거치지 않은 흠결이 있다고 할 수 없다.

해설 … 또한 개성공단의 운영 중단 결정은 기본적인 정책 결정이고 그 내용은 남북교류협력법이 규정하는 조정명령 등을 매개로 시행될 수 있는데, 조정명령은 중요하다고 인정되는 사항에 한하여 관계 행정기관의 장과 사전 협의를 거치도록 정하고 있을 뿐 국무회의 심의를 사전 절차로 요구하지 않는다(남북교류협력법 제18조 제1항). 2010년의 5·24 대북제재조치 과정에서도 국무회의 심의는 거치지 않았고, 유사한 다른 정책 결정에 있어서 필수적으로 국무회의 사전 심의를 거치는 선례가 확립되어 있었던 것으로도 보이지 않으므로, 피청구인 대통령의 위와 같은 절차 판단이 명백히 자의적인 것이라고 보기도 어렵다. 따라서 피청구인 대통령이 개성공단의 운영 중단 결정 과정에서 국무회의 심의를 거치지 않았더라도 그 결정에 헌법과 법률이 정한 절차를 위반한 하자가 있다거나, 적법절차원칙에 따라 필수적으로 요구되는 절차를 거치지 않은 흠결이 있다고 할 수 없다(헌결 2022.01.27. 2016헌마364(전합)).

정답

Ⅱ 국민투표부의권

22년 변시, 19년(3) · 22년(2) · 23년(3) 모의

400. (1) 헌법상 국민에게 특정 국가정책에 관하여 국민투표에 회부할 것을 요구할 권리가 인정된다고 할 수 없다.
(2) 헌법 제72조는 대통령에게 국민투표의 실시 여부, 시기, 구체적 부의사항, 설문내용 등을 결정할 수 있는 임의적인 국민투표발의권을 독점적으로 부여하고 있다.

해설 … 우리 헌법은 국민에 의하여 직접 선출된 국민의 대표자가 국민을 대신하여 국가의사를 결정하는 대의민주주의를 기본으로 하고 있어, 중요 정책에 관한 사항이라 하더라도 반드시 국민의 직접적인 의사를 확인하여 결정해야 한다고 보는 것은 전체적인 헌법체계와 조화를 이룰 수 없다. 헌법 제72조는 대통령에게 국민투표의 실시 여부, 시기, 구체적 부의사항, 설문내용 등을 결정할 수 있는 임의적인 국민투표발의권을 독점적으로 부여한 것이다. 따라서 특정의 국가정책에 대하여 다수의 국민들이 국민투표를 원하고 있음에도 불구하고 대통령이 이러한 희망과는 달리 국민투표에 회부하지 아니한다고 하여도 이를 헌법에 위반된다고 할 수 없고, 국민에게 특정의 국가정책에 관하여 국민투표에 회부할 것을 요구할 권리가 인정된다고 할 수도 없다. 결국 헌법 제72조의 국민투표권은 대통

령이 어떠한 정책을 국민투표에 부의한 경우에 비로소 행사가 가능한 기본권이라 할 수 있다(헌재 2013.11.28. 2012헌마166).

정답 O,O

 13년·22년 변시, 11년(1)·14년(3)·17년(1)·20년(2) 모의

401. 대통령이 자신에 대한 재신임 국민투표를 국민들에게 제안한 것은 그 자체로서 헌법 제72조에 반하는 것으로 헌법을 실현하고 수호하여야 할 대통령의 의무를 위반한 것이다.

해설 대통령이 자신에 대한 재신임을 국민투표의 형태로 묻고자 하는 것은 헌법 제72조에 의하여 부여받은 국민투표부의권을 위헌적으로 행사하는 경우에 해당하는 것으로, 국민투표제도를 자신의 정치적 입지를 강화하기 위한 정치적 도구로 남용해서는 안 된다는 헌법적 의무를 위반한 것이다. 물론, 대통령이 위헌적인 재신임 국민투표를 단지 제안만 하였을 뿐 강행하지는 않았으나, 헌법상 허용되지 않는 재신임 국민투표를 국민들에게 제안한 것은 그 자체로서 헌법 제72조에 반하는 것으로 헌법을 실현하고 수호해야 할 대통령의 의무를 위반한 것이다(헌재 2004.05.14. 2004헌나1).

> 헌법 제72조 대통령은 필요하다고 인정할 때에는 외교·국방·통일 기타 국가안위에 관한 중요정책을 국민투표에 붙일 수 있다.

정답 O

 22년 변시, 22년(3) 모의

402. 특정 정책을 국민투표에 부치면서 자신의 신임을 결부시키는 대통령의 행위는 헌법에 위반되지 않는다.

해설 … 대통령이 자신에 대한 재신임을 국민투표의 형태로 묻고자 하는 것은 헌법 제72조에 의하여 부여받은 국민투표부의권을 위헌적으로 행사하는 경우에 해당하는 것으로, 국민투표제도를 자신의 정치적 입지를 강화하기 위한 정치적 도구로 남용해서는 안 된다는 헌법적 의무를 위반한 것이다(헌재 2004.05.14. 2004헌나1).

정답 ×

 22년 변시

403. 국민투표의 가능성은 국민주권주의나 민주주의원칙과 같은 일반적인 헌법원칙에 근거하여 인정될 수 없으며, 헌법에 명문으로 규정되지 않는 한 허용되지 않는다.

해설 … 국민투표의 가능성은 국민주권주의나 민주주의원칙과 같은 일반적인 헌법원칙에 근거하여 인정될 수 없으며, 헌법에 명문으로 규정되지 않는 한 허용되지 않는다(헌재 2004.05.14. 2004헌나1).

정답 O

404. 대통령의 국민투표부의권은 대통령에 의한 국민투표의 정치적 남용을 방지할 수 있도록 엄격하고 축소적으로 해석되어야 한다.

해설 … 헌법 제72조는 "대통령은 필요하다고 인정할 때에는 외교·국방·통일 기타 국가안위에 관한 중요정책을 국민투표에 붙일 수 있다."고 규정하여 대통령에게 국민투표 부의권을 부여하고 있다. 헌법 제72조는 대통령에게 국민투표의 실시 여부, 시기, 구체적 부의사항, 설문내용 등을 결정할 수 있는 임의적인 국민투표발의권을 독점적으로 부여함으로써, 대통령이 단순히 특정 정책에 대한 국민의 의사를 확인하는 것을 넘어서 자신의 정책에 대한 추가적인 정당성을 확보하거나 정치적 입지를 강화하는 등, 국민투표를 정치적 무기화하고 정치적으로 남용할 수 있는 위험성을 안고 있다. 이러한 점을 고려할 때, 대통령의 부의권을 부여하는 헌법 제72조는 가능하면 대통령에 의한 국민투표의 정치적 남용을 방지할 수 있도록 엄격하고 축소적으로 해석되어야 한다(헌재 2013.11.28. 2012헌마166).

정답 ○

405. 대통령이 국회 본회의에서 행한 시정연설에서 정책과 결부하지 않고 단순히 대통령의 신임 여부만을 묻는 국민투표를 실시하고자 한다고 밝힌 것은 「헌법재판소법」 제68조 제1항의 헌법소원의 대상이 되는 "공권력의 행사"에 해당한다.

해설 헌법재판소법 제68조 제1항은 "공권력의 행사 또는 불행사"로 인하여 헌법상 보장된 기본권을 침해받은 자가 헌법소원을 청구할 수 있다고 규정하고 있으므로, 헌법소원의 대상이 되려면 "공권력의 행사 또는 불행사"에 해당하여야 하는바, 피청구인인 대통령의 발언내용 및 이를 전후한 여러 사정들을 종합하여 볼 때, 피청구인(대통령)의 발언의 본의는 재신임의 방법과 시기에 관한 자신의 구상을 밝힌 것에 불과하며, 정치권에서 어떤 합의된 방법을 제시하여 주면 그에 따라 절차를 밟아 국민투표를 실시하겠다는 것이어서 이는 법적인 절차를 진행시키기 위한 정치적인 사전 준비행위 또는 정치적 계획의 표명일 뿐이다. 그렇다면 비록 피청구인이 대통령으로서 국회 본회의 시정연설에서 자신에 대한 신임국민투표를 실시하고자 한다고 밝혔다 하더라도, 그것이 공고와 같이 법적인 효력이 있는 행위가 아니라 단순한 정치적 제안의 피력에 불과하다고 인정되는 이상 이를 두고 헌법소원의 대상이 되는 "공권력의 행사"라고 할 수는 없으므로, 이에 대한 취소 또는 위헌확인을 구하는 청구인들의 심판청구는 모두 부적법하다(헌재 2003.11.27. 2003헌마694).

정답 ×

Ⅲ 법률제정에 관한 권한

406. 법률안거부권은 국회의 독점적인 법률제정권에 대한 대통령의 견제수단으로, 이를 통해 국회의 경솔한 입법이나 위헌적인 법률의 제정을 사전에 차단할 수 있다.

해설 법률제정권은 국회의 가장 고전적이고 전통적인 권한이다. 그런데 대통령의 법률안거부권으로 인하여 국회의 법률제정권이 실질적인 제약을 받는다. 그런 점에서 엄격한 권력분립주의를 채택하는 미국 연방헌법에서 법률안거부권을 제도화하였다는 것은 다소 이례적인 일이지만, 국회의 법률제정에 대한 독점권을 방지하려는 취지로 이해할 수 있다. 즉 국회가 법률제정에 대한 독점권을 가지게 될 경우 국회의 전횡으로 인하여 자칫 위헌적인 법률이 제정될 수도 있을 뿐만 아니라, 행정권을 형해화시키는 법률의 제정으로 행정마비현상을 초래할 수도 있기 때문에 대통령의 법률안거부권은 권력견제장치로서의 성격을 가진다. 특히 한국과 같은 단원제 국회에서는 경솔한 국회입법에 대한 통제수단으로서도 기능할 수 있다(성낙인, 헌법학 제18판, p.572).

 정답 O

21년(2) 모의

407. 법률안거부권의 법적 성격은 국회가 재의결할 때까지 법률로서의 확정을 정지시킨다는 점에서 소극적인 정지적(停止的) 거부권으로 이해할 수 있다.

해설 법률안거부권은 국회가 재의결할 때까지 법률로서의 확정을 정지시키는 소극적인 정지적 거부권(停止的 拒否權)으로 보아야 한다(성낙인, 헌법학 제18판, p.572).

 정답 O

21년(2) 모의

408. 헌법은 대통령이 법률안거부권을 행사할 수 있는 사유를 그 법률안이 헌법에 위반되거나 집행이 불가능한 경우로 한정하고 있다.

해설 법률안거부권 행사의 실질적 요건에 대하여 명문의 규정은 없다. 그러나 제도의 취지에 비추어 볼 때 거부권의 행사에는 정당한 사유와 필요성이 있어야 한다. ① 집행불능의 법률안, ② 국익에 어긋나는 법률안, ③ 위헌적 법률안 등이 그 예이다(성낙인, 헌법학 제18판, p.573).

 정답 X

Ⅳ 행정입법에 관한 권한

23년(1) 모의

409. 사회적 변화에 대응한 입법수요의 급증과 종래의 형식적 권력분립주의로는 현대사회에 대응할 수 없다는 기능적 권력분립론을 감안하면, 국회가 입법으로 행정기관에 구체적인 범위를 정하여 위임한 사항에 관하여는 당해 행정기관이 법 정립의 권한을 갖게 되고, 입법자가 그 규율의 형식도 선택할 수 있다고 보아야 하므로, 헌법이 인정하고 있는 위임입법의 형식은 예시적인 것으로 보아야 한다.

해설 오늘날 의회의 입법독점주의에서 입법중심주의로 전환하여 일정한 범위 내에서 행정입법을 허용하게 된 동기가 사회적 변화에 대응한 입법수요의 급증과 종래의 형식적 권력분립주의로는 현대사회에 대응할 수 없다는 기능적 권력분립론에 있다는 점 등을 감안하여 헌법 제40조와 헌법 제

75조, 제95조의 의미를 살펴보면, 국회입법에 의한 수권이 입법기관이 아닌 행정기관에게 법률 등으로 구체적인 범위를 정하여 위임한 사항에 관하여는 당해 행정기관에게 법정립의 권한을 갖게 되고, 입법자가 규율의 형식도 선택할 수 있다 할 것이므로, 헌법이 인정하고 있는 위임입법의 형식은 예시적인 것으로 보아야 할 것이고, 그것은 법률이 행정규칙에 위임하더라도 그 행정규칙은 위임된 사항만을 규율할 수 있으므로, 국회입법의 원칙과 상치되지도 않는다(헌재 2006.12.28. 2005헌바59).

정답 O

21년 변시

410. 행정각부의 장은 소관사무에 관하여 법률이나 대통령령의 위임 또는 직권으로 부령을 발할 수 있는데, 법률이 부령에 입법을 위임하는 경우 대통령령에 위임하는 경우와 마찬가지로 '구체적으로 범위를 정하여' 하여야 한다.

해설 오늘날 의회의 입법독점주의에서 입법중심주의로 전환하여 일정한 범위 내에서 행정입법을 허용하게 된 동기가 사회적 변화에 대응한 입법수요의 급증과 종래의 형식적 권력분립주의로는 현대사회에 대응할 수 없다는 기능적 권력분립론에 있다는 점 등을 감안하여 헌법 제40조와 헌법 제75조, 제95조의 의미를 살펴보면, 국회입법에 의한 수권이 입법기관이 아닌 행정기관에게 법률 등으로 구체적인 범위를 정하여 위임한 사항에 관하여는 당해 행정기관에게 법정립의 권한을 갖게 되고, 입법자가 규율의 형식도 선택할 수 있다 할 것이므로, 헌법이 인정하고 있는 위임입법의 형식은 예시적인 것으로 보아야 할 것이고, 그것은 법률이 행정규칙에 위임하더라도 그 행정규칙은 위임된 사항만을 규율할 수 있으므로, 국회입법의 원칙과 상치되지도 않는다. 다만 행정규칙은 법규명령과 같은 엄격한 제정 및 개정절차를 요하지 아니하므로, 재산권 등과 같은 기본권을 제한하는 작용을 하는 법률이 입법위임을 할 때에는 대통령령, 총리령, 부령 등 법규명령에 위임함이 바람직하고, 고시와 같은 형식으로 입법위임을 할 때에는 적어도 행정규제기본법 제4조 제2항 단서에서 정한 바와 같이 법령이 전문적·기술적 사항이나 경미한 사항으로서 업무의 성질상 위임이 불가피한 사항에 한정된다 할 것이고, 그러한 사항이라 하더라도 포괄위임금지의 원칙상 법률의 위임은 반드시 구체적·개별적으로 한정된 사항에 대하여 행하여져야 한다(헌재 2006.12.28. 2005헌바59).

정답 O

23년(3) 모의

411. 포괄위임금지원칙은 행정부에 입법을 위임하는 수권법률의 명확성원칙에 관한 것으로서 법률의 명확성원칙이 행정입법에 관하여 구체화된 특별규정이라고 할 수 있으므로, 수권법률조항의 명확성원칙 위배 여부는 포괄위임금지의 원칙의 위반 여부에 대한 심사로써 충족된다.

해설 … 한편 포괄위임금지의 원칙은 행정부에 입법을 위임하는 수권법률의 명확성원칙에 관한 것으로서 법률의 명확성 원칙이 위임입법에 관하여 구체화된 특별규정이라고 할 수 있다. 따라서 수권법률조항의 명확성원칙 위배 여부는 헌법 제75조의 포괄위임금지의 원칙의 위반 여부에 대한 심사로써 충족된다(헌재 2011.02.24. 2009헌바13,52,110(병합,전합)).

정답

21년(2) 모의

412. 「농지법」이나 그 밖의 법률에 따라 소유할 수 있는 농지로서 대통령령으로 정하는 경우는 비사업용 토지에서 제외하도록 규정한 구 「소득세법」 조항은 법률에 규정하여야 할 과세대상을 대통령령에 전반적으로 위임하므로 포괄위임금지원칙에 위배된다.

해설 농지법이나 그 밖의 법률에 따라 소유할 수 있는 농지로서 대통령령으로 정하는 경우는 비사업용 토지에서 제외하도록 규정한 구 소득세법 제104조의3 제1항 제1호 가목 단서(이하 '심판대상조항'이라 한다) … 하위 법령에서는 장기보유 특별공제 제도의 취지에 반하지 않는 농지의 범위 내지 판단기준에 관한 내용이 구체화될 것임을 예측할 수 있으므로, 심판대상조항은 포괄위임금지원칙에 위배되지 아니한다(헌재 2020.11.26. 2018헌바379).

정답 ×

20년 변시

413. 국가전문자격시험을 운영함에 있어 시험과목 및 시험실시에 관한 구체적인 사항을 어떻게 정할 것인가는 법률에서 반드시 직접 정하여야 하는 사항이라고 보기 어렵고, 전문자격시험에서 요구되는 기량을 갖추었는지 여부를 어떠한 방법으로 평가할 것인지 정하는 것뿐만 아니라 평가 그 자체도 전문적·기술적인 영역에 해당하므로, 시험과목 및 시험실시 등에 관한 사항을 대통령령에 위임할 필요성이 인정된다.

해설 국가전문자격시험을 운영함에 있어 시험과목 및 시험실시에 관한 구체적인 사항을 어떻게 정할 것인가는 법률에서 반드시 직접 정하여야만 하는 사항이라고 보기 어렵고, 입법자는 시험과목 및 시험실시에 관한 내용을 직접 법률에서 정할지 이를 대통령령에 위임할 것인지를 자유롭게 선택할 수 있다고 봄이 상당하다. 한편, 입법자가 국가전문자격시험의 운영권한을 행정부에 위임한 이상, 행정부로 하여금 해당 자격에서 필요로 하는 자질과 능력을 갖추었는지를 효과적으로 검증할 수 있는 시험제도를 운영·시행할 수 있도록 할 필요가 있는데, 시험과목을 포함한 시험실시에 관한 사항은 시험제도의 구체적 운영·시행과 관련한 전문적·기술적인 사항을 포함하고 있으며, 전문자격시험에서 요구되는 기량을 갖추었는지 여부를 어떠한 방법으로 평가할 것인지 정하는 것뿐만 아니라 평가 그 자체도 전문적·기술적인 영역에 해당하므로, 이러한 사항을 법률로 일일이 세부적인 것까지 규정하는 것은 입법기술상 적절하지 않다. 따라서 시험과목 및 시험실시 등에 관한 사항을 대통령령에 위임할 필요성이 인정된다(헌재 2019.05.30. 2018헌마1208).

정답 ○

20년 변시, 18년(1) 모의

414. 구 「식품위생법」이 식품접객영업자 등 대통령령으로 정하는 영업자에게 '영업의 위생관리와 질서유지, 국민의 보건위생 증진을 위하여 총리령으로 정하는 사항'을 준수하도록 규정한 것은 포괄위임입법금지원칙에 위배된다.

해설 심판대상조항은 식품접객업자를 제외한 어떠한 영업자가 하위법령에서 수범자로 규정될 것인지에 대하여 아무런 기준을 정하고 있지 않다. 비록 수범자 부분이 다소 광범위하더라도 준수사항이 구체화되어 있다면 준수사항의 내용을 통해 수범자 부분을 예측하는 것이 가능할 수 있는데, '영업의 위생관리와 질서유지', '국민의 보건위생 증진'은 매우 추상적이고 포괄적인 개념이어서 이를 위하여 준수하여야 할 사항이 구체적으로 어떠한 것인지 그 행위태양이나 내용을 예측하기 어렵다. 또한 '영업의 위생관리와 국민의 보건위생 증진'은 식품위생법 전체의 입법목적과 크게 다를 바 없고, '질서유지'는 식품위생법의 입법목적에도 포함되어 있지 않은 일반적이고 추상적인 공익의 전체를 의미함에 불과하므로, 이러한 목적의 나열만으로는 식품 관련 영업자에게 행위기준을 제공해주지 못한다. 결국 심판대상조항은 수범자와 준수사항을 모두 하위법령에 위임하면서도 위임될 내용에 대해 구체화하고 있지 아니하여 그 내용들을 전혀 예측할 수 없게 하고 있으므로, 포괄위임금지원칙에 위반된다(헌재 2016.11.24. 2014헌가6).

정답 ○

 20년 변시

415. 상시 4명 이하의 근로자를 사용하는 사업 또는 사업장에 대하여 대통령령으로 정하는 바에 따라 「근로기준법」의 일부 규정을 적용할 수 있도록 위임한 「근로기준법」 조항은, 종전에는 「근로기준법」을 전혀 적용하지 않던 4인 이하 사업장에 대하여 「근로기준법」을 일부나마 적용하는 것으로 범위를 점차 확대해 나간 동법 시행령의 연혁 등을 종합적으로 고려하여 볼 때, 사용자의 부담이 그다지 문제되지 않으면서 동시에 근로자의 보호필요성의 측면에서 우선적으로 적용될 수 있는 「근로기준법」의 범위를 선별하여 적용할 것을 대통령령에 위임한 것으로 볼 수 있고, 그러한 「근로기준법」 조항들이 4인 이하 사업장에 적용되리라 예측할 수 있다.

해설 위임의 구체성·명확성의 요구 정도에 대해서는 그 규율대상의 종류와 성격에 따라 달라질 것인바, 수익적 행정의 경우에는 위임의 구체성·명확성의 요구가 완화되어 그 위임의 요건과 범위가 덜 엄격하게 규정될 수 있다(헌재 2006.12.28. 2005헌바59). … 종전에는 근로기준법을 전혀 적용하지 않던 4인 이하 사업장에 대하여 근로기준법을 일부나마 적용하는 것으로 범위를 점차 확대해 나간 근로기준법 시행령의 연혁 및 심판대상조항의 입법취지와, 근로기준법 조항의 적용 여부를 둘러싼 근로자보호의 필요성과 사용자의 법 준수능력 간의 조화 등을 종합적으로 고려하면, 심판대상조항은 사용자의 부담이 그다지 문제되지 않으면서 동시에 근로자의 보호필요성의 측면에서 우선적으로 적용될 수 있는 근로기준법의 범위를 선별하여 적용할 것을 대통령령에 위임한 것으로 볼 수 있고, 그러한 근로기준법 조항들이 일부적용 대상 사업장에 적용되리라 예측할 수 있다(헌재 2019.04.11. 2013헌바112).

정답 ○

22년(1) 모의

416. 오늘날의 법률유보원칙은 국가공동체와 그 구성원에게 기본적이고도 중요한 의미를 갖는 영역, 특히 국민의 기본권 실현에 관련된 영역에 있어서는 행정에 맡길 것이 아니고 국민의 대표자인 입법자 스스로 그 본질적 사항에 대하여 결정하여야 한다는 요구, 즉 의회유보원칙까지 내포하는 것으로 이해되고 있다.

 헌법은 법치주의를 그 기본원리의 하나로 하고 있고, 법치주의는 법률유보원칙, 즉 행정작용에는 국회가 제정한 형식적 법률의 근거가 요청된다는 원칙을 그 핵심적 내용으로 하고 있다. 나아가 오늘날의 법률유보원칙은 단순히 행정작용이 법률에 근거를 두기만 하면 충분한 것이 아니라, 국가공동체와 그 구성원에게 기본적이고도 중요한 의미를 갖는 영역, 특히 국민의 기본권 실현에 관련된 영역에 있어서는 행정에 맡길 것이 아니라 국민의 대표자인 입법자 스스로 그 본질적 사항에 대하여 결정하여야 한다는 요구, 즉 의회유보원칙까지 내포하는 것으로 이해되고 있다. 이때 입법자가 형식적 법률로 스스로 규율하여야 하는 사항이 어떤 것인지는 일률적으로 획정할 수 없고 구체적인 사례에서 관련된 이익 내지 가치의 중요성 등을 고려하여 개별적으로 정할 수 있다고 할 것이다(헌재 2015.05.28. 2013헌가6).

정답 O

20년 변시

417. 운전면허를 받은 사람이 자동차등을 이용하여 살인 또는 강간 등 행정안전부령이 정하는 범죄행위를 한 때 운전면허를 취소하도록 하는 구 「도로교통법」 조항은 필요적 운전면허취소 대상범죄를 자동차등을 이용하여 살인·강간 및 이에 준하는 범죄로 정하고 있으나, 위 조항에 의하더라도 하위법령에 규정될 자동차등을 이용한 범죄행위의 유형을 충분히 예측할 수 없으므로 포괄위임금지원칙에 위배된다.

 안전하고 원활한 교통의 확보와 자동차 이용 범죄의 예방이라는 심판대상조항의 입법목적, 필요적 운전면허취소 대상범죄를 자동차등을 이용하여 살인·강간 및 이에 준하는 정도의 흉악 범죄나 법익에 중대한 침해를 야기하는 범죄로 한정하고 있는 점, 자동차 운행으로 인한 범죄에 대한 처벌의 특례를 규정한 관련 법조항 등을 유기적·체계적으로 종합하여 보면, 결국 심판대상조항에 의하여 하위법령에 규정될 자동차등을 이용한 범죄행위의 유형은 '범죄의 실행행위 수단으로 자동차등을 이용하여 살인 또는 강간 등과 같이 고의로 국민의 생명과 재산에 큰 위협을 초래할 수 있는 중대한 범죄'가 될 것임을 충분히 예측할 수 있으므로, 심판대상조항은 포괄위임금지원칙에 위배되지 아니한다(헌재 2015.05.28. 2013헌가6). ▶ 법률유보원칙과 포괄위임금지원칙에 위배되지 않지만, 직업의 자유 및 일반적 행동의 자유를 침해한다고 판시

정답 ×

17년(2) 모의

418. 헌법 제75조의 규범적 의미에 의할 때, 관련 법률이나 모법에서 단지 기본권 제한과 관련한 입법사항이 언급되었다거나 일부 규정되어 있다고 하여, 그것이 법률을 시행하

기 위하여 필요한 기술적·절차적인 사항들을 넘어 아무런 명시적 언급이 없는 사항까지 위임한 근거라고 보기는 어렵다.

해설 헌법 제75조의 규범적 의미는 어떤 입법사항을 하위규범에 위임하는 법률조항에서 위임의 취지와 범위를 구체적으로 명시하여야 한다는 것이다. 위임의 구체성·명확성의 요구 정도는 규율대상의 종류와 성격에 따라 달라지는데, 기본권침해 영역에서는 급부행정 영역에서보다 구체성의 요구가 강화된다고 할 것이다. 관련 법률이나 모법에서 단지 기본권 제한과 관련한 입법사항이 언급되었다거나 일부 규정되어 있다고 하여, 그것이 법률을 시행하기 위하여 필요한 기술적·절차적인 사항들을 넘어 아무런 명시적 언급이 없는 이 사건 통보행위에 관한 사항까지 위임한 근거라고 보기는 어렵다고 할 것이다(헌재 2016.04.28. 2012헌마549).

정답 ○

 14년·15년 변시, 17년(2)·21년(1) 모의

419. 법률에서 위임받은 사항을 직접 규정하지 않고 재위임하는 것은 복위임금지의 법리에 반할 뿐 아니라 수권법의 내용변경을 초래하므로, 위임받은 사항에 관하여 대강을 정하고 그 중의 특정사항을 범위를 정하여 하위법령에 다시 위임하였다고 하더라도 이러한 재위임은 허용되지 않는다.

해설 법률에서 위임받은 사항을 전혀 규정하지 않고 모두 재위임하는 것은 '위임받은 권한을 그대로 다시 위임할 수 없다'는 복위임금지의 법리에 반할 뿐 아니라 수권법의 내용변경을 초래하는 것이 되고, 대통령령 이외의 법규명령의 제정·개정절차가 대통령령에 비하여 보다 용이한 점을 고려할 때 하위의 법규명령에 대한 재위임의 경우에도 대통령령에의 위임에 가하여지는 헌법상의 제한이 마땅히 적용되어야 할 것이다. 따라서 법률에서 위임받은 사항을 전혀 규정하지 아니하고 그대로 하위의 법규명령에 재위임하는 것은 허용되지 않으며 위임받은 사항에 관하여 대강(大綱)을 정하고 그 중의 특정사항을 범위를 정하여 하위의 법규명령에 다시 위임하는 경우에만 재위임이 허용된다(헌재 2002.10.31. 2001헌라1).

정답   ×

15년 변시, 14년(3)·17년(2)·21년(1)·(3) 모의

420. 법률조항의 위임에 따라 대통령령으로 규정한 내용이 헌법에 위반되는 경우에는 그로 인하여 해당 대통령령의 모법인 해당 수권(授權) 법률조항도 당연히 위헌이 된다고 보아야 한다.

해설 이 사건 법률조항이 별도합산과세대상이 되는 구체적 범위를 대통령령으로 정하도록 위임한 것 자체는 정당하고 적법한 입법권의 위임이므로, 재산권 보장 및 평등의 원칙에 반하여 청구인의 기본권을 침해하는 것이 아니고, 위임입법의 법리는 헌법의 근본원리인 권력분립주의와 의회주의 내지 법치주의에 바탕을 두는 것이기 때문에 행정부에서 제정된 대통령령에서 규정한 내용이 정당한 것인지 여부와 위임의 적법성은 직접적인 관계가 없다. 따라서 대통령령으로 규정한 내용이 헌법에 위반될

경우라도 그 대통령령의 규정이 위헌으로 되는 것은 별론으로 하고 그로 인하여 정당하고 적법하게 입법권을 위임한 수권법률조항까지 위헌으로 되는 것은 아니다(헌재 2010.12.28. 2009헌바145).

 정답 ×

17년(2) 모의

421. 법률규정 자체에 위임의 구체적 범위를 명확히 규정하고 있지 아니하여 외형상으로는 일반적·포괄적으로 위임한 것처럼 보이더라도, 그 법률의 전반적인 체계와 취지·목적, 당해 조항의 규정 형식과 내용 및 관련 법규를 살펴 이에 대한 해석을 통하여 그 내재적인 위임의 범위나 한계가 객관적으로 분명히 확정될 수 있는 것이라면 이를 일반적·포괄적인 위임에 해당하는 것으로 볼 수는 없다.

해설 법률규정 자체에 위임의 구체적 범위를 명확히 규정하고 있지 아니하여 외형상으로는 일반적·포괄적으로 위임한 것처럼 보이더라도, 그 법률의 전반적인 체계와 취지·목적, 당해 조항의 규정형식과 내용 및 관련 법규를 살펴 이에 대한 해석을 통하여 그 내재적인 위임의 범위나 한계를 객관적으로 분명히 확정될 수 있는 것이라면 이를 일반적·포괄적인 위임에 해당하는 것으로 볼 수는 없다 할 것이다(대판 1996.03.21. 95누3640(전합)).

 정답 ○

17년·22년 변시, 21년(3) 모의

422. 상위법령에서 하위 행정입법의 제정을 예정하고 있더라도 하위 행정입법의 제정 없이 상위법령의 규정만으로도 집행이 이루어질 수 있는 경우에는 하위 행정입법을 하여야 할 헌법적 작위의무는 인정되지 아니한다.

해설 삼권분립의 원칙, 법치행정의 원칙을 당연한 전제로 하고 있는 우리 헌법 하에서 행정권의 행정입법 등 법집행의무는 헌법적 의무라고 보아야 할 것이다. 그런데 이는 행정입법의 제정이 법률의 집행에 필수불가결한 경우로서 행정입법을 제정하지 아니하는 것이 곧 행정권에 의한 입법권 침해의 결과를 초래하는 경우를 말하는 것이므로, 만일 하위 행정입법의 제정 없이 상위 법령의 규정만으로도 집행이 이루어질 수 있는 경우라면 하위 행정입법을 하여야 할 헌법적 작위의무는 인정되지 아니한다고 할 것이다(헌재 2005.12.22. 2004헌마66).

 정답 ○

 17년 변시

423. 법령의 직접적인 위임에 따라 수임행정기관이 그 법령을 시행하는데 필요한 구체적 사항을 정한 것이면, 그 제정형식이 고시, 훈령, 예규 등과 같은 행정규칙이더라도 그것이 상위법령의 위임한계를 벗어나지 아니하는 한, 상위법령과 결합하여 대외적인 구속력을 갖는 법규명령으로서 기능하고 있는 것으로 볼 수 있으므로 「헌법재판소법」 제68조 제1항에 의한 헌법소원의 대상이 되는 공권력 행사에 해당한다.

해설 법령의 직접적인 위임에 따라 위임행정기관이 그 법령을 시행하는데 필요한 구체적 사항을 정한 것이면, 그 제정형식은 비록 법규명령이 아닌 고시, 훈령, 예규 등과 같은 행정규칙이더라도 그것이 상위법령의 위임한계를 벗어나지 아니하는 한, 상위법령과 결합하여 대외적인 구속력을 갖는 법규명령으로서 기능하게 된다고 보아야 할 것인바, 청구인이 법령과 예규의 관계규정으로 말미암아 직접 기본권침해를 받았다면 이에 대하여 바로 헌법소원심판을 청구할 수 있다(헌재 1992.06.26. 91헌마25).

정답 ○

17년·20년 변시, 14년(2)·(3)·16년(3)·21년(1)·(3)·22년(1) 모의

424. 헌법은 국회입법의 원칙을 천명하면서, 법률의 위임을 받아 발할 수 있는 법규명령으로 대통령령, 총리령과 부령 등을 한정적으로 열거하고 있으므로, 법률 또는 그 이하의 입법형식으로써 헌법상 원칙에 대한 예외를 인정하여 고시와 같은 행정규칙에 입법사항을 위임할 수는 없다.

해설 사회적 변화에 대응한 입법수요의 급증과 종래의 형식적 권력분립주의로는 현대사회에 대응할 수 없다는 기능적 권력분립론을 감안하여 헌법 제40조·제75조·제95조의 의미를 살펴보면, 국회가 입법으로 행정기관에게 구체적인 범위를 정하여 위임한 사항에 관하여는 당해 행정기관이 법 정립의 권한을 갖게 되고, 입법자가 그 규율의 형식도 선택할 수 있다고 보아야 하므로, 헌법이 인정하고 있는 위임입법의 형식은 예시적인 것으로 보아야 한다. 법률이 일정한 사항을 행정규칙에 위임하더라도 그 행정규칙은 위임된 사항만을 규율할 수 있으므로, 국회입법의 원칙과 상치되지 않는다. 다만, 행정규칙은 법규명령과 같은 엄격한 제정 및 개정절차를 필요로 하지 아니하므로, 기본권을 제한하는 내용의 입법을 위임할 때에는 법규명령에 위임하는 것이 원칙이고, 고시와 같은 형식으로 입법위임을 할 때에는 법령이 전문적·기술적 사항이나 경미한 사항으로서 업무의 성질상 위임이 불가피한 사항에 한정된다(헌재 2014.07.24. 2013헌바183).

정답 ×

17년 변시

425. ○○노동청장 乙은 甲에 대하여 부정한 방법으로 직업능력개발 훈련비용을 지급받았다는 이유로, 지원금의 지급을 제한하는 처분을 하면서 기지급된 지원금을 회수하는 처분을 하였다. 이에 甲은 당해 처분의 취소를 구하는 소를 제기하는 한편 위 소송 계속 중 당해 처분의 근거법률인 구「고용보험법」제35조 제1항에 대하여 위헌법률심판제청신청을 하였으나 2011. 11. 14.(월) 위 제청신청이 기각되고 2011. 11. 17.(목) 그 기각결정을 통지받은 후 2011. 12. 15.(목)「헌법재판소법」제68조 제2항에 의한 헌법소원심판을 청구하였다.

※ 구「고용보험법」(2007. 5. 11. 법률 제8429호로 개정되고, 2008. 12. 31. 법률 제9315호로 개정되기 전의 것)
제35조(부정행위에 따른 지원의 제한 등) ① 노동부장관은 거짓이나 그 밖의 부정한

방법으로 이 장의 규정에 따른 고용안정·직업능력개발 사업의 지원을 받은 자 또는 받으려는 자에게 대통령령으로 정하는 바에 따라 그 지원을 제한하거나 이미 지원된 것을 반환하도록 명할 수 있다.

(1) 구 「고용보험법」상의 각종 지원은 사회적·경제적 상황, 기업 및 노동시장이 처한 현실, 고용보험의 재정 상황 등에 따라 그 지원의 내용 및 범위가 수시로 변화될 가능성이 있으므로 지원금의 반환 범위나 지급 제한의 구체적 내용 및 범위를 대통령령에 위임할 필요성이 인정된다.

(2) 구 「고용보험법」 제35조 제1항은 지원금의 지급을 제한하거나 이미 지급된 지원금은 사후에 반환하도록 하는 원상회복 및 행정적 제재를 규정한 것으로서 甲의 재산권을 직접 제한하는 법률이므로 그 내용의 일부를 하위법령에 위임하는 경우에는 위임의 구체성·명확성의 요구가 강화된다.

(3) 구 「고용보험법」 제35조 제1항은 지원금의 부당수령자에 대한 제재의 목적으로 '이미 지원된 것의 반환'과는 별도로 '지원을 제한'하도록 하고 있는데, 이러한 지원 제한에 대하여 제한의 범위나 기간 등에 관하여 기본적 사항도 법률에 규정하지 아니한 채 대통령령에 포괄적으로 위임하고 있으므로 포괄위임금지원칙에 위반된다.

해설 (1) 고용보험법상의 각종 지원은 사회적·경제적 상황, 기업 및 노동시장이 처한 현실, 고용보험의 재정 상황 등에 따라 그 지원의 내용 및 범위가 수시로 변화될 가능성이 있으므로, 이에 전문적이고 탄력적으로 대응하기 위하여 고용보험법은 고용안정·직업능력개발사업의 구체적 지원 내용 및 범위를 대통령령과 같은 하위 법령에 위임하고 있다. 따라서 고용안정·직업능력개발사업에 따른 지원금의 부정수령행위에 대한 원상회복 및 행정적 제재를 규정한 이 사건 법률조항 역시 위와 같은 고용보험법의 특성에 비추어 볼 때, 고용안정·직업능력개발사업의 구체적 지원 내용 및 범위, 고용보험의 재정상황, 위반의 강도·기간·횟수 등에 따라 지원금의 반환 범위 및 지급 제한의 내용 등을 적절히 현실화할 필요가 있기 때문에 모든 내용을 법률로 정하는 것보다는 지원금의 반환 범위나 지급제한의 구체적 내용 및 범위를 대통령령에 위임할 필요성이 인정된다(헌재 2013.08.29. 2011헌바390).

(2) 이 사건 법률조항은 거짓이나 그 밖의 부정한 방법으로 고용안정·직업능력개발사업의 지원금을 받거나 받으려는 자에 대하여 지원금의 지급을 제한하거나 이미 지급된 지원금은 사후에 반환하도록 하는 원상회복 및 행정적 제재를 규정한 것으로서 청구인의 재산권을 직접 제한하는 법률이다. 그러므로 그 내용의 일부를 하위법령에 위임하는 경우에는 위임의 구체성·명확성의 요구가 강화되고, 따라서 행정적 제재의 대상·사유 및 내용뿐만 아니라 제재기간이나 금액 등과 같은 행정적 제재의 범위까지도 기본적인 사항을 법률에 규정하여야 한다(헌재 2013.08.29. 2011헌바390).

(3) 이 사건 법률조항은 사업주 등이 부정한 방법으로 지원금을 지급받는 것을 방지하려는데 그 목적이 있으므로 이 사건 법률조항에서 규정하는 '이미 지원된 것의 반환' 범위와 관련하여 대통령령에 위임될 내용은 원상회복을 위하여 사업주 등이 부정한 방법으로 지원받은 금액의 회수에 관한 것임을 쉽게 예측할 수 있다. 그러나 이 사건 법률조항에서는 지원금의 부당수령자에 대한 제재의 목적으로 '이미 지원된 것의 반환'과는 별도로 '지원을 제한'하도록 하고 있는데, 이러한 지원 제한에 대하여는 제한의 범위나 기간 등에 관하여 기본적 사항도 법률에 규정하지 아니한 채 이를 대통령령에

포괄적으로 위임하고 있다. 그리하여 구 고용보험법의 목적과 규정내용, 고용안정·직업능력개발사업의 취지, 지원금의 종류 및 내용 등을 체계적·유기적으로 종합하여 살펴보아도 일반인으로 하여금 어떤 방식으로, 어느 기간이나 정도의 범위에서 지원금의 지급이 제한되고 그 지급제한기간 동안 지원받은 금액 중 얼마까지 반환하여야 하는지 그 대강의 내용을 법률에서 전혀 예측할 수 없도록 하고 있다. 따라서 이 사건 법률조항은 고용안정·직업능력개발사업의 지원금을 부정수령한 사업자 등에 대한 지원금의 지급제한기간 및 반환의 내용 및 범위 등에 관한 기본적 사항을 법률에 규정하지 않은 채 이를 포괄적으로 대통령령에 위임함으로써 행정청의 자의적인 법집행을 가능하게 하고 있으므로 헌법 제75조의 포괄위임금지원칙에 위반된다(헌재 2013.08.29. 2011헌바390).

정답 ○, ○, ○

 22년 변시, 16년(3) 모의

426. **행정규칙이 아닌 시행령은 법률에 의한 위임이 없더라도 법률이 규정한 개인의 권리·의무에 관한 내용을 보충하거나 법률에 규정되지 아니한 새로운 추가적 내용을 규정할 수 있다.**

해설 헌법 제75조는 "대통령은 법률에서 구체적으로 범위를 정하여 위임받은 사항과 법률을 집행하기 위하여 필요한 사항에 관하여 대통령령을 발할 수 있다."라고 규정하고 있다. 따라서 대통령은 법률에서 구체적으로 범위를 정하여 위임받은 사항과 법률을 집행하기 위하여 필요한 사항에 관하여만 대통령령을 발할 수 있으므로, 법률의 시행령은 모법인 법률에 의하여 위임받은 사항이나 법률이 규정한 범위 내에서 법률을 현실적으로 집행하는 데 필요한 세부적인 사항만을 규정할 수 있을 뿐, 법률에 의한 위임이 없는 한 법률이 규정한 개인의 권리·의무에 관한 내용을 변경·보충하거나 법률에 규정되지 아니한 새로운 내용을 규정할 수는 없다(대판 2020.09.03. 2016두32992(전합)).

정답 ×

 16년·21년 변시

427. **국회입법에 대한 헌법 제40조와 행정입법에 대한 헌법 제75조 및 제95조의 의미를 체계적으로 살펴보면, 포괄위임금지원칙은 입법부와 행정부 사이의 권력배분의 문제이므로 법률이 대법원규칙에 입법을 위임할 경우 포괄위임금지원칙은 적용되지 않는다.**

해설 대법원 역시 입법권의 위임을 받아 규칙을 제정할 수 있다 할 것이고, 헌법 제75조에 근거한 포괄위임금지원칙은 법률에 이미 하위법규에 규정될 내용 및 범위의 기본사항이 구체적으로 규정되어 있어서 누구라도 당해 법률로부터 하위법규에 규정될 내용의 대강을 예측할 수 있어야 함을 의미하므로, 위임입법이 대법원규칙인 경우에도 수권법률에서 이 원칙을 준수하여야 함은 마찬가지이다(헌재 2016.06.30. 2014헌바456).

 정답 ×

21년(2) 모의

428. 법률에서 대법원규칙으로 위임하는 경우, 대법원규칙으로 규율될 내용들은 법원의 전문적이고 기술적인 사무에 관한 것이 대부분일 것인바, 수권법률에서의 위임의 구체성·명확성의 정도는 다른 규율영역에 비해 완화될 수 있다.

해설 대법원규칙으로 규율될 내용들은 소송에 관한 절차와 같이 법원의 전문적이고 기술적인 사무에 관한 것이 대부분일 것이므로, 법원의 축적된 지식과 실제적 경험의 활용, 규칙의 현실적 적응성과 적시성의 확보라는 측면에서 수권법률에서의 위임의 구체성·명확성의 정도는 다른 규율 영역에 비해 완화될 수 있을 것이다(헌재 2016.06.30. 2014헌바456).

정답 O

16년 변시

429. 위임의 구체성·명확성의 요구 정도는 그 규율대상의 종류와 성격에 따라 달라질 것이지만, 특히 처벌법규나 조세법규 등 국민의 기본권을 직접적으로 제한하거나 침해할 소지가 있는 법규에서는 구체성·명확성의 요구가 강화되어 그 위임의 요건과 범위가 일반적인 급부행정법규의 경우보다 더 엄격하게 제한적으로 규정되어야 하는 반면에, 규율대상이 지극히 다양하거나 수시로 변화하는 성질의 것일 때에는 위임의 구체성·명확성의 요건이 완화되어야 한다.

해설 위임의 구체성·명확성의 요구 정도는 그 규율대상의 종류와 성격에 따라 달라질 것이지만 특히 처벌법규나 조세법규와 같이 국민의 기본권을 직접적으로 제한하거나 침해할 소지가 있는 법규에서는 구체성·명확성의 요구가 강화되어 그 위임의 요건과 범위가 일반적인 급부행정의 경우보다 더 엄격하게 제한적으로 규정되어야 하는 반면, 규율대상이 지극히 다양하거나 수시로 변화하는 성질의 것일 때에는 위임의 구체성·명확성의 요건이 완화되어야 할 것이다(헌재 2008.07.31. 2006헌바95).

정답  O

16년 변시

430. 제1종 특수면허 없이 자동차를 운전한 경우 무면허운전죄로 처벌하면서 제1종 특수면허로 운전할 수 있는 차의 종류를 부령에 위임한 법률조항은 포괄위임금지원칙에 위배된다.

해설 도로교통법상 운전면허를 취득하여야 하는 자동차 및 건설기계의 종류는 매우 다양하고 어떤 운전면허로 어떤 자동차 또는 건설기계를 운전할 수 있도록 할지를 정하는 작업에는 전문적이고 기술적인 지식이 요구되므로, 제1종 특수면허로 운전할 수 있는 차의 종류를 하위법령에 위임할 필요성이 인정된다. 또한, 자동차 운전자로서는 자동차관리법상 특수자동차의 일종인 트레일러와 레커의 용도와 조작방법 등의 특성을 감안할 때 이를 운전하기 위해서는 제1종 특수면허를 취득하여야 한다는 점도 충분히 예측할 수 있으므로, 심판대상조항이 포괄위임금지원칙에 위배된다고 할 수 없다(헌재 2015.01.29. 2013헌바173).

정답  ×

16년 변시

431. 일정한 권리에 관하여 법률이 규정한 존속기간을 뜻하는 제척기간은 권리관계를 조속히 확정시키기 위하여 권리의 행사에 중대한 제한을 가하는 것이므로 모법인 법률에 의한 위임이 없는 한 시행령이 함부로 제척기간을 규정할 수는 없다.

해설 일정한 권리에 관하여 법률이 규정한 존속기간을 뜻하는 제척기간은 권리관계를 조속히 확정시키기 위하여 권리의 행사에 중대한 제한을 가하는 것이어서 모법인 법률에 의한 위임이 없는 한 시행령이 함부로 제척기간을 규정할 수는 없다고 할 것이므로, 구 노동기준법 제38조가 그 단서에서 사용자가 노동위원회의 승인을 받아 휴업수당을 지급하지 않을 수 있는 예외를 규정하고 있을 뿐 그 승인을 받을 수 있는 기간을 제한하는 데 관하여 직접 규정하지 않고 있음은 물론 시행령에 위임하지도 아니하였음에도 불구하고, 같은법 시행령 제21조가 정하고 있는 사용자의 노동위원회에 대한 휴업수당지급의 예외 승인신청기간은 제척기간으로 볼 수는 없고 훈시규정으로 보아야 한다(대판 1990.09.28. 89누2493).

 정답 O

 16년 변시

432. 구 「공직선거법」이 관련 조항에서 허용하는 수당·실비 기타 이익을 제공하는 행위 이외의 금품 제공행위를 처벌하면서, 선거사무관계자에게 지급이 허용되는 수당과 실비의 종류와 금액을 중앙선거관리위원회가 정하도록 규정하는 것은 그 내용이 예측가능하여 포괄위임금지원칙에 위배되지 아니한다.

해설 공직선거법 제135조 제2항은 중앙선거관리위원회가 정할 내용의 기본적 사항이 수당과 실비의 '종류와 금액'임을 법률로 정하였고, 수당과 실비의 사전적 의미, 선거의 공정성을 위하여 금권선거를 방지하고자 하는 위 조항의 입법취지, 공직선거법상 제공이 허용되는 수당·실비 기타 이익은 선거비용으로서 전부 또는 일부를 보전받을 수 있다는 점을 고려하면 수당의 범위는 사회·경제적 상황에 따라 선거의 공정성을 해하지 않는 범위 내에서 선거사무관계자의 사무종사에 대한 급여로서 제공할 수 있는 범위, 실비의 종류는 선거사무관계자가 선거운동과 관련하여 통상적으로 지출하는 비용인 교통비와 식사비, 기타 비용, 실비의 범위는 선거 종류에 따라 선거운동을 위한 지리적 이동거리, 선거운동의 규모에 따라 필요한 수준이 될 것임을 예측할 수 있다. 이처럼 공직선거법 제135조 제2항은 제공이 허용되는 수당과 실비의 종류와 금액을 중앙선거관리위원회 규칙에 위임할 필요성과 예측가능성을 인정할 수 있으므로, 그에 해당하지 않는 선거사무관계자에 대한 수당·실비를 제공하는 행위를 처벌하는 심판대상조항은 범죄의 구성요건을 규율함에 있어 포괄위임입법금지원칙에 위배되지 아니한다(헌재 2015.04.30. 2013헌바55).

 정답 O

433.
약국개설자·의약품의 품목허가를 받은 자·수입자 및 의약품 판매업자, 그 밖에 약사법에 따라 의약품을 판매할 수 있는 자는 보건복지부령으로 정하는 바에 따라 의약품 등의 유통체계 확립과 판매질서 유지에 필요한 사항을 지켜야 한다고 규정한 구 약사법 조항은 포괄위임금지원칙에 위배된다.

해설 의약품등의 유통 및 판매에 있어서 다양한 행위형태가 포함되어 법에서 이를 모두 포괄하는 준수사항을 획일적으로 정하는 데는 한계가 있고, 의약제도의 변화와 거래현실 등 여러 사정을 고려하여 정하여질 전문적인 사항이므로 미리 법률로 자세히 정하기 쉽지 않으므로, 행정부가 의약기술의 발전과 새로운 의약제도의 도입에 따라 각 유통 및 판매단계별로 약국개설자 등이 준수하여야 할 세부적이고 구체적인 의무를 정함으로써 변화에 신속히 대응할 필요성이 인정된다. 따라서 이 사건 의무조항에서 약국개설자 등이 준수하여야 할 대강을 정하고, 더 구체적인 내용은 보건복지부령에 위임하고 있는 것은 부득이한 것으로 허용된다. 또한 약사법과 이 사건 심판대상조항의 입법목적, 의약품의 조제·판매·취급 등 의약분야의 전반에 걸친 약사의 주의의무 및 준수사항을 규정한 구 약사법 관련조항들의 내용 등에 비추어 보면, 하위법령에 규정될 약국개설자 등의 준수사항이란 '의약품을 적정하게 공급·판매하여 국민보건에 위해를 끼치지 않고, 의약시장에서의 공정한 경쟁질서나 의약제도의 취지에 어긋나는 행위를 하지 아니할 것'이 주된 내용이 될 것임을 예측할 수 있다. 따라서 이 사건 심판대상조항은 죄형법정주의나 포괄위임금지원칙에 위배된다고 할 수 없다(헌재 2013.08.29. 2011헌가19).

정답

434.
위임조항에서 위임의 구체적 범위를 명확히 규정하고 있지 않다고 하더라도 당해 법률의 전반적 체계와 관련규정에 비추어 위임조항의 내재적인 위임의 범위나 한계를 객관적으로 분명히 확정할 수 있다면 이를 포괄적인 백지위임에 해당하는 것으로 볼 수 없다.

해설 위임입법에 있어서 위임의 구체성·명확성의 요구 정도는 규제대상의 종류와 성격에 따라서 달라진다. 즉 급부행정 영역에서는 기본권침해 영역보다는 구체성의 요구가 다소 약화되어도 무방하다고 해석되며, 다양한 사실관계를 규율하거나 사실관계가 수시로 변화될 것이 예상될 때에는 위임의 명확성의 요건이 완화된다. 뿐만 아니라 위임조항에서 위임의 구체적 범위를 명확히 규정하고 있지 않다고 하더라도 당해 법률의 전반적 체계와 관련규정에 비추어 위임조항의 내재적인 위임의 범위나 한계를 객관적으로 분명히 확정할 수 있다면 이를 일반적이고 포괄적인 백지위임에 해당하는 것으로 볼 수 없다(헌재 1997.12.24. 95헌마390).

정답

14년(3) 모의

435. 법규명령은 법제처의 심사를 거치고 반드시 공포하여야 효력이 발생되는데 반하여, 대통령훈령과 국무총리훈령을 제외한 행정규칙은 법제처의 심사를 거칠 필요도 없고 공포 없이도 효력을 발생하게 된다는 점에서 차이가 있다.

해설 ① 법규명령 : ㉠ 대통령령은 국무회의의 심의(헌법 제89조 제3항)와 법제처의 심사(정부조직법 제23조 제1항)를 거쳐야 하며, 총리령과 부령은 법제처의 심사(정부조직법 제23조 제1항)를 거쳐야 한다. ㉡ 그리고 공포는 법규명령의 효력요건이다. ② 행정규칙 : ㉠ 행정규칙의 경우 일반적으로 따라야 할 법정의 절차는 없다. 그러나 대통령훈령 및 국무총리훈령은 '법제에 관한 사무'의 하나로 보아 관례적으로 법령안과 동일하게 법제처의 사전심사를 거치고 있다. ㉡ 법규명령과 달리 행정규칙의 표시는 공포라는 형식에 의함을 요하지 않는다.

 정답 ○

14년 변시

436. 집행명령은 법률의 위임이 없더라도 직권으로 발할 수 있기 때문에 모법이 폐지되어도 집행명령은 실효되지 않으며, 모법에 규정되어 있지 않은 새로운 법률사항을 집행명령으로 규정할 수 있다.

해설 집행명령은 그 모법에 종속하며 그 범위 안에서 모법을 현실적으로 집행하는 데 필요한 세칙을 규정할 수 있을 뿐이므로 위임명령과 달리 새로운 권리·의무에 관한 사항을 규정할 수 없다(헌재 2001.02.22. 2000헌마604). ▶ 모법이 폐지되면 집행명령도 실효되고, 모법에 규정되지 않은 새로운 법률사항을 집행명령으로 규정할 수 없다.

 정답 ×

 14년·24년 변시, 13년(1)·14년(2)·21년(1) 모의

437. 법률이 공법적 단체 등의 정관에 자치법적 사항을 위임한 경우 헌법 제75조가 정하는 포괄적인 위임입법의 금지가 원칙적으로 적용되며, 위임을 하더라도 그 사항이 국민의 권리·의무에 관련되는 것일 경우 적어도 국민의 권리·의무에 관한 기본적이고 본질적인 사항은 국회가 정하여야 한다.

해설 법률이 공법적 단체 등의 정관에 자치법적 사항을 위임한 경우에는 헌법 제75조가 정하는 포괄적인 위임입법의 금지는 원칙적으로 적용되지 않는다고 봄이 상당하고, 그렇다 하더라도 그 사항이 국민의 권리·의무에 관련되는 것일 경우에는 적어도 국민의 권리·의무에 관한 기본적이고 본질적인 사항은 국회가 정하여야 한다(대판 2007.10.12. 2006두14476).

 정답 ×

🕐 14년 변시

438. 의료기기 판매업자의 의료기기법 위반행위에 대하여 보건복지부령이 정하는 기간 이내의 범위에서 업무정지를 명할 수 있도록 한 의료기기법 조항은 포괄위임금지원칙에 위반되지 않는다.

> **해설** 업무정지기간은 국민의 직업의 자유와 관련된 중요한 사항으로서 업무정지의 사유 못지않게 업무정지처분의 핵심적·본질적 요소라 할 것이고, 비록 입법부가 복잡·다기한 행정영역에서 발생하는 상황의 변화에 따른 적절한 대처에 필요한 기술적·전문적 능력에 한계가 있어서 그 구체적 기준을 하위법령에 위임할 수밖에 없다 하더라도 최소한 그 상한만은 법률의 형식으로 이를 명확하게 규정하여야 할 것인데, 이 사건 법률조항은 업무정지기간의 범위에 관하여 아무런 규정을 두고 있지 아니하고, 나아가 의료기기법의 다른 규정이나 다른 관련 법률을 유기적·체계적으로 종합하여 보더라도 보건복지가족부령에 규정될 업무정지기간의 범위, 특히 상한이 어떠할지를 예측할 수 없으므로 헌법 제75조의 포괄위임금지원칙에 위배된다(헌재 2011.09.29. 2010헌가93).

정답

🕐 13년(1) 모의

439. (1) 행정입법은 위임명령과 집행명령으로 나눌 수 있으며, 대통령령, 총리령, 부령 중 대통령령만이 국무회의의 심의대상이다.

(2) 행정각부의 장관도 법률이나 대통령령에서 위임받은 사항에 관하여 또는 위임 없이도 상위법령을 집행하기 위하여 필요한 사항에 관하여 부령을 제정할 수 있다.

> **해설** (1) 헌법 제89조 제3호 참조. ▶ 행정입법은 제정권자가 누구이냐에 따라 대통령령·총리령·부령으로 나눌 수 있다. 대통령령·총리령·부령은 법규명령이지만 법규명령은 다시 위임명령과 집행명령으로 나누어진다. 법규명령 중 대통령령만이 국무회의의 심의대상이다.
>
> (2) 헌법 제95조 참조.
>
> 헌법 제75조 대통령은 법률에서 구체적으로 범위를 정하여 위임받은 사항과 법률을 집행하기 위하여 필요한 사항에 관하여 대통령령을 발할 수 있다.
> 헌법 제95조 국무총리 또는 행정각부의 장은 소관사무에 관하여 법률이나 대통령령의 위임 또는 직권으로 총리령 또는 부령을 발할 수 있다.
> 헌법 제89조 다음 사항은 국무회의의 심의를 거쳐야 한다.
> 3. 헌법개정안·국민투표안·조약안·법률안 및 대통령령안

정답

🕐 13년·21년 변시

440. 중앙행정기관의 장은 법률에서 위임한 사항이나 법률을 집행하기 위하여 필요한 사항을 규정한 대통령령·총리령·부령·훈령·예규·고시 등이 제정·개정 또는 폐지된 때에는 10일 이내에 이를 국회 소관상임위원회에 제출하여야 한다.

해설 국회법 제98조의2 제1항 참조.

> 국회법 제98조의2(대통령령등의 제출등) ① 중앙행정기관의 장은 법률에서 위임한 사항이나 법률을 집행하기 위하여 필요한 사항을 규정한 대통령령·총리령·부령·훈령·예규·고시 등이 제정·개정 또는 폐지되었을 때에는 10일 이내에 이를 국회 소관 상임위원회에 제출하여야 한다. 다만, 대통령령의 경우에는 입법예고를 할 때(입법예고를 생략하는 경우에는 법제처장에게 심사를 요청할 때를 말한다)에도 그 입법예고안을 10일 이내에 제출하여야 한다.

정답 ○

Ⅴ 집행에 관한 권한

17년(2) 모의

441. 행정기관 소속 5급 이상 공무원 및 고위공무원단에 속하는 일반직공무원은 소속 장관의 제청으로 행정자치부장관과 협의를 거친 후에 국무총리를 거쳐 대통령이 임용한다.

해설 국가공무원법 제32조 제1항 참조.

> 국가공무원법 제32조(임용권자) ① 행정기관 소속 5급 이상 공무원 및 고위공무원단에 속하는 일반직공무원은 소속 장관의 제청으로 인사혁신처장과 협의를 거친 후에 국무총리를 거쳐 대통령이 임용하되, 고위공무원단에 속하는 일반직공무원의 경우 소속 장관은 해당 기관에 소속되지 아니한 공무원에 대하여도 임용제청할 수 있다. 이 경우 국세청장은 국회의 인사청문을 거쳐 대통령이 임명한다.

정답 ×

Ⅵ 사법에 관한 권한

24년 변시

442. 수형자 개인에게는 특별사면이나 감형을 요구할 수 있는 주관적 권리가 없으므로 대통령이나 법무부장관 등에게 수형자를 특별사면하거나 감형하여야 할 헌법에서 유래하는 작위의무 또는 법률상의 의무가 존재하지 아니한다.

해설 ··· 그런데 사면법에 따르면 특별사면, 특정한 자에 대한 감형은 형의 집행을 지휘한 검찰관과 수형자의 재감하는 형무소장이 검찰총장에게 보고하고, 검찰총장은 법무부장관에게 상신신청을 하고, 법무부장관이 대통령에게 상신하여, 대통령이 행함으로써 이루어질 뿐, 수형자 개인에게 특별사면이나 감형을 요구할 수 있는 주관적 권리가 있지 아니하므로, 대통령이나 법무부장관 등에게 청구인을 특별사면하거나 감형하여야 할 헌법에서 유래하는 작위의무 또는 법률상의 의무가 존재하지 아니한다(헌결 2005.02.22. 2005헌마111).

정답 ○

20년(2) 모의

443. 대통령의 일반사면은 원칙적으로 형을 선고받은 자에 대하여는 형 선고의 효력이 상실되고, 형을 선고받지 아니한 자에 대하여는 공소권이 상실되는 효과를 발생한다.

해설 사면법 제5조 참조.

사면법 제5조(사면 등의 효과) ① 사면, 감형 및 복권의 효과는 다음 각 호와 같다.
1. 일반사면 : 형 선고의 효력이 상실되며, 형을 선고받지 아니한 자에 대하여는 공소권이 상실된다. 다만, 특별한 규정이 있을 때에는 예외로 한다.

정답 O

 24년 변시, 19년(2) 모의

444. 「사면법」에 의하면 법무부장관이 특별사면, 특정한 자에 대한 감형 및 복권을 대통령에게 상신할 때에는 사면심사위원회의 심사를 거쳐야 하고, 대통령이 특별사면, 특정한 자에 대한 감형 및 복권을 할 때에는 국회의 동의를 필요로 하지 않는다.

해설 헌법 제79조 제1항, 사면법 제10조 제1항 제2항 참조. ▶ 대통령은 사면심사위원회의 심사를 거친 법무부장관의 상신을 통하여 특별사면, 특정한 자에 대한 감형 및 복권을 시행한다.

헌법 제79조 ① 대통령은 법률이 정하는 바에 의하여 사면·감형·복권을 명할 수 있다.
사면법 제10조(특별사면 등의 상신) ① 법무부장관은 대통령에게 특별사면, 특정한 자에 대한 감형 및 복권을 상신한다.
② 법무부장관은 제1항에 따라 특별사면, 특정한 자에 대한 감형 및 복권을 상신할 때에는 제10조의2에 따른 사면심사위원회의 심사를 거쳐야 한다.

정답 O

 19년 변시, 14년(1) 모의

445. 사면은 형의 선고의 효력 또는 공소권을 상실시키거나, 형의 집행을 면제시키는 국가원수의 고유한 권한을 의미하며, 사법부의 판단을 변경하는 제도로서 권력분립의 원리에 대한 예외가 된다.

해설 사면은 형의 선고의 효력 또는 공소권을 상실시키거나, 형의 집행을 면제시키는 국가원수의 고유한 권한을 의미하며, 사법부의 판단을 변경하는 제도로서 권력분립의 원리에 대한 예외가 된다(헌재 2000.06.01. 97헌바74).

정답 O

22년(3) 모의

446. 선고된 형의 전부를 사면할 것인지 또는 일부만을 사면할 것인지를 결정하는 것은 사면권자의 전권사항에 속하는 것이고, 징역형의 집행유예에 대한 사면이 병과된 벌금형에도 미치는 것으로 볼 것인지 여부는 사면의 내용에 대한 해석문제에 불과하다.

해설 선고된 형의 전부를 사면할 것인지 또는 일부만을 사면할 것인지를 결정하는 것은 사면권자의 전권사항에 속하는 것이고, 징역형의 집행유예에 대한 사면이 병과된 벌금형에도 미치는 것으로 볼 것인지 여부는 사면의 내용에 대한 해석문제에 불과하다 할 것이다(헌재 2000.06.01. 97헌바74).

정답 O

17년(2) 모의

447. 유죄의 확정판결이 특별사면에 의하여 선고의 효력이 상실되었다 하더라도 형 선고의 법률적 효과만 장래를 향하여 소멸될 뿐이고 확정된 유죄판결에서 이루어진 사실인정과 그에 따른 유죄 판단까지 없어지는 것은 아니므로, 그 유죄 확정판결에 대한 재심청구가 제한되지는 아니한다.

해설 유죄판결 확정 후에 형 선고의 효력을 상실케 하는 특별사면이 있었다고 하더라도, 형 선고의 법률적 효과만 장래를 향하여 소멸될 뿐이고 확정된 유죄판결에서 이루어진 사실인정과 그에 따른 유죄 판단까지 없어지는 것은 아니므로, 위 유죄판결은 형 선고의 효력만 상실된 채로 여전히 존재하는 것으로 보아야 하고, 한편 형사소송법 제420조 각 호의 재심사유가 있는 피고인으로서는 재심을 통하여 특별사면에도 불구하고 여전히 남아 있는 불이익, 즉 유죄의 선고는 물론 형 선고가 있었다는 기왕의 경력 자체 등을 제거할 필요가 있다. … 따라서 특별사면으로 형 선고의 효력이 상실된 유죄의 확정판결도 형사소송법 제420조의 '유죄의 확정판결'에 해당하여 재심청구의 대상이 될 수 있다고 해석함이 타당하다. 이와 달리 유죄의 확정판결 후 형 선고의 효력을 상실케 하는 특별사면이 있었다면 이미 재심청구의 대상이 존재하지 아니하여 그러한 판결을 대상으로 하는 재심청구는 부적법하다고 판시한 대법원 1997. 7. 22. 선고 96도2153 판결과 대법원 2010. 2. 26.자 2010모24 결정 등은 이 판결과 배치되는 범위에서 이를 변경한다(대판 2015.05.21. 2011도1932(전합)).

정답 O

 24년 변시, 16년(2) · 22년(2) 모의

448. 대통령은 법률이 정하는 바에 의하여 사면·감형 또는 복권을 명할 수 있고, 「사면법」에 따라 일반사면, 일반감형 또는 일반복권을 할 경우 국회의 동의를 얻어야 한다.

해설 헌법 제79조 제2항, 사면법 제8조 참조.

헌법 제79조 ① 대통령은 법률이 정하는 바에 의하여 사면·감형 또는 복권을 명할 수 있다.
② 일반사면을 명하려면 국회의 동의를 얻어야 한다.
③ 사면·감형 및 복권에 관한 사항은 법률로 정한다.
사면법제8조(일반사면 등의 실시) 일반사면, 죄 또는 형의 종류를 정하여 하는 감형 및 일반에 대한 복권은 대통령령으로 한다. 이 경우 일반사면은 죄의 종류를 정하여 한다.

정답 ×

14년(1) 모의

449. 대통령의 특별사면권 행사는 일반사면권과 달리 국회의 동의를 요하지는 않지만 사면심사위원회의 심사를 경유하여야 하고 심사과정 및 심사내용을 공개하도록 하고 있다.

▸해설 헌법 제79조, 사면법 제10조, 제10조의2 참조.

헌법 제79조 ② 일반사면을 명하려면 국회의 동의를 얻어야 한다.
③ 사면·감형 및 복권에 관한 사항은 법률로 정한다.
사면법 제10조(특별사면 등의 상신) ① 법무부장관은 대통령에게 특별사면, 특정한 자에 대한 감형 및 복권을 상신한다.
② 법무부장관은 제1항에 따라 특별사면, 특정한 자에 대한 감형 및 복권을 상신할 때에는 제10조의2에 따른 사면심사위원회의 심사를 거쳐야 한다.
사면법 제10조의2(사면심사위원회) ⑤ 사면심사위원회의 심사과정 및 심사내용의 공개범위와 공개시기는 다음 각 호와 같다. 다만, 제2호 및 제3호의 내용 중 개인의 신상을 특정할 수 있는 부분은 삭제하고 공개하되, 국민의 알권리를 충족할 필요가 있는 등의 사유가 있는 경우에는 사면심사위원회가 달리 의결할 수 있다.
 1. 위원의 명단과 경력사항은 임명 또는 위촉한 즉시
 2. 심의서는 해당 특별사면 등을 행한 후부터 즉시
 3. 회의록은 해당 특별사면 등을 행한 후 5년이 경과한 때부터

정답 ○

 14년 변시

450. 사립학교교원에 대한 해임처분이 무효인 경우, 해임처분을 받아 복직되지 아니한 기간 동안 법률상 당연퇴직사유인 금고 이상의 형을 선고받았으나 그 후 특별사면에 의하여 형의 선고의 효력이 상실되었다 하더라도 당연퇴직으로 말미암아 상실된 교원의 지위가 다시 회복되는 것은 아니다.

▸해설 사립학교교원에 대한 징계해임처분이 무효라면 학교경영자가 해임처분의 유효를 주장하여 교원의 근무를 사실상 거부한다고 하더라도 해임된 교원은 해임처분시부터 여전히 계속하여 교원의 지위를 유지하고 있는 것이라 할 것이고, 그 교원이 복직되지 아니한 기간 동안 금고 이상의 형을 받았다면 사립학교법 제57조, 교육법 제77조 제1호, 국가공무원법 제33조 제1항 제3호, 제4호, 제5호에 의하여 당연퇴직된다 할 것이며, 그 후 특별사면에 의하여 위 금고 이상의 형의 선고의 효력이 상

실되었다 할지라도 사면법 제5조 제2항에 의하면 형의 선고에 관한 기성의 효과는 사면으로 인하여 변경되지 않는다고 되어 있고 이는 사면의 효과가 소급하지 아니함을 의미하는 것이므로, 당연퇴직으로 말미암아 상실된 교원의 지위가 다시 회복되는 것은 아니다(대판 1993.06.08. 93다852).

정답 O

 24년 변사

451. 복권은 형의 집행이 끝나지 아니한 자 또는 집행이 면제되지 아니한 자에 대하여는 하지 아니한다.

해설 사면법 제15조 제2항 참조.

사면법 제15조(복권 상신의 신청) ① 검찰총장은 직권으로 또는 형의 집행을 지휘한 검찰청 검사의 보고 또는 사건 본인의 출원(出願)에 의하여 법무부장관에게 특정한 자에 대한 복권을 상신할 것을 신청할 수 있다.
② 제1항에 따른 상신의 신청은 형의 집행이 끝난 날 또는 집행이 면제된 날부터 3년이 지나지 아니하면 하지 못한다.

정답 O

 14년 변시

452. 현역 군인에 대하여 징계처분의 효력을 상실시키는 특별사면이 있었다고 하더라도 징계처분의 기초되는 비위사실이 현역복무부적합사유에 해당하는 경우에는 이를 이유로 현역복무부적합조사위원회에 회부하거나 전역심사위원회의 심의를 거쳐 전역명령을 할 수 있다.

해설 현역 군인에 대하여 징계처분의 효력을 상실시키는 특별사면이 있었다고 하더라도 징계처분의 기초되는 비위사실이 현역복무부적합사유에 해당하는 경우에는 이를 이유로 현역복무부적합조사위원회에 회부하거나 전역심사위원회의 심의를 거쳐 전역명령을 할 수 있다(대판 2012.01.12. 2011두18649).

정답 O

 14년 변시

453. 금고 이상의 형의 선고를 받은 후 특별사면 된 마주(馬主)에 대하여 경마시행규정에서 정한 필요적 등록취소사유인 '금고 이상의 형의 선고를 받은 때'에 해당된다고 보아 마주 등록을 취소할 수는 없지만, 그 기초되는 범죄사실을 들어 같은 규정에서 정한 임의적 등록취소사유는 '마주로서 품위를 손상시켰을 때'에 해당된다고 보아 마주 등록을 취소할 수 있다.

해설 형 선고의 효력을 상실시키는 특별사면이 있었다고 하여 형 선고 사실 자체가 소멸되는 것은 아니지만, 경마시행규정 제7조 제1항 제4호에서 마주등록에 대한 필요적 취소사유의 하나로 규정하고 있는 '금고 이상의 형의 선고를 받은 때'란 사면 등으로 인하여 그 형의 효력이 상실된 경우까지를 포함하는 것은 아니고 '금고 이상 형의 선고를 받고 그 효력이 유지되고 있는 때'를 뜻한다고 보는 것이 합리적인 해석이므로, 마주가 받은 금고 이상의 형 선고의 효력이 특별사면에 의하여 상실된 이상, 이는 '금고 이상의 형의 선고를 받은 때'에 해당되지는 않는다고 보아야 한다. … 경마시행규정 제7조 제2항 제4호에서 규정한 '마주로서 품위를 손상시켰을 때'란 경마의 공정성을 담보하기 위하여 마주로서 갖추어야 할 도덕성을 훼손하는 비리나 비행 등을 저지름으로써 더 이상 마주자격을 유지하는 것이 부적절한 때를 의미하는 것으로서, 이는 같은 규정 제7조 제1항 제4호에서 규정한 '금고 이상의 형의 선고를 받은 때'와 요건을 달리하는 것이고, 마주가 금고 이상 형의 선고를 받은 후 그 형 선고의 효력을 상실시키는 특별사면을 받았다고 할지라도 그 기초되는 범죄사실이 경마의 공정성을 담보하는 데에 큰 흠이 되는 경우라면 마주자격을 박탈해야 할 필요성도 있으므로, 특별사면으로 인하여 같은 규정 제7조 제1항 제4호의 사유에 해당하지 않게 되었다고 하여 그 기초되는 범죄사실을 들어 같은 규정 제7조 제2항 제4호의 '마주로서 품위를 손상한 때'에 해당하는 사유로 삼을 수 없는 것은 아니다(대판 2002.08.23. 2000다64298).

정답 O

 12년 변시

454. 헌법 제79조는 대통령의 사면권의 구체적 내용과 방법 등을 법률에 위임함으로써 사면의 종류, 대상, 범위 등에 관하여 입법자에게 광범위한 입법재량을 부여하고 있다. 따라서 특별사면의 대상을 '형'으로 규정할 것인지, '사람'으로 규정할 것인지는 입법재량사항에 속한다.

해설 우리 헌법 제79조 제1항은 "대통령은 법률이 정하는 바에 의하여 사면·감형 또는 복권을 명할 수 있다"고 대통령의 사면권을 규정하고 있고, 제3항은 "사면·감형 및 복권에 관한 사항은 법률로 정한다"고 규정하여 사면의 구체적 내용과 방법 등을 법률에 위임하고 있다. 그러므로 사면의 종류, 대상, 범위, 절차, 효과 등은 범죄의 죄질과 보호법익, 일반국민의 가치관 내지 법감정, 국가이익과 국민화합의 필요성, 권력분립의 원칙과의 관계 등 제반사항을 종합하여 입법자가 결정할 사항으로서 입법자에게 광범위한 입법재량 내지 형성의 자유가 부여되어 있다. 따라서 특별사면의 대상을 "형"으로 규정할 것인지, "사람"으로 규정할 것인지는 입법재량사항에 속한다 할 것이다(헌재 2000.06.01. 97헌바74).

정답 O

Ⅶ 헌법기관구성에 관한 권한
Ⅷ 대통령의 권한행사의 방법과 통제

🕐 13년·14년 변시, 14년(3)·18년(3)·20년(2)·22년(2) 모의

455. 대통령의 긴급재정경제명령 발포행위는 일종의 국가긴급권으로서 대통령의 고도의 정치적 결단을 요하고 가급적 그 결단이 존중되어야 하는 통치행위의 영역에 속하는 것이므로 「헌법재판소법」 제68조 제1항의 헌법소원의 대상이 되지 않는다.

> ∷해설 대통령의 긴급재정경제명령은 국가긴급권의 일종으로서 고도의 정치적 결단에 의하여 발동되는 행위이고 그 결단을 존중하여야 할 필요성이 있는 행위라는 의미에서 이른바 통치행위에 속한다고 할 수 있으나, 통치행위를 포함하여 모든 국가작용은 국민의 기본권적 가치를 실현하기 위한 수단이라는 한계를 반드시 지켜야 하는 것이고, 헌법재판소는 헌법의 수호와 국민의 기본권 보장을 사명으로 하는 국가기관이므로 비록 고도의 정치적 결단에 의하여 행해지는 국가작용이라고 할지라도 그것이 국민의 기본권 침해와 직접 관련되는 경우에는 당연히 헌법재판소의 심판대상이 된다(헌재 1996.02.29. 93헌마186).

정답

18년(3) 모의

456. 헌법재판소는 대통령의 일반사병 이라크파병결정에 대하여 사법적 기준만으로 이를 심판하는 것은 자제되어야 한다고 판시하였다.

> ∷해설 국군의 이라크 전쟁 파견결정은 그 성격상 국방 및 외교에 관련된 고도의 정치적 결단을 요하는 문제로서, 헌법과 법률이 정한 절차를 지켜 이루어진 것임이 명백한 이 사건에 있어서는, 대통령과 국회의 판단은 존중되어야 하고 우리 재판소가 사법적 기준만으로 이를 심판하는 것은 자제되어야 한다(헌재 2003.12.18. 2003헌마255).

정답

23년(1)(2)(3) 모의

457. 2016년 대통령의 개성공단 전면중단 조치는 고도의 정치적 결단을 요하는 문제이기는 하나, 조치 결과 개성공단 투자기업인 청구인들에게 기본권 제한이 발생하였고 해당 조치가 헌법과 법률에 따라 결정·집행되도록 견제하는 것이 헌법재판소 본연의 임무이므로, 그 한도에서는 「헌법재판소법」 제68조 제1항에 따른 헌법소원심판의 대상이 될 수 있다.

> ∷해설 개성공단 전면중단 조치가 고도의 정치적 결단을 요하는 문제이기는 하나, 조치 결과 개성공단 투자기업인 청구인들에게 기본권 제한이 발생하였고, 국민의 기본권 제한과 직접 관련된 공권력의 행사는 고도의 정치적 고려가 필요한 행위라도 헌법과 법률에 따라 결정하고 집행하도록 견제하는 것이 헌법재판소 본연의 임무이므로, 그 한도에서 헌법소원심판의 대상이 될 수 있다(헌재 2022.01.27. 2016헌마364).

정답

🍊 12년 변시, 19년(3) 모의

458. (1) 긴급재정경제명령은 평상시의 헌법질서에 따른 권력행사방법으로는 대처할 수 없는 중대한 위기상황에 대비하여 헌법이 인정한 비상수단으로서 의회주의 및 권력분립주의 원칙에 대한 중대한 예외가 되므로 그 발동 요건은 엄격히 해석되어야 한다.

(2) 헌법재판소는 긴급재정경제명령이 헌법 제76조에 규정된 발동 요건을 충족하는 것이라면, 그 긴급재정경제명령으로 인하여 기본권이 제한되는 경우에도 목적의 정당성, 수단의 적정성, 피해의 최소성, 법익의 균형성이라는 비례원칙이 준수된 것으로 판시하였다.

해설 긴급재정경제명령이 헌법 제76조 소정의 요건과 한계에 부합하는 것이라면 그 자체로 목적의 정당성, 수단의 적정성, 피해의 최소성, 법익의 균형성이라는 기본권제한의 한계로서의 과잉금지원칙을 준수하는 것이 되는 것이다. … 그리고 긴급재정경제명령은 평상시의 헌법 질서에 따른 권력행사방법으로서는 대처할 수 없는 중대한 위기상황에 대비하여 헌법이 인정한 비상수단으로서 의회주의 및 권력분립의 원칙에 대한 중대한 침해가 되므로 위 요건은 엄격히 해석되어야 할 것이다(헌재 1996.02.29. 93헌마186).

정답 O, O

제2절 행정부

제❶항 | 국무총리

Ⅰ 국무총리의 의의

 21년 변시, 14년(3)·19년(1)·(3)·20년(3) 모의

459. 국무총리는 헌법상 대통령의 보좌기관으로서 행정각부를 통할한다는 점 등을 고려할 때, 국무총리의 소재지는 헌법적으로 중요한 기본적 사항이라 보아야 하고, 국무총리가 서울에 소재해야 한다는 규범에 대한 국민적 의식이 형성되었다고 할 수 있으므로 이러한 관습헌법의 존재를 인정할 수 있다.

해설 이 사건 법률은 행정중심복합도시의 건설과 중앙행정기관의 이전 및 그 절차를 규정한 것으로서, 행정중심복합도시로 이전하는 기관들에게 특별한 권한을 부여하거나 독립된 판단권을 부여하는 규정은 존재하지 않는다. 따라서 이 사건 법률에 의하여 대통령을 중심으로 국무총리와 국무위원 그리고 각부 장관 등으로 구성되는 행정부의 기본적인 구조에 어떠한 변화가 발생하지 않으며, 대통령은 여전히 주요정책에 대한 최종결정권자의 지위를 가지며 국무총리는 대통령의 보좌기관으로서의 역할을 수행한다. … 국무총리의 권한과 위상은 기본적으로 지리적인 소재지와는 직접적으로 관련이 있다고 할 수 없고, 비록 이 사건 법률에 의하여 결과적으로 국무총리의 권한이 일부 강화될 가능성이 있다고 하더라도 이를 대통령제 정부형태를 다른 형태의 제도로 변경하는 것으로 볼 수는 없다.

청구인들은 국무총리제도가 채택된 이래 줄곧 대통령과 국무총리가 서울이라는 하나의 도시에 소재하고 있었다는 사실을 들어 이에 대한 관습헌법이 존재한다고 주장한다. 그러나 국무총리의 소재지는 헌법적으로 중요한 기본적 사항이라 보기 어렵고 나아가 이러한 규범이 존재한다는 국민적 의식이 형성되었는지 조차 명확하지 않으므로 이러한 관습헌법의 존재를 인정할 수 없다(헌재 2005.11.24. 2005헌마579). ▶ 신행정수도 후속대책을 위한 연기·공주지역 행정중심복합도시 건설을 위한 특별법 위헌확인사건

정답 ×

Ⅱ 국무총리의 헌법상 지위와 권한

20년(1) 모의

460. 1948년 헌법 이래 국무총리는 대통령이 사고로 인하여 직무를 수행할 수 없을 때 행해지는 권한의 대행에서 제1순위 권한대행권자의 지위에 있어 왔다.

해설 제2차 개헌(1954) 헌법 제52조, 현행 헌법 제71조 참조. ▶ 제헌헌법부터 현행헌법에 이르기까지 제2차개정헌법을 제외하고는 계속하여 국무총리제를 두었다(김유향, 기본강의헌법 전정 7판, p.1386).

1954년 헌법 제52조 대통령이 사고로 인하여 직무를 수행할 수 없을 때에는 부통령이 그 권한을 대행하고 대통령, 부통령 모두 사고로 인하여 그 직무를 수행할 수 없을 때에는 법률이 정하는 순위에 따라 국무위원이 그 권한을 대행한다.
헌법 제71조 대통령이 궐위되거나 사고로 인하여 직무를 수행할 수 없을 때에는 국무총리, 법률이 정한 국무위원의 순서로 그 권한을 대행한다.

19년(1) 모의

461. 국무총리는 국회의 동의를 얻어 대통령이 임명하되 대통령이 국무총리임명동의안을 국회에 제출하면, 인사청문특별위원회는 임명동의안이 회부된 날부터 15일 이내에 인사청문회를 마쳐야 하며, 국회는 임명동의안이 제출된 날부터 20일 이내에 그 심사 또는 인사청문을 마쳐야 한다.

해설 헌법 제86조 제1항, 국회법 제46조의3, 인사청문회법 제3조, 제6조, 제9호 참조.

헌법 제86조 ① 국무총리는 국회의 동의를 얻어 대통령이 임명한다.
국회법 제46조의3(인사청문특별위원회) ① 국회는 다음 각 호의 임명동의안 또는 의장이 각 교섭단체 대표의원과 협의하여 제출한 선출안 등을 심사하기 위하여 인사청문특별위원회를 둔다. 다만, 「대통령직 인수에 관한 법률」 제5조제2항에 따라 대통령당선인이 국무총리 후보자에 대한 인사청문의 실시를 요청하는 경우에 의장은 각 교섭단체 대표의원과 협의하여 그 인사청문을 실시하기 위한 인사청문특별위원회를 둔다.
인사청문회법 제3조(인사청문특별위원회) ① 국회법 제46조의3의 규정에 의한 인사청문특별위원회는 임명동의안등(국회법 제65조의2제2항의 규정에 의하여 다른 법률에서 국회의 인사청문을 거치도록 한 공직후보자에 대한 인사청문요청안을 제외한다)이 국회에 제출된 때에 구성된 것으로 본다.
인사청문회법 제6조(임명동의안등의 회부등) ② 국회는 임명동의안등이 제출된 날부터 20일 이내에 그 심사 또는 인사청문을 마쳐야 한다.
인사청문회법 제9조(위원회의 활동기간등) ① 위원회는 임명동의안등이 회부된 날부터 15일 이내에 인사

청문회를 마치되, 인사청문회의 기간은 3일이내로 한다. 다만, 부득이한 사유로 헌법재판소재판관등의 후보자에 대한 인사청문회를 그 기간 이내에 마치지 못하여 제6조제3항의 규정에 의하여 기간이 정하여진 때에는 그 연장된 기간 이내에 인사청문회를 마쳐야 한다.

정답 O

19년(3) 모의

462. 국무총리의 해임건의안이 발의되었을 때에는 국회의장은 그 해임건의안이 발의된 후 처음 개의하는 본회의에 그 사실을 보고하고, 본회의에 보고된 때부터 24시간 이후 72시간 이내에 기명투표로 표결한다.

해설 국회법 제112조 참조.

국회법 제112조(표결방법) ⑦ 국무총리 또는 국무위원의 해임건의안이 발의되었을 때에는 의장은 그 해임건의안이 발의된 후 처음 개의하는 본회의에 그 사실을 보고하고, 본회의에 보고된 때부터 24시간 이후 72시간 이내에 무기명투표로 표결한다. 이 기간 내에 표결하지 아니한 해임건의안은 폐기된 것으로 본다.

정답 ×

 13년 변시, 19년(1)·(3)·20년(1) 모의

463. (1) 우리 헌법이 대통령중심제의 정부형태를 취하면서도 국무총리제도를 두게 된 주된 이유는 행정 각부를 통할하면서 대통령의 권력을 견제하기 위함이다.

(2) 국무총리의 통할을 받는 행정각부에는 모든 행정기관이 포함된다.

해설 국무총리의 지위가 대통령의 권한행사에 다소의 견제적 기능을 할 수 있다고 보여지는 것이 있기는 하나, 우리 헌법이 대통령중심제의 정부형태를 취하면서도 국무총리제도를 두게 된 주된 이유가 부통령제를 두지 않았기 때문에 대통령 유고시에 그 권한대행자가 필요하고 또 대통령제의 기능과 능률을 높이기 위하여 대통령을 보좌하고 그 의견을 받들어 정부를 통할·조정하는 보좌기관이 필요하다는 데 있었던 점과 대통령에게 법적 제한 없이 국무총리해임권이 있는 점(헌법 제78조, 제86조 제1항 참조)등을 고려하여 총체적으로 보면 내각책임제 밑에서의 행정권이 수상에게 귀속되는 것과는 달리 우리 나라의 행정권은 헌법상 대통령에게 귀속되고, 국무총리는 단지 대통령의 첫째 가는 보좌기관으로서 행정에 관하여 독자적인 권한을 가지지 못하고 대통령의 명을 받아 행정각부를 통할하는 기관으로서의 지위만을 가지며, 행정권 행사에 대한 최후의 결정권자는 대통령이라고 해석하는 것이 타당하다고 할 것이다. 이와 같은 헌법상의 대통령과 국무총리의 지위에 비추어 보면 국무총리의 통할을 받는 행정각부에 모든 행정기관이 포함된다고 볼 수 없다 할 것이다(헌재 1994.04.28. 89헌마221).

정답 ×, ×

22년(3) 모의

464. 입법권자는 헌법 제96조에 의하여 법률로써 행정을 담당하는 행정기관을 설치하는 경우 그 기관이 관장하는 사무의 성질에 따라 국무총리가 대통령의 명을 받아 통할할 수 있는 기관으로 할 수도 있고 대통령이 직접 통할하는 기관으로 할 수도 있다.

해설 입법권자는 헌법 제96조에 의하여 법률로써 행정을 담당하는 행정기관을 설치함에 있어 그 기관이 관장하는 사무의 성질에 따라 국무총리가 대통령의 명을 받아 통할할 수 있는 기관으로 설치할 수도 있고 또는 대통령이 직접 통할하는 기관으로 설치할 수도 있다 할 것이므로 헌법 제86조 제2항 및 제94조에서 말하는 국무총리의 통할을 받는 행정각부는 입법권자가 헌법 제96조의 위임을 받은 정부조직법 제29조(현행법 제26조)에 의하여 설치하는 행정각부만을 의미한다고 할 것이다(헌재 1994.04.28. 89헌마221).

정답

24년 변시, 14년(3)·17년(2)·19년(1)·(3)·20년(1)·(3)·21년(3)·22년(1)(3) 모의

465. 국무총리가 특별히 위임하는 사무를 수행하기 위하여 부총리를 두며, 국무총리는 대통령의 명을 받아 각 중앙행정기관의 장을 지휘·감독한다. 중앙행정기관의 장의 명령이나 처분이 위법한 경우로 인정될 때에는 대통령의 승인을 얻지 않고 이를 중지 또는 취소할 수 있다.

해설 정부조직법 제18조 및 제19조 참조.

> 정부조직법 제18조(국무총리의 행정감독권) ① 국무총리는 대통령의 명을 받아 각 중앙행정기관의 장을 지휘·감독한다.
> ② 국무총리는 중앙행정기관의 장의 명령이나 처분이 위법 또는 부당하다고 인정될 경우에는 대통령의 승인을 받아 이를 중지 또는 취소할 수 있다.
> 정부조직법 제19조(부총리) ① 국무총리가 특별히 위임하는 사무를 수행하기 위하여 부총리 2명을 둔다.

정답

466. 국가의 공권력을 집행하는 행정부의 조직은 헌법상 예외적으로 열거되어 있거나 그 성질상 대통령의 직속기관으로 설치할 수 있는 것을 제외하고는 모두 국무총리의 통할을 받아야 하며 그 통할을 받지 않는 행정기관은 법률에 의하더라도 이를 설치할 수 없다.

해설 헌법 제86조 제2항은 그 위치나 내용으로 보아 국무총리의 헌법상 주된 지위가 대통령의 보좌기관이라는 것과 그 보좌기관인 지위에서 행정에 관하여 대통령의 명을 받아 행정각부를 통할할 수 있다는 것을 규정한 것일 뿐, 국가의 공권력을 집행하는 행정부의 조직은 헌법상 예외적으로 열거되어 있거나 그 성질상 대통령의 직속기관으로 설치할 수 있는 것을 제외하고는 모두 국무총리의 통할을 받아야 하며, 그 통할을 받지 않는 행정기관은 법률에 의하더라도 이를 설치할 수 없음을 의미한다고는 볼 수 없다(헌재 1994.04.28. 89헌마86).

정답

Ⅲ 국무총리의 신분과 직무

14년(3)·19년(1) 모의

467. **(1) 국무총리는 국무회의의 부의장이지만 국무위원이 아니며, 국회의원을 겸할 수 있다.**
(2) 국무총리는 국무회의의 의장으로서 회의를 소집하고 이를 주재한다.

해설 헌법 제88조, 국회법 제29조 참조. ▶ 국무총리는 대통령 및 국무위원과 함께 국무회의를 구성하며, 국무회의의 부의장이 되나, 국무위원은 아니다. 또한 헌법 제43조는 "국회의원은 법률이 정하는 직을 겸할 수 없다"라고만 규정하고 있고, 국회법 제29조 제1항은 국회의원이 겸직할 수 없는 직을 정하고 있는데, 이에는 국무총리가 적시되어 있지 않으므로, 현행법상 국무총리는 국회의원을 겸할 수 있다.

> 헌법 제88조 ② 국무회의는 대통령·국무총리와 15인 이상 30인 이하의 국무위원으로 구성한다.
> ③ 대통령은 국무회의의 의장이 되고, 국무총리는 부의장이 된다.
> 국회법 제29조(겸직 금지) ① 의원은 국무총리 또는 국무위원의 직 이외의 다른 직을 겸할 수 없다. 다만, 다음 각 호의 어느 하나에 해당하는 경우에는 그러하지 아니하다.

정답

14년(3)·19년(1)·21년(3) 모의

468. **국무총리가 사고로 직무를 수행할 수 없는 경우에는 대통령의 지명에 따라 그 지명을 받은 국무위원이, 지명이 없는 경우에는 「정부조직법」 제26조제1항에 규정된 순서에 따른 국무위원이 그 직무를 대행한다.**

해설 정부조직법 제22조 참조.

> 정부조직법 제22조(국무총리의 직무대행) 국무총리가 사고로 직무를 수행할 수 없는 경우에는 기획재정부장관이 겸임하는 부총리, 교육부장관이 겸임하는 부총리의 순으로 직무를 대행하고, 국무총리와 부총리가 모두 사고로 직무를 수행할 수 없는 경우에는 대통령의 지명이 있으면 그 지명을 받은 국무위원이, 지명이 없는 경우에는 제26조제1항에 규정된 순서에 따른 국무위원이 그 직무를 대행한다.

정답

제❷항 | 국무위원

21년(2) 모의

469. 국무위원은 국무총리의 제청으로 대통령이 임명하며, 군인도 현역을 면한 후에는 국무위원으로 임명될 수 있다.

해설 헌법 제87조 제1항, 제4항 참조.

> 헌법 제87조 ① 국무위원은 국무총리의 제청으로 대통령이 임명한다.
>
> ② 국무위원은 국정에 관하여 대통령을 보좌하며, 국무회의 구성원으로서 국정을 심의한다.
>
> ③ 국무총리는 국무위원의 해임을 대통령에게 건의할 수 있다.
>
> ④ 군인은 현역을 면한 후가 아니면 국무위원으로 임명될 수 없다.

정답 O

21년(2) 모의

470. 국무위원은 국무회의의 구성원으로서 국무회의 의안 제출권, 국법상 행위에 대한 부서권, 국회 출석·발언권 등을 가진다.

해설 국무회의 규정 제3조, 헌법 제82조, 국회법 제121조 참조.

> 헌법 제82조 대통령의 국법상 행위는 문서로써 하며, 이 문서에는 국무총리와 관계 국무위원이 부서한다. 군사에 관한 것도 또한 같다.
>
> 국회법 제121조(국무위원 등의 출석 요구) ① 본회의는 의결로 국무총리, 국무위원 또는 정부위원의 출석을 요구할 수 있다. 이 경우 그 발의는 의원 20명 이상이 이유를 구체적으로 밝힌 서면으로 하여야 한다.
>
> ② 위원회는 의결로 국무총리, 국무위원 또는 정부위원의 출석을 요구할 수 있다. 이 경우 위원장은 의장에게 그 사실을 보고하여야 한다.
>
> ③ 제1항이나 제2항에 따라 출석 요구를 받은 국무총리, 국무위원 또는 정부위원은 출석하여 답변을 하여야 한다.
>
> ④ 제3항에도 불구하고 국무총리나 국무위원은 의장 또는 위원장의 승인을 받아 국무총리는 국무위원으로 하여금, 국무위원은 정부위원으로 하여금 대리하여 출석·답변하게 할 수 있다. 이 경우 의장은 각 교섭단체 대표의원과, 위원장은 간사와 협의하여야 한다.
>
> ⑤ 본회의나 위원회는 특정한 사안에 대하여 질문하기 위하여 대법원장, 헌법재판소장, 중앙선거관리위원회 위원장, 감사원장 또는 그 대리인의 출석을 요구할 수 있다. 이 경우 위원장은 의장에게 그 사실을 보고하여야 한다.

국무회의 규정 제3조(의안 제출) ① 대통령·국무총리 또는 국무위원은 「대한민국헌법」 제89조 및 법령에 규정된 국무회의의 심의사항을 의안으로 제출한다.

② 중요 정책을 시행하기 위하여 필요한 법령안을 제출할 때에는 그 정책의 내용을 심의하기 위한 자료를 함께 제출하거나 그 정책의 내용을 심의하기 위한 의안을 미리 제출하여야 한다.

정답 O

12년(2) 모의

471. 국무총리나 국무위원 외에 정부위원도 국회에 출석하여 답변할 수 있지만, 정부위원은 다른 정부위원으로 하여금 출석·답변하게 할 수는 없다.

해설 헌법 제62조 제2항, 국회법 제121조 제3항 참조.

헌법 제62조 ① 국무총리, 국무위원 또는 정부위원은 국회나 그 위원회에 출석하여 국정처리상황을 보고하거나 의견을 진술하고 질문에 응답할 수 있다.
② 국회나 그 위원회의 요구가 있을 때에는 국무총리, 국무위원 또는 정부위원은 출석, 답변하여야 하며, 국무총리 또는 국무위원이 출석요구를 받은 때에는 국무위원 또는 정부위원으로 하여금 출석, 답변하게 할 수 있다.
국회법 제121조(국무위원등의 출석요구) ③ 제1항 또는 제2항의 요구가 있을 때에는 국무총리·국무위원 또는 정부위원은 출석·답변하여야 하며, 국무총리 또는 국무위원이 출석요구를 받은 때에는 의장 또는 위원장의 승인을 얻어 국무총리는 국무위원으로 하여금, 국무위원은 정부위원으로 하여금 대리하여 출석·답변하게 할 수 있다. 이 경우 의장은 각 교섭단체대표의원과, 위원장은 간사와 협의하여야 한다.

정답 O

제❸항 ┃ 국무회의

21년(2) 모의

472. 행정각부간의 권한의 획정, 행정각부의 중요한 정책의 수립과 조정은 국무회의의 심의사항이다.

해설 헌법 제89조 참조.

헌법 제89조 다음 사항은 국무회의의 심의를 거쳐야 한다.
10. 행정각부간의 권한의 획정
13. 행정각부의 중요한 정책의 수립과 조정

정답 O

22년(1) 모의

473. 국무회의는 구성원 과반수의 출석으로 개의하고 출석구성원 과반수의 찬성으로 의결한다.

해설 국무회의규정 제6조 제1항 참조.

국무회의규정 제6조(의사정족수 및 의결정족수 등) ① 국무회의는 구성원 과반수의 출석으로 개의(開議)하고, 출석구성원 3분의 2 이상의 찬성으로 의결한다.

정답 ×

22년(1) 모의

474. 우리나라 국무회의는 현행 헌법상 필수기관이기는 하지만, 그 심의결과에 대통령이 법적으로 구속되지 않는 심의기관에 불과하다.

해설 첫째, 국무회의는 헌법상 필수기관이다. 국무회의는 그 설치를 헌법이 명문으로 규정하고 있다는 점에서 헌법상 필수기관에 해당하고, 따라서 헌법개정에 의하지 아니하고는 폐지할 수 없다. 둘째, 국무회의는 심의기관이다. 우리 헌법상에서 국무회의는 제1공화국과 제2공화국(제3차 개정헌법)에서는 의결기관이었으나, 제3공화국 이후에는 의결기관도 자문기관도 아닌 심의기관이다. 이와 같이 국무회의는 심의기관에 지나지 않기 때문에 어떤 정책이 국무회의에서 의결의 형식으로 결정되더라도 이는 심의대상이 된 정책이 議決된 결론과 같이 확정되는 것이 아니며 대통령을 구속하는 것도 아니다(정회철, 기본강의 헌법 개정7판, p.1231).

헌법 제88조 ① 국무회의는 정부의 권한에 속하는 중요한 정책을 심의한다.

정답 ○

22년(1) 모의

475. 국무위원은 정무직으로 하며 의장에게 의안을 제출하고 국무회의의 소집을 요구할 수 있다.

해설 정부조직법 제12조 제3항 참조.

정부조직법 제12조(국무회의) ③ 국무위원은 정무직으로 하며 의장에게 의안을 제출하고 국무회의의 소집을 요구할 수 있다.

정답 ○

 15년 변시, 17년(3) 모의

476. 국무회의는 대통령·국무총리와 15인 이상 30인 이하의 국무위원으로 구성하며, 행정각부 간의 권한의 획정, 행정각부의 중요한 정책의 수립과 조정은 국무회의의 심의사항이다.

해설 국무회의는 대통령·국무총리와 15인 이상 30인 이하의 국무위원으로 구성하며(헌법 제88조 제2항), 행정각부 간의 권한의 획정에 관한 사항은 국무회의의 심의를 거쳐야 한다(헌법 제89조 제10호).

정답 O

22년(1) 모의

477. 국무회의의 구성원이 아닌 국무조정실장·국가보훈처장·인사혁신처장·법제처장·식품의약품안전처장 그 밖에 법률로 정하는 공무원은 필요한 경우 국무회의에 출석은 할 수 있으나 발언은 할 수 없다.

해설 국무회의 규정 제8조 제2항 참조.

국무회의 규정 제8조(배석 등) ① 국무회의에는 대통령비서실장, 국가안보실장, 대통령비서실 정책실장, 국무조정실장, 국가보훈처장, 인사혁신처장, 법제처장, 식품의약품안전처장, 공정거래위원회위원장, 금융위원회위원장, 과학기술혁신본부장, 통상교섭본부장 및 서울특별시장이 배석한다. 다만, 의장이 필요하다고 인정하는 경우에는 중요 직위에 있는 공무원을 배석하게 할 수 있다.
② 의장이 필요하다고 인정할 때에는 중앙행정기관인 청(廳)의 장으로 하여금 소관 사무와 관련하여 국무회의에 출석하여 발언하게 하거나 관계 전문가를 참석하게 하여 의견을 들을 수 있다.

정답 ✕

제❹항 | 행정각부

21년(2) 모의

478. 법무부장관은 검찰사무의 최고 감독자로서 일반적으로 검사를 지휘·감독하고, 구체적 사건에 대하여는 검찰총장만을 지휘·감독한다.

해설 검찰청법 제8조 참조.

검찰청법 제8조 (법무부장관의 지휘·감독) 법무부장관은 검찰사무의 최고 감독자로서 일반적으로 검사를 지휘·감독하고, 구체적 사건에 대하여는 검찰총장만을 지휘·감독한다.

정답 O

17년(3)·21년(2) 모의

479. 행정각부의 장은 소관사무에 관하여 법률이나 대통령령의 위임이 있을 때에 한하여 부령을 발할 수 있다.

해설 헌법 제95조 참조.

헌법 제95조 국무총리 또는 행정각부의 장은 소관사무에 관하여 법률이나 대통령령의 위임 또는 직권으로 총리령 또는 부령을 발할 수 있다.

정답 ✕

21년 변시, 19년(1)·22년(1) 모의

480. 성질상 정부의 구성단위인 중앙행정기관이라 할지라도 법률상 그 기관의 장이 국무위원이 아니라든가 또는 국무위원이라 하더라도 그 소관사무에 관하여 부령을 발할 권한이 없다면, 그 기관은 헌법이 규정하는 실정법적 의미의 행정각부로 볼 수 없다.

해설 … 헌법이 "행정각부"의 의의에 관하여는 아무런 규정도 두고 있지 않지만, "행정각부의 장"에 관하여는 "제3관 행정각부"의 관에서 행정각부의 장은 국무위원 중에서 임명되며(헌법 제94조) 그 소관사무에 관하여 법률이나 대통령령의 위임 또는 직권으로 부령을 발할 수 있다(헌법 제95조)고 규정하고 있는바, 이는 헌법이 "행정각부"의 의의에 관하여 간접적으로 그 개념범위를 제한한 것으로 볼 수 있다. 즉, 성질상 정부의 구성단위인 중앙행정기관이라 할지라도, 법률상 그 기관의 장이 국무위원이 아니라든가 또는 국무위원이라 하더라도 그 소관사무에 관하여 부령을 발할 권한이 없는 경우에는, 그 기관은 우리 헌법이 규정하는 실정법적 의미의 행정각부로는 볼 수 없다는 헌법상의 간접적인 개념제한이 있음을 알 수 있다. 따라서 정부의 구성단위로서 그 권한에 속하는 사항을 집행하는 모든 중앙행정기관이 곧 헌법 제86조 제2항 소정의 행정각부는 아니라 할 것이다(헌재 1994.04.28. 89헌마221).

정답

22년(1) 모의

481. 행정각부의 장의 개념적 요건은 그 소관사무에 관하여 법률이나 대통령령의 위임 또는 직권으로 부령을 발할 수 있는 것으로 족하므로 반드시 국무위원 중에 임명되어야 하는 것은 아니다.

해설 헌법 제94조 및 제95조 참조.

> 헌법 제94조 행정각부의 장은 국무위원 중에서 국무총리의 제청으로 대통령이 임명한다.
> 헌법 제95조 국무총리 또는 행정각부의 장은 소관사무에 관하여 법률이나 대통령령의 위임 또는 직권으로 총리령 또는 부령을 발할 수 있다.

정답 ×

14년(2)·17년(2) 모의

482. 행정각부의 장은 국무위원 중에서 임명하여야 하므로, 대통령이 국무위원으로 임명할 때 국무총리의 제청을 거친 경우에는 행정각부의 장으로 임명할 때 별도로 국무총리의 제청이 필요하지 않다.

해설 헌법 제87조 참조. ▶ 행정각부의 장으로 임명할 때 국무총리의 제청이 필요하다.

> 헌법 제87조 ① 국무위원은 국무총리의 제청으로 대통령이 임명한다.

정답 ×

17년(2) 모의

483. 성질상 정부의 구성단위인 중앙행정기관이라 할지라도, 법률상 그 기관의 장이 국무위원이 아니라든가 또는 국무위원이라 하더라도 그 소관 사무에 관하여 부령을 발할 권한이 없는 경우에는, 그 기관은 우리 헌법이 규정하는 실정법적 의미의 행정각부로는 보지 않는다.

∷해설 성질상 정부의 구성단위인 중앙행정기관이라 할지라도, 법률상 그 기관의 장(長)이 국무위원이 아니라든가 또는 국무위원이라 하더라도 그 소관사무에 관하여 부령을 발할 권한이 없는 경우에는, 그 기관은 우리 헌법이 규정하는 실정법적(實定法的) 의미의 행정각부로는 보지 아니하는 헌법상의 간접적인 개념제한이 있음을 알 수 있다(헌재 1994.04.28. 89헌마86).

정답

15년 변시

484. 「정부조직법」은 행정각부의 장이 아닌 국무위원을 인정하고 있지 않다.

∷해설 정부조직법 제26조 참조. ▶ 종래 정부조직법은 제22조의2를 신설하여 국민안전처를 두고, 국민안전처에 장관 1명을 두되 장관은 국무위원으로 보하도록 규정하고 있었으나, 현행 정부조직법에서는 이를 개정하여 국민안전처를 삭제하였다 따라서 현행법상 행정각부의 장이 아닌 국무위원은 없다.

정부조직법 제26조(행정각부) ② 행정각부에 장관 1명과 차관 1명을 두되, 장관은 국무위원으로 보하고, 차관은 정무직으로 한다. 다만, 기획재정부·과학기술정보통신부·외교부·문화체육관광부·국토교통부에는 차관 2명을 둔다.
구 정부조직법 제22조의2(국민안전처) ① 안전 및 재난에 관한 정책의 수립·운영 및 총괄·조정, 비상대비, 민방위, 방재, 소방, 해양에서의 경비·안전·오염방제 및 해상에서 발생한 사건의 수사에 관한 사무를 관장하기 위하여 국무총리 소속으로 국민안전처를 둔다.
② 국민안전처에 장관 1명과 차관 1명을 두되, 장관은 국무위원으로 보하고, 차관은 정무직으로 한다.

정답

제❺항 ▎대통령의 자문기관

19년(2) 모의

485. 국가안전보장에 관련되는 대외정책·군사정책과 국내정책의 수립에 관하여 국무회의의 심의에 앞서 대통령의 자문에 응하기 위하여 국가안전보장회의를 두어야 한다.

∷해설 헌법 제91조 제1항 참조. ▶ 국가안전보장회의는 유일한 헌법상 필수자문기구이다.

헌법 제91조 ① 국가안전보장에 관련되는 대외정책·군사정책과 국내정책의 수립에 관하여 국무회의의 심의에 앞서 대통령의 자문에 응하기 위하여 국가안전보장회의를 둔다.
② 국가안전보장회의는 대통령이 주재한다.
③ 국가안전보장회의의 조직·직무범위 기타 필요한 사항은 법률로 정한다.

정답

제❻항 ┃ 감사원

22년(1) 모의

486. 대통령 소속하의 합의제 기관인 감사원이 헌법기관으로 처음 규정된 것은 제2공화국 1960년 개정헌법부터이다.

> 해설 1962년 제5차 개정헌법 제92조 참조.

> 1962년 제5차 개정헌법 제92조 국가의 세입·세출의 결산, 국가 및 법률에 정한 단체의 회계 검사와 행정기관 및 공무원의 직무에 관한 감찰을 하기 위하여 대통령 소속하에 감사원을 둔다.

정답

18년 변시, 21년(2) 모의

487. 감사원은 대통령에 소속하되, 직무에 관하여는 독립의 지위를 가진다. 감사원 소속 공무원의 임면, 조직 및 예산의 편성에 있어서는 감사원의 독립성이 최대한 존중되어야 한다.

> 해설 감사원법 제2조 참조.

> 감사원법 제2조(지위) ① 감사원은 대통령에 소속하되, 직무에 관하여는 독립의 지위를 가진다.
> ② 감사원 소속 공무원의 임면(任免), 조직 및 예산의 편성에 있어서는 감사원의 독립성이 최대한 존중되어야 한다.

정답

14년(3)·17년(2)·19년(1)·21년(2) 모의

488. 감사원은 원장을 포함하여 5인 이상 11인 이하의 감사위원으로 구성되는 합의제 헌법기관으로서 현행 감사원법상 감사원장을 포함한 7인의 감사위원으로 구성한다.

> 해설 헌법 제98조 제1항, 감사원법 제3조 참조.

> 헌법 제98조 ① 감사원은 원장을 포함하여 5인 이상 11인 이하의 감사위원으로 구성한다.
> 감사원법 제3조(구성) 감사원은 감사원장(이하 "원장"이라 한다)을 포함한 7명의 감사위원으로 구성한다.

정답

24년 변시

489. 헌법은 공무원의 직무감찰 등을 하기 위하여 대통령 소속하에 감사원을 두고 있다. 감사원의 직무감찰권의 범위에는 인사권자에 대하여 징계를 요구할 권한이 포함되고, 위법성이 감사의 기준이 되며 부당성은 기준이 되지 않는다.

해설 ··· 위와 같은 감사원법 규정들의 구체적 내용을 살펴보면 감사원의 직무감찰권의 범위에 인사권자에 대하여 징계 등을 요구할 권한이 포함되고, 위법성뿐 아니라 부당성도 감사의 기준이 되는 것은 명백하며, 지방자치단체의 사무의 성격이나 종류에 따른 어떠한 제한이나 감사기준의 구별도 찾아볼 수 없다. 이러한 점에 비추어 보면, 위임사무나 자치사무의 구별 없이 합법성 감사뿐만 아니라 합목적성 감사도 포함한 이 사건 감사는 감사원법에 근거한 것으로서, 법률상 권한 없이 이루어진 것으로 보이지는 않는다(헌재 2008.05.29. 2005헌라39(전합)).

정답

18년·20년 변시, 17년(3)·19년(2)·23년(3) 모의

490. 감사원장은 국회의 동의를 얻어 감사위원 중에서 대통령이 임명하고, 감사원장의 임기는 4년으로 하며, 중임할 수 없다. 감사위원은 국회의 동의 없이 감사원장의 제청으로 대통령이 임명한다.

해설 헌법 제98조 참조.

헌법 제98조 ② 원장은 국회의 동의를 얻어 대통령이 임명하고, 그 임기는 4년으로 하며, 1차에 한하여 중임할 수 있다.
③ 감사위원은 원장의 제청으로 대통령이 임명하고, 그 임기는 4년으로 하며, 1차에 한하여 중임할 수 있다.

정답

22년(1)·15년(2) 모의

491. 감사원장은 국회 인사청문특별위원회의 인사청문을 거쳐 임명되지만, 감사위원은 국회의 인사청문을 거치지 않고 임명된다.

해설 국회법 제46조의3 제1항 및 국회법 제65조의2 제2항 참조. ▶ 감사원장은 국회법 제46조의3 제1항 제1호에 의하여 임명절차상 인사청문특별위원회의 대상으로 규정되어 있다. 반면, 감사위원은 임명절차상 국회법 제46조의3에 의한 인사청문특별위원회 뿐만 아니라 국회법 제65조의2에 의한 상임위원회 인사청문회의 대상으로도 규정되어 있지 않다.

국회법 제46조의3(인사청문특별위원회) ① 국회는 다음 각 호의 임명동의안 또는 의장이 각 교섭단체 대표의원과 협의하여 제출한 선출안 등을 심사하기 위하여 인사청문특별위원회를 둔다. 다만, 「대통령직 인수에 관한 법률」 제5조제2항에 따라 대통령당선인이 국무총리 후보자에 대한 인사청문의 실시를 요청하는 경우에 의장은 각 교섭단체 대표의원과 협의하여 그 인사청문을 실시하기 위한 인사청문특별위원회를 둔다.
  1. 헌법에 따라 그 임명에 국회의 동의가 필요한 대법원장·헌법재판소장·국무총리·감사원장 및 대법관에 대한 임명동의안
국회법 제65조의2(인사청문회) ② 상임위원회는 다른 법률에 따라 다음 각 호의 어느 하나에 해당하는 공직후보자에 대한 인사청문 요청이 있는 경우 인사청문을 실시하기 위하여 각각 인사청문회를 연다.
  1. 대통령이 임명하는 헌법재판소 재판관, 중앙선거관리위원회 위원, 국무위원, 방송통신위원회 위원장,

국가정보원장, 공정거래위원회 위원장, 금융위원회 위원장, 국가인권위원회 위원장, 고위공직자범죄수사처장, 국세청장, 검찰총장, 경찰청장, 합동참모의장, 한국은행 총재, 특별감찰관 또는 한국방송공사 사장의 후보자
2. 대통령당선인이 「대통령직 인수에 관한 법률」 제5조제1항에 따라 지명하는 국무위원 후보자
3. 대법원장이 지명하는 헌법재판소 재판관 또는 중앙선거관리위원회 위원의 후보자

정답 ○

21년(2) 모의

492. 국회는 의결로 감사원에 대하여 「감사원법」에 따른 감사원의 직무 범위에 속하는 사항 중 사안을 특정하여 감사를 요구할 수 있다. 이 경우 감사원은 감사 요구를 받은 날부터 3개월 이내에 감사 결과를 국회에 보고하여야 한다.

해설 국회법 제127조의2 참조.

국회법 제127조의2(감사원에 대한 감사 요구 등) ① 국회는 의결로 감사원에 대하여 「감사원법」에 따른 감사원의 직무 범위에 속하는 사항 중 사안을 특정하여 감사를 요구할 수 있다. 이 경우 감사원은 감사 요구를 받은 날부터 3개월 이내에 감사 결과를 국회에 보고하여야 한다.
② 감사원은 특별한 사유로 제1항에 따른 기간 내에 감사를 마치지 못하였을 때에는 중간보고를 하고 감사기간 연장을 요청할 수 있다. 이 경우 의장은 2개월의 범위에서 감사기간을 연장할 수 있다.

정답 ○

17년(2) 모의

493. 감사원은 국가의 회계와 광역지방자치단체의 회계를 검사하나, 기초지방자치단체의 회계를 검사하기 위해서는 감사위원회의의 의결이 별도로 필요하다.

해설 감사원법 제22조 제1항 참조. ▶ 감사원은 광역지방자치단체와 기초지방자치단체의 회계를 감사위원회의 의결을 거칠 필요 없이 검사할 수 있다.

감사원법 제22조 (필요적 검사사항) ① 감사원은 다음 각 호의 사항을 검사한다.
1. 국가의 회계
2. 지방자치단체의 회계

정답 ×

22년(1)·23년(3) 모의

494. 감사위원회의는 감사원장을 포함한 감사위원 전원으로 구성하며, 재적 감사위원 과반수 출석과 출석 감사위원 과반수 찬성으로 의결한다.

해설 감사원법 제11조 참조.

감사원법 제11조(의장 및 의결) ① 감사위원회의는 원장을 포함한 감사위원 전원으로 구성하며, 원장이 의장이 된다.
② 감사위원회의는 재적 감사위원 과반수의 찬성으로 의결한다.

정답 ×

 18년 변시, 21년(2) 모의

495. 감사원은 법령에 따라 국가 또는 지방자치단체가 위탁하거나 대행하게 한 사무에 대해서도 감찰한다.

해설 감사원법 제24조 참조.

감사원법 제24조(감찰 사항) ① 감사원은 다음 각 호의 사항을 감찰한다.
4. 법령에 따라 국가 또는 지방자치단체가 위탁하거나 대행하게 한 사무와 그 밖의 법령에 따라 공무원의 신분을 가지거나 공무원에 준하는 자의 직무

정답 ○

14년(3)·15년(2)·17년(2)·19년(2)·23년(3) 모의

496. 감사원은 국회·법원·헌법재판소에 소속된 공무원을 대상으로는 직무감찰을 할 수 없으나, 중앙선거관리위원회 소속 공무원을 대상으로는 직무감찰을 할 수 있다.

해설 감사원법 제24조 제1항 참조. ▶ 중앙선거관리위원회나 군 기관 소속 공무원을 대상으로 감찰을 할 수 있으나, 국회, 법원, 헌법재판소 등에 소속된 공무원을 대상으로는 감찰을 할 수 없다.

감사원법 제24조(감찰 사항) ① 감사원은 다음 각 호의 사항을 감찰한다.
1. 「정부조직법」 및 그 밖의 법률에 따라 설치된 행정기관의 사무와 그에 소속한 공무원의 직무
③ 제1항의 공무원에는 국회·법원 및 헌법재판소에 소속한 공무원은 제외한다.

정답 ○

  18년 변시

497. 19세 이상의 국민은 공공기관의 사무처리가 법령위반 또는 부패행위로 인하여 공익을 현저히 해하는 경우 대통령령으로 정하는 일정한 수 이상의 국민의 연서로 감사원에 감사를 청구할 수 있으나, 사적인 권리관계 또는 개인의 사생활에 관한 사항은 감사청구의 대상에서 제외된다.

해설 부패방지 및 국민권익위원회의 설치와 운영에 관한 법률 제72조 참조.

부패방지 및 국민권익위원회의 설치와 운영에 관한 법률 제72조(감사청구권) ① 19세 이상의 국민은 공공기관의 사무처리가 법령위반 또는 부패행위로 인하여 공익을 현저히 해하는 경우 대통령령으로 정하는 일정한 수 이상의 국민의 연서로 감사원에 감사를 청구할 수 있다. 다만, 국회·법원·헌법재판소·선거관리위원회 또는 감사원의 사무에 대하여는 국회의장·대법원장·헌법재판소장·중앙선거관리위원회 위원장 또는 감사원장(이하 "당해 기관의 장"이라 한다)에게 감사를 청구하여야 한다.
② 제1항에도 불구하고 다음 각호의 어느 하나에 해당하는 사항은 감사청구의 대상에서 제외한다.
  3. 사적인 권리관계 또는 개인의 사생활에 관한 사항

정답

17년(2)·(3) 모의

498. 대통령이 임명하는 국가인권위원회 위원장 후보자, 국가정보원장, 경찰청장, 합동참모의장, 한국은행 총재 후보자에 대한 인사청문요청이 있는 경우 각 소관 상임위원회의 인사청문을 거쳐야 한다.

해설 국회법 제65조의2 제2항 제1호 참조.

국회법 제65조의2(인사청문회) ② 상임위원회는 다른 법률에 따라 다음 각 호의 어느 하나에 해당하는 공직후보자에 대한 인사청문 요청이 있는 경우 인사청문을 실시하기 위하여 각각 인사청문회를 연다.
  1. 대통령이 임명하는 헌법재판소 재판관, 중앙선거관리위원회 위원, 국무위원, 방송통신위원회 위원장, 국가정보원장, 공정거래위원회 위원장, 금융위원회 위원장, 국가인권위원회 위원장, 국세청장, 검찰총장, 경찰청장, 합동참모의장, 한국은행 총재, 특별감찰관 또는 한국방송공사 사장의 후보자

정답

17년(2)·23년(3) 모의

499. 감사원의 감사 결과 부당하다고 인정되는 사실이 있을 때에도 감사원은 해당 기관의 장에게 시정을 요구할 수 있고, 이 경우 시정 요구를 받은 해당 기관의 장은 감사원이 정한 날까지 이를 이행하여야 한다.

해설 감사원법 제33조 참조.

감사원법 제33조(시정 등의 요구) ① 감사원은 감사 결과 위법 또는 부당하다고 인정되는 사실이 있을 때에는 소속 장관, 감독기관의 장 또는 해당 기관의 장에게 시정·주의 등을 요구할 수 있다.
② 제1항의 요구가 있으면 소속 장관, 감독기관의 장 또는 해당 기관의 장은 감사원이 정한 날까지 이를 이행하여야 한다.

정답

17년(2)·21년(2) 모의

500. 감사에 관한 절차, 감사원의 내부 규율과 감사사무 처리에 관한 감사원의 규칙제정권은 헌법에 명시되어 있다.

해설 감사원법 제52조 참조. ▶ 헌법에는 규정되어 있지 않음

감사원법 제52조(감사원규칙) 감사원은 감사에 관한 절차, 감사원의 내부 규율과 감사사무 처리에 관한 규칙을 제정할 수 있다.

정답

15년(2) 모의

501. 감사원의 감사를 받는 자의 직무에 관한 처분이나 그 밖의 행위에 관하여 이해관계가 있는 자는 감사원에 그 심사의 청구를 할 수 있는데, 이해관계인은 심사청구의 원인이 되는 행위가 있음을 안 날부터 90일 이내에, 그 행위가 있은 날부터 1년 이내에 심사의 청구를 하여야 한다.

해설 감사원법 제43조, 제44조 제1항 참조.

감사원법 제43조(심사의 청구) ① 감사원의 감사를 받는 자의 직무에 관한 처분이나 그 밖의 행위에 관하여 이해관계가 있는 자는 감사원에 그 심사의 청구를 할 수 있다.
제44조(제척기간) ① 이해관계인은 심사청구의 원인이 되는 행위가 있음을 안 날부터 90일 이내에, 그 행위가 있은 날부터 180일 이내에 심사의 청구를 하여야 한다.
② 제1항의 기간은 불변기간으로 한다.

정답

15년(2) 모의

502. 감사원장은 탄핵대상이 되나 감사위원은 탄핵대상이 아니다.

해설 헌법 제65조 제1항 참조. ▶ 감사원장·감사위원 모두 탄핵대상이다.

헌법 제65조 ① 대통령·국무총리·국무위원·행정각부의 장·헌법재판소 재판관·법관·중앙선거관리위원회 위원·감사원장·감사위원 기타 법률이 정한 공무원이 그 직무집행에 있어서 헌법이나 법률을 위배한 때에는 국회는 탄핵의 소추를 의결할 수 있다.

정답

22년(1) 모의

503. 감사원장이 사고로 인하여 직무를 수행할 수 없을 때에는 감사위원 중 연장자가 그 직무를 대행한다.

해설 감사원법 제4조 제3항 참조.

> 감사원법 제4조(원장) ③ 원장이 궐위(闕位)되거나 사고(事故)로 인하여 직무를 수행할 수 없을 때에는 감사위원으로 최장기간 재직한 감사위원이 그 권한을 대행한다. 다만, 재직기간이 같은 감사위원이 2명 이상인 경우에는 연장자가 그 권한을 대행한다.

정답 ×

19년(2)·23년(3) 모의

504. 감사위원은 탄핵결정이나 금고 이상의 형의 선고에 의하지 아니하고는 본인의 의사에 반하여 면직되지 않는다.

해설 감사원법 제8조 제1항 참조. ▸ 감사위원의 면직사유는 장기 심신쇠약으로 인한 직무장애도 포함된다.

> 감사원법 제8조(신분보장) ① 감사위원은 다음 각 호의 어느 하나에 해당하는 경우가 아니면 본인의 의사에 반하여 면직되지 아니한다.
> 1. 탄핵결정이나 금고 이상의 형의 선고를 받았을 때
> 2. 장기의 심신쇠약으로 직무를 수행할 수 없게 된 때

정답 ×

22년(1)·23년(3) 모의

505. (1) 감사위원이 금고 이상의 형의 선고를 받았을 경우에는 감사위원회의의 의결을 거쳐 감사원장의 제청으로 대통령이 퇴직을 명한다.
(2) 감사위원이 장기(長期)의 심신쇠약으로 직무를 수행할 수 없게 된 때에는 감사위원회의의 의결 없이 원장의 제청으로 대통령이 퇴직을 명한다.

해설 감사원법 8조 제2항 참조.

> 감사원법 8조(신분보장)
> ② 제1항제1호의 경우에는 당연히 퇴직되며, 같은 항 제2호의 경우에는 감사위원회의 의결을 거쳐 원장의 제청으로 대통령이 퇴직을 명한다.

정답 ×,×

14년(3) 모의

506. 감사원은 국가의 세입·세출의 결산을 매년 검사하여 그 결과를 대통령과 차년도 국회에 보고하여야 한다.

해설 헌법 제99조 참조.

> 헌법 제99조 감사원은 세입·세출의 결산을 매년 검사하여 대통령과 차년도국회에 그 결과를 보고하여야 한다.

정답 ○

제3절 선거관리위원회

22년(1)·20년(2)·22년(3) 모의

507. 중앙선거관리위원회의 9인의 위원은 대통령이 임명하는데, 위원 중 3인은 국회에서 선출하는 자를, 3인은 대법원장이 지명하는 자를 임명한다.

해설 헌법 제114조 제2항 참조.

헌법 제114조 ② 중앙선거관리위원회는 대통령이 임명하는 3인, 국회에서 선출하는 3인과 대법원장이 지명하는 3인의 위원으로 구성한다. 위원장은 위원중에서 호선한다.

정답

16년(3)·17년(1)·18년(3)·20년(1)·23년(2) 모의

508. 중앙선거관리위원회 위원장은 위원 중에서 호선하며, 9인의 위원 중 대통령이 임명하는 3인과 대법원장이 지명하는 3인은 국회 소관상임위원회의 인사청문절차를, 국회에서 선출하는 3인은 국회 인사청문특별위원회의 인사청문절차를 거쳐야 한다.

해설 헌법 제114조, 국회법 제46조의3 제1항 제2호, 국회법 제65조의2 제2항 제1호, 제3호 참조.

국회법 제46조의3(인사청문특별위원회) ① 국회는 다음 각 호의 임명동의안 또는 의장이 각 교섭단체 대표의원과 협의하여 제출한 선출안 등을 심사하기 위하여 인사청문특별위원회를 둔다. 다만, 「대통령직 인수에 관한 법률」 제5조제2항에 따라 대통령당선인이 국무총리 후보자에 대한 인사청문의 실시를 요청하는 경우에 의장은 각 교섭단체 대표의원과 협의하여 그 인사청문을 실시하기 위한 인사청문특별위원회를 둔다.
  2. 헌법에 따라 국회에서 선출하는 헌법재판소 재판관 및 중앙선거관리위원회 위원에 대한 선출안
국회법 제65조의2(인사청문회) ② 상임위원회는 다른 법률에 따라 다음 각 호의 어느 하나에 해당하는 공직후보자에 대한 인사청문 요청이 있는 경우 인사청문을 실시하기 위하여 각각 인사청문회를 연다.
  1. 대통령이 임명하는 헌법재판소 재판관, 중앙선거관리위원회 위원, 국무위원, 방송통신위원회 위원장, 국가정보원장, 공정거래위원회 위원장, 금융위원회 위원장, 국가인권위원회 위원장, 국세청장, 검찰총장, 경찰청장, 합동참모의장, 한국은행 총재, 특별감찰관 또는 한국방송공사 사장의 후보자
  3. 대법원장이 지명하는 헌법재판소 재판관 또는 중앙선거관리위원회 위원의 후보자

정답

16년(3)·20년(1) 모의

509. (1) 각급 선거관리위원회는 선거인명부의 작성 등 선거사무에 관하여 관계 행정기관에 필요한 지시를 할 수 있으나, 국민투표사무에 관해서는 그러하지 아니하다.

(2) 각급선거관리위원회는 선거인명부의 작성등 선거사무와 국민투표사무에 관하여 관계 행정기관에 필요한 지시를 할 수 있으며, 그 지시를 받은 당해 행정기관은 이에 응하여야 한다.

해설 헌법 제115조 참조.

> 헌법 제115조 ① 각급 선거관리위원회는 선거인명부의 작성등 선거사무와 국민투표사무에 관하여 관계 행정기관에 필요한 지시를 할 수 있다.
> ② 제1항의 지시를 받은 당해 행정기관은 이에 응하여야 한다.

정답 ×, ○

18년(3)·20년(1) 모의

510. 각급 선거관리위원회는 위원 과반수의 출석으로 개의하고 출석위원 과반수의 찬성으로 의결하며, 위원장은 표결권을 가지고 가부동수인 때에는 결정권을 가진다.

해설 선거관리위원회법 제10조 참조.

> 선거관리위원회법 제10조(위원회의 의결정족수) ① 각급선거관리위원회는 위원과반수의 출석으로 개의하고 출석위원 과반수의 찬성으로 의결한다.
> ② 위원장은 표결권을 가지며 가부동수인 때에는 결정권을 가진다.

정답 ○

18년(3) 모의

511. 각급 선거관리위원회는 헌법상 반드시 설치하여야 하는 필수적 헌법기관은 아니다.

해설 헌법 제114조 참조. ▶ 중앙선거관리위원회 및 각급 선거관리위원회는 반드시 설치하여야 하는 필수적인 헌법기관으로서의 지위를 가진다(김유향, 기본강의헌법 전정5판, p.1369).

> 헌법 제114조 ① 선거와 국민투표의 공정한 관리 및 정당에 관한 사무를 처리하기 위하여 선거관리위원회를 둔다.

정답 ×

16년(3)·17년(1)·18년(3)·20년(1)·23년(2) 모의

512. 중앙선거관리위원회는 법령의 범위 안에서 선거관리·국민투표관리 또는 정당사무에 관한 규칙을 제정할 수 있으며, 법률에 저촉되지 아니하는 범위안에서 내부규율에 관한 규칙을 제정할 수 있다.

해설 헌법 제114조 제6항, 정치자금법 제23조 참조.

> 헌법 제114조 ⑥ 중앙선거관리위원회는 법령의 범위안에서 선거관리·국민투표관리 또는 정당사무에 관한 규칙을 제정할 수 있으며, 법률에 저촉되지 아니하는 범위안에서 내부규율에 관한 규칙을 제정할 수 있다.
> 정치자금법 제23조(기탁금의 배분과 지급) ① 중앙선거관리위원회는 기탁금의 모금에 직접 소요된 경비를 공제하고 지급 당시 제27조(보조금의 배분)의 규정에 의한 국고보조금 배분율에 따라 기탁금을 배분·지급한다.

정답 ○

22년(1) 모의

513. 중앙선거관리위원회위원은 탄핵 또는 금고 이상의 형의 선고에 의하지 아니하고는 파면되지 아니한다.

해설 헌법 제114조 제5항 참조.

> 헌법 제114조
> ⑤ 위원은 탄핵 또는 금고 이상의 형의 선고에 의하지 아니하고는 파면되지 아니한다.

정답 O

 18년 변시, 17년(1)·23년(2) 모의

514. 국립대학의 장 후보자를 추천할 때 해당 대학 교원의 합의된 방식과 절차에 따라 직접선거로 선정하는 경우, 해당대학은 선거관리에 관하여 그 소재지를 관할하는 구·시·군선거관리위원회에 선거관리를 위탁하여야 한다.

해설 교육공무원법 제24조의3 참조.

> 교육공무원법 제24조의3(대학의 장 후보자 추천을 위한 선거사무의 위탁) ① 대학의 장 후보자를 추천할 때 제24조제3항 제2호에 따라 해당 대학 교원의 합의된 방식과 절차에 따라 직접선거로 선정하는 경우 해당 대학은 선거관리에 관하여 그 소재지를 관할하는 「선거관리위원회법」에 따른 구·시·군선거관리위원회(이하 "구·시·군선거관리위원회"라 한다)에 선거관리를 위탁하여야 한다.

정답 O

 21년 변시

515. 국립대학의 장 후보자 선정을 직접선거의 방법으로 실시하기로 해당 대학 교원의 합의가 있는 경우 그 선거관리를 선거관리위원회에 의무적으로 위탁시키는 「교육공무원법」 조항은 대학의 자율의 본질적인 부분을 침해하였다고 볼 수 없다.

해설 국가의 예산과 공무원이라는 인적조직에 의하여 운용되는 국립대학에서 선거관리를 공정하게 하기 위하여 중립적 기구인 선거관리위원회에 선거관리를 위탁하는 것은 선거의 공정성을 확보하기 위한 적절한 방법인 점, 선거관리위원회에 위탁하는 경우는 대학의 장 후보자를 선정함에 있어서 교원의 합의된 방식과 절차에 따라 직접선거에 의하는 경우로 한정되어 있는 점, 선거에 관한 모든 사항을 선거관리위원회에 위탁하는 것이 아니라 선거관리만을 위탁하는 것이고 그 외 선거권, 피선거권, 선출방식 등은 여전히 대학이 자율적으로 정할 수 있는 점, 중앙선거관리위원회에서 위 선거관리와 관련한 규칙을 제정하고자 하는 경우 대학들은 교육인적자원부장관을 통하여 그 의견을 개진할 수 있는 점(교육공무원법 제24조의3 제2항), 선거관리위원회는 공공단체의 직접선거와 관련하여 조합원이 직접투표로 선출하는 조합장선거(농업협동조합법 제51조 제4항)와 교육위원 및 교육감 선거(지방교육자치에 관한 법률 제51조 제1항)의 경우에도 그 선거사무를 관리하고 있는 점을 고려하면, 교육공무원법 제24조의3 제1항이 매우 자의적인 것으로서 합리적인 입법한계를 일탈하였거나 대학의 자율의 본질적인 부분을 침해하였다고 볼 수 없다(헌재 2006.04.27. 2005헌마1047).

정답 O

17년(1) · 23년(2) 모의

516. 법관과 법원공무원 및 교육공무원 이외의 공무원은 각급선거관리위원회의 위원이 될 수 없다.

해설 선거관리위원회법 제4조 제6항 참조.

선거관리위원회법 제4조(위원의 임명 및 위촉) ⑥ 법관과 법원공무원 및 교육공무원 이외의 공무원은 각급선거관리위원회의 위원이 될 수 없다.

정답

16년(3) 모의

517. 선거관리위원회 공무원에 대하여 특정 정당이나 후보자를 지지·반대하는 단체에의 가입·활동 등을 금지하는 것은 선거관리위원회 공무원의 정치적 표현의 자유를 과도하게 제한하는 것으로 헌법에 위반된다.

해설 이 사건 규정들은 선관위 공무원에 대하여 특정 정당이나 후보자를 지지·반대하는 단체에의 가입·활동 등을 금지함으로써 선관위 공무원의 정치적 표현의 자유 등을 제한하고 있으나, 선관위 공무원에게 요청되는 엄격한 정치적 중립성에 비추어 볼 때 선관위 공무원이 특정한 정치적 성향을 표방하는 단체에 가입·활동한다는 사실 자체만으로 그 정치적 중립성과 직무의 공정성, 객관성이 의심될 수 있으므로 이 사건 규정들은 선관위 공무원의 정치적 표현의 자유 등을 침해한다고 할 수 없다(헌재 2012.03.29. 2010헌마97).

정답

16년(3) · 19년(2) 모의

518. 구·시·군 선거관리위원회는 헌법에 의하여 설치된 기관이나 헌법과 법률에 의하여 독자적인 권한을 부여받은 기관에 해당한다고 볼 수 없으므로 권한쟁의심판의 당사자가 될 수 없다.

해설 중앙선거관리위원회 외에 각급 구·시·군 선거관리위원회도 헌법에 의하여 설치된 기관으로서 헌법과 법률에 의하여 독자적인 권한을 부여받은 기관에 해당하고, 따라서 피청구인 강남구선거관리위원회도 당사자 능력이 인정된다(헌재 2008.06.26. 2005헌라7).

정답

제4장 법원

제1절 사법권의 독립

제❶항 법원의 독립

18년(2) 모의

519. 행정기관인 공정거래위원회가 과징금을 부과하여 제재할 수 있도록 한 「공정거래법」 규정은 부당내부거래를 비롯한 다양한 불공정 경제행위가 시장에 미치는 부정적 효과 등에 관한 사실 수집과 평가는 이에 대한 전문적 지식과 경험을 갖춘 기관이 담당하는 것이 더 바람직하다는 정책적 결단에 입각한 것이고, 행정소송을 통한 사법적 사후심사가 보장되어 있으므로, 사법권을 법원에 둔 권력분립의 원칙에 위반된다고 볼 수 없다.

해설 공정거래법에서 행정기관인 공정거래위원회로 하여금 과징금을 부과하여 제재할 수 있도록 한 것은 부당내부거래를 비롯한 다양한 불공정 경제행위가 시장에 미치는 부정적 효과 등에 관한 사실 수집과 평가는 이에 대한 전문적 지식과 경험을 갖춘 기관이 담당하는 것이 보다 바람직하다는 정책적 결단에 입각한 것이라 할 것이고, 과징금의 부과 여부 및 그 액수의 결정권자인 위원회는 합의제 행정기관으로서 그 구성에 있어 일정한 정도의 독립성이 보장되어 있고, 과징금 부과절차에서는 통지, 의견진술의 기회 부여 등을 통하여 당사자의 절차적 참여권을 인정하고 있으며, 행정소송을 통한 사법적 사후심사가 보장되어 있으므로, 이러한 점들을 종합적으로 고려할 때 과징금 부과 절차에 있어 적법절차원칙에 위반되거나 사법권을 법원에 둔 권력분립의 원칙에 위반된다고 볼 수 없다(헌재 2003.07.24. 2001헌가25).

  정답 ○

21년 변시, 15년(3)·17년(3)·21년(3) 모의

520. 사법권의 독립을 위하여 현행 법원조직법은 대법관후보추천위원회의 구성에 있어서 행정부 소속 공무원을 배제하고 있다.

해설 법원조직법 제41조의2 참조. ▶ 행정부 소속 공무원을 배제한다는 명문의 규정이 없다.

법원조직법 제41조의2(대법관후보추천위원회) ③ 위원은 다음 각 호에 해당하는 사람을 대법원장이 임명하거나 위촉한다.
  1. 선임대법관
  2. 법원행정처장
  3. 법무부장관
  4. 대한변호사협회장

> 5. 사단법인 한국법학교수회 회장
> 6. 사단법인 법학전문대학원협의회 이사장
> 7. 대법관이 아닌 법관 1명
> 8. 학식과 덕망이 있고 각계 전문 분야에서 경험이 풍부한 사람으로서 변호사 자격을 가지지 아니한 사람 3명. 이 경우 1명 이상은 여성이어야 한다.
> ④ 위원장은 위원 중에서 대법원장이 임명하거나 위촉한다.

정답

13년(2) 모의

521. 법원예산편성권은 정부가 가지고 있으며, 법원조직법은 법원의 예산을 편성함에 있어서는 사법부의 독립과 자율성을 존중하여야 한다고만 규정할 뿐이다.

해설 헌법 제54조 제2항, 법원조직법은 제82조 제2항 참조. ▶ 헌법상 예산안의 편성·제출권은 정부에 있으므로 법원의 예산도 정부가 편성·제출한다. 법원조직법 제82조 제2항에서 법원의 예산을 편성함에 있어서는 사법부의 독립성과 자율성을 존중하도록 정하고 있을 뿐이다.

> 헌법 제54조 ② 정부는 회계연도마다 예산안을 편성하여 회계연도 개시 90일전까지 국회에 제출하고, 국회는 회계연도 개시 30일전까지 이를 의결하여야 한다.
> 법원조직법 제82조(법원의 경비) ① 법원의 경비는 독립하여 국가의 예산에 계상하여야 한다.
> ② 법원의 예산을 편성함에 있어서는 사법부의 독립성과 자율성을 존중하여야 한다.

정답

제❷항 | 법관의 독립

Ⅰ 재판상 독립

 20년 변시

522. 비안마사들의 안마시술소 개설행위금지 규정을 위반한 자를 처벌하는 구「의료법」조항이 벌금형과 징역형을 모두 규정하고 있으나, 그 하한에는 제한을 두지 않고 그 상한만 5년 이하의 징역형 또는 2천만 원 이하의 벌금형으로 제한하면서 죄질에 따라 벌금형이나 선고유예까지 선고할 수 있도록 하는 것은 법관의 양형재량권을 침해하고 비례의 원칙에 위배된다.

해설 시각장애인들에 대한 실질적인 보호를 위하여 비안마사들의 안마시술소 개설행위를 실효적으로 규제하는 것이 필요하고, 이 사건 처벌조항은 벌금형과 징역형을 모두 규정하고 있으나, 그 하한에는 제한을 두지 않고 그 상한만 5년 이하의 징역형 또는 2천만 원 이하의 벌금형으로 제한하여 법관의 양형재량권을 폭넓게 인정하고 있으며, 죄질에 따라 벌금형이나 선고유예까지 선고할 수 있으므로, 이러한 법정형이 위와 같은 입법목적에 비추어 지나치게 가혹한 형벌이라고 보기 어렵다. 따라서 이 사건 처벌조항이 책임과 형벌 사이의 비례원칙에 위반되어 헌법에 위반된다고 볼 수 없다(헌재 2017.12.28. 2017헌가15).

정답

20년 변시

523. 정신적인 장애로 항거불능·항거곤란 상태에 있음을 이용하여 사람을 간음한 자를 처벌하는 「성폭력범죄의 처벌 등에 관한 특례법」 조항은, 유기징역형의 하한을 7년으로 정하여 별도의 법률상 감경사유가 없는 한 작량감경을 하더라도 집행유예를 선고할 수 없도록 하였으나 책임과 형벌의 비례원칙에 반한다고 할 수 없다.

해설 심판대상조항은 정신적 장애인과 성관계를 한 모든 사람을 처벌하는 것이 아니라, 정신적 장애를 원인으로 한 항거불능 혹은 항거곤란 상태를 이용하여, 즉 성적 자기결정권을 행사할 수 없는 장애인을 간음한 사람을 처벌하는 조항이다. 장애인준강간죄의 보호법익의 중요성, 죄질, 행위자 책임의 정도 및 일반예방이라는 형사정책의 측면 등 여러 요소를 고려하여 본다면, 입법자가 형법상 준강간죄나 장애인위계등간음죄(성폭력처벌법 제6조 제5항)의 법정형보다 무거운 '무기 또는 7년 이상의 징역'이라는 비교적 중한 법정형을 정하여, 법관의 작량감경만으로는 집행유예를 선고하지 못하도록 입법적 결단을 내린 것에는 나름대로 수긍할 만한 합리적인 이유가 있는 것이고, 그것이 범죄의 죄질 및 행위자의 책임에 비하여 지나치게 가혹하다고 할 수 없다. 따라서 심판대상조항은 책임과 형벌의 비례원칙에 위배되지 아니한다(헌재 2016.11.24. 2015헌바136).

정답 O

 18년 변시

524. 형사재판에 있어서 사법권의 독립은 심판기관인 법원과 소추기관인 검찰청의 분리를 요구함과 동시에 법관이 실제 재판에 있어서 소송당사자인 검사와 피고인으로부터 부당한 간섭을 받지 않은 채 독립하여야 할 것을 요구한다.

해설 헌법 제101조, 제103조, 제106조는 사법권독립을 보장하고 있는바, 형사재판에 있어서 사법권독립은 심판기관인 법원과 소추기관인 검찰청의 분리를 요구함과 동시에 법관이 실제 재판에 있어서 소송당사자인 검사와 피고인으로부터 부당한 간섭을 받지 않은 채 독립하여야 할 것을 요구한다(헌재 1995.11.30. 92헌마44).

정답 O

  18년 변시, 17년(2) 모의

525. 사법권의 독립은 재판상의 독립, 즉 법관이 재판을 함에 있어서 어떠한 외부적인 압력이나 간섭도 받지 않는다는 것뿐만 아니라, 재판의 독립을 위해 법관의 신분보장도 차질 없이 이루어져야 함을 의미한다.

해설 사법권의 독립은 권력분립을 그 중추적 내용의 하나로 하는 자유민주주의 체제의 특징적 지표이고 법치주의의 요소를 이룬다. 사법권의 독립은 재판상의 독립, 즉 법관이 재판을 함에 있어서 오직 헌법과 법률에 의하여 그 양심에 따라 할 뿐, 어떠한 외부적인 압력이나 간섭도 받지 않는다는 것뿐만 아니라, 재판의 독립을 위해 법관의 신분보장도 차질 없이 이루어져야 함을 의미한다(헌재 2016.09.29. 2015헌바331).

정답 O

17년 변시

526. 양형기준은 법적 구속력을 가지고 있지만, 그동안 법관 甲이 양형기준에서 정한 범위를 벗어난 판결을 하는 경우라도 판결서에 합리적이고 설득력 있는 방식으로 양형이유를 기재하였다면 문책대상은 아니다.

> **해설** 양형기준이 법적 구속력을 갖는 것은 아니지만, 법관은 형의 종류를 선택하고 형량을 정할 때 양형기준을 존중하여야 하고, 법원이 양형기준을 벗어난 판결을 하는 경우에는 판결서에 양형의 이유를 적어야 한다(헌재 2015.09.24. 2014헌바154).
>
> 정답 ×

19년(2)·21년(2) 모의

527. 특수강도의 기회에 피해자를 강제추행한 자에 대하여 특단의 사정이 없는 한 집행유예를 선고하지 못하도록 한 것은, 법률상 감경사유가 경합되거나 법률상 감경사유와 작량감경사유가 경합되는 경우 집행유예가 가능하므로, 법관의 양형결정권을 침해한다고 할 수 없다.

> **해설** 입법자는 특수강도의 기회에 피해자를 강제추행한 자에 대하여 특단의 사정이 없는 한 집행유예를 선고하지 못하도록 입법적 결단을 내린 것인데 위 결단이 자의적이라 보기 어렵고, 법률상 감경사유가 경합되거나 법률상 감경사유와 작량감경사유가 경합되는 경우 집행유예가 가능하므로 이 사건 조항이 법관의 양형결정권을 침해한다고 할 수 없다(헌재 2010.07.29. 2009헌바350). ▶ 특수강도강제추행죄와 특수강도강간죄의 동일 법정형 규정하더라도 법관의 양형결정권 침해가 아니다.
>
> 정답 ○

20년 변시, 14년(2) 모의

528. 수뢰액이 5천만 원 이상인 때에는 무기 또는 10년 이상의 징역에 처하도록 한 「특정범죄 가중처벌 등에 관한 법률」 조항은 별도의 법률상 감경사유가 없는 한 집행유예의 선고를 할 수 없도록 그 법정형의 하한을 높였다고 하더라도 법관의 양형결정권을 침해하였다거나 법관독립의 원칙에 위배된다고 할 수 없다.

> **해설** 입법자가 법정형 책정에 관한 여러 가지 요소의 종합적 고려에 따라 법률 그 자체로 법관에 의한 양형재량의 범위를 좁혀 놓았다고 하더라도 그것이 당해 범죄의 보호법익과 죄질에 비추어 범죄와 형벌간의 비례의 원칙상 수긍할 수 있는 정도의 합리성이 있다면 이러한 법률을 위헌이라고 할 수 없다. 이 사건 법률조항이 작량감경을 하더라도 별도의 법률상 감경사유가 없는 한 집행유예의 선고를 할 수 없도록 그 법정형의 하한을 높여 놓았다 하여 곧 그것이 법관의 양형결정권을 침해하였다거나 법관독립의 원칙에 위배된다고 할 수 없고 법관에 의한 재판을 받을 권리를 침해하는 것이라고도 할 수 없다(헌재 2004.04.29. 2003헌바118).
>
> 정답 ○

14년(2) 모의

529. 조세범처벌법 제10조에서 그 법정형을 '1년 이하의 징역 또는 체납액에 상당하는 벌금'이라고 하여 벌금형을 체납액 상당액으로 정액화한 것은 수인할 수 없을 정도로 법관의 양형재량권을 지나치게 제한함으로써 법관독립의 원칙에 위배된다고 할 수 없다.

해설 조세범처벌법 제10조의 법정형으로는 "1년 이하의 징역 또는 체납액에 상당하는 벌금"이 규정되어 있으므로 기본적으로 법관에게 징역형과 벌금형 중에 어느 하나를 선택하여 처벌할 수 있는 양형재량이 부여되어 있고, 벌금형을 선택할 경우에 있어서도 지나치게 무겁다고 판단할 때에는 형법 제53조에 따라 작량감경함으로써 그 벌금액을 2분의 1로 감축할 수 있을 뿐 아니라, 형법 제59조에 따라 그 형의 선고를 유예할 수 있는 재량을 가지고 있으므로, 위 규정에서 벌금형을 체납액 상당액으로 정액화한 것은 행위자의 책임에 따른 형벌의 개별화를 구현하기에 부적절한 면이 없지 아니하나, 그렇다고 하여 이와 같은 입법적 결단이 수인할 수 없을 정도로 법관의 양형재량권을 지나치게 제한함으로써 국민의 재판청구권을 침해하였다거나 법관독립의 원칙에 위배되었다고 보기 어렵다 (헌재 1999.12.23. 99헌가5).

정답 O

Ⅱ 신분상 독립

15년(1) 모의

530. 법관의 임기를 단축하는 것은 헌법개정없이 법률개정만으로도 가능하다.

해설 헌법 제105조 제3항 참조. ▶ 법관의 정년과는 달리 법관의 임기는 헌법에 직접 규정되어 있다. 따라서 법률개정으로 법관의 임기를 단축할 수 없다.

> 헌법 제105조 ① 대법원장의 임기는 6년으로 하며, 중임할 수 없다.
> ② 대법관의 임기는 6년으로 하며, 법률이 정하는 바에 의하여 연임할 수 있다.
> ③ 대법원장과 대법관이 아닌 법관의 임기는 10년으로 하며, 법률이 정하는 바에 의하여 연임할 수 있다.

정답 ×

18년(2) 모의

531. 법관정년제 폐지 문제는 사법권 독립, 사법의 민주화, 사법의 보수화·관료화·노쇠화 방지 등을 비교 형량한 헌법정책 내지 입법정책의 문제이다.

해설 사법권의 독립을 보다 효과적으로 이룩하기 위하여 법관정년제를 폐지하고 종신제로 가야 한다는 견해가 있으나 궁극적으로 이 문제는 사법권 독립, 사법의 민주화, 사법의 보수화·관료화·노쇠화 방지 등을 비교 형량한 헌법정책 내지 입법정책의 문제라고 할 것이다(헌재 2002.10.31. 2001헌마557).

정답 O

제3편 통치구조 | 763

22년(2) 모의

532. 법관은 탄핵결정이나 징역 이상의 형의 선고에 의하지 아니하고는 파면되지 아니하며, 징계처분에 의하지 아니하고는 정직(停職)·감봉 또는 불리한 처분을 받지 아니한다.

> 해설 법원조직법 제46조 참조.

> 법원조직법 제46조(법관의 신분보장) ① 법관은 탄핵결정이나 금고 이상의 형의 선고에 의하지 아니하고는 파면되지 아니하며, 징계처분에 의하지 아니하고는 정직(停職)·감봉 또는 불리한 처분을 받지 아니한다.

정답 ✕

15년·17년 변시, 17년(1)·(2) · 23년(2) 모의

533. **(1)** 법관에 대한 징계처분에는 해임·정직·감봉의 세 종류가 있으며, 징계처분에 대하여 불복하려는 경우에는 징계처분이 있음을 안 날부터 14일 이내에 전심 절차를 거치지 아니하고 대법원에 징계처분의 취소를 청구하여야 한다.

(2) 법관은 징계처분에 의하지 않고는 정직·감봉 기타 불리한 처분을 받지 아니하며, 법관징계위원회의 징계처분에 대하여 불복하는 경우에는 행정법원에 그 징계처분의 취소를 청구할 수 있다.

> 해설 (1) 법관징계법 제3조 제1항 참조. ▶ 법관에 대한 징계처분은 정직·감봉·견책의 세 종류로 한다.
> (2) 법관징계법 제27조 제1항 참조. ▶ 대법원에 징계등 처분의 취소를 청구하여야 한다.

> 헌법 제106조 ① 법관은 탄핵 또는 금고 이상의 형의 선고에 의하지 아니하고는 파면되지 아니하며, 징계처분에 의하지 아니하고는 정직·감봉 기타 불리한 처분을 받지 아니한다.
> 법관징계법 제3조(징계처분의 종류) ① 법관에 대한 징계처분은 정직·감봉·견책의 세 종류로 한다.
> 법관징계법 제27조(불복절차) ① 피청구인이 징계등 처분에 대하여 불복하려는 경우에는 징계등 처분이 있음을 안 날부터 14일 이내에 전심절차를 거치지 아니하고 대법원에 징계등 처분의 취소를 청구하여야 한다.
> ② 대법원은 제1항의 취소청구사건을 단심으로 재판한다.

정답 ✕, ✕

18년·19년·21년 · 24년 변시, 18년(2) 모의

534. 법관에 대한 대법원장의 징계처분 취소청구소송을 대법원에 의한 단심재판에 의하도록 규정하였더라도, 이는 법관이라는 지위 및 법관에 대한 징계절차의 특수성을 감안하여 재판의 신속을 도모하기 위한 것으로서 그 합리성을 인정할 수 있으므로 이로 인하여 해당 법관의 재판청구권이 침해된다고 볼 수 없다.

> 해설 구 법관징계법 제27조는 법관에 대한 대법원장의 징계처분 취소청구소송을 대법원에 의한 단심재판에 의하도록 규정하고 있는바, 이는 독립적으로 사법권을 행사하는 법관이라는 지위의 특수성

과 법관에 대한 징계절차의 특수성을 감안하여 재판의 신속을 도모하기 위한 것으로 그 합리성을 인정할 수 있고, 대법원이 법관에 대한 징계처분 취소청구소송을 단심으로 재판하는 경우에는 사실확정도 대법원의 권한에 속하여 법관에 의한 사실확정의 기회가 박탈되었다고 볼 수 없으므로, 헌법 제27조 제1항의 재판청구권을 침해하지 아니한다(헌재 2012.02.23. 2009헌바34).

정답 O

535.

(1) 법관이 중대한 신체상 또는 정신상의 장해로 직무를 수행할 수 없을 때에는, 대법관인 경우에는 대법원장의 제청으로 대통령이 퇴직을 명할 수 있고, 판사인 경우에는 인사위원회의 심의를 거쳐 대법원장이 퇴직을 명할 수 있다.

(2) 법관에 대한 징계처분으로는 정직, 감봉, 견책만이 가능하고, 법관은 탄핵 또는 금고 이상의 형의 선고에 의하지 아니하고는 파면되지 아니하므로, 법관의 임기는 고도로 보장되며, 법관은 임기 중에는 탄핵 또는 금고 이상의 형의 선고에 의하지 아니하고는 그 직을 상실할 가능성이 없다.

해설 헌법 제106조 제2항, 법원조직법 제47조 참조. ▶ 법관은 중대한 심신상 장해로 직무를 수행할 수 없을 때 퇴직하게 할 수 있다.

헌법 제106조 ② 법관이 중대한 심신상의 장해로 직무를 수행할 수 없을 때에는 법률이 정하는 바에 의하여 퇴직하게 할 수 있다.
법원조직법 제47조(심신상의 장해로 인한 퇴직) 법관이 중대한 심신상의 장해로 직무를 수행할 수 없을 때에는, 대법관인 경우에는 대법원장의 제청으로 대통령이, 판사인 경우에는 인사위원회의 심의를 거쳐 대법원장이 퇴직을 명할 수 있다.

정답 O, ×

 20년 변시, 17년(3) 모의

536.
근무성적이 현저히 불량하여 판사로서 정상적인 직무를 수행할 수 없는 경우에 연임발령을 하지 않도록 규정한 구 「법원조직법」은 사법의 독립을 침해한다고 볼 수 없다.

해설 연임 심사과정에서 해당 판사에게 의견진술권 및 자료제출권이 보장되고, 연임하지 않기로 한 결정에 불복하여 행정소송을 제기할 수 있는 점 등을 고려할 때, 판사의 신분보장과 관련한 예측가능성이나 절차상의 보장이 현저히 미흡하다고 볼 수도 없으므로, 이 사건 연임결격조항은 사법의 독립을 침해한다고 볼 수 없다(헌재 2016.09.29. 2015헌바331).

정답 O

23년 변시, 17년(3)·19년(2) 모의

537. 법관정년제 자체는 헌법에서 명시적으로 규정하고 있는 것으로서 위헌 판단의 대상이 되지 아니하므로, 법관의 정년연령을 규정한 법률의 구체적인 내용도 위헌 판단의 대상으로 삼을 수 없다.

> **해설** 헌법 제105조 제4항에서 법관정년제 자체를 헌법에서 명시적으로 채택하고 있으므로 법관정년제 자체의 위헌성 판단은 헌법규정에 대한 위헌주장으로 종전 우리 헌법재판소판례에 의하면 위헌판단의 대상이 되지 아니한다. 물론 이 경우에도 법관의 정년연령을 규정한 법률의 구체적인 내용에 대해서는 위헌판단의 대상이 될 수 있다(헌재 2002.10.31. 2001헌마557).

정답

21년(2) 모의

538. 헌법 제106조 법관의 신분보장 규정은 헌법 제105조 제4항 법관정년제 규정과 조화롭게 해석하여야 할 것이고, 따라서 정년제를 전제로 재직 중인 법관은 탄핵 또는 금고 이상의 형의 선고에 의하지 아니하고는 파면되지 아니하며 징계처분에 의하지 아니하고는 정직·감봉 기타 불리한 처분을 받지 아니한다고 해석하여야 하고, 그러한 해석 하에서는 헌법 제105조 제4항에 따라 입법자가 「법원조직법」 제45조 제4항에서 법관의 정년을 정한 것은 위 신분보장 규정에 위배되지 않는다.

> **해설** 헌법규정 사이의 우열관계, 헌법규정에 대한 위헌성판단을 인정하지 아니하고 있으므로, 그에 따라 헌법 제106조 법관의 신분보장 규정은 헌법 제105조 제4항 법관정년제 규정과 병렬적 관계에 있는 것으로 보아 조화롭게 해석하여야 할 것이고, 따라서, 정년제를 전제로 그 재직 중인 법관은 탄핵 또는 금고 이상의 형의 선고에 의하지 아니하고는 파면되지 아니하며, 징계처분에 의하지 아니하고는 정직, 감봉 기타 불리한 처분을 받지 아니한다고 해석하여야 하고, 그러한 해석하에서는 헌법 제105조 제4항에 따라 입법자가 법관의 정년을 결정한 이 사건 법률조항은 그것이 입법자의 입법재량을 벗어나지 않고 기본권을 침해하지 않는 한 헌법에 위반된다고 할 수 없고, 위에서 본 바와 같이 그 입법 자체가 평등권, 직업선택의 자유나 공무담임권 등 기본권을 침해하였다고 볼 수 없어, 결국 신분보장 규정에도 위배된다고 할 수 없다(헌재 2002.10.31. 2001헌마557).

정답

17년 변시, 19년(1)·20년(3) 모의

539. 대법원장은 해당 국가기관의 파견요청이 있고 업무의 성질상 법관을 파견하는 것이 타당하다고 인정되는 경우라면 해당 법관의 동의가 없는 경우에도 사법부 이외의 다른 국가기관에 기간을 정하여 법관을 파견할 수 있다.

해설 법원조직법 제50조 참조.

법원조직법 제50조(파견근무) 대법원장은 다른 국가기관으로부터 법관의 파견근무 요청을 받은 경우에 업무의 성질상 법관을 파견하는 것이 타당하다고 인정되고 해당 법관이 파견근무에 동의하는 경우에는 그 기간을 정하여 이를 허가할 수 있다.

정답 ×

 14년(2) 모의

540. 법관의 신분보장은 법관의 재판상의 독립을 보장하는데 있어서 필수적인 전제로서 정당한 법절차에 따르지 않은 법관의 파면이나 면직처분 내지 불이익처분의 금지를 의미한다.

해설 사법권의 독립은 재판상의 독립 즉 법관이 재판을 함에 있어서 오직 헌법과 법률에 의하여 그 양심에 따라 할 뿐 어떠한 외부적인 압력이나 간섭도 받지 않는다는 것뿐만 아니라 그 수단으로서 법관의 신분보장도 차질없이 이루어져야 함을 의미하는 것이다. 특히 신분보장은 법관의 재판상의 독립을 보장하는데 있어서 필수적인 전제로서 정당한 법절차에 따르지 않은 법관의 파면이나 면직처분 내지 불이익처분의 금지를 의미하는 것이다(헌재 1992.11.12. 91헌가2).

정답 ○

 14년 변시

541. 구 「법원조직법」이 법관의 정년을 직위에 따라 대법원장 70세, 대법관 65세, 그 이외의 법관 63세로 정한 것은 법관 업무의 성격과 특수성, 평균수명, 조직체 내의 질서 등을 고려하여 정한 것으로 그 차별에 합리적인 이유가 있다.

해설 법관은 국가의 통치권인 입법·행정·사법의 주요 3권 중 사법권을 담당하고 그 권한을 행사하는 국가기관이고, 다른 국가기관이나 그 종사자와는 달리 헌법과 법률에 의하여 그 양심에 따라 독립하여 심판하는 기관으로서, 법관 하나하나가 법을 선언·판단하는 독립된 기관이며, 그에 따라 사법권의 독립을 위하여 헌법에 의하여 그 신분을 고도로 보장받고 있다. 따라서, 법관의 정년을 설정함에 있어서, 입법자는 위와 같은 헌법상 설정된 법관의 성격과 그 업무의 특수성에 합치되도록 하여야 할 것이다. 그런데 이 사건 법률조항은 법관의 정년을 직위에 따라 대법원장 70세, 대법관 65세, 그 이외의 법관 63세로 하여 법관 사이에 약간의 차이를 두고 있는 것으로, 헌법 제11조 제1항에서 금지하고 있는 차별의 요소인 '성별', '종교' 또는 '사회적 신분' 그 어디에도 해당되지 아니할 뿐만 아니라, 그로 인하여 어떠한 사회적 특수계급제도를 설정하는 것도 아니고, 그와 같이 법관의 정년을 직위에 따라 순차적으로 낮게 차등하게 설정한 것은 법관 업무의 성격과 특수성, 평균수명, 조직체 내의 질서 등을 고려하여 정한 것으로 그 차별에 합리적인 이유가 있다고 할 것이므로, 청구인의 평등권을 침해하였다고 볼 수 없다(헌재 2002.10.31. 2001헌마557).

정답 ○

13년(2) 모의

542. 헌법은 법관의 정년을 법률로 정하도록 위임하고 있고, 이에 따라 법원조직법은 대법원장과 대법관의 정년을 70세, 그 밖의 법관의 정년을 65세로 규정하고 있는데, 법관의 정년제도는 특별한 사유가 없는 한 법관으로 하여금 정년까지의 재직 여부에 외부의 영향을 미칠 수 없게 하여 법관의 독립을 보장하는 기능도 수행하므로 법관의 신분보장과 배치되지 않는다.

해설 헌법규정 사이의 우열관계, 헌법규정에 대한 위헌성판단은 인정되지 아니하므로, 그에 따라 헌법 제106조 법관의 신분보장 규정은 헌법 제105조 제4항 법관정년제 규정과 병렬적 관계에 있는 것으로 보아 조화롭게 해석하여야 할 것이고, 따라서, 정년제를 전제로 그 재직 중인 법관은 탄핵 또는 금고 이상의 형의 선고에 의하지 아니하고는 파면되지 아니하며, 징계처분에 의하지 아니하고는 정직, 감봉 기타 불리한 처분을 받지 아니한다고 해석하여야 하고, 그러한 해석에서는 헌법 제105조 제4항에 따라 입법자가 법관의 정년을 결정한 이 사건 법률조항은 그것이 입법자의 입법재량을 벗어나지 않고 기본권을 침해하지 않는 한 헌법에 위반된다고 할 수 없고, 위에서 본 바와 같이 그 입법 자체가 평등권, 직업선택의 자유나 공무담임권 등 기본권을 침해하였다고 볼 수 없어, 결국 신분보장 규정에도 위배된다고 할 수 없다(헌재 2002.10.31. 2001헌마557).

정답 ○

제❸항 ❙ 사법권의 독립에 대한 제한

19년 변시, 18년(2)·19년(1)20년(3)·21년(3)·22년(2) 모의

543. (1) 부보(附保)금융기관 파산 시 법원으로 하여금 예금보험공사나 그 임직원을 의무적으로 파산관재인으로 선임하도록 하고, 예금보험공사가 파산관재인으로 선임된 경우 「파산법」상의 파산관재인에 대한 법원의 해임권과 허가권 등 법원의 감독을 배제하는 법 조항은 법원의 사법권 내지 사법권 독립을 침해하는 것이다.

(2) 파산관재인의 선임 및 직무감독에 관한 사항은 파산재단에 속하는 재산을 환가하여 이를 파산채권자에게 분배하는 등 직무를 담당할 파산관재인을 선임하고 감독하는 일이므로 사법의 본질적 사항은 아니어서 입법자는 이에 관해 보다 폭 넓은 입법형성권을 가진다.

해설 '파산관재인의 선임 및 직무감독에 관한 사항'은 대립당사자간의 법적 분쟁을 사법적 절차를 통하여 해결하는 전형적인 사법권의 본질에 속하는 사항이 아니며, 따라서 입법자에 의한 개입여지가 넓으므로, 그러한 입법형성권 행사가 자의적이거나 비합리적이 아닌 한 사법권을 침해한다고 할 수 없다. 이 사건 조항은 현재의 경제상황에서 금융기관의 도산이 갖는 경제적 파급효과의 심각성 및 금융기관에 투입된, 국민의 부담이거나 부담으로 귀결될 수 있는 수많은 공적자금의 신속하고 효율적인 회수의 필요성이 인정되므로 정당한 입법목적을 지니며, 예금보험공사('예보')측을 금융기관에 대한 파산관재인으로 선임하면, 예보가 지닌 금융경제질서의 안정을 위한 공적 기능의 과제와 그 의사결정과 업무수행에 관한 정부의 참여와 감독을 고려할 때, 보다 효율적이고 신속한 공적자금의 회수에 기여할 것이라고 인정될 수 있다. 그러므로 이 사건 조항은 객관적으로 자의적인 것이라거나 비합리적인 것이라 볼 수 없다. 한편 입법자는 입법과정에서 "공적자금의 효율적 회수가 필요한 때"라는 요건을 추가하여 법원의 재량 여지를 두었을 뿐만 아니라 5년간 한시적으로 적용하게 하였다. 또한 이 사건 조항이 예보가 파산관재인이 될 경우 파산법상의 법원의 해임권 등을 배제하고 있으

나, 예금자보호법상 예보의 의사결정과정, 파산관리절차에 관한 지휘체계, 예보에 대한 국가기관의 감독장치, 이 사건 조항의 입법목적과 내용 등을 고려할 때, 그러한 감독권 배제가 자의적이거나 불합리하게 법원의 사법권을 제한한 것이라 보기 어렵다(헌재 2001.03.15. 2001헌가1).

정답 ×, ○

 18년·19년·20년 변시

544. 약식절차에서 정식재판을 청구하는 경우 약식명령의 형보다 중한 형을 선고하지 못하도록 하는 구「형사소송법」조항은 법관의 양형결정권을 침해하지 않는다.

해설 형사재판에서 법관의 양형결정이 법률에 기속되는 것은 법률에 따라 심판한다는 헌법 제103조에 의한 것으로 법치국가원리의 당연한 귀결이다. 헌법상 어떠한 행위가 범죄에 해당하고 이를 어떻게 처벌할 것인지 여부를 정할 권한은 국회에 부여되어 있고 그에 대하여는 광범위한 입법재량 내지 형성의 자유가 인정되고 있으므로 형벌에 대한 입법자의 입법정책적 결단은 기본적으로 존중되어야 한다. 따라서 형사법상 법관에게 주어진 양형권한도 입법자가 만든 법률에 규정되어 있는 내용과 방법에 따라 그 한도내에서 재판을 통해 형벌을 구체화하는 것으로 볼 수 있다. 또한 검사의 약식명령청구사안이 적당하지 않다고 판단될 경우 법원은 직권으로 통상의 재판절차로 사건을 넘겨 재판절차를 진행시킬 수 있고 이 재판절차에서 법관이 자유롭게 형량을 결정할 수 있으므로 이러한 점들을 종합해보면 이 사건 법률조항(약식절차에서 피고인이 정식재판을 청구한 경우 약식명령보다 더 중한 형을 선고할 수 없도록 한 형사소송법 제457조의2)에 의하여 법관의 양형결정권이 침해된다고 볼 수 없다(헌재 2005.03.31. 2004헌가27).

정답 ○

 19년 변시, 15년(3) 모의

545. 회사정리절차의 개시와 진행여부에 관한 법관의 판단을 금융기관 내지 성업공사 등 이해당사자의 의사에 실질적으로 종속시키는 법 조항은 사법권을 형해화하는 것이고 사법권의 독립을 위협할 소지가 있다.

해설 회사정리절차의 개시와 진행의 여부를 실질적으로 금융기관의 의사에 종속시키는 위 규정은, 회사의 갱생가능성 및 정리계획의 수행가능성의 판단을 오로지 법관에게 맡기고 있는 회사정리법의 체계에 위반하여 사법권을 형해화시키는 것으로서, 지시로부터의 독립도 역시 그 내용으로 하는 사법권의 독립에 위협의 소지가 있다(헌재 1990.06.25. 89헌가98).

정답 ○

 19년 변시

546. 강도상해죄의 법정형의 하한을 '7년 이상의 징역'으로 정하고 있는「형법」조항은 법정형의 하한을 살인죄의 그것보다 높였다고 해서 사법권의 독립 및 법관의 양형판단권을 침해하는 것은 아니다.

해설 어떤 범죄에 대한 법정형의 종류와 범위를 정하는 것은 기본적으로 입법자의 형성의 자유에 속하는 사항으로서, 강도상해의 범행을 저지른 자에 대하여는 법률상 다른 형의 감경사유가 있다는 등 특단의 사정이 없는 한 장기간 사회에서 격리시키도록 한 입법자의 판단은 기본적으로 존중되어야 하므로, 이 사건 법률조항은 형벌체계상의 정당성과 균형성을 잃은 것이라 할 수 없다. 또한 법관이 형사재판의 양형에 있어 법률에 기속되는 것은, 법률에 따라 심판한다고 하는 헌법규정(제103조)에 따른 것으로 헌법이 요구하는 법치국가원리의 당연한 귀결이며, 법관의 양형판단재량권 특히 집행유예 여부에 관한 재량권은 어떠한 경우에도 제한될 수 없다고 볼 성질의 것은 아니다(헌재 2011.09.29. 2010헌바346).

정답 ○

17년(3) 모의

547. 강도상해죄를 범한 자에 대하여는 법률상 감경사유가 없는 한 집행유예의 선고가 불가능하도록 한 것은 사법권의 독립 및 법관의 양형재량권을 침해한다.

해설 법관이 형사재판의 양형에 있어 법률에 기속되는 것은 헌법 제103조의 규정에 따른 것으로서 헌법이 요구하는 법치국가원리의 당연한 귀결이며, 법관의 양형판단재량권 특히 집행유예 여부에 관한 재량권은 어떠한 경우에도 제한될 수 없다고 볼 성질의 것이 아니므로, 강도상해죄를 범한 자에 대하여는 법률상의 감경사유가 없는 한 집행유예의 선고가 불가능하도록 한 것이 사법권의 독립 및 법관의 양형판단재량권을 침해 내지 박탈하는 것으로서 헌법에 위반된다고는 볼 수 없다(헌재 2001.04.26. 99헌바43).

정답 ×

15년 변시

548. 대법원에 설치된 양형위원회가 정한 양형기준은 법관에 대해 법적 구속력을 갖지는 않으나, 법원이 양형기준을 벗어난 판결을 하는 경우에는 판결서에 양형의 이유를 적어야 하며, 이는 약식절차 또는 즉결심판절차에 있어서도 마찬가지이다.

해설 법원조직법 제81조의7 참조.

법원조직법 제81조의7(양형기준의 효력 등) ② 법원이 양형기준을 벗어난 판결을 하는 경우에는 판결서에 양형의 이유를 적어야 한다. 다만, 약식절차 또는 즉결심판절차에 따라 심판하는 경우에는 그러하지 아니하다.

정답 ×

15년 변시, 13년(2)·14년(2)·15년(3) 모의

549. 「형법」 조항이 집행유예의 요건을 '3년 이하의 징역 또는 금고의 형을 선고할 경우'로 한정하고 있는 것은 법관의 양형판단권을 근본적으로 제한하거나 사법권의 본질을 침해하지 아니한다.

해설 어떠한 형을 선고하는 경우에 집행유예의 선고를 할 수 있느냐의 기준은 나라마다의 범죄자에 대한 교정처우의 실태, 범죄발생의 추이 및 범죄억제를 위한 형사정책적 판단, 각종 형벌법규에 규정된 법정형의 내용 등 제반사정을 종합적으로 고려하여 결정할 입법권자의 형성의 자유에 속하는 문제이다. 따라서 그 입법형성이 입법재량의 한계를 명백히 벗어난 것이 아닌 한 헌법위반이라고는 할 수 없는 바 형법 제62조 제1항 본문 중 "3년 이하의……"라는 요건제한은 위에서 본 제반사정에 비추어 입법재량의 한계를 벗어난 것이라고 볼 수 없다. 위와 같은 이유로, 형법 제337조의 법정형은 현저히 형벌체계상의 정당성과 균형을 잃은 것으로서 헌법상의 평등의 원칙에 반한다거나 인간의 존엄과 가치를 규정한 헌법 제10조와 기본권제한입법의 한계를 규정한 헌법 제37조 제2항에 위반된다거나 또는 사법권의 독립 및 법관의 양형판단권을 침해한 위헌법률조항이라 할 수 없고, 또 형법 제62조 제1항 본문 중 "3년 이하의 징역 또는 금고의 형을 선고할 경우"라는 집행유예의 요건 한정부분은 법관의 양형판단권을 근본적으로 제한하거나 사법권의 본질을 침해한 위헌법률조항이라 할 수 없다(헌재 1997.08.21. 93헌바60).

정답

제2절 법원의 조직

제❶항 ❘ 대법원

19년(3)·21년(1)·23년(2) 모의

550. **(1) 대법관의 수는 대법원장을 포함하여 14명으로 한다.**

(2) 대법관의 수를 변경하기 위해서는 헌법을 개정하여야 한다.

해설 법원조직법 제4조 참조.

법원조직법 제4조(대법관) ① 대법원에 대법관을 둔다.
② 대법관의 수는 대법원장을 포함하여 14명으로 한다.

정답

15년(1)·17년(2)·21년(1) 모의

551. **대법원장과 대법관이 아닌 법관은 대법관회의의 동의를 얻어 대법원장이 임명한다.**

해설 헌법 제104조 제3항 참조. ▶ 대법관이 아닌 법관의 임명에 있어 대법관회의의 동의는 필수적인 절차이다.

헌법 제104조 ③ 대법원장과 대법관이 아닌 법관은 대법관회의의 동의를 얻어 대법원장이 임명한다.

정답

15년(1)·16년(3) 모의

552. **(1) 대법원장의 임기는 6년으로 하며, 중임할 수 없다.**

(2) 대법원장과 대법관의 임기는 각 6년이고, 대법관은 법률이 정하는 바에 의하여 연임할 수 있다.

해설 헌법 제105조 참조.

헌법 제105조 ① 대법원장의 임기는 6년으로 하며, 중임할 수 없다.
② 대법관의 임기는 6년으로 하며, 법률이 정하는 바에 의하여 연임할 수 있다.
③ 대법원장과 대법관이 아닌 법관의 임기는 10년으로 하며, 법률이 정하는 바에 의하여 연임할 수 있다.

정답  O, O

17년(1)·(2)·20년(1)·21년(1)·(3)·23년(2) 모의

553. **(1) 명령·규칙이 헌법에 위반된다고 인정하는 경우뿐 아니라 명령·규칙이 법률에 위반된다고 인정하는 경우에도 대법원의 심판권은 대법관 전원의 3분의 2 이상의 합의체에서 행사한다.**

(2) 대법관회의는 대법관 전원의 3분의 2 이상의 출석과 출석인원 과반수의 찬성으로 의결하며, 가부동수(可否同數)일 때에는 의장이 결정권을 가진다.

해설 법원조직법 제7조, 제16조, 제17조 참조.

법원조직법 제7조(심판권의 행사) ① 대법원의 심판권은 대법관 전원의 3분의 2 이상의 합의체에서 행사하며, 대법원장이 재판장이 된다. 다만, 대법관 3명 이상으로 구성된 부(부)에서 먼저 사건을 심리(심리)하여 의견이 일치한 경우에 한정하여 다음 각 호의 경우를 제외하고 그 부에서 재판할 수 있다.
 1. 명령 또는 규칙이 헌법에 위반된다고 인정하는 경우
 2. 명령 또는 규칙이 법률에 위반된다고 인정하는 경우
 3. 종전에 대법원에서 판시한 헌법·법률·명령 또는 규칙의 해석 적용에 관한 의견을 변경할 필요가 있다고 인정하는 경우
 4. 부에서 재판하는 것이 적당하지 아니하다고 인정하는 경우
법원조직법 제16조(대법관회의 구성과 의결방법) ① 대법관회의는 대법관으로 구성되며, 대법원장이 그 의장이 된다.
② 대법관회의는 대법관 전원의 3분의 2 이상의 출석과 출석인원 과반수의 찬성으로 의결한다.
③ 의장은 의결에서 표결권을 가지며, 가부동수일 때에는 결정권을 가진다.
법원조직법 제17조(대법관회의의 의결사항) 다음 각 호의 사항은 대법관회의의 의결을 거친다.
 1. 판사의 임명 및 연임에 대한 동의
 2. 대법원규칙의 제정과 개정 등에 관한 사항
 3. 판례의 수집·간행에 관한 사항
 4. 예산 요구, 예비금 지출과 결산에 관한 사항
 5. 다른 법령에 따라 대법관회의의 권한에 속하는 사항
 6. 특히 중요하다고 인정되는 사항으로서 대법원장이 회의에 부친 사항

정답 O, O

21년(3) 모의

554. 대법원에 두는 양형위원회는 위원장 1명과 13명의 위원으로 구성하되, 위원장이 아닌 위원 중 1명은 상임위원으로 한다.

해설 법원조직법 제81조의2, 제81조의3 제1항 참조.

법원조직법 제81조의2(양형위원회의 설치) ① 형을 정할 때 국민의 건전한 상식을 반영하고 국민이 신뢰할 수 있는 공정하고 객관적인 양형을 실현하기 위하여 대법원에 양형위원회(이하 "위원회"라 한다)를 둔다.
법원조직법 제81조의3(위원회의 구성) ① 위원회는 위원장 1명을 포함한 13명의 위원으로 구성하되, 위원장이 아닌 위원 중 1명은 상임위원으로 한다.

정답

제❷항 ❘ 특별법원

19년(1)·20년(3)·22년(2) 모의

555. 특별법원이란 헌법이 정하는 사법권 독립의 요건을 갖추지 아니한 예외법원과 대법원을 최종심으로 하지 않는 모든 법원을 말하는 것으로, 이러한 특별법원의 설치는 원칙적으로 금지된다.

해설 헌법 제110조 참조. ▶ 특수법원이란 법관의 자격을 가진 자가 재판을 담당하고, 최고법원에 상고가 인정되고 있을지라도 그 관할이 한정되고 그 대상이 특수한 법원이다. 특수법원은 우리 헌법 아래에서 법률로써 설치가 가능하다(성낙인, 헌법학 제18판, p.708). 설문은 특별법원의 개념에 관한 다수설인 예외법원설의 입장으로서, 특수법원에 대한 설명이 아니다. 특수법원은 관할 사건에 따라서 구분되는 법원으로서, 특허법원, 가정법원, 행정법원, 회생법원으로 구성되며, 대법원에 상고할 수 있다.

대한민국헌법 제110조 ① 군사재판을 관할하기 위하여 특별법원으로서 군사법원을 둘 수 있다.

정답

20년(1) 모의

556. 계엄지역에서는 법무부장관이 지정하는 군사법원이 「계엄법」에 따른 재판권을 가진다.

해설 군사법원법 제12조 참조.

군사법원법 제12조(계엄지역의 관할) 계엄지역에서는 국방부장관이 지정하는 군사법원이 「계엄법」에 따른 재판권을 가진다.

정답

18년(3) 모의

557. 군사재판을 관할하기 위해 특별법원으로서 군사법원을 둘 수 있다고 헌법에 명시되어 있는데, 군사법원법에서는 군사법원의 종류로 보통군사법원과 고등군사법원을 두고 있다.

 헌법 제110조, 군사법원법 제5조 참조.

> 헌법 제110조 ① 군사재판을 관할하기 위하여 특별법원으로서 군사법원을 둘 수 있다.
> 군사법원법 제5조(군사법원의 종류) 군사법원은 다음의 두 종류로 한다.
>   1. 고등군사법원
>   2. 보통군사법원

정답 ○

18년(3) · 23년(3) 모의

558. 소집되어 복무하고 있는 예비역·보충역에 대해서 뿐 아니라 현역병의 군대 입대 전 범죄에 대해서도 군사법원이 재판권을 가진다.

 군대의 특수성을 고려할 때 군인신분 취득 전에 범한 죄에 대하여 군사법원에서 재판을 받도록 하는 것을 합리적인 이유가 있다. 재판권 유무는 원칙적으로 재판 시점을 기준으로 해야 하며, 형사재판의 양형은 일반적으로 재판받을 당시 피고인의 군인신분을 주요 고려 요소로 해 군의 특수성을 반영할 수 있어야 하므로 이러한 양형은 군사법원에서 담당하도록 하는 것이 타당하다. 나아가 군사법원의 상고심은 대법원에서 관할하고 군사법원에 관한 내부규율을 정함에 있어서도 대법원이 종국적인 관여를 하고 있다. 따라서 (현역병의 군대 입대 전 범죄에 대한 군사법원의 재판권을 규정하고 있는) 이 사건 법률조항이 군사법원의 재판권과 군인의 재판청구권을 형성함에 있어 그 재량의 헌법적 한계를 벗어났다고 볼 수 없다(헌재 2009.07.30. 2008헌바162).

> 군사법원법 제2조(신분적 재판권) ① 군사법원은 다음 각 호의 어느 하나에 해당하는 사람이 범한 죄에 대하여 재판권을 가진다.
> 1. 「군형법」 제1조 제1항부터 제4항까지에 규정된 사람. (단서 생략)
> ② 군사법원은 제1항 제1호에 해당하는 사람이 그 신분취득 전에 범한 죄에 대하여 재판권을 가진다.
> 군형법 제1조(적용대상자) ① 이 법은 이 법에 규정된 죄를 범한 대한민국 군인에게 적용한다.
> ② 제1항에서 "군인"이란 현역에 복무하는 장교, 준사관, 부사관 및 병(兵)을 말한다. (단서 생략)
> ③ 다음 각 호의 어느 하나에 해당하는 사람에 대하여는 군인에 준하여 이 법을 적용한다.
> (1, 2. 생략)
> 3. 소집되어 복무하고 있는 예비역·보충역 및 전시근로역인 군인

정답 ○

18년(3) 모의

559. 법원과 군사법원 사이에서 재판권에 대한 쟁의가 발생한 때에는 해당 사건이 계속되는 법원 또는 군사법원이나 이 법과 형사소송법에 따른 해당 사건의 상소권자는 대법원에 재판권의 유무에 대한 재정을 신청할 수 있다.

해설 군사법원법 제3조의2 참조.

군사법원법 제3조의2(재판권 쟁의에 대한 재정의 신청) ① 법원과 군사법원 사이에서 재판권에 대한 쟁의(爭議)가 발생한 때에는 해당 사건이 계속되어 있는 법원 또는 군사법원이나 이 법과 「형사소송법」에 따른 해당 사건의 상소권자는 대법원에 재판권의 유무에 대한 재정을 신청할 수 있다.

정답

18년(3) 모의

560. 대법원은 군사법원 판결의 상고사건에 대하여 심판하지만, 비상계엄이 선포된 지역에서의 군인·군무원의 범죄나 간첩죄의 경우에는 상소에 관한 규정이 적용되지 않으므로 군사법원에서의 재판은 단심으로 종결된다.

해설 군사법원법 제9조, 제534조 참조. ▶ 사형을 선고한 경우에는 상소규정이 적용된다.

군사법원법 제9조(대법원의 심판사항) 대법원은 군사법원 판결의 상고사건에 대하여 심판한다.
군사법원법 제534조(특례규정) 비상계엄이 선포된 지역에서는 다음 각 호의 어느 하나에 해당하는 사람에게는 제2편제3장 상소에 관한 규정을 적용하지 아니한다. 다만, 사형을 선고한 경우에는 그러하지 아니하다.
1. 「군형법」 제1조(적용대상자) 제1항부터 제3항까지에 규정된 사람
2. 「군형법」 제13조(간첩) 제3항의 죄를 범한 사람과 그 미수범
(3. 내지 5. 생략)
군형법 제1조(적용대상자) ① 이 법은 이 법에 규정된 죄를 범한 대한민국 군인에게 적용한다.
③ 다음 각 호의 어느 하나에 해당하는 사람에 대하여는 군인에 준하여 이 법을 적용한다.
1. 군무원
(2, 3. 생략)

정답

18년(3) 모의

561. 군판사는 각 군 참모총장이 영관급 이상의 소속 군법무관 중에서 임명하는데, 관할관은 군판사 외에 영관급 이상의 장교 중에서 심판관을 임명하여 재판관으로 지정할 수 있다.

해설 군사법원법 제22조 내지 제25조 참조.

> 군사법원법 제22조(군사법원의 구성) ③ 재판관은 군판사와 심판관으로 하고, 재판장은 선임군판사가 된다.
> 군사법원법 제23조(군판사의 임명 및 소속) ① 군판사는 각 군 참모총장이 영관급 이상의 소속 군법무관 중에서 임명한다. 다만, 국방부 및 국방부직할통합부대의 군판사는 국방부장관이 영관급 이상의 소속 군법무관 중에서 임명한다.
> 군사법원법 제24조(심판관의 임명과 자격) ① 심판관은 다음 각 호의 자격을 갖춘 영관급 이상의 장교 중에서 관할관이 임명한다. (각 호 생략)
> 군사법원법 제25조(재판관의 지정) ① 재판관은 관할관이 지정한다.

정답 O

17년(1) 모의

562. 비상계엄 시행 중 군사법원에 계속 중인 재판사건의 관할은 비상계엄 해제와 동시에 일반법원에 속하나, 대통령이 필요하다고 인정할 때에는 군사법원의 재판권을 3개월의 범위에서 연기할 수 있다.

해설 계엄법 제12조 제2항 참조.

> 계엄법 제12조(행정·사법 사무의 평상화) ② 비상계엄 시행 중 제10조에 따라 군사법원에 계속 중인 재판사건의 관할은 비상계엄 해제와 동시에 일반법원에 속한다. 다만, 대통령이 필요하다고 인정할 때에는 군사법원의 재판권을 1개월의 범위에서 연기할 수 있다.

정답 X

16년 변시

563. 군사법원의 조직·권한 및 재판관의 자격을 일반법원과 달리 정할 수 있다고 하여도 그것은 사법권의 독립 등 헌법의 근본원리에 위반되거나 기본권의 본질적 내용을 침해하여서는 아니 되는 헌법적 한계가 있다.

해설 군사법원의 조직 권한 및 재판관의 자격을 일반법원과 달리 정할 수 있다고 하여도 그것이 아무런 한계없이 입법자의 자의에 맡겨 질 수는 없는 것이고 사법권의 독립 등 헌법의 근본원리에 위반되거나 헌법 제27조 제1항의 재판청구권, 헌법 제11조 제1항의 평등권, 헌법 제12조의 신체의 자유 등 기본권의 본질적 내용을 침해하여서는 안될 헌법적 한계가 있다고 할 것이다(헌재 1996.10.31. 93헌바25).

정답 O

12년(3)·15년(1) 모의

564. 헌법 제27조 제2항은 국민의 군사재판을 받지 아니할 권리를 규정하면서 아울러 군사재판권의 헌법적 근거를 명시하고 있으므로 군사법원을 폐지하는 것은 헌법에 위반된다.

해설 헌법 제110조 제1항 참조.

헌법 제110조 ① 군사재판을 관할하기 위하여 특별법원으로서 군사법원을 둘 수 있다.

정답 ×

제3절 사법절차와 운영

17년(1)·20년(1)·23년(2) 모의

565. 상급법원의 재판에 있어서의 판단은 동종 사건에 관하여 하급심을 기속하는 것이므로 하급심은 사실판단이나 법률판단에 있어서 상급심의 선례를 존중하여야 한다.

해설 법원조직법 제8조 참조. ▶ 우리 사법제도는 선례구속의 원칙을 도입하지 않고 있으므로 상급법원 재판에서의 판단은 동종사건이 아닌, 해당 사건에 관하여만 하급심을 기속

법원조직법 제8조(상급심 재판의 기속력) 상급법원 재판에서의 판단은 해당 사건에 관하여 하급심을 기속한다.

정답 ×

 16년 변시, 18년(3) 모의

566. 대한변호사협회징계위원회에서 징계를 받은 변호사는 법무부변호사징계위원회에서의 이의절차를 밟은 후 곧바로 대법원에 즉시항고 하도록 한 법률조항은 법무부변호사징계위원회를 사실확정에 관한 한 사실상 최종심으로 기능하게 하므로 헌법에 위반된다.

해설 대한변호사협회징계위원회에서 징계를 받은 변호사는 법무부변호사징계위원회에서의 이의절차를 밟은 후 곧바로 대법원에 즉시항고토록 하고 있는 변호사법 제81조 제4항 내지 제6항은 행정심판에 불과한 법무부변호사징계위원회의 결정에 대하여 법원의 사실적 측면과 법률적 측면에 대한 심사를 배제하고 대법원으로 하여금 변호사징계사건의 최종심 및 법률심으로서 단지 법률적 측면의 심사만을 할 수 있도록 하고 재판의 전심절차로서만 기능해야 할 법무부변호사징계위원회를 사실확정에 관한 한 사실상 최종심으로 기능하게 하고 있으므로, 일체의 법률적 쟁송에 대한 재판기능을 대법원을 최고법원으로 하는 법원에 속하도록 규정하고 있는 헌법 제101조 제1항 및 재판의 전심절차로서 행정심판을 두도록 하는 헌법 제107조 제3항에 위반된다(헌재 2000.06.29. 99헌가9).

정답 ○

제4절 법원의 권한

제❶항 ┃ 사법권의 범위와 한계

21년(2) 모의

567. 우리 헌법은 권력 상호간의 견제와 균형을 위하여 명시적으로 규정한 예외를 제외하고는 입법부에게 사법작용을 수행할 권한을 부여하지 않고 있다는 점에 비추어 볼 때, 법원으로 하여금 증거조사도 하지 말고 형을 선고하도록 한 법률조항은 헌법이 정한 입법권의 한계를 유월하여 사법작용을 침해하는 것이다.

해설 … 우리 헌법은 권력 상호간의 견제와 균형을 위하여 명시적으로 규정한 예외를 제외하고는 입법부에게 사법작용을 수행할 권한을 부여하지 않고 있다. 그런데도 입법자가 법원으로 하여금 증거조사도 하지 말고 형을 선고하도록 하는 법률을 제정한 것은 헌법이 정한 입법권의 한계를 유월하여 사법작용의 영역을 침범한 것이라고 할 것이다. 따라서 특조법 제7조 제7항 본문은 사법권의 법원에의 귀속을 명시한 헌법 제101조 제1항에도 위반된다(헌재 1996.01.25. 95헌가5). ▶헌법재판소법 제45조 단서에 따라 반국가행위자의처벌에관한특별조치법 법률 전부에 대하여 위헌선언한 사례

 정답 O

21년 변시

568. 단독판사와 합의부의 심판권을 어떻게 분배할 것인지 등에 관한 문제는 기본적으로 입법형성권을 가진 입법자가 사법정책을 고려하여 결정할 사항으로, 입법자는 국민의 권리가 효율적으로 보호되고 재판제도가 적정하게 운용되도록 법원조직에 따른 재판사무 범위를 배분·확정하여야 한다.

해설 헌법 제27조 제1항은 "모든 국민은 헌법과 법률이 정한 법관에 의하여 법률에 의한 재판을 받을 권리를 가진다."라고 규정하고 있을 뿐, 합의부에 의한 재판을 받을 권리를 명문화하고 있는 헌법상 규정은 존재하지 않는다. 결국 단독판사와 합의부의 심판권을 어떻게 분배할 것인지 등에 관한 문제는 기본적으로 입법형성권을 가진 입법자가 사법정책을 고려하여 결정할 사항으로, 다만 입법자는 국민의 권리가 효율적으로 보호되고 재판제도가 적정하게 운용되도록 법원조직에 따른 재판사무 범위를 배분·확정하여야 한다(헌재 2019.07.25. 2018헌바209).

 정답 O

12년·13년·14년·16년·19년·23년 변시, 11년(1)·14년(3) 모의

569. 이라크 파병 결정은 고도의 정치적 결단을 요하는 문제이므로, 그것이 헌법과 법률이 정한 절차를 준수했는지, 그리고 이라크 전쟁이 국제규범에 어긋나는 침략전쟁인지 등에 대하여 사법적 기준으로 심판하는 것은 자제되어야 한다.

해설 이 사건 파견결정은 그 성격상 국방 및 외교에 관련된 고도의 정치적 결단을 요하는 문제로서, 헌법과 법률이 정한 절차를 지켜 이루어진 것임이 명백하므로, 대통령과 국회의 판단은 존중되어야 하고 우리 재판소가 사법적 기준만으로 이를 심판하는 것은 자제되어야 한다. … 설혹 사법적 심사의 회피로 자의적 결정이 방치될 수도 있다는 우려가 있을 수 있으나 그러한 대통령과 국회의 판단은 궁극적으로는 선거를 통해 국민에 의한 평가와 심판을 받게 될 것이다(헌재 2004.04.29. 2003헌마814).

▶ 헌법과 법률이 정한 절차를 준수했는지는 사법적 기준으로 판단하여야 한다.

정답 O

21년(2) 모의

570. 헌법 제107조 제3항은 행정심판에 사법절차가 '준용'될 것을 요구하고 있으므로 사법절차적 요소를 엄격히 갖춰야 할 필요는 없다고 하더라도 적어도 사법절차의 본질적 요소를 전혀 구비하지 아니하고 있다면 헌법 제107조 제3항에 위반된다고 할 것이다.

해설 헌법 제107조 제3항은 "재판의 전심절차로서 행정심판을 할 수 있다. 행정심판의 절차는 법률로 정하되, 사법절차가 준용되어야 한다"고 규정하고 있으므로, 입법자가 행정심판을 전심절차가 아니라 종심절차로 규정함으로써 정식재판의 기회를 배제하거나, 어떤 행정심판을 필요적 전심절차로 규정하면서도 그 절차에 사법절차가 준용되지 않는다면 이는 헌법 제107조 제3항/ 나아가 재판청구권을 보장하고 있는 헌법 제27조에도 위반된다. 여기서 말하는 "사법절차"를 특징지우는 요소로는 판단기관의 독립성·공정성, 대심적(對審的) 심리구조, 당사자의 절차적 권리보장 등을 들 수 있으나, 위 헌법조항은 행정심판에 사법절차가 "준용"될 것만을 요구하고 있으므로 위와 같은 사법절차적 요소를 엄격히 갖춰야 할 필요는 없다고 할지라도, 적어도 사법절차의 본질적 요소를 전혀 구비하지 아니하고 있다면 "준용"의 요구에마저 위반된다(헌재 2000.06.01. 98헌바8).

정답 O

19년(3) · 22년(3) 모의

571. 사법작용은 헌법 그 자체에 의한 유보가 없는 한 오로지 대법원을 최고법원으로 하는 법원만이 담당할 수 있고, 행정심판은 어디까지나 법원에 의한 재판의 전심절차로서만 기능하여야 한다.

해설 헌법 제101조 제1항은 "사법권은 법관으로 구성된 법원에 속한다"고 규정하고 있고 헌법 제107조 제3항 제1문은 "재판의 전심절차로서 행정심판을 할 수 있다"고 규정하고 있다. 이는 우리 헌법이 국가권력의 남용을 방지하고 국민의 자유와 권리를 확보하기 위한 기본원리로서 채택한 3권분립주의의 구체적 표현으로서 일체의 법률적 쟁송을 심리 재판하는 작용인 사법작용은 헌법 그 자체에 의한 유보가 없는 한 오로지 대법원을 최고법원으로 하는(헌법 제101조 제2항) 법원만이 담당할 수 있고 또 행정심판은 어디까지나 법원에 의한 재판의 전심절차로서만 기능하여야 함을 의미한다(헌재 2000.02.24. 99헌바17·18·19(병합)).

정답 O

18년 변시, 22년(3) 모의

572. (1) 행정심판은 재판의 전심절차로서만 허용되며, 입법자가 행정심판을 전심절차가 아니라 종심절차로 규정함으로써 정식재판의 기회를 배제하거나, 어떤 행정심판을 필요적 전심절차로 규정하면서도 그 절차에 사법절차가 준용되지 않는다면 재판청구권을 보장하고 있는 헌법 제27조에 위반된다.

(2) 甲은 국립대학교 교수로 재직하던 중 같은 대학 총장 乙로부터 감봉 3개월의 징계처분을 받았다. 「국가공무원법」 및 「교육공무원법」에 따르면, 사안에서 甲은 징계처분에 관하여 취소소송을 제기하기에 앞서 교원소청심사를 필요적으로 거쳐야 하므로, 그 심사절차에 사법절차가 준용되지 않는다면 이는 헌법에 위반된다.

::해설 헌법 제107조 제3항은 "재판의 전심절차로서 행정심판을 할 수 있다. 행정심판의 절차는 법률로 정하되, 사법절차가 준용되어야 한다"고 규정하고 있다. 이 조항은 행정심판의 근거를 제공하면서 그 한계를 설정하고 있다 할 것인데, 그 한계란 행정심판은 어디까지나 재판의 전심절차로서만 기능하여야 함과 동시에 사법절차가 준용되어야 한다는 것이다. 따라서 입법자가 행정심판을 전심절차가 아니라 종심절차로 규정함으로써 정식재판의 기회를 배제하거나, 어떤 행정심판을 필요적 전심절차로 규정하면서 그 절차에 사법절차가 준용되지 않는다면 이는 헌법 제107조 제3항은 물론, 재판청구권을 보장하고 있는 헌법 제27조에도 위반된다 할 것이다(헌재 2007.01.17. 2005헌바86).

정답

19년(3) 모의

573. 사법의 본질은 법 또는 권리에 관한 다툼이 있거나 법이 침해된 경우에 독립적인 법원이 원칙적으로 직접 조사한 증거를 통한 객관적 사실인정을 바탕으로 법을 해석·적용하여 유권적인 판단을 내리는 작용이다.

::해설 통상 무엇이 사법권인지는 일률적으로 정의하기는 어려우나, "사법(司法)의 본질은 법 또는 권리에 관한 다툼이 있거나 법이 침해된 경우에 독립적인 법원이 원칙적으로 직접 조사한 증거를 통한 객관적 사실인정을 바탕으로 법을 해석·적용하여 유권적인 판단을 내리는 작용"이며(헌재 1996.01.25. 95헌가5), 따라서 법원이 사법권을 행사하여 분쟁을 해결하는 절차가 가장 대표적인 사법절차라 할 수 있을 것이고, 그렇다면 사법절차를 특징지우는 요소로는 판단기관의 독립성·공정성, 대심적(對審的) 심리구조, 당사자의 절차적 권리보장 등을 들 수 있다(헌재 2001.03.15. 2001헌가1,2,3(병합)).

정답

19년(3) 모의

574. 사법절차를 특징지우는 요소로는 판단기관의 독립성·공정성, 대심적 심리구조, 당사자의 절차적 권리보장 등을 들 수 있다.

::해설 통상 무엇이 사법권인지는 일률적으로 정의하기는 어려우나, "사법(司法)의 본질은 법 또는 권리에 관한 다툼이 있거나 법이 침해된 경우에 독립적인 법원이 원칙적으로 직접 조사한 증거를 통한 객

관적 사실인정을 바탕으로 법을 해석·적용하여 유권적인 판단을 내리는 작용"이며(헌재 1996.01.25. 95헌가5), 따라서 법원이 사법권을 행사하여 분쟁을 해결하는 절차가 가장 대표적인 사법절차라 할 수 있을 것이고, 그렇다면 사법절차를 특징지우는 요소로는 판단기관의 독립성·공정성, 대심적(對審的) 심리구조, 당사자의 절차적 권리보장 등을 들 수 있다(헌재 2001.03.15. 2001헌가1,2,3(병합)).

정답 O

575. **(1)** 대법원은 계엄선포의 당·부당을 판단할 권한과 같은 것은 헌법상 계엄의 해제 요구권이 있는 국회에만 있다고 하여 비상계엄선포행위에 대한 사법심사를 거부한 바 있다.

(2) 대통령의 비상계엄의 선포나 확대 행위는 고도의 정치적·군사적 성격을 지니고 있는 행위라 할 것이므로, 그것이 누구에게도 일견하여 헌법이나 법률에 위반되는 것으로서 명백하게 인정될 수 있는 경우라면 몰라도, 그러하지 아니한 이상 그 계엄선포의 요건 구비 여부나 선포의 당·부당을 판단할 권한이 사법부에는 없다고 할 것이나, 비상계엄의 선포나 확대가 국헌문란의 목적을 달성하기 위하여 행하여진 경우에는 법원은 그 자체가 범죄행위에 해당하는지의 여부에 관하여 심사할 수 있다.

해설 (1) 대통령의 계엄선포는 고도의 정치적·군사적 성격을 가진 것으로서 그 당, 부당 내지 필요성 여부는 계엄해제요구권을 가진 국회만이 판단할 수 있는 것이고 당연무효가 아닌 한 사법심사의 대상이 되지 못한다(대판 1980.08.26. 80도1278).
(2) 대통령의 비상계엄의 선포나 확대 행위는 고도의 정치적·군사적 성격을 지니고 있는 행위라 할 것이므로, 그것이 누구에게도 일견하여 헌법이나 법률에 위반되는 것으로서 명백하게 인정될 수 있는 등 특별한 사정이 있는 경우라면 몰라도, 그러하지 아니한 이상 그 계엄선포의 요건 구비 여부나 선포의 당·부당을 판단할 권한이 사법부에는 없다고 할 것이나, 비상계엄의 선포나 확대가 국헌문란의 목적을 달성하기 위하여 행하여진 경우에는 법원은 그 자체가 범죄행위에 해당하는지의 여부에 관하여 심사할 수 있다(대판 1997.04.17. 96도3376(전합)).

정답 O, O

576. 한미연합 군사훈련을 하기로 한 결정은 대통령의 국군통수권 행사 및 한반도를 둘러싼 국제정치관계 등 관련 제반 상황을 종합적으로 고려한 고도의 정치적 결단의 결과로서 통치행위에 해당하여 사법심사의 대상이 되지 않는다.

해설 한미연합 군사훈련은 1978. 한미연합사령부의 창설 및 1979. 2. 15. 한미연합연습 양해각서의 체결 이후 연례적으로 실시되어 왔고, 특히 이 사건 연습은 대표적인 한미연합 군사훈련으로서, 피청구인이 2007. 3.경에 한 이 사건 연습결정이 새삼 국방에 관련되는 고도의 정치적 결단에 해당하여 사법심사를 자제하여야 하는 통치행위에 해당된다고 보기 어렵다(헌재 2009.05.28. 2007헌마369).

정답 X

14년(3) 모의

577. 자유재량행위로 인정되는 경우일지라도 재량권의 일탈이나 남용은 합리적인 재량권의 행사라고 볼 수 없기 때문에 사법적 심사의 대상이 되어야 한다.

해설 ㉠ 재량권의 남용이나 재량권의 일탈의 경우에는 그 재량권이 기속재량이거나 자유재량이거나를 막론하고 사법심사의 대상이 된다(대판 1984.01.31. 83누451). ㉡ 재량행위에 대한 사법심사는 행정청의 재량에 의한 공익판단의 여지를 감안하여 원칙적으로 재량권의 일탈이나 남용이 있는지 여부만을 대상으로 하고, 재량권의 일탈·남용 여부에 대한 심사는 사실오인, 비례·평등의 원칙 위반 등을 그 판단 대상으로 한다(대판 2005.07.14. 2004두6181).

정답 ○

14년 변시, 14년(3) 모의

578. 대법원은 남북정상회담의 개최 및 이 과정에서 정부의 승인을 얻지 아니한 채 북한 측에 사업권의 대가 명목으로 송금한 행위 등은 고도의 정치적 성격을 지니고 있는 행위라 할 것이므로 특별한 사정이 없는 한 그 당부를 심판하는 것은 사법권의 내재적·본질적 한계를 넘어서는 것으로서 사법심사의 대상이 될 수 없다고 보았다.

해설 남북정상회담의 개최는 고도의 정치적 성격을 지니고 있는 행위라 할 것이므로 특별한 사정이 없는 한 그 당부를 심판하는 것은 사법권의 내재적·본질적 한계를 넘어서는 것이 되어 적절하지 못하지만, 남북정상회담의 개최과정에서 재정경제부장관에게 신고하지 아니하거나 통일부장관의 협력사업 승인을 얻지 아니한 채 북한 측에 사업권의 대가 명목으로 송금한 행위 자체는 헌법상 법치국가의 원리와 법 앞에 평등원칙 등에 비추어 볼 때 사법심사의 대상이 된다(대판 2004.03.26. 2003도7878).

정답

제❷항 ┃ 명령·규칙심사권

18년(2) 모의

579. 현행 헌법에 의하면 명령과 규칙이 헌법이나 법률에 위반되는지 여부가 재판의 전제가 되면 대법원이 이를 최종적으로 심사한다.

해설 헌법 제107조 제2항 참조.

헌법 제107조 ① 법률이 헌법에 위반되는 여부가 재판의 전제가 된 경우에는 법원은 헌법재판소에 제청하여 그 심판에 의하여 재판한다.
② 명령·규칙 또는 처분이 헌법이나 법률에 위반되는 여부가 재판의 전제가 된 경우에는 대법원은 이를 최종적으로 심사할 권한을 가진다.

정답 ○

18년(2) 모의

580. (1) 명령·규칙에 대한 위헌·위법 여부를 심사한 결과는 재판주문이 아니라 재판이유에 표시된다.

(2) 명령이나 규칙이 헌법이나 법률에 위반된다는 법원 판단의 법적 효력은 당해 사건에 대하여 그 명령이나 규칙의 적용을 배제하는데 그친다.

해설 대법원은 명령·규칙이 헌법에 위반될 때 '무효'라고 판시하고 있는데, 이러한 판단이 위헌인 명령이나 규칙의 적용을 배제하는 것인지 아니면 무효로써 일반적으로 효력을 상실시키는지를 밝히고 있지 아니하다. 그런데 대법원이 명령·규칙의 위헌여부 판단을 본안판단에서 부수하여 행하고 있다는 점과 그러한 판단을 주문에서는 표시하지 않는다는 점에 비추어, 개별적인 당해 사건에만 당해 명령·규칙의 적용이 거부되는 것, 이른바 개별적 효력설을 취하고 있는 것으로 볼 수 있다.(김유향, 기본강의헌법 전정6판, p.1444).

정답  O, O

12년·21년·22년 변시, 16년(3)·17년(3)·18년(2)·22년(3)·23년(3) 모의

581. 헌법 제107조 제2항에 의하면 명령·규칙에 대한 최종적 심사권은 대법원에게 있지만, 명령·규칙이 기본권을 직접적으로 침해할 경우에는 헌법재판소의 헌법소원심판에 의한 심사도 가능하다.

해설 헌법 제107조 제2항이 규정한 명령·규칙에 대한 대법원의 최종심사권이란 구체적인 소송사건에서 명령·규칙의 위헌여부가 재판의 전제가 되었을 경우 법률의 경우와는 달리 헌법재판소에 제청할 것 없이 대법원이 최종적으로 심사할 수 있다는 의미이며, 명령·규칙 그 자체에 의하여 직접 기본권이 침해되었음을 이유로 하여 헌법소원심판을 청구하는 것은 위 헌법규정과는 아무런 상관이 없는 문제이다. 따라서 입법부·행정부·사법부에서 제정한 규칙이 별도의 집행행위를 기다리지 않고 직접 기본권을 침해하는 것일 때에는 모두 헌법소원심판의 대상이 될 수 있는 것이다(헌재 1990.10.15. 89헌마178).

정답 O

18년(2) 모의

582. 법원의 명령·규칙에 대한 위헌·위법심사에서 명령과 규칙은 심사기준이 될 수 없다.

해설 명령·규칙을 심사함에 있어 심사의 기준은 헌법과 법률이다. (다만 논란이 있을 수 있으나) 법률에는 형식적 의미의 법률만이 아니라 헌법 제60조 제1항에 따라 국회의 비준동의를 얻은 조약과 헌법 제76조의 긴급명령·긴급재정경제명령도 포함된다(김유향, 기본강의 헌법 전정6판, p.1442).

정답 ×

583. 어떤 국세가 「국세기본법」상 당해세 중 우선징수권이 인정되는 '당해 재산의 소유 그 자체를 과세의 대상으로 하여 부과하는 국세와 가산금'에 해당하는지에 관한 구체적·세부적 판단 문제는 개별법령의 해석·적용의 권한을 가진 법원의 영역에 속하므로, 헌법재판소가 가려서 답변할 성질의 것이 아니다.

　해설 어떤 국세가 우선징수권이 인정되는 "당해 재산의 소유 그 자체를 과세의 대상으로 하여 부과하는 국세와 가산금"에 해당되는지에 관한 구체적·세부적인 판단 문제는 개별법령의 해석·적용의 권한을 가진 법원의 영역에 속하므로, 헌법재판소가 가려서 답변할 성질의 것이 아니다(헌재 2007.05.31. 2005헌바60).

정답

제❸항 ┃ 대법원의 규칙제정권

16년·21년 변시, 15년(1)·17년(1) 모의

584. 사법부의 독립성 및 전문성 요청을 감안하여 헌법은 대법원이 법률에 저촉되지 아니하는 범위 안에서 법관의 임기와 정년, 소송에 관한 절차, 법원의 내부규율과 사무처리에 관한 규칙을 제정하도록 명문으로 규정하고 있다.

　해설 법관의 임기는 헌법에서 직접 규정하고 있으며(헌법 제105조), 법관의 정년은 헌법에 근거하여 법원조직법에서 구체적으로 정하고 있다(법원조직법 제45조). 또한 소송에 관한 절차, 법원의 내부규율과 사무처리에 관한 규칙은 법률에 저촉되지 아니하는 범위안에서 제정할 수 있도록 규정하였다(헌법 제108조).

정답

제5장 헌법재판소

제1절 헌법재판제도

19년(3) 모의

585. 헌법재판에서 동일한 사건에 대하여 2명 이상의 재판관을 기피할 수 없도록 하는 것은, 7명 이상의 심리정족수를 보장함과 동시에 기피신청에 의해 그 자체로 기피신청 당사자에게 불리한 재판 결과를 초래하는 것을 최소화하기 위한 부득이한 조치이므로, 해당 기피신청 당사자의 공정한 헌법재판을 받을 권리를 침해하지 않는다.

> **해설** 심판대상조항은 기피를 통해 특정 사건에서 공정한 심판을 기대하기 어려운 재판관을 직무집행에서 배제할 수 있도록 하면서도 심리정족수 부족으로 인하여 헌법재판소의 심판기능이 중단되는 사태를 방지하기 위한 것으로, 목적의 정당성과 수단의 적합성이 인정된다. 헌법재판은 일반재판과 달리 규범이나 국가작용에 대한 헌법적 판단이 주를 이루고, 재판관은 보다 엄격한 절차를 거쳐 임용되므로, 재판관이 특정 사건의 기초가 되는 상황과 관련하여 일정한 관계를 형성하고 있다 하더라도 그것이 헌법재판의 공정성이나 독립성에 영향을 줄 가능성은 일반재판에 비하여 상대적으로 낮다. 또한, 현행 헌법재판제도는 전원재판부의 재판관 결원을 보충할 수 있는 제도를 두고 있지 아니하여, 재판관의 결원은 곧 합헌 또는 기각의견이 확정되는 것과 같은 결과를 야기하게 되므로, 당사자가 1명의 재판관만 기피가 가능하도록 규정하고 있는 것은 청구인의 신청에 의하여 그 자체로 기피신청 당사자에게 불리한 재결과를 초래하는 것을 최소화하기 위한 부득이한 조치이다. 한편, 기피제도 외에도 공정한 재판을 보장하기 위한 방법으로 제척과 회피제도가 마련되어 있어, 이를 통해 재판의 공정성에 대한 우려를 불식시킬 수 있다. 결국 심판대상조항은 침해의 최소성에 반한다고 보기 어렵다. 또한, 심판대상조항으로 인하여 청구인이 실제로 공정한 재판을 받지 못할 우려에 비하여, 심리정족수 부족으로 인하여 헌법재판기능이 중단되는 사태를 방지함으로써 달성할 수 있는 공익은 매우 크다고 할 것이므로, 법익 사이의 균형을 상실하였다고 보기도 어렵다. 따라서 심판대상조항은 과잉금지원칙을 위반하여 청구인의 공정한 헌법재판을 받을 권리를 침해하지 아니한다(헌재 2016.11.24. 2015헌마902).

정답

17년(2)·20년(2) 모의

586. 재판관에게 공정한 심판을 기대하기 어려운 사정이 있는 경우 당사자는 기피신청을 할 수 있으나, 변론기일에 출석하여 본안에 관한 진술을 한 때에는 기피신청을 할 수 없다.

> **해설** 헌법재판소법 제24조 제3항 참조.
>
> **헌법재판소법 제24조(제척·기피 및 회피)** ③ 재판관에게 공정한 심판을 기대하기 어려운 사정이 있는 경우 당사자는 기피신청을 할 수 있다. 다만, 변론기일에 출석하여 본안에 관한 진술을 한 때에는 그러하지 아니하다.

정답

17년 변시

587. 당사자는 동일한 사건에 대하여 2명 이상의 재판관을 기피할 수 없다.

> 해설 헌법재판소법 제24조 제4항 참조.

> 헌법재판소법 제24조(제척·기피 및 회피) ④ 당사자는 동일한 사건에 대하여 2명 이상의 재판관을 기피할 수 없다.

정답

20년(2)·22년(2) 모의

588. 180일의 심판기간은 개별사건의 특수성 및 현실적인 제반여건을 불문하고 모든 사건에 있어서 공정하고 적정한 헌법재판을 하는 데 충분한 기간이라고는 볼 수 없고 심판기간 경과시의 제재 등 특별한 법률효과의 부여를 통하여 심판기간의 준수를 강제하는 규정을 두지 않고 있으므로 이를 규정한 헌법재판소법 조항은 훈시적 규정이다.

> 해설 헌법재판이 국가작용 및 사회 전반에 미치는 파급효과 등의 중대성에 비추어 볼 때, 180일의 심판기간은 개별사건의 특수성 및 현실적인 제반여건을 불문하고 모든 사건에 있어서 공정하고 적정한 헌법재판을 하는 데 충분한 기간이라고는 볼 수 없고, 심판기간 경과 시의 제재 등 특별한 법률효과의 부여를 통하여 심판기간의 준수를 강제하는 규정을 두지 아니하므로, 심판대상조항은 헌법재판의 심판기간에 관하여 지침을 제시하는 훈시적 규정이라 할 것이다(헌재 2009.07.30. 2007헌마732).
▶ 헌법재판소법 제38조 본문 참조.

> 헌법재판소법 제38조(심판기간) 헌법재판소는 심판사건을 접수한 날로부터 180일 이내에 종국결정의 선고를 하여야 한다. 다만, 재판관의 궐위로 7인의 출석이 불가능한 때에는 그 궐위된 기간은 심판기간에 이를 산입하지 아니한다.

정답

22년(2) 모의

589. 헌법재판의 심판비용은 국가가 부담하며, 여기에는 재판수수료와 헌법재판소가 심판 등을 위하여 지출하는 비용인 재판비용뿐 아니라 변호사강제주의에 따른 변호사보수 등 당사자비용도 포함된다.

> 해설 헌법재판의 심판비용을 국가가 부담하는 것은 헌법재판이 헌법을 보호하고, 권력을 통제하며, 기본권을 보호하는 등의 기능을 하는 객관적 소송이기 때문인데, 국가가 부담하는 심판비용에 변호사보수와 같이 청구인 등이 소송수행을 위하여 스스로 지출하는 비용인 당사자비용도 포함된다고 볼 경우에는 헌법재판청구권의 남용을 초래하여 헌법재판소의 운영에 따른 비용을 증가시키고 다른 국민이 헌법재판소를 이용할 기회를 침해할 수 있으며 헌법재판소법에 국선대리인 제도를 함께 규정할 필요도 없었을 것이므로, 국가가 부담하는 심판비용에는 재판수수료와 헌법재판소가 심판 등을 위하여 지출하는 비용인 재판비용만 포함되고, 변호사강제주의에 따른 변호사보수 등의 당사자비용은 포함되지 아니한다(헌재 2015.05.28. 2012헌사496).

정답 ×

20년(1) 모의

590. 헌법소원심판절차에서 청구인이 승소하였는지 아니면 패소하였는지를 구분하지 않고 승소자의 당사자비용을 그 상대방인 패소자에게 부담시켜야 하는 「민사소송법」과 「행정소송법」의 소송비용에 관한 규정들을 준용하는 것은 헌법재판의 성질에 반하지 않는다.

해설 헌법재판의 정의나 헌법소원심판이 수행하는 객관적인 헌법질서에 관한 수호·유지기능, 그리고 헌법소원심판의 직권주의적 성격과 심판비용의 국가부담 원칙, 변호사강제주의, 국선대리인제도 등에 관한 헌법재판소법의 규정 내용 등을 종합하여 보면, 당사자비용을 제외한 심판비용을 국가가 모두 부담하는 헌법소원심판절차에서 청구인이 승소하였는지 아니면 패소하였는지를 구분하지 않고 승소자의 당사자비용을 그 상대방인 패소자에게 반드시 부담시켜야만 하는 민사소송법과 행정소송법의 소송비용에 관한 규정들을 준용하는 것은 헌법재판의 성질에 반한다(헌재 2015.05.28. 2012헌사496).

정답 ✕

제2절 | 헌법재판소의 구성과 조직

제3절 | 헌법재판소의 일반심판절차

제❶항 | 전원재판부와 지정재판부

 12년·14년 변시

591. (1) 헌법재판소법 제68조 제1항 헌법소원심판청구에 대하여 아무런 보정명령이 발령되지 않은 채로 심판청구일부터 30일이 지날 때까지 지정재판부의 각하결정이 없는 때에는 심판회부결정이 있는 것으로 본다.

(2) 지정재판부는 사전심사결과 헌법소원을 각하한 때에는 그 결정일부터 30일 이내에 청구인 또는 그 대리인 및 피청구인에게 그 사실을 통지하여야 한다.

해설 헌법재판소법 제72조, 제73조 참조.

헌법재판소법 제72조(사전심사) ③ 지정재판부는 다음 각 호의 어느 하나에 해당되는 경우에는 지정재판부 재판관 전원의 일치된 의견에 의한 결정으로 헌법소원의 심판청구를 각하한다. (각 호 생략)
④ 지정재판부는 전원의 일치된 의견으로 제3항의 각하결정을 하지 아니하는 경우에는 결정으로 헌법소원을 재판부의 심판에 회부하여야 한다. 헌법소원심판의 청구 후 30일이 지날 때까지 각하결정이 없는 때에는 심판에 회부하는 결정(이하 "심판회부결정"이라 한다)이 있는 것으로 본다.
헌법재판소법 제73조(각하 및 심판회부 결정의 통지) ① 지정재판부는 헌법소원을 각하하거나 심판회부결정을 한 때에는 그 결정일부터 14일 이내에 청구인 또는 그 대리인 및 피청구인에게 그 사실을 통지하여야 한다. 제72조 제4항 후단의 경우에도 또한 같다.

정답 ○, ✕

제❷항 ┃ 심판의 청구

21년(3) 모의

592. 헌법재판소에의 심판청구는 심판절차별로 정하여진 청구서를 헌법재판소에 제출함으로써 하나, 위헌법률심판에서는 법원의 제청서, 탄핵심판에서는 국회의 소추의결서의 정본으로 청구서를 갈음한다.

해설 헌법재판소법 제26조 제1항 참조.

제26조(심판청구의 방식) ① 헌법재판소에의 심판청구는 심판절차별로 정하여진 청구서를 헌법재판소에 제출함으로써 한다. 다만, 위헌법률심판에서는 법원의 제청서, 탄핵심판에서는 국회의 소추의결서(訴追議決書)의 정본(正本)으로 청구서를 갈음한다.

정답 ○

21년(3) 모의

593. 헌법소원심판이 헌법재판소에 계속중인 사건에 대하여 당사자는 다시 동일한 헌법소원심판을 청구할 수 없다.

해설 헌법재판소법 제40조 제1항 전문에 의하면 헌법재판소의 심판절차에 관하여는 헌법재판의 성질에 반하지 아니하는 한도에서 민사소송에 관한 법령이 준용되므로, 이 사건 헌법소원심판청구에도 중복제소를 금지하고 있는 민사소송법 제259조가 준용된다. 따라서 이미 헌법소원심판이 계속 중인 사건에 대하여는 당사자는 다시 동일한 헌법소원심판을 청구할 수 없다고 해석하여야 한다(헌재 2021.02.09. 2021헌마96).

정답 ○

15년(2)·21년(3) 모의

594. 하나의 헌법소원으로 「헌법재판소법」 제68조 제1항에 의한 청구와 「헌법재판소법」 제68조 제2항에 의한 청구를 함께 병합하여 청구할 수 없다.

해설 헌법재판소법 제68조 제1항에 의한 헌법소원과 헌법재판소법 제68조 제2항에 의한 헌법소원은 비록 그 요건과 대상은 다르다고 하더라도 헌법재판소라는 동일한 기관에서 재판을 받고, 개인에 의한 심판청구라는 헌법소원의 측면에서는 그 성질이 동일한 점, 헌법재판소 판례 중에는 헌법재판소법 제68조 제2항의 헌법소원 절차에서 청구변경의 방법으로 예비적 청구를 헌법재판소법 제68조 제2항에 의한 청구에서 위 법 제68조 제1항에 의한 청구로 변경하는 것을 허용한 예(헌재 2007.10.25. 2005헌바68), 법원에 위헌법률심판제청신청을 한 적이 없는 청구인의 헌법소원심판청구를 헌법재판소법 제68조 제1항에 의한 헌법소원심판청구로 본 예(헌재 2007.11.29. 2005헌바12), 헌법재판소법 제68조 제1항에 의한 헌법소원심판청구와 위 법 제68조 제2항에 의한 헌법소원심판청구를 병합하여 심판한 예(헌재 2003.10.30. 2001헌마700, 2003헌바11(병합))가 있는 점, 헌법재판소가 헌법재판소 사건의 접수에 관한 규칙에 의하여 헌법재판소법 제68조 제1항의 헌법소원사건의 사건부호를 '헌마'로, 헌법재판소법 제68조 제2항의 헌법소원사건의 사건부호를 '헌바'로 달리 부여하고 있지만 이는 편의적인 것에 불과한 점, 만약 이를 허용하지 않을 경우 당사자는 관련청구소송을 하나는 헌법재판소법 제68조 제1항에 의한 헌법소원으로, 다른 하나는 헌법재판소법 제68조 제2항에 의한 헌법소원으로 제기하여야 하는데 이는 소송경제에 반하는 점 등을 살펴볼 때, 하나의 헌법소원으로 헌법재판소법 제68조 제1항에 의한 청구와 헌법재판소법 제68조 제2항에 의한 청구를 함께 병합하여 제기함이 가능하다고 할 것이다(헌재 2010.03.25. 2007헌마933).

정답

21년(3) 모의

595. 피청구인의 기망에 의하여 청구인이 헌법소원심판청구를 취하한 경우, 청구인은 이를 취소할 수 있다.

해설 헌법소원심판청구의 취하는 청구인이 제기한 심판청구를 철회하여 심판절차의 계속을 소멸시키는 청구인의 헌법재판소에 대한 소송행위이고 소송행위는 일반 사법상의 행위와는 달리 내심의 의사보다 그 표시를 기준으로 하여 그 효력 유무를 판정할 수밖에 없는 것인바, 청구인의 주장대로 청구인이 피청구인의 기망에 의하여 이 사건 헌법소원심판청구를 취하하였다고 가정하더라도 이를 무효라 할 수도 없고, 청구인이 이를 임의로 취소할 수도 없다(헌재 2005.03.31. 2004헌마911).

정답

제❸항 ┃ 심판당사자와 대표자·대리인

20년(2) 모의

596. 각종 심판절차에서 당사자인 국가기관 또는 지방자치단체는 변호사 또는 변호사의 자격이 있는 소속 직원을 대리인으로 선임하여 심판을 수행하게 할 수 있다.

해설 헌법재판소법 제25조 제2항 참조.

> 헌법재판소법 제25조 (대표자·대리인) ② 각종 심판절차에 있어서 당사자인 국가기관 또는 지방자치단체는 변호사 또는 변호사의 자격이 있는 소속직원을 대리인으로 선임하여 심판을 수행하게 할 수 있다.

정답

20년(2) 모의

597. 변호사의 자격이 없는 사인인 청구인이 한 헌법소원심판청구나 주장 등 심판수행은 변호사인 대리인이 추인한 경우에 한하여 적법한 헌법소원심판청구와 심판수행으로서의 효력이 있고 헌법소원심판대상이 된다.

해설 변호사 자격이 없는 사인인 청구인이 한 헌법소원심판 청구나 주장 등 심판수행은 변호사인 대리인이 추인한 경우에만 적법한 헌법소원심판 청구와 심판수행으로서의 효력이 있고 헌법소원심판대상이 된다(헌재 1992.06.26. 89헌마132).

정답

17년(2)·20년(2) 모의

598. 변호사인 대리인에 의해 헌법소원심판의 청구가 이루어졌으나 그 청구 이후 심리과정에서 대리인이 사임하고 다른 대리인을 선임하지 않았다면, 기왕의 대리인에 의하여 수행된 소송행위 자체로서 재판성숙단계에 이르렀다 하더라도 그 소송행위는 무효가 된다.

해설 헌법재판소법 제25조 제3항의 취지는 재판의 본질을 이해하지 못하고 재판자료를 제대로 정리하여 제출할 능력이 없는 당사자를 보호해 주며 사법적 정의의 실현에 기여하려는데 있다고 할 것이고 청구인의 헌법재판청구권을 제한하려는 데 그 본래의 목적이 있는 것이 아니므로 변호사인 대리인에 의한 헌법소원심판청구가 있었다면 그 이후 심리과정에서 대리인이 사임하고 다른 대리인을 선임하지 않았더라도 청구인이 그 후 자기에게 유리한 진술을 할 기호를 스스로 포기한 것에 불과할 뿐, 헌법소원심판청구를 비롯하여 기왕의 대리인에 의하여 수행된 소송행위 자체로서 재판성숙단계에 이르렀다면 기왕의 대리인의 소송행위가 무효로 되는 것은 아니라고 할 것이다(헌재 1992.04.14. 91헌마156).

정답

15년 변시

599. 「헌법재판소법」은 헌법소원심판에 대해서만 국선대리인제도를 직접 규정하고 있다.

해설 헌법재판소법 제25조 제3항, 제70조 참조. ▶ 헌법재판소법은 심판절차에서 사인이 당사자인 경우 변호사를 대리인으로 선임하지 아니하면 심판청구를 하거나 심판수행을 하지 못한다고 규정하며, 사인이 당사자가 되는 심판절차는 탄핵심판과 헌법소원심판이 있다. 헌법재판소법은 헌법소원심판에 대하여만 국선대리인제도를 규정하고 있다.

헌법재판소법 제70조(국선대리인) ① 헌법소원심판을 청구하려는 자가 변호사를 대리인으로 선임할 자력(資力)이 없는 경우에는 헌법재판소에 국선대리인을 선임하여 줄 것을 신청할 수 있다. 이 경우 제69조에 따른 청구기간은 국선대리인의 선임신청이 있는 날을 기준으로 정한다.
② 제1항에도 불구하고 헌법재판소가 공익상 필요하다고 인정할 때에는 국선대리인을 선임할 수 있다.

정답

12년 · 17년 · 24년 변시

600. (1) 위헌법률심판제청신청이 기각되어 甲이 헌법소원심판을 청구하려고 할 때, 변호사를 대리인으로 선임할 자력이 없는 경우 헌법재판소에 국선대리인을 선임하여 줄 것을 신청할 수 있다.

(2) 헌법재판소는 그 심판청구가 명백히 부적법하거나 이유 없는 경우 또는 권리의 남용이라고 인정되는 경우에는 국선대리인을 선정하지 아니할 수 있다.

해설 헌법재판소법 제41조 제1항, 제68조 제2항, 제70조 제1항 참조.

헌법재판소법 제41조(위헌 여부 심판의 제청) ① 법률이 헌법에 위반되는지 여부가 재판의 전제가 된 경우에는 당해 사건을 담당하는 법원(군사법원을 포함한다. 이하 같다)은 직권 또는 당사자의 신청에 의한 결정으로 헌법재판소에 위헌 여부 심판을 제청한다.
헌법재판소법 제68조(청구 사유) ② 제41조제1항에 따른 법률의 위헌 여부 심판의 제청신청이 기각된 때에는 그 신청을 한 당사자는 헌법재판소에 헌법소원심판을 청구할 수 있다. 이 경우 그 당사자는 당해 사건의 소송절차에서 동일한 사유를 이유로 다시 위헌 여부 심판의 제청을 신청할 수 없다.
헌법재판소법 제70조(국선대리인) ① 헌법소원심판을 청구하려는 자가 변호사를 대리인으로 선임할 자력(資力)이 없는 경우에는 헌법재판소에 국선대리인을 선임하여 줄 것을 신청할 수 있다. 이 경우 제69조에 따른 청구기간은 국선대리인의 선임신청이 있는 날을 기준으로 정한다.

정답 O, O

제❹항 ┃ 심 리

20년(1) 모의

601. 위헌법률심판과 헌법소원심판은 서면심리에 의하되, 재판부는 필요하다고 인정하는 경우에는 변론을 열어 당사자, 이해관계인, 그 밖의 참고인의 진술을 들을 수 있다.

해설 헌법재판소법 제30조 제2항 참조.

헌법재판소법 제30조(심리의 방식) ① 탄핵의 심판, 정당해산의 심판 및 권한쟁의 심판은 구두변론에 의한다.
② 위헌법률의 심판과 헌법소원에 관한 심판은 서면심리에 의한다. 다만, 재판부는 필요하다고 인정하는 경우에는 변론을 열어 당사자, 이해관계인, 그 밖의 참고인의 진술을 들을 수 있다.
③ 재판부가 변론을 열 때에는 기일을 정하여 당사자와 관계인을 소환하여야 한다.

정답 O

15년 변시

602. 심판의 변론과 종국결정의 선고는 심판정에서 해야 한다. 다만, 종국결정의 선고와 달리 변론은 헌법재판소장이 필요하다고 인정하는 경우 심판정 외에서 행해질 수 있다.

해설 헌법재판소법 제33조 참조. ▶ 헌법재판소장이 필요하다고 인정하는 경우에는 '변론'뿐만 아니라, '종국결정의 선고'도 심판정 외의 장소에서 할 수 있다.

헌법재판소법 제33조(심판의 장소) 심판의 변론과 종국결정의 선고는 심판정에서 한다. 다만, 헌법재판소장이 필요하다고 인정하는 경우에는 심판정 외의 장소에서 변론 또는 종국결정의 선고를 할 수 있다.

정답 ×

603.
(1) 헌법재판소 전원재판부는 재판관 7인 이상의 출석으로 사건을 심리하며, 탄핵의 심판, 정당해산의 심판, 권한쟁의의 심판은 구두변론에 의한다.

(2) 탄핵의 심판, 정당해산의 심판 및 권한쟁의의 심판은 구두변론에 의하고, 위헌법률의 심판과 헌법소원에 관한 심판은 서면심리에 의한다.

해설 헌법재판소법 제23조 제1항, 제30조 제1항, 제2항 참조.

헌법재판소법 제23조(심판정족수) ① 재판부는 재판관 7명 이상의 출석으로 사건을 심리한다.
헌법재판소법 제30조(심리방식) ① 탄핵의 심판, 정당해산의 심판 및 권한쟁의의 심판은 구두변론에 의한다.
② 위헌법률의 심판과 헌법소원에 관한 심판은 서면심리에 의한다. 다만, 재판부는 필요하다고 인정하는 경우에는 변론을 열어 당사자, 이해관계인, 그 밖의 참고인의 진술을 들을 수 있다.

정답

제⑤항 ㅣ 평 의

604. 현행법상 헌법재판소의 결정은 심판에 관여한 재판관 전원이 서명·날인한 결정서로 하고 탄핵심판과 정당해산심판의 경우에도 그 결정서에 주문 및 결정이유와 재판관의 의견 등이 표시되어야 한다.

해설 헌법재판소법 제36조 참조. ▶ 탄핵심판과 정당해산심판을 포함한 모든 헌법재판의 결정서에 재판관의 의견을 표시하여야 한다.

헌법재판소법 제36조(종국결정) ① 재판부가 심리를 마쳤을 때에는 종국결정을 한다.
② 종국결정을 할 때에는 다음 각 호의 사항을 적은 결정서를 작성하고 심판에 관여한 재판관 전원이 이에 서명날인하여야 한다.
 1. 사건번호와 사건명
 2. 당사자와 심판수행자 또는 대리인의 표시
 3. 주문
 4. 이유
 5. 결정일
③ 심판에 관여한 재판관은 결정서에 의견을 표시하여야 한다.

정답

제❻항 | 결 정

I 결정정족수

13년(3) 모의

605. 헌법재판소 제68조 제1항 헌법소원심판청구는 지정재판부에 관여한 재판관 전원의 일치된 의견에 의한 결정으로 각하될 수 있다.

해설 헌법재판소법 제72조 참조.

> 헌법재판소법 제72조(사전심사) ③ 지정재판부는 다음 각호의 1에 해당되는 경우에는 지정재판부 재판관 전원의 일치된 의견에 의한 결정으로 헌법소원의 심판청구를 각하한다.
> 1. 다른 법률에 의한 구제절차가 있는 경우 그 절차를 모두 거치지 않거나 또는 법원의 재판에 대하여 헌법소원의 심판이 청구된 경우
> 2. 제69조의 규정에 의한 청구기간이 경과된 후 헌법소원심판이 청구된 경우
> 3. 제25조의 규정에 의한 대리인의 선임없이 청구된 경우
> 4. 기타 헌법소원심판의 청구가 부적법하고 그 흠결을 보정할 수 없는 경우

정답

22년(2) 모의

606. 「헌법재판소법」 제68조 제1항 헌법소원심판에서 8인의 재판관 중 4인의 재판관이 각하 의견이고 4인의 재판관이 위헌 의견인 경우 헌법재판소는 심판청구를 각하하여야 한다.

해설 소송요건의 선순위성은 소송법의 확고한 원칙으로 헌법소원심판에서 본안판단으로 나아가기 위해서는 적법요건이 충족되었다는 점에 대한 재판관 과반수의 찬성이 있어야 한다. 따라서 청구인 이○○ 등의 화해권유 부작위의 위헌확인을 구하는 심판청구가 적법성을 충족한 것인지에 대해 어떠한 견해도 과반수에 이르지 아니한 이상, 헌법재판소는 심판청구를 각하하여야 한다(헌재 2021.09.30. 2016헌마1034).

▶ 재판관 4인이 각하의견, 재판관 4인이 위헌의견인 경우, 심판청구를 각하한 사례

정답

23년(2) 모의

607. 위헌법률심판에서 6명의 재판관이 출석하여 단순위헌의견 4인, 헌법불합치의견 1인, 각하의견 1인인 경우에 주문은 합헌으로 결정된다.

해설 헌법에 위반된다고 선언할 수 없다(위헌불선언 결정)을 하였다. 그 이후 헌법재판소는 주문별 평결방식을 채택하여 본안전 부적법하다고 각하의견을 낸 재판관은 본안에는 참여하지 않고 있다.

판례 5인 재판관의 위헌의견은 헌법재판의 합의방법에 관하여 쟁점별합의를 하여야 한다는 이론을 펴고 있으나 우리 재판소는 발족 이래 오늘에 이르기까지 예외 없이 주문합의제를 취해 왔으므로 위헌의견이 유독 이 사건에서 주문합의제에서 쟁점별 합의제 변경 하여야 한다는 이유를 이해할 수 없고, 새삼 판례를 변경하여야 할 다른 사정이 생겼다고 판단되지 아니한다((위헌불선언 결정)헌재 1994.06.30. 92헌바23).

정답 ✕

12년·17년 변시, 17년(2) 모의

608. 전원재판부는 종국심리에 관여한 재판관 과반수의 찬성으로 사건에 관한 결정을 한다. 다만, 법률의 위헌결정, 탄핵의 결정, 정당해산의 결정, 헌법소원의 인용결정, 권한쟁의심판 청구의 인용결정을 하는 경우에는 재판관 6인 이상의 찬성이 있어야 한다.

해설 헌법 제113조, 헌법재판소법 제23조 참조. ▶권한쟁의심판의 인용결정은 헌법재판소법 제23조 제2항 본문에 따라서 종국심리에 관여한 재판관 과반수의 찬성으로 한다.

헌법 제113조 ① 헌법재판소에서 법률의 위헌결정, 탄핵의 결정, 정당해산의 결정 또는 헌법소원에 관한 인용결정을 할 때에는 재판관 6인 이상의 찬성이 있어야 한다.
헌법재판소법 제23조(심판정족수) ② 재판부는 종국심리에 관여한 재판관 과반수의 찬성으로 사건에 관한 결정을 한다. 다만, 다음 각 호의 어느 하나에 해당하는 경우에는 재판관 6명 이상의 찬성이 있어야 한다.
  1. 법률의 위헌결정, 탄핵의 결정, 정당해산의 결정 또는 헌법소원에 관한 인용결정을 하는 경우
  2. 종전에 헌법재판소가 판시한 헌법 또는 법률의 해석 적용에 관한 의견을 변경하는 경우

정답 ✕

II 가처분결정

21년 변시

609. (1) 가처분심판에서 6명의 재판관이 출석하여 4명의 재판관이 인용의견을 냈다면 가처분심판 인용결정이 내려진다.
(2) 헌법재판소는 가처분심판의 인용결정을 전원재판부에서만 하였다.

해설 헌법재판소법 제22조 제1항, 제23조 참조. ▶가처분 역시 헌법재판소의 '결정'에 속하므로 가처분 인용여부를 결정하기 위해서는 본안결정과 동일하게 헌법재판소법 제23조 제1항이 적용되어 재판관 7인 이상의 출석을 요하므로, 지문에서와 같이 6인이 출석한 경우 출석 정족수에 미달하여 가처분 인용결정이 불가능하다. 또한 헌법재판소법에 달리 특별한 규정이 없어 가처분에 관한 결정은 전원재판부가 관장한다.

헌법재판소법 제22조(재판부) ① 이 법에 특별한 규정이 있는 경우를 제외하고는 헌법재판소의 심판은 재판관 전원으로 구성되는 재판부에서 관장한다.
헌법재판소법 제23조(심판정족수) ① 재판부는 재판관 7명 이상의 출석으로 사건을 심리한다
② 재판부는 종국심리에 관여한 재판관 과반수의 찬성으로 사건에 관한 결정을 한다. 다만, 다음 각 호의 어느 하나에 해당하는 경우에는 재판관 6명 이상의 찬성이 있어야 한다.
 1. 법률의 위헌결정, 탄핵의 결정, 정당해산의 결정 또는 헌법소원에 관한 인용결정을 하는 경우
 2. 종전에 헌법재판소가 판시한 헌법 또는 법률의 해석 적용에 관한 의견을 변경하는 경우
헌법재판소법 제40조(준용규정) ① 헌법재판소의 심판절차에 관하여는 이 법에 특별한 규정이 있는 경우를 제외하고는 헌법재판의 성질에 반하지 아니하는 한도에서 민사소송에 관한 법령을 준용한다.

정답 ×, ○

15년·18년·21년 변시, 13년(3)·17년(2)·18년(1)·19년(1)·22년(1) 모의

610. (1) 「헌법재판소법」은 권한쟁의심판과 정당해산심판에 있어서만 가처분에 대해 규정하고 있으나, 헌법재판소는 헌법소원심판에 있어서도 가처분을 인정하고 있다.

(2) 가처분이 인용되기 위하여는 본안심판이 부적법하거나 이유없음이 명백하지 않아야 한다.

(3) 「헌법재판소법」 제68조 제1항에 의한 헌법소원심판의 가처분에서는 현상유지로 인한 회복하기 어려운 손해 예방의 필요성, 효력정지의 긴급성 요건이 충족되어야 하며, 가처분을 인용한 뒤 본안심판이 기각되었을 때 발생하게 될 불이익과 가처분을 기각한 뒤 본안심판이 인용되었을 때 발생하게 될 불이익을 비교형량하여 인용 여부를 결정한다.

해설 (1) 헌법재판소법은 정당해산심판(헌법재판소법 제57조)과 권한쟁의심판(헌법재판소법 제65조)만 명문규정을 두고 있다. 동법은 명문의 규정을 두고 있지는 않으나, 같은 법 제68조 제1항 헌법소원심판절차에서도 가처분의 필요성이 있을 수 있고 또 이를 허용하지 아니할 상당한 이유를 찾아볼 수 없으므로 가처분은 허용된다(헌재 2000.12.08. 2000헌사471).

(2) 위 가처분의 요건은 헌법소원심판에서 다투어지는 '공권력 행사 또는 불행사'의 현상을 그대로 유지시킴으로 인하여 생길 회복하기 어려운 손해를 예방할 필요가 있어야 한다는 것과 그 효력을 정지시켜야 할 긴급한 필요가 있어야 한다는 것 등이 된다. 따라서 본안심판이 부적법하거나 이유없음이 명백하지 않는 한, 위와 같은 가처분의 요건을 갖춘 것으로 인정되면, 가처분을 인용한 뒤 종국결정에서 청구가 기각되었을 때 발생하게 될 불이익과 가처분을 기각한 뒤 청구가 인용되었을 때 발생하게 될 불이익을 비교형량하여 후자가 전자보다 큰 경우에, 가처분을 인용할 수 있다. 사법시험령 제4조 제3항이 효력을 유지하면, 신청인들은 곧 실시될 차회 사법시험에 응시할 수 없어 합격기회를 봉쇄당하는 돌이킬 수 없는 손해를 입게 되어 이를 정지시켜야 할 긴급한 필요가 인정되는 반면 효력정지로 인한 불이익은 별다른 것이 없으므로, 이 사건 가처분신청은 허용함이 상당하다(헌재 2000.12.08. 2000헌사471).

헌법재판소법 제57조(가처분) 헌법재판소는 정당해산심판의 청구를 받은 때에는 직권 또는 청구인의 신청에 의하여 종국결정의 선고 시까지 피청구인의 활동을 정지하는 결정을 할 수 있다.
헌법재판소법 제65조(가처분) 헌법재판소가 권한쟁의심판의 청구를 받았을 때에는 직권 또는 청구인의 신청에 의하여 종국결정의 선고 시까지 심판 대상이 된 피청구인의 처분의 효력을 정지하는 결정을 할 수 있다.

정답 ○, ○, ○

22년(2) 모의

611. 헌법소원심판에서의 가처분 결정과 권한쟁의심판에서의 가처분 결정은 의결정족수가 동일하다.

해설 헌법재판소법 제22조 제1항, 제23조 참조. ▶ 가처분 역시 헌법재판소의 '결정'에 속하므로 가처분 인용여부를 결정하기 위해서는 본안결정과 동일하게 헌법재판소법 제23조 제1항이 적용되어 재판관 7인 이상의 출석을 요함

헌법재판소법 제22조(재판부) ① 이 법에 특별한 규정이 있는 경우를 제외하고는 헌법재판소의 심판은 재판관 전원으로 구성되는 재판부에서 관장한다.
헌법재판소법 제23조(심판정족수) ① 재판부는 재판관 7명 이상의 출석으로 사건을 심리한다.
② 재판부는 종국심리에 관여한 재판관 과반수의 찬성으로 사건에 관한 결정을 한다. 다만, 다음 각 호의 어느 하나에 해당하는 경우에는 재판관 6명 이상의 찬성이 있어야 한다.
 1. 법률의 위헌결정, 탄핵의 결정, 정당해산의 결정 또는 헌법소원에 관한 인용결정을 하는 경우
 2. 종전에 헌법재판소가 판시한 헌법 또는 법률의 해석 적용에 관한 의견을 변경하는 경우
헌법재판소법 제40조(준용규정) ① 헌법재판소의 심판절차에 관하여는 이 법에 특별한 규정이 있는 경우를 제외하고는 헌법재판의 성질에 반하지 아니하는 한도에서 민사소송에 관한 법령을 준용한다.

정답   ○

20년(1) 모의

612. 헌법소원심판에서의 가처분결정은 다투어지는 '공권력 행사 또는 불행사'의 효력을 정지시켜야 할 긴급한 필요가 있어야 한다는 것이 그 핵심적 요건이 된다 할 것이므로, 본안심판이 부적법하거나 이유 없음이 명백한 경우에도 가처분의 요건은 충족된다.

해설 헌법재판소법 제40조 제1항에 따라 준용되는 행정소송법 제23조 제2항의 집행정지규정과 민사소송법 제714조의 가처분규정에 비추어 볼 때, 이와 같은 가처분결정은 헌법소원심판에서 다투어지는 '공권력 행사 또는 불행사'의 현상을 그대로 유지시킴으로 인하여 생길 회복하기 어려운 손해를 예방할 필요가 있어야 하고 그 효력을 정지시켜야 할 긴급한 필요가 있어야 한다는 것 등이 그 요건이 된다 할 것이므로, 본안심판이 부적법하거나 이유없음이 명백하지 않는 한, 위와 같은 가처분의 요건을 갖춘 것으로 인정되고, 이에 덧붙여 가처분을 인용한 뒤 종국결정에서 청구가 기각되었을 때 발생하게 될 불이익과 가처분을 기각한 뒤 청구가 인용되었을 때 발생하게 될 불이익에 대한 비교형량을 하여 후자의 불이익이 전자의 불이익보다 크다면 가처분을 인용할 수 있는 것이다(헌재 2000.12.08. 2000헌사471).

정답 ×

20년(3) 모의

613. 법령의 위헌확인을 청구하는 「헌법재판소법」 제68조 제1항에 의한 헌법소원심판에서의 가처분은 위헌이라고 주장되는 법령의 효력을 그대로 유지시킬 경우 회복하기 어려운 손해가 발생할 우려가 있어 가처분에 의하여 임시로 그 법령의 효력을 정지시키지 아니하면 안 될 필요가 있을 때 허용된다.

해설 헌법재판소법은 명문의 규정을 두고 있지는 않으나, 같은 법 제68조 제1항 헌법소원심판절차에서도 가처분의 필요성이 있을 수 있고 또 이를 허용하지 아니할 상당한 이유를 찾아볼 수 없으므로, 가처분이 허용된다. … 위 가처분의 요건은 헌법소원심판에서 다투어지는 '공권력 행사 또는 불행사'의 현상을 그대로 유지시킴으로 인하여 생길 회복하기 어려운 손해를 예방할 필요가 있어야 한다는 것과 그 효력을 정지시켜야 할 긴급한 필요가 있어야 한다는 것 등이 된다. 따라서 본안심판이 부적법하거나 이유없음이 명백하지 않는 한, 위와 같은 가처분의 요건을 갖춘 것으로 인정되면, 가처분을 인용한 뒤 종국결정에서 청구가 기각되었을 때 발생하게 될 불이익과 가처분을 기각한 뒤 청구가 인용되었을 때 발생하게 될 불이익을 비교형량하여 후자가 전자보다 큰 경우에, 가처분을 인용할 수 있다. … 사법시험령 제4조 제3항이 효력을 유지하면, 신청인들은 곧 실시될 차회 사법시험에 응시할 수 없어 합격기회를 봉쇄당하는 돌이킬 수 없는 손해를 입게 되어 이를 정지시켜야 할 긴급한 필요가 인정되는 반면 효력정지로 인한 불이익은 별다른 것이 없으므로, 이 사건 가처분신청은 허용함이 상당하다(헌재 2000.12.08. 2000헌사471).

정답

20년(3) 모의

614. 권한쟁의심판에서의 가처분결정은 가처분을 인용한 뒤 종국결정에서 청구가 기각되었을 때 발생하게 될 불이익과 가처분을 기각한 뒤 청구가 인용되었을 때 발생하게 될 불이익에 대한 비교형량의 결과 후자의 불이익이 전자의 불이익보다 큰 때에 한하여 허용될 수 있다.

해설 권한쟁의심판에서의 가처분결정은 … 헌법재판소가 직권 또는 청구인의 신청에 따라 심판대상이 된 피청구기관의 처분의 효력을 정지하는 가처분신청은 본안사건이 부적법하거나 이유없음이 명백하지 않는한, 가처분을 인용한 뒤 종국결정에서 청구가 기각되었을 때 발생하게 될 불이익과 가처분을 기각한 뒤 청구가 인용되었을 때 발생하게 될 불이익에 대한 비교형량을 하는 것이 가장 중요한 요건이 될 수밖에 없고 이 비교형량의 결과 후자의 불이익이 전자의 불이익보다 큰 때에 한하여 가처분결정을 허용할 수 있는 것이다(헌재 1999.03.25. 98헌사98).

정답

18년 변시, 13년(3)·19년(1) 모의

615. 위헌법률심판에서 재판의 정지를 구하는 가처분이나 탄핵소추의결을 받은 자의 직무집행을 정지하기 위한 가처분은 허용될 수 없다.

해설 헌법재판소법 제42조 제1항, 헌법 제65조 제3항 참조. ▶ 헌법재판소법에 의하면 위헌법률심판에서 법원이 위헌제청을 한 경우에는 법원의 재판이 정지되기 때문에 재판의 정지를 구하는 가처분은 허용될 수 없다. 또한 헌법과 헌법재판소법에 의하면 탄핵소추의 의결을 받은 자는 탄핵심판이 있을 때까지 그 권한행사가 정지되므로, 탄핵소추 의결을 받은 자의 직무집행을 정지하기 위한 가처분은 역시 허용되지 않는다.

헌법재판소법 제42조(재판의 정지 등) ① 법원이 법률의 위헌 여부 심판을 헌법재판소에 제청한 때에는 당해 소송사건의 재판은 헌법재판소의 위헌 여부의 결정이 있을 때까지 정지된다. 다만, 법원이 긴급하다고 인정하는 경우에는 종국재판 외의 소송절차를 진행할 수 있다.
헌법 제65조 ③ 탄핵소추의 의결을 받은 자는 탄핵심판이 있을 때까지 그 권한행사가 정지된다.

정답

616. 현재 시행되고 있는 법령의 효력을 정지시키는 가처분은 그 효력의 정지로 인하여 파급적으로 발생되는 효과가 클 수 있으므로, 일반적인 보전의 필요성이 인정된다고 하더라도 공공복리에 중대한 영향을 미칠 우려가 있을 때에는 인용되어서는 안 된다고 보아야 한다.

해설 (권리구제형 헌법소원심판에서의 가처분의 경우) 법령의 위헌확인을 청구하는 헌법소원심판에서의 가처분은 위헌이라고 다투어지는 법령의 효력을 그대로 유지시킬 경우 회복하기 어려운 손해가 발생할 우려가 있어 가처분에 의하여 임시로 그 법령의 효력을 정지시키지 아니하면 안될 필요가 있을 때 허용되고, 다만 현재 시행되고 있는 법령의 효력을 정지시키는 것일 때에는 그 효력의 정지로 인하여 파급적으로 발생되는 효과가 클 수 있으므로 비록 일반적인 보전의 필요성이 인정된다고 하더라도 공공복리에 중대한 영향을 미칠 우려가 있을 때에는 인용되어서는 안될 것이다(헌재 2002.04.25. 2002헌사129).

정답

13년(3)·19년(1) 모의

617. 가처분이란 본안결정의 실효성 확보를 위해 잠정적으로 임시의 지위를 정하는 것을 주된 내용으로 하는 가(假)구제제도를 말하며, 이는 본안결정 이전에 회복하기 어려운 손해가 발생함으로써 본안결정이 내려지더라도 실효성을 갖지 못하게 되는 사태를 방지하는 데에 그 취지가 있다.

해설 헌법재판은 사안의 성질에 따라서 종국결정에 이르기까지 상당한 시간이 필요한 경우가 많으므로, 잠정적인 권리보호수단을 두지 않는다면 종국결정이 선고되더라도 그 실효성을 기대할 수 없게 되어 심판청구 당사자나 헌법질서에 회복하기 어려운 불이익을 야기할 수 있다. 이러한 상황은 결국 헌법의 규범력을 약화시켜 헌정질서에 위해를 초래하게 하므로, 그러한 위험성을 사전에 예방하기 위하여 잠정적인 긴급조치로서 가처분의 필요성이 인정된다(헌재 2014.02.27. 2014헌마7).

정답

618. 입국불허결정을 받은 외국인이 인천공항출입국관리사무소장을 상대로 난민인정심사불회부결정취소의 소를 제기한 후 그 소송수행을 위하여 변호인 접견신청을 하였으나 거부되자, 변호인접견 거부의 효력정지를 구하는 가처분 신청을 한 사건에서, 헌법재판소는 변호인 접견을 허가하여야 한다는 가처분 인용결정을 하였다.

해설 신청인이 위 소송 제기 후 5개월 이상 변호인을 접견하지 못하여 공정한 재판을 받을 권리 역시 심각한 제한을 받고 있는데, 이러한 상황에서 피신청인의 재항고가 인용될 경우 신청인은 변호인 접견을 하지 못한 채 불복의 기회마저 상실하게 되므로 회복하기 어려운 중대한 손해를 입을 수 있다. 위 인신보호청구의 소는 2014. 5. 19. 재항고심에 접수되어 재항고에 대한 결정이 머지않아 날 것으로 보이므로 손해를 방지할 긴급한 필요 역시 인정된다. 신청인의 변호인접견을 즉시 허용한다 하더라도 피신청인의 출입국관리, 환승구역 질서유지 업무에 특별한 지장을 초래할 것이라고 보기 어려운 반면, 이 사건 가처분신청을 기각할 경우 신청인은 위에서 살펴본 바와 같이 돌이킬 수 없는 중대한 불이익을 입을 수 있다. 따라서 이 사건 가처분신청을 인용한 뒤 종국결정에서 청구가 기각되었을 때 발생하게 될 불이익보다 이 사건 가처분신청을 기각한 뒤 청구가 인용되었을 때 발생하게 될 불이익이 더 크다. 따라서 신청인의 이 사건 가처분신청은 이유 있으므로 이를 인용한다(헌재 2014.06.05. 2014헌사592).

정답 O

619. (1) 재판을 받는 미결수용자의 면회 횟수를 주 2회로 정하고 있는 「군행형법시행령」 규정은 그 효력을 가처분에 의하여 긴급히 정지시켜야 할 급박한 필요성이 인정되지 않는다.

(2) 「군사법원법」에 따라 재판을 받는 미결수용자의 면회 횟수를 주 2회로 정한 「군행형법 시행령」 조항의 효력을 정지시키는 가처분을 신청한 사건에서, 헌법재판소는 국방에 관한 국가기밀이 누설될 우려가 있고 미결수용자의 접견을 교도관이 참여하여 감시할 수도 없다는 이유로 가처분 신청을 기각하였다.

해설 군행형법시행령의 적용을 받는 미결수용자들의 면회의 권리를 행형법시행령의 적용을 받아 매일 1회 면회할 수 있는 피구속자와 비교하여 합리적인 이유 없이 차별한다면, 군행형법시행령의 적용을 받는 자들은 이로 인하여 인간으로서의 행복추구권이나 피고인으로서의 방어권 행사에 회복하기 어려운 손상을 입게 될 것이다. 위 규정에 대한 가처분신청이 인용된다면 군인의 신분이거나 군형법의 적용을 받는 미결수용자가 외부인과의 잦은 접촉을 통해 공소제기나 유지에 필요한 증거를 인멸하거나 국가방위와 관련된 중요한 국가기밀을 누설할 우려가 있을 수 있으나, 수용기관은 면회에 교도관을 참여시켜 감시를 철저히 하거나 필요한 경우에는 면회를 일시 불허함으로써 증거인멸이나 국가기밀누설을 방지할 수 있으므로, 이 사건 가처분을 인용한다 하여 공공복리에 중대한 영향을 미칠 우려는 없다(헌재 2002.04.25. 2002헌사129).

정답 X, X

22년(1) 모의

620. 헌법재판소는 「헌법재판소법」 제68조 제2항의 헌법소원심판에서 당해 헌법소원심판이 있을 때까지 그 헌법소원의 전제가 된 민사소송절차의 일시정지를 구하는 가처분신청을 이유 없다고 기각하였다.

해설 헌법재판소법 제68조 제2항에 의한 헌법소원에서 당해 소원의 심판이 있을 때까지 그 소원의 전제가 된 민사소송절차의 일시정지를 구하는 가처분신청을 이유 없다 하여 기각한 사례이다(헌재 1993.12.20. 93헌사81).

정답 O

17년(2) 모의

621. 사법시험 제1차 시험을 4회 응시한 자는 마지막 응시 이후 4년간 사법시험 제1차 시험에 다시 응시할 수 없도록 하는 「사법시험령」 규정의 효력은 이를 정지시켜야 할 긴급한 필요가 인정되는 반면 효력 정지로 인한 불이익은 별다른 것이 없으므로 이에 대한 가처분신청은 인용함이 상당하다.

해설 헌법소원심판에서 가처분결정은 다투어지는 '공권력 행사 또는 불행사'의 현상을 그대로 유지시킴으로 인하여 생길 회복하기 어려운 손해를 예방할 필요가 있어야 하고 그 효력을 정지시켜야 할 긴급한 필요가 있어야 한다는 것 등이 그 요건이 된다 할 것이므로, 본안심판이 부적법하거나 이유 없음이 명백하지 않는 한, 위와 같은 가처분의 요건을 갖춘 것으로 인정되고, 이에 덧붙여 가처분을 인용한 뒤 종국결정에서 청구가 기각되었을 때 발생하게 될 불이익과 가처분을 기각한 뒤 청구가 인용되었을 때 발생하게 될 불이익에 대한 비교형량을 하여 후자의 불이익이 전자의 불이익보다 크다면 가처분을 인용할 수 있는 것이다. … 사법시험령 제4조 제3항이 효력을 유지하면, 신청인들은 곧 실시될 차회 사법시험에 응시할 수 없어 합격기회를 봉쇄당하는 돌이킬 수 없는 손해를 입게 되어 이를 정지시켜야 할 긴급한 필요가 인정되는 반면 효력정지로 인한 불이익은 별다른 것이 없으므로, 이 사건 가처분신청은 허용함이 상당하다(헌재 2000.12.08. 2000헌사471).

정답 O

17년(2)·22년(1) 모의

622. 국무총리서리 임명행위의 효력정지 및 직무집행정지 가처분사건에서 가처분의 피신청인은 본안의 피청구인과 일치하지 않았다.

해설 대통령의 국무총리서리임명에 관한 권한쟁의심판사건에서 피청구인은 대통령이었으나 국무총리임명행위의 효력정지 및 직무집행정지를 구하는 가처분신청 사건에서의 피신청인은 대통령과 국무총리서리이다(헌재 1998.07.14. 98헌사31).

정답 O

Ⅲ 재심의 허용여부

22년(2) 모의

623. 헌법재판소법은 위헌법률심판과 헌법소원심판에 관해서만 명문으로 재심 규정을 두고 있다.

> 해설 헌법재판소법 제47조 및 제75조 참조.
>
> 헌법재판소법 제47조(위헌결정의 효력) ③ 제2항에도 불구하고 형벌에 관한 법률 또는 법률의 조항은 소급하여 그 효력을 상실한다. 다만, 해당 법률 또는 법률의 조항에 대하여 종전에 합헌으로 결정한 사건이 있는 경우에는 그 결정이 있는 날의 다음 날로 소급하여 효력을 상실한다.
> ④ 제3항의 경우에 위헌으로 결정된 법률 또는 법률의 조항에 근거한 유죄의 확정판결에 대하여는 재심을 청구할 수 있다.
> ⑤ 제4항의 재심에 대하여는 「형사소송법」을 준용한다.
> 헌법재판소법 제75조(인용결정) ⑦ 제68조제2항에 따른 헌법소원이 인용된 경우에 해당 헌법소원과 관련된 소송사건이 이미 확정된 때에는 당사자는 재심을 청구할 수 있다.
> ⑧ 제7항에 따른 재심에서 형사사건에 대하여는 「형사소송법」을 준용하고, 그 외의 사건에 대하여는 「민사소송법」을 준용한다.

정답 O

22년 변시, 20년(3) 모의

624. 형사재판 유죄확정판결이 있은 후 당해 처벌 근거조항에 대해 위헌결정이 내려진 경우 유죄판결을 받은 자는 재심청구를 통하여 유죄의 확정판결을 다툴 수 있다.

> 해설 헌법재판소법 제47조 제4항에 따라 재심을 청구할 수 있는 '위헌으로 결정된 법률 또는 법률의 조항에 근거한 유죄의 확정판결'이란 헌법재판소의 위헌결정으로 인하여 같은 조 제3항의 규정에 의하여 소급하여 효력을 상실하는 법률 또는 법률의 조항을 적용한 유죄의 확정판결을 의미한다. 따라서 위헌으로 결정된 법률 또는 법률의 조항이 같은 조 제3항 단서에 의하여 종전의 합헌결정이 있는 날의 다음 날로 소급하여 효력을 상실하는 경우 합헌결정이 있는 날의 다음 날 이후에 유죄판결이 선고되어 확정되었다면, 비록 범죄행위가 그 이전에 행하여졌더라도 그 판결은 위헌결정으로 인하여 소급하여 효력을 상실한 법률 또는 법률의 조항을 적용한 것으로서 '위헌으로 결정된 법률 또는 법률의 조항에 근거한 유죄의 확정판결'에 해당하므로 이에 대하여 재심을 청구할 수 있다(대결 2016.11.10. 2015모1475).

정답 O

20년(1) 모의

625. 헌법재판소가 잘못 기재된 사실조회 결과를 근거로 하여 적법한 사전구제절차를 거친 불기소처분취소에 대한 헌법소원심판청구를 각하하였더라도, 이에 대한 재심청구는 법적 안정성 측면에서 허용되지 않는다.

해설 청구인이 적법한 사전구제절차를 거쳐 불기소처분의 취소를 구하는 헌법소원심판청구를 하였음에도, 본안 판단을 하지 아니한 채 착오로 잘못 기재된 사실조회 결과를 근거로 적법한 사전구제절차를 거치지 아니한 것으로 잘못 판단하여 각하하는 결정을 한 경우, 이러한 재심대상결정에는 헌법재판소법 제40조 제1항에 의하여 준용되는 민사소송법 제451조 제1항 제9호의 '판결에 영향을 미칠 중요한 사항에 관하여 판단을 누락한 때'에 준하는 재심사유가 있다(헌재 2011.02.24. 2008헌아4).

정답 ×

20년(3) · 23년(3) 모의

626. 「헌법재판소법」 제68조 제1항의 헌법소원 중 법령에 대한 헌법소원 심판절차에서는 그 인용결정이 일반적 기속력과 대세적·법규적 효력을 가지기 때문에 원칙적으로 재심을 허용하지 아니함으로써 얻을 수 있는 법적 안정성의 이익이 재심을 허용함으로써 얻을 수 있는 구체적 타당성의 이익보다 높으므로 그 성질상 재심을 허용할 수 없다.

해설 헌법재판소는 "제68조 제1항에 의한 헌법소원 중 '행정작용에 속하는 공권력 작용을 대상으로 하는 권리구제형 헌법소원'의 경우 그 결정의 효력이 원칙적으로 당사자에게만 미치기 때문에 법령에 대한 헌법소원과는 달리 일반법원의 재판과 같이 민사소송법의 재심에 관한 규정을 준용하여 재심을 허용함이 상당하다"고 판시한 바 있다(헌재 2001.09.27. 2001헌아3). 그런데 헌법재판소법 제68조 제1항에 의한 헌법소원 중 법령에 대한 헌법소원은 그 결정의 효력이 당사자에게만 미치는데 그치지 아니한다는 점에서 행정작용에 속하는 공권력 작용을 대상으로 하는 권리구제형 헌법소원의 경우와 분명히 구별된다. 즉 이 경우 헌법재판소의 인용(위헌)결정은 위헌법률심판의 경우와 마찬가지로 이른바 일반적 기속력과 대세적·법규적 효력을 가지는 것이므로, 동법 제68조 제1항에 의한 법령에 대한 헌법소원은 그 효력 면에서 동법 제68조 제2항의 헌법소원과 유사한 성질을 지니고 있다. 따라서 그 결정에 대한 재심절차의 허용여부를 공권력의 작용을 대상으로 하는 권리구제형 헌법소원절차와 같이 보는 것은 타당하다고 할 수 없다(헌재 2002.09.19. 2002헌아5).

정답

18년(1) · 23년(3) 모의

627. 「헌법재판소법」 제68조 제2항에 따른 헌법소원심판에 있어서는 재심을 허용함으로써 얻을 수 있는 구체적 타당성의 이익이 재심을 허용하지 아니함으로써 얻을 수 있는 법적 안정성의 이익보다 크므로, 해당 헌법소원심판사건에서 선고한 헌법재판소의 결정에 대한 불복방법으로 재심을 허용함이 타당하다.

해설 헌법재판소법은 헌법재판소의 심판절차에 대한 재심의 허용 여부에 관하여 별도의 명문규정을 두고 있지 않으나, 일반적으로 위헌법률심판을 구하는 헌법소원에 대한 헌법재판소의 결정에 대하여는 재심을 허용하지 아니함으로써 얻을 수 있는 법적 안정성의 이익이 재심을 허용함으로써 얻을 수 있는 구체적 타당성의 이익보다 훨씬 높을 것으로 쉽사리 예상할 수 있으므로, 헌법재판소의 이러한 결정에 대하여는 재심에 의한 불복방법이 성질상 허용될 수 없다고 보는 것이 상당하다(헌재 1992.06.26. 90헌아1).

정답

23년(3) 모의

628. 행정작용에 속하는 공권력의 작용에 대한 권리구제형 헌법소원심판절차에 있어서 '헌법재판소의 결정에 영향을 미칠 중대한 사항에 관하여 판단을 유탈한 때'를 재심사유로 허용하는 것은 헌법재판의 성질에 반하므로, 「민사소송법」 규정을 준용하여 '판단유탈'을 재심사유로 허용하여서는 안 된다.

해설 … 공권력의 작용에 대한 권리구제형 헌법소원심판절차에 있어서 '헌법재판소의 결정에 영향을 미칠 중대한 사항에 관하여 판단을 유탈한 때'를 재심사유로 허용하는 것이 헌법재판의 성질에 반한다고 볼 수는 없으므로, 민사소송법 제422조 제1항 제9호를 준용하여 "판단유탈"도 재심사유로 허용되어야 한다(헌재 2001.09.27. 2001헌아3(전합)).

정답

18년(1) · 23년(3) 모의

629. 「헌법재판소법」 제68조 제1항에 따른 헌법소원 중 행정작용에 속하는 공권력 작용을 대상으로 하는 심판절차에서는 「헌법재판소법」 제40조에 의해 준용되는 「민사소송법」상 재심에 관한 규정에 따라 재심이 허용된다고 할 수 없다.

해설 헌법재판소법 제68조 제1항에 의한 헌법소원 중 공권력의 작용을 대상으로 하는 권리구제형 헌법소원절차에 있어서는, 그 결정의 효력이 원칙적으로 당사자에게만 미치기 때문에 법령에 대한 헌법소원과는 달리 일반법원의 재판과 같이 민사소송법의 재심에 관한 규정을 준용하여 재심을 허용함이 상당하다. … 앞서 인정한 사실에 의하면, 이 사건 재심대상사건에서 청구인은 위 불기소처분에 대하여 검찰청법에 따라 항고 및 재항고를 경료함으로써 적법하게 사전구제절차를 거쳐 그 취소를 구하는 헌법소원 심판청구를 제기하였다고 할 것인바, 잘못 기재된 사실조회 회보에 기하여 청구인의 위 심판청구를 적법한 사전구제절차를 경유하지 아니하여 부적법하다는 이유로 각하한 이 사건 재심대상결정은 적법하게 제기된 위 심판청구의 본안에 들어가 판단을 하였어야 했음에도 불구하고 이를 판단하지 아니하였으므로 헌법재판소법 제40조 제1항에 의하여 준용되는 민사소송법 제451조 제1항 제9호의 '판결에 영향을 미칠 중요한 사항에 관하여 판단을 누락한 때'에 준하는 재심사유가 있다고 볼 것이다(헌재 2003.09.25. 2002헌아42).

정답

630. 정당해산심판사건에 있어서 제소된 정당의 해산결정에 대하여 재심에 의한 불복방법이 허용된다면, 해산된 정당의 부활에 따라 막대한 법률관계의 혼란이 초래될 수 있으므로 정당해산심판절차에서는 재심이 허용되어서는 안 된다.

해설 정당해산심판은 원칙적으로 해당 정당에게만 그 효력이 미치며, 정당해산결정은 대체정당이나 유사정당의 설립까지 금지하는 효력을 가지므로 오류가 드러난 결정을 바로잡지 못한다면 장래 세대의 정치적 의사결정에까지 부당한 제약을 초래할 수 있다. 따라서 정당해산심판절차에서는 재심을 허용하지 아니함으로써 얻을 수 있는 법적 안정성의 이익보다 재심을 허용함으로써 얻을 수 있는 구체적 타당성의 이익이 더 크므로 재심을 허용하여야 한다. 한편, 이 재심절차에서는 원칙적으로 민사소송법의 재심에 관한 규정이 준용된다(헌재 2016.05.26. 2015헌아20). ▶ 정당해산결정에 대한 재심청구는 원칙적으로 허용되지만, 옛 통진당이 낸 재심 청구사유는 적법한 것이 아니라는 취지

정답

14년 변시, 21년(1) 모의

631. 위헌법률심판은 법원이 헌법재판소에 제청하는 것으로서 당해 사건의 당사자는 위헌법률심판사건의 당사자라고 할 수 없어 재판을 받은 당사자에게 인정되는 특별한 불복절차인 재심을 청구할 수 있는 지위 내지 적격을 갖지 못하므로, 위헌법률심판에 관한 헌법재판소의 결정에 대하여 재심을 청구할 수 없다.

해설 위헌법률심판의 제청은 법원이 헌법재판소에 대하여 하는 것이기 때문에 당해사건에서 법원으로 하여금 위헌법률심판을 제청하도록 신청을 한 사람은 위헌법률심판사건의 당사자라고 할 수 없다. 원래 재심은 재판을 받은 당사자에게 이를 인정하는 특별한 불복절차이므로 청구인처럼 위헌법률심판이라는 재판의 당사자가 아닌 사람은 그 재판에 대하여 재심을 청구할 수 있는 지위 내지 적격을 갖지 못한다(헌재 2004.09.23. 2003헌아61).

정답

24년 변시

632. 위헌결정 이전에 甲이 이 사건 과세처분의 취소를 구하는 행정소송을 제기하여 이미 패소 확정되었다면, 甲에게는 이 사건 위헌결정이 「헌법재판소법」 제75조 제7항이 정한 재심청구사유에 해당하므로 甲은 재심을 청구할 수 있다.

해설 … 만약 신청인의 주장과 같이 당해 소송사건과 관련하여 적법한 위헌심판청구를 하지 아니한 당사자에 대하여까지 재심청구권을 인정한다면, 위헌결정에 사실상 소급효를 인정하는 것이 되어, 이미 확정된 판결에 따라 형성된 기존의 법률관계에 큰 혼란을 가져 올 우려가 있고, 심판대상법조항은 이를 피하기 위하여 적법한 헌법소원심판의 청구 및 그 인용이라는 요건하에 재심청구권을 인정하고 있는 것이므로 이를 부당하다 할 수 없고, 당사자는 헌법재판소법에 정해진 절차를 밟음으로써 위헌결정에 소급효가 인정되지 않음에 따른 불이익을 피할 수 있으며, 그와 같은 절차를 밟는 것이 그다지 어려운 일도 아니므로, 심판대상법조항이 위와 같은 절차를 밟지 아니한 당사자에 대하여는 재판의 전제가 된 법률조항의 위헌결정에도 불구하고 재심청구권을 인정하지 않고 있다 할지라도 이를 헌법에 위반되는 것이라 할 수 없다.(헌재 2000.6.29. 99헌바66).

정답

제4절 위헌법률심판

제❶항 | 위헌법률심판의 요건

I 법원의 제청

23년(2) 모의

633. 위헌법률심판제청은 법원만이 할 수 있으므로, 여기에서 말하는 법원은 「법원조직법」상의 법원만을 의미한다.

해설 제청권자로서의 법원은 재판권을 행사하는 재판기관으로서의 법원을 의미한다(한수웅, 헌법학 제7판 p1005).

정답

24년 변시, 18년(2)·21년(3) 모의

634. 사인인 甲은 군 복무 중 낙상사고를 당하여 군의관 乙로부터 치료를 받았으나 의병전역 후 법령에 따른 보훈보상금을 지급받던 중 乙의 고의 또는 중과실로 장애를 입게 되었다고 주장하며 대한민국과 乙을 상대로 손해배상을 청구하였다. 위 재판 계속 중 甲은 군인 등의 국가배상청구권을 제한한 「국가배상법」 제2조 제1항 단서에 대해 위헌법률심판제청을 신청하였다. 甲이 제기한 손해배상청구소송의 담당 법관은 「국가배상법」 조항에 관하여 단순한 위헌의 의심을 갖게 된 경우에도 헌법재판소에 위헌법률심판을 제청하여야 한다.

해설 헌법 제107조 제1항, 헌법재판소법 제41조, 제43조 등의 규정취지는 법원은 문제되는 법률조항이 담당법관 스스로의 법적 견해에 의하여 단순한 의심을 넘어선 합리적인 위헌의 의심이 있으면 위헌여부심판을 제청을 하라는 취지이고, 헌법재판소로서는 제청법원의 이 고유판단을 될 수 있는 대로 존중하여 제청신청을 받아들여 헌법판단을 하는 것이다(헌재 1993.12.23. 93헌가2).

정답

19년 변시

635. 영업허가취소처분 취소청구의 소 계속 중 당해처분의 근거조항에 대하여 법원의 위헌법률심판제청이 이루어지게 되면, 위 영업허가취소처분의 효력은 헌법재판소의 위헌여부에 대한 판단이 이루어질 때까지 자동적으로 정지된다.

해설 행정행위는 행정행위에 하자가 있더라도 그것이 당연무효가 아닌 이상 권한있는 기관에 의해 취소될 때까지 일응 유효한 것으로 추정하여 다른 국가기관이 그 효력을 부인할 수 없는 힘이 있는데 이를 구성요건적 효력이라고 한다. 따라서 위헌법률심판제청이 이루어졌다고 하더라도 구성요건적 효력을 가지는 영업허가취소처분의 효력이 헌법재판소의 위헌여부에 대한 판단이 있을 때까지 자동적으로 정지된다고 할 수 없다(정선균, 행정법엑기스 제8판, p.132).

정답

🕛 12년·19년 변시

636. (1) 영업허가취소처분에 대해 그 취소를 구하는 행정심판을 제기한 경우, 관할 행정심판위원회가 헌법재판소에 위헌법률심판제청을 하는 것은 허용된다.

(2) 수소법원뿐만 아니라 집행법원도 제청권한이 있으며, 비송사건 담당법관의 경우는 물론, 헌법 제107조 제3항과 행정심판법 등에 근거를 두고 설치되어 행정심판을 담당하는 각종 행정심판기관도 제청권을 갖는다.

해설 '법원'만이 직권 또는 당사자의 신청에 의해서 법률의 위헌여부에 대하여 헌법재판소에 위헌제청할 수 있다. 여기서 법원은 수소법원은 물론 집행법원도 제청권한이 있으며, 비송사건 담당법관의 경우에도 재판사건과 마찬가지로 제청권이 있다고 보아야 할 것이다. 그러나 헌법 제107조 제3항과 행정심판법 등에 근거를 두고 설치되어 행정심판을 담당하는 각종 행정심판기관은 법원이 아니므로 제청권을 갖는 법원이라 할 수 없다(김유향, 기본강의 헌법 전정6판, p.1509).

정답 ×, ×

22년(2) 모의

637. 甲은 위 재판 계속 중 2회 이상 음주운전을 가중처벌하는 구 「도로교통법」제148조의2 제1항에 대하여 위헌법률심판제청신청을 하였으나, 2019. 11. 7. 위 법원으로부터 위 공소사실에 대하여 징역 1년을 선고받는 한편, 위헌법률심판제청신청에 대하여 각하(「도로교통법」 제148조의2 제1항 중 '제44조 제2항' 부분)및 기각(각하된 부분을 제외한 나머지 부분)결정을 받게 되자, 2019. 11. 18. 「헌법재판소법」제68조 제2항 헌법소원심판을 청구하였다. 甲은 당해사건의 항소심절차에서 동일한 사유를 이유로 심판대상조항에 대한 위헌법률심판제청신청을 할 수 없다.

해설 헌법재판소법 제68조 제2항 후문은 당사자가 당해 사건의 소송절차에서 동일한 사유를 이유로 다시 위헌법률심판을 제청신청할 수 없다고 규정하고 있다. 여기서 당해 사건의 소송절차란 당해 사건의 상소심 소송절차는 물론 대법원에 의해 파기환송되기 전후의 소송절차를 모두 포함한다(대판 2013.06.27. 2011헌바247).

정답 ○

🕛 19년 변시

638. 법원이 헌법재판소에 위헌법률심판을 제청한 때에 당해사건의 재판은 헌법재판소의 위헌 여부 결정이 있을 때까지 정지되는 것이 원칙이나, 다만 법원이 긴급하다고 인정하는 경우에는 종국재판 외의 소송절차를 진행할 수 있다.

해설 헌법재판소법 제42조 제1항 참조.

헌법재판소법 제42조(재판의 정지 등) ① 법원이 법률의 위헌 여부 심판을 헌법재판소에 제청한 때에는 당해 소송사건의 재판은 헌법재판소의 위헌 여부의 결정이 있을 때까지 정지된다. 다만, 법원이 긴급하다고 인정하는 경우에는 종국재판 외의 소송절차를 진행할 수 있다.

정답 O

23년(2) 모의

639. 법원이 법률의 위헌 여부 심판을 헌법재판소에 제청한 때에는 당해 소송사건의 재판은 헌법재판소의 위헌 여부의 결정이 있을 때까지 정지되지만, 법원이 직권으로 위헌법률심판제청을 한 경우 재판정지기간은 「형사소송법」 제92조 제1항과 제2항의 피고인의 구속기간에 산입한다.

해설 헌법재판소법 제42조 제2항 참조.

헌법재판소법 제42조(재판의 정지 등) ① 법원이 법률의 위헌 여부 심판을 헌법재판소에 제청한 때에는 당해 소송사건의 재판은 헌법재판소의 위헌 여부의 결정이 있을 때까지 정지된다. 다만, 법원이 긴급하다고 인정하는 경우에는 종국재판 외의 소송절차를 진행할 수 있다.
② 제1항 본문에 따른 재판정지기간은 「형사소송법」 제92조제1항·제2항 및 「군사법원법」 제132조제1항·제2항의 구속기간과 「민사소송법」 제199조의 판결 선고기간에 산입하지 아니한다.

정답 ×

18년 변시

640. 위헌법률심판제청신청은 당해 사건을 담당하는 법원에 서면으로 한다.

해설 헌법재판소법 제41조 제2항 참조.

헌법재판소법 제41조(위헌 여부 심판의 제청) ① 법률이 헌법에 위반되는지 여부가 재판의 전제가 된 경우에는 당해 사건을 담당하는 법원(군사법원을 포함한다. 이하 같다)은 직권 또는 당사자의 신청에 의한 결정으로 헌법재판소에 위헌 여부 심판을 제청한다.
② 제1항의 당사자의 신청은 제43조제2호부터 제4호까지의 사항을 적은 서면으로 한다.

정답 O

14년 변시, 17년(2) 모의

641. 위헌법률심판의 제청신청을 한 당사자는 제청신청이 기각된 때에 제청신청 기각결정에 대하여 당해 법원에 항고할 수 있다.

해설 헌법재판소법 제41조 제4항 참조.

> 헌법재판소법 제41조(위헌 여부 심판의 제청) ④ 위헌 여부 심판의 제청에 관한 결정에 대하여는 항고할 수 없다.

정답 ×

16년(1)·23년(1) 모의

642. 위헌법률심판제청신청은 당해 사건의 당사자만 할 수 있는바, 형사재판의 경우 피고인이 아닌 고소인은 형사재판의 당사자라고 볼 수 없으므로, 위헌법률심판제청신청을 할 수 있는 자에 해당하지 않는다.

해설 헌법재판소법 제41조 제1항 및 법 제68조 제2항 전문을 해석하면 위헌심판 제청신청은 당해 사건의 당사자만 할 수 있다고 봄이 상당하고, 형사재판의 경우 피고인이 아닌 고소인은 형사재판의 당사자라고 볼 수 없으므로, 위헌제청신청을 할 수 있는 자에 해당하지 않는다(헌재 2010.03.30. 2010헌바102).

정답 ○

23년(2) 모의

643. 당해 사건에서 당사자가 법원에 위헌법률심판제청신청을 하지 아니한 법률 조항에 대해서는 법원이 위헌법률심판제청을 할 수 없다.

해설 헌법재판소법 제41조 참조.

> 헌법재판소법 제41조(위헌 여부 심판의 제청) ① 법률이 헌법에 위반되는지 여부가 재판의 전제가 된 경우에는 당해 사건을 담당하는 법원(군사법원을 포함한다. 이하 같다)은 직권 또는 당사자의 신청에 의한 결정으로 헌법재판소에 위헌 여부 심판을 제청한다.

정답 ×

 14년·17년 변시

644. 위헌법률심판의 제청신청이 기각된 때에 그 신청을 한 당사자는 당해 사건의 같은 심급뿐만 아니라 상소심의 소송절차에서도 동일한 사유로 다시 위헌법률심판의 제청신청을 할 수 없다.

해설 헌법재판소법 제68조 제2항은 법률의 위헌여부심판의 제청신청이 기각된 때에는 그 신청을 한 당사자는 헌법재판소에 헌법소원심판을 청구할 수 있으나, 다만 이 경우 그 당사자는 당해 사건의 소송절차에서 동일한 사유를 이유로 다시 위헌여부심판의 제청을 신청할 수 없다고 규정하고 있는바, 이 때 당해 사건의 소송절차란 당해 사건의 상소심 소송절차를 포함한다 할 것이다(헌재 2007.07.26. 2006헌바40).

정답 ○

Ⅱ 위헌법률심판의 대상

1. 법률

⏱ 16년 변시, 15년(1)·21년(2) 모의

645. 위헌법률심판제도는 국회의 입법권을 통제하기 위한 것이므로, 국회가 제정한 형식적 의미의 법률이 아니라 법원 판결에 의하여 법률과 같이 재판규범으로 적용되어 온 관습법은 위헌법률심판의 대상이 되지 않는다.

> 해설 헌법 제111조 제1항 제1호, 제5호 및 헌법재판소법 제41조 제1항, 제68조 제2항은 위헌심판의 대상을 '법률'이라고 규정하고 있는데, 여기서 '법률'이라고 함은 국회의 의결을 거친 형식적 의미의 법률뿐만 아니라 법률과 같은 효력을 갖는 조약 등도 포함되므로, 법률과 같은 효력을 가지는 이 사건 관습법도 헌법소원심판의 대상이 되고, 단지 형식적 의미의 법률이 아니라는 이유로 그 예외가 될 수는 없다(헌재 2020.10.29. 2017헌바208).

정답

21년(2) 모의

646. 명령·규칙은 위헌제청의 대상이 되지 않으나, 법률과 시행령·규칙이 결합하여 전체로서 하나의 완결된 법적 효력을 발휘할 경우에는 법률과 시행령·규칙 등 규범 일체가 예외적으로 위헌법률심판의 대상이 될 수 있다.

> 해설 헌법재판소법 제68조 제2항의 규정에 의한 헌법소원심판청구는 법률이 헌법에 위반되는 여부가 재판의 전제가 되는 때에 당사자가 위헌제청신청을 하였음에도 불구하고 법원이 이를 배척하였을 경우에 법원의 제청에 갈음하여 당사자가 직접 헌법재판소에 헌법소원의 형태로서 심판청구를 하는 것이므로 그 심판의 대상은 재판의 전제가 되는 법률인 것이지 대통령령이나 시행규칙은 될 수 없다(헌재 1998.06.25. 95헌바24).

정답

18년(1) 모의

647. 형식적 의미의 법률로서 공포는 되었으나 아직 시행되고 있지 않다면, 그 법률은 위헌법률심판의 대상이 될 수 없다.

> 해설 법률의 위헌여부심판의 제청대상 법률은 특별한 사정이 없는 한 현재 시행중이거나 과거에 시행되었던 것이어야 하기 때문에, 제청 당시에 공포는 되었으나 시행되지 않았고 이 결정 당시에는 이미 폐지되어 효력이 상실된 법률은 위헌여부 심판의 대상법률에서 제외되는 것으로 해석함이 상당하다(헌재 1997.09.25. 97헌가4).

정답

2. 법률의 해석

🕐 15년·17년 변시, 13년(1)·(3)·14년(1)·15년(1)·18년(1) 모의

648. (1) 구체적 규범통제절차에서 제청법원이나 헌법소원청구인이 심판대상 법률조항의 특정한 해석이나 적용부분의 위헌성을 주장하는 한정위헌청구는 원칙적으로 부적법한 것이다.

(2) 헌법재판소는 당해 사건 재판의 기초가 되는 사실관계의 인정이나 평가 또는 개별적·구체적 사건에서의 법률조항의 단순한 포섭·적용에 관한 문제를 다투거나 의미 있는 헌법문제를 주장하지 않으면서 법원의 법률해석이나 재판결과를 다투는 경우는 허용될 수 없다고 보고 있다.

해설 (1) 법률의 의미는 결국 개별·구체화된 법률해석에 의해 확인되는 것이므로 법률과 법률의 해석을 구분할 수는 없고, 재판의 전제가 된 법률에 대한 규범통제는 해석에 의해 구체화된 법률의 의미와 내용에 대한 헌법적 통제로서 헌법재판소의 고유권한이며, 헌법합치적 법률해석의 원칙상 법률조항 중 위헌성이 있는 부분에 한정하여 위헌결정을 하는 것은 입법권에 대한 자제와 존중으로서 당연하고 불가피한 결론이므로, 이러한 한정위헌결정을 구하는 한정위헌청구는 원칙적으로 적법하다고 보아야 한다(헌재 2012.12.27. 2011헌바117).

(2) 다만, 재판소원을 금지하는 헌법재판소법 제68조 제1항의 취지에 비추어, 개별·구체적 사건에서 단순히 법률조항의 포섭이나 적용의 문제를 다투거나, 의미있는 헌법문제에 대한 주장없이 단지 재판결과를 다투는 헌법소원 심판청구는 여전히 허용되지 않는다(헌재 2012.12.27. 2011헌바117).

 ✕, ◯

14년(1) 모의

649. 법원이 법률의 위헌여부를 헌법재판소에 제청하는 경우, 제청서에는 "위헌이라고 해석되는 법률 또는 법률의 조항"과 "위헌이라고 해석되는 이유"를 기재하도록 하고 있으므로, 헌법재판소는 "법률 또는 법률조항"과 그 해석을 분리된 별개의 것으로 보고 있다.

해설 법률조항과 그에 대한 해석은 서로 별개의 다른 것이 아니라 동전의 양면과 같은 것이어서 서로 분리될 수 없는 것이다. … 더 이상 개념법학적 관념을 기초로 하여 '법률'과 '법률의 해석'을 별개의 것으로 인식할 것은 아닌 것이다. 그리고 이러한 법리는 구체적 규범통제절차인 위헌법률심판절차에 관한 '헌법재판소법' 제43조와 이를 준용하고 있는 '헌법재판소법' 제71조 제2항에서도 잘 나타나 있다. 즉, '헌법재판소법' 제43조에서는, 법원이 법률의 위헌여부를 헌법재판소에 제청하는 경우, 제청서에는 "위헌이라고 해석되는 법률 또는 법률의 조항"(제3호)을 기재하여야 할 뿐만 아니라, 나아가서 "위헌이라고 해석되는 이유"를 기재하도록 규정(제4호)하고 있는바, 이는 '법률 또는 법률조항'과 '법률 또는 법률조항의 해석'은 결코 분리된 별개의 것이 아니며, 따라서 당해 사건 재판의 전제가 되는 법률 또는 법률조항에 대한 규범통제는 결국 해석에 의하여 구체화 된 법률 또는 법률조항의 의미와 내용에 대한 헌법적 통제라는 점을 보여주는 것이다(헌재 2012.12.27. 2011헌바117).

 ✕

3. 입법부작위

21년(3) 모의

650. 행정입법의 지체가 위법으로 되어 그에 대한 법적 통제가 가능하기 위하여는 우선 행정청에게 시행명령을 제정·개정할 법적 의무가 있어야 하고, 상당한 기간이 지났음에도 불구하고 명령제정·개정권이 행사되지 않아야 한다.

해설 행정입법의 지체가 위법으로 되어 그에 대한 법적 통제가 가능하기 위하여는 우선 행정청에게 시행명령을 제정·개정할 법적 의무가 있어야 하고, 상당한 기간이 지났음에도 불구하고 명령제정·개정권이 행사되지 않아야 한다(헌재 2018.05.31. 2016헌마626).

정답

21년 변시

651. 「국군포로의 송환 및 대우 등에 관한 법률」 조항이 등록포로 등의 예우의 신청, 기준, 방법 등에 필요한 사항을 대통령령으로 정한다고 규정하고 있어 대통령령을 제정할 의무가 있음에도, 그 의무가 상당기간 동안 불이행되고 있고 이를 정당화할 이유도 찾아보기 어려운 경우, 이러한 행정입법부작위는 헌법에 위반된다.

해설 국군포로법 제15조의5 제2항은 같은 조 제1항에 따른 예우의 신청, 기준, 방법 등에 필요한 사항은 대통령령으로 정한다고 규정하고 있으므로, 피청구인은 등록포로, 등록하기 전에 사망한 귀환포로, 귀환하기 전에 사망한 국군포로(이하 '등록포로 등'이라 한다)에 대한 예우의 신청, 기준, 방법 등에 필요한 사항을 대통령령으로 제정할 의무가 있다. 국군포로법 제15조의5 제1항이 국방부장관으로 하여금 예우 여부를 재량으로 정할 수 있도록 하고 있으나, 이것은 예우 여부를 재량으로 한다는 의미이지, 대통령령 제정 여부를 재량으로 한다는 의미는 아니다. 이처럼 피청구인에게는 대통령령을 제정할 의무가 있음에도, 그 의무는 상당 기간 동안 불이행되고 있고, 이를 정당화할 이유도 찾아보기 어렵다. 그렇다면 이 사건 행정입법부작위는 등록포로 등의 가족인 청구인의 명예권을 침해하는 것으로서 헌법에 위반된다(헌재 2018.05.31. 2016헌마626).

정답

21년(1) · 22년(3) · 23년(3) 모의

652. (1) 부진정 입법부작위에 대한 헌법재판소법 제68조 제1항 헌법소원심판은 부진정입법부작위가 계속되는 한 기본권침해가 계속된다고 할 것이므로 기간의 제약 없이 적법하게 청구할 수 있다.

(2) 부진정입법부작위에 대하여 재판상 다툴 경우에는 입법부작위에 대한 헌법소원심판을 청구할 것이 아니라 존재하는 불완전, 불충분한 법률조항 자체가 헌법위반이라는 적극적인 헌법소원심판을 청구하여야 하고, 「헌법재판소법」 제69조 제1항 청구기간의 적용을 받는다.

::해설 부진정 입법부작위, 즉 결함이 있는 입법권의 행사에 대하여 재판상 다툴 경우에는 입법부작위 위헌확인의 심판청구가 아니라 그 불완전한 입법규정 자체가 헌법위반이라는 적극적인 헌법소원을 제기하여야 할 것이고, 이 때에는 헌법재판소법 제69조 제1항 소정의 청구기간의 적용을 받는다(헌재 2009.01.13. 2008헌마746).

정답 ×, ○

14년(2) 모의

653. 법원의 위헌제청에 의한 위헌법률심판으로 어떠한 사항에 대하여 규율하는 법률이 부존재하는 것을 다툴 수 있음은 물론, 어떠한 사항에 대하여 법률이 존재하기는 하나 불완전·불충분하게 규율되고 있음을 이유로 해당 법률조항 자체를 대상으로 하여 심판청구를 할 수 있다.

::해설 헌법재판소법 제41조에 의한 법원의 위헌제청에 의한 위헌법률심판이나 헌법재판소법 제68조 제2항에 따른 헌법소원은 '법률'의 위헌성을 적극적으로 다투는 제도이므로 '법률의 부존재' 즉, 입법부작위를 다투는 것은 그 자체로 허용되지 아니하고, 다만 법률이 불완전·불충분하게 규정되었음을 근거로 법률 자체의 위헌성을 다투는 취지로 이해될 경우에는 그 법률이 당해 사건의 재판의 전제가 된다는 것을 요건으로 허용될 수 있다(헌재 2011.05.26. 2009헌바253).

정답 ×

4. 긴급명령, 긴급재정경제명령

18년(1) 모의

654. 긴급재정경제명령 및 긴급명령과 국회의 동의를 얻어 체결·비준된 조약은 위헌법률심판의 대상이 된다. (다툼이 있는 경우 헌법재판소 판례에 의함)

::해설 일정한 규범이 위헌법률심판 또는 헌법재판소법 제68조 제2항에 의한 헌법소원심판의 대상이 되는 '법률'인지 여부는 그 제정 형식이나 명칭이 아니라 그 규범의 효력을 기준으로 판단하여야 한다. 따라서 헌법이 법률과 동일한 효력을 가진다고 규정한 긴급재정경제명령(제76조 제1항) 및 긴급명령(제76조 제2항)은 물론, 헌법상 형식적 의미의 법률은 아니지만 국내법과 동일한 효력이 인정되는 '헌법에 의하여 체결·공포된 조약과 일반적으로 승인된 국제법규'(제6조)의 위헌 여부의 심사권한도 헌법재판소에 전속된다고 보아야 한다(헌재 2013.03.21. 2010헌바132).

정답 ○

14년(3)·15년(1) 모의

655. 대법원은 유신헌법 제53조에 근거를 둔 '대통령긴급조치 제4호'가 유신헌법은 물론 현행 헌법에 비추어 보더라도 위헌·무효라고 판시하였지만, 헌법재판소는 법률과 동일한 효력을 가지는 긴급조치의 위헌여부 심사권한은 헌법재판소에 전속하며 현행헌법을 심사기준으로 긴급조치가 위헌이라고 결정하였다.

해설 ㉠ 대법원 : 유신헌법 제53조에 기한 대통령긴급조치 제4호는 그 발동 요건을 갖추지 못한 채 목적상 한계를 벗어나 민주주의의 본질적 요소인 표현의 자유를 침해하고, 영장주의에 위배되며, 법관에 의한 재판을 받을 권리와 학문의 자유 및 대학의 자율성 등 헌법상 보장된 국민의 기본권을 침해하는 것이므로, 그것이 폐지되기 이전부터 유신헌법은 물론 현행 헌법에 비추어 보더라도 위헌·무효이다(대판 2013.05.16. 2011도2631(전합)). ㉡ 헌법재판소 : [1] 헌법 제107조 제1항, 제2항은 법원의 재판에 적용되는 규범의 위헌 여부를 심사할 때, '법률'의 위헌 여부는 헌법재판소가, 법률의 하위 규범인 '명령·규칙 또는 처분' 등의 위헌 또는 위법 여부는 대법원이 그 심사권한을 갖는 것으로 권한을 분배하고 있다. 이 조항에 규정된 '법률'인지 여부는 그 제정 형식이나 명칭이 아니라 규범의 효력을 기준으로 판단하여야 하고, '법률'에는 국회의 의결을 거친 이른바 형식적 의미의 법률은 물론이고 그 밖에 조약 등 '형식적 의미의 법률과 동일한 효력'을 갖는 규범들도 모두 포함된다. 따라서 최소한 법률과 동일한 효력을 가지는 이 사건 긴급조치들의 위헌 여부 심사권한도 헌법재판소에 전속한다. [2] 유신헌법 일부 조항과 긴급조치 등이 기본권을 지나치게 침해하고 자유민주적 기본질서를 훼손하였다는 반성에 따른 헌법 개정사, 국민의 기본권의 강화·확대라는 헌법의 역사성, 헌법재판소의 헌법해석은 헌법이 내포하고 있는 특정한 가치를 탐색·확인하고 이를 규범적으로 관철하는 작업인 점에 비추어, 헌법재판소가 행하는 구체적 규범통제의 심사기준은 원칙적으로 헌법재판을 할 당시에 규범적 효력을 가지는 현행헌법이다. 국가긴급권의 행사라 하더라도 헌법재판소의 심판대상이 되고, 긴급조치에 대한 사법심사 배제조항을 둔 유신헌법 제53조 제4항은 입헌주의에 대한 중대한 예외일 뿐 아니라, 현행헌법이 반성적 견지에서 사법심사배제조항을 승계하지 아니하였으므로, 현행헌법에 따라 이 사건 긴급조치들의 위헌성을 다툴 수 있다(헌재 2013.03.21. 2010헌바132). ▸ 긴급조치의 위헌심사권한의 소재에 관하여 헌법재판소와 대법원의 입장이 다르므로, 정확한 숙지가 필요하다.

 정답 O

 12년·23년 변시, 23년(2) 모의

656. **(1) 대법원은, 유신헌법에 근거한 긴급조치는 사전적으로는 물론 사후적으로도 국회의 동의 내지 승인 등을 얻도록 하는 조치가 취하여진 바가 없어 국회의 입법권 행사라는 실질을 전혀 가지지 못한 것이기 때문에 헌법재판소의 위헌심판대상이 되는 '법률'에 해당한다고 할 수 없고, 따라서 그 위헌 여부에 대한 심사권은 최종적으로 대법원에 속한다고 판시하였다.**

(2) 헌법재판소에 의한 위헌심사의 대상이 되는 법률이란 국회의 의결을 거친 이른바 형식적 의미의 법률을 의미하므로, 1972년 유신헌법상 긴급조치의 위헌 여부에 대한 심사권은 최종적으로 대법원에 속한다.

해설 (1) 유신헌법에 근거한 긴급조치는 국회의 입법권 행사라는 실질을 전혀 가지지 못한 것으로서, 헌법재판소의 위헌심판대상이 되는 '법률'에 해당한다고 할 수 없고, 긴급조치의 위헌 여부에 대한 심사권은 최종적으로 대법원에 속한다(대판 2010.12.16. 2010도5986(전합)).
(2) 헌법 제107조 제1항, 제2항은 법원의 재판에 적용되는 규범의 위헌 여부를 심사할 때, '법률'의 위헌 여부는 헌법재판소가, 법률의 하위 규범인 '명령·규칙 또는 처분' 등의 위헌 또는 위법 여부는 대법원이 그 심사권한을 갖는 것으로 권한을 분배하고 있다. 이 조항에 규정된 '법률'인지 여부는 그 제정 형식이나 명칭이 아니라 규범의 효력을 기준으로 판단하여야 하고, '법률'에는 국회의 의결을

거친 이른바 형식적 의미의 법률은 물론이고 그 밖에 조약 등 '형식적 의미의 법률과 동일한 효력'을 갖는 규범들도 모두 포함된다. 따라서 최소한 법률과 동일한 효력을 가지는 이 사건 긴급조치들의 위헌 여부 심사권한도 헌법재판소에 전속한다(전원재판부 2013.03.21. 2010헌바132).

▶ 대법원과 헌법재판소의 입장이 대립한다.

정답 ○,×

5. 조약

16년 변시, 20년(1) 모의

657. 국제통화기금협정상 각 회원국의 재판권으로부터 국제통화기금 임직원의 공적인 행위를 면제하도록 하는 조항은 국회의 동의를 얻어 체결된 것으로서 헌법 제6조 제1항에 따라 국내법적,법률적 효력을 가지나, 가입국의 재판권 면제에 관한 것이므로 성질상 국내에 바로 적용될 수 없는 법규범으로서 위헌법률심판의 대상이 될 수 없다.

해설 이 사건 조항 {국제통화기금협정 제9조(지위, 면제 및 특권) 제3항 (사법절차의 면제) 및 제8항(직원 및 피용자의 면제와 특권), 전문기구의특권과면제에관한협약 제4절, 제19절(a)}은 각 국회의 동의를 얻어 체결된 것으로서, 헌법 제6조 제1항에 따라 국내법적, 법률적 효력을 가지는 바, 가입국의 재판권 면제에 관한 것이므로 성질상 국내에 바로 적용될 수 있는 법규범으로서 위헌법률심판의 대상이 된다(헌재 2001.09.27. 2000헌바20).

정답 ×

6. 개별헌법규정

Ⅲ 재판의 전제성

1. 「재판」의 의미

15년(2)·21년(3) 모의

658. 「형사소송법」에 의하여 법원이 행하는 증거채부결정은 당해 소송사건을 종국적으로 종결시키는 재판은 아니라고 하더라도, 그 자체가 법원의 의사결정으로서 헌법 제107조 제1항과 「헌법재판소법」 제41조 제1항에 규정된 재판에 해당한다.

해설 헌법재판소법 제68조 제2항에 의한 헌법소원심판은 심판대상이 된 법률조항이 헌법에 위반되는 여부가 관련사건에서 재판의 전제가 된 경우에 한하여 청구될 수 있는데, 여기서 "재판"이라 함은 판결·결정·명령 등 그 형식 여하와 본안에 관한 재판이거나 소송절차에 관한 재판이거나를 불문하며, 심급을 종국적으로 종결시키는 종국재판뿐만 아니라 중간재판도 이에 포함된다. 법 제295조에 의하여 법원이 행하는 증거채부결정은 당해 소송사건을 종국적으로 종결시키는 재판은 아니라고 하더라도, 그 자체가 법원의 의사결정으로서 헌법 제107조 제1항과 헌법재판소법 제41조 제1항 및 제68조 제2항에 규정된 재판에 해당된다(헌재 1996.12.26. 94헌바1).

정답 ○

17년(2)·18년(2) 모의

659. 재판의 전제성에 관하여, 재판에는 종국판결뿐 아니라 지방법원 판사의 영장 발부 여부에 관한 재판도 포함된다고 해석되므로 지방법원 판사가 구속영장 발부 단계에서 한 위헌여부심판 제청은 적법하다.

해설 위헌여부심판의 제청에 관하여 규정하고 있는 헌법재판소법 제41조 제1항의 "재판"에는 종국판결 뿐만 아니라 형사소송법 제201조에 의한 지방법원판사의 영장발부 여부에 관한 재판도 포함된다고 해석되므로 지방법원판사가 구속영장발부 단계에서 한 위헌여부심판제청은 적법하다(헌재 1993. 03.11. 90헌가70).

정답

660. 위헌법률심판절차에서 말하는 당해 법원의 '재판'이란 판결·결정·명령 등 그 형식 여하와 본안에 관한 재판이거나 소송절차에 관한 재판이거나를 불문하고, 심급을 종국적으로 종결시키는 종국재판뿐만 아니라 중간재판도 이에 포함되며, 법원이 행하는 구속기간갱신결정도 이러한 '재판'에 해당된다.

해설 헌법재판소법 제41조 제1항은 "법률이 헌법에 위반되는 여부가 재판의 전제가 된 때에는 당해 사건을 담당하는 법원은 직권 또는 당사자의 신청에 의한 결정으로 헌법재판소에 위헌여부의 심판을 제청한다."라고 규정하고 있으므로, 법률에 대한 위헌제청이 적법하기 위해서는 법원에 계속중인 구체적인 사건에 적용할 법률이 헌법에 위반되는 여부가 재판의 전제로 되어야 한다. 여기서 "재판"이라 함은 판결·결정·명령 등 그 형식 여하와 본안에 관한 재판이거나 소송절차에 관한 재판이거나를 불문하며, 심급을 종국적으로 종결시키는 종국재판뿐만 아니라 중간재판도 이에 포함된다. … 그러므로 이 사건 법률조항에 의하여 법원이 행하는 구속기간갱신결정도 당해 소송사건을 종국적으로 종결시키는 재판은 아니라고 하더라도, 그 자체가 소송절차에 관한 재판에 해당하는 법원의 의사결정으로서 헌법 제107조 제1항과 헌법재판소법 제41조 제1항에 규정된 재판에 해당된다고 할 것이다(헌재 2001.06.28. 99헌가14).

정답

2. 재판의 「전제성」

22년(3) 모의

661. 헌법재판소에서의 판단을 구하여 제청한 법률조문의 위헌여부가 현재 제청법원이 심리 중인 해당사건의 재판결과에 어떠한 영향을 준다는 점만으로는 재판의 전제성을 인정하기 어렵고, 제청신청인의 권리에 영향이 있어야 재판의 전제성이 인정된다.

해설 위헌법률심판제청이 적법하기 위하여서는 문제된 법률의 위헌 여부가 재판의 전제가 되어야 한다. 재판의 전제성이라 함은 그 법률이 헌법에 위반되는지의 여부에 따라 당해 사건을 담당한 법원이 다른 내용의 재판을 하게 되는 경우를 말한다. 여기서 "다른 내용의" 재판을 하게 되는 경우라 함은 원칙적으로 제청법원이 심리중인 당해 사건의 재판의 결론이나 주문에 어떠한 영향을 주는 것뿐만이 아니라, 문제된 법률의 위헌 여부가 비록 재판의 주문 자체에는 아무런 영향을 주지 않는다고 하더라도 재판의 결론을 이끌어내는 이유를 달리 하는데 관련되어 있거나 또는 재판의 내용과 효력에 관한 법률적 의미가 전혀 달라지는 경우를 뜻한다(헌재 2002.11.28. 2001헌가28).

정답 ×

 23년 변시

662. 위헌법률심판에서 재판의 전제성이라 함은 구체적인 사건이 법원에 계속 중이고, 위헌 여부가 문제되는 법률이 당해 사건 재판에 적용되며, 그 법률이 헌법에 위반되는지 여부에 따라 당해 사건을 담당한 법원이 다른 내용의 재판을 하게 되는 경우를 말한다.

 '재판의 전제성'이라 함은, 첫째 구체적인 사건이 법원에 계속 중이어야 하고, 둘째 위헌 여부가 문제되는 법률이 당해 소송사건의 재판에 적용되는 것이어야 하며, 셋째 그 법률이 헌법에 위반되는지 여부에 따라 당해사건을 담당하는 법원이 다른 내용의 재판을 하게 되는 경우를 말한다(헌재 2018.07.03. 2018헌바234).

정답 ○

22년(3)·23년(1) 모의

663. 행정처분에 대한 쟁송기간이 경과한 뒤에 그 무효확인소송을 제기하고서, 그 행정처분의 근거가 된 법률에 대한 위헌결정을 구하는 헌법재판소법 제68조 제2항 헌법소원심판을 청구한 경우에는 그 법률에 대한 위헌결정이 행정처분의 효력에 영향을 미칠 여지가 없어 재판의 전제성이 인정되지 않는다.

 행정처분의 근거법률이 헌법에 위반된다는 사정은 헌법재판소의 위헌결정이 있기 전에는 객관적으로 명백한 것이라고 할 수는 없으므로 특별한 사정이 없는 한 그러한 하자는 행정처분의 취소사유에 해당할 뿐 당연무효사유는 아니고, 제소기간이 경과한 뒤에는 행정처분의 근거 법률이 위헌임을 이유로 무효확인소송 등을 제기하더라도 행정처분의 효력에는 영향이 없음이 원칙이다. 따라서 처분의 근거가 된 법률조항의 위헌 여부에 따라 당해 사건 재판의 주문이 달라지거나 재판의 내용과 효력에 관한 법률적 의미가 달라지는 경우로 볼 수 없으므로 재판의 전제성이 인정되지 아니한다(헌재 2014.01.28. 2011헌바38).

정답 ○

 23년 변시

664. 「헌법재판소법」 제68조 제2항에 따른 헌법소원심판에서 당해 사건 재판이 확정된 경우에도 헌법재판소가 해당 법률을 위헌으로 선언하면 「헌법재판소법」상 확정판결에 대한 재심을 청구할 수 있으므로 재판의 전제성이 인정될 수 있다.

해설 법률(法律)이 헌법(憲法)에 위반되는지의 여부에 따라 당해 사건을 담당한 법원(法院)이 다른 내용의 재판(裁判)을 하게 되는 경우를 말하고, 여기에서 법원(法院)이 "다른 내용의" 재판(裁判)을 하게 되는 경우라 함은 원칙적으로 법원(法院)에 계속 중인 당해 사건의 재판(裁判)의 주문(主文)이나 결론(結論)에 어떠한 영향을 주는 것이어야 하나, 비록 재판(裁判)의 주문(主文) 자체에는 아무런 영향을 주지 않는다고 하더라도 문제된 법률(法律)의 위헌(違憲) 여부에 따라 재판(裁判)의 결론을 이끌어내는 이유를 달리 하는 데 관련되어 있거나 재판(裁判)의 내용과 효력에 관한 법률적 의미가 달라지는 경우이어야 한다(헌재 1993.11.25. 92헌바39).

정답 O

22년(2) 모의

665. 당해사건 소송절차에서 전부무죄판결을 받지 않는 이상 당해사건 소송이 확정되더라도 헌법재판소는 재판의 전제성을 인정하여 심판대상조항에 대한 위헌여부를 판단할 수 있다.

해설 헌재법 제68조 제2항의 위헌심사형 헌법소원의 경우에는 재판이 정지되지 않아 당해 소송사건이 확정될 수 있으므로 위헌제청신청시에 계속중이면 된다(김유향, 기본강의 헌법 전정7판, p.1534). 재판의 '전제성'이라 함은, 첫째 구체적인 사건이 법원에 계속중이어야 하고, 둘째 위헌여부가 문제되는 법률이 당해 소송사건의 재판과 관련하여 적용되는 것이어야 하며, 셋째 그 법률이 헌법에 위반되는지의 여부에 따라 당해 사건을 담당한 법원이 다른 내용의 재판을 하게 되는 경우를 말한다(정회철, 기본강의 헌법 제7판, p.1360). 법원이 '다른 내용의' 재판을 하게 되는 경우라 함은 원칙적으로 제청법원이 심리중인 당해 사건의 재판의 결론이나 주문에 어떠한 영향을 줄 뿐만 아니라, 문제된 법률의 위헌여부가 비록 재판의 주문 자체에는 아무런 영향을 주지 않는다고 하더라도 재판의 결론을 이끌어내는 이유를 달리하는데 관련되어 있거나 또는 재판의 내용과 효력에 관한 법률적 의미가 전혀 달라지는 경우도 포함된다(정회철, 기본강의 헌법 제7판, p.1368). ▶ 사안의 경우 甲이 전부무죄판결을 받지 않는 이상 '그 법률이 헌법에 위반되는지 여부에 따라 당해 사건을 담당한 법원이 다른 내용의 재판을 하게 되는 경우에 해당'하며, '위헌제청 시에 구체적인 사건이 법원에 계속중'이었으므로, 재판의 전제성이 인정하여 심판대상조항에 대한 위헌여부를 판단할 수 있다.

판례 헌법재판소법 제41조 제1항은 "법률이 헌법에 위반되는 여부가 재판의 전제가 된 때에는 당해 사건을 담당하는 법원은 직권 또는 당사자의 신청에 의한 결정으로 헌법재판소에 위헌여부의 심판을 제청한다"라고 규정하고 있고, 동법 제68조 제2항은 "제41조 제1항에 의한 법률의 위헌여부심판의 제청신청이 기각된 때에는 그 신청을 한 당사자는 헌법재판소에 헌법소원심판을 청구할 수 있다"라고 규정하고 있으므로, 동법 제68조 제2항에 의한 헌법소원심판의 청구는 동법 제41조 제1항에 의한 법률의 위헌여부심판의 제청신청을 법원이 각하 또는 기각한 경우에만 허용된다(헌재 1999.04.29. 98헌바29).

정답

🍊 12년 변시, 16년(1)·21년(2) 모의

666. 재판의 전제성은 법원에 의한 법률의 위헌심판제청 당시에만 있으면 되고, 헌법재판소의 위헌법률심판의 시점에도 충족되어야 하는 것은 아니다.

해설 재판의 전제성은 법률의 위헌여부심판제청시만 아니라 심판시에도 갖추어져야 함이 원칙이다(헌재 1993.12.23. 93헌가2). ▶ 위헌법률심판사건의 경우 위헌법률심판제청시만 아니라 심판시에도 재판의 전제성을 갖추어야 하나, 위헌심사형 헌법소원의 경우 재판의 전제성 중 '당해사건이 법원에 계속 중일 것'인 요건은 위헌법률심판제청신청시에만 충족되면 족함

정답

🍊 21년 변시, 22년(3) 모의

667. 주식회사 甲은 그 사용인인 乙이 甲의 업무에 관하여 「도로법」상 운행조항을 위반한 범죄사실로 「도로법」 제86조(이하 '심판대상조항'이라 한다)에 따라 벌금 500,000원의 약식명령을 고지받고 위 약식명령이 확정되었다. 甲은 위 약식명령에 대해서 재심을 청구하면서, 처벌의 근거가 된 심판대상조항에 대해서 위헌법률심판제청신청을 하고자 한다. (다툼이 있는 경우 판례에 의함)

「도로법」 제86조(양벌규정) 법인의 대표자나 법인 또는 개인의 대리인·사용인 기타의 종업원이 그 법인 또는 개인의 업무에 관하여 제81조 내지 제85조의 규정에 의한 위반행위를 한 때에는 그 행위자를 벌하는 외에 그 법인 또는 개인에 대하여도 각 해당 조의 벌금형을 과한다.

※ 위 조문은 가상의 것임.

1) 甲이 제기한 재심의 소가 재심의 요건을 구비하지 못하여 소각하의 판결을 받을 것이 명백한 경우에는 甲이 심판대상조항이 위헌이라고 주장하면서 위헌법률심판제청신청을 하더라도, 심판대상조항은 재심개시절차에서는 원칙적으로 재판의 전제성이 인정되지 아니한다.

해설 재심의 소가 재심의 요건을 구비하지 못하여 소각하의 판결을 받을 것이 명백한 경우에는 그 본안의 전제가 되는 법률이 위헌이라고 주장하더라도 그 법률은 위 재판의 전제가 되는 법률이 아니라고 할 것이므로 법원은 위 법률의 위헌 여부를 심판하도록 헌법재판소에 제청할 수 없다(대결 1990.11.28. 90마866).

정답

2) (1) 법원은 재심사유가 있다고 판단하였으나 재심개시결정을 하지 아니한 채 심판대상조항에 대해서 직권으로 위헌제청을 한 경우, 그 위헌법률심판제청은 원칙적으로 재판의 전제성이 인정되지 아니하여 부적법하다.

3) **(2) 법원이 재심개시결정을 하고, 그 이후에 甲이 심판대상조항에 대해서 한 위헌법률심판제청신청을 받아들여 위헌법률심판제청을 하였다고 하더라도, 그 재심개시결정이 상급심에서 취소된 경우에는 그 위헌법률심판제청은 원칙적으로 재판의 전제성이 인정되지 아니하여 부적법하다.**

해설 형사소송법 제420조, 헌법재판소법 제47조 제4항 등에 의하면 재심은 반드시 법률에서 일정한 사유가 있는 경우에만 청구할 수 있고, 재심의 청구를 받은 법원은 재심의 심판에 들어가기 전에 먼저 재심의 청구가 이유 있는지 여부를 가려 이를 기각하거나 재심개시의 결정을 하여야 하며(형사소송법 제434조, 제435조), 재심개시의 결정이 확정된 뒤에 비로소 법원은 재심대상인 사건에 대하여 그 심급에 따라 다시 심판을 하게 된다(형사소송법 제438조). 즉 형사소송법은 재심의 절차를 '재심의 청구에 대한 심판'과 '본안사건에 대한 심판'이라는 두 단계 절차로 구별하고 있다. 따라서 확정된 유죄판결에서 처벌의 근거가 된 법률조항은 '재심의 청구에 대한 심판' 즉, 재심의 개시 여부를 결정하는 재판에서는 재판의 전제성이 인정되지 않고, 재심의 개시 결정이 확정된 이후의 '본안사건에 대한 심판'에 있어서만 재판의 전제성이 인정되므로, 재심의 개시결정 없이 위헌제청이 되거나 재심의 개시결정과 동시에 또는 그 이후에 위헌제청이 되었다고 하더라도 그 재심의 개시결정이 상급심에서 취소된 경우에는 원칙적으로 재판의 전제성이 인정되지 아니한다(헌재 2016.03.31. 2015헌가36).

정답 O, O

4) **심판대상조항과 별도로 甲이 재심개시절차에서 자신에게 적용될 재심사유가 없다고 판단하여, 「형사소송법」 등의 조항들이 재심사유를 지나치게 좁게 규정하고 있는 것이 위헌이라고 주장하며 위헌법률심판제청신청을 할 경우, 그 위헌법률심판제청신청은 재판의 전제성이 인정된다.**

해설 청구인은 법관의 오판 등을 재심사유에서 제외하고 있는 것이 위헌이라고 주장하는바, 이는 소위 부진정입법부작위의 경우에 해당하고, 이러한 경우 그 법률조항에 대하여 위헌 또는 헌법불합치 결정이 선고되고 그 결정의 취지에 따라 당해 법률조항이 개정되는 경우 당해사건의 결과에 영향을 미칠 가능성이 있으므로 재판의 전제성이 인정된다. 따라서 이 부분 심판청구는 적법하다(헌재 2011. 06.30. 2009헌바430).

정답 O

5) **헌법재판소는 심판대상조항이 위헌이라고 판단할 경우, 동일한 내용을 규정한 신법상의 법률조항에도 심판대상을 확장하여 위헌 결정을 할 수 있다.**

해설 국회는 2007. 4. 11. 법률 제8366호로 의료법을 전부 개정하여 위 19조의2 제2항을 제20조 제2항에서 규정하고 있는데, 그 내용에는 변함이 없으므로 이 규정 역시 의료인의 직업수행의 자유와 태아 부모의 태아성별 정보에 대한 접근을 방해받지 않을 권리를 침해하므로 헌법에 위반된다(헌재 2008.07.31. 2004헌마1010,2005헌바90(병합)). ▶ 의료법 제19조의2 제2항 위헌확인사건에서 개정된 의료법 조항에 대한 심판대상 확장과 헌법불합치결정의 필요성 인정

정답 O

21년(3) 모의

668. 정당한 사유 없이 예비군 훈련을 받지 아니한 사람을 처벌하는 「향토예비군설치법」 및 「예비군법」 조항에 대한 법원의 위헌법률심판제청은, 대법원이 진정한 양심에 따른 예비군 훈련 거부가 위 조항들의 '정당한 사유'에 해당한다고 판단하였다고 하더라도, 헌법적 해명의 필요성이 있는 이상 재판의 전제성이 인정된다.

해설 대법원은 진정한 양심에 따른 예비군 훈련 거부는 심판대상조항의 '정당한 사유'에 해당한다고 판단하였다. 그렇다면 진지한 양심의 결정에 따라 예비군 훈련을 거부하는 사람에 대한 처벌 문제는 심판대상조항의 위헌 여부가 아니라 법원의 구체적 판단에 달린 문제로 남게 되었다. 제청법원들은 제청신청인들이 진정한 양심에 따른 예비군 훈련 거부자에 해당하는지 여부를 심리하고 이를 바탕으로 정당한 사유의 존부를 가려 유·무죄 판결을 하면 되므로, 이 사건 위헌법률심판제청은 '심판대상조항이 헌법에 위반되는지 여부에 따라 당해 사건을 담당하는 법원이 다른 내용의 재판을 하게 되는 경우'에 해당한다고 볼 수 없다. 따라서 이 사건 위헌법률심판제청은 재판의 전제성 요건을 충족하지 못하여 부적법하다(헌재 2021.02.25. 2013헌가13,2017헌가6(병합)).

정답

15년(2)·21년(3) 모의

669. 제청된 법률의 위헌여부가 법원이 앞으로 진행될 소송절차와 관련한 중요한 문제점을 선행결정해야 하는지 여부의 판단에 영향을 주는 경우도 재판의 전제성이 있다.

해설 법률이 위헌으로 심판되는 여부가 법원이 앞으로 진행될 소송절차와 관련한 중요한 문제점을 선행결정하여야 하는 여부의 판단에 영향을 주는 경우도 헌법재판소법 제41조 제1항에서 요구하는 "재판"의 전제성이 있다고 보아야 할 것인바, 이 사건의 경우 국가를 당사자로 하는 소송에서 인지를 첨부하지 아니하도록 규정한 인지첨부및공탁제공에관한특례법 제2조의 위헌 여부는 앞으로 진행될 항고심절차에 관련하여 인지보정명령을 내릴 수 있는 여부의 중요한 문제를 선행결정하여야 하는 법원의 판단에 영향을 주는 것이므로 위 법률규정의 위헌여부는 원심법원(이 사건 제청법원)이 국가에 대하여 인지첨부를 명하는 보정명령을 내리는 재판 여부에 대하여 전제성이 있다고 보아야 한다(헌재 1994.02.24. 91헌가3).

정답

15년(2)·18년(2) 모의

670. 제청 대상인 법률의 위헌 여부가 법원이 심리 중인 해당 사건의 재판결과에 어떠한 영향을 준다면 그것으로써 재판의 전제성이 성립되어 제청결정은 적법한 것으로 취급될 수 있다.

해설 법률에 대한 위헌제청이 적법하기 위해서는 법원에 계속 중인 구체적인 사건에 적용할 법률이 헌법에 위반되는 여부가 재판의 전제가 되어야 하는데, 이 경우 재판의 전제가 된다고 하려면 우선 그 법률이 당해 사건에 적용할 법률이어야 하고 그 위헌 여부에 따라 재판의 주문이 달라지거나 재판의 내용과 효력에 관한 법률적 의미가 달라지는 경우를 말한다(헌재 2016.03.31. 2015헌가8).

정답

671. 유죄확정판결에 의하여 몰수된 재산의 반환을 구하는 민사재판에서 유죄확정판결의 근거가 된 형벌조항의 위헌성을 다툴 수 없어, 그 형벌조항은 재판의 전제성이 인정되지 않는다.

해설 헌법재판소가 한 형벌에 관한 법률 또는 법률조항에 대한 위헌결정은 비록 소급하여 그 효력을 상실하지만, 그 법률 또는 법률조항에 근거한 유죄의 확정판결에 대하여는 재심을 청구할 수 있을 뿐이어서(헌법재판소법 제47조) 확정판결에 적용된 법률조항에 대한 위헌결정이 있다고 하더라도 바로 유죄의 확정판결이 당연무효로 되는 것은 아니기 때문에 그 법률조항의 위헌 여부는 그 확정판결상의 몰수형이 무효라는 이유로 몰수된 재산의 반환을 구하는 민사재판의 전제가 되지 않는다(헌재 1993.07.29. 92헌바34).

정답 O

672. 당해 사건 재판에서 승소판결을 받았다고 하더라도 그 판결이 확정되지 아니한 이상 상소절차에서 그 주문이 달라질 수 있다면, 당해 사건에 적용되는 법률조항은 재판의 전제성이 인정된다.

해설 당해 사건에 관한 재판에서 승소판결을 받았다고 하더라도 그 판결이 확정되지 아니한 이상 상소절차에서 그 주문이 달라질 수 있으므로, 파기환송 전 항소심에서 승소판결을 받았다는 사정만으로는 법률조항의 위헌 여부에 관한 재판의 전제성이 부정된다고 할 수 없다(헌재 2013.06.27. 2011헌바247).

정답 O

673. 법원이 심판대상조항을 적용함이 없이 다른 법리를 통하여 재판을 한 경우 심판대상조항의 위헌여부는 당해 사건의 재판에 적용되거나 관련되는 것이 아니어서 재판의 전제성이 인정되지 않는다.

해설 당해 소송사건에 있어서 청구인들이 국가보위입법회의법위반으로 기소된 것도 아니고, 법원에서 동법을 적용한 바도 없으며, 뒤에서 보는 바와 같이 어떤 법률이 국가보위입법회의에서 제정 또는 개정되었다는 이유만으로 그 제정 또는 개정절차에 위헌적 하자가 있다고 다툴 수 없으므로, 동법의 위헌 여부는 이 사건의 당해 소송사건인 국가보안법위반사건의 재판의 전제가 된다고 할 수 없다(헌재 1997.01.16. 89헌마240).

정답 O

11년(1)·16년(1) 모의

674. (1) 공소장에 적시되지 아니한 법률조항으로서 법원이 공소장 변경 없이 실제 적용한 법률조항은 재판의 전제성이 없다.

(2) 공소장의 적용법조란에 적시된 법률조항이라 하더라도 구체적 소송사건에서 법원이 적용하지 아니한 법률조항은 다른 특별한 사정이 없는 한 재판의 전제성이 인정되지 않는다.

해설 공소장의 변경 없이 법원이 직권으로 공소장 기재와는 다른 법조를 적용할 수 있는 경우가 있으므로 공소장에 적시되지 않은 법률조항이라 하더라도 법원이 공소장변경 없이 실제 적용한 법률조항은 재판의 전제성이 인정되는 반면, 비록 공소장에 적시된 법률조항이라 하더라도 법원이 적용하지 않은 법률조항은 재판의 전제성이 부인되는 것이다(헌재 2002.04.25. 2001헌가27).

정답  ×, ○

15년(2)·22년(1) 모의

675. 법률조항이 당해 사건의 재판에 직접 적용되지는 않더라도, 그 위헌여부에 따라 당해 사건의 재판에 직접 적용되는 법률조항의 위헌여부가 결정되거나, 당해 재판의 결과가 좌우되는 경우 등 양 규범 사이에 내적 관련이 인정된다면 재판의 전제성을 인정할 수 있다.

해설 법률조항이 당해 사건의 재판에 간접 적용되더라도, 그 위헌여부에 따라 당해 사건의 재판에 직접 적용되는 법률조항의 위헌여부가 결정되거나, 당해 재판의 결과가 좌우되는 경우 등 양 규범 사이에 내적 관련이 인정된다면 재판의 전제성을 인정할 수 있다(헌재 2021.05.27. 2019헌바332).

정답 ○

14년(2) 모의

676. 양벌규정에 면책조항이 추가되어 무과실책임규정이 과실책임규정으로 유리하게 변경된 경우에는 신법이 적용된다고 보아야 할 것이므로 당해 사건에 적용되지 않는 구법은 재판의 전제성을 상실하게 된다.

해설 형법 제1조 제2항은 '전체적으로 보아 신법이 구법보다 피고인에게 유리하게 변경된 것이라면 신법을 적용하여야 한다'는 취지이므로, 이 사건과 같이 양벌규정에 면책조항이 추가되어 무과실책임규정이 과실책임규정으로 피고인에게 유리하게 변경되었다면 당해 사건에는 형법 제1조 제2항에 의하여 신법이 적용된다 할 것이고, 결국 당해 사건에 적용되지 않는 구법인 이 사건 심판대상 법률조항은 재판의 전제성을 상실하게 되었다 할 것이다(헌재 2010.12.28. 2010헌가51).

정답 ○

🕐 23년 변시, 11년(1)·22년(1) 모의

677. 법원에 계속 중인 당해 사건이 부적법한 것이어서 법률의 위헌 여부를 따져 볼 필요조차 없이 각하를 면할 수 없는 것일 때에는 재판의 전제성이 인정되지 않는다.

❖해설 헌법재판소법 제68조 제2항의 헌법소원이 적법하기 위해서는, 법원에 계속된 구체적 사건에 적용할 법률의 위헌 여부가 재판의 전제가 되어 있어야 하고, 이 경우 재판의 전제라 함은 문제된 법률 또는 법률조항이 당해 소송사건의 재판에 적용되는 것이어야 하며, 그 위헌 여부에 따라 재판의 주문이 달라지거나 재판의 내용과 효력에 관한 법률적 의미가 달라지는 경우를 말한다. 만약 당해사건이 부적법한 것이어서 법률의 위헌 여부를 따져 볼 필요조차 없이 각하를 면할 수 없는 것일 때에는 위헌 여부 심판의 제청신청은 적법요건인 재판의 전제성을 흠결한 것으로서 각하될 수밖에 없고, 이러한 경우에는 헌법재판소법 제68조 제2항에 의한 헌법소원심판을 청구할 수 없다(헌재 2017.01.24. 2017헌바41).

정답 O

3. 재판의 전제성 요건의 심사

🕐 12년·16년·23년 변시, 15년(2)·18년(2) 모의

678. 위헌법률심판이나 헌법재판소법 제68조 제2항의 규정에 의한 헌법소원심판에 있어서 위헌여부가 문제되는 법률이 재판의 전제성 요건을 갖추고 있는지의 여부는 헌법재판소가 별도로 독자적인 심사를 하기보다는 되도록 법원의 이에 관한 법률적 견해를 존중해야 할 것이며, 다만 그 전제성에 관한 법률적 견해가 명백히 유지될 수 없을 때에만 헌법재판소는 이를 직권으로 조사할 수 있다.

❖해설 위헌법률심판이나 헌법재판소법 제68조 제2항의 규정에 의한 헌법소원심판에 있어서 위헌 여부가 문제되는 법률이 재판의 전제성 요건을 갖추고 있는지의 여부는 헌법재판소가 별도로 독자적인 심사를 하기보다는 되도록 법원의 이에 관한 법률적 견해를 존중해야 할 것이며 다만 그 전제성에 관한 법률적 견해가 명백히 유지될 수 없을 때에만 헌법재판소는 이를 직권으로 조사할 수 있다(헌재 1999.06.24. 98헌바42).

정답 O

4. 제청 후의 사정변경과 재판의 전제성

🕐 19년·20년 변시

679. 헌법재판소법 제68조 제2항에 따른 헌법소원심판의 경우, 청구인이 당해사건인 형사사건에서 무죄의 확정판결을 받은 때에는 원칙적으로 재판의 전제성이 인정되지 아니하나, 예외적으로 객관적인 헌법질서의 수호·유지 및 관련 당사자의 권리구제를 위하여 심판의 필요성이 인정되는 경우에는 재판의 전제성을 인정할 수 있다.

해설 헌법재판소법 제68조 제2항에 의한 헌법소원심판 청구인이 당해 사건인 형사사건에서 무죄의 확정판결을 받은 때에는 처벌조항의 위헌확인을 구하는 헌법소원이 인용되더라도 재심을 청구할 수 없고, 청구인에 대한 무죄판결은 종국적으로 다툴 수 없게 되므로 법률의 위헌 여부에 따라 당해 사건 재판의 주문이 달라지거나 재판의 내용과 효력에 관한 법률적 의미가 달라지는 경우에 해당한다고 볼 수 없으므로, 원칙적으로 더 이상 재판의 전제성이 인정되지 아니한다. 그러나 법률과 같은 효력이 있는 규범인 긴급조치의 위헌 여부에 대한 헌법적 해명의 필요성이 있는 점, 당해 사건의 대법원판결은 대세적 효력이 없는 데 비하여 형벌조항에 대한 헌법재판소의 위헌결정은 대세적 기속력을 가지고 유죄 확정판결에 대한 재심사유가 되는 점, 유신헌법 당시 긴급조치 위반으로 처벌을 받게 된 사람은 재판절차에서 긴급조치의 위헌성을 다툴 수조차 없는 규범적 장애가 있었던 점 등에 비추어 볼 때, 예외적으로 헌법질서의 수호·유지 및 관련 당사자의 권리구제를 위하여 재판의 전제성을 인정함이 상당하다(헌재 2013.03.21. 2010헌바132,2010헌바70).

정답 O

14년(3)·17년(2) 모의

680. 법원에서 헌법소원심판 청구인에 대한 무죄판결이 확정된 경우, 처벌조항의 위헌확인을 구하는 헌법소원이 인용되더라도 재심을 청구할 수 없어 무죄판결을 종국적으로 다툴 수 없으므로 재판의 전제성이 인정되지 않는다.

해설 헌법재판소법 제68조 제2항에 의한 헌법소원심판 청구인이 당해 사건인 형사사건에서 무죄의 확정판결을 받은 때에는 처벌조항의 위헌확인을 구하는 헌법소원이 인용되더라도 재심을 청구할 수 없고, 청구인에 대한 무죄판결은 종국적으로 다툴 수 없게 되므로 법률의 위헌 여부에 따라 당해 사건 재판의 주문이 달라지거나 재판의 내용과 효력에 관한 법률적 의미가 달라지는 경우에 해당한다고 볼 수 없으므로, 원칙적으로 더 이상 재판의 전제성이 인정되지 아니한다(헌재 2013.03.21. 2010헌바70).

정답   O

11년(1) 모의

681. 당해 사건이 적법하게 계속되었다 하더라도 위헌제청 이후 당해 사건의 소의 취하로 종료된 경우에는 재판의 전제성이 인정되지 않는다.

해설 헌법소원심판을 청구한 후 당해 사건의 항소심에서 소를 취하하여 당해 사건이 종결된 이상 이 사건 법률조항 등은 당해 사건에 적용될 여지가 없어 그 위헌 여부가 재판의 전제가 되지 않으므로 재판의 전제성을 갖추지 못하여 부적법하다(헌재 2010.05.27. 2008헌바110).

정답   O

제❷항 │ 위헌법률심판의 범위와 심사기준

18년 변시

682. 국민의 기본권의 강화·확대라는 헌법의 역사성, 헌법재판소의 헌법해석은 헌법이 내포하고 있는 특정한 가치를 탐색·확인하고 이를 규범적으로 관철하는 작업인 점 등에 비추어, 헌법재판소가 행하는 구체적 규범통제의 심사기준은 원칙적으로 헌법재판을 할 당시에 규범적 효력을 가지는 헌법이다.

해설 유신헌법 일부 조항과 긴급조치 등이 기본권을 지나치게 침해하고 자유민주적 기본질서를 훼손하였다는 반성에 따른 헌법 개정사, 국민의 기본권의 강화·확대라는 헌법의 역사성, 헌법재판소의 헌법해석은 헌법이 내포하고 있는 특정한 가치를 탐색·확인하고 이를 규범적으로 관철하는 작업인 점에 비추어, 헌법재판소가 행하는 구체적 규범통제의 심사기준은 원칙적으로 헌법재판을 할 당시에 규범적 효력을 가지는 현행헌법이다(헌재 2013.03.21. 2010헌바70).

정답

15년(3) 모의

683. 법률이 헌법에 위반되는지의 여부를 판단함에 있어서 개별 헌법규정뿐만 아니라 법치국가원리 등 헌법의 기본원리도 그 심사기준이 된다.

해설 위헌법률심판은 법률이 헌법에 위반되는 여부를 심판하는 것이므로 심판의 기준은 헌법이어야 한다. 위헌법률의 심사기준으로서의 헌법에는 헌법의 개별규정들 뿐만 아니라 개별규정들의 이론적 기초가 되는 헌법의 원리 등도 포함된다. 헌법재판소는 "텔레비전방송수신료의 금액에 대하여 국회가 스스로 결정하거나 결정에 관여함이 없이 한국방송공사로 하여금 결정하도록 한 한국방송공사법 제35조 등 위헌소원사건(헌재 1999.05.27. 98헌바70)"에서 법치국가원리(법치주의)를 위헌법률심사기준으로 제시한 바 있다.

정답

제❸항 │ 위헌법률심판결정의 유형

14년(1) 모의

684. 헌법재판소는 자신을 포함한 모든 국가기관과 국민은 헌법상의 권력분립원리에서 파생된 입법권에 의한 입법을 존중하여야 하는 것인바, 한정위헌청구에 따른 한정위헌결정은 입법권에 대한 자제와 존중의 결과가 되는 것이고 따라서 헌법질서에도 더욱 부합하게 되는 것이라고 한다.

해설 한정위헌청구는 입법권에 대한 자제와 존중의 표현이다. 즉 헌법재판소를 포함한 모든 국가기관과 국민은 헌법상의 권력분립원리에서 파생된 입법권에 의한 입법을 존중하여야 하는 것인바, 한정위헌청구에 따른 한정위헌결정은 당해 법률조항 중 위헌적인 해석이나 적용부분만을 제거하고 그 이외의 (합헌인) 부분은 최대한 존속시킬 수 있는 것이어서 입법권에 대한 자제와 존중의 결과가 되는 것이고 따라서 헌법질서에도 더욱 부합하게 되는 것이다(헌재 2012.12.27. 2011헌바117).

제❹항 ❙ 위헌법률심판결정의 효력

I 기속력

 22년 변시, 22년(2) 모의

685. 설령 헌법재판소 위헌결정의 결정이유에까지 기속력을 인정한다고 하더라도, 결정이유의 기속력을 인정하기 위해서는 결정주문을 뒷받침하는 결정이유에 대하여 적어도 위헌결정의 정족수인 재판관 6인 이상의 찬성이 있어야 할 것이고, 이에 미달할 경우에는 결정이유에 대하여 기속력을 인정할 여지가 없다.

해설 헌법재판소법 제47조 제1항 및 제75조 제1항에 규정된 법률의 위헌결정 및 헌법소원 인용결정의 기속력과 관련하여, 입법자인 국회에게 기속력이 미치는지 여부, 나아가 결정주문뿐 아니라 결정이유에까지 기속력을 인정할지 여부는 헌법재판소의 헌법재판권 내지 사법권의 범위와 한계, 국회의 입법권의 범위와 한계 등을 고려하여 신중하게 접근할 필요가 있다. 설령 결정이유에까지 기속력을 인정한다고 하더라도, 결정주문을 뒷받침하는 결정이유에 대하여 적어도 위헌결정의 정족수인 재판관 6인 이상의 찬성이 있어야 할 것이고(헌법 제113조 제1항 및 헌법재판소법 제23조 제2항 참조), 이에 미달할 경우에는 결정이유에 대하여 기속력을 인정할 여지가 없는데, 헌법재판소가 2006. 5. 25. '안마사에 관한 규칙'(2000. 6. 16. 보건복지부령 제153호로 개정된 것) 제3조 제1항 제1호와 제2호 중 각 "앞을 보지 못하는" 부분에 대하여 위헌으로 결정한 2003헌마715등 사건의 경우(헌재 2006.05.25. 2003헌마715등) 그 결정이유에서 비맹제외기준이 과잉금지원칙에 위반한다는 점과 관련하여서는 재판관 5인만이 찬성하였을 뿐이므로 위 과잉금지원칙 위반의 점에 대하여 기속력이 인정될 여지가 없다(헌재 2008.10.30. 2006헌마1098).

 22년 변시, 21년(1)·22년(2) 모의

686. 「헌법재판소법」은 법률의 위헌결정, 권한쟁의심판의 결정, 헌법소원의 인용결정에 대한 기속력을 명문으로 규정하고 있다.

해설 헌법재판소법 제47조, 제67조, 제75조 참조.

헌법재판소법 제47조(위헌결정의 효력) ① 법률의 위헌결정은 법원과 그 밖의 국가기관 및 지방자치단체를 기속한다.
헌법재판소법 제67조(결정의 효력) ① 헌법재판소의 권한쟁의심판의 결정은 모든 국가기관과 지방자치단체를 기속한다.
헌법재판소법 제75조(인용결정) ① 헌법소원의 인용결정은 모든 국가기관과 지방자치단체를 기속한다.

21년(1) 모의

687. 헌법재판소 결정의 기속력은 모든 국가기관이 헌법재판소의 구체적인 결정에 따라야 하고, 그들이 장래에 어떤 처분이나 조치를 할 때 헌법재판소의 결정을 존중하고 이를 실현하는 방향으로 행동할 것을 요청하나, 결정의 주체인 헌법재판소에는 미치지 아니한다.

해설 법률의 위헌결정은 법원과 그 밖의 국가기관 및 지방자치단체를 기속하며, 권한쟁의심판의 결정과 헌법소원의 인용결정은 모든 국가기관과 지방자치단체를 기속한다. 이에 따라 헌법재판소도 이미 내린 결정을 임의로 변경할 수 없다. 기판력이 원칙적으로 당사자 사이에서만 효력이 미치는 것인 반면, 기속력은 모든 국가기관과 지방자치단체를 구속한다는 점에서 헌법재판의 기속력은 헌법소송의 특징이라 할 수 있다. 기속력은 모든 국가기관과 지방자치단체가 헌법재판소의 결정에 따라야 하며, 장래에 어떠한 처분을 할 경우 헌법재판소의 결정을 존중하여야 한다는 결정준수의무와 동일한 사정에서 동일한 이유에 근거한 동일 내용의 공권력의 행사 또는 불행사가 금지된다는 반복금지의무를 그 내용으로 한다(성낙인, 헌법학, p.774). 헌법재판소법 제47조, 제67조, 제75조 참조.
▶ … 헌법재판소 자신에게도 이러한 기속력이 미치므로 헌법재판소는 이미 내린 결정을 임의로 변경할 수 없다. 다만 헌법재판소법 제23조 제2항 제2호에 의하여 판례 변경을 통하여 자신의 결정을 변경할 수 있을 뿐이다(성낙인, 헌법학, p.800). 헌법재판소 결정의 기속력에 대하여 '헌법재판소 자신을 포함'한 모든 국가기관과 지방자치단체를 구속한다고 해석한다면 1번 지문의 정오에 대한 논란의 소지가 있다.

정답 O

20년(1) 모의

688. 노동단체의 정치자금기부를 금지한 「정치자금법」조항이 위헌 결정되고, 이후 국회가 법개정을 통하여 누구든지 단체와 관련된 자금으로 정치자금을 기부할 수 없도록 한 조항을 신설한 것은 노동단체의 표현의 자유의 본질적 내용을 침해한다는 점에서 종전에 위헌 결정된 법률조항의 반복입법에 해당한다.

해설 어떤 법률조항이 위헌 결정된 법률조항의 반복입법에 해당하는지 여부는 입법목적이나 동기, 입법당시의 시대적 배경 및 관련조항들의 체계 등을 종합하여 실질적 동일성이 있는지 여부에 따라 판단하여야 할 것인바, 이 사건 기부금지 조항은 그 규율영역이 위헌 결정된 법률조항과 전적으로 동일한 경우에 해당하지 않고, 노동단체에 대한 차별적 규제의 의도가 전혀 존재하지 않는다는 점에서 종전에 헌법재판소가 위헌 결정(95헌마154)한 '노동단체의 정치자금 기부 금지' 규정의 반복입법에 해당하지 않는다. … 한편 단체의 정치적 의사표현은 그 방법에 따라 정당·정치인이나 유권자의 선거권 행사에 심대한 영향을 미친다는 점에서 그 방법적 제한의 필요성이 매우 크고, 이 사건 기부금지 조항은 단체의 정치적 의사표현 자체를 금지하거나 그 내용에 따라 규제하도록 한 것이 아니라, 개인과의 관계에서 불균형적으로 주어지기 쉬운 '자금'을 사용한 방법과 관련하여 규제를 하는 것인바, 정치적 표현의 자유의 본질을 침해하는 것이라고 볼 수 없다(헌재 2010.12.28. 2008헌바89).

정답

18년(3) 모의

689. 위헌결정의 기속력에 반하는 반복입법인지 여부는 위헌결정된 법률조항의 내용이 일부라도 내포되어 있는지 여부에 의하여 판단하여야 한다.

> ▪︎해설 위헌결정의 기속력에 반하는 반복입법인지 여부는 단지 위헌결정된 법률조항의 내용이 일부라도 내포되어 있는지 여부에 의하여 판단할 것이 아니라, 입법목적이나 입법동기, 입법당시의 시대적 배경 및 관련조항들의 체계 등을 종합하여 실질적 동일성이 있는지 여부에 따라 판단하여야 한다(헌재 2013.07.25. 2012헌바409).

정답 ×

18년(3) 모의

690. 법률의 위헌결정은 법원 기타 국가기관 및 지방자치단체를 구속하는 기속력을 가지며, 헌법재판소에서 이미 위헌으로 선고된 법률조항 부분에 대한 위헌법률심판제청은 부적법하다.

> ▪︎해설 법률의 위헌결정은 법원 기타 국가기관 및 지방자치단체를 기속하는 기속력이 있어(헌법재판소법 제47조 제1항) 헌법재판소에서 이미 위헌결정이 선고된 법률조항에 대한 위헌법률심판제청은 부적법하다(헌재 2009.03.26. 2007헌가5).

정답 ○

16년(2)·18년(3)·19년(2) 모의

691. (1) 위헌결정 이후에 조세채권의 집행을 위한 새로운 체납처분에 착수하거나 이를 속행하는 것은 더 이상 허용되지 않고, 나아가 이러한 위헌결정의 효력을 위배하여 이루어진 체납처분은 당연무효이다.

(2) 위헌인 법률에 근거한 조세부과처분은 원칙상 취소할 수 있는 행위에 불과하므로 불복기간이 지난 경우에는 더 이상 다툴 수 없고, 조세부과처분과 체납처분 간에는 하자의 승계가 인정되지 않으므로 해당 「소득세법」 조항이 위헌으로 선고된 후에 공매 등의 체납처분을 하는 것은 위헌결정의 기속력에 반하지 않는다.

> ▪︎해설 구 헌법재판소법 제47조 제1항은 "법률의 위헌결정은 법원 기타 국가기관 및 지방자치단체를 기속한다."고 규정하고 있는데, 이러한 위헌결정의 기속력과 헌법을 최고규범으로 하는 법질서의 체계적 요청에 비추어 국가기관 및 지방자치단체는 위헌으로 선언된 법률규정에 근거하여 새로운 행정처분을 할 수 없음은 물론이고, 위헌결정 전에 이미 형성된 법률관계에 기한 후속처분이라도 그것이 새로운 위헌적 법률관계를 생성·확대하는 경우라면 이를 허용할 수 없다. 따라서 조세 부과의 근거가 되었던 법률규정이 위헌으로 선언된 경우, 비록 그에 기한 과세처분이 위헌결정 전에 이루어졌고, 과세처분에 대한 제소기간이 이미 경과하여 조세채권이 확정되었으며, 조세채권의 집행을 위한 체납처분의 근거규정 자체에 대하여는 따로 위헌결정이 내려진 바 없다고 하더라도, 위와 같은 위헌결정 이후에 조세채권의 집행을 위한 새로운 체납처분에 착수하거나 이를 속행하는 것은 더 이상 허용되지 않고, 나아가 이러한 위헌결정의 효력에 위배하여 이루어진 체납처분은 그 사유만으로 하자가 중대하고 객관적으로 명백하여 당연무효라고 보아야 한다(대판 2012.02.16. 2010두10907(전합)).

정답 ○, ×

17년(3) 모의

692. 헌법불합치결정의 경우 개정입법시까지 심판대상인 법률조항은 법률문언의 변화없이 계속 존속하나 법률의 위헌성을 확인한 불합치결정은 당연히 기속력을 가지므로, 이미 헌법불합치결정이 선고된 국가유공자 가산점 규정에 대한 심판청구는 심판의 이익이 없어 부적법하다

해설 국가유공자 가산점 규정은 헌법재판소가 2006. 2. 23. 헌법불합치결정과 잠정적용 명령을 선고한 2004헌마675 등 사건의 심판대상과 동일하므로, 이미 헌법불합치결정이 선고된 이 사건 국가유공자 가산점 규정에 대한 심판청구는 심판의 이익이 없어 부적법하다(헌재 2006.06.29. 2005헌가13).

 O

19년(2) 모의

693. 「헌법재판소법」은 위헌법률심판에서의 위헌결정에 대한 기속력규정만 있지 변형결정인 한정위헌 또는 한정합헌이나 헌법불합치결정에 대한 기속력규정은 없다.

해설 헌법재판소법 제47조 제1항 참조.

 O

16년(2) 모의

694. 헌법재판소는 한정위헌 결정도 위헌 결정의 일종으로서 「헌법재판소법」 제47조 제1항에 따른 기속력을 가진다는 입장이다.

해설 법률에 대한 위헌심사는 당연히 당해 법률 또는 법률조항에 대한 해석이 전제되는 것이고, 헌법재판소의 한정위헌의 결정은 단순히 법률을 구체적인 사실관계에 적용함에 있어서 그 법률의 의미와 내용을 밝히는 것이 아니라 법률에 대한 위헌성심사의 결과로서 법률조항이 특정의 적용영역에서 제외되는 부분은 위헌이라는 것을 뜻한다 함은 이미 앞에서 밝힌 바와 같다. 따라서 헌법재판소의 한정위헌결정은 결코 법률의 해석에 대한 헌법재판소의 단순한 견해가 아니라, 헌법에 정한 권한에 속하는 법률에 대한 위헌심사의 한 유형인 것이다. 만일, 대법원의 견해와 같이 한정위헌결정을 법원의 고유권한인 법률해석권에 대한 침해로 파악하여 헌법재판소의 결정유형에서 배제해야 한다면, 헌법재판소는 앞으로 헌법합치적으로 해석하여 존속시킬 수 있는 많은 법률을 모두 무효로 선언해야 하고, 이로써 합헌적 법률해석방법을 통하여 실현하려는 입법자의 입법형성권에 대한 존중과 헌법재판소의 사법적 자제를 포기하는 것이 된다. 또한, 헌법재판소의 변형결정의 일종인 헌법불합치결정의 경우에도 개정입법시까지 심판의 대상인 법률조항은 법률문언의 변화없이 계속 존속하나, 법률의 위헌성을 확인한 불합치결정은 당연히 기속력을 갖는 것이므로 헌법재판소결정의 효과로서의 법률문언의 변화와 헌법재판소결정의 기속력은 상관관계가 있는 것이 아니다(헌재 1997.12.24. 96헌마172). ▶ 한정위헌(합헌)결정의 기속력에 대하여는 대법원과 헌법재판소의 견해가 대립

  O

13년(3)·14년(1)·15년(2) 모의

695. 한정위헌결정에 관하여는 헌법재판소법 제47조가 규정하는 위헌결정의 효력을 부여할 수 없으며, 그 결과 한정위헌결정은 법원을 기속할 수 없고 재심사유가 될 수 없다는 것이 대법원 판례이다.

해설 이른바 한정위헌결정의 경우에는 헌법재판소의 결정에 불구하고 법률이나 법률조항은 그 문언이 전혀 달라지지 않은 채 그냥 존속하고 있는 것이므로 이와 같이 법률이나 법률조항의 문언이 변경되지 아니한 이상 이러한 한정위헌 결정은 법률 또는 법률조항의 의미, 내용과 그 적용범위를 정하는 법률해석이라고 이해하지 않을 수 없다. 그런데 구체적 사건에 있어서 당해 법률 또는 법률조항의 의미·내용과 적용범위가 어떠한 것인지를 정하는 권한 곧 법령의 해석·적용 권한은 바로 사법권의 본질적 내용을 이루는 것으로서, 전적으로 대법원을 최고법원으로 하는 법원에 전속한다. 그러므로 한정위헌 결정에 표현되어 있는 헌법재판소의 법률해석에 관한 견해는 법률의 의미·내용과 그 적용범위에 관한 헌법재판소의 견해를 일응 표명한 데 불과하여 이와 같이 법원에 전속되어 있는 법령의 해석·적용 권한에 대하여 어떠한 영향을 미치거나 기속력도 가질 수 없다(대판 1996.04.09. 95누11405).

정답

15년(2) 모의

696. 위헌결정의 효력에 대한 「헌법재판소법」 제47조는 「헌법재판소법」 제68조 제2항에 의한 헌법소원에는 준용되나, 「헌법재판소법」 제68조 제1항에 의한 헌법소원에는 준용되지 않는다.

해설 헌법재판소법 제75조 참조. ▶ 헌법재판소법 제68조 제1항, 제2항 모두 위헌결정의 효력에 관한 헌법재판소법 제47조를 준용한다.

헌법재판소법 제75조(인용결정) ② 제68조 제1항에 따른 헌법소원을 인용할 때에는 인용결정서의 주문에 침해된 기본권과 침해의 원인이 된 공권력의 행사 또는 불행사를 특정하여야 한다.
⑤ 제2항의 경우에 헌법재판소는 공권력의 행사 또는 불행사가 위헌인 법률 또는 법률의 조항에 기인한 것이라고 인정될 때에는 인용결정에서 해당 법률 또는 법률의 조항이 위헌임을 선고할 수 있다.
⑥ 제5항의 경우 및 제68조 제2항에 따른 헌법소원을 인용하는 경우에는 제45조 및 제47조를 준용한다.
⑦ 제68조 제2항에 따른 헌법소원이 인용된 경우에 해당 헌법소원과 관련된 소송사건이 이미 확정된 때에는 당사자는 재심을 청구할 수 있다.

정답

13년·14년 변시, 20년(1) 모의

697. 헌법재판소법에 의하면, 위헌법률심판에서의 위헌결정은 법원과 그 밖의 국가기관 및 지방자치단체를 기속하고, 권한쟁의심판의 결정과 헌법소원의 인용결정은 모든 국가기관과 지방자치단체를 기속한다.

해설 헌법재판소법 제47조 제1항, 제67조 제1항, 제75조 제1항.

> 헌법재판소법 제47조(위헌결정의 효력) ① 법률의 위헌결정은 법원과 그 밖의 국가기관 및 지방자치단체를 기속한다.
> 헌법재판소법 제67조(결정의 효력) ① 헌법재판소의 권한쟁의심판의 결정은 모든 국가기관과 지방자치단체를 기속한다.
> 헌법재판소법 제75조(인용결정) ① 헌법소원의 인용결정은 모든 국가기관과 지방자치단체를 기속한다.

정답 O

II 위헌결정의 소급효

20년(1) 모의

698. 종전에 합헌으로 결정한 사건이 있는 형벌조항에 대하여 위헌결정이 선고된 경우, 그 합헌결정이 있는 날의 다음 날로 소급하여 효력을 상실하도록 하는 것은 재심청구 및 형사보상청구에 따른 국가의 재정적 부담을 줄이기 위해 일부 피고인들의 무죄판결을 받을 기회를 박탈하는 것으로 평등원칙에 위반된다.

해설 헌법재판소가 당대의 법 감정과 시대상황을 고려하여 합헌이라는 유권적 확인을 하였다면, 그러한 사실 자체에 대하여 법적 의미를 부여하고 그것을 존중할 필요가 있다. 헌법재판소가 특정 형벌법규에 대하여 과거에 합헌결정을 하였다는 것은, 적어도 그 당시에는 당해 행위를 처벌할 필요성에 대한 사회구성원의 합의가 유효하다는 것을 확인한 것이므로, 합헌결정이 있었던 시점 이전까지로 위헌결정의 소급효를 인정할 근거가 없다. … 심판대상조항은 현재의 상황에서는 위헌이더라도 과거의 어느 시점에서 합헌결정이 있었던 형벌조항에 대하여는 위헌결정의 소급효를 제한함으로써 그동안 쌓아 온 규범에 대한 사회적인 신뢰와 법적 안정성을 확보하는 것이 중요하다는 입법자의 결단에 따라 위헌결정의 소급효를 제한한 것이므로, 이러한 소급효 제한이 불합리하다고 보기는 어렵다. 결국 심판대상조항이 종전에 합헌결정이 있었던 형벌법규의 경우 위헌결정의 소급효를 제한하여 합헌결정이 없었던 경우와 달리 취급하는 것에는 합리적 이유가 있으므로 평등원칙에 위배된다고 보기 어렵다(헌재 2016.04.28. 2015헌바216). ▶ 2014. 5. 20. 법률 제12597호로 개정된 헌법재판소법 제47조 제3항 단서 위헌소원 사건

> 헌법재판소법 제47조(위헌결정의 효력) ③ 제2항에도 불구하고 형벌에 관한 법률 또는 법률의 조항은 소급하여 그 효력을 상실한다. 다만, 해당 법률 또는 법률의 조항에 대하여 종전에 합헌으로 결정한 사건이 있는 경우에는 그 결정이 있는 날의 다음 날로 소급하여 효력을 상실한다.

정답 ×

13년 변시, 17년(3)·20년(1)·21년(1)·23년(3) 모의

699. 불처벌의 특례를 규정한 법률조항은 형벌에 관한 것이기는 하지만, 위헌결정의 소급효를 인정할 경우 오히려 형사처벌을 받지 않았던 자들에게 형사상의 불이익이 미치게 되므로 해당 법률조항에 대해서는 위헌결정의 소급효가 인정되지 않는다.

해설 특례법 제4조 제1항은 비록 형벌에 관한 것이기는 하지만 불처벌의 특례를 규정한 것이어서 위 법률조항에 대한 위헌결정의 소급효를 인정할 경우 오히려 형사처벌을 받지 않았던 자들에게 형사상의 불이익이 미치게 되므로 이와 같은 경우까지 헌법재판소법 제47조 제2항 단서의 적용범위에 포함시키는 것은 그 규정취지에 반하고, 따라서 위 법률조항이 헌법에 위반된다고 선고되더라도 형사처벌을 받지 않았던 자들을 소급하여 처벌할 수 없다(헌재 1997.01.16. 90헌마110).

정답 O

20년(1) · 23년(3) 모의

700. (1) 헌법재판소 결정에 따르면, 비(非)형벌 규정에 대한 위헌결정 이후에 제소된 일반사건이라도 구체적 타당성의 요청이 현저하고 소급효의 부인이 정의와 형평에 반하는 경우에는 예외적으로 소급효를 인정할 수 있다.

(2) 위헌결정이 있기 전에 이와 동종의 위헌 여부에 관하여 헌법재판소에 위헌제청을 하였거나 법원에 위헌제청신청을 한 경우의 당해 사건에 대하여는 구체적 규범통제의 실효성의 보장의 견지에서 위헌결정의 소급효가 인정된다.

해설 [1] 우리의 입법자는 헌법재판소법 제47조 제2항 본문의 규정을 통하여 형벌법규를 제외하고는 법적 안정성을 더 높이 평가하는 방안을 선택하였는바, 이에 의하여 구체적 타당성이나 평등의 원칙이 완벽하게 실현되지 않는다고 하더라도 헌법상 법치주의의 원칙의 파생인 법적 안정성 내지 신뢰보호의 원칙에 의하여 정당화된다 할 것이고, 특단의 사정이 없는 한 이로써 헌법이 침해되는 것은 아니라 할 것이다. [2] 그렇지만 효력이 다양할 수밖에 없는 위헌결정의 특수성 때문에 예외적으로 부분적인 소급효의 인정을 부인해서는 안 될 것이다. 첫째, 구체적 규범통제의 실효성의 보장의 견지에서 법원의 제청·헌법소원 청구 등을 통하여 헌법재판소에 법률의 ⅰ) 위헌결정을 위한 계기를 부여한 당해 사건, ⅱ) 위헌결정이 있기 전에 이와 동종의 위헌여부에 관하여 헌법재판소에 위헌제청을 하였거나 법원에 위헌제청신청을 한 경우의 당해 사건, ⅲ) 그리고 따로 위헌제청신청을 아니하였지만 당해 법률 또는 법률의 조항이 재판의 전제가 되어 법원에 계속 중인 사건에 대하여는 소급효를 인정하여야 할 것이다. 둘째, ⅳ) 당사자의 권리구제를 위한 구체적 타당성의 요청이 현저한 반면에 소급효를 인정하여도 법적 안정성을 침해할 우려가 없고 나아가 구 법에 의하여 형성된 기득권자의 이득이 해쳐질 사안이 아닌 경우로서 소급효의 부인이 오히려 정의와 평등 등 헌법적 이념에 심히 배치되는 때에도 소급효를 인정할 수 있다. 어떤 사안이 후자와 같은 테두리에 들어가는가에 관하여는 본래적으로 규범통제를 담당하는 헌법재판소가 위헌선언을 하면서 직접 그 결정주문에서 밝혀야 할 것이나, 직접 밝힌 바 없으면 그와 같은 경우에 해당하는가의 여부는 일반법원이 구체적 사건에서 해당 법률의 연혁·성질·보호법익등을 검토하고 제반이익을 형량해서 합리적·합목적적으로 정하여 대처할 수밖에 없을 것으로 본다(헌재 1993.05.13. 92헌가10).

정답 O, O

701. 甲이 영업허가취소처분 취소청구의 소 계속 중 당해처분의 근거가 된 법 조항에 대하여 위헌법률심판제청신청을 한 경우, 헌법재판소가 위 영업허가취소처분의 근거조항에 대해 위헌결정을 하는 때, 같은 조항에 근거하여 제3자인 乙에게 내려진 영업허가취소처분이 위헌결정 이전에 이미 확정력이 발생하였다 하더라도, 위헌결정의 효력이 乙에 대한 영업허가취소처분에도 미치는 것이 원칙이다.

해설 위헌인 법률에 근거한 행정처분이 당연무효인지의 여부는 위헌결정의 소급효와는 별개의 문제로서, 위헌결정의 소급효가 인정된다고 하여 위헌인 법률에 근거한 행정처분이 당연무효가 된다고는 할 수 없고, 오히려 이미 취소소송의 제기기간을 경과하여 확정력이 발생한 행정처분에는 위헌결정의 소급효가 미치지 않는다고 보아야 한다(대판 1994.10.28. 92누9463).

정답 ×

702. (1) 위헌으로 결정된 법률 또는 법률의 조항에 근거한 유죄의 확정판결에 대하여는 재심을 청구할 수 있지만, 위 유죄의 확정판결이란 헌법재판소의 위헌결정으로 인하여 헌법재판소법 제47조 제3항의 규정에 의하여 소급하여 효력을 상실하는 법률 또는 법률의 조항을 적용한 유죄의 확정판결을 의미한다.

(2) 위헌으로 결정된 법률이 종전의 합헌결정이 있는 날의 다음 날로 소급하여 효력을 상실하는 경우, 그 합헌결정이 있는 날의 다음 날 이후에 유죄 판결이 선고되어 확정되었다면, 이에 대하여 재심을 청구할 수 있다.

해설 (1) 헌법재판소법 제47조 제4항에 따라 재심을 청구할 수 있는 '위헌으로 결정된 법률 또는 법률의 조항에 근거한 유죄의 확정판결'이란 헌법재판소의 위헌결정으로 인하여 같은 조 제3항의 규정에 의하여 소급하여 효력을 상실하는 법률 또는 법률의 조항을 적용한 유죄의 확정판결을 의미한다. (2) 따라서 위헌으로 결정된 법률 또는 법률의 조항이 같은 조 제3항 단서에 의하여 종전의 합헌결정이 있는 날의 다음 날로 소급하여 효력을 상실하는 경우 합헌결정이 있는 날의 다음 날 이후에 유죄판결이 선고되어 확정되었다면, 비록 범죄행위가 그 이전에 행하여졌더라도 그 판결은 위헌결정으로 인하여 소급하여 효력을 상실한 법률 또는 법률의 조항을 적용한 것으로서 '위헌으로 결정된 법률 또는 법률의 조항에 근거한 유죄의 확정판결'에 해당하므로 이에 대하여 재심을 청구할 수 있다(대판 2016.11.10 2015모1475).

정답 ○, ○

703. 위헌으로 결정된 법률 또는 법률의 조항은 그 결정일로부터 효력을 상실하지만, 형벌에 관한 법률 또는 법률의 조항은 소급하여 그 효력을 상실한다.

해설 헌법재판소법 제47조 제2항, 제3항 참조.

> 헌법재판소법 제47조(위헌결정의 효력) ② 위헌으로 결정된 법률 또는 법률의 조항은 그 결정이 있는 날부터 효력을 상실한다.
> ③ 제2항에도 불구하고 형벌에 관한 법률 또는 법률의 조항은 소급하여 그 효력을 상실한다. 다만, 해당 법률 또는 법률의 조항에 대하여 종전에 합헌으로 결정한 사건이 있는 경우에는 그 결정이 있는 날의 다음 날로 소급하여 효력을 상실한다.

정답 ○

14년 변시, 17년(3) 모의

704. (1) 형벌 조항에 대한 헌법불합치결정이 있는 경우에도 위헌결정에 따른 소급효가 인정되므로, 헌법불합치결정의 대상 조항을 적용하여 공소가 제기된 피고사건은 범죄로 되지 아니한 때에 해당하고, 법원은 이에 대하여 무죄를 선고하여야 한다.

(2) 형벌에 관한 법령이 헌법재판소의 위헌결정으로 인하여 소급하여 그 효력을 상실하였거나 법원에서 위헌·무효로 선언된 경우, 법원은 당해 법령을 적용하여 공소가 제기된 피고 사건에 대하여 형사소송법 제325조(무죄의 판결)에 따라 무죄를 선고하여야 한다.

해설 (1) 헌법재판소의 헌법불합치결정은 헌법과 헌법재판소법이 규정하고 있지 않은 변형된 형태이지만 법률조항에 대한 위헌결정에 해당하고, 집회 및 시위에 관한 법률 제23조 제1호는 집회 주최자가 집시법 제10조 본문을 위반할 것을 구성요건으로 삼고 있어 집시법 제10조 본문은 집시법 제23조 제1호와 결합하여 형벌에 관한 법률조항을 이루게 되므로, 집시법의 위 조항들에 대하여 선고된 헌법불합치결정은 형벌에 관한 법률조항에 대한 위헌결정이다. 그리고 헌법재판소법 제47조 제2항 단서는 형벌에 관한 법률조항에 대하여 위헌결정이 선고된 경우 그 조항이 소급하여 효력을 상실한다고 규정하고 있으므로, 형벌에 관한 법률조항이 소급하여 효력을 상실한 경우에 당해 조항을 적용하여 공소가 제기된 피고사건은 범죄로 되지 아니한 때에 해당하고, 법원은 이에 대하여 형사소송법 제325조 전단에 따라 무죄를 선고하여야 한다(대판 2011.06.23. 2008도7562(전합)).
(2) 법원은, 형벌에 관한 법령이 헌법재판소의 위헌결정으로 인하여 소급하여 그 효력을 상실하였거나 법원에서 위헌·무효로 선언된 경우, 당해 법령을 적용하여 공소가 제기된 피고사건에 대하여 같은 법 제325조에 따라 무죄를 선고하여야 한다(대판 2010.12.16. 2010도5986(전합)).

정답 ○, ○

15년 변시, 18년(3) 모의

705. (1) 행정처분 이후 근거법률이 위헌으로 결정된 경우, 당해 행정처분은 원칙적으로 당연 무효가 되므로 이미 취소소송의 제소기간이 경과하여 확정력이 발생한 행정처분에도 위헌결정의 소급효가 미친다.

(2) 이미 취소소송의 제기기간을 경과하여 확정력이 발생한 행정처분에는 위헌결정의 소급효가 미치지 않는다고 보아야 할 것이므로, 어느 행정처분에 대하여 그 행정

처분의 근거가 된 법률이 위헌이라는 이유로 무효확인청구의 소가 제기된 경우에는 원칙적으로 그 청구를 기각하여야 한다.

해설 (1) 위헌결정의 효력은 그 결정 이후에 당해 법률이 재판의 전제가 되었음을 이유로 법원에 제소된 일반사건에도 미치므로, 당해 법률에 근거하여 행정처분이 발하여진 후에 헌법재판소가 그 행정처분의 근거가 된 법률을 위헌으로 결정하였다면 결과적으로 행정처분은 법률의 근거가 없이 행하여진 것과 마찬가지가 되어 하자가 있는 것이 되나, 이미 취소소송의 제기기간을 경과하여 확정력이 발생한 행정처분의 경우에는 위헌결정의 소급효가 미치지 않는다고 보아야 할 것이고, 일반적으로 법률이 헌법에 위반된다는 사정은 헌법재판소의 위헌결정이 있기 전에는 객관적으로 명백한 것이라고 할 수는 없으므로 헌법재판소의 위헌결정 전에 행정처분의 근거되는 당해 법률이 헌법에 위반된다는 사유는 특별한 사정이 없는 한 그 행정처분의 취소소송의 전제가 될 수 있을 뿐 당연무효사유는 아니라고 봄이 상당하다(대판 2002.11.08. 2001두3181).

(2) 위헌인 법률에 근거한 행정처분이 당연무효인지의 여부는 위헌결정의 소급효와는 별개의 문제로서, 위헌결정의 소급효가 인정된다고 하여 위헌인 법률에 근거한 행정처분이 당연무효가 된다고는 할 수 없고, 오히려 이미 취소소송의 제기기간을 경과하여 확정력이 발생한 행정처분에는 위헌결정의 소급효가 미치지 않는다고 보아야 한다. 어느 행정처분에 대하여 그 행정처분의 근거가 된 법률이 위헌이라는 이유로 무효확인청구의 소가 제기된 경우에는 다른 특별한 사정이 없는 한 법원으로서는 그 법률이 위헌인지 여부에 대하여는 판단할 필요 없이 그 무효확인청구를 기각하여야 한다(대판 1994.10.28. 92누9463).

정답 ×, ○

706. 과세처분에 따라 세금을 납부하였고 그 처분에 불가쟁력이 발생한 경우에는 과세처분의 근거법률이 나중에 위헌으로 결정되었다고 하더라도 이미 납부한 세금의 반환 청구는 허용되지 않는다.

해설 대법원은 이미 취소소송의 제기기간을 경과하여 확정력이 발생한 행정처분에는 위헌결정의 소급효가 미치지 않으며, 행정처분의 근거법률이 위헌이라는 사정은 특별한 사정이 없는 한 행정처분의 취소사유에 불과하다고 본다(대판 1994.10.28. 92누9463 등 참조). ▶ 그 결과 위헌인 법률에 근거한 조세부과처분에 따라 세금을 납부하였고, 당해 조세부과처분에 불가쟁력이 발생한 경우 이미 낸 세금의 반환청구가 인정되지 않는다.

정답 ○

707. 헌법재판소의 위헌결정에 소급효를 인정할 것인가의 문제는 특별한 사정이 없는 한 헌법적합성의 문제라기보다는 입법정책의 문제이므로, 형벌 법규에 대한 위헌결정의 경우를 제외하고 법적 안정성을 더 높이 평가한 입법자의 판단은 헌법상 법치주의원칙에서 파생된 법적 안정성 내지 신뢰보호의 원칙에 의하여 정당화된다.

해설 헌법재판소에 의하여 위헌으로 선고된 법률 또는 법률의 조항이 제정 당시로 소급하여 효력을 상실하는가 아니면 장래에 향하여 효력을 상실하는가의 문제는 특단의 사정이 없는 한 헌법적합성의 문제라기 보다는 입법자가 법적 안정성과 개인의 권리구제 등 제반이익을 비교형량하여 가면서 결정할 입법정책의 문제인 것으로 보인다. 우리의 입법자는 헌법재판소법 제47조 제2항 본문의 규정을 통하여 형벌법규를 제외하고는 법적 안정성을 더 높이 평가하는 방안을 선택하였던바, 이에 의하여 구체적 타당성이나 평등의 원칙이 완벽하게 실현되지 않는다고 하더라도 헌법상 법치주의의 원칙의 파생인 법적 안정성 내지 신뢰보호의 원칙에 의하여 정당화된다 할 것이고, 특단의 사정이 없는 한 이로써 헌법이 침해되는 것은 아니라 할 것이다(헌재 1993.05.13. 92헌가10).

정답 ○

14년 변시, 21년(1)·22년(2) 모의

708. 구체적 규범통제의 실효성 보장의 견지에서 법원의 제청, 헌법소원의 청구 등을 통하여 헌법재판소에 법률의 위헌결정을 위한 계기를 부여한 당해 사건, 위헌결정이 있기 전에 이와 동종의 위헌 여부에 관하여 헌법재판소에 위헌제청을 하였거나 법원에 위헌제청신청을 한 경우의 당해 사건, 그리고 따로 위헌제청신청을 아니하였지만 당해 법률 또는 법률의 조항이 재판의 전제가 되어 법원에 계속 중인 사건은 위헌결정의 소급효가 인정된다.

해설 … 이에 대하여 우리 재판소는, 헌법재판소에 의하여 위헌으로 선고된 법률 또는 법률의 조항이 제정 당시로 소급하여 효력을 상실하는가, 아니면 장래를 향하여 효력을 상실하는가의 문제는 특단의 사정이 없는 한 헌법적합성의 문제라기보다는 입법자가 법적 안정성과 개인의 권리구제 등 제반이익을 비교형량하여 가면서 결정할 입법정책의 문제라는 전제하에, 형벌법규를 제외하고는 법적 안정성을 더 높이 평가하는 방안을 선택한 입법자의 판단이 헌법에 위반되지 아니한다고 하면서, 다만 효력이 다양할 수밖에 없는 위헌결정의 특수성 때문에 예외적으로 부분적인 소급효를 인정하여야 한다는 취지를 수차례 밝힌 바 있다. 그리고 예외적으로 소급효를 인정하여야 하는 범위에 관하여, 첫째, 구체적 규범통제의 실효성 보장의 견지에서 법원의 제청·헌법소원의 청구 등을 통하여 헌법재판소에 법률의 위헌결정을 위한 계기를 부여한 당해 사건, 위헌결정이 있기 전에 이와 동종의 위헌 여부에 관하여 헌법재판소에 위헌제청을 하였거나 법원에 위헌제청신청을 한 경우의 당해 사건, 그리고 따로 위헌제청신청을 아니하였지만 당해 법률 또는 법률의 조항이 재판의 전제가 되어 법원에 계속중인 사건에 대하여는 소급효를 인정하여야 하고, 둘째, 당사자의 권리구제를 위한 구체적 타당성의 요청이 현저한 반면에 소급효를 인정하여도 법적 안정성을 침해할 우려가 없으며, 나아가 구법에 의하여 형성된 기득권자의 이득이 해쳐질 사안이 아닌 경우로서 소급효의 부인이 오히려 정의와 형평 등 헌법적 이념에 심히 배치되는 때에도 소급효를 인정할 수 있다는 입장이다(헌재 2013.06.27. 2010헌마535).

정답

제5절 헌법소원심판

제❶항 │ 위헌심사형 헌법소원의 요건

Ⅰ 헌법소원의 대상

16년(3)·21년(2)·23년(1) 모의

709. 지방자치단체의 조례는 「헌법재판소법」 제68조 제1항에 따른 헌법소원심판의 대상이 될 수는 있으나, 법률이 아니므로 어떠한 경우에도 위헌법률심판이나 「헌법재판소법」 제68조 제2항에 따른 헌법소원심판의 대상이 될 수 없다.

해설 조례는 지방자치단체가 그 자치입법권에 근거하여 자주적으로 지방의회의 의결을 거쳐 제정한 법규이기 때문에 조례 자체로 인하여 직접 그리고 현재 자기의 기본권을 침해받은 자는 그 권리구제의 수단으로서 조례에 대한 헌법소원을 제기할 수 있다(헌재 1995.04.20. 92헌마264,279). 헌법재판소법 제68조 제2항에 의한 헌법소원의 대상은 당해 사건의 재판의 전제가 되는 '법률'인 것이므로 지방자치단체의 조례는 그 대상이 될 수 없다(헌재 1998.10.15. 96헌바77).

정답

 20년 변시

710. 甲은 승용차 운전 중 교통사고를 일으켜 사람을 사상하게 하고도 필요한 조치를 취하지 않았다는 이유로 지방경찰청장으로부터 운전면허 취소처분을 받자, 법원에 위 처분의 취소를 구하는 소송을 제기하였다. 甲은 이 소송 계속 중 운전면허취소처분의 근거법령인 「도로교통법」 조항 및 「도로교통법 시행규칙」 조항에 대하여 위헌법률심판제청신청을 하였으나, 위 법률 조항에 대한 신청은 기각, 위 시행규칙 조항에 대한 신청은 각하되었으며, 이 기각 및 각하 결정은 2018. 7. 2. 甲에게 통지되었다.

1) 기본권 침해의 직접성이 없는 법률 조항에 대해서도 「헌법재판소법」 제68조 제2항의 헌법소원심판을 청구할 수 있다.

해설 헌법재판소법 제68조 참조.

헌법재판소법 제68조(청구 사유) ① 공권력의 행사 또는 불행사로 인하여 헌법상 보장된 기본권을 침해받은 자는 법원의 재판을 제외하고는 헌법재판소에 헌법소원심판을 청구할 수 있다. 다만, 다른 법률에 구제절차가 있는 경우에는 그 절차를 모두 거친 후에 청구할 수 있다.
② 제41조제1항에 따른 법률의 위헌 여부 심판의 제청신청이 기각된 때에는 그 신청을 한 당사자는 헌법재판소에 헌법소원심판을 청구할 수 있다. 이 경우 그 당사자는 당해 사건의 소송절차에서 동일한 사유를 이유로 다시 위헌 여부 심판의 제청을 신청할 수 없다.

정답

2) 「헌법재판소법」에서는 제41조 제1항에 따른 법률의 위헌 여부 심판의 제청신청이 '기각'된 때에 제68조 제2항의 헌법소원심판을 청구할 수 있다고 규정하고 있는데, 위 '기각'된 때에는 '각하'된 경우도 포함될 수 있다.

해설 헌법재판소법 제41조 제1항은 "법률이 헌법에 위반되는 여부가 재판의 전제가 된 때에는 당해 사건을 담당하는 법원은 직권 또는 당사자의 신청에 의한 결정으로 헌법재판소에 위헌여부의 심판을 제청한다"라고 규정하고 있고, 동법 제68조 제2항은 "제41조 제1항에 의한 법률의 위헌여부심판의 제청신청이 기각된 때에는 그 신청을 한 당사자는 헌법재판소에 헌법소원심판을 청구할 수 있다"라고 규정하고 있으므로, 동법 제68조 제2항에 의한 헌법소원심판의 청구는 동법 제41조 제1항에 의한 법률의 위헌여부심판의 제청신청을 법원이 각하 또는 기각한 경우에만 허용된다(헌재 1999.04.29. 98헌바29).

3) 「도로교통법 시행규칙」 조항은 「헌법재판소법」 제68조 제2항의 헌법소원심판의 대상이 될 수 없다.

해설 헌법 제111조 제1항 제1호, 제5호 및 헌법재판소법 제41조 제1항, 제68조 제2항은 위헌심사의 대상이 되는 규범을 '법률'로 명시하고 있으며, 여기서 '법률'이라고 함은 국회의 의결을 거쳐 제정된 이른바 형식적 의미의 법률을 의미하므로 헌법의 개별규정 자체는 헌법소원에 의한 위헌심사의 대상이 아니다(헌재 1995.12.28. 95헌바3).

711. 헌법재판소법 제68조 제2항에 따른 헌법소원심판의 경우, 폐지된 법률도 재판의 전제성이 인정될 수 있다.

해설 폐지된 법률에 대한 헌법소원은 원칙적으로 부적법하고, 다만 폐지된 법률의 위헌 여부가 관련 소송사건의 재판의 전제가 되어 있다면 위헌심판의 대상이 된다(헌재 2015.05.12. 2015헌바173).

712. 헌법재판소법 제68조 제2항에 의한 헌법소원심판은 현재 시행되고 있는 유효한 법률만을 심판대상으로 할 수 있으므로, 시행 후 폐지된 법률과 공포되었으나 시행되지 않고 이미 폐지된 법률은 심판의 대상이 될 수 없다.

해설 헌재법 제68조 제2항에 의한 헌법소원심판청구의 대상으로서의 법률은 … 원칙적으로 위헌심판시를 기준으로 효력을 가지는 법률이어야 한다. 다만 폐지된 법률이라도 청구인들의 침해된 법익을 보호하기위하여 그 위헌여부가 가려져야 할 필요가 있는 경우에는 대상이 될 수 있다(정회철, 기본강의헌법 제7판, p.1190). ▶ 따라서 공포되었으나 시행되지 않고 이미 폐지된 법률은 심판의 대상이 될 수 없으나, 시행 후 폐지된 법률은 예외적으로 심판의 대상이 될 수 있다.

정답 ×

 19년 변시

713. 특수형태근로종사자인 캐디에 대하여 「근로기준법」이 전면적으로 적용되어야 한다는 주장은, 캐디와 같이 「근로기준법」상 근로자에 해당하지 않지만 이와 유사한 지위에 있는 사람을 「근로기준법」의 적용대상에 포함시키지 않은 부진정입법부작위의 위헌성을 다투는 것이므로 「헌법재판소법」 제68조 제2항의 헌법소원심판을 청구하는 것이 허용된다.

해설 이 사건 심판청구는 성질상 근로기준법이 전면적으로 적용되지 못하는 특수형태근로종사자(캐디)의 노무조건·환경 등에 대하여 근로기준법과 동일한 정도의 보호를 내용으로 하는 새로운 입법을 하여 달라는 것으로, 실질적으로 진정입법부작위를 다투는 것과 다름없다. 따라서 이 사건 심판청구는 헌법재판소법 제68조 제2항에 따른 헌법소원에서 진정입법부작위를 다투는 것으로써 부적법하다(헌재 2016.11.24. 2015헌바413).

정답 ×

 19년 변시

714. 수사기관에서 수사 중인 사건에 대하여 징계절차를 진행하지 아니함을 징계 혐의자인 지방공무원에게 통보하지 않아도 징계시효가 연장되는 것이 위헌이라는 주장은, 「지방공무원법」에서 징계시효 연장을 규정하면서 징계절차를 진행하지 아니함을 통보하지 아니한 경우에는 징계시효가 연장되지 않는다는 예외규정을 두지 아니한 부진정입법부작위의 위헌성을 다투는 것이므로 「헌법재판소법」 제68조 제2항의 헌법소원심판을 청구하는 것이 허용된다.

해설 청구인은 지방공무원법 제73조 제2항, 제3항, 제73조의2 제1항, 제2항 전부에 대하여 심판청구를 하면서, 수사기관에서 수사 중인 사건에 대하여 징계절차를 진행하지 아니함을 징계 혐의자에게 통보하지 않아도 징계시효가 연장되는 것이 위헌이라는 취지로 다투고 있다. 이는 제73조의2 제2항에서 징계시효 연장을 규정하면서, 징계절차를 진행하지 아니함을 통보하지 아니한 경우에는 징계시효가 연장되지 않는다는 예외규정을 두지 아니한 입법의 불완전성·불충분성, 즉 부진정입법부작위의 위헌성을 다투는 것이다(헌재 2017.06.29. 2015헌바29).

정답 ○

22년(1) · 19년(1) 모의

715. 파병 정책을 심의, 의결한 국무회의의 의결이 그 자체로 국민에 대하여 직접적인 법률효과를 발생시키는 행위인 이상 헌법재판소법 제68조 제1항에서 말하는 넓은 의미의 공권력의 행사에 해당한다.

해설 국군을 외국에 파견하려면, 대통령이 국무회의의 심의를 거쳐 국회에 파병동의안 제출, 국회의 동의(헌법 제60조 제2항), 대통령의 파병결정, 국방부장관의 파병 명령, 파견 대상 군 참모총장의 구체적, 개별적 인사명령의 절차를 거쳐야 하는바, 이러한 절차에 비추어 파병은 대통령이 국회의 동의를 얻어 파병 결정을 하고, 이에 따라 국방부장관 및 파견 대상 군 참모총장이 구체적, 개별적인 명령을 발함으로써 비로소 해당 국민, 즉 파견 군인 등에게 직접적인 법률효과를 발생시키는 것이고, 대통령이 국회에 파병동의안을 제출하기 전에 대통령을 보좌하기 위하여 파병 정책을 심의, 의결한 국무회의의 의결은 국가기관의 내부적 의사결정행위에 불과하여 그 자체로 국민에 대하여 직접적인 법률효과를 발생시키는 행위가 아니므로 헌법재판소법 제68조 제1항에서 말하는 공권력의 행사에 해당하지 아니한다(헌재 2003.12.18. 2003헌마225).

정답

19년(1) 모의

716. 교정시설 내 과밀수용행위는 교정시설의 장이 우월적 지위에서 수형자의 의사와 상관없이 일방적으로 행한 권력적 사실행위로서 헌법소원심판의 대상이 되는 공권력 행사에 해당한다.

해설 이 사건 수용행위(구치소 내 과밀수용행위)는 피청구인이 우월적 지위에서 청구인의 의사와 상관없이 일방적으로 행한 권력적 사실행위로서 헌법소원심판의 대상이 되는 공권력 행사에 해당한다(헌재 2016.12.29. 2013헌마142).

정답

18년(1) 모의

717. 진정입법부작위를 「헌법재판소법」 제68조 제2항에 의한 헌법소원심판의 대상으로 하는 것은 그 자체로서 허용될 수 없다.

해설 헌법재판소법 제41조에 의한 법원의 위헌제청에 의한 위헌법률심판이나 헌법재판소법 제68조 제2항에 따른 헌법소원은 법률이나 법률조항이 헌법에 위반되는지 여부를 적극적으로 다투는 제도이므로 법률의 부존재, 즉 입법부작위를 그 심판의 대상으로 하는 것은 그 자체로서 허용될 수 없다(헌재 2000.01.27. 98헌바12).

정답

718. (1) 「민법」 시행 이전에 상속을 규율하는 법률이 없는 상황에서 재산상속에 관하여 적용된 구 관습법은 법률과 같은 효력을 가지므로 「헌법재판소법」 제68조 제2항에 의한 헌법소원심판의 대상이 된다. (다툼이 있는 경우 헌법재판소 판례에 의함)

(2) 관습법은 형식적 의미의 법률과 동일한 효력이 없으므로, 「민법」 시행 이전의 구 관습법 중 "여호주가 사망하거나 출가하여 호주상속인 없이 절가된 경우, 유산은

그 절가된 가(家)의 가족이 승계하고 가족이 없을 때는 출가녀(出家女)가 승계한다."라는 부분은 「헌법재판소법」 제68조 제2항에 따른 헌법소원심판의 대상이 될 수 없다.

해설 (1) 법률과 동일한 효력을 갖는 조약 등을 위헌법률심판의 대상으로 삼는 것은 헌법을 최고규범으로 하는 법질서의 통일성과 법적 안정성을 확보할 수 있을 뿐만 아니라, 합헌적인 법률에 의한 재판을 가능하게 하여 궁극적으로는 국민의 기본권 보장에 기여할 수 있다. 그런데 이 사건 관습법은 민법 시행 이전에 상속을 규율하는 법률이 없는 상황에서 재산상속에 관하여 적용된 규범으로서 비록 형식적 의미의 법률은 아니지만 실질적으로는 법률과 같은 효력을 갖는 것이므로 위헌법률심판의 대상이 된다(헌재 2013.02.28. 2009헌바129).

(2) 민법 시행 이전의 "여호주가 사망하거나 출가하여 호주상속이 없이 절가된 경우, 유산은 그 절가된 가(家)의 가족이 승계하고 가족이 없을 때는 출가녀가 승계한다."는 구 관습법은 민법 시행 이전에 상속 등을 규율하는 법률이 없는 상황에서 절가된 가(家)의 재산분배에 관하여 적용된 규범으로서, 비록 형식적 의미의 법률은 아니지만 실질적으로는 법률과 같은 효력을 갖는다. 그렇다면 법률과 같은 효력을 가지는 이 사건 관습법도 헌법소원심판의 대상이 되고, 단지 형식적 의미의 법률이 아니라는 이유로 그 예외가 될 수는 없다(헌재 2016.04.28. 2013헌바396).

비교판례 헌법 제111조 제1항 제1호 및 헌법재판소법 제41조 제1항에서 규정하는 위헌심사의 대상이 되는 법률은 국회의 의결을 거친 이른바 형식적 의미의 법률을 의미하고, 또한 민사에 관한 관습법은 법원에 의하여 발견되고 성문의 법률에 반하지 아니하는 경우에 한하여 보충적인 법원(法源)이 되는 것에 불과하여 관습법이 헌법에 위반되는 경우 법원이 그 관습법의 효력을 부인할 수 있으므로, 결국 관습법은 헌법재판소의 위헌법률심판의 대상이 아니라 할 것이다(대판 2009.05.28. 2007카기134).
▶ 대법원은 반대의 입장임.

정답  ○, ×

 17년 변시

719. 「헌법재판소법」 제68조 제2항에 의한 헌법소원은 '법률'의 위헌성을 적극적으로 다투는 제도이므로 '법률의 부존재' 즉 입법부작위를 다투는 것은 그 자체로 허용되지 아니하고, 다만 법률이 불완전·불충분하게 규정되었음을 근거로 법률 자체의 위헌성을 다투는 취지로 이해될 경우에는 그 법률이 당해 사건의 재판의 전제가 된다는 것을 요건으로 허용될 수 있다.

해설 헌법재판소법 제68조 제2항에 의한 헌법소원은 '법률'의 위헌성을 적극적으로 다투는 제도이므로 '법률의 부존재' 즉, 입법부작위를 다투는 것은 그 자체로 허용되지 아니하고, 다만 법률이 불완전·불충분하게 규정되었음을 근거로 법률 자체의 위헌성을 다투는 취지로 이해될 경우에는 그 법률이 당해 사건의 재판의 전제가 된다는 것을 요건으로 허용될 수 있다(헌재 2011.05.26. 2010헌바202).

정답 ○

16년(3)·19년(1) 모의

720. 행정처분에 대한 소송절차에서 행정처분의 주체인 행정청이 구체적 규범통제를 위하여 근거 법률의 위헌 여부에 대해 위헌법률심판의 제청을 신청할 수 있도록 하는 것은 권력분립원칙에 위반된다

해설 헌법재판소법 제68조 제2항에 의한 헌법소원심판은 구체적 규범통제의 헌법소원으로서 기본권의 침해가 있을 것을 그 요건으로 하고 있지 않을 뿐만 아니라 행정처분에 대한 소송절차에서는 그 근거법률의 헌법적합성까지도 심판대상으로 되는 것이므로, 행정처분의 주체인 행정청도 헌법의 최고규범력에 따른 구체적 규범통제를 위하여 근거법률의 위헌 여부에 대한 심판의 제청을 신청할 수 있고, 헌법재판소법 제68조 제2항의 헌법소원을 제기할 수 있다(헌재 2008.04.24. 2004헌바44).

정답

16년(3) 모의

721. 「헌법재판소법」 제68조 제2항에 의한 헌법소원심판청구는 동법 제68조 제1항에 의한 헌법소원에서 요구되는 기본권침해가능성이나 보충성 요건을 갖출 필요가 없다.

해설 헌법재판소법 제68조 제2항은 기본권의 침해가 있을 것을 그 요건으로 하고 있지 않다(헌재 2008.04.24. 2004헌바44).

정답

II 위헌법률심판제청신청 기각결정

 24년 변시

722. 위헌법률심판제청신청이 기각된 경우, 甲은 그 기각결정에 대하여 민사소송에 의한 항고나 재항고를 할 수 없을 뿐만 아니라 특별항고도 할 수 없다.

해설 위헌제청신청 기각결정에 대하여 항고, 재항고 또는 특별항고를 할 수 있는지 여부(소극) … 특별항고인의 위헌 여부 심판의 제청신청을 기각한 원심의 결정에 대하여 특별항고인은 '즉시항고장'을 제출하여 불복하였으나, 헌법재판소법 제41조 제4항은 위헌 여부 심판의 제청에 관한 결정에 대하여는 항고할 수 없다고 규정하고 있고, 같은 법 제68조 제2항은 위헌 여부 심판의 제청신청이 기각된 때에는 그 신청을 한 당사자는 헌법재판소에 헌법소원심판을 청구할 수 있다고 규정하고 있을 뿐이므로, 위헌제청신청을 기각하는 결정에 대하여는 민사소송에 의한 항고나 재항고를 할 수 없다. 한편 재판의 전제가 되는 어떤 법률이 위헌인지의 여부는 재판을 담당한 법원이 직권으로 심리하여야 하는 것이어서 당사자가 그 본안사건에 대하여 상소를 제기한 때에는 그 법률의 재판의 전제성과 위헌 여부는 상소심이 독자적으로 심리·판단하여야 하는 것이므로, 위헌제청신청 기각결정은 본안에 대한 종국재판과 함께 상소심의 심판을 받는 중간적 재판의 성질을 갖는 것으로서 특별항고의 대상이 되는 불복을 신청할 수 없는 결정에는 해당되지 않는다. 따라서 이 사건 특별항고는 특별항고의 대상이 될 수 없는 재판에 대한 것으로서 부적법하다(대결 2015.01.06. 2014그247).

정답

🍊 16년 변시, 21년(2) 모의

723. 「헌법재판소법」 제68조 제2항에 의하면 당해 법원에 의해 위헌법률심판제청신청이 기각된 법률조항에 대해서 헌법소원심판을 청구할 수 있으므로, 당해 법원이 재판의 전제성을 부정하여 각하한 조항에 대해서는 위 헌법소원심판청구가 허용되지 않는다.

해설 헌법재판소법 제41조 제1항은 "법률이 헌법에 위반되는 여부가 재판의 전제가 된 때에는 당해 사건을 담당하는 법원은 직권 또는 당사자의 신청에 의한 결정으로 헌법재판소에 위헌여부의 심판을 제청한다"라고 규정하고 있고, 동법 제68조 제2항은 "제41조 제1항에 의한 법률의 위헌여부심판의 제청신청이 기각된 때에는 그 신청을 한 당사자는 헌법재판소에 헌법소원심판을 청구할 수 있다"라고 규정하고 있으므로, 동법 제68조 제2항에 의한 헌법소원심판의 청구는 동법 제41조 제1항에 의한 법률의 위헌여부심판의 제청신청을 법원이 각하 또는 기각한 경우에만 허용된다(헌재 1999.04.29. 98헌바29).

정답

🍊 16년(1) 모의

724. 헌법재판소법 제68조 제2항에 의한 헌법소원심판청구가 있는 경우, 명시적으로 위헌법률심판제청신청에 대한 기각결정의 대상에 포함되지 않은 법률조항이라도 법원이 그에 대해 실질적·묵시적으로 위헌 여부에 대해 판단하였다면, 그 조항에 대한 헌법소원심판청구는 적법하다.

해설 위헌법률심판제청신청의 대상이 되지 않은 법률조항들에 대해서는 헌법재판소법 제68조 제2항에 의한 헌법소원심판을 청구할 수 없으나 법원이 당해 법률조항의 위헌 여부를 실질적으로 판단하였거나 당해 법률조항이 위헌제청신청의 대상이 된 법률조항과 필연적으로 연관관계를 맺고 있어 그 법률조항에 대해서도 묵시적으로 제청신청 및 그 신청에 대한 기각결정이 있었다고 볼 수 있는 경우에는 그 법률조항에 대한 심판청구도 적법하다(헌재 2010.09.30. 2009헌바2).

정답

Ⅲ 재판의 전제성

🍊 20년 변시, 23년(1) 모의

725. 확정된 유죄판결에서 처벌의 근거가 된 법률조항은 원칙적으로 '재심의 청구에 대한 심판', 즉 재심의 개시 여부를 결정하는 재판에서는 재판의 전제성이 인정되지만, 재심 개시결정 이후의 '본안사건에 대한 심판'에 있어서는 재판의 전제성이 인정되지 않는다.

해설 형사소송법 제420조, 헌법재판소법 제47조 제4항 등에 의하면 재심은 반드시 법률에서 정한 일정한 사유가 있는 경우에만 청구할 수 있고, 재심의 청구를 받은 법원은 재심의 심판에 들어가기 전에 먼저 재심의 청구가 이유 있는지 여부를 가려 이를 기각하거나 재심개시의 결정을 하여야 하며, 재심개시의 결정이 확정된 뒤에 비로소 법원은 재심대상인 사건에 대하여 그 심급에 따라 다시 심판을 하게 된다. 그러므로 확정된 유죄판결에서 처벌의 근거가 된 법률조항은 재심의 개시 여부를 결정하는 재판에서는 재판의 전제성이 인정되지 않고, 재심의 개시 결정 이후의 '본안사건에 대한 심판'에 있어서만 재판의 전제성이 인정된다. 이 사건 제청법원은 당해사건인 재심사건에서 재심개시결정을 하지 아니한 채 심판대상조항에 대해 위헌제청을 하였으므로, 이 사건 위헌법률심판제청은 재판의 전제성이 인정되지 아니하여 부적법하다(헌재 2016.03.31. 2015헌가36).

정답 ×

⏱ 20년 변시

726. 병역의 종류를 규정한 「병역법」 조항이 대체복무제를 포함하고 있지 않다는 이유로 위헌으로 결정된다면, 양심적 병역거부자가 현역입영 또는 소집 통지서를 받은 후 3일 내에 입영하지 아니하거나 소집에 불응하더라도 대체복무의 기회를 부여받지 않는 한 당해 사건인 형사재판을 담당하는 법원이 무죄를 선고할 가능성이 있으므로, 위 「병역법」 조항은 재판의 전제성이 인정된다.

해설 병역종류조항이 대체복무제를 포함하고 있지 않다는 이유로 위헌으로 결정된다면, 양심적 병역거부자가 현역입영 또는 소집 통지서를 받은 후 3일 내에 입영하지 아니하거나 소집에 불응하더라도 대체복무의 기회를 부여받지 않는 한 당해 형사사건을 담당하는 법원이 무죄를 선고할 가능성이 있으므로, 병역종류조항은 재판의 전제성이 인정된다(헌재 2018.06.28. 2011헌바379).

 정답 ○

⏱ 19년 변시

727. 제1심인 당해사건에서 헌법재판소법 제68조 제2항의 헌법소원심판을 청구하였는데, 당해사건의 항소심에서 항소를 취하하는 경우 당해사건이 종결되어 심판대상조항이 당해사건에 적용될 여지가 없으므로 재판의 전제성이 인정되지 않는다.

해설 제1심인 당해사건에서 헌법재판소법 제68조 제2항의 헌법소원을 제기한 청구인들이 당해사건의 항소심에서 항소를 취하하여 원고(청구인들) 패소의 원심판결이 확정된 경우, 당해사건에 적용되는 법률이 위헌으로 결정되면 확정된 원심판결에 대하여 재심청구를 함으로써 원심판결의 주문이 달라질 수 있으므로 재판의 전제성이 인정된다(헌재 2015.10.21. 2014헌바170). ▶ 항소심에서 소를 취하하여 당해 사건이 종결된 경우 재판의 전제성을 부정한 판례(헌재 2010.05.27. 2008헌바110)와 비교

비교판례 헌법재판소법 제68조 제2항에 의한 헌법소원심판의 청구 이후 당해소송에서 청구인 승소판결이 확정된 사안에서, 당해소송에서 승소한 당사자인 청구인은 재심을 청구할 수 없고, 당해사건에서 청구인에게 유리한 판결이 확정된 마당에 심판대상 조항에 대하여 헌법재판소가 위헌결정을 한다 하더라도 당해사건 재판의 결론이나 주문에 영향을 미치는 것도 아니므로 재판의 전제성이 부정된다고 판시하였다(헌재 2000.07.20. 99헌바61 참조).

정답 ×

728. 제1심인 당해사건에서 헌법재판소법 제68조 제2항의 헌법소원심판을 청구하였는데, 당해사건의 항소심에서 당사자들 간에 임의조정이 성립되어 소송이 종결되었더라도 심판대상조항이 당해사건인 제1심 판결에 적용되었다면 재판의 전제성이 인정된다.

해설 항소심에서 당해 사건의 당사자들에 의해 소송이 종결되었다면 구체적인 사건이 법원에 계속 중인 경우라 할 수 없을 뿐 아니라, 조정의 성립에 1심판결에 적용된 법률조항이 적용된 바도 없으므로 위 법률조항에 대하여 위헌 결정이 있다 하더라도 청구인으로서는 당해 사건에 대하여 재심을 청구할 수 없어 종국적으로 당해 사건의 결과에 대하여 이를 다툴 수 없게 되었다 할 것이므로, 위 법률조항이 헌법에 위반되는지 여부는 당해 사건과의 관계에서 재판의 전제가 되지 못한다(헌재 2010.02.25. 2007헌바34).

정답 ×

729. 제1심인 당해사건에서 헌법재판소법 제68조 제2항의 헌법소원심판을 청구하였는데, 당해사건의 항소심에서 소를 취하하는 경우 당해사건이 종결되어 심판대상조항이 당해 사건에 적용될 여지가 없으므로 재판의 전제성이 인정되지 않는다.

해설 헌법소원심판을 청구한 후 당해 사건의 항소심에서 소를 취하하여 당해 사건이 종결된 이상 이 사건 법률조항 등은 당해 사건에 적용될 여지가 없어 그 위헌 여부가 재판의 전제가 되지 않으므로 재판의 전제성을 갖추지 못하여 부적법하다(헌재 2010.05.27. 2008헌바110). ▶ 항소심에서 항소를 취하하여 청구인 패소의 원심판결이 확정된 경우 재판의 전제성을 인정한 판례(헌재 2015.10.21. 2014헌바170)와 비교할 것.

정답 ○

730. 재판의 전제성은 법원에 의한 위헌법률심판제청 시만이 아니라 헌법재판소에 의한 위헌법률심판 종료 시에도 충족되어야 하는 것이 원칙이다.

해설 헌법재판소법 제68조 제2항의 헌법소원심판 청구가 적법하기 위해서는 당해 사건에 적용될 법률이 헌법에 위반되는지 여부가 재판의 전제가 되어야 하고, 여기에서 재판의 전제가 된다는 것은 그 법률이 당해 사건에 적용될 법률이어야 하며, 그 위헌 여부에 따라 재판의 주문이 달라지거나 재판의 내용과 효력에 관한 법률적 의미가 달라지는 것을 말하고(헌재 2008.07.31. 2004헌바28, 판례집 20-2상, 80, 87 등), 이러한 재판의 전제성은 위헌제청신청 당시뿐만 아니라 심판이 종료될 때까지 갖추어져야 함이 원칙이다(헌재 2010.02.25. 2007헌바34).

정답 ○

Ⅳ 청구기간

23년 변시

731. (1) 「헌법재판소법」 제68조 제1항에 따른 헌법소원심판은 다른 법률에 따른 구제절차를 거치지 않은 경우 그 사유가 있음을 안 날부터 90일 이내에, 그 사유가 있는 날부터 1년 이내에 청구하여야 한다.

(2) 「헌법재판소법」 제68조 제2항에 따른 헌법소원심판은 위헌 여부 심판의 제청신청을 기각하는 결정을 한 날부터 30일 이내에 청구하여야 한다.

해설 헌법재판소법 제69조 참조.

> 헌법재판소법 제69조(청구기간)
> ① 제68조제1항에 따른 헌법소원의 심판은 그 사유가 있음을 안 날부터 90일 이내에, 그 사유가 있는 날부터 1년 이내에 청구하여야 한다. 다만, 다른 법률에 따른 구제절차를 거친 헌법소원의 심판은 그 최종결정을 통지받은 날부터 30일 이내에 청구하여야 한다.
> ② 제68조제2항에 따른 헌법소원심판은 위헌 여부 심판의 제청신청을 기각하는 결정을 통지받은 날부터 30일 이내에 청구하여야 한다.

정답 ○, ×

23년 변시, 18년(3)·23년(1) 모의

732. 진정입법부작위에 대한 「헌법재판소법」 제68조 제1항의 헌법소원심판은 그 부작위가 계속되는 한 기간의 제약 없이 적법하게 청구할 수 있다.

해설 공권력의 불행사로 인한 기본권침해는 그 불행사가 계속되는 한 기본권침해의 부작위가 계속된다고 할 것이므로 공권력의 불행사에 대한 헌법소원은 그 불행사가 계속되는 한 기간의 제약없이 적법하게 청구할 수 있다(헌재 2002.07.18. 2000헌마707).

정답 ○

23년 변시

733. 「헌법재판소법」 제40조 제1항에 따라 「행정소송법」이 헌법소원심판에 준용되므로 정당한 사유가 있는 경우에는 청구기간의 도과에도 불구하고 헌법소원심판 청구는 적법하다.

해설 헌법재판소법 제40조 제1항에 의하여 준용되는 행정소송법 제20조 제2항에 의하여 '정당한 사유'가 있는 경우에는 청구기간의 경과에도 불구하고 헌법소원 심판청구는 적법하다. 여기에서 정당한 사유라 함은 청구기간 도과의 원인 등 여러 가지 사정을 종합하여 지연된 심판청구를 허용하는 것이 사회통념상으로 보아 상당한 경우를 뜻하는 것으로, 일반적으로 천재지변 기타 피할 수 없는 사정과 같은 객관적 불능의 사유와 이에 준할 수 있는 사유뿐만 아니라 일반적 주의를 다하여도 그 기간을 준수할 수 없는 사유를 포함한다고 할 것이다(헌재 2020.08.25. 2020헌마1112).

정답 O

 12년·17년·16년·19년·20년 변시, 22년(3) 모의

734 (1) 위헌법률심판제청신청이 기각되고 그 기각결정이 2018. 7. 2. 甲에게 통지된 후, 甲이 2018. 7. 16. 헌법재판소에 국선대리인 선임신청을 하고, 이에 따라 2018. 7. 19. 선임된 국선대리인이 2018. 8. 10. 처음으로 헌법소원 심판청구서를 제출하였다면 청구기간을 준수한 것이다.

(2) 헌법소원심판을 청구하고자 하는 자가 변호사를 대리인으로 선임할 자력이 없어 헌법재판소에 국선대리인을 선임하여 줄 것을 신청하는 경우에는 국선대리인의 선임신청이 있는 날을 기준으로 청구기간을 정한다.

(3) 甲이 2018. 7. 23. 헌법재판소에 국선대리인선임을 신청하였으나 2018. 7. 30. 국선대리인선임신청 기각결정을 통지받자, 사선대리인을 선임하여 2018. 8. 20. 처음 헌법소원심판 청구서를 제출하였다면, 청구기간을 준수한 것이다.

해설 헌법재판소법 제69조, 제70조 참조. ▶ i) 甲이 위헌법률심판제청신청 기각결정을 통지받은 날로부터 30일 이내인 2018. 7. 16 헌법재판소에 국선대리인 선임신청을 하였고, 2018. 7. 19. 선임된 국선대리인이 그 선정된 날로부터 60일 이내인 2018. 8. 10. 심판청구서를 제출하였으므로 청구기간을 준수하였다. ii) 2018. 7. 23. 헌법재판소에 국선대리인 선임신청을 하고, 2018. 7. 30. 기각결정을 통지받자 사선대리인을 선임하여 2018. 8. 20. 헌법소원심판 청구서를 제출하였다면, 신청인이 선임신청을 한 날부터 그 통지를 받은 날까지의 기간은 제69조의 청구기간에 산입하지 아니한다는 헌재법 제70조 제4항에 따라(7/23-30) 그 기간을 불산입하여 계산한다. 국선대리인이 선정되지 않았으므로 청구기간의 기산점은 헌재법 제69조 제2항을 적용하므로 지문상 청구기간을 준수하지 못하게 된다.

헌법재판소법 제69조(청구기간) ② 제68조제2항에 따른 헌법소원심판은 위헌 여부 심판의 제청신청을 기각하는 결정을 통지받은 날부터 30일 이내에 청구하여야 한다.
헌법재판소법 제70조(국선대리인) ① 헌법소원심판을 청구하려는 자가 변호사를 대리인으로 선임할 자력이 없는 경우에는 헌법재판소에 국선대리인을 선임하여 줄 것을 신청할 수 있다. 이 경우 제69조에 따른 청구기간은 국선대리인의 선임신청이 있는 날을 기준으로 정한다.
③ 헌법재판소는 제1항의 신청이 있는 경우 또는 제2항의 경우에는 헌법재판소규칙으로 정하는 바에 따라 변호사 중에서 국선대리인을 선정한다. 다만, 그 심판청구가 명백히 부적법하거나 이유 없는 경우 또는 권리의 남용이라고 인정되는 경우에는 국선대리인을 선정하지 아니할 수 있다.
④ 헌법재판소가 국선대리인을 선정하지 아니한다는 결정을 한 때에는 지체 없이 그 사실을 신청인에게 통지하여야 한다. 이 경우 신청인이 선임신청을 한 날부터 그 통지를 받은 날까지의 기간은 제69조의 청구기간에 산입하지 아니한다.
⑤ 제3항에 따라 선정된 국선대리인은 선정된 날부터 60일 이내에 제71조에 규정된 사항을 적은 심판청구서를 헌법재판소에 제출하여야 한다.

정답 O, O, ×

735. 헌법재판소법 제68조 제2항에 의한 헌법소원심판은 위헌법률심판의 제청신청을 기각하는 결정을 통지받은 날부터 14일 이내에 청구하여야 하고, 제소기간은 불변기간이므로 헌법재판소는 직권으로 그 경과 여부를 조사하여야 한다.

해설 헌법재판소법 제68조 제2항에 의한 헌법소원심판은 위헌여부심판의 제청신청을 기각하는 결정을 통지받은 날부터 '30일'이내에 청구하여야 한다(헌법재판소법 제69조 제1항). 또한 제소기간은 불변기간이 아니다. 불변기간의 준수 여부는 법원의 직권조사사항에 속하는 소송요건이고, 불변기간에 해당한다면 당사자의 책임으로 돌릴 수 없는 사유로 경과되었을 때 추후보완이 허용된다. 그러나 헌법재판소는 "헌법재판소법 제40조 제1항에 의하여 준용되는 민사소송법 제159조 및 제160조에 의하면 법이 불변기간이라고 규정한 경우에만 이른바 소송행위의 추완이 가능한 것인데 헌법재판소법 제69조 제2항에 대하여는 이를 불변기간이라고 규정하는 법규정이 없어서 그 기간의 준수에 대하여 추완이 허용되지 않는다(헌재 2011.04.26. 99헌바96)"고 판시한 바 있다.

V 기타

제❷항 ┃ 권리구제형 헌법소원의 요건

736. 甲이 청구한 「헌법재판소법」 제68조 제2항에 의한 헌법소원심판(다툼이 있는 경우 판례에 의함)

○ 甲은 건강기능식품인 '△△' 등을 TV 홈쇼핑 채널에서 판매하면서 건강기능식품의 기능에 관하여 심의받은 내용과 다른 내용의 표시·광고를 금지하는 「건강기능식품에 관한 법률」 제18조 제1항 제6호를 위반하였다는 이유로 2016. 11. 8. 서울시 □□구청장으로부터 같은 법 제32조 제1항 제3호에 의하여 영업정지 2개월의 처분을 받았다.

○ 甲은 서울행정법원에 위 처분의 취소를 구하는 소를 제기하고, 소송 계속 중 「건강기능식품에 관한 법률」 제18조 제1항 제6호가 헌법에 위반된다고 주장하며 위헌법률심판제청을 신청하였으나, 위 법원이 2017. 10. 26. 甲이 불출석한 가운데 위 행정처분 취소청구를 기각하면서 위 위헌법률심판제청신청을 기각하였고, 위 판결문과 위헌제청신청 기각결정문이 2017. 10. 30. 甲에게 송달되었다.

○ 甲은 「건강기능식품에 관한 법률」 제18조 제1항 제6호에 대하여 2017. 11. 28. 「헌법재판소법」 제68조 제2항에 의한 헌법소원심판을 청구하였다. 甲은 제1심 판결에 불복하여 항소하였고, 현재 항소심 재판이 계속 중이다.

1) 甲이 청구한 위 헌법소원심판은 청구기간을 준수하였다.

해설 헌법재판소법 제69조 참조. ▶ 사안에서 甲은 2017. 10. 30.에 기각결정을 통지받은 날부터 30일 이내인 2017. 11. 28.에 헌법소원을 청구하였으므로 청구기간을 준수하였다.

> 헌법재판소법 제69조(청구기간) ② 제68조제2항에 따른 헌법소원심판은 위헌 여부 심판의 제청신청을 기각하는 결정을 통지받은 날부터 30일 이내에 청구하여야 한다.

정답

2) 만약 당해사건 법원이 甲의 위헌법률심판제청신청에 대하여 각하결정을 하였다 하더라도, 헌법재판소는 위 심판청구의 적법성을 직권으로 심사하여 청구의 적법성이 인정되면 재판의 전제성 등 적법요건을 갖춘 것으로 보고 본안판단으로 나아간다.

해설 당해 사건 법원이 甲의 위헌법률심판제청신청에 대하여 각하결정을 하더라도, 헌법재판소는 심판청구의 적법성을 직권으로 심사하는 것이 가능하므로, 심판청구의 적법성을 직권으로 심사하여 인정되면 재판의 전제성과 같은 적법요건을 갖춘 것으로 보고 본안판단을 할 수 있다.

판례 청구인의 위헌제청신청에 대하여 법원은 이 사건 심판대상조항 중 고용촉진법 제34조 제2항에 관하여 재판의 전제성이 없다는 이유로 각하결정을 하였다. 그러므로 위 법률조항이 재판의 전제성이 있는지 여부에 관하여 보기로 한다. 법률이 재판의 전제가 되는 요건을 갖추고 있는지의 여부는 법원의 견해를 존중하는 것이 원칙이나, 재판의 전제와 관련된 법률적 견해가 유지될 수 없는 것으로 보이면 헌법재판소가 직권으로 조사할 수도 있는 것이다(헌재 1996.10.04. 96헌가6). … 위 법률조항의 위헌 여부에 따라 이 사건 당해사건의 결과에 영향을 미칠 수 있으므로 위 법률조항은 이 사건 당해사건 재판의 전제가 된다고 할 것이다(헌재 1999.12.23. 98헌바33).

3) 만약 甲이 청구한 위 헌법소원심판에서 「건강기능식품에 관한 법률」 제18조 제1항 제6호에 대하여 위헌결정이 선고되었다 하더라도 甲에 대한 위 행정처분은 특별한 사정이 없는 한 당연무효는 아니다.

해설 행정청이 어느 법률에 근거하여 행정처분을 한 후에 헌법재판소가 그 법률을 위헌으로 결정하였다면 결과적으로 그 행정처분은 법률의 근거 없이 행하여진 것과 마찬가지가 되어 하자 있는 것이 된다고 할 것이나, 하자 있는 행정처분이 당연무효가 되기 위하여는 그 하자가 중대할 뿐만 아니라 명백한 것이어야 하는데 일반적으로 법률이 헌법에 위반된다는 사정은 헌법재판소의 위헌 결정이 있기 전에는 객관적으로 명백한 것이라고 할 수는 없으므로, 특별한 사정이 없는 한 이러한 하자는 그 행정처분의 취소 사유에 해당할 뿐 당연무효 사유는 아니라 할 것이고, 이는 그 행정처분의 근거 법률에 여러 가지 중대한 헌법 위배 사유가 있었다 하더라도 그 행정처분 당시 그와 같은 사정의 존재가 객관적으로 명백하였던 것이라고 단정할 수 없는 이상 마찬가지라고 보아야 한다(대판 1995.12.05. 95다39137).

4) **만약 甲이 청구한 위 헌법소원심판 계속 중 甲이 항소심에서 승소판결을 받고 상고기각되어 그 판결이 확정된 경우, 위 심판청구는 재판의 전제성이 인정되지 아니한다.**

해설 당해 사건 재판에서 청구인이 승소판결을 받아 그 판결이 확정된 경우 청구인은 재심을 청구할 법률상 이익이 없고, 심판대상조항에 대하여 위헌결정이 선고되더라도 당해 사건 재판의 결론이나 주문에 영향을 미칠 수 없으므로 그 심판청구는 재판의 전제성이 인정되지 아니하나, 당해 사건에 관한 재판에서 승소판결을 받았다고 하더라도 그 판결이 확정되지 아니한 이상 상소절차에서 그 주문이 달라질 수 있으므로, 파기환송 전 항소심에서 승소판결을 받았다는 사정만으로는 법률조항의 위헌 여부에 관한 재판의 전제성이 부정된다고 할 수 없다(헌재 2013.06.27. 2011헌바247).

정답 ○

5) **甲은 항소심 재판에서 동일한 사유를 이유로 다시 위헌법률심판제청신청을 할 수 있다.**

해설 헌법재판소법 제68조 제2항은 법률의 위헌여부심판의 제청신청이 기각된 때에는 그 신청을 한 당사자는 헌법재판소에 헌법소원심판을 청구할 수 있으나, 다만 이 경우 그 당사자는 당해 사건의 소송절차에서 동일한 사유를 이유로 다시 위헌여부심판의 제청을 신청할 수 없다고 규정하고 있는바, 이 때 당해 사건의 소송절차란 당해 사건의 상소심 소송절차를 포함한다 할 것이다(헌재 2007.07.26. 2006헌바40).

정답 ×

🍊 21년 변시

737. **「헌법재판소법」 제68조 제1항의 헌법소원심판청구는 청구인의 구체적인 기본권 침해와 무관하게 법률 등 공권력이 헌법에 합치하는지 여부를 추상적으로 심판하고 통제하는 절차이다.**

해설 헌법소원제도는 공권력작용으로 인하여 헌법상의 권리를 침해받은 자가 그 권리를 구제받기 위하여 심판을 구하는 이른바 주관적 권리구제절차라는 점을 본질적 요소로 하고 있는 것으로서, 청구인의 구체적인 기본권 침해와 무관하게 법률 등 공권력이 헌법에 합치하는지 여부를 추상적으로 심판하고 통제하는 절차가 아니다. 그러므로 법률 등 공권력에 대한 헌법소원심판청구가 적법하기 위해서는 청구인에게 당해 공권력에 해당되는 사유가 발생함으로써 그 공권력이 청구인 자신의 기본권을 직접 현실적으로 침해하였거나 침해가 확실히 예상되는 경우에 한정된다고 할 것이다(헌재 2012.04.03. 2012헌마236).

정답 ×

20년(3) 모의

738. 법률 조항의 구체화를 위해 시행령의 시행을 예정하고 있는 경우에는 법률 조항의 직접성이 부인될 수 있지만, 청구인이 그 법률조항의 포괄위임입법금지의 원칙 위반 여부를 다투고 있는 경우에는 그 법률조항의 위헌성 여부에 대해서도 위헌성을 심사할 수 있다.

 이 사건 법률조항은 총포와 아주 비슷하게 보이는 모의총포의 소지 등을 금지하면서 모의총포의 범위에 관한 구체적 기준을 하위 법령인 대통령령에서 정하도록 위임하고 있는바, 모의총포 소지 등의 금지의무는 이 사건 법률조항 자체에서 나오고 관련 대통령령인 이 사건 시행령조항은 모의총포의 구체적 범위에 관한 기준을 정할 뿐이어서, 모의총포 소지에 관련한 기본권제한은 이 사건 법률조항과 이 사건 시행령조항이 함께 적용될 때 비로소 구체화될 수 있다. 따라서 이 사건 법률조항과 이 사건 시행령조항은 서로 불가분의 관계를 이루면서 전체적으로 하나의 규율 내용을 형성하고 있고 서로 분리하여서는 규율 내용의 전체를 파악하기 어려운 경우에 해당한다 할 것이므로, 이 사건 법률조항은 이 사건 시행령조항과 불가분의 일체로서 기본권침해의 직접성을 갖추었다고 할 것이다. … 이 사건 법률조항이 포괄위임입법 금지의 원칙이나 죄형법정주의 명확성 원칙에 위배되어 청구인들의 기본권을 침해한다고 볼 수 없다(헌재 2009.09.24. 2007헌마949).

정답 ○

 20년 변시

739. 甲은 18년 6개월간 공무원으로 재직하다 2015. 8. 31. 정년퇴직하였다. 甲이 아래의 법률 개정과 관련하여 기본권 침해를 주장하며 헌법소원심판을 청구하였다.

구 「공무원연금법」(2014. 11. 19. 법률 제12844호로 개정되고, 2015. 6. 22. 법률 제13387호로 개정되기 전의 것) 제46조(퇴직연금 또는 퇴직연금일시금) ① 공무원이 20년 이상 재직하고 퇴직한 경우에는 다음 각 호의 어느 하나에 해당하는 때부터 사망할 때까지 퇴직연금을 지급한다.
　　1. ~ 5. (생략)
[시행 2014. 11. 19.]
「공무원연금법」(2015. 6. 22. 법률 제13387호로 개정된 것) 제46조(퇴직연금 또는 퇴직연금일시금) ① 공무원이 10년 이상 재직하고 퇴직한 경우에는 다음 각 호의 어느 하나에 해당하는 때부터 사망할 때까지 퇴직연금을 지급한다.
　　1. ~ 5. (생략)
[시행 2016. 1. 1.]
「공무원연금법」 부칙(2015. 6. 22. 법률 제13387호) 제6조(연금수급요건 완화에 관한 특례) 제46조 제1항부터 제3항까지, 제48조 제1항, 제56조 제1항부터 제3항까지 및 제60조 제1항의 개정규정은 이 법 시행 당시 재직 중인 공무원부터 적용한다.

1) 개정 법률 공포일인 2015. 6. 22. 당시 재직 중이었으나 그 시행일 전 정년퇴직한 공무원 중 재직기간이 10년 이상 20년 미만인 자에 대하여 경과규정을 두지 아니한 것을 다투는 甲의 입법부작위 위헌확인 청구는 위 「공무원연금법」 부칙 제6조 자체의 불완전·불충분성을 다투는 청구와 다르지 않다.

2) 甲이 개정 법률 시행 전인 2015. 9. 15. 「헌법재판소법」 제68조 제1항의 헌법소원심판을 청구하는 경우, 위 「공무원연금법」 부칙 제6조는 헌법소원의 대상이 될 수 있다.

해설 청구인은 주위적으로 법률의 공포일인 2015. 6. 22. 당시 재직 중이었으나 개정 법률이 시행되기 전에 정년퇴직한 교육공무원 중 재직기간이 10년 이상 20년 미만인 자에 대하여 경과규정을 두지 아니한 입법부작위의 위헌확인을 구하고, 예비적으로는 공무원연금법 부칙 제6조가 헌법에 위반된다고 주장하면서, 2015. 9. 15. 헌법소원심판을 청구하였다. 공무원연금법 부칙 제6조는 시행일 당시 재직 중인 공무원에 한하여 개정 법률이 적용된다는 내용을 분명하게 규정하고 있고 그 결과 그 전에 퇴직한 청구인에게는 개정 공무원연금법이 적용되지 않게 된 것이므로, 청구인의 주위적 청구는 위 법 부칙 제6조 자체의 불완전·불충분성을 다투는 예비적 청구와 다르지 않다. 청구인은 위 법 부칙 제6조 전체를 심판대상으로 구하고 있으나, 청구인은 퇴직연금의 수급요건에 관한 제46조 제1항을 청구인에게 적용하지 않는 것의 위헌성만을 다투고 있으므로 심판대상을 공무원연금법 부칙 제6조 중 제46조 제1항에 관한 부분으로 한정한다(헌재 2017.05.25. 2015헌마933). ▶ 사안에서 개정 법률 시행 전인 2015. 9. 15. 헌법재판소법 제 68조 제1항의 헌법소원심판을 청구하였으므로 위 공무원연금법 부칙이 헌법소원의 대상이 되었다.

 ,

3) 개정 법률이 시행되기 전 퇴직한 甲은 퇴직연금을 수급할 수 있는 기초를 상실하였으므로, 甲의 재산권 및 인간다운 생활을 할 권리가 제한된다.

4) 위와 같은 법률 개정으로 공무원의 재직기간이 10년 이상 20년 미만으로 동일하더라도 정년퇴직일이 2016. 1. 1. 이전인지 이후인지에 따라 퇴직연금의 지급을 달리하므로, 甲의 평등권이 제한된다.

5) 위와 같은 법률 개정으로 공무원연금의 최소 가입기간 요건을 완화하는 것은 종전 질서 아래 형성되었던 甲의 법적 지위를 불리하게 변경하거나 침해하는 것이 아니므로, 이에 관한 입법과정에서 새로이 주어지는 혜택이 甲의 예상에 못 미친다고 하여 甲의 신뢰를 침해하였다고 할 수 없다.

해설 심판대상조항은 개정 법률의 적용대상을 법 시행일 당시 재직 중인 공무원으로 한정하여, 공무원의 재직기간이 10년 이상 20년 미만으로 동일하더라도 정년퇴직일이 2016. 1. 1. 이전인지 이후인지에 따라 퇴직연금의 지급을 달리하고 있으므로, 청구인의 평등권을 제한한다. … 청구인은 심판대상조항이 자신의 재산권 및 인간다운 생활을 할 권리도 침해한다고 주장하나, 공무원연금법이 개정되어 시행되기 전 청구인은 이미 퇴직하여 퇴직연금을 수급할 수 있는 기초를 상실한 상태이므로, 심판대상조항이 청구인의 재산권 및 인간다운 생활을 할 권리를 제한한다고 볼 수 없다. … 심판대상조항은 공무원의 연금수급요건을 개정하면서 그 시행시기를 규정한 것에 불과하여, 청구인의 직업선택의 자유를 제한하지는 아니한다. … 신뢰보호원칙은 법률을 제정하거나 개정할 때 기존의 법질서에 대한 당사자의 신뢰를 보호할 것인가에 관한 문제로서, 일반적으로 국민이 어떤 법률이나 제도가 장래에도 그대로 존속될 것이라는 합리적인 신뢰를 바탕으로 하여 일정한 법적 지위를 형성한 경우에 이를 보호하기 위한 것이다. 공무원연금의 최소 가입기간 요건을 완화하는 것은 종전 질서 아래 형성되었던 청구인의 법적 지위를 불리하게 변경하거나 침해하는 것이 아니므로, 이에 관한 입법과정에서 새로이 주어지는 혜택이 청구인의 예상에 못 미친다고 하여 청구인의 신뢰를 침해하였다고 할 수 없다(헌재 2017.05.25. 2015헌마933).

정답 ×, ○, ○

Ⅰ 청구권자(청구인능력)

740. 대학의 자율권은 학문의 자유의 확실한 보장수단으로 꼭 필요한 것으로서 기본적으로 대학에 부여된 기본권이나, 문제되는 사안에 따라 교수·교수회도 그 주체가 될 수 있어「헌법재판소법」제68조 제1항의 헌법소원심판을 청구할 수 있다.

해설 헌법재판소는 대학의 자율성은 헌법 제22조 제1항이 보장하고 있는 학문의 자유의 확실한 보장수단으로 꼭 필요한 것으로서 대학에게 부여된 헌법상의 기본권으로 보고 있다. 그러나 대학의 자치의 주체를 기본적으로 대학으로 본다고 하더라도 교수나 교수회의 주체성이 부정된다고 볼 수는 없고, 가령 학문의 자유를 침해하는 대학의 장에 대한 관계에서는 교수나 교수회가 주체가 될 수 있고, 또한 국가에 의한 침해에 있어서는 대학 자체 외에도 대학 전구성원이 자율성을 갖는 경우도 있을 것이므로 문제되는 경우에 따라서 대학, 교수, 교수회 모두가 단독, 혹은 중첩적으로 주체가 될 수 있다고 보아야 할 것이다(헌재 2006.04.27. 2005헌마1047).

정답 ○

741. 헌법 제31조 제4항이 규정하는 교육의 자주성 및 대학의 자율성은 대학에 부여된 헌법상 기본권인 대학의 자율권이므로, 국립대학도 이러한 대학의 자율권의 주체로서 헌법소원심판의 청구인능력이 인정된다.

해설 헌법 제31조 제4항이 규정하는 교육의 자주성 및 대학의 자율성은 헌법 제22조 제1항이 보장하는 학문의 자유의 확실한 보장을 위해 꼭 필요한 것으로서 대학에 부여된 헌법상 기본권인 대학의 자율권이므로, 국립대학인 청구인도 이러한 대학의 자율권의 주체로서 헌법소원심판의 청구인능력이 인정된다(헌재 2015.12.23. 2014헌마1149).

정답 ○

742. 행정청은「헌법재판소법」제68조 제1항에 의한 헌법소원심판의 청구인이 될 수는 없으나,「헌법재판소법」제68조 제2항에 의한 헌법소원심판의 청구인이 될 수는 있다.

해설 행정처분의 주체인 행정청도 헌법의 최고규범력에 따른 구체적 규범통제를 위하여 근거법률의 위헌 여부에 대한 심판의 제청을 신청할 수 있고, 헌법재판소법 제68조 제2항의 헌법소원을 제기할 수 있다(헌재 2008.04.24. 2004헌바44). 반면 공권력의 행사인 국가나 국가기관 또는 공법인 등은 기본권의 수범자이지 기본권의 주체로서 소지자가 아니므로 기본권의 주체가 될 수 없어 행정청은 헌법재판소법 제68조 제1항에 의한 헌법소원심판의 청구인능력이 부정된다(헌재 1994.12.29. 93헌마120 참조).

정답

17년(1) 모의

743. 한국영화인협회 감독위원회는 한국영화인협회로부터 독립된 별개의 단체가 아니고, 영화인협회의 내부에 설치된 분과위원회 가운데 하나에 지나지 아니하며, 달리 단체로서의 실체를 갖추어 당사자능력이 인정되는 법인 아닌 사단으로 볼 수 없어 헌법소원심판 청구능력이 있다고 할 수 없다.

해설 한국영화인협회 감독위원회는 한국영화인협회로부터 독립된 별개의 단체가 아니라 영화인협회의 내부에 설치된 8개의 분과위원회 가운데 하나에 지나지 아니하며 달리 단체로서의 실체를 갖추어 당사자능력이 인정되는 법인 아닌 사단으로 볼 자료가 없으므로 헌법소원심판청구능력이 있다고 할 수 없다(헌재 1991.06.03. 90헌마56).

정답

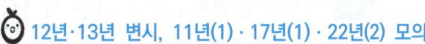

744. (1) 대통령은 소속 정당을 위하여 정당활동을 할 수 있는 사인으로서의 지위와 국민 모두에 대한 봉사자로서 공익실현의무가 있는 헌법기관으로서의 지위를 동시에 갖는데, 최소한 전자의 지위와 관련하여는 기본권 주체성을 갖는다.

(2) 국가나 국가기관은 공권력 행사의 주체이자 기본권의 '수범자'로서 국민의 기본권을 보호하거나 실현해야 할 책임과 의무를 지니고 있으므로, 국가기관인 대통령은 자신의 표현의 자유가 침해되었음을 이유로 헌법소원을 제기할 수 있는 청구인적격이 없다.

해설 대통령도 국민의 한사람으로서 제한적으로나마 기본권의 주체가 될 수 있는바, 대통령은 소속 정당을 위하여 정당활동을 할 수 있는 사인으로서의 지위와 국민 모두에 대한 봉사자로서 공익실현의 의무가 있는 헌법기관으로서의 지위를 동시에 갖는데 최소한 전자의 지위와 관련하여는 기본권 주체성을 갖는다고 할 수 있다. … 표현의 자유가 헌법상 강하게 보장되고 있는 기본권인 점을 고려할 때, 대통령인 청구인도 제한된 범위 내에서는 표현의 자유를 누릴 수 있는 기본권 주체성이 있다고 할 것이다(헌재 2008.01.17. 2007헌마700).

정답

> 23년 변시, 12년(3) 모의

745. 「정당법」상 정당등록은 정당의 성립요건이자 존속요건이므로, 정당등록이 취소된 정당이 정당등록 요건을 다투기 위하여 청구한 헌법소원심판은 청구인능력이 없어 부적법하다.

> 해설 청구인(사회당)은 등록이 취소된 이후에도, 취소 전 사회당의 명칭을 사용하면서 대외적인 정치활동을 계속하고 있고, 대내외 조직 구성과 선거에 참여할 것을 전제로 하는 당헌과 대내적 최고의사결정기구로서 당대회와, 대표단 및 중앙위원회, 지역조직으로 시·도위원회를 두는 등 계속적인 조직을 구비하고 있는 사실 등에 비추어 보면, 청구인은 등록이 취소된 이후에도 '등록정당'에 준하는 '권리능력 없는 사단'으로서의 실질을 유지하고 있다고 볼 수 있으므로 이 사건 헌법소원의 청구인능력을 인정할 수 있다(헌재 2006.03.30. 2004헌마246).

정답

II 공권력의 행사 또는 불행사

1. 공권력의 행사 또는 불행사 일반

> 19년(2) 모의

746. 공익감사청구에 대한 감사원의 기각결정은 공권력 행사에 해당되지 않으므로, 이에 대한 「헌법재판소법」 제68조 제1항에 의한 헌법소원심판 청구는 부적법하다.

> 해설 감사원에 공익사항에 관한 감사원 감사청구를 하였으나, 감사원은 청구인이 주장하는 위법·부당함을 인정하기 어려워 감사의 필요성이 인정되지 않는다는 등의 이유로 2013. 12. 23. 감사를 실시하지 않기로 결정하였다. 이에 청구인은 이 사건 감사청구 거부결정이 청구인의 알권리, 재산권 등을 침해한다고 주장하면서 2014.03.24. 이 사건 헌법소원심판을 청구한 사안에서, 헌법이나 법률 어디에도 감사원장에 대하여 공익사항에 관한 감사원 감사청구를 할 수 있는 권리를 규정하고 있지 않고, 달리 조리상 이러한 권리를 인정할 만한 사정도 보이지 않는다. 따라서 이 사건 감사청구 거부결정은 헌법재판소법 제68조 제1항의 공권력 행사에 해당한다고 볼 수 없으므로, 이를 대상으로 한 이 사건 심판청구는 부적법하다(헌재 2014.04.08. 2014헌마256).

정답

> 22년(1) 모의

747. 대통령기록물 소관 기록관이 대통령기록물을 중앙기록물관리기관으로 이관하는 행위는 「대통령기록물관리에 관한 법률」에 따른 대통령기록물 관리업무 수행 기관의 변경행위로서, 법률이 정하는 권한분장에 따라 업무수행을 하기 위한 국가기관 사이의 내부적·절차적 행위에 불과하므로 「헌법재판소법」 제68조 제1항에 따른 헌법소원심판의 대상이 되는 공권력의 행사에 해당한다고 볼 수 없다.

> 해설 … 이 사건 이관행위는 '대통령기록물관리에 관한 법률'(이하 '대통령기록물법'이라 한다)에 따른 대통령기록물 관리업무 수행 기관의 변경행위로서, 법률이 정하는 권한분장에 따라 업무수행을

하기 위한 국가기관 사이의 내부적·절차적 행위에 불과하므로 헌법소원심판의 대상이 되는 공권력의 행사에 해당한다고 볼 수 없다(헌재 2019.12.27. 2017헌마359·853(병합)).

정답 O

15년(3) 모의

748. 헌법재판소는 헌법소원심판에서 공권력의 행사 또는 불행사가 위헌인지 여부를 판단함에 있어서 국민주권주의, 법치주의, 적법절차의 원리 등 헌법의 기본원리 위배 여부를 그 기준으로 적용할 수 있다.

해설 헌법소원심판과정에서 공권력의 행사 또는 불행사가 위헌인지 여부를 판단함에 있어서 국민주권주의, 법치주의, 적법절차의 원리 등 헌법의 기본원리를 그 기준으로 적용할 수는 있으나, 공권력의 행사 또는 불행사로 헌법의 기본원리가 훼손되었다고 하여 그 점만으로 국민의 기본권이 직접 현실적으로 침해된 것이라고 할 수는 없고 또한 공권력 행사가 헌법의 기본원리에 위반된다는 주장만으로 헌법상 보장된 기본권의 주체가 아닌 자가 헌법소원을 청구할 수도 없다(헌재 1995.02.23. 91헌마231).

정답 O

15년(2) 모의

749. 정당은 국민의 이익을 위하여 책임 있는 정치적 주장이나 정책을 추진하고 공직선거의 후보자를 추천 또는 지지하는 단체로서 헌법상 공적 임무를 수행하는 공공기관으로서의 성격을 지니므로 공권력행사의 주체가 된다.

해설 정당은 국민의 이익을 위하여 책임 있는 정치적 주장이나 정책을 추진하고 공직선거의 후보자를 추천 또는 지지함으로써 국민의 정치적 의사형성에 참여함을 목적으로 하는 국민의 자발적 조직으로(정당법 제2조), 그 법적 성격은 일반적으로 사적·정치적 결사 내지 법인격 없는 사단으로 파악되고 있고, 이러한 정당의 법률관계에 대하여는 정당법의 관계 조문 이외에 일반 사법 규정이 적용되므로, 정당은 공권력 행사의 주체가 될 수 없다(헌재 2007.10.30. 2007헌마1128).

정답 X

2. 입법작용

22년 변시

750. 법률이 행정청에 일정한 사항을 위임하였는데, 행정청이 그 위임에 따른 행정입법을 하지 아니하는 경우 그 부작위도 헌법소원의 대상이 된다.

해설 입법부가 법률로써 행정부에게 특정한 사항을 위임했음에도 불구하고 행정부(대통령)가 이러한 법적 의무를 이행하지 않는다면 이는 위법한 것인 동시에 위헌적인 것이 된다. 우리 헌법은 국가권력의 남용으로부터 국민의 기본권을 보호하려는 법치국가의 실현을 기본이념으로 하고 있고, 근대 자유민주주의 헌법의 원리에 따라 국가의 기능을 입법·행정·사법으로 분립하여 상호간의 견제와 균형을 이루게 하는 권력분립제도를 채택하고 있다. 따라서 행정과 사법은 법률에 기속되므로, 국회가 특정한 사항에 대하여 행정부에 위임하였음에도 불구하고 행정부가 정당한 이유 없이 이를 이행하지 않는다면 권력분립의 원칙과 법치국가 내지 법치행정의 원칙에 위배되는 것이다(헌재 2004.02.26. 2001헌마718). ▶ 입법부작위 위헌확인의 권리구제형 헌법소원으로, 구 군법무관임용법 제5조 제3항 및 군법무관임용등에관한법률 제6조가 군법무관의 봉급과 그 밖의 보수를 법관 및 검사의 예에 준하여 지급하도록 하는 대통령령을 제정할 것을 규정한 것을 제정하지 않는 것이 청구인들(군법무관들)의 기본권인 재산권을 침해한다고 판단한 사례

751. 헌법재판소가 「공직선거법」의 국회의원 지역선거구 구역표에 대하여 계속적용 헌법불합치 결정을 하면서 입법개선시한을 부여한 경우, 그 시한까지 국회가 아무런 조치를 취하지 않으면 헌법불합치 선언된 위 선거구 구역표의 효력은 상실되고, 입법자가 국회의원선거에 관한 사항을 법률로 규정함에 있어서 폭넓은 입법형성의 자유를 가진다고 하여도 선거구에 관한 입법을 할 것인지 여부에 대해서는 입법자에게 어떤 형성의 자유가 존재한다고 할 수 없다.

해설 헌법 제41조 제3항은 국회의원선거에 있어 필수적인 요소라고 할 수 있는 선거구에 관하여 직접 법률로 정하도록 규정하고 있으므로, 피청구인에게는 국회의원의 선거구를 입법할 명시적인 헌법상 입법의무가 존재한다. 나아가 헌법이 국민주권의 실현 방법으로 대의민주주의를 채택하고 있고 선거구는 이를 구현하기 위한 기초가 된다는 점에 비추어 보면, 헌법 해석상으로도 피청구인에게 국회의원의 선거구를 입법할 의무가 인정된다. 따라서 헌법재판소가 입법개선시한을 정하여 헌법불합치결정을 하였음에도 국회가 입법개선시한까지 개선입법을 하지 아니하여 국회의원의 선거구에 관한 법률이 존재하지 아니하게 된 경우, 국회는 이를 입법 하여야 할 헌법상 의무가 있다(헌재 2016. 04.28. 2015헌마1177).

752. 법규정립행위는 그것이 국회입법이든 행정입법이든 막론하고 일종의 법률행위이므로, 그 행위의 속성상 행위 자체는 한번에 끝나는 것이고, 그러한 입법행위의 결과인 권리침해상태가 계속될 수 있을 뿐이다.

해설 법규정립행위(입법행위)는 그것이 국회입법든 행정입법이든 막론하고 일종의 법률행위이므로 행위의 속성상 행위 자체는 한번에 끝나는 것이고, 그러한 입법행위의 결과인 권리침해상태가 계속될 수 있을 뿐이라고 보아야 한다(헌재 1992.06.26. 91헌마25).

753. 법령이 「헌법재판소법」 제68조 제1항에 따른 헌법소원의 대상이 되려면 구체적인 집행행위 없이 직접 기본권을 침해해야 하는바, 여기의 집행행위에는 입법 및 사법행위는 포함되지 않는다.

해설 기본권 침해의 직접성의 요건은 법령에 대한 헌법소원에서 특히 중요한 의미를 갖는데, 기본권 침해의 직접성은 집행행위에 의하지 아니하고 법률 그 자체에 의하여 자유의 제한, 의무의 부과, 권리 또는 법적 지위의 박탈이 생긴 경우를 의미하므로, 구체적인 집행행위를 통하여 비로소 기본권 침해의 법률효과가 발생하는 경우에는 직접성의 요건이 결여된다. 집행행위에는 입법행위도 포함되므로, 법령규정이 그 규정의 구체화를 위하여 하위규범의 시행을 예정하고 있는 경우에도 당해 법령규정의 직접성은 부인된다고 할 것이다(헌재 2005.05.26. 2004헌마671). ▶ 헌재 2006.6.29. 2005헌마165의 경우 손해배상소송에서 위법성조각사유, 청구권자, 청구권행사의 방법, 손해액 산정의 방법 등을 규정하고 있는 법률은 구체적인 소송에서 법관의 사실인정과 법률에 대한 해석·적용을 통하여 현실화되는 재판규범으로 법원의 재판이라는 구체적인 집행행위를 통하여 기본권에 영향을 미치게 되므로 직접성이 없다고 판시하였고, 헌재 2005.12.12. 2004헌마827 결정은 헌법재판소의 결정을 조건부로 하여 법령이 기본권을 침해한다고 주장하는 경우라면 직접성이 없다고 판시하여, 헌법재판소의 결정도 집행행위의 한 유형임을 확인하고 있다. 따라서 집행행위에 사법행위도 포함됨을 알 수 있다.

 20년 변시

754. 위헌결정이 선고된 법률에 대한 헌법소원심판청구는 이미 효력을 상실한 법률조항에 대한 것이므로 더 이상 헌법소원심판의 대상이 될 수 없어 부적법하나, 위헌결정이 선고되기 이전에 심판청구된 법률조항의 경우에는 「헌법재판소법」 제68조 제1항의 헌법소원심판의 대상이 된다.

해설 위헌결정이 선고된 법률에 대한 헌법소원심판청구는, 비록 위헌결정이 선고되기 이전에 심판청구된 것일지라도 더 이상 심판의 대상이 될 수 없으므로 부적법하다(헌재 1994.04.28. 92헌마280).

 19년 변시

755. 의료인이 아닌 자도 문신시술을 업으로 행할 수 있도록 자격 및 요건을 법률로 정하지 않은 것은 진정입법부작위에 해당하나, 헌법이 명시적으로 그러한 법률을 만들어야 할 입법의무를 부여하였다고 볼 수 없고, 그러한 입법의무가 헌법해석상 도출된다고 볼 수 없다.

해설 청구인은 청구인이 처벌을 받게 된 근거조항인 '보건범죄단속에 관한 특별조치법' 제5조와 구 의료법 제25조의 내용 자체의 불완전성을 다투고 있는 것이 아니라, 비의료인도 문신시술을 업으로 할 수 있도록 그 자격 및 요건에 관하여 입법을 하지 아니한 것이 청구인의 기본권을 침해한다고 주장하며 이를 적극적으로 다투고 있는바, 이는 진정입법부작위에 해당하나, 헌법이 명시적으로 비의료인의 문신시술업에 관한 법률을 만들어야 할 입법의무를 부여하였다고 볼 수 없고, 그러한 입법의무가 헌법해석상 도출된다고 볼 수 없으므로 이 사건 심판청구는 부적법하다(헌재 2007.11.29. 2006헌마876).

18년(2) 모의

756. 헌법의 해석상 특정인에게 구체적인 기본권이 생겨 이를 보장하기 위한 국가의 보호의무가 발생하였음에도 입법자가 아무런 입법조치를 취하지 않았다면 이러한 입법부작위는 헌법소원심판의 대상이 된다.

해설 진정입법부작위에 대한 헌법소원심판청구는 헌법에서 기본권 보장을 위하여 법률에 명시적으로 입법위임을 하였음에도 입법자가 이를 이행하지 아니한 경우이거나, 헌법해석상 특정인에게 구체적인 기본권이 생겨 이를 보장하기 위한 국가의 행위의무 내지 보호의무가 발생하였음이 명백함에도 불구하고 입법자가 아무런 입법조치를 취하지 아니한 경우에 한하여 허용된다(헌재 2003.06.26. 2000헌마509).

정답 O

17년 변시, 18년(1)·22년(2) 모의

757. 공포 전의 법률안이라 하더라도 그것이 대통령의 법률안거부권 행사에 의하여 최종적으로 폐기되지 않고 공포되었다면, 해당 법률안은 그 동일성을 유지하여 법률로 확정되는 것이라고 보아야 하므로 이에 대한 헌법소원심판 청구는 적법하다.

해설 법률안이 거부권 행사에 의하여 최종적으로 폐기되었다면 모르되, 그렇지 아니하고 공포되었다면 법률안은 그 동일성을 유지하여 법률로 확정되는 것이라고 보아야 한다. 나아가, 우리 재판소가 위헌제청 당시 존재하지 아니하였던 신법의 경과규정까지 심판대상을 확장하였던 선례(헌재 2000.08.31. 97헌가12)에 비추어 보면, 심판청구 후에 유효하게 공포·시행되었고 그 법률로 인하여 평등권 등 기본권을 침해받게 되었다고 주장하는 이상 청구 당시의 공포 여부를 문제삼아 헌법소원의 대상성을 부인할 수는 없다(헌재 2001.11.29. 99헌마494).

정답 O

16년 변시, 11년(1) 모의

758. 대한민국과일본국간의어업에관한협정은 국민의 권리·의무관계가 아닌 국가간의 권리·의무관계를 내용으로 하는 조약에 해당되므로 그 체결행위는 헌법소원심판의 대상이 되는 공권력 행사에 해당되지 않는다.

해설 이 사건 협정은 우리나라 정부가 일본 정부와의 사이에서 어업에 관해 체결·공포한 조약(조약 제1477호)으로서 헌법 제6조 제1항에 의하여 국내법과 같은 효력을 가지므로, 그 체결행위는 고권적 행위로서 '공권력의 행사'에 해당한다(헌재 2001.03.21. 99헌마139).

정답 ×

15년(1)·23년(3) 모의

759. 공포는 되었으나 아직 시행되지 않은 법률은 위헌법률심판의 대상이 될 수 있지만, 권리구제형 헌법소원심판에 있어서는 청구인이 불이익을 입게 될 수 있음을 충분히 예측할 수 있다고 하더라도 헌법소원의 대상이 될 수 없다.

해설 위헌법률심판이나 권리구제형 헌법소원에서 법령소원의 경우 모두 그 심판대상으로서의 법률은 현재 시행중인 유효한 것이어야 함이 원칙이나, ㉠ 공포되어 있는 경우에는 시행되어 효력을 발생하기 전이라도 예외적으로 헌법소원을 제기할 수 있다(헌재 1994.12.29. 94헌마201). 그러나 ㉡ 공포는 되었으나 시행되지 않았고 결정당시 이미 폐지까지 된 법률은 위헌법률 심판의 대상이 될 수 없다(헌재 1997.09.25. 97헌가4).

정답

11년(1) 모의

760. 헌법재판의 심판기간을 180일로 정한 조항이 훈시규정임을 전제로 한 소송실무가 정착되어 있다면, 그 조항이 훈시규정임을 전제로 청구인의 신속한 재판을 받을 권리를 침해한다고 주장하고 있는 헌법소원심판 청구는 법률 조항을 대상으로 한 헌법소원이다.

해설 심판대상조항이 훈시규정임을 전제로 한 소송실무가 정착되어 있다면, 심판대상조항이 훈시규정임을 전제로 청구인의 신속한 재판을 받을 권리를 침해한다고 주장하고 있는 이 사건 헌법소원심판 청구는 법률조항을 대상으로 하여 그 위헌성을 다투는 헌법소원이라 할 것이다(헌재 2009.07.30. 2007헌마732).

정답

3. 행정작용

13년·19년 변시

761. 행정권력의 부작위에 대한 헌법소원은 헌법상 명문으로 공권력 주체의 작위의무가 규정되어 있는 경우, 헌법의 해석상 공권력 주체의 작위의무가 도출되는 경우, 공권력 주체의 작위의무가 법령에 구체적으로 규정되어 있는 경우 등에 허용된다.

해설 행정권력의 부작위에 대한 헌법소원은 공권력의 주체에게 헌법에서 유래하는 작위의무가 특별히 구체적으로 규정되어 이에 의거하여 기본권의 주체가 행정행위 내지 공권력의 행사를 청구할 수 있음에도 공권력의 주체가 그 의무를 해태하는 경우에 한하여 허용되며, 여기서 말하는 "공권력의 주체에게 헌법에서 유래하는 작위의무가 특별히 구체적으로 규정되어"가 의미하는 바는 ㉠ 헌법상 명문으로 공권력 주체의 작위의무가 규정되어 있는 경우, ㉡ 헌법의 해석상 공권력 주체의 작위의무가 도출되는 경우, ㉢ 공권력 주체의 작위의무가 법령에 구체적으로 규정되어 있는 경우 등을 포괄하고 있는 것으로 볼 수 있다(헌재 2010.04.20. 2010헌마189).

정답

19년 변시

762. 헌법재판소는, 불공정거래혐의에 대한 공정거래위원회의 무혐의 조치는 혐의가 인정될 경우에 행하여지는 중지명령 등 시정조치에 대응되는 조치로서 공정거래위원회의 공권력행사의 한 태양에 속하여 헌법소원의 대상이 되는 '공권력의 행사'에 해당한다고 하였다.

해설 불공정거래혐의에 대한 공정거래위원회의 무혐의 조치는 혐의가 인정될 경우에 행하여지는 중지명령 등 시정조치에 대응되는 조치로서 공정거래위원회의 공권력 행사의 한 태양에 속하여 헌법재판소법 제68조 제1항 소정의 '공권력의 행사'에 해당하고, 따라서 공정거래위원회의 자의적인 조사 또는 판단에 의하여 결과된 무혐의 조치는 헌법 제11조의 법 앞에서의 평등권을 침해하게 되므로 헌법소원의 대상이 된다(헌재 2002.06.27. 2001헌마381).

정답 O

18년(3) 모의

763. 행정부에서 제정한 명령·규칙도 별도의 집행행위를 기다리지 않고 직접 기본권을 침해하는 것일 때에는 헌법재판소법 제68조 제1항 헌법소원심판의 대상이 될 수 있다.

해설 명령·규칙의 위헌여부가 재판의 전제가 되었을 경우 법률의 경우와는 달리 헌법재판소에 제청할 것 없이 대법원이 최종적으로 이를 심사할 수 있다는 의미일 뿐이므로 명령·규칙 그 자체에 의하여 직접 기본권이 침해되는 경우에는 헌법소원으로 그 위헌 여부의 확인을 구할 수 있는 것이다(헌재 2001.11.29. 2000헌마84).

정답 O

15년 변시, 18년(2) 모의

764. 비구속적 행정계획안이나 행정지침이라도 국민의 기본권에 직접 영향을 끼치고, 앞으로 법령의 뒷받침으로 그대로 실시될 것이 틀림없을 것으로 예상할 수 있을 때에는, 공권력행위로서 예외적으로 헌법소원심판의 대상이 된다.

해설 국민적 구속력을 갖는 행정계획은 공권력의 행사로 볼 수 있지만, 구속력을 갖지 않고 사실상의 준비행위나 사전안내 또는 행정기관 내부의 지침에 지나지 않는 행정계획은 원칙적으로 헌법소원의 대상이 되는 공권력의 행사라 할 수 없다. 하지만, 비구속적 행정계획안이나 행정지침이라도 국민의 기본권에 직접적으로 영향을 끼치고, 앞으로 법령의 뒷받침에 의하여 그대로 실시될 것이 틀림없을 것으로 예상될 수 있을 때에는, 공권력행위로서 예외적으로 헌법소원의 대상이 된다고 할 것이다(헌재 2011.12.29. 2009헌마330).

정답 O

18년(2) 모의

765. 대법원규칙도 그 자체로 기본권을 직접 침해하면 헌법소원심판의 대상이 된다.

해설 대법원규칙도 그 자체에 의하여 직접 기본권이 침해되었음을 이유로 하는 때에는 헌법소원심판의 대상이 된다(헌재 1995.02.23. 90헌마214).

정답

18년(2) 모의

766. 지방자치단체의 조례도 불특정다수인에 대해 구속력을 가지는 법규이므로 헌법소원심판의 대상이 된다.

해설 조례는 지방자치단체가 그 자치입법권에 근거하여 자주적으로 지방의회의 의결을 거쳐 제정한 법규이기 때문에 조례 자체로 인하여 기본권을 침해받은 자는 그 권리구제의 수단으로서 조례에 대한 헌법소원을 제기할 수 있다고 할 것이다. 다만 이 경우에 그 적법요건으로서 조례가 별도의 구체적인 집행행위를 기다리지 아니하고 직접 그리고 현재 자기의 기본권을 침해하는 것이어야 함을 요한다(헌재 1995.04.20. 92헌마264).

정답

18년(2) 모의

767. 청원에 대한 처리내용이 청원인이 기대한 바에 미치지 않는다고 하더라도 헌법소원심판의 대상이 되는 공권력의 행사 또는 불행사가 있다고 볼 수 없다.

해설 청원서를 접수한 국가기관은 이를 적정히 처리하여야 할 의무를 부담하나, 그 의무이행은 청원법이 정하는 절차와 범위 내에서 청원사항을 성실·공정·신속히 심사하고 청원인에게 그 청원을 어떻게 처리하였거나 처리하려 하는지를 알 수 있을 정도로 결과통지함으로써 충분하고, 비록 그 처리내용이 청원인이 기대한 바에 미치지 않는다고 하더라도 헌법소원의 대상이 되는 공권력의 행사 또는 불행사가 있다고 볼 수 없다(헌재 2004.10.28. 2003헌마898).

정답

22년(2) 모의

768. 입법자는 수용 목적 달성을 저해하지 않는 범위 내에서 교도소 수용자에게 청원권을 보장하는 합리적인 수단을 선택할 수 있으므로, 국가기관에 대한 청원을 내용으로 하는 수용자의 서신도 교도소장의 허가를 반드시 받도록 하고 있는 행형법 조항은 수용 목적 달성을 위한 불가피한 것으로서 청원권의 본질적 내용을 침해하지 않는다.

해설 헌법상 청원권이 보장된다 하더라도 청원권의 구체적 내용은 입법활동에 의하여 형성되며 입법형성에는 폭넓은 재량권이 있으므로 입법자는 수용 목적 달성을 저해하지 않는 범위 내에서 교도소 수용자에게 청원권을 보장하는 합리적인 수단을 선택할 수 있다고 할 것인바, 서신을 통한 수용자의 청원을 아무런 제한 없이 허용한다면 수용자가 이를 악용하여 검열 없이 외부에 서신을 발송하는 탈법수단으로 이용할 수 있게 되므로 이에 대한 검열은 수용 목적 달성을 위한 불가피한 것으로서 청원권의 본질적 내용을 침해한다고 할 수 없다(헌재 2001.11.29. 99헌마713).

정답 O

16년(1) 모의

769. '서울시민 인권헌장제정 시민위원회'가 통과시킨 인권헌장 초안의 발표계획에 대한 서울시장의 무산선언은 공권력 행사에 해당한다.

해설 피청구인이 선포하려던 서울시민 인권헌장은 피청구인이 서울시민의 의견을 수렴하여 서울시민에 대한 인권 보호 및 증진을 위한 기본방침을 밝히고자 한 정책계획안으로서 그 법적 성격은 국민의 권리·의무나 법적 지위에 직접 영향을 미치지 아니하는 비구속적 행정계획안이라 할 것이고, 이 사건 무산 선언은 당초 2014. 12. 10. 세계인권선언의 날에 맞춰 선포하려던 서울시민 인권헌장이 성소수자 차별금지 조항에 대한 이견으로 합의에 실패하여 예정된 날짜에 선포될 수 없었음을 알리는 행위로서 그 자체로는 직접적으로 청구인의 법적 지위에 영향을 미치지 아니하므로, 이 사건 무산 선언은 헌법소원심판의 대상이 되는 공권력 행사에 해당되지 아니한다(헌재 2015.03.31. 2015헌마213).

정답 ×

16년 변시, 20년(1) 모의

770. 중앙선거관리위원회 위원장이 대통령에게 통고한 '대통령의 선거중립의무 준수요청 조치' 및 '대통령의 선거중립의무 준수 재촉구 조치'는 「헌법재판소법」 제68조 제1항에 의한 헌법소원의 대상인 공권력행사에 해당한다.

해설 선거관리위원회법 제14조의2의 '경고'는 선거법 위반행위에 대한 제재적 조치의 하나로서 법률에 규정된 것이므로 피경고자는 이러한 경고를 준수하여야 할 의무가 있고, 피경고자가 경고를 불이행하는 경우 선거관리위원회 위원·직원에 의하여 관할 수사기관에 수사의뢰 또는 고발될 수 있으므로(위 조항 후문), 위 '경고'가 청구인의 법적 지위에 영향을 주지 않는다고는 할 수 없다. 중앙선거관리위원회 위원장이 중앙선거관리위원회 전체회의의 심의를 거쳐 대통령의 위법사실을 확인한 후 그 재발방지를 촉구하는 내용의 이 사건 조치를 청구인 대통령에 대하여 직접 발령한 것이 단순한 권고적·비권력적 행위라든가 대통령인 청구인의 법적 지위에 불리한 효과를 주지 않았다고 보기는 어렵다. 청구인이 이 사건 조치를 따르지 않음으로써 형사적으로 처벌될 가능성은 없다고 하더라도, 이 사건 조치가 그 자체로 청구인에게 그러한 위축효과를 줄 수 있음은 명백하다고 볼 것이고, 나아가 이 사건 조치에 대하여 법원에서 소송으로 구제받기는 어렵다는 점에서 헌법기관인 피청구인이 청구인의 위 발언내용이 위법이라고 판단한 이 사건 조치는 최종적·유권적인 판단으로서 기본권 제한의 효과를 발생시킬 가능성이 높다고 할 것이다(헌재 2008.01.17. 2007헌마700).

정답 O

🕐 15년 변시

771. 행정지도가 이를 따르지 않을 경우 일정한 불이익조치를 예정하고 있어 사실상 상대방에게 그에 따를 의무를 부과하는 것과 다를 바 없어 단순한 행정지도로서의 한계를 넘어 규제적·구속적 성격을 상당히 강하게 갖게 되는 경우에는 이를 헌법소원의 대상이 되는 공권력의 행사로 볼 수 있다.

▸해설 교육인적자원부장관의 대학총장들에 대한 이 사건 학칙시정요구는 고등교육법 제6조 제2항, 동법시행령 제4조 제3항에 따른 것으로서 그 법적 성격은 대학총장의 임의적인 협력을 통하여 사실상의 효과를 발생시키는 행정지도의 일종이지만, 그에 따르지 않을 경우 일정한 불이익조치를 예정하고 있어 사실상 상대방에게 그에 따를 의무를 부과하는 것과 다를 바 없으므로 단순한 행정지도로서의 한계를 넘어 규제적·구속적 성격을 상당히 강하게 갖는 것으로서 헌법소원의 대상이 되는 공권력의 행사라고 볼 수 있다(헌재 2003.06.26. 2002헌마337).

정답 O

🕐 24년 변시

772. 행정규칙이라도 재량권행사의 준칙으로서 그 정한 바에 따라 되풀이 시행되어 행정관행을 이루게 되면, 행정기관은 상대방에 대한 관계에서 그 규칙에 따라야 할 자기구속을 당하게 되므로 이러한 행정규칙은 대외적 구속력을 가진 공권력의 행사가 되어 헌법소원의 대상이 된다.

▸해설 행정규칙이라도 재량권행사의 준칙으로서 그 정한 바에 따라 되풀이 시행되어 행정관행을 이루게 되면, 행정기관은 평등의 원칙이나 신뢰보호의 원칙에 따라 상대방에 대한 관계에서 그 규칙에 따라야 할 자기구속을 당하게 되는바, 이 경우에는 대외적 구속력을 가진 공권력의 행사가 된다(헌재 2007.8.30. 2004헌마670).

정답 O

🕐 22년·24년 변시

773. '고시'는 행정규칙으로서 일반적으로 대외적 구속력을 갖는 것이 아니어서 원칙적으로 헌법소원의 대상이 아니나, 다만 법령의 규정에 의하여 행정관청에 법령의 구체적 내용을 보충할 권한을 부여한 경우, 그것이 상위법령의 위임한계를 벗어나지 않는 한, 상위법령과 결합하여 대외적으로 구속력을 갖는 법규명령으로 기능하여 헌법소원의 대상이 된다.

▸해설 이 사건 중소기업청 고시는 행정규칙에 해당한다고 할 것인데, 행정규칙은 일반적으로 행정조직 내부에서만 효력을 가지는 것이고 대외적인 구속력을 갖는 것이 아니어서 원칙적으로 헌법소원의 대상이 아니나, 다만 법령의 규정에 의하여 행정관청에 법령의 구체적 내용을 보충할 권한을 부여한 경우에는 그것이 상위법령의 위임한계를 벗어나지 아니하는 한, 상위법령과 결합하여 대외적인 구속력을 갖는 법규명령으로서 기능하여 헌법소원의 대상이 될 수 있다(헌재 2007.08.30. 2004헌마670).

정답 O

14년(3) 모의

774. **고시가 일반적·추상적 성격을 가질 때에는 법규명령 또는 행정규칙에 해당할 것이지만, 다른 집행행위의 매개 없이 그 자체로서 직접 국민의 구체적인 권리의무나 법률관계를 규율하는 성격을 가질 때에는 항고소송의 대상이 되는 행정처분에 해당한다.**

해설 고시 또는 공고의 법적 성질은 일률적으로 판단될 것이 아니라 고시에 담겨진 내용에 따라 구체적인 경우마다 달리 결정된다고 보아야 한다. 즉, 고시가 일반·추상적 성격을 가질 때는 법규명령 또는 행정규칙에 해당하지만, 고시가 구체적인 규율의 성격을 갖는다면 행정처분에 해당한다(헌재 1998.04.30. 97헌마141).

정답 O

14년(3) 모의

775. **사법경찰관이 언론사 기자들의 취재요청에 응하여 피의자가 경찰서 내에서 조사받는 모습을 촬영할 수 있도록 허용하는 것은 권력적 사실행위로서 헌법소원심판청구의 대상이 된다.**

해설 기록에 의하면, 피청구인이 언론사 기자들의 취재 요청에 응하여 청구인이 경찰서 내에서 조사받는 모습을 촬영할 수 있도록 허용하고 기자실에서 청구인의 피의사실과 관련한 보도자료를 배포한 사실을 인정할 수 있다. 수사기관이 촬영에 협조하지 않는 이상 기자들이 수사관서 내에서 피의자의 조사장면을 촬영하는 것은 불가능하고, 수사기관이 피의자 개인보다 훨씬 더 우월적 지위에 있어 취재 및 촬영과정에서 사실상 피의자의 의사가 반영되기 어렵다. 피청구인이 청구인의 의사에 관계없이 언론사의 취재 요청에 응하여 청구인의 모습을 촬영할 수 있도록 허용한 이상, 이미 청구인으로서는 수갑을 차고 얼굴을 드러낸 상태에서 조사받는 모습을 언론사에 공개당하는 불이익을 입게 된 것이다. 결국 심판대상 행위들은 권력적 사실행위로서 헌법소원심판청구의 대상이 되는 공권력의 행사에 해당한다(헌재 2014.03.27. 2012헌마652).

정답 O

14년 변시

776. **서울특별시 선거관리위원회 위원장이 발송한 '선거법위반행위에 대한 중지촉구' 공문은 그 형식에 있어서 '안내' 또는 '협조요청'이라는 표현을 사용하고 있고 그 내용도 청구인이 계획하는 행위가 선거법에 위반된다는 행정청의 의견을 표명하면서 청구인이 선거법에 위반되는 행위를 하는 경우 피청구인이 취할 수 있는 조치를 통고하고 있을 뿐이므로, 헌법소원의 심판대상이 될 수 있는 공권력의 행사에 해당하지 아니한다.**

해설 피청구인이 발송한 '선거법위반행위에 대한 중지촉구' 공문은 그 형식에 있어서 '안내' 또는 '협조요청'이라는 표현을 사용하고 있으며, 또한 그 내용에 있어서도 청구인이 계획하는 행위가 공선법에 위반된다는, 현재의 법적 상황에 대한 행정청의 의견을 단지 표명하면서, 청구인이 공선법에 위반되는 행위를 하는 경우 피청구인이 취할 수 있는 조치를 통고하고 있을 뿐이다. 따라서 피청구인

의 '중지촉구' 공문은 국민에 대하여 직접적인 법률효과를 발생시키지 않는 단순한 권고적, 비권력적 행위로서, 헌법소원의 심판대상이 될 수 있는 '공권력의 행사'에 해당하지 않으므로, '선거법위반행위에 대한 중지촉구'에 대한 이 사건 심판청구는 부적법하다(헌재 2003.02.27. 2002헌마106).

정답 ○

14년 · 23년 변시, 23년(3) 모의

777. 옥외집회를 주최하고자 하는 자는 집시법에서 정한 시간 전에 관할 경찰관서장에게 집회신고서를 제출하여 접수시키기만 하면 원칙적으로 옥외집회를 할 수 있으므로, 옥외집회신고서를 반려한 행위가 동일한 경위로 반복적으로 이루어졌다 하더라도 이 반려행위는 헌법소원의 대상이 될 수 없다.

해설 [1] 우리 헌법은 모든 국민에게 집회의 자유를 보장하고 있고, 집회에 대한 사전허가제를 금지하고 있는바, 옥외집회를 주최하고자 하는 자는 집시법이 정한 시간 전에 관할경찰관서장에게 집회신고서를 제출하여 접수시키기만 하면 원칙적으로 옥외집회를 할 수 있다. 그리고 이러한 집회의 자유에 대한 제한은 법률에 의해서만 가능하므로 법률에 정하여지지 않은 방법으로 이를 제한할 경우에는 그것이 과잉금지 원칙에 위배되었는지 여부를 판단할 필요 없이 헌법에 위반된다. (중략) 이러한 반려행위에 대하여, 청구인들의 입장에서는 피청구인이 위 옥외집회신고의 접수를 거부하거나 집회의 금지를 통고하는 것으로 보지 않을 수 없고, 그 결과 위와 같은 형사적 처벌이나 집회의 해산을 받지 않기 위하여 위 집회의 개최를 포기할 수 밖에 없었다고 할 것이다. 결국 피청구인의 이 사건 반려행위는 주무(主務) 행정기관에 의한 행위로서 청구인들의 집회의 자유를 침해하였다고 할 것이므로, 이는 기본권침해 가능성이 있는 공권력의 행사에 해당한다고 할 것이다. [2] 이 사건에서 청구인들이 개최하고자 하였던 옥외집회의 일시는 2007. 4. 25.부터 같은 해 6. 15.까지이므로, 현재 청구인들의 이 사건 심판청구가 인용된다 하더라도 이 사건 집회와 관련한 청구인들의 주관적 권리보호이익은 인정되지 않는다. 그러나 헌법소원은 주관적 권리구제뿐만 아니라 객관적인 헌법질서 보장의 기능도 겸하고 있으므로 같은 유형의 침해행위가 앞으로도 반복될 위험이 있고, 헌법질서의 수호·유지를 위하여 그에 대한 헌법적 해명이 긴요한 사항에 대하여는 심판청구의 이익을 인정할 수 있다. 그러므로 살피건대, 앞에서 본 바와 같이 이 사건 반려행위는 관할경찰관서장에 의하여 아무런 법적 근거 없이 반복되어 왔을 뿐 아니라 그 편의성 때문에 앞으로도 반복될 가능성이 높다. 또한 위 반려행위의 법적 성격과 효과에 관하여 아직 법원의 확립된 해석도 없다. 그렇다면 이 사건 반려행위가 부당한 공권력의 행사로서 청구인들의 기본권을 침해하는지 여부에 관하여 헌법적으로 해명할 필요성이 존재한다고 할 것이므로, 이 사건 심판청구는 객관적 권리보호이익이 있는 적법한 청구라고 할 것이다(헌재 2008.05.29. 2007헌마712(전합)).

정답 ×

12년 변시

778. 법령보충적 행정규칙뿐만 아니라 재량권 행사의 준칙인 행정규칙이 행정의 자기구속원리에 따라 대외적 구속력을 가지는 경우에는 헌법소원의 대상이 될 수 있다.

해설 일반적으로 행정규칙은 행정조직 내부에서만 효력을 가지는 것이고 대외적인 구속력을 가지는 것이 아니어서 원칙적으로 헌법소원의 대상이 되는 '공권력의 행사'에 해당하지 아니한다. 그러나 행정규칙이 법령의 규정에 의하여 행정관청에 법령의 구체적 내용을 보충할 권한을 부여한 경우나, 재량권 행사의 준칙인 규칙이 그 정한 바에 따라 되풀이 시행되어 행정관행이 이룩되게 되면 평등의 원칙이나 신뢰보호의 원칙에 따라 행정기관은 그 상대방에 대한 관계에서 그 규칙에 따라야 할 자기구속을 당하게 되는 경우에는 대외적 구속력을 가지게 되는 바, 이러한 경우에는 헌법소원의 대상이 될 수도 있고, 또한 법령의 직접적 위임에 따라 수임행정기관이 그 법령을 시행하는데 필요한 구체적 사항을 정한 것이면, 그 제정형식은 비록 법규명령이 아닌 고시·훈령·예규 등과 같은 행정규칙이더라도 그것이 상위법령의 위임한계를 벗어나지 않는 한 상위법령과 결합하여 대외적인 구속력을 갖는 법규명령으로서 기능하게 된다고 보아야 할 것인 바, 헌법소원의 청구인이 법령과 예규의 관계 규정으로 말미암아 직접 기본권을 침해받았다면 이에 대하여 헌법소원을 청구할 수 있다(헌재 2002. 07.18. 2001헌마605).

4. 검사의 처분

16년(1) 모의

779. 검사의 공소제기처분에 대하여는 공소제기 된 범죄사실이나 법원에 제출된 증거를 포함하여 그 재판절차에서 그 적법성에 대해 충분한 사법적 심사를 받을 수 있으므로, 이는 독립하여 헌법소원의 대상이 될 수 없다.

해설 검사의 공소제기처분은 법원에 공소가 제기된 이후에는 법원의 재판절차에 흡수되어 그 적법성에 대하여 충분한 사법적 심사를 받게 되므로 그 독자적 합헌성을 심사할 필요성이 상실된 것이어서, 검사의 공소제기 자체는 독립하여 헌법소원심판의 청구대상이 될 수 없다(헌재 2011.04.26. 2011헌마191).

780. 丙은 의사 丁으로부터 위 내시경 검사를 받던 중 丁의 과실로 출혈이 발생하였음에도 불구하고, 丁이 내시경 검사에 어떠한 문제도 없었다고 하면서 오히려 자신에게 폭언을 하자, 의사 丁을 업무상 과실치상 등으로 처벌해 달라고 고소장을 제출하였다. 그러나 검사는 이를 적법한 절차에 따른 고소사건으로 처리하지 아니하고, 단순한 진정사건으로 접수하여 공소시효 완성을 이유로 공소권없음 의견으로 내사종결 처분을 하였다.

(1) 검사가 丙의 고소사건을 진정사건으로 수리하여 내사종결 처분한 것은 수사기관의 내부적 사건처리방식에 지나지 않으므로 헌법소원심판의 대상이 되는 공권력 행사라고 할 수 없다.

(2) 만약 검사가 丙의 고소를 진정사건이 아니라 고소사건으로 처리하면서 丁에 대해서 혐의없음 처분을 하지 않고 공소권없음의 불기소처분을 하였다 해도, 이를 丁의 헌법상 기본권을 침해하는 공권력의 행사라고 볼 수 없다.

해설 (1) 청구인이 고소를 제기하였으나 피청구인(검사)이 위 고소를 진정사건으로 수리하여 공람종결 처분을 함으로써 청구인의 평등권 등이 침해되었다고 주장하면서 그 처분의 취소를 구하는 헌법재판소법 제68조 제1항 헌법소원심판청구를 한 사안에서, 헌법재판소는 본안에 나아가 판단하였다(헌재 2000.11.30. 2000헌마356 참조). ▶ ㉠ 진정에 의하여 이루어진 내사사건의 종결처리에 대하여는 따로 고소나 고발을 할 수 있으므로 헌법소원의 대상이 되는 공권력의 행사라고 할 수 없으나, ㉡ 고소사건을 진정사건으로 보아 종결처분한 것은 헌법소원의 대상이 되는 공권력의 행사에 해당한다.

비교판례 진정사건 내사종결처분: 진정에 기하여 이루어진 내사사건의 종결처리는 진정사건에 대한 구속력없는 수사기관의 내부적 사건처리방식에 지나지 아니하므로 진정인의 고소 또는 고발의 권리행사에 아무런 영향을 미치는 것이 아니어서 헌법소원심판의 대상이 되는 공권력의 행사라고 할 수 없다(헌재 1990.12.26. 89헌마277).

(2) '공소권없음' 결정이나 '혐의없음' 결정은 모두 피의자에 대하여 소추장애사유가 있어 기소할 수 없다는 내용의 처분이므로 두 결정은 기소할 수 없다는 점에서 동일한 처분이라고 할 수 있다. 한편 '공소권없음' 결정은 그 결정이 있다고 하여 청구인에게 범죄혐의가 있음이 확정되는 것이 결코 아니므로 피의사실이 인정됨에도, 즉 소추장애사유가 없어 기소할 수 있음에도 기소하지 않는다는 내용의 결정인 '기소유예' 결정과는 본질적으로 다르다. 따라서 피청구인이 '혐의없음' 결정을 하지 않고 '공소권없음' 결정을 한 것을 가리켜 청구인의 헌법상 기본권을 침해하는 공권력의 행사라고 할 수 없으므로 이 사건 심판청구는 부적법하다(헌재 2003.01.30. 2002헌마323). ▶ 혐의없음 처분을 하여야 함에도 불구하고 공소권없음 처분을 하더라도 이를 헌법소원의 대상이 되는 공권력의 행사라고 볼 수 없으므로 丁은 이에 대해 헌법소원심판을 청구할 수 없다.

 ✕, ○

 15년 변시

781. 검사로부터 기소유예처분을 받은 피의자는 「검찰청법」 소정의 항고를 거쳐 그 검사 소속의 지방검찰청 소재지를 관할하는 고등법원에 그 당부에 관한 재정을 신청할 수 있으므로 그와 같은 구제절차를 모두 거치지 않은 채 기소유예처분의 취소를 구하는 헌법소원심판 청구는 부적법하다.

해설 검사의 불기소처분에 대한 검찰청법 소정의 항고 및 재항고는 그 피의사건의 고소인 또는 고발인만이 할 수 있을 뿐, 기소유예처분을 받은 피의자가 범죄혐의를 부인하면서 무고함을 주장하는 경우에는 검찰청법이나 다른 법률에 이에 대한 권리구제절차가 마련되어 있지 아니하므로, 검사의 기소유예처분의 취소를 구하는 헌법소원심판을 청구하는 경우에는 보충성원칙의 예외에 해당한다(헌재 2010.06.24. 2008헌마716).

정답 ✕

5. 원행정처분

🍊 12년·13년·15년·18년·21년 변시

782. 행정처분의 취소를 구하는 행정소송을 제기하였으나 청구기각의 판결이 확정되어 법원의 소송절차에 의하여서는 더 이상 이를 다툴 수 없게 된 경우에, 그 행정처분을 심판대상으로 삼았던 법원의 그 재판 자체가 취소되지 않더라도 당해 행정처분은 헌법소원심판의 대상이 된다.

해설 헌법재판소는 96헌마172등 사건에 관하여 1997. 12. 24. 선고한 결정에서, 헌법재판소가 위헌으로 결정한 법령을 적용함으로써 국민의 기본권을 침해한 법원의 재판은 예외적으로 헌법소원심판의 대상이 될 수 있음을 선언하면서, 그와 같은 법원의 재판을 취소함과 아울러, 그 재판의 대상이 되었던 원행정처분에 대한 헌법소원 심판청구까지 받아들여 이를 취소한 바 있다. 그러나 위 결정에서 보는 바와 같이 원행정처분에 대한 헌법소원심판청구를 받아들여 이를 취소하는 것은, 원행정처분을 심판의 대상으로 삼았던 법원의 재판이 예외적으로 헌법소원심판의 대상이 되어 그 재판 자체까지 취소되는 경우에 한하여, 국민의 기본권을 신속하고 효율적으로 구제하기 위하여 가능한 것이고, 이와는 달리 법원의 재판이 취소되지 아니하는 경우에는 확정판결의 기판력으로 인하여 원행정처분은 헌법소원심판의 대상이 되지 아니한다고 할 것이다. 원행정처분에 대하여 법원에 행정소송을 제기하여 패소판결을 받고 그 판결이 확정된 경우에는 당사자는 그 판결의 기판력에 의한 기속을 받게 되므로, 별도의 절차에 의하여 위 판결의 기판력이 제거되지 아니하는 한, 행정처분의 위법성을 주장하는 것은 확정판결의 기판력에 어긋나기 때문이다(헌재 1998.06.25. 97헌마352).

정답

🍊 18년 변시

783. 기혼자인 변호사 乙이 다른 여성과 사실혼 관계를 지속하여 변호사로서 품위를 손상하였다는 이유로 대한변호사협회 징계위원회로부터 징계결정을 받자 법무부 변호사징계위원회에 이의신청을 하였으나 기각되었고, 대법원도 乙의 재항고를 기각하는 결정을 하였더라도, 이는 법원의 판결이 있는 경우가 아니므로, 위 징계결정의 취소를 구하는 乙의 헌법소원심판청구는 적법하다.

해설 대법원의 이 사건 재항고 기각 결정은 법원의 재판임이 분명하고, 헌법소원심판의 대상이 되는 예외적인 재판에 해당되는 것도 아니므로 이 부분 심판청구는 부적법하다고 할 것이다. 법원의 재판을 거쳐 확정된 행정처분(원행정처분)에 대한 헌법소원심판은 당해 행정처분을 심판의 대상으로 삼았던 법원의 재판이 예외적으로 헌법소원의 심판대상이 되어 그 재판 자체가 취소되는 경우에 한하여 청구할 수 있는 것이고 법원의 재판이 취소될 수 없는 경우에는 당해 행정처분에 대한 헌법소원심판은 허용되지 아니 한다. 그런데 이 사건 징계처분(대한변호사협회 또는 변호사징계위원회의 징계결정 및 법무부변호사징계위원회의 기각 결정)과 서울지방변호사회장의 징계개시신청의취소심판청구는 대법원의 재판이 예외적으로 취소되는 경우에 해당되지 아니하므로 이 부분 심판청구도 부적법하다(헌재 1999.05.27. 98헌마357).

정답

6. 사법작용

🍊 12년 변시, 17년(3) 모의

784. 헌법재판소법 제68조 제1항은 법원의 재판을 헌법소원의 대상에서 제외하고 있으나, 법원이 헌법재판소가 위헌으로 결정하여 그 효력을 전부 또는 일부 상실한 법률을 적용함으로써 국민의 기본권을 침해한 재판의 경우에도 헌법소원이 허용되지 않는 것이라고 동 조항을 해석한다면 그러한 한도 내에서 헌법에 위반된다.

> 해설 헌법재판소법 제68조 제1항이 원칙적으로 헌법에 위반되지 아니한다고 하더라도, 법원이 헌법재판소가 위헌으로 결정하여 그 효력을 전부 또는 일부 상실하거나 위헌으로 확인된 법률을 적용함으로써 국민의 기본권을 침해한 경우에도 법원의 재판에 대한 헌법소원이 허용되지 않는 것으로 해석한다면, 위 법률조항은 그러한 한도내에서 헌법에 위반된다(헌재 1997.12.24. 96헌마172).

정답 ○

III 기본권의 침해

1. 헌법상 보장된 기본권

🍊 20년 변시

785. 국회의원은 국회의장의 가결선포행위에 대하여 심의·표결권 침해를 이유로 권한쟁의심판을 청구할 수 있을 뿐, 질의권·토론권 및 표결권의 침해를 이유로 헌법소원심판을 청구할 수 없다.

> 해설 입법권은 헌법 제40조에 의하여 국가기관으로서의 국회에 속하는 것이고, 국회의원이 국회내에서 행사하는 질의권·토론권 및 표결권 등은 입법권 등 공권력을 행사하는 국가기관인 국회의 구성원의 지위에 있는 국회의원에게 부여된 권한으로서 국회의원 개인에게 헌법이 보장하는 권리 즉 기본권으로 인정된 것이라고 할 수는 없다. 따라서 국회의 구성원인 지위에서 공권력작용의 주체가 되어 오히려 국민의 기본권을 보호 내지 실현할 책임과 의무를 지는 국회의원이 국회의 의안처리과정에서 위와 같은 권한을 침해당하였다고 하더라도 이는 헌법재판소법 제68조 제1항에서 말하는 "기본권의 침해"에는 해당하지 않으므로, 이러한 경우 국회의원은 개인의 권리 구제수단인 헌법소원을 청구할 수 없다(헌재 1995.02.23. 91헌마231).

정답

14년(2)·15년(3)·18년(3) 모의

786. (1) 공권력의 행사 또는 불행사로 헌법의 기본원리 혹은 헌법상 보장된 제도의 본질이 훼손되었다고 주장하면서 헌법재판소법 제68조 제1항 헌법소원심판을 청구하는 것은 허용될 수 없다.

(2) 기본권 침해의 가능성이 없이 단순히 일반 헌법규정이나 헌법원칙에 위반된다는 주장은 기본권침해에 대한 구제라는 헌법재판소법 제68조 제1항의 헌법소원의 적법요건을 충족시키지 못한다.

해설 (1) 헌법재판소법 제68조 제1항에 의한 헌법소원에 있어서 공권력의 행사 또는 불행사로 헌법의 기본원리 혹은 헌법상 보장된 제도의 본질이 훼손되었다고 하여 그 점만으로 바로 국민의 기본권이 직접 현실적으로 침해된 것이라고 할 수는 없다(헌재 2004.12.16. 2002헌마579).

(2) 청구인들은 이 사건 조약들이 일반 헌법규정(제5조, 제60조)에 위반된다는 주장을 하였으나, 기본권 침해의 가능성이 없이 단순히 일반 헌법규정이나 헌법원칙에 위반된다는 주장은 기본권침해에 대한 구제라는 헌법소원의 적법요건을 충족시키지 못하는 것이다(헌재 2006.02.23. 2005헌마268).

정답 O, O

14년(2) 모의

787. 국회의원의 법률안 심의·표결권은 헌법으로부터 당연히 도출되는 헌법상 권리로서 국회의원 각자에게 모두 보장된다는데 의문의 여지가 없어, 이에 대한 침해는 헌법소원심판청구를 통해 구제받을 수 있다.

해설 입법권은 헌법 제40조에 의하여 국가기관으로서의 국회에 속하는 것이고, 국회의원이 국회내에서 행사하는 질의권·토론권 및 표결권 등은 입법권 등 공권력을 행사하는 국가기관인 국회의 구성원의 지위에 있는 국회의원에게 부여된 권한으로서 국회의원 개인에게 헌법이 보장하는 권리 즉 기본권으로 인정된 것이라고 할 수는 없다. 따라서 국회의 구성원인 지위에서 공권력작용의 주체가 되어 오히려 국민의 기본권을 보호 내지 실현할 책임과 의무를 지는 국회의원이 국회의 의안처리과정에서 위와 같은 권한을 침해당하였다고 하더라도 이는 헌법재판소법 제68조 제1항에서 말하는 "기본권의 침해"에는 해당하지 않으므로, 이러한 경우 국회의원은 개인의 권리 구제수단인 헌법소원을 청구할 수 없다(헌재 1995.02.23. 91헌마231).

정답

16년(1) 모의

788. 타인의 형사재판인 즉결심판의 결과에 대해 불만이 있다는 이유로 제3자가 정식재판을 청구할 권리는 헌법이 보장하는 어떠한 기본권의 내용이라고 볼 수 없어, 이를 내용으로 하는 헌법소원은 부적법하다.

해설 타인의 형사재판인 즉결심판의 결과에 대해 불만이 있다는 이유로 제3자가 정식재판을 청구할 권리는 헌법이 보장하는 어떠한 기본권의 내용이라고 볼 수 없다. 또한 누구나 즉결심판의 피고인이 될 경우 이에 대해 정식재판을 청구할 수 있는 것이므로 이 사건 법률조항이 특별히 청구인을 차별하고 있지 아니하며, 즉결심판절차의 피고인인 자와 그 즉결심판절차에 전혀 관여한 바 없는 제3자는 정식재판을 청구할 권리에 있어 비교집단 자체가 될 수 없기 때문에 위 법률조항이 즉결심판절차의 피고인과 그 밖의 자를 차별하고 있다고 볼 수도 없다. 따라서 이 사건 법률조항으로 인해 청구인의 기본권이 침해될 가능성을 인정할 수 없다(헌재 2015.05.12. 2015헌마432).

정답

2. 자기관련성

22년 변시, 15년(3) 모의

789. 법학전문대학원의 총 입학정원이 한정되어 있는 상태에서 여성만이 진학할 수 있는 법학전문대학원의 설치를 인가한 것은 남성들이 진학할 수 있는 법학전문대학원의 정원에 영향을 미치므로, 법학전문대학원 입학을 준비 중인 남성들은, 교육부장관이 여성만이 진학할 수 있는 대학에 법학전문대학원 설치를 인가한 처분의 직접적인 상대방이 아니더라도 기본권침해의 자기관련성이 인정된다.

[해설] 교육부장관의 이 사건 인가처분은 학교법인 이화학당에 대한 것으로서 청구인들은 이 사건 인가처분의 직접적인 상대방이 아니다. 그런데 '법학전문대학원의 설치·운영에 관한 법률'은 일반대학의 입학정원과 달리 국민에 대한 법률서비스의 원활한 제공 및 법조인의 수급상황 등 제반사정을 고려하여 교육부장관이 법학전문대학원의 총 입학정원을 정하도록 하는 이른바 '총 정원주의'를 규정하고 있다. 이와 같이 전체 법학전문대학원의 총 입학정원이 한정되어 있는 상태에서 이 사건 인가처분이 여성만이 진학할 수 있는 여자대학에 법학전문대학원 설치를 인가한 것은, 결국 청구인들과 같은 남성들이 진학할 수 있는 법학전문대학원의 정원이 여성에 비하여 적어지는 결과를 초래하여 청구인들의 직업선택의 자유, 평등권을 침해할 가능성이 있으므로, 이 사건 인가처분의 직접적인 상대방이 아닌 제3자인 청구인들에게도 기본권 침해의 자기관련성이 인정된다(헌재 2013.05.30. 2009헌마514). ▶ 공권력작용의 직접상대방이 아닌 제3자라도 공권력작용으로 인해 직접적이고 법적인 이해관계를 가지고 있는 경우에는 예외적으로 자기관련성이 인정되지만, 공권력작용에 단지 간접적·사실적 또는 경제적 이해관계가 있을 뿐인 경우에는 자기관련성이 인정되지 않는다.

정답

23년(2) 모의

790. 대통령은 북한의 계속되는 핵실험으로 인해 남북협력사업인 개성공단의 운영을 즉시 전면 중단하기로 결정하고, 통일부장관은 대통령의 지시에 따라 철수계획을 마련하여 관련 기업인들에게 통보한 다음 개성공단 전면중단 성명을 발표하고, 이에 대응한 북한의 조치에 따라 2016. 2. 10. 개성공단에 체류 중인 국민들 전원을 대한민국 영토 내로 귀환하도록 한 일련의 행위로 이루어진 개성공단 전면중단 조치(이하 '이 사건 중단조치'라고 함)를 취하였다. 이에 개성공단에 입주한 투자기업 A와 A에게 생산부품을 납품하는 협력기업 B는 「헌법재판소법」 제68조 제1항에 따른 헌법소원심판을 청구하였다. A는 이 사건 중단조치로 인하여 다른 집행행위의 매개 없이 직접 그리고 현재 개성공단 내에서 위와 같은 협력사업 활동이 제한되고 있으므로 기본권 침해의 자기관련성이 인정되나, B는 직접적·법적으로 기본권 침해가 있는 것으로 볼 수 없어 자기관련성이 인정되지 않는다.

[해설] 타인에 대한 공권력의 작용이 단지 간접적, 사실적 또는 경제적인 이해관계로만 관련된 제3자에게는 자기관련성이 인정되지 않는다(헌재 2014. 8. 28. 2012헌마776; 헌재 2019. 11. 28. 2016헌마40 참조).협력기업인 청구인들은 개성공업지구 투자기업 등과 거래하던 국내기업으로 이 사건 중단조치의 직접적인 상대방이 아니고, 이 사건 중단조치로 개성공업지구 투자기업 등이 받은 영향

으로 말미암아 영업이익이 감소되는 피해를 보았다 하더라도, 그것은 간접적·경제적 이해관계에 불과할 뿐 직접적·법적으로 기본권 침해가 있는 것으로 보기는 어렵다. 따라서 협력기업인 청구인들은 이 사건 중단조치에 관한 자기관련성이 인정되지 않으므로, 위 청구인들의 이 사건 헌법소원 심판청구는 부적법하다(헌법재판소 2022.01.27. 2016헌마364).

정답 O

22년(1) 모의

791. 2021학년도 대학입학전형기본사항 중 재외국민 특별전형 지원자격 가운데 학생의 부 또는 모인 해외근무자와 그 배우자가 학생과 함께 해외에 체류하여야 한다는 부분은 학부모에 대한 기본권침해의 자기관련성이 인정된다.

해설 … 이 사건 전형사항으로 인해 재외국민 특별전형 지원을 제한받는 사람은 각 대학의 2021학년도 재외국민 특별전형 지원(예정)자이다. 학부모인 청구인의 부담은 간접적인 사실상의 불이익에 해당하므로, 이 사건 전형사항으로 인한 기본권침해의 자기관련성이 인정되지 않는다(헌재 2020.03.26. 2019헌마212).

정답 X

23년 변시

792. 일반게임제공업자가 게임물의 버튼 등 입력장치를 자동으로 조작하여 게임을 진행하는 장치 또는 소프트웨어를 제공하거나 게임물 이용자로 하여금 이를 이용하게 하는 행위를 금지하는 「게임산업진흥에 관한 법률 시행령」 조항에 대하여, 일반게임제공업자를 회원으로 하는 단체인 사단법인이 직업의 자유가 침해된다고 주장하면서 청구한 헌법소원심판은 자기관련성이 인정된다.

해설 단체와 그 구성원은 서로 별개의 독립된 인격체이므로, 단체의 구성원이 기본권을 침해당한 경우 단체가 구성원의 권리구제를 위하여 헌법소원심판을 청구하는 것은 원칙적으로 허용되지 않는다. 심판대상조항의 수범자는 일반게임제공업자인데 청구인 사단법인은 이에 해당하지 않고, 청구인 사단법인은 그 구성원과 별개의 독립된 인격체로서 구성원인 일반게임제공업자 회원들의 기본권 구제를 위하여 이 사건 심판을 청구할 수 없다. 청구인 사단법인은 '게임산업진흥에 관한 법률'(이하 '게임산업법'이라 한다) 제12조의2에 따라 문화체육관광부장관으로부터 게임물의 사행성의 예방 등을 위해 협조요청을 받을 경우 이에 협조할 의무가 있다는 이유로 자기관련성을 충족하였다고 주장하나, 그러한 이유로는 심판대상조항으로 인하여 청구인 사단법인에게 어떠한 기본권의 제한이 발생한다고 보기 어렵다. 따라서 청구인 사단법인의 심판청구는 부적법하다(헌재 2022.05.26. 2020헌마670,705).

정답 X

🕐 23년 변시

793. 「변호사법」 규정의 위임을 받아 변호사 광고에 관한 구체적인 규제사항 등을 정한 대한변호사협회의 「변호사 광고에 관한 규정」에 대하여, 그 규정의 수범자인 변호사를 상대로 법률서비스 온라인 플랫폼을 운영하며 변호사 등의 광고·홍보·소개 등에 관한 영업행위를 하고 있는 업체가 영업의 자유가 침해된다고 주장하면서 청구한 헌법소원심판은 자기관련성이 인정된다.

해설 청구인 회사는 심판대상조항의 직접적인 수범자는 아니지만, 수범자인 변호사의 상대방으로서 법률서비스 온라인 플랫폼을 운영하며 변호사등의 광고·홍보·소개 등에 관한 영업행위를 하고 있는바, 이 사건 규정의 수범자인 변호사가 준수해야 하는 광고방법, 내용 등의 제약을 그대로 이어받게 된다. 이는 실질적으로는 변호사등과 거래하는 위와 같은 사업자의 광고 수주 활동을 제한하거나 해당 부문 영업을 금지하는 것과 다르지 않다. 심판대상조항의 개정목적을 살펴보더라도 가장 주요한 것이 청구인 회사가 운영하는 △△ 서비스와 같은 온라인 플랫폼을 규제하는 것이었고, 변협은 이 사건 규정 개정을 전후하여 그러한 입장을 여러 차례에 걸쳐 밝혔다. 따라서 심판대상조항은 청구인 회사의 영업의 자유 내지 법적 이익에 불리한 영향을 주는 것이므로, 기본권침해의 자기관련성을 인정할 수 있다(헌재 2022.05.26. 2021헌마619).

 정답 O

🕐 23년 변시

794. 중개보조원이 중개의뢰인과 직접 거래하는 것을 금지하는 「공인중개사법」 조항에 대하여, 부동산중개법인이 소속 중개보조원과 중개의뢰인 사이의 거래를 중개할 수 없어 직업수행의 자유가 침해된다고 주장하면서 청구한 헌법소원심판은 자기관련성이 인정된다.

해설 헌법재판소의 심판에 있어서는 반드시 그 청구서에 표시된 권리에 구애되는 것이 아니라 청구인이 주장하는 침해된 기본권과 침해의 원인이 되는 공권력의 행사를 직권으로 조사하여 판단할 수 있는 것인데(헌재 1997. 1. 16. 90헌마110등), 심판대상조항이 중개보조원과 중개의뢰인 사이의 직접 거래를 금지함에 따라 청구인은 자신의 중개의뢰인과 중개보조원 사이의 거래를 중개할 수 없게 되었으므로, 적어도 법인인 청구인의 직업수행의 자유(영업의 자유) 등을 제한하고 있다고 판단되고, 이러한 측면에서 직권으로 청구인에게 자기관련성을 인정할 수 있다(헌재 2019.11.28. 2016헌마188).

 정답 O

23년 변시

795. 대통령의 지시로 대통령 비서실장 등이, 야당 소속 후보를 지지하였거나 정부에 비판적 활동을 한 문화예술인이나 단체를 정부의 문화예술 지원사업에서 배제할 목적으로 한국문화예술위원회 등의 공공기관 소속 직원들로 하여금 특정 개인이나 단체를 문화예술인 지원사업에서 배제하도록 한 일련의 지시 행위에 대하여, 그 배제 대상이 된 문화예술인들이 표현의 자유가 침해된다고 주장하면서 청구한 헌법소원심판은 자기관련성이 인정된다.

해설 헌법재판소법 제68조 제1항에 의하면 헌법소원심판은 공권력의 행사 또는 불행사로 인하여 헌법상 보장된 기본권을 침해받은 자가 청구하여야 한다고 규정하고 있는바, 여기에서 '기본권을 침해받은 자'라 함은 공권력의 행사 또는 불행사로 인하여 자기의 기본권이 현재 그리고 직접적으로 침해받은 자를 의미하고 단순히 간접적, 사실적 또는 경제적인 이해관계가 있을 뿐인 제3자는 이에 해당하지 않는다. 다만, 공권력 작용의 직접적인 상대방이 아닌 제3자라고 하더라도 공권력 작용이 그 제3자의 기본권을 직접적이고 법적으로 침해하고 있는 경우에는 예외적으로 그 제3자에게 자기관련성이 있다고 할 것이다. 앞서 살펴본 대로 피청구인들의 이 사건 지원배제 지시는 형식적으로는 예술위 등에 대하여 이루어진 것이었으나, 그 실질은 청구인들에 대한 문화예술 지원배제라는 일정한 목적을 관철하기 위하여 단지 예술위 등을 이용한 것에 불과하고 청구인들은 그에 따라 문화예술 지원 대상에서 제외되었으므로, 청구인들의 자기관련성이 인정되고, 이러한 점에서 기본권 침해의 직접성도 인정된다(헌재 2020.12.23. 2017헌마416).

정답

21년 변시

796. 일반적으로 수혜적 법령의 경우에는 수혜범위에서 제외된 자가 자신이 평등원칙에 반하여 수혜대상에서 제외되었다는 주장을 하거나, 비교집단에게 혜택을 부여하는 법령이 위헌이라고 선고되어 그러한 혜택이 제거된다면 비교집단과의 관계에서 자신의 법적 지위가 상대적으로 향상된다고 볼 여지가 있는 때에는 자기관련성을 인정할 수 있다.

해설 일반적으로 수혜적 법령의 경우에는 수혜범위에서 제외된 자가 자신이 평등원칙에 반하여 수혜대상에서 제외되었다는 주장을 하거나, 비교집단에게 혜택을 부여하는 법령이 위헌이라고 선고되어 그러한 혜택이 제거된다면 비교집단과의 관계에서 자신의 법적 지위가 상대적으로 향상된다고 볼 여지가 있는 때에는 그 법령의 직접적인 적용을 받는 자가 아니라고 할지라도 자기관련성을 인정할 수 있다(헌재 2013.12.26. 2010헌마789).

정답

21년(1) 모의

797. 「헌법재판소법」 제68조 제1항의 헌법소원심판은 원칙적으로 자신의 기본권을, 현재, 직접 침해당한 경우라야 제기할 수 있는 것으로, 제3자는 특별한 사정이 없는 한 기

> 본권침해의 자기관련성이 인정되지 아니하는바, 태아의 성별정보에 대한 접근을 방해받지 아니할 권리와 관련하여 태아의 부(父)가 제기한 헌법소원심판은 기본권 침해의 자기관련성을 인정할 수 없어 부적법하다.

해설 헌법재판소법 제68조 제1항에 의하면 헌법소원심판은 공권력의 행사 또는 불행사로 인하여 헌법상 보장된 기본권을 침해받은 자가 청구하여야 한다고 규정하고 있는바, 여기에서 기본권을 침해받은 자라 함은 공권력의 행사 또는 불행사로 인하여 자기의 기본권이 현재 그리고 직접적으로 침해받은 자를 의미하며 단순히 간접적, 사실적 또는 경제적인 이해관계가 있을 뿐인 제3자는 이에 해당하지 않는다. 청구인은 산모 본인은 아니나 앞으로 태어날 태아의 부로서 가족 구성원의 한사람이고, 산모와 똑같이 태아를 양육할 친권자가 될 자이므로 태아의 성별에 대해 직접 이해관계가 있는 자라고 할 것이다. 그런데 이 사건 규정은 산모뿐만 아니라 그 가족에 대해서도 태아 성별의 고지를 금지하여 태아의 부가 태아의 성별 정보에 접근하는 것을 방해하고 있는바, 이는 태아의 부의 기본권을 직접 침해하고 있다고 할 것이므로 청구인은 이 사건 규정에 대하여 자기관련성이 인정된다(헌재 2008.07.31. 2005헌바90).

정답 ×

 19년·23년 변시

798. 방송통신위원회가 지원금 상한액에 대한 기준 및 한도를 정하여 고시하도록 하고, 이동통신사업자가 방송통신위원회가 정하여 고시한 상한액을 초과한 지원금을 지급할 수 없도록 하는 등을 정한 「이동통신단말장치 유통구조 개선에 관한 법률」 조항들에 대하여, 이동통신단말장치를 구입하고자 하는 이동통신서비스 이용자들이 계약의 자유가 침해된다고 주장하면서 청구한 헌법소원심판은 자기관련성이 인정된다.

해설 이동통신사업자, 대리점 및 판매점(이하 '이동통신사업자 등'이라 한다) 뿐만 아니라 이용자들 역시 지원금 상한 조항의 실질적인 규율대상에 포함되고, 지원금 상한 조항은 지원금 상한액의 기준과 한도를 제한함으로써 이용자들이 이동통신단말장치를 구입하는 가격에 직접 영향을 미치므로, 이동통신사업자 등으로부터 이동통신단말장치를 구입하여 이동통신서비스를 이용하고자 하는 청구인들은 지원금 상한 조항에 대해 헌법소원심판을 청구할 자기관련성이 인정된다(헌재 2017.05.25. 2014헌마844).

정답 ○

 19년 변시

799. 요양급여비용의 액수를 인하하는 조치를 내용으로 하는 조항의 직접적인 수범자는 요양기관이나, 요양기관의 피고용자인 의사도 유사한 정도의 직업적 불이익을 받게 된다고 볼 수 있으므로 자기관련성이 인정된다.

해설 요양급여비용의 액수를 인하하는 조치를 내용상 포함한 이 사건 개정고시에 의하여 그 직접적인 수규자가 이에 상응한 수입감소의 불이익을 받게 될 뿐만 아니라 요양기관 피고용자인 청구인들도, 동인들이 의사로 근무하고 있는 이상, 유사한 정도의 직업적 불이익을 받게 된다. 이 사건 개정고시는 의사로서 전문적 의료행위를 제공한 데 대한 대가인 진료비의 수가를 일괄적으로 감소시키는 것을 내용으로 하기 때문에 청구인들에게는 단순한 경제적 이해를 넘어서는 진지한 직업적 손실효과가 초래된다. 그렇다면 이 사건 개정고시는 요양기관의 개설자가 아닌 일반의사인 위 청구인들에게도 단순히 간접적, 사실적 또는 경제적 이해관계만으로 관련된 것이 아니며 그 수규자에 대한 것과 거의 동일한 정도의 심각성을 지니는 법적 효과를 미치고 있으므로 청구인들의 자기관련성은 인정된다(헌재 2003.12.18. 2001헌마543).

정답 O

800. **언론사와 언론보도로 인한 피해자 사이의 분쟁 해결에 관한 조항, 편집권보호에 관한 조항은 신문사를 규율대상으로 하지만, 신문사의 기자들도 그 실질적인 규율대상에 해당한다고 할 수 있으므로 자기관련성이 인정된다.**

해설 신문법(편집의 자유와 독립 조항 등을 포함함)은 정기간행물사업자, 즉 일간신문을 경영하는 법인으로서의 신문사를 규율대상으로 하고 있고, 언론중재법도 언론사와 언론보도로 인한 피해자 사이의 분쟁을 해결하고자 규율하는 법률로서, 그 규율의 대상이 되는 주체는 언론사에 소속되어 있는 기자가 아니라 언론사 자체이다. 따라서 신문사의 기자인 청구인들은 심판대상조항에 대하여 자기관련성이 인정되지 않는다(헌재 2006.6.29. 2005헌마165).

정답 X

801. **정보통신망을 통하여 공개된 정보로 말미암아 사생활 등을 침해받은 자가 삭제요청을 하면 정보통신서비스 제공자는 임시조치를 하여야 한다고 정한 조항은 직접적 수범자를 정보통신서비스 제공자로 하나, 위 임시조치로 정보게재자가 게재한 정보는 접근이 차단되므로, 정보게재자에 대해서도 자기관련성이 인정된다.**

해설 이 사건 법률조항의 문언상 직접적인 수범자는 '정보통신서비스 제공자'이고, 정보게재자인 청구인은 제3자에 해당하나, 사생활이나 명예 등 자기의 권리가 침해되었다고 주장하는 자로부터 침해사실의 소명과 더불어 그 정보의 삭제등을 요청받으면 정보통신서비스 제공자는 지체 없이 임시조치를 하도록 규정하고 있는 이상, 위 임시조치로 청구인이 게재한 정보는 접근이 차단되는 불이익을 받게 되었으므로, 이 사건 법률조항의 입법목적, 실질적인 규율대상, 제한이나 금지가 제3자에게 미치는 효과나 진지성의 정도를 종합적으로 고려할 때, 이 사건 법률조항으로 인한 기본권침해와 관련하여 청구인의 자기관련성을 인정할 수 있다(헌재 2012.05.31. 2010헌마88).

정답 O

19년 변시

802. 식품접객업소에서 배달 등의 경우에 합성수지 재질의 도시락 용기의 사용을 금지하는 조항의 직접적인 수범자는 식품접객업주이나, 위 조항으로 인해 합성수지 도시락 용기의 생산업자들도 직업수행의 자유를 제한받으므로 자기관련성이 인정된다.

>> 해설 이 사건 심판대상 규정은 식품접객업소에서의 2003. 7. 1.부터 합성수지 도시락 용기의 사용을 금지하는 것으로서 그 직접적인 수범자는 식품접객업주이므로 청구인들 중 합성수지 도시락 용기의 생산업자들은 원칙적으로 제3자에 불과하며, 또한 합성수지 도시락 용기의 사용제한으로 인하여 입게 되는 영업매출의 감소 위험은 직접적, 법률적인 이해관계로 보기는 어렵고 간접적, 사실적 혹은 경제적인 이해관계라고 볼 것이므로 자기관련성을 인정하기 어렵다(헌재 2007.02.22. 2003헌마428).

정답 ×

18년(1)·(3) 모의

803. 평등권의 침해를 주장하는 헌법재판소법 제68조 제1항 헌법소원사건에서는 비교집단에게 혜택을 부여하는 법규정이 위헌이라고 선고되어 그러한 혜택이 제거된다면 비교집단과의 관계에서 청구인들의 법적 지위가 상대적으로 향상된다고 볼 여지가 있는 때에는 청구인들이 그 법규정의 직접적인 적용을 받는 자가 아니라고 할지라도 그들의 자기관련성을 인정할 수 있다.

>> 해설 자신의 기본권이 침해될 가능성이 없는 경우, 즉 자기관련성이 없는 경우에는 허용되지 않는 것이지만 평등권의 침해를 주장하는 헌법소원사건에서는 비교집단에게 혜택을 부여하는 법규정이 위헌이라고 선고되어 그러한 혜택이 제거된다면 비교집단과의 관계에서 청구인들의 법적 지위가 상대적으로 향상된다고 볼 여지가 있는 때에는 청구인들이 그 법규정의 직접적인 적용을 받는 자가 아니라고 할지라도 그들의 자기관련성을 인정할 수 있다(헌재 2001.11.29. 2000헌마84).

정답 ○

18년 변시

804. 기본권침해의 자기관련성이란 심판대상규정에 의하여 청구인의 기본권이 침해될 가능성이 있는가에 관한 것이고, 헌법소원은 주관적 기본권보장과 객관적 헌법보장 기능을 함께 가지고 있으므로 권리귀속에 대한 소명만으로써 자기관련성 구비 여부를 판단할 수 있다.

>> 해설 기본권침해의 자기관련성이란 심판대상규정에 의하여 청구인들의 기본권이 '침해될 가능성'이 있는가에 관한 것이고, 헌법소원은 주관적 기본권보장과 객관적 헌법보장 기능을 함께 가지고 있으므로 권리귀속에 대한 소명만으로써 자기관련성을 구비한 여부를 판단할 수 있다(헌재 2011.11.29. 99헌마494).

정답 ○

17년(2) 모의

805. 공직선거 후보자는 자신이 선거운동원으로 활용하고자 하는 자의 선거운동을 금지하고 있는 「공직선거법」 규정에 대하여 자신의 공무담임권 침해를 이유로 헌법소원심판을 청구할 수 있다.

해설 법률에 의한 기본권침해의 경우에 원칙적으로 법률에 의하여 직접 기본권을 침해당하고 있는 자만이 헌법소원심판청구를 할 수 있다고 할 것이고 제3자는 특단의 사정이 없는 한 기본권침해에 직접 관련되었다고 볼 수 없다. 후보자는, 자신이 선거운동원으로 활용하고자 하는 자의 선거운동을 금하고 있는 법률규정의 위헌여부를 다툴 기본권 침해의 자기관련성이 없다(헌재 1997.09.25. 96헌마133).

정답

17년 변시

806. 언론인이 직무관련 여부 및 기부·후원·증여 등 그 명목에 관계없이 동일인으로부터 일정 금액을 초과하는 금품 등을 받거나 요구 또는 약속하는 것을 금지하는 「부정청탁 및 금품등 수수의 금지에 관한 법률」 조항은 자연인을 수범자로 하고 있을 뿐이어서, 사단법인 한국기자협회가 위 조항으로 인하여 자기의 기본권을 직접 침해당할 가능성은 없다고 할 것이나, 법인은 그 구성원을 위하여 또는 구성원을 대신하여 헌법소원심판을 청구할 수 있으므로, 사단법인 한국기자협회는 위 조항과 관련하여 기본권침해의 자기관련성이 인정된다.

해설 사단법인 한국기자협회는 전국의 신문·방송·통신사 소속 현직 기자들을 회원으로 두고 있는 민법상 비영리 사단법인으로서, '언론중재 및 피해구제에 관한 법률' 제2조 제12호에 따른 언론사에는 해당한다. 그런데 심판대상조항은 언론인 등 자연인을 수범자로 하고 있을 뿐이어서 청구인 사단법인 한국기자협회는 심판대상조항으로 인하여 자신의 기본권을 직접 침해당할 가능성이 없다. 또 사단법인 한국기자협회가 그 구성원인 기자들을 대신하여 헌법소원을 청구할 수도 없으므로, 위 청구인의 심판청구는 기본권 침해의 자기관련성을 인정할 수 없어 부적법하다(헌재 2016.07.28. 2015헌마236).

정답

17년 변시

807. 미국산 쇠고기를 수입하는 자에게 적용할 수입위생조건을 정하고 있는 농림수산식품부 고시인 「미국산 쇠고기 수입위생조건」의 경우 쇠고기 소비자는 직접적인 수범자가 아니고, 위 고시로 인해 소비자들이 자신도 모르게 미국산 쇠고기를 섭취하게 될 가능성이 있다고 할지라도 이는 단순히 사실적이고 추상적인 이해관계에 불과한 것이므로, 쇠고기 소비자들은 위 고시와 관련하여 기본권침해의 자기관련성이 인정되지 아니한다.

해설 이 사건 고시는 미국산 쇠고기를 수입하는 자에게 적용할 수입위생조건을 정한 것으로서, 쇠고기 소비자의 경우 그 직접적인 수범자는 아니라 할 것이나, 이 사건 고시가 소비자의 생명·신체의 안전을 보호하기 위한 조치의 일환으로 행하여진 것임은 앞서 본 바와 같으므로, 실질적인 규율 목적 및 대상이 쇠고기 소비자와 관련을 맺고 있다 할 것이다. 그리고 앞서 본 바와 같이 가격 경쟁력이 높은 미국산 쇠고기가 수입·유통되는 경우 많은 소비자들이 이를 구매하여 섭취할 것으로 예상되고, 그렇지 않다 하더라도 가공식품 및 일반 식당 판매 등 여러 경로를 통하여 소비자 자신도 모르게 이를 섭취하게 될 가능성도 있으므로, 일반 소비자라 할 수 있는 나머지 청구인들은 특별한 사정이 없는 한 미국산 쇠고기 수입과 관련된 보호조치인 이 사건 고시에 대하여 구체적이고 실질적인 이해관계를 가진다 할 것이고, 따라서 이 사건 고시가 생명·신체의 안전에 대한 보호의무에 위반함으로 인하여 초래되는 기본권 침해와의 자기관련성을 인정할 수 있다(헌재 2008.12.02. 2008헌마419).

정답 ×

14년(2) 모의

808. 「국민건강보험법」이 직장가입자와 지역가입자의 재정을 통합하여 운영하면서 직장의료보험조합을 강제로 자동해산하고 그 재정적립금을 강제로 국민건강보험공단에 이전시키도록 한 경우에는 직장의료보험조합의 조합원이 헌법소원을 청구할 수 있다.

해설 국민건강보험법 부칙 제6조 및 제7조의 직접적인 수규자는 법인이나, 직장의료보험조합은 공법인으로서 기본권의 주체가 될 수 없을 뿐만 아니라, 법규정의 실질적인 규율대상이 수규자인 법인의 지위와 아울러 제3자인 청구인들(직장의료보험조합의 조합원들)의 법적 지위라고 볼 수 있으며, 법규정이 내포하는 불이익이 수규자의 범위를 넘어 제3자인 청구인들에게도 유사한 정도의 불이익을 가져온다는 의미에서 거의 동일한 효과를 가지고 있으므로, 법의 목적 및 실질적인 규율대상, 법규정에서의 제한이나 금지가 제3자에게 미치는 효과나 진지성의 정도, 규범의 수규자에 의한 헌법소원의 제기가능성 등을 종합적으로 고려하여 판단할 때, 청구인들의 자기관련성을 인정할 수 있다(헌재 2000.06.29. 99헌마289).

정답 ○

 14년 변시

809. 죽음에 임박한 환자로서 무의미한 연명치료에서 벗어나 자연스럽게 죽음을 맞이할 연명치료의 중단 등에 관한 법률을 제정하지 아니한 국회의 입법부작위의 위헌성을 다투는 헌법소원에서, 환자의 자녀들은 정신적 고통을 감수하고 경제적 부담을 진다는 점에서 이해관계를 가지고 있으나, 이러한 이해관계는 간접적, 사실적 이해관계에 불과하여 위 입법부작위를 다툴 자기관련성이 인정되지 아니한다.

해설 이와 같은 정신적 고통이나 경제적 부담은 간접적, 사실적 이해관계에 그친다고 보는 것이 타당하므로, 연명치료중인 환자의 자녀들이 제기한 이 사건 입법부작위에 관한 헌법소원은 자신 고유의 기본권의 침해에 관련되지 아니하여 부적법하다(헌재 2009.11.26. 2008헌마385).

정답 ○

880 | UNION 꼭 봐야 할 헌법 핵심기출 OX

810. 신규 법무사의 수요가 경력직 공무원과 시험합격자라는 두 가지 공급원을 통하여 충당되고, 법무사 시험의 선발인원이 수급상 필요에 따라 결정되어 경력직 공무원에 대한 충원이 중단된다면 시험합격자에 의한 충원의 기회가 늘어날 가능성이 있다고 하더라도, 법무사 시험을 준비 중인 사람은 경력직 공무원에게 법무사 자격을 부여하는 법률조항의 수범자가 아니므로, 이를 다툴 자기관련성이 인정되지 아니한다.

해설 법무사법 제4조 제1항 제1호는 신규 법무사의 수요를 충당하는 두 개의 공급원 즉, 하나는 경력공무원이고 다른 하나는 시험합격자라고 하는 두 개의 공급원을 규정하고 있으므로 이 두 개의 공급원은 어떤 형태와 어떤 정도에 의해서든 개념상 서로 상관관계를 가질 수 밖에 없다. 따라서 경력공무원에 의한 신규 법무사의 충원이 중단된다면 시험합격자에 의한 충원의 기회는 개념상 늘어날 수 밖에 없어서 청구인들의 법적 지위가 상대적으로 향상된다고 볼 여지가 있으므로, 청구인들은 이 사건 법률조항의 위헌 여부에 대하여 자기관련성을 갖는다(헌재 2001.11.29. 2000헌마84).

811. 법률에 의한 기본권 침해의 경우 제3자의 자기관련성을 어떠한 경우에 인정할 수 있는가의 문제는 입법의 목적 및 실질적인 규율대상, 법규정에서의 제한이나 금지가 제3자에게 미치는 효과나 진지성의 정도 및 규범의 직접적인 수규자에 의한 헌법소원 제기의 기대가능성 등을 종합적으로 고려하여 판단하여야 한다.

해설 법률에 의한 기본권침해의 경우에 원칙적으로 법률에 의하여 직접 기본권을 침해당하고 있는 자만이 헌법소원심판청구를 할 수 있다고 할 것이고 제3자는 특단의 사정이 없는 한 기본권침해에 직접 관련되었다고 볼 수 없다. 어떠한 경우에 제3자의 자기관련성을 인정할 수 있는가의 문제는 무엇보다도 법의 목적 및 실질적인 규율대상, 법규정에서의 제한이나 금지가 제3자에게 미치는 효과나 진지성의 정도, 규범의 직접적인 수규자에 의한 헌법소원제기의 기대가능성 등을 종합적으로 고려하여 판단해야 한다(헌재 1997.09.25. 96헌마133).

3. 직접성

812. 기본권침해의 직접성이란 집행행위에 의하지 아니하고 법률 그 자체에 의하여 자유의 제한, 의무의 부과, 권리 또는 법적 지위의 박탈이 생긴 경우를 말하므로, 법규범이 정하고 있는 법률효과가 구체적으로 발생함에 있어 사인의 행위를 요건으로 하고 있다고 한다면 직접성이 인정되지 아니한다.

해설 법규범이 구체적인 집행행위를 기다리지 아니하고 직접 기본권을 침해한다고 할 때의 집행행위란 공권력행사로서의 집행행위를 의미하는 것이므로 법규범이 정하고 있는 법률효과가 구체적으로 발생함에 있어 법무사의 해고행위와 같이 공권력이 아닌 사인의 행위를 요건으로 하고 있다고 할지라도 법규범의 직접성을 부인할 수 없는 것이다(헌재 1996.04.25. 95헌마331).

정답 ×

  18년 변시, 18년(3) 모의

813. 법령에 근거한 구체적인 집행행위가 재량행위인 경우 기본권 침해는 집행기관의 의사에 따른 집행행위, 즉 재량권의 행사에 의하여 비로소 현실화되므로 이러한 경우에는 법령에 대해 기본권 침해의 직접성이 인정되지 않는다.

해설 법령에 근거한 구체적인 집행행위가 재량행위인 경우에는 법령은 집행기관에게 기본권침해의 가능성만을 부여할 뿐 법령 스스로가 기본권의 침해행위를 규정하고 행정청이 이에 따르도록 구속하는 것이 아니며, 기본권의 침해는 집행기관의 의사에 따른 집행행위, 즉 재량권의 행사에 의하여 비로소 이루어지고 현실화되므로, 이러한 경우에는 법령에 의한 기본권침해의 직접성이 인정될 여지가 없는 것이다(헌재 2014.04.14. 2014헌마278).

정답 ○

  24년 변시

814. 검사 징계위원회의 위원 구성을 정한 「검사징계법」 조항은 동법에서 별도의 징계처분을 예정하고 있기 때문에 기본권 침해의 직접성이 인정되지 않는다.

해설 … 심판대상조항의 경우에도, 청구인이 주장하는 기본권침해는 심판대상조항 자체에 의하여 직접 발생하는 것이 아니라, 심판대상조항에 의하여 구성된 징계위원회가 청구인에 대한 징계의결을 현실적으로 행하고(검사징계법 제18조 제1항 참조) 이에 따른 구체적인 집행행위, 즉 법무부장관의 제청으로 대통령이 행하는 해임, 면직, 정직 등의 징계처분이 있을 때(검사징계법 제23조 제1항 참조) 비로소 발생하는 것이므로, 직접성을 갖추지 못하였다(헌결 2021.06.24. 2020헌마1614(전합)).

정답 ○

  24년 변시

815. 교도소장의 서신개봉 재량을 부여하고 있는 「형의 집행 및 수용자의 처우에 관한 법률 시행령」 조항은 교도소장의 금지물품 확인 행위와 같은 구체적인 집행행위를 예정하고 있으므로 수용자의 기본권 침해의 직접성이 인정되지 않는다.

해설 이 사건 서신개봉행위의 법적근거가 된 구 '형의 집행 및 수용자의 처우에 관한 법률 시행령'(2008. 10. 29. 대통령령 제21095호로 전부개정되고, 2020. 8. 5. 대통령령 제30909호로 개정되기 전의 것, 이하 '형집행법 시행령'이라 한다) 제65조 제2항(이하 '심판대상조항'이라 한다)은 수용자에게 온 서신에 금지물품이 들어 있는지 확인할지 여부를 교도소장의 재량에 맡기고 있다. 즉, 심판대상조항 자체에 의하여 어떠한 기본권 침해가 직접 발생하는 것으로 볼 수는 없으며, 이에 근거하여 교도소장이 금지물품을 확인하는 행위와 같은 구체적인 집행행위가 있을 때 비로소 청구인이 주장하는 기본권 침해 문제가 발생하는 것으로 보아야 할 것이다. 따라서 심판대상조항은 기본권 침해의 직접성이 인정되지 아니하므로 이에 대한 헌법소원심판청구는 부적법하다(헌결 2021.10.28. 2019헌마973).

정답 O

24년 변시

816. **법무사의 사무원 총수는 5인을 초과하지 못한다고 규정한 「법무사법 시행규칙」 조항은 사무원 해고 효과를 직접 발생시키지 않으므로 기본권 침해의 직접성이 인정되지 않는다.**

해설 법무사인 청구인은 법무사법 시행규칙에 의하여 5인 이상의 사무원을 고용하지 못하고 있어 영업의 자유를 침해받고 있으며 사무원 고용에 대한 제한이 없는 다른 전문직업인들에 비교하여 차별적인 대우를 받고 있어 평등권이 침해되고 있다고 주장하고 있으므로 청구인에게 자기관련성이 있다고 할 것이며 또한 동 시행규칙 조항에 따라 별도의 집행행위의 매개 없이 청구인의 권리가 직접 제한되고 있기 때문에 기본권 침해의 직접성과 현재성의 요건도 갖추고 있다(헌결 2005.09.27. 2005헌마833).

정답 ×

18년(2)·20년(3) 모의

817. **법규범이 집행행위를 예정하고 있더라도 법규범의 내용이 집행행위 이전에 이미 국민의 권리관계를 직접 변동시키거나 국민의 법적 지위를 결정적으로 정하는 것이어서 국민의 권리관계가 집행행위의 유무나 내용에 의하여 좌우될 수 없을 정도로 확정된 상태라면 그 법규범의 권리침해의 직접성이 인정된다.**

해설 법률 또는 법률조항 자체가 헌법소원의 대상이 되기 위해서는 구체적인 집행행위를 기다리지 아니하고 그 법률 또는 법률조항에 의하여 직접 기본권을 침해받아야 하고, 여기서 말하는 기본권 침해의 직접성이란 집행행위에 의하지 아니하고 법률 그 자체에 의해 직접 자유의 제한, 의무의 부과, 권리 또는 법적 지위의 박탈이 생긴 경우를 뜻한다. 그러나 법규범이 집행행위를 예정하고 있더라도 법규범의 내용이 집행행위 이전에 이미 국민의 권리관계를 직접 변동시키거나 국민의 법적 지위를 결정적으로 정하는 것이어서 국민의 권리관계가 집행행위의 유무나 내용에 의하여 좌우될 수 없을 정도로 확정된 상태라면 그 법규범의 권리침해의 직접성이 인정된다(헌재 2008.06.26. 2005헌마173).

정답 O

🕐 24년 변시

818. 살수차의 사용요건 등을 정한 「경찰관 직무집행법」 조항은 집회·시위 현장에서 경찰의 살수행위라는 구체적 집행행위를 예정하고 있으므로 기본권 침해의 직접성이 인정되지 않는다.

해설 …이 사건 근거조항들은 살수차의 사용요건 등을 정한 것으로서 집회·시위 현장에서 경찰의 살수행위라는 구체적 집행행위를 예정하고 있다. 경찰관은 이 사건 근거조항들에 의하여 직사살수를 할 것인지 여부를 개별적·구체적 집회 또는 시위 현장에서 재량적 판단에 따라 결정하므로, 기본권에 대한 침해는 이 사건 근거조항들이 아니라 구체적 집행행위인 '직사살수행위'에 의하여 비로소 발생하는 것이다. 따라서 청구인들의 이 사건 근거조항들에 대한 심판청구는 기본권 침해의 직접성을 인정할 수 없으므로 부적법하다(헌결 2020.04.23. 2015헌마1149(전합)).

정답

🕐 18년(2) 모의

819. 법령에 대한 법규범이 집행행위를 예정하고 있더라도 당해 집행행위를 대상으로 하는 구제절차가 없거나 구제절차가 있다고 하더라도 권리구제의 기대가능성이 없고, 다만, 기본권 침해를 당한 청구인에게 불필요한 우회절차를 강요하는 것밖에 되지 않는 경우에는 예외적으로 당해 법령의 직접성을 인정할 수 있다.

해설 헌법소원심판의 대상이 될 수 있는 법률은 그 법률에 기한 다른 집행행위를 기다리지 않고 직접 국민의 기본권을 침해하는 법률이어야 한다. 그러나 구체적 집행행위가 존재한 경우라고 하여 언제나 반드시 법률자체에 대한 헌법소원심판청구의 적법성이 부정되는 것은 아니며, 예외적으로 집행행위가 존재하는 경우라도 그 집행행위를 대상으로 하는 구제절차가 없거나 구제절차가 있다고 하더라도 권리구제의 기대가능성이 없고 다만 기본권침해를 당한 청구인에게 불필요한 우회절차를 강요하는 것밖에 되지 않는 경우 등으로서 당해 법률에 대한 전제관련성이 확실하다고 인정되는 때에는 당해 법률을 헌법소원의 직접 대상으로 삼을 수 있다(헌재 1997.08.21. 96헌마48).

정답

🕐 18년 변시, 18년(2) 모의

820. (1) 헌법소원심판청구에 있어서 직접성 요건의 불비는 사후에 치유될 수 없다.
(2) 행정소송을 제기하여 그 소송계속 중 당해 사건을 담당하는 법원의 위헌제청신청 기각결정을 받았다면 직접성의 요건을 충족하지 못한 하자는 사후에 치유된다.

해설 청구인은 자신이 반민규명위원회를 상대로 이 사건 결정의 취소를 구하는 행정소송을 제기하여 그 소송계속 중 당해 사건을 담당하는 법원으로부터 위헌제청신청기각결정까지 받은 만큼, 직접성의 요건을 충족하지 못한 하자는 사후에 치유된 것이라고 주장하나, 헌법재판소법 제68조 제1항에 의한 헌법소원심판청구에 있어서 직접성 요건의 불비는 사후에 치유될 수 있는 성질의 것이라 볼 수 없다(헌재 2009.09.24. 2006헌마1298).

정답

18년(2) 모의

821. 직접성요건을 충족시키는 규정과 직접성요건이 결여된 규정이 그 내용상 서로 내적인 연관관계에 있으면서 통일적인 청구취지를 구성하고 있어서, 후자의 규정 내용을 고려하지 않고서는 전자의 규정의 위헌 여부를 판단할 수 없는 경우에는 후자의 규정이 직접성 요건을 충족시키는지 여부와 상관없이 후자의 위헌 여부도 판단할 수 있다.

해설 이 사건의 경우에 직접성요건을 충족시키는 규정들인 법 제33조 제2항(재정통합), 제67조(보험료의 부담)와 직접성요건이 결여된 규정들인 법 제62조 제3항 및 제4항, 제63조, 제64조(보험료산정규정)가 그 내용상 서로 내적인 연관관계에 있으면서 '재정통합은 직장·지역가입자 사이의 보험료부담의 평등원칙에 위반된다'는 하나의 통일적인 청구취지를 구성하고 있다. 보험료산정규정의 내용을 고려하지 않고서는 재정통합의 위헌여부를 부담평등의 관점에서 판단할 수 없기 때문에, 이러한 경우에 직접성요건의 결여를 이유로 심판대상규정 중 보험료산정규정만을 분리하여 실체적 판단으로부터 배제하는 것은 적절치 않다. 따라서 이 사건의 경우에는 기본권침해의 직접성요건을 충족시키는가의 여부에 관계없이 보험료산정규정을 함께 본안판단에 포함시킬 필요가 있다(헌재 2000.06.29. 99헌마289).

18년(2) 모의

822. 통상 법률조항이 정관에 위임하고 있는 경우 그 조항 자체가 기본권을 침해하는 것으로 볼 수 없지만, 청구인이 그 조항의 규정 형식 자체를 문제 삼고 있고, 입법부가 정관에 기본권 관련 사항을 위임할 수 있는지는 특수한 헌법적 성격을 가지므로, 헌법소원의 직접성 요건을 인정할 수 있다.

해설 통상 법률조항이 정관에 위임하고 있는 경우 그 조항 자체가 기본권을 침해하는 것으로 볼 수 없지만, 이 사건에서는 청구인이 그 조항의 규정 형식 자체를 문제삼고 있고, 입법부가 정관에 기본권 관련 사항을 위임할 수 있는지는 특수한 헌법적 성격을 가지므로, 헌법소원의 직접성 요건을 인정함이 상당하다(헌재 2001.04.26. 2000헌마122).

823. (1) 형벌조항의 경우 국민이 그 형벌조항을 위반하기 전이라면, 그 위헌성을 다투기 위해 그 형벌조항을 실제로 위반하여 재판을 통한 형벌의 부과를 받게 되는 위험을 감수할 것을 국민에게 요구할 수 없다.

(2) 국민에게 행위의무 또는 금지의무를 부과한 후 그 위반행위에 대한 제재로서 형벌, 행정벌 등을 부과할 것을 정한 법률의 경우에는 법률 자체로 헌법소원 청구인의 기본권을 침해하는 것이 아니라 형벌이나 행정벌이 실제로 부과됨으로써 청구인의 기본권을 침해하는 것이어서 헌법소원심판청구의 직접성 요건을 충족하지 못한다.

해설 국민에게 일정한 행위의무 또는 행위금지의무를 부과하는 법규정을 정한 후 이를 위반할 경우 제재수단으로서 형벌 또는 행정벌 등을 부과할 것을 정한 경우에, 그 형벌이나 행정벌의 부과를 위 직접성에서 말하는 집행행위라고는 할 수 없다. 국민은 별도의 집행행위를 기다릴 필요 없이 제재의 근거가 되는 법률의 시행 자체로 행위의무 또는 행위금지의무를 직접 부담하는 것이기 때문이다. 다시 말하면 설령 형벌의 부과를 구체적인 집행행위라고 보더라도, 이러한 법규범을 다투기 위하여 국민이 이 법규범을 실제로 위반하여 재판을 통한 형벌이나 벌금부과를 받게되는 위험을 감수할 것을 국민에게 요구할 수 없기 때문이다(헌재 1998.03.26. 97헌마194).

정답 O, ×

20년(3) 모의

824. 청구인이 형벌 조항을 위반하여 기소된 경우에는 법원의 재판과정에서 곧바로 법원에 해당 조항의 위헌 여부에 관한 판단을 구할 수 있었다고 하더라도, 그러한 절차가 존재한다는 사정만으로 기본권 침해의 직접성을 부정할 수는 없다.

해설 이 사건 시행령조항은 형벌조항의 구성요건 일부를 규정하고 있는 조항으로서, 검사의 기소와 법원의 재판을 통한 형벌의 부과라는 구체적 집행행위가 예정되어 있으므로, 원칙적으로 기본권 침해의 직접성을 인정할 수 없다. 나아가 집행기관인 검사나 법원이 이 사건 시행령만을 적용하여 기소나 재판을 할 수 없고 형벌조항인 '특정범죄 가중처벌 등에 관한 법률' 제4조, 형법 제129조 등을 함께 적용하여 기소 또는 재판을 하여야 할 것이므로, '법령이 일의적이고 명백한 것이어서 집행기관의 심사와 재량의 여지없이 법령에 따라 집행행위를 하여야 하는 경우'에 해당하지 아니하고, 청구인이 이 사건 시행령조항을 위반하여 기소된 이상 재판과정에서 곧바로 법원에 이 사건 시행령조항의 위헌 여부에 관한 판단을 구할 수 있었을 것이므로, '구제절차가 없거나 있다고 하더라도 권리구제의 기대가능성이 없는 경우'라고 볼 수도 없어, 이 사건 시행령조항은 기본권 침해의 직접성을 인정할 수 있는 예외적인 경우에 해당하지 않는다(헌재 2016.11.24. 2013헌마403). ▶ 지문은 반대의견이다.

 정답 ×

 18년 변시

825. 형벌조항을 위반하여 기소되었다면, 그 집행행위인 형벌부과를 대상으로 한 구제절차가 없거나 있다고 하더라도 권리구제의 기대가능성이 없는 경우에 해당하므로, 형벌조항에 대하여 예외적으로 직접성을 인정할 수 있다.

해설 형벌조항을 위반하여 기소된 후에는 재판과정에서 그 형벌조항이 법률인 경우에는 위헌법률심판제청신청을 통하여 헌법재판소에 그 위헌 여부에 관한 판단을 구할 수 있고(헌법재판소법 제41조, 제68조 제2항), 명령·규칙인 경우에는 곧바로 법원에 그 위헌 여부에 관한 판단을 구할 수 있다는 점에서(헌법 제107조 제2항) 구제절차가 없거나 있다고 하더라도 권리구제의 기대가능성이 없는 경우에 해당한다고 볼 수가 없다고 할 것이다(헌재 2016.11.24. 2013헌마403).

 정답 ×

18년·22년 변시, 20년(3) 모의

826. 구성요건조항과 구성요건조항 위반에 대한 벌칙·과태료 조항이 별도로 규정되어 있는 경우, 청구인이 벌칙·과태료 조항에 대하여 그 법정형이나 액수가 과다하여 그 자체가 위헌임을 주장하였더라도 그 벌칙·과태료 조항에 대해서는 기본권침해의 직접성을 인정할 수 없다.

해설 벌칙·과태료 조항의 전제가 되는 구성요건조항이 별도로 규정되어 있는 경우에, 벌칙·과태료 조항에 대하여는 청구인들이 그 법정형 또는 행정질서벌이 체계정당성에 어긋난다거나 과다하다는 등 그 자체가 위헌임을 주장하지 않는 한 직접성을 인정할 수 없다(헌재 2017.10.12. 2017헌마1064).

정답 ×

17년(2) 모의

827. 보건복지부장관이 고시한 생계보호기준에 대해 헌법소원을 청구하려면 그 집행행위인 공무원의 생계보호급여지급행위에 대한 행정소송을 거쳐야 한다.

해설 이 사건 생계보호기준은 생활보호법 제5조 제2항의 위임에 따라 보건복지부장관이 보호의 종류별로 정한 보호의 기준으로서 일단 보호대상자로 지정이 되면 그 구분(거택보호대상자, 시설보호대상자 및 자활보호대상자)에 따른 각 그 보호기준에 따라 일정한 생계보호를 받게 된다는 점에서 직접 대외적 효력을 가지며, 공무원의 생계보호급여 지급이라는 집행행위는 위 생계보호기준에 따른 단순한 사실적 집행행위에 불과하므로, 위 생계보호기준은 그 지급대상자인 청구인들에 대하여 직접적인 효력을 갖는 규정이다(헌재 1997.05.29. 94헌마33). ▶헌법재판소는 본 사안에서 생계보호기준은 대외적인 직접성이 인정되는 규정이므로 이에 대한 헌법소원심판 청구가 적법하다고 판단하였다.

정답 ×

24년 변시

828. 법령은 일반적으로 구체적인 집행행위를 매개로 하여 비로소 기본권을 침해하게 되므로 기본권의 침해를 받은 개인은 우선 그 집행행위를 대상으로 하여 일반 쟁송의 방법으로 기본권 침해에 대한 구제절차를 밟는 것이 헌법소원의 성격상 요청된다.

해설 법률 또는 법률조항이 헌법소원의 대상이 될 수 있으려면 구체적인 집행행위를 기다리지 아니하고 그 자체로 직접 기본권을 침해하여야 한다. 법령은 일반적으로 구체적인 집행행위를 매개로 하여 비로소 기본권을 침해하게 되므로, 우선 그 집행행위를 대상으로 일반 쟁송의 방법으로 기본권 침해에 대한 구제절차를 밟는 것이 헌법소원의 성격상 요청되기 때문이다. 법령에서 특정한 집행행위를 하도록 일의적으로 규정하고 있다고 하더라도, 그 집행행위에 대한 구제절차가 마련되어 있는 한, 법령의 내용이 일의적이라는 사정만으로 그 법령 자체가 당연히 헌법소원심판의 대상이 된다고 볼 수 없다(헌결 2018.12.11. 2018헌마1100).

정답 ○

15년(3)·16년(2)·22년(2)·23년(3) 모의

829. 법령에 대한 헌법소원에 있어서 집행행위에는 행정부의 입법작용도 포함되므로, 법률조항이 그 규정의 구체화를 위하여 하위규범의 시행을 예정하고 있다면 청구인이 그 법률조항의 의회유보원칙의 위배 또는 포괄위임금지원칙의 위배를 다투고 있는 경우에도 그 법률조항에 대해서는 기본권침해의 직접성이 인정되지 않는다.

해설 법률 또는 법률조항 자체가 헌법소원의 대상이 될 수 있으려면 구체적인 집행행위를 기다리지 아니하고 그 법률 또는 법률조항에 의하여 직접, 현재, 자기의 기본권을 침해받아야 하는 것을 요건으로 한다. 따라서 ㉠ 법률 또는 법률조항이 구체적인 집행행위를 예정하고 있는 경우에는 직접성의 요건이 결여된다(헌재 2015.05.28. 2013헌마671). ㉡ 그리고 여기서 말하는 집행행위에는 입법행위도 포함되므로 법률 규정이 그 규정의 구체화를 위하여 하위규범의 시행을 예정하고 있는 경우에는 당해 법률 규정의 직접성은 부인된다(헌재 2014.04.24. 2013헌마341). ㉢ 반면에 하위규범의 시행을 예정하고 있더라도 권리제한이나 의무부과가 법률자체에서 직접 이루어지는 경우에는 직접성이 인정된다(헌재 2004.01.29. 2001헌마894).

정답

4. 현재성

21년(1) 모의

830. 고소 또는 고발을 한 사실이 없는 청구인이 장차 언젠가는 「형사소송법」의 규정으로 인하여 권리침해를 받을 우려가 있다고 하더라도 그러한 권리침해의 우려는 단순히 장래 잠재적으로 나타날 수도 있는 것에 불과하여 기본권 침해의 현재성을 구비하였다고 할 수 없다.

해설 법률에 대하여 바로 헌법소원을 제기하려면 우선 청구인 스스로가 당해 규정에 관련되어야 할 뿐만 아니라 당해 규정에 의해 현재 권리침해를 받아야 한다는 것을 요건으로 하는바, 청구인이 고소 또는 고발을 한 사실은 없고 단순히 장래 잠재적으로 나타날 수 있는 권리침해의 우려에 대하여 헌법소원심판을 청구한 것에 불과하다면 본인의 관련성과 권리침해의 현재성이 없는 경우에 해당하여 부적법하다(헌재 1989.07.21. 89헌마12).

정답

16년(2) 모의

831. 법률이 헌법소원의 대상이 되려면 현재 시행 중인 유효한 법률이어야 함이 원칙이나, 법률이 일반적 효력을 발생하기 전이라도 공포되어 있고, 그로 인하여 사실상의 위험성이 이미 발생한 경우에는 예외적으로 침해의 현재성을 인정하여, 이에 대하여 헌법소원을 청구할 수 있다.

해설 법령이 헌법소원의 대상이 되려면 현재 시행 중인 유효한 법령이어야 함이 원칙이나, 법령이 일반적 효력을 발생하기 전이라도 공포되어 있고 그로 인하여 사실상의 위험성이 이미 발생한 경우에는 예외적으로 침해의 현재성을 인정하여, 이에 대하여 곧 헌법소원을 제기할 수 있다. 법령이 시

행된 다음에야 비로소 헌법소원을 제기할 수 있다고 한다면, 장기간의 구제절차 등으로 인하여 기본권을 침해받는 자에게 회복불능이거나 중대한 손해를 강요하는 결과가 될 수도 있기 때문이다(헌재 2015.03.26. 2014헌마372).

 정답 ○

Ⅳ 보충성

1. 보충성의 원칙

21년(1) 모의

832. 교도소장의 이송처분에 대하여 행정심판 내지 행정소송으로 다투지 아니한 채 제기한 헌법소원심판청구는 보충성의 원칙에 위배되어 부적법하다.

해설 교도소장의 이송처분에 대하여는 그 구제절차로서 행정심판 내지 행정소송으로 다툴 수 있으므로 위 구제절차를 거치지 아니한 헌법소원심판청구는 부적법하다(헌재 1992.06.19. 92헌마110).

정답 ○

24년 변시

833. 과세처분의 취소를 구하는 행정소송을 제기하였다가 그 소송을 취하하였거나 취하간주된 경우 그 과세처분의 취소를 구하는 헌법소원심판청구는 다른 법률에 의한 적법한 구제절차를 거쳤다고 볼 수 없어 부적법하다.

해설 과세처분의 취소를 구하는 행정소송을 제기하였다가 그 소송을 취하하였거나 취하간주된 경우 그 과세처분의 취소를 구하는 헌법소원심판청구는 다른 법률에 의한 적법한 구제절차를 거쳤다고 볼 수 없어 부적법하다(헌재 1999.9.16. 98헌마265).

 정답 ○

 24년 변시

834. 보훈지청장의 국가유공자 비해당결정은 처분에 해당하므로 이에 대하여는 행정심판 및 행정소송의 구제절차가 있는 것이고, 이러한 절차를 거치지 아니한 채 헌법소원심판을 청구한 경우 그 심판청구는 다른 법률에 의한 구제절차를 모두 거치지 아니한 채 청구된 것으로서 부적법하다.

해설 마산보훈지청장의 청구인에 대한 국가유공자 비해당 결정은 행정심판법 제2조 제1항 제1호 및 행정소송법 제2조 제1항 제1호 소정의 "행정청이 행하는 구체적 사실에 관한 법집행으로서의 공권력행사 또는 그 거부와 그 밖에 이에 준하는 행정작용"인 '처분'에 해당하므로, 이에 대하여는 행정심판 및 행정소송의 구제절차가 있는 것이다. 따라서 청구인으로서는 위 국가유공자 비해당결정에 대하여 행정소송을 제기할 수 있음에도 불구하고 이러한 절차를 거치지 아니한 채 이 사건 헌법소원심판을 청구하였으므로, 위 국가유공자 비해당결정의 취소를 구하는 이 사건 심판청구는 다른 법률에 의한 구제절차를 모두 거치지 아니한 채 청구된 것으로서 부적법하다(헌재 2008.7.1. 2008헌마449).

정답 O

24년 변시

835. 행정입법부작위는 「행정소송법」상의 부작위위법확인소송으로 다툴 수 있으므로 행정입법부작위에 대한 헌법소원심판청구는 보충성의 원칙에 위반되는 부적법한 청구이다.

> **해설** 시행명령을 제정할 법적 의무가 있는 경우에 명령제정의 거부나 입법부작위도 헌법재판소법 제68조 제1항의 '공권력의 불행사'에 해당하므로, 나머지 헌법소원의 요건을 충족하면 행정입법부작위에 대해서도 헌법소원을 제기할 수 있다(헌재 2004.2.26. 2001헌마718). 행정입법부작위에 대한 부작위위법확인소송은 인정되지 않으므로(대판 1992.5.8. 91누11261), 행정입법부작위에 대한 헌법소원심판청구는 보충성의 원칙에 위반되지 않는다. 행정입법의 진정입법부작위에 대한 헌법소원은, 행정청에게 헌법에서 유래하는 행정입법의 작위의무가 있고 상당한 기간이 경과하였음에도 불구하고 행정입법의 제정권이 행사되지 않은 경우에 인정된다(헌재 1998.7.16. 96헌마246).

> **판례** 행정소송은 구체적 사건에 대한 법률상 분쟁을 법에 의하여 해결함으로써 법적 안정을 기하자는 것이므로 부작위위법확인소송의 대상이 될 수 있는 것은 구체적 권리의무에 관한 분쟁이어야 하고, 추상적인 법령에 관하여 제정의 여부 등은 그 자체로서 국민의 구체적인 권리의무에 직접적 변동을 초래하는 것이 아니어서 행정소송의 대상이 될 수 없다(대판 1992.5.8. 91누11261).

정답 X

24년 변시

836. 구속적부심사건 피의자의 변호인이 수사기록 중 고소장과 피의자신문조서의 열람·등사를 신청하자 해당 경찰서장이 정보비공개결정을 하였고, 이에 위 변호인이 행정소송을 제기하지 않고 위 정보비공개결정의 위헌확인을 구하는 헌법소원을 제기한 경우 헌법소원의 제기요건인 보충성의 원칙을 충족한다.

> **해설** 고소장과 피의자신문조서에 대한 열람은 기소전의 절차인 구속적부심사에서 피구속자를 변호하기 위하여 필요한 것인데, 그 열람불허를 구제받기 위하여 행정소송을 제기하더라도 그 심판에 소요되는 통상의 기간에 비추어 볼 때 이에 의한 구제가 기소전에 이루어질 가능성이 거의 없고 오히려 기소된 후에 이르러 권리보호이익의 흠결을 이유로 행정소송이 각하될 것이 분명한 즉, 변호인인 청구인에게 이러한 구제절차의 이행을 요구하는 것은 불필요한 우회절차를 강요하는 셈이 되어 부당하다만. 또한 고소장과 피의자신문조서에 대한 경찰의 열람거부는 앞으로도 있을 수 있는 성질의 것이고, "경찰의 고소장과 피의자신문조서에 대한 공소제기전의 공개거부"가 헌법상 정당한지 여부의 해명은 기본권을 보장하는 헌법질서의 수호를 위하여 매우 긴요한 사항으로 중요한 의미를 지니고 있는 것이며, 이 문제에 대하여는 아직 헌법적 해명이 없는 상태이므로 비록 청구인의 주관적 권리구제에는 도움이 되지 아니하지만 이 문제의 위헌여부를 확인할 필요가 있다(헌재 2003.3.27. 2000헌마474).

정답 O

🕐 19년 변시

837. 총장후보자 지원자들에게 1,000만 원의 기탁금을 납부하고 지원서 접수 시 기탁금 납입 영수증을 제출하도록 한 규정의 위헌성에 대해 다투고자 할 경우 먼저 위 규정에 대해 항고소송을 제기하여야만 하고 직접 헌법소원심판을 청구하는 것은 허용되지 않는다.

해설 헌법재판소 제68조 제1항 후단에서 '다른 법률에 구제절차가 있는 경우에는 그 절차를 모두 거친 후가 아니면 청구할 수 없다'고 하여 이른바 보충성의 원칙을 규정하고 있다. 그러나 우리 헌법재판소는 다른 권리구제절차가 없거나 권리구제절차가 허용되는지 여부가 객관적으로 분명하지 않은 경우, 통상의 권리구제절차로 권리가 구제될 가능성이 희박한 경우 등에는 보충성의 예외를 인정하고 있다. 판례는 전북대학교 총장후보자에 지원하려는 사람에게 접수 시 1,000만 원의 기탁금을 납부하도록 하고 지원서 접수 시 기탁금 납입 영수증을 제출하도록 한 구 전북대학교 총장임용후보자 선정에 관한 규정(훈령)에 관한 헌법소원심판사건에서 본안에 나아가 판단하였다(헌재 2018.04.26. 2014헌마274 참조).

정답

18년(2) 모의

838. 행정처분도 공권력 행사에 포함되므로, 보충성의 원칙상 법원의 재판을 거쳤다면 당해 행정처분 역시 헌법소원심판의 대상이 된다.

해설 법원의 재판을 거쳐 확정된 행정처분(원행정처분)에 대한 헌법소원심판은 당해 행정처분을 심판의 대상으로 삼았던 법원의 재판이 예외적으로 헌법소원의 심판대상이 되어 그 재판 자체가 취소되는 경우에 한하여 청구할 수 있는 것이고 법원의 재판이 취소될 수 없는 경우에는 당해 행정처분에 대한 헌법소원심판은 허용되지 아니한다(헌재 1999.05.27. 98헌마357).

정답

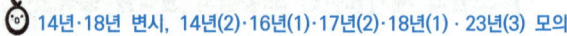
14년·18년 변시, 14년(2)·16년(1)·17년(2)·18년(1)·23년(3) 모의

839. (1) 「국가인권위원회법」은 국가인권위원회의 진정 기각에 대한 불복수단으로 어떠한 구제절차도 마련해 놓고 있지 않고, 법원의 확립된 판례에 의하여 그 행정처분성이 인정된다고 보기도 어려우므로, 국가인권위원회의 진정 기각에 대한 헌법소원심판청구는 보충성 요건을 충족한다.

(2) 국가인권위원회의 진정에 대한 각하 또는 기각 결정의 행정처분성이 인정되고 있다고 보기 어려우므로 청구인에게 행정심판이나 행정소송 등의 사전 구제절차를 모두 경료하고 헌법소원을 청구할 것을 기대할 수는 없어 보충성 요건에 어긋난다고 볼 수 없다.

(3) 수형자 丁이 교도관의 면회제한조치에 대하여 국가인권위원회에 시정을 구하는 진정을 제기하였다가 기각결정을 받은 경우 그 기각결정의 행정처분성을 인정하기

어려우므로, 丁이 이를 행정심판과 행정소송으로 다투지 아니하고 곧바로 그 취소를 구하는 헌법소원심판청구를 하였더라도 丁의 헌법소원심판청구는 적법하다.

해설 국가인권위원회는 법률상의 독립된 국가기관이고, 피해자인 진정인에게는 국가인권위원회법이 정하고 있는 구제조치를 신청할 법률상 신청권이 있는데 국가인권위원회가 진정을 각하 및 기각결정을 할 경우 피해자인 진정인으로서는 자신의 인격권 등을 침해하는 인권침해 또는 차별행위 등이 시정되고 그에 따른 구제조치를 받을 권리를 박탈당하게 되므로, 진정에 대한 국가인권위원회의 각하 및 기각결정은 피해자인 진정인의 권리행사에 중대한 지장을 초래하는 것으로서 항고소송의 대상이 되는 행정처분에 해당하므로, 그에 대한 다툼은 우선 행정심판이나 행정소송에 의하여야 할 것이다. 따라서 이 사건 심판청구는 행정심판이나 행정소송 등의 사전 구제절차를 모두 거친 후 청구된 것이 아니므로 보충성 요건을 충족하지 못하였다(헌재 2015.03.26. 2013헌마214).

정답 ×, ×, ×

18년 변시

840. 중앙선거관리위원회가 甲정당이 법정시·도당수 요건을 구비하지 못하게 되었다는 이유로 「정당법」 제44조 제1항 제1호에 따라 정당등록을 취소한 경우 법정 요건의 불비로 위 규정에 의하여 곧바로 등록취소의 효력이 생기는 것이고 중앙선거관리위원회의 등록취소는 사실행위에 불과하여 처분성이 인정되지 아니하므로, 그 취소를 구하는 甲정당의 행정소송 제기는 부적법하다.

해설 정당법 제44조 제1항 제2호는 임기만료에 의한 국회의원선거 또는 임기만료에 의한 지방자치단체의 장 선거나 시·도의회의원선거에 참여하지 아니한 때 정당의 등록을 취소한다고 규정하고 있으나 위 규정 자체로 어느 정당이 소멸하는 것은 아니고, 위 규정 소정의 등록취소사유에 해당되는지 여부에 대한 중앙선거관리위원회의 심사 및 그에 이은 등록취소라는 집행행위에 의하여 비로소 정당이 소멸하게 된다. 중앙선거관리위원회가 정당등록을 취소할 경우, 등록취소된 정당은 대내외적으로 대표단 및 중앙위원회, 시·도위원회 조직을 구비하는 등 비법인사단으로서의 실질을 가지는 한 중앙선거관리위원회를 상대로 그 취소를 구하는 소송을 법원에 제기할 수 있다(헌재 2016.03.22. 2016헌마131). ▶ 등록취소라는 집행행위에 의하여 등록취소의 효력이 생기는 것이므로 등록취소의 처분성이 인정된다.

정답 ×

17년(2) 모의

841. 고소하지 않은 범죄피해자는 검사의 불기소처분에 대해 검찰 항고, 재항고를 거칠 필요 없이 직접 헌법소원심판을 청구할 수 있다.

해설 청구인은 고소하지 않은 범죄피해자로서 검사의 불기소처분에 대하여 헌법소원을 제기하는 수단 이외에 달리 검찰청법에 정한 항고, 재항고의 제기에 의한 구제를 받을 방법도 없는 것이므로 청구인은 검사의 불기소처분에 대하여 헌법소원심판을 청구할 수 있는 것으로 봄이 상당하다 할 것이다(헌재 1992.01.28. 90헌마227).

정답 ○

842. 보충성원칙에서 말하는 다른 권리구제절차는 공권력의 행사 또는 불행사를 직접 대상으로 하여 그 효력을 다툴 수 있는 권리구제절차를 의미하는 것이지, 사후적·보충적 구제수단을 말하는 것이 아니다.

해설 헌법재판소법 제68조 제1항 단서 소정의 다른 권리구제절차라 함은 공권력의 행사 또는 불행사를 직접 대상으로 하여 그 효력을 다툴 수 있는 권리구제절차를 의미하고, 사후적·보충적 구제수단을 뜻하는 것은 아니다(헌재 1989.04.17. 88헌마3).

843. 甲과 乙은 사소한 시비가 문제되어 주먹다툼을 한 후 서로를 상해 혐의로 고소하였는데, 검사는 甲에 대해서는 기소유예 처분을, 乙에 대해서는 혐의없음의 불기소처분을 하였다.
   (1) 형사피해자인 고소인 甲은 검사의 乙에 대한 혐의없음 처분에 관하여 「검찰청법」에 따른 항고를 거친 후 그 검사 소속의 지방검찰청 소재지를 관할하는 고등법원에 재정신청을 할 수 있으므로, 위 혐의없음 처분에 대한 헌법소원은 부적법하다.
   (2) 만약 甲이 고소를 하지 않은 상태에서 수사기관의 인지에 의해 수사가 개시되었다면, 고소하지 않은 피해자 甲은 乙에 대한 혐의없음 처분에 대하여 헌법소원을 제기할 수 있다.
   (3) 甲은 자신에 대한 기소유예 처분이 자의적이라고 주장하면서 위 기소유예 처분에 대한 헌법소원을 제기할 수 있다.

해설 (1) 고소권자로서 고소를 한 자(형법 제123조부터 제125조까지의 죄에 대하여는 고발을 한 자를 포함한다)는 검사로부터 공소를 제기하지 아니한다는 통지를 받은 때에는 그 검사 소속의 지방검찰청 소재지를 관할하는 고등법원에 그 당부에 관한 재정을 신청할 수 있고, 같은 법 부칙 제5조 제1항에 의하면, 위 재정신청에 관한 규정은 위 법 시행 당시 고등검찰청 또는 대검찰청에 항고 또는 재항고가 계속중인 사건에 대하여도 적용된다. 개정된 형사소송법 시행 당시인 2008. 1. 1. 대검찰청에 재항고가 계속중이어서 같은 법 부칙 제5조에 의하여 재정신청에 관한 형사소송법 제260조 제1항이 적용되므로, 청구인으로서는 위 불기소처분에 대하여 관할 고등법원에 재정신청을 하여 그 당부를 다툴 수 있다 할 것인데 청구인은 그와 같은 구제절차를 모두 거치지 아니한 채 이 사건 헌법소원심판을 청구한 것이다. 따라서, 이 사건 심판청구는 법률이 정한 구제절차를 모두 거치지 않고 제기된 것이어서 부적법하다(헌재 2008.07.08. 2008헌마479). ▶ 형사피해자인 고소인은 검찰청에의 항고를 거친 후 고등법원에 재정신청을 제기할 수 있을 뿐 헌법재판소에 헌법소원을 제기할 수 없다.

형사소송법 제260조(재정신청) ① 고소권자로서 고소를 한 자(「형법」 제123조부터 제126조까지의 죄에 대하여는 고발을 한 자를 포함한다. 이하 이 조에서 같다)는 검사로부터 공소를 제기하지 아니한다는 통지를 받은 때에는 그 검사 소속의 지방검찰청 소재지를 관할하는 고등법원에 그 당부에 관한 재정을 신청할 수 있다. 다만, 「형법」 제126조의 죄에 대하여는 피공표자의 명시한 의사에 반하여 재정을 신청할 수 없다.
② 제1항에 따른 재정신청을 하려면 「검찰청법」 제10조에 따른 항고를 거쳐야 한다. (단서 생략)

(2) 피해자의 고소가 아닌 수사기관의 인지 등에 의해 수사가 개시된 피의사건에서 검사의 불기소처분이 이루어진 경우, 고소하지 아니한 피해자로 하여금 별도의 고소 및 이에 수반되는 권리구제절차를 거치게 하는 방법으로는 종래의 불기소처분 자체의 취소를 구할 수 없고 당해 수사처분 자체의 위법성도 치유될 수 없다는 점에서 이를 본래 의미의 사전 권리구제절차라고 볼 수 없고, 고소하지 아니한 피해자는 검사의 불기소처분을 다툴 수 있는 통상의 권리구제수단도 경유할 수 없으므로, 그 불기소처분의 취소를 구하는 헌법소원의 사전 권리구제절차라는 것은 형식적·실질적 측면에서 모두 존재하지 않을 뿐만 아니라, 별도의 고소 등은 그에 수반되는 비용과 권리구제가능성 등 현실적인 측면에서 볼 때에도 불필요한 우회절차를 강요함으로써 피해자에게 지나치게 가혹할 수 있으므로, 고소하지 아니한 피해자는 예외적으로 불기소처분의 취소를 구하는 헌법소원심판을 곧바로 청구할 수 있다(헌재 2010.06.24. 2008헌마716). ▸ 고소하지 아니한 형사피해자는 검찰청의 항고를 거쳐 법원에 재정신청을 할 수 없으므로 보충성의 예외가 적용되어 헌법재판소에 바로 헌법소원을 제기할 수 있다.

(3) 검사의 불기소처분에 대한 검찰청법 소정의 항고 및 재항고는 그 피의사건의 고소인 또는 고발인만이 할 수 있을 뿐, 기소유예처분을 받은 피의자가 범죄혐의를 부인하면서 무고함을 주장하는 경우에는 검찰청법이나 다른 법률에 이에 대한 권리구제절차가 마련되어 있지 아니하므로, 검사의 기소유예처분의 취소를 구하는 헌법소원심판을 청구하는 경우에는 보충성원칙의 예외에 해당한다(헌재 2010.06.24. 2008헌마716). ▸ 검사의 자의적인 기소유예처분에 대하여 형사피의자가 다툴 수 있는 사전구제절차가 없으므로 보충성의 예외에 해당하여 형사피의자인 甲은 직접 헌법소원심판을 청구할 수 있다.

정답 O, O, O

2. 보충성의 예외

18년(1) 모의

844. 사법경찰관이 기자들로 하여금 청구인이 경찰서 조사실에서 양손에 수갑을 찬 채 조사받는 모습을 촬영할 수 있도록 허용한 행위는 이미 종료된 행위로서 행정소송에서 소의 이익이 없어 각하될 가능성이 크므로, 헌법소원심판을 청구하는 외에 다른 효과적인 구제방법이 있다고 보기 어려워 보충성 원칙의 예외에 해당한다.

해설 피청구인이 청구인의 의사에 관계없이 언론사의 취재 요청에 응하여 청구인의 모습을 촬영할 수 있도록 허용한 이상, 이미 청구인으로서는 수갑을 차고 얼굴을 드러낸 상태에서 조사받는 모습을 언론사에 공개당하는 불이익을 입게 된 것이다. 결국 심판대상 행위들은 권력적 사실행위로서 헌법소원심판청구의 대상이 되는 공권력의 행사에 해당한다. 심판대상 행위 중 촬영허용 부분은 이미 종료된 행위로서 소의 이익이 없어 각하될 가능성이 크므로, 헌법소원심판을 청구하는 외에 다른 효과적인 구제방법이 있다고 보기 어렵다(헌재 2014.03.27. 2012헌마652).

정답 O

18년 변시

845. 「사법시험령」 제4조는 1992. 1. 1. 이후 실시된 사법시험 제1차시험에 4회 응시한 자는 마지막 응시 이후 4년간 제1차시험에 다시 응시할 수 없도록 규정하고 있다. 이에 甲은 위 「사법시험령」 제4조에 의해 직업선택의 자유, 공무담임권 등 기본권을 침해당했다고 주장하면서 헌법소원심판을 청구하려고 한다. 이때, 위 「사법시험령」 자체의 효력을 직접 다투는 것을 소송물로 하여 일반법원에 소를 제기하는 길이 없어 구제절차가 있는 경우가 아니므로, 甲은 다른 구제절차를 거치지 않고 바로 헌법소원심판을 청구할 수 있다.

해설 헌법재판소법 제68조 제1항은 공권력의 행사 또는 불행사로 인하여 헌법상 보장된 기본권을 침해받은 자는 법원의 재판을 제외하고는 헌법소원심판을 청구할 수 있다고 규정하고 있는바, 이 조항에서 말하는 공권력이란 입법권, 행정권 등 모든 공권력을 말하는 것으로서 행정부에서 제정한 명령·규칙도 이 사건 시행령 [별표 1]의 경우와 같이 그것이 별도의 집행행위를 기다리지 않고 직접 기본권을 침해하는 것일 때에는 모두 헌법소원심판의 대상이 될 수 있는 것이고, 현행 행정소송법의 해석상 명령·규칙 자체의 효력을 다투는 것을 소송물로하여 일반법원에 소송을 제기할 수 있는 방법은 인정되지 아니하며 그밖에 다른 법률에 그 구제절차가 있다고도 볼 수 없으므로 이 사건의 경우에는 헌법재판소법 제68조 제1항 단서의 규정이 적용되지 아니한다(헌재 1997.06.26. 94헌마52).

정답

14년(3)·16년(1) 모의

846. 사법경찰관이 기자실에서 피의자 피의사실 관련 보도자료를 배포한 행위는 이미 종료된 행위로서 이에 대한 행정소송이 각하될 가능성이 크기 때문에, 헌법소원심판을 청구하는 것 외에 다른 효과적인 구제방법이 없어 보충성 요건을 갖추었다.

해설 보도자료 배포행위는 수사기관이 공소제기 이전에 피의사실을 대외적으로 알리는 것으로서, 이것이 형법 제126조의 피의사실공표죄에 해당하는 범죄행위라면 청구인은 이를 수사기관에 고소하고 그 처리결과에 따라 검찰청법에 따른 항고를 거쳐 재정신청을 할 수 있으므로, 위와 같은 권리구제절차를 거치지 아니한 채 제기된 보도자료 배포행위에 대한 심판청구는 보충성 요건을 갖추지 못하여 부적법하다(헌재 2014.03.27. 2012헌마652).

정답

15년(3) 모의

847. 법령 자체에 의한 직접적인 기본권침해가 문제될 때에는 그 법령 자체의 효력을 직접 다투는 것을 소송물로 하여 일반법원에 소송을 제기할 수 있으므로 보충성 요건을 충족하지 못한다.

해설 헌법재판소법 제68조 제1항에 따른 헌법소원은 원칙적으로 다른 법률에 구제절차가 있는 경우에 그 절차를 모두 거친 후에야 심판청구를 할 수 있으나, 법령 자체에 의한 직접적인 기본권 침해가 문제될 때에는 그 법령 자체의 효력을 직접 다투는 것을 소송물로 하여 일반법원에 소송을 제기하는 길이 없어 구제절차가 있는 경우가 아니므로 바로 헌법소원을 청구할 수 있다(헌재 2012.05.31. 2011헌마241). ▶ 보충성의 예외로서는 ㉠ 문제가 된 공권력의 행사나 불행사를 직접 대상으로 하여 그 효력을 다툴 수 있는 권리구제절차가 없는 경우, ㉡ 헌법소원청구인이 그 불이익으로 돌릴 수 없는 정당한 이유가 있는 착오로 전심절차를 밟지 않은 경우, ㉢ 전심절차로 권리가 구제될 가능성이 거의 없거나 권리구제절차가 허용되는지 여부가 객관적으로 불확실하거나, 아니면 헌법소원심판 청구인에게 불필요한 우회절차를 강요하는 것밖에 되지 않는 등 전심절차이행의 기대가능성이 없는 경우 등이 있다.

 ✕

14년 변시

848. 구치소장이 미결수용자로 하여금 수용시는 물론 수사 및 재판을 받을 때에도 재소자용 의류를 입게 한 행위는 이미 종료된 권력적 사실행위로서 헌법소원심판을 청구하는 외에 달리 효과적인 구제방법이 없으므로 보충성의 원칙에 대한 예외에 해당된다.

해설 이 사건 행위(미결수용자에게 재소자용 의류를 입게 한 행위)는 이미 종료된 권력적 사실행위로서 행정심판이나 행정소송의 대상으로 인정되기 어려울 뿐만 아니라 소의 이익이 부정될 가능성이 많아 헌법소원심판을 청구하는 외에 달리 효과적인 구제방법이 없으므로 보충성의 원칙에 대한 예외에 해당되는 것이다(헌재 1999.05.27. 97헌마137). ▶ 헌법재판소는 권력적 사실행위에 대해 행정심판이나 행정소송의 대상이 된다고 단정하기 어렵다거나 또는 행정심판이나 행정소송의 대상이 될 수 있는 경우라고 보더라도 그 권력적 사실행위가 이미 종료되어 행정심판이나 행정소송에서 소의 이익이 없다고 볼 가능성이 있다는 점을 들어 헌법소원의 대상성을 인정한다.

  ○

14년 변시

849. 甲은 절도죄를 범하여 유죄의 확정판결을 받고 현재 교도소에 수용 중인 자이다. 甲은 교도소 내의 처우와 관련하여 헌법소원심판을 청구하고자 변호사 乙과의 접견을 신청하였으나, 교도소장 丙은 접견을 불허하였다. 이에 甲은 변호사 乙에게 편지를 발송하였는데, 교도소장 丙은 수용자가 밖으로 내보내는 모든 서신을 봉함하지 않은 상태로 제출하게 하고 제출된 甲의 서신 내용을 검열한 다음 서신 발송을 거부하였다.

(1) 서신검열행위는 이른바 권력적 사실행위로서 행정심판이나 행정소송의 대상이 되는 행정처분으로 볼 수 있으나, 위 검열행위가 이미 완료되어 행정심판이나 행정소송을 제기하더라도 소의 이익이 부정될 수밖에 없으므로 헌법소원심판을 청구하는 외에 다른 효과적인 구제방법이 있다고 보기 어렵기 때문에 보충성 원칙의 예외에 해당한다.

(2) 헌법재판소의 판례에 따르면, 교도소장 丙의 서신발송거부행위는 행정심판 및 행정소송의 대상이 되므로, 이러한 사전구제절차를 거치지 아니하고 서신발송거부행위에 대하여 헌법소원심판을 청구하는 것은 보충성 원칙에 위배되어 부적법하다.

 (1) 서신검열행위는 이른바 권력적 사실행위로서 행정심판이나 행정소송의 대상이 된다고 단정하기도 어려울 뿐 아니라 설사 그 대상이 된다고 하더라도 이미 종료된 행위로서 소의 이익이 부정될 가능성이 많아 헌법소원심판을 청구하는 외에 달리 효과적인 구제방법이 있다고 보기 어려우

므로 보충성의 원칙에 대한 예외에 해당한다(헌재 1995.07.21. 92헌마144).

(2) 헌법소원심판은 다른 법률에 구제절차가 있는 경우에는 그 절차를 모두 거친 후가 아니면 청구할 수 없는바(헌법재판소법 제68조 제1항 후문), 피청구인의 서신발송거부처분에 대하여는 행정심판법 및 행정소송법에 의한 심판이나 소송이 가능할 것이므로 이러한 구제절차를 거치지 아니하고 제기된 이 부분 심판청구는 보충성 요건을 흠결하여 부적법하다(헌재 2009.09.22. 2009헌마500).

정답 O, O

13년(3) 모의

850. 1995년 사문서위조 등으로 집행유예 판결을 받은 전과가 있는 甲은 2014. 4. 실시 예정인 전국동시지방선거에서 시의원에 입후보하기 위하여 출마에 필요한 준비를 진행하던 중, 공직선거법 제49조 제10항 및 제12항에 따라 자신의 전과가 기재된 범죄경력회보서를 관할 경찰서로부터 회보받아 소속당 공천심사위원회에 제출하여야 하는 것을 인지하고, 「형의 실효 등에 관한 법률」에 따라 이미 형이 실효되었는지의 여부에 관계 없이 일률적으로 전과기록을 조회·공개하도록 강제하고 있는 위 법률조항은 자신의 기본권을 침해하는 것이라며 헌법소원심판을 청구하였다. 현행법상 법률조항 자체의 효력을 다투는 것을 소송물로 하여 일반법원에 소송을 제기할 수 있는 방법은 인정되지 아니하므로 다른 법률에 구제절차가 있는 경우라고 볼 수 없어 甲은 곧바로 헌법재판소에 헌법소원심판을 청구할 수 있다.

해설 헌법재판소법 제68조 제1항에 따른 헌법소원은 원칙적으로 다른 법률에 구제절차가 있는 경우에 그 절차를 모두 거친 후에야 심판청구를 할 수 있으나, 법률자체에 의한 직접적인 기본권침해가 문제될 때에는 그 법률자체의 효력을 직접 다투는 것을 소송물로 하여 일반 법원에 소송을 제기하는 길이 없으므로 다른 구제절차를 거칠 것 없이 바로 헌법소원을 제기할 수 있다(헌재 1990.06.25. 89헌마220).

정답 O

13년 변시

851. 교도소장의 수형자에 대한 출정제한행위는 권력적 사실행위로서 행정소송의 대상이 된다고 단정하기 어렵고, 가사 행정소송의 대상이 된다고 하더라도 이미 종료된 행위로서 소의 이익이 부정되어 각하될 가능성이 높으므로, 수형자에게 그에 의한 권리구제절차를 밟을 것을 기대하기는 곤란하므로 이에 대한 헌법소원은 보충성원칙의 예외에 해당한다.

해설 헌법소원은 다른 법률에 구제절차가 있는 경우에는 그 절차를 모두 거친 후에 심판청구를 하여야 하는바(헌법재판소법 제68조 제1항 단서), 이 사건 각 출정제한행위는 권력적 사실행위로서 행정소송의 대상이 된다고 단정하기 어렵고, 가사 행정소송의 대상이 된다고 하더라도 이미 종료된 행위로서 소의 이익이 부정되어 각하될 가능성이 많으므로, 청구인에게 그에 의한 권리구제절차를 밟을 것을 기대하기는 곤란하다. 따라서 이에 대한 헌법소원은 보충성 원칙의 예외로서 적법하다고 할 것이다(헌재 2012.03.29. 2010헌마475).

정답 O

Ⅴ 권리보호이익

22년(2) 모의

852. 권리보호이익이라는 「헌법재판소법」제68조 제1항 헌법소원심판의 적법요건은 「헌법재판소법」제40조 제1항에 의하여 준용되는 민사소송법 내지 행정소송법 규정들에 대한 해석상 인정되는 일반적인 소송원리이지 「헌법재판소법」제68조 제1항의 '기본권의 침해를 받은'이라는 부분의 해석에서 직접 도출되는 것은 아니다.

해설 권리보호이익 내지 소의 이익은, 국가적·공익적 입장에서는 무익한 소송제도의 이용을 통제하는 원리이고, 당사자의 입장에서는 소송제도를 이용할 정당한 이익 또는 필요성을 말하는 것으로, '이익 없으면 소 없다'라는 법언이 지적하듯이 소송제도에 필연적으로 내재하는 요청이다. 따라서 권리보호이익이라는 헌법소원심판의 적법요건은 헌법재판소법 제40조 제1항에 의하여 준용되는 민사소송법 내지 행정소송법 규정들에 대한 해석상 인정되는 일반적인 소송원리이지 헌법재판소법 제68조 제1항 소정의 '기본권의 침해를 받은'이라는 부분의 해석에서 직접 도출되는 것은 아니다(헌재 2001.09.27. 2001헌마152).

정답

22년 변시

853. 헌법소원심판청구 후 심판대상이 되었던 법령조항이 개정되어 더 이상 청구인에게 적용될 여지가 없게 된 경우에는 심판대상인 구법 조항에 대하여 위헌결정을 받을 주관적 권리보호이익이 소멸된다.

해설 제정 게임법 제33조 제2항 및 제정 게임법 시행령 제19조는 각 개정됨으로써, 위 조항들과 이를 기초로 하는 제정 게임법 제32조 제1항 제6호는 더 이상 적용될 여지가 없어졌고, 제정 게임법 시행규칙 제20조 [별표 4]는 개정되면서 삭제됨으로써, 위 조항과 그 시행시기를 규정한 제정 게임법 시행규칙 부칙 제4조는 더 이상 적용될 여지가 없어졌으며, 제정 게임법 시행규칙 제7조 제1항 [별표 3]은 개정되면서 삭제됨으로써 더 이상 적용될 여지가 없어졌다. 따라서 청구인들이 위 조항들로 인하여 기본권을 현실적으로 제한당하고 있다거나 향후 기본권제한이 예상된다고 보기 어려우므로, 청구인들에게 위 조항들의 위헌확인을 청구할 주관적 권리보호의 이익이 있다고 볼 수 없다 (헌재 2009.04.30. 2007헌마103).

정답

21년 변시, 22년(2) 모의

854. 권리보호이익은 소송제도에 필연적으로 내재하는 요청으로 헌법소원제도의 목적상 필수적인 요건이라고 할 것이어서, 헌법소원심판청구의 적법요건 중의 하나로 권리보호이익을 요구하는 것이 청구인의 재판을 받을 권리를 침해한다고 볼 수는 없다.

해설 권리보호이익은 소송제도에 필연적으로 내재하는 요청으로 헌법소원제도의 목적상 필수적인 요건이라고 할 것이어서 이로 인하여 본안판단을 받지 못한다고 하여도 재판을 받을 권리의 본질적인 부분에 대한 침해가 있다고 보기 어렵다. 다만, 권리보호이익을 지나치게 좁게 인정하면 헌법재판소의 본안판단의 부담을 절감할 수는 있지만 반면에 재판을 받을 권리를 부당하게 박탈하는 결과에 이르게 될 것이므로 권리보호이익을 판단함에 있어 다른 분쟁의 해결수단, 행정적 구제·입법적 구제의 유무 등을 기준으로 신중히 판단하여야 할 것인바, 헌법재판소는 비록 권리보호이익이 없을 때에도 반복위험이나 헌법적 해명이 필요한 경우에는 본안판단을 할 수 있는 예외를 인정하고 있다. 따라서 헌법소원심판청구의 적법요건 중의 하나로 권리보호이익을 요구하는 것이 청구인의 재판을 받을 권리를 침해한다고 볼 수는 없다(헌재 2001.09.27. 2001헌마152).

정답 ○

18년(1) 모의

855. 공권력의 행사에 대하여 제기한 헌법소원심판청구가 청구기간 도과를 이유로 각하된 경우, 그 청구인은 헌법소원심판의 청구기간을 제한하고 있는 법률조항에 대하여 헌법소원을 제기할 권리보호이익이 없다.

해설 어떠한 공권력 행사에 대하여 제기된 헌법소원심판청구가 청구기간 도과를 이유로 각하되었다고 하더라도, 헌법소원의 청구기간을 제한하고 있는 법률조항이 위헌이라고 결정되면, 헌법소원에 대한 청구기간의 제한이 해소되어 청구인은 청구기간의 제한을 받음이 없이 당해 공권력 행사에 대한 헌법소원을 다시 제기할 수 있다고 할 것이며, 헌법재판소법 제39조의 일사부재리에 저촉된다고 볼 수도 없다. 따라서 공권력의 행사에 대하여 제기한 헌법소원심판청구가 청구기간 도과를 이유로 각하된 경우 그 청구인은 헌법소원심판의 청구기간을 제한하고 있는 법률조항에 대하여 헌법소원을 제기할 법률상의 이익이 있다(헌재 2007.10.25. 2006헌마904).

15년(3) 모의

856. (1) 청구인의 주관적 권리구제에는 도움이 되지 아니한다 하더라도 같은 유형의 기본권제한행위가 앞으로도 반복될 위험이 있고, 헌법질서의 수호·유지를 위하여 그에 대한 헌법적 해명이 긴요한 사항에 대하여는 심판청구의 이익을 인정할 수 있다.

(2) 헌법소원은 주관적 권리구제뿐만 아니라 헌법질서보장의 기능도 겸하고 있더라도 청구인들의 권리구제에 도움이 되지 않는다면 비록 헌법적 해명이 긴요한 사항에 대해서도 심판청구의 이익을 인정할 필요는 없다.

해설 헌법소원은 주관적인 권리구제뿐만 아니라 객관적인 헌법질서 보장의 기능도 겸하고 있으므로, 가사 청구인의 주관적인 권리구제에는 도움이 되지 아니한다 하더라도 같은 유형의 침해행위가 앞으로 반복될 위험이 있고, 헌법질서의 수호·유지를 위하여 그에 대한 헌법적 해명이 긴요한 사항에 대하여는 심판청구의 이익을 인정하여야 할 것이다(헌재 2002.07.18. 2000헌마327).

16년(1) 모의

857. 피청구인인 경찰서장이 공소시효의 완성을 이유로 내사종결처분을 한 사건에서, 헌법소원심판청구인이 공소시효가 완성되지 않았다고 주장하면서 피청구인의 처분을 다투는 경우에는, 비록 결정선고시점에서 이미 공소시효가 완성되었다고 하더라도 권리보호이익을 인정해야 한다.

해설 경찰서장이 공소시효의 완성을 이유로 내사종결처분을 한 이 사건에서 청구인은 공소시효가 완성되지 않았다고 주장하면서 범죄의 성립여부를 판단하지 아니한 채 공소시효가 완성되었다고 판단한 경찰서장의 처분을 다투고 있으므로 권리보호이익을 인정함이 상당하다. 이와 달리 만일 공소시효의 완성 여부를 적법요건으로 본다면, 경찰서장이 실체를 판단하지 아니한 채 공소시효의 완성 여부만을 판단한 이 사건에서는 본안의 판단 대상이 없게 되므로 공소시효 완성여부는 적법요건이 아니라 본안 심판의 대상이 된다. 따라서 이 사건 심판청구는 적법요건을 충족하였다(헌재 2014.09.25. 2012헌마175).

 정답 ○

15년 변시

858. 「사법시험령」 제4조는 1992. 1. 1. 이후 실시된 사법시험 제1차시험에 4회 응시한 자는 마지막 응시 이후 4년간 제1차시험에 다시 응시할 수 없도록 규정하고 있다. 이에 甲은 위 「사법시험령」 제4조에 의해 직업선택의 자유, 공무담임권 등 기본권을 침해당했다고 주장하면서 헌법소원심판을 청구하려고 한다. 이때, 甲의 헌법소원심판 청구 당시 권리보호이익이 인정되더라도 심판계속 중에 위 「사법시험령」 제4조가 폐지되어 더 이상 응시횟수의 제한이 없게 되는 등 사실관계 또는 법률관계의 변동으로 말미암아 甲이 주장하는 기본권침해가 종료된 경우에는 원칙적으로 권리보호이익이 없다.

해설 이 사건 헌법소원이 제기된 뒤인 2001. 3. 28. 법률 제6436호로 사법시험법이, 같은 달 31. 대통령령 제17181호로 사법시험법시행령이 각 제정·시행되어 사법시험령이 폐지됨으로써, 이 사건 심판대상 조항이 규정하던 응시회수의 제한 역시 함께 폐지되었고, 위 새 법령에는 그와 같은 제한이 규정되어 있지 않다. 따라서 청구인들은 헌법소원심판청구를 통하여 달성하고자 하는 주관적 목적을 이미 달성하였고, 이로써 심판대상의 위헌여부를 가릴 실익이 없어졌다고 할 것이며, 달리 동종의 기본권침해의 위험이 상존한다거나, 새로운 법령이 이 사건 조항과 유사한 내용을 규정하고 있어, 그에 의한 기본권침해의 위험을 사전에 제거하는 등 헌법질서의 수호·유지를 위하여 헌법적 해명이 요구되는 경우도 아니다(헌재 2001.04.26. 2000헌마262).

 정답 ○

14년 변시

859. 기소유예처분의 대상인 피의사실에 대하여 일반사면이 있는 경우 그 처분의 취소를 구하는 헌법소원의 경우에는 권리보호의 이익이 있다고 볼 수 없으므로 헌법소원심판청구는 적법하지 않다.

::해설:: 1995. 12. 2. 대통령령 제14818호로 공포·시행된 일반사면령 제1조 제1항 제11호에 의하면 청구인의 이 사건 도로교통법위반 범행은 사면되었는 바, 만약 우리 재판소가 이 사건 심판청구를 받아들여 "기소유예" 처분을 취소하면 피청구인은 "공소권없음"의 결정을 할 것으로 짐작되는데, "기소유예" 처분은 피의사실은 인정되나 정상을 참작하여 단지 그 소추를 유예하는 처분임에 반하여, "공소권없음" 처분은 검사에게 피의사실에 대한 공소권이 없음을 선언하는 형식적 판단으로서 피의자의 범죄 혐의 유무에 관하여 실체적 판단을 하는 것이 아니다. 그렇다면 비록 청구인의 이 사건 음주운전 소위에 대하여 일반사면이 있었다고 하더라도 이 사건 심판청구는 권리보호의 이익이 있다 (헌재 1996.10.04. 95헌마318).

정답

VI 변호사강제주의

 18년 변시

860. 甲이 헌법재판소법 제68조 제1항 헌법소원심판청구를 하는 경우, 甲에게 변호사의 자격이 있는 경우가 아닌 한 변호사를 대리인으로 선임하지 아니하면 甲은 헌법소원심판청구를 하거나 그 심판 수행을 하지 못한다.

::해설:: 헌법재판소법 제25조 제3항 참조. ▶ 헌법재판소법은 심판절차에서 사인이 당사자인 경우 그가 변호사의 자격이 있는 경우가 아닌 한, 변호사를 대리인으로 선임하지 아니하면 심판청구를 하거나 심판수행을 하지 못한다고 규정한다. 사인이 당사자가 되는 심판절차는 탄핵심판과 헌법소원심판이 있다.

헌법재판소법 제25조(대표자·대리인) ③ 각종 심판절차에서 당사자인 사인(私人)은 변호사를 대리인으로 선임하지 아니하면 심판청구를 하거나 심판 수행을 하지 못한다. 다만, 그가 변호사의 자격이 있는 경우에는 그러하지 아니하다.

정답

 24년 변시

861. 위헌법률심판제청신청은 당사자가 사인인 경우이므로 변호사 강제주의가 적용된다.

::해설:: 위헌법률심판 제청 신청 당해 소송의 당사자는 당해 법원에 대하여 위헌제청의 신청을 할 수 있을 뿐이며, 직접 헌법재판소에 위헌청구를 할 수 없으므로 헌법재판소법 제25조 제3항에서 규정한 각종 심판절차에서 당사자인 사인(私人)의 경우가 아니므로 변호사 강제주의가 적용되지 않는다. 헌법재판소법 제25조 제3항, 제41조 제1항 참조.

헌법재판소법 제25조(대표자·대리인) ③ 각종 심판절차에서 당사자인 사인(私人)은 변호사를 대리인으로 선임하지 아니하면 심판청구를 하거나 심판 수행을 하지 못한다. 다만, 그가 변호사의 자격이 있는 경우에는 그러하지 아니하다

헌법재판소법 41조(위헌 여부 심판의 제청) ① 법률이 헌법에 위반되는지 여부가 재판의 전제가 된 경우에는 당해 사건을 담당하는 법원(군사법원을 포함한다. 이하 같다)은 직권 또는 당사자의 신청에 의한 결정으로 헌법재판소에 위헌 여부 심판을 제청한다.

정답 ×

17년(2) 모의

862. 「헌법재판소법」제68조 제1항에 의한 헌법소원심판에서는 변호사강제주의가 적용되나, 「헌법재판소법」제68조 제2항에 의한 헌법소원심판에서는 변호사강제주의가 적용되지 않는다.

해설 헌법재판소법 제25조 참조. ▶ 「헌법재판소법」제68조 제1항에 의한 헌법소원심판에서 분만 아니라, 「헌법재판소법 제68조 제2항에 의한 헌법소원심판에서도 변호사강제주의가 적용된다.

> 헌법재판소법 제25조(대표자·대리인) ③ 각종 심판절차에서 당사자인 사인은 변호사를 대리인으로 선임하지 아니하면 심판청구를 하거나 심판 수행을 하지 못한다. 다만, 그가 변호사의 자격이 있는 경우에는 그러하지 아니하다.

정답

15년(2) 모의

863. 변호사의 자격이 없는 사인(私人)인 청구인이 한 헌법소원심판청구나 주장은 변호사인 대리인이 추인한 경우에 한하여 효력이 있고, 대리인의 추인이 없는 한 대리인의 심판청구서에 기재되어 있지 아니한 청구인의 그 전의 심판청구 내용은 심판대상이 되지 않는다.

해설 변호사의 자격이 없는 사인인 청구인이 한 헌법소원심판청구나 주장은 변호사인 대리인이 추인한 경우에 한하여 효력이 있고, 위와 같은 추인이 없는 한 대리인의 심판청구서에 기재되어 있지 아니한 청구인의 그 전의 심판청구내용은 심판대상이 되지 않는다(헌재 2010.10.28. 2009헌마438).

정답

VII 청구기간

22년 변시

864. 아직 기본권의 침해는 없으나 장래에 확실히 기본권침해가 예측되는 경우에는 미리 헌법소원심판청구가 가능하고, 이때 별도로 청구기간 도과에 관한 문제는 발생하지 않는다.

해설 … 장래 확실히 기본권침해가 예측되어 현재관련성을 인정하는 이상 청구기간이 경과하였다고 할 수 없다. 청구기간을 준수하였는지 여부는 이미 기본권침해가 발생한 경우에 비로소 문제될 수 있는 것인데, 이 사건의 경우 아직 기본권침해는 없으나 장래 확실히 기본권침해가 예측되므로 미리 앞당겨 현재의 법적 관련성을 인정하는 것이기 때문이다(헌재 1999.12.23. 98헌마363).

정답

16년·22년 변시, 22년(3) 모의

865. 심판청구를 교환적으로 변경하였다면 변경에 의한 신청구는 원칙적으로 그 청구변경서를 제출한 때에 제기한 것이라 볼 것이고, 이 시점을 기준으로 하여 청구기간의 준수 여부를 가려야 한다.

■해설 헌법재판소법 제68조 제1항 소정의 헌법소원심판청구를 추가적으로 변경하였다면 변경에 의한 신청구는 그 청구변경서를 제출한 때에 제기한 것이라 볼 것이므로, 이 시점을 기준으로 하여 청구기간의 준수 여부를 가려야 한다(헌재 1998.09.30. 96헌바88). ▶ 소의 교환적 변경은 신청구의 추가적 병합과 구청구의 취하의 결합형태이다. 헌법소원심판청구에 대한 청구취지변경이 이루어진 경우 청구기간의 준수여부는 헌법재판소법 제40조 제1항 및 민사소송법 제265조에 의하여 그 청구취지를 변경하는 청구서가 제출된 시점을 기준으로 판단한다.

정답 O

 21년 변시, 15년(2) 모의

866. 공권력의 불행사로 인한 기본권침해는 그 불행사가 계속되는 한 기본권침해의 부작위가 계속된다고 할 것이므로 공권력의 불행사에 대한 「헌법재판소법」 제68조 제1항에 의한 헌법소원심판은 청구기간의 제한을 받지 않는다.

■해설 공권력의 불행사로 인한 기본권침해는 그 불행사가 계속되는 한 기본권침해의 부작위가 계속된다고 할 것이므로 공권력의 불행사에 대한 헌법소원심판은 그 불행사가 계속되는 한 기간의 제약 없이 적법하게 청구할 수 있다(헌재 1998.07.16. 96헌마246). ▶ 「의료법」에서 치과의사로서 전문의의 자격인정 및 전문과목에 관하여 필요한 사항은 대통령령으로 위임, 대통령령은 전문의자격시험의 방법 등 필요한 사항을 보건복지부령으로 정하도록 위임하고 있음에도 위 대통령령에 따른 시행규칙의 입법을 하지 않고 있는 것은 진정입법부작위에 해당하므로, 이 부분에 대한 「헌법재판소법」 제68조 제1항의 헌법소원심판청구는 청구기간의 제한을 받지 않는다고 본 사안

정답 O

21년(3) 모의

867. 「변호사시험법」은 변호사시험의 응시기간과 응시횟수를 법학전문대학원의 석사학위를 취득한 달의 말일 또는 취득예정기간 내 시행된 시험일부터 5년 내에 5회로 제한하고 (이하, '이 사건 한도조항'), 다만 병역의무의 이행만을 위 응시기간제한의 예외로 인정하고 있다(이하, '이 사건 예외조항'). 청구인들은 위 조항들에 대하여 「헌법재판소법」 제68조 제1항에 따른 헌법소원심판을 청구하였다.

1) 법학전문대학원 졸업자로서 아직 변호사시험 응시가 가능한 청구인 甲의 이 사건 한도조항에 대한 심판청구는 기본권침해의 현재성 요건을 갖추었다.

■해설 변호사시험에 응시할 기회가 남아있는 청구인들에게는 이 사건 한도조항에 따른 기본권제한이 현실화되지 아니하였으므로, 위 청구인들(지문의 청구인 甲)의 이 부분 심판청구는 현재성 요건을 갖추지 못하여 부적법하다.

정답 X

2) **변호사시험에 합격한 청구인 乙의 이 사건 한도조항에 대한 심판청구는 기본권침해의 자기관련성 요건을 갖추었다.**

   해설 변호사시험에 응시하여 합격한 청구인(지문의 청구인 乙)은 이 사건 한도조항으로 인하여 어떠한 기본권제한을 받고 있다고 볼 수 없다. 위 청구인의 이 부분 심판청구는 자기관련성 요건을 갖추지 못하여 부적법하다.

   정답

3) **2021년도 제10회 변호사시험에 불합격함으로써 더 이상 변호사시험에 응시할 수 없게 된 청구인 丙이 제10회 변호사시험 합격자발표일로부터 1년을 경과하여 제기한 이 사건 한도조항에 대한 심판청구는 청구기간을 준수하지 못하였다.**

   해설 청구인 서○○, 전○○은 2013년 법학전문대학원을 졸업하여 석사학위를 취득하고, 2013년도 제2회 변호사시험부터 2017년도 제6회 변호사시험에 모두 응시하였으나 불합격함으로써 이 사건 한도조항에 따라 더 이상 변호사시험에 응시할 수 없게 되었다. 그렇다면 위 청구인들이 이 사건 한도조항에 의하여 기본권제한을 받게 된 때는 위 청구인들이 마지막으로 응시한 2017년도 제6회 변호사시험의 합격자발표가 있었던 2017. 4. 14.이라고 할 것이다. 그런데 위 청구인들의 이 사건 한도조항에 대한 심판청구는 이로부터 1년이 경과하였음이 역수상 명백한 2018. 7. 17.에야 이루어졌으므로, 이는 청구기간을 경과하여 제기된 것으로서 부적법하다. 따라서 청구인 丙은 청구기간을 준수하지 못하였다.

   정답

4) **2021년도 제10회 변호사시험에 응시하지 아니함으로써 더 이상 변호사시험에 응시할 수 없게 된 청구인 丁이 제10회 변호사시험 접수일 마지막 날 또는 변호사시험 시행일 첫날로부터 90일을 경과하였지만 아직 1년을 경과하지 않은 때 제기한 이 사건 한도조항에 대한 심판청구는 청구기간을 준수하지 못하였다.**

   해설 기록에 따르면 청구인 손○○이 2013년에 법학전문대학원을 졸업하여 2014년도 제3회 변호사시험에 응시하였으나 불합격한 사실, 위 청구인이 2015년도 제4회 변호사시험부터 2018년도 제7회 변호사시험까지 응시하지 아니한 사실이 인정된다. 위 청구인은 위 제7회 변호사시험에 응시하지 아니함으로써 비로소 이 사건 한도조항의 적용을 받게 되었다 할 것이고, 위 청구인은 위 제7회 변호사시험의 접수일 마지막 날인 2017. 11. 2. 또는 아무리 늦어도 위 제7회 변호사시험의 시행일 첫날인 2018. 1. 9.에는 이 사건 한도조항으로 인하여 변호사시험에 더 이상 응시할 수 없음을 알았다고 할 것이다. 그런데 위 청구인의 이 부분 심판청구는 위 2018. 1. 9.로부터 90일이 경과하였음이 역수상 명백한 2018. 7. 17.에야 이루어졌으므로, 이는 청구기간을 경과하여 제기된 것으로서 부적법하다. 따라서 청구인 丁은 청구기간을 준수하지 못하였다.

   정답

5) 2021년도 제10회 변호사시험에 불합격함으로써 더 이상 변호사시험에 응시할 수 없게 된 청구인 戊가 이 사건 예외조항에 관한 기본권침해사유를 구체적으로 소명하지 않은 채 제기한 이 사건 예외조항에 대한 심판청구는 기본권침해의 자기관련성 요건을 갖추었다.

해설 2018헌마739 사건 청구인들은 모두 이 사건 한도조항뿐만 아니라 이 사건 예외조항에 대해서도 헌법소원심판을 청구하고 있다. 그런데 위 청구인들 중 청구인 배○○, 김□□, 이○○를 제외한 나머지 청구인들 12명은 자신들에 관한 아무런 예외사유를 소명하지 아니한 채(지문의 청구인 戊), 단지 이 사건 한도조항 및 이 사건 예외조항이 그 자체로 자신들의 직업의 자유 등을 침해한다고만 주장하고 있다. 이처럼 이 사건 예외조항이 자신들의 기본권을 어떻게 침해하고 있는지에 관하여 위 청구인들의 최소한의 구체적인 소명이 있다고 볼 수 없는 이상, 위 청구인들의 이 사건 예외조항에 대한 심판청구는 기본권침해의 자기관련성 요건을 갖추지 못하였다고 볼 수밖에 없다(헌재 2020.09.24. 2018헌마739·975·1051(병합)).

정답

18년(3) 모의

868. 법률에 의하여 기본권 침해사유가 발생하였음을 안 후 부적법한 구제절차를 거치더라도, 그로 인하여 헌법재판소법 제69조 제1항의 '기본권 침해사유가 발생하였음을 안 날'이 부적법한 구제절차의 결과를 안 날로 변경되지 않는다.

해설 청구인이 이 사건 법률규정에 따른 당연퇴직처분이 행정소송의 대상이 되지 않는다는 점을 간과하고 행정소송을 제기함으로써 부적법한 구제절차를 거쳤다 하더라도 헌법소원심판청구기간의 기산점이 되는 "기본권침해사유가 발생하였음을 안 날"이 부적법한 구제절차의 결과를 안 날로 되는 것은 아니다(헌재 1995.02.24. 95헌마54).

정답

18년(3) · 22년(3) 모의

869. 헌법재판소법 제68조 제1항 헌법소원심판 청구기간의 기산점인 "사유가 있음을 안 날"이라 함은 법령의 제정 등 공권력의 행사에 의한 기본권침해의 사실관계를 안 날을 뜻하는 것이 아니라, 법률적으로 평가하여 그 위헌성 때문에 헌법소원의 대상이 됨을 안 날을 뜻하는 것이다.

해설 헌법소원청구기간의 기산점인 "사유가 있음을 안 날"이라 함은 법령의 제정 등 공권력의 행사에 의한 기본권침해의 사실관계를 안 날을 뜻하는 것이지, 법률적으로 평가하여 그 위헌성 때문에 헌법소원의 대상이 됨을 안 날을 뜻하는 것은 아니다(헌재 1993.11.25. 89헌마36).

정답

18년(3) 모의

870. 법령에 대하여 헌법재판소법 제68조 제1항 헌법소원심판을 청구하는 경우, 그 청구기간은 기본권을 침해받은 때부터 기산하여야 하고, 그 침해가 확실히 예상되는 경우 등 실체적 제요건이 성숙하여 헌법판단에 적합하게 된 때를 청구기간의 기산점으로 삼을 수 없다.

해설 법령에 대한 헌법소원의 청구기간도 기본권을 침해받은 때로부터 기산하여야 할 것이지 기본권을 침해받기도 전에 그 침해가 확실히 예상되는 등 실체적 제요건이 성숙하여 헌법판단에 적합하게 된 때로부터 기산할 것은 아니다(헌재 1996.03.28. 93헌마198).

정답

13년 · 23년 변시, 18년(3)·21년(1)·22년(1) 모의

871. 법령의 시행과 관련된 유예기간이 있는 경우, 해당 법령에 대한 「헌법재판소법」 제68조 제1항에 따른 헌법소원심판의 청구기간 기산점은 그 법령 시행일이 아니라 시행유예기간 경과일이다.

해설 … 시행유예기간 경과일을 청구기간의 기산점으로 보더라도 청구기간이 무한히 확장되는 것이 아니라 시행유예기간 경과일로부터 1년이 지나면 헌법소원심판을 청구할 수 없으므로 법적안정성을 확보할 수 있는 점, 시행유예기간 동안에도 현재성 요건의 예외에 따라 적법하게 헌법소원심판을 청구할 수 있고, 이와 같이 시행유예기간 동안에 헌법소원심판청구를 허용하더라도 아직까지 법령의 효력이 발생하기 전인 이상 그로 인하여 헌법소원심판청구의 대상이 된 법령의 법적안정성이 곧바로 저해되지는 않는 점을 아울러 고려하면, 시행유예기간 경과일을 청구기간의 기산점으로 해석함으로써 헌법소원심판청구권 보장과 법적안정성 확보 사이의 균형을 달성할 수 있다(헌재 2020.04.23. 2017헌마479). ▶ 종래 이와 견해를 달리하여, 법령의 시행일 이후 법령에 규정된 일정한 기간이 경과한 후에 비로소 법령의 적용을 받는 청구인들에 대한 헌법재판소법 제68조 제1항의 규정에 의한 법령에 대한 헌법소원심판 청구기간의 기산점을 법령의 시행일이라고 판시한 결정들은 이 결정의 취지와 저촉되는 범위 안에서 변경

정답

22년(2) 모의

872. 공판정에서 「헌법재판소법」 제68조 제2항 헌법소원심판 청구인이 출석한 가운데 재판서에 의하여 위헌법률심판제청신청을 기각하는 취지의 주문을 낭독하는 방법으로 재판의 선고를 하였고 이후 기각 결정문을 송달받았다면, 「헌법재판소법」 제68조 제2항 헌법소원심판 청구기간의 기산일은 위헌법률심판제청신청 기각 결정문을 송달받은 날이다.

해설 공판정에서 청구인이 출석한 가운데 재판서에 의하여 위헌법률심판제청신청을 기각하는 취지의 주문을 낭독하는 방법으로 재판의 선고를 한 경우, 청구인은 이를 통하여 위헌법률심판제청신청에 대한 기각 결정을 통지받았다고 보아야 하므로 그로부터 30일이 경과한 후 제기된 헌법소원 심판청구는 청구기간을 경과한 것으로서 부적법하다(헌재 2018.08.30. 2016헌바316).

헌법재판소법 제69조(청구기간) ② 제68조제2항에 따른 헌법소원심판은 위헌 여부 심판의 제청신청을 기각하는 결정을 통지받은 날부터 30일 이내에 청구하여야 한다.

정답

873. ○○노동청장 乙은 甲에 대하여 부정한 방법으로 직업능력개발 훈련비용을 지급받았다는 이유로, 지원금의 지급을 제한하는 처분을 하면서 기지급된 지원금을 회수하는 처분을 하였다. 이에 甲은 당해 처분의 취소를 구하는 소를 제기하는 한편 위 소송 계속 중 당해 처분의 근거법률인 구 「고용보험법」 제35조 제1항에 대하여 위헌법률심판제청신청을 하였으나 2011. 11. 14.(월) 위 제청신청이 기각되고 2011. 11. 17.(목) 그 기각결정을 통지받은 후 2011. 12. 15.(목) 「헌법재판소법」 제68조 제2항에 의한 헌법소원심판을 청구하였다. 사안에서 甲은 법원의 위헌법률심판제청신청 기각결정이 있은 날부터 30일을 도과하여 헌법소원심판을 청구하였으므로 청구기간 요건을 충족하지 못하였다.

※ 구 「고용보험법」(2007. 5. 11. 법률 제8429호로 개정되고, 2008. 12. 31. 법률 제9315호로 개정되기 전의 것)
제35조(부정행위에 따른 지원의 제한 등) ① 노동부장관은 거짓이나 그 밖의 부정한 방법으로 이 장의 규정에 따른 고용안정·직업능력개발 사업의 지원을 받은 자 또는 받으려는 자에게 대통령령으로 정하는 바에 따라 그 지원을 제한하거나 이미 지원된 것을 반환하도록 명할 수 있다.

해설 헌법재판소법 제68조 제2항에 따른 헌법소원심판은 위헌 여부 심판의 제청신청을 기각하는 결정을 통지받은 날부터 30일 이내에 청구하여야 한다(헌법재판소법 제69조 제2항). ▶ 사안에서 甲은 2011. 11. 17.에 기각결정을 통지받은 날부터 30일 이내인 2011. 12. 15.에 헌법소원을 청구하였으므로 청구기간을 준수하였다.

정답

874. 기간의 계산은 「민사소송법」과 「민법」에 의하는바, 헌법소원심판 청구기간의 마지막 날이 공휴일에 해당한 때에는 그 다음 날이 청구기간의 종료일이 된다.

해설 민사소송법 제170조, 민법 제161조 참조.

민사소송법 제170조(기간의 계산) 기간의 계산은 민법에 따른다.
민법 제161조(공휴일 등과 기간의 만료점) 기간의 말일이 토요일 또는 공휴일에 해당한 때에는 기간은 그 익일로 만료한다.

정답

⏱ 16년 변시, 14년(2) 모의

875. 교육공무원의 정년을 65세에서 62세로 단축하는 개정법률이 공포되어 같은 날 시행된 경우, 개정법 시행 당시 60세인 중등교원에게 위 개정법으로 인한 기본권 침해가 발생한 시점은 그가 62세에 달하여 실제 정년퇴직에 이르렀을 때가 아니라 위 개정법이 공포되고 시행된 날이다.

해설 청구인은 이 사건 법률조항의 시행으로 인하여 그 즉시 정년이 62세로 단축된 중등교원의 지위를 갖게 된 것이지, 이후 62세에 달하여 실제 정년퇴직에 이르러서야 비로소 기본권의 제한을 받게 되었다고 할 것은 아니므로, 청구기간의 기산점은 이 사건 법률조항의 공포일(시행일)로 보는 것이 타당하다(헌재 2002.01.31. 2000헌마274).

 정답 O

⏱ 16년 변시

876. 법령에 대한 헌법소원에 있어서 아직 그 법령에 의해 기본권 침해가 발생하지 않았으나 장래 그 침해가 확실히 예상되어 기본권침해의 현재성 요건을 예외적으로 충족한 경우에는 기본권 침해가 없더라도 청구기간의 도과문제가 발생할 수 있다.

해설 청구인들은 2000. 7. 9.에 제1차 시험이 실시되는 제6회 법무사시험을 보려고 준비하던 사람들로서 2000. 2. 2. 이 사건 헌법소원을 제기할 당시에는 이 법무사시험이 아직 시행되지 않은 상황이었다. 그런데 이 사건에서는, 시험을 보지 않고 법무사자격을 취득하는 경력공무원들과의 상관관계하에서 장차 청구인들의 합격여부가 결정될 가능성이 존재하기 때문에 이 사건 법률조항에 의한 청구인들의 기본권침해 여부가 문제되는 상황, 즉 합격 여부의 결정이 장래에 발생할 것이 확실히 예측되고 따라서 기본권침해를 예방하기 위하여 청구인들이 미리 헌법소원을 제기하는 것을 허용할 필요가 있는데 이러한 경우에는 청구기간의 준수여부는 문제되지 않는다. 왜냐하면 청구기간의 준수여부에 대한 심사는 기본권침해 여부가 문제되는 상황이 과거에 이미 발생한 경우를 전제로 하는 것이므로 기본권침해 여부가 문제되는 상황이 장래에 발생할 것이 확실하여 미리 앞당겨 헌법소원의 제기를 허용하는 경우에는 청구기간은 아직 그 진행이 개시조차 된 것이 아니기 때문이다(헌재 2001.11.29. 2000헌마84). ▶ 일정 경력근무자에 대하여 법무사자격을 당연히 부여하는 내용의 법무사법 제4조 제1항 제1호에 대한 심판청구가 청구기간을 준수한 것으로 본 사례.

 정답 ×

⏱ 13년 변시

877. 법령에 대한 헌법소원심판은 법령이 시행된 후에 비로소 그 법령에 해당하는 사유가 발생하여 기본권의 침해를 받게 된 경우에는 그 사유가 발생하였음을 안 날부터 90일 이내에, 그 사유가 발생한 날부터 1년 이내에 청구하여야 한다.

해설 법령에 대한 헌법소원은 ㉠ 법령의 시행과 동시에 기본권의 침해를 받게 되는 경우에는 그 법령이 시행된 사실을 안 날로부터 90일 이내에, 법령이 시행된 날로부터 1년 이내에 청구하여야 하고, ⓒ 법령이 시행된 뒤에 비로소 그 법령에 해당되는 사유가 발생하여 기본권의 침해를 받게 되는 경우에는 그 사유가 발생하였음을 안 날로부터 90일 이내에, 그 사유가 발생한 날로부터 1년 이내에 청구하여야 한다(헌재 2006.07.27. 2004헌마655).

정답 O

제❸항 ❘ 헌법소원심판의 심리 및 결정

18년(3)·22년(2)·23년(1) 모의

878. 헌법재판소는 청구인의 심판청구서에 기재된 피청구인이나 청구취지에 구애됨이 없이 청구인의 주장요지를 종합적으로 판단해야 하며 청구인이 주장하는 침해된 기본권과 침해의 원인이 되는 공권력을 직권으로 조사하여 피청구인과 심판대상을 확정하여 판단해야 한다.

해설 헌법재판소는 청구인의 심판청구서에 기재된 피청구인이나 청구취지에 구애됨이 없이 청구인의 주장요지를 종합적으로 판단하여야 하며 청구인이 주장하는 침해된 기본권과 침해의 원인이 되는 공권력을 직권으로 조사하여 피청구인과 심판대상을 확정하여 판단하여야 한다(헌재 1993.05.13. 91헌마190).

정답 O

14년 변시

879. 헌법재판소법 제68조 제2항에 의한 헌법소원심판이 청구된 경우 당해 소송사건의 재판은 헌법재판소의 위헌 여부의 결정이 있을 때까지 정지된다. 다만, 법원이 긴급하다고 인정하는 경우에는 종국재판 외의 소송절차를 진행할 수 있다.

해설 위헌법률심판과 달리 헌법재판소법 제68조 제2항에 의한 헌법소원심판이 청구되더라도 재판은 정지되지 않는다. 심판의 청구가 인용된 경우에 해당 헌법소원과 관련된 소송사건이 이미 확정된 때에는 당사자는 재심을 청구할 수 있다(헌법재판소법 제75조 제7항).

정답 X

13년 변시, 19년(2) 모의

880. 헌법재판소법 제68조 제2항에 따른 헌법소원이 인용된 경우에는 당해사건이 법원에서 이미 확정되었더라도 당사자는 재심을 청구할 수 있다.

해설 헌법재판소법 제75조 제7항 참조. ▶ 제68조 제2항에 따른 헌법소원이 인용된 경우에 해당 헌법소원과 관련된 소송사건이 이미 확정된 때에는 당사자는 재심을 청구할 수 있다.

헌법재판소법 제75조(인용결정) ⑦ 제68조제2항에 따른 헌법소원이 인용된 경우에 해당 헌법소원과 관련된 소송사건이 이미 확정된 때에는 당사자는 재심을 청구할 수 있다.

정답 O

🕐 13년 변시, 19년(2)·23년(1) 모의

881. 「헌법재판소법」 제68조 제1항에 따른 헌법소원을 인용할 때, 헌법재판소는 공권력의 행사 또는 불행사가 위헌인 법률 또는 법률 조항에 기인한 것이라고 하더라도 인용결정에서 해당 법률 또는 법률 조항에 대하여 위헌임을 선고할 수 없다.

▪해설 헌법재판소법 제75조 제2항, 제5항 참조.

> 헌법재판소법 제75조(인용결정) ② 제68조 제1항에 따른 헌법소원을 인용할 때에는 인용결정서의 주문에 침해된 기본권과 침해의 원인이 된 공권력의 행사 또는 불행사를 특정하여야 한다.
> ⑤ 제2항의 경우에 헌법재판소는 공권력의 행사 또는 불행사가 위헌인 법률 또는 법률의 조항에 기인한 것이라고 인정될 때에는 인용결정에서 해당 법률 또는 법률의 조항이 위헌임을 선고할 수 있다.

정답

제6절 권한쟁의심판

제❶항 | 권한쟁의심판 일반

🕐 20년·22년 변시

882. 공유수면에 대한 명시적인 법령상의 규정이나 불문법상 해상경계선이 존재하지 않는다면, 주민·구역·자치권을 구성요소로 하는 지방자치단체의 본질에 비추어 지방자치단체의 관할구역에 경계가 없는 부분이 있다는 것은 상정할 수 없으므로, 헌법재판소가 권한쟁의심판을 통하여 형평의 원칙에 따라 합리적이고 공평하게 해상경계선을 획정하여야 한다.

▪해설 … 공유수면에 대한 지방자치단체의 관할구역 경계 역시 위와 같은 기준에 따라 1948. 8. 15. 당시 존재하던 경계가 먼저 확인되어야 할 것인데, 지금까지 우리 법체계에서는 공유수면의 행정구역 경계에 관한 명시적인 법령상의 규정이 존재한 바 없으므로, 공유수면에 대한 행정구역 경계가 불문법상으로 존재한다면 그에 따라야 한다. 그리고 만약 해상경계에 관한 불문법도 존재하지 않으면, 주민, 구역과 자치권을 구성요소로 하는 지방자치단체의 본질에 비추어 지방자치단체의 관할구역에 경계가 없는 부분이 있다는 것은 상정할 수 없으므로, 권한쟁의심판권을 가지고 있는 헌법재판소가 지리상의 자연적 조건, 관련 법령의 현황, 연혁적인 상황, 행정권한 행사 내용, 사무 처리의 실상, 주민의 사회·경제적 편익 등을 종합하여 형평의 원칙에 따라 합리적이고 공평하게 해상경계선을 획정할 수밖에 없다(헌재 2015.07.30. 2010헌라2).

정답

22년(3) 모의

883. 권한쟁의심판절차에 관하여는 헌법재판소법에 특별한 규정이 있는 경우를 제외하고는 헌법재판의 성질에 반하지 아니하는 한도에서 민사소송에 관한 법령과 행정소송법을 함께 준용하는데, 행정소송법이 민사소송에 관한 법령에 저촉될 때에는 민사소송에 관한 법령은 준용하지 아니한다.

해설 헌법재판소법 제40조 참조.

헌법재판소법 제40조(준용규정) ① 헌법재판소의 심판절차에 관하여는 이 법에 특별한 규정이 있는 경우를 제외하고는 헌법재판의 성질에 반하지 아니하는 한도에서 민사소송에 관한 법령을 준용한다. 이 경우 탄핵심판의 경우에는 형사소송에 관한 법령을 준용하고, 권한쟁의심판 및 헌법소원심판의 경우에는 「행정소송법」을 함께 준용한다.
② 제1항 후단의 경우에 형사소송에 관한 법령 또는 「행정소송법」이 민사소송에 관한 법령에 저촉될 때에는 민사소송에 관한 법령은 준용하지 아니한다.

정답

22년 변시

884. 공유수면의 관할 귀속과 매립지의 관할 귀속은 그 성질상 달리 보아야 하므로 매립공사를 거쳐 종전에 존재하지 않았던 토지가 새로이 생겨난 경우, 공유수면의 관할권을 가지고 있던 지방자치단체이든 그 외의 경쟁 지방자치단체이든 새로 생긴 매립지에 대하여는 중립적이고 동등한 지위에 있다.

해설 … 한편, 공유수면의 관할 귀속과 매립지의 관할 귀속은 그 성질상 달리 보아야 한다. 매립공사를 거쳐 종전에 존재하지 않았던 토지가 새로이 생겨난 경우 동일성을 유지하면서 단순히 바다에서 토지로 그 형상이 변경된 것에 불과하다고 보기는 어렵다. … 또한, 공유수면이 매립됨으로써 상실되는 어업권 등은 보상 등을 통해 보전되었으므로, 공유수면의 관할권을 가지고 있던 지방자치단체이든 그 외의 경쟁 지방자치단체이든 새로 생긴 매립지에 대하여는 중립적이고 동등한 지위에 있다 할 것이다(헌재 2020.07.16. 2015헌라3).

정답

22년 변시

885. 관할 행정청이 국가기본도에 표시된 해상경계선을 기준으로 하여 과거부터 현재에 이르기까지 반복적으로 처분을 내리고, 지방자치단체가 허가, 면허 및 단속 등의 업무를 지속적으로 수행하여 왔다고 하더라도 국가기본도상의 해상경계선은 지방자치단체 관할 경계에 관하여 불문법으로서 그 기준이 될 수 없다.

해설 지방자치단체 사이의 불문법상 해상경계가 성립하기 위해서는 관계 지방자치단체·주민들 사이에 해상경계에 관한 일정한 관행이 존재하고, 그 해상경계에 관한 관행이 장기간 반복되어야 하며, 그 해상경계에 관한 관행을 법규범이라고 인식하는 관계 지방자치단체·주민들의 법적 확신이 있어야 한다. 국가기본도에 표시된 해상경계선은 그 자체로 불문법상 해상경계선으로 인정되는 것은 아니나, 관할 행정청이 국가기본도에 표시된 해상경계선을 기준으로 하여 과거부터 현재에 이르기까지 반복적으로 처분을 내리고, 지방자치단체가 허가, 면허 및 단속 등의 업무를 지속적으로 수행하여 왔다면 국가기본도상의 해상경계선은 여전히 지방자치단체 관할 경계에 관하여 불문법으로서 그 기준이 될 수 있다(헌재 2021.02.25. 2015헌라7).

정답 ✕

22년 변시

886. 지방자치단체의 자치권이 미치는 관할구역의 범위에는 육지는 물론 바다도 포함되므로, 공유수면에 대해서도 지방자치단체의 자치권한이 존재한다고 보아야 한다.

해설 … 지방자치단체가 관할하는 구역의 범위와 관련하여, 공유수면인 바다가 지방자치단체의 자치권한이 미치는 관할구역에 포함되는지 여부가 문제된다. 그러나 지방자치법 제4조 제1항에 규정된 지방자치단체의 구역은 주민·자치권과 함께 자치단체의 구성요소이고, 자치권이 미치는 관할구역의 범위에는 육지는 물론 바다도 포함되므로, 공유수면에 대하여도 지방자치단체의 자치권한이 존재한다고 보아야 한다는 것이 우리 재판소의 확립된 입장이다(헌재 2015.07.30. 2010헌라2).

정답 ○

21년(3) 모의

887. 화성시와 수원시 관할 구역에 걸쳐 있는 수원 군 공항에 대해 국방부장관이 수원시장만의 이전건의에 기초하여 「군 공항 이전 및 지원에 관한 특별법」에 따라 화성시 특정 지역을 수원 군 공항의 예비이전후보지로 선정한 것은 화성시의 자치권한을 침해할 가능성이 있다.

해설 … 청구인은 이 사건 처분으로 인해 자치권한이 침해되었다고 주장하므로, 청구인이 관할구역 내에서 이 사건 공항의 예비이전후보지 선정사무와 관련된 자치권한을 가지는지에 관하여 살펴본다. 자치사무는 지역의 이익에 관한 사무로 지역적 특성에 따라 달리 다루어야 할 필요성이 있는 사무임에 반하여(지방자치법 제9조 제2항 참조), 국가사무는 국가적 이익에 관한 사무로 국가의 존립에 필요하거나 전국적인 통일을 기할 필요성이 있는 사무 등을 일컫는다(지방자치법 제11조 참조). 만약 이 사건 공항의 예비이전후보지 선정사무가 국가사무에 해당한다면, 이 사건 처분으로 인해 청구인의 자치권에 대한 침해가 발생한다고 보기 어려울 것이다. 그런데 국방과 같이 국가의 존립에 필요한 사무는 국가사무에 해당하는데(지방자치법 제11조 제1호), 이 사건 공항의 예비이전후보지 선정사업(혹은 더 나아가 군 공항 이전 사업)도 국방에 관한 사무이므로 그 성격상 국가사무임이 분명하다. 군공항이전법도 피청구인에게 군 공항 예비이전후보지를 선정할 수 있는 권한을 부여하여(군공항이전법 제4조 제2항 참조) 그 사무의 권한과 책임을 피청구인에게 귀속시키고 있으므로, 이 사건 공항의 예비이전후보지 선정사업(혹은 더 나아가 군 공항 이전사업)이 국가사무임을 전제로 하고 있다. 따라서 국가사무인 군 공항 이전사업이 청구인의 의사를 고려하지 않고 진행된다고 하더라도 이로써 지방자치단체인 청구인의 자치권한을 침해하였다거나 침해할 현저한 위험이 있다고 보기 어렵다(헌재 2017.12.28. 2017헌라2).

정답 ✕

21년(2) 모의

888. 대한민국 정부는 2014. 5. 20. 동맹관계에 있는 A국 정부와 「중동 전쟁 파병에 관한 협정」(이하 '파병협정'이라 한다)을 체결하였다. 그런데 파병협정을 체결한 사실은 2014. 8. 9.이 되어서야 국내에 알려졌고, 야당은 우리나라의 안보와는 아무런 상관도 없는 중동 전쟁에 전투병력을 파병하는 것에 대하여 강력하게 반발하였다. 2014. 8. 12. 야당 소속 국회의원 丙은 파병협정의 체결 전에 미리 국회의 동의를 얻어야 하는데도 그러한 절차를 거치지 않았기 때문에 그 체결은 무효라고 주장하였다. 대통령 甲은 2014. 8. 18. 국회에 파병협정에 대한 비준동의안을 제출하면서 국회의장 乙에게 신속한 처리를 요청하였다. 乙은 2014. 8. 20. 열린 국회 본회의에서 파병협정 비준동의안의 처리를 시도하였으나, 야당 의원들의 실력 저지로 인하여 표결을 하지 못하였다. 甲은 A국 정부로부터 파병협정에 따른 전투병력의 파견을 거듭 재촉받자 시간적인 여유가 없다고 판단하고, 국회의 동의 없이 2014. 8. 30. 국군의 전투병력을 중동 지역에 파견하는 결정(이하 '파병결정'이라 한다)을 내렸다. 丙은 甲의 파병결정으로 국회의 권한이 침해되었다며 국회가 甲을 상대로 권한쟁의심판을 청구해야 한다고 주장하였다. 하지만 국회의 과반 의석을 갖고 있는 여당은 이에 반대하였다. 丙은 2014. 10. 31. 甲을 상대로 권한쟁의심판을 청구하였다.

1) 丙은 국회의 동의권한 침해를 주장하며 국회를 대신하여 권한쟁의심판을 청구할 수 있으므로, 사례에서 丙의 권한쟁의심판청구는 적법하다.

해설 권한쟁의심판에서 국회의원이 국회의 권한침해를 주장하여 심판청구를 하는 이른바 '제3자 소송담당'을 허용하는 명문의 규정이 없고, 다른 법률의 준용을 통해서 이를 인정하기도 어려운 현행법 체계 하에서, 국회의 의사가 다수결로 결정되었음에도 다수결의 결과에 반하는 소수의 국회의원에게 권한쟁의심판을 청구할 수 있게 하는 것은 다수결의 원리와 의회주의의 본질에 어긋날 뿐만 아니라, 국가기관이 기관 내부에서 민주적인 토론을 통해 기관의 의사를 결정하는 대신 모든 문제를 사법적 수단에 의해 해결하려는 방향으로 남용될 우려도 있다. 따라서 '제3자 소송담당'이 허용되지 않는 현행법 하에서 국회의 구성원인 국회의원은 국회의 조약 체결·비준 동의권 침해를 주장하는 권한쟁의심판에서 청구인적격이 없다(헌재 2015.11.26. 2013헌라3).

정답 ×

2) 丙은 파병결정에 관한 국회의 동의안에 대한 자신의 심의·표결권 침해를 이유로 권한쟁의심판을 청구할 수 있으므로, 사례에서 丙의 권한쟁의심판청구는 적법하다.

해설 국회의원의 심의·표결권은 국회의 대내적인 관계에서 행사되고 침해될 수 있을 뿐 다른 국가기관과의 대외적인 관계에서는 침해될 수 없는 것이므로, 대통령 등 국회 이외의 국가기관과의 사이에서는 권한침해의 직접적인 법적 효과를 발생시키지 아니한다. 따라서 피청구인 대통령이 조약 체결·비준에 대한 국회의 동의를 요구하지 않았다고 하더라도 국회의원인 청구인들의 심의·표결권이 침해될 가능성은 없다(헌재 2015.11.26. 2013헌라3).

정답

3) 丙은 파병결정에 관한 국회의 동의권한 침해에 대하여는 甲을 상대로, 파병결정에 관한 국회의 동의안에 대한 심의·표결권 침해에 대하여는 乙을 상대로 권한쟁의심판을 청구하여야 丙의 청구가 모두 적법하여 본안판단을 받을 수 있다.

해설 … 국회의 동의권이 침해되었다고 하여 동시에 국회의원의 심의·표결권이 침해된다고 할 수 없고, 또 국회의원의 심의·표결권은 국회의 대내적인 관계에서 행사되고 침해될 수 있을 뿐 다른 국가기관과의 대외적인 관계에서는 침해될 수 없는 것이므로, 국회의원들 상호간 또는 국회의원과 국회의장 사이와 같이 국회 내부적으로만 직접적인 법적 연관성을 발생시킬 수 있을 뿐이고 대통령 등 국회 이외의 국가기관과 사이에서는 권한침해의 직접적인 법적 효과를 발생시키지 않는다(헌재 2008.01.17. 2005헌라10).

정답

4) 국회의원의 의안에 대한 심의·표결권한은 국회 내에서 국회의장에 의하여 침해될 수 있음은 별론으로 하고 대외적으로 대통령에 의하여 침해될 수는 없으므로, 사례에서 헌법재판소는 丙의 甲에 대한 권한쟁의심판청구를 각하하여야 한다.

해설 … 국회의원들 상호간 또는 국회의원과 국회의장 사이와 같이 국회 내부적으로만 직접적인 법적 연관성을 발생시킬 수 있을 뿐이고 대통령 등 국회 이외의 국가기관과 사이에서는 권한침해의 직접적인 법적 효과를 발생시키지 않는다. … 청구인들의 이 부분 심판청구도 부적법하다(헌재 2008.01.17. 2005헌라10)

정답

5) 헌법재판소 판례의 반대의견에 의하면, 丙이 국회의 동의권한 침해를 이유로 甲을 상대로 제기한 권한쟁의심판청구는 국회를 위한 것으로서 적법하므로 본안판단에 나아가야 한다.

해설 국회의원 丙이 국회의 동의권한 침해를 이유로 대통령 甲을 상대로 제기한 권한쟁의심판청구는 丙의 심의·표결권을 위한 것이라는 헌법재판소의 판례의 반대의견이 있다.

판례 국회법 제93조는 모든 안건을 심의함에 있어 질의·토론을 거치도록 하고 특히 위원회 심사를 거치지 아니한 안건에 대하여는 국회의 의결로도 질의·토론 과정을 생략할 수 없도록 하고 있는데, 피청구인은 이 사건 의안들에 관하여 질의·토론 신청이 있었는지 여부를 확인하거나 언급도 하지 아니한 채 질의·토론 과정을 생략하고 곧바로 표결처리에 나아감으로써 질의·토론의 기회를 실질적으로 보장하지 않았으므로, 이 사건 의안들을 심의·표결하는 과정에서 국회법 제93조를 위반하였다. 따라서 피청구인의 이 사건 가결선포행위는 헌법상 보장된 청구인들의 심의·표결권을 침해한 것이다(헌재 2012.02.23. 2010헌라5,6(병합)). ▶재판관 이강국, 재판관 김종대, 재판관 송두환의 권한침해확인청구 부분에 관한 반대의견

정답

21년(3) 모의

889. 지방자치단체의 의결기관인 지방의회와 지방자치단체의 집행기관인 지방자치단체장 간의 내부적 분쟁은 지방자치단체 상호간의 권한쟁의심판의 범위에 속하지 않는다.

해설 헌법 제111조 제1항 제4호는 지방자치단체 상호간의 권한쟁의에 관한 심판을 헌법재판소가 관장하도록 규정하고 있고, 헌법재판소법 제62조 제1항 제3호는 이를 구체화하여 헌법재판소가 관장하는 지방자치단체 상호간의 권한쟁의심판을 ① 특별시·광역시·도 또는 특별자치도 상호간의 권한쟁의심판, ② 시·군 또는 자치구 상호간의 권한쟁의심판, ③ 특별시·광역시·도 또는 특별자치도와 시·군 또는 자치구간의 권한쟁의심판 등으로 규정하고 있다. 지방자치단체의 의결기관인 지방의회와 지방자치단체의 집행기관인 지방자치단체장 간의 내부적 분쟁은 지방자치단체 상호간의 권한쟁의심판의 범위에 속하지 아니하고, 달리 국가기관 상호간의 권한쟁의심판이나 국가기관과 지방자치단체 상호간의 권한쟁의심판에 해당한다고 볼 수도 없다. 따라서 지방자치단체의 의결기관과 지방자치단체의 집행기관 사이의 내부적 분쟁과 관련된 심판청구는 헌법재판소가 관장하는 권한쟁의심판에 속하지 아니하여 부적법하다(헌재 2018.07.26. 2018헌라1).

정답 O

19년(2) 모의

890. 지방세 과세권의 귀속 여부 등에 대하여 관계 지방자치단체의 장의 의견이 서로 다른 경우, 행정자치부장관이 행한 과세권 귀속 결정에 법적 구속력이 없다면 지방자치단체의 자치재정권 등 자치권한이 침해될 가능성이 없다.

해설 지방세 과세권의 귀속 여부 등에 대하여 관계 지방자치단체의 장의 의견이 서로 다른 경우 피청구인(2013. 3. 23. 전부개정된 정부조직법에 따라 원래 이 사건 피청구인이었던 행정안전부장관의 권한을 안전행정부장관이 포괄적으로 승계하였다)의 행정적 관여 내지 공적인 견해 표명에 불과할 뿐, 그 결정에 법적 구속력이 있다고 보기 어렵다. 청구인(서울특별시)은 피청구인의 이 사건 과세권 귀속 결정에도 불구하고, 이 사건 리스회사에 대하여 과세처분을 할 수 있으며, 이미 한 과세처분의 효력에도 아무런 영향이 없다. 따라서 피청구인의 이 사건 과세권 귀속 결정으로 말미암아 청구인의 자치재정권 등 자치권한이 침해될 가능성이 없으므로 이 사건 권한쟁의심판청구는 부적법하다(헌재 2014.03.27. 2012헌라4).

정답 O

16년(1)·(3)·18년(2)·(3)·23년(3) 모의

891. 지방자치단체의 의결기관인 지방의회를 구성하는 지방의회 의원이 그 지방의회의 대표자인 지방의회 의장을 상대로 헌법재판소에 제기한 권한쟁의심판은 지방자치단체 상호간의 권한쟁의심판에 속하지 아니한다.

해설 헌법 제111조 제1항 제4호는 지방자치단체 상호간의 권한쟁의에 관한 심판을 헌법재판소가 관장하도록 규정하고 있고, 헌법재판소법 제62조 제1항 제3호는 이를 구체화하여 헌법재판소가 관장하는 지방자치단체 상호간의 권한쟁의심판의 종류를 ① 특별시·광역시 또는 도 상호간의 권한쟁

의심판, ② 시·군 또는 자치구 상호간의 권한쟁의심판, ③ 특별시·광역시 또는 도와 시·군 또는 자치구간의 권한쟁의심판 등으로 규정하고 있는바, 지방자치단체의 의결기관인 지방의회를 구성하는 지방의회 의원과 그 지방의회의 대표자인 지방의회 의장 간의 권한쟁의심판은 헌법 및 헌법재판소법에 의하여 헌법재판소가 관장하는 지방자치단체 상호간의 권한쟁의심판의 범위에 속한다고 볼 수 없으므로 부적법하다(헌재 2010.04.29. 2009헌라11).

정답

17년 변시, 14년(3)·16년(1)·18년(2) 모의

892. **(1) 국가사무로서의 성격을 가지고 있는 기관위임사무의 집행권한의 유무 및 범위에 관하여 지방자치단체가 청구한 권한쟁의심판청구는 지방자치단체의 권한에 속하지 아니하는 사무에 관한 심판청구로서 그 청구가 부적법하다.**

(2) 권한침해를 당하였다고 주장하는 지방자치단체가 국가사무로서의 성격을 가지고 있는 기관위임사무를 집행하는 다른 지방자치단체의 장을 상대로 헌법재판소에 제기한 권한쟁의심판은 부적법하다.

해설 지방자치단체의 사무 중 국가가 지방자치단체의 장에게 위임한 기관위임사무는 그 처리의 효과가 국가에 귀속되는 국가의 사무로서 지방자치단체의 사무라 할 수 없고, 지방자치단체의 장은 기관위임사무의 집행권한과 관련된 범위에서는 그 사무를 위임한 국가기관의 지위에 서게 될 뿐 지방자치단체의 기관이 아니므로, 지방자치단체는 기관위임사무의 집행에 관한 권한의 존부 및 범위에 관한 권한분쟁을 이유로 기관위임사무를 집행하는 국가기관 또는 다른 지방자치단체의 장을 상대로 권한쟁의심판을 청구할 수 없다 할 것이다. 결국 국가사무로서의 성격을 가지고 있는 기관위임사무의 집행권한의 존부 및 범위에 관하여 지방자치단체가 청구한 권한쟁의심판 청구는 지방자치단체의 권한에 속하지 아니하는 사무에 관한 심판청구로서 그 청구가 부적법하다고 할 것이다 … 청구인의 피청구인 완도군수에 대한 심판청구는 지방자치단체인 청구인이 국가사무인 지적공부의 등록사무에 관한 권한의 존부 및 범위에 관하여 국가기관의 지위에서 국가로부터 사무를 위임받은 피청구인 완도군수를 상대로 다투고 있는 것임이 분명하므로, 이 부분 심판청구는 그 다툼의 본질을 지방자치권의 침해로 보기 어렵고, 따라서 청구인의 권한에 속하지 아니하는 사무에 관한 권한쟁의심판 청구로서 부적법하다(헌재 2008.12.26. 2005헌라11).

정답

16년(3) 모의

893. **권한쟁의심판은 국가기관 또는 지방자치단체 상호간에 헌법상 및 법률상 권한의 유무 및 범위에 관한 다툼이 있는 경우에 헌법재판소에 그 판단을 구하는 헌법소송이다.**

해설 헌법재판소법 제61조 제1항 참조.

헌법재판소법 제61조(청구 사유) ① 국가기관 상호간, 국가기관과 지방자치단체 간 및 지방자치단체 상호간에 권한의 유무 또는 범위에 관하여 다툼이 있을 때에는 해당 국가기관 또는 지방자치단체는 헌법재판소에 권한쟁의심판을 청구할 수 있다.

정답 O

 15년 변시, 16년(3)·19년(2) 모의

894. 국가 또는 공공단체의 기관 상호간에 있어서의 권한의 존부 또는 그 행사에 관한 다툼이 있을 때에는 기관소송을 제기할 수 있으나, 「헌법재판소법」 제2조의 규정에 의하여 헌법재판소의 관장사항으로 되는 소송은 기관소송의 대상에서 제외된다.

해설 행정소송법 제3조, 제45조 참조.

행정소송법 제3조(행정소송의 종류) 행정소송은 다음의 네 가지로 구분한다.
 4. 기관소송 : 국가 또는 공공단체의 기관 상호간에 있어서의 권한의 존부 또는 그 행사에 관한 다툼이 있을 때에 이에 대하여 제기하는 소송. 다만, 헌법재판소법 제2조의 규정에 의하여 헌법재판소의 관장사항으로 되는 소송은 제외한다.
행정소송법 제45조(소의 제기) 민중소송 및 기관소송은 법률이 정한 경우에 법률에 정한 자에 한하여 제기할 수 있다.

정답 O

제❷항 | 권한쟁의심판의 요건

I 당사자능력

 21년 변시, 21년(2)·22년(2) 모의

895. (1) 정당은 권한쟁의심판절차의 당사자가 될 수 없으나, 정당이 교섭단체가 될 경우 교섭단체는 권한쟁의심판의 당사자능력이 인정된다.

(2) 정당은 「헌법재판소법」제68조 제1항 헌법소원심판을 청구할 수 있으나, 권한쟁의심판의 당사자능력은 인정되지 않는다.

해설 정당은 국민의 자발적 조직으로, 그 법적 성격은 일반적으로 사적·정치적 결사 내지는 법인격 없는 사단으로 파악된다. 비록 헌법이 특별히 정당설립의 자유와 복수정당제를 보장하고, 정당의 해산을 엄격한 요건하에서 인정하는 등 정당을 특별히 보호하고 있으나, 이는 정당이 공권력의행사 주체로서 국가기관의 지위를 갖는다는 의미가 아니고 사인에 의해서 자유로이 설립될 수 있다는 것을 의미한다. 따라서 정당은 특별한 사정이 없는 한 권한쟁의심판절차의 당사자가 될 수는 없다. … 교섭단체의 권한 침해는 교섭단체에 속한 국회의원 개개인의 심의·표결권 등 권한 침해로 이어질 가능성이 높은바, 교섭단체와 국회의장 등 사이에 분쟁이 발생하더라도 국회의원과 국회의장 등 사이의 권한쟁의심판으로 해결할 수 있다. 따라서 위와 같은 분쟁을 해결할 적당한 기관이나 방법이 없다고 할 수 없다. 이러한 점을 종합하면, 교섭단체는 그 권한침해를 이유로 권한쟁의심판을 청구할 수 없다. … 정당은 사적 결사와 국회 교섭단체로서의 이중적 지위를 가지나, 어떠한 지위에서든 헌법 제111조 제1항 제4호 및 헌법재판소법 제62조 제1항 제1호의 '국가기관'에 해당한다고 볼 수 없으므로, 권한쟁의심판의 당사자능력이 인정되지 아니한다(헌재 2020.05.27. 2019헌라6).

정답 ×, ○

🕐 21년·24년 변시, 21년(3)·23년(3) 모의

896. 「국회법」상의 안건조정위원회 위원장은 헌법과 「헌법재판소법」이 정하는 권한쟁의심판을 청구할 수 있는 국가기관에 해당하지 않으므로, 권한쟁의심판에서의 당사자능력이 인정되지 않는다.

해설 헌법 제62조는 '국회의 위원회'(이하 '위원회'라 한다)를 명시하고 있으나 '국회의 소위원회'(이하 '소위원회'라 한다)를 명시하지 않고 있다. 소위원회는 국회법에 설치근거를 두고 있는데, 국회법 제57조 제1항은 위원회로 하여금 '소관 사항을 분담·심사하기 위하여' 또는 '필요한 경우 특정한 안건의 심사를 위하여' 소위원회를 둘 수 있도록 하고 있고, 같은 조 제4항은 소위원회의 활동을 위원회가 의결로 정하는 범위로 한정하고 있다. 이처럼 국회법 제57조를 설치근거로 하고, 또한 그 설치·폐지 및 권한이 원칙적으로 위원회의 의결에 따라 결정될 뿐인 소위원회는 위원회의 부분기관에 불과하여 헌법에 의하여 설치된 국가기관에 해당한다고 볼 수 없다. 따라서 소위원회가 설치된 뒤에야 비로소 존재할 수 있는 그 소위원회 위원장 또한 헌법에 의하여 설치된 국가기관에 해당한다고 볼 수 없다(헌재 2020.05.27. 2019헌라5). ▶ 안건조정위원회 위원장은 국회법상 소위원회의 위원장으로서 헌법상 '국가기관'에 해당한다고 볼 수 없으므로, 위 사건의 청구는 권한쟁의심판의 당사자가 될 수 없는 안건조정위원회 위원장을 대상으로 하는 청구로서 부적법하다고 판단한 사례

정답 ○

🕐 20년 변시

897. 「헌법재판소법」제61조 제1항이 규정한 국가기관 상호간의 권한쟁의는 「행정소송법」제3조 제4호의 기관소송의 대상에서 제외된다.

해설 헌법재판소법 제61조, 행정소송법 제3조 참조.

> 헌법재판소법 제61조(청구 사유) ① 국가기관 상호간, 국가기관과 지방자치단체 간 및 지방자치단체 상호간에 권한의 유무 또는 범위에 관하여 다툼이 있을 때에는 해당 국가기관 또는 지방자치단체는 헌법재판소에 권한쟁의심판을 청구할 수 있다.
> 행정소송법 제3조(행정소송의 종류) 행정소송은 다음의 네가지로 구분한다.
> 4. 기관소송 : 국가 또는 공공단체의 기관상호간에 있어서의 권한의 존부 또는 그 행사에 관한 다툼이 있을 때에 이에 대하여 제기하는 소송. 다만, 헌법재판소법 제2조의 규정에 의하여 헌법재판소의 관장사항으로 되는 소송은 제외한다.
> 헌법재판소법 제2조(관장사항) 헌법재판소는 다음 각 호의 사항을 관장한다.
> 4. 국가기관 상호간, 국가기관과 지방자치단체 간 및 지방자치단체 상호간의 권한쟁의에 관한 심판

정답 ○

20년(3) 모의

898. 국가와 지방자치단체 간의 권한쟁의심판에 있어서 해양수산부장관도 헌법과 「정부조직법」에 의하여 행정 각부를 구성하는 국가기관으로서 독자적인 권한을 부여받고 있으므로 권한쟁의심판의 당사자능력이 인정된다.

해설 피청구인 해양수산부장관은 헌법과 정부조직법에 의하여 행정 각부를 구성하는 국가기관으로서 항만에 관한 사무를 관장하는 권한을 가지고 있고, 항만구역 내외의 항만시설을 지정·고시할 수 있으며, 그 소속 중앙항만정책심의회에서 항만구역의 지정 및 조정에 관한 사항 등을 심의하게 할 수 있는 등 이 사건 명칭결정 권한에 관하여 적절한 관련성을 가지고 있으므로 이 사건 권한쟁의심판의 당사자능력은 물론 당사자적격도 인정된다. 반면, 피청구인 부산지방해양수산청장은 해양수산부장관의 명을 받아 소관사무를 통할하고 소속공무원을 지휘·감독하는 자로서 지방에서의 해양수산부장관의 일부 사무를 관장할 뿐, 항만에 관한 독자적인 권한을 가지고 있지 못할 뿐만 아니라, 부산지방해양수산청장 명의의 이 사건 고시도 해양수산부장관이 중앙항만정책심의회의 심의를 거쳐 결정한 사항을 구 항만법 제71조의 위임에 따라 외부에 알린 것에 지나지 않으므로 이 사건 권한쟁의심판사건에서 피청구인으로서의 당사자능력이나 적격을 갖추지 못하였다고 할 것이다(헌재 2008.03.27. 2006헌라1). ▶ 이 사건은 경상남도와 경상남도 진해시가 부산광역시와 경상남도 일대에 건설되는 신항만의 명칭을 놓고 해양수산부장관과 부산지방해양수산청장을 상대로 제기한 권한쟁의심판사건으로, 헌법재판소는 부산지방해양수산청장은 권한쟁의심판청구의 당사자능력 및 당사자적격이 없고, 해양수산부장관이 이 사건 신항만의 명칭을 '신항'으로 결정한 것은 청구인들의 권한을 침해할 가능성이 없다는 이유로 부적법 각하 결정을 선고

19년(3)·20년(3) 모의

899. 지방자치단체가 자신의 권한의 침해를 이유로 권한쟁의심판을 제기하는 경우 당사자는 지방자치단체가 되므로, 지방자치단체의 장은 국가위임 사무에 대해 국가기관의 지위에서 처분을 행한 경우에도 권한쟁의 심판청구의 당사자가 될 수 없다.

해설 권한쟁의 심판청구는 헌법과 법률에 의하여 권한을 부여받은 자가 그 권한의 침해를 다투는 헌법소송으로서 이러한 권한쟁의심판을 청구할 수 있는 자에 대하여는 헌법 제111조 제1항 제4호와 헌법재판소법 제62조 제1항 제3호가 정하고 있는바, 이에 의하면 지방자치단체의 장은 원칙적으로 권한쟁의 심판청구의 당사자가 될 수 없다. 다만 지방자치단체의 장이 국가위임 사무에 대해 국가기관의 지위에서 처분을 행한 경우에는 권한쟁의 심판청구의 당사자가 될 수 있다(헌재 2006.08.31. 2003헌라1).

24년 변시, 18년(3) 모의

900.
(1) 권한쟁의심판에서 다툼의 대상이 되는 권한이란 헌법뿐 아니라 법률이 부여한 것도 포함된다.

(2) 국가기관의 행위가 헌법과 법률에 의해 그 국가기관에 부여된 독자적인 권능의 행사에 해당하는지와 상관없이 그러한 국가기관의 행위가 다른 국가기관에 의하여 제한을 받는 경우 권한쟁의심판에서 말하는 권한이 침해될 가능성이 인정될 수 있다.

해설 권한쟁의심판에서 다툼의 대상이 되는 권한이란 헌법 또는 법률이 특정한 국가기관에 대하여 부여한 독자적인 권능을 의미하므로, 국가기관의 모든 행위가 권한쟁의심판에서 의미하는 권한의 행사가 될 수는 없으며, 국가기관의 행위라 할지라도 헌법과 법률에 의해 그 국가기관에게 부여된 독자적인 권능을 행사하는 경우가 아닌 때에는 비록 그 행위가 제한을 받더라도 권한쟁의심판에서 말하는 권한이 침해될 가능성은 없다(헌재 2010.07.29. 2010헌라1).

정답  ○, ×

18년(3) 모의

901. 헌법상 국가에 부여된 임무 또는 의무를 수행하고 헌법에 설치근거를 둔 국가기관에 준할 정도의 독립성이 보장된 국가기관이라고 하더라도, 오로지 법률에 설치근거를 둔 국가기관은 권한쟁의심판 청구의 당사자로 될 수 없다.

해설 권한쟁의심판은 국회의 입법행위 등을 포함하여 권한쟁의 상대방의 처분 또는 부작위가 헌법 또는 법률에 의하여 부여받은 청구인의 권한을 침해하였거나 침해할 현저한 위험이 있는 때 제기할 수 있는 것인데, 헌법상 국가에게 부여된 임무 또는 의무를 수행하고 그 독립성이 보장된 국가기관이라고 하더라도 오로지 법률에 설치근거를 둔 국가기관이라면 국회의 입법행위에 의하여 존폐 및 권한범위가 결정될 수 있으므로 이러한 국가기관은 '헌법에 의하여 설치되고 헌법과 법률에 의하여 독자적인 권한을 부여받은 국가기관'이라고 할 수 없다. 즉, 청구인이 수행하는 업무의 헌법적 중요성, 기관의 독립성 등을 고려한다고 하더라도, 국회가 제정한 국가인권위원회법에 의하여 비로소 설립된 청구인은 국회의 위 법률 개정행위에 의하여 존폐 및 권한범위 등이 좌우되므로 헌법 제111조 제1항 제4호 소정의 헌법에 의하여 설치된 국가기관에 해당한다고 할 수 없다. 결국, 권한쟁의심판의 당사자능력은 헌법에 의하여 설치된 국가기관에 한정하여 인정하는 것이 타당하므로, 법률에 의하여 설치된 청구인에게는 권한쟁의심판의 당사자능력이 인정되지 아니한다(헌재 2010.10.28. 2009헌라6).

정답 ○

902.
🍊 17년 변시, 19년(3)·20년(3)·21년(3)·23년(3) 모의

(1) 헌법 제111조 제1항 제4호는 국가기관 상호간, 국가기관과 지방자치단체간 및 지방자치단체 상호간의 권한쟁의에 관한 심판을 헌법재판소가 관장하도록 규정하고 있다.

(2) 헌법재판소법 제62조 제1항 제1호가 국가기관 상호간의 권한쟁의심판을 "국회, 정부, 법원 및 중앙선거관리위원회 상호간의 권한쟁의심판"이라고 규정하고 있더라도 이는 한정적, 열거적인 조항이 아니라 예시적인 조항이라고 해석하는 것이 헌법에 합치된다.

(3) 지방자치단체 상호간의 권한쟁의심판을 규정하는 헌법재판소법 제62조 제1항 제3호를 예시적으로 해석할 필요성 및 법적 근거가 없다. 따라서 시·도의 교육·학예에 관한 집행기관인 교육감과 해당 지방자치단체 사이의 내부적 분쟁과 관련된 심판청구는 헌법재판소가 관장하는 권한쟁의심판에 속하지 아니한다.

(4) 경상남도 도지사가 경상남도 교육청 소속 학교들에 대하여 무상급식 지원실태에 대한 감사계획을 통보한 행위에 대하여 경상남도 교육감이 청구한 권한쟁의심판은 헌법재판소가 관장하는 권한쟁의심판의 종류에 해당되지 않는다.

해설 (1) 헌법 제111조 제1항 제4호 참조.
(2) 헌법재판소법 제62조 제1항 제1호가 국가기관 상호간의 권한쟁의심판을 "국회, 정부, 법원 및 중앙선거관리위원회 상호간의 권한쟁의심판"이라고 규정하고 있더라도 이는 한정적, 열거적인 조항이 아니라 예시적인 조항이라고 해석하는 것이 헌법에 합치되므로 이들 기관 외에는 권한쟁의심판의 당사자가 될 수 없다고 단정할 수 없다(헌재 1997.07.16. 96헌라2).
(3)(4) 지방자치법은 헌법의 위임을 받아 지방자치단체의 종류를 규정하고 있으므로, 지방자치단체 상호간의 권한쟁의심판을 규정하는 헌법재판소법 제62조 제1항 제3호를 예시적으로 해석할 필요성 및 법적 근거가 없다. 따라서 시·도의 교육·학예에 관한 집행기관인 교육감과 해당 지방자치단체 사이의 내부적 분쟁과 관련된 심판청구는 헌법재판소가 관장하는 권한쟁의심판에 속하지 아니한다(헌재 2016.06.30. 2014헌라1).

헌법 제111조 ① 헌법재판소는 다음 사항을 관장한다.
 4. 국가기관 상호간, 국가기관과 지방자치단체간 및 지방자치단체 상호간의 권한쟁의에 관한 심판
헌법재판소법 제62조(권한쟁의심판의 종류) ① 권한쟁의심판의 종류는 다음 각 호와 같다.
 1. 국가기관 상호간의 권한쟁의심판
    국회, 정부, 법원 및 중앙선거관리위원회 상호간의 권한쟁의심판
 2. 국가기관과 지방자치단체 간의 권한쟁의심판
  가. 정부와 특별시·광역시·특별자치시·도 또는 특별자치도 간의 권한쟁의심판
  나. 정부와 시·군 또는 지방자치단체인 구(이하 "자치구"라 한다) 간의 권한쟁의심판
 3. 지방자치단체 상호간의 권한쟁의심판
  가. 특별시·광역시·특별자치시·도 또는 특별자치도 상호간의 권한쟁의심판
  나. 시·군 또는 자치구 상호간의 권한쟁의심판
  다. 특별시·광역시·특별자치시·도 또는 특별자치도와 시·군 또는 자치구 간의 권한쟁의심판
지방자치법 제2조(지방자치단체의 종류) ① 지방자치단체는 다음의 두 가지 종류로 구분한다.

1. 특별시, 광역시, 특별자치시, 도, 특별자치도
2. 시, 군, 구

정답 O, O, O, O

 18년 변시

903. 국회의 의결을 요하는 안건에 대하여 국회의장이 본회의 의결에 앞서 소관위원회에 안건을 회부하는 것은 국회의 심의권을 위원회에 위양하는 것이므로, 국회 상임위원회 위원장이 위원회를 대표해서 의안을 심사하는 권한은 국회의장으로부터 위임된 것이다.

해설 국회의 의결을 요하는 안건에 대하여 의장이 본회의 의결에 앞서 소관위원회에 안건을 회부하는 것은 국회의 심의권을 위원회에 위양하는 것이 아니고, 그 안건이 본회의에 최종적으로 부의되기 이전의 한 단계로서, 소관위원회가 발의 또는 제출된 의안에 대한 심사권한을 행사하여 사전 심사를 할 수 있도록 소관위원회에 송부하는 행위라 할 수 있다. 상임위원회는 그 소관에 속하는 의안, 청원 등을 심사하므로, 국회의장이 안건을 위원회에 회부함으로써 상임위원회에 심사권이 부여되는 것이 아니고, 심사권 자체는 법률상 부여된 위원회의 고유한 권한으로 볼 수 있다(헌재 2010.12.28. 2008헌라7).

정답 ×

 17년·21년 변시, 15년(3) 모의

904. 국회의원의 법률안 심의·표결권은 국회의 동의권을 구성하는 것으로 성질상 일신전속적인 것이라고 볼 수 없으므로 이에 관련된 권한쟁의심판절차는 수계될 수 있다. 따라서 국회의원이 입법권의 주체인 국회의 구성원으로서, 또한 법률안 심의·표결권의 주체인 국회의원 자격으로서 권한쟁의심판을 청구하였다가 그 심판계속 중 국회의원직을 상실하였다고 할지라도 당연히 그 심판절차가 종료되는 것은 아니다.

해설 청구인이 법률안 심의·표결권의 주체인 국가기관으로서의 국회의원 자격으로 권한쟁의심판을 청구하였다가 심판절차 계속 중 사망한 경우, 국회의원의 법률안 심의·표결권은 성질상 일신전속적인 것으로 당사자가 사망한 경우 승계되거나 상속될 수 없어 그에 관련된 권한쟁의심판절차 또한 수계될 수 없으므로, 권한쟁의심판청구는 청구인의 사망과 동시에 당연히 그 심판절차가 종료된다(헌재 2010.11.25. 2009헌라12).

정답 ×

 14년 변시, 14년(3)·15년(3)·16년(3) 모의

905. 국가인권위원회는 헌법에 의하여 설치되고 헌법과 법률에 의하여 독자적인 권한을 부여받은 국가기관이 아니라 오로지 법률에 설치근거를 둔 국가기관이므로 권한쟁의심판의 당사자능력이 인정되지 아니한다.

해설 헌법상 국가에게 부여된 임무 또는 의무를 수행하고 그 독립성이 보장된 국가기관이라고 하더라도 오로지 법률에 설치근거를 둔 국가기관이라면 국회의 입법행위에 의하여 존폐 및 권한범위가 결정될 수 있으므로 이러한 국가기관은 '헌법에 의하여 설치되고 헌법과 법률에 의하여 독자적인 권한을 부여받은 국가기관'이라고 할 수 없다. 즉, 청구인(국가인권위원회)이 수행하는 업무의 헌법적 중요성, 기관의 독립성 등을 고려한다고 하더라도, 국회가 제정한 국가인권위원회법에 의하여 비로소 설립된 청구인은 국회의 위 법률 개정행위에 의하여 존폐 및 권한범위 등이 좌우되므로 헌법 제111조 제1항 제4호 소정의 헌법에 의하여 설치된 국가기관에 해당한다고 할 수 없다(헌재 2010.10.28. 2009헌라6).

 정답 O

22년(2) 모의

906. 청구인이 권한쟁의심판절차 계속 중 국회의원직을 상실하는 경우 국회의원의 법률안 심의·표결권 등은 성질상 일신전속적인 것으로서 승계되거나 상속될 수 있는 것이 아니므로 헌법재판소는 심판절차종료선언을 하여야 한다.

해설 청구인 박○은은 권한쟁의심판절차가 계속 중이던 2015. 12. 24. 국회의원직을 상실하였는바, 국회의원의 법률안 심의·표결권 등은 성질상 일신전속적인 것으로서 승계되거나 상속될 수 있는 것이 아니므로 이 사건 심판청구는 위 청구인의 국회의원직 상실과 동시에 당연히 그 심판절차가 종료되었다(헌재 2016.04.28. 2015헌라5).

 정답 O

14년(3)·16년(1) 모의

907. 중앙선거관리위원회 외에 각급 구·시·군 선거관리위원회도 헌법에 의하여 설치된 기관으로서 헌법과 법률에 의하여 독자적인 권한을 부여받은 기관에 해당하므로 당사자 능력이 인정된다.

해설 중앙선거관리위원회 외에 각급 구·시·군 선거관리위원회도 헌법에 의하여 설치된 기관으로서 헌법과 법률에 의하여 독자적인 권한을 부여받은 기관에 해당하고, 따라서 피청구인 강남구선거관리위원회도 당사자 능력이 인정된다(헌재 2008.06.26. 2005헌라7).

 정답 O

14년(1)·(3) 모의

908. 헌법 제111조 제1항 제4호의 국가기관인지 여부는 그 국가기관이 헌법에 의하여 설치되고 헌법과 법률에 의하여 독자적인 권한을 부여받고 있는지 여부, 헌법에 의하여 설치된 국가기관 상호간의 권한쟁의를 해결할 수 있는 다른 적당한 기관이나 방법이 있는지 여부 등을 종합적으로 고려하여야 한다.

해설 입법자인 국회는 권한쟁의심판의 종류나 당사자를 제한할 입법형성의 자유가 있다고 할 수 없고, 헌법 제111조 제1항 제4호에서 말하는 국가기관의 의미와 권한쟁의심판의 당사자가 될 수 있는 국가기관의 범위는 결국 헌법해석을 통하여 확정하여야 할 문제이다. 헌법 제111조 제1항 제4호 소정의 "국가기관"에 해당하는지 아닌지를 판별함에 있어서는 그 국가기관이 헌법에 의하여 설치되고 헌법과 법률에 의하여 독자적인 권한을 부여받고 있는지 여부, 헌법에 의하여 설치된 국가기관 상호간의 권한쟁의를 해결할 수 있는 적당한 기관이나 방법이 있는지 여부 등을 종합적으로 고려하여야 할 것이다(헌재 2010.10.28. 2009헌라6).

정답 O

14년 변시, 14년(3) 모의

909. 국가기관 상호간의 권한쟁의심판에 관하여 규정하고 있는 헌법재판소법 제62조 제1항 제1호의 "국회, 정부, 법원 및 중앙선거관리위원회 상호간의 권한쟁의심판"은 예시적인 조항으로 해석되므로, 국회의원이 국회의장을 상대로 제기한 권한쟁의심판은 적법하다.

해설 헌법재판소법 제62조 제1항 제1호가 국가기관 상호간의 권한쟁의심판을 "국회, 정부, 법원 및 중앙선거관리위원회 상호간의 권한쟁의심판"이라고 규정하고 있더라도 이는 한정적, 열거적인 조항이 아니라 예시적인 조항이라고 해석하는 것이 헌법에 합치되므로 이들 기관외에는 권한쟁의심판의 당사자가 될 수 없다고 단정할 수 없다. … 국회의원과 국회의장 사이에 위와 같은 각자 권한의 존부 및 범위와 행사를 둘러싸고 언제나 다툼이 생길 수 있고, 이와 같은 분쟁은 단순히 국회의 구성원인 국회의원과 국회의장간의 국가기관 내부의 분쟁이 아니라 각각 별개의 헌법상의 국가기관으로서의 권한을 둘러싸고 발생하는 분쟁이라고 할 것인데, 이와 같은 분쟁을 행정소송법상의 기관소송으로 해결할 수 없고 권한쟁의심판이외에 달리 해결할 적당한 기관이나 방법이 없으므로 국회의원과 국회의장은 헌법 제111조 제1항 제4호 소정의 권한쟁의심판의 당사자가 될 수 있다고 보아야 할 것이다. … 그리고 위와 같이 국회의원과 국회의장을 헌법 제111조 제1항 제4호의 '국가기관'에 해당하는 것으로 해석하는 이상 국회의원과 국회의장을 권한쟁의심판을 할 수 있는 국가기관으로 열거하지 아니한 헌법재판소법 제62조 제1항 제1호의 규정도 한정적, 열거적인 조항이 아니라 예시적인 조항으로 해석하는 것이 헌법에 합치된다고 할 것이다(헌재 1997.07.16. 96헌라2).

정답 O

II 당사자적격

 21년 변시, 14년(3)·18년(3) · 22년(3) 모의

910. (1) 국회 상임위원회 위원장은 권한쟁의심판의 당사자가 될 수 없다.

(2) 국회 외교통상통일위원회 위원장의 위법한 의사진행으로 인하여 심의표결권이 침해되었다는 이유로 일부 소속위원들이 위원장을 상대로 제기한 권한쟁의심판청구는 적법하다.

(3) 국회 상임위원회가 그 소관에 속하는 의안, 청원 등을 심사하는 권한은 법률상 부여된 위원회의 고유한 권한이므로, 국회 상임위원회 위원장이 위원회를 대표해서 의안을 심사하는 권한이 국회의장으로부터 위임된 것임을 전제로 한 국회의장에 대한 심판청구는 피청구인적격이 없는 자를 상대로 한 청구로서 부적법하다.

해설 (1)(2) 권한쟁의심판에 있어서는 처분 또는 부작위를 야기한 기관으로서 법적 책임을 지는 기관만이 피청구인적격을 가지므로, 권한쟁의심판청구는 이들 기관을 상대로 제기하여야 한다. 피청구인 외통위 위원장은 외통위 의사절차의 주재자로서 질서유지권(국회법 제49조 제1항, 제145조), 의사정리권(국회법 제49조 제1항, 제2항, 제52조, 제53조 제4항 등)의 귀속주체이므로 이 사건 심판청구의 피청구인적격이 인정된다(헌재 2010.12.28. 2008헌라7). ▶회의에 참석하지 못한 위원들이 위원장을 상대로 제기한 권한쟁의심판청구는 적법, 회의에 참석하지 못한 위원들의 조약비준동의안에 대한 심의권 침해를 인정한 사안

(3) 국회 상임위원회가 그 소관에 속하는 의안, 청원 등을 심사하는 권한은 법률상 부여된 위원회의 고유한 권한이므로, 국회 상임위원회 위원장이 위원회를 대표해서 의안을 심사하는 권한이 국회의장으로부터 위임된 것임을 전제로 한 국회의장에 대한 이 사건 심판청구는 피청구인적격이 없는 자를 상대로 한 청구로서 부적법하다(헌재 2010.12.28. 2008헌라7).

정답 ×, ○, ○

21년·23년 변시, 20년(3) 모의

911.
권한쟁의심판에서는 처분 또는 부작위를 야기한 기관으로서 법적 책임을 지는 기관만이 피청구인적격을 가지므로 법률의 제·개정 행위를 다투는 권한쟁의심판의 경우에는 국회가 피청구인적격을 가진다.

해설 권한쟁의심판에 있어서는 처분 또는 부작위를 야기한 기관으로서 법적 책임을 지는 기관만이 피청구인적격을 가지므로 권한쟁의심판청구는 이들 기관을 상대로 제기하여야 하고, 법률의 제·개정 행위를 다투는 권한쟁의심판의 경우에는 국회가 피청구인적격을 가진다. 따라서 청구인들이 국회의장 및 기재위 위원장에 대하여 제기한 이 사건 국회법 개정행위에 대한 심판청구는 피청구인적격이 없는 자를 상대로 한 청구로서 부적법하다(헌재 2016.05.26. 2015헌라1).

21년 변시, 23년(3) 모의

912.
국회의 동의권이 침해되었다고 하여 동시에 국회의원의 심의·표결권이 침해된다고 할 수 없고, 또 국회의원의 심의·표결권은 국회의 대내적인 관계에서 행사되고 침해될 수 있을 뿐 다른 국가기관과의 대외적인 관계에서는 침해될 수 없다.

해설 국회의 동의권이 침해되었다고 하여 동시에 국회의원의 심의·표결권이 침해된다고 할 수 없고, 국회의원의 심의·표결권은 국회의 대내적인 관계에서 행사되고 침해될 수 있을 뿐 다른 국가기관과의 대외적인 관계에서는 침해될 수 없는 것이므로, 국회의원들 상호간 또는 국회의원과 국회의장 사이와 같이 국회 내부적으로만 직접적인 법적 연관성을 발생시킬 수 있을 뿐이고, 대통령 등 국회 이외의 국가기관과의 사이에서는 권한침해의 직접적인 법적 효과를 발생시키지 아니한다. 따라서 피청구인인 대통령이 국회의 동의 없이 조약을 체결·비준하였다 하더라도 국회의 조약 체결·비준에 대한 동의권이 침해될 수는 있어도 국회의원인 청구인들의 심의·표결권이 침해될 가능성은 없다(헌재 2011.08.30. 2011헌라2).

🕐 12년 변시, 14년(1)·(3)·18년(3) 모의

913. (1) 국회의원이 국회의 권한이 침해되었다고 주장하면서 권한쟁의심판을 청구할 수 없다.

(2) 국가기관의 부분기관이 자신의 이름으로 소속기관의 권한을 주장할 수 있는 '제3자 소송담당'을 명시적으로 허용하는 법률의 규정이 없는 현행법 체계 하에서는, 국회의 구성원인 국회의원이 조약에 대한 국회의 체결·비준 동의권의 침해를 주장하는 권한쟁의심판을 청구할 수 없다.

해설 권한쟁의심판에 있어서 '제3자 소송담당'의 필요성을 부인할 수는 없으나, 국회의 의사가 다수결에 의하여 결정되었음에도 다수결의 결과에 반대하는 소수의 국회의원에게 권한쟁의심판을 청구할 수 있게 하는 것은 다수결의 원리와 의회주의의 본질에 어긋날 뿐만 아니라, 국가기관이 기관 내부에서 민주적인 방법으로 토론과 대화에 의하여 기관의 의사를 결정하려는 노력 대신 모든 문제를 사법적 수단에 의해 해결하려는 방향으로 남용될 우려도 있으므로, 권한쟁의심판에 있어 제3자 소송담당을 허용하는 법률의 규정이 없는 현행법 체계 하에서 국회의 구성원인 청구인들은 국회의 조약 체결·비준에 대한 동의권의 침해를 주장하는 권한쟁의심판을 청구할 수 없다고 보아야 한다(헌재 2011.08.30. 2011헌라2).

정답 ○,○

914. (1) 국회부의장이 법률안들에 대한 표결절차 등을 진행하였다 하더라도 국회부의장은 국회의장의 위임에 따라 그 직무를 대리하여 법률안 가결 선포행위를 할 수 있을 뿐, 법률안 가결 선포행위에 따른 법적 책임을 지는 주체가 될 수 없다.

(2) 국회부의장이 국회의장의 직무를 대리하여 법률안 가결선포행위를 하면서 질의·토론의 기회를 봉쇄하여 국회의원의 법률안 심의·표결권을 침해한 경우, 국회의원은 자신의 법률안 심의·표결권을 침해받았다는 이유로 국회부의장을 상대로 권한쟁의심판을 청구할 수 있다.

해설 권한쟁의심판에 있어서는 처분 또는 부작위를 야기한 기관으로서 법적 책임을 지는 기관만이 피청구인 적격을 가지므로, 권한쟁의심판청구는 이들 기관을 상대로 제기하여야 한다. 그런데 피청구인 국회의장은 헌법 제48조에 따라 국회에서 선출되는 헌법상의 국가기관으로서 헌법과 법률에 의하여 국회를 대표하고 의사를 정리하며, 질서를 유지하고 사무를 감독할 지위에 있고, 이러한 지위에서 의안의 상정, 의안의 가결선포 등의 권한(국회법 제10조, 제110조, 제113조 등 참조)을 갖는 주체이므로 피청구인 적격이 인정된다. 이와 달리, 피청구인 국회부의장은 국회의장의 위임에 따라 그 직무를 대리하여 법률안 가결선포행위를 할 수 있을 뿐(국회법 제12조 제1항 참조), 법률안 가결선포행위에 따른 법적 책임을 지는 주체가 될 수 없으므로 권한쟁의심판청구의 피청구인 적격이 인정되지 아니한다. 따라서 피청구인 국회부의장에 대한 이 사건 심판청구는 피청구인 적격이 인정되지 아니하는 자를 상대로 제기된 것으로 부적법하다(헌재 2009.10.29. 2009헌라8).

정답 ○,×

19년(2)·21년(2)·23년(1) 모의

915. 법안에 대한 투표가 종료된 결과 재적의원 과반수의 출석이라는 의결정족수에 미달된 이상, 해당 법안에 대한 국회의 의결이 유효하게 성립되었다고 할 수 없으므로, 국회의장이 해당 법안에 대한 재표결을 실시하여 그 결과에 따라 법안의 가결을 선포한 것은 일사부재의원칙에 위배되지 않는다.

해설 전자투표에 의한 표결의 경우 국회의장의 투표종료선언에 의하여 투표 결과가 집계됨으로써 안건에 대한 표결 절차는 실질적으로 종료되므로, 투표의 집계 결과 출석의원 과반수의 찬성에 미달한 경우는 물론 재적의원 과반수의 출석에 미달한 경우에도 국회의 의사는 부결로 확정되었다고 볼 수밖에 없다. 결국 방송법 수정안에 대한 1차 투표가 종료되어 재적의원 과반수의 출석에 미달되었음이 확인된 이상, 방송법 수정안에 대한 국회의 의사는 부결로 확정되었다고 보아야 하므로, 피청구인이 이를 무시하고 재표결을 실시하여 그 표결 결과에 따라 방송법안의 가결을 선포한 행위는 일사부재의 원칙(국회법 제92조)에 위배하여 청구인들의 표결권을 침해한 것이다(헌재 2009.10.29. 2009헌라8). ▶ 피청구인의 방송법안 가결선포와 관련하여, 방송법안 가결선포행위가 청구인들의 심의·표결권을 침해하였다는 의견이 관여 재판관 9인 중 6인으로 재판관 과반수의 찬성으로 인용

17년(3) 모의

916. 「헌법재판소법」은 국가기관과 지방자치단체 간의 권한쟁의심판에 대한 국가기관 측 당사자로 '정부'만을 규정하고 있으므로, 대통령이나 행정각부의 장 등과 같은 정부의 부분기관과 달리 국회는 국가기관과 지방자치단체 간 권한쟁의심판의 당사자가 될 수 없다.

해설 헌법재판소법 제62조 제1항 제2호는 국가기관과 지방자치단체 간의 권한쟁의심판에 대한 국가기관측 당사자로 '정부'만을 규정하고 있지만, 이 규정의 '정부'는 예시적인 것이므로 대통령이나 행정각부의 장 등과 같은 정부의 부분기관뿐 아니라 국회도 국가기관과 지방자치단체 간 권한쟁의심판의 당사자가 될 수 있다(헌재 2008.06.26. 2005헌라7).

15년·24년 변시, 17년(3)·19년(1) 모의

917. (1) 권한쟁의심판에서 '제3자 소송담당'을 허용하는 법률의 규정이 없는 현행법 체계에서, '예산 외에 국가의 부담이 될 계약'의 체결에 있어 국회의 동의권이 침해되었다고 주장하는 국회의원들의 권한쟁의심판청구는 청구인적격이 없어 부적법하다.

(2) 헌법상 권한배분질서를 유지하고 권력분립의 원리를 보장하기 위하여 국회 소수파 의원들이 국회를 대신하여 국회의 권한침해를 다투는 권한쟁의심판을 청구하는 것은 적법하다.

해설 (1) 권한쟁의심판에 있어 '제3자 소송담당'을 허용하는 법률의 규정이 없는 현행법 체계 하에서 국회의 구성원인 청구인들은 국회의 '예산 외에 국가의 부담이 될 계약'의 체결에 있어 동의권의

침해를 주장하는 권한쟁의심판을 청구할 수 없다고 할 것이다(헌재 2008.01.17. 2005헌라10).
(2) 국회의 동의권과 국회의원의 심의·표결권은 비록 국회의 동의권이 개별 국회의원의 심의·표결 절차를 거쳐 행사되기는 하지만 그 권한의 귀속주체가 다르고, 또 심의·표결권의 행사는 국회의 의사를 형성하기 위한 국회 내부의 행위로서 구체적인 의안 처리와 관련하여 각 국회의원에게 부여되는데 비하여, 동의권의 행사는 국회가 그 의결을 통하여 다른 국가기관에 대한 의사표시로서 행해지며 대외적인 법적 효과가 발생한다는 점에서 구분된다. 따라서 국회의 동의권이 침해되었다고 하여 동시에 국회의원의 심의·표결권이 침해된다고 할 수 없고, 또 국회의원의 심의·표결권은 국회의 대내적인 관계에서 행사되고 침해될 수 있을 뿐 다른 국가기관과의 대외적인 관계에서는 침해될 수 없는 것이므로, 국회의원들 상호간 또는 국회의원과 국회의장 사이와 같이 국회 내부적으로만 직접적인 법적 연관성을 발생시킬 수 있을 뿐이고 대통령 등 국회 이외의 국가기관과 사이에서는 권한침해의 직접적인 법적 효과를 발생시키지 아니한다. 그렇다면 정부가 국회의 동의 없이 예산 외에 국가의 부담이 될 계약을 체결하였다 하더라도 국회의 동의권이 침해될 수는 있어도 국회의원인 청구인들 자신의 심의·표결권이 침해될 가능성은 없다고 할 것이다. 따라서 청구인들의 이 부분 심판청구도 부적법하다(헌재 2008.01.17. 2005헌라10).

정답

19년(2) 모의

918. 지방자치단체는 기관위임사무의 집행에 관한 권한의 존부 및 범위에 관한 권한분쟁을 이유로 기관위임사무를 집행하는 국가기관 또는 다른 지방자치단체의 장을 상대로 권한쟁의심판을 청구하는 것은 부적법하다.

해설 지방자치단체가 권한쟁의심판을 청구하기 위해서는 헌법 또는 법률에 의하여 부여받은 그의 권한 즉, 지방자치단체의 사무에 관한 권한이 침해되거나 침해될 우려가 있는 때에 한하여 권한쟁의심판을 청구할 수 있다. 그런데 앞서 살펴본 바와 같이 기관위임사무는 지방자치단체의 사무라고 할 수 없고, 지방자치단체의 장은 기관위임사무의 집행권한과 관련된 범위에서는 그 사무를 위임한 국가기관의 지위에 서게 될 뿐 지방자치단체의 기관이 아니다. 따라서 지방자치단체는 기관위임사무의 집행에 관한 권한의 존부 및 범위에 관한 권한분쟁을 이유로 기관위임사무를 집행하는 국가기관 또는 는 다른 지방자치단체의 장을 상대로 권한쟁의심판청구를 할 수 없다고 할 것이다(헌재 2004.09.23. 2000헌라2).

정답

17년(3) 모의

919. 지방자치단체의 지방자치사무에 관해 지방자치단체장이 행한 처분은 지방자치단체의 대표이자 집행기관인 지방자치단체장이 「지방자치법」 제9조 소정의 지방자치단체의 사무 처리의 일환으로 당해 지방자치단체의 이름과 책임으로 행한 것이므로, 지방자치단체를 피청구인으로 한 권한쟁의심판절차에서 지방자치단체장의 처분을 취소할 수 있다.

해설 지방자치단체의 지방자치사무에 관해 단체장이 행한 처분은 지방자치단체의 대표이자 집행기관인 단체장이 지방자치법 제9조 소정의 지방자치단체의 사무 처리의 일환으로 당해 지방자치단체의 이름과 책임으로 행한 것이므로 지방자치단체를 피청구인으로 한 권한쟁의심판절차에서 단체장의 처분을 취소할 수 있다(헌재 2006.08.31. 2004헌라2).

정답 O

14년·20년 변시, 15년(1)·17년(3)·19년(2) 모의

920. 헌법재판소법 제62조 제1항 제3호는 권한쟁의심판의 당사자로 지방자치단체를 규정하고 있을 뿐 지방의회 의원을 명시적으로 이에 포함시키지 않고 있으나, 위 조항은 열거적·제한적 규정이 아니라 예시적 규정이며, 지방의회 의원과 의장 간에 권한을 둘러싸고 분쟁이 발생할 경우에 권한쟁의심판청구 이외에 달리 이를 해결할 정당한 기관이나 방법이 없으므로 지방의회 의원은 권한쟁의심판청구의 당사자적격을 가진다.

해설 헌법 및 헌법재판소법은 명시적으로 지방자치단체 '상호간'의 권한쟁의에 관한 심판을 헌법재판소가 관장하는 것으로 규정하고 있는바, 위 규정의 '상호간'은 '서로 상이한 권리주체간'을 의미한다고 할 것이다. 위와 같은 규정에 비추어 보면, 이 사건과 같이 지방자치단체의 의결기관인 지방의회를 구성하는 지방의회 의원과 그 지방의회의 대표자인 지방의회 의장 간의 권한쟁의심판은 헌법 및 헌법재판소법에 의하여 헌법재판소가 관장하는 지방자치단체 상호간의 권한쟁의심판의 범위에 속한다고 볼 수 없다(헌재 2010.04.29. 2009헌라11).

정답 X

III 피청구인의 처분 또는 부작위

19년(3) 모의

921. 행정자치부장관이 '행정부시장·부지사 회의'를 개최하여 행정자치부에서 작성한 표준안대로 복무조례를 개정할 것을 지방자치단체에 요청한 것은 각 지방자치단체가 참고할 수 있도록 표준안을 제시한 것에 불과하여 권한쟁의심판의 대상이 되는 처분이라 할 수 없다.

해설 행정자치부장관이 '행정부시장·부지사 회의'를 개최하여 행정자치부에서 작성한 표준안대로 복무조례를 개정할 것을 울산광역시 동구 및 북구에 요청한 것은 각 지방자치단체가 참고할 수 있도록 표준안을 제시한 것에 불과하여 단순한 업무협조 요청에 불과하고, 「징계업무처리지침」 및 「병·연가 불허지시」를 통보한 것도 상호 협력의 차원에서 조언·권고한 것이거나 단순히 '업무연락'을 한 것이지, 각 지방자치단체를 법적으로 규제하는 강제적·명령적 조치를 취한 것이라 보기 어려우며, 기자회견을 통해 '총파업가담자에 대한 처벌과 정부의 방침에 소극적으로 대처하는 지방자치단체에 대하여 특별교부세 지원중단 등의 행정적·재정적 불이익 조치를 취할 것'이라는 것을 주된 내용으로 하는 담화문을 발표한 것 또한 단지 파업의 대응방침을 천명한 것으로 단순한 견해의 표명에 지나지 않는다 할 것이다. 이러한 행위들은 권한쟁의심판의 대상이 되는 처분이라 할 수 없으므로, 이를 대상으로 한 권한쟁의심판청구는 부적법하다(헌재 2006.03.30. 2005헌라1).

정답 O

18년(2) 모의

922. 법률에 대한 권한쟁의심판을 제기하려면 '법률제정행위'가 아니라 '법률 그 자체'를 그 심판대상으로 하여야 한다.

해설 헌법재판소법 제61조 제2항에 따라 권한쟁의심판을 청구하려면 피청구인의 처분 또는 부작위가 존재하여야 한다. 여기서의 처분은 입법행위와 같은 법률의 제정과 관련된 권한의 존부 및 행사상의 다툼, 행정처분은 물론 행정입법과 같은 모든 행정작용 그리고 법원의 재판 및 사법행정작용 등을 포함하는 넓은 의미의 공권력 처분을 의미하는 것으로 보아야 할 것이므로, 법률에 대한 권한쟁의심판도 허용된다고 봄이 일반적이나 다만, '법률 그 자체'가 아니라 '법률제정행위'를 그 심판대상으로 하여야 할 것이다(헌재 2006.05.25. 2005헌라4).

정답 ✕

18년 변시

923. 법률안 가결 선포는 국회 본회의에서 이루어지는 법률안 의결절차의 종결행위로서 이를 권한쟁의 심판대상으로 삼아 이에 이르기까지 일련의 심의·표결 절차상의 하자들을 다툴 수 있는 이상, 하나의 법률안 의결과정에서 국회의장이 행한 중간처분에 불과한 반대토론 불허행위를 별도의 판단대상으로 삼을 필요가 없다.

해설 청구인은 피청구인이 이 사건 법률안들에 대한 청구인의 반대토론을 허가하지 않은 것에 따른 권한침해의 확인도 구하고 있으나, 법률안의 가결 선포는 국회 본회의에서 이루어지는 법률안 의결절차의 종결행위로서 이를 심판대상으로 삼아 이에 이르기까지 일련의 심의·표결 절차상의 하자들을 다툴 수 있는 이상, 하나의 법률안 의결과정에서 피청구인이 행한 중간처분에 불과한 반대토론 불허행위를 별도의 판단대상으로 삼을 필요 없으므로, 이 사건 법률안들과 관련하여 문제되는 피청구인의 처분은 위 각 가결 선포행위로 한정하기로 한다(헌재 2011.08.30. 2009헌라7).

정답 ○

17년 변시

924. 권한쟁의심판은 피청구인의 처분 또는 부작위가 존재하지 아니하는 경우에는 이를 허용하지 않는 것이 원칙이라고 할 것이나, 피청구인의 장래처분이 확실하게 예정되어 있고 그로 인해 청구인의 권한이 침해될 위험성이 있어 청구인의 권한을 사전에 보호할 필요성이 매우 큰 예외적인 경우에는 장래처분에 대한 권한쟁의심판청구도 허용될 수 있다.

해설 피청구인의 장래처분에 의해서 청구인의 권한침해가 예상되는 경우에 청구인은 원칙적으로 이러한 장래처분이 행사되기를 기다린 이후에 이에 대한 권한쟁의심판청구를 통해서 침해된 권한의 구제를 받을 수 있으므로, 피청구인의 장래처분을 대상으로 하는 심판청구는 원칙적으로 허용되지 아니한다. 그러나 피청구인의 장래처분이 확실하게 예정되어 있고, 피청구인의 장래처분에 의해서 청구인의 권한이 침해될 위험성이 있어서 청구인의 권한을 사전에 보호해 주어야 할 필요성이 매우 큰 예외적인 경우에는 피청구인의 장래처분에 대해서도 헌법재판소법 제61조 제2항에 의거하여 권한쟁의심판을 청구할 수 있다(헌재 2004.09.23. 2000헌라2).

정답 ○

 17년·24년 변시, 14년(1)·22년(3) 모의

925. 권한쟁의심판청구의 적법요건으로서의 '부작위'는 단순한 사실상의 부작위가 아니고 헌법상 또는 법률상의 작위의무가 있는데도 불구하고 이를 이행하지 아니하는 것을 말한다.

해설 피청구인의 부작위에 의하여 청구인의 권한이 침해당하였다고 주장하는 권한쟁의심판은 피청구인에게 헌법상 또는 법률상 유래하는 작위의무가 있음에도 불구하고 피청구인이 그러한 의무를 다하지 아니한 경우에 허용된다(헌재 1998.07.14. 98헌라3).

정답 ○

16년(1)·19년(2) 모의

926. (1) 고등학교의 설치, 운영 및 지도에 관한 사무는 자치사무로 보아야 할 것이고, 대학의 설립 및 대학생정원 증원 등 운영에 관한 사무는 국가적 이익에 관한 것으로서 국가사무로 보아야 할 것이다.

(2) 교육과학기술부장관의 '2011학년도 대학 및 산업대학 학생정원 조정계획'은 자치사무인 학교사무에 대한 제한으로서 헌법에 의해 보장되는 교육의 자주성, 전문성, 정치적 중립성 및 대학의 자율성을 제한하여 자치단체의 권한을 침해할 위험이 있다.

 고등교육법 및 같은 법 시행령, 사립학교법, 지방자치법의 관련 규정을 종합하면, 청구인(경기도)의 학교 설치, 운영 및 지도에 관한 사무는 지역적 특성에 따라 달리 다루어질 필요성이 있는 사무로서 유아원부터 고등학교 및 이에 준하는 학교에 관한 사무에 한하여 이를 자치사무로 보아야 할 것이고, 대학의 설립 및 대학생정원 증원 등 운영에 관한 사무는 국가적 이익에 관한 것으로서 전국적인 통일을 기할 필요성이 있는 국가사무로 보아야 할 것이다. 따라서 국가사무인 사립대학의 신설이나 학생정원 증원에 관한 이 사건 수도권 사립대학 정원규제는 청구인의 권한을 침해하거나 침해할 현저한 위험이 있다고 할 수 없으므로, 이 사건 심판청구는 부적법하다(헌재 2012.07.26. 2010헌라3).

정답 ○, ×

22년(2) 모의

927. 지방의회의원과 지방자치단체장을 선출하는 지방선거는 지방자치단체의 기관을 구성하고 그 기관의 각종 행위에 정당성을 부여하는 행위이므로 지방선거사무는 지방자치단체의 존립을 위한 자치사무에 해당한다.

■해설 지방의회의원과 지방자치단체장을 선출하는 지방선거는 지방자치단체의 기관을 구성하고 그 기관의 각종 행위에 정당성을 부여하는 행위라 할 것이므로 지방선거사무는 지방자치단체의 존립을 위한 자치사무에 해당하고, 따라서 법률을 통하여 예외적으로 다른 행정주체에게 위임되지 않는 한, 원칙적으로 지방자치단체가 처리하고 그에 따른 비용도 지방자치단체가 부담하여야 한다. 다만 국가적 통일성을 유지하기 위하여 국가의 관여가 필요하거나 특정 사안이 해당 지방자치단체의 문제에 그치지 않고 국가 전체의 문제와 직결되는 등의 경우에는 지방자치단체의 독자성을 보장하는 범위 내에서 필요에 따라 국가가 관여할 수 있다(헌재 2008.06.26. 2005헌라7).

정답 O

 15년 변시

928. 정부가 법률안을 제출하였다 하더라도 그것이 법률로 성립되기 위해서는 국회의 많은 절차를 거쳐야 하고, 법률안을 받아들일지 여부는 전적으로 헌법상 입법권을 독점하고 있는 의회의 권한이므로 정부가 법률안을 제출하는 행위는 입법을 위한 하나의 사전 준비행위에 불과하다 할 것이어서 권한쟁의심판의 독자적 대상이 되지 못한다.

■해설 헌법재판소법 제61조 제2항에 따라 권한쟁의심판을 청구하려면 피청구인의 처분 또는 부작위가 존재하여야 하고, 여기서 "처분"이란 법적 중요성을 지닌 것에 한하므로, 청구인의 법적 지위에 구체적으로 영향을 미칠 가능성이 없는 행위는 "처분"이라 할 수 없어 이를 대상으로 하는 권한쟁의 심판청구는 허용되지 않는다. 정부가 법률안을 제출하였다 하더라도 그것이 법률로 성립되기 위해서는 국회의 많은 절차를 거쳐야 하고, 법률안을 받아들일지 여부는 전적으로 헌법상 입법권을 독점하고 있는 의회의 권한이다. 따라서 정부가 법률안을 제출하는 행위는 입법을 위한 하나의 사전 준비 행위에 불과하고, 권한쟁의심판의 독자적 대상이 되기 위한 법적 중요성을 지닌 행위로 볼 수 없다 (헌재 2005.12.22. 2004헌라3).

정답 O

 15년 변시

929. 지방자치단체는 국회의 법률제정행위가 자신의 자치권한을 침해했다고 주장하면서 권한쟁의심판을 청구할 수 있다.

■해설 헌법재판소는 위 처분과 관련하여, 처분은 입법행위와 같은 법률의 제정 또는 개정과 관련된 권한의 존부 및 행사상의 다툼, 행정처분은 물론 행정입법과 같은 모든 행정작용 그리고 법원의 재판 및 사법행정작용 등을 포함하는 넓은 의미의 공권력처분을 의미하는 것으로 보아야 한다고 판시하고 있다. 그런데 피청구인 국회는 이 사건 공직선거법의 개정을 통해 지방선거의 선거비용을 원칙적으로는 지방자치단체가 부담하도록 하고 있는바, 이와 같은 법률개정 행위는 청구인들 지방자치단체의 지방재정권에 중대한 영향을 미친다고 할 것이므로 헌법재판소법 제61조 제2항에서 규정하고 있는 '처분'에 해당된다고 할 것이다. 한편, 피청구인의 행위가 권한쟁의심판청구의 대상이 되는 처분에 해당한다고 하더라도 권한쟁의심판청구가 적법하려면 그 처분으로 인해 청구인의 권한이 침해

되었거나 현저한 침해의 위험성이 존재하여야 한다. 그런데 지방선거의 선거비용을 국가가 부담하여야 하는 것임에도 불구하고 피청구인 국회가 이 사건 법률개정을 통해 지방선거의 선거경비를 청구인들과 같은 지방자치단체에 부담시킨 것이라면, 이는 청구인들과 같은 지방자치단체의 자치재정권을 침해할 개연성이 높다고 할 것이다. 따라서 이 사건 심판청구 중 피청구인 국회의 이 사건 법률개정 행위는 권한침해가능성 요건을 충족시키고 있다(헌재 2008.06.26. 2005헌라7).

정답

14년(3) 모의

930. 국회의장이 국회의원을 상임위원회 위원으로 사·보임하는 행위는, 국민의 대표자로 구성된 국회가 그 자율권에 근거하여 내부적으로 회의체기관을 구성·조직하는 기관 내부의 행위에 불과한 것이므로 권한쟁의심판의 대상이 되는 처분이라고 볼 수 없다.

해설 청구인의 상임위원 신분의 변경을 가져온 피청구인의 이 사건 사·보임행위는 권한쟁의심판의 대상이 되는 처분이라고 할 것이다(헌재 2003.10.30. 2002헌라1).

정답

13년 · 24년 변시

931. 권한쟁의심판청구는 피청구인의 처분 또는 부작위가 헌법 또는 법률에 의하여 부여받은 청구인의 권한을 침해하였거나 침해할 현저한 위험이 있는 때에 한하여 할 수 있는데, 여기서 '처분'이란 법적 중요성을 지닌 것에 한하는 것으로 청구인의 법적 지위에 구체적으로 영향을 미칠 가능성이 있는 행위여야 한다.

해설 헌법재판소법 제61조 제2항에 따라 권한쟁의심판을 청구하려면 피청구인의 처분 또는 부작위가 존재하여야 하고, 여기서 "처분"이란 법적 중요성을 지닌 것에 한하므로, 청구인의 법적 지위에 구체적으로 영향을 미칠 가능성이 없는 행위는 "처분"이라 할 수 없어 이를 대상으로 하는 권한쟁의심판청구는 허용되지 않는다(헌재 2005.12.22. 2004헌라3).

정답

Ⅳ 권한의 침해 또는 현저한 침해위험의 가능성

13년 변시, 22년(3) 모의

932. (1) 권한쟁의심판은 피청구인의 처분 또는 부작위가 헌법 또는 법률에 의하여 부여받은 청구인의 권한을 침해하였거나 침해할 현저한 위험이 있는 경우에만 청구할 수 있다.

(2) 권한쟁의심판청구는 피청구인의 처분 또는 부작위가 헌법에 의하여 부여받은 청구인의 권한을 침해하였거나 침해할 현저한 위험이 있는 경우에만 할 수 있고, 법률에 의하여 부여받은 청구인의 권한을 침해하는 경우에는 할 수 없다.

해설 헌법재판소법 제61조 제2항 참조.

> **헌법재판소법 제61조(청구사유)** ② 제1항의 심판청구는 피청구인의 처분 또는 부작위가 헌법 또는 법률에 의하여 부여받은 청구인의 권한을 침해하였거나 침해할 현저한 위험이 있는 경우에만 할 수 있다.

정답 ○,×

17년(3) 모의

933. 권한의 유무와 범위에 관한 다툼을 대상으로 하는 권한쟁의심판에서의 '권한'이란 주관적 권리의무가 아니라 국가나 지방자치단체 등 공법인 또는 그 기관이 헌법 또는 법률에 의하여 부여되어 법적으로 유효한 행위를 할 수 있는 능력 또는 그 범위를 말한다.

해설 권한쟁의심판에서 다투어지는 '권한'이란 국가기관이나 지방자치단체의 주관적 권리가 아니라 국가기관이나 지방자치단체가 헌법과 법률에 의하여 부여받아 법적으로 유효한 행위를 할 수 있는 능력 또는 그 범위를 말하고, 그 귀속주체는 이를 임의로 처분하거나 포기할 수도 없다. 따라서 권한쟁의심판에 의하여 그 권한의 귀속주체인 국가기관이나 지방자치단체가 보호되는 것은 어디까지나 권한쟁의심판의 본래적 기능인 권한의 분배나 권력의 분립 및 국가기능의 원활한 수행에 관한 헌법질서의 유지와 수호에 따르는 부수적 효과일 뿐, 그 자체가 권한쟁의심판의 일차적 목적이 되는 것은 아니다(헌재 2015.11.26. 2013헌라3).

정답 ○

14년(2) 모의

934. 국회의원의 법률안 심의·표결권은 헌법에는 명문규정이 없지만 의회민주주의원리, 헌법 제40조, 헌법 제41조 제1항으로부터 당연히 도출되는 헌법상의 권한이다.

해설 국회의원은 국민에 의하여 직접 선출되는 국민의 대표로서 헌법과 법률에 따라 여러 가지의 권한을 부여받는데, 그 중에서도 가장 중요하고 본질적인 것은 입법에 대한 권한임은 두 말할 나위가 없고, 이러한 권한에는 법률안의 제출권(헌법 제52조) 및 심의·표결권이 포함된다. 국회의원의 법률안 심의·표결권은 의회민주주의의 원리, 입법권을 국회에 귀속시키고 있는 헌법 제40조, 국민에 의하여 선출되는 국회의원으로 국회를 구성한다고 규정한 헌법 제41조 제1항 및 국회의결에 관하여 규정한 헌법 제49조로부터 당연히 도출되는 헌법상의 권한이고, 이러한 국회의원의 법률안 심의·표결권은 헌법기관으로서의 국회의원 각자에게 모두 보장된다는 것 또한 의문의 여지가 없다(헌재 2012.02.23. 2010헌라6).

정답

12년(3) · 22년(3) 모의

935. (1) 조약의 체결·비준에 대한 동의권은 국회의 권한임에 비하여 법률안 심의·표결권은 국회의원의 권한이다.

(2) 대통령이 국회의 동의 없이 조약을 체결·비준하였다 하더라도 국회의 조약 체결·비준에 대한 동의권이 침해될 수는 있어도 조약 체결·비준 동의안에 대한 국회의원의 심의·표결권이 침해될 수는 없다.

해설 국회가 헌법 제60조 제1항에 따라서 조약의 체결·비준에 대한 동의권한을 행사하는 경우에, 국회의원은 헌법 제40조 및 제41조 제1항과 국회법 제93조 및 제109조 내지 제112조에 따라서 조약의 체결·비준 동의안에 대하여 심의·표결할 권한을 가진다. 그런데 국회의 동의권과 국회의원의 심의·표결권은 비록 국회의 동의권이 개별 국회의원의 심의·표결절차를 거쳐 행사되기는 하지만 그 권한의 귀속주체가 다르고, 또 심의·표결권의 행사는 국회의 의사를 형성하기 위한 국회 내부의 행위로서 구체적인 의안 처리와 관련하여 각 국회의원에게 부여되는데 비하여, 동의권의 행사는 국회가 그 의결을 통하여 다른 국가기관에 대한 의사표시로서 행해지며 대외적인 법적 효과가 발생한다는 점에서 구분된다. 따라서 국회의 동의권이 침해되었다고 하여 동시에 국회의원의 심의·표결권이 침해된다고 할 수 없고, 또 국회의원의 심의·표결권은 국회의 대내적인 관계에서 행사되고 침해될 수 있을 뿐 다른 국가기관과의 대외적인 관계에서는 침해될 수 없는 것이므로, 국회의원들 상호간 또는 국회의원과 국회의장 사이와 같이 국회 내부적으로만 직접적인 법적 연관성을 발생시킬 수 있을 뿐이고 대통령 등 국회 이외의 국가기관과 사이에서는 권한침해의 직접적인 법적 효과를 발생시키지 아니한다. 따라서 피청구인 대통령이 국회의 동의 없이 조약을 체결·비준하였다 하더라도 국회의 체결·비준 동의권이 침해될 수는 있어도 국회의원인 청구인들의 심의·표결권이 침해될 가능성은 없다고 할 것이므로, 청구인들의 이 부분 심판청구 역시 부적법하다 (헌재 2007.07.26. 2005헌라8).

정답 O,O

12년·13년·20년 변시, 11년(1)·12년(2)·15년(1)·(2)·(3)·21년(3) 모의

936. 국회의원의 심의·표결권은 국회의 대내적인 관계에서는 물론이고 다른 국가기관과의 대외적인 관계에서도 침해될 수 없다.

해설 국회의 의사가 다수결에 의하여 결정되었음에도 다수결의 결과에 반대하는 소수의 국회의원에게 권한쟁의심판을 청구할 수 있게 하는 것은 다수결의 원리와 의회주의의 본질에 어긋날 뿐만 아니라, 국가기관이 기관 내부에서 민주적인 방법으로 토론과 대화에 의하여 기관의 의사를 결정하려는 노력 대신 모든 문제를 사법적 수단에 의해 해결하려는 방향으로 남용될 우려도 있으므로, 국가기관의 부분 기관이 자신의 이름으로 소속기관의 권한을 주장할 수 있는 '제3자 소송담당'을 명시적으로 허용하는 법률의 규정이 없는 현행법 체계하에서는 국회의 구성원인 국회의원이 국회의 조약에 대한 체결·비준 동의권의 침해를 주장하는 권한쟁의심판을 청구할 수 없다. … 국회의원의 심의·표결권은 국회의 대내적인 관계에서 행사되고 침해될 수 있을 뿐 다른 국가기관과의 대외적인 관계에서는 침해될 수 없는 것이므로, 국회의원들 상호간 또는 국회의원과 국회의장 사이와 같이 국회 내부적으로만 직접적인 법적 연관성을 발생시킬 수 있을 뿐이고 대통령 등 국회 이외의 국가기관과 사이에서는 권한침해의 직접적인 법적 효과를 발생시키지 아니한다. 따라서 피청구인인 대통령이 국회의 동의 없이 조약을 체결·비준하였다 하더라도 국회의원인 청구인들의 심의·표결권이 침해될 가능성은 없다(헌재 2007.07.26. 2005헌라8).

정답 ×

🍊 12년·20년 변시, 16년(1)·22년(2)·23년(1) 모의

937. 국회의원의 법률안 심의·표결권은 국민에 의하여 선출된 국가기관으로서 국회의원이 그 본질적인 임무인 입법에 관한 직무를 수행하기 위하여 보유하는 권한으로서의 성격을 가지고 있으므로 국회의원의 개별적인 의사에 따라 이를 포기할 수 있는 것은 아니다.

해설 국회의원의 법률안 심의·표결권은 국민에 의하여 선출된 국가기관으로서 국회의원이 그 본질적 임무인 입법에 관한 직무를 수행하기 위하여 보유하는 권한으로서의 성격을 갖고 있으므로 국회의원의 개별적인 의사에 따라 포기할 수 있는 것은 아니다(헌재 2009.10.29. 2009헌라8).

정답 ○

🍊 14년 변시

938. 국회 상임위원회 위원장이 조약비준동의안을 심의함에 있어서 야당 소속 상임위원회 위원들의 출입을 봉쇄한 상태에서 상임위원회 전체회의를 개의하여 안건을 상정하고 소위원회로 안건심사를 회부한 행위는 야당 소속 상임위원회 위원들의 조약비준동의안에 대한 심의권을 침해한 것으로 무효이다.

해설 헌법재판소는 사안의 경우 ㉠ 심의권의 침해를 인정하였으나, ㉡ 안건 상정·소위원회 회부행위가 무효는 아니라고 하였다(헌재 2010.12.28. 2008헌라7).

정답 ✕

15년(1) 모의

939. 지방의회의 조례안 의결에 대하여 재의요구를 한 교육감은 지방의회가 재의결을 하기 전까지 재의요구를 철회할 수 있으므로, 교육감의 재의요구 철회가 교육부장관의 재의요구 요청권한을 침해하지 아니한다.

해설 '지방교육자치에 관한 법률' 제28조 제1항 제1문은 교육·학예에 관한 시·도의회의 의결이 법령에 위반되거나 공익을 현저히 저해한다고 판단될 때에는 그 의결사항에 대하여 교육감에게 재의요구 권한이 있음을, 제2문은 청구인(교육부장관)에게 재의요구 요청 권한이 있음을 각각 규정하고 있다. 따라서 교육·학예에 관한 서울특별시의회의 의결이 법령에 위반되거나 공익을 현저히 저해한다고 판단될 때, 청구인이 서울특별시교육감에게 재의요구를 하도록 요청할 수 있는 일반적인 권한은 인정된다. 그런데 서울특별시교육감 권한대행이 이 사건 조례안에 대하여 2012. 1. 9.에 한 재의요구는 서울특별시교육감의 독자적인 재의요구 권한에 근거한 것이다. 교육감의 재의요구 권한은 교육·학예에 관한 지방자치단체의 장인 교육감과 지방의회 사이의 상호 견제와 균형을 위한 것이며, 청구인의 재의요구 요청 권한은 국가와 지방자치단체 사이의 권한 통제 또는 국가의 지도·감독을 위한 것으로, 교육·학예에 관한 시·도의회의 의결사항에 대한 교육감의 재의요구 권한과 청구인의 재의요구 요청 권한은 중복하여 행사될 수 있는 별개의 독립된 권한이다. … 조례안에 대한 교육감의 재의요구 권한은 조례안의 완성에 대한 조건부 정지적인 권한에 지나지 않으므로, … 이 사건에서

도 서울특별시교육감은 청구인의 요청에 따라 재의요구를 한 것이 아니고, 자신의 독자적인 권한으로 재의요구를 한 것이므로 이를 철회할 권한이 있다고 보아야 한다. 따라서 피청구인이 2012. 1. 20. 이 사건 조례안 재의요구를 철회한 행위가 헌법과 '지방교육자치에 관한 법률'에 따른 청구인의 재의요구 요청 권한을 침해하였거나 침해할 현저한 위험이 있다고 볼 수 없다(헌재 2013.09.26. 2012헌라1).

 정답 ○

14년(3) 모의

940. **교육감 소속 국가공무원인 교육장 등에 대한 징계는 국가가 지방자치단체장에게 위임한 국가사무이고, 교육장에 대한 징계의결요구 내지 그 신청권한 역시 국가사무이므로, 교육부장관이 교육감에 대하여 교육장에 대한 징계의결요구 신청 등을 이행할 것을 요구하더라도 교육감의 권한이 침해될 개연성이 없어 교육감의 권한쟁의심판청구는 부적법하다.**

해설 국가공무원법 등 관계 법령에 의하면 교육감 소속 교육장 등은 모두 국가공무원이고, 그 임용권자는 대통령 내지 교육부장관인 점, 국가공무원의 임용 등 신분에 관한 사항이 해당 지방자치단체의 특성을 반영하여 각기 다르게 처리된다면 국가공무원이라는 본래의 신분적 의미는 상당 부분 몰각될 수 있는 점 등에 비추어 보면, 국가공무원인 교육장 등에 대한 징계사무는 국가사무라고 보아야 한다. 또한 구 교육공무원법령 등에 따라 교육감 소속 장학관 등의 임용권은 대통령 내지 교육부장관으로부터 교육감에게 위임되어 있고, 교육공무원법상 '임용'은 직위해제, 정직, 해임, 파면까지 포함하고 있는 점 등에 비추어 보면, 교육감 소속 교육장 등에 대한 징계의결요구 내지 그 신청사무 또한 징계사무의 일부로서 대통령, 교육부장관으로부터 교육감에게 위임된 국가위임사무이다. 그렇다면 국가사무인 교육장 등에 대한 징계사무에 관하여 지방자치단체가 청구한 이 사건 권한쟁의심판청구는, 지방자치단체의 권한에 속하지 아니하는 사무에 관한 심판청구로서 청구인들의 권한이 침해되거나 침해될 현저한 위험이 있다고 볼 수 없으므로 부적법하다(헌재 2013.12.26. 2012헌라3).

 정답 ○

Ⅴ 권리보호이익 및 청구기간

16년(1) 모의

941. **권한쟁의심판은 비록 객관소송이라 하더라도 국가기관과 지방자치단체 간의 권한쟁의로써 해결해야 할 구체적인 보호이익이 있어야 하고, 그 청구인에 대한 권한침해의 상태가 이미 종료된 경우에는 권리보호이익이 없으므로, 이에 관한 권한쟁의심판청구는 원칙적으로 부적법하다.**

해설 권한쟁의심판은 비록 객관소송이라 하더라도 국가기관과 지방자치단체 간의 권한쟁의로써 해결해야 할 구체적인 보호이익이 있어야 하고, 그 청구인에 대한 권한침해의 상태가 이미 종료된 경우에는 권리보호의 이익이 없으므로, 이에 관한 권한쟁의심판 청구는 부적법하다. 다만, 청구인에 대한 권한침해의 상태가 이미 종료하여 권리보호의 이익을 인정할 수 없다 하더라도, 같은 유형의 침해행위가 앞으로도 계속 반복될 위험이 있고, 헌법질서의 수호·유지를 위해 그에 대한 헌법적 해명이 긴요한 사항에 대해서는 심판청구의 이익을 인정할 수는 있다(헌재 2011.08.30. 2002헌라1).

정답 O

13년·17년 변시, 15년(1) 모의

942. 권한쟁의심판은 그 사유가 있음을 안 날부터 60일 이내에, 그 사유가 있은 날부터 180일 이내에 청구하여야 한다. 그러나 장래처분에 의한 권한침해 위험성이 있음을 이유로 예외적으로 허용되는 장래처분에 대한 권한쟁의심판청구는 아직 장래처분이 내려지지 않은 상태이므로 위와 같은 청구기간의 제한이 적용되지 않는다.

해설 권한쟁의의 심판은 그 사유가 있음을 안 날부터 60일 이내에, 그 사유가 있은 날부터 180일 이내에 청구하여야 한다(헌법재판소법 제63조 제1항). 그러나 피청구인의 장래처분에 의한 권한침해 위험성이 발생하는 경우에는 장래처분이 내려지지 않은 상태이므로 청구기간의 제한이 없다고 보아야 한다(헌재 2004.09.23. 2000헌라2).

헌법재판소법 제63조(청구기간) ① 권한쟁의의 심판은 그 사유가 있음을 안 날부터 60일 이내에, 그 사유가 있은 날부터 180일 이내에 청구하여야 한다.
② 제1항의 기간은 불변기간으로 한다.

정답 O

14년(1) 모의

943. 권한쟁의심판은 필요적 변론을 취하고 있으므로, 권한침해상태가 이미 종료되어 이를 취소할 여지가 없는 경우에는 침해행위가 반복될 위험이 있고 헌법질서의 수호 유지를 위하여 헌법적 해명이 긴요한 사항에 대해서도 심판청구의 이익을 인정할 수 없다.

해설 권한쟁의심판은 필요적 변론사건에 해당한다(헌법재판소법 제30조 제1항). 헌법소원심판과 마찬가지로 권한쟁의심판도 주관적 권리구제뿐만 아니라 객관적인 헌법질서 보장의 기능도 겸하고 있으므로, 청구인에 대한 권한침해 상태가 이미 종료하여 이를 취소할 여지가 없어졌다 하더라도 같은 유형의 침해행위가 앞으로도 반복될 위험이 있고, 헌법질서의 수호·유지를 위하여 그에 대한 헌법적 해명이 긴요한 사항에 대하여는 심판청구의 이익을 인정할 수 있다고 할 것이다(헌재 2003.10.30. 2002헌라1).

정답 ×

제❸항 ▌권한쟁의심판의 결정

 21년 변시, 15년(3) 모의

944. 국회의원의 심의·표결권이 침해되었다고 인정되어도 그것이 헌법상 규정을 명백히 위반한 흠에 해당하는 것이 아니라면 그 법률안 가결선포행위에 대해 무효선언을 할 수 없다.

▎해설▎ 국회의 입법과 관련하여 일부 국회의원들의 권한이 침해되었다 하더라도 그것이 다수결의 원칙(헌법 제49조)과 회의공개의 원칙(헌법 제50조)과 같은 입법절차에 관한 헌법의 규정을 명백히 위반한 흠에 해당하는 것이 아니라면 그 법률안의 가결 선포행위를 곧바로 무효로 볼 것은 아니다 (헌재 2011.08.30. 2009헌라7).

정답 ○

 14년 변시, 14년(1)·21년(3) 모의

945. 권한쟁의심판은 개인의 주관적 권리구제를 목적으로 삼는 것이 아니라 헌법적 가치질서를 보호하는 객관적 기능을 수행하는 것이므로, 청구인이 심판청구를 취하한다고 하더라도 심판절차는 종료되지 않는다.

▎해설▎ 헌법재판소법 제40조 제1항은 "헌법재판소의 심판절차에 관하여는 이 법에 특별한 규정이 있는 경우를 제외하고는 민사소송에 관한 법령의 규정을 준용한다. 이 경우 탄핵심판의 경우에는 형사소송에 관한 법령을, 권한쟁의심판 및 헌법소원심판의 경우에는 행정소송법을 함께 준용한다"고 규정하고, 같은 조 제2항은 "제1항 후단의 경우에 형사소송에 관한 법령 또는 행정소송법이 민사소송에 관한 법령과 저촉될 때에는 민사소송에 관한 법령은 준용하지 아니한다"고 규정하고 있다. 그런데 헌법재판소법이나 행정소송법에 권한쟁의심판청구의 취하와 이에 대한 피청구인의 동의나 그 효력에 관하여 특별한 규정이 없으므로, 소의 취하에 관한 민사소송법 제239조는 이 사건과 같은 권한쟁의심판절차에 준용된다 … 비록 권한쟁의심판이 개인의 주관적 권리구제를 목적으로 삼는 것이 아니라 헌법적 가치질서를 보호하는 객관적 기능을 수행하는 것이고, 특히 국회의원의 법률안에 대한 심의·표결권의 침해 여부가 다투어진 이 사건 권한쟁의심판의 경우에는 국회의원의 객관적 권한을 보호함으로써 헌법적 가치질서를 수호·유지하기 위한 쟁송으로서 공익적 성격이 강하다고는 할 것이다. 그러나 법률안에 대한 심의·표결권의 행사 여부가 국회의원 스스로의 판단에 맡겨져 있는 사항일 뿐만 아니라, 그러한 심의·표결권이 침해당한 경우에 권한쟁의심판을 청구할 것인지 여부도 국회의원의 판단에 맡겨져 있어서 심판청구의 자유가 인정되고 있는 만큼, 권한쟁의심판의 공익적 성격만을 이유로 이미 제기한 심판청구를 스스로의 의사에 기하여 자유롭게 철회할 수 있는 심판청구의 취하를 배제하는 것은 타당하지 않다(헌재 2001.06.28. 2000헌라1).

정답 ×

🍊 18년 변시

946. 의사진행 방해로 의안상정·제안설명 등 의사진행이 정상적으로 이루어지지 못하고 질의신청을 하는 의원도 없는 상황에서 국회의장이 '질의신청 유무'에 대한 언급 없이 단지 '토론신청이 없으므로 바로 표결하겠다'고 한 행위가, 위원회 심의를 거치지 않은 안건에 대하여 질의, 토론을 거치도록 정한 「국회법」 제93조에 위반하여 국회의원들의 심의·표결권을 침해할 정도에 이르렀다고는 보기 어렵다.

해설 의사진행 방해로 의안상정·제안설명 등 의사진행이 정상적으로 이루어지지 못하고 질의신청을 하는 의원도 없는 상황에서 피청구인이 '질의신청 유무'에 대한 언급 없이 단지 '토론신청이 없으므로 바로 표결하겠다'라고 한 행위가 위원회 심의를 거치지 않은 안건에 대하여 질의, 토론을 거치도록 정한 국회법 제93조에 위반하여 청구인 국회의원들의 심의·표결권을 침해할 정도에 이르렀다고는 보기 어렵다(헌재 2008.04.24. 2006헌라2).

정답

🍊 12년 · 23년 변시, 19년(3) 모의

947. 권한쟁의심판의 결정은 모든 국가기관과 지방자치단체를 기속하므로, 국가기관 또는 지방자치단체의 처분을 취소하는 결정은 그 처분의 상대방에 대하여 이미 생긴 효력에 영향을 미친다.

해설 헌법재판소법 제66조 제1항, 제67조 참조.

> 헌법재판소법 제66조(결정의 내용) ① 헌법재판소는 심판의 대상이 된 국가기관 또는 지방자치단체의 권한의 유무 또는 범위에 관하여 판단한다.
> 헌법재판소법 제67조(결정의 효력) ① 헌법재판소의 권한쟁의심판의 결정은 모든 국가기관과 지방자치단체를 기속한다.
> ② 국가기관 또는 지방자치단체의 처분을 취소하는 결정은 그 처분의 상대방에 대하여 이미 생긴 효력에 영향을 미치지 아니한다.

정답

🍊 12년 변시

948. 국회의원이 법률안의 심의·표결권을 행사하지 않는 정도를 넘어 의사진행을 방해하고 다른 국회의원들의 투표를 방해하는 행위로까지 나아갔다면, 해당 국회의원에게는 더 이상 권한쟁의심판을 통하여 자신의 심의·표결권의 침해를 다툴 청구인적격이 인정될 수 없다.

해설 권한쟁의심판의 경우는 헌법상의 권한질서 및 국회의 의사결정체제와 기능을 수호·유지하기 위한 공익적 쟁송으로서의 성격이 강하므로, 청구인들 중 일부가 자신들의 정치적 의사를 관철하려는 과정에서 피청구인의 의사진행을 방해하거나 다른 국회의원들의 투표를 방해하였다 하더라도, 그러한 사정만으로 이 사건 심판청구 자체가 소권의 남용에 해당하여 부적법하다고 볼 수는 없다(헌재 2009.10.29. 2009헌라8).

정답

제7절 탄핵심판

 22년 변시

949. 탄핵심판은 고위공직자가 권한을 남용하여 헌법이나 법률을 위반하는 경우 그 권한을 박탈함으로써 헌법질서를 지키는 헌법재판이고, 탄핵결정은 대상자를 공직으로부터 파면함에 그치고 형사상 책임을 면제하지 아니한다는 점에서 탄핵심판절차는 형사절차나 일반 징계절차와는 성격을 달리한다.

> 해설 탄핵심판은 고위공직자가 권한을 남용하여 헌법이나 법률을 위반하는 경우 그 권한을 박탈함으로써 헌법질서를 지키는 헌법재판이고, 탄핵결정은 대상자를 공직으로부터 파면함에 그치고 형사상 책임을 면제하지 아니한다(헌법 제65조 제4항)는 점에서 탄핵심판절차는 형사절차나 일반 징계절차와는 성격을 달리 한다(헌재 2017.03.10. 2016헌나1).

정답 O

 22년 변시

950. 「국회법」에 탄핵소추안에 대하여 표결 전에 반드시 토론을 거쳐야 한다는 명문 규정이 있다.

> 해설 국회법에 탄핵소추안에 대하여 표결 전에 반드시 토론을 거쳐야 한다는 명문 규정은 없다(헌재 2004.05.14. 2004헌나1).

정답 ×

 22년 변시

951. 탄핵심판절차에서는 법적인 관점에서 탄핵사유의 존부만을 판단하는 것이므로, 직책수행의 성실성 여부는 그 자체로서 소추사유가 될 수 없어 탄핵심판절차의 판단대상이 되지 아니한다.

> 해설 헌법 제69조는 대통령의 취임선서의무를 규정하면서, 대통령으로서 '직책을 성실히 수행할 의무'를 언급하고 있다. 비록 대통령의 '성실한 직책수행의무'는 헌법적 의무에 해당하나, '헌법을 수호해야 할 의무'와는 달리, 규범적으로 그 이행이 관철될 수 있는 성격의 의무가 아니므로, 원칙적으로 사법적 판단의 대상이 될 수 없다고 할 것이다(헌재 2004.05.14. 2004헌나1).

정답 O

 22년(2) 모의

952. 국회 본회의가 탄핵소추안을 법제사법위원회에 회부하기로 의결하지 아니한 경우에는 본회의에 보고된 때부터 24시간 이후 48시간 이내에 탄핵소추 여부를 무기명투표로 표결하며, 이 기간 내에 표결하지 아니한 탄핵소추안은 폐기된 것으로 본다.

해설 국회법 제130조 참조.

> 국회법 제130조(탄핵소추의 발의) ① 탄핵소추가 발의되었을 때에는 의장은 발의된 후 처음 개의하는 본회의에 보고하고, 본회의는 의결로 법제사법위원회에 회부하여 조사하게 할 수 있다.
> ② 본회의가 제1항에 따라 탄핵소추안을 법제사법위원회에 회부하기로 의결하지 아니한 경우에는 본회의에 보고된 때부터 24시간 이후 72시간 이내에 탄핵소추 여부를 무기명투표로 표결한다. 이 기간 내에 표결하지 아니한 탄핵소추안은 폐기된 것으로 본다.

정답

22년(2) 모의

953. 국가기관이 국민에 대하여 공권력을 행사할 때 준수하여야 하는 법원칙으로 형성된 적법절차원칙은 국가기관에 대하여 헌법을 수호하고자 하는 탄핵소추절차에 직접 적용할 수 없다.

해설 적법절차원칙이란, 국가공권력이 국민에 대하여 불이익한 결정을 하기에 앞서 국민은 자신의 견해를 진술할 기회를 가짐으로써 절차의 진행과 그 결과에 영향을 미칠 수 있어야 한다는 법원리를 말한다. 그런데 이 사건의 경우, 국회의 탄핵소추절차는 국회와 대통령이라는 헌법기관 사이의 문제이고, 국회의 탄핵소추의결에 의하여 사인으로서의 대통령의 기본권이 침해되는 것이 아니라, 국가기관으로서의 대통령의 권한행사가 정지되는 것이다. 따라서 국가기관이 국민과의 관계에서 공권력을 행사함에 있어서 준수해야 할 법원칙으로서 형성된 적법절차의 원칙을 국가기관에 대하여 헌법을 수호하고자 하는 탄핵소추절차에는 직접 적용할 수 없다고 할 것이고, 그 외 달리 탄핵소추절차와 관련하여 피소추인에게 의견진술의 기회를 부여할 것을 요청하는 명문의 규정도 없으므로, 국회의 탄핵소추절차가 적법절차원칙에 위배되었다는 주장은 이유 없다(헌재 2004.05.14. 2004헌나1).

정답

21년(2) 모의

954. 국회의 의사자율권 등에 비추어 볼 때 국회가 탄핵소추사유에 대하여 별도의 조사를 하지 않은 채 탄핵소추안을 의결하였다고 하여 그 의결이 헌법이나 법률을 위반한 것이라고 볼 수 없다.

해설 국회의 의사절차에 헌법이나 법률을 명백히 위반한 흠이 있는 경우가 아니면 국회 의사절차의 자율권은 권력분립의 원칙상 존중되어야 하고, 국회법 제130조 제1항은 탄핵소추의 발의가 있을 때 그 사유 등에 대한 조사 여부를 국회의 재량으로 규정하고 있으므로, 국회가 탄핵소추사유에 대하여 별도의 조사를 하지 않았다거나 국정조사결과나 특별검사의 수사결과를 기다리지 않고 탄핵소추안을 의결하였다고 하여 그 의결이 헌법이나 법률을 위반한 것이라고 볼 수 없다(헌재 2017.03.10. 2016헌나1).

정답

20년(2) 모의

955. 공무원 징계의 경우 징계사유의 특정은 그 대상이 되는 비위사실을 다른 사실과 구별할 정도로 기재하면 충분한 것과 마찬가지로, 탄핵소추사유도 그 대상 사실을 다른 사실과 명백하게 구분할 수 있을 정도의 구체적 사정이 기재되면 충분하다.

해설 탄핵심판은 고위공직자가 권한을 남용하여 헌법이나 법률을 위반하는 경우 그 권한을 박탈함으로써 헌법질서를 지키는 헌법재판이고(헌재 2004.05.14. 2004헌나1), 탄핵결정은 대상자를 공직으로부터 파면함에 그치고 형사상 책임을 면제하지 아니한다(헌법 제65조 제4항)는 점에서 탄핵심판절차는 형사절차나 일반 징계절차와는 성격을 달리 한다. 헌법 제65조 제1항이 정하고 있는 탄핵소추사유는 '공무원이 그 직무집행에 있어서 헌법이나 법률을 위배한' 사실이고, 여기에서 법률은 형사법에 한정되지 아니한다. 그런데 헌법은 물론 형사법이 아닌 법률의 규정이 형사법과 같은 구체성과 명확성을 가지지 않은 경우가 많으므로 탄핵소추사유를 형사소송법상 공소사실과 같이 특정하도록 요구할 수는 없고, 소추의결서에는 피청구인이 방어권을 행사할 수 있고 헌법재판소가 심판대상을 확정할 수 있을 정도로 사실관계를 구체적으로 기재하면 된다고 보아야 한다. 공무원 징계의 경우 징계사유의 특정은 그 대상이 되는 비위사실을 다른 사실과 구별될 정도로 기재하면 충분하므로(대판 2005.03.24. 2004두14380), 탄핵소추사유도 그 대상 사실을 다른 사실과 명백하게 구분할 수 있을 정도의 구체적 사정이 기재되면 충분하다(헌재 2017.03.10. 2016헌나1).

정답 O

22년 변시, 20년(2)·21년(2) 모의

956. 탄핵소추의결서에서 그 위반을 주장하는 '법규정의 판단'에 관하여 헌법재판소는 원칙적으로 구속을 받지 않으므로, 청구인이 그 위반을 주장하는 법규정 외에 다른 관련 법규정에 근거하여 탄핵의 원인이 된 사실관계를 판단할 수 있다.

해설 헌법재판소는 사법기관으로서 원칙적으로 탄핵소추기관인 국회의 탄핵소추의결서에 기재된 소추사유에 의하여 구속을 받는다. 따라서 헌법재판소는 탄핵소추의결서에 기재되지 아니한 소추사유를 판단의 대상으로 삼을 수 없다. 그러나 탄핵소추의결서에서 그 위반을 주장하는 '법규정의 판단'에 관하여 헌법재판소는 원칙적으로 구속을 받지 않으므로, 청구인이 그 위반을 주장한 법규정 외에 다른 관련 법규정에 근거하여 탄핵의 원인이 된 사실관계를 판단할 수 있다. 또한, 헌법재판소는 소추사유의 판단에 있어서 국회의 탄핵소추의결서에서 분류된 소추사유의 체계에 의하여 구속을 받지 않으므로, 소추사유를 어떠한 연관관계에서 법적으로 고려할 것인가의 문제는 전적으로 헌법재판소의 판단에 달려있다(헌재 2004.05.14. 2004헌나1).

정답 O

🔔 18년 변시, 21년(2) 모의

957. 여러 개의 탄핵사유가 포함된 하나의 탄핵소추안이 발의되어 안건 수정 없이 그대로 본회의에 상정된 경우에, 국회의장은 '표결할 안건의 제목을 선포'할 권한만 있는 것이지, 직권으로 탄핵소추안에 포함된 개개 소추사유를 분리하여 여러 개의 탄핵소추안으로 만든 다음 이를 각각 표결에 부칠 수는 없다.

해설 … 국회 재적의원 과반수에 해당하는 171명의 의원이 여러 개 탄핵사유가 포함된 하나의 탄핵소추안을 마련한 다음 이를 발의하고 안건 수정 없이 그대로 본회의에 상정된 경우에는 그 탄핵소추안에 대하여 찬반 표결을 하게 된다. 그리고 본회의에 상정된 의안에 대하여 표결절차에 들어갈 때 국회의장에게는 '표결할 안건의 제목을 선포'할 권한만 있는 것이지(국회법 제110조 제1항), 직권으로 이 사건 탄핵소추안에 포함된 개개 소추사유를 분리하여 여러 개의 탄핵소추안으로 만든 다음 이를 각각 표결에 부칠 수는 없다(헌재 2017.03.10. 2016헌나1).

정답

🔔 18년 변시, 21년(2) 모의

958. 탄핵소추안을 각 소추사유별로 나누어 발의할 것인지 아니면 여러 소추사유를 포함하여 하나의 안으로 발의할 것인지는 소추안을 발의하는 의원들의 자유로운 의사에 달린 것이므로, 대통령이 헌법이나 법률을 위배한 사실이 여러 가지일 때 그 중 한 가지 사실만으로도 충분히 파면결정을 받을 수 있다고 판단되면 그 한 가지 사유만으로 탄핵소추안을 발의할 수 있다.

해설 탄핵소추안을 각 소추사유별로 나누어 발의할 것인지 아니면 여러 소추사유를 포함하여 하나의 안으로 발의할 것인지는 소추안을 발의하는 의원들의 자유로운 의사에 달린 것이다. 대통령이 헌법이나 법률을 위배한 사실이 여러 가지일 때 그 중 한 가지 사실만으로도 충분히 파면 결정을 받을 수 있다고 판단되면 그 한 가지 사유만으로 탄핵소추안을 발의할 수도 있고, 여러 가지 소추사유를 종합할 때 파면할 만하다고 판단되면 여러 가지 소추사유를 함께 묶어 하나의 탄핵소추안으로 발의할 수도 있다(헌재 2017.03.10. 2016헌나1).

정답

🔔 18년 변시

959. 대통령에 대한 탄핵심판청구는 대통령 본인의 직무집행과 관련한 중대한 헌법이나 법률 위배를 이유로 하는 경우에만 적법요건을 갖춘 것이다.

해설 헌법재판소법 제53조 제1항은 '탄핵심판 청구가 이유 있는 경우' 피청구인을 파면하는 결정을 선고하도록 규정하고 있다. 그런데 대통령에 대한 파면결정은 국민이 선거를 통하여 대통령에게 부여한 민주적 정당성을 임기 중 박탈하는 것으로서 국정 공백과 정치적 혼란 등 국가적으로 큰 손실을 가져올 수 있으므로 신중하게 이루어져야 한다. 따라서 대통령을 탄핵하기 위해서는 대통령의 법 위배 행위가 헌법질서에 미치는 부정적 영향과 해악이 중대하여 대통령을 파면함으로써 얻는 헌법

수호의 이익이 대통령 파면에 따르는 국가적 손실을 압도할 정도로 커야 한다. 즉, '탄핵심판청구가 이유 있는 경우'란 대통령의 파면을 정당화할 수 있을 정도로 중대한 헌법이나 법률 위배가 있는 때를 말한다(헌재 2004.05.14. 2004헌나1). ▶ 따라서 직무와 관련한 중대한 헌법·법률 위배는 탄핵심판의 적법요건이 아니라 인용요건이 된다.

960. 헌법은 탄핵소추의 사유를 '헌법이나 법률에 대한 위배'로 명시하고 헌법재판소가 탄핵심판을 관장하게 함으로써 탄핵절차를 정치적 심판절차가 아니라 규범적 심판절차로 규정하였고, 이에 따라 탄핵심판절차의 목적은 '정치적 이유가 아니라 법위반을 이유로 하는' 파면임을 밝히고 있다.

해설 리 헌법은 헌법수호절차로서의 탄핵심판절차의 기능을 이행하도록 하기 위하여, 제65조에서 탄핵소추의 사유를 '헌법이나 법률에 대한 위배'로 명시하고 헌법재판소가 탄핵심판을 관장하게 함으로써 탄핵절차를 정치적 심판절차가 아니라 규범적 심판절차로 규정하였고, 이에 따라 탄핵제도의 목적이 '정치적 이유가 아니라 법위반을 이유로 하는' 대통령의 파면임을 밝히고 있다(헌재 2004.05.14. 2004헌나1(전합)).

961. '그 직무집행에 있어서 헌법이나 법률을 위배한 때'를 탄핵사유로 규정하고 있는 헌법 제65조 제1항의 '헌법'에는 명문의 헌법규정뿐만 아니라 헌법재판소의 결정에 따라 형성되어 확립된 불문헌법도 포함되고, '법률'에는 형식적 의미의 법률과 이와 동등한 효력을 가지는 국제조약 및 일반적으로 승인된 국제법규 등이 포함된다.

해설 헌법 제65조는 대통령이 '그 직무집행에 있어서 헌법이나 법률을 위배한 때'를 탄핵사유로 규정하고 있다. 여기에서 '직무'란 법제상 소관 직무에 속하는 고유 업무와 사회통념상 이와 관련된 업무를 말하고, 법령에 근거한 행위뿐만 아니라 대통령의 지위에서 국정수행과 관련하여 행하는 모든 행위를 포괄하는 개념이다. 또 '헌법'에는 명문의 헌법규정뿐만 아니라 헌법재판소의 결정에 따라 형성되어 확립된 불문헌법도 포함되고, '법률'에는 형식적 의미의 법률과 이와 동등한 효력을 가지는 국제조약 및 일반적으로 승인된 국제법규 등이 포함된다(헌재 2004.05.14. 2004헌나1).

🍊 18년 변시

962. 국회의 의사자율권 등에 비추어 볼 때 국회가 탄핵소추사유에 대하여 별도의 조사를 하지 않은 채 탄핵소추안을 의결하였다고 하여 그 의결이 헌법이나 법률을 위반한 것이라고 볼 수 없다.

> 해설 국회법 제130조 제1항에 의하면 "탄핵소추의 발의가 있은 때에는 …본회의는 의결로 법제사법위원회에 회부하여 조사하게 할 수 있다."고 하여, 조사의 여부를 국회의 재량으로 규정하고 있으므로, 이 사건에서 국회가 별도의 조사를 하지 않았다 하더라도 헌법이나 법률을 위반하였다고 할 수 없다(헌재 2004.05.14. 2004헌나1).

정답 ○

🍊 20년 · 23년 변시, 16년(2)·17년(1)·(3)·19년(2)·(3)·21년(2) · 22년(3) · 23년(3) 모의

963. 대통령의 성실한 직책수행의무는 헌법적 의무에 해당하나, 헌법을 수호해야 할 의무와는 달리 규범적으로 그 이행이 관철될 수 있는 성격의 의무가 아니므로, 원칙적으로 사법적 판단의 대상이 될 수 없다.

> 해설 헌법 제69조는 대통령의 취임선서의무를 규정하면서, 대통령으로서 '직책을 성실히 수행할 의무'를 언급하고 있다. 비록 대통령의 '성실한 직책수행의무'는 헌법적 의무에 해당하나, '헌법을 수호해야 할 의무'와는 달리, 규범적으로 그 이행이 관철될 수 있는 성격의 의무가 아니므로, 원칙적으로 사법적 판단의 대상이 될 수 없다고 할 것이다(헌재 2004.05.14. 2004헌나1).

정답 ○

16년(2) 모의

964. 탄핵심판 대상자에 대한 탄핵심판 청구와 동일한 사유로 형사소송이 진행되고 있는 경우에는 헌법재판소는 탄핵심판절차를 정지할 수 있다.

> 해설 헌법재판소법 제51조 참조.
>
> 헌법재판소법 제51조(심판절차의 정지) 피청구인에 대한 탄핵심판 청구와 동일한 사유로 형사소송이 진행되고 있는 경우에는 재판부는 심판절차를 정지할 수 있다.

정답 ○

20년(2) · 22년(2) 모의

965. 탄핵심판에 있어서 피청구인이 결정 선고 전에 해당 공직에서 파면되었을 때에는 헌법재판소는 심판청구를 각하하여야 한다.

해설 헌법재판소법 제53조 제2항 참조.

헌법재판소법 제53조(결정의 내용) ① 탄핵심판 청구가 이유 있는 경우에는 헌법재판소는 피청구인을 해당 공직에서 파면하는 결정을 선고한다.
② 피청구인이 결정 선고 전에 해당 공직에서 파면되었을 때에는 헌법재판소는 심판청구를 기각하여야 한다.

정답

16년(2) 모의

966. 탄핵결정의 내용은 공직으로부터 파면하는 것이며, 이로써 형사상 책임은 면제되나 민사상의 책임은 면제되지 아니한다.

해설 헌법 제65조 제4항 참조.

헌법 제65조 ④ 탄핵결정은 공직으로부터 파면함에 그친다. 그러나, 이에 의하여 민사상이나 형사상의 책임이 면제되지는 아니한다.

정답

16년(2) 모의

967. 대통령에 대한 탄핵소추는 국회재적의원 과반수의 발의와 국회재적의원 3분의 2 이상의 찬성이 있어야 한다.

해설 헌법 제65조 제2항 단서 참조.

헌법 제65조 ② 제1항의 탄핵소추는 국회재적의원 3분의 1 이상의 발의가 있어야 하며, 그 의결은 국회재적의원 과반수의 찬성이 있어야 한다. 다만, 대통령에 대한 탄핵소추는 국회재적의원 과반수의 발의와 국회재적의원 3분의 2 이상의 찬성이 있어야 한다.

정답

MEMO

꼭 봐야 할 헌법 핵심기출 OX

판례색인

[대법원 결정]

대결 1990.11.28. 90마866	817
대결 1996.06.03. 96모18	249
대결 1997.08.27. 97모21	240
대결 2006.06.22. 2004스42(전합)	150
대결 2016.11.10. 2015모1475	800

[대법원 판결]

대판 1962.06.02. 62아3	281
대판 1980.08.26. 80도1278	780
대판 1984.01.31. 83누451	781
대판 1984.06.26. 83도685	280
대판 1985.03.26. 85도122	280
대판 1990.09.28. 89누2493	725
대판 1992.09.22. 91도3317	693
대판 1993.04.09. 92다43395	467
대판 1993.06.08. 93다852	733
대판 1994.10.28. 92누9463	832, 834
대판 1994.10.28. 92누9463 등 참조	834
대판 1994.12.13. 93다29969	470
대판 1995.12.05. 95다39137	848
대판 1996.03.21. 95누3640(전합)	720
대판 1996.04.09. 95누11405	829
대판 1996.04.12. 96도158	220
대판 1996.11.12. 96누1221	56, 57
대판 1997.04.17. 96도3376(전합)	780
대판 1998.07.24. 96다42789	324
대판 1999.09.17. 97도3349	209
대판 1999.09.17. 99추30	618
대판 2001.02.15. 96다42420(전합)	467
대판 2001.04.24. 2000다16114	465
대판 2002.02.08. 2001다68969	557
대판 2002.05.10. 2000다39735	470
대판 2002.08.23. 2000다64298	734
대판 2002.11.08. 2001두3181	834
대판 2003.09.23. 2003추13	616
대판 2004.03.26. 2003도7878	781
대판 2004.08.20. 2004다22377	16
대판 2005.03.24. 2004두14380	942
대판 2005.07.14. 2004두6181	781
대판 2007.01.12. 2005다57752	695
대판 2007.04.26. 2006다87903	308
대판 2007.10.29. 2005두4649	88
대판 2007.10.29. 2005두4649(전합)	88
대판 2009.05.28. 2007카기134	840
대판 2010.04.22. 2008다38288	306
대판 2010.04.22. 2008다38288(전합)	121, 309
대판 2010.07.15. 2009두19069	49, 51
대판 2010.12.16. 2010도5986(전합)	812, 833
대판 2011.01.27. 2009다19864	121
대판 2011.05.13. 2009다26831	78
대판 2011.05.13. 2009도14442	694
대판 2011.06.23. 2008도7562(전합)	833
대판 2011.09.02. 2008다42430(전합)	165
대판 2012.01.12. 2011두18649	733
대판 2012.02.16. 2010두10907(전합)	827
대판 2012.04.26. 2011도6294	340
대판 2012.05.24. 2010도11381	338

대판 2012.10.25. 2012도4644　　　　　285
대판 2013.05.16. 2011도2631(전합)　　812
대판 2014.01.23. 2012두6629　　　　　503
대판 2014.06.12. 2014다12270　　　　　78
대판 2014.07.24. 2012다49933　　270, 271
대판 2014.12.11. 2011도13299　　　　345
대판 2015.01.29. 2012두7387　　　　　544
대판 2015.05.21. 2011도1932(전합)　　731
대판 2015.06.11. 2013다208388　　　　469
대판 2015.06.25. 2007두4995　　　　　115
대판 2016.08.17. 2014다235080　　271, 274
대판 2016.11.10 2015모1475　　　　　832
대판 2017.02.03. 2014두40012　　　　470
대판 2017.03.30. 2016추5087　　　　　 71
대판 2017.04.13. 2014두8469　　603, 604, 606
대판 2017.12.05. 2016추5162　　　　　613
대판 2020.09.03. 2016두32992(전합) 523, 524, 723

[헌법재판소]

헌재 1989. 9.8. 88헌가6　　　　　　　566
헌재 1989.01.25. 88헌가7　　　　　　　173
헌재 1989.04.17. 88헌마3　　　　　　　892
헌재 1989.07.21. 89헌마12　　　　　　 887
헌재 1989.09.04. 88헌마22　　　　　　 323
헌재 1989.09.08. 88헌가6　　　15, 65, 597
헌재 1989.12.18. 89헌마32　　　　598, 599
헌재 1989.12.22. 88헌가13　　　　145, 218
헌재 1990.04.02. 89헌가113　　　　　　 16
헌재 1990.06.25. 89헌가98　　　　　　 768
헌재 1990.06.25. 89헌마220　　　　　　896
헌재 1990.09.03. 89헌가95　　　　　　 660
헌재 1990.10.15. 89헌마178　　　　　　782
헌재 1990.12.26. 89헌마277　　　　　　867
헌재 1991.02.11. 90헌가27　　　　　　 499
헌재 1991.03.11. 91헌가21　　　　 66, 579
헌재 1991.05.13. 90헌마133　　　　　　321
헌재 1991.06.03. 90헌마56　　　　　　 853
헌재 1991.06.03. 90헌마56 등　　　　　288
헌재 1991.07.08. 91헌가4　　　　　　　212
헌재 1991.07.22. 89헌가106　　　　106, 505
헌재 1991.09.16. 89헌마165　　　　　　133
헌재 1992.01.28. 89헌가8　　　　　　　554
헌재 1992.01.28. 90헌마227　　　　　　891
헌재 1992.01.28. 91헌마111　　　　　　248
헌재 1992.02.25. 89헌가104　　　　　　214
헌재 1992.04.14. 91헌마156　　　　　　789
헌재 1992.04.28. 90헌바24　　　　　　 168
헌재 1992.06.19. 92헌마110　　　　　　888
헌재 1992.06.26. 89헌마132　　　　　　788
헌재 1992.06.26. 90헌바26　　　　　　 329
헌재 1992.06.26. 90헌아1　　　　　　　801
헌재 1992.06.26. 91헌마25　　　　721, 856
헌재 1992.10.02. 92헌마68　　　　　　 134
헌재 1992.11.12. 89헌마88　　　　353, 500
헌재 1992.11.12. 89헌마88 결정 참조　 329
헌재 1992.11.12. 91헌가2　　　　　228, 766
헌재 1992.12.24. 92헌가8　　　207, 228, 235
헌재 1993.02.23. 93헌가13　　　　　　 326

헌재 1993.03.11. 90헌가70	814	헌재 1995.02.24. 95헌마54	904
헌재 1993.05.13. 91헌마190	908	헌재 1995.03.23. 95헌마53	579
헌재 1993.05.13. 92헌가10	831, 835	헌재 1995.04.20. 92헌마264	619, 861
헌재 1993.05.13. 92헌마80	494	헌재 1995.04.20. 92헌바29	145
헌재 1993.07.29. 89헌마31	65	헌재 1995.05.25. 95헌마105	555
헌재 1993.07.29. 90헌바35	443, 463	헌재 1995.05.25. 95헌마105 등	594
헌재 1993.07.29. 92헌바34	820	헌재 1995.07.21. 92헌마144	896
헌재 1993.11.25. 89헌마36	904	헌재 1995.07.21. 93헌가14	479, 483
헌재 1993.12.23. 93헌가2	804, 817	헌재 1995.07.21. 94헌마125	395
헌재 1994.02.24. 91헌가3	819	헌재 1995.07.21. 94헌마136	459
헌재 1994.02.24. 92헌바43	347	헌재 1995.09.28. 92헌가11	439
헌재 1994.02.24. 93헌마192	512, 544	헌재 1995.11.30. 92헌마44	760
헌재 1994.02.24. 93헌마213	433	헌재 1995.12.08. 95헌바3	18
헌재 1994.04.28. 89헌마221	698, 738, 745	헌재 1995.12.27. 95헌마224	581
헌재 1994.04.28. 89헌마86	740, 746	헌재 1995.12.28. 91헌마114	260
헌재 1994.04.28. 91헌바15	600	헌재 1995.12.28. 95헌바3	837
헌재 1994.04.28. 92헌마153	688, 690	헌재 1996.01.25. 95헌가5	226, 553, 777, 779, 780
헌재 1994.04.28. 92헌마280	857		
헌재 1994.06.30. 92헌가18	68	헌재 1996.02.16. 96헌가2	208
헌재 1994.07.29. 93헌가12	213	헌재 1996.02.29. 93헌마186	735, 736
헌재 1994.07.29. 93헌가4	65	헌재 1996.03.28. 93헌마198	905
헌재 1994.08.31. 92헌마174	658	헌재 1996.03.28. 93헌바27	448
헌재 1994.12.29. 93헌마120	113, 117, 118	헌재 1996.03.28. 94헌바42	294
헌재 1994.12.29. 93헌마120 참조	853	헌재 1996.03.28. 96헌마9	590
헌재 1994.12.29. 93헌바21	466, 469	헌재 1996.04.25. 92헌바47	15, 97
헌재 1994.12.29. 94헌마201	609, 859	헌재 1996.04.25. 95헌마331	881
헌재 1995.01.20. 94헌마246	703	헌재 1996.06.26. 93헌바2	663
헌재 1995.02.23. 90헌마214	861	헌재 1996.06.26. 96헌마200	296, 580
헌재 1995.02.23. 91헌마231	855, 869, 870	헌재 1996.08.29. 95헌바41	661
헌재 1995.02.23. 92헌바14	375, 376	헌재 1996.08.29. 96헌마99	571

헌재 1996.10.04. 93헌가13		329
헌재 1996.10.04. 95헌마318		900
헌재 1996.10.04. 96헌가6		848
헌재 1996.10.31. 93헌바25		775
헌재 1996.10.31. 94헌가6		332
헌재 1996.11.28. 93헌마258		169
헌재 1996.12.26. 94헌바1		813
헌재 1996.12.26. 96헌가18	82, 98, 99,	400
헌재 1996.2.16. 96헌가2		174
헌재 1997.01.16. 89헌마240	47, 59, 105,	820
헌재 1997.01.16. 90헌마110		831
헌재 1997.03.27. 94헌마196		401
헌재 1997.03.27. 95헌가14		543
헌재 1997.03.27. 96헌가11	205, 237,	251
헌재 1997.03.27. 96헌바28		235
헌재 1997.04.24. 95헌마90		397
헌재 1997.05.29. 94헌마33	484, 487,	886
헌재 1997.06.26. 94헌마52		894
헌재 1997.06.26. 96헌마89		572
헌재 1997.07.16. 95헌가6		101
헌재 1997.07.16. 96헌라2	641, 920,	923
헌재 1997.07.16. 97헌마38		81
헌재 1997.08.21. 93헌바60		770
헌재 1997.08.21. 96헌마48		883
헌재 1997.09.25. 96헌마133	878,	880
헌재 1997.09.25. 97헌가4	22, 808,	859
헌재 1997.10.30. 96헌마94		594
헌재 1997.10.30. 96헌바14		666
헌재 1997.12.24. 95헌마390		726
헌재 1997.12.24. 96헌가19		659
헌재 1997.12.24. 96헌마172	828,	869
헌재 1998.02.27. 94헌바13	527, 528,	530
헌재 1998.02.27. 95헌바10		531
헌재 1998.02.27. 96헌바2		330
헌재 1998.02.27. 97헌마64		71
헌재 1998.02.27. 97헌바79		116
헌재 1998.03.26. 93헌바12		77
헌재 1998.03.26. 97헌마194		885
헌재 1998.04.30. 95헌가16	129, 130, 319,	326
헌재 1998.04.30. 96헌바62		608
헌재 1998.04.30. 97헌마141		864
헌재 1998.05.28. 96헌가4	97,	226
헌재 1998.05.28. 96헌가5		145
헌재 1998.05.28. 96헌마44		103
헌재 1998.06.25. 95헌바24		808
헌재 1998.06.25. 97헌마352		868
헌재 1998.07.14. 98헌라1		674
헌재 1998.07.14. 98헌라3		930
헌재 1998.07.14. 98헌사31		799
헌재 1998.07.16. 96헌마246		902
헌재 1998.07.16. 96헌바33		504
헌재 1998.07.16. 96헌바35		304
헌재 1998.07.16. 97헌바22		229
헌재 1998.07.16. 97헌바23		106
헌재 1998.08.27. 96헌마398	245,	287
헌재 1998.08.27. 97헌마8		654
헌재 1998.09.30. 96헌바88		902
헌재 1998.09.30. 97헌바38		75
헌재 1998.10.15. 98헌마168		217
헌재 1998.10.29. 96헌마186		548

헌재 1998.10.29. 97헌마345	95
헌재 1998.11.26. 97헌바58	75, 84
헌재 1998.11.26. 97헌바65	105
헌재 1998.12.24. 89헌마214	99
헌재 1998.12.24. 89헌바214	367
헌재 1998.12.24. 98헌가1	667
헌재 1998.7.16. 96헌마246	889
헌재 1999.03.25. 97헌마130	504
헌재 1999.03.25. 98헌가11	666
헌재 1999.03.25. 98헌사98	796
헌재 1999.04.29. 94헌바37	296, 366
헌재 1999.04.29. 97헌마333	485, 493
헌재 1999.04.29. 98헌마29	837, 842
헌재 1999.05.27. 97헌마137	895
헌재 1999.05.27. 98헌마214	579
헌재 1999.05.27. 98헌마357	868, 890
헌재 1999.05.27. 98헌바70	72, 824
헌재 1999.06.24. 98헌바42	822
헌재 1999.07.22. 97헌바76	73
헌재 1999.07.22. 97헌바9	533
헌재 1999.07.22. 98헌마480	82
헌재 1999.09.16. 98헌마75	451
헌재 1999.10.21. 97헌바26	371
헌재 1999.11.25. 97헌마54	432
헌재 1999.11.25. 98헌마55	94, 662
헌재 1999.12.23. 98헌마363	176, 178, 183, 494, 901
헌재 1999.12.23. 98헌바33	188, 848
헌재 1999.12.23. 99헌가5	762
헌재 1999.12.23. 99헌마135	128, 412, 413
헌재 2000.01.27. 98헌바12	839
헌재 2000.01.27. 99헌마123	420
헌재 2000.02.24. 97헌바41	371
헌재 2000.02.24. 98헌바37	139
헌재 2000.02.24. 99헌바17·18·19(병합)	778
헌재 2000.03.30. 98헌마401	484
헌재 2000.03.30. 99헌마143	318
헌재 2000.03.30. 99헌바113	67
헌재 2000.03.30. 99헌바14	307
헌재 2000.04.27. 98헌가16	510, 511, 515, 535
헌재 2000.04.27. 99헌바58	375
헌재 2000.06.01. 97헌바74	730, 734
헌재 2000.06.01. 98헌바8	778
헌재 2000.06.01. 99헌가11	143
헌재 2000.06.01. 99헌마553	99, 116, 120, 347
헌재 2000.06.29. 98헌마443	638
헌재 2000.06.29. 99헌가9	442, 776
헌재 2000.06.29. 99헌마289	90, 96, 359, 364, 879, 884
헌재 2000.07.20. 98헌바63	57, 58, 59
헌재 2000.07.20. 99헌바61 참조	843
헌재 2000.08.31. 2000헌마156	634
헌재 2000.08.31. 97헌가12	50, 858
헌재 2000.11.30. 2000헌마356 참조	867
헌재 2000.11.30. 99헌마190	347
헌재 2000.12.08. 2000헌사471	794, 795, 796, 799
헌재 2000.12.14. 2000헌마659	144
헌재 2000.12.14. 98헌바104	296
헌재 2000.12.14. 99헌마112	500

헌재 2001. 7. 10. 2000헌마91등	584		907
헌재 2001.01.18. 2000헌바7	90	헌재 2001.11.29. 2001헌바41	48
헌재 2001.02.22. 2000헌마25	180, 186, 430	헌재 2001.11.29. 99헌마494	113, 115, 858
헌재 2001.02.22. 2000헌마604	727	헌재 2002.01.31. 2000헌마274	907
헌재 2001.02.22. 2000헌바38	15	헌재 2002.01.31. 2001헌바43	168, 303
헌재 2001.02.22. 99헌마365	96	헌재 2002.02.28. 2001헌가18	441
헌재 2001.03.15. 2001헌가1	768	헌재 2002.04.25. 2001헌가27	821
헌재 2001.03.15. 2001헌가1,2,3(병합)	779, 780	헌재 2002.04.25. 2001헌마200	354
헌재 2001.03.21. 2000헌바25	284, 287	헌재 2002.04.25. 2001헌마614	394
헌재 2001.03.21. 99헌마139	62, 858	헌재 2002.04.25. 2002헌사129	797, 798
헌재 2001.04.26. 2000헌마122	884	헌재 2002.04.25. 98헌마425	304
헌재 2001.04.26. 2000헌마262	899	헌재 2002.06.27. 2000헌마642	174
헌재 2001.04.26. 99헌가13	102	헌재 2002.06.27. 2001헌마381	860
헌재 2001.04.26. 99헌바43	769	헌재 2002.07.18. 2000헌마327	898
헌재 2001.05.31. 2000헌바43	331	헌재 2002.07.18. 2000헌마707	480, 845
헌재 2001.06.28. 2000헌라1	938	헌재 2002.07.18. 2000헌바57	219
헌재 2001.06.28. 2000헌마735	619	헌재 2002.07.18. 2001헌마605	866
헌재 2001.06.28. 2000헌바77	464	헌재 2002.08.29. 2001헌마788	421
헌재 2001.06.28. 99헌가14	814	헌재 2002.08.29. 2001헌바82	536, 538
헌재 2001.06.28. 99헌바31	214	헌재 2002.09.19. 2002헌아5	801
헌재 2001.06.28. 99헌바32	182	헌재 2002.10.31. 2000헌가12	231, 238
헌재 2001.07.19. 2000헌마91	578, 583	헌재 2002.10.31. 2001헌라1	613, 615, 719
헌재 2001.08.30. 99헌바92	259	헌재 2002.10.31. 2001헌마557	762, 765, 766, 767
헌재 2001.09.27. 2000헌마152	86, 87, 398	헌재 2002.10.31. 2001헌바40	448
헌재 2001.09.27. 2000헌마159	308	헌재 2002.10.31. 99헌바76	129
헌재 2001.09.27. 2000헌바20	813	헌재 2002.11.28. 2001헌바50	516
헌재 2001.09.27. 2001헌마152	898	헌재 2002.11.28. 2002헌바45	76
헌재 2001.09.27. 2001헌아3	801	헌재 2002.11.28. 98헌바101	600
헌재 2001.10.25. 2000헌마92	582	헌재 2002.12.18. 2000헌마764	319
헌재 2001.11.29. 2000헌마84	860, 877, 880,		

헌재 2002.12.18. 2001헌마370	391
헌재 2002.12.18. 2002헌가4	377
헌재 2002.12.18. 2002헌마52	88, 89, 493
헌재 2003.01.30. 2001헌바64	101
헌재 2003.01.30. 2001헌바95	227
헌재 2003.01.30. 2002헌마323	867
헌재 2003.01.30. 2002헌마358	127
헌재 2003.02.23. 2005헌마268	151
헌재 2003.02.27. 2002헌마106	865
헌재 2003.03.27. 2000헌마474	325
헌재 2003.04.24. 2002헌바9	87
헌재 2003.05.15. 2001헌가31	523
헌재 2003.05.15. 2002헌마90	479
헌재 2003.06.26. 2000헌마509	858
헌재 2003.06.26. 2002헌마337	863
헌재 2003.07.24. 2001헌가25	758
헌재 2003.07.24. 2001헌바96	494
헌재 2003.07.24. 2002헌마522	486
헌재 2003.07.24. 2002헌바51	482
헌재 2003.08.21. 2001헌마687	578
헌재 2003.09.25. 2001헌마814	513
헌재 2003.09.25. 2002헌마519	387, 400
헌재 2003.09.25. 2002헌아42	802
헌재 2003.09.25. 2003헌마106	578
헌재 2003.09.25. 2003헌마30	188
헌재 2003.10.30. 2000헌마801	155
헌재 2003.10.30. 2000헌바67	337
헌재 2003.10.30. 2001헌마700	84
헌재 2003.10.30. 2001헌마700, 2003헌바11(병합)	787
헌재 2003.10.30. 2002헌라1	556, 685, 686, 687, 932, 937
헌재 2003.10.30. 2002헌마518	153, 258, 259
헌재 2003.11.27. 2002헌마193	157, 452
헌재 2003.11.27. 2003헌마694	713
헌재 2003.11.27. 2003헌바39	513
헌재 2003.12.18. 2001헌마543	876
헌재 2003.12.18. 2002헌마593	237, 238, 241
헌재 2003.12.18. 2002헌바1	488, 492
헌재 2003.12.18. 2003헌마225	839
헌재 2003.12.18. 2003헌마255	735
헌재 2004.01.29. 2001헌마894	887
헌재 2004.01.29. 2002헌마788	196
헌재 2004.02.26. 2001헌마718	856
헌재 2004.03.25. 2001헌마710	193
헌재 2004.04.29. 2002헌마467	589, 592
헌재 2004.04.29. 2003헌마814	778
헌재 2004.04.29. 2003헌바118	761
헌재 2004.05.14. 2004헌나1	228, 556, 595, 676, 677, 678, 688, 704, 705, 706, 712, 940, 942, 944, 945
헌재 2004.05.27. 2003헌가1	100, 128, 356, 511
헌재 2004.06.24. 2002헌가27	68, 162
헌재 2004.06.24. 2004헌바16	567
헌재 2004.06.26. 2012헌마459	420
헌재 2004.07.15. 2002헌바42	664, 665, 666, 667
헌재 2004.07.15. 2003헌마878	531
헌재 2004.08.26. 2003헌마457	132, 258
헌재 2004.08.26. 2003헌바85	17

헌재 2004.09.23. 2000헌라2	927, 930, 937
헌재 2004.09.23. 2000헌마138	249, 250
헌재 2004.09.23. 2002헌가17	230
헌재 2004.09.23. 2003헌아61	803
헌재 2004.10.21. 2004헌마554	13
헌재 2004.10.28. 2002헌마328	496
헌재 2004.10.28. 2002헌바41	397
헌재 2004.10.28. 2003헌가18	293, 295
헌재 2004.10.28. 2003헌마898	861
헌재 2004.10.28. 2004헌바61	302
헌재 2004.10.28. 99헌바91	89, 94
헌재 2004.12.16. 2002헌마478	146, 150, 463
헌재 2004.12.16. 2002헌마579	325, 870
헌재 2004.12.16. 2003헌가12	143
헌재 2004.12.16. 2004헌마456	410, 413, 555, 566
헌재 2005.02.03. 2001헌가9	101
헌재 2005.02.24. 2003헌마289	318
헌재 2005.02.24. 2003헌마31	384
헌재 2005.03.31. 2003헌가20	499
헌재 2005.03.31. 2004헌가27	768
헌재 2005.03.31. 2004헌마911	788
헌재 2005.05.26. 2004헌마190	277
헌재 2005.05.26. 2004헌마671	857
헌재 2005.05.26. 2005헌바28	469
헌재 2005.05.26. 99헌마513	203, 278
헌재 2005.06.30. 2003헌마841	174
헌재 2005.06.30. 2004헌마859	62
헌재 2005.06.30. 2004헌바42	83
헌재 2005.07.21. 2003헌마282	267, 276, 278
헌재 2005.07.21. 2004헌바2	495
헌재 2005.09.29. 2002헌바84	367
헌재 2005.09.29. 2003헌마127	421
헌재 2005.10.27. 2002헌마425	132, 162
헌재 2005.10.27. 2003헌가3	100, 310, 317
헌재 2005.10.27. 2003헌바50	532
헌재 2005.11.24. 2002헌바95	131, 133, 528
헌재 2005.11.24. 2003헌마173	171
헌재 2005.11.24. 2003헌바108	434
헌재 2005.11.24. 2004헌가17	336
헌재 2005.11.24. 2005헌마579	737
헌재 2005.11.24. 2005헌바46	159
헌재 2005.12.12. 2004헌마827 결정	857
헌재 2005.12.22. 2003헌가5,6(병합)	164
헌재 2005.12.22. 2004헌가24	359
헌재 2005.12.22. 2004헌라3	931, 932
헌재 2005.12.22. 2004헌마66	720
헌재 2005.12.22. 2004헌마947	430
헌재 2005.12.22. 2004헌바25	251
헌재 2005.12.22. 2004헌바45	454
헌재 2005.12.22. 2005헌마19	225
헌재 2006.02.23. 2004헌마19	379
헌재 2006.02.23. 2004헌마675	181, 183
헌재 2006.02.23. 2004헌마675,981,1022(병합)	180
헌재 2006.02.23. 2004헌바32	660
헌재 2006.02.23. 2004헌바50	119
헌재 2006.02.23. 2005헌라6	657
헌재 2006.02.23. 2005헌마268	103, 870
헌재 2006.03.30. 2003헌마806	49, 56

헌재 2006.03.30. 2004헌마246 410, 413, 557, 854
헌재 2006.03.30. 2005헌라1 928
헌재 2006.03.30. 2005헌마598 83
헌재 2006.03.30. 2005헌바31 71
헌재 2006.04.25. 2006헌마409 673
헌재 2006.04.27. 2005헌마1047 351, 352, 756, 852
헌재 2006.04.27. 2005헌마1190 609
헌재 2006.05.25. 2003헌마715등 825
헌재 2006.05.25. 2004헌바12 428
헌재 2006.05.25. 2005헌라4 929
헌재 2006.06.29. 2002헌바80 145
헌재 2006.06.29. 2005헌가13 188, 828
헌재 2006.06.29. 2005헌마165 79
헌재 2006.06.29. 2005헌마44 183
헌재 2006.06.29. 2005헌마604 432
헌재 2006.07.27. 2003헌마758 579
헌재 2006.07.27. 2004헌마655 566, 908
헌재 2006.07.27. 2005헌마277 156
헌재 2006.07.27. 2005헌마821 599
헌재 2006.07.27. 2005헌바66 218
헌재 2006.08.31. 2003헌라1 609, 918
헌재 2006.08.31. 2004헌라2 928
헌재 2006.11.30. 2005헌마739 289
헌재 2006.12.28. 2004헌바67 116, 117
헌재 2006.12.28. 2005헌바59 715, 717
헌재 2006.12.28. 2006헌마312 120
헌재 2006.6.29. 2005헌마165 857, 876
헌재 2007.01.17. 2005헌마1111 198
헌재 2007.01.17. 2005헌바86 442, 505, 779
헌재 2007.02.22. 2003헌마428 877
헌재 2007.03.29. 2004헌바93 452
헌재 2007.03.29. 2005헌마985등 581
헌재 2007.03.29. 2005헌바33 382
헌재 2007.04.26. 2005헌바51 661
헌재 2007.05.31. 2005헌마1139 257
헌재 2007.05.31. 2005헌바60 783
헌재 2007.05.31. 2007헌바3 396
헌재 2007.06.28. 2004헌마643 619, 621
헌재 2007.06.28. 2004헌마644 414, 429, 574, 575
헌재 2007.06.28. 2005헌마772 417, 584
헌재 2007.07.26. 2003헌마377 371
헌재 2007.07.26. 2005헌라8 934
헌재 2007.07.26. 2006헌마551 459, 462
헌재 2007.07.26. 2006헌바40 807, 849
헌재 2007.08.30. 2003헌바51 532
헌재 2007.08.30. 2004헌마670 111, 185, 523, 863
헌재 2007.10.25. 2005헌바68 787
헌재 2007.10.25. 2006헌마1236 674
헌재 2007.10.25. 2006헌마904 898
헌재 2007.10.30. 2007헌마1128 855
헌재 2007.11.29. 2005헌바12 787
헌재 2007.11.29. 2006헌마876 857
헌재 2007.12.27. 2004헌바98 617
헌재 2007.12.27. 2006헌바25 534
헌재 2008.01.10. 2007헌마1468 207, 550, 551, 646

헌재 2008.01.17. 2005헌라10	913, 927
헌재 2008.01.17. 2007헌마700	118, 229, 595, 607, 853, 862
헌재 2008.02.28. 2006헌바70	72
헌재 2008.03.27. 2006헌라1	918
헌재 2008.04.24. 2004헌바44	841, 853
헌재 2008.04.24. 2006헌라2	939
헌재 2008.04.24. 2007헌마1456	514
헌재 2008.05.29. 2005헌라3	623
헌재 2008.05.29. 2005헌마137	260
헌재 2008.05.29. 2007헌마1408	447
헌재 2008.06.26. 2005헌라7757	922, 926, 932
헌재 2008.06.26. 2005헌마1275	419
헌재 2008.06.26. 2005헌마173	882
헌재 2008.06.26. 2007헌마1366	295, 309
헌재 2008.06.26. 2007헌바28	452
헌재 2008.07.08. 2008헌마479	892
헌재 2008.07.31. 2004헌마1010	167
헌재 2008.07.31. 2004헌마1010,2005헌바90(병합)	818
헌재 2008.07.31. 2004헌바81	124, 125, 202
헌재 2008.07.31. 2005헌바90	875
헌재 2008.07.31. 2006헌마711	123, 533
헌재 2008.07.31. 2006헌바95	724
헌재 2008.07.31. 2007헌바90	157
헌재 2008.09.25. 2005헌마586	517, 522
헌재 2008.09.25. 2007헌가1	499
헌재 2008.09.25. 2007헌마419	387
헌재 2008.09.25. 2008헌마456	514
헌재 2008.10.30. 2005헌마1156	521, 539
헌재 2008.10.30. 2006헌가15	349
헌재 2008.10.30. 2006헌마1098	401, 825
헌재 2008.10.30. 2006헌마1401	298
헌재 2008.10.30. 2006헌마547	173
헌재 2008.11.13. 2006헌바112	94, 187, 482, 539
헌재 2008.11.27. 2007헌가24	218
헌재 2008.12.02. 2008헌마419	127, 879
헌재 2008.12.26. 2005헌라11	915
헌재 2008.12.26. 2007헌마444	171, 387, 599
헌재 2008.12.26. 2007헌바128	362
헌재 2008.12.26. 2008헌마419	119, 121, 122, 126
헌재 2009. 6. 25. 2007헌바25	242
헌재 2009.01.13. 2008헌마746	811
헌재 2009.02.26. 2005헌마764	124
헌재 2009.02.26. 2005헌마764)	124
헌재 2009.02.26. 2006헌바65	662
헌재 2009.02.26. 2007헌마1262	389
헌재 2009.02.26. 2007헌바27	518
헌재 2009.02.26. 2007헌바8	440
헌재 2009.03.26. 2007헌가5	827
헌재 2009.03.26. 2007헌가843	66, 117, 118, 119, 549, 620
헌재 2009.03.26. 2007헌바50	230
헌재 2009.04.30. 2005헌마514	507
헌재 2009.04.30. 2007헌마103	897
헌재 2009.04.30. 2007헌바29	592
헌재 2009.05.28. 2005헌바20	85, 365
헌재 2009.05.28. 2006헌라6	623

헌재 2009.05.28. 2006헌마285	571
헌재 2009.05.28. 2006헌마618	154
헌재 2009.05.28. 2006헌바109	319
헌재 2009.05.28. 2007헌마369	151, 780
헌재 2009.06.25. 2007헌마40	596
헌재 2009.06.25. 2007헌마451	228, 360, 397, 647
헌재 2009.06.25. 2008헌마413	550
헌재 2009.07.30. 2006헌마358	533
헌재 2009.07.30. 2007헌마732	785, 859
헌재 2009.07.30. 2008헌바162	440, 773
헌재 2009.09.22. 2009헌마500	896
헌재 2009.09.24. 2006헌마1298	883
헌재 2009.09.24. 2007헌마117	63, 64
헌재 2009.09.24. 2007헌마1345	397
헌재 2009.09.24. 2007헌마949	850
헌재 2009.09.24. 2007헌바114	379
헌재 2009.09.24. 2007헌바17	322, 639
헌재 2009.09.24. 2007헌바87	665
헌재 2009.09.24. 2008헌가25	14, 348
헌재 2009.09.24. 2009헌바28	85
헌재 2009.10.29. 2008헌마257	274
헌재 2009.10.29. 2008헌마432	197
헌재 2009.10.29. 2008헌마635	509
헌재 2009.10.29. 2008헌바146	566
헌재 2009.10.29. 2009헌라8	654, 925, 926, 935, 939
헌재 2009.10.29. 2009헌마350	423
헌재 2009.11.26. 2007헌마1424	362
헌재 2009.11.26. 2008헌마385	160, 879
헌재 2009.11.26. 2008헌바58	162
헌재 2009.12.29. 2007헌마1412	568, 584
헌재 2009.12.29. 2008헌가13	242
헌재 2009.12.29. 2008헌마141	585
헌재 2009.12.29. 2009헌바142	377
헌재 2010.02.25. 2007헌마956	391
헌재 2010.02.25. 2007헌바34	844
헌재 2010.02.25. 2008헌가23	149
헌재 2010.02.25. 2008헌마324	257
헌재 2010.02.25. 2008헌바80	368
헌재 2010.02.25. 2009헌바38	128, 399
헌재 2010.03.25. 2007헌마933	788
헌재 2010.03.25. 2009헌마170	225
헌재 2010.03.25. 2009헌마538	419
헌재 2010.03.30. 2010헌바102	807
헌재 2010.04.20. 2010헌마189	859
헌재 2010.04.29. 2007헌마910	73
헌재 2010.04.29. 2009헌라11	915, 928
헌재 2010.04.29. 2009헌바102	493
헌재 2010.05.27. 2005헌마346	165, 201
헌재 2010.05.27. 2008헌마663	278
헌재 2010.05.27. 2008헌바110	390, 823, 843, 844
헌재 2010.06.24. 2007헌바101	136
헌재 2010.06.24. 2008헌마716	867, 893
헌재 2010.06.24. 2008헌바128	172
헌재 2010.06.24. 2009헌마257	246
헌재 2010.07.29. 2006헌바75	315
헌재 2010.07.29. 2009헌가13	197
헌재 2010.07.29. 2009헌가8	543

헌재 2010.07.29. 2009헌바350　　　　761
헌재 2010.07.29. 2010헌라1　　　　　919
헌재 2010.09.02. 2010헌마418　　426, 427
헌재 2010.09.30. 2008헌바132　　　　277
헌재 2010.09.30. 2009헌바2　　　　　842
헌재 2010.10.28. 2007헌가23　　　　 164
헌재 2010.10.28. 2007헌마890　　　　288
헌재 2010.10.28. 2008헌마514　　472, 473
헌재 2010.10.28. 2009헌라6　　919, 922, 923
헌재 2010.10.28. 2009헌마438　　　　901
헌재 2010.10.28. 2009헌마544　　　　259
헌재 2010.10.28. 2009헌바23　　　　　88
헌재 2010.10.28. 2010헌마111　　　　345
헌재 2010.11.25. 2006헌마328　　　　178
헌재 2010.11.25. 2009헌라12　　　653, 921
헌재 2010.11.25. 2010헌마144　　198, 514
헌재 2010.12.28. 2008헌라7　　921, 924, 935
헌재 2010.12.28. 2008헌바89　　　　826
헌재 2010.12.28. 2009헌가30　　　　288
헌재 2010.12.28. 2009헌바145　　　 720
헌재 2010.12.28. 2009헌바258　　　 323
헌재 2010.12.28. 2010헌가51　　　　821
헌재 2010.12.28. 2010헌가51).　　　 821
헌재 2011.02.24. 2008헌바56　　　　187
헌재 2011.02.24. 2008헌아4　　　　　801
헌재 2011.02.24. 2009헌바89　　　　540
헌재 2011.03.31. 2008헌바141　　 74, 140
헌재 2011.03.31. 2009헌마617　　　 489
헌재 2011.04.26. 2011헌마191　　　 866
헌재 2011.04.26. 99헌바96　　　　　847

헌재 2011.04.28. 2010헌마474　　　 427
헌재 2011.04.28. 2010헌바114　　　 375
헌재 2011.04.28. 2010헌바232　　172, 597
헌재 2011.05.26. 2009헌마341　　247, 250
헌재 2011.05.26. 2009헌바253　　　 811
헌재 2011.05.26. 2009헌바63　　　　168
헌재 2011.05.26. 2010헌바202　　　 840
헌재 2011.06.30. 2009헌마406　　154, 295
헌재 2011.06.30. 2009헌마59　　　　293
헌재 2011.06.30. 2009헌마595　　　 117
헌재 2011.06.30. 2009헌바430　　　 818
헌재 2011.06.30. 2010헌바430　　　 660
헌재 2011.06.30. 2010헌바478　　　 431
헌재 2011.07.28. 2009헌마27　　　　363
헌재 2011.07.28. 2009헌마408　　　 517
헌재 2011.07.28. 2009헌바244　　　 102
헌재 2011.08.30. 2002헌라1　　　　 937
헌재 2011.08.30. 2006헌마788　　　　63
헌재 2011.08.30. 2008헌마648　　　　61
헌재 2011.08.30. 2009헌라7　652, 653, 929, 938
헌재 2011.08.30. 2009헌바128　　　　70
헌재 2011.08.30. 2009헌바245　　　 377
헌재 2011.08.30. 2009헌바42　　　　286
헌재 2011.08.30. 2011헌라2　　　924, 925
헌재 2011.09.29. 2007헌마1083　112, 113, 521
헌재 2011.09.29. 2010헌가93　　　 728
헌재 2011.09.29. 2010헌마85　　　　131
헌재 2011.09.29. 2010헌바346　　　 769
헌재 2011.10.25. 2009헌마691　　　 254
헌재 2011.10.25. 2010헌마661　　　 186

헌재 2011.10.25. 2010헌바307	224
헌재 2011.10.25. 2010헌바384	382
헌재 2011.11.24. 2009헌바146	186, 538
헌재 2011.11.29. 99헌마494	877
헌재 2011.12.29. 2009헌마330	860
헌재 2011.12.29. 2009헌마354	474
헌재 2011.12.29. 2009헌바476	416
헌재 2011.12.29. 2009헌바282	139
헌재 2011.12.29. 2010헌마293	324
헌재 2011.12.29. 2010헌바368	414, 620
헌재 2011.12.29. 2010헌바54	402, 403, 404
헌재 2011.12.29. 2011헌바57	105
헌재 2012.02.23. 2009헌마333	284
헌재 2012.02.23. 2009헌바34	135, 136, 175, 334, 764
헌재 2012.02.23. 2010헌라5,6(병합)	913
헌재 2012.02.23. 2010헌라6	933
헌재 2012.02.23. 2010헌마601	418
헌재 2012.02.23. 2010헌바485	595
헌재 2012.02.23. 2010헌바99	160
헌재 2012.02.23. 2011헌가13	139
헌재 2012.03.29 2010헌마457	462
헌재 2012.03.29. 2010헌마475	462, 896
헌재 2012.03.29. 2010헌바97	757
헌재 2012.03.29. 2010헌바100	159, 205
헌재 2012.03.29. 2011헌바53	348, 349
헌재 2012.04.03. 2012헌마236	849
헌재 2012.04.24. 2010헌마605	521, 611
헌재 2012.04.24. 2010헌바164	498, 499
헌재 2012.04.24. 2010헌바448	98
헌재 2012.04.24. 2011헌가37	161, 223
헌재 2012.04.24. 2011헌마338	529
헌재 2012.04.24. 2011헌바40	433
헌재 2012.05.31. 2009헌마705	600, 602, 605, 606
헌재 2012.05.31. 2010헌가85	383
헌재 2012.05.31. 2010헌마139	511
헌재 2012.05.31. 2010헌마88	333, 876
헌재 2012.05.31. 2010헌바87	134, 541, 542
헌재 2012.05.31. 2011헌마241	895
헌재 2012.06.27. 2010헌마716	197
헌재 2012.06.27. 2011헌가36	228, 237
헌재 2012.07.26. 2009헌바298	608
헌재 2012.07.26. 2009헌바328	371
헌재 2012.07.26. 2010헌라3	930
헌재 2012.07.26. 2010헌마446	264
헌재 2012.07.26. 2010헌바62	458
헌재 2012.07.26. 2011헌마426	208
헌재 2012.07.26. 2011헌바365	660
헌재 2012.08.23. 2008헌마430	113, 114, 243
헌재 2012.08.23. 2009헌가27	116, 167
헌재 2012.08.23. 2010헌가65	91, 697
헌재 2012.08.23. 2010헌마47	313
헌재 2012.08.23. 2010헌바167	383
헌재 2012.08.23. 2010헌바220	498
헌재 2012.08.23. 2010헌바425	491
헌재 2012.08.23. 2011헌바169	74
헌재 2012.08.30. 2009헌바42	319
헌재 2012.11.29. 2011헌마533	519
헌재 2012.11.29. 2011헌마786	85

헌재 2012.11.29. 2011헌마827	507	헌재 2013.07.25. 2012헌마174	570
헌재 2012.11.29. 2011헌바137	318	헌재 2013.07.25. 2012헌바815	418
헌재 2012.12.27. 2010헌가82	211	헌재 2013.07.25. 2012헌바11	529
헌재 2012.12.27. 2010헌마153	263	헌재 2013.07.25. 2012헌바409	425, 827
헌재 2012.12.27. 2011헌가5	239	헌재 2013.08.29. 2010헌바354	219
헌재 2012.12.27. 2011헌마351	456	헌재 2013.08.29. 2011헌가19	726
헌재 2012.12.27. 2011헌마562	395, 415	헌재 2013.08.29. 2011헌마122	245, 457, 463
헌재 2012.12.27. 2011헌바117	809, 825	헌재 2013.08.29. 2011헌바408	81
헌재 2012.12.27. 2011헌바132	664	헌재 2013.08.29. 2011헌바253	454, 457
헌재 2012.12.27. 2011헌바89	254	헌재 2013.08.29. 2011헌바390	722, 723
헌재 2013.02.28. 2009헌바129	840	헌재 2013.08.29. 2011헌바391	363
헌재 2013.02.28. 2012헌마131	611	헌재 2013.08.29. 2012헌마288	66, 423
헌재 2013.03.21. 2010헌바132	811, 812	헌재 2013.08.29. 2012헌마326	416
헌재 2013.03.21. 2010헌바132,2010헌바70	823	헌재 2013.09.26. 2010헌마204 등 참조	481
헌재 2013.03.21. 2010헌바70	823, 824	헌재 2013.09.26. 2010헌마204,679,2012헌마187(병합)	488
헌재 2013.05.30. 2009헌마514	184, 871	헌재 2013.09.26. 2011헌가42	540, 541
헌재 2013.05.30. 2011헌마131	200	헌재 2013.09.26. 2012헌라1	936
헌재 2013.06.27. 2010헌마535	835	헌재 2013.09.26. 2012헌마271	118
헌재 2013.06.27. 2010헌마658	151	헌재 2013.09.26. 2012헌바23	457
헌재 2013.06.27. 2011헌가39	199	헌재 2013.10.24. 2012헌마311	593
헌재 2013.06.27. 2011헌마475	200	헌재 2013.10.24. 2012헌마832	175, 508
헌재 2013.06.27. 2011헌바247	820, 849	헌재 2013.11.28. 2009헌바206	502
헌재 2013.06.27. 2011헌바278	97	헌재 2013.11.28. 2011헌마565	420
헌재 2013.06.27. 2012헌바345	206	헌재 2013.11.28. 2012헌가10	441
헌재 2013.06.27. 2012헌바37	132	헌재 2013.11.28. 2012헌마166	17, 104, 712, 713
헌재 2013.06.27. 2013헌가10	224	헌재 2013.12.26. 2009헌마747	316, 317, 607
헌재 2013.07.25. 2011헌마364	275	헌재 2013.12.26. 2010헌마789	874
헌재 2013.07.25. 2011헌바267	184	헌재 2013.12.26. 2012헌라3	936
헌재 2013.07.25. 2011헌바397	142		
헌재 2013.07.25. 2012헌마167	321		

헌재 2014.01.28. 2012헌가19	564
헌재 2014.01.28. 2012헌마409	576
헌재 2014.01.28. 2012헌마431	409, 411
헌재 2014.01.28. 2012헌바216	608, 612
헌재 2014.01.28. 2012헌바298	435, 437
헌재 2014.02.27. 2010헌바483	369
헌재 2014.02.27. 2013헌바106	156
헌재 2014.02.27. 2014헌마7	560, 563, 797
헌재 2014.03.27. 2010헌가2	336, 338
헌재 2014.03.27. 2011헌바396	486
헌재 2014.03.27. 2012헌라4	914
헌재 2014.03.27. 2012헌마652	166, 864, 893, 894
헌재 2014.03.27. 2012헌바192	152
헌재 2014.03.27. 2012헌바293	311, 315
헌재 2014.04.08. 2014헌마256	854
헌재 2014.04.14. 2014헌마278)	881
헌재 2014.04.24. 2010헌마747	425
헌재 2014.04.24. 2011헌가29	338
헌재 2014.04.24. 2011헌마474	110, 111, 179
헌재 2014.04.24. 2011헌마567	417
헌재 2014.04.24. 2011헌마659	160
헌재 2014.04.24. 2011헌바254	567
헌재 2014.04.24. 2012헌마2	439
헌재 2014.04.24. 2012헌마865	96
헌재 2014.04.24. 2013헌마341	887
헌재 2014.05.29. 2010헌마606	106, 531
헌재 2014.05.29. 2012헌마555	172
헌재 2014.05.29. 2012헌마913	593
헌재 2014.06.05. 2014헌사592	798
헌재 2014.06.26. 2011헌마150	534
헌재 2014.06.26. 2011헌마502	110, 114, 115
헌재 2014.06.26. 2012헌가22	368
헌재 2014.06.26. 2012헌마459	491
헌재 2014.06.26. 2013헌바122	119
헌재 2014.07.24. 2009헌마256	569, 572, 573, 575
헌재 2014.07.24. 2009헌마256,2010헌마394(병합)	570
헌재 2014.07.24. 2011헌바275	543
헌재 2014.07.24. 2013헌바177	664
헌재 2014.07.24. 2013헌바183	721
헌재 2014.08.28. 2011헌마28	149, 206, 209, 212, 275
헌재 2014.08.28. 2011헌바32	505, 604
헌재 2014.08.28. 2012헌마623	316
헌재 2014.08.28. 2013헌마359	111, 112, 398
헌재 2014.08.28. 2013헌마553	191
헌재 2014.08.28. 2013헌바119	537
헌재 2014.08.28. 2013헌바172	138
헌재 2014.09.25. 2011헌마414	429
헌재 2014.09.25. 2012헌마175	899
헌재 2014.09.25. 2012헌마523	256
헌재 2014.09.25. 2013헌바28	398
헌재 2014.10.30. 2011헌바129	375, 378
헌재 2014.10.30. 2011헌바129,172	375
헌재 2014.10.30. 2011헌바129,172(병합)	372, 375, 376
헌재 2014.10.30. 2012헌마190	580
헌재 2014.10.30. 2012헌마192	581

헌재 2014.11.27. 2013헌마814　　　　　　421
헌재 2014.12.19. 2013헌다1　22, 32, 67, 554,
　　　　　　　　　　558, 559, 560, 561, 562, 689
헌재 2015.01.29. 2013헌바173　　　　　　724
헌재 2015.02.26. 2012헌마400　　　　　　 77
헌재 2015.02.26. 2013헌바107　　　　　　143
헌재 2015.03.26. 2011헌마131　　　　　　176
헌재 2015.03.26. 2013헌마214　　　　　　891
헌재 2015.03.26. 2013헌마517　　　　　　272
헌재 2015.03.26. 2014헌가5　　　　　　　711
헌재 2015.03.26. 2014헌마372　　　　　　888
헌재 2015.03.31. 2015헌마213　　　　　　862
헌재 2015.04.30. 2012헌마38　　　　　　 126
헌재 2015.04.30. 2012헌바95　　　　 298, 314
헌재 2015.04.30. 2013헌마623　　　　　　542
헌재 2015.04.30. 2013헌바395　　　　464, 468
헌재 2015.04.30. 2013헌바55　　　　　　 725
헌재 2015.04.30. 2014헌마621　　　　　　424
헌재 2015.04.30. 2014헌바408　　　　　　444
헌재 2015.05.12. 2015헌마432　　　　　　870
헌재 2015.05.12. 2015헌바173　　　　　　837
헌재 2015.05.28. 2011헌마731　　　　　　130
헌재 2015.05.28. 2012헌사496　　　　　　786
헌재 2015.05.28. 2013헌가6　　　　　　　718
헌재 2015.05.28. 2013헌가7　　　　　　　175
헌재 2015.05.28. 2013헌마619　　　　　　522
헌재 2015.05.28. 2013헌마671　　　　　　887
헌재 2015.05.28. 2013헌마799　　138, 196, 399
헌재 2015.05.28. 2013헌바129　　　　　　206
헌재 2015.05.28. 2013헌바385　　　　　　214
헌재 2015.06.25. 2011헌마769　　　　 272, 394
헌재 2015.06.25. 2013헌바193　　　　　　104
헌재 2015.07.30. 2010헌라2　　　　　909, 911
헌재 2015.07.30. 2012헌마734　　　　　　384
헌재 2015.07.30. 2013헌바120　　　　 140, 141
헌재 2015.07.30. 2013헌바204　　　　　　 70
헌재 2015.07.30. 2014헌가13　　　　　　 396
헌재 2015.07.30. 2014헌가7　　　　　362, 446
헌재 2015.07.30. 2014헌마340　　　　　　266
헌재 2015.07.30. 2014헌바257　　　　　　293
헌재 2015.07.30. 2014헌바371　　　　　　492
헌재 2015.07.30. 2014헌바447　　　　　　241
헌재 2015.09.24. 2012헌마798　　　　　　450
헌재 2015.09.24. 2012헌바302　234, 238, 241,
　　　　　　　　　　　　　　　　　294, 456
헌재 2015.09.24. 2012헌바410　　　　　　679
헌재 2015.09.24. 2013헌가21　　　　　　 461
헌재 2015.09.24. 2013헌마197　　　　　　394
헌재 2015.09.24. 2013헌마384　　　　　　534
헌재 2015.09.24. 2014헌바154　　　　　　761
헌재 2015.09.24. 2014헌바222　　　　　　220
헌재 2015.10.21. 2013헌가20　　　　　　 314
헌재 2015.10.21. 2014헌바170　　　　 843, 844
헌재 2015.11.26. 2012헌마858　　　　　　249
헌재 2015.11.26. 2012헌바300　　　　　　553
헌재 2015.11.26. 2013헌라3　　　　　912, 933
헌재 2015.11.26. 2013헌바415　　　　　　280
헌재 2015.11.26. 2014헌바475　　　　　　299
헌재 2015.12.23. 2013헌마575　　　　　　393
헌재 2015.12.23. 2013헌마712　　　　　　455

헌재 2015.12.23. 2013헌바168	566
헌재 2015.12.23. 2013헌바68	260, 261, 262
헌재 2015.12.23. 2014헌마1149	852
헌재 2015.12.23. 2014헌바3	517
헌재 2015.12.23. 2015헌바66	320
헌재 2015.12.23. 2015헌바75	330
헌재 2016.02.25. 2013헌마692	504
헌재 2016.02.25. 2013헌마830	269
헌재 2016.02.25. 2013헌마838	506
헌재 2016.02.25. 2013헌마838 참조	512
헌재 2016.02.25. 2013헌바105	333
헌재 2016.02.25. 2013헌바111	332
헌재 2016.02.25. 2013헌바435	607
헌재 2016.02.25. 2015헌가11	155
헌재 2016.02.25. 2015헌바191	485
헌재 2016.03.22. 2016헌마131	891
헌재 2016.03.31. 2013헌가2	258, 392
헌재 2016.03.31. 2013헌가22	411
헌재 2016.03.31. 2013헌마585	138, 396
헌재 2016.03.31. 2013헌바190	227
헌재 2016.03.31. 2013헌바26	584
헌재 2016.03.31. 2014헌마367	114, 520
헌재 2016.03.31. 2014헌마457	205, 269
헌재 2016.03.31. 2015헌가36	818, 843
헌재 2016.03.31. 2015헌가8	819
헌재 2016.04.28. 2012헌마549	719
헌재 2016.04.28. 2013헌바396	840
헌재 2016.04.28. 2015헌마1177	856
헌재 2016.04.28. 2015헌마243	248
헌재 2016.04.28. 2015헌마98	393
헌재 2016.04.28. 2015헌바216	830
헌재 2016.04.28. 2015헌바230	92
헌재 2016.05.26. 2013헌바98	284
헌재 2016.05.26. 2014헌마374	616
헌재 2016.05.26. 2014헌마45	203, 285, 320, 324
헌재 2016.05.26. 2014헌바68	264
헌재 2016.05.26. 2015헌라1	635, 636, 924
헌재 2016.05.26. 2015헌아20	803
헌재 2016.06.30. 2013헌가1	589
헌재 2016.06.30. 2014헌라1	920
헌재 2016.06.30. 2014헌바365	488, 491
헌재 2016.06.30. 2014헌바456	723, 724
헌재 2016.06.30. 2015헌마894	158
헌재 2016.06.30. 2015헌마924	262
헌재 2016.06.30. 2015헌바46	128
헌재 2016.07.28. 2014헌바206	461
헌재 2016.07.28. 2014헌바421	51
헌재 2016.07.28. 2014헌바437	425
헌재 2016.07.28. 2015헌마236	878
헌재 2016.07.28. 2015헌마964	539, 540
헌재 2016.09.29. 2014헌가3	341, 344
헌재 2016.09.29. 2014헌마541	193
헌재 2016.09.29. 2014헌바254	170, 483
헌재 2016.09.29. 2014헌바492	340
헌재 2016.09.29. 2015헌바331	72, 760, 764
헌재 2016.10.27. 2012헌마121	63, 64
헌재 2016.10.27. 2013헌마450	155
헌재 2016.10.27. 2014헌마254, 2016헌마779 (병합)	519

헌재 2016.10.27. 2014헌마709　　　　　270
헌재 2016.10.27. 2014헌마797　　　　　610
헌재 2016.10.27. 2015헌마1206　315, 327, 331
헌재 2016.10.27. 2016헌마252　　　　　591
헌재 2016.11.24. 2012헌마854　　　151, 512
헌재 2016.11.24. 2013헌마403　　　　　885
헌재 2016.11.24. 2014헌가6　　　　　　717
헌재 2016.11.24. 2014헌바401　　　　　236
헌재 2016.11.24. 2015헌가23　　　　　　216
헌재 2016.11.24. 2015헌가29　　　　　　136
헌재 2016.11.24. 2015헌마902　　　453, 784
헌재 2016.11.24. 2015헌바136　　　　　760
헌재 2016.11.24. 2015헌바218　　　　　217
헌재 2016.11.24. 2015헌바413　　　　　838
헌재 2016.11.24. 2016헌가3　　　　　　137
헌재 2016.12.29. 2013헌가1　　　　　　589
헌재 2016.12.29. 2013헌마142　　　148, 839
헌재 2016.12.29. 2014헌바434　　　　　317
헌재 2016.12.29. 2015헌마509　　　　　577
헌재 2016.12.29. 2015헌바182　　　　　360
헌재 2016.12.29. 2015헌바198　　　　　142
헌재 2016.12.29. 2015헌바199　　　　　662
헌재 2016.12.29. 2015헌바208, 2016헌바145 (병합)　　　　　　　　　　　　171
헌재 2016.12.29. 2015헌바221　　　　　247
헌재 2016.12.29. 2015헌바229　　　　　451
헌재 2016.12.29. 2015헌바63　　　　　　64
헌재 2016.12.29. 2016헌바153　　　　　157
헌재 2017.03.10. 2016헌나1　　704, 940, 941, 942, 943

헌재 2017.04.27. 2015헌바24　　　　　　454
헌재 2017.05.25. 2014헌마844　　　　　875
헌재 2017.05.25. 2014헌바459　　　　　213
헌재 2017.05.25. 2015헌마933　　　851, 852
헌재 2017.05.25. 2016헌가6　　　　　　392
헌재 2017.05.25. 2016헌마292　　　　　575
헌재 2017.05.25. 2016헌마640　　　　　519
헌재 2017.06.29. 2015헌마654　　　　　446
헌재 2017.06.29. 2015헌마29　　　　　　838
헌재 2017.07.27. 2012헌바323　　　　　219
헌재 2017.07.27. 2015헌마1052　　　　　83
헌재 2017.07.27. 2015헌마1094　　　　　271
헌재 2017.07.27. 2015헌바1　　　　　　445
헌재 2017.07.27. 2015헌바240　　　　　　78
헌재 2017.07.27. 2016헌바372　　　　　415
헌재 2017.07.27. 2016헌바374　　　　　497
헌재 2017.09.28. 2015헌마653　　　　　526
헌재 2017.10.12. 2017헌마1064　　　　　886
헌재 2017.10.26. 2015헌바239　208, 210, 211
헌재 2017.11.30. 2016헌마503　　　　　243
헌재 2017.12.26. 2017헌마1351　　　　　16
헌재 2017.12.28. 2015헌마994　　　　　253
헌재 2017.12.28. 2016헌마649　350, 497, 501
헌재 2017.12.28. 2016헌바346　　　　　385
헌재 2017.12.28. 2017헌가15　　　　　　759
헌재 2017.12.28. 2017헌라2　　　　　　911
헌재 2018.01.25. 2015헌마1047　　　　　195
헌재 2018.01.25. 2016헌마319　　　　　191
헌재 2018.01.25. 2016헌바201　　　　　390
헌재 2018.01.25. 2016헌바466　　　　　490

헌재 2018.01.25. 2017헌가26	385	헌재 2018.07.26. 2018헌바137	341, 343, 344
헌재 2018.02.22. 2015헌바124	589, 590	헌재 2018.08.30 2018헌마46	426
헌재 2018.02.22. 2016헌바100	91, 216	헌재 2018.08.30. 2014헌바368	233
헌재 2018.02.22. 2016헌바364	587, 588	헌재 2018.08.30. 2014헌바843	268, 339
헌재 2018.02.22. 2017헌마691	496	헌재 2018.08.30. 2014헌바180	137
헌재 2018.04.26. 2014헌마274	424	헌재 2018.08.30. 2014헌바180(병합)	445
헌재 2018.04.26. 2014헌마274 참조	890	헌재 2018.08.30. 2015헌가38	351, 525
헌재 2018.04.26. 2015헌가19	390	헌재 2018.08.30. 2016헌바263	232, 283
헌재 2018.04.26. 2015헌바370	279	헌재 2018.08.30. 2016헌바344	461
헌재 2018.05.31. 2013헌바322	343	헌재 2018.08.30. 2017헌바258	448
헌재 2018.05.31. 2014헌마346	14, 243	헌재 2018.11.29. 2017헌바465	153
헌재 2018.05.31. 2015헌마476	203	헌재 2019.02.28. 2015헌마1204	245
헌재 2018.05.31. 2016헌마626	810	헌재 2019.02.28. 2017헌마401	389
헌재 2018.06.28. 2011헌바379	299, 300, 301, 843	헌재 2019.04.11. 2013헌바112	717
헌재 2018.06.28. 2012헌마191	235, 268	헌재 2019.04.11. 2016헌마418	190
헌재 2018.06.28. 2012헌마538	231, 282	헌재 2019.04.11. 2017헌마820	518
헌재 2018.06.28. 2014헌마189	580	헌재 2019.04.11. 2017헌바140	509
헌재 2018.06.28. 2015헌가28	342	헌재 2019.04.11. 2018헌가14	215
헌재 2018.06.28. 2015헌마304	192	헌재 2019.04.11. 2018헌마221	194, 501, 503
헌재 2018.06.28. 2015헌마304결	193	헌재 2019.04.11. 2018헌마491	194
헌재 2018.06.28. 2016헌가14	191	헌재 2019.05.30. 2017헌바458	216
헌재 2018.06.28. 2016헌가14결정	193	헌재 2019.05.30. 2018헌마1208	716
헌재 2018.06.28. 2016헌가8	328	헌재 2019.07.25. 2018헌가7	148
헌재 2018.06.28. 2016헌마1151	156	헌재 2019.07.25. 2018헌바209	777
헌재 2018.06.28. 2016헌마473	388	헌재 2019.08.29. 2017헌마828	357
헌재 2018.06.28. 2017헌마130	386	헌재 2019.08.29. 2018헌바4	388
헌재 2018.06.28. 2017헌마181	165	헌재 2019.08.29. 2019헌마616	422
헌재 2018.07.26. 2017헌마1183	418, 422	헌재 2019.09.26. 2016헌바381	232
헌재 2018.07.26. 2018헌라1	914	헌재 2019.09.26. 2018헌마1015	458
		헌재 2019.09.26. 2018헌마128	179

헌재 2019.11.28. 2016헌마1115,2019헌가18(병합)	358, 367
헌재 2019.11.28. 2016헌마90	327
헌재 2019.11.28. 2018헌바235·391·460·471,2019헌바56·95·145(병합)	444
헌재 2019.12.27. 2017헌가21	179
헌재 2019.12.27. 2017헌바413	460
헌재 2019.12.27. 2018헌마301	189, 190
헌재 2019.12.27. 2018헌마730	123, 588
헌재 2019.12.27. 2018헌바46	215
헌재 2020.02.27. 2019헌마526	195
헌재 2020.03.26. 2018헌바3	606
헌재 2020.04.23. 2017헌마479	905
헌재 2020.04.23. 2017헌바244	481
헌재 2020.04.23. 2018헌마551	406, 407
헌재 2020.04.23. 2018헌마551결정	406
헌재 2020.05.27. 2019헌라1	629, 683
헌재 2020.05.27. 2019헌라5	917
헌재 2020.05.27. 2019헌라6	651, 659, 917
헌재 2020.05.27. 2019헌라6,2020헌라1(병합)	685
헌재 2020.06.25. 2019헌가9	153, 385
헌재 2020.07.16. 2015헌라3	910
헌재 2020.07.16. 2020헌바14	464
헌재 2020.09.24. 2016헌마889	289, 290
헌재 2020.09.24. 2018헌마739·975·1051(병합)	904
헌재 2020.10.29. 2017헌바208	808
헌재 2020.10.29. 2019헌바249	386
헌재 2020.11.26. 2018헌바379	716
헌재 2020.11.26. 2019헌바131	380
헌재 2021.01.28. 2018헌마456	267
헌재 2021.01.28. 2018헌마456 등 결정	257
헌재 2021.01.28. 2020헌마264	552
헌재 2021.02.09. 2021헌마96	787
헌재 2021.02.25. 2013헌가13,2017헌가6(병합)	819
헌재 2021.02.25. 2015헌라7	911
헌재 2021.03.25. 2018헌가6	192
헌재 2021.05.27. 2019헌가19	177
헌재 2021.06.24. 2019헌바5	152
헌재 2004.10.28. 2002헌마328	489
현재 2015.12.23. 2011헌바139	61

MEMO

MEMO

MEMO

MEMO